Eugen Haberkern/Joseph Friedrich Wallach

Hilfswörterbuch für Historiker

Mittelalter und Neuzeit

Zweiter Teil: L-Z

Siebente Auflage

Francke Verlag Tübingen

Dischingerweg 5 · D-7400 Tübingen 5
7. Auflage

Einbandgestaltung: A. Krugmann, Stuttgart
Printed in Germany

ISBN 3-7720-1293-0

L

Laborator s. Gewerkschaft.
Laboureur im Fr. des Ancien Régime Bauer mit größerem Landbesitz. Vgl. Jounalier.
Lacina = Schelte.
Lād(e) s. Eideshelfer.
Lað (lest[um]) Verwaltungseinheit von Kent in spätags. u.frühnorm. Zeit.
Laden s. Echtwort.
Ladenamt s. Ladenherren.
Ladengesell s. Gesellenbruderschaft.
Ladenherren in Basel drei ↗Ratsherrn (a), die bestimmte Abgaben, z. B. die ↗Siegelgelder, erhoben u. verwalteten u. das Gerichtssiegel verwahrten; außerdem waren sie öffentliche Ankläger beim Stuhlgericht (s. Hochgericht [1]); später wurden sie durch ein Ladenamt ersetzt.
Ladenmeister 1. (Büchsenmeister, Tafelherr) der Meister, dem das Rechnungswesen einer Zunft (1) übertragen war. **2.** s. Viertel (3).
Ladentag s. Gesellenbruderschaft.
Ladestadt s. Kjöpstad.
Ladungsungehorsam s. Ungehorsamsverfahren.
Lady ursprgl. Titel der engl. Königin, später auch der Prinzessinnen, endlich auch der Frauen von ↗Peers, sowie der Peeresses, tatsächlich aber schon längst auch der weiblichen Mitglieder des Adels überhaupt.
Län (Landshöfdingdom) seit Gustav II. Adolf oberste Verwaltungseinheit Schwed. (u. Finnl.); die schwd. L. unterstehen einem Landshöfding, die finn. seit der Trennung von Schwd. einem ↗Gouverneur (2) (Landeshauptmann, maaherra), sie sind in Kihlakunta unter einem Kruunuvuti eingeteilt. Der oberste Verwaltungsbeamte der Aaland-Inseln heißt dagegen seit 1920 Landshöfding. Vgl. Landsthing (b).
Länderhandwerkskammer s. Handwerkskammer.
Länderkammer in der DDR seit 1949 die dem dt. ↗Bundesrat (1b) entspr. Vertretung der ↗Länder (1e) die auch nach deren Auflösung in ↗Bezirke formell weiterbestand; sie setzte sich bis 1952 aus von den ↗Landtagen (1) gewählten, seitdem aus von den ↗Bezirksräten ernannten Vertretern zusammen u. wurde 1958 abgeschafft.
Länderkantone (Bauernkantone) i. d. Lit. gebräuchlich für die schw. ↗Orte (a), die von einer ↗Landesgemeinde regiert wurden. Vgl. Städtekantone.
Länderrat a) in der am. Zone Dt., 1945–1949, zuerst Konferenz der ↗Ministerpräsidenten der betr. ↗Länder (1 e), seit 1946 Versammlung von Delegierten der Landesregierungen. Neben dem L. stand seit 1947 ein Parlamentarischer Rat aus den ↗Landtagen (1). **b)** s. Wirtschaftsrat (1).
Längengedinge s. Gedinge.
Laen(land) s. Thane.
Laenman s. Thane.
Laenshaerra im MA. in den schwd. Upplanden kgl. Beamter, der ein ↗Härad (o. auch mehrere) als ↗Amtslehen besaß.
Laensmann (Lehensmann, auch ↗Vogt [2]) im ma. Norw. u. Schwd. kgl. (auch bischöfl.) Beamter, mit einem ↗Amtslehen belehnt; er wahrte als Unterbeamter des sysselmann (s. Syssel) bzw. ↗laenshaerra im ↗Härad die Finanzinteressen des Kgs. u. leitete auch in einigen Gegenden das ↗Hundertschaftsgericht. In neuerer Zeit ist der L. in Schwd. u. Finnl. Polizeibeamter in einem ländlichen Distrikt, der bis zu drei Gemeinden umfaßt, in Norw. Exekutivbeamter im Härad.
Laesowerpitio = Halmwurf.
Läß = Sterbfall.
Laetbank = Hofgericht (f).
Laete = Lite.
Laethove = Hofgericht (f).
Laetus = Lite.
Läuber s. Ausmärker.
Läuterung Bitte der verurteilten Partei an den ↗Richter, durch Befragen anderer ↗Urteiler ein günstigeres Urteil zu erlangen.
Läutgarbe s. Reichnis.
Läutgeld s. Reichsnis.
Lag = Gilde.
Lagan = Strandrecht.
Lagaskift (laghalǣghi, gesetzliche Lage) in Schwd.

jede auf Grund bes. Gesetze vorgenommene Teilung von Grundstücken, also früher vor allem die durch das ↗Reebningsverfahren hergestellte Solskift, dann ↗Enskift u. ↗Storskift, in neuerer Zeit ach die ↗Gemeinheitsteilung.

Lage = Gewann (a).

– gesetzliche = Lagaskift.

Lager s. Herbergsrecht (1).

Lagerbuch s. Urbar (1).

Laghae forfall = Not, echte.

Laghalæghi = Lagaskift.

Laghanōt s. Herbergsrecht (1).

Laghsagamaþr = Gesetz(es)sprecher (1).

Lagmann a) = Gesetz(es)sprecher (1). b) (lagmannus, judex) im ma. engl. ↗Stadtgericht ständiger Zeuge.

Lagmannstollr s. Gesetz(es)sprecher (1).

Lagmansrett in Norw. Gericht zweiter Instanz.

Lagråd s. Högsta Domstol.

Lagsaga s. Gesetz(es)sprecher (1).

Lagsagumann = Gesetz(es)sprecher (1).

Lagsman s. Gefolschaft.

Lagtala s. Gesetz(es)sprecher (1).

Lagthing a) = Ding. b) s. Storthing. c) Volksvertretung der Fär-Öer seit 1852.

Lahkóp = Friedensgeld.

Lahn(e) = Hufe.

Laicus barbatus s. Kloster.

Laid fait = Meintat.

Laienabt s. Abt.

Laienamt Ehrenamt.

Laienbrüder a) s. Kloster. b) = Tertiarier.

Laienfürst s. Reichsfürst.

Laieninvestitur s. Investitur (c).

Laienpatronat s. Patronat.

Laienpension Unterhaltsbezüge eines Laien aus Kirchen, bes. bei Stiftungen für die Nachkommen des Stifters.

Laienpfründe s. Panisbrief.

Laienpriester = Weltgeistlicher.

Laienreutzehnt s. Zehnt (1).

Laienschöffe s. Schöffe (1).

Laienschwester s. Kloster u. Tertiarier.

Laiensend s. Sendgericht.

Laienzehnt s. Zehnt (1).

Laienzehntrecht s. Zehnt (1).

Lainage s. Zehnt (1).

Laischaft Stadtteil, der sich auf Wiesen (lê) außerhalb der ursprgl. Stadt entwickelte; für die Vorsteher einer L. kommt die Bezeichnung Laischaftsherren vor. Vgl. Viertel (3).

Laischaftsgarten s. Allmende.

Laischaftsherr s. Laischaft.

Lakina = Schelte.

Lance = Gleve.

– fournie s. Ordonnanzkompagnie.

– garnie s. Ordonnanzkompagnie.

Lancea = Agnaten (a).

Lancia spezzata s. Gleve.

Land 1. a) in Skand. im MA. der dt. ↗civitas entspr. Einheit, in Norw. meist ↗fylk, in Schwd. meist ↗folkand. b) (Landschaft, terra) in Dt. seit dem späteren MA. Gebiet, das keine eigentliche Verwaltungseinheit war, aber herkömmlicherweise ein pol. Ganzes bildete, häufig geographisch geschlossen (z. B. ein Tal, welche Bezeichnung auch im Sinne von L. gebraucht wird); vielfach erhielt sich für diese Gebiete der Ausdruck bis heute. c) = Territorium (2). d) s. Burgbezirk (2). e) seit 1919 im Dt. R. u. in Öst. (offiziell: Bundesland) ein bisheriger ↗Bundesstaat (2) bzw. ↗Kronland (1). – In der DDR wurden 1952 die L. durch ↗Bezirke ersetzt. 2. = Landstände. 3. = Bifang (1).

– grundbares s. Grundherrschaft.

– kurmediges s. Sterbfall.

– schwarzes (schwarze Erde) im ma. Rußl. der bäuerliche Grundbesitz im Gegensatz zu dem des Adels u. der Geistlichkeit, dem weißen Land, zu dem auch die ↗Domänen zählten; nur das s. L. zahlte Steuern. Deshalb wurde es zuerst vom Zaren geschützt, als dieser aber Land zur Vergabung brauchte, nahm er dazu s. L., da es staatsrechtlich als sein Eigentum galt. So verschwand seit dem 16. Jh. das s. L. u. hielt sich nur im äußersten Norden.

– weißes s. Land, schwarzes.

– Court in Mass. Gericht für alle den Grundbesitz betr. Fragen, die hier in erster u. letzter Instanz behandelt werden; nur ausnahmsweise in Berufung an den ↗Supreme Court (b) möglich.

– Office s. General Land Office.

– und Hauszeugmeister s. Hausartillerie.

– und Schocksteuern (Pfennigsteuern) in Sa. vom 17. bis zu Beginn des 19. Jh. die Grundsteuern, die in Pfennigen vom Schock Groschen Grundstückswert erhoben wurden.

– und Stadtgericht (Stadt- und Landgericht) a) in Westpr. 1802 aus der Vereinigung eines kleineren ↗Stadtgerichts mit einem ↗Justizamt entstandenes Gericht. b) in Nassau 1834 bis 1849 dem späteren ↗Kreisgericht (b) entsprechend.

– und Warenaccise s. Accise.

Landadel s. Lendrmaðr.

Landammann in der Schw. ursprgl. oberster Richter in den ↗Länderkantonen, dann mit Verwaltungsbefugnissen, heute der oberste Exekutivbeamte in einigen ↗Kantonen (1) (in Luzern ↗Schultheiß), Vorsitzender des ↗Regierungsrates (4); in Graubünden (mistral regent) an der Spitze eines ↗Kreises. – 1803–1815 oberster Beamter der ganzen Schw., mit sehr ausgedehnten Rechten u. der Kontrolle über die Kantone; die Würde stand je für ein Jahr dem ersten Beamten des jeweiligen ↗Vorortes (a) zu.

Landammannstatthalter s. Préfet national.
Landammannstellvertreter s. Préfet national.
Landamt s. Amt (1) u. Fylk.
Landarchidiakonat s. Archidiakon.
Landarchipresbyter s. Archipresbyter (1).
Landarme(nverband) s. Armenverband.
Landartillerie s. Hausartillerie.
Landarzt s. Amtsarzt.
Landaurar s. Fahrbann.
Landausschuß † mil. Aufgebot.
Landbaugeding = Hofgericht (f).
Landbede = Bede (1).
– gemeine s. Bede (1).
Landbern s. Bern(e).
Landbischof a) (Chorbischof, Ruralbischof, Chorepiscopus, Episcopus ruris, évêque des campagnes) in den ersten Jh. des Christentums dem Stadtbischof (s. Bischof) untergeordnet, zu seiner Entlastung auf dem platten Land, soweit der bischöfliche ↗ordo (1) erforderlich war; im Or. erhielt sich der Titel da u. dort bis heute. b) = Wanderbischof.
Landbôc s. Bôcland.
Landbojaren s. Bojaren (a).
Landbote 1. (nuntius) Abgeordneter i. allg., bes. a) (Reichsbote) seit Mitte des 15. Jh. Vertreter der ↗sejmiki der einzelnen polnischen Landesteile, d. h. i. wesentl. Vertreter der ↗Schlachta; die L. bildeten die Landbotenkammer (Landbotenstube, izba poselska), die eine Art zweite ↗Kammer (2a) des ↗Sejm darstellte. b) Vertreter der ↗Ämter (1) auf dem ostpr. ↗Landtag (1). 2. = Fronbote.
Landbuch a) s. Bôcland. b) = Landtafel (1).
Landbürgermeister(ei) s. Bürgermeisterverfassung.
Landdechant s. Dekan (1).
Landdekan s. Dekan (1).
Landding a) = Ding u. Landesgemeinde. b) s. Landtag (1).
Landdistrikt s. Sanitary District.
Landdragoner = Landreiter.
Landdrapier s. Landkomthur.
Landdrost 1. früher in Nordwestdt. u. Holstein Verwaltungsbeamter; im allg. entsprach er wie der ↗Drost (1) einem ↗Amtmann (1) u. die Landdrostei einem ↗Amt (1). In Ravensberg u. Minden war der L. der oberste (adlige) Beamte, auch Präsident der ↗Amtskammer. – In Hann. stand bis 1723 ein L. an der Spitze eines aus mehreren Ämtern gebildeten Bezirks. 1822 erneuert, entsprach nunmehr (bis 1885) der L. einem pr. ↗Regierungspräsidenten (b) u. die Landdrostei einem ↗Regierungsbezirk (b). 2. in der Südafr. Republik u. im Oranjefreistaat bis 1902 vom Präsidenten ernannter, vom ↗Volksraad (a) bestätigter Verwaltungsbeamter eines ↗Distrikts (3).
Landerbe nach dt. Recht der Erbe nach ↗Landrecht (1a), der das Vermögen des Erblassers erhielt; nicht erbfähig waren Aussätzige, Mörder u. dgl. I. allg. war der L. zugleich ↗Lehenserbe.
Landerbmarschall s. Marschall (1).
Landesacht s. Acht (1).
Landesadel s. Adel, niederer.
Landesadministrationskommission (Administrationskommission) 1814/16 gemeinsame bay.-öst. Verwaltungsbehörde für die Rheinprovinz u. die Rheinpfalz, zuerst in Kreuznach, dann in Worms. Vgl. Zentralverwaltungsrat.
Landesadvokat 1. = Ratspensionär. 2. in Öst. früher ↗Advokat, der an allen Gerichten des Landes zugelassen war.
Landesältester 1. in Schl. seit Ende des 16. Jh. von den ↗Landständen eines Fürstentums gewählter Vertreter; die L. bildeten den Kern des ↗Landeskollegiums (2). 1741 wurden sie im pr. Teil des Landes durch ↗Landräte (2) ersetzt; der Titel erhielt sich für die Taxatoren der ↗Landschaften (5). In öst. Schl. wurden sie unter Joseph II. durch Kreishauptleute (2) ersetzt. 2. bis 1815 der Vorsteher des Görlitzer ↗Kreises der ungeteilten Oberlausitz, seitdem im sä. Teil Titel der Vorsitzenden der Korporationen der ↗Provinzialstände (b), im pr. bis 1869 des Vorsitzenden des ↗Kommunallandtags. 3. = Commissarius perpetuus. 4. in Mähren seit 1752 Vorsteher eines der drei Kreise, in die die Judenschaft geteilt war; für jeden Kreis wurden zwei L. gewählt. – In Gal. 1776 bis 1785 indirekt gewähltes Mitglied der ↗Generaldirektion (1); unter dieser stand der Judenschaft jeden Kreises ein Kreislandesältester vor, der auch zweite Instanz für die Ältestengerichte (s. Judengericht) war.
Landesagrarsenat s. Agrarbehörden.
Landesallmende a) in Skand. die in der Nutzung eines ↗Folklands, ↗Fylks o. ↗Landes (1a) stehende ↗Allmende. b) in Dt. das herrenlose, dem Kg. gehörige Wildland. c) ↗Forst, der mit Nutzungsrechten belastet war. d) Allmende, die ein sehr großes Gebiet umfaßte, z. B. der allg. Landeswald der ↗Markgenossenschaft Rheingau.
Landesamt 1. a) s. Regierung (1). b) in den öst. ↗Ländern (1e) seit 1919 das einzelne Ressort in der Zentralverwaltung, bes. das ↗Landesregierungsamt; in den dt. Ländern eine selbständige, einem ↗Ministerium (7) zugeordnete Zentralbehörde. 2. s. Hofämter u. Ober- und Regimentsräte.
Landesamtsdirektor s. Landesregierungsamt.
Landesanwalt = Ratspensionär.
Landesarbeitsgericht s. Arbeitsgericht.
Landesarbeitsrat = Conseil supérieur du travail.

Landesarbeitsrichter s. Arbeitsgericht.

Landesartung Bezeichnung der sch.-h. Verfassung von 1949.

Landesaufgebot s. Heerfahrt.

Landesausschuß 1. **a)** in E.-L. 1874–1911 Versammlung von Vertretern der ↗Bezirkstage (1) u. ↗Gemeinderäte (a), etwa mit den Befugnissen eines ↗Landtags (1). **b)** in den ↗Regierungsbezirken (b) Kassel u. Wiesbaden, sowie in Hohenzollern die dem sonstigen Provinzialausschuß (s. Provinziallandtag [b]) entspr. Körperschaft. **c)** in Meckl.-Strelitz (seit 1919) u. in Liechtenstein geschäftsführender Ausschuß des Landtags während Nichttagung u. Auflösung. **d)** = Provinzialrat (b). **e)** in Ba. 1849 die revolutionäre Regierung. **f)** in den öst. ↗Kronländern (1) bis Mitte des 19. Jh. (auch ständische Ausschußkommission, perpetuierliche Aktivität, Verordnetenstelle) der ↗Ausschußlandtag; er hielt sich teilweise (z. B. in Bhm.) bis 1861 u. ging unmittelbar in den neueren L. über; dieser (1861–1918) war ein vom Landtag gewählter verwaltender u. ausführender Ausschuß von vier bis acht Mitgliedern, der eine kollegiale Behörde darstellte, die vor allem die Selbstverwaltungsorgane, also bes. die Gemeinden, überwachte, u. hierin eine vom Landtag unabhängige Verwaltungsbehörde war; den Vorsitz führte der Präsident des Landtags. **g)** s. Landesverwaltungsgebiet. **2.** † mil. Aufgebot.

Landesbataillon s. Landwehr (1).

Landesbauernführer s. Reichsbauernführer.

Landesbauernkammer s. Landwirtschaftskammer.

Landesbauernrat s. Reichsbauernführer.

Landesbauernschaft s. Reichsbauernführer.

Landesbauernthing s. Reichsbauernführer.

Landesbehörde s. Landesverwaltungsgebiet.

Landesbestellter in Schl. dem ↗General-Landesbestellten entspr. ↗Syndicus (3) beim ↗Landeskollegium (2).

Landesbischof **a)** = Summus Episcopus. **b)** ein kath. ↗Bischof, dessen ↗Diözese (a) das betr. Land umfaßt. **c)** s. Bischof.

Landesbistum **a)** dt. ↗Diözese (a), die nicht ↗reichsunmittelbar war (nur in Brand., Bhm. u. Öst.). **b)** das in Kleve de facto bestehende Recht des ↗Herzogs als ↗Summus Episcopus, einen ↗Bischof als Vertreter zu ernennen.

Landesbojaren s. Bojaren (a).

Landesbruderrat s. Reichsbruderrat.

Landeschef in Öst. Bezeichnung des an der Spitze der obersten Verwaltungsbehörde eines ↗Kronlandes (1) stehenden Beamten; während in älterer Zeit nur die Vorstände einiger ↗Regierungen (1) bzw. ↗Gubernien mit L. bezeichnet wurden, nannte man 1851–1919 alle betr. Beamten so; sie führten teils den Titel Statthalter (s. Statthalterei [a]), teils den Titel Landespräsident (s. Landesregierung [b]).

Landesdefension = Defensionswerk.

Landesdeputiertenversammlung s. Nationalrepräsentation, provisorische.

Landesdienst s. Hofämter u. Landfolge.

Landesdienststelle s. Landeskommandant.

Landesding = Landesgemeinde.

Landesdirektion = Provinziallandesdirektion.

Landesdirektor **a)** s. Landrat (2). **b)** (später, außer in Brand., Landeshauptmann) 1875–1933 in jeder pr. ↗Provinz vom ↗Provinziallandtag (b) gewählter u. ihn präsidierender Beamter, der unter Aufsicht des Provinzialausschusses mit den ↗Landesräten (1) zusammen die laufenden Geschäfte fürhet. c) 1868–1929 der die Regierung (Landesdirektorium) von Waldeck führende pr. Beamte. **d)** s. Landesdirektorium (d).

Landesdirektorium **a)** s. Landrat (2). **b)** in Hann. seit 1867 dem ↗Landesdirektor (b) der anderen ↗Provinzen gleichgestelltes Kollegium, aus dem Landesdirektor u. zwei Schatzräten (früher auch anderen Beamten) bestehend; der Landesdirektor war nicht Mitglied des Provinzialausschusses (s. Provinziallandtag[b]). **c)** s. Landesdirektor (c). **d)** 1924–1939 die oberste, einem ↗Ministerium (7) entspr. Behörde des Memellandes, bestehend aus einem Landespräsidenten u. zwei Landesdirektoren.

Landesdistriktsarzt s. Amtsarzt.

Landeserbämter s. Hofämter.

Landeserbstatthalter s. Statthalter (1).

Landesfahne = Landfahne.

Landesfeldhauptmann = Landoberst.

Landesfinanzamt s. Oberfinanzdirektion.

Landesforstdirektor s. Oberlandforstmeister.

Landesforstinspektor in Öst. Beamter, der in einem größeren Gebiet, u. U. einem ↗Kronland (1) bzw. Bundesland (s. Land [1e]), mit der Kontrolle über sämtliche ↗Forsten, bes. mit der Durchführung des Forstgesetzes betraut ist.

Landesforstmeister s. Oberlandforstmeister.

Landesforstpräsident s. Oberlandforstmeister.

Landesfreiheit s. Landrecht (1a).

Landesfronden s. Fronden (a) u. Landfolge.

Landesführer s. Rêdjeva.

Landesfürsorgeverband s. Armenverband.

Landesfürst s. Landeshoheit.

Landesgemeinde (Land[es]ding, Landsgemeinde, Völkerschaftsding, Völkerschaftsversammlung, Volk[land]sding, ↗Ding, ↗concilium, c. civitatis, jus generale, placitum g., lioðthing, lioðwarf, thiodothing, thiotmalli u. ä.) bei den Germ. die zu bestimmten Terminen an bestimmtem Platz zusammentretende Versammlung aller ↗Freien, in erster Linie pol. Versammlung, dann Heerschau, Wahlversammlung

u. Gericht .Vgl. Umstand. Sie war das entscheidende Organ der ↗civitas (b), vom Kg. (bzw. ↗Gaufürsten o. Priester) berufen u. geleitet. Während der Völkerwanderungszeit gingen ihre pol. Rechte i. wesentl. auf den Kg. über; die L. blieb hauptsächlich Gericht. Daneben blieb eine bes. Heerschau (vgl. Märzfeld) bestehen. – Erhalten hat sich die L. in ihrer alten Bedeutung im Norden bis ins MA., in einigen ↗Kantonen (1) der Schw. (hier zuerst im 15. Jh. L. genannt) bis heute. Diese schw. L. ist die Versammlung der mündigen Bürger, bis ins 16. Jh. durchaus mit dem alten Charakter, dann zunächst die oberste Exekutivgewalt, endlich auch die Gerichtsgewalt an den ↗Landrat (4) verlierend, heute Wahlversammlung (für die Kantonsbeamten) u. gesetzgebender Körper; den Vorsitz führt der ↗Landammann; die ordentliche L. findet im Frühjahr statt (Maienlandsgemeinde); in Uri wurde sie 1928 durch eine geheime Abstimmung im Mai ersetzt.

Landesgericht a) s. Kreisgericht (b). **b**) = Landsdómur.

– **oberstes** 1879–1935 u. seit 1948 oberstes bay. Gericht (entstanden aus dem ↗Oberappellationsgericht), an Stelle des ↗Reichsgerichts bzw. Bundesgerichtshofes (2) für bürgerliche Streitigkeiten zuständig.

Landesgerichtsrat s. Kreisgericht (b).

Landesgesundheitsrat s. Medizinalkollegium.

Landesgewerberat in Ung. (seit 1890) u. in Ba. (seit 1892) Körperschaft zur Beratung der betr. ↗Ministerien (7) in Gewerbesachen; für Gewerbeschulsachen wurde in Ung. 1892, in Ba. 1905 ein bes. Gewerbeunterrichtsrat bzw. (Landes)gewerbeschulrat errichtet.

Landesgewerbeschulrat s. Landesgewerberat.

Landesgubernium = Gubernium.

Landeshaingericht = Generalhaingericht.

Landeshandwerksmeister s. Innung (a).

Landeshauptmann 1. (Landkapitän) füher Oberbefehlshaber des allg. Aufgebots eines ↗Territoriums (2) o. eines größeren Gebietes. **2. a**) (↗Landvogt [a], capitaneus) in Brand. seit dem 14. Jh. Aufsichtsbeamter über einen Landesteil (Landvogtei), über mehreren ↗Vögten (2), zuerst ehrenamtlich, seit dem 15. Jh. besoldet, im 17. Jh. nur noch ständisches Titularamt. **b**) s. Landesregierung (b), Oberamt (2), Oberhauptmann (1a) u. Regierung (1). **3. a**) = Landesdirektor (b). **b**) s. Landtag (1). **c**) in Nordrh.-Westf. der Leiter des ↗Provinzialverbandes Westf., in He. die Leiter der ↗Bezirksverbände Kassel u. Wiesbaden. **4. a**) von den ↗Orten (a) dem ↗Abt von St. Gallen seit 1479 gesetzter Vogt (2). **b**) (ballivus) im Wallis ursprgl. Vogt (1) des ↗Bischofs von Sitten, seit dem 16. Jh. vom ↗Landrat (4) gewählt u. etwa einem ↗Landamtmann entspr. **5.** in einigen früheren dt. Kol. der ↗Gouverneur (4). **6.** s. Län.

Landeshauptmannei s. Regierung (1).

Landeshauptmannschaft a) Verwaltungsbezirk eines ↗Landeshauptmanns. **b**) s. Regierung (1) u. Oberamt (1).

Landesherr 1. s. Landeshoheit. **2.** s. Fronhof. **3.** s. Ministerale (2). **4.** = Daimyō.

Landesherrlichkeit = Landeshoheit.

Landesherrschaft = Landeshoheit.

Landeshörige s. Vogtleute (a).

Landeshofmeister s. Hofmeister (1).

Landeshoheit (Landesherrlichkeit, Landesherrschaft, Territorialhoheit) seit dem 11. Jh. entstehende, im 13. Jh. ausgebildete tatsächliche Gewalt, bestehend aus einem Komplex von teils staatlichen, teils privaten Rechten u. daher mit den verschiedensten Ausdrücken (alle Hoheit und Obrigkeit, hohe Obrigkeit, landesfürstliche Oberbotmäßigkeit, l. Obrigkeit, landesherrliche Botmäßigkeit, Landesobrigkeit, Landessuperiorität, Oberherrlichkeit, Oberherrschaft, Territorialherrlichkeit, dominatio, ↗dominium, d. altum, d. et potestas, d. terrae, justitia, potestas, principatus, superioritas territorialis, territoliale jus., territorii et superioritatis j., seigneurie) bezeichnet (vgl. Herrschaft), ausgeübt innerhalb eines bestimmten Gebietes, des ↗Territoriums (2); der Inhaber der Rechte wurde dadurch zum Landesherrn (Landesfürst, Landherr, Territorialherr, dominus patriae, d. terrae, princeps t.). Ursprung u. wesentlicher Inhalt der L. war die Gerichtsgewalt des ↗Grafen, der sich nach u. nach auch die übrigen Hoheitsrechte angliederten, aber so, daß auch späterhin der Landesherr vor allem ↗Gerichtsherr (1) war, bis endlich, indem die verschiedenen Rechte zu einer Einheit verschmolzen, die L. zu einer tatsächlichen Staatsgewalt wurde. Zuerst, bereits zu Beginn des 13. Jh., wurde sie nach oben abgeschlossen, während die Abschließung nach unten erst im 15. Jh. vollendet war. – In einigen Ländern kam es zu einer eigentlichen Staatsgewalt überhaupt nicht, so unterschied man z. B. im Bistum Bamberg noch um 1800 Centenalia (Fraisch [s. hohe Gerichtsbarkeit]), Vogtetica (s. Vogteilichkeit), Cameralia et Feudalia (Grund- u. ↗Lehenshoheit) u. Steuralia (Steuerhoheit) als Inhalt der Hoheitsrechte, während man gleichzeitig in der Markgrafschaft Bayreuth nur Cameralia u. Jurisdictionalia unterschied.

Landeshuldigung 1. = Huldigung (c). **2.** s. Acht (1).

Landesinnung s. Hauptlade.

Landesjägermeister s. Reichsforstamt.

Landesjagdrat s. Reichsforstamt.

Landesjustizkollegium früher kollegial zusammengesetztes oberstes Gericht eines geschlossenen Landesteiles. Vgl. Regierung (1).

Landeskämmerer 1. s. Kämmerer (1). 2. s. Landreiter.

Landeskammer s. Hofkammer.

Landeskanzlei oberste Vertretung (aber keine Behörde) der ung. Israeliten.

Landeskasten = Landkasten.

Landeskirche (ecclesia dominans) die auf Grund des ↗reformandi jus durch den Landesherrn (s. Landeshoheit) in seinem ↗Territorium (2) (Territorialkirche) als alleinherrschend erklärte Konfession, dann die ev. Religionsgemeinschaft eines Landes unter dem Landesherrn als ↗Summus Episcopus. In einigen dt. Ländern, in denen mehrere prot. Konfessionen bestanden, wurden diese zu einer L. zusammengeschlossen, z. B. in He.-Kassel 1817, in He.-Darmstadt 1870 (ein gemeinsames Oberkonsistorium [s. Konsistorium (2)] bestand hier schon sei 1806); ähnlich war es in Hann. u. Braunschweig. – Nach 1918 wurde die Bezeichnung L. für die ↗Gliedkirchen der EKD beibehalten, obwohl die Grenzen der L. sich vielfach nicht mit denen der ↗Länder (1e) decken; auch die früheren Provinzialkirchen (s. Kirchenprovinz [b]) nennen sich heute L.

Landeskirchenamt s. Konsistorium (2).

Landeskirchenausschuß s. Reichskirchenausschuß.

Landeskirchengericht = Kirchengericht (2 b).

Landeskirchenführerkonferenz s. Reichskirchenausschuß.

Landeskirchenrat s. Konsistorium (2).

– synodaler in Sa.-Coburg-Gotha (bzw. seit 1918 in Coburg) 1913–1919 Körperschaft mit nur beratender Funktion, 1919/20 einer ↗Synode entspr. u. 1920/21, d. h. bis zum Anschluß an Bay., durch eine Landessynode ersetzt.

Landeskirchenregierung s. Kirchensenat (b).

Landeskirchenstelle, Evang.-Luther. seit 1930 dem bayr. Landeskirchenrat (s. Konsistorium [2]) unterstellte Behörde zur Aufsicht über die Kirchengemeinden u. Stiftungen in vermögensrechtlicher Beziehung.

Landeskirchentag s. Synode.

Landeskollegium 1. an der Spitze eines Ressorts stehende kollegiale Zentralbehörde. 2. in den schl. Fürstentümern ständiger Ausschuß der ↗Landstände, i. wesentl. für die Steuerverwaltung, bestehend aus den ↗Landesältesten (1), je einem ↗Deputierten für jeden ↗Kreis, den etwa vorhandenen ↗Prälaten, Vertretern der ↗Domänen usw.; die Mitglieder waren lebenslänglich bestellt.

Landeskommandant in der dt. Reichswehr seit 1921 ältester Offizier in der Hauptstadt eines ↗Landes (1e); er hielt die Verbindung des Heeres mit der betr. Landesregierung aufrecht; eigene Kommandogewalt besaß er nicht. L. gab es in Ba., Bay., He., Sa. u. Wü.; in Pr. entsprach ihm eine Landesdienststelle.

Landeskommissär in Ba. 1864–1945 an Stelle der früheren ↗Kreisregierung (b) Bevollmächtigter des ↗Ministeriums (7) des Innern u. dessen Mitglied, beauftragt mit der Aufsicht über die Behörden der inneren Verwaltung u. der Vermittlung zwischen dem Ministerium u. den lokalen Behörden, ↗Kreisen u. Gemeinden; regelmäßige Zwischeninstanz war der L. nicht; bis 1919 hatte er auch Befugnisse in Quartiersachen u. dgl., sowie beim mil. Ersatzwesen; Ba. war in vier Landeskommissariatsbezirke (Landeskommissärbezirke) eingeteilt.

Landeskonsistorium s. Konsistorium (2).

Landeskonvent in einigen ↗Territorien (2) der ↗Landtag (1).

Landeskonzil s. Konzil.

Landeskreditwerk s. Kreditwerk, ständisches (a).

Landeskulturamt = Generalkommission (für Landeskultursachen) u. Landeskulturrat.

Landeskulturrat (später Landeskulturamt) dem pr. ↗Landesökonomiekollegium (a) entspr. sä. Behörde, in neuerer Zeit unter Beibehaltung des Namens in eine ↗Landwirtschaftskammer umgewandelt. – Auch in einigen öst. ↗Kronländern (1) wurden 1880 u. in den folgenden Jahren L. errichtet.

Landesmarschall s. Landtag (1).

Landesmedizinalkollegium s. Medizinalkollegium.

Landesministerium a) s. Provinzialdepartement. b) 1792–1798 das Berliner ↗Kabinettsministerium in seiner Eigenschaft als oberste Behörde für Ansbach-Bayreuth.

Landesoberpfarrer s. Bischof.

Landesoberrabbiner s. Generaldirektion (1).

Landesobrigkeit s. Landeshoheit.

Landesökonomiekollegium a) in Pr. 1842–1918, errichtet als technische Deputation u. ausführendes Organ in landwirtschaftlichen Angelegenheiten des ↗Ministeriums (7) des Innern, seit 1859 technischer Beirat des neu errichteten Landwirtschaftsministeriums, seit 1898 auch Geschäftsstelle der ↗Landwirtschaftskammern. Neben dem L. bestand seit deren Errichtung ein entsprechender Zentralverband, der 1921 erweitert als Hauptlandwirtschaftskammer an Stelle des L. trat; sie bestand aus den Vorsitzenden der Landwirtschaftskammern, drei Ministerialbeamten u. einigen hinzugewählten Mitgliedern; der Landwirtschaftsminister hatte beratende Stimme. b) = Oberlandesökonomiekollegium.

Landesoffiziere (oberste) (Oberstlandesoffiziere) in Bhm. die alten erblichen ↗Hofämter, die als Kollegium, ähnlich den ostpr. ↗Ober- und

Regimentsräten, bis 1621 das Land regierten, dann nur noch Ehrentitel waren; auch der Statthalter (s. Statthalterei [a]) zählte zu den L., ebenso der ↗Oberburggraf (b).

Landesordnung (in Öst. auch Landtafel, in Steiermark Landlauf, in den Ndl. Landkeure, anderswo auch Amtsordnung, ↗Landrecht [1a]) im späteren MA. mit Zustimmung der ↗Landstände von einem Landesherrn (s. Landeshoheit) für sein ↗Territorium (2) erlassene Normen für ↗Polizei, Gerichtswesen usw. in Form eines Gesetzes. In Öst. wurden noch im 19. Jh. allgemeine gesetzliche Regelungen für die Kronländer (1) mit L. bezeichnet. Vgl. Landgebot.

Landespfänder s. Landreiter.

Landespräsident s. Landesregierung (b u. c), Landesdirektorium (d) u. Landesverwaltungsgebiet.

Landespräsidium 1919–1947 die Regierung von Lippe.

Landespropst s. Bischof.

Landesrabbiner (Landrabbiner) seit der zweiten Hälfte des 16. Jh. an der Spitze der mährischen Judenschaft.

Landesrat **1.** in Pr. seit 1875 dem ↗Landesdirektor (b) beigeordneter Fachbeamter zur Mitwirkung bei Erledigung der Geschäfte, vom ↗Provinziallandtag (b) gewählt; die L. führten, wenn ihnen bes. Funktionen zugewiesen waren, einen entspr. Titel, z. B. Landessyndikus. **2.** s. Landesregierung (b). **3.** (conseil consultatif) Volksvertretung des Saargebiets 1919–1935. **4.** = Gouvernementsrat.

Landesregierung **a)** = Regierung (1). **b)** ursprgl. das ↗Gubernium aller, 1851–1919 die oberste Verwaltungsbehörde nur der kleineren öst. ↗Kronländer (1) (vgl. Statthalterei [a]), seit 1919 aller öst. ↗Länder (1e), früher aus einem Landespräsidenten u. Regierungsräten, heute aus einem Landeshauptmann u. Landesräten bestehend. Vgl. Stadtsenat. **c)** seit 1945, teilweise erst später, amtliche Bezeichnung der Regierung der meisten dt. Länder; vor 1945 hieß nur die Regierung von Schaumburg-Lippe amtlich L.; sie wurde von einem Landespräsidenten geleitet. – In Bay. heißt die Regierung Staatsregierung, in Berlin, Hamburg u. Bremen ↗Senat (3).

– oberste = Oberlandesregierung (2).

Landesregierungsamt in den öst. ↗Ländern (1e) die mit der inneren Verwaltung betraute Zentralbehörde; an ihrer Spitze steht ein Landesamtsdirektor. Vgl. Landesamt (1b).

Landesregiment = Regierung (1).

Landesrichter s. Judex curiae (1).

Landessanitätsrat s. Medizinalkollegium.

Landesschulinspektor s. Kreisschulinspektor.

Landesschulkommissär s. Kreisschulinspektor.

Landesschulkommission in Bay. früher fachmännischer Beirat des Kultusministeriums für die Schulen, für die nicht der oberste ↗Schulrat zuständig war.

Landesschulrat s. Kreisschulinspektor u. Oberschulrat.

Landessenat in Bhm. u. Ung. in älterer Zeit Bezeichnung des ↗Hofrats (1).

Landes-Sicherheits-Truppen hießen in Öst. früher Gendarmerie u. dgl.

Landessozialgericht s. Verwaltungsgerichtsbarkeit (a).

Landesstaat = Territorium (2).

Landesstadt (fürstliche Stadt, landesherrliche S., landsässige S., Landstadt, Territorialstadt) im Gegensatz zur ↗Reichsstadt eine dt. Stadt, die einem Landesherrn (s. Landeshoheit) unterstand; in späterer Zeit hießen in einigen ↗Territorien (2) die L., die nicht Residenzstädte waren, Munizipalstädte.

Landesstände = Landstände.

Landesstatthalter **a)** s. Préfet national. **b)** seit 1919 Stellvertreter des Landeshauptmanns (s. Landesregierung [b]) in Vorarlberg, 1933 auch von den übrigen ↗Ländern (1 e) übernommen.

Landesstelle s. Stelle (1).

Landessteuer = Landsteuer.

Landessuperintendent s. Bischof.

Landessuperiorität s. Landeshoheit.

Landessynagoge in Ba. die Gesamtheit der Israeliten.

Landessyndikus s. Landesrat (1).

Landessynodalausschuß s. Gesamtsynode u. Synode.

Landessynode s. Synode u. Konzil.

Landesthronlehen s. Thronlehen.

Landesunion (Union) in Meckl. bis 1918 der gemeinsame ↗Landtag (1) der beiden Großherzogtümer.

Landesunmittelbar s. Statutargemeinde.

Landesunterrichtsrat s. Kreisschulinspektor.

Landesväter in den schw. ↗Kantonen (1) mit ↗Landesgemeinde zusammenfassende Bezeichnung von ↗Landammann u. ↗Landrat (4).

Landesverband s. Kommunalverband (b).

Landesverfassungsgericht s. Verfassungsgerichtsbarkeit.

Landesversammlung **a)** in Dithmarschen im späteren MA. die Regierung. **b)** (Konstituierende L.) in Ba. 1849 die revolutionäre Volksvertretung. **c)** in Braunschweig bis 1918 die ständisch zusammengesetzte Volksvertretung. **d)** (Verfassunggebende L.) in einigen dt. Ländern nach 1918 u. nach 1945 zur Ausarbeitung der Verfassung. **e)** s. Allthing.

Landesverteidigungsbehörden in Tirol u. Vorarlberg bis 1919 die den Landwehrbehörden (vgl. Landwehr [1]) im übrigen Öst. entspr. Kommandostellen.

Landesverteidigungskommission s. Kriegsrat (1b).

Landesvertretung s. Landesverwaltungsgebiet.

Landesverwaltungsamt s. Reichsbauernführer.

Landesverwaltungsgebiet in der Tschechosl. 1920 bis 1948 eines der vier Länder, in welche die Republik eingeteilt war; an der Spitze stand ein vom ↗Staatspräsidenten ernannter Landespräsident mit einer Landesbehörde; Volksvertretung war die zu zwei Dritteln gewählte, zu einem Drittel ernannte Landesvertretung mit einem geschäftsführenden Landesausschuß.

Landesverwaltungsgericht s. Verwaltungsgerichtsbarkeit (a).

Landesverweser a) in Öst. früher Stellvertreter des ↗Landeshauptmanns (s. Landesregierung [b]). b) s. Regierungschef (1).

Landesviertel s. Kreis.

Landeswirtschaftsrat = Conseil National Economique (et Social).

Landeszusammenkunft in den schl. Fürstentümern in öst. Zeit der ↗Landtag (1) (auch so genannt), i. d. R. ein ↗Ausschuß(land)tag, aus dem durch einige ↗Deputierte erweiterten ↗Landeskollegium (2) bestehend.

Landfahne (Landesfahne) in Bay. Abteilung der Defensioner (s. Defensionswerk).

Landfeste s. Go u. Weistum.

Landfester s. Go.

Landfolge (Beistand, ↗Folge [a], sequela) Verpflichtung der ↗Hörigen bzw. der Untertanen, bes. auf erhobenes ↗Gerüfte hin, dem Grundherrn bzw. Landesherrn (s. Landeshoheit) bei Landesnot zur Verfügung zu stehen; in den ↗Grundherrschaften handelte es sich vor allem um Feuers- (Feuerfolge) u. Wassersnot sowie, bes. seit dem 16. Jh., um Polizeidienste (Polizeipflicht), in den ↗Territorien (2) neben letzterer vor allem um das allg. Aufgebot, die ↗Heerfahrt. Außerdem bezeichnete L. (Landesdienst, Landesfronden, Landscharen, Nachfolge, Nachreise, Scharen, sequela territorialis) die dem Landesherrn schuldigen ↗Fronden (a), die Pflicht zur Beherbergung (vgl. Herbergsrecht [1]) usw. Die L. konnte in späterer Zeit durch eine Abgabe (Landfolgegeld) abgelöst werden.

Landfrage = Rügeverfahren.

– stille = Frage, stille.

Landfriede 1. (Gemeinfriede, pax communis, p. continua, p. firm[issim]a, p. generalis, p. sancta, p. terrae) in frk. Zeit der Volksfriede (s. Friede [a]) bzw. Königsfriede (a), im späteren MA. als Schutz gegen Mißbrauch der ↗Fehde bzw. zu deren Beseitigung im Anschluß an den ↗Gottesfrieden von den weltl. Behörden gehandhabt, in Fr. seit Beginn des 11., in Dt. seit Beginn des 12. Jh., zuerst zeitlich beschränkt (vgl. Assecuratio, Institutio pacis u. Quarantaine le roi), seit 1413 in Fr., seit 1495 in Dt. als «ewiger» L. dauernd. Den dt. Reichs[land]frieden gingen zeitlich voraus (seit Ende des 11. Jh.) die Provinzial[land]frieden (Territorialfrieden) für beschränkte Gebiete; sie ersetzten zeitweise die Reichsfrieden. L. bezeichnet auch die Landfriedensordnung. 2. = Bannzaun.

Landfriedensbezirk s. Landfriedenshauptmann.

Landfriedensbündnis (Landfriedenseinung) zwischen mehreren Fürsten, Städten usw. zwecks Durchführung des ↗Landfriedens (1) geschlossener Bund.

Landfriedenseinung = Landfriedensbündnis.

Landfriedensgericht jedes Gericht zur Wahrung des allg. ↗Friedens (a), bes. a) in frk. Zeit die von den ↗Grafen zu diesem Zweck gebildeten communia placita. b) (auch ↗Femgericht) im späteren MA. das vom ↗Landfriedenshauptmann geleitete kommissarische Gericht.

Landfriedenshauptmann (Landfriedensvogt, advocatus principalis, a. provincialis, judex generalis) zur Wahrung des ↗Landfriedens (1) (conservatio pacis) an der Spitze eines größeren Gebietes (Landfriedensbezirk, Landfriedenskreis), vom Kg. erannt, zuerst ein ↗Fürst (b), seit Ende des 13. Jh. vielfach ein Reichslandvogt (s. Reichsvogt), mit fünf bis fünfzehn Beisitzern (assessores pacis, conservatores p., judices p.) das ↗Landfriedensgericht (b) bildend.

Landfriedenskreis s. Landfriedenshauptmann.

Landfriedensordnung s. Landfriede (1).

Landfriedensvogt = Landfriedenshauptmann.

Landgafol s. Gafol.

Landgarbacker = Weitraite.

Landgarbe = Medem.

Landgebot für das ganze Land geltende Verordnung. Vgl. Landesordnung.

Landgeding s. Weistum.

Landgemeinde s. Kirchspielslandgemeinde.

Landgericht a) (↗Landrecht [1b], cometia, judicium comitiale, j. majus, j. provinciale, placitum provinciale, p. terrae commune) seit frk. Zeit das echte ↗Ding des ↗Grafen, für die Grafschaft zuständiges ↗Hochgericht (1), seit dem 13. Jh. Gericht für Adel, höhere Geistlichkeit u. Städte (vgl. Stadtgericht), auch ↗Lehensgericht, nunmehr als höheres L. von dem bisherigen ↗Zentgericht als niederem L. geschieden; letzteres trat für die unteren Stände an Stelle des alten echten Dings, mit ↗hoher Gerichtsbarkeit (daher nunmehr Hochgericht); es war in Strafsachen ↗Untergericht gegenüber dem höheren L. als ↗Obergericht (a), in Zivilsachen i. d. R. erste u. letzte Instanz. Vgl. Reichsgericht. u. Bezirksgericht (1). – Seit dem späteren MA. wurden die meisten L. zu territorialen Gerichten u. vielfach in ihrer Kompetenz stark beschränkt, teils gingen sie auch in ↗Dorf (a) – oder ↗Stadtgerichten auf, o. wurden durch die Gerichtsbarkeit der ↗Amtmänner (1) ersetzt. In Pr. wurden sie im 18. Jh. aufgehoben. **b**) seit 1820 in einigen pr. ↗Provinzen, seit 1879 im Dt. R. kollegiales Gericht erster bzw. zweiter Instanz, mit einem Präsidenten, Direktoren für die einzelnen ↗Kammern (1) u. Mitgliedern, die gleichzeitig Amtsrichter (s. Amtsgericht [a]) sein können. Bei den L. bestehen ↗Strafkammern u. ↗Zivilkammern, außerdem können von Fall zu Fall ↗Kammern für Handelssachen gebildet werden. **c**) in Tirol (dynastisches L.) ↗Patrimonialgericht; diese L. bestanden neben den staatl., von denen sie bis 1848 nahezu verdrängt u. ersetzt wurden. Vgl. Pflege (1). **d**) erste Instanz in Liechtenstein. **e**) s. Kreisgericht (d). **f**) = Mannrecht. **g**) = Landsret.

– dynastisches s. Landgericht (c).

– höheres s. Landgericht (a).

– kaiserliches s. Reichsgericht.

– niederes s. Landgericht (a).

Landgerichtsarzt s. Amtsarzt.

Landgerichtsgarbe = Landgrafenhaber.

Landgerichtsrat s. Landrichter (a).

Landgerichtsweisung s. Weistum.

Landgeschrei = Gerüfte.

Landgeschworener s. Schöffe (1).

Landgesinde s. Ministeriale (2).

Landgöding s. Go.

Landgraf (comes magnus, c. patriae, c. principalis, c. provinciae, c. provincialis, c. regionarius, c. regionis, c. terrae) seit Beginn des 12. Jh. (zuerst in Thür.) vorkommender Titel unsicherer Bedeutung, wahrscheinlich ein ↗Graf, der seine Gewalt im alten territorialen Umfang behauptet hatte; in Thür. scheint der Titel auf den Vorsitz im ↗Landfriedensgericht zurückzugehen. Irgendwelche bes. reichsrechtliche Bedeutung hatte der L. nicht; erhalten blieb der Titel in Thür. bis 1806, in He.-Homburg bis 1866.

Landgrafenhaber (Landgrafengarbe, Landgrafenzins, Landgerichtsgarbe) dem ↗Grafenschatz entspr. Abgabe an den ↗Landgrafen.

Landgüterrecht = Anerbenrecht.

Landgüterrolle s. Anerbenrecht.

Landhauptmann (Semskij Natschalnik) in Rußl. 1889–1917 Aufsichtsbeamter für die Landgemeinden, insbes. für den ↗Mir (2) u. ↗Friedensrichter (6); der L. war möglichst Adliger.

Landhege = Bannzaun.

Landherr 1. s. Landeshoheit. 2. s. Ministeriale (2.) 3. = Lendrmaðr. 4. s. Fronhof. 5. in den Hansestädten mit der Verwaltung des Landgebiets (in Hamburg in vier Landherrschaften geteilt) betrauter Senator (s. Stadtrat [a]); die von den L. geleitete Behörde heißt Landherrenamt (in Lübeck Stadt- und Landamt).

Landheuer, alte s. Heerd (a).

Landhofamt s. Hofämter.

Landhofgericht (judicium curiae) im 18. Jh. das Breslauer ↗Mannrecht, mit dem dortigen ↗Landrecht (1 d) u. ↗Hofgericht (a) verschmolzen, mit einem Landhofrichter, zuständig für Konkurse u. ↗freiwillige Gerichtsbarkeit.

Landhofmeister s. Hofmeister (1).

Landhofrichter s. Landhofgericht.

Landhufe s. Hufe.

Landjägermeister s. Jägermeister.

Landjahr (Landschuljahr) zuerst in Pr. 1934 eingeführtes Pflichtjahr der schulentlassenen Stadtjugend, die während dieser Zeit in Heimen auf dem Lande wohnte u. von Landjahrführern betreut wurde.

Landjustizamt in Frankfurt a. M. 1856–1879 Gericht für den Landbezirk, mit Einzelrichter besetzt, für Bagatellsachen u. ↗freiwillige Gerichtsbarkeit. Vgl. Stadtamt.

Landjustizrat = Commissarius perpetuus.

Landkammer s. Kammer (1) u. Hofkammer.

Landkanzlei a) in Kleve-Mark seit Beginn des 17. Jh. die herzogliche ↗Kanzlei, bis 1611 die oberste Verwaltungs- u. Gerichtsinstanz, dann allm. auf die richterliche Tätigkeit, schließlich auf Strafsachen beschränkt, von der ↗Regierung (1) zur Seite gedrängt, 1649 durch einen ↗geheimen Justizrat (2) ersetzt. **b**) in Wü. Vorläufer des ↗Kabinetts, in das sie 1717 umgewandelt wurde; sie entstand aus einer Kampagnekanzlei, die den ↗Herzog in den Feldzügen Ende des 17. Jh. begleitete u. aus Reise- und Feldsekretären, seit 1708 mit einem Geheimen Referendär an der Spitze, bestand.

Landkapitän = Landeshauptmann (1).

Landkapitel (Dekanatskapitel, Dekanatskonferenz, Kaland[er], Kalendgesellschaft, ↗Kapitel, ↗Kapitelskonferenz, Pastoralkonferenz, Pfarrkonferenz, Priesterkonferenz, Ruralkapitel, calendae, capitulum decanorum, c. rurale, consistorium, corona, sessio, synodus) Versammlung der Geistlichen eines ↗Dekanats (das daher selbst L. genannt wird), durch den ↗Dekan (1) berufen u. geleitet, zur Besprechung der Dekanatsangelegenheiten; die Teilnehmer schlossen sich etwa seit dem 13. Jh. zu Genossenschaften gleichen Namens zusammen. Die L. u. ihre Einrichtungen blieben auch in den prot. Kirchen bestehen.

Landkasten (Landeskasten) in den dt. ↗Territorien (2) die Kasse, in welche die von den ↗Landständen bewilligten Steuern flossen; verwaltet wurde der L. von den Ständen, die zu diesem Zweck bes. Ausschüsse ([Ober]kastenherren, Oberkastener) wählten. Unter ihnen wurden die eigentlichen Geschäfte von Beamten (Kastenschreibern usw.) geführt.

Landkauf = Friedensgeld.

Landkeure = Landesordnung.

Landknecht = Landreiter.

Landkommissar s. Marschkommissar (b).

Landkomthur (Landmeister) beim Dt. Orden über mehreren ↗Komthuren stehend, an der Spitze einer ↗Ballei (1); neben ihnen stand, den ↗Gebietigern entspr., je ein Landmarschall, Landspittler, Landdrapier, Landtreßler.

Landkomthurei s. Ballei (1).

Landkreis s. Kreis.

Landkriegskommissar s. Marschkommissar (b).

Landlauf = Landesordnung.

Landlehen (Benefizialgut, Feudalgut, Lehensgut, fief-terre) ↗Lehen (1) im eigentlichen Sinne, im Gegensatz zum ↗Kammerlehen u. ↗Amtslehen. Vgl. Fief en l'air.

Landleihe = Leihe (1).

Landleiheherr s. Leihe (1).

Landleiherecht s. Leihe (1).

Landleite Grenzbegehung.

Landlohn s. Lohnland.

Landlord s. Fronhof.

Landlosung (Territoriallosung, Territorialretrakt) ↗Retrakt der Einheimischen (z. B. der Einwohner eines ↗Territorium [2]) gegenüber Fremden. Vgl. Marklosung.

Landmann **1.** früher vielfach für die Einheimischen, im Gegensatz zum Fremden, gebraucht. In den schw. ↗Länderkantonen hießen (teilweise bis Mitte des 19. Jh.) die alteingesessenen Familien, die allein im Besitz der vollen bürgerlichen Rechte waren u. i. allg. den ↗Patriziern der Städte entsprachen, Landleute. **2.** = Eigenritter. **3.** s. Genoßsame (1) u. Markgenossenschaft. **4.** s. Landsässig.

Landmannschaft = Indigenat.

Landmannschaftsmatrikel = Ritterzettel.

Landmarschall s. Marschall (1), Landtag (1) u. Landkomthur.

Landmedikus s. Amtsarzt.

Landmeister **1.** **a)** Stellvertreter des ↗Meisters (1) des Dt. Ordens, solange dieser in Palästina bzw. Venedig (bis 1309) residierte; der Schwertbrüderorden in Livland unterstand nach seiner Inkorporierung in den Dt. Orden bis 1561 ebenfalls einem L. Vgl. Heermeister (2). **b)** = Landkomthur. **2.** s. Ordensprovinz. **3.** = Dorfmeister (1).

Landmiliz s. Miliz.

Landoberjägermeister s. Jägermeister.

Landesoberschultheiß = Landschreiber (3).

Landoberst (Landesfeldhauptmann) Befehlshaber der ↗Miliz in Niederöst. (i. w. S.) im 16., 17. u. 18. Jh.

Landoberstallmeister = Oberlandstallmeister.

Landoffizial s. Offizial.

Landpfennig s. Dingpflicht.

Landpfennigmeister s. Pfennigmeister.

Landquarantäne s. Quarantäne.

Landrabbiner **a)** s. Rabbiner. **b)** = Landesrabbiner.

Landraad s. Raad van Justitie.

Landrat **1.** In Öst. seit Ende des 15. Jh. Mitglied eines Kollegiums, das dem ↗Viztum (a) als ständisches Kontrollorgan zur Seite stand. **2.** Im 16. u. 17. Jh. in Teilen des späteren Pr. von den ↗Landständen präsentierter, vom Landesherrn (s. Landeshoheit) ernannter ständischer Vertreter; die L. bildeten einen Ausschuß, der zeitweise neben den ↗Hofräten (2) an der Regierung teilnahm; später bildeten sie teils ein Regierungskollegium (vgl. Landschaft [4]), dessen Vorsitz (Landesdirektorium) manchmal einer von ihnen als Landesdirektor führte, teils waren sie nach Art der ↗Kreisdirektoren (2) Vorsitzende eines ritterschaftlichen Verbandes. Als 1702 die Kreisdirektoren den Titel L. erhielten, wurden die meisten L. im Laufe der nächsten Jahrzehnte mit den Befugnissen des ↗Marschkommissars betraut u. kgl. Beamte. Doch erhielten sich die alten ständischen L. teilweise neben den neuen (z. B. in Halberstadt). – Seit Friedrich Wilhelm I. war der (kgl.) L. das Exekutiv- u. Kontrollorgan der ↗Kriegs- und Domänenkammer auf dem platten Lande, dem ↗Kreis, neben den alten Befugnissen des Marschkommissars die ↗Polizei im weitesten Sinne ausübend; doch hatte er im Gegensatz zum ↗Steuerkommissar keine eigene Strafgewalt u. durfte sich in die Gerichtsbarkeit der ↗Gutsherren u. Domänenbeamten nicht einmischen; eine umfassende Tätigkeit übte er nur im sogen. ritterschaftlichen Kreis, d. h. dem Gebiet der adligen Güter aus. Er war selbst adliger Gutsbesitzer, verwaltete vom Gute aus u. wurde in den meisten ↗Provinzen von den Ständen präsentiert; er führte den Vorsitz auf dem ↗Kreistage (b). Im Laufe des 18. Jh. wurden die Befugnisse des L. allm. auf Kosten des Steuerkommissars erweitert u. 1809 trat er endgültig an dessen Stelle als Aufsichtsorgan der Städte; seit 1815 trat an die Spitze jedes Kreises ein L., dessen Befugnisse gleichzeitig für das ganze Land gleichmäßig geregelt wurden. Das Vorschlagsrecht der Stände wurde allm. auf alle Provinzen ausgedehent, stand aber nicht überall allen Ständen zu. – Seit 1872 wurde der L., der seit 1919 nicht mehr Grundbesitzer zu sein brauchte, vom Kreistag präsentiert; er war gleichzeitig Staatsbeamter u. als solcher Organ des ↗Regierungspräsidenten (b) u. Leiter der Selbstverwaltung. – L. im alten Sinne, als Ständevertreter, gab es bis 1918 in Meckl.; L. nach pr. Muster hatten auch einige andere dt. Staaten, z. B. Thür.; ihre Verwaltungsbezirke hießen in einigen Ländern Landratsämter. In Ba. war L. Titel höherer Verwaltungsbeamter, bes. des ↗Amtsvorstandes. In Lippe stand ein L. mit einem Amtsausschuß zur Seite einem ↗Amtsbezirk vor. – Seit die ↗Kreisverfassung in der ganzen Dt. Bundesrepublik durchgeführt ist, steht ein L. i. d. R. als oberster Verwaltungsbeamter an der Spitze eines Kreises; in Niedersa. und Nordrhn.-Westf. entspricht ihm ein Oberkreisdirektor, während der L. hier nur Vorsitzender der Kreistage ist. Vgl. Amtmann (1). **3.** gewählte Vertretung der Kreisgemeinde (s. Kreisverband) eines bay. ↗Regierungsbezirks (b) zu Selbstverwaltungszwecken; die laufenden Geschäfte führt ein Landratsausschuß. **4.** (ursprgl. Rat) in den schw. ↗Länderkantonen im 14. Jh. entstandener Ausschuß neben der ↗Landesgemeinde, der nicht von dieser, sondern von den Gemeinden o. andern selbständigen Gebietsteilen gewählt wurde, aus 60 Mitgliedern bestehend; er führte die laufenden Geschäfte u. zog allm. mehr u. mehr Rechte an sich. Dieser einfache (gesessene) L. wurde für bestimmte Fälle zu einem zweifachen bzw. dreifachen L. erweitert, je nachdem die Räte je einen o. je zwei Männer zuzogen; diese erweiterten L. traten allm. geradezu an Stelle der Landesgemeinde. Andrerseits wurden unbedeutendere Sachen Ausschüssen des einfachen L., den Wochenräten, überwiesen. – Nach 1814 wurde der L. in eine oberste Verwaltungsbehörde, der die Kantonsbeamten angehörten, verwandelt; zwei- u. dreifacher Rat blieben teilweise bestehen, in den ↗Kantonen (1) mit Landesgemeinde bis in die neueste Zeit; nach städtischem Muster (vgl. Stadtrat [a]) erhielt der einfache L. auch die Bezeichnung Kleiner Rat, der zwei- und dreifache Großer Rat. – Seit 1831 (bzw. den späteren Verfassungsänderungen) bildet in allen Kantonen ohne Landesgemeinde der L. (Großer Rat, Kantonsrat, gran consiglio, grand conseil, grand cussagl) die Volksvertretung, der nicht nur die Legislative, sondern auch die volle Regierungsgewalt zusteht, so daß der ↗Regierungsrat (4) nur vollziehende Behörde ist; in den Kantonen mit Landesgemeinde hat der L. nur verwaltende u. gesetzesvorbereitende Befugnisse. **5.** s. Regierungschef (1).

Landratsamt s. Landrat (2).

Landratsausschuß s. Landrat (3).

Landratskollegium (Herrenstand und Landräte) in Ostpr. die erste ↗Kurie des ↗Landtags (1), bestehend aus den vier ↗Oberhauptleuten (1b) u. acht gewählten ↗Landräten (2) (im alten Sinne); nach 1714 verschwand das L. zugleich mit dem Landtag.

Landrayon s. Rayon.

Landrecht **1. a)** im MA. das allg. geltende Recht, soweit es nicht für bestimmte Personen (z. B. ↗Lehensrecht [a]) o. Orte (z. B. ↗Stadtrecht) durch andere Rechte ersetzt war; dann (auch Landesfreiheit) ein das L. aufzeichnendes Rechtsbuch, auch eine ↗Landesordnung. **b)** ein ↗Landgericht (a), sowie dessen ↗Sprengel. **c)** Vertrag, durch den die beiden Partner sich gegenseitig in ihr L. aufnahmen. Vgl. Burgrecht (1). **d)** (landmarschallisches Gericht) in den öst. Ländern ein höheres Landgericht (a), etwa in der Stellung eines ↗Hofgerichts (a), ordentliches Gericht für ↗Herren u. ↗Ritter, mit adligen, von den Ständen präsentierten Beisitzern; in Schl. 1742 aufgehoben. **e)** = Hofrecht (1). **f)** in der Schw. das Kantonsbürgerrecht. **2.** = Medem.

Landregiment **1.** in Pr. 1704–1713 ↗Regiment (2) aus Landeskindern, die etwa in der Art des späteren ↗Kantonsystems enrolliert wurden; die L. sollten vor allem den Garnisonsdienst versehen u. dadurch die Feldregimenter entlasten. Friedrich Wilhelm I. hob sie auf. – 1729 wurden von neuem L. errichtet, aber nunmehr zusammengesetzt aus verabschiedeten, noch dienstfähigen ↗Offizieren u. Mannschaften, wobei letztere i. d. R. beurlaubt waren, Offiziere u. ↗Unteroffiziere dagegen ständig dienten, aber nur Halbsold bezogen; diese neuen L. versahen im Frieden den Wachtdienst der Feldregimenter während der Manöver der letzteren, im Kriege dienten sie als Besatzungstruppen. – Die L., die im 18. Jh. in einigen anderen ↗Territorien (2), z. B. in Sa. (Kreisregimenter), Bay. u. Öst. errichtet wurden, waren eine Art ↗Miliz u. ein Teil des ↗Defensionswerkes. **2.** = Regierung (1) u. Hofrat (1).

Landreise Verpflichtung, ein Kriegskontingent zu stellen.

Landreiter (Ausreiter, Landdragoner, Scherge, auch Hellebardier, Landknecht) vom 15. bis 18. Jh. dem heutigen Gendarmen entspr. unterer Exekutivbeamter, teilweise mit festem Bezirk (Beritt, Landreiterei, Schergenamt). Manchmal war ein L. (Landeskämmerer, Landespfänder) für ein größeres Gebiet vorhanden, der dann an dem betr. Gericht die Stelle eines ↗Fronboten bekleidete. In Pr. unterschied man im 17. u. 18. Jh. den Polizei- und Zollausreiter (Zollbereiter), der kgl. Beamter war u. bes. als Organ des ↗Steuerkommissars die allg. Polizeiaufsicht hatte, vom Kreisausreiter, der vor allem Kreisbeamter war u. Exekutivorgan des ↗Landrats (2). Vgl Überreiter.

Landrentei s. Rentmeister (a).

Landrentmeister s. Rentmeister (a).

Landrevers = Revers (1).

Landrîca s. Fronhof.

Landrichter a) (judex provinciae, j. provincialis) ursprgl. der ↗Graf als Richter des ↗Landgerichts (a), später meist besoldeter Beamter mit Verwaltungsbefugnissen in seinem ↗Sprengel. Seit 1879 führten in einigen dt. Staaten (in Pr. bis 1920) die Mitglieder eines Landgerichts (b) den Titel L.; die älteren, in einigen Staaten auch alle, führten den Titel Landgerichtrsat; heute ist dies allg. üblich. **b)** = Hofrichter (1). **c)** s. Kreis. **d)** s. Schultheiß.

Landsässig im Gegensatz zu ↗reichsunmittelbar jede Person, die einem Landesherrn (s. Landeshoheit) unterworfen war; insbes. spricht man von L. Fürsten, L. Adel (Landleute, ↗Landsassen).

Landsalpzähler s. Alpgenossenschaft.

Landsasse (Gast, Hofmann, Landsiedel, ↗Meier [1], hospes) im späteren MA. i. allg. (freier L.) ein freier Zinsmann (s. Censualis[homo]) o. Pächter, nach dem Sachsenspiegel auch ein ↗Freier mit geringem o. keinem eigenen Grundbesitz, also auch ein ↗Häusler, Handwerker o. freier Arbeiter. Die Güter der L. wurden in einigen Gegenden Gastgüter, ihre ↗Servitia Gastung genannt. L. bedeutet ferner einen ↗Landsässigen, auch einen ↗Forensen.

Landsassengut in der Oberlausitz Gut, das ursprgl. einem Glied der ↗Ritterschaft angehörte u. später in den Besitz einer auf dem ↗Landtag (1) vertretenen Stadt gekommen u. dadurch seiner Vorrechte verlustig gegangen war, bis auf eine beschränkte Gerichtsbarkeit u. eine Anzahl Privilegien finanzieller Art.

Landsassiat Eigenschaft eines ↗Landsässigen o. ↗Landsassen, i. e. S. eines ↗Forensen.

– (un)vollkommener s. Forensen.

Landsassiatus (minus) plenus s. Forensen.

Landschaden s. Schaden.

Landschaffner s. Schaffner.

Landschaft 1. = Folkland, Land (1b) u. Territorium (2). **2.** = Landstände. **3.** (gemeine L.) im Gegensatz zur ↗Ritterschaft die übrigen Landstände, o. auch einer derselben allein, in älterer Zeit vor allem die Landbevölkerung, später hauptsächlich die Städte. **4.** (Kreisdirektorium) in einigen größeren ↗Kreisen (in der Altmark bis 1793, in der Kurmark bis 1815) Kollegium von ↗Landräten (2) (im alten Sinne) für die sonst vom kgl. Landrat besorgten Geschäfte; an der Spitze stand ein ↗Kreisdirektor (2). **5.** (Kreditverein, Kreditwerk u. ä., Ritterschaft) Kreditinstitut für die Landwirtschaft, zuerst 1770 für Schl. geschaffen, dann auf die übrigen pr. Landesteile u. andere dt. Länder übertragen. Die L. dienten zuerst nur dem Adel, seit Beginn des 19. Jh. jedem landwirtschaftlichen Besitz. Die Leitung lag in jeder ↗Provinz in der Hand einer gewählten Generallandschaftsdirektion (Hauptritterschaftsdirektion); unter ihr bestanden Ritterschaftsdirektionen für Teile der Provinzen. In Schl. bildeten seit Gründung die einzelnen L. der Fürstentümer unter Fürstentumskollegien (Fürstentumsdirektionen) selbständige Körperschaften innerhalb der Generallandschaft; in Hann. bestanden Provinziallandschaften für die ehemaligen ↗Territorien (2). Die Generalversammlung, von Vertretern der Grundbesitzer gebildet, hieß Generallandtag; den Vorsitz führte der ↗Oberpräsident (a). Die Beamten der L. waren mittelbare Staatsbeamte. – Seit 1873 war ein Teil der pr. L. in einer Zentrallandschaft zusammengeschlossen. Vgl. Stadtschaft. **6.** = Kreditwerk, ständisches (b). **7.** = Semstwo.

– gemeine = Landschaft (3).

– kurmärkische = Kreditwerk (ständisches) (a).

Landschaftsdirektor s. Kreditwerk (ständisches) (a).

Landschaftseinnehmer s. Landtag (1).

Landschaftskasse s. Landtag (1).

Landschaftskonsulent = Syndicus (3).

Landschaftsmatrikel = Ritterzettel.

Landschaftsrat s. Landsthing (b).

Landschaftsyndicus = Syndicus (3).

Landschar s. Landfolge.

Landschatzung s. Kapitalschatzung.

Landscheide = Untergang.

Landscheider s. Untergang.

Landscherge = Fronbote.

Landschied = Untergang.

Landschöffe ↗Schöffe (1) bei einem ↗Landgericht (a).

Landschoß = Bede (1).

Landschranne a) s. Ding. **b)** = Niedergericht.

Landschreiber 1. (scriptor provinciae) seit dem späteren MA. in einigen ↗Territorien (2) der Beamte, der die Einkünfte aus den ↗Domänen o. auch die gesamten Finanzen verwaltete; manchmal standen mehrere L. der Landschreiberei vor. In Bay. wurde im Anfang des 14. Jh. ein L. dem ↗Viztum (a) als Finanzbeamter beigegeben; im 15. Jh. trat an seine Stelle i. wesentl. der ↗Rentmeister (a), während der L. (Rentschreiber) nur noch die Rechnungen führte u. die Schreibgeschäfte besorgte. **2.** (Ober[land]schreiber) seit dem späteren MA. Sekretär an höheren Gerichten. **3.** (Landoberschultheiß) in einigen ↗Ämtern (1) des ↗Sprengels des ↗Justiz-Senats (b) zu Ehrenbreitstein

Einzelrichter, dessen Gericht (Landschreiberei) einem ↗Schöffengericht (2) entsprach, jedoch nicht für Testamentssachen zuständig war. 4. s. Amtsschreiber.

Landschuljahr = Landjahr.

Landsdel s. Syssel.

Landsdómur (Landesgericht) in Isl. Gerichtshof für Ministeranklagen.

Landsgemeinde 1. = Landesgemeinde. 2. (Landsweide) in Oberfranken früher Waldung, an der mehrere Gemeinden Nutzungsrecht hatten, ohne einen rechtlichen Verband (vgl. Markgenossenschaft) zu bilden.

Landshöfding a) s. Län. b) bis 1904 dän. ↗Gouverneur (2) von Isl.

Landshöfdingdom = Län.

Landsiedel 1. = Landsasse. 2. s. Landsiedelleihe. 3. s. Genossame (1).

Landsiedelbrief s. Landsiedelleihe.

Landsiedelei = Landsiedelleihe.

Landsiedelgericht = Hofgericht (f).

Landsiedelgut = Landsiedelleihe.

Landsiedelleihe (Landsiedelei, Landsiedelgut, Landsiedelrecht) i. allg. ein Pachtgut, i. bes. (so in He. u. im Elsaß) ein Gut, dessen Pächter (Landsiedel) die Verpflichtung zur Besserung übernahm; entspr. wurde die Pacht (durch Landsiedelbrief) nur auf einige Jahre abgeschlossen u. der Pachtzins stufenweise erhöht. Vgl. Fallehen.

Landsiedelrecht = Landsiedelleihe.

Landskapsnämnd s. Landsthing (b).

Landsknecht zuerst 1474 gebrauchte Bezeichnung für die, meist oberdt. Fußsöldner, die nicht als Einzelkrieger, sondern in fester, administrativer Einheit, dem ↗Fähnlein, auftraten u. die Infanterie der damaligen Zeit bildeten. Die L. (Knechte, patriae ministri, provinciae servi, compagnons du pays, auch Lanzknechte) wählten ihre ↗Unteroffiziere teilweise selbst u. erfreuten sich auch sonst weitgehender Rechte (vgl. Ambosat); im Kriegsgericht (Schultheißgericht) urteilten sie als ↗Schöffen (1) selbst, unter Vorsitz des ↗Schultheißen; daneben gab es im Anfang auch das dem alten ↗Ding entspr., nur auf Befehl des ↗Obersten zusammentretende «Recht vor dem gemeinen Mann» (Landknechtsgemeinde, Recht der langen Spieße, Spießrecht). Die Bezeichnung L. verschwindet im Dreißigjährigen Krieg.

Landsmannminister s. Minister (1).

Landsmannschaft 1. † Staatsangehörigkeit. 2. in der dt. Reichswehr ein geschlossener Verband, der sich möglichst nur aus Angehörigen eines ↗Landes (1e) zusammensetzte.

Landspassat = Ambosat.

Landspittler s. Landkomthur.

Landsret (Landgericht) Gericht zweiter Instanz in Dän. Es gibt zwei L., das Østere L. für die Inseln (Sitz: Kopenhagen)u. das Vestere L. für Jütland (Sitz: Viborg).

Landstadt = Landesstadt.

Landstände (Landesstände, Landschaft, Stände, auch Land) die durch Geburt (Adel, hier u. da auch Bauern), Beruf (Geistlichkeit) o. rechtliche Stellung (Städte) zusammengeschlossenen Gruppen (vgl. Stand [1]) eines ↗Territoriums (2) (daher Territorialstände), die sich als ↗Landtag (1) versammelten, allein das Recht hierzu (↗Landstandschaft) besaßen u. dem Landesherrn (s. Landeshoheit) gegenüber das Land vertraten; dann überhaupt jede Vertretung des Landes als Landtag, auch wenn es sich nicht um eigentliche Stände, sondern um Abgeordnete (der Städte, der ↗Ämter [1] u. dgl.) handelte. Vgl. Reichsstände (1) u. Verfassung, landständische. – Das Wort «Stände» kam in Dt., in Nachahmung des ndl. ↗«Staaten», seit Ende des 15. Jh. allm. auf. Mit L. bezeichnet man auch die Landtage des 19. Jh.

Landstallmeister s. Oberlandstallmeister.

Landstandschaft (Landtagsfähigkeit, Landtagsrecht, Standschaft) Recht, auf dem ↗Landtage (1) zu erscheinen, das sowohl ganzen ↗Landständen (z. B. dem landständischen Adel) als auch Einzelpersonen o. juristischen Personen zustehen konnte.

Landstatthalter s. Préfet national.

Landsteuer (Landessteuer) allgemeine, von allen Insassen des ↗Territoriums (2) mit Bewilligung der ↗Landstände erhobene Steuer (vgl. Bede [1]); i. bes. a) in Bay. vom 16. bis zu Beginn des 19. Jh. die Hauptsteuer, ursprgl. vom ganzen Land erhoben, später nur vom nicht befreiten Teil der ländlichen Bevölkerung, in der Hauptsache eine Vermögenssteuer, von den verschiedenen Ständen in verschiedener Höhe gezahlt, von den Bauern als Bauernsteuer, von den Renten aus Grundbesitz als Herrengiltsteuer. Vgl. Standsteuer. b) in den meisten öst. ↗Kronländern (1) seit dem 15. Jh. außerordentliche Vermögenssteuer der Grundbesitzer, die im 16. Jh. zu einer allg. ordentlichen Grundsteuer, auf der ↗Gült beruhend, wurde, seit 1621 ↗Kontribution genannt. In Tirol zerfiel die L. in die Adelssteuer von der Rente von Grundbesitz u. eine gemeine Steuer, die in Stadt u. Land als ↗Herdsteuer erhoben wurde.

Landsteurer s. Steurer.

Landsthing a) in Dän. die erste ↗Kammer (2a) des ↗Reichstags (4), 1849–1854 aus indirekt gewählten, 1863–1915 aus vom Kg. ernannten u. indirekt gewählten, seitdem aus teils direkt, teils indirekt gewählten Mitgliedern bestehend. Vgl. Reichsrat (6). b) in Schwd. die Vertretung eines ↗ Län zu Selbstverwaltungszwecken;

außerdem wählt das L. die Vertreter zur ersten Kammer des Reichstags (3). – Auch die Volksvertretung der Aaland-Inseln heißt seit 1920 L.; es wählt das Landskapsnämnd (Landschaftsrat) als vollziehende Behörde mit dem Lantraad als Vorsitzenden.

Landsturm in älterer Zeit die ↗Landwehr (1), in Pr. 1813 bzw. 1814 geschaffenes allg. Aufgebot, das nur beim Einfall des Feindes aufgerufen werden konnte u. alle Männer von 17 bis 50 Jahren umfaßte, die weder zum stehenden Heer noch zur Landwehr gehörten. 1867 bzw. 1870 wurde die Einrichtung auf die übrigen ↗Bundesstaaten (2) ausgedehnt. – Das Alter wurde im Laufe des 19. Jh. verschiedentlich herab- bzw. wieder heraufgesetzt, vor dem ersten Weltkrieg zuletzt auf 45 Jahre; seit 1888 bestanden zwei Aufgebote, bis bzw. über 39 Jahre. – Öst. besaß einen L. nach pr. Muster; die Schw. hat einen L. mit nur einem Aufgebot.

Landsweide = Landsgemeinde (2).

Landsyndicus = Syndicus (3).

Landtafel 1. (Landbuch, tabula[terrae]) in Bhm. seit 1309 Bezeichnung der seit dem 13. Jh. beim ↗Landrecht (b) geführten Verzeichnisse über gerichtliche Akte, bes. über Besitzveränderungen, u. zwar entspr. der Kompetenz des Landrechts über solche des Adels u. der hohen Geistlichkeit, sowie später einiger privilegierter Stände; nur diese hatten die Landtafelfähigkeit, d. h. das Recht zur Erwerbung der in der L. eingetragenen Güter (landtäfliche Güter, Landtafelgüter, Tabulargüter); die L. diente außerdem als ↗Ritterzettel. Nach bhm. Muster wurden L. im 14. u. 15. Jh. in Brand., Ansbach-Bayreuth, Mähren u. Schl., später auch in den öst. Ländern eingerichtet. Ebenso gab es L. ähnlicher Art in Bay. – In Öst., wo zur Führung der L. bis 1783 bes. Landtafelämter bestanden, wurden sie 1794 in ein allg. Grundbuch verwandelt; die Landtafelgüter u. die Landtafelfähigkeit blieben i. wesentl. alten Umfang bis 1849 bestehen; einige Rechte erhielten sich auch nachher; vgl. Gutsgebiet u. Intabulation. – In Bhm. bestanden vom 13. bis 15. Jh. den L. entspr. Kreistafeln (Provinzialtafeln, tabulae terrae provinciales) bei den ↗Zaudengerichten. Für die Erzdiözese (s. Erzbischof) Prag bestanden 1358–1411 bes. libri erectionum, in die alle Errichtungen u. Dotationen kirchl. Einrichtungen u. Stiftungen eingetragen wurden. **2.** = Landesordnung.

Landtag 1. seit der zweiten Hälfte des 15. Jh. aufkommende Bezeichnung für die Versammlung der ↗Landstände, vorher mit allg. Ausdrücken (Bescheidung, [gemeiner] Tag, Landding, Landtaiding, Landteiding u. ä.) bezeichnet. Ursprgl. ungegliedert, bestand der L. später aus ↗ Kurien, u. zwar meist aus drei: ↗Prälatenbank, ↗Ritterbank, ↗Städtebank; daneben findet sich manchmal eine ↗Herrenbank, sehr selten eine Vertretung der Bauern, doch konnten auch von den drei ersten eine, sogar zwei fehlen. Vielfach standen die Städte als Unterstände den anderen Kurien als Oberständen gegenüber. – Die L. traten nach Bedürfnis zusammen, im MA. vielfach eigenmächtig, seit dem 16. Jh. i. allg. auf Berufung des Landesherrn (s. Landeshoheit); Sonderlandtage (Konvokationslandtage) sowohl einzelner Landesteile, als auch einzelner Kurien kamen vor, ebenso Gesamtlandtage (Gesamtlandschaften, ↗Generallandtage [1]) von durch ↗Personalunion vereinigten ↗Territorien (2). Vgl. Ausschuß(land)tag u. Landeszusammenkunft. Beraten wurde kurienweise, wobei innerhalb der Kurie meist das Mehrheitsprinzip galt, während für einen Landtagsbeschluß Einstimmigkeit der Kurien erforderlich war. Den Vorsitz führte der Direktor einer Kurie als Landtagsdirektor (Land[tags]marschall), welcher Posten vielfach erblich mit dem Amt des Erbmarschalls (s. Marschall [1]) verbunden war; juristischer Berater war der ↗Syndicus (3). Die Beschlüsse wurden in älterer Zeit als Privileg o. dgl., später als Landtagsabschied (s. Abschied [1]) zusammengefaßt. – Die Kompetenzen des L. wurden nie eigentlich fest umgrenzt; tatsächlich lag seine Haupttätigkeit auf finanziellem Gebiet, wobei er zeitweise die gesamte Steuerverwaltung in seine Hand bekam, o. neben dem Landesherrn eine eigene mit eigener Kasse (Landschaftskasse) u. eigenen Beamten (Landschaftseinnehmer) besaß. (Vgl. Landschaft [5]). Er fungierte u. U. auch als Gericht. Die alten ständischen L. verschwanden, ohne aufgehoben zu werden, tatsächlich zum größten Teil im Laufe des 17. u. 18. Jh., o. gingen in ↗Provinzialstände (b) bzw. Provinziallandtage über. – Im 19. Jh. übertrug man die Bezeichnung L. auf die repräsentativen Volksvertretungen; seit 1919 heißen alle dt. Volksvertretungen (außer den drei ↗Bürgerschaften [2]) L. In Öst. heißen seit 1861 die gewählten Vertretungen der ↗Kronländer (1) bzw. seit 1919 der ↗Länder (1e) L.; bis 1919 führte den Vorsitz ein vom Ks. ernannter Präsident (Landeshauptmann, Land[es]marschall, Oberstlandmarschall), der auch dem ↗Landesausschuß (1f) präsidierte; die L. waren aus Vertretern der Interessengruppen zusammengesetzt. Liechtenstein hat seit 1862 einen gewählten L. – I. d. Lit. wird L. auch gebraucht für die ↗Hoftage (1) u. ähnliche Versammlungen der ↗Herzöge, ↗Markgrafen (1) usw., sowie für die Beamtentage der ↗missi (1); endlich für Provinzialversammlungen in außerdt. Ländern, z. B. in Finnl. 1806–1919 (bis zuletzt aus den vier alten Ständen bestehend), u. in Estland (vgl. Riigiwanem). 2. = Hofgericht (f).

– vereinigter die ↗Provinzialstände (b) Pr., 1847 gemeinsam nach Berlin berufen; der V. L. bestand aus einer Herrenkurie (den Mitgliedern der Provinzialstände mit ↗Virilstimmen) u. der Kurie der drei Stände; beide verhandelten teils gemeinsam, teils getrennt; ↗itio in partes war möglich. Periodische Berufung war nicht vorgesehen (vgl. Ausschuß, vereinigter), seine Befugnisse beschränkten sich auf Steuer- und Anleihebewilligung. – Der V. L. tagte zuerst einige Monate, u. dann zum zweiten Male 1848, worauf er der ↗Nationalversammlung (b) Platz machte.

Landtagsabschied s. Abschied (1).

Landtagsausschuß auch der ↗Ausschuß(land)tag.

Landtagsbote Vertreter eines ↗Landstandes auf dem ↗Landtag (1).

Landtagsdirektor s. Landtag (1).

Landtagsfähigkeit = Landstandschaft.

Landtagsmarschall s. Landtag (1), Marschall u. Provinzialstände (b).

Landtagsmatrikel = Ritterzettel.

Landtagsperiode s. Legislaturperiode.

Landtagsrecht = Landstandschaft.

Landtaiding 1. = Ding. 2. s. Landtag (1).

Landtax in Engl. 1692 eingeführte Vermögenssteuer, die bald in erster Linie Grundsteuer wurde, zuerst unmittelbar erhoben, 1699 auf die ↗Counties umgelegt. Sie erhielt schon früh den Charakter einer auf dem Grundbesitz ruhenden ↗Reallast, bes. als sie 1798 für ablösbar (durch Staatspapiere) erklärt wurde; doch wurde von diesem Recht wenig Gebrauch gemacht.

– Parish s. Parish.

Landteiding 1. = Ding. 2. s. Landtag (1).

Landtreßler s. Landkomthur.

Landumlegung = Verkoppelung.

Landung = Stuhlung.

Landurteil s. Weistum.

Landvarða im ma. Norw. Abgabe, die der Besitzer des Strandes, bes. der Kg., von den dort gefangenen Fischen erhielt.

Landvogt a) ↗Vogt (2), der einem Landgebiet vorstand, in älterer Zeit fast ausschl. der Reichslandvogt (s. Reichsvogt); als die Reichsvogteien seit dem 15. Jh. in die Hand der Landesherren (s. Landeshoheit) kamen, wurde der L. zum landesherrlichen Beamten u. die Bezeichnung (i. allg. nur in Südwestdt. u. der Schw. gebräuchlich, vgl. Landeshauptmann [2 a]) auch auf andere Verwaltungsbeamte übertragen vgl. Viztum [a]). I. d. R. leitete der L. (Obervogt) in seinem Bezirk (Landvogtei[amt], Obervogtei[amt], auch ↗Oberamt [1]) die gesamte Verwaltung einschl. Finanzen, sowie das Militärwesen (d. h. ↗Defensionswerk, Einquartierung usw.) u. besaß die ↗hohe Gerichtsbarkeit; in der Schw., wo die ↗gemeinen Herrschaften durchweg, die Untertanenlande der ↗Städtekantone größtenteils L. (gubernatores, baillis) unterstanden, behielt er diese Befugnisse bis Ende des 18. Jh. Der schw. L. entsprach i. allg. einem ↗Amtmann (1), sonst hatte er meist die Stellung eines ↗Oberamtmanns (1). Die Landvogteien waren häufig in ↗Ämter (1) bzw. ↗Vogteien (1) geteilt. – In Wü. wurden 1803 die neuerworbenen Gebiete in Landvogteien unter L. eingeteilt; die Verwaltungbehörde, ebenfalls Landvogtei genannt, tagte unter Vorsitz des L. in verschiedener Zusammensetzung je als Landvogteigericht, Landvogteiökonomiekollegium (Aufsicht über Gemeindefinanzen u. Stiftungen), Landvogteikameraldepartement (vgl. Keller[er] [2]) u. Landvogteisanitätskollegium (Befugnisse eines ↗Medizinalkollegiums). Diese Landvogteien gingen 1806 in den neuen ↗Kreisen auf. 1810 wurden diese in Landvogteien (Landvogteibezirke, Departements) umbenannt, der ↗Kreishauptmann (2) wurde zum L. (Grand Grossard), der Kreissteuerrat zum Landvogteisteuerrat; im übrigen blieb die Organisation dieselbe, doch wurden 1811 für Strafsachen bes. Beamte (Kriminalräte mit Kriminalämtern) eingesetzt, denen die Spezialinquisition (s. Inquisitionsverfahren [b]) oblag. 1817 wurden die Landvogteien aufgehoben u. das Land in Kreise geteilt; die Kriminalräte blieben bis 1818. b) s. Statthalter (1) u. Vikar (2).

Landvogtei s. Landvogt (a).

Landvogteiamt s. Landvogt (a).

Landvogteibezirk s. Landvogt (a).

Landvogteigericht a) in Westpr. seit 1773, dann auch in Lauenburg-Bütow u. Ermeland (hier bischöflich) Gericht erster Instanz für den Adel; die westpr. L. wurden 1781, das lauenburgische 1803 aufgehoben. b) s. Landvogt (a).

Landvogteikameraldepartement s. Landvogt (a).

Landvogteiökonomiekollegium s. Landvogt (a).

Landvogteisanitätskollegium s. Landvogt (a).

Landvogteisteuerrat s. Landvogt (a).

Landwachtmeister in Lingen im 17. u. 18. Jh. kgl. Beamter, etwa mit den Befugnissen eines ↗Marschkommissars (b).

Landward Committee s. Parish.

– Council s. Parish.

– Parish s. Parish.

Landwechsel bei der ↗ Felderwirtschaft u. anderen Systemen übliche Nutzung des Ackers als Wechselland, d. h. Bestellung derselben Frucht nacheinander auf verschiedenen Äckern.

Landwehr 1. (auch ↗Landsturm) vom 9. bis ins 19. Jh. Bezeichnung des allg. Aufgebots, der ↗Heerfahrt, u. der Ablösung desselben, der ↗Heersteuer. – In Pr. wurde die 1813 i. wesentl. alten Sinne aufgebotene L. 1814/15 in die reguläre Armee derart eingegliedert, daß die aus der Reserve entlassenen u. die nicht im stehenden Heer u. der Reserve dienenden von 20 bis 25 Jahren bis zum 32. bzw. 39. Jahr der L. ersten bzw. zweiten Aufgebots angehörten; bis 1867 dauerte die Landwehrpflicht vom 26. (bzw. vom Ende der Reservedienstzeit) bis zum 39. Jahr. 1867–1888 bestand (seit 1871 im ganzen Dt. R.) nur ein Aufgebot von fünf Jahrgängen, 1888 wurde der alte Zustand wieder hergestellt u. blieb so bis 1918. Die L. ersten Aufgebots wurde zu Übungen einberufen. – Bis 1820 war die L. von der Linie völlig getrennt u. stand unter bes. Landwehrinspektionen; sie zerfiel in ↗Regimenter (2), die aus den drei Waffengattungen gemischt waren. Diese Mischung blieb bis 1852 bestehen, während im übrigen die Organisation der L. seit 1820 der der Linie angeglichen wurde. 1935 wurde von neuem eine L. aufgestellt, diesmal vom 35. bis 45. Jahre. – In Öst. wurde 1808 eine L. errichtet, die diejenigen umfaßte, die nicht im stehenden Heere dienten; sie war in Landesbataillone eingeteilt u. wurde 1852 aufgehoben. – 1868 wurde von neuem eine L. geschaffen, nunmehr mit zweijähriger Dienstzeit für die Reservisten, zwölfjähriger für die nicht dem stehenden Heer Angehörenden. Vgl. Landesverteidigungsbehörden. – Auch in Bay. bestand seit 1815 eine L. – In der Schw. entspricht die L. der dt. Reserve. – Vgl. Honvéd u. Leding. 2. = Bannzaun. 3. = Heimschnat.

Landwehrdistriktsgericht s. Landwehrgericht.

Landwehrgeld s. Heersteuer.

Landwehrgericht in Öst. früher Gericht erster Instanz für die ↗Landwehr (1); ihm entsprach in Ung. das Landwehrdistriktsgericht.

Landwehrgerichtshof, oberster s. Militärobergericht.

Landwehrinspektion s. Landwehr (1).

Landwehrobergericht s. Militärobergericht.

Landwirtschaftsgericht = Bauerngericht (2).

Landwirtschaftskammer seit 1895 im Dt. R. (zuerst in Pr.) Vertretung der Land- u. Forstwirtschaft, der Gärtnerei u. Fischerei einer ↗Provinz bzw. eines ↗Bundesstaates (2); die Befugnisse entsprechen denen der ↗Handelskammern. Die Mitglieder werden teils von den Berechtigten unmittelbar gewählt, teils von den Regierungen u. Behörden ernannt; bis 1920 wurden die pr. L. von den ↗Kreistagen (b) gewählt. In Braunschweig waren die Wahlberechtigten in bes. Amtsvereinen zusammengefaßt. Die Pr. L. hatten ihr Zentralorgan in der Hauptlandwirtschaftskammer (s. Landesökonomiekollegium). In Sa. entsprach der L. der ↗Landeskulturrat. In Bay., wo L. unter der Bezeichnung Bauernkammern seit 1920 bestehen, hat jedes ↗Bezirksamt (a) eine Bezirksbauernkammer, jeder ↗Kreis eine Kreisbauernkammer; letztere wählen eine Landesbauernkammer. – In Fr. wurden L. bereits 1851 errichtet, erlangten aber keine Bedeutung; sonst bestehen nur in wenigen Ländern entspr. Einrichtungen.

Landwiting s. Witing.

Landzeugmeister s. Hausartillerie.

Landzügling s. Wildfangsrecht.

Landzunft s. Zunft (1).

Landzwang im MA. das Delikt von Banden, die durch Drohung den ↗Landfrieden (1) gefährdeten; heute Störung des öffentlichen Friedens durch Androhung eines gemeingefährlichen Verbrechens.

Laneus = Hufe.

Langangerdorf s. Angerdorf.

Lange Kontrakten Verträge der ndl. Regierung mit Eingeborenenstaaten, worin deren Selbstverwaltung beschränkt wurde. Vgl. Korte Verklaringen.

Langplatzdorf s. Angerdorf.

Lanspessade (lance-pessade) ursprgl. (im 16. Jh.) in Fr. ein Edelmann, der gegen erhöhten Sold bei der Infanterie diente. Später (auch anspessade, appointé) bis in die Mitte des 18. Jh. eine Art ↗Gefreiter, der als Waffe einen Spieß trug.

Lantraad s. Landsthing (b).

Lantwinning a) s. Acht (1). **b)** = Friedensgeld.

Lanze a) = Gleve. **b)** s. Ordonnanzkompagnie.

Lanzknecht s. Landsknecht.

Lasassus = Lite.

Laßbauer = Lassit.

Laßbesitz s. Lassit.

Laßbrief s. Freilassung.

Laßbuch (liber recognitionum, l. resignationum, l. traditionum) ↗Stadtbuch, in dem die ↗Auflassungen verzeichnet wurden.

Lasse = Lite.

Lassen s. Sale (1).

– das Gut s. Lehen (1).

Laßgeld s. Freilassung.

Laßgut (Latengut) früher Bezeichnung von Bauerngütern, wobei aber der Ausdruck je nach der Gegend verschiedenes Besitzrecht bedeutete, teils eine ↗Erbleihe, teils eine ↗Erbpacht, teils das Gut eines ↗Lassiten.

Lassit (Laßbauer) in Ostdt., bes. seit dem Dreißigjährigen Krieg, Bauer, der hauptsächlich gegen ↗Fronden (a) ein Gut (↗Laßgut) zur Nutzung erhielt, das geschlossen war u. dem ↗Anerbenrecht unterlag. Verlassen konnte er es nur gegen Stellung eines Nachfolgers. Es war entw. rechtlich vererblich (Erblatengut, erblicher Kulturbau, erbl. Laßbesitz, erbl. Laßgut) o., weitaus häufiger, rechtlich nicht (unerbliches Laßgut), aber tatsächlich; der L. war nur «Wirt bis weiter». In Schl. war die Bezeichnung «unerblich-lassitisches Besitzrecht» üblich.

Vgl. Opole. In Pr. wurde 1777 der unerbliche Laßbesitz auf den ↗Domänen in erblichen verwandelt; durch die ↗Regulierung erhielten die L. gegen Abtretung eines Drittels bzw. der Hälfte des Gutes an den ↗Gutsherrn das übrige zu Eigentum.

Laßrecht (lassitisches Recht) der ↗Lassiten.

Last(brieven) s. Generalstaaten.

Latbank = Hofgericht (f).

Late = Lite.

– **ungesessener** s. Leibeigener.

Latelude s. Lite.

Latenbuch s. Hofrecht (1).

Latengericht = Hofgericht (f).

Latengut = Laßgut.

Latenherr s. Fronhof.

Latenhof s. Fronhof.

Latenschaft = Genoßsame (1).

Latensekretär = Hofschreiber (b).

Lathen s. Echtwort.

Lathufe s. Fronhof, Lite u. Hufe.

Latschöffe s. Hofgericht (f).

Laube = Fondaco.

Laubförster s. Markgenossenschaft.

Laudatio s. Kürspruch.

– **auctoris** s. Litisdenunziation.

– **parentum** s. Beispruchsrecht.

Laudemium (honorarium, Abfahrtsgeld, Abzug, Anfall, ↗Auffahrt, Auffahrtsgeld, Aufzuggeld, E[h]rschatz[ung], Einfahrt, Eingangs[geld], Einkaufsgeld, Empfängnis, Empfangsgeld, Gewinn[geld], Handänderungsgebühr, Handlohn, Herrenwein, Immobiliargebühr, Kaufgeld, Kaufschatz, Lehengeld, Lehne, Lehnware, Markgroschen, Pfundgeld, Satzwein, ↗Urkunde, Vorhure, arrière-acapte, estocage, ↗lods et ventes, rachat, rétro-acapte, fine) ↗Besitzwechselgabe von einem Pachtgut, ↗Zinsgut, einer ↗Erbleihe, ↗Erbpacht, ↗Emphyteuse u. ä. an den ↗Herrn für sein Einverständnis mit dem Wechsel. Ursprgl. nur von ↗Freien zu zahlen, kam das L. im Laufe der Zeit auch bei ↗Hörigen u. dgl. in Gebrauch. Da es in seiner Form ähnlichen Abgaben, wie ↗Sterbfall, ↗Heergewäte, ↗relevium, entsprach, so wurde ein Teil der Ausdrücke für diese auch für L. gebräuchlich u. umgekehrt; ebenso unterschied man mitunter durch das Wort, ob der abgehende o. aufziehende Besitzer zahlte (laudemial war), doch fallen auch hier die Ausdrücke mehr o. weniger zusammen. Vgl. Winnerbe. In Engl. bildete das L. einen Teil der ↗feudal incidents.

Laudes s. Censive.

Laufgeld das bei Anwerbung eines Söldners gezahlte Handgeld, bei den Reitern Antrittsgeld genannt.

Laufpaß s. Kantonsystem.

Laug = Zunft (1).

Launegild s. Arrha (1).

Laura ursprgl. Gemeinschaft von Anachoreten im Gegensatz zum eigentlichen ↗Kloster, dann auch für dieses gebraucht, aber nur für einige bedeutende u. große Klöster im Or.

Lauscher s. Richter, schweigender.

Lautereigen = Ludeigen.

Law and Equity Court s. District Court (1b).

– **Lord** = Lord of Appeal in Ordinary.

– **Officers** juristischer Berater der engl. Krone, bes. der ↗Attorney General u. der Solicitor General.

Lawmoot in den engl. Städten das gebotene ↗Ding.

Lazzus = Lite.

Leasehold in Engl. die ↗Erbpacht o. auch ↗Vitalpacht, gegen Zahlung eines sehr geringen Zinses u. des ↗Laudemium.

Lebenspacht = Vitalpacht.

Lector **1.** s. Domkapitel u. Ordines (1) **2.** ein neues, meist ehrenamtl. Amt in den ev. ↗Landeskirchen zur Vertretung des Pfarrers.

Leden van Vlanderen, de drîe in Flandern seit dem 14. Jh. Bezeichnung der drei Städte Gent, Brügge u. Ypern, denen es gelungen war, die alleinige Vertretung des Landes an sich zu bringen u. die allein die ↗Staaten bildeten.

Ledigburglehen s. Ligeïtät.

Ledigburgmann s. Ligeïtät.

Ledigerbburglehen s. Ligeïtät.

Ledigerbburgmann s. Ligeïtät.

Ledighaus s. Ligeïtät.

Ledigheit = Ligeïtät.

Ledigkeitseid (juramentum de statu libero, j. libertatis) vom Pfarrer den Verlobten abgenommener Eid, daß sie unverehelicht seien.

Lediglehen s. Ligeïtät.

Ledigmann **a)** s. Ligeïtät u. Schöffenbarfreie. **b)** = Sondermann.

Ledigungsbrief s. Inzichtprozeß.

Leding in Skand. im MA. die Regelung der Kriegsdienstpflicht, in erster Linie zur See, wozu die Küstenlandschaften in Schiffsbezirke (Schiffrede skipaen, skiplagh, skipreiða, navigium) eingeteilt waren, deren jeder ein bemanntes Schiff zu stellen hatte (vgl. Steuermann). Jeder Bezirk zerfiel in Abteilungen ([h]ār, hafna, hamna, lið, für die Dienstpflicht zu Lande auch manngerð), deren jede einen Mann stellte. In Schwd. bezeichnete L. nur die Kriegspflicht für Angriffskriege; diejenige für Verteidigung hieß ↗Landwehr (1). L. hieß ferner die als Ablösung der Dienstpflicht gezahlte Abgabe. – In Engl. bestand in spätags. Zeit eine entspr. Einrichtung; der Bezirk, der ein Schiff stellte, hieß scipsocne (spipfylleð). – Im späteren MA. wurden die Bezirke teilweise zu Verwaltungseinheiten, u. in Schwd. erhielt sich Skeppslag als Bezeichnung für ein ↗Härad an der Küste bis in die neueste Zeit.

Leege bank = Rocht.
Leerhäusler = Häusler.
Leerhaus s. Häusler.
Leet = Court leet.
– **Jury** s. Court leet.
Legalaustrag s. Austrag (1).
Legalservitut i. wesentl. dasselbe wie ↗Nachbarrecht (2).
Legarhuoba s. Hufe.
Legatio s. Missus (1).
Legation a) im Kirchenstaat oberste Verwaltungseinheit unter einem ↗Legaten, in ↗Delegationen (3) eingeteilt. **b)** s. Legat(us).
– **Apostolische** s. Legat(us).
Legat(us) dipl. Vertreter i. allg. (auch der ↗missus [1]), seit dem *16.* Jh. bes. ein solcher ersten Ranges, i. d. nichtlat. Lit. in neuerer Zeit ausschließlich ein ↗Gesandter des Papstes (vgl. Nuntius [2]). I. e. S. der Kardinallegat (Legatus a facie [Pontificis], L. a latere [Pontificis]; L. Apostolicus), als alter ego des Papstes mit umfassendsten Vollmachten (Apostolische Legation) in bes. wichtigen Fällen ernannt, seit Innozenz III. regemäßig ein ↗Kardinal (1), für einen bestimmten, teilweise sehr ausgedehnten Bezirk (Legation, provincia). Vgl. Vicarius Apostolicus. – Seit dem 13. Jh. ist der Titel eines geborenen L. (L. natus et perpetuus, L. n. ex officio) mit einigen Erzbistümern (s. Erzbischof) (z.B. Köln) verbunden, meist nur als Ehrentitel; auch weltliche Fürsten (Siz. [1098–1871], Ung.) führten ihn; wobei der Kg. von Siz. das, von der Kurie immer wieder bestrittene volle Recht eines päpstl. L. für sich in Anspruch nahm (sogen. Monarchia Sicula). Im Gegensatz dazu nennt man alle übrigen L. (einschließlich der Nuntien) L. dati. – Der ven. L. in Konstantinopel (in der zweiten Hälfte des 12. Jh. waren es meist zwei) hatte die Stellung eines ↗bailo bzw. ↗podestà (1), wie er auch seit 1204 genannt wurde.
Legatus a facie (Pontificis) s. Legat(us).
– **a latere (Pontificis)** s. Legat(us).
– **Apostolicus a)** = Nuntius (2). **b)** s. Legat(us).
– **datus** s. Legat(us).
– **generalis** = Generallegat.
– **imperatoris** = Generallegat.
– **Italiae** u. ä. = Generallegat.
– **magnus** = Großbotschafter.
– **missus** = Nuntius (2).
– **natus et perpetuus** s. Legat(us).
– **natus ex officio** s. Legat(us).
– **regis** = Generallegat.
Legervita (leirwite) im ma. Engl. Buße des ↗Hörigen, dessen Tochter unehelichen Beischlaf gestattet hatte, an den ↗Herrn.
Legge ([Be]schauanstalt, Linnenlegge) früher, teilweise bis in die neuere Zeit, Anstalt, in der die in der Heimindustrie verfertigte Leinwand geprüft u. gezeichnet wurde, wofür ein Zeichengeld gegeben werden mußte; auch durfte der Verkauf nur in den L. stattfinden (Leggezwang). – Die Einrichtung der L. war zuerst von den ↗Zünften (1) für die Ware ihrer Mitglieder eingeführt worden.
Legion auch im MA. u. in der Neuzeit hier u. da Bezeichnung für Truppeneinheiten, bes. in Fr., wo z.B. unter Franz I. die späteren ↗Regimenter (2) L. hießen; auch die ↗garde nationale zerfiel in L. Vgl. Várjobágy.
Legislative Assembly a) zweite ↗Kammer (2a) in den ↗Parlamenten (1) der austr. ↗Bundesstaaten (2) (außer Südaustr. u. Tasmanien), ferner in Malta (maltes. Assemblea Legislativa), Neuschottland u. Quebec; in den anderen kanadischen ↗Provinzen das aus einer Kammer bestehende Parlament; in Ind. trat 1921 eine gewählte L. A. an Stelle des bisherigen ↗Legislative Council (b); sie bildete neben dem ↗Council of State (2) eine zweite Kammer. **b)** s. Municipality (b). **c)** s. Provinzial Council (2).
– **Council a)** s. Senat (*6*). **b)** in den engl. ↗Crown Colonies neben dem ↗Executive Council (a) stehender Rat, aus Beamten u. Kolonisten zusammengesetzt, letztere entw. nur ernannt, o. teils ernannt, teils gewählt; in einigen Kol. hat er etwa die Stellung einer ersten ↗Kammer (2 a); in den ↗Bundesstaaten (2) Austr. (nur gewählt), sowie in Neuseeland, Neuschottland u. Quebec (nur ernannt) ist der L. C. zur ersten Kammer geworden. In Ind. entstand der L. C. seit 1853 aus den öffentlichen Sitzungen, die von den Vertretern der Provinzialregierungen u. ↗Supreme Courts (a) bei Beratungen über Gesetzgebung abgehalten wurden. 1862 wurden diese Vertreter durch vom ↗Generalgouverneur auf zwei Jahre ernannte Mitglieder ersetzt, von denen die Hälfte Nichtbeamte u. z. T. Eingeborene waren; die Mitgliederzahl wurde allm. erhöht, ein Teil auch gewählt, u. 1921 der L. C. durch die ↗Legislative Assembly (a) ersetzt. **c)** s. Bundesdistrikt. **d)** in der Mehrzahl der Einzelstaaten der USA (zuerst in Kansas 1933) von beiden ↗Häusern der Volksvertretung aus ihrer Mitte gewählte Kommission zum Studium von Verfassungsfragen u. zur Ausarbeitung von Vorschlägen zu Verfassungsänderungen. **e)** s. Court of Tynwald. **f)** = Provincial Council (2).
– **Court** s. Bundesgericht (2).
Legislator im MA. allg. der Rechtskundige, bes. auch der ↗Urteiler u. ↗Schöffe (1).
Legislature a) der ↗Legislative Council (b) auf Cypern. **b)** s. General Assembly (2a). Auch in anderen Ländern des brit. ↗Commonwealth u.

in einigen selbständigen Ländern heißt die Volksvertretung L.

Legislaturperiode (Gesetzgebungsperiode, auch je nach der Versammlung, z. B. Landtagsperiode, Wahlperiode) Zeitraum, für den ein gesetzgebender Körper gewählt wird. Vgl. Session.

Legstadt Stadt, in der Steuern aus einem bestimmten Bezirk hinterlegt wurden.

Legung = Stuhlung.

Lehen 1. (beneficium [bis Ende des 12. Jh.], feodum, feudum [zuerst im 9. Jh. in Westfrk.], honor [bes. in spätkarol. Zeit], auch infeudatio, Benefizialleihe, ↗Leihe [1]) im frk. Reich aus der Verbindung der röm. ↗precaria (1) mit der gallischen Vasallität (s. Vasall) u. der germ. ↗Gefolgschaft entstandenes Leiheverhältnis höherer Ordnung, bestehend in der Einräumung eines Gutes (im weitesten Sinne) auf Lebenszeit des Beliehenen (Benefiziar, Lehensmann, Lehensvasall, Mann, Vasall, bassus, beneficiarius, beneficiatus, cliens, feudatarius, fidelis, homo, infeudatus, miles, tenens, donatario, féal militaire, homme de foi) gegen persönliche, nicht bäuerliche Leistungen (↗Lehensdienst, ↗auxilium) desselben zu Gunsten des Leihenden (↗Herr, Lehensherr, dominus, feudator, senior, ↗seigneur, auch ↗Suzerän) bei gegenseitigem Treueverhältnis (vgl. Lehenstreue, Féauté, Felonie u. Loyauté); insofern die Dienste mil. Art waren (↗Heerfahrt, ↗host), hatte das L. öffentlichrechtlichen Charakter. Tatsächlich waren die L. von Anfang an erblich, rechtlich wurden sie es schon früh (vgl. Erblehen, Feudum paternum, Lehenserbe u. Lehensvormundschaft), selbst in weiblicher Linie (↗Kunkellehen); einer Verleihung an mehrere Personen, Gemeinschaften, Korporationen u. dgl. stand daher nichts im Wege, sofern Sicherheit für die Leistungen gegeben war (vgl. Ganerbschaft, Gesamtbelehnung, Homme vivant et mourant u. Leihe zur Vormundschaft). Andrerseits wurde es seit Ende des 9. Jh. üblich, daß ein Lehensmann L. von mehreren Herrn empfangen konnte. Nach dt. ↗Lehensrecht (a) war Teilung ohne Erlaubnis des Herrn (ausgenommen bei Gesamtbelehnung) nicht zulässig, Vereinigung der Teile im Erbgang nicht möglich (↗Totteilung). Übertragung aller Rechte an einen anderen («das Gut lassen») durch den Herrn, vor allem eine Veräußerung, durfte die Stellung des Mannes nicht verschlechtern. Lehenserneuerung (renovatio feudi) war bei ↗Herrenfall u. ↗Mannfall nötig; der Mann bzw. Lehenserbe hatte binnen Jahr und Tag um Erneuerung zu ersuchen ([Lehens]mutung, sinnen), die der Herr nicht verweigern konnte, dann das Gut zu ↗benennen u. (bei Mannfall) ↗Hulde zu leisten; darauf mußte die ↗Besitzeinweisung durch den Herrn erfolgen; vgl. Leihe (2) u. Afterlehen. Seit dem 17. Jh. wurde in einigen ↗Territorien (2), falls eine sofortige Belehnung unmöglich war, vom ↗Lehenssekretär ein Mutzettel ausgestellt, der die erfolgte Mutung bestätigte. Während in Dt. diese Formalitäten erst in der Neuzeit allg. durch den ↗Lehensbrief (a) ersetzt wurden, geschah dies in Westeur. schon im späteren MA. Vgl. Aveu et dénombrement. – Neben das ursprgl. allein übliche ↗Landlehen bzw. ↗Amtslehen trat früh das ↗Kammerlehen; im Laufe des MA. wurden dann allm. alle möglichen Würden, Rechte, Einkünfte u. dgl. als L. vergeben u. überwogen endlich an Zahl die eigentlichen L. bei weitem. Andrerseits kam der Lehensdienst des ↗Ritters bzw. ↗Knappen (1), statt dessen schon früh auch z. B. der Dienst in einem ↗Hofamt als ritterlich gegolten hatte, durch die veränderte Kriegführung zu Ende des MA. außer Gebrauch (vgl. Lehensmiliz) u. wurde durch Abgaben ersetzt, die bis dahin (bes. in Dt.) nur eine geringe Rolle gespielt hatten (vgl. Aides aux quatre cas, Herrgewäte, Lehenspferdegeld u. Relevium). Da die Lehenstreue ihren ursprgl. Sinn längst eingebüßt hatte vgl. Ligeïtät), unterschied sich das L. (Lehenskörper, Lehensstück) seit Beginn der Neuzeit nur noch der Form nach von anderen (bäuerlichen) Leiheverhältnissen, u. das ↗Bauernlehen (a) wurde daher in einigen Gegenden die herrschende Besitzform. Andrerseits kamen, z. T. schon seit Beginn des 14. Jh., L. i. e. S. in Besitz von Bürgern u. Bauern, die dafür den Dienst als Ritter leisteten. Da bei den alten adligen L. die Abgaben häufig in gar keinem Verhältnis zum Gute standen (oft waren sie nur ein Symbol, z. B. ein Handschuh, ein Tier, eine Waffe), waren diese L. tatsächlich ↗Allode, wenn auch die rechtliche ↗Allodifikation i. allg. erst im 18. u. 19. Jh. durchgeführt wurde. – Außerhalb des Gebietes des karol. Reiches u. der norm. Eroberungen (einschl. der Kreuzfahrerstaaten) gab es ↗echte L. überhaupt nicht o. erst seit dem späteren MA., wohl aber der Sache nach entspr. Bildungen (vgl. Concesión de honor, Señorió u. Veizla [1]) sowie ↗Dienstlehen (a) (vgl. Pomestje). Doch ist es üblich, alle Besitzverhältnisse, bei denen Land gegen Kriegsdienstpflicht vergeben wird, z. B. das tk. ↗Timar, das jap. ↗Chigyō, als L. zu bezeichnen, obwohl ihnen durchweg eine wesentl. Eigenschaft des röm.-germ. L., die gegenseitige, genau fixierte Lehenstreue fehlt. **2.** = Hufe.

– adliges s. Fief.

– altes = Feudum antiquum.

– an Eigen verliehenes ↗Allod; es darbte der ↗ Folge (a) u. Vererbung u. konnte vom

↗Herrn jederzeit gegen Ersatz durch ein gleichwertiges ↗Lehen (1) eingezogen werden.

– **auf Abrechnung** s. Amtslehen.

– **auswärtiges** ↗Lehen (1), das als ↗Enklave im Gebiet eines andern Lehensherrn lag; seit dem 16. Jh. war es in Dt. üblich, daß in einem solchen Falle der ↗Lehensdienst dem fremden Herrn geleistet wurde.

– **bürgerliches** s. Censive.

– **echtes** (freies L., Kriegslehen, ↗Mannlehen [a], neues L., Neulehen, rechtes L., beneficium militare, b. vulgare, feudum justum, f. masculinum, f. militare, f. proprium, f. rectum [et legale], homagium, scutum) L. mit Mannschaft (s. Hulde) u. vollem ↗Lehensdienst, d. h. ein ↗Ritterlehen im Gegensatz zum ↗Dienstlehen (a). I. w. S. wurden zum e. L. gerechnet: ↗Burglehen, ↗Erblehen (1), ↗Gerichtslehen, ↗Lehen mit Gedinge, ↗Lehen an Eigen, ↗Leihe zur Vormundschaft.

– **freies** = Lehen, echtes u. Bauernlehen (a).

– **gegen Abgabe** s. Amtslehen.

– **gegen reinen Dienst** s. Amtslehen.

– **gehen, zu** = Lehenrührig sein.

– **geistliches** = Kirchenlehen.

– **großes** s. Freigut (1).

– **höriges** s. Serf.

– **illustres** s. Thronlehen.

– **kleines** = Klüppellehen.

– **mit Bescheid** = Lehen mit Gedinge.

– **mit der Gnade** s. Lehensgnade.

– **mit Gedinge** (Gedingelehen, L. mit Bescheid, L. mit Unterschied, L. unter Gedinge, selten auch Angefälle) Belehnung mit einem Gute für den Fall, daß der augenblickliche Besitzer ohne ↗Lehenserben starb, u. zwar **a**) geliehenes Gedinge (benanntes G., Erbgedinge, fälschlich auch ↗Leibgedinge), wenn ein bestimmtes Gut verliehen wurde, (↗Heimfall trat nicht ein, der Mann konnte sich des Gutes ohne weiteres unterwinden) u. **b**) Anwartung (unbenanntes Gedinge, wardunge, Wartung, Irrlehen [auf Grund eines sprachlichen Mißverständnisses], investitura eventualis indeterminata), wenn das zuerst frei werdende Gut verliehen wurde (Heimfall trat ein, der Mann mußte sich in das Gut einweisen [s. Besitzeinweisung] lassen). Das L. m. G. war rein persönlich, darbte daher der Erbfolge u. ↗Folge (a). Vgl. Eventualbelehnung u. Lehensanwartschaft.

– **mit Unterschied** = Lehen mit Gedinge.

– **neues** = Lehen, echtes.

– **niederes** ↗Lehen (1) vom vierten ↗Heerschild abwärts.

– **ohne Mannschaft** ↗Lehen (1), dessen Inhaber keine ↗Hulde leistete, in nachkarolingischer Zeit in Dt. das ↗Dienstlehen (a) im Gegensatz zum ↗echten Lehen.

– **rechtes** = Lehen, echtes.

– **ritterliches** = Ritterlehen.

– **unter Gedinge** = Lehen mit Gedinge.

– **verbrieftes** ↗Bauernlehen (a), das bei jedem Besitzwechsel neu empfangen werden mußte, worüber jedesmal ein ↗Lehensbrief (a) ausgestellt wurde. Wurde statt dessen nur ein Eintrag im ↗Lehensbuch vorgenommen u. fand eine eigentliche ↗Besitzeinweisung nicht statt, hieß das betr. L. Einschreiblehen.

– **wiedergebliches** (L. wiederkäufliches, feudum reddibile) ↗Lehen (1) mit einer das Lehensverhältnis auflösenden Bedingung, z. B. L. zu treuer Hand (für einen noch Lehensunfähigen o. am Empfang Gehinderten) o. als Ersatz (Zwischenlehen) für ein versprochenes ↗Kammerlehen.

– **wiederkäufliches** = Lehen, wiedergebliches.

– **zu Leibzucht** (Leibgedingslehen, Leibzuchtslehen) zu Lebzeiten des Mannes der Frau geliehenes Recht, wonach sie als Witwe im Genuß des ↗Lehens (1) blieb, ohne der ↗Folge (a) zu darben; später auf Töchter usw. ausgedehnt.

– **zu treuer Hand** s. Lehen, wiedergebliches.

Lehenbarkeit a) s. Heerschild. **b**) Umstand, der irgend etwas zu ↗Lehen (1) macht, bei ↗Reichslehen spricht man von Reichslehenbarkeit.

Lehengeld 1. = Laudemium u. Lehenspferdegeld. **2.** s. Kammerlehen.

Lehenhäuer s. Lehenschaft (3).

Lehenhufe s. Bauernlehen (a).

Lehenrührig sein (zu Lehen gehen, moveri, mouvoir) als ↗Lehen (1) bzw. ↗Afterlehen vom Lehensherrn bzw. ↗Oberherrn (1) abhängig sein; in Fr. bezeichnete man die Gebiete, die nicht ↗domaine royal waren als mouvance.

Lehensadel = Feudaladel.

Lehensadministration = Reichslehensadministration.

Lehensamt s. Lehensbuch.

Lehensanfall s. Heimfall.

Lehensanwärter s. Lehensanwartschaft.

Lehensanwartschaft (Lehensexspektanz, exspectativa feudalis) Anspruch auf Belehnung mit einem freiwerdenden ↗Lehen (1) auf Grund eines Versprechens, u. zwar allg. auf irgendein Lehen (exspectativa feudalis indeterminata), o. auf ein bestimmtes (e. f. specialis), o. endlich auf das zuerst ↗heimfallende (e. f. generalis); vgl. Lehen mit Gedinge. Der Exspectant (Lehensanwärter, exspectativarius) mußte zurücktreten, wenn das betr. Lehen bereits durch ↗Eventualbelehnung vergeben war. Die L. war erblich, sowohl beim ↗Herrn wie beim Mann.

Lehensaufgebot s. Heerfahrt u. Host.

Lehensaufkündigung = Lehensauflassung.

Lehensauflassung (Lehensaufkündigung, refutatio feudi) die ↗Auflassung (↗devest) des

Lehens (1) an den Lehensherrn durch den bisherigen Mann bei jeder völligen Entäußerung der diesem zustehenden Rechte am Gut, bes. beim Verkauf. Die L. erfolgte in den üblichen Formen.

Lehensauftrag (Auftragung, ↗Lehensvertrag, advoare allodium, oblatio feudi, recognitio f., aveu d'alleu, reconnaissance de fief, reprise) ↗Auflassung eines Gutes an einen ↗Herrn zwecks Wiederempfang als ↗Lehen (1) (feudum oblatum, fief de reprise); die beiden Akte mußten zeitlich getrennt sein. Bei dem Gute handelte es sich entw. um ↗Allod, o. um ein Lehen, das bisher von einem anderen Herrn ↗lehenrührig war.

Lehensbank = Hofgericht (f).

Lehensbaronie s. Peer.

Lehensbauer s. Bauernlehen (a).

Lehensbede s. Bede (1).

Lehensbefreiung = Allodifikation.

Lehensbote s. Mannkammer (1).

Lehensbrief **a)** zuerst (seit dem 13. Jh.) nur Bezeugung des Belehnungsaktes in bes. Fällen, dann Bestätigung desselben, endlich vollständig an dessen Stelle tretend. Vgl. Revers (2). **b)** s. Erbleihe u. Leihe (1).

Lehensbuch (Lehensregister) zunächst Verzeichnis der ↗Lehen (1) u. Lehensleute (Mannbuch) eines Herrn, dann (seit Ende des 13. Jh.) Verzeichnis der Lehensakte (Belehnungen), die man zuerst auf einzelnen Zetteln (Lehensnotel, Lehenszettel) gesammelt hatte; seit dem 16. Jh. wird das L. mehr u. mehr zu einem Register der ↗Lehensbriefe (a), u. zwar nicht nur für die adligen Lehen (s. Fief), sondern auch für die ↗Bauernlehen (a). Vgl. Lehen, verbrieftes. – In Bhm. waren die L. der bhm. Lehen (vgl. Lehensgericht) in der Hoflehenstafel vereinigt, die von einem bes. Lehensamt, später vom Vizehoflehensrichter, geführt wurde, während die der dt. Lehen eine dt. Lehenstafel bildeten, die bis 1651 von der Lehenshauptmannschaft, seitdem von verschiedenen Gerichten geführt wurde; 1855 wurden beide vereinigt; in den übrigen ↗Kronländern (1) dienten die ↗Landtafeln (1) als Lehenstafeln.

Lehenschaft **1.** = Lehensherrlichkeit. **2.** Gesamtbesitz eines Lehensmannes an ↗Lehen (1). **3.** ein Teil des Grubenfeldes, das von der ↗Gewerkschaft gegen eine Quote der Förderung an einen selbständigen Arbeiter (Lehenhäuer, Lehenhauer, Lohnhäuer) vergeben wurde; die L. war bes. im 14. u. 15. Jh. üblich, als die Gewerken größtenteils nicht mehr selbst arbeiteten, aber zur Anwerbung von Lohnarbeitern noch nicht kapitalkräftig genug waren.

– geistliche = Patronat.

Lehensdepartement (Lehensrat, Oberlehensdepartement) nach Entstehung der modernen Zentralbehörden u. ↗Ministerien (7) in einigen Staaten die einem Ministerium untergeordnete Zentralinstanz für Lehenssachen, die i. d. R. auch ↗Lehensgericht war; in Pr. bestand das aus der alten kurmärkischen Lehenskanzlei, von der um 1740 nur ein Lehensarchiv übrig war, hervorgegangene L. nur aus einem Lehensdirektor, meist einem ↗Justizminister; für Ostpr. gab es einen bes. Lehensdirektor.

Lehensdienst (Dienst, ↗Folge [a], Lehensfolge, Ritterdienst, ↗servitium, s. militis) nach dt. Recht bestehend aus **a)** ↗Heerfahrt, die nur Reichskriegsdienst (Sattelpflicht) war, sechs Wochen u. drei Tage innerhalb des Reiches auf eigene Kosten; zum Römerzug (auf Reichskosten bis zur Krönung) war jeder verpflichtet (Mannenpflicht), der ↗Reichsgut zu ↗Lehen (1) hatte; in Privatfehden (s. Fehde) brauchte nur der Ledigmann (s. Ligeïtät) u. der ↗Ministeriale (2) dem ↗Herrn zu folgen (vgl. Heersteuer u. Burglehen). Seit der Ausbildung der ↗Landeshoheit trat der Landesherr an Stelle des Kgs., u. schon im 16. Jh. war der Reichskriegsdienst nur noch Ausnahme. Auch im ↗Territorium (2) wurde der L. mehr u. mehr beschränkt, die persönl. Ableistung durch den Lehensmann wurde nicht mehr gefordert, sondern geschah durch geworbene Lehensreiter, u. seit dem 17. Jh. trat die Ablösung in Geld (Redimierung) in Form einer jährl. Abgabe (↗Dienstgeld, Lehensrittgeld, Lösegeld, Redimierungsgeld) an Stelle des L. Vgl. Lehenspferdegeld. **b)** Hoffahrt (Hofdienst), die Pflicht (Hoffahrtspflicht) des Mannes, dem Herrn im Rat (Mannentage) u. Gericht (vgl. Lehensgericht) zu dienen. Ferner hatte der Mann den Herrn zu «ehren» (z.B. Steigbügelhalten u. Führen des Pferdes [Marschalldienst, officium stratoris et strepae], «Herr» nennen).

Lehensdirektor s. Lehensdepartement.

Lehenseid s. Hulde.

Lehenseignung Übereignung eines Lehens (1) an den bisherigen ↗Vasallen durch den ↗Herrn, durch Schenkung o. Verkauf.

Lehensemende s. Felonie.

Lehensempfang s. Leihe (2).

Lehenserbe (↗Lehensfolger, Leibeslehenserbe) nach dt. Recht der Sohn bzw. Enkel des letzten Besitzers eines ↗Lehens (1), der die Eigenschaften des ↗Landerben besitzen, lebensfähig (s. Heerschild) u. zum Kriegsdienst tauglich sein mußte.

Lehenserneuerung s. Lehen (1).

Lehensexspektanz = Lehensanwartschaft.

Lehensfähigkeit s. Heerschild.

Lehensfall = Mannfall.

Lehensfehler = Felonie.

Lehensfolge (↗Folge [a]) **a)** nach dt. Recht Pflicht bzw. Recht des Mannes (s. Lehen [1]), bei ↗Herrenfall den neuen ↗Herrn anzuerkennen. Von mehreren Erben brauchte er nur einem zu folgen, einem dem vorigen Herrn nicht ebenbürtigen überhaupt nicht; in diesem Falle trat Folge an den ↗Oberherrn (1) ein, ebenso bei ↗Felonie des Herrn. **b)** Erbfolge im Lehen. **c)** = Lehensdienst.

Lehensfolger jeder, der in einem Lehen (1) nachfolgt, auch der ↗Lehenserbe.

Lehensfürst **1.** ↗seigneur justicier (a), der kgl. Rechte, bes. das Recht, ↗Ordonnanzen (1) zu erlassen, erlangt hatte; er war durchaus nicht immer ↗Kronvasall, sondern vielfach ↗Aftervasall, besaß aber meist einen bes. Titel (duc, comte, vicomte [s. Vicecomes (1)], ↗marquis). Ein allg. fr. Ausdruck fehlt, gebräuchlich waren z. B. archicomte, comte, principal, grand-seigneur, ↗haut baron, h. feudataire, h. homme, h. seigneur, riche homme, seigneur souverain, s. supérieur, s. tenant en baronnie, auch ↗Baron, ↗seigneur, dagegen nie ↗châtelain (2) oder viguier (s. Vikar [2]); auch in lat. Texten werden die L. ganz allg. z. B. als magnates, principes, proceres, viri divites bezeichnet, i. d. dt. Lit. auch als Großvasallen. **2.** in China zur Zeit der Tschou-Dynastie Inhaber eines vom Ks. vergebenen ↗Lehens (1). Die L. (tschu hou, auch fan) zerfielen in fünf Klassen: kung, hou, po (peh), tsé (shi, tsi), nan, wobei aber nicht feststeht, ob es sich um bloße Titel handelt o. ob mit einem Titel ein Lehen bestimmter Größe verbunden war. Die Titel erhielten sich auch nach dem Ende des Lehenswesens u. wurden auch von hohen Beamten, kung (meist dem ↗Herzog gleichgesetzt), bes. von Mitgliedern des Staatsrats geführt; im übrigen werden in neuerer Zeit hou dem ↗Marquis, po dem ↗Grafen, nan dem ↗Baron gleichgesetzt.

Lehensgefälle = Feudal incidents.

Lehensgenossenschaft s. Lehenshof (1a) u. Mannkammer (1).

Lehensgericht (↗Lehenshof [1a], Lehenskurie, Lehensrecht, Lehensschranne, Lehenstag, Mann[en]gericht, Mann[en]recht) für Streitigkeiten zwischen ↗Herr u. Mann o. zwischen Mann u. Mann im Bereiche der ↗Lehen (1) des Herrn, mit diesem als Richter u. (nach sä. Recht mindestens sechs) Mannen als ↗Urteiler (Lehensschöffen, pares curiae). Um Nichtvasallen das L. zugänglich zu machen, griff man zu bedingter Belehnung (Provisionalbelehnung). – Landesherrliche ↗Hofgerichte (a), die als L. dienten, hießen auch Lehenshofgerichte; Hofgerichte (f) von ↗Fronhöfen hießen L. (Bauernlehensgerichte) sowohl, insofern sie für bäuerliche ↗Leihen (1) zuständig waren (was immer der Fall war), als auch, wenn sie (selten) Gericht für ↗Bauernlehen (a) waren. Für diese waren i. d. R. die eigentl. L. zuständig, u. in den letzten Zeiten des Lehenswesens gab es Lehenshöfe, zu denen nur noch Bauernlehen gehörten. – Die L. der großen ↗Barone u. ↗Lehensfürsten (1) Westeur. hießen Lehensoberhof (court of honour, haute cour). Vgl. Pairs. – Seit Ende des MA. dienten die meist an bestimmten Terminen stattfindenden L. i. wesentl. nur der Erneuerung der erledigten Lehen u. wurden i. d. R. mit Juristen besetzt. I. allg. trat an Stelle des alten L. eine Abteilung der ↗Kammer (1) als Lehenskammer (Lehenskanzlei, Lehensstube, vgl. Lehensdepartement) mit einem Lehenskanzler; in Fr. war die chambre des fiefs eine Abteilung der ↗chambre des comptes; auch andere Zentralbehörden o. oberste Gerichte (vgl. Reichshofrat) konnten die Befugnisse als L. erhalten u. führten häufig auch die ↗Lehensbücher. – Ebenso entwickelte sich eine Stufenfolge von L., Oberlehensgericht (Oberlehenshof), oberstem L. (Hauptlehenskurie, Zentrallehenshof, Zentrallehenskurie), wobei vielfach die unteren Stufen L. ursprgl. selbständiger ↗Territorien (2) waren, die eine Zeitlang als Teillehenshöfe erhalten blieben; in einigen Ländern erhielten sie sich bis in die Mitte des 19. Jh. – In Bhm. bestand für die bhm. (d. h. die innerhalb der ursprgl. Grenzen des Königreichs gelegenen) Lehen bis 1783 als L. das Hoflehensrecht (judicium aulicum feudale, saud dworsky), dessen Oberlehens(hof)richter für Belehnungen u. dgl. bis zur ↗Allodification weiter amtierte; der (zeitweise nicht bestehende) Vizehoflehensrichter führte in späterer Zeit die Lehensbücher. Für die dt. Lehen (die ↗Außenlehen) war die Lehenshauptmannschaft L., die unter einem Lehenshauptmann bis 1838 bestand, obwohl seit 1651 nur Abteilung des Appellationsgerichts.

Lehensgewere s. Gewere (1).

Lehensgnade vom Landesherrn (s. Landeshoheit) gewährte Befreiungen vom strengen ↗Lehensrecht (a), bes. auf erbrechtlichem Gebiet; die L. wurde sowohl allen ↗Lehen (1) generell, als auch einzelnen Lehen (L. mit der Gnade) speziell gewährt.

Lehensgraf ↗Freier, der das Amt eines ↗Grafen als erbliches ↗Lehen (1) besaß, seit dem 12. Jh. von den Landesherrn (s. Landeshoheit) allm. durch ↗Ministerialen (2) ersetzt (Ministerialgraf).

Lehensgut **a)** = Landlehen. **b)** s. Leihe (1).

Lehenshauptmann(schaft) s. Lehensgericht.

Lehensherr **1.** s. Lehen (1). **2.** = Hauptherr (1b). **3.** s. Markgenossenschaft. **4.** s. Leihe (1).

– **oberster** **1.** (dominus ligius ante omnes, in Fr. Suzerain général, in Engl. Lord paramount) der Kg. bzw. Ks. als Spitze des gesamten Aufbaus des Lehenwesens. Vgl. Oberherr (1) u. Suzerän. **2.** s. Markgenossenschaft.

Lehensherrlichkeit (Lehenschaft, Lehensherrschaft) beim ↗Lehen (1) Stellung des ↗Herrn gegenüber dem Mann, beim ↗Reichslehen Reichslehenschaft genannt.

Lehensherrschaft = Lehensherrlichkeit.

Lehenshof **1.** (↗curia [1 b], c. feudalis, c. feudi, ↗cour, c. féodale) **a**) eigentl. ↗Lehensgericht, dann auch die Gesamtheit der ↗Vasallen eines ↗Herrn (↗Klientel, Lehensgenossenschaft, clientela) Vgl. Cour plénière (1). **b**) ein ↗Fronhof als Sitz eines Lehensherrn (s. Lehen [1]). **2.** = Hofgericht (f).

Lehenshofgericht s. Lehensgericht.

Lehenshoheit (Lehensoberherrlichkeit) dem Landesherrn (s. Landeshoheit) als solchem zustehende oberste ↗Lehensherrlichkeit über alle ↗Lehen (1) seines Landes.

Lehensindult (Gottesbrief, indultum feudale) Erlaubnis des Lehensherrn, daß ein ↗Lehen (1) von einem Minderjährigen ohne ↗Lehensvormundschaft in Besitz genommen werden durfte.

Lehensinvestitur = Leihe (2).

Lehenskammer **1.** s. Lehensgericht. **2.** = Hofgericht (f).

Lehenskanon s. Lehenspferdegeld.

Lehenskanzlei s. Lehensgericht.

Lehenskanzler s. Lehensgericht.

Lehensknecht s. Lehenspropst.

Lehenskörper s. Lehen (1).

Lehenskontrakt = Lehenvertrag.

Lehenskurie = Lehensgericht.

Lehensland s. Thane.

Lehensmann **1.** s. Lehen (1). **2.** s. Schultheiß. **3.** s. Hauptherr (1 b) u. Leihe (1). **4.** = Laensmann.

Lehensmannschaft s. Hulde.

Lehensmatrikel Liste der Lehensaufgebote (vgl. Heerfahrt u. Host), in Dt. nicht üblich.

Lehensmiliz Aufgebot der Lehensleute in späterer Zeit, nur noch eine Landmiliz (s. Miliz) bildend. Vgl. Lehen (1).

Lehensmündigkeit s. Lehensvormundschaft.

Lehensmusterung s. Aveu et dénombrement.

Lehensmutung s. Lehen (1).

Lehensnexus = Lehensverband.

Lehensnotel s. Lehensbuch.

Lehensoberherrlichkeit = Lehenshoheit.

Lehensoberhof s. Lehensgericht.

Lehenspardon s. Felonie.

Lehenspfarrer s. Patronat.

Lehenspferd = Gleve.

Lehenspferdegeld (Lehengeld, [Lehens]ritterpferdegeld) seit dem 16. Jh. ↗Heersteuer der Lehensleute (s. Lehen [1]) an Stelle des ↗Lehensdienstes, zuerst fakultativ, dann allg.; diese unregelmäßige Abgabe wurde im 18. Jh. meist durch einen festen Lehenskanon ersetzt u. dafür vom Landesherrn (s. Landeshoheit) die ↗Allodifikation gewährt. – In den Städten wurde schon im 14. Jh. der Reiterdienst der ↗Patrizier durch ein Pferdegeld abgelöst.

Lehenspflicht s. Hulde.

Lehenspropst Beamter, der in Bay. in jedem Rentamt (s. Viztum [a]) die betr. ↗Lehen (1) verwaltete, bes. die ↗Lehensbücher führte; L. war i. d. R. der ↗Kanzler des Rentamtes. In jedem Landgerichtssprengel war ein Lehensunterpropst (Lehensknecht, Unterlehenspropst) mit der Kontrolle der Lehen betraut; bis 1550 hießen diese, bis dahin nur da u. dort vorhandenen, Beamten Unterlehensbereiter.

Lehensrat = Lehensdepartement.

Lehensrecht **a**) (feudale jus) im Gegensatz zu ↗Hofrecht (1), ↗Landrecht (1a) u. dgl. die Rechtsverhältnisse des ↗echten Lehens, dann des ↗Lehens (1) überhaupt. **b**) Fähigkeit zum Genuß des Lehens, der ↗Heerschild. **c**) = Lehensgericht. **d**) aus einem Lehensverhältnis entspringendes Recht.

Lehensregister = Lehensbuch.

Lehensreichung = Leihe (2).

Lehensreiter s. Lehensdienst.

Lehensretrakt (retractus feudalis, puissance de fief, retenue de droit, retrait féodal) ↗Retrakt des Lehensherrn sowie der ↗Lehenserben am Lehen (1). Vgl. Dépié de fief u. Jeu de fief.

Lehenrevers = Revers (2).

Lehensritt s. Heerfahrt.

Lehensritterpferdegeld = Lehenspferdegeld.

Lehensrittgeld s. Lehensdienst.

Lehensschöffe s. Lehensgericht.

Lehensschranne = Lehensgericht.

Lehensschreiber = Lehenssekretär.

Lehensschulden (debita feudalia) Schulden, die zum Nutzen eines ↗Lehens (1) aufgenommen wurden; sie gingen mit dem Lehen auf den ↗Lehensfolger über, der für sie nur mit dem Lehen, mit dem ↗Allod nur subsidiär (d. f. subsidiaria) haftete. Im übrigen gab es L., die vom ersten Besitzer zum Erwerb des Lehens gemacht worden waren (d. f. legalia). Da sie nur auf die Erben übergingen, hießen sie auch d. f. respectiva, im Gegensatz zu den übrigen L. (d. f. absoluta), die jeden Erwerber trafen. Unter Zustimmung aller ↗Agnaten u. Lehensfolger konnten auch andere Schulden zu L. erklärt werden (verwilligte L., d. f. consensuata). Eine L. war auch der Lehensstamm (constitutum feudale), ein auf ein Lehen gelegtes unkündbares Kapital, dessen Zinsen nach ↗Lehensrecht (a) vererbt wurden.

Lehensschultheiß s. Schultheiß.

Lehensschulze = Erbschulze (a).

Lehensschutz s. Lehenstreue.

Lehenssekretär (Lehensschreiber, Mannschreiber) bei den Behörden, die als ↗Lehensgericht fungierten, der mit der Führung der ↗Lehensbücher betraute Beamte, der u. U., z. B., in Jülicher ↗Mannkammern (1) u. den pr. ↗Regierungen (1), auch die übrigen Lehenssachen bearbeitete; in späterer Zeit war er Jurist.

Lehenssplіß s. Stammgut (d).

Lehensstaat a) Staatswesen, dessen Oberhaupt Lehensmann (s. Lehen [1]) eines anderen Monarchen ist. b) (Feudalstaat) Staatswesen, das auf dem ↗Lehensrecht (a), d. h. auf persönlichen Bindungen, aufgebaut ist; im Gegensatz dazu besteht der Ämterstaat aus territorialen Einheiten, die von besoldeten Beamten verwaltet werden.

Lehensstamm s. Lehensschulden.

Lehensstatthalter(verwalter) s. Mannkammer (1).

Lehenssteuer jede Abgabe des Lehensmannes (s. Lehen [1]) an den Lehensherrn auf Grund des Lehensverhältnisses. In Dt. waren L. (precariae feudales) selten (vgl. Gift dienen, mit), in Westeur. dagegen die Regel (vgl. Aides aux quatre cas u. Scutagium).

Lehensstube s. Lehensgericht.

Lehensstück s. Lehen (1).

Lehenstafel s. Lehensbuch.

Lehenstag = Lehensgericht.

Lehenstaxe Gebühr für die Belehnung bei Erneuerung eines ↗Lehens (1).

Lehensträger a) derjenige, der den ↗Lehensdienst leistete, wenn der rechtliche Inhaber des ↗Lehens (1) dies aus irgendeinem Grunde nicht konnte, z. B. Geistliche, Frauen, Unmündige. Vgl. Gesamtbelehnung, Leihe zur Vormundschaft u. Stammgut (d). b) mißbräuchlich für Lehensmann. c) s. Eigenlehen u. Gewerkschaft.

Lehenstreue beim Mann (s. Lehen [1]) neben dem ↗Lehensdienst bzw. der ↗Leihe (2) die Hauptpflicht, beim ↗Herrn in erster Linie Lehensschutz. Als Ganzes war die L. dem Treueverhältnis zwischen Verwandten nachgebildet. Vgl. Felonie.

Lehensunterpropst s. Lehenspropst.

Lehensuntreue = Felonie.

Lehensvasall s. Lehen (1).

Lehensverband (Lehensnexus) beim ↗Lehen (1) das Verhältnis zwischen ↗Herr u. Mann.

Lehensverrat = Felonie.

Lehensvertrag (Lehenskontrakt, infeudatio) i. w. S. jede der ↗Leihe (2) vorausgehende Abmachung, wonach der ↗Herr sich verpflichtete, ein Gut zu ↗Lehen (1) zu geben, i. e. S. der ↗Lehensauftrag. Seit dem späteren MA. wurden im L. vor allem die Dienste u. Rechte festgelegt, die nicht dem Herkommen entsprachen.

Lehensvogt s. Vogt (1).

Lehensvormundschaft (escaeta cum herede, warda) ↗Munt (1) über den unmündigen ↗Lehenserben, nach dt. Recht dem Lehensherrn zustehend, bzw. jenem, dem er das ↗Angefälle (a) verlieh; für jedes einzelne ↗Lehen (1) mußte ein bes. Vormund zu Lehensrecht bestellt werden. Das Recht des Lehensherrn verlor sich früh, in späterer Zeit fiel die L. meist mit der ↗Allodialvormundschaft zusammen (vgl. Vormund zu Landrecht) u. dauerte dann über die Lehensmündigkeit (12 Jahre) hinaus bis zur Volljährigkeit (21 Jahre); waren die Vormundschaften getrennt, so fungierte der Lehensvormund nur als ↗Lehensträger (a), die Verwaltung des Lehens hatte der Allodialvormund. – In Fr., wo ursprgl. ebenfalls der Herr Vormund (baillistre) war (bail seigneurial bzw. ducal bzw. royal), ging seit dem 13. Jh. die L., die mit dem 21., bei Frauen mit dem 15. Jahr endete, an den nächst erbberechtigten Verwandten, i. d. R. die Mutter über (bail des ascendants, b. des collatéraux, b. familial, b. féodal), nur in der Norm. blieb der b. ducal bestehen. Es konnten auch zwei Lehensvormünder bestellt werden, für Person u. Besitz (double bail). Seit dem 15. Jh. wird der bail i. d. R. zur ↗garde noble, vielfach auch zu einer Vormundschaft nach röm. Recht (tutela). Vgl. Mainbournie u. Wards.

Lehenszehnt s. Zehnt (1).

Lehenszettel s. Lehensbuch.

Lehenszinsgut s. Bauernlehen (a).

Lehmann s. Leihe (1).

Lehmeier s. Leihe (1).

Lehne = Laudemium.

Lehner s. Leihe (1).

Lehnware 1. = Heergewäte u. Laudemium. 2. (infeudationis jus) Recht des ↗Herrn, ein ↗Lehen (1) zu gewähren; die L. schloß die ihm bleibende ↗Gewere (1) ein.

Lehrbeanstandungsverfahren = Lehrzuchtverfahren.

Lehrknabe s. Zunft (1).

Lehrknecht s. Zunft (1).

Lehrverfahren = Lehrzuchtverfahren.

Lehrvikar s. Vikar (1b).

Lehrzuchtverfahren (Lehr[beanstandungs]verfahren) Verfahren gegen einen prot. Geistlichen o. sonstigen Inhaber eines kirchl. Amtes, der durch Wort o. Schrift in Widerspruch zum Bekenntnis der betr. Kirche tritt.

Leibbataillon s. Leibkompagnie.

Leibbatterie s. Leibkompagnie.

Leibbede a) = Kopfzins. b) s. Sterbfall.

Leibeigenenhufe s. Hufe.

Leibeigener seit Ende des 14. Jh. Bezeichnung des persönlich ↗Unfreien (vorher Eigener, Eigenknecht, Eigenmann [s. Eigenleute], Knecht, Schalk, famulus proprii juris, homo p. j., ↗mancipium, proprius, ↗servus, s. in perpetuo servitio, s. proprii juris, s. salicus, lat. schon Ende des 13. Jh. homo [proprius] de corpore) im Gegensatz zum ↗Hörigen; die L. (Eigenhörige, vollschuldig Eigene) zahlten einen ↗Kopfzins (meist in Gestalt eines ↗Leibhuhns), befanden sich in allen möglichen wirtschaftlichen Stellungen, waren teils angesiedelt u. bewirtschafteten dann i. allg. ↗Höfe (3) ihres Leibherrn (Eigen[tums]herr), aber auch solche eines anderen Herrn, teils waren sie Hausgesinde oder Feldarbeiter (vgl. Dageschalk) u. mußten dann an sich ungemessene, tatsächlich aber meist gemessene Dienste (s. Fronden [a]) leisten. Sie waren entweder mit dem ↗Fronhof unlöslich verbunden (daher auch ↗Hofhörige, Hofleute, ungesessene Laten genannt) (s. Schollenpflichtigkeit) oder frei veräußerlich (Eigenbehörige nach Ritterrecht, Gut- und Bluteigene, Rittereigene); sie konnten sich als Arbeiter frei verdingen, in den Städten ein Handwerk ausüben (vgl. Freier), auch Ämter (vgl. Meier [1]) bekleiden. Dabei zahlten sie als servi forani (mlt.) ihrem Herrn den Kopfzins weiter. Tatsächlich war ihre Lage von der der Hörigen wenig verschieden (vgl. Schutzhöriger), infolge ihrer Freizügigkeit sogar zum Teil besser, u. im späteren MA. gingen sie größtenteils in den Hörigen auf, weshalb L. vielfach für Höriger gebraucht wird. – Als seit dem 15. Jh. die Lage der Bauern sich verschlechterte, wurde das Wort Leibeigenschaft (Eigenbehörigkeit, ↗Eigenschaft, Eigentum, Halseigenschaft, Leibeigentum, servitus, tenetura) für die neue Abhängigkeit verwendet, die bes. in Bay. u. Westf. sehr hart war. I. d. R. entrichtete dieser L. (Eigenbehörige, Halseigene) seinem Leibherrn (Halsherr) außer dem Kopfzins noch andere Abgaben, leistete Dienste, war dem Gesindezwang (s. Gesinde [1]) unterworfen u. mangelte der Freizügigkeit, die aber vielfach gegen Weiterentrichtung des Leibhuhns usw. (vgl. Manumissionsgebühr) gestattet war. Vgl. Leibrecht (2), Raub- und Wechselvertrag u. Lokalleibeigenschaft. In Ostdt. steigerte sich die Leibeigenschaft zur ↗Erbuntertänigkeit. Im Laufe des 18. Jh. wurde sie in den größeren dt. Staaten i. wesentl. aufgehoben, in den kleineren bestand sie teilweise bis tief ins 19. Jh. Vgl. Heie. – Das Wort L. wird i. d. Lit. für die ähnl. Verhältnisse in anderen Ländern (vgl. Villain) verwendet, bes. in Rußl., wo die Leibeigenschaft erst spät im Laufe des 15. bis 17. Jh. entstand (vgl. Dienstkabala), aber dann bes. schroffe Formen annahm, die dem Herrn gestatteten, den L. (Krepostnoj) gewissermaßen als Sache anzusehen. Andrerseits war es vielfach auch diesen L. möglich, in Städten Berufe zu ergreifen u. Vermögen zu erwerben. Vgl. Obrok. 1861 wurde die Leibeigenschaft in Rußl. aufgehoben.

Leibeigentum s. Leibeigener.

Leibeskadron s. Leibkompagnie.

Leibeslehenserbe = Lehenserbe.

Leibfall s. Sterbfall.

Leibgedinge (Leibgut, Leibzucht, Vitalien, vitalitium) jedes zur Nutznießung auf Lebenszeit einem «Leibzüchter» übergebenes Gut, z. B. das ↗Altenteil, das ↗Fallehen, das geliehene Gedinge (s. Lehen mit Gedinge), dann auch die vom Ehegatten seiner Frau ausgesetzten Vermögensteile, insbes. das ↗Wittum (1). Ein L. konnte auch auf mehrere Generationen gegeben werden (Mehrleiberleihe).

Leibgedingsgut s. Fallehen.

Leibgedingslehen = Lehen zu Leibzucht.

Leibgewinnsgut s. Fallehen.

Leibgut = Leibgedinge.

Leibherr s. Leibeigener.

Leibherrlichkeit = Leibherrschaft.

Leibherrschaft (Leibherrlichkeit) das Verhältnis des Leibherrn zum ↗Leibeigenen.

Leibhuhn (Fronhuhn, Halshuhn, Hühnerzins, Zinshuhn, gelinage, geline de coutume, ru de baston) die übliche Form des ↗Kopfzinses der ↗Leibeigenen, oft bezeichnet nach dem Fälligkeitstermin (Fastnachthuhn, Maihuhn). Vgl. Abzugsgeld (2).

Leibkammer s. Kammer (1).

Leibkompagnie die von einem Stabskapitän (s. Hauptmann [1]) o. ↗Kapitänleutant geführte ↗Kompagnie (2) des ↗Obersten, dann (seit Beginn des 19. Jh. ausschließlich) die erste Kompagnie eines Leibregiments (s. Regimentschef); der L. entspricht bei den andern Waffen die Leibeskadron bzw. Leibbatterie; vereinzelt gibt es auch Leibbattaillone.

Leibmaut = Kopfzins.

Leibpfennig a) = Kopfzins. **b**) s. Sterbfall.

Leibrecht 1. s. Fallehen. **2.** Recht eines ↗Leibeigenen.

Leibrechtsgut s. Fallehen.

Leibregiment s. Regimentschef.

Leibschatz s. Bede (1).

Leibsteuer = Kopfzins.

Leibtruppen zusammenfassende Bezeichnung für ↗Leibkompagnie usw. u. Leibregiment (s. Regimentschef).

Leibzins = Kopfzins.

Leibzoll = Judenschutzgeld u. Kopfzins.

Leibzucht = Altenteil u. Leibgedinge.

Leibzuchtslehen = Lehen zu Leibzucht.

Leibzüchter s. Altenteil u. Leibgedinge.

Leide = Leuda.

Leihbauer s. Leihe (1).

Leihe 1. (Bodenleihe, Grundleihe, Landleihe) jedes Verhältnis, bei dem Grund u. Boden (Lehensgut, Leihegut, Leiheland), später auch andere Werte, vom Eigentümer ([Land]leiheherr, Lehensherr) einem andern (Lehensmann, Lehmann, Lehmeier, Lehner, Leihemann) gegen bestimmte Verpflichtungen zur Nutznießung übergeben wurde; i. d. R. wurde dabei ein Leihebrief (Lehensbrief) ausgefertigt. Dabei trat entw. eine persönliche Abhängigkeit vom Leiheherrn ein (so beim ↗Lehen [1] u. seinen Abarten [vgl. Bauernlehen (a)] u. bei der L. nach Hofrecht) o. nicht (so bei der freien L. nach ↗Landrecht [1a] u. den L. nach ↗Stadtrecht, der freien ↗Erbleihe u. dem ↗Erbbaurecht). I. allg. werden die Ausdrücke Leihe u. Lehen u. die damit zusammengesetzten Wörter für alle Leiheverhältnisse unterschiedslos gebraucht, i. bes. aber bezeichnet Lehen das ↗Ritterlehen, Leihe die bäuerliche L., d. h. entw. die freie L. nach Landrecht (höhere L., in älterer Zeit die ↗precaria [1]), wobei der Leihemann i. wesentl. nur einen Leihezins an den ↗Grundherrn zahlte u. von andern Diensten frei war, o. die L. nach Hofrecht (hofrechtliche L., niedere L., unfreie L.), wobei der Leihemann (Grundmann, Leihbauer) ↗Höriger o. sonstwie ↗Halbfreier o. ↗Unfreier war u. i. wesentl. neben geringem Zins zu ↗Fronden (a) verpflichtet (vgl. Leihezwang). Doch wird manchmal unter höherer L. nur das Ritterlehen verstanden, unter niederer L. alle anderen Leiheverhältnisse. Eine scharfe Trennung zwischen den einzelnen Arten von L., den Leiherechten (Erbbaurecht, Landleiherecht usw.) ist nicht möglich; ebenso geht die L. leicht in die Pacht, bes. die ↗Erbpacht, über u. wird in der neueren Zeit überhaupt durch sie ersetzt. Vielfach werden daher auch die Pachtverhältnisse zur L. gerechnet (vgl. Zinsgut). Andrerseits verwischte sich seit dem späteren MA. die Grenze zwischen adligem Lehen u. bäuerlicher L., da ersteres mehr u. mehr seinen ursprgl. Charakter verlor. 2. ([Lehens]investitur, investitura, Lehensreichung) der ↗Hulde des Mannes entspr. persönliche Bindung des Herrn bei der Belehnung, dem Lehensempfang (Relevierung) durch den Mann; dieser erhielt dabei die Lehensgewere, der Herr behielt die Eigengewere (s. Gewere [1]). Vgl. Lehen.

– **auf Treue** ↗Lehen (1), das wieder einzulösen der ↗Herr berechtigt, aber nicht verpflichtet war; die Abrede war persönlich u. band nur die beiderseitigen mitgelobenden Erben.

– **bäuerliche** s. Leihe (1).

– **freie** s. Leihe (1).

– **höhere** s. Leihe (1).

– **hofrechtliche** s. Leihe (1).

– **nach Hofrecht** s. Leihe (1).

– **niedere** s. Leihe (1).

– **prekaristische** = Precaria (1).

– **unfreie** s. Leihe (1).

– **vasallitische** s. Vasall.

– **zu Burgrecht** s. Erbleihe.

– **zu Erbrecht** = Erbleihe.

– **zu Fluchtsal** Belehnung in der Absicht, dem des ↗Lehens (1) Wartenden den Anfall zu entziehen (vluchtsal = Betrug), z. B. Leihe (1) eines benannten Gedinges (s. Lehen mit Gedinge) an einem bereits zu Anwartung vergebenen Lehen in Erwartung des Todes des Inhabers. Rechtlich war sie unzulässig.

– **zu rechtem Erbe** s. Emphyteuse.

– **zu Waldrecht** = Waldleihe.

– **zu Weichbild** s. Erbleihe.

– **zur Vormundschaft** (Vormundschaftslehen) gleichzeitige Belehnung (nicht ↗Gesamtbelehnung) eines Lehensunfähigen zusammen mit einem Lehensfähigen (s. Heerschild) (↗Lehensträger (a), Provasall, Träger [über Lehen]) um dem ersteren, dem die ↗Gewere (1) verblieb, vor allem das Recht der ↗Folge (a) zu sichern; der häufigste Fall war der der Frau, deren gegebener Lehensträger ihr Mann war. Auch der Vertreter einer belehnten Korporation hieß Lehensträger. Mit dem Recht des Vertretenen endigte auch sein Recht. Vgl. Prodominus.

Leihebrief s. Leihe (1).

Leihegut s. Leihe (1).

Leiheherr s. Leihe (1).

Leiheland s. Leihe (1).

Leihemann s. Leihe (1).

Leiherecht s. Leihe (1).

Leihezins s. Leihe (1).

Leihezwang Verpflichtung des ↗Herrn, bei ↗Herrenfall u. ↗Mannfall das ↗Lehen (1) zu erneuern. ↗Amtslehen unterlagen stets dem L. (vgl. Fahnlehen [a] u. Gerichtslehen), teilweise auch die bäuerliche ↗Leihe (1).

Lei(h)kauf = Weinkauf (1).

Leirwite = Legervita.

Leisten s. Einlager (1).

Leistung = Einlager (1).

Leistungsbuch s. Einlager (1).

Leiter, politischer zusammenfassende Bezeichnung für ↗Reichsleiter, Gauleiter (s. Gau [2]), Kreisleiter (s. Kreis) u. die übrigen Amtsträger der NSDAP, soweit sie nicht ↗Amtswalter o. Führer in der ↗Sturmabteilung o. ↗Schutzstaffel waren.

Leiterrecht = Hammerschlag(srecht).

Leitkauf = Weinkauf (1).

Leitungsgewalt s. Bischof.

Lendrmaðr (Landherr) im ma. Norw. Inhaber einer ↗veizla (1), wahrscheinlich dem alten

Volksadel (s. Geburtsadel) angehörend, an sich kein Beamter, aber häufig Sysselmann (s. Syssel) o. ārmaðr (s. Bryti); die lendirmenn bildeten den eigentlichen Landadel. Obwohl nur zeitweilig am Hofe, gehörten sie der ↗ hirð an. 1277 erhielten alle L. den Titel ↗Baron.

Leodgeld = Wergeld.

Leschos s. Sowjetskoje chosjaistwo.

Lesda = Leuda.

Lesdalarius s. Leuda.

Leser s. Gerichtsschreiber.

Lest(um) = Lað.

Lete = Lite.

Letter close in Engl., den Charakter der ↗clausa littera auf dem Kontinent einschränkend, verwendet für Anordnungen fiskalischer Art, sowie für Anordnungen betr. Wahlen, Einberufung u. Vertagung des ↗Parlaments (1).

– of marque and resprisal = Kaperbrief.

Lettre close i. w. S. jede ↗clausa littera, i. e. S. eine ↗lettre de cachet.

– d'abolition im Ancien Régime Nichtigkeitserklärung einer Verurteilung im Gnadenwege.

– de cabinet = Kabinettsordre.

– de cachet (bis 1560 ↗l. close) in Fr. ↗Kabinettsordre, gefaltet u. geschlossen, nur für den Adressaten (meist Beamten) bestimmt, einen außerordentlichen Eingriff in die Rechtsprechung enthaltend.

– de committimus s. Committimus.

– de créance = Akkreditiv.

– de grâce Kanzleischreiben des fr. Kgs., wodurch eine Strafe im Gnadenwege erlassen o. umgewandelt (vgl. Remissio [1]), ein Prozeß niedergeschlagen o. eine Person rehabilitiert wurde. Vgl. Patens littera (a).

– de jussion s. Enregistrement, droit de (1).

– de justice Kanzleischreiben des fr. Kgs., das eine Rechtswohltat gewährte. Vgl. Patens littera (a).

– de marque = Kaperbrief.

– de pardon in Fr. früher Begnadigungsurkunde für kleinere Vergehen.

– de pareatis = Pareatis (1).

– de provision s. Konsul (1).

– de récréance = Rekreditiv.

– de rémission s. Remissio (1).

– de répit s. Moratorium.

– de sang s. Remissio (1).

– de surannation Gnadenakt des fr. Kgs., wodurch ein durch Verjährung verlorener Anspruch wieder in Kraft gesetzt wurde (relief de s.).

– d'état in Fr. kgl. Schreiben, wonach im Ausland tätigen Beamten Stundung für alle vor Gericht anhängigen Sachen gewährt wurde.

– patente s. Patens littera (a).

Leuda (leudum, leide, lesda, leusda, leyda, lez[e]da, lidda u. ä., aus licita) im MA. in Kat., Südfr. u. It. Bezeichnung von Abgaben, bes. von Durchgangszöllen, dann auch Verbrauchsabgaben. Für Zolleinnehmer kommt lesdalarius vor. In Fr. hießen die nicht von der L. befreiten Personen leudiers.

Leudes in merov. Zeit vor allem die «Leute» schlechtweg, die Untertanen, dann auch bes. die Untertanen, die in einem bes. Verhältnis zum Kg. standen (l. sublimes), sowie überhaupt die ersten Stände, die sogen. ↗Hochfreien. In karol. Zeit verschwindet der Ausdruck allm.

– pauperes s. Regii homines.

– sublimes s. Leudes.

Leudesamio s. Huldigung (a).

Leudier s. Leuda.

Leudi(s) = Wergeld.

Leudum = Leuda.

Leugnungseid = Reinigungseid.

Leukauf = Weinkauf (1).

Leusda = Leuda.

Leut = Lite.

Leutbischof = Bischof.

Leute, arme s. Mann, armer u. Schutzverwandter (2).

– begebene s. Kloster.

– dienende s. Schutzverwandter (2).

– ergebene s. Kloster.

– geistliche s. Kloster.

– geringe s. Schutzverwandter (2).

– gewerte s. Genoßsame (1).

– heilige = Ecclesiastici (homines).

– horachtige s. Genoßsame (1).

– landschädliche = Leute, schädliche.

– niedere s. Schutzverwandter (2).

– rittermäßige s. Ritter.

– schädliche (landschädliche L., damnosi homines, nocivi h., n. terrae) als solche galten Räuber, Diebe, Brandstifter, bes. Gewohnheitsverbrecher; gegen sie konnte (zunächst in Süddt.) von Amtswegen Klage erhoben werden, wenn keine Privatklage, Rüge (s. Rügeverfahren) o. handhafte Tat (vgl. Anefang) vorlag. Der Betreffende wurde zum sch. Mann erklärt (Schädlichkündigung) u. konnte dann bei Erscheinen übersiebnet (s. Eideshelfer), bei Nichterscheinen sofort in die ↗Acht erklärt werden. In Bay. u. Öst. trat gegen sch. L. die ↗stille Frage ein.

– sendbare = Semperfreie.

– sendmäßige = Semperfreie.

– siegelmäßige s. Siegelurkunde.

– ungerate s. Schutzverwandter (2).

Leuteding s. Ding.

Leutgeld s. Freilassung.

Leutnant ursprgl. (Mitte des 15. Jh. in Fr. [lieutenant], in Dt. zu Beginn des 16. Jh. übernommen [auch Lokotenent]) jeder Stellvertreter eines ↗Offiziers, dann i. e. S. der des ↗Hauptmanns

(1), während für die L. der höheren Befehlshaber entspr. Zusammensetzungen (↗Generalleutnant, ↗Oberstleutnant usw.) üblich wurden; doch kommt auch ↗Kapitänleutnant vor. Da in Dt. (wie in Sp. bis Ende des 17. Jh.) zuerst der ↗Fähn(d)rich (a) L. war, rangierte dieser, zur bes. Charge geworden, hinter jenem, drängte ihn aber zu Beginn des 17. Jh. (in Öst. erst in der Zeit Maria Theresias) in die zweite Stelle. Da der Hauptmann durch die Kompagniewirtschaft seinen eigentlichen Aufgaben entfremdet wurde o. auch (wie z. B. in Fr.) seine Stellung nur als lästige Vorstufe zu höheren Ämtern betrachtete, lag im 17. u. 18. Jh die ganze Last des mil. Dienstes auf dem L., der i. d. R. viel älter als sein Vorgesetzter war. Bis in die zweite Hälfte des 17. Jh. gab es meist nur einen L. in der ↗Kompagnie (2), später meist zwei o. drei, die (in Dt. zuerst in Bay.) als Oberleutnant (Premierleutnant) u. Unterleutnant (Sekondeleutnant, sous-lieutenant) bezeichnet wurden, wobei der letztere i. allg. dem bisherigen Fähn(d)rich entsprach; Stellvertreter des Hauptmanns war nur noch der erstere, u. U. hatte er die Stellung eines Stabskapitäns. Die Scheidung in zwei Chargen besteht in fast allen Heeren bis heute, die Bezeichnungen wechseln jedoch in den verschiedenen Ländern u. zu verschiedenen Zeiten, indem bald beide durch Zusammensetzungen unterschieden werden, bald nur die eine, wobei das einfache L. bald die obere, bald die untere bezeichnet; auch werden L. erster u. zweiter Klasse unterschieden. Selten ist eine Teilung in drei Chargen, z. B. in Öst. bis 1867 (Oberleutnant u. Unterleutnant erster u. zweiter Klasse), sowie heute in Rußl. u. in der DDR (Oberleutnant, Leutnant, Unterleutnant). Im Dt. R. heißt seit 1898 der bisherige Premierleutnant Oberleutnant, der bisherige Sekondeleutnant L. – In der Marine bezeichnet L., meist in Zusammensetzungen (vgl. Fregattenleutnant, Kapitänleutnant, Linienschiffsleutnant), entspr. dem höheren Range des ↗Kapitäns z. See, Chargen bis zum ↗Major (4) (↗Korvettenkapitän) einschl., wobei dieselben Ausdrücke in verschiedenen Ländern die verschiedensten Bedeutungen haben; im Dt. R. entsprach bis 1898 der L. z. See dem Premierleutnant (dem heutigen Oberleutnant) des Heeres, der Unterleutnant z. See dem Sekondeleutnant; heute heißen die beiden Chargen Oberleutnant bzw. L. z. See wie beim Landheer.

– **Admiral** (Admiralleutnant) in den Ndl. seit ihrer Loslösung von Sp. Titel des ↗Admirals, da der ↗Statthalter (1) als ↗Admiral-General den nominellen Befehl führte; doch war der Titel auch dann üblich, wenn kein Statthalter vorhanden war. Im 17. u. 18. Jh. wurden die L.-A. von den einzelnen ↗Admiralitäten (2) ernannt und waren einander koordiniert; 1627 bis 1664 gab es nur einen L.-A. Ruyter führte seit 1672 den Titel Leutnantadmiralgeneral u. stand über den andern L.-A. Seit Errichtung des Königreichs der Ndl. entspricht L.-A. in allem dem Admiral der anderen Flotten.

Leutnantadmiralgeneral s. Leutnant-Admiral.

Leutpriester a) = Weltgeistlicher. **b)** s. Vikar (1a).

Levatio cartae s. Carta (2).

Levis notae macula = Unecht.

Levy money s. Oberst.

Lex 1. s. Curia ducis (1). **2.** = Emenda (a).

– **commissoria** = Klausel, kassatorische.

– **de pede pulveroso** = Court of Piepowder.

– **dioecesana** s. Bischof.

– **familiae** = Hofrecht (1).

– **fori** = Marktrecht.

– **loci** s. Territorialität des Rechtes u. Persönlichkeit des Rechtes.

– **originis** s. Persönlichkeit des Rechtes.

Leyda = Leuda.

Leysing in Skand. der ↗Freigelassene zu vollem Recht, der ohne weiteres ↗Freier wurde.

Lez(e)da = Leuda.

Lezze = Lite.

Li-fan-yuan in China unter den Mandschu die oberste Verwaltungsbehörde für die Länder außerhalb der 18 Provinzen u. der Mandschurei; ihr gehörten keine chin. Beamten an. Entspr. Behörden gab es schon vorher, so z. B. unter den Tschin u. Han das tien-ko, später ta-hing-ling genannt. Nach dem Sturz der Mandschu hieß die, in ihrem Wirkungskreis sehr eingeschränkte Behörde meng-tsang-yuan.

Liang-tao s. Tao.

Libellarius s. Freilassung.

Libellus ↗Urkunde i. allg., dann die Pachturkunde, bes. die über die ↗Emphyteuse, auch das Leihegesuch bei der ↗Precaria (1), in Fr. später bei der ↗Bail à rente (foncière).

– **censualium** = Liber censualium.

– **dotis** s. Wittum (1).

– **ingenuitatis** s. Freilassung.

– **manumissionis** s. Freilassung.

Liber 1. (l. homo) im MA. i. d. R. der ↗Freie. Doch bezeichnet L. auch den, der freier ist als ein anderer, also den ↗Freigelassenen gegenüber dem ↗Unfreien, dann bes. den Adligen gegenüber dem Bürgerlichen (vgl. Freiherr). Doch hieß in Fr. im 12. u. 13. Jh. gerade der bürgerlich Freie, der ↗roturier, L. **2.** = Urkunde.

– **antiquus** s. Bôcland.

– **baro** s. Freiherr.

– **brevium** s. Tabellion.

– **capitaneus** s. Grodbuch.

– **castrensis** s. Grodbuch.

– **censualis** s. Wachszinsiger.
– **censualium** (libellus censualis, liber propriorum et censualium, Zensualenbuch) aus dem ↗Traditionsbuch entstandenes Verzeichnis der Schenkungen u. Übereignungen von ↗Censuales (homines) u. anderen ↗Unfreien.
– **civitatis** = Stadtbuch.
dominus s. Freiherr.
– **erectionum** s. Landtafel (1).
– **excessuum** s. Stadtbuch.
– **extensarum** s. Imbreviatur u. Tabellion.
– **hereditatum** = Erbebuch (a).
– **homo** = Liber.
– **inscriptionum** s. Grodbuch.
– **manualis** = Tabula judiciaria.
– **notarii** = Imbreviatur.
– **obligationum** = Satzbuch.
– **originalis** s. Bôcland.
– **praedialis** s. Urbar (1).
– **propriorum et censualium** = Liber censualium.
– **proscriptorum** = Verfestungsbuch.
– **recognitionum** = Laßbuch.
– **relationum** s. Grodbuch.
– **resignationum a**) = Laßbuch. **b**) s. Grodbuch.
– **scabinus** = Freischöffe.
– **signaturarum** s. Stadtbuch.
– **terrestris** s. Grodbuch.
– **testamenti** = Urkunde.
– **testamentorum** = Traditionsbuch.
– **testificationis** = Traditionsbuch.
– **traditionum** = Laßbuch u. Traditionsbuch.
– **vir** s. Freiherr.

Libera imperii civitas s. Reichsstadt.

Libere donare s. Sale (1).

Libertas s. Immunität (a).

Libertaticum s. Freilassung.

Libertinus a) s. Freilassung. **b**) = Mittelfreier.

Libertus s. Freilassung.

Liberty s. Immunität (a).

Liberum Veto in Polen das Recht jedes einzelnen Mitgliedes des ↗Sejm, durch seinen Einspruch (↗Veto) o. auch durch seine Entfernung jeden Beschluß unmöglich zu machen; das L. V. war die Konsequenz aus der Mitte des 16. Jh. eingeführten Forderung der Einstimmigkeit; tatsächlich ausgeübt wurde es erst seit 1652, abgeschafft 1791.

Librata in Engl. im späteren MA. die Steuereinheit vom Grundbesitz an Stelle der älteren ↗hîde; die L. war die Einheit, die ein Pfund Goldes jährlichen Ertrag abwarf.

Libre pratique s. Quarantäne.

Licensing Court in Scho. seit 1904 Behörde zur Erteilung von Schankgerechtigkeiten u. zur Kontrolle des Gast- u. Wirtshauswesens; sie besteht je zur Hälfte aus ↗Friedensrichtern (1) u. aus Mitgliedern des ↗County Council; die größeren ↗Royal Burghs u. ↗Police Burghs besitzen eigene L. C.; die kleinen Royal Burghs entsenden (je nach Einwohnerzahl) Vertreter. Als Berufungsinstanz fungieren bes. L. C. of Appeal. Vgl. Lizenz.

Licentia abessendi s. Residenzpflicht.

Licentiatoriae litterae = Dimissorien.

Lichtervermögen = Fabrica ecclesiae.

Lichtmesschatz s. Bede (1).

Lichtrecht = Fensterrecht.

Lichttaxe s. Fenstersteuer.

Lictor = Fronbote.

Lidda = Leuda.

Lið s. Leding.

Lidimonum s. Lite u. Freilassung.

Lidlohn der Lohn eines Dienstboten, soweit er in Geld besteht; dann auch eine Forderung mündiger Kinder an die Eltern als Entgelt für Hilfe im Haushalt.

Lidus = Lite.

Liebden früher Anrede fürstl. u. hochadliger Personen untereinander.

Liefergeld eigentlich die Ablösung in Geld für eine Naturallieferung, dann Entschädigung für Dienste überhaupt.

Liefermeister s. Verlag.

Lieferungskauf = Vorkauf (a).

Liegenschaftsgewere s. Gewere (1).

Lieutenance s. Ateliers nationaux.

Lieutenant 1. (juge mage, j. ordinaire, Oberrichter, auch judex major, vicarius) in Fr. seit dem 13. Jh. Unterbeamter des ↗bailli (1) (daher sous-bailli), zu dessen Entlastung in seinen richterlichen Befugnissen, zuerst von diesem, dann vom Kg. ernannt (daher l. du roi, Königsleutnant), seit Ende des 15. Jh. ausschließlicher Richter der bailliage; sein Gericht behielt diese Bezeichnung auch dann, als die betr. Verwaltungseinheit nicht mehr bestand. Gleichzeitig trat neben den L. (nunmehr ↗l. général) zur Entlastung ein l. particulier, außerdem für Strafsachen ein l. criminel, dem die beiden anderen als l. civils gegenüberstanden. Außer bei den baillages fand sich diese Organisation auch bei den andern kgl. Gerichten. 1791 abgeschafft, wurde der Titel 1814–1828 erneuert. **2.** s. County.
– **civil** s. Lieutenant (1).
– **criminel** s. Lieutenant (1).
– **criminel de robe courte** (l. de robe courte) Exekutivbeamter des ↗prévôt von Paris.
– **de maire** in Fr. durch kgl. Erlaß 1702 geschaffenes Amt, dem Namen nach zur Unterstützung des ↗maire (1), tatsächlich nur ein Amt, das gekauft wurde u. dem Fiskus Geld eintrug.
– **de police** = Lieutenant général de police.
– **de robe courte** = Lieutenant criminel de robe courte.
– **de vaisseau** s. Linienschiffsleutnant.

– **du roi** s. Lieutenant (1).

– **général** in Fr. u. den Ndl. seit dem späteren MA. Titel höherer Beamter (vgl. Lieutenant[1], Gouverneur [1] u. Statthalter [1]), bes. auch (L. g. du royaume, Generalstatthalter) bis ins 16. Jh. Stellvertreter des Kgs. während dessen Abwesenheit o. Verhinderung, mit den Befugnissen eines ↗Regenten (4), aber mit geringeren Ehrenrechten, auch neben einem Regenten. – Im 17. u. 18. Jh. ist L. g. vor allem mil. Titel; vgl. Generalleutnant.

– **général de police** (l. de police) in Fr. von 1667 bis zur Revolution Polizeikommandant von Paris, dann auch von anderen Städten. Außerdem hatte er Strafgerichtsbarkeit in allen Fällen, welche die Ruhe u. Ordnung der Stadt betrafen, in leichteren Fällen in einziger Instanz. Vgl. Préfet de police u. Polizei.

– **général de robe longue** s. Connétablie et maréchaussé de France.

– **général du royaume** s. Lieutenant général.

– **gouverneur** s. Statthalter (1).

– **Governor a)** s. Gouverneur (3). **b)** auf Man u. in den ↗Bailiwicks der Kanalinseln (früher auch auf Helgoland) der oberste von der Krone ernannte Verwaltungsbeamte; früher in einigen engl. Kol. unter dem ↗Gouverneur (4) bzw. ↗Captain-General stehender Beamter für größere Gebiete; in Ind. entsprach der (selten vorkommende) L. G. einem Chief Commissioner (s. Commissioner's Provinces); heute in den ↗Bundesstaaten (2) des ↗Dominion Kanada der vom ↗Generalgouverneur ernannte oberste Verwaltungsbeamte (Vizegouverneur).

– **particulier** s. Lieutenant (1).

Life Peer = Lord of Appeal in Ordinary.

Ligantia = Ligeïtät.

Lige étage s. Garde (1).

Ligéance = Ligeïtät.

Ligeancia = Ligeïtät.

Ligée (fief lige, f. tenu en plein hommage, plain fief, feudum ligium, f. plenum) in der Pikardie u. Flandern kleineres ↗Lehen (1) eines homme lige, d. h. eines Lehensmannes, der nicht ↗pair war. Es gab auch demi-ligées (fiefs demi-liges) mit hommes demi-liges u. fiefs quart-liges mit halben bzw. Viertelsdiensten.

Ligeïtät (Ledigheit, ligantia, ligeancia, ligeïtas, ligentia, ligéance, ligesse, ligité) seit Mitte des 11. Jh. in Fr. aufkommende Bezeichnung für das Lebensband im strengen Sinne, wonach der ↗Vasall (Ledigmann, ↗ligius homo, homme lige, home soliu), der von mehreren ↗Herrn ↗Lehen (1) hatte (Doppelvasall), nur demjenigen im Kriege folgte, dem er eine ligische Huldigung homagium ligium, hominium ligium, hommage lige) (vgl. Hulde) geleistet; den übrigen leistete er als homo simplex (h. planus, slehtman) nur eine einfache Huldigung (homagium ordinarium, h. planum, h. simplex, hominium planum, hommage pla[i]n, h. simple), d. h. einen Treueid unter Vorbehalt der Rechte gegen den dominus ligius u. leistete ihm nur «simple service», d. h. jenes Minimum von Dienst, dessen Vernachlässigung als ↗Felonie galt, ↗Heerfolge i. d. R. überhaupt nicht. Seit dem 12. Jh. waren mehrere L. (primäre, sekundäre usw.) nebeneinander möglich, wobei im zweiten Fall ein hominium ligium salva prima ligeïtate geleistet wurde; der betr. Vasall half in einer ↗Fehde zwischen seinen Herrn jedem von ihnen in der Reihenfolge der L., dem ersten Herrn i.d.R. persönlich. Seit dem 13. Jh. kommt (im Zusammenhang damit) das homagium simplex kaum noch vor. Vgl. Garde (1). – Die L. war außer in Fr. auch in den übrigen romanischen Ländern verbreitet, in Dt. dagegen kam sie i. wesentl. nur im Westen vor, u. zwar i. d. R. in der Form, daß der Ledigmann (bzw. Ledig[erb]-burgmann) sich von einem gewöhnlichen Vasallen dadurch unterschied, daß er dem Herrn auch in Privatfehden zu folgen hatte u. ihm die geliehene Burg als Lediglehen (Ledighaus, offenes Haus, Offenhaus, castrum ligium, domus aperta, d. ligia, feudum apertum, f. ligium, bei ↗Burglehen bzw, ↗Erblehen Erboffenschloß, Ledig[erb]burglehen) offen halten mußte (vgl. Öffnungsrecht). Vgl. Staatslehenspflicht.

Ligence s. Garde (1).

Ligentia = Ligeïtät.

Ligesse = Ligeïtät.

Ligité = Ligeïtät.

Ligius homo meist der Ledigmann (s. Ligeïtät u. Schöffenbarfreie); in Dt. manchmal auch der ↗Hörige.

Ligna fecunda s. Blumwar(e).

– **infructuosa** s. Blumwar(e).

Lignage s. Parentelenordnung.

Lignandi jus = Beholz(ig)ungsrecht.

Lignum teleoneï = Zollholz.

Limes s. Markgraf (1).

Limitatio (solemna) = Untergang.

Limitosalz s. Gabella.

Linage = Champart (2).

Linea (Stamm) Abteilung des Cistercienserordens; die L., deren es fünf gab, entsprach etwa der ↗Ordensprovinz der Bettelorden.

Linealfolge = Linealordnung (reine).

Lineal-Gradualordnung = Parentelenordnung.

Linealordnung (reine) (L.-folge, L.-system) Erbfolgeordnung, bei der die nächste Linie (s. Parentelenordnung) unter strenger Berücksichtigung des ↗Eintrittsrechtes erbt. Vgl. Gradualordnung.

Linealsystem = Linealordnung (reine).

Ling s. Hien.

Linie 1. s. Parentelenordnung. 2. s. Stadt, geschlossene.

– apanagierte s. Apanage.

Liniengeld früher in Wien Abgabe für jedes Pferd, das die Stadtgrenze überschritt. Vgl. Stadt, geschlossene.

Liniengericht s. Specialnyje sudy.

Linienkommandantur ([Eisenbahn]linienkommission) in Dt. bis 1919 Behörde, aus einem höheren ↗Offizier (Eisenbahnlinienkommissar) u. einem höheren Bahnbeahmten bestehend, der die Abwicklung der Militärtransporte oblag. In der dt. Wehrmacht bis 1945 entsprach der L. die Transportkommandantur.

Linienkommission = Linienkommandantur.

Linienschiffsfähnrich s. Fähn(d)rich (a).

Linienschiffskapitän s. Kapitän z. See.

Linienschiffsleutnant in der öst.-ung. Marine dem dt. ↗Kapitänleutnant entsp. Charge. Die Bezeichnung (lieutenant de vaisseau u. ä.) ist in Fr. u. den übrigen roman. Ländern seit dem 17. Jh. für diese Charge (d. h. ursprgl. für den ersten Offizier eines Linienschiffs) üblich.

Linien(verzehrungs)steuer s. Stadt, geschlossene.

Linnenlegge = Legge.

Lioðthing = Landesgemeinde.

Lioðwarf = Landesgemeinde.

Lischke in Ostpr. im Ma. ursprgl. Siedlung von Handwerkern u. dgl. um eine Ordensburg; die Bezeichnung erhielt sich bis ins 17.Jh. für die inzwischen zum ↗Flecken gewordene Siedlung.

Liste, freie s. Proportionalwahlsystem.

– gebundene s. Proportionalwahlsystem.

Listenwahl (Listenabstimmung, Listenskrutinium, Plurinominalsystem) Wahlsystem, bei dem in einem Wahlkreis mehrere Abgeordnete in einem Wahgang (o. auch nacheinander) gewählt werden. Vgl. Einzelwahl, System, devolutives, Vote cumulatif u. V. limité.

Lit de justice (Kissensitzung) seit dem 14. Jh. feierliche Sitzung des Pariser ↗Parlaments (2) unter persönlichem Vorsitz des Kgs. als oberstem Richter, der dann selbst entschied u. gegen dessen Urteil ein Einspruch nicht möglich war; das L. de j. diente daher in späterer Zeit bes. zur Erzwingung des ↗enrégistrement (droit de) (1).

Lite (Leate, Lasse, Late, Lete, Leut, Lezze, laetus, lasassus, lazzus, lidus, litus, lutus) in frk. Zeit bei den Frk. u. den niederdt. Stämmen ein ↗Halbfreier, der der Freizügigkeit darbte, seinem Herrn zu Diensten verpflichtet war, einen ↗Kopfzins (lidimonium, litimonium) zahlte u. ein Gut (Lathufe, Litenhufe, lidus, mansus litilis) hatte, von dem er nicht getrennt werden konnte. Seit Ende des 9. Jh. verschmolzen die L. allm. mit anderen Halbfreien u. dgl. zu den ↗Hörigen bzw. ↗serfs, die dann vielfach als L. (Latelude, litones) bezeichnet wurden; auch ↗Unfreie wurden als L. bezeichnet. – Den L. entsprachen wahrscheinlich die Aldionen (Aldien) bei den Lang. (die eine aldionicium zahlten), die parones (barones) bei den Alemannen, sowie die Barschalke (Barleute) bei den Bay. Diese (auch Baramter, Baramtleute, Barlinge, ↗mancipia, parmanni) hielten sich als ↗Schutzhörige des Stiftes Freising bis zu Beginn des 19. Jh.; sie bildeten eine bes. ↗Genoßsame (1) (Baramt) mit eigenem ↗Hofgericht (f) (Baramtsgericht) u. eigenem ↗Hofrecht (1) (Baramtsrecht). – Vgl. Wealh.

Litigiosität = Rechtshängigkeit.

Litimonium s. Freilassung u. Lite.

Litisdenunziation (Streitankündigung, Streitverkündung, litis denunciatio) Benachrichtigung eines Dritten durch eine Prozeßpartei zwecks etwaiger Teilnahme. Die L. des Beklagten an einen Dritten zwecks Teilnahme desselben heißt laudatio auctoris.

Litiskonsortium (Streitgenossenschaft) gerichtliche Partei, die aus mehreren Personen besteht.

Litiskontestation (Einlassung [zur Hauptsache], Kriegsbefestigung, Streitbefestigung, Streiteinlassung, litis contestatio) seit dem älteren dt. Prozeßverfahren die Feststellung der Absicht der Parteien, in den Prozeß einzutreten, dann bes. die Antwort des Beklagten auf die Klage.

Litiskuratel s. Geschlechtsvormundschaft.

Litispendenz = Rechtshängigkeit.

Litkauf = Weinkauf (1).

Litones s. Lite.

– ecclesiastici = Ecclesiastici (homines).

Litoris jus = Strandrecht.

Litre, droit de in Fr. Recht des Inhabers eines ↗Lehens (1), an der auf seinem Grund u. Boden stehenden Kirche ein Band mit seinem Wappen anzubringen.

Litus = Lite.

Liu-pu (pu) in China bis 1912 die sechs den eur. Fachministerien entspr. Zentralbehörden, mit nur exekutivem Charakter, an deren Spitze je zwei Präsidenten (ein Mandschu u. ein Chinese) standen; seit 1912 entsprachen sie in jeder Beziehung eur. ↗Ministerien (7). Die den L. vorstehenden Beamten hießen schang-schu, eine Bezeichnung, die seit dem 7. Jh. den Vorständen der einzelnen ↗Departements (2) zukam; unter ihnen standen, als eine Art ↗Unterstaatssekretäre, die schi-lang. – Ursprgl., bis zur Zeit der Tang-Dynastie, trugen die L. die Bezeichnung tsao. – Vgl. Tsungli-yamên.

Livery Company s. Zunft (1).

Liveryman s. Freeman.

Livre d'étendues s. Imbreviatur.

Liwa seit Mitte des 19. Jh. in der Tk. **a)** (später

Sandschak[at]) bis 1921 Unterabteilung des ↗Ejalet, unter einem ↗Kaimakam, später einem ↗Mutessarif (daher auch Mutessariflik); in den nach 1918 aus der Tk. hervorgegangenen Staaten blieb die Einteilung in L. z. T. erhalten, ebenso das Amt des Mutessarif. **b)** die ↗Brigade (1), dann auch der sie kommandierende ↗Pascha.

Lizenz eigentlich die Erlaubnis, irgendein Gewerbe zu betreiben; dann bes. die Abgabe (auch Lizent, Lizenzgebühr, Lizenzsteuer), die für die Erlaubnis zu zahlen ist, teils als einmalige Gebühr, teils als regelmäßige Steuer. Bes. für Getränke bestehen in einigen Ländern Sondergewerbesteuern unter dem Namen L. Doch bezeichnet L., vor allem früher, auch andere Abgaben, z. B. die ↗Accise, sowie Zölle. Vgl. Licensing Court.

Llewyth = Clan.

Lobbrief s. Großschäffer (1).

Loben s. Kürspruch.

Lobgeld s. Großschäffer (1).

Loca s. Partenreederei.

– **credibilia** in Ung. seit etwa 1200 eine Anzahl von ↗Kapiteln u. ↗Klöstern (seit 1353 etwa 70), die als staatl. anerkannte öffentliche Beurkundungsstellen, entspr. den ↗Notaren, dienten, auch bei ↗Besitzeinweisungen, Grenzbegehungen usw. mitwirkten; 1874 wurden die letzten L. c. aufgehoben, doch behielten sie das Recht, von in ihren Archiven vorhandenen ↗Urkunden glaubwürdige Abschriften anzufertigen. – Auch in Dalmatien gab es im späteren MA. L. c. Vgl. Scriptum authenticum.

Local Act. s. Private Bill.

– **Area Board** s. Local Board.

– **authority** in Scho. i. e. S. gebraucht für eine Behörde, insofern sie für ↗Public Health tätig ist.

– **bar** s. Inns (of Court).

– **Board** in Engl. jede kollegial organisierte lokale Verwaltungsbehörde, bis in die Mitte des 19. Jh. vor allem die ↗Improvement Commissioners u. ä. Behörden, dann nach 1846 bes. die damals geschaffenen Lokalbehörden zur Durchführung der Sanitätsgesetze (L. B. of Health) (vgl. Sanitary District), die aber nur in wenigen Städten vorhanden waren, da ihre Funktionen von den ↗Town Councils o. den Boards of Guardians (s. Poor Law Union) übernommen wurden; auf die letzteren ging daher die Bezeichnung L. B. allm. ausschließlich über. – In neuester Zeit, bes. nach dem zweiten Weltkrieg, wurden L. B. für die Versorgung mit Elektrizität, Gas, Wasser sowie für das Transportwesen gebildet, meist für bes. Bezirke (L. Area B.).

– **Board District** s. Sanitary District.

– **Commissioners** s. Improvement Commissioners.

– **Committee** = Parochial Committee.

– **Council** seit 1888 die einem ↗County Council entspr. Vertretung der Scilly Inseln.

– **Government Board** in Engl. 1871/72 geschaffene Zentralbehörde, die an die Stelle zweier Behörden trat: **a)** des L. Government Office, einer Abteilung des Home Office (s. Home Secretary); dieses hatte 1858 einige Befugnisse des 1848–1858 bestehenden Board of Health, der obersten Sanitätsbehörde, übernommen; **b)** des Poor Law Board, der obersten Behörde für Armenwesen, 1847 entstanden aus den 1834 eingesetzten Poor Law Commissioners. Das L.G.B. erhielt außerdem noch weitere Befugnisse, so daß es die Inspektion (vgl. Inspector) folgender Verwaltungsgebiete vereinigte: des Armenwesens, des Bauwesens, des Gesundheitswesens (↗Public Health) u. der lokalen Finanzverwaltung; es wurde also i. wesentl. ein Innenministerium. Obwohl dem Namen nach kollegial organisiert (Mitglieder waren u. a. alle ↗Staatssekretäre (1), der Chancellor of the ↗Exchequer u. der First Lord of the ↗Treasury), war tatsächlich sein Präsident von Anfang an selbständiger Fachminister, meist Mitglied des ↗Kabinetts; aber erst seit dem ersten Weltkrieg ist es formell ein ↗Ministerium (7) (Ministry of Health). – Für Scho. (seit 1894) u. Ir. bestanden bes. L. G. B. Das scho. ersetzte das Board of Supervision, das seit 1845 Kontrollbehörde für das Armen-, Gesundheits- u. Schulwesen war; es bestand aus den Lords Provost (s. Major [1]) von Edinburgh u. Glasgow, zwei ↗Scheriffs Principal, dem scho. Solicitor General (s. Attorney General) u. zwei von der Krone ernannten Mitgliedern.

– **Government District** s. Sanitary District.

– **Government Office** s. Local Government Board.

Location s. Locator.

Locator (exhibitor, possessor, Lokator) im späteren MA. bei der ostdt. Kolonisation der Unternehmer, dem der kolonisierende ↗Fürst (b), ↗Grundherr u. dgl. die Anwerbung der Kolonisten, die Anlage (Location) der neuen Siedlung, die Verteilung des Landes usw. übertrug. Der L. erhielt einige Freihufen (s. Hufe u. Freigut [1]) zu freier ↗Erbleihe u. wurde in den Dörfern ↗Erbschulze (a), in den Städten ↗Vogt (2); außerdem erhielt er meist Schankgerechtigkeit u. einige ↗Zwangs- und Bannrechte. Er sammelte auch die Abgaben der Kolonisten ein.

Loci communes = Allmende.

– **jus** = Soli jus.

Lociservator = Skabine (b).

Loco villici s. Meier (1).

Locopositus a) = Skabine (b). **b)** s. Schultheiß.

Locumtenens Cancellariae s. Cancellaria Apostolica.

Locus 1. = Schlag (1). 2. s. Partenreederei. 3. im MA. auch das Dorf.
– armentorum = Schwaighof.
Lodger's Franchise s. Household Franchise.
– Vote s. Household Franchise.
Lods et ventes (acapte, gants et ventes, honneurs) in Fr. bis zur Revolution Abgabe an den ↗seigneur bei Umsatz von Grund u. Boden; eigentlich bezeichnet L. et v. nur die betr. Abgabe der ↗censive, wird aber auch gebraucht für den ↗quint des ↗Lehens (1), für das ↗Laudemium, u. endlich zusammenfassend für ↗relevium, quint u. requint.
Lögmaður (Oberrichter) in Isl. 1271–1800 der oberste Richter, von dem an den Kg., später an den ↗Rigsret bzw. Riksrett appelliert werden konnte.
Lófök (primipili) bei den Szeklern der zweite Stand, der die Reiter stellte.
Loggia = Fondaco.
Lösegeld s. Lehensdienst.
Lösungsrecht s. Hehlerrecht.
Logotheta aerarii generalis = Λογοθέτης τοῦ γενικοῦ [Logothétes tū genikū].
– ecclesiasticus in Byz. Vorsteher der ↗Kanzlei u. des Gerichtes des ↗Patriarchen, dessen Siegelbewahrer u. allg. Stellvertreter.
– palatinus s. Λογοθέτης [Logothétes].
– publici cursus = Λογοθέτης τοῦ δρόμου [Logothétes tū drómu].
Λογοθέτης [Logothétes] (logotheta) in Byz. Titel von Vorstehern einiger Ämter der Zentralverwaltung, etwa ↗Minister (1). Der wichtigste war der Großlogothet (Λ. μέγας [L. mégas], logotheta palatinus), der die Stellung eines ↗Kanzlers einnahm. – Auch in It. u. Siz. gab es, meist von Kanzlern o. ↗Protonotaren geführt, den Titel.
– μέγας [Logothétes mégas] s. Λογοθέτης [Logothétes].
– τοῦ γενικοῦ [Logothétes tū genikū] (logotheta aerarii generalis, auch kurzweg ὁ γενικός [ho genikós]) im Byz. Reich der Vorstand der Zentralkasse, in die alle Steuern u. die Überschüsse der einzelnen Verwaltungszweige flossen; seine Stellung war daher die eines Finanzministers.
– τοῦ δρόμου [Logothétes tū drómu] (logotheta publici cursus) im Byz. Reich der ↗Generalpostmeister. Da er die Sorge für die Sicherheit sowohl der Beamten als auch der fremden ↗Gesandten u. Fürstlichkeiten hatte, wurde er allm. zum ↗Minister (1) des Innern u. des Äußern, zu einer Art ↗Premierminister.
– τοῦ στρατιωτικοῦ [Logothétes tū stratiotikū] (auch abgekürzt στρατιωτικός [stratiotikós]) im Byz. Reich der Generalschatzmeister der Armee.
Lǫgrētta in Norw. im MA. engerer Ausschuß des ↗Dings, dem Gesetzesvorschlag u. Urteil zustand. In Isl. ein Ausschuß des ↗Allthings, der aus dem ↗Gesetzessprecher (1), den beiden ↗Bischöfen, den Goden (s. Godord) u. je zwei von diesen ernannten Beratern zusammengesetzt, Gesetzgebungsorgan war u. den Gesetzessprecher wählte. Vgl. Thing(männer)urteil.
Loh (auch Dustteil, ↗Holzteil) in Westf. ein Stück Wald, das einem ↗Markgenossen zu Sondereigentum gehörte, in dem aber die Weide allen Genossen frei stand, u. das daher nicht, o. doch nur vorübergehend, eingezäunt werden durfte.
Lohnamt s. Baumeister (1b).
Lohngeld s. Arrha (1).
Lohnhäuer s. Gewerkschaft u. Lehenschaft (3).
Lohnherr = Baumeister (1b).
Lohnknecht s. Dinghauer u. Zunft (1).
Lohnland das Stück Land, das der ↗Gutstagelöhner als Teil seines Lohnes (Landlohn) erhält.
Lohnwerk im Gegensatz zum ↗Preiswerk das gewerbliche Betriebssystem, bei welchem der Kunde den Rohstoff liefert, das Werkzeug dem Produzenten gehört; dabei kann der Lohnwerker (Fürgedinger) entw. im Kundenhause arbeiten (Stör[arbeit]), u. U. dort wohnen, bis die Arbeit fertig ist, o. eine feste Betriebsstätte haben (Heimwerk). Welche Art üblich ist, entscheidet i. d. R. die Art des Handwerks. Der Störer hat entw. eine feste Wohnung, von der er auf Arbeit ausgeht, o. er wandert, wenigstens im Sommer.
Loi a) s. Schöffe (1). b) = Emenda (a).
– apparoissante = Gottesurteil.
– apperte = Gottesurteil.
Loitosa = Sterbfall.
Lok Sabha s. Union Parliament.
Lokaldepartement im Gegensatz zum ↗Fachdepartement Abteilung einer unteren o. mittleren Behörde, die für einen Teil des betr. Verwaltungsbezirks alle Ressorts verwaltet. Vgl. Provinzialdepartement.
Lokaldirektion s. Stadtdirektor (b).
Lokalgericht s. Volksgericht.
Lokalien s. Kurat.
Lokalinterdikt s. Interdikt (1).
Lokalist = Kurat.
Lokalkapitel s. Kloster.
Lokalkaplan(ei) s. Kurat.
Lokalkommissar = Steuerkommissar.
Lokalleibeigenschaft (Realleibeigenschaft) Leibeigenschaft, die am Orte haftete, so daß derjenige, der einen bestimmten Hof (3) erwarb o. sich in einem bestimmten Dorfe niederließ, ↗Leibeigener des betr. ↗Grundherrn wurde.
Lokaloberer (superior localis, s. minor) Vorsteher eines ↗Klostern in seiner Eigenschaft als unmittelbarer Vorgesetzter.
Lokalrichter s. Ortsgerichtspersonen.

Lokalschulinspektion s. Kreisschulinspektor.
Lokalschulinspektor s. Kreisschulinspektor.
Lokalschulkommission s. Kreisschulinspektor.
Lokalsynode s. Synode.
Lokalvisitation s. Visitation.
Lokator = Locator.
Lokotenent s. Leutnant.
Lokusprinzip im Grundbuchwesen der Grundsatz, wonach sich der Rang des betr. Rechtes (Hypothek usw.) nach der Reihenfolge der Eintragungen im Grundbuch richtet, nicht nach der Zeit der Entstehung.
Lopbrief s. Abzugsgeld (2).
Lord in Engl. der dem kontinentalen ↗Baron entspr. Titel, dann der ↗Peer; auch die jüngeren Söhne der ↗Herzöge u. ↗Marquis, sowie die ältesten Söhne der ↗Earls führen den Titel L. (L. by compliment, L. by courtesy), ebenso verschiedene Würdenträger u. Beamte, so die obersten Richter, die anglikanischen ↗Erzbischöfe u. ↗Bischöfe u. einige ↗Mayors (1). – L. zusammengesetzt mit Bezeichnungen der ↗Hofämter (z. B. L. Chamberlain, L. Steward) entspricht dem dt. Ober- in entspr. Zusammensetzungen; die wichtigeren dieser Hofämter wechseln mit der jeweiligen Parlamentsmehrheit.
– **Advocate** s. Attorney General.
– **by compliment** s. Lord.
– **by courtesy** s. Lord.
– **Chancellor** = Lord High Chancellor.
– **Chief Baron** s. Exchequer.
– **Chief Justice** (↗Chief Justice, capitalis justitiarius, Lordoberrichter) **a)** (L. C. J. of the Court and of England) Vorsitzender von King's Bench (s. High Court of Justice); **b)** (L. C. J. of the Common Pleas) Vorsitzender des ↗Court of Common Pleas, 1880 abgeschafft.
– **Commissioner of Justiciary** s. High Court of Justiciary.
– **Commissioner of the Admiralty** s. Admiralität (2).
– **Commissioner of the Treasury** s. Treasury.
– **Dean of Guild** s. Dean of Guild.
– **des Schatzes, erster** s. Treasury.
– **Earl Marcher** ([Lord] Marcher) in Engl. ↗Baron, der in der Zeit der norm. Eroberung mit der Sicherung von Wales betraut, in seinem Gebiet (Lordships' Marcher, Marcher Earldom) die Stellung eines ↗Markgrafen (1) einnahm, nahezu unabhängig von der Krone. Ende des 15. Jh. wurde seine Stellung allm. eingeschränkt, 1536 endgültig in eine bloße Titulatur mit einigen Ehrenrechten verwandelt. Die Regierung von Wales ging auf den aus einem Erziehungsrat des Prinzen von Wales entstandenen Council in the Marches of Wales, einer der neuen ↗Courts of President and Council, über. Die Gerichtsbarkeit lag bis 1830 bes. Gerichten (Welsh Courts) ob. – Da die Vorrechte der L. E. M. u. der späteren Welsh Courts i. wesentl. denen einer ↗County Palatine entsprachen, wird diese Bezeichnung auch für die betr. Gebiete von Wales gebraucht.
– **High Admiral** Oberbefehlshaber der engl. Flotte, im 13. u. 14. Jh. unter dem Titel Admiral of England immer nur für den Kriegsfall ernannt, seit 1406 ständig unter dem Titel Great Admiral of England, Ireland and Aquitain, später L. H. A.; er hatte auch die Verwaltung der Flotte u. die entspr. Gerichtsbarkeit. Unter der Republik u. Cromwell beseitigt (vgl. Generals at See), wurde das Amt 1665 neu geschaffen, aber 1673 wieder abgeschafft u., nachdem der Kg. einige Jahre die Geschäfte selbst geführt hatte, 1679 von der ↗Admiralität (2b) endgültig abgelöst, abgesehen von den Jahren 1701, 1702–1709 u. 1827–1828, in denen vorübergehend ein L. H. A. die Marine leitete.
– **High Almoner** s. Almosenier.
– **High Chancellor (of Great Britain)** (Lord Chancellor, Großkanzler, Lord[groß]kanzler) ursprgl. ↗Kanzler im kontinentalen Sinn, seit dem 13. Jh. an Stelle des ↗Justiziars u. als Vorsitzender der Chancery (s. High Court of Justice) einer der obersten Richter, im Laufe der Zeit dann ↗Minister (1). Heute ist der L. H. Ch. Justizminister (zusammen mit dem ↗Home Secretary), wobei er die Richter der obersten Gerichtshöfe u. der ↗County Courts ernennt; er ist stets Mitglied des ↗Kabinetts, ↗Speaker des ↗Oberhauses (1) (u. daher ↗Peer), außerdem noch immer nomineller Vorsitzender der Chancery Division u. Mitglied der meisten obersten Gerichtshöfe. Seit früher Zeit ist er gleichzeitig Großsiegelbewahrer ([Lord] Keeper of the Great Seal). – Ir. hatte bis 1921 einen eigenen L. H. Ch.
– **High Constable** im MA. in Engl. der ↗Quartiermeister der Armee u. des Hofes, später vor allem Oberbefehlshaber, zuerst nach der Eroberung als Constable (Konstabel,. ↗comes stabuli) neben dem ↗Marschall (1) mit denselben Funktionen, dann von diesem beiseite gedrängt. Unter Heinrich II. wurde er als High Constable (Chief Constable, Großconstable) erblich; er war auch Richter im ↗Court of Chivalry. Nach der Eroberung gab es mehrere gleichgeordnete Constables, im späteren MA. wieder mehrere, aber unter dem L. H. C. Dessen Amt erlosch 1521; doch wird bei Krönungen usw. ad hoc ein L. H. C. ernannt. – In Scho. besteht das (heute erbliche) ↗Hofamt seit dem 12. Jh.
– **High Marshal** s. Sargento mayor.
– **High Steward** seit dem 13. Jh. Titel des dem ↗Truchseß bzw. ↗Seneschall entsp. engl. Be-

amten, der zuerst als ↗Steward, seit Heinrich II. als erblicher High Steward (im Hause Leicester) erscheint. Unter Heinrich VII. erhielt er die Gerichtsbarkeit über die ↗Peers, die er zusammen mit einer Anzahl derselben ausübte; seit Heinricht VIII. führte er auch den Vorsitz im ↗Oberhaus (1), wenn es als Pairsgericht (s. Pairs) tagte. Das bes. Gericht wurde unter Wilhelm III. aufgehoben. Der L. H. S. wird immer nur für den speziellen Fall ernannt, außerdem bei Krönungen.

– **High Treasurer** (Lord[ober]schatzmeister) in Engl. seit dem späteren MA. der ↗Schatzmeister, der als Treasurer zu Anfang des 12. Jh. den alten ↗Kämmerer (1) ersetzte u. später L. Treasurer hieß. Er ernannte die Finanzbeamten selbständig, hatte als Behörde den ↗Exchequer neben sich, war aber im übrigen dem ↗Privy Council untergeordnet. Sein Vertreter, der Vice-Treasurer, der zugleich Chancellor of the Exchequer war, trat in dieser Behörde allm. ganz an seine Stelle, so daß L. H. T. u. Exchequer zu zwei getrennten Finanzbehörden wurden. Während der Revolution beseitigt u. durch eine Kommission ersetzt, wurde das Amt von den Stuarts zunächst wiederhergestellt, aber dann, endgültig seit 1667, in ein Kollegium, die ↗Treasury, verwandelt, dessen Vorsitzender, der First Lord of the Treasury, gewissermaßen Nachfolger des L. H. T. wurde. Vorübergehend (1685/87, 1702–1710 u. 1714) wurde wieder ein L. H. T. an die Spitze der Finanzverwaltung gestellt. – Der L. H. T. für Ir. wurde erst 1793 durch eine kollegiale Treasury ersetzt, deren Vorsitz der ir. Vice-Treasurer übernahm; dieses Amt wurde erst 1837 abgeschafft, obwohl das ir. Schatzamt schon 1822 aufgehoben worden war.

– **Justice Clerk** s. High Court of Justiciary u. Court of Session.

– **Justice General** s. High Court of Justiciary.

– **Justice of Appeal** = Lord of Appeal in Ordinary.

– **Keeper of the Great Seal** s. Lord High Chancellor.

– **Keeper of the Privy Seal** = Lord Privy Seal.

– **Lieutenant a**) offiziell seit 1550, tatsächlich schon früher in jeder ↗County der mit der Führung des Milizaufgebotes (↗posse comitatus) betraute erste ↗Friedensrichter (1), seit 1699 in den meisten Counties dauernd in Personalunion mit dem ↗Custos Rotulorum. Der L. L., stets aus dem ansässigen Adel, ernannte seine Stellvertreter (Deputy Lieutenants) u. die Milizoffiziere bis 1757 unabhängig, dann mit Bestätigungs- u. Entlassungsrecht der Krone; allm. verringert, wurden die Rechte der L. L. 1871 ganz der Krone übertragen; der Titel hat sich erhalten. Vgl. Territorial Army. In der City of London entspricht dem L. L. eine City Lieutenancy, deren Haupt der Lord Mayor (s. Mayor [1]) ist. **b**) (L. L. of Ireland, inoffiziell auch ↗Vizekönig) bis 1921 Statthalter des engl. Kgs. in Ir., mit eigenem Hofstaat u. ↗Privy Council, vielfach Mitglied des ↗Kabinetts, stets ↗Peer. Vgl. Chief Secretary of Ireland.

– **Marcher** = Lord Earl Marcher.

– **Mayor** s. Mayor (1).

– **of Appeal in Ordinary** (Law Lord, Life Peer, L. Justice of Appeal, Oberrichter) seit 1876 Mitglied des ↗Oberhauses (1), das als ordentlicher Richter fungiert wenn das Oberhaus als Appellationsgericht tagt; die L. of A. werden mit dem Titel ↗Baron aus Richtern der hohen Gerichtshöfe u. älteren ↗Barristers ursprgl. auf die Dauer der Amtstätigkeit, seit 1887 auf Lebenszeit ernannt, bis 1913 gab es vier, seitdem sechs L. of A.

– **of Session** s. Court of Session.

– **of the manor** s. Manor.

– **paramount** = Lehensherr, oberster (1).

– **President** s. Court of Session.

– **President of the (Privy) Council** s. Privy Council.

– **Privy Seal** ([Lord] Keeper of the P. S., Lordsiegelbewahrer) seit dem 14. Jh. engl. Geheimsiegelbewahrer, zuerst mit dem ↗Staatssekretär (1) identisch; heute ist der L. P. S. Mitglied des ↗Kabinetts, u. entspricht, da ohne eigentliche Funktion, einem kontinentalen ↗Minister (1) ohne Portefeuille.

– **Protector** Titel der Herzöge von Somerset (1547/49) u. Northhumerland (1549/53) als ↗Regenten (4) für den unmündigen Edward VI., sowie Oliver Cromwells 1653–1658 und Richard Cromwells 1658–1659, die beide alle Rechte eines regierenden Monarchen besaßen.

– **Provost** s. Mayor (1).

– **Spiritual** s. Oberhaus (1).

– **Temporal** s. Oberhaus (1).

– **Treasurer** s. Lord High Treasurer.

– **Warden (of the Cinque Ports)** Vorsteher des ma. engl. Städtebundes der «Fünf Häfen», bes. seit Edward I. Befehlshaber des Küstenschutzes u. der Flotte, mit Gerichtsbarkeit (vgl. Court of Shepway), in neuerer Zeit nur noch Titel.

Lordgroßkanzler = Lord High Chancellor.

Lordkanzler = Lord High Chancellor.

Lordmarschall = Earl Marshal.

Lordoberrichter = Lord Chief Justice.

Lordoberschatzmeister = Lord High Treasurer.

Lord's Court = Manorial Court.

Lords of the Treasury s. Treasury.

Lordschatzmeister = Lord High Treasurer.

Lordships' Marcher s. Lord Earl Marcher.

Lordsiegelbewahrer = Lord Privy Seal.
Los 1. s. Deichlast. 2. = Quint.
Losacker s. Allmende.
Losbrief s. Freilassung.
Loserde s. Allmende.
Losgeld s. Freilassung.
Losgut = Hufe.
Losholz s. Allmende.
Losjunker = Einläufiger.
Loslassungsbrief s. Freilassung.
Loslassungsgeld s. Freilassung.
Lossagung s. Sale (1).
Losung 1. = Retrakt. 2. im MA. Vermögenssteuer, bes. der ↗Schoss (1), dann auch die außerordentliche ↗Bede (1).
Losunger = Steuerherr.
Losungsaccise s. Accise.
Losungseid s. Eidsteuer.
Losungsherr = Steuerherr.
Losungsrat = Steuerherr.
Losungsrecht = Retrakt.
Loswinger = Einläufiger.
Loszettel s. Freilassung.
Lotse s. Pilot.
Lotting s. Ding.
Loyauté im fr. ↗Lehensrecht (a) die Treue des ↗Herrn gegenüber dem Mann. War der Herr «déloyal», so konnte er u.U. vom ↗Lehensgericht des ↗Oberherrn (1) seiner Herrenrechte für verlustig erklärt werden. Vgl. Féauté u. Felonie.
Loyaux aides = Aides aux quatre cas.
LPG s. Kollektiwnoje chosjaistwo.
Luctuosa = Sterbfall.
Ludeigen (dorslacht eigen, echtes e., lautereigen, ledig eigen, luteigen, lûter eigen, volles e., vrî e.) bezeichnete freies Eigentum (↗Allod), im Gegensatz zu Eigentum, das irgendwie belastet, o. an andere zu ↗Lehen (1), ↗Leihe (1), Pacht usw. vergeben war. Im südöstl. Dt. konnte freies Eigen ursprgl. nur vom ↗hohen Adel erworben werden, in einigen Gegenden wurden die ↗Vogteigüter L. Güter (ludfreie G.) genannt.
Lü-ying in China unter den Mandschu die aus Chinesen bestehende Armee (das sogen. grüne ↗Tschi), den alten Bannern der Mandschu an Rang nachstehend, tatsächlich aber im 19. u. 20. Jh. die eigentliche Armee.
Luftamt 1934–1945 in Dt. Behörde, die in einem bestimmten Bezirk alle Aufgaben übernahm, die irgendwie mit der Luftfahrt zusammenhingen.
Luminarius = Wachszinsiger.
Lusterer s. Richter, schweigender u. Gespräch (1a).
Lustjagd dem Landesherrn (s. Landeshoheit) gestattete Jagd in dem an sich einem ↗Landstand reservierten Jagdgebiet, vorausgesetzt, daß sie zum Vergnügen stattfand.
Luteigen = **Ludeigen.**
Lutherrat s. Konferenz, Allgemeine Evangelisch-Lutherische.
Lutthing s. Ding.
Lutus = Lite.
Lytrum s. Freilassung.

M

Maa (plur. maakond) in Estl. während seiner Selbständigkeit die oberste Verwaltungseinheit.
Maaherra s. Län.
Maanôukogŭ s. Riigiwanem.
Maat in der dt. Marine der ↗Unteroffizier, in zwei Klassen, Obermaat u. M., zerfallend. Die Bezeichnungen der Dienstzweige werden dem Worte M. vorgesetzt, z. B. Oberbootsmannsmaat, Bootsmannsmaat.
Machi bugyō in Jap. vom 17.–19. Jh. Beamter des ↗Shōgun zur Verwaltung einer Stadt; neben ihm standen einige, teils erbliche, teils gewählte Älteste (Machi toshiyori).
Machsen in Marokko der ↗Ministerrat.
Machtbrief = Oktroi (1).
Machtmann † Anwalt.
Machtspruch seit Beginn des 18. Jh. üblich für eine vom Landesherrn (s. Landeshoheit) unmittelbar gegebene Entscheidung in einem Rechtsstreit, wobei «Macht» nicht einen Gewaltakt bedeutet.
Madame im Ancien Régime Prädikat der ältesten verheirateten Tochter des Kgs., der des ↗Dauphin, sowie der Gemahlin von ↗Monsieur.
Mademoiselle während des Ancien Régime Prädikat der nächsten unverheirateten Verwandten des Kgs.
Madschli = Medschli.
Mähdergeld s. Fronden (a).
Mählbrief (Maßbrief, Zerte) Vertrag über den Bau eines Schiffes zwischen Bauherr (Bestäder) u. Baumeister (Annehmer).
Mänengeld = Dienstgeld (1).
Märker a) s. Markgenossenschaft. b) = Feldgeschworener.
– **gemeiner** s. Markgenossenschaft.
– **oberster** s. Markgenossenschaft.
Märkerbuch s. Markgenossenschaft.
Märkerding s. Markgenossenschaft.
Märkergericht s. Markgenossenschaft.
Märkerinstrument s. Markgenossenschaft.
Märkermeister (oberster) s. Markgenossenschaft.

Märkerordnung s. Markgenossenschaft.
Märkerrecht s. Echtwort.
Märkerschaft = Markgenossenschaft.
Märkerschöffe s. Markgenossenschaft.
Märkerschultheiß s. Markgenossenschaft.
Märkersprache s. Markgenossenschaft.
Märkerstuhl s. Markgenossenschaft.
Märkertag s. Markgenossenschaft.

Märzfeld (campus martius) im frk. Reich die Heerschau, seit dem Größerwerden des Reiches in einzelne, je in einem Reichsteil abgehaltene M. zerfallend, 755 in den Mai verlegt (tatsächlich auch im Sommer abgehalten) u. daher Maifeld (campus madius, c. maii, magis c.) genannt. Das M. war auch, in Fortsetzung der ↗Landesgemeinde, Reichsversammlung (↗Reichstag [1], Reichstagssynode, Sprache, colloquium, ↗concilium, c. publicum, conventus generalis, c. synodalis, ↗placitum. p. generale, synodus [generalis]), doch nahmen an dieser die gewöhnlichen ↗Freien nicht teil. Außer dem M. fand im Herbst eine Versammlung statt, auf der aber nur ein Teil der ↗Bischöfe, ↗Grafen usw. erschien. Während die beiden Versammlungen unter Karl d. Gr. nur beratende Stimme hatten, wuchs ihr Einfluß unter Ludwig d. Fr. stark, aber gleichzeitig blieben die weltl. Großen fern, so daß in der zweiten Hälfte des 9. Jh. bloße ↗Synoden daraus wurden. Das eigentliche M. wurde seit Ludwig d. Fr. nur unregelmäßig berufen u. verschwand dann völlig.

Maestre de campo (maestro di campo) Offizier an der Spitze eines ↗tercio, zeitweise auch die Funktionen eines ↗sargento mayor ausübend; der Titel, gleichzeitig mit dem tercio 1534 geschaffen, verschwand mit diesem u. wurde durch den des ↗Obersten ersetzt. – Die Bezeichnung wurde auch von Fr. (s. Mâitre de camp) u. von Engl. übernommen; hier wurde der Ausdruck camp-master im 16. u. 17. Jh. abwechselnd mit colonel für den Regimentskommandeur gebraucht.

– de campo general s. Sargento mayor.
Maestro di camera s. Hausmeier.
– di campo = Maestre de campo.
Magenschaft = Magschaft.
Magenscheid † Erbvergleich.
Maggeld s. Wergeld.

Maggior Consiglio (Gran C., consilium generale, c. magnum, c. majus, Großer Rat) in Ven. Ende des 12. Jh. aus dem ungeteilten ↗comune neben dem Kleinen Rat (s. Signoria [b]) entstanden als eigentlicher Träger der Staatssouveränität, den ↗arengo zurückdrängend u. schließlich Ende des 15. Jh. ersetzend, seit 1323 durch die ↗Serrata abgeschlossen. Seit dem 14. Jh. diente er im wesentl. nur noch zur Wahl der verschiedenen Beamten u. Körperschaften.

Μαγγλαβίτης [Manglabítes] Diener des byz. Ks., der ihm bei Festlichkeiten u. dgl. voranging, Platz machte usw.; im Kriege gehörten die M. zu seiner unmittelbaren Wache. Die Anführer trugen den Titel Πρωτομαγγλαβίτης [Protomanglabítes], wurden aber meist einfach M. genannt. Der Ks. gebrauchte sie vielfach zu Gesandtschaften u. anderen vertraulichen Aufträgen.

Magis campus s. Märzfeld.
Magisca s. Fronden (a).

Magister 1. (magistros) im Byz. Reich einer der höchsten Titel, ohne bes. Funktion, i. d. R. der höchste, den jemand, der nicht der Kaiserfamilie angehörte, erlangen konnte; die M. nahmen an allen feierlichen Zeremonien teil; in einigen Familien war der Titel erblich. **2.** s. Notar. **3.** s. Magisterium u. Zunft (1). **4.** = Bürgermeister (1). **5.** s. Stadtrat (a). **6.** s. Genoßsame (1) u. Markgenossenschaft. **7.** = Meier (1).

– ballistariorum s. Grand maître des arbalétriers.
– burgensis s. Stadtrat (a).
– burgensium = Bürgermeister (1).
– camerae 1. = Kammermeister. **2.** s. Parlament (2).
– camerarius = Camerarius (2).
– cancellarius = Master of the Chancery.
– capellanus s. Magister capellarum.

– capellarum in Norw. seit dem 12. Jh. der an der Spitze der kgl. Kapellen stehende ↗Kaplan, meist ein ↗Bischof u. vielfach auch ↗Kanzler, daher dem dt. ↗Erzkaplan entspr. Seit 1314 war der ↗Dekan (1) von Oslo M. c. – Auch bei den Norm. Unteritaliens entsprach der m. cappellanus dem dt. Erzkaplan.

– censualium s. Zinsmeister (b).
– cerariorum s. Zinsmeister (b).
– civitatis = Bürgermeister (1).
– civium a) = Bürgermeister (1). **b)** s. Stadtrat (a).
– computorum s. Chambre des comptes.
– consilii s. Bürgermeister (1).
– consulum s. Bürgermeister (1).
– coquinae = Küchenmeister (1).
– coquorum s. Küchenmeister (1).
– cubiculariorum s. Kämmerer (1).
– culturae curtis s. Vorwerk.
– curiae 1. = Hofmeister (1). **2.** s. Parlament (2). **3. a)** = Meier (1). **b)** s. Vorwerk.
– curiae imperialis s. Reichshofgericht.
– curtis a) = Meier (1). **b)** s. Vorwerk.
– dapiferorum s. Truchseß.
– de nundinis s. Meßgericht.
– equitum s. Magister militum.
– fabricae s. Fabrica ecclesiae.
– forestariorum s. Forstmeister (1).
– foresti s. Markgenossenschaft.
– generalis s. Ordensgeneral.

– **gildae** s. Zunft (1).
– **grangiae** s. Vorwerk.
– **Judaeorum** = Judenmeister (a).
– **juratus** in Sitz. seit staufischer Zeit kgl. Beamter zur Kontrolle der städt. ↗jurati (1), bes. zur Entgegennahme von deren Abrechnungen.
– **justitiarius** (Großjustiziar, Großrichter, Oberjustiziar) im siz.-norm Königreich der Vorsitzende der ↗magna curia (M. j. magnae curiae regiae, Großhofjustiziar), neben dem es zeitweise einen M. j. für einzelne Landesteile gab. Der Titel wurde von den Anjous übernommen, das Amt aber bald eine bloße ↗Hofcharge. Vgl. Justitiarius civitatis.
– **marchiae** s. Markgenossenschaft.
– **mensae regiae** = Truchseß.
– **militum** (Heermeister, ↗στρατηγός (1) [strategós], ↗στρατηλάτης [stratelátes]) übliche (auch offizielle) Bezeichnung der beiden von Konstantin I. geschaffenen Oberbefehlshaber des röm. Feldheeres, des M. peditum u. M. equitum; bei Vereinigung beider Würden hieß der Inhaber meist M. utriusque militiae. Der Titel wurde auch ehrenhalber, bes. an ausländische Fürsten, verliehen. Während in Westrom der (ranghöhere) M. peditum, neben u. unter dem zeitweise mehrere M. equitum (alle Truppengattungen kommandierend) standen, immer mächtiger wurde u. endlich den Ks. stürzte, wurde im Osten das Amt schon Ende des 4. Jh. unter mehrere gleichberechtigt M. utriusque militiae geteilt. Der Titel verlor dadurch an Ansehen, wurde in It. u. Afr. auch an ↗duces (1) verliehen u. im 7. Jh. war der M. m. einem dux kompetenzgleich. An seine frühere Stelle trat im Westen der ↗Exarch (1), im Osten der στρατηγός [strategós].
– **officiii** 1. s. Hofämter. 2. s. Magisterium u. Zunft (1).
– **officiorum** = Oberstzunftmeister.
– **operis** s. Magisterium u. Zunft (1).
– **oppidanorum** = Bürgermeister (1).
– **ostiariorum** s. Ostiarius (2).
– **panificum** = Brotmeister.
– **panis** = Brotmeister.
– **peditum** s. Magister militum.
– **pincernarum** s. Mundschenk.
– **rationalis** in den Mittelmeerländern seit dem 13. Jh. der an der Spitze des Rechnungswesens stehende Beamte, der etwa die Funktionen eines ↗Rechnungshofes ausübte, aber auch die Zahlungsanweisungen ausstellte.
– **regis domus** s. Chambrier.
– **Sacri Palatii** (Theologus S. P., päpstlicher Hoftheologe) seit dem 13. Jh. bestehend, theologischer Berater des Papstes, stets Dominikaner, früher Oberzensor der Stadt Rom, mit einer Reihe bes. Vorrechte.
– **scabinio** s. Schöffenmeister.
– **scabinorum** a) = Schöffenmeister. b) s. Oberstzunftmeister.
– **scabinus** s. Schöffenmeister.
– **silvae** s. Markgenossenschaft.
– **utriusque militiae** s. Magister militum.
– **vicinorum** s. Schultheiß.
– **villae** s. Schultheiß.
– **xurterius** (m. xiurtae, xurterius) in den größeren Städten Siz. im MA. Polizeibeamter, mit dem Nachtwachtdienst u. geringer Strafgerichtsbarkeit betraut.

Magisterial District a) (M. Division, Magistraatsdistrikt) Verwaltungseinheit in den ↗Provinzen des Südafr. Bundes. b) = County District (2).

Magisterii jura s. Bischof.

Magisterium (ministerium) im MA. hier u. da auf größeren ↗Fronhöfen Verband der ↗hörigen Handwerker (ministri) gleicher Art, unter einem magister (officii) (m. operis, praepositus [operis]); eine selbständige Genossenschaft (↗Zunft [1]) war das M. nicht.

Magistraatsdistrikt = Magisterial District (a).

Magistralkommende s. Meister (1).

Magistrat i. allg. jedes Kollegium, das die Verwaltung einer Stadt führt (Stadtmagistrat, magistratus urbis), also in früherer Zeit vor allem der ↗Stadtrat (a) (bes. seit dem 16 Jh.) o. die ↗Schöffen (1). Seit dem 18. Jh. bezeichnet M. i. bes. die kleinen Kollegien, die an Stelle der Stadträte traten u. entw. formell o. doch tatsächlich aus von der Regierung (in den ↗Mediatstädten vom ↗Grundherrn) ernannten Beamten bestanden. In Pr., wo dieser M., da er nicht mehr periodisch wechselte, auch magistratus perpetuus genannt wurde, bestand er aus drei bis vier ↗Bürgermeistern (1), einigen ↗Ratsherrn (a) (Senatoren) u. den städt. Beamten, vor allem dem ↗Stadtschreiber. In einigen Städten gab es bes. M. für die fr. u. Pfälzer Gemeinden, sowie für einzelne Stadtteile. Seit der Städteordnung von 1808 bestand in den ↗Provinzen mit ↗Magistratsverfassung der M. aus dem o. den Bürgermeistern u. gewählten Mitgliedern, später aus ersterem, dem Beigeordneten (a) u. einigen Schöffen, die meist von der ↗Stadtverordnetenversammlung (manchmal auch direkt von den Bürgern) gewählt wurden. Der M. verwaltete die Stadt, vertrat sie, stellte die Beamten an u. war ausführendes Organ der Stadtverordneten, gültige Beschlüsse konnten nur von beiden Organen zusammen gefaßt werden. Einen entspr. M., bestehend aus Bürgermeister, Magistratsräten (rechtskundigen u. bürgerlichen) u. den städt. Beamten, besaßen die bay. Städte u. einige kleinere dt. Staaten. Heute gibt es M. noch in

Schl.-H. u. He., wobei aber der schl.-h. nur ein Ausschuß der Gemeindevertretung u. deren ausführendes Organ ist, der he. ein nicht aus Gemeindevertretern bestehendes Organ, das die laufende Verwaltung führt. – In Öst bezeichnet M. i. allg. die Gesamtheit der städt. Beamten in den ↗Statutargemeinden, mit dem Bürgermeister an der Spitze, wobei die Stellung des M. dem ↗Gemeinderat (a) u. dem Stadtrat gegenüber verschieden ist; manchmal besteht der M. nicht nur aus Beamten, sondern auch aus gewählten Magistratsräten, o. es sind alle o. ein Teil der Beamten im Stadtrat sitz- u. stimmberechtigt; daher heißen diese Stadträte teilweise selbst M. In Wien vertritt den Bürgermeister ein Magistratsdirektor im Vorsitz. Seit 1920 entspricht dieser einem Landesamtsdirektor, der M. einem ↗Landesregierungsamt. Der kroatische Stadtmagistrat (gradsko poglavarstvo) war Exekutivorgan des Gemeinderats. – Vorübergehend wurden nach 1804 in den von Wü. erworbenen Gebieten die Verwaltungen der Dörfer Dorfmagistrate genannt. – In Westeur. werden mit M. bzw. Magistratur meistens gerichtl. Behörden bezeichnet.

Magistrate s. Friedensrichter (2) u. Bailie.

Magistrates Court s. Friedensrichter (2).

Magistrato alle acque (collegio alle acque) in Ven. 1505 endgültig eingerichtete, später aus 75, von ↗Senat (2), ↗Signoria (b) u. anderen Behörden aus ihrer Mitte gewählten Mitgliedern bestehende oberste Behörde u. oberster Gerichtshof für das gesamte Wasserwesen.

Magistratsdirektor s. Magistrat.

Magistratsgericht s. Friedensrichter (2).

Magistratsrat s. Komitat (3) u. Magistrat.

Magistratsverfassung in Pr. (außer dem Rhld.) die städt. Verfassung, bei der eine gewählte Gemeindevertretung einem ↗Magistrat gegenüberstand. Diese sogen. echte M. gibt es nicht mehr; die M. in Sch.-H. u. He. werden als unechte M. bezeichnet. Vgl. Bürgermeisterverfassung u. Gemeinderatsverfassung.

Magistratur s. Magistrat.

Magistratus perpetuus s. Magistrat.

– urbis s. Magistrat.

Magistri libellorum supplicum = Maîtres des requêtes.

– tenentes parlamentum s. Parlament (2).

Magna curia (tribunale della gran corte, Großgericht) seit Ende des 12. Jh. oberstes Appellationsgericht für Siz. (bzw. Neapel), unter den Staufern aus Großhofrichtern (judices magnae curiae imperialis) u. dem ↗magister justitiarius zusammengesetzt, seit 1240 bis zum Ausgang der Staufer auch ↗Hofgericht (a) für It.

Magnaten übliche Bezeichnung des ↗hohen Adels der osteur. Länder, bes. Polens (bis zur Teilung) u. Ung., wo die M., zu denen in beiden Ländern außerdem die hohe Geistlichkeit u. die Inhaber der ↗Hofämter, die höchsten Richter usw., in Ung. auch die Obergespane (s. Komitat [3]) zählten, den ↗Senat (6) bzw. die Magnatentafel (s. Reichstag [7]) bildeten. Seit der Reform von 1885 gehörte nur noch ein Teil der ung. M. dem Oberhaus an. – Auch der hohe Adel westeur. Länder o. Teile desselben wird i. d. Lit. mit M. bezeichnet.

Magnatenhaus. s. Reichstag (7).

Magnatenkammer s. Senat (4).

Magnatentafel s. Reichstag (7).

Magnates s. Hochfrei, Lehensfürst (1) u. Ministeriale (2).

Magnifizenz auch Prädikat der regierenden ↗Bürgermeister (1) der drei Hansestädte.

Magnus Caesar s. Sultan.

– decanus s. Kloster.

– magister s. Meister (1).

– procurator = Wielkorządca.

– rotulus pipae s. Exchequer.

Magschaft (Magenschaft) i. w. S. die Blutsverwandten (↗Freunde, Gatten, Gattlinge, Gesippen, Holden, Magen), i. e. S. die Verwandten außerhalb des ↗Busens, die «Neffen» u. «Nichten» im weitesten Sinne.

Magsühne s. Wergeld.

Magzahl s. Wergeld.

Mahakma = Mehkemeh.

Mahal = Ding.

Maharadscha s. Radscha.

Maher = Meier (1).

Mahl s. Herbergsrecht (1).

– und Schlachtsteuer in Pr. 1820–1873 in den mittleren u. größeren Städten an Stelle der ↗Klassensteuer (a) von allen zur Mühle gebrachten Getreidearten usw. u. allen zum Schlachten eingelieferten Tieren sowie den aus dem Ausland eingeführten Fertigwaren erhoben. 1873–1910 bestand sie noch in einigen Städten als städt. Steuer.

Mahlbann s. Zwangs- und Bannrechte.

Mahlbrief = Mählbrief.

Mahljahre (Maljahre, Meierjahre, Regierjahre, Wohnjahre) die Jahre, die derjenige, der für einen minderjährigen Erben, i. d. R. einen ↗Anerben, einen ↗Hof (3) bewirtschaftet (meist indem er die Witwe heiratet) (Interimswirtschaft, Setzwirtschaft), als vollberechtigter Besitzer (Interimswirt, Setzwirt) auf diesem wohnt; nach Volljährigkeit des Erben hat der Interimswirt Anspruch auf ein ↗Altenteil. Vgl. Meier (1).

Mahlmeister = Dorfmeister (2).

Mahlschatz (Brautschenkung, Draufgeld, Ehepfennig, Ehetaler, Handgeld, Schenktaler, Treuestück, Treugeld, Trüwe, arrha sponsalitia) die bei der Verlobung vom Bräutigam der Braut gegebene ↗arrha (1), seit dem späteren MA. meist in Form des Verlobungsringes. Dem M. entsprach im Norden die faestninga (festargjaef). Vgl. Exenium u. Reipus.

Mahlstatt s. Ding.

Mahlzwang s. Zwangs- und Bannrechte.

Mahnung = Ansprache (a).

Maiagium am ersten Mai fällige Abgabe.

Maibede s. Bede (1).

Maidenführerin s. Reichsarbeitsdienst.

Maidenhauptführerin s. Reichsarbeitsdienst.

Maidenoberführerin s. Reichsarbeitsdienst.

Maidenunterführerin s. Reichsarbeitsdienst.

Maiding s. Ding.

Maiengebot Verkündigung der landesherrlichen Forst- u. Jagdordnung (ganz o. teilweise) im Frühjahr.

Maienlandsgemeinde s. Landesgemeinde.

Maienreis s. Bodenzins.

Maier = Meier (1).

Maifeld s. Märzfeld.

Maigang Grenzbegehung.

Maigassenzins im Braunschweigischen früher Zins der ↗Hörigen, der zu Weihnachten durch einen reitenden Diener überbracht wurde.

Maigericht s. Markgenossenschaft.

Maihuhn s. Bodenzins u. Leibhuhn.

Main garni ↗seigneur, der gegen seinen ↗Vasallen klagte, nachdem er das ↗Lehen (1) mit Beschlag belegt hatte.

– souveraine Einschreiten des Kgs. gegen einen ↗seigneur, der seinem ↗Vasallen die Aufnahme in den ↗Lehensverband o. die Gerichtsbarkeit verweigerte, indem der Kg. den Vasallen zum ↗Kronvasallen machte.

Mainbournie (mainbour, manuburnia) in Nordfr. u. den Ndl. im MA. die aus der germ. ↗Munt (1) entstandene ↗Altersvormundschaft bzw. ↗Geschlechtsvormundschaft, die im Gegensatz zur Munt auch auf die Mutter übergehen konnte. Die M. über ↗Lehen (1) wurde meist als bail (baillie, ballium, vgl. Lehensvormundschaft), die über ↗censives als garde (garda, vgl. Garde bourgeoise u. G. roturière), die über Personen allein als gouvernement bezeichnet; tatsächlich aber wurden die Ausdrücke auch gleichbedeutend verwendet, ebenso ferner tutelle (tutela), eigentlich eine nur in den Gebieten des röm. Rechts übliche Vormundschaft, bei welcher der vom Gericht eingesetzte Vormund, ein Verwandter, nur die Verwaltung des Mündelvermögens führt; außerdem kommen für M. noch avouerie, cure, recommandation vor. – Die entspr. Bezeichnungen für den Vormund waren bail, baillistre, gardien, mainbour, tuteur, bal(l)ius, in den Ndl. momper.

Maîneté = Juveigneurie.

Mainferme s. Bail à rente (foncière).

Mainmise = Commise.

Mainmortable a) s. Mainmorte. **b**) = Serf.

Mainmorte (manus mortua, tote Hand) in Fr. der Besitzer eines Grundstücks u. dgl., der dieses nicht vererben konnte, sei es, weil er nicht «starb» (wenn es sich um eine juristische Person handelte, z. B. die Kirche), o. weil er nicht vererben durfte, wie es beim ↗serf der Fall war; ebenso durfte er nicht testamentarisch verfügen. Die tatsächlich im Laufe des MA. eingetretene Erblichkeit wurde durch eine Abgabe (M., mortaille, dem dt. ↗Sterbfall entspr.) erkauft, u. nur wenn keine ↗Deszendenten vorhanden, fiel das Gut dem ↗seigneur heim (droit de M., droit d'échute); als die übrigen Standesbeschränkungen geschwunden waren, blieb die M. als Zeichen der serfs bestehen, weshalb sie als mainmortables (gens de M., hommes de M., mortaillables) bezeichnet wurden. Bei den serfs de corps lastete die M. auf der Person (M. personelle), bei den serfs d'héritage auf dem Gut (M. réelle). Im einzelnen war sie verschieden geregelt. Vgl. Amortisation.

Maiorino = Meirinho.

Maire (majeur, major, ↗Meier [1)]) **1.** (major urbis) in Fr. seit dem MA. Titel des gewählten Oberhauptes einer Stadt; während zuerst nur einige Städte diesen Titel kannten, wurde er später immer häufiger u. gleichzeitig wurde der M., der zuerst nur primus inter pares im ↗corps de ville gewesen war, alleiniges Stadtoberhaupt u. zwar i. wesentl. kgl. Beamter, wenn auch formell gewählt. Seit 1692 wurde auch der M. käufliches u. erbliches Amt (M. perpétuel). Ein Versuch, 1765 die mairie (majoratus) in ganz Fr. durchzuführen, mißlang. Nach 1789 wurde jedoch M. der einzige Titel der Vorsteher der Gemeinden in Stadt u. Land. Formell halb Gemeinde- u. halb Staatsbeamter, ist er tatsächlich das letztere u. wird von der Regierung ernannt. Paris hat für jedes ↗arrondissement (b) einen eigenen M.; es gibt keinen solchen für die gesamte Stadt. – Während der napoleonischen Zeit wurde er mit der übrigen fr. Munizipalverfassung in großen Teilen Dt. übernommen, teilweise unter der Bezeichnung M. (auch Direktor), meist aber unter Beibehaltung der alten Titel ↗Bürgermeister (1) u. ↗Schultheiß. Auch nach 1814 blieben diese vielfach ernannte Beamte, z. B. in der Pfalz bis 1869. Vgl. Bürgermeisterverfassung. **2. a**) = Prévôt. **b**) lokaler Beamter unter dem kgl. prévôt. Vgl. Sergent (1). **3.** s. Zunft (1).

– du palais = Hausmeier.

– perpétuel s. Maire (1).

Mairie s. Maire (1), Prévôt u. Viertel (3).

Mairind s. Bodenzins.

Maischatz s. Bede (1).

Maison du roi seit dem 16. Jh. Bezeichnung des ↗Hofstaates u. Haushaltes des fr. Kgs., im 14. Jh. unter der Bezeichnung hôtel-le-roi (h. du roi, hospitium regis) aus dem alten ↗palatium entstanden, indem die ↗grand officiers, die bis dahin sowohl Hof- als Staatsbeamte gewesen waren, nur noch letzteres blieben. Obwohl diese selbst nicht zur M. du r. gehörten, standen doch einige von ihnen an der Spitze von Abteilungen derselben. Die M. du roi wurde erst im 17. Jh. endgültig organisiert u. schied sich seitdem in die M. militaire u. die M. civile; erstere umfaßte die Leibgarden des Kgs. Die Königin u. die übrigen Mitglieder des kgl. Hauses besaßen bes. M. Vgl. Bouche du roi. Während des Kaiserreichs entsprach der M. du r. eine M. de l'empereur.

Maître 1. s. Parlament (2). 2. = Maître à temps. 3. s. Zunft (1). 4. = Schiffer.

– **à temps** (maître) in ndl. Städten im späteren MA. Titel der ↗Bürgermeister (1).

– **agrégé** in Fr. nach 1776 ein Handwerksmeister, der sich während der fünf Monate dauernden Gewerbefreiheit dieses Jahres niedergelassen hatte u. nachträglich in eine ↗Zunft (1) aufgenommen wurde.

– **cannonier** = Konstabler.

– **chef d'atelier** s. Verlag.

– **de camp** in Fr. seit Anfang des 16. Jh. bis 1730 u. 1780–1788 (nämlich i. wesentl. solange es einen ↗colonel général de l'infanterie gab) Titel des Kommandeurs eines ↗Regiments (2), sonst colonel genannt. – Im 16. Jh. war M. de c. auch Bezeichnung für ↗Offiziere, die bestimmte Funktionen ausübten, so für Befehlshaber größerer Abteilungen u. für ↗Quartiermeister von solchen. Vgl. Maestre de campo.

– **de camp général** s. Sargento mayor.

– **de la chambre aux deniers** s. Chambre aux deniers.

– **de la communauté** s. Communauté taisible.

– **des arbalétriers** s. Grand maître des arbalétriers.

– **des comptes** s. Chambre des comptes.

– **des eaux et forêts** in Fr. seit Ende des 13. Jh. der an der Spitze der kgl. ↗Forsten u. Gewässer einer baillage stehende Beamte, der zunächst unter dem ↗bailli (1) stand, seit Mitte des 14. Jh. aber unabhängig wurde u. die entspr. Gerichtsbarkeit in zweiter Instanz in der maîtrise particulière des e. et f. ausübte. Über den M. des e. et f. stand der ↗grand maître des eaux et forêts an der ↗table de marbre.

– **des guides** = Oberwegmeister.

– **des ports et passages** in Fr. seit dem späteren MA. der in einem größeren Bezirk an der Spitze des Zollwesens stehende Beamte; er war dem ↗général des finances unmittelbar unterstellt u. hatte in erster Instanz die Gerichtsbarkeit betr. Zölle usw.

– **d'oeuvre** = Konstabler.

– **du Parlement** s. Parlament (2).

– **échevin** s. Schöffenmeister.

– **fabricant** s. Verlag.

– **général des monnaies** s. Chambre des monnaies.

– **juré** s. Zunft (1).

– **marchand** s. Verlag.

– **ouvrier** s. Verlag.

Maîtres des requêtes (magistri libellorum supplicum) in Fr. seit dem 13. Jh. Sekretäre des Kgs. (juges des plaids de la porte, M. des r. de l'hôtel) bzw. des ↗Parlaments (2) (M. des r. du palais, vgl. Chambre des requêtes), die Appellationen u. Bittschriften zu prüfen hatten u. Gerichtshof für privilegierte Personen, z. B. Inhaber des ↗committimus, Hofbeamte, Prinzen von Geblüt, waren, außerdem Spezialgerichtshof z. B. für Siegelfälschungen. Die M. des r. de l'hôtel, die gemeinsam den Gerichtshof der requêtes de l'hôtel bildeten, waren Mitglieder des ↗conseil privé (2) u. wurden vom Kg. zu bes. wichtigen Missionen, z. B. chevauchées (s. Enquêteur-réformateur), verwendet; ihr Einfluß trat nach dem 15. Jh. zurück. – 1791 wurde das Amt beseitigt; seit 1799 bezeichnet M. des r. einen Referenten im ↗conseil d'état (1). – Titel u. Amt wurden von anderen Staaten übernommen, vgl. Court of Requests. Auch in dt. Staaten gab es M. des r. (Requetenmeister, ↗referendarii).

Maîtrise particulière des eaux et forêts s. Maître des eaux et forêts.

Maiwidder s. Bodenzins.

Maizins s. Bodenzins.

Majestät Prädikat, das ursprgl. nur dem Ks. zukam; dann Ende des 15. Jh. vom Kg. von Fr., im 16. Jh. nach u. nach auch von den anderen Kgn. angeommen wurde. Der Ks. gestand es erst 1648 ausdrücklich dem Kg. von Fr. zu, den anderen noch später; auch unter den einzelnen Kgn. gab es darüber Streitigkeiten, u. erst zu Beginn des 18. Jh. setzte es sich für alle Kge. international durch. Für die Ks. ist seitdem ksl. M. üblich, nur für den ↗Sultan der Tk. das (sonst ungebräuchliche) Hautesse. – Als Anrede ist ↗Sire mit M. gleichwertig.

Majeur 1. s. Zunft (1). 2. = Maire u. Prévôt.

Major 1. = Meier (1), Maire u. Prévôt. 2. s. Abt. 3. s. Zunft (1). 4. eigentlich Abkürzung von ↗sargento mayor, während des Dreißigjährigen Krieges auf den dt. Oberstwachtmeister ([Oberst]feldwachtmeister) übertragen, der seit Entstehung des ↗Regiments (2) bei diesem die Funktionen des ↗Wachtmeisters (wie er auch häufig hieß) bzw. ↗Feldwebels ausübte. Entspr. diesen Chargen wurde M. zuerst nur bei der Infanterie üblich, aber bereits in der zweiten Hälfte des 17. Jh. auch bei der Kavallerie, im Laufe des 18. Jh. bei allen Waffen. In einigen dt. Heeren, vor allem in Öst., hielt sich Oberstwachtmeister bis ins 19. Jh., als Anrede für den M. war es aber auch im pr.-dt. Heer bis Ende des 19. Jh. üblich. Der M. hatte im Frieden die eigentliche Verwaltung des Regiments, leitete die Ausbildung der Mannschaft, kontrollierte die Kammern usw., im Kriege ordnete er Marsch u. Lager, leitete den gesamten Wacht- u. Patrouillendienst u. stellte vor allem das Regiment in Schlachtordnung auf, das er nach Befehlen des ↗Obersten kommandierte. Ferner führte er den Vorsitz im ↗Standgericht. Seit der Mitte des 17. Jh. wurden die Befugnisse des M. mehr u. mehr vermindert, schon um 1700 bestand seine Hauptaufgabe in der Leitung des Exerzierens. Andrerseits wurde nunmehr ein zweiter (ev. dritter) M. im Regiment geschaffen, u. das Kommando der inzwischen dauernd organisierten ↗Bataillone den M. übertragen, die auf diese Weise im Laufe des 18. Jh. (zuletzt in Öst.) zu bloßen Bataillonskommandeuren wurden.

– domus (regiae) = Hausmeier.

– General s. Generalmajor u. Sargento mayor.

– général s. Sargento mayor.

– in aula = Hausmeier.

– in Francia s. Seneschall.

– palatii = Hausmeier.

– urbis = Maire (1).

– villae = Meier (1).

Majorat Erbfolgeordnung, die dem früher Geborenen, also dem jeweils Älteren (major natu) den Vorzug gibt; man unterscheidet: a) Primogenitur, nach den Grundsätzen der ↗Parentelenordnung mit unbedingter Geltung des ↗Eintrittsrechts (üblich z. B. bei ↗Familienfideikommissen, bei der Thronfolge); b) M. i. e. S. (Ältestenrecht), wobei der älteste Verwandte, der dem Grade nach am nächsten, erbt, z. B. der zweitgeborene Sohn; c) Seniorat, wobei der Älteste der Familie, ohne Rücksicht, auf Linie u. Verwandtschaftsgrad erbt. – M. heißt dann das Gut, das dem M. unterliegt, sein jeweiliger Besitzer Majoratsherr. – In Fr. wurden 1806 an Stelle der abgeschafften Familienfideikommisse (substitutions) M. gestattet, die einen Adelstitel mit entspr. Besitz in einer Familie erhalten sollten, u. tatsächlich den alten substitutions entsprachen. Man unterschied majorats de propre mouvement (vom Ks. gewährte ↗Dotation [1]) u. m. sur demande (aus Familienbesitz); 1835 wurde die Neuerrichtung von M. verboten. Vgl. Jüngstenrecht, Setzrecht u. Stammgut (b).

Majoratus s. Meier (1) u. Maire (1).

Majordomat s. Hausmeier.

Majores et meliores terrae s. Ministeriale (2).

– natu s. Hochfrei.

Majoria s. Meier (1).

Majoría s. Meirinho.

Majoristen s. Ordines (1).

Majoritätsritter beim Johanniterorden ↗Ritter, der nach vollendetem 16. Jahr aufgenommen wurde u. verpflichtet war, mit 20 in Malta zu erscheinen.

Majoritas s. Oboedientia canonica (a).

Majorpräbende s. Domkapitel.

Mal **1.** = Ding **2.** = Bede (1).

Mal-Mudir s. Medschli.

Malahereda = Gerade (b).

Malamaðr s. Gefolgschaft.

Malatolta (maltôte, maltollectum u. ä.) im MA. öfters Bezeichnung einer Steuer, die als ungerecht galt; doch wurde die Bezeichnung dann mitunter technisch.

Malberg s. Ding.

Maleficium = Missetat.

Malefiz = Gerichtsbarkeit, hohe.

Malefizamt † Kriminalgericht.

Malefizgericht = Gerichtsbarkeit, hohe u. Hochgericht (1).

Malefizgerichtsbarkeit = Gerichtsbarkeit, hohe.

Malefizrecht = Gerichtsbarkeit, hohe.

Malefizrichter = Blutrichter (b).

Malefizsache = Ungericht.

Malgenosse s. Ding u. Markgenossenschaft.

Malgut s. Schöffenbarfreie.

Malhure = Bede (1).

Malizeid (juramentum malitiae) vom Richter (in jedem Akt des Prozesses) der Partei auferlegt, die er im Verdacht hat, schikanöse Mittel anzuwenden. Vgl. Gefährdeeid (b).

Maljahre = Mahljahre.

Mall = Ding.

Mallatio = Ansprache (a).

Mallum principale s. Ding.

Mallus = Ding.

– legitimus s. Ding.

– publicus s. Ding.

Malmann **1.** s. Ding. **2.** in Westf. im MA. freier Bauer, wahrscheinlich im Hinblick auf seine Dingpflicht so genannt. **3.** s. Marktgenossenschaft.

Malnote s. Markgenossenschaft.

Malscult = Bede (1).

Malstätte s. Ding.

Malter s. Zwangs- und Bannrechte.

Maltollectum = Malatolta.

Maltôte = Malatolta.
Malum (factum) = Missetat.
Malzaufschlag s. Aufschlag.
Mambour(g) (Momber, Ruwaert) in den Ndl. im späteren MA. Stellvertreter eines Landesherrn (s. Landeshoheit), der irgendwie behindert war o. auch vertrieben wurde, ohne abgesetzt zu werden. In Utrecht u. Lüttich war es üblich, während einer ↗Sedisvakanz einen M. zu ernennen.
Ma'mûr s. Markaz u. Mohafza.
Managing owner = Korrespondentreeder.
Manahoubit s. Unfreier.
Manant = Schutzverwandter (2).
Mancipium i. w. S. der ↗Unfreie i. allg., i. e. S. der ↗Servus casatus, später auch der ↗Leibeigene, wobei die Grenzen sehr fließend sind, u. z. B. auch die Barschalke (s. Lite) M. genannt werden; im Laufe des MA. verschwindet der Ausdruck.
Mancomunidad in Sp. 1913–1925 Vereinigung mehrerer ↗Provinzen zur Wahrnehmung gemeinsamer Aufgaben.
Mandamento s. Circondario.
Mandamus (writ of) s. Writ.
Mandarin in den eur. Sprachen übliche Bezeichnung für den chin. Beamten der Kaiserzeit, durch Vermittlung des Port. aus dem Sanskrit übernommen, aber in China unbekannt; die chin. Bezeichnung ist kuan.
Mandat **1.** (Reskript) Erlaß o. Ausfertigung, von einem Höhergestellten an einen Untergebenen gerichtet, Maßregeln der Verwaltung u. Justiz betreffend, z. B. der Befehl des Kgs., einem Urteil des ↗Königsgerichts nachzukommen. Vgl. Diplom (a) u. Placitum. **2.** = Mandatsgebiet.
– freies s. Mandat, imperatives.
– imperatives Bindung eines Abgeordneten an bestimmte Weisungen (Instruktionen) der Wähler; die neueren Verfassungen kennen kein Instruktionsrecht, sondern nur ein freies Mandat. Vgl. Pledge.
Mandatarius dipl. Vertreter i. allg., im 16. Jh. auch ein solcher zweiten Ranges.
Mandatarstaat s. Mandatsgebiet.
Mandated territory = Mandatsgebiet.
Mandatio in Kast. im früheren MA. der ↗Sprengel eines ↗Grafen.
Mandation (Demandation, Mandierung) Übertragung der Gerichtsbarkeit (jurisdictio mandata), wobei der Mandierte (judex mandatus) mit seinem Mandanten eine Instanz bildet u. nicht weiter mandieren kann. Vgl. Delegation (2).
Mandator (Reichsbote) im Byz. Reich Bote des Ks. u. der hohen Beamten; die M. standen jeweils unter einem Protomandator. M. wurde auch als Titel verliehen.
Mandatsgebiet (Mandat, Treuhandgebiet, mandated territory) nach Art. 22 der Völkerbundssatzung Gebiet, das einem Staat (Mandatarstaat) als Treuhänder zur Verwaltung übergeben wird, der damit die Verantwortung gegenüber einer völkerrechtlichen Gemeinschaft (Völkerbund, Vereinte Nationen) übernimmt. Man unterscheidet: A-Mandate (Übergang zu voller Selbständigkeit), B-M. ([Kolonialmandate] als koloniale Gebiete verwaltet) u. C-M. (integrierende Bestandteile des beauftragten Staates).
Mandatsprozeß **a)** im früheren Zivilprozeß Verfahren, wobei auf einseitigen Antrag des Klägers der Beklagte durch ↗Mandat (1) aufgefordert wurde, den Kläger zu befriedigen; u. zwar sofort (durch mandatum sine clausula, sogen. unbedingter M., eine Form des ↗summarischen Prozesses) o. nach einer bestimmten Frist, während der ↗Einreden möglich waren (durch m. cum clausula, bedingter M.). **b)** im Strafprozeß Festsetzung der Strafe durch bedingtes Mandat bei geringeren Vergehen.
Mandatum ad definiendum s. Inquisitionsgewalt.
– ad referendum s. Inquisitionsgewalt.
– cum clausula s. Mandatsprozeß (a).
– de providendo päpstl. Auftrag an den Kollator (s. Kollationsrecht), ein erledigtes ↗beneficium ecclesiasticum (bes. an den ↗Domkapiteln) mit einer bestimmten Person zu besetzen, im 12. Jh. aus den bisherigen Empfehlungsschreiben (preces) hervorgegangen, später zu Ermahnungen (monitoriae litterae, dann zu Vorschriften (praeceptoriae l.), endlich zu Exekutionsbefehlen (executoriae l.) gesteigert, während gleichzeitig durch ↗ Reservationen u. ↗Exspektanzen der Papst die Besetzung von mehr u. mehr Stellen sich vorbehielt.
– regale = Indiculus regalis.
– sine clausula s. Mandatsprozeß (a).
Mandel s. Dreschgärtner (a).
Mandierung = Mandation.
Mandokoro s. Kumonjo.
Mandrit = Ἡγούμενος [Hegúmenos] (a).
Mandschugeneral s. Tschi.
Manentes s. Genoßsame (1) u. Hîde.
Mañería im ma. Kast. das Recht des ↗Grundherrn bzw. des Kgs. auf den Nachlaß von Fremden, ↗Hörigen u. dgl., die ohne Nachkommen starben. – In Port. bestand die nur lokal u. zeitweise vorhandene M. (maninhad[eg]o) in einer Abgabe vom dritten Teil des Nachlasses kinderlos Verstorbener.
Manerium = Manor.
Manifestación s. Justicia mayor.
Manifestationseid Offenbarungseid.
Maninhad(eg)o s. Mañería.
Mann s. Lehen (1).

– **angesetzer** = Servus casatus.
– **armer** (pauper) im MA. häufig der Bauer, aber auch sonst der minder Bemittelte o. minder Berechtigte, z. B. der ↗Schutzverwandte (2) u. der ↗Einläufige.
– **echter** s. Genoßsame (1).
– **einfältiger** s. Schutzverwandter (2).
– **ewiglich** (vasallus perpetuus) Lehensmann, der sein ↗Lehen (1) veräußert o. dem ↗Herrn aufgelassen hatte, aber trotzdem auf Lebenszeit diesem ↗Hulde schuldete.
– **gemeiner** s. Markgenossenschaft.
– **getreuer** s. Genoßsame (1).
– **gewerter** s. Markgenossenschaft.
– **hoher** s. Erzämter.
– **königlicher** s. Mannrecht (a).
– **lediger** = Einläufiger u. Sondermann.
– **loser** = Sondermann.
Mannaforrað = Godord.
Mannbote s. Mannkammer (1).
Mannbuch s. Lehensbuch.
Mannbuße = Wergeld.
Mannengericht = Lehensgericht.
Mannengerichtsbarkeit eigene Gerichtsbarkeit der Lehensleute (s. Lehen [1]) durch Standesgenossen, vgl. Lehensgericht.
Mannenlehen = Kontingentlehen.
Mannenpflicht s. Lehensdienst.
Mannenrecht = Lehensgericht.
Mannentage s. Lehensdienst.
Manneslehen = Mannlehen (a).
Mannesmann = Aftervasall.
Mannesstammlehen s. Mannlehen (a).
Mannfall (Fall, Lehensfall) Tod des ↗Vasallen. Vgl. Lehen (1), Heimfall u. Herrenfall.
Manngeding s. Mannkammer (1).
Manngeld **1.** = Wergeld **2.** s. Burglehen u. Kammerlehen.
Manngerð s. Leding.
Manngericht = Lehensgericht u. Mannrecht (a).
Manngut = Mannlehen (a).
Mannhaus = Mannkammer (1).
Mannheilig (Freihals) im Genuß des Rechtsschutzes (des Mannsrechtes) als Folge der Freiheit. Vgl. Acht (1).
Mannitio = Ansprache (a).
Mannkammer **1.** (Mannhaus, Mannlehenskammer) in Nordwestdt. u. den angrenzenden Teilen Belg. u. der Ndl. ein ↗Lehenshof bzw. ↗Lehensgericht für einen ursprgl. selbständiden Teil eines größeren ↗Territoriums (2). Die M. entstanden seit dem 14. Jh. u. erhielten sich bis Ende des 18.; im Gegensatz zu den meisten dt. Lehenshöfen bestand bei den M. die ma. Lehensgenossenschaft fort, indem die Lehensgenossen nur allm. u. nicht unbedingt als ↗Urteiler durch Juristen u. Beamte ersetzt wurden. An der Spitze stand als Vertreter des Lehensherrn der Lehensstatthalter (in Köln: Hofrichter), meist der ↗Amtmann (1) o. ↗Vogt (2), obwohl sich die ↗Sprengel der M. mit den ↗Ämtern (1) durchaus nicht deckten; ihm zur Seite stand ein ↗Lehenssekretär u. ein Lehensbote (Mannbote). Der erstere verdrängte in der Führung der laufenden Geschäfte mehr u. mehr den Statthalter, der als Vertreter des Lehensherrn zuerst von Fall zu Fall durch einen Vize(lehens)statthalter (Unterstatthalter), seit Ende des 17. Jh. ständig durch einen Lehensstatthalterverwalter (Statthalterverwalter), i. d. R. den Amtsverwalter (s. Oberamtmann [1]) ersetzt wurde. Die M. waren in erster Linie Lehensgerichte (Mannkammergerichte), hauptsächlich für ↗freiwillige Gerichtsbarkeit; Strafgerichtsbarkeit besaßen sie nicht; außerdem wurden die Belehnungen (i. allg. bis etwa 1700) der sogen. Mannkammerlehen, d. h. der Sattellehen (s. Freigut [1]) u. der ↗Klüppellehen, vor ihnen erteilt, u. einige M. gaben auch als ↗Hauptgerichte u. Appellationsinstanzen für die ↗Niedergerichte des betr. Gebietes Mannurteile ab. Bis 1555 fanden am Sitz der M. zu bestimmten Zeiten Manngedinge (Manntage) aller Lehensgenossen statt, die den alten Lehenshöfen entsprachen. **2.** = Hofgericht (f).
Mannkammergericht s. Mannkammer (1).
Mannkammerlehen s. Mannkammer (1).
Mannlehen **a)** (Manneslehen, Manngut, rechtes Mannlehen) in früherer Zeit das ↗echte Lehen, später insbes. nur in direkter männlicher Linie vererbliches Lehen (1) (Mannesstammlehen). In einigen Gegenden wurde seit dem späteren MA. mit M. jedes Lehen bezeichnet, auf dem die Verpflichtung zu irgendeiner Dienstleistung ruhte. **b)** = Bauernlehen (a).
Mannlehenskammer = Mannkammer (1).
Mannrecht **a)** (Manngericht, auch ↗Hofgericht [a], ↗Kreisgericht [d], Landgericht) in Schl. seit dem späteren MA. bis 1741 ständisches, periodisch zusammentretendes Gericht, ursprgl. ordentliches Gericht für den Adel, dann auch ↗Lehensgericht, später i. wesentl. für ↗freiwillige Gerichtsbarkeit in Bezug auf Landgüter; die Mannrichter setzten sich aus Amtsräten (s. Amtskammer) u. adligen Beisitzern (kgl. Männer) zusammen, unter Vorsitz des Landeshauptmanns (s. Regierung [1]); vielfach waren die M. gleichzeitig ↗Landrechte (1b); meist bestand in jedem Fürstentum eines. **b)** = Lehensgericht.
Mannrichter s. Mannrecht (a).
Mannschaft **1.** s. Hulde u. Huldigung (a). **2.** † Haushaltung.
Mannschreiber = Lehenssekretär.
Mannsrecht s. Mannheilig.

Mannsteuer = Abzugsgeld (2).
Manntag s. Mannkammer (1).
Mannurteil s. Mannkammer (1).
Manoperae s. Fronden (a).
Manoperarius s. Fronden (a).
Manoperationes s. Fronden (a).
Manor (manerium, ags. cotlîf, hām) in Engl. die der kontinentalen entspr. ↗Grundherrschaft, die sich um einen ↗Fronhof gruppierte, aber schon früh zu einer Art ↗Rittergut wurde, dessen wesentlichstes Recht der ↗Manorial Court war; die Grenzen der M. wurden zu Beginn des 14. Jh. unveränderlich festgelegt; der Besitzer wurde Lord of the M. genannt. Die Rechte des M. hingen an der Hall (s. Fronhof) u. blieben auch dann für den ursprgl. Umfang erhalten, wenn die Ländereien veräußert waren; diese Rechte wurden in der Zeit von 1853–1925 abgelöst. Mehrere M. konnten zu größeren Herrschaften (honours) zusammengefaßt werden, ohne daß dadurch ↗Lehensfürstentümer (1), ↗Territorien (2) u. ä. entstanden.
Manorial Court (Lord's Court, curia domini) im ma. Engl. das ↗gutsherrliche ↗Patrimonialgericht (mit dem ↗Court leet faktisch zusammenfallend), als Gericht der ↗villains Customary C. genannt, als Gericht der freien ↗Hintersassen (1) C. baron; in letzterer Eigenschaft verschwand der M. C. unter Edward I. Der Customary C. (nunmehr C. baron genannt) erhielt sich bis ins 15. Jh., wurde dann aber i. wesentl. auf ↗freiwillige Gerichtsbarkeit beschränkt; nur in Ir. blieb er in alter Gestalt bis ins 19. Jh. bestehen. Im 16. u. 17. Jh. wurde er vielfach von Gemeinden erworben, mit Steuer- u. Polizeigewalt ausgestattet (wie der C. leet), u. so bis ins 19. Jh. Grundlage einer Stadt im Rechtssinne.
Manouvrier = Journalier.
Mansa = Hufe.
Manse s. Hufe.
– **acensé** s. Hufe.
– **domanial** s. Fronhof.
– **dominant** s. Fronhof.
– **seigneurial** s. Fronhof.
Manser = Mansionarius (1).
Mansio a) = Hofstelle (1). **b**) s. Herbergsrecht (1)
Mansionale s. Fronhof.
Mansionalis dominica = Vorwerk.
Mansionarium jus = Hofrecht (1).
Mansionarius 1. (hobarius, hubarius, mansionilis, mansuarius, Hofer, Hubbauer, Huber, Hübner, Hüfner, Hufenbauer, Hufner, Manser) jeder Inhaber einer ↗Hufe, ohne Rücksicht darauf, ob er ↗Freier o. ↗Unfreier war; in frk. Zeit bes. auch der ↗servus casatus, später der Hofgenosse (s. Genoßsame [1]). **2.** (comes mansionariorum) am frk. Hofe eine Art ↗Quartiermeister. **3.** s. Vikar (1 a).
Mansionaticum **1.** = Herbergsrecht (1). **2.** = Procuratio canonica.
Mansionilis 1. = Vorwerk. **2.** = Mansionarius (1).
Manso vaccarezo = Schwaighof.
Mansuarius = Mansionarius (1).
Mansum = Hufe.
Mansus = Hufe u. Hofstelle (1).
– **absens** s. Hufe.
– **absolutus** s. Hufe.
– **absus** s. Hufe.
– **carroperarius** s. Diensthufe.
– **censilis** s. Hufe.
– **censualis** s. Hufe.
– **cippalis** s. Diensthufe.
– **compositus** s. Hufe.
– **coopertus** s. Hufe.
– **cultus** s. Hufe.
– **desertus** s. Hufe.
– **dimidius** s. Hufe.
– **dominicalis** = Fronhof.
– **flamingicus** s. Hufe.
– **forestarii (juris)** s. Förster (1).
– **forestensis** s. Förster (1).
– **franconicus** s. Hufe.
– **hereditarius** s. Stammgut (b).
– **hereditatis** s. Fronhof.
– **incultus** s. Hufe.
– **indominicatus** = Fronhof.
– **ingenualis** s. Hufe.
– **ingenuilis** s. Hufe.
– **ingenuus** s. Hufe.
– **institutus** s. Hufe.
– **integer** s. Hufe.
– **laboratus** s. Hufe.
– **liber** s. Hufe.
– **litilis** s. Hufe u. Lite.
– **litonicus** s. Hufe.
– **manoperarius** s. Diensthufe.
– **medius** s. Hufe.
– **ministerialis** = Diensthufe.
– **molendini** s. Diensthufe.
– **non possessus** s. Hufe.
– **nudus** s. Hufe.
– **paraveredi** s. Diensthufe.
– **plenus** s. Hufe.
– **possessus** s. Hufe.
– **principalis** = Fronhof.
– **proprius** s. Fronhof.
– **regalis** s. Fiscus (1) u. Hufe.
– **servilis a**) = Diensthufe. **b**) s. Hufe.
– **tributalis** s. Hufe.
– **vacuus** s. Hufe.
– **vestitus** s. Hufe u. Hofwehr.
Mantal = Attunger.
Mantelkind (Gürtelkind, filius mantellatus, en-

fant mis sous le drap) durch spätere Eheschließung legitimiertes Kind.
Mantelnote s. Note.
Mantelrecht = Schlüsselrecht (a).
Manualbenefizium s. Beneficium ecclesiasticum.
Manuale = Tabula judiciaria.
– notarum = Imbreviatur.
Manualia s. Domkapitel.
Manuburnia = Mainbournie.
Manuel = Imbreviatur.
Manufacturer s. Verlag.
Manufidelis = Salmann.
Manum retrahere s. Sale (1).
Manumissio = Freilassung.
Manumissionsgebühr die Gebühr, gegen deren Erlegung in neuerer Zeit dem ↗Leibeigenen die Freizügigkeit gestattet war.
Manumortuum = Sterbfall.
Manunge s. Gerēfa.
Manuoperae s. Fronden (a).
Manuoperationes s. Fronden (a).
Manus = Urkunde.
– mortua = Mainmorte u. Sterbfall.
Marc d'argent, droit de im alten Fr. Abgabe, die in den ↗Provinzen mit röm. Recht von den ↗Notaren beim Thronwechsel an den Kg. gezahlt wurde.
– d'or im alten Fr. Bezeichnung einiger Gebühren u. Abgaben, z. B. des Geschenkes der neuernannten ↗Ritter an den ↗Herold; später hieß so die Gebühr, die ein in einen höheren Rang versetzter Beamter zu zahlen hatte.
Marca = Mark.
– communis = Allmende.
– silvae s. Allmende.
– silvatica s. Allmende.
Marcalsachen s. Markgenossenschaft.
Marcarius s. Markgenossenschaft.
Marchage, droit de s. Weidegerechtigkeit.
Marche germanique = Allmende.
Marchensis = Markgraf (1).
Marcher = Lord Earl Marcher.
– Earldom s. Lord Earl Marcher.
Marches d'estaux Schiedsgerichte für Grenzstreitigkeiten im ma. Fr.
Marchese s. Marquis.
Marcheta = Beddemund.
Marchfutter = Herzogskorn.
Marchia = Mark.
– communis s. Allmende.
– provincialium = Allmende.
Marchio 1. = Markgraf (1). **2.** s. Markgenossenschaft.
– comes = Markgraf (1).
Marchionit s. Markgenossenschaft.
Marchisus = Markgraf (1).
Marchmutte = Herzogskorn.
Marchrecht = Herzogskorn.
Marciage s. Censive.
Marea Adunare Nationalu (Große Nationalversammlung) in Rum. seit 1952 die Volksvertretung.
Maréchal d'armes s. Heroldsamt.
– de bataille s. Sargento mayor.
– de camp in Fr. seit dem 16. Jh. Bezeichnung der ↗Offiziere, die ↗Quartiermeisterdienste verrichteten, zunächst ohne Rücksicht auf die Charge des Betreffenden; der oberste M. de c. einer Armee wurde M. général de c. genannt. Seit Mitte des 17. Jh. wurde M. de c. allm. eine bestimmte Charge unterhalb des ↗Generalleutnants, also dem Generalleutnant vor 1945 entspr.; gleichzeitig verlor sich die ursprgl. Funktion. Nach 1789 wurde der Ausdruck M. de c. durch général de division ersetzt. – In Sp. u. Port. u. in einigen südam. Staaten bezeichnet mariscal de campo bis in die neueste Zeit eine dem früheren dt. Generalleutnant entspr. Charge.
– de France (marescallus Franciae) im MA. Unterbeamter des fr. ↗connétable. Entstanden aus dem alten ↗Hofamt des ↗Marschalls (1), waren die (meist zwei) M. du roi (M. d'ost, marescalli regis), von denen einer den Titel M. de F. führte, den später alle annahmen, zunächst Gehilfen des connétable im Hof- u. Staatsdienst, dann, als dieser im 14. Jh. ausschließlich oberster Heerführer wurde, seine Unterführer. Sie bildeten mit ihm ein Kollegium mit eigener Gerichtsbarkeit (vgl. Connétablie et maréchausée u. Prévôt du maréchal) u. im Kriege eine Art ↗Generalstab. Obwohl nicht unmittelbar unter dem Kg., galten die M. (deren Zahl nicht fest bestimmt war) doch schon im 16. Jh. als ↗grands officiers, was sie 1627 auch tatsächlich wurden. 1792 wurde der Titel abgeschafft, aber 1804 als M. d'empire (Reichsmarschall) erneuert, wieder als grand officier. Seitdem blieb die Würde (seit 1814 wieder M. de F.) bestehen, ruhte aber tatsächlich 1871 bis 1916. Dem Range nach entspricht der M. de F. einem dt. ↗Feldmarschall, da aber in Fr. seit der Revolution eine dem dt. ↗General entspr. Charge bis in die neueste Zeit fehlte, entsprach er der Sache nach zeitweise (bes. unter Napoleon I.) einem General.
– d'empire s. Maréchal de France.
– d'ost s. Maréchal de France.
– du roi s. Maréchal de France.
– général de camp s. Maréchal de camp.
– général (des armées) in Fr. zuerst 1621 an einen der ↗maréchaux de France verliehener Titel, um ihn den anderen überzuordnen. Der Titel wurde später noch einigemale verliehen, zuletzt von Louis Philippe an Soult.
Maréchaussée 1. s. Prévôt du maréchal. **2.** Recht

des ↗seigneur, auf den Wiesen seiner ↗Vasallen Gras für seine Pferde mähen zu lassen; ebenso die Pflicht des Vasallen, dem seigneur Futter zu liefern.

Marescalcus = Marschall (1).

– curiae = Hofmarschall.

– imperii s. Reichserbämter.

Marescallus = Marschall (1).

– Franciae = Maréchal de France.

– regis s. Maréchal de France.

Marguillier = Matricularius.

Mariage à mort gage ↗Aussteuer in Form der Nutznießung der Erträgnisse eines Grundstücks.

– avenant nach dem Recht der Norm. im MA. **a)** die standesgemäße Heirat (matrimonium competens), für welche die Brüder einer heiratsfähigen Schwester nach dem Tode der Eltern zu sorgen hatten; **b)** falls die Heirat binnen ↗Jahr und Tag nicht zustande kam, die der Schwester zustehende ↗Aussteuer (maritagium competens), deren Höhe gesetzlich festgelegt war u. zwar auf ein Drittel der Erbschaft bei einer, auf höchstens die Hälfte bei mehreren Schwestern.

– féodal, droit de Recht des Lehensherrn, die unverheiratete Besitzerin eines ↗Lehens (1) (bis zu ihren 60. Jahr) zu verheiraten, um nicht der Kriegsdienste verlustig zu gehen. Im 13. Jh. bestand das Recht nur noch in der Norm. u. im Königreich Jerusalem.

Mariaschen in der Bukowina jährl. feste Abgaben an die gr.-kath. Geistlichen.

Marichal geral s. Marschall (1).

Mariegola s. Zunft (1).

Marineanwalt s. Heeresanwalt.

Marineartillerie s. Marineinfanterie.

Marinegeld s. Chargengebühr.

Marinegeneraloberarzt s. Sanitätsoffizier.

Marinegeneraloberstabsarzt s. Sanitätsoffizier.

Marinegeneralstabsarzt s. Sanitätsoffizier.

Marinegeneralarzt s. Sanitätsoffizier.

Marinegericht in der öst.-ung. Marine Gericht erster Instanz, mit dem Sitz in Pola; auf der Flotte hießen die entspr. Gerichte Flaggengerichte (Schiffsgerichte). Zweite bzw. dritte Instanz war das ↗Militärobergericht bzw. der oberste Militärgerichtshof.

Marineinfanterie in Pr. bzw. im Dt. R. früher den Marinebehörden unterstehende Truppe, die vor allem zur Besatzung der Küstenforts bestimmt war; in den ersten Jahrzehnten der dt. Flotte tat die M. aushilfsweise auch Schiffsdienst. Eingeteilt war sie in zwei Seebataillone. Der entspricht die Marineartillerie, in Abteilungen gegliedert. Vgl. Seesoldaten.

Marineinspektion s. Marinestation.

Marine-Jura s. Chargengebühr.

Marinekabinett in einigen Ländern (z. B. im Dt. R. u. Dän.) dem ↗Militärkabinett entspr. Behörde für Marinegelegenheiten.

Marinekaplan s. Feldpropst.

Marinekasse s. Chargengebühr.

Marinekurat s. Feldpropst.

Marineleitung s. Admiralität (2).

Marineober(assistenz)arzt s. Sanitätsoffizier.

Marineoberkommando s. Admiralität (2).

Marineoberpfarrer s. Feldpropst.

Marineoberstabsarzt s. Sanitätsoffizier.

Marinepfarrer s. Feldpropst.

Marinepropst s. Feldpropst.

Marinestabsarzt s. Sanitätsoffizier.

Marinestation Kommandobehörde einer Kriegsmarine an Land, der die sämtlichen Behörden u. Truppenteile an Land unterstehen. In der dt. Reichsmarine stand an der Spitze jeder der beiden M. ein ↗Flaggoffizier, seit 1936 ein kommandierender ↗Admiral als Stationschef. Den M. unterstellt waren Marineinspektionen für die verschiedenen Zweige der Verwaltung.

Marinetestament s. Nottestament.

Marineunterarzt s. Unterarzt.

Mariscal de campo s. Maréchal de camp.

Mariscalcus = Marschall (1).

Maritagium a) Teil der ↗feudal incidents, Abgabe des vom Lehensherrn (s. Lehen [1]) für die Tochter eines ↗Vasallen gewählten Ehemanns. **b)** = Aussteuer u. Beddemund.

– competens s. Mariage avenant (b).

Mark (finis, marca, marchia, terminus) eigentlich die Grenze bzw. in alter Zeit der Grenzsaum, u. da dieser Niemandem gehörte, überhaupt jedes derartige Land, dann auch solches, das sich in Gemeinbesitz befand, die gemeine M. (s. Allmende), dann das Nutzungsrecht an derselben (vgl. Echtwort) u. die Gesamtheit der Nutzungsberechtigten, die ↗Markgenossenschaft. M. hieß fernerhin ein umgrenztes Gebiet, z.B. eine ↗Grundherrschaft, ein ↗Gau (1); endlich ein Gebiet an der Grenze, vor allem die M. des ↗Markgrafen (1).

– freie s. Markgenossenschaft.

– geforstete s. Allmende.

– gemeine s. Allmende u. Echtwort.

– grundherrliche s. Allmende.

– offene = Allmende.

– wilde = Eremus.

– wüste = Wüstung.

Markaz in Äg. Unterabteilung einer ↗Mudîrîje, unter einer Ma'mûr.

Markberechtigter s. Markgenossenschaft.

Markbrief = Kaperbrief.

Markbuch s. Markgenossenschaft.

Markbuße s. Markgenossenschaft.

Markdienste s. Markgenossenschaft.

Markeding s. Markgenossenschaft.

Markeinung s. Markgenossenschaft.
Markengang Grenzbegehung.
Markengemeinde = Markgenossenschaft.
Markengemeinschaft = Markgenossenschaft.
Markengerechtigkeit s. Echtwort.
Markengericht s. Markgenossenschaft.
Markengrund s. Markgenossenschaft.
Markenherr s. Markgenossenschaft.
Markeninteressentenschaften s. Markgenossenschaft.
Markenland s. Markgenossenschaft.
Markenrecht s. Echtwort.
Markenrichter (oberster) s. Markgenossenschaft.
Markensetzung i. d. Lit. gebraucht für in karol. Zeit vorkommende genaue Grenzziehung u. Gebietsregulierung.
Markensprache s. Markgenossenschaft.
Markenteilhaberschaft s. Markgenossenschaft.
Markenteilung = Gemeinheitsteilung.
Markenverband = Markgenossenschaft.
Markenverfassung s. Markgenossenschaft.
Markenvogt s. Markgenossenschaft.
Markenvorsteher s. Markgenossenschaft.
Markenware s. Echtwort.
Markfeld s. Allmende.
Markförster s. Markgenossenschaft.
Markfronden s. Markgenossenschaft.
Markgemeinde s. Markhörigkeit.
Markgenosse s. Markgenossenschaft.
Markgenossenschaft (Forstkommunion, Ganerbe, Ganerbschaft, Gebursami, Gewerschaft, [Hain]gereide, Heimgerade, Holzungsgemeinschaft, Märkerschaft, ↗Mark, [Marken]gemeinde, Markengemeinschaft, Markenverband, Markverein, Waldgenossenschaft, communia, communio, communitas, genealogia, universitas) wirtschaftlicher Verband, der auf der gemeinen Mark bezw. ↗Allmende (daher die M. auch Allmende) beruht u., ohne an sich politischer Verband zu sein, mit einem solchen zusammenfallen kann. Auch ein einzelnes Dorf konnte eine M. (Dorfallmende, Dorfmarkgenossenschaft) bilden, doch umfaßte sie sehr häufig mehrere Dörfer, o. konnte aus ↗Einzelhöfen (vgl. Bauerschaft [a]) bestehen; auch ein Tal konnte M. sein (Talgemeinde). In diesen Fällen entstanden Gesamtmarken, die jedoch auch von vornherein dadurch entstehen konnten, daß nicht das ganze Land an die einzelnen Dörfer usw. verteilt wurde (Gaumark, Hundertschaftsmark). Wegen des üblichen Zusammenfallens von ↗Dorfschaft u. M. wird vielfach mit letzterem Wort auch die erstere bezeichnet, bes. wenn es sich um Nutzungen der Allmende handelt. Markgenossen (Anerben, ↗Eingeforstete, Einigsmannen, Einungsleute, ↗Erben [1b], Erbgenossen, Fuhrgenossen, Ganerben, gemeine Männer, Gemeiner, Gereidegenossen, gewerte Männer, Haggenossen, Haingeraiden, Holten, Holtingsleute, Holzgenossen, Holzungserbexen, Inleute, Inmärker, Landleute, Märker, Marchioniten, Miterben, Mitherren, Mitmärker, Untermärker, Waldgenossen, Weren, Werer, Wermänner, calasneon, [co]heredes, cohereditarii, commarcani, commarchiones, complices, condomini, confines, consanguinei, consortes, contribales, marcarii, marchiones, pagenses, vicini, villani) waren ursprgl. alle, die sich gleichzeitig angesiedelt hatten bzw. deren Erben; ein Neuzuziehender konnte nur mit Zustimmung aller Berechtigten Markgenosse werden (vgl. Ausmärker u. Kötter). Die Rechte der M. standen nur dieser zu gesamter Hand zu, der Einzelne hatte nur Nutzungsrecht. Ursprgl. persönlich, wurde dieses ↗Echtwort später dinglich, an bestimmten ↗Hufen haftend, mit diesen geteilt, so daß nicht mehr alle Markgenossen gleiches Recht hatten; andrerseits entstand auch ein für sich bestehendes Nutzungsrecht, so daß endlich die M. nicht mehr eine Siedlungsgenossenschaft war, sondern ein Verband von Nutzungsberechtigten (Markberechtigte), die gleichzeitig mehreren M. angehören konnten. Auch ganze Gemeinden (Mitmarkungsdorfschaften) u. andere juristische Personen konnten Markgenossen sein. – Für die Angelegenheiten der M. (Marcalsachen) bestand ein bes. Mark[en]gericht (Erfholting, Feldtag, Försterding, Forstgeding, gemeine Wroge, Gereidestuhl, Gereidetag, Hainding, Haingereide, Haingericht, Heimding, Hölting, Höltzung, Holt[d]ing, Holzgericht, Holz[ungs]bank, Holzung[sgericht], Holzungstag, Hubgericht, Märkerding, Märkergericht, Märkersprache, Märkerstuhl, Märkertag, Maigericht, Markeding, Markensprache, Markrecht, Wald- und Frevelgericht, coheredum commune colloquium, judicium marcale et rurale), das auch Verwaltungsorgan war, Strafen (Einungen, Markbußen, Markeinungen, Rügen, Waldbußen, Waldeinungen) festsetzte u. ↗Weistümer (Forstdinge, Holzordnungen, Holtinge, Märkerdinge, Märkerordnungen, auch [sehr selten] Forstordnungen, Waldordnungen) erließ, die in Markbücher (Haingerichtsbücher, Höltingsbücher, Holtingsregister, Märkerbücher, Märkerinstrumente, Markprotokolle, Markrollen, Weisungsbriefe) eingetragen wurden u. das Waldrecht bildeten; die Markbücher waren gleichzeitig Grundbücher; das Markgericht, das manchmal mit einem ↗Zentgericht zusammenfiel, besaß in späterer Zeit meist einen eigenen ↗Gerichtsschreiber (Achterschreiber, Gereideschreiber, Holzgerichtsschreiber, Markschreiber). Vgl. Forstgericht. Im Laufe der Zeit traten an Stelle der allg. Versammlungen, die entw. nur noch in dringen-

den Fällen außerordentlich zusammentraten (Schlichthölting) o. periodisch nach längeren Zeiträumen, meist Ausschüsse von bes. Markgeschworenen (Dorfgeschworene, Förster, Hochschöffen, Holzgeschworene, ↗Kurgenossen, Märkerschöffen, Markschöffen, Mitgesellen, Ratmannen, Vögte, Zugegebene, Zwölfer, consules, beim obersten Holzgericht in Münster Oberkornoten), die außer ihrer gerichtlichen Tätigkeit auch die Funktion eines Beirats des Obermärkers ausübten. In M., die aus einer größeren entstanden waren, blieb manchmal ein ↗Rechtszug von dem Markgericht der jüngeren an das der älteren erhalten. Vgl. Generalhaingericht. I. allg. gerieten die Markgerichte seit dem 16. Jh. mehr u. mehr in Abhängigkeit von landesherrlichen Beamten, o. wurden auch durch Forstgerichte ersetzt. Den Vorsitz im Markgericht u. in den Ausschüssen führte der Obermärker (Bauermeister, Dorfmeister, erster Märker, Gaugraf, Gereideschultheiß, Greve, großer Holzgraf, Heimburger, höchster Erbe, Holzgrefe, Holzherr, Holzmeister, Holzrichter, Märkerschultheiß, Mark[en]herr, Markenvogt, Markenvorsteher, Markgerichtsherr, Markgraf, Markmeister, Oberherr, Oberholzgraf, Obermärkermeister, oberster [An]erbe, o. Einfahrtsmann, o. Erbexe, o. Erbgename, o. Erbherr, o. Graf, o. Herr, [o.] Holzgraf, o. Lehensherr, o. Märker, [o.] Märkermeister, [o.] Markenrichter, o. Markstuhlherr, [o.] Schirmer, [o.] Vogt, Oberwaldbote, Oberwaldschultheiß, Schlüsselherr, Schutzherr, ↗Stabhalter, ↗Stabschultheiß, Vogtherr, ↗Waldbote, Waldgraf, Waldmeister, Zentenberger, Zentgraf, comes nemoris, c. silvae, holtgravius, magister [marchiae], m. silvae, wenn erblich Erbholzgraf, Erbholzrichter, Erbmärkermeister), der meist ↗Ritter war u. gewählt wurde; seit dem 14. Jh. gelang es vielfach dem Landesherrn (s. Landeshoheit) als Territorial-, Obermark- und Grundherr (Oberherr, Obermarkenherr, Obermarkenrichter) die Obermärkerschaft (Markherrlichkeit, Markrichteramt) in allen M. in seinem ↗Territorium (2) zu erlangen (Allmendeobereigentum, Allmendehoheit); die ↗Grundherrn blieben dabei i. d. R. Obermärker der einzelnen M. Stellvertreter des Obermärkers war zuerst meist ein von Fall zu Fall o. ständig damit betrauter Beamter, z. B. ein ↗Amtmann (1) o. ↗Meier (1), später i. d. R. ein gewählter o. ernannter bes. Markbeamter (↗Hausvogt, Holzmeister, Holzvogt, kleiner Holzgraf, ↗Schultheiß, Stabhalter, Unterholzgraf, Untermärkermeister, Untermarkmeister, Untervogt, grevio forestalis inferior, praetor), der, weil er tatsächlich alle Rechte des regelmäßig abwesenden Obermärkers ausübte, auch die meisten für diesen üblichen Bezeichnungen führte. Ebenso konnten, wenn mehrere Obermärker vorhanden waren, die einzelnen verschiedene Bezeichnungen tragen, z. B. gab es einen obersten Holzgrafen neben einem Erbholzrichter. Im übrigen war die Obermärkerschaft dingliches u. vererbliches Recht, nur in wenigen M. (Wahlmarken) erhielt sich die Wahl; M. ohne Obermärker waren sehr selten; die sogen. freien Marken (Freimarken) besaßen i. d. R. einen solchen. Ihm standen Naturalleistungen u. ↗Fronden (a) (Markdienste, Markfronden), Strafgelder (Holtingsbröken, Holzbrüchen, Keuren, Markbußen) u. dgl. zu; auch hatte er höhere Nutzungsrechte. Als Exekutivorgane dienten ihm ein von den Markgenossen gewählter, später meist von ihm ernannter, Malmann (Allmendsvogt, Förster, Forstmeister, Geif[f]e, Heimburge, Holtvester, Holzförster, Holzfürsteher, Holzgraf, Holzmeier, Holzvogt, Holzwärter, Holzwahrer, Holzweiser, Homeister, Laubförster, Malgenosse, Malnote, Markförster, Scharherr, Scharmann, Scharmeister, Schern, Scherre, Sunner, Waldbote, Waldförster, Waldgraf, Waldmeister, Waldweiser, War[t]meister, Weiser, Wermeister, Wildförster, Zentmeister, Zentenberger, magister foresti), dessen Amt auch erblich sein konnte (↗Erbförster, Erbschern), u. einige Forstknechte (Bauernknechte, Geber, Holzknechte, Kumpane, Markknechte, Vögte, Wächter, custodes nemorum, c. silvae); häufig waren mehrere Malmänner nebeneinander vorhanden, dann meist für je einen Teil (im Vorholz bei Hildesheim als Wartschaft bezeichnet) der Allmende. Die Ämter u. Befugnisse der Unterholzgrafen u. Malmänner einerseits, die der Malmänner u. Forstknechte andrerseits gingen vielfach ineinander über, weshalb auch ihre Bezeichnungen häufig vertauscht wurden. Sogar für die Obermärker u. die Malmänner wurden z. T. dieselben Ausdrücke verwendet. – Häufig schieden sich die Markgenossen in Mehr- u. Minderberechtigte, wobei die ersteren meist, in Nordwestdt. fast regelmäßig, Grundherren waren; in diesem Fall hießen i. d. R. nur die Minderberechtigten Markgenossen (Anerben, [gemeine] Erben, gemeine Männer, g. Märker, gewerte Männer, Holzgenossen, Interessenten, Landleute, Miterben, Waldsassen, wobei in einigen M. noch Abstufungen unterschieden wurden), die Mehrberechtigten: Erben (Beerbte, Burgmannen, Erbexen, Erbgenamen, Erbherren, Erflinge, [Holzungs]erbexen, Lehensherren, Markherren, Oberherren, rechte Erben, Salerben, ↗Vollgenossen, aber auch Märker). Während in diesen M. ursprgl. die Erben den gemeinen Markgenossen die eigentliche Verwaltung überlassen hatten, so daß diese sich z. B. ohne die Erben zum Gericht (Bauermal) versammeln konnten, kam es seit dem 16. Jh. mehr u. mehr dazu, daß die Erben die gesamte Verwaltung übernahmen u. die andern überhaupt nicht mehr gefragt wurden. – Ob die M. bzw. ihre Organisation (Mark[en]verfassung) auf urgerm. Zeit (Urmarkgenossenschaft) zurückgehen, o. erst im Laufe des frühen MA. entstanden, u. auf welche Weise, ist strittig, ebenso, wann u. wie die ursprgl. freien (altfreien, vollfreien) M. in die Abhängigkeit von den Obermärkern, d. h. den Grundherrn, gerieten (gemischte M.); tatsächlich waren die meisten M. schon im späteren MA. nur noch Genossenschaften von Nutzungsberechtigten (grundherrschaftl. M., hofrechtliche M., unfreie M.), u. die Grundherrn geborene Obermärker, i. d. R. auch dann, wenn sie nur Markgenossen waren. Es konnten auch mehrere gleichberechtigte Obermärker vorhanden sein, auch konnte die Obermärkerschaft dann die Form einer ↗Ganerbschaft annehmen (Edelmärkerschaft, Markkondominat). Vgl. Markhörigkeit. Die M. nahmen schon im MA. an Zahl ab, indem große Teile von ihnen zu Sondereigen wurden o. auch zu Allmenden neuer Dörfer; der Rest der Mark[en]gründe (Mark[en]länder), i. wesentl. Wald, wurde anläßlich der ↗Gemeinheitsteilungen mit verteilt; die Teile hießen Sondermarken (Meierteile). Soweit auch dann noch unverteiltes Land übrig blieb, wurde es Eigentum von Markenteilhaberschaften ([Marken]interessentenschaften), deren Angelegenheiten der Gemeindevorsteher verwaltete. – In Kurhe. gab es Interessentenwaldungen, an denen der Staat einen Anteil hatte u. die er daher verwaltete (Halbgebrauchsforsten, Waldungen zum halben Gebrauch). – Nur die ↗reichsunmittelbaren M. erhielten sich in wesentlich alter Form bis zu Beginn des 19. Jh. In der Gestalt von ↗Realgemeinden o. ↗Alpgenossenschaften gibt es M. noch heute in der Schw. – Da aber die Gemeinheitsteilungen in vielen Gegenden erst im 20. Jh. vorgenommen wurden, fanden sich auch sonst da u. dort, z. B. in Westf., M. bis in die neueste Zeit. In Schwd. u. Dän. entsprach die M. (graend) der dt., hielt sich aber länger u. in der ursprgl. Form; Markbeamte gab es i. d. R. nicht, nur in Westgötaland einen dem dt. Obermärker entsprechenden naemdarmaþer.

Markgericht s. Markgenossenschaft.

Markgerichtsherr s. Markgenossenschaft.

Markgeschworener s. Markgenossenschaft.

Markgraf 1. (Grenzgraf, Grenzherzog, Markherzog, comes confinii, comes marchae, dux limitis, marchensis, marchio [comes], marchius, praefectus limitis) von Karl d. Gr. geschaffenes Amt, das entw. mehrere Grafschaften an der Grenze vereinigte, o. außerhalb des eigentlichen Reiches auf erobertem Land ein größeres, ungeteiltes Gebiet, eine ↗Mark (limes, provincia), umfaßte. Der M. hatte die Stellung eines ↗Herzogs u. unterschied sich in späterer Zeit vom ↗Grafen vor allem dadurch, daß die von ihm bestellten Richter nicht der kgl. ↗Bannleihe bedurften, also nur Vertreter des M. waren: er besaß einen bes. Markgrafenbann. In den Grafschaften, die der Markgrafschaft außer der Mark angehörten, war der M. nur Graf. Als die M. höhere Titel (↗Kurfürst, später ↗Großherzog) annahmen, ging der bisherige häufig auf Brüder o. jüngere Söhne des regierenden Fürsten über u. wurde weiterhin von Nebenlinien geführt. Vgl. County Palatine, Lord Earl Marcher u. Marquis. 2. s. Markgenossenschaft.

Markgroschen = Laudemium.

Markgrund s. Markgenossenschaft.

Markgrundherrschaft s. Zwing und Bann.

Markgut s. Allmende.

Markherr(lichkeit) s. Markgenossenschaft.

Markherzog = Markgraf (1).

Markhörigkeit vom ↗Grundherrn vermöge seines ↗Zwing und Bann erzwungene ↗Hörigkeit der Glieder einer ↗Markgenossenschaft, deren Obermärker er war; die Markgenossen wurden so zu einer von ihm abhängigen Markgemeinde.

Markholz s. Allmende.

Markknecht s. Markgenossenschaft.

Markkötter s. Kötter.

Markkondominat s. Markgenossenschaft.

Markkotte s. Kötter.

Markland a) s. Markgenossenschaft u. Allmende. b) in Schwd. seit dem 13. Jh. Steuereinheit, ein Stück Land, das eine Mark Pacht zahlte; eingeteilt war das M. in acht öresland (die dem ↗attunger entsprachen u. ihn in einigen Gegenden ersetzten), 24 örtoghaland u. 192 penningsland. – In Dän. gab es eine entspr. Einheit, die terra unius marcae in censu.

Marklosung (retractus ex jure incolonatus) ↗Retrakt der Genossen einer ↗Markgenossenschaft bei Veräußerung eines zur ↗Mark gehörigen Grundstücks an einen ↗Ausmärker. Vgl. Landlosung.

Markmann s. Untergang.

Markmeister 1. s. Markgenossenschaft. 2. Ratsherr (a), der die Schützen kommandierte u. für ihre Waffen zu sorgen hatte.

Markprotokoll s. Markgenossenschaft.

Markraite s. Stadtfriede (a).

Markrecht 1. = Herzogskorn. 2. s. Echtwort u. Markgenossenschaft. 3. a) = Stadtrecht. b) s. Stadtfriede (a) u. Marktrecht.

Markrente (Gutenmontagsgeld) in einigen ↗Markgenossenschaften Westf. Abgabe eines Teils der Markgenossen an den Obermärker o. auch an die Markgenossenschaft.

Markrichter(amt) s. Markgenossenschaft.

Markrolle s. Markgenossenschaft.

Markschöffe s. Markgenossenschaft.

Markschreiber s. Markgenossenschaft.

Markschreier s. Fronbote.

Markstuhlherr, oberster s. Markgenossenschaft.

Markt a) (Bannmarkt, Freiheit, gebannter M., gefreiter M., Tal) in einigen dt. ↗Territorien (2) Ortschaft, die nicht Stadt war, aber die ↗Landstandschaft besaß. **b)** in Altbay. ein ↗Flecken.

Marktbann s. Marktgericht.

Markteil s. Echtwort.

Marktflecken s. Flecken.

Marktfriede s. Friede (a) u. Stadtfriede (a).

– ewiger = Stadtfriede (a).

Marktgebot s. Friede (a).

Marktgeld a) s. Ungeld. **b)** = Torsteuer.

Marktgericht seit karol. Zeit bes. Gericht in Marktsachen, wo durch Marktrichter (judices forenses) bei Marktbann (vgl. Bann [1]) gerichtet wurde, bes. in Engl. u. Fr. verbreitet, in Dt. meist im ↗Stadtgericht aufgegangen.

Marktherr s. Marktrecht.

Marktrecht (Kaufrecht, forale jus, forense j., fori j., lex fori) Inbegriff der Freiheiten u. Rechte, die den Marktbesuchern eines Ortes u. diesem selbst als Markt vom Marktherrn, d. h. dem Kg. (bzw. ↗Stadtherrn) o. demjenigen, dem der Kg. das Recht, einen Markt zu errichten (ebenfalls M. genannt) verlieh, gewährt wurden, bes. der Marktfriede (s. Friede [a]), ein bes. ↗Marktgericht u. dgl.; mit dem M. war regelmäßig Zoll u. Münze verbunden. Es gilt vielfach als Vorläufer des ↗Stadtrechts, daher werden die beiden Ausdrücke u. ihre Synonyma häufig wechselseitig gebraucht. – M. bezeichnete ferner das Recht einer Stadt, die Landleute in bestimmtem Umkreis zu zwingen, ihre Erzeugnisse nur in der Stadt abzusetzen. – Auch die von den Bürgern zu leistenden Gemeindefronden (vgl. Fronden [a]), bes. das ↗Burgwerk, wurden M. (Burwachen, Burwerke, Markrechte, civilia jura, forensia j., municipalia j., onera m., opera civilia) genannt.

– ewiges = Stadtfriede (a).

– rechtes s. Erbleihe.

Marktrichter s. Marktgericht.

Marktschreiber = Stadtschreiber.

Marktstadt Stadt, die dadurch entstand, daß eine nichtstädt. Siedlung mit ↗Marktrecht, z. B. ein Marktflecken (s. Flecken), zur Stadt erhoben wurde.

Marktstättengeld = Stättegeld (2).

Marktzwang der Zwang, alle Waren nur auf dem Marktplatz, u. U. dem Spezialmarkt für die betr. Ware, feilzubieten.

Markverein = Markgenossenschaft.

Markverfassung s. Markgenossenschaft.

Markwald(ung) s. Allmende.

Markweizen = Schutzzins.

Marqués s. Marquis.

Marquette = Beddemund.

Marquis in Fr. im MA. Titel von ↗Lehensfürsten (1), nur selten unmittelbare Fortsetzung eines karol. ↗Markgrafen (1), meist von ↗Grafen angenommen, wenn sie eine entspr. Macht errungen hatten; irgendwelche Rechte gewährte der Titel an sich nicht; der ursprgl. Sinn wirkte darin nach, daß i. d. R. nur Grenzgrafen sich M. nannten. Später stand der M. im Range zwischen ↗Herzog u. Graf. – In Engl. u. Sp. (marqués) erscheint M. als bloßer Titel erst in der zweiten Hälfte des 14. Jh. u. blieb in Engl. selten, während er in Sp. (ebenso in Port., wo er zuerst in der zweiten Hälfte des 15. Jh. auftritt) in neuerer Zeit sehr häufig verliehen wurde; in Engl., Sp. u. Port. steht der M. im Range zwischen Herzog u. Graf. – Wie der fr. M. geht der it. marchese nur selten auf einen wirklichen Markgrafen zurück; i. d. R. wurde der Titel in der ersten Hälfte des 10. Jh. von mächtig gewordenen Grafen angenommen, die meist mehrere Grafschaften inne hatten u. im 11. Jh. insofern eine Sonderstellung einnahmen, als ihr Gericht Berufungsinstanz für das des Grafen war. Später wurde marchese bloßer Titel, sein Rang entspricht dem des M.

Marquisat Gebiet eines ↗Marquis u. die Würde desselben.

Marréage = Pacotille.

Marsch- und Molestienkasse (Molestienkasse) in einigen pr. ↗Provinzen 1721 errichtete Kasse, aus der ein Teil der Naturalleistungen für die Armee nach festem Satz vergütet wurde.

Marschall 1. (marescalcus, marescallus, mariscalcus, im MA. auch agaso) eines der vier alten ↗Hofämter, zunächst i. wesentl. Stallmeister, daher ↗comes stabuli (praepositus equorum regalium, p. stabulariorum, stabularius), in Engl. horsþegn (strator regis) genannt. Die Unterbeamten des M. hießen ebenfalls M. (Marstaller, Untermarsschall), der oberste M. auch Obermarschall (Marstallermeister). Aus der Oberaufsicht über die Pferde u. damit über das berittene Gefoge entstand einerseits mit dem Aufkommen der Ritterheere der Oberbefehl des M. im Kriege u. die Führung der ↗Ritterschaft bzw. der ↗Landstände, andererseits eine Oberaufsicht über das gesamte Hofwesen, was endlich dazu führte, daß der M.

die Obliegenheiten des ↗Truchsessen, ↗Mundschenken u. ↗Küchenmeisters übernahm. Vor allem war er auch Reisemarschall u. hatte für die Gäste zu sorgen. In den meisten dt. ↗Territorien (2) wurden im späteren MA. diese Funktionen auf verschiedene Beamten verteilt: Oberbefehlshaber wurde der ↗Feldmarschall, die Leitung der Hofgeschäfte u. die Gerichtsbarkeit erhielt ein ↗Hofmarschall, die ursprgl. Funktion ein bes. Stallmeister (Oberststallmeister), dem vielfach auch die Pagen unterstellt waren. Der alte M., dessen Amt inzwischen meist erblich geworden war (Erb[land]marschall) behielt, außer daß er bei Krönungen usw. noch die alten Dienste tat, in einigen Territorien nur noch den Vorsitz der Landstände bzw. des ↗Landtags (1) (Land[erb]marschall, Landtagsmarschall). Vgl. Erzämter u. Reichserbämter. – In Fr. erhielten die Bezeichnung M. (↗maréchal de France) die Unterbeamten des ↗connétable, der hier die Stelle des M. einnahm. – In Engl. blieb der M. auch nach 1066 Stallmeister neben dem Constable (s. Lord High Constable), der das Heerwesen übernahm; vgl. Earl Marshal. – In Skand. verdrängte der erst im 12. u. 13. Jh. auftretende M. (marsk) den ↗Staller u. übernahm dessen Funktionen. – In Sp. waren, wie in Fr., die M. (mariscales) Unterführer des Condestable (s. Comes stabuli); sie verschwanden in der zweiten Hälfte des 15. Jh. – In Port. wurde Ende des 14. Jh. das Amt eines M. als Richter des Heeres (neben dem Condestavel) u. ↗Quartiermeister geschaffen. In neuerer Zeit entspricht im Heere der M. dem dt. ↗Feldmarschall (auch in Bras. bis 1889); zeitweise gab es als höchste Würde einen Marichal geral. – In Süd- u. Mittelam. entspricht der M. meist dem maréchal de France. – Bei den geistl. ↗Ritterorden war der M. (Ordensmarschall) im Kriege Oberbefehlshaber, im Frieden Verwalter von Waffen u. Pferden u. Stellvertreter des ↗Meisters (1), beim Dt. Orden (Oberstmarschall) einer der fünf ↗Gebietiger. Bei den Templern hatte er nach dem Tode des Meisters bis zur Wahl des ↗Großkomthurs die Leitung des Ordens; er führte hier im Gefecht das Ordensbanner u. hatte einen Untermarschall, einen ↗dienenden Bruder (b), der die kleineren Ausrüstungsstücke verwaltete. Vgl. Großmarschall. Die Würde eines Ordensmarschalls hat sich bei einigen weltl. Orden (als ↗Hofcharge ohne bes. Funktion) erhalten. **2.** im späteren MA. Beamter im Stift Utrecht, dem fr. ↗Prévôt bzw. dem dt. ↗Amtmann (1) entsprechend. **3.** im kurkölnischen Herzogtum Westf. der oberste Beamte, dem auch die Gerichtsbarkeit in allen Sachen den ↗Landfrieden (1) betr. u. die Aufsicht über die Freigerichte (s. Feme) zustand. **4.** in Weißenburg den ↗Zünften (1) angehöriger ↗Ratsherr (a) während des Jahres, in dem er im ↗Stadtrat (a) saß.

– der Römischen Kirche s. Konklave.

Marschallsdienst s. Lehensdienst.

Marschallsgericht s. Hofgericht (a).

Marschdorf = Marschhufendorf.

Marschhufe s. Hufe u. Marschhufendorf.

Marschhufendorf (Marschdorf, Marschhufenkolonie, Marschhufensiedlung) ein ↗Reihendorf in der Marsch o. im Moor (Moorhufendorf), bei dem sich die ↗Hufen (Marschhufen) von der Straße (vielfach dem Deich) nur in einer Richtung geradlinig, durch Gräben begrenzt, erstrecken.

Marschkommissar a) s. Kriegskommissar (1). **b)** aus dem ↗Kriegskommissar (1) nach 1660 entstandener pr. Beamter für das platte Land, dem Oberkriegskommissar bzw. der ↗Kriegskammer (2) zur Hilfe für Einquartierung u. Verpflegung untergeben, in einigen ↗Provinzen auch für Aufbringung der ↗Kontribution. Je nach der Provinz hieß der M. auch Distriktskommissar, Kreis(kriegs)kommissar, Land(kriegs)-kommissar, Quartierkommissar, deputatus; bes. M. gab es für Domänenkomplexe (Ämterkommissar, Amts[kriegs]kommissar). In Brand. war der ↗Kreisdirektor (2) gleichzeitig M.; hier zuerst erhielt er 1702 den Titel ↗Landrat (2).

Marschkommune = Deichverband.

Marschvogt(ei) s. Vogt (2).

Marshal in den USA gerichtlicher Vollstreckungsbeamter in einigen Städten; bei den ↗Bundesgerichten (2) heißt der dem ↗Sheriff in den Einzelstaaten entspr. Beamte United States Marshall (Vereinigte Staaten-Marschall).

Marsk s. Marschall (1).

Marstaller a) s. Marschall (1). **b)** = Stallmeister (b).

Marstallermeister s. Marschall (1).

Martinibede s. Bede (1).

Martinsgans s. Bodenzins.

Martinsgericht s. Hofgericht (f).

Martinspfennig s. Bodenzins.

Martinszins s. Bodenzins.

Mas = Hufe.

MAS s. Maschinen- und Traktoren-Station.

Masnada (mesnada, mesnie) im MA. in den roman. Mittelmeerländern die nähere Umgebung eines ↗Herrn, z. B. die Lehensleute (s. Lehen [1]), die sich stets auf der Burg des Lehensherrn aufhielten, o. auch die ↗Hörigen usw. eines Gutshofes. Im Krieg waren die masnadarii (masnati, mesnadiers) eine Art Leibwache. In Ar. bildeten die mesnaderos die oberste Klasse des Adels.

Masnatus s. Masnada.
Massa s. Hufe.
– **ferri** s. Bergzehnt.
– **fundorum** = Fronhof.
Massaricium = Terra beneficiata.
Massaritia s. Hufe.
Massarius 1. = Servus casatus. 2. s. Finderleihe. 3. Vermögensverwalter. 4. = Meier (1).
Maschinen- und Traktoren-Station (MTS) in Rußl. seit 1927 staatl. Betrieb, dem Landwirtschaftsministerium unmittelbar unterstellt, von einem Direktor geleitet. Die MTS besorgen mit den entspr. Maschinen das Pflügen, Abernten usw. der Felder der ↗Kollektiwnoje chosjaistwo gegen Bezahlung auf Grund eines Kontraktes. – Auch in der DDR gibt es den russ. entspr. MTS (zuerst MAS, Maschinen-Ausleih-Stationen).
– **Ausleih-Station** s. Maschinen- und Traktoren-Station.
Massaro = Gabellotto.
Massengedinge s. Gedinge.
Massenîe s. Ministeriale (2).
Masseria = Teilbau.
Master = Schiffer.
– **and Commander** in der engl. Flotte ursprgl. Kommandant kleinerer Schiffe (Korvetten, Brander u. dgl.), so genannt, weil er keinen bes. Master (s. Schiffer) neben sich hatte; heute nur Commander genannt (auch in den USA), dem dt. ↗Korvettenkapitän entspr.
– **clothier** s. Verlag.
– **General of the Ordnance Board** in Engl. 1683 bis 1855 der an der Spitze des ↗Zeugamtes stehende Verwaltungsbeamte, eine Zivilperson; vorher stand das 1544 errichtete Ordnance Board, eine selbständige Zentralbehörde, unter einem ↗Offizier, dem M. of Ordnance, der dem dt. ↗Feldzeugmeister entsprach. Seit 1855 führt der Leiter des nunmehr dem Kriegsamt unterstehenden Ordnance Department die Bezeichnung Director General u. ä.
– **in Chancery** = Master of the Chancery.
– **manufacturer** s. Verlag.
– **mate** s. Schiffer.
– **of Ordnance** s. Master General of the Ordnance Board.
– **of Requests** s. Court of Requests.
– **of the Chancery** (M. in C., magister cancellarius, mestre en chauncelrie) in Engl. früher Schreiber der Chancery (s. High Court of Justice), im 12. u. 13. Jh. auch Mitglied des ↗Privy Council; Vorstand der M. of the C. war der ↗Master of the Rolls.
– **of the Rolls** im 14. Jh. der erste Beamte der Chancery (s. High Court of Justice), seit dem 15. Jh. (auch Vice-Chancellor genannt) deren ordentlicher Vorsitzender, seit 1876 Vorsitzender des ↗ Court of Appeal; gleichzeitig ist der M. of the R. Reichsarchivar (Keeper of the Records) an der Spitze des 1840 gegründeten Public Record Office.
Mastgeld = Dehem(e).
Mastgerechtigkeit s. Dehem(e).
Mastrecht s. Dehem(e).
Mastunga s. Dehem(e).
Masura s. Hospes (2).
Maßbrief = Meßbrief.
Maßengebühr in Öst. seit 1862 jährl. Abgabe der Bergwerke, berechnet nach den verliehenen Grubenmaßen.
Matauchi (Uchi) in Jap. der ↗Aftervasall.
Matban s. Acht (1).
Matricola s. Zunft (1).
Matricularius (marguillier) in der kath. Kirche i. w. S. Beamter (z. B. Kirchendiener), der in eine Matrikel eingetragen ist o. eine solche führt, i. e. S. ein Fabrikrat (s. Fabrica ecclesiae). Vgl. Churchwarden.
Matrikularsteuer (Matrikularumlage) eine Steuer, die auf Grund einer Matrikel von den ↗Territorien (2), ↗Landständen, ↗Bundesstaaten (2) u. dgl. erhoben wird. Bes. im alten Dt. R. wurden M. auf Grund der ↗Reichsmatrikel erhoben, z. B. der ↗Anschlag u. die ↗Kammerzieler. Vgl. Pfennig, gemeiner. Im Dt. R. von 1871 leisteten die Bundesstaaten auf Grund ihrer Bevölkerungszahl Zuschüsse an das Reich unter der Bezeichnung Matrikularbeiträge.
Matrimonio à yuras in Sp. bis in die Neuzeit Ehe ohne priesterlichen Segen, in Form eines einfachen Kontraktes, aber im übrigen vollgültig mit allen Rechtsfolgen.
Matrimonium ad legem salicam s. Minderehe.
– **ad morganaticam** s. Minderehe.
– **competens** s. Mariage avenant (a).
– **conscientiae** = Gewissensehe.
– **putativum** = Putativehe.
Matutinarius = Altarista.
Mauergeld = Muragium (a).
Maulawi dem tk. ↗Ulema entspr. Titel in Ind.
Mayeur de bannière s. Zukunft (1).
Mayor 1. in Engl. seit dem späteren MA. gewähltes Stadtoberhaupt an Stelle des kgl. ↗Bailiff (1), sehr bald nur noch von den ↗Aldermen (3) gewählt o. überhaupt unabhängig. – Seit 1835 ist der M., der von ↗Councillors u. Aldermen gemeinsam, meist aus ihrer Mitte, auf ein Jahr gewählt wird, nur noch Vorsitzender des ↗Town Council (1) u. Repräsentant des ↗Borough (a), ohne gesetzlich mehr Einfluß auf die Verwaltung zu haben, als aus seiner Eigenschaft als Councillor o. Alderman hervorgeht; tatsächlich ist sein Einfluß ziemlich groß, hängt aber von seiner Persönlichkeit ab. Er ist auch ↗Friedensrichter (1), welches

Amt er bis 1949 noch ein Jahr nach Ablauf der Amtszeit behielt. – In London u. York seit jeher, u. in den Cities üblicherweise, führt der M. den Titel Lord M. Neben dem M. kann ein Deputy M. stehen, der außerhalb Londons von jenem ernannt wird u. nur stellvertretender Vorsitzender des Council ist, in den ↗Metropolitan Boroughs vom Council gewählt wird u. i. wesentl. dieselben Befugnisse wie der M. hat. – In Scho. entspricht dem M. der auf drei Jahre gewählte Provost, der in den ↗ Police Burghs bis 1900 Chief Magistrate hieß; dem Lord M. entspricht der Lord Provost. – In den Großstädten der USA besitzt der von der Bürgerschaft gewählte M. (City M., in kleineren Städten auch burgess, president) weitgehende Rechte, vor allem ernennt er nahezu alle Beamten u. kann gegen bestimmte Beschlüsse der städt. Korporationen ein ↗Veto einlegen. In kleineren Städten sind seine Befugnisse meist weniger umfassend, u. der City Council (i. d. R. fünf bis neun Mitglieder, ohne Rücksicht auf die Bevölkerungszahl) hat bei Beamtenernennungen u. dgl. ein entscheidendes Wort. Vgl. City-Manager u. Commission Form. 2. s. Sargento mayor.

– **de brigada** s. Sargento mayor.

– **general** s. Sargento mayor.

Mayoral s. Zunft (1).

Mayorazgo s. Familienfideikommiß.

Mayordomo mayor s. Hausmeier.

Mayorío s. Familienfideikommiß.

Mayor's brethren s. Alderman (3).

– **Court** 1726 in Bombay, Madras u. Calcutta errichtetes Gericht für Zivilsachen, vom ↗Mayor (1) u. den ↗Aldermen (3) besetzt, nur für Europäer zuständig. 1773 wurden die M. C. durch den ↗Supreme Court (a) ersetzt.

– **peers** s. Alderman (3).

Mbledhia e Kombit in Albanien 1925–1928 die aus zwei ↗Kammern (2a) bestehende ↗Nationalversammlung (d).

Medam = Medem.

Medekürig s. Biesterfrei.

Medem (Ackergeld, Feldteil, Landgarbe, Landrecht, Medam, Medumkorn, Meidem, Siebenter, Teil, Waldgeld, medema agrorum) im MA. bes. in den Moselgegenden u. im Hessischen übliche Abgabe von neugerodetem Land an den Kg., meist in der siebten Garbe bestehend, u. schon im 8. Jh. an die ↗Grundherren übergehend. Der M. war ein ↗Königszins u. vermischte sich daher im Laufe des MA. mit anderen Arten desselben, sowie mit an sich grundherrlichen Abgaben. In Fr. entsprach ihm der ↗champart (2) u. dessen lat. Bezeichnungen werden auch für M. verwendet. Vgl. Terraticum.

Medema agrorum = Medem.

Medeman thegn s. Thane.

Medeme mynster = Kollegiatkirche.

Media annata 1. s. Annaten. 2. (m. anata) in Sp. seit 1632 der kirchl. Abgabe nachgeahmte Abgabe eines halben Jahresgehaltes aller Beamten u. Offiziere an den Kg.

– **cavalleria** s. Cavallaria (2).

Medianería s. Teilbau.

Medianero s. Teilbau.

Medianus s. Mittelfreier.

Mediat s. Immediat.

– **Justizkanzlei** s. Justizkanzlei.

Mediatfürstentum (herzogliches Fürstentum, Mediatherzogtum, mittelbares Fürstentum, Partikularfürstentum) in Schl. im Gegensatz zum ↗Erbfürstentum ein von der Krone nicht eingezogenes ↗Lehen (1), dessen ↗«Herzog» seit Ferdinand I. i. wesentl. nur noch ein großer ↗Grundherr mit obrigkeitlichen Befugnissen war, dem zur Ausführung derselben eine ↗Regierung (1) unter Aufsicht des ↗Oberamtes (2) zur Seite stand.

Mediatgericht in der Neumark bis in die Mitte des 18. Jh. Gericht erster Instanz für Adel u. ↗exemte (1) Personen, gleichzeitig zweite Instanz für die übrigen Eingesessenen; ↗Obergericht (a) war die ↗Regierung (1). Es gab vier M.: **a)** die Ordensregierung in Sonnenburg (für Johannitergüter) unter einem ↗Ordenskanzler (a); **b)** das Verweseramt in Crossen; c) die ↗Landeshauptmannschaft (a) in Cottbus; **d)** die Landvogtei (s. Landvogt[a]) Schivelbein.

Mediatherr s. Mediatstadt.

Mediatherzogtum = Mediatfürstentum.

Mediatisieren einen bis dahin ↗reichsunmittelbaren Stand der ↗Landeshoheit eines anderen ↗Reichsstandes (1) unterwerfen; die meisten Mediatisierungen fanden 1803 u. 1806 statt; die damals mediatisierten Fürsten heißen ↗Standesherren (1). Vgl. Depossediert.

Mediatkirche im alten Dt. R. Kirche (bzw. kirchl. Anstalt, einschließlich der ↗Diözesen [a]), die nicht ↗reichsunmittelbar war, i. allg. nur niederes Kirchengut, von den Bistümern dauernd nur Brandenburg u. Havelberg, Olmütz u. Prag. Vgl. Reichskirche (a).

Mediatkonsistorium (Unterkonsistorium) von einer Stadt o. einem ↗Standesherrn (1) nach ihrer ↗Mediatisierung auf Grund des ihnen verbliebenen consistorii jus eingesetztes ↗Konsistorium (2), den landesherrlichen Konsistorien koordiniert.

Mediatregierung s. Regierung (1).

Mediatstadt (adlige Stadt, amtssässige S., grundherrliche S., mittelbare S., Patrimonialstadt) früher in Dt. eine Stadt, die, im Gegensatz zur

↗unmittelbaren Stadt, einem ↗Grundherrn (Mediatherr) unterstand, u. daher keine ↗Landstandschaft besaß; auch der Landesherr (s. Landeshoheit) konnte als Grundherr M. besitzen; in Brand. hießen in älterer Zeit solche M. Amtsstädte, die einem adligen Grundherrn unterworfenen Ritterschaftsstädte. Später unterstanden die M. in Pr. (wo sie sich bis ins 19. Jh. erhielten) teils dem ↗Landrat (1), teils dem Steuerrat (s. Steuerkommissar). Vgl. Herrenstadt.

Medicus primarius = Primararzt.

Mediocris s. Mittelfreier.

Medius s. Mittelfreier.

Medizinalbeamter s. Amtsarzt.

Medizinaldepartement s. Medizinalkollegium.

Medizinaldiener s. Amtsarzt.

Medizinalkollegium (collegium medicum) in Brand. 1685 als oberste Behörde für das Gesundheitswesen unter der Bezeichnung collegium sanitatis errichtet; 1719 wurde dieser Name auf eine bes. Behörde zur Bekämpfung ansteckender Krankheiten übertragen, u. das M. trat als Obermedizinalkollegium (Ober-Collegium medicum [et sanitatis]) an die Spitze der seit 1725 bei jeder ↗Kriegs- und Domänenkammer bestehenden collegia medica (Kammermedizinaldeputationen), die 1808–1815 wissenschaftliche Deputationen hießen; sie hatten die Aufsicht über die Ärzte u. das Heilpersonal u. übten eine entspr. Gerichtsbarkeit aus; Berufungsinstanz war das Obermedizinalkollegium. Seit 1815 stand jedem ↗Oberpräsidenten (a) ein M. zur Seite; 1921 wurden sie durch gerichtsärztliche Ausschüsse ersetzt, ebenso die 1808 an Stelle des Obermedizinalkollegiums getretene wissenschaftliche Deputation für das Medizinalwesen durch einen Landesgesundheitsrat. Neben den M. standen, wie in Berlin, collegia sanitatis zur Bekämpfung der Pestgefahr, unter mil. Leitung. – Auch in den meisten anderen Staaten besteht, meist seit dem 17. Jh., eine entspr. zentrale Behörde (Landesmedizinalkollegium, Medizinaldepartement, M., Medizinalrat, Obermedizinalkollegium, Sanitätskollegium u. ä., collegium sanitatis) selbständig o. unter einem ↗Ministerium (7), u. in den ↗Provinzen ebenfalls M. Im Dt. R. stand seit 1900 ein Reichsgesundheitsrat neben dem Reichsgesundheitsamt. In Ba. gab es 1803 bis 1834 eine Sanitätskammer, 1834–1871 einen Obermedizinalrat als Zentralbehörde, seit 1882 einen Landesgesundheitsrat als begutachtendes Kollegium. In Bay. bestand ein Obermedizinalausschuß, sowie Kreismedizinalausschüsse bei den ↗Kreisregierungen (c). In Wü. führte seit dem 16. Jh. der ↗Kirchenrat (1) mit dem collegium archiatrale (den herzoglichen Leibärzten) die Aufsicht über das Gesundheitswesen; daneben gab es noch bes. collegia medica in Stuttgart u. Tübingen, die auch nach Aufhebung des ersteren (1807) weiter bestanden; die neu erworbenen Gebiete besaßen 1804–1806 ein Obersanitätskollegium, dem außer Beamten der Oberlandesarzt (Archiater) angehörte. 1817 wurde ein M. für das ganze Land errichtet. – In Öst. gab es bis 1919 einen Obersten Sanitätsrat u. in jedem ↗Land (1e) einen Landessanitätsrat.

Medizinalrat s. Medizinalkollegium.

Medschli (Madschli) Versammlung, Gericht i. allg., in der Tk. bes. die seit Mitte des 19. Jh. einzelnen ↗Ministerien (7) u. allen Provinzialverwaltungsbeamten beigegebenen Räte. Der M. eines ↗Liwa bestand aus dem ↗Kaimakam bzw. Mohassil, dem Mal-Mudir (Steuereinnehmer), dem Oberhaupt der betr. nichtmoh. Religionsgemeinschaft u. deren Vertretern, Kodscha-Baschis (Notabeln) u. Abgeordneten der Moh. Die tk. Volksvertretung trug 1908–1918 die Bezeichnung Medschliss-um-umi. – Auch die Volksvertretungen anderer moh. Staaten heißen M., jeweils mit entspr. Zusätzen.

Medumbusch s. Haubergswirtschaft.

Medumkorn = Medem.

Meente s. Echtwort.

Meenthaber s. Vollbürger.

Megadux im Byz. Reich der oberste Befehlshaber der Flotte. Doch wurde der Titel auch ehrenhalber verliehen, u. die Herren von Lemnos führten ihn dauernd, da der erste von ihnen wirklicher M. gewesen war.

Μέγας Διοικητής [Mégas Dioiketés] s. Διοικητής [Dioiketés].

– **Δομέστικος** [Mégas Doméstikos] s. Δομέστικος [Doméstikos].

– **Ἑταιριάρχης** [Mégas Hetairiárches] s. Ἑταιριάρχης [Hetairiárches].

– **Κομμερκιάριος**[Mégas Kommerkiários]s.Κομμερκιάριος [Kommerkiários].

– **Κουράτωρ** [Mégas Kurátor] s. Κουράτωρ [Kurátor].

– **Οἰκόνομος** [Mégas Oikónomos] s. Exokatakölen.

– **Σα(κ)κελλάριος** [Mégas Sak(k)ellários] s. Exokatakölen.

– **Σκευοφύλαξ** [Mégas Skeuophýlax] s. Exokatakölen.

– **Χαρτοφύλαξ** [Mégas Chartophýlax] s. Exokatakölen.

Megye = Komitat (3).

Megyeböl s. Komitat (3).

Mehkemeh (Mahakma, Scheriatsgericht) moh. Gericht, bis in die Mitte des 19. Jh. das ordentliche Gericht der Tk., seitdem bis 1924 in weltl. (Mehakûn-i-Nizâmie) u. geistl. (Mehakûn-i-

Scherîe) geteilt; letztere hießen M. i. e. S. Vgl. Mufti.

Mehre = Meier (1).

Mehren Abfinden der Kinder vor dem Erbfall.

Mehrer des Reichs s. Augustus.

Mehrfelderwirtschaft s. Felderwirtschaft.

Mehrheitsstimmrecht = Pluralstimmrecht.

Mehrleiberleihe s. Leibgedinge.

Mehrrodel s. Alpgenossenschaft.

Mehrstimmen(wahl)recht = Pluralstimmrecht.

Meidem = Medem.

Meier 1. Amman, Amtmann, Amtsmeier, Amtsschulze, Bauernvogt, Bomester, Dinghofmeister, Drost, Gewaltträger, Grundmeier, Gutsvogt, Hausmeister, Hof[amt]mann, Hofbauer, Hofmäder, Hofmeister, Hofschultheiß, Hubschultheiß, Kämmerer, ↗Keller[er] [1], Küchenmeister, Maher, Maier, Mehre, Meiervogt, Meiger, Pfleger, Redemeier, ↗Schaffner, ↗Schultheiß, Statthalter, Stiftsamtmann, Vogt, Vogtgrebe, Vogtmeier, Vormund, advocatus, conductor, dispensator, gastaldio, ↗gastaldus, magister, m. curiae, m. curtis, major [villae], massarius, oeconomus, ↗officialis, o. curiae, ↗officiatus, procurator, provisor, scultetus curiae, s. curtis, syndicus, villicus, bayle, maire, bailiff, auch je nach der Herrschaft, z. B. Klostermeier) ursprgl. der Beamte, der in einer ↗Grundherrschaft bzw. einem ↗Fiscus (1) dem ↗Fronhof (der daher auch Meierhof hieß) vorstand (Fronhofsvorsteher), das Salland bewirtschaftete, die ↗Hörigen beaufsichtigte, als ↗Rentmeister (a), (daher auch so o. Hofkastner genannt) die Abgaben u. Zinsen eintrieb u. im ↗Hofgericht (f) Recht sprach, weshalb er auch ↗Hofrichter (2) (Bauerrichter, Herrschaftsrichter, Richter, Stoppelrichter, judex) hieß; außerdem war er ↗Dorfmeister (2), wenn die ↗Genoßsame (1), wie meist, in einem Dorfe angesiedelt war; i. d. R. war er selbst Höriger. Er erhielt außer einer o. mehreren ↗Diensthufen Bezüge in Naturalien u. Geld, sowie vertraglich festgesetzte Geschenke (Accidentalwein u. dgl.); ferner hatte er Anspruch auf ↗Fronden (a) der Bauern. Während ursprgl. einem Fronhof nur ein Beamter vorstand, u. die verschiedenen Bezeichnungen für diesen unterschiedslos gebraucht wurden, wurde später vielfach die Gerichtsbarkeit von der Verwaltung getrennt o. die Erhebung der Gefälle einem bes. Beamten zugewiesen; dabei bezeichnete dann in demselben Fronhof das eine Wort den Richter, das andere den Verwaltungsbeamten usw., aber ohne daß i. allg. eine dieser Bezeichnungen ausschließlich für einen dieser Beamten gebraucht worden wäre. Die M., die einem Oberhof vorstanden o. mehrere Fronhöfe unter sich hatten, hießen vielfach ebenfalls M. usw., öfters aber Obermeier (Großmeier, Oberamtmann, Oberschultheiß, oberster Schultheiß, Oberverwalter, scultetus curtis superior, summus villicus) und die ihnen unterstellten M. entw. auch M. usw. o. Untermeier (Unteramtmann, Unterschultheiß, villicus subditus). Seit dem 11. Jh. gelang es vielfach den M., ↗Ministerialen (2) zu werden, u. als solche versuchten sie, ihr Meieramt (Kämmerei, Kellerei, Meierei, Schaffnerei, Villikation, majoratus, majoria, ministerium curtis, officium villicationis, procuratio) zum ↗Lehen (1) u. damit erblich zu machen (↗Erbmeier); sie weigerten sich, die Erträge des Gutes dem Grundherrn abzuliefern u. wollten nur noch den ↗Lehensdienst leisten. Teilweise gelang es den Grundherrn, dem zuvorzukommen, indem sie den M. die Fronhöfe gegen eine feste Jahressumme überließen (vgl. Commissio [3]); tatsächlich war dies eine Pracht (pensio, pensionarium jus), das Meierrecht (nach Amtmannsweise, Amtsweise, Meierhofsleihe, Meierpacht, an Meierstatt, Meierverfassung, Schulzenrecht, Villikationspacht, jure sculteti, loco villici, villicorum jus), das in allen Formen zwischen Freistift (s. Schupflehen) u. ↗Erbpacht auftreten konnte. In vielen Grundherrschaften, bes. in Nordwestdt., wurde nicht nur der Fronhofsvorsteher Pächter des Sallandes, sondern auch die bisherigen Hörigen erhielten ihr Gut nach Meierrecht gegen Meierzins u. Meierpflicht u. hießen nun ebenfalls M., u. ihre Pachtgüter Meiergüter (Meierhöfe, Meierstellen); Verträge darüber (Hauptbriefe, Meierbriefe, Meierzettel, Weinkaufsbriefe) wurden schon seit dem 12. Jh. ausgestellt. Vgl. Mahljahre. Auch wurden hier u. da die M. zu bes. Gerichtsgemeinden (s. Ding) mit Meierdingen zusammengefaßt. M. wurde nun eine allg. Bezeichnung vor allem für den Pächter (vgl. Landsasse), dann auch für den selbständigen Vollbauer (s. Hufe u. Erbe [1b]), Meierhof für den ↗Hof (3), bes. auch für das geschlossene Gut (s. Anerbenrecht), Vermeierung (Bemeierung) für Verpachtung. Das Meierrecht hielt sich teilweise bis in die zweite Hälfte des 19. Jh. – Wo sich der Fronhof zu einem Dorf entwickelte, wurde der M. zum Dorfschulzen (s. Schultheiß); auch in einigen Städten, wo häufig M. als grundherrliche Beamte zur Verwaltung der betr. Grundstücke vorkamen, wurden sie später zu Stadtschultheißen, z. B. in Erfurt. Die M. der landesherrlichen Fronhöfe wurden öfter zu landesherrlichen Beamten, zumal solche oft neben dem M. standen; so gab es z. B. an vielen Fronhöfen besondere Richter (Amtleute, Herrschaftsrichter, Pfleger) für die ↗Schutzhörigen u. die ↗Vogtleute (a), denen dann auch die Gerichtsbarkeit des M. übertragen wurde u.

umgekehrt, so daß beide Beamte allm. miteinander verschmolzen. 2. in den dt.-fr. Grenzgebieten der ↗maire (1), sowohl das Stadtoberhaupt (Stadtmeier), als auch der dem ↗prévôt entspr. Verwaltungsbeamte. Meist umfaßte ein Meiertum nun wenige Gemeinden; das Großmeiertum entsprach einer ↗Vogtei (1). 3. s. Vorwerk.

Meieramt s. Meier (1).

Meierbauer s. Fronhof.

Meierbrief s. Meier (1).

Meierding a) = Hofgericht (f). b) s. Meier (1).

Meierdingsgut s. Emphyteuse.

Meierei s. Fronhof, Meier (1) u. Vorwerk.

Meiereitag = Hofgericht (f).

Meiergericht = Hofgericht (f).

Meiergut s. Meier (1).

Meierhof a) s. Diensthufe, Fronhof u. Meier (1). b) = Vorwerk.

Meierhofsleihe s. Meier (1).

Meierjahre = Mahljahre.

Meierland s. Fronhof.

Meierpacht s. Meier (1).

Meierpflicht s. Meier (1).

Meierrecht s. Meier (1).

Meierstatt, an s. Meier (1).

Meierstelle s. Meier (1).

Meiertag = Hofgericht (f).

Meierteil s. Markgenossenschaft.

Meiertum s. Fronhof u. Meier (2).

Meierverfassung s. Meier (1).

Meiervogt = Meier (1).

Meierzettel s. Meier (1).

Meierzins s. Meier (1).

Meiger = Meier (1).

Meilenrecht a) s. Stapelrecht. b) Recht einer Stadt, wonach im Umkreis einer o. mehrerer Meilen sich kein Handwerker, bes. auch kein Wirt, niederlassen durfte.

Meilleur catel s. Sterbfall.

Meintat (Mein, Neidingswerk, unehrliche Sache, unredliche S., Untat i. e. S., factum turpium, perfusio nigra, firintât u. ä., swarte swang, laid fait) bei den Germ. in älterer Zeit Verbrechen, das eine gemeine Gesinnung bekundete, bes. durch heimliche Begehung, aber auch durch Bruch eines Sonderfriedens (s. Friede [a]) o. eines bes. Treueverhältnisses. Im MA. galten bes. der hinterlistige Mord u. der Diebstahl als M., der offene Totschlag dagegen als ehrliche Sache (factum honestum). Später wurden vor allem die Vergehen, die einer schimpflichen Strafe, z. B. Galgen o. Rad, unterlagen, zu den M. gerechnet. Vgl. Missetat.

Meirinho (maiorino) in Port. vom Kg. ernannter Beamter, vor allem Richter. In jeder ↗Provinz gab es einen M. mor, der M. menores als Unterrichter ernannte. Auch der obeste Vollstreckungsbeamte am Hofe hieß M. mor. Als zu Beginn des 14. Jh. die Amtsgewalt des M. (majoría) zu einer allg. Kontrolle (corregimento, correição) über Verwaltung u. Rechtsprechung erweitert wurde, änderte man den Titel in corregedor um. Der Amtsbezirk, bisher meirinhado, hieß nunmehr correctoria. – Die beiden Richter am Hofe, deren Kompetenz sich auch auf Fälle am jeweiligen Aufenthaltsort erstreckte, hießen corregedores da corte (dos feitos crimes bzw. civeis).

Meistbeerbter a) s. Geerbter. b) (Meistbesteuerter) im Rhld. nach der Landgemeindeordnung von 1845 in der Gemeinderolle verzeichnetes Gemeindemitglied, dem das ↗Gemeinderecht (c) zustand; ein Grunbesitzer, der auf Grund seiner Steuern geborenes Mitglied des ↗Gemeinderats (a) war, hieß Meistbegüterter.

Meistbegüterter s. Meistbeerbter (b).

Meistbesteuerter = Meistbeerbter (b).

Meister 1. (Ordensmeister, magister) bei den ↗Ritterorden ursprgl. Titel des Oberhauptes (beim Johanniterorden auch Propst), später (bei den Johannitern seit 1177) in Großmeister (magnus magister), beim Dt. Orden in Hochmeister umgewandelt. Er wurde vom ↗Generalkapitel auf Lebenszeit gewählt; seine anfänglich unbeschränkte Macht wurde im Laufe der Zeit mehr u. mehr durch das ↗Ordenskapitel eingeschränkt, seine repräsentativen Rechte dagegen wurden vermehrt. Der Johanniter-Großmeister z. B. hatte, außer eigenem ↗Hofstaat u. den Ehren eines Souverains, das Recht, in jedem Großpriorat (s. Zunge) eine ↗commenda (1) (Magistralkommende, Meisterkommende, commanderia magistralis) zu vergeben u. über einen Teil ihrer Einkünfte zu verfügen. – Die sp. Großmeisterwürden (claverías) wurden Ende des 15. Jh. der Krone inkorporiert. Vgl. Deutschmeister u. Herrenmeister. 2. s. Gleve. 3. = Bürgermeister (1). 4. s. Schultheiß. 5. in der dt. Marine ↗Deckoffizier bzw. Oberdeckoffizier (Obermeister), mit der Instandhaltung des Schiffskörpers betraut. – In der DDR im Range eines ↗Feldwebels.

– hofbefreiter s. Freimeister.

Meistercolleg = Meistergebot.

Meistergebot (Meistercolleg) Versammlung der Zunftmeister (i. e. S.) unter Vorsitz des ↗Oberstzunftmeisters zur Erledigung der Angelegenheiten der ↗Zünfte (1).

Meistergeding = Hofgericht (f).

Meistergeld s. Zunft (1).

Meistergericht = Hofgericht (f).

Meistergeselle s. Gesellenbruderschaft.

Meisterhof s. Fronhof.

Meisterin = Äbtissin.

Meisterknappe s. Gesellenbruderschaft.

Meisterknecht s. Gesellenbruderschaft.
Meisterkommende s. Meister (1).
Meisternutzen s. Zunft (1).
Meisterrecht s. Zunft (1).
Meisterschaft = Zunft (1).
Meisterschaftsgericht s. Judengericht (a).
Meistertum das dem ↗Deutschmeister unmittelbar unterstellte ↗Territorium (2) (Mergentheim).
Meitele s. Wergeld.
Meix = Hufe.
Meldeamt im Dt. R. bis 1919 mil. Kontrollstelle; die M. an den Sitzen der ↗Bezirkskommandos (a) hießen Hauptmeldeämter. An der Spitze eines M. stand ein verabschiedeter Offizier als Bezirksoffizier; die laufenden Geschäfte wurden von Bezirksfeldwebeln besorgt. 1935–1945 hießen die M. Wehrmeldeämter, ihre Leiter Wehrbezirksoffiziere.
Melfeoh s. Dilatura.
Meliores a) s. Hochfrei. **b)** = Patrizier.
Membre de haubert s. Fief de haubert.
Membrum loricae s. Fief de haubert.
Mémoire (déduction, Memorandum) im dipl. Verkehr umständliche Darstellung eines pol. Vorgangs, einer Regierungshandlung u. dgl., meist eine Rechtfertigung der betr. Regierung enthaltend, in Form einer sachlichen Erzählung, ohne Formalitäten, höchstens mit dem Namen des Verfassers unterzeichnet; i. d. R. wird das M. von der Regierung ihrem ↗Gesandten übergeben u. von diesem der fremden Regierung mit einer ↗Note überreicht.
Memorandum = Mémoire.
Memoratorium = Notitia (b).
Memorial = Abschied.
Mena log = Coetus communis.
Menasybi-divanijé s. Diwan.
Menathanlage in Bay. von 1765 bis zu Beginn des 19. Jh. eine nach dem Viehstande von den Gemeinden erhobene Steuer.
Menden in Jap. im MA. Ackerland, das für Handwerker bestimmt u. frei von Steuern u. Abgaben war.
Mendūb 1928–1956 Vertreter des ↗Sultans von Marokko in Tanger, Leiter der Assemblée legislative internationale, die ihrerseits beschränkt wurde durch das aus den ↗Konsuln (1) der Vertragsmächte bestehende Comité de contrôle. Die Assemblée wählte zur Verwaltung vier Administratoren.
Meng-tsang-yuan s. Li-fan-juan.
Mêng (-tschang) s. Tschi.
Mênhsia-schêng s. Schêng.
Menlehen s. Montag.
Mensa (Mensalgut, ↗Tafelgut, Tischgut) Teil des seit dem 9. Jh. getrennten Vermögens der ↗Domkapitel, ↗Kollegiatkapitel u. ↗Klöster, unterschieden als Prälatengut (Abteigut, Abtsgut, Bischofsgut, Mensalgut i. e. S., bona ad sedem episcopalem pertinentia, b. episcopatus, M. episcopalis, M. Episcopi bzw. abbatis, praepositi, decani, potestas abbatis) u. Kapitelsgut (Domkapitelsgut, Konventtisch, Propsteigut, Stiftsgut, beneficia claustralia, bona ad usum fratrum canonicorum bzw. monachorum, M. canonicorum bzw. fratrum, M. capitularis, M. Capituli, ags. beodland), je zur freien Verfügung des Vorstehers bzw. des Kapitels o. Konvents unter gewissen Zustimmungsrechten des andern Teils, nach außen als Vermögenseinheit durch den Vorsteher vertreten. Vgl. Küchendienst, Canonica (2) u. Vicedominus (7).
Mensalgut = Mensa.
Menses Apostolici s. Reservationen.
– capitulares s. Reservationen.
– episcopales s. Reservationen.
– ordinarii s. Reservationen.
– Papales s. Reservationen.
Mensuragium = Pondus.
Mentager s. Montag.
Mentag(gut) = Montag.
Menu cens s. Censive.
Menues dîmes s. Zehnt (1).
Mercati jus s. Feriae nundinarum jus.
Merced s. Señorió.
Mercennarius curialis s. Fronhof.
Merces judicis s. Dilatura.
Merchant company s. Gilde.
– gild s. Gilde.
Merchet pro carne et sanguine = Beddemund.
Merchetum = Beddemund.
Mercipotus = Weinkauf (1).
Mercuriale s. Morgensprache.
Merica a) = Allmende. **b)** s. Echtwort.
Merindad s. Merino.
Merino im ma. Sp. kgl. Beamter. In Kast. standen in den Grenzgebieten M. mayores teils neben, teils unter den ↗Adelantados, mit etwa denselben Funktionen, aber mehr Verwaltungsbeamte; in Städten, Burgen u. dgl. waren M. nenores als Unterbeamte eingesetzt. Auch im Innern gab es in einigen Städten M. (podestades, dominantes, domini) als kgl. Kontrollbeamte, ähnliche den späteren ↗Corregidores. – In Navarra standen M. als Verwaltungsbeamte an der Spitze größerer Bezirke (merindades). – In Ar. waren die M. Hilfsbeamte der ↗Sobrejunteros, hauptsächlich als Steuerbeamte tätig, aber auch mit gerichtlichen u. administrativen Funktionen.
Merit System s. Civil Service Commission.
Meritum s. Arrha (1).
Merkantentaler s. Geleite (1).
Merker s. Zunft (1).
Merkismaðr (guntfanonarius) in Norw. bis ins

13. Jh. das erste ↗Hofamt, eigentlich der Bannerträger des Kgs., dann vor allem Richter am Hofe; 1320 wurde das Amt aufgehoben.

Mesconnu (mescreü) im ma. Fr. der Fremde.

Mesnada = Masnada.

Mesnadero s. Masnada.

Mesnadier s. Masnada.

Menie = Masnada.

Message = Botschaft (1).

Meßgericht seit dem 12. Jh. für Messeschulden, mit beschleunigtem Verfahren, gehalten von custodes nundinarum (magistri de nundinis, gardes des foires).

Messis = Beunde.

Meßpflege = Stiftungspflege.

Mesta in Kast. seit dem 13. Jh. Organisation der Schafherdenbesitzer; die M. erhielt schon früh eine Reihe von Privilegien, bes. das Recht, ihre Herden auf bestimmten Wegen (cañadas) von den Sommerweiden im Nordwesten auf die Winterweiden im Süden treiben zu dürfen, u. dabei einen Strich Landes zu beiden Seiten der Straße abzuweiden. Die M. erhielt auch eigene Gerichtsbarkeit u. einen vom Kg. ernannten obersten Richter u. Schutzherrn, den Alcalde entregador, der die Streitigkeiten mit den Grundbesitzern in letzter Instanz entschied. Im Jahre 1500 wurde das Amt eines Präsidenten der M. geschaffen u. dauernd mit dem ältesten Mitglied des ↗Consejo de Castilla verbunden; das Amt des Alcalde entregador ging daraufhin durch Kauf an die M. selbst über. Sie war nunmehr kgl. Organ; die Abgaben, die sie ursprgl. an die Grundbesitzer u. Gemeinden zahlte (pontazgo [s. pontaticum] y ↗montazgo, seit den kath. Königen servicio y montazgo), flossen nun zum größten Teil dem Fiskus zu. – Im 18. Jh. wurden ihre Rechte beschnitten u. 1796 verlor sie die eigene Gerichtsbarkeit. Nach 1808 vorübergehend aufgehoben, wurde sie 1814 wiederhergestellt, ist aber seitdem nur noch Interessenvertretung der Herdenbesitzer; die Privilegien bezüglich der cañadas sind i. wesentl. durch entspr. für den Eisenbahntransport ersetzt. Vgl. Transhumance.

Mestiere = Zunft (1).

Mestive = Champart (2).

Mestnitschestwo in Rußl. bis 1682 Vorrecht eines höheren Beamten, wonach er nicht unter jemandem zu dienen brauchte, dessen Vorfahren unter seinen eigenen Vorfahren gedient hatten.

Mestre chamberlenc = Grand-chambellan.

– en chauncelrie = Master of the Chancery.

Mesurage, droit de = Pondus.

Meßbrief (Aufbrief, Maßbrief) an Stelle des älteren ↗Bielbriefes (a) getretene amtliche ↗Urkunde über die Vermessung eines Schiffes.

Meßkorn (Dezem, annona missalis, modii) im ostdt. Kolonisationsgebiet an Stelle des ↗Zehnten (1) an den Pfarrer gezahlte Abgabe.

Meta s. Wittum (1).

Métairie perpétuelle (colonage p.) im Limousin u. in der Marche früher eine Halbpacht (s. Teilbau), die in direkter Linie erblich war, sonst aber dem Pächter keinerlei Rechte gab.

Metatiere s. Teilbau.

Métayage (à mis fruits) s. Teilbau.

Métayer s. Teilbau.

Meteban s. Acht (1).

Métier **1.** = Ministerium (4). **2.** = Zunft (1).

Metropolie = Kirchenprovinz (a).

Metropolit(a) = Erzbischof.

Metropolitan in Kurhessen kirchl. Beamter unter dem ↗Superintendenten (1), auch nach der Einverleibung in Pr. beibehalten.

– Board of Works 1855 errichtete oberste Verwaltungsbehörde für London, bestehend aus von der City, den Administrative ↗Vestries u. den District Boards ernannten Mitgliedern; 1888 trat an seine Stelle der ↗County Council der nunmehrigen County London.

– Borough in London seit 1899 Unterabteilung der ↗County, i. wesentl. einem ↗Borough (a) entspr. mit einem M. B. Council.

Metropolitankapitel s. Domkapitel.

Metropolitankirche s. Kathedrale.

Metropolitankonzil s. Konzil.

Metropolitanprovinz = Kirchenprovinz (a).

Metropolitansprengel = Kirchenprovinz (a).

Metropolitanus = Erzbischof.

Metropolitansynode s. Konzil.

Metropolitanverband = Kirchenprovinz (a).

Metropolitanverfassung seit dem 3. Jh. entstanden, wobei der ↗Erzbischof ein Aufsichtsrecht über die ↗Bischöfe erhielt u. eine tatsächliche Mittelinstanz zwischen diesen und dem Papst bildete; dem letzteren gelang es aber, die Rechte der Erzbischöfe mehr u. mehr an sich zu ziehen.

Metropoliticum zweite (erzbischöfliche) Instanz, an die von den Urteilen des bischöflichen Ordinariats (s. Generalvikar) u. Offizialats (s. Offizial) Berufung eingelegt werden kann.

Mets de mariage = Beddemund.

Metschniki s. Družina (1).

Mewlewjet s. Molla.

Meziban s. Acht (1).

Mezzadria s. Teilbau.

Mezzeria s. Teilbau.

Miao-hao s. Jahresdevise.

Midshipman in Großbr. u. den USA der Offiziersanwärter in der Marine.

Mietgericht s. Ding.

Mietsgewere s. Gewere (1).

Mietstaler s. Arrha (1).

Miles 1. a) = Chevalier u. Ritter. b) s. Lehen (1). 2. Exekutivbeamter des ↗Grafen in frk. Zeit, meist ↗Unfreier.
– **castrensis** s. Burglehen.
– **communis** = Miles medius.
– **cum lorica** s. Fief de haubert.
– **cum planis armis** s. Vavassor.
– **cum scutis** s. Vavassor.
– **de familia** = Ministeriale (2).
– **de sua domo** s. Bachelier (a).
– **de sua familia** s. Bachelier (a).
– **dominicus** s. Baron.
– **famosus** s. Schlachta.
– **gregarius** = Miles medius.
– **gueti** = Chevalier du guet.
– **in privato obsequio** s. Schola.
– **legalis militiae** seit Mitte des 14. Jh. ein bürgerlicher Rechtsgelehrter, der durch diese Fiktion dem ↗niederen Adel gleichgestellt wurde.
– **literatus** s. Noblesse de robe.
– **mediocris** = Miles medius.
– **medius** (m. communis, m. gregarius, m. mediocris, m. scartabellus, m. simplex, später Scartabello, Skartabel, Scierciatka, ↗Wladika) in Polen bis Ausgang des MA. ein ↗Ritter; diese bildeten unterhalb der ↗Schlachta eine Art ↗niederen Adel.
– **nobilis** a) = Hidalgo. b) s. Ministeriale (2). c) s. Schlachta.
– **primi ordinis** s. Ritter.
– **proprius** = Eigenritter.
– **scartabellus** = Miles medius.
– **secundi ordinis** s. Ritter.
– **simplex** = Miles medius.
– **suus** u. ä. Zssgn. s. Ministeriale (2).
– **villanus** s. Caballero.
Miliare bannitum = Bannmeile.
Militäradel s. Briefadel.
Militäradministration Deutschlands, Sowjetische = Administration Deutschlands, Sowjetische militärische.
Militäragent s. Agent (4).
Militäranwärter s. Kapitulantenanwärter.
Militäranwalt s. Reichsmilitärgericht u. Justitie-Ombudsman.
Militärappellationsgericht s. Militärobergericht.
Militärbevollmächtigte bis 1918 Vertreter der bay., sä. u. wü. Kriegsministerien in Berlin.
Militärbezirksgericht s. Divisionsgericht.
Militärbischof = Feldpropst.
Militärbischofsamt s. Feldpropst.
Militärdienststeuer = Militärtaxe.
Militärgeneraldekan s. Feldpropst.
Militärgeneralvikar s. Feldpropst.
Militärgerichtshof, oberster s. Militärobergericht.
Militärgouverneur = Gouverneur (5a).
Militärgrenzappellationsgericht s. Militärobergericht.
Militärgrenzlehen unter Maria Theresia an der Militärgrenze statt des Soldes den ↗Regimentern (2) zugewiesenes Land; von jedem M. mußte ein Mann gestellt werden. 1807 wurden die M. erblich, 1850 Eigentum.
Militärhofstaat s. Hofstaat.
Militärimam s. Feldpropst.
Militärjurist s. Specialnyje sudy.
Militärkabinett in den meisten Monarchien dem Monarchen zur Seite stehend für seine Entscheidungen als oberster ↗Kriegsherr, bes. in Personalangelegenheiten; in Öst. u. Rußl. hieß das M. Militärkanzlei. Vgl. Marinekabinett.
Militärkanzlei s. Militärkabinett.
Militärkaplan s. Feldpropst.
Militärkartell s. Kartell.
Militärkirchengemeinde s. Personalgemeinde (1).
Militärkolonie Ansiedlung von Soldaten, die gleichzeitig das Land bebauen. Die tatsächlich im Laufe der Zeit angelegten M. dienten durchweg dem Grenzschutz.
Militärkommando s. Generalkommando.
Militärkommunität innerhalb der öst.-ung. Militärgrenze Gemeinde, die nicht zum Grenzdienst verpflichtet war.
Militärkonferenz, geheime s. Kriegsrat (1b).
Militärkonsistorium s. Feldpropst.
Militärkonvention i. w. S. Abmachung zwischen Verbündeten, um schon im Frieden bestimmte mil. Einrichtungen einander möglichst anzugleichen. I. e. S. im Dt. R. vor 1918 Einzelabmachung eines ↗Bundesstaates (2) mit Pr., worin zu dessen Gunsten in weitgehendem Maße auf die an sich den Einzelstaaten zustehenden Rechte auf mil. Gebiet (Kontingenthoheit, Kontingentsherrlichkeit) durch den Kontingentsherrn verzichtet wurde.
Militärkurat s. Feldpropst.
Militärobergericht in Öst.-Ung. das Militärgericht zweiter Instanz in Wien; dritte u. oberste Instanz war der Oberste Militärgerichtshof. Diese beiden waren gleichzeitig Landwehrobergericht u. Oberster Landwehrgerichtshof für Öst., sowie zweite bzw. dritte Instanz der ↗Marinegerichte; für Ung. bestand ein M. (Landwehrobergericht) als zweite u. letzte Instanz. – Vorgänger des Obersten Militärgerichtshofs war das 1803 errichtete Militärappellationsgericht, mit dem 1815 das seit 1810 bestehende Militärgrenzappellationsgericht vereinigt worden war. 1934 wurde ein Militärgerichtshof als ↗Ausnahmegericht gebildet.
Militäroberpfarrer s. Feldpropst.
Militärpfarrei s. Personalgemeinde (1).
Militärpfarrer s. Feldpropst.
Militärpflichtersatzsteuer = Militärtaxe.
Militärschöffen in Öst. 1935 geschaffene ↗Schöffen (1) bei den ordentlichen Gerichten, aus den

Militärpersonen entnommen, bei Verfahren in Militärsachen.

Militärseelsorger s. Feldpropst.

Militärstaat s. Hofstaat.

Militärstaatsanwaltschaft, oberste s. Glawnyje prokuratury.

Militärsteuer = Militärtaxe.

Militärtaxe (Militär[dienst]steuer, Militärpflichtersatzsteuer, Personaltaxe, Wehrgeld, Wehrsteuer) Steuer der vom Militärdienst Befreiten an Stelle desselben.

Militärtestament s. Nottestament.

Militärtribunal s. Specialnyje sudy.

Militärzinszimmer in Öst. im 18. Jh. Raum, den ein Hauseigentümer zur dauernden Unterbringung von Militärpersonen gegen behördlich festgesetzten Zins abgeben mußte, falls in der betr. Gemeinde geeignete ärarische Gebäude fehlten. Die erste Einrichtung lag den ↗Landständen, die Instandhaltung dem Fiskus, Heizung u. Beleuchtung dem Eigentümer ob.

Militare jus Recht zum Waffendienst, vielfach an Grund u. Boden geknüpft.

Militaris = Ministeriale (2).

Militia a) = Ritterschaft. **b)** = Cavallaria (2). **c)** = Heerfahrt.

– District = County District (2).

– pacis s. Gottesfriede.

Militie-Ombudsman s. Justitie-Ombudsman.

Miliz im 17. u. 18. Jh. das Heer i. allg.; man unterschied die regulierte M. (das stehende Heer bzw. die Soldtruppen) von der Landmiliz (M. im heutigen Sinn).

Millenarius s. Tausendschaft.

Millones in Sp. 1538 eingeführten Steuer, die als ↗Accise erhoben wurde, bes. auf Fleisch, Öl u. Wein.

Minage (minagium) im ma. Fr. Abgabe vom Getreide, u. zwar des Bauern an seinen ↗seigneur u. des Kaufmanns beim Verkauf.

Minderehe jede Ehe, die zwar ein dauerndes Rechtsverhältnis mit den entspr. Folgen darstellt, aber der feierlichen Form u. bestimmter Bindungen der Vollehe entbehrt. Im dt. MA. war die Kebsehe (Ehe ohne Munt, Friedelehe, concubinatus) die Form der M.; sie unterschied sich von der Kaufehe i. wesentl. durch das Fehlen des ↗Wittums (1), das durch eine ↗Morgengabe ersetzt wurde; sie war, wenn die Kebse frei war, jederzeit lösbar. Von der Kirche wurde sie nur Unverheirateten gestattet u. im Laufe des MA. völlig verdrängt. Erhalten blieb die Kebsehe in der sp. ↗barraganía, sowie in der morganatischen Ehe (Ehe zur linken Hand, matrimonium ad legem salicam, m. ad morganaticam), die zuerst beim mailändischen Adel erscheint u. seit dem späteren MA. eine Eheform des ↗hohen Adels wurde.

Minderfreier in Zinspflicht geratener freier ↗Hintersasse (1).

Minderherrschaften = Status minores.

Ming s. Jahresdevise.

Minister 1. Beamter, z. B. der ↗Amtmann (1) u. der ↗Schultheiß. Seit Ende des MA. wurde außerhalb des roman. Sprachgebietes die Bezeichnung mehr u. mehr auf die höchsten Staatsbeamten beschränkt u. im Laufe des 17. Jh. wurde sie für diese allg. üblich. Da aber die (wenn auch meist nur nominellen) Leiter der Ressorts in den meisten Ländern die Titel der alten ↗Hofämter weiterführten, so hießen offiziell bis Ende des 18. Jh. i. wesentl. nur zwei Beamtenkategorien M.: die ↗Gesandten (i. w. S., vgl. Ministre [accredité]) u. die ↗Staatssekretäre (1), u. ä. (vgl. Conseil d'état [1] u. Premierminister). In den Ländern, die für die Leiter der Exekutive den Ministertitel nicht kennen (z. B. Schw. u. die USA) sind auch heute noch die Gesandten die einzigen ausdrücklich so genannten M.; in fast allen anderen Ländern verdrängte aber spätestens zu Beginn des 19. Jh. M. alle älteren Titel. I. allg. leitet der M. einen bestimmten Verwaltungszweig (Fachminister, Ressortminister); daneben gibt es auch M. ohne Portefeuille (Sprechminister, ↗Staatsminister, ↗Staatsrat [5]), zuerst 1820 in Fr. ernannt, um neben den damals allein vorhandenen Fachministern auch parl. Ministerposten schaffen zu können. Heute werden zu M. ohne Portefeuille Politiker ernannt, deren Mitarbeit als M. erwünscht ist, die aber ein bestimmtes Ressort nicht übernehmen können o. wollen. In Öst. wurden bis 1918 die M., die im ↗Ministerrat ihre Nationalität vertraten, Landsmannminister genannt. Vgl. Ministerium (7), Ministerrat, Staatsrat. **2. a)** = Ministeriale (2) u. Thane. **b)** s. Witenagemôt. **3.** im 13. Jh. von einigen dt. ↗Erzbischöfen zwischen Weihe u. Empfang des ↗Palliums geführter Titel. **4.** s. Ordines (1). **5.** s. Magisterium.

– bevollmächtigter s. Envoyé, Gesandter u. Ministre (accrédité).

– camerarius s. Kämmerer (1).

– civitatis a) = Bürgermeister (1). **b)** s. Schultheiß.

– generalis = Ordensgeneral.

– ohne Portefeuille s. Minister (1).

– provincialis s. Ordensprovinz.

Ministeramt im dt. Reichswehrministerium seit 1929 Abteilung, welche die Verbindung mit den anderen ↗Ministerien (7) aufrecht erhielt; der an der Spitze stehende Offizier hatte die Stellung eines ↗Staatssekretärs (4).

Ministerausschuß (des Europarates) s. Versammlung (des Europarates), Beratende.

Ministerconseil 1. = Ministerrat. **2.** im ksl.

Rußl. Versammlung der Abteilungsvorstände eines ↗Ministeriums (7) unter Vorsitz des betr. ↗Ministers (1).

Ministère public s. Procureur (2).

Ministerial- und Konferenzrat s. Konferenz.

Ministerialbankodeputation (Justizbankodeputation) in Öst. 1706 errichtete Behörde, die eigentlich nur die Oberleitung u. Kontrolle der Wiener Stadtbank führte, aber, da diese zu einem staatl. Kreditinstitut u. Verwaltungsorgan der Staatsschulden wurde, tatsächlich die Leitung der Staatsschulden mit entspr. Gerichtsbarkeit erhielt; sie war ursprgl. der ↗Hofkammer unterstellt, wurde 1746 unmittelbare Hofstelle (s. Stelle [1]), 1762 wieder der Hofkammer untergeordnet u. war. in den folgenden Jahrzehnten bald selbständig, bald mit der Hofkammer bzw. ↗Hofkanzlei vereinigt, bis sie 1816 dauernd der Hofkammer einverleibt wurde.

Ministerialdirektor in Dt. der leitende Beamte einer Abteilung eines ↗Ministeriums (7).

Ministerialdirigent Dienstgrad zwischen ↗Ministerialdirektor u. ↗Ministerialrat.

Ministeriale (ministerialis) **1.** in karol. Zeit der Beamte i. allg. **2.** (Dienstmann, Edelknecht, edler Eigenmann, eigener Edelmann, ↗Eigenmann [a], unfreier Ritter, ↗casatus, cliens, domesticus, familiaris, famulus, miles de familia, militaris, minister, ministerialis nobilis, m. verus, officialis, servicus, serviens, servitor, ↗servus, s. nobilis) ↗Unfreier (aber auch ↗Freier), der zu ehrenvollen Diensten (z. B. ↗Hofämter, Kriegsdienste) herangezogen wurde; die M. erhielten daher allm. statt der ↗Zinsgüter ↗Lehen (1) (↗Dienstlehen) und hoben sich so von den niederen Dienstleuten, denen gegenüber die M. als familia major et melior (massenîe, familia militaris) bezeichnet wurden, ab. Im Laufe des 11. Jh. schlossen sie sich zu einem bes. Stand zusammen, zuerst in den geistl. Herrschaften (Gotteshausdienstleute, filii ecclesiae), erhielten ein bes. Recht (Dienstrecht, ministerialium jus, officiale j., servientium j.) mit bes. Gericht (Dienst[mannen]gericht, Hofgericht) u. die Erblichkeit ihrer Lehen. Jedoch bezahlten sie das ↗Heergewäte, leisteten keine Mannschaft (s. Hulde) u. konnten das Lehensverhältnis nicht einseitig lösen; erhielt der erwachsene M. (ministerialis natus) kein Lehen vom ↗Herrn, so stand es ihm frei, zu dienen, wem er wollte. Der M. konnte von anderen Herren ↗echte Lehen empfangen; dadurch verwischte sich der Unterschied zwischen M. (Altministerialen) u. Lehensmannen, auch dadurch, daß mit der Zeit Freie in die Ministerialität, bes. hoher Herren, eintraten (Neuministerialen, ministeriales censuales, m. feudatarii); zu Beginn des 15. Jh. erlosch daher der Stand der M. u. bildete nunmehr einen Teil des ↗niederen Adels. ↗Freilassungen in die Ministerialität kamen vor (freier Dienstmann, m. bene condicionatus, m. liber). Den ersten Rang unter den M. nahmen die Reichsministerialen (Königsdienstmannen, Reichsdienstmannen) ein, zu denen stets auch die M. der geistl. Fürsten zählten, auch die einiger weltl. In Süddt. unterschied man in staufischer Zeit höhere M. (ministeriales i. e. S., m. majores) u. niedere M. (milites); in Bay., Öst. u. Ung. wurden seit dem 14. Jh. die ersteren als Dienstherren (Land[es]herren, Landgesinde, barones, magnates, majores et meliores terrae) bezeichnet. In Öst. u. Ung. erhielt sich der Unterschied zwischen Landherren u. ↗Rittern (milites nobiles, servientes regii, ↗Wladiken) bis in die neueste Zeit, doch umfaßten die beiden Ausdrücke seit der Verschmelzung von M. u. Freien den gesamten Adel. – Außerhalb Dt. entsprachen den M. i. eigentl. S. etwa die Inhaber einer ↗sergenterie; außerdem gab es ↗Eigenleute von ↗Rittersart am Hofe der hohen Herren o. auch Zinsleute, die Ritterdienste taten. (vgl. Geneat). In Fr. u. Engl. wurden sie als milites (mit Possessivum) bezeichnet, während der freie ↗Vasall seit dem 12. Jh. stets homo o. vasallus hieß. – Vgl. Eigenritter.

Ministerialenlehen = Dienstlehen (a).

Ministerialgraf s. Lehensgraf.

Ministerialhauptforstbuchhaltung s. Forstkommission (b).

Ministerialis = Ministeriale.

– **bene condicionatus** s. Ministeriale (2).

– **censualis** s. Ministeriale (2).

– **feudatarius** s. Ministeriale (2).

– **liber** s. Ministeriale (2).

– **major** s. Ministeriale (2).

– **mansualis** s. Fronden (a).

– **natus** s. Ministeriale (2).

– **nobilis** = Ministeriale (2).

– **palatinus** s. Hofämter.

– **verus** = Ministeriale (2).

Ministerialität s. Ministeriale (2).

Ministerialium jus s. Ministeriale (2).

Ministerialkommission in Braunschweig früher dem (alleinigen) ↗Staatsminister zur Seite stehende beratende Behörde, in fünf Sektionen gegliedert; zeitweise bestanden fünf selbständige M.

Ministerialkonferenz = Ministerrat.

Ministeriallehen = Dienstlehen (a).

Ministerialrat vortragender Rat in einem ↗Ministerium (7).

Ministerialsystem = Realsystem (a).

Ministerium **1.** Amt, Dienst i. allg., auch ↗Fronden (a). 2. s. Graf. 3. in Teilen Galliens der ↗Hundertschaft entspr. Einheit. 4. (officium, amt, métier) in frk. Zeit aus mehreren ↗villae (1) bestehende Unterabteilung eines ↗fiscus (1), von einem ↗Meier (1) verwaltet, der dem ↗actor dominicus unterstand. In einem Teil der Ndl. blieb das M. auch in nachkarol. Zeit erhalten u. wurde allm. zu einem Steuerbezirk, der meist mit einer castellania (s. Burggraf [1c]) zusammenfiel; an der Spitze stand ein ↗notarius (seit dem 12. Jh. ratiocinator) als Steuereinnehmer u. Domänenvorsteher. 5. = Parochia (b). 6. = Magisterium u. Zunft (1). 7. Amt eines ↗Ministers (1) u. die ihm unterstehende Behörde, dann auch die Gesamtheit aller Minister, der ↗Ministerrat.

– **curtis** s. Meier (1).

– **geistliches a**) bes. in freien ↗Reichsstädten die gesamte evang. Geistlichkeit o. die obersten Glieder derselben, wenn sie zu Verwaltungszwecken, Prüfungen u. dgl. zusammentrat. **b**) Kollegium, das unter Vorsitz des ↗Reichsbischofs die DEK leiten, Kirchengesetze erlassen, u. aus wenigstens drei Theologen, vom Reichsbischof auf Vorschlag der ↗Landeskirchen ernannt, u. einem rechtskundigen Mitglied (Rechtswalter der Kirche) bestehen sollte; letzterer war auch Vertreter des Reichsbischofs u. Leiter der Dt. Ev. Kirchenkanzlei. Tatsächlich trat das g. M. nicht in Funktion, u. Ende 1937 erhielt der Präsident der Kirchenkanzlei offiziell die Leitung der DEK; die Kirchenkanzlei, die bis 1945 in alter Form bestand u. dann provisorisch die laufenden Geschäfte der in der Bildung begriffenen EKD besorgte, ist seit 1948 Amtsstelle des ↗Rates der EKD. – 1939 wurde vom Präsidenten der Kirchenkanzlei auf Vorschlag der Landeskirchen ein Geistlicher Vertrauensrat als beratendes Organ gebildet, dessen Tätigkeit bald erlosch.

– **homo ad** s. Fronden (a).

– **öffentliches** s. Procureur (2).

Ministerkabinett (Cabinet, auch C. Council) das engl. ↗Kabinett, im 17. Jh. vom Kg. im Gegensatz zum ↗Privy Council geschaffener engerer Rat (Inner Circle) aus ↗Ministern (1), nicht verfassungsmäßig, im Laufe des 18. Jh. zu einem parl. Parteiministerium geworden (vgl. Unterhaus [1]). Nur ein Teil der ↗Departements (2) muß im M. immer vertreten sein; über die Zugehörigkeit der anderen besteht keine Regel. – Seit dem ersten Weltkrieg u. bes. seit 1940 wurde es üblich, nur einen kleinen Kreis von Ministern (Inner Cabinet) mit den wichtigsten Entscheidungen zu befassen.

Ministerkomittee in Rußl. 1802–1905 den Zaren in administrativen Angelegenheiten, die die Kompetenz der Einzelminister überschritten, beratendes Kollegium, aus den ↗Ministern (1), den Vorstehern der ↗Departements (2) des ↗Reichsrats (7) u. vom Zaren ernannten Mitgliedern bestehend; das M. war tatsächlich ein ↗Staatsrat (1), das Kollegium dieses Namens verdrängend. 1905–1917 war ein wirklicher ↗Ministerrat.

Ministerkonferenz = Ministerrat.

Ministero s. Savi.

Ministerpräsident (Konseilspräsident, Regierungspräsident, président du conseil, auch ↗Staatsminister) Vorsitzender des ↗Ministerrates, in den meisten Staaten vom Staatsoberhaupt mit der Bildung des ↗Kabinetts (daher auch Kabinettschef) beauftragt. In neuerer Zeit ist der M. in vielen Republiken gleichzeitig Staatsoberhaupt (↗Staatspräsident). Vgl. Premierminister.

– **stellvertretender** s. Volkskommissar.

Ministerrat (Ministerconseil, Minister[ial]konferenz, ↗Ministerum [7]) eigentlich die beratende Versammlung aller ↗Minister (1), dann Bezeichnung der Gesamtheit aller Minister (Gesamt[staats]ministerium), auch der dem ↗Kabinett nicht angehörigen, insbes. dann, wenn die Minister nicht ein gemeinsam verantwortliches Kollegium bilden. – In Rußl. erhielt 1811 jedes Ministerium einen als M. bezeichneten, vom betr. Minister ernannten Beirat, der aber ohne jede Bedeutung blieb. Vgl. Staatsrat (3).

– **der Europäischen Wirtschaftsgemeinschaft** das eigentliche Exekutivorgan der EWG, besteht aus je einem Vertreter der Mitgliedstaaten. Sitz: Brüssel. Vgl. Parlament, Europäisches.

Ministerresident s. Resident (1).

Ministerrevue in Pr. im 18. Jh. übliche Bezeichnung der offiziell «Generaletatsregulierung» genannten Genehmigung u. Vollziehung der von den dirigierenden ↗Ministern (1) zu bestimmtem Termin vorgelegten Etats ihrer Ressorts durch den Kg.

Ministerstaatssekretär = Staatssekretär (5).

Ministralis s. Zunft (1).

Ministre (accrédité) zunächst dipl. Vertreter i. allg., bes. im 17. Jh. beliebt, um den Rangstreitigkeiten zu entgehen, dann im 18. Jh. ein ↗Gesandter zweiten o. dritten, endlich endgültig dritten Ranges, u. zwar unter der Bezeichnung M. plénipotentiaire (Bevollmächtigter Minister, plenipotentiarius); an einigen Höfen galt dieser im 18. Jh. als Gesandter zweiten Ranges. I. allg. kommt seit dem 18. Jh. der Titel nur noch in Verbindung mit ↗envoyé extraordinaire vor.

– **d'état a**) = Staatsminister. **b**) s. Conseil d'état (1).

– **plénipotentiaire** s. Ministre (accrédité).

– **résident** s. Resident (1).

Ministro (bzw. m. proprietario) Titel der Richter

des obersten ↗Bundesgerichts (3) in Brasilien bzw. Mexico (s. Corte suprema).

Minoflidus (humilior, inferior, minor, pauper, vilior) in frk. Zeit der freie kleine Grundbesitzer. Vgl. Bargilden.

Minor = Minoflidus.

– Consiglio = Signoria (b).

Minorat s. Jüngstenrecht.

Minorist s. Domkapitel u. Ordines (1).

Minoritätsritter beim Johanniterorden ↗Ritter, der in frühester Jugend aufgenommen wurde, mit 15 Jahren nach Malta kam u. mit 26 Jahren ↗Profeßritter wurde; die M. zahlten doppeltes droit de passage (s. Gnadenritter).

Minorpräbende s. Domkapitel.

Minute † Entwurf, Notiz. – Bei den ↗Congregationes Romanae heißen die Sachbearbeiter, die i. d. R. Doktoren der Theologie o. beider Rechte sind, Minutanten.

Mir 1. s. Radscha. 2. in Rußl. die Gemeinde (Umteilungsgemeinde) o. die Gesamtheit der erwachsenen männlichen Dorfbewohner; diese Gesamtheit war oberste Instanz des Dorfes, Organ der ↗Obschtschina, mit der zusammen der M. seit dem 14. Jh. entstand, u. alleiniger Eigentümer von Grund u. Boden (vgl. Wolost); durch die Bauernbefreiung von 1861 wurde er auch Verwaltungsorgan u. ein autonomer Körper, da innerhalb des Dorfes nicht das allg. Recht, sondern die lokale Tradition galt; er übte die Polizei aus u. war auch Gericht erster Instanz. Erst 1889 erhielt er im ↗Landhauptmann eine Kontrolle. Da der M. mit der Obschtschina ein untrennbares Ganzes bildete, wird der Ausdruck M. i. d. Lit., obwohl an sich unrichtig, für diese ↗Feldgemeinschaft gebraucht. Durch die Revolution von 1917 wurde der M. in der alten Form beseitigt, der Sache nach durch einen ↗Sowjet ersetzt. – Vgl. Teildorf.

– alaï in der Tk. etwa soviel wie ↗Oberst.

– i-Liwa s. Pascha.

Mirika = Allmende.

Miroir de fief s. Parage (a).

Mirowój Sydjá = Friedensrichter (6).

Mirza persisch, Abkürzung von Emír-Sáde, Sohn des ↗Emir, zuerst Titel von Timurs Söhnen, dann von seinen sämtlichen Nachkommen, endlich von Prinzen überhaupt; heute in dieser Bedeutung nur, wenn dem Namen nachgestellt; vorgestellt soviel wie Gelehrter, ein Titel, der jedem sozial Höherstehenden, vor allem jedem Fremden, höflichkeitshalber gegeben wird.

Mise = Kronsjarð.

Missatgericht s. Missus (1).

Missaticum 1. s. Missus (1). 2. ↗Fronden (a) in Form von Botendienst.

Missatsprengel s. Missus (1).

Missetat (Bruch, ↗Frevel i. w. S., Friedbruch i. w. S., Rechtsbruch, Übeltat, Untat i. w. S., Unfug i. w. S., ↗Ungericht i. w. S., ↗Unrecht i. w. S. [diese drei selten], excessus, maleficium, malum [factum], temeritas, violentia, ↗forfaiture) im Ma. strafbare Handlung i. allg.; die weitere Unterscheidung nach einzelnen Gruppen ist nach Zeit u. Ort äußerst verschieden. Vgl. Meintat u. Ungefährwerk.

Missio canonica Übertragung des kirchl. Lehramts durch den ↗Ordinarius loci; ohne M. c. darf kein Geistlicher predigen; mit der Seelsorge ist sie ipso jure verbunden.

– in bona (Einsatz) gerichtliche Einsetzung des Klägers in die Güter des Beklagten.

– in (for)bannum (regis) = Fronung.

– in possessionem = Besitzeinweisung.

Missionsbezirke = Terrae missionis.

Missionsbischof s. Wanderbischof.

Missions(erz)bistum s. Terrae missionis.

Missionsfakultäten s. Fakultätenrecht.

Missivbuch = Register.

Missus 1. in frk. Zeit u. bis ins 12. Jh. ein Kommissar, der irgendeinen völkerrechtlichen o. innerstaatlichen Auftrag hatte (z. B. M. comitis, M. ducis), bes. der vom Kg. (auch vom ↗Hausmeier) entsandte M. dominicus (↗legatus, M. a latere, M. [domini] regis bzw. imperatoris, M. fiscalis, M. palatinus, M. regalis, M. regius, M. sacri palatii, nuntius [camerae], Kammerbote, Königsbote, Sendbote, Sendgraf, Sendrichter); der M. war der eigentliche Stellvertreter u. Vertrauensmann des Kgs., Kontrollbeamter für die gesamte Verwaltung, die Rechtspflege u. das Heerwesen, in erster Linie aber Richter (vgl. Richter, reisender) u. hatte als solcher im Missatgericht (missatisches Gericht) die Vorrechte, die sonst nur dem ↗Königsgericht zustanden; er hielt Versammlungen des Volkes (↗Landtage [1], conventus) u. der Beamten ab; i. d. R. wurden mehrere, meist zwei M. entsandt, Geistliche u. Weltliche, überwiegend ↗Bischöfe, ↗Grafen o. andere hohe Würdenträger, anfänglich auf je ein Jahr ernannt, mit bes. Instuktionen (capitula missorum [s. Capitulare (1)]); sie bereisten zu bestimmten Terminen die ihnen zugeteilten Missatsprengel (legationes, missatica), in die das Reich eingeteilt war, deren Grenzen aber wechselten. Außer den ordentlichen, wandernden M. (M. directi, M. discurrentes) u. den ad hoc ernannten (bis auf Karl d. Gr. allein vorhanden), gab es ständige M. (M. constituti, M. majores), d. h. Bischöfe, Grafen usw., die als solche die missatische Gewalt in ihrem ↗Sprengel ausübten; die Grafen ihrerseits entsandten ebenfalls M. In Dt. u. Fr. verfiel die Einrichtung schon im 9. Jh., indem die territorialen Gewalten das Amt des ständigen M. an sich rissen; in It. erhielten sich die M. bis ins 12. Jh., jedoch nur die wandernden mit ihren alten Befugnissen; die ständigen waren seit dem 9. Jh. nur noch Richter. Vgl. Judex ordinarius. In staufischer Zeit traten ↗Generallegaten, ↗Vikare (3) usw. an ihre Stelle. 2. s. Actor dominicus.

Misterium = Zunft (1).

Mistral regent s. Landammann.

Mißbilligungsvotum s. Mißtrauensvotum.

Mißtrauensvotum der Regierung von der Volksvertretung durch Mehrheitsbeschluß verweigerte fernere Unterstützung, entw. durch Ablehnung der ↗Kabinettsfrage o. durch Annahme eines Mißtrauensantrags (motivierte Tagesordnung). Gegensatz: Vertrauensvotum. – Unter einem konstruktiven M. versteht man ein M., wie es z. B. im dt. Grundgesetz Art. 67 vorgesehen ist: die Mehrheit kann nur dann einen Mißtrauenantrag annehmen, wenn sie vorher einen Nachfolger des bisherigen Regierungsleiters gewählt hat. – Ein Mißbilligungsvotum, auf Grund eines Tadelsantrags (motion of censure) eingebracht, enthält keine Rücktrittsforderung.

Mita in Südam., bes. in Perú, Zwangsarbeit der Indianer, von den Sp. mit dem Ausdruck von den Inkas übernommen, aber viel weiter ausgedehnt. Die Indianer wurden zum Zweck der M. in Gruppen eingeteilt, die abwechselnd arbeiteten, bes. in den Bergwerken. Die M. wurde verschiedenemale aufgehoben, doch blieben diese Gesetzte auf dem Papier.

Mitbelehnung (zu Bruchteilen) (coïnvestitura) nach lomb. Recht gemeinschaftliche Belehnung an mehrere (z. B. Erben) zu bestimmten Teilen, ohne gesamte Hand (Vgl. Gesamtbelehnung).

– zu gesamter Hand = Gesamtbelehnung.

Miterbe s. Markgenossenschaft.

Mitfolge s. Gerichtsfolge (a).

Mitfruchtbau = Waldfeldwirtschaft.

Mitgabe = Aussteuer.

Mitgeselle s. Markgenossenschaft.

Mitgift = Aussteuer u. Dos (3).

Mitgiltman s. Zinsgenossenschaft.

Mitherr s. Markgenossenschaft u. Kondominat.

Mitherrlichkeit = Kondominat.

Mittherrschaft = Kondominat.

Mithio (mithium) Verantwortungspflicht des frk. Schutzherrn für seine ↗sperantes vor Gericht, dann diese selbst u. das von ihnen bewohnte Gebiet, endlich ihre Pflicht, vor Gericht zu erscheinen. Bei den Ags. entsprach der M. der borg. Vgl. Gefolgschaft, Obsequium u. Vasall.

Mithut s. Weidegerechtigkeit.

Mitjagd bis ins 19. Jh. Recht, in einem Gebiet, in dem ein anderer das Jagdrecht besaß, ebenfalls jagen zu dürfen. Die M. wurde vertraglich gestattet, o. ergab sich aus bestimmten Rechtsverhältnissen, z. B. besaß ein ↗Grundherr die M. auf den Gütern seiner Bauern. Ob sie dem Landesherrn (s. Landeshoheit) ipso jure zustand, war strittig. Vgl. Koppeljagd u. Vorjagd.

Mitmärker s. Markgenossenschaft.

Mitmarkungsdorfschaft s. Markgenossenschaft.

Mitpatron(at) s. Patronat.

Mitreeder s. Partenreederei.

Mitreederei = Partenreederei.

Mitschwörer = Eideshelfer.

Mitte = Überschar.

Mittel = Zunft (1).

– wechselndes s. Stadtrat (a).

Mittelamtleute s. Erbunterbeamte.

Mittelfahrt s. Hauptfahrt.

Mittelfreier (Mitterfreier, libertinus) nach dem Schwabenspiegel freier ↗Ritter, Inhaber des fünften ↗Heerschildes. Mit M. werden i. d. Lit. auch die in den Quellen mediocres (mediani, medii) genannten ↗Freien bezeichnet; sie werden teils als freie Bauern, teils als ↗niederer Adel erklärt.

Mittelgericht a) mittlere Instanz, zwischen ↗Untergericht u. ↗Obergericht. Vgl. Provinzialgericht (a). **b)** s. Dêl.

Mittelkämmerer s. Erbunterbeamte.

Mittelmarschall s. Erbunterbeamte.

Mittelschenk s. Erbunterbeamte.

Mittelsöldner s. Doppelsöldner.

Mitteltruchseß s. Erbunterbeamte.

Mitterbürger = Mitterleute (b).

Mitterer = Fronbote.

Mitterfreier = Mittelfreier.

Mitterleute a) s. Schutzverwandter (2). **b)** (mittelmäßige Bürger, Mitterbürger) in einigen Städten, bes. in Bay., im MA. eine Klasse von Bürgern, die zwischen ↗Patriziern u. Handwerkern standen.

Mittlersteurer s. Steuerherr.

Mitvasallen (↗Hausgenossen) derselben clientela (s. Lehenshof) angehörige ↗Vasallen.

Mitvormund Vormund, der in Gemeinschaft mit einem o. mehreren anderen M. gleichberechtigt die Vormundschaft führt. Vgl. Gegenvormund.

Mixed Arbitral Tribunal = Schiedsgerichtshof, gemischter.

– Claims Commission s. Schiedsgerichtshof, gemischter.

– Parish s. Parish.

Miyake in Jap. eigentlich ksl. Reisspeicher, dann die ksl. ↗Domäne.

Mjeschtschanin in Rußl. nach der Einteilung von 1785 Bürger der vierten Klasse.

Mobilgarde = Garde mobile (a).
Mobiliardos s. Wittum (1).
Mobiliarwittum s. Wittum (1).
Moderamen in der bay. ref. Kirche von der ↗Synode gewählter, aus zwei Personen bestehender Vorstand, der auch die laufenden Geschäfte besorgt, u. sich bei Pfarrwahlen, Klagen über Pfarrer u. dgl. zum Synodalausschuß erweitert. In Fr. bezeichnet M. die Leitung der Klassikalsynode (s. Synode).
Moderation im alten Dt. R. Verfahren, wodurch der Betrag der ↗Römermonate ermäßigt wurde. Auf Gesuch des betr. ↗Reichsstandes (1) wurde auf einem ↗Kreistag (a) o. einem bes. Moderationstag die Beschwerde untersucht, u. dann von eigens berufenen Moderatoren darüber entschieden; bei Genehmigung erließ der Ks. ein entspr. Dekret, worin die M. für immer o. nur auf Zeit gewährt wurde. Appellation an das ↗Reichskammergericht war möglich.
Moderator **1.** i. allg. der Leiter eine kirchl. Versammlung (z. B. eines ↗Konzils); in der scho. ref. Kirche werden die höheren Stufen der M. auch ruling elder genannt. **2.** s. Town (2b). **3.** s. Moderation.
– palatii = Hausmeier.
Modii = Meßkorn.
Modius regi(u)s = Königsscheffel.
Möbelgut s. Sondergut.
Mönch, exponierter zu bestimmtem Zweck, z. B. zur Ausübung priesterlicher Funktionen an einer dem ↗Kloster inkorporierten Kirche, außerhalb der Klausur lebend.
Mönchbischof s. Klosterbischof (a).
Moetsone = Überbuße.
Mohafez s. Mohafza.
Mohafza (Muhafsa, Gouvernorat, Gubernie) in Äg. außerhalb der Provinzeinteilung (s. Mudîrîje) stehendes Gebiet, unter bes. Gouverneur (Mohafez); die Unterabteilung einer M. (Kism) untersteht einem Ma'mur.
Mohassil s. Kaïmakam.
Mohatra in den moh. Ländern üblicher u. im MA. in Eur. viel angewandter Kaufvertrag zur Umgehung des Zinsverbotes. Ein wertloser Gegenstand wird verkauft u. die Zahlung gestundet; der Verkäufer kauft sofort die Sache zu einem erheblich geringeren Preis in bar zurück; dieser Barpreis ist nun tatsächlich ein Darlehen u. der Preisunterschied stellt die Zinsen dar.
Mois = Hufe.
Mokudai (Rusu) in Jap., bes. im 11. u. 12. Jh., die Vertreter der den ↗Kuge angehörigen Beamten, die sich damit begnügten, ihr Gehalt zu beziehen; doch handelten auch die M. nach Gutdünken. Ende des 12. Jh. traten ↗Shugo, ↗Jitō usw. an ihre Stelle.
Molagium (farinagium, monagium, monnage, monnée, moutage, moute) Abgabe an den ↗seigneur bei Benützung seiner Mühle. Vgl. Zwangs- und Bannrechte.
Molestienkasse = Marsch- und Molestienkasse.
Molla (Kadi-Molla, Mullah) oberster Grad der ↗Ulêma, in der Tk. oberer Richter, seit der Mitte des 19. Jh. Richter zweiter Instanz, dessen Gericht Mewlewjet hieß, für ein ↗Ejalet (o. mehrere kleinere) je eines. Den ersten Rang unter den M. hatten diejenigen von Stambul, Mekka u. Medina, den zweiten die M. der vier Städte (Adrianopel, Brussa, Damaskus, Kairo), den dritten die M. Makredschi (von sieben weiteren Städten), den vierten die M. Devrié (der übrigen Städte); die letzteren konnten nicht M. der drei ersten Rangklassen werden.
Momber = Mambour(g).
Momboir s. Fiskal.
Momken in Serbien zur Zeit der Türkenherrschaft die mil. Begleiter eines ↗Woiwoden, etwa der alten ↗Gefolgschaft entspr.
Momper s. Mainbournie u. Munt (1).
Momperschaft = Munt (1).
Monachium = Kloster.
Monachus s. Kloster.
Monagium = Molagium.
Monarchia Sicula s. Legat(us).
Monarchie républicaine i. d. Lit. gebraucht für eine Monarchie, deren erbliches Oberhaupt nur ein beschränktes ↗Sanktionsrecht für Gesetze hat; eine M. r. schuf z. B. die fr. Verfassung von 1791 u. die norw. von 1814.
Monasterium = Kloster u. Münster.
– canonissarum = Frauenstift.
– duplex = Doppelkloster.
– sanctimonialium = Frauenstift.
Monate, apostolische s. Reservationen.
– bischöfliche s. Reservationen.
– päpstliche s. Reservationen.
Monatsrichter s. Wochenrichter.
Monatsschutz (Monatsgeld, Mondgeld) Steuer, die monatlich bezahlt wurde.
Monchūjo s. Kumonjo.
Mondgeld = Monatsschatz.
Moneda im ma. Sp. Steuer i. allg., bes. eine im 13. u. 14. Jh. in Kast. bezahlte jährl. Abgabe, die ursprgl. nur bei bes. Anlässen (als «petitum») erhoben worden war. – M. forera, ursprgl. eine Abgabe der Gemeinden zur Ablösung einer Reihe von Lasten u. Abgaben, wurde im 16. Jh. zu einer alle sieben Jahre fälligen Steuer, die von allen Einwohnern an die Krone bezahlt wurde.
Monedaje = Monetaticum.
Monetagium = Monetaticum u. Schlagschatz.
Monetaticum (monetagium, morabotinum, relevatio monetae, Münzgeld, monnéage, moneyage, monedaje) im MA. in verschiedenen

Ländern Steuer, gegen deren Bewilligung der Herrscher auf die ↗Münzverrufung verzichtete. Das M. wurde meist als ↗Herdsteuer erhoben, aber auch als ↗Ungeld u. dgl.

Monialis s. Kloster.

Monitoriae litterae s. Mandatum de providendo.

Monjūsho s. Kumonjo.

Monnage = Molagium.

Monnayage = Schlagschatz.

Monnéage = Monetaticum.

Monnée = Molagium.

Monneyage = Monetaticum.

Monnoyage = Schlagschatz.

Monopolgilde s. Gilde.

Monseigneur Anrede für fürstliche Personen, hohe Geistliche usw. Seit Ludwig XIV. bezeichnete M. den ↗Dauphin.

Monsieur seit Ludwig XIII. Prädikat des ältesten Bruders des fr. Kgs.

– le grand = Grand écuyer de France.

– le premier **1.** s. Grand écuyer de France. **2.** der erste Vorsitzende in einigen fr. ↗Parlamenten (2), bes. in Aix.

Monsignore s. Hausprälat, päpstlicher.

Montad(eg)o s. Montazgo.

Montag (Mentag[gut], Montagacker) im Elsaß Bauerngut, das kleiner war als eine ↗Hufe, u. dessen Inhaber (Mentager) nur zu geringen ↗Fronden (a) verpflichtet war. Den M. entsprachen in der Gegend von Tegernsee die Menlehen.

– geschworener s. Hofgericht (f).

– guter = Bauerding (1).

Montagium (montatio, montage) im MA. Abgabe von Schiffen bei der Bergfahrt.

Montanhauptmannsschaft s. Oberbergamt (a).

Montatico = Montazgo.

Montatio = Montagium.

Montazgo (montatico) im ma. Sp. Bezeichnung von Abgaben für Weideerlaubnis u. dgl., später nur noch für die Abgabe der ↗Mesta gebraucht. – In Port. hieß diese Abgabe montad(eg)o (montatico).

Monthly Session s. Friedensrichter (1).

Montrée s. Aveu et dénombrement.

– de fief s. Aveu et dénombrement.

– de terre s. Aveu et dénombrement.

Monzen machi in Jap. eine Stadt, die außerhalb (monzen) einer Burg o. eines Tempels entstand, aber im engsten Anschluß an diese.

Moorbrandwirtschaft s. Brandwirtschaft.

Moorbrennkultur s. Brandwirtschaft.

Moorhufe s. Hufe.

Moorhufendorf s. Marschhufendorf.

Moorkolonie s. Fehnkolonie.

Moot-worthy s. Ding.

Morabotinum = Monetaticum.

Moratorium (Anstand, Indult, Stillstand) eigentlich nur der dem Schuldner durch Akt der Staatsgewalt gewährte Zahlungsaufschub, aber auch gebraucht für den vom Gläubiger gewährten Aufschub, der meist Stundung heißt. Das M. wird nur einer Person erteilt (Spezialindult) o. allg. bzw. einer ganzen Klasse u. dgl. (Generalindult). Spezialindulte wurden bes. in früheren Zeiten als Gnadenakt des Herrschers durch Anstandsbriefe (eiserne Briefe, Fristbriefe, dilatoriae litterae, respirationis l., rescripta moratoria, lettres de répit) erteilt, im Dt. R. meist auf fünf Jahre (Quinquennellen, durch quinquennales litterae).

Mordgeld s. Wergeld.

Mordomo mor s. Hausmeier.

Morganaticum = Morgengabe.

Morgengabe (donatio nuptialis, donum matutinale, ↗dos [1], dotalitium, morganaticum, tschech. veno) nach germ. Recht das vom Manne der Frau am Morgen nach der Brautnacht gegebene pretium virginitatis, ursprgl. nur aus Mobilien, später auch aus Immobilien bestehend. Die M. fiel nach dem Tode des Mannes der Frau anheim, nach dem Tode der Frau dem Manne. Vgl. Wiederanfallsrecht u. Widerlage. Da sie in ihrer Wirkung dem ↗Wittum (1) gleichkam, so fiel sie im Laufe des MA. teils mit diesem zusammen, teils verschwand sie, teils blieb sie allein übrig u. nahm dann durchaus den Charakter des Wittums (u. dessen Bezeichnungen) an. Vgl. Tertia. – In Fr. verschmolz die M. mit der ↗donatio propter nuptias zum douaire (doaire, osclage, oscle, doarium, dos, dotalitium, [e]duwarium, osc[u]lum, sponsalitium), das vor allem Witwenversorgung wurde, i. d. R. aber nur zur Nutznießung der Witwe. Je nachdem das douaire gesetzlich fixiert war o. nicht, hieß es d. coutumier (d. légal) o. d. conventionnel (d. préfix). – Dem fr. douaire entsprach in Kast. das esponsalicio, in Kat. das escreig. – In einigen dt. Rechten bezeichnete M. auch eine Gabe der Frau an den Mann, auch geradezu die ↗Aussteuer.

Morgensprache Versammlung, u. zwar: **a)** (Bauerding, Bauermal, Bauersprache, Beisprache, Bürgerding, Bürgerkonvent, Bürgersprache, Burding, Bureinige, Burgding, Burgericht, Burggeding, Bursprache, Heimgereide, Herrengebot, Parding, Porting, burgiloquium, civiloquium, commune, concilium sculteti, conventus civium, mercuriale, parlamentum) der Bürger einer Stadt; diese M., zu denen in älterer Zeit jeder ↗Vollbürger erscheinen mußte, dienten ursprgl. der Beratung u. Beschlußfassung über neue Gesetze usw., außerdem übten sie Gerichtsbarkeit aus; schon früh wurden die M. nur noch einmal jährl. als Schwörtage (Eidtage) abgehalten, wobei die städt. Statuten verlesen wurden u. die Bürgerschaft dem Rat, ↗Bürgermeister (1) usw. schwor u. deren Eid entgegennahm; die städt. Verordnungen (↗Küren) wurden daher selbst M. genannt. I. allg. wurden die M. durch ↗Bürgerausschuß (a) u. Großen Rat (s. Stadtrat [a]) ersetzt. **b)** (Brudersprache, Bursprache, gemeines Gebot, Gesellengebot, Gildesprache, Hüttenrecht, Jahresgebot, Jahrestag, kleines Gebot, collequium fratrum) der Genossen einer ↗Zunft (1), mindestens einmal jährl. tagend; auf ihr wurden alle wichtigeren Angelegenheiten verhandelt u. insbes. war sie Zunftgericht. Vgl. Berggericht (a). **c)** (colloquium) eines Gerichts.

Morgensprachsherr (Amtspatron, Aufseher, geschworener Pfleger, Gildepatron, Obermeister, Obmann, Weddeherr, Wetteherr) in einigen Städten ↗Ratsherr (a), der die ↗Zünfte (1) beaufsichtigte u. ihren Versammlungen (↗Morgensprachen [b]) beiwohnte, auch die Gerichtsbarkeit über sie ausübte. Für Streitigkeiten unter den Zünften gab es in Nürnberg vom 14. Jh. bis 1803 ein Bußamt, bestehend aus zwei Ratsherren, den Bußmeistern.

Mors civilis = Mort civile.

Mort civile (bürgerlicher Tod, mors civilis, civil death, d. in deed, d. in law) in Fr. seit dem späteren MA. aus der Friedlosigkeit bzw. der ↗Acht (1) entwickelt, im Code pénal u. in einigen anderen Rechten als Nebenstrafe aufgenommen; durch die M. c. wurde ein Verurteilter als verstorben angesehen u. ging z. B. seines Vermögens verlustig, konnte keine Ehe eingehen u. nicht vor Gericht auftreten. – Die M. c. wurde 1852 in Fr. durch die (bereits vorhandene) dégradation civique (Aberkennung der bürgerlichen Ehrenrechte) u. die interdiction légale ersetzt, in Pr. 1850, in ganz Dt. 1879 aufgehoben. – Dem bürgerlichen Tod in seinen Rechtsfolgen ähnlich ist der Klostertod, der Eintritt ins ↗Kloster, der früher dem ersteren gleichgesetzt wurde. Mönche u. Nonnen konnten Eigentum u. andere Rechte weder erwerben, noch besitzen, noch darüber verfügen. Nach kan. Recht dagegen gehen ihre Rechte an das Kloster über.

– d'ancestor s. Petty Assizes.

– gage = Zinssatzung.

Mortaille s. Mainmorte.

Mortaillable s. Mainmorte.

Morte antecessoris, de s. Petty Assizes.

Mortel faide s. Fehde.

Morthdêda = Ungericht.

Morticinium = Sterbfall.

Mortifikationsschein = Todbrief.

Mortuage (neufme) in einigen Gegenden Fr. Teil der beweglichen Hinterlassenschaft (ursprgl. ein Neuntel), den die Kirche von denjenigen Verstorbenen beanspruchte, die kein Almosen vermacht hatten. Vgl. Seelgeräte.

Mortuarium a) = Sterbfall. **b)** s. Seelenrecht. **c.** = Seelgeräte.

Mortuum vadium = Zinssatzung.

Moschaw Owim (Genossenschaftsdörfer) in Isr. Dörfer, deren Boden sich in öffentlicher Hand befindet u. an die Mitglieder in ↗Erbpacht vergeben wird; die Grundstücke sind gleich groß, ebenso der gesamte Besitz an Haus, Vieh usw. In den M. Schitufi wird der ebenfalls in öffentlicher Hand befindliche Grundbesitz kollektiv bewirtschaftet, während Haus, Garten, etwas Vieh u. Geflügel Eigentum des Siedlers sind. Vgl. Kibbuz.

Mōt = Ding.

Motion i. allg. Antrag. – In der Schw. Antrag eines Mitglieds der ↗Bundesversammlung (2), wodurch der ↗Bundesrat (2) ersucht wird, einen Gesetzentwurf vorzulegen, o. wodurch ihm verbindliche Weisungen erteilt werden, bestimmte Maßnahmen zu treffen; die M. muß von ↗Nationalrat (a) u. ↗Ständerat angenommen sein, um gültig zu werden. – Ein Antrag, in dem der Bundesrat nur aufgefordert wird, einen Gesetzentwurf vorzulegen o. einen Bericht zu erstatten, heißt Postulat; er braucht nur von demjenigen Rat angenommen zu werden, dem der Antragsteller angehört. – In den ↗Kantonen (1) gibt es ebenfalls M. u. Postulate.

– of censure s. Mißtrauensvotum.

Motoyer s. Tenure en mote.

Mottier s. Tenure en mote.

Motu proprio (motus proprius) seit Innozenz VIII. gebräuchliche Form päpstl. Erlasse, auf der freien Initiative des Papstes beruhend u. daher von absoluter Geltung.

Moutage = Molagium.

Moute = Molagium.

Mouvance s. Lehenrührig sein.

Mouvoir = Lehenrührig sein.

Moventien Fahrhabe, die sich selbst bewegt, d. h. Tiere.

Moveri = Lehenrührig sein.

Moyen justicier s. Seigneur justicier (a).

Moyenne justice = Gerichtsbarkeit, mittlere.

MPA = Armeeverwaltung, politische.

MTS s. Maschinen- und Traktorenstation.

Muda 1. (muta) Zoll, bes. Transitzoll. **2.** s. Savi. **3.** = Admiralschaft.

Muderi s. Ulêma.

Mudir a) niederer tk. Verwaltungsbeamter, in der Mitte des 19. Jh. an der Spitze eines ↗Ḳasa, später eines ↗Nahijé. **b)** s. Mudîrîje.

Mudîrîje (Mudîrlik) seit 1813 ↗Provinz in Äg., an deren Spitze ein Mudîr steht; vorher war die M. Unterabteilung eines Paschalik (s. Ejalet). Vgl. Markaz.

Mudua = Admiralschaft.

Mühlenbann s. Zwangs- und Bannrechte.

Mühlenfriede s. Friede (a).

Mühlenzwang s. Zwangs- und Bannrechte.

Mühllaufergeld in Steiermark Steuer auf die für industrielle Zwecke benützte Wasserkraft.

Mühlzins s. Zwangs- und Bannrechte.

Müllerhufe s. Diensthufe.

Münster (monasterium) größere Pfarrkirche, dann insbes. Klosterkirche u. ↗Kathedrale.

Münzbann s. Münzhoheit.

Münzergenossen = Münzerhausgenossen.

Münzerhausgenossen (Erbhausgenossen, ↗Hausgenossen, Münzergenossen, Münzherren, Münzjunker) in Dt. seit dem 12. Jh. Genossenschaft, der vom Münzherrn (s. Münzhoheit) die Herstellung usw. der Münze übertragen wurde; an ihrer Spitze stand ein von ihm ernannter Münzmeister, dessen Arbeiter die M. ursprgl. gewesen waren; es konnten auch mehrere Münzmeister vorhanden sein, die ein consilium monetae bildeten. Da die Hauptaufgabe der M. die Beschaffung des Münzmetalls war, so wurden sie allm. zu kapitalistischen Unternehmern, zu denen mehr u. mehr Nichtfachleute gehörten, die persönlich nur noch den den M. zustehenden Geldwechsel besorgten, weshalb die M. geradezu Wechsler (campsores, trapezitae) genannt wurden; die technische Arbeit verrichteten Münz(er)knechte. Von Anfang an hatten die M. große Privilegien, bes. Beteiligung am ↗Münznutzen, wogegen sie die Besorgung der Münze auf eigene Rechnung übernahmen. Sie hatten dann auch die Verantwortung für den Münzfuß u. dgl.; ebenso wurde ihnen die Münzpolizei übertragen, teilweise auch die Gerichtsbarkeit über Münzverbrechen, in bes. Münzgericht durch den Münzmeister ausgeübt, meist nur in erster Instanz, manchmal auch in letzter. Die Zahl der M. war geschlossen, ihre Stellen vererblich u. veräußerlich. Sie bildeten eine der vornehmsten ↗Zünfte (1); manchmal hatten sie (z. B. durch Verpfändung) geradezu das Münzrecht (s. Münzhoheit). In Speyer u. Weißenburg gelang es ihnen dadurch, daß sie alle reicheren Familien in die Hausgenossenschaft aufnahmen, das Stadtregiment allein auszuüben; man unterscheidet hier zwischen den eigentlichen M. u. den Hausgenossen i. w. S. Seit dem 14. Jh. (in einigen Staaten schon Ende des 12. Jh.) ging ihre Bedeutung zurück, da die Münzherren allm. die Prägung wieder in eigenen Betrieb nahmen; die Münzpolizei ging im 16. Jh. an die ↗Kreise über. – M. gab es außerhalb Dt. nicht, doch waren die Münzer durchweg zunftmäßig organisiert u. genossen weitgehende Vorrechte. Auf dem Boden des ehemaligen westfrk. Reiches waren sie in einigen großen Verbänden zusammengeschlossen, die nach dem dem Kg. geleisteten Eid «serments» hießen; sie waren den M. zum Teil sehr ähnlich, z. B. waren die Stellen teilweise erblich.

Münzerknecht s. Münzerhausgenossen.

Münzerneuerung s. Münzverrufung.

Münzgeld = Monetaticum.

Münzgericht s. Münzerhausgenossen.

Münzgewinn = Münznutzen.

Münzherren **a**) s. Münzhoheit. **b**) = Münzerhausgenossen.

Münzhoheit das Recht der Staatsgewalt, die für das Münzwesen notwendigen obersten Verfügungen zu treffen. Der Inhaber der M. ist meist auch Inhaber des Münzrechts (Münzherr), d. h. der Befugnis zur Münzerzeugung u. des Anspruchs auf ↗Münznutzen, sowie der daraus fließenden Verordnungsgewalt (Münzbann). Er kann das Münzrecht verleihen, u. da dieses dann leicht zur M. werden kann, werden die beiden Bezeichnungen häufig vermengt.

Münzjunker = Münzerhausgenossen.

Münzknecht s. Münzerhausgenossen.

Münzmeister auch ↗Hofamt; in Öst. hatte der M. (Erblandmünzmeister), ein ↗Obersterblandamt, nach der ↗Huldigung (a) die Denkmünzen zu verteilen.

Münznutzen (Münzgewinn) der Gewinn, der dem Münzherrn (s. Münzhoheit) aus der Ausübung des Münzrechts zufließt, also vor allem der ↗Schlagschatz u. der Gewinn aus ↗Münzverrufungen.

Münzrecht s. Münzhoheit.

Münzregal i. allg. das Münzrecht (s. Münzhoheit, vgl. Regal), i. bes. ein Teil des ↗Schlagschatzes.

Münzverrufung (innovatio monetae, mutatio m., renovatio m., revocatio m.) durch den Münzherrn (s. Münzhoheit) angeordnete Außerkurssetzung der bisherigen u. Verwendungspflicht einer neuen Münze (Münzerneuerung). Die M. waren bes. im späteren MA. als Finanzmaßregel üblich, meist jährl., um dem Münzherrn den ↗Münznutzen zu verschaffen.

Münzwardein im MA. der mit der Prüfung des Feingehaltes u. des Gewichts der Münzen betraute Beamte.

Müsemester s. Zeugmeister.

Müstahfiz ↗Landsturm in der Tk.

Mufettisch s. Wakuf.

Muffettirez s. Wakuf.

Mufti in den Ländern des Islam der ↗Ulêma (mit dem Grad eines Muderi), der als Ausleger der Gesetze u. juristischer Berater tätig ist; bei jedem ↗Mehkemé mußte ein M. sein; M. hieß insbes. der erste von ihnen, der ↗Scheich-ül-Islam. Vgl. Fetwa u. Großmufti.

Muhafsa = Mohafza.

Muktar s. Nahijé.

Mulasim s. Ulêma.

Mulcta s. Friedensgeld.

Mullah = Molla.

Multura s. Zwangs- und Bannrechte.

Munboratus = Schutzhöriger.

Mund a) = Munt (1). **b)** s. Wittum (1).

– gichtiger = Urgicht.

Mundboro s. Munt (1).

Mundbrief s. Königsschutz (b).

Mundeburdis = Munt (1).

Mundeburdium = Munt (1).

Mundgebühr = Schutzzins.

Mundialgewalt = Munt (1).

Mundialis = Schutzhöriger.

Mundiatus = Schutzhöriger.

Mundiburdus s. Munt (1) u. Schutzhöriger.

Mundiculus = Schutzhöriger.

Mundilingus = Schutzhöriger.

Mundilio = Schutzhöriger.

Mundium a) = Munt (1). **b)** s. Wittum (1). **c)** s. Freilassung.

Mundius s. Wittum (1).

Mundoaldus s. Munt (1).

Mundoburdia = Angefälle (a).

Mundr s. Wittum (1).

Mundschaft = Munt (1).

Munschatz 1. s. Wittum (1). **2.** = Schutzzins. **3.** s. Grafenschatz.

Mundschenk (Keller[er], Schenk, buticularius, cellarius, gillonarius, pincerna, scantio, scaptor) eines der vier alten ↗Hofämter, unter den Merov. ohne Bedeutung, unter den Karol. mehr hervortretend, auch Aufseher der kgl. Weinberge. Die Unterbeamten des M. hießen ebenfalls M. usw., auch Unterschenk, während der oberste M. Oberschenk (Oberhofmundschenk, Oberkellner, Oberstschenk, cellerarius senior, comes scantiarum, magister pincernarum, praepositus gillonariorum, princeps pincernarum) hieß; hier u. da hieß der Oberschenk pincerna, der Unterschenk buticularius. Am dt. Königshof wurde das Amt als Erzmundschenk (s. Erzämter) u. Reichserbschenk (s. Reichserbämter) erblich u. mangelte bes. Funktionen; auch an den übrigen dt. Höfen war der meist erbliche M. (Erb[landmund]schenk) reines Hofamt ohne administrative Tätigkeit, das in neuerer Zeit an vielen Höfen verschwand bzw. im Amte des Marschalls (1) aufging. – In Fr. erlangte der M. (bouteiller) im Ma. administrative u. richterliche Funktionen, z. B. über die Wirte, u. war zeitweise Vorsitzender der ↗chambre des comptes; das auch hier erblich gewordene Amt wurde 1449 aufgehoben, blieb aber als erblicher Titel (grand-bouteiller) bestehen; die Funktionen in der ↗maison du roi wurden einem der bisher unter ihm stehenden échansons als grand-échanson übertragen, der aber nicht ↗grand-officier war u. unter dem ↗grand-maître de France stand; auch dieses Amt wurde bald erblich u. bloßer Titel. – Der M. fand sich auch an den übrigen eur. Höfen, teilweise (z. B. in Engl.) mit administrativen Befugnissen, aber ohne Bedeutung; in neuerer Zeit ging das Amt meist ein. – Der buticularius ([Reichs]butigler) in Nürnberg war der an der Spitze der dortigen ↗Reichsgüter stehende Verwaltungsbeamte; er verschwand bereits im 14. Jh.

Mundsühne = Überbuße.

Munera = Dona annua(lia).

Municipal Assembly s. Municipal District.

– Borough s. Borough (a).

– Council s. Municipality (b).

– Court a) = District Court (1b). **b)** s. Friedensrichter (2).

– District in Puerto Rico die Verwaltungseinheit, deren Hauptstadt, stets die größte Stadt, von einem ↗Mayor (1) u. einer Municipal Assembly geleitet wird.

– Ordinance = Bylaw.

Municipale jus a) = Stadtrecht. **b)** s. Marktrecht.

Municipalité in Fr. seit der Revolution die dem früheren ↗corps de ville entspr. Körperschaft (auch corps municipal), dann die Gemeinde, nach 1795 auch ein mit eigener ↗administration municipale versehener Gemeindeteil; nach der Verfassung von 1795 hieß die Versammlung der ↗agents municipaux ebenfalls M. (de canton).

Municipality a) in den USA die Stadt als öffentlich-rechtlicher Verband. **b)** auf den Jungfern-Inseln seit 1936 einer der beiden nahezu selbständigen Bezirke, die von je einem Municipal Council verwaltet werden; mindestens einmal im Jahr treten die beiden Councils zu einer Legislative Assembly zusammen. **c)** in Ind. seit Mitte des 19. Jh. die einem engl. ↗Town Council (1) entspr. gewählte Körperschaft; in Calcutta, Bombay u. Madras werden sie Corporation genannt.

Munimen = Urkunde.

Munitio castri = Burgwerk.

Munizipalfiskal = Oberfiskal (b).

Munizipalrat s. Conseil municipal.

Munizipalrecht s. Komitat (3).

Munizipalstadt s. Borough (a) u. Landesstadt.

Munizipal(verwaltungs)ausschuß s. Komitat (3).

Munizipium s. Komitat (3).

Munsiff in Ind. Richter für Bagatellsachen, schon früher stets Eingeborener.

Munt 1. (Mund, mundeburdis, mundeburdium,

mundium, muntburgium, später auch Momperschaft, Mundialgewalt, Mundschaft, Muntgewalt, Vogtei, Vogtschaft) in den westgerm. Rechten ein Schutzverhältnis (daher auch defensio, patrocinium, sermo, tuitio, tutela u. ä.), das auch Gewalt u. Vertretungsrecht in sich schloß. Vgl. Sippe. Außer der Gewalt des Familienhauptes über Familienmitglieder (Hausgewalt) fiel unter den Begriff der M. das Verhältnis des ↗Herrn (als Muntherr) zum ↗Hörigen, ↗Schutzhörigen u. ↗Freigelassenen (als Muntleuten), die ↗Vogtei (2) über Fremde u. Kirchen, der ↗Königsschutz u. ähnliche Verhältnisse (geschützte Freiheit). Vgl. Vasall. Im Laufe des MA. wurde die M. wesentlich ein familienrechtlicher Begriff. In der Familie stand sie dem Vater als Muntherrn (Behalter, Gerhab, Momper, Muntwalt, mundboro, ↗Pfleger, Vogt, mundiburdus, mundoaldus, später Vormund, curator) zu; sie erlosch bei weiblichen Gliedern mit deren Verheiratung (da dann die Frau in die M. [Ehevogtei] ihres Mannes überging), bei männlichen durch Gründung eines selbständigen Haushaltes o. Eintritt in fremde Hausgenossenschaft, außerdem durch rechtsförmliche Aufhebung (emancipatio, exseparatio, forisfamiliatio) vor Gericht. Im übrigen erlosch sie mit dem Tode des Vaters, wobei sie dann, soweit noch nötig, auf den nächsten großjährigen männlichen Verwandten überging, i. d. R. also auf den ältesten Sohn. Die Ausscheidung aus der M. durch Haushaltsgründung bzw. Verheiratung wurde seit dem 16. Jh. als emancipatio saxonica (e. tacita) bezeichnet. Die einzelnen Arten der M. schieden sich in der Folge in selbständige Institutionen, ↗Familienvormundschaft, ↗Altersvormundschaft, ↗Geschlechtsvormundschaft usw. Vgl. Mainbournie. **2.** s. Wittum (1). **3.** = Schutzhöriger.

Muntat s. Immunität (a) u. Stadtfriede (a).

Muntbrüche ↗Buße für Verletzung der ↗Munt (1), bes. der ehemännlichen, meist in Höhe des ↗Wittums (1).

Muntburgium = Munt (1).

Muntehe nach den germ. Rechten die vollgültige Ehe, bei der (im Gegensatz zur ↗Minderehe) der Mann die ↗Munt (1) über die Frau besaß.

Muntgewalt = Munt (1).

Muntherr s. Munt (1) u. Schutzhöriger.

Muntmann **1.** = Schutzhöriger. **2.** s. Hauptherr (1b) u. Munt (1).

Muntwalt s. Munt (1).

Munus hospitii s. Hospes (1).

Mura in Jap. das Dorf bzw. die Gemeinschaft der Dorfbewohner. Die M., die schon vor der Zeit der ↗Handen bestanden hatten, wurden im 9. Jh. als unterste Verwaltungseinheit wieder eingerichtet. In späterer Zeit stand an ihrer Spitze ein Shōya (Nanushi), dem ein Gehilfe (Kimoiri) u. ein gewählter Rat der Ältesten (Otona hyakushō) zur Seite stand; zur Deckung der Kosten wurde eine bes. Steuer (Kuyakugin) erhoben.

Muragium **a)** (Mauergeld) im ma. Engl. Abgabe zur Erhaltung von Stadtmauern usw. **b)** = Burgwerk.

Muraji s. Uji.

Murdrum im ma. Engl. Sühne für Totschlag.

Muschir s. Pascha.

Musikgraf = Spielgraf.

Musselim dem ↗Kadi zur Seite stehender, vom ↗Pascha ernannter Vollstrecker der Urteile.

Mustaçaf = Almotacén.

Musteil (cibaria domestica) Hälfte des auf dem ↗Hof (3) vorhandenen Speisevorrats, der Witwe, außer der ↗Gerade (b), zustehend. Vgl. Dreißigster.

Musterherr früher der die Musterung der angeworbenen Leute leitende ↗Offizier.

Musterschreiber in Dt. im 16. u. 17. Jh. der bei der Musterung der angeworbenen Leute tätige Schreiber, der dann als Feldschreiber bei der Truppe blieb; i. d. R. hatte jedes ↗Fähnlein einen M. – Bei der Artillerie hieß der M. Zeugschreiber; ebenso hießen im 17. u. 18. Jh. die Beamten der ↗Zeugämter.

Musteschar soviel wie Rat, seit Anfang des 19. Jh. Titel der tk. ↗Unterstaatssekretäre, dann auch von Beamten bei Gesandschaften.

Mut- und Sitzjahre s. Zunft (1).

Muta = Muda (1).

Mutatio monetae = Münzverrufung.

Mutessarif in der Mitte des 19. Jh. an der Spitze eines minder wichtigen ↗Ejalets (das dann Mutessariflik hieß), in neuerer Zeit an der Spitze eines ↗Liwa (a), das daher auch Mutessariflik heißt.

Mutessariflik s. Ejalet, Liwa u. Mutessarif.

Mutewelli s. Wakuf.

Mutgericht s. Ding.

Mutingy-act (Army-act) seit 1689 die vom engl. Parlament (1) jährl. neu erlassene ↗Act, durch die die Friedenspräsenzstärke der Armee geregelt wird; außerdem enthält die M. Bestimmungen über die Militärgerichtsbarkeit.

Mutition s. Commenda (1).

Mutjahr s. Zunft (1).

Mutscharung Auszeigung, Genußteilung, Mutschierung, Nutzteilung, Örterung) bei einer im gemeinsamen Eigentum stehenden Vermögensmasse, z. B. einer ↗Ganerbschaft (a), das Gesamteigentum tatsächlich teilen, aber so, daß den bisherigen Gesamthändern nur die Nutzung zusteht u. rechtlich das Gesamteigentum erhalten bleibt; handelt es sich um den Landbesitz einer Dynastie, so spricht man von Verwaltungsteilung. Vgl. Gesamtbelehnung u. Totteilung.

Mutschierung = Mutscharung.

Mutteradel = Noblesse utérine.

Mutterdorf (Urdorf) ursprüngliche Siedlung, von der aus beim Wachsen der Bevölkerung u. Knappwerden des Bodens neue Siedlungen (Filialdörfer, Tochterdörfer) gegründet wurden.

Muttergemeinde s. Filialkirche.

Mutterkirche(nverband) s. Filialkirche.

Mutterkloster s. Kloster.

Muttermagen Verwandte mütterlicherseits.

Mutterpfarrei s. Filialkirche.

Mutterrecht (Urrecht) im Ma. ein ↗Stadtrecht, das selbständig entwickelt worden war. Die meisten Städte erhielten ihr Stadtrecht (Tochterrecht), indem sie es sich von einer anderen Stadt (Mutter[rechts]stadt) übertragen ließen (Aussetzung, Bewidmung), wodurch die betr. Städte zu einer Stadtrechtsfamilie verbunden wurden. Die Tochter(rechts)städte (villes affiliées) blieben auch dadurch in Verbindung mit der Mutterstadt, daß diese ihr ↗Oberhof (1a) war, u. mit ihnen einen Stadtrechtskreis bildete; ein solcher lag aber in jedem Falle vor, wenn ein ↗Rechtszug stattfand, auch ohne daß es sich um Mutter- u. Tochterrecht handelte.

Mutterrolle Verzeichnis der Grundstücke einer Gemeinde nach ihren Eigentümern. Vgl. Flurbruch.

Mutterstadt s. Mutterrecht.

Mutung 1. s. Lehen (1). 2. Gesuch an die Bergbehörde um Verleihung eines ↗Bergwerkseigentums; um gültig zu sein, bedarf die M. der ↗Fündigkeit, sonst ist sie «blind».

Mutungssperre = Feldesschließung.

Mutzettel s. Lehen (1).

Myō(den) (Namenfeld) in Jap., meist mit einem ↗Shō (2) mehr o. weniger verbunden, aber erst später kultiviertes Grundstück, dessen Inhaber (Myōshu) seine Wohnung (Yashiki) auf demselben hatte, es bewirtschaftete u. ihm einen Namen (Myo) gab. Der Myōshu galt als ↗Gokenin, doch versuchten die ↗Shugo u. ↗Jito (a) schon früh, ihn zu ihrem Lehensmann (s. Lehen [1]) u. damit zum ↗Aftervasallen des ↗Shōgun zu machen, was ihnen auch im Laufe der Zeit gelang. Die M. verschwanden zugleich mit den Shō im 15. Jh.

Myōshu s. Mōy(den).

Myrmaend in Norw. bis 1884 Nichtgrundbesitzer, die ein kleines u. wertloses Stück Land erworben hatten, um das Wahlrecht, das nur Grundbesitzern zustand, ausüben zu können.

N

Nabatinus s. Fondaco.

Nabob s. Naïb.

Nachbann 1. s. Ban et arrière – ban. 2. in Augsburg Abgabe der Wirte, ursprgl. dem ↗Bischof, später der Stadt bezahlt.

Nachbar s. Bauer (a).

Nachbardiener s. Nachbarschaft (c).

Nachbarlosung (Fürnossenrecht, Furchgenossenrecht, Nachbarrecht, retractus ex jure vicinitatis) der einem Nachbar eines Grundstücks zustehende ↗Retrakt, in Städten auch Bürgerretrakt genannt; sie war nur in wenigen Gegenden bekannt. – Ähnlich war die Genossenlosung, ein Retrakt, der den Genossen einer ↗Realgemeinde an den Nutzungsanteilen zustand.

Nachbarmeister s. Nachbarschaft (c).

Nachbarordnung s. Dorfgericht (a).

Nachbarrecht 1. = Nachbarlosung. 2. (auch Legalservitut) Recht des Besitzers eines Grundstücks, vom Nachbarn bestimmte Handlungen bzw. Unterlassungen zu verlangen. Vgl. Anwenderecht, Dachrecht, Fensterrecht, Hammerschlagsrecht, Immission, Neidbau, Schaufelschlagrecht (2), Traufrecht, Überfallsrecht, Überhangsrecht, Wegerecht. 3. s. Dorfgericht (a).

Nachbarschaft a) s. Viertel (3). b) = Genossame (1). c) (Nachbarschaftsgemeinde, Nachbarschaftsverband) in Westf. Vereinigung benachbarter ↗Erben (1b) für gemeinsame Angelegenheiten, z. B. Unterhaltung eines Brunnens, eines Backhauses u. dgl., aber auch zur nachbarlichen Hilfe, z. B. beim Bau eines Hauses. Derartige N. gab es auch in anderen Teilen Nordwestdt., nicht nur auf dem Lande, sondern auch in den Städten; in einigen derselben wurde die Bürgerschaft in N. eingeteilt; die von Nachbarmeistern, denen Nachbardiener beigegeben waren, geleitet wurden.

Nachbarschaftsgemeinde = Nachbarschaft (c).

Nachbarschaftsmeister s. Schultheiß.

Nachbarschaftsverband = Nachbarschaft (c).

Nachbarvermögen = Allmende.

Nachbarzeuge (Gemeindezeuge) der auf Grund seiner Kenntnis über gemeindekundige Dinge aussagt; auch in ↗Urkunden spielte das Nachbarzeugnis eine bedeutende Rolle.

Nachding = Afterding.

Nacheid a) = Eid, assertorischer. b) Eid, der nach der Vernehmung einer Partei von dieser geleistet wird.

Nacheile s. Gerüfte u. Gerichtsfolge (a).

Nacherbe s. Erbschaftsvermächtnis.
Nacherbfolge = Erbschaftsvermächtnis.
Nachfolge **1.** s. Gerichtsfolge (a), Heerfahrt u. Landfolge. **2.** = Jagdfolge (a).
Nachfuge (Nachzettel) Nachtrag zu einem Testament.
Nachgericht = Afterding.
Nachjahr = Annus gratiae.
Nachkind s. Einkindschaft.
Nachlaßrecht = Spolienrecht.
Nachmonat s. Annus deservitus.
Nachrecht Anteil des ↗Fronboten an einer gerichtlichen ↗Buße.
Nachreise s. Landfolge.
Nachsaat Recht eines ↗Heuerlings (2), auf seiner früheren Heuer noch ein, zwei, höchstens drei Jahre lang nach seinem Wegzug die Äcker zu bebauen. In den neueren Heuerverträgen wird die N. nach Möglichkeit nicht mehr aufgenommen.
Nachschuß s. Gewerkschaft.
Nachsicht des Alters = Altersnachsicht.
Nachsichtserklärung s. Altersnachsicht.
Nachsitzfrist Frist zu Gunsten der Erben eines Geistlichen; vgl. Annus deservitus.
Nachsteuer s. Detractus jus.
Nachtlager s. Herbergsrecht (1).
Nachtmahl s. Herbergsrecht (1).
Nachtpfennig s. Herbergsrecht (1).
Nachtrieb s. Vortrieb.
Nachtselde s. Herbergsrecht (1).
Nachtstallung s. Herbergsrecht (1).
Nachtzil s. Herbergsrecht (1).
Nachvogt = Fronbote.
Nachzeichnung (Scheinoriginal, copie figurée, copia imitativa) mit der Hand hergestellte Kopie einer ↗Urkunde, die sich den Äußerlichkeiten des Originals möglichst anschließt.
Nachzettel = Nachfuge.
Nadelgeld **1.** (Spielgeld, Spillgeld, Spindelgeld, Trüffelgeld) **a)** vom Ehemann der Frau ausgesetzte Summe für ihren persönlichen Bedarf, u. U. auch vom Vater der Frau gewährt. **b)** in einigen ↗Hausgesetzen Rente, die einer ledigen Tochter des regierenden Fürsten (o. auch des Thronfolgers) bis zu ihrer Heirat gezahlt wird. **2.** s. Weinkauf (1).
Nadjelland (Anteilland) bei der ruß. ↗Obschtschina das der Feldgemeinschaft unterliegende Ackerland, von dem jeder Bauer einen (wechselnden) Anteil hatte.
Nador (ispán) = Palatin(us) (3).
Nähergelter s. Retrakt.
Näherkauf = Erblosung.
Näherrecht = Retrakt.
Nahrung = Ackernahrung.
Naemd (auch sȳn) im MA. in Dän. u. Schwd. die ↗Jury, aus zwölf vom ↗Gerichtsherrn (1) ernannten Geschworenen (sannaendmaenn) bestehend.
Naemdarmaþer s. Markgenossenschaft.
Nämdemän s. Häradshöfding.
Nagelgeld = Beddemund.
Nagelmagen Verwandte bis zum siebten Grade einschließlich.
Nahija früher in Montenegro u. Serbien oberste Verwaltungseinheit.
Nahijé kleinster Verwaltungsbezirk, etwa Gemeinde, in der Tk. unter einem ↗Mudir (a) o. Muktar (etwa ↗Bürgermeister [1]), dem früher auch Kodscha-Baschi (Ajan, in Griechenld. ''Αρχοντες [Archontes], etwa Notabeln) zur Seite standen; in Äg. unter einem 'Omde, dem in größeren Gemeinden ein Schêch-el-beled beigegeben ist.
Nahrungsgeld s. Accise.
Nahrungssteuer s. Accise.
Naïb eigentlich Vertreter, Statthalter, dann Titel von Beamten, bes. von obersten Verwaltungsbeamten einer ↗Provinz (so noch heute in Afghanistan [Naïb-al-Hakame, Hakîm-i-Ala]). In Ind. wurde für diese der Plural von N., Nuwab (Nawab), als Singular verwendet, gebräuchlich, u. nach der engl. Eroberung Titel einiger selbständiger Fürsten. – Aus Nuwab verderbt ist Nabob, das von den Eur. in der Bedeutung «Großkapitalist» verwendet wird. – In der Tk. war der N. niederer Verwaltungsbeamter, später Gehilfe des ↗Kadi, seit der Mitte des 19. Jh. selbständiger Unterrichter (etwa ↗Friedensrichter [1]). In der persischen Armee bezeichnet N. den ↗Leutnant. – Heute bedeutet N. den Abgeordneten.
Nai(dai)jin s. Dajokwan.
Naikaku in Jap. 1882 errichteter ↗Ministerrat bestehend aus einem ↗Premierminister (Soridaijin) u. (zuerst neun) ↗Ministern (1) (Daijin). Bis 1946 vom Ks. abhängig, ist der N. seitdem dem ↗Kokkai verantwortlich. Vgl. Shō (1).
Nairan seit Ende des 12. Jh. vom ↗Shōgun eingesetzter, seiner Familie angehöriger Aufseher des Ks. u. des ksl. Hofes.
Nakasi s. Sobor.
Nakîb-el-Eschrâf s. Scherîf.
Namenfeld = Myō(den).
Namhardt s. Sterbfall.
Namjestnik in Rußl. soviel wie Statthalter, an der Spitze der früheren selbständigen Statthalterschaften (z. B. Polen, Kaukasus), unmittelbar unter dem Zaren.
Nan s. Lehensfürst (2).
Nantissement im ma. Fr. die der dt. ↗Auflassung entspr. Form der gerichtlichen Übertragung von Grundstücken.
Nanushi s. Mura.
Nao de Acapulco = Galéon de Manila.

– **de China** = Galéon de Manila.

Narocznicy in Polen einschließlich Schl. bis etwa 1200 in Dörfern (Dienstdörfer) bei den Burgen angesiedelte ↗Hörige, die zu Dienstleistungen auf den Burgen verpflichtet waren u. einem bes. Beamten (Pstresto) unterstanden; wie die ↗decimi erhielten sie ein Stück Land (sors, źreb). I. wesentl. war ihre rechtliche Stellung dieselbe wie die der ↗Smurden.

NARKOM s. Volkskommissar.

Narkomwnudel s. Tschreswyjtschajnaja Kommissija.

Národní rada (Nationalrat) 1944 entstandene Volksvertretung der Slowakei, 1948 mit sehr beschränkten Befugnissen dem Gesamtstaat eingegliedert.

– **Shromáždění** (↗Nationalversammlung [d]) in der Tschechoslowakei seit 1920 die Volksvertretung, bis 1948 aus einem ↗Senat (6) u. einem Abgeordnetenhaus (Poslanecká Snêmovna) bestehend, seitdem aus einer ↗Kammer (2a).

Narodny Kommissar s. Volkskommissar.

Narodnyje sasedateli (Volksbeisitzer) in der UdSSR an sämtlichen Gerichten tätige ehrenamtliche Laienrichter; es sind stets zwei N. s. u. ein Berufsrichter vorhanden. Sie müssen mindestens 23 Jahre alt sein u. werden für die ↗Volksgerichte von den Wahlfähigen des Gerichtssprengels, für die höheren Gerichte von den entspr. ↗Sowjets gewählt. – Den N. s. entspr. Leienrichter gibt es auch in anderen kommunistischen Ländern.

Narrator = Vorsprecher.

Nasir Titel höherer tk. Beamter, auch Minister.

Nation s. Zunft (1).

National Assistance Board 1943 errichtete engl. Zentralbehörde, zuerst nur zur Bekämpfung der Arbeitslosigkeit, dann seit 1948 mit der Armenfürsorge betraut an Stelle der bisherigen Armenbehörden (vgl. Overseers of the Poor u. Poor Law Union).

– **Convention** = Nationalkonvention.

– **Guard** (State Guard, Nationalgarde) in den USA die ↗Miliz, die in Friedenszeiten den Regierungen der Einzelstaaten, im Kriege (die N. G. des ↗Bundesdistrikts u. der ↗Territorien [3] immer) dem Bund untersteht; außerdem gibt es eine bes. Air N. G. Neben dieser freiwilligen Truppe besteht noch eine State Militia, ein allg. Aufgebot für bes. Notfälle.

Nationalbezirk s. Okrug (a).

Nationalgarde = Garde Nationale u. National Guard.

Nationalitätenrat s. Zentralnyi Ispolnitelnyi Komitet.

Nationalitätensowjet s. Zentralnyi Ispolnitelnyi Komitet.

Nationalkongreß a) in Belg. 1830/31 die verfassunggebende Versammlung. **b**) s. Kongreß u. Sobor.

Nationalkonvent = Convention (nationale).

Nationalkonvention (National Convention) in den USA die Parteiversammlung durch die die Kandidaten für die Ämter des Präsidenten u. ↗Vizepräsidenten nominiert werden; obwohl die N. keinerlei rechtliche Existenz hat, entscheidet sie tatsächlich über den Kandidaten, da die ↗Wahlmänner sich unbedingt daran zu halten pflegen.

Nationalkonzil s. Konzil.

Nationalliste (liste nationale) in Fr. nach der Verfassung von 1799 die Liste, aus welcher der ↗Senat (6) die Mitglieder des ↗corps législatif u. des ↗tribunat, die ↗Konsuln (4), die Richter des ↗Kassationshofes u. die Mitglieder des ↗Rechnungshofes wählte. Die N. entstand aus der Zusammenfassung der Departementslisten, die ihrerseits durch Wahl aus den Kommunallisten (Arrondissementslisten) hervorgingen.

Nationalrat a) (Conseil national, Consiglio nazionale) in der Schw. seit 1848 die zweite ↗Kammer (2a) der ↗Bundesversammlung (2), bestehend aus Abgeordneten des Gesamtvolkes; auf jeden ↗Kanton (1) bzw. ↗Halbkanton muß mindestens ein Abgeordneter entfallen. **b**) in Öst. 1918 aus den dt. Abgeordneten des früheren ↗Reichsrates (2) gebildet; nach kurzer Zeit nannte sich dieser N.: Provisorische ↗Nationalversammlung (d); sie schuf die Wahlordnung für die Konstituierende Nationalversammlung; seit 1920 heißt die zweite Kammer der Bundesversammlung (3) N.; 1933 wurde der N. durch die Regierung ausgeschaltet, 1934 noch einmal berufen, 1945 erneuert. – Auch die einzelnen Mitglieder des schw. u. des öst. N. führen die Bezeichnung N. **c**) (Conseil national) in Monaco seit 1911 (mit einigen Unterbrechungen) die Volksvertretung. **d**) in Ung. 1918/19 die gesetzgebende Versammlung. **e**) s. Consiglio Nazionale delle Corporazioni. **f**) s. Woiwode. **g**) = Národní rada.

– **der Korporationen** = Consiglio Nazionale delle Corporazioni.

Nationalregiment s. Várjobágy.

Nationalrepräsentation, provisorische Versammlung von Vertretern der Städte, des Grundbesitzes u. der ↗Regierungen (2), die (als Landesdeputiertenversammlung) 1811 u. (in anderer Zusammensetzung) 1812–1815 in Berlin tagte.

Nationalsynode s. Konzil u. Synode.

Nationalversammlung a) (konstituierende N., später verfassunggebende Reichsversammlung) das 1848/50 in Frankfurt a. M. (bzw. Stuttgart) tagende ↗Parlament (1) der Staaten des Dt. Bundes; **b**) das pr. Parlament von 1848; **c**) (verfassunggebende N.) das 1919 in Weimar tagende Parlament des Dt. R. Vgl. Nationalrat (b); d) i. d. dt. Lit. wird N. häufig verwendet für die verfassunggebenden Körperschaften vieler Länder, aber auch für die endgültigen gesetzgebenden Versammlungen.

– **große** = Marea Adunare Nationalu.

– **konstituierende** = Nationalversammlung (a).

– **verfassunggebende** = Nationalversammlung (c).

Nationsuniversität in Siebenbürgen seit dem MA. die Einheit jeder der drei Völkerschaften der Sachsen, Magyaren u. Székler, der sowohl kulturell als auch verwaltungstechnisch Selbstverwaltung zustand. 1784–1790 u. 1849–1860 wurden die N. vorübergehend, 1919 endgültig aufgehoben; seit 1876 waren sie nur noch Behörden für die Verwaltung des eigenen Vermögens.

Nationalwerkstätten = Ateliers nationaux.

Nativus = Höriger.

NATO-Rat = North Atlantic Council.

Natschalnik in den slawischen Ländern Bezeichnung von Verwaltungsbeamten kleinerer Bezirke. Vgl. Okrug (b).

Natural s. Patronat.

Naturaldienste s. Fronden (a).

Naturalisation Verleihung der Staatsangehörigkeit an einen Fremden.

Naturalkomputation Berechnung des Lebensalters unter Zugrundelegung der tatsächlichen Geburtszeit. Bei Zivilkomputation wird der Beginn des Tages, an dem die Geburt stattfand, zu Grunde gelegt.

Naturalreichnis s. Reichnis.

Naturalrentengrundherrschaft ↗Grundherrschaft, deren Einkünfte in Naturallieferungen ihrer abhängigen Bauern bestehen.

Naturalzehnt s. Zehnt (1).

Naturgang s. Weidetrift.

Nauclerus im MA. auch der Reeder.

Naval-Lord s. Admiralität (2).

Navigium s. Leding.

Navigating-lieutenant s. Schiffer.

Navío de registro (suelto) = Registerschiff.

Navy Board 1546 gegründete kollegiale Behörde für Bau, Reparatur, Ausrüstung u. Armierung der engl. Flotte. Diese Funktion hatte bis dahin der Clerk of marine causes (C. of the Navy, im 13. Jh. Keeper of the King's ships, im 14. Jh. C. of the K. s., seit dem 17. Jh. C. of the acts), der nunmehr mit einem Surveyor of the ships (für Instandhaltung), einem treasurer u. einem comtroller das N. B. bildete; i. wesentl. war er nur noch Sekretär. Diese vier «principal officers» führten teils als Kollegium, teils als Einzelbeamte die laufende Verwaltung unter dem ↗Lord High Admiral bzw. der ↗Admiralität (2). 1796 löste sich das N. B. in einzelne ↗Committees auf, die später in der Admiralität aufgingen; der Clerk of the acts wurde Sekretär dieses ↗Ministeriums (7).

– **Commissioners** s. Generals at Sea.

Nawab s. Naïb.

Nebeneid s. Haupteid.

Nebenhof s. Fronhof.

Nebeninteressent s. Gemeinheitsteilung.

Nebenintervention (accessorische Intervention, Streithilfe) Beitritt eines Dritten (Nebenintervenient, Streitgehilfe) zu einer Prozeßpartei (Hauptpartei), an deren Sieg er ein Interesse hat.

Nebenkirche s. Titulus (a).

Nebenklage Anschluß eines dazu Berechtigten an die vom ↗Staatsanwalt erhobene öffentliche Klage.

Nebenmodus in Pommern im 18. Jh. die von der nichtansässigen Landbevölkerung erhobenen Abgaben.

Nebenort s. Gemeinde, zusammengesetzte.

Nebenteilnehmer s. Gemeinheitsteilung.

Nebenvogt s. Vogt (1).

Nebenwirtschaft s. Kollektiwnoje chosjaistwo.

Necessairfrei = Notfrei.

Neckargraf s. Rheingraf.

Neckarrüge s. Rheingraf.

Nedri tingdeild s. Allthing.

Neering = Zunft (1).

Nefndarmaðr im ma. Norw. von der Obrigkeit ernannt zur Ausübung der früher allg. ↗Dingpflicht.

Negus in Abessinien auch Provinzialstatthaltern verliehener Titel.

Neidbau ein Bau, der nur mit der Absicht errichtet wurde, einem andern Nachteil o. Verdruß zuzufügen. Der Einspruch dagegen ist ein ↗Nachbarrecht.

Neidingswerk = Meintat.

Nei-ko in China bis zur Revolution eine der obersten Zentralbehörden, früher die oberste Gesetzgebungs- u. Verwaltungsstelle, dem Ks. beratend zur Seite, in neuerer Zeit (seit Errichtung des ↗tschün-tschi-tsch'u) i. wesentl. mit der Proklamierung der ksl. Erlasse betraut; die sechs Mitglieder (ta-hsio-schi) waren je zur Hälfte Mandschu u. Chinesen, ihr Amt zuletzt reines Ehrenamt.

– **schi** s. Fu-yin.

Neme in Ir. im MA. die Vornehmen, im Gegensatz zu den ↗fene; sie bestanden aus den sogen. Reichen (flaith) u. den ferdana, zu denen Priester, Rechtskundige, Waffenkundige, Musiker, Schmiede u. Zimmerleute gehörten. Die flaith zerfielen in sieben Klassen (slicht) mit verschiedenem ↗Wergeld.

Nemoris jus = Forstrecht (2).

Nemus camerale s. Forst.

– **immune** s. Forst.

– proprium s. Forst.
Nengo s. Jahresdevise.
Neomysta s. Primiz.
Neosacerdos s. Primiz.
Neubruch = Bifang (1).
Neubruchzehnt s. Zehnt (1).
Neubuch s. Bôcland.
Neubürger s. Vollbürger.
Neuerung 1. s. Bede (1). **2.** = Bifang (1).
Neufme = Mortuage.
Neugereut = Bifang (1).
Neujahrsgeld s. Reichnis.
Neukux s. Kux.
Neulehen a) s. Feudum antiquum. **b)** = Lehen, echtes.
Neuministeriale s. Ministeriale (2).
Neupriester s. Primiz.
Neureute = Bifang (1).
Neureutzehnt s. Zehnt (1).
Neuriß = Bifang (1).
Neustift ↗Zeitlehen, auf Lebenszeit des ↗Grundherrn verliehen.
Nexus subditelae s. Erbuntertänigkeit.
Nichtelgerade s. Gerade (b).
Nichtrechtler s. Realgemeinde.
Niederadel = Adel, niederer.
Niederbank s. Stadtrat (a).
Niedereigentum s. Dominium directum.
Niederfrais = Gerichtsbarkeit, niedere (a).
Niedergericht (Kleingericht, Landschranne, judicium inferius, j. minus, auch ↗Untergericht) Gericht (u. dessen ↗Sprengel), das die ↗niedere Gerichtsbarkeit (a) ausübte, bis ins 13. Jh. bes. das ↗Zentgericht, seitdem i. wesentl. das ↗Dorfgericht (a); in den größeren ↗Territorien (2) vielfach das Gericht eines ↗Amtes (1), in den Städten manchmal das ↗Stadtgericht. Vgl. Hochgericht (1) u. Vogteigericht.
– geschlossenes (adliges) s. Gericht, adliges.
Niedergerichtsherrschaft kleinere, selbständige ↗Herrschaft, deren Inhaber nur die ↗niedere Gerichtsbarkeit (a) besaß.
Niederlage(recht) = Stapelrecht.
Niederlagsgeld s. Stapelrecht.
Niederlagsgerechtigkeit = Stapelrecht.
Niederlegen 1. zeitweiser Rückfall eines verliehenen Rechtes an den Verleiher während dessen Anwesenheit, z. B. des Rechtes, Gericht zu halten an den Kg. unter Ausschaltung des ↗Grafen usw., o. auch eine ↗Regals an den Kg. **2.** s. Arrest.
Niederrichter (judex inferior) Richter, der die ↗niedere Gerichtsbarkeit (a) ausübte, insbes. der ↗Zentenar. Vgl. Vikar (2).
Niedervogtei s. Vogtei (7).
Nief = Höriger.
Nien-hao = Jahresdevise.
Niftelgerade s. Gerade (b).
Night Court in einigen Städten der USA Gericht, vor dem Verhaftete auch bei Nacht sofort verhört werden können.
Nisam = Nizam.
Nischandschi seit Mohammed II. Chef der ↗Kanzlei des tk. Reichs, Schreiber der Tugra (auch Nischan genannt), einer der höchsten Würdenträger.
Nisi Prius s. Court of Nisi Prius.
Niþgiǫld s. Wergeld.
Nizam (Nisam) aktive Armee (Linie) in der Tk.; reguläre Armee in Persien.
– ul-Mulk eigentlich Statthalter 1724–1948 Titel der unabhängigen Herrscher von Haidarabad.
No bill s. Jury.
Nobiliores s. Hochfrei.
Nobilis in der ersten Hälfte des MA. häufig der ↗Freie, also auch ein freier Bauer.
Nobilissimus byz. Titel im Range nach dem ↗Caesar, meist an Mitglieder der ksl. Familie verliehen, später auch an hohe Würdenträger. Im 12. u. 13. Jh. gab es auch den Titel Protonobilissimus.
Nobilitas codicillaris = Briefadel.
– libera et immediata imperii = Reichsritterschaft.
Nobility s. Peer.
Noblesse au premier degré mit einem Amt verbundener Adel (↗noblesse de robe), der ohne weiteres erblich wurde; dieses Privileg war mit wenigen hohen Ämtern verknüpft.
– civile s. Noblesse de robe.
– comitive = Noblesse de lettres (b).
– commencée Adel, der bei der ↗Ahnenprobe für nicht genügend alt befunden wurde.
– commensale eine ↗noblesse de robe, die durch Bekleidung gewisser Ämter in der ↗maison du roi erworben wurde.
– coutumière = Noblesse utérine.
– dative = Briefadel.
– de cloche = Noblesse d'échevinage.
– de dignité = Noblesse de robe.
– de l'épée = Noblesse de race.
– de lettres a) = Briefadel. b) (n. comitive, n. littéraire) ↗persönlicher Adel, der mit dem Doktorgrad verbunden war.
– de magistrature = Noblesse de robe.
– de race (gentillesse, n. de l'épée, n. d'extraction, n. native, n. d'ourine) in Fr. der ↗Geburtsadel, dessen Nachweis nicht an strenge Bedingungen geknüpft war.
– de robe (n. de dignité, de magistrature, n. d'office) in Fr. seit dem 16. Jh. ↗Amtsadel, der dadurch entstand, daß bei Verleihung bestimmter Ämter (z. B. beim ↗Parlament [2]) der Inhaber stets geadelt wurde, so daß endlich der Adel als mit dem Amt verbunden galt (chevalier en loi, c. ès lettres, miles literatus). Zuerst

persönlich, wurde er mit dem Amt erblich (vgl. N. au premier degré). Die N. de r. besaß die Privilegien der ↗noblesse de race, zählte aber zum dritten Stand (daher N. civile). – Vorläufer der N. de r. waren die ↗chevaliers ès lois, sowie die ↗noblesse d'échevinage. Vgl. Noblesse commensale.

– **d'échevinage** (n. de cloche, n. municipale) in einigen fr. Städten seit dem 14. Jh. Adel, der mit bestimmten Ämtern (↗maire [1] u. ↗Schöffen [1]) verbunden war; vgl. Noblesse de robe.

– **d'extraction** = Noblesse de race.

– **d'office** = Noblesse de robe.

– **dormante** s. Dérogeance.

– **d'ourine** = Noblesse de race.

– **graduelle** ursprgl. ↗persönlicher Adel, der dadurch erblich wurde, daß mehrere (i. d. R. drei) Generationen nacheinander dasselbe Amt, mit dem der Adel verbunden war, bekleideten.

– **littéraire** = Noblesse de lettres (b).

– **militaire** in Fr. seit dem 16. Jh. ↗persönlicher Adel, der (zuerst von allen, später nur von den höheren) ↗Offizieren durch bestimmte Dienstzeit erworben wurde; u. U. konnte er erblich werden .Vgl. Officier de fortune.

– **municipale** = Noblesse d'échevinage.

– **native** = Noblesse de race.

– **par lettres** = Briefadel.

– **utérine** (n. coutumière, Mutteradel) Adel nur von mütterlicher Seite, der aber nicht alle Rechte gab, z. B. nicht das, ↗Ritter werden zu können. In Fr. im MA. da u. dort üblich, verschwand er später, ausgenommen in der Champagne u. im Barrois, wo er sich bis ins 18. Jh. erhielt.

Noçage in Teilen Fr., bes. in der Bretagne **a)** Abgabe an den Priester bei Hochzeiten; **b)** Recht des ↗seigneur, an Hochzeiten seiner ↗Hintersassen (1) u. dgl. teilzunehmen.

Novivi homines = Leute, schädliche.

– **terrae** = Leute, schädliche.

Nojan mong. Bezeichnung für ↗Emír.

Nomarch s. Nomos.

Nomarchie = Nomos.

Nombra(i)ge s. Champart (1) u. Zehnt (1).

Nomekhan (de-sri, py-blon) in Tibet früher der erste Würdenträger am Hofe des ↗Dalai-Lama, sein Stellvertreter u. tatsächlich der eigentliche Herrscher des Landes; ihm zur Seite standen fünf ↗Minister (1) (kalun, kolon).

Nomenclator s. Judices de clero Sacri Palatii Lateranensis.

Nōmin s. Buke.

Nominatio mit der ↗electio canonica konkurrierende Art der Ämterbesetzung, wobei entw. das berechtigte Kollegium der eigentlichen Wahl eine Vorwahl vorausgehen läßt (N. consultoria) o. dem zuständigen Oberen eine Anzahl (drei) Kandidaten präsentiert, von denen er einen ernennt (N. sollemnis).

– **consultoria** s. Nominatio.

– **regia** (Nominationsrecht) vom Papst kath. Staatsoberhäuptern zugestandenes Recht, die ↗Bischöfe ihres Landes zu ernennen; bei Erfüllung der kan. Voraussetzungen erfolgt Bestätigung.

– **sollemnis** s. Nominatio.

Nomination Borough bis 1832 ein ↗Borough (a) (Pocket B., Rotten B.) dessen Abgeordneter zum ↗Unterhaus (1) zwar der Form nach gewählt, tatsächlich aber von einem Großgrundbesitzer o. auch der Krone ernannt wurde, da die wenigen Wähler von dem Betreffenden völlig abhängig waren o. auch die Stadt in Wirklichkeit nur noch einige Häuser zählte.

Nominationsrecht = Nominatio regia.

Nominatus s. Eideshelfer.

Nomos (Nomarchie) im heutigen Gr. oberste Verwaltungseinheit, unter einem Nomarchen.

Non appellando, jus de = Privilegium de non appellando.

– **County Borough** in Engl. seit 1933 kleineres ↗Borough (a), das einen County District (s. Sanitary District) bildet.

– **evocando, jus de** = Privilegium de non evocando.

– **residens** = Einläufiger.

Nona et decima s. Zehnt (1).

Nonne s. Kloster.

Nonnus s. Kloster.

Normaljahr (Entscheidungsjahr, annus decretorius) ein Jahr, das für bestimmte Besitzfragen als Termin gesetzt wird, bes. das Jahr 1624, dessen 1. Januar (Normaltag, dies decretorius) nach den Bestimmungen des Westf. Friedens Termin zur Regelung der kirchl. Besitzfragen sein sollte.

Normalmonat = Römermonat.

Normaltag s. Normaljahr.

Normativsteuer Steuer, die nicht auf Grund der tatsächlichen Verhältnisse, sondern einer Normalgröße erhoben wird, z. B. des durchschnittlichen Gewinns o. Ertrags.

Normenkontrolle (abstrakte N.) die, meist vom höchsten Gerichtshof des Landes vorgenommene Prüfung, ob eine Rechtsnorm (z. B. ein Gesetz o. eine ↗Verordnung [1]) mit einer Norm höheren Ranges (i. allg. der Verfassung) übereinstimmt o. nicht. Veranlaßt wird eine N. durch eine Popularklage, d. h. die Anfechtung einer geltenden Rechtsnorm unabhängig von einem konkreten Prozeß o. einem behördlichen Einzelakt. Eine Anfechtung einer solchen heißt Verfassungsbeschwerde. Falls in einem konkreten Prozeß die Frage entschieden werden muß, ob ein Gesetz gültig ist o. nicht, spricht man von inzidenter N. – Vgl. Verfassungsgerichtsbarkeit.

North Atlantic Council (NATO-Rat) besteht aus ↗Ministern (1) der Mitgliedsländer der NATO, tritt zu jährl. Tagungen zusammen; Sitz ist Paris.

Not, echte (Ehafte, ehafte N., sunne, laghae forfall, syn, essonium, exonium, impedimentum legitimum, sonia, sunnis, essione[ment], exoine) Umstände, die einen rechtlichen Hinderungsgrund für Nichterscheinen (z. B. vor Gericht), Nichtinnehalten von Verträgen, Nichterfüllen von Lehenspflichten usw. bildeten; dazu gehörten u. a.: ↗servitium regis, Krankheit, Feuer im Haus. Die e. N. wurde dem Gericht usw. durch einen Notboten mitgeteilt. Vgl. **Contremand.**

Notabelnversammlung (assemblée de notables) **a)** in Fr. seit dem 13. Jh. Versammlung von Vertretern der drei Stände (seit dem 15. Jh. Notabeln [homines notabiles] genannt) entw. einer ↗Provinz (Provinzialnotabeln) o. des ganzen Reichs (Generalnotabeln, Reichsversammlung). Im Gegensatz zu den ↗états généraux (a) (bzw. ↗états provinciaux) bestanden die N. aus einer vom Kg. getroffenen willkürlichen Auswahl der Berechtigten, so daß nicht einmal alle drei Stände vertreten zu sein brauchten. Im übrigen war die Kompetenz der N. der der états gleich, nur das Steuerbewilligungsrecht blieb i. wesentl. letzteren vorbehalten. Vielfach berief der Kg. die N. anstatt der états. Die Provinzialnotabeln hörten im 16. Jh. allm. auf; die Generalnotabeln wurden zuletzt 1626 berufen, dann erst wieder 1787. Die Abstimmungen, Wahlen usw. glichen denen der états. **b)** s. Assemblée générale.

Notär früher in Ung. Bezeichnung der Sekretäre in den verschiedenen Selbstverwaltungsbehörden (Obernotär bzw. Vizenotär in den ↗Komitaten (3) u. Städten mit Munizipalrecht, Kreisnotär in den Bezirken, Gemeindenotär), die die Leitung der laufenden Geschäfte innehatten u. daher die wichtigsten Beamten der betr. Organisationen waren; zum Teil wurden sie auf Lebenszeit gewählt. Das Amt des N. in seinen verschiedenen Stufen wurde auch von der evang. Kirche übernommen.

Notaire clerc du roi s. Staatssekretär (1).

– de la cour et hôtel du roi s. Staatssekretär (1).

– du sang Schreiber an einem Kriminalgericht.

– royal s. Notaires du roi.

Notaires du roi (notarii regis) in Fr. seit dem 14. Jh. Beamte der kgl. ↗Kanzlei, überwiegend auf die verschiedenen Behörden verteilt; kontrolliert wurden sie durch den audiencier u. den contrôleur de l'audience. Sie wurden auch zu dipl. Aufträgen verwendet u. erhielten 1485 den erblichen Adel. – Auch in Siz. hießen die ↗Notare der Kanzlei notarii regis bzw. imperatoris, während in beiden Ländern die öffentlichen Notare als notarii regales (n. regii, notaires rogaux) bezeichnet wurden.

Notar (notarius) i. w. S. (cancellarius, ↗dictator, magister, ↗secretarius) jeder mit der Ausstellung von ↗Urkunden betraute Kanzleibeamte, bes. in der kgl. ↗Kanzlei (Pfalznotar), in fürstlichen Kanzleien auch der ↗Kanzler selbst, ferner der ↗Gerichtsschreiber, auch der Vorsteher eines ↗ ministeriums (4); i. e. S. der im lang. It. im 8. Jh. entstandene, dem ↗tabellio entspr. öffentliche Schreiber (notarius publicus, scriba p.), dessen Unterschrift unbedingte Beweiskraft erhielt u. von dem alle privaten Urkunden (zuerst nur die ↗carta [2]) geschrieben o. doch beglaubigt werden mußten (Notariatszwang, vgl. Imbreviatur). Im Laufe des 12. Jh. verschwand die carta u. wurde durch die Notariatsurkunde (Notariatsinstrument, instrumentum [publicum]) ersetzt, die eine reine Beweisurkunde (s. Notitia [b]) war. – Bis ins 12. Jh. gab es N. nur in It., von den ↗missi (1), auch von ↗Grafen u. ↗Bischöfen ernannt, teils nur für eine Grafschaft zuständig (Grafschaftsnotare), teils für das ganze Land (Königsnotare, Pfalznotare, notarii regales bzw. imperiales, n. [sacri palatii] regis bzw. imperatoris); letztere, häufig zugleich ↗Königsrichter, verdrängten seit dem 10. Jh. die ersteren. Seit dem 12. Jh. wurde die Ernennung von N. (n. publici imperii) ↗Reservatrecht (1) des Ks., erfolgte aber tatsächlich durch die ↗Pfalzgrafen (vgl. Comitiva). Auch der Papst ernannte N. (n. Apostolicae Sedis, n. Sacri Palatii Lateranensis), u. im späteren MA., als die Einrichtung sich auch außerhalb It. verbreitete (in Dt. gibt es N. [Offenschreiber] seit etwa 1300), ging das Recht der Ernennung allg. auf das Staatsoberhaupt über. – In Dt. wurde das Notariatswesen 1512 reichsgesetzlich geregelt, tatsächlich aber ernannten mehr u. mehr die Landesherrn (s. Landeshoheit) die N., während die von den Pfalzgrafen ernannten sogen. ksl. N. zurückgedrängt wurden, zumal sie vielfach nicht die nötige Eignung besaßen. Bis ins 18. Jh. waren die N. auch gerichtlich tätig durch Zeugenvernehmung u. dgl., während andrerseits die Gerichte auch Beurkundungen vornahmen. Zeitweise waren N. auch Anwälte, in Pr. bis in die neueste Zeit, während sonst das Nur-Notariat besteht. Vgl. Justizkommissar (b). – I. allg. ist der N. nicht eigentlicher Beamter; er ist es z. B. in Ba.-Wü. (Amtsnotar), seit 1952 in der DDR, wo die N. im alten Sinne daneben noch bestehen. – In Bay., Hamburg u. Rheinhessen gab es schon früher Notar(iats)kammern, 1937 wurden in den Bezirken der ↗Oberlandesgerichte solche errichtet, die z. T. nach 1945 wieder aufgehoben wurden. 1934–1945 gab es eine Reichsnotarkammer. Vgl. Protonotar (1) u. Tabellion.

Notariatsbuch = Imbreviatur.

Notariatsimbreviatur = Imbreviatur.

Notariatsinstrument s. Notar.

Notariatskammer s. Notar.

Notariatszwang s. Notar.

Notarii regis = Notaires du roi.

Notarius Apostolicae Sedis s. Notar.

– Apostolicus s. Cancellaria Apostolica.

– camerae = Kammerschreiber.

– Castelleti s. Tabellion.

– civitatis = Stadtschreiber.

– civium = Stadtschreiber.

– curiae a) ↗Notar an einem Gerichtshof zur rechtsgültigen Ausfertigung der Urteile. Vgl. Reichshofgericht. **b)** s. Kanzler. **c)** s. Offizial.

– et scriniarius Sacri Palatii Lateranensis s. Cancellaria Apostolica.

– imperatoris s. Notaires du roi.

– imperialis s. Notar u. Notaires du roi.

– imperialis aulae (Hofnotar) ↗Notar am staufischen ↗Hofgericht (a).

– publicus (imperii) s. Notar.

– regalis s. Notar u. Notaires du roi.

– regionarius (N. r. et scriniarius Sanctae Romanae Ecclesiae bzw. Sedis Apostolicae, Regionarnotar) im frühen MA. in Rom ↗Notar für je eine Region (vgl. Rione) unter dem primicerius u. secundicerius notariorum (s. Judices de clero Sacri Palatii). Die N. r. bildeten die ursprgl. ↗Cancellaria Apostolica.

– regius s. Notaires du roi.

– Sacri Palatii Lateranensis s. Cancellaria Apostolica u. Notar.

– (sacri palatii) regis bzw. imperatoris s. Notar.

Notarkammer s. Notar.

Notbede s. Bede (1).

Notbodmerei s. Bodmerei.

Notbote s. Not, echte.

Notdarlehen s. Bodmerei.

Notding a) = Notgericht (a). **b)** s. Ding.

Note i. e. S. schriftliche, förmliche Mitteilung einer Regierung an eine andere, entw. unmittelbar, indem die (meist vom ↗Minister [1] des Äußeren ausgehende) N. vom eigenen ↗Gesandten der fremden Regierung überreicht wird, o. unmittelbar, sei es, daß die N. an den fremden Gesandten gerichtet u. von diesem seiner Regierung übermittelt wird, sei es, daß der eigene Gesandte im Namen seiner Regierung die N. an die fremde Regierung richtet; auch kann die N. von einem Gesandten einem anderen übergeben, o. sie kann von einem außerordentlichen Vertreter überreicht werden. I. d. R. ist sie in bes. Form abgefaßt (Beginn mit «Der Unterzeichnete ...», Gebrauch der vollen Titel, Rede in der dritten Person, Datierung am Schluß) u. verhältnismäßig kurz, mit Unterschrift (N. signée). N. ohne Unterschrift (bes. üblich, wenn es sich darum handelt, die Hauptpunkte einer bereits überreichten N. in Erinnerung zu bringen o. auch, wenn der betr. Gesandte o. Minister nicht die volle Verantwortung für den Inhalt übernehmen will o. endlich, wenn es sich um unwichtige Dinge handelt) heißen Verbalnoten (N. non signées, N. verbales). Gleichlautende, gleichzeitig verschiedenen Regierungen mitgeteilte N. heißen Zirkularnoten; gleichlautende, gleichzeitig von verschiedenen Regierungen bzw. Gesandten überreichte N. Kollektivnoten (identische N.). Eine N., die den Inhalt gleichzeitig überreichter Schriftstücke zusammenfaßt, heiß Mantelnote. – I. w. S. bezeichnet N. jedes Schriftstück, das eine für eine fremde Regierung bestimmte Mitteilung enthält, bes. also ↗Depeschen u. ↗Mémoires, dann auch die einfachen Briefe, die inhaltlich von den N. nicht zu scheiden sind.

– identische s. Note.

– of Protest = Verklarung (2).

– (non) signée s. Note.

– verbale s. Note.

Noteid (notwendiger Eid, juramentum necessarium) vom Richter auferlegter Eid, im Gegensatz zum zugeschobenen Eid (s. Delation [2]) der Partei.

Noterben (Pflichterben) die nächsten ↗Deszendenten bzw. ↗Aszendenten, denen auch dann ein Erbteil (Pflichtteil) zukommt, wenn sie im Testament nicht als Erben eingesetzt sind.

Notes brèves = Imbreviatur.

Notfrei (necessairfrei, zwangecht, zwangmündig) früher in Teilen Westf. ein ↗Freier, der sich in einer Hode (Zwangshode) befand, d. h., der irgendeinem Verband, z. B. einer ↗Zunft (1), einer Gemeinde angehörte o. in einem Abhängigkeitsverhältnis stand, z. B. als Pächter zu einem ↗Grundherrn o. Beamter war usw.; er bezahlte den ↗Freienschilling. Vgl. Biesterfrei u. Schutzhöriger.

Notfrist = Fatale.

Notgebot s. Friede (a).

Notgericht a) (Notding, Notrecht, judicium cotidianum) in bestimmten Fällen, mit abgekürztem Verfahren, meist an Ort u. Stelle abgehalten, z. B. über den auf handhafter Tat ertappten Verbrecher, bei Streitigkeiten über dem Verderben ausgesetzte Dinge, am Krankenbette, u. U. mit bes. Notrichter. Bes. die ↗Gäste (1) hatten Anspruch auf ein N. (↗Gastgericht). **b)** s. Ding.

Notitia a) = Urkunde. **b)** (adnotatio, breve, b.

memorativum, b. [com]memoratorium, cartula, indiculus, memoratorium, n. brevis, recordatio) aus dem röm. ↗Chirographum (1) entstandene u. zunächst auch so genannte Beweisurkunde, die für eine bereits rechtsgültig vollzogene Handlung ein schriftliches Zeugnis schafft, seit dem 5. Jh. mit N. bezeichnet; sie wurde in objektiver Form (Berichtsurkunde, deklaratorische Urkunde) vom Empfänger ausgestellt, von den Zeugen unterschrieben. – Während in It. die N. zunächst von der ↗Carta (2) scharf geschieden wurde, war dies nördlich der Alpen von vorneherein nicht der Fall. Die N. vermischte sich hier mit der Carta u. wurde im Laufe des 9. u. 10. Jh. zur bloßen Notiz, zum Zeugenverzeichnis (N. testium). Aber auch in It. verwischte sich der Unterschied zwischen N. u. Carta, bis im 12. Jh. das Notariatsinstrument (s. Notar) die N. ablöste. Vgl. Gerichtsbrief. – Eine bes. Art der N. war der frk., von den Röm. übernommene, ↗appenis, eine Ersatzurkunde im Falle des Urkundenverlustes. c) = Capitulum in brevi.

– brevis = Notitia (b).

– judicati s. Gerichtsbrief.

– testium s. Notitia (b).

Notrecht = Notgericht (a).

Notrichter s. Notgericht (a).

Nottestament Testament, das, statt vor dem zuständigen Richter o. ↗Notar, vor anderen Personen errichtet wird, weil Gefahr besteht, daß der Erblasser sonst vor Errichtung sterben werde, o. weil Richter u. Notar nicht erreichbar sind. Ein N. verliert seine Gültigkeit, wenn der Erblasser nach drei Monaten noch lebt. Wird das N. vor einem Gemeindevorsteher u. dgl. errichtet, heißt es Dorftestament, wenn in einem irgendwie abgesperrten Ort Absperrungstestament, wenn auf einem Schiff Seetestament. Die N. von Militärpersonen heißen Militärtestamente (Soldatentestamente) bzw. Marinetestamente.

Notularium = Imbreviatur.

Notverordnung s. Verordnung (1).

Notzins s. Waldlehen.

Nouveau acquêt, droit de = Franc-fief, droit de.

Novalacker = Bifang (1).

Novale 1. = Bifang (1). **2.** s. Zehnt (1).

Novalland neugerodetes Land.

Novalzehnt s. Zehnt (1).

Novation (Schuldumwandlung) Schulderneuerung, d. h. Begründung einer neuen Forderung an Stelle der alten. Vgl. Delegation (1) u. Expromission.

Novel Disseisin s. Petty Assizes.

Novitius s. Kloster.

Novize s. Kloster.

Novizenmeister s. Kloster.

Novizenritter beim Johanniterorden ↗Ritter, der mit 17 Jahren aufgenommen wurde u. mit 18 ↗Profeß (a) tat; die N. hießen fiarnauds, wenn aus Eur., polans, wenn aus Palästina gebürtig.

Noviziat s. Kloster.

Nullität Nichtigkeit, zerfiel früher in heilbare N. (nullitas sanabilis), wegen der nur binnen zehn Tagen nach Urteilsverkündung Klage möglich war, u. unheilbare N. (n. insanabilis), mit Klagefrist von 30 Jahren.

Numerarium s. Champart (1).

Numerator s. Champart (1).

Nuntiatur s. Nuntius (2).

Nuntiaturfakultäten s. Nuntius (2).

Nuntium s. Delegation (4) u. Reichstag (7).

Nuntius 1. dipl. Vertreter i. allg., bes. zweiten Ranges; tatsächlich seit dem 16. Jh. für weltl. Diplomaten kaum mehr verwendet. **2.** (Legatus Apostolicus, L. missus, N. Apostolicus, N. ordinarius) ständiger Vertreter des Papstes bei weltl. Regierungen (zuerst in Ven. seit 1500), kein ↗Kardinal (1) (wenn zu dieser Würde erhoben, Pronuntius genannt), früher meist ↗Bischof (heute regelmäßig ↗Erzbischof) in partibus, i. d. R. ↗Doyen des ↗Diplomatischen Korps, beauftragt mit der Aufsicht über die kirchl. Verhältnisse seiner Nuntiatur (vgl. Vicarius Apostolicus), mit bes. Nuntiaturfakultäten (vgl. Facultates) ausgestattet, z. B. Führung des ↗Informativprozesses; er geht im Rang allen ↗Ordinarien vor. Es gibt N. erster u. zweiter Klasse. – ↗Internuntius (I. Apostolicus) bezeichnet eine niedrigere Rangstufe. **3.** s. Procurator (2). **4.** = Landbote (1). **5.** s. Missus (1). **6.** = Fronbote. **7.** s. Hauptherr (1 b).

– Apostolicus = Nuntius (2).

– camerae s. Missus (1).

– civitatis s. Stadtschreiber.

– ordinarius = Nuntius (2).

– potens s. Waldbote.

Nuptiales homines s. Weinkaufsleute.

Nur-Notariat s. Notar.

Nutritus = Donatus (a).

Nutzeigentum s. Dominium directum.

Nutzen (gemeiner) s. Echtwort.

Nutzpfand (ältere Satzung, Besitzpfand, Nutzungspfand, antichresis, engagement) Nutzung eines Grundstücks, die einem Gläubiger als Pfand gesetzt wurde, so daß er eine Satzungsgewere (s. Gewere [1]) erhielt, die ihm vor Gericht übertragen wurde; eine ↗Auflassung fand nicht statt. Das N. war entw. ↗Zinssatzung o. ↗Totsatzung. Die Rückzahlung der Schuld war öfters von vorneherein gar nicht beabsichtigt, so bei den ↗Reichspfandschaften. Das Einlösungsrecht besaß der Schuldner jederzeit, der

Gläubiger dagegen überhaupt nicht; für den Fall der Nichteinlösung konnte eine bedingte Übereignung an den Gläubiger vereinbart werden, wodurch das N. zu einem ↗Verfallpfand wurde. Auch konnte der Gläubiger das Recht erhalten, unter bestimmten Bedingungen das Grundstück zu verkaufen (Distraktionspfand, Verkaufspfand). Seit dem 16. Jh. wurde das N. durch die ↗jüngere Satzung verdrängt.

Nutzteilung = Mutscharung.

Nutzungsgemeinde (Rechtssamegemeinde) Verband von Nutzungsberechtigten an der ↗Allmende, der nicht, wie die ↗Realgemeinde, durch bestimmten Besitz bedingt, sondern ein rein persönliches, ideelles Anteilsrecht ist (z. B. die ↗Gehöferschaft).

Nutzungsgewere s. Gewere (1).

Nutzungsgut, bürgerliches = Allmende.

Nutzungspfand = Nutzpfand.

Nuwab s. Naïb.

O

Oath of allegiance and abjuration 1610–1868 Eid der Mitglieder des engl. ↗Unterhauses (1), worin die Doktrin, daß es erlaubt sei, vom Papste ↗exkommunizierte Herrscher abzusetzen o. umzubringen, abgeschworen wurde. Er wurde 1868 zugleich mit dem ↗Suprematseid durch andere Formeln ersetzt.

Oba = Hufe.

Ōban Pflicht eines jap. ↗Vasallen, vor dem Palast des Ks. Wache zu halten, zuerst, bis 1886, auf drei Jahre festgesetzt, dann auf sechs, später auf drei Monate. Die entspr. Pflicht gegenüber dem ↗ Shōgun hieß Ōyuka; sie dauerte einen Monat.

Obellarius s. Obleie (1).

Ober- und Feldprediger = Feldpropst.

– und Fürstenrecht seit 1498 der schl. ↗conventus publicus als Gerichtshof, vom ↗Oberhauptmann (1a) bzw. ↗Oberamt (2) (seit 1742 von der Oberamtsregierung) berufen, zuerst zwei- bis dreimal, später höchstens einmal im Jahr (seit 1742 zweimal), ursprgl. zuständig für alle Zivilstreitigkeiten des Kgs., der Fürsten u. der freien ↗Standesherrn untereinander, später ohne Rücksicht auf die Person des Klägers, bis 1548 auch zuständig bei Rechtsverweigerung; außerdem war das O. bis ins 18. Jh. auch in Strafsachen zuständig; dann wurde es auf Besitzstreitigkeiten um Fürstentümer u. freie Standesherrschaften beschränkt; Appellation fand nicht statt. Den Vorsitz führte der Oberhauptmann als (Ober)fürstenrichter, an seine Stelle trat seit 1719 der Oberamtsdirektor. Die Urteile wurden gemeinsam mit dem Oberamt gefällt.

– und Hofjägermeister s. Jagdkanzlei u. Jägermeister.

– und Holzförster s. Förster (1).

– und Justizrat s. Oberrat.

– und Regimentsräte (Oberräte) 1542 bzw. 1566 bis 1706 Bezeichnung der obersten Verwaltungsbehörde in Ostpr., die an Stelle der ↗Gebietiger getreten war u. aus den Inhabern der vier Landesämter (vgl. Hofämter), dem ↗Kanzler, Landhofmeister (s. Hofmeister [1]), Obermarschall (↗Marschall [1]) u. Ober(st)burggraf bestand; letzterem, ursprgl. ↗Burggraf (1) von Königsberg, unterstanden vor allem auch die ↗Domänen; die O. u. R. ergänzten sich durch Kooptation aus den vier ↗Oberhauptleuten (1a). Bis 1660 unabhängig, wurden sie in der Folgezeit vor allem durch Einsetzung eines ↗Statthalters (3) wesentlich beschränkt, u. endlich 1706, unter Beseitigung der alten Bezeichnung u. Vermehrung um zwei Mitglieder, in eine eigentliche ↗Regierung (1) umgewandelt, formell durch Verschmelzung mit dem Berliner ↗Geheimen Rat (1), weshalb sie auch pr. Etatsministerium hieß. Die Landesämter, vom Kg. frei ernannt, erhielten feste ↗Departements (2) zugeteilt; nach der Reform wurden sie zu erblichen ↗Hofchargen mit Sitz u. Stimme im ↗Herrenhaus (1). – O. u. R. wurden 1561 auch in Kurland an Stelle der bisherigen Ordensverwaltung eingesetzt.

– und Stabsamt s. Stabshalter.

– und Stabsbeamter s. Stabhalter.

Oberabschnitt s. Schutzstaffel.

Oberabt = Archimandrit.

Oberaccise- und Zollgericht s. Regiegericht.

Oberacht s. Reichsacht.

Oberackermann s. Vorwerk.

Oberadjutant s. Flügeladjutant.

Oberadmiralität s. Admiralität (2).

Oberächter s. Reichsacht.

Oberalpmeister s. Alpgenossenschaft.

Oberalte s. Kollegien, bürgerliche.

Oberamt 1. ↗Amt (1), dessen ↗Amtmann (1) (meist ↗Oberamtmann [1], aber auch ↗Landvogt [a], Obervogt) einen höheren Rang einnahm als die übrigen (z. B. weil ihm eine wichtige Burg o. Stadt unterstand), ohne deshalb ihr Vorgesetzer zu sein; ebenso waren die anderen Ämter (selten ↗Unterämter) keine Unterabteilungen des O., sondern meist zerfielen beide gleichmäßig in ↗Vogteien (1). Erst spät u. nur in wenigen ↗Territorien (2) erfolgte eine Über- bzw. eine Unterordnung, z. B. in Wü., wo die O. (Oberamteien, eigentlich Oberamtsbezirke) bis 1810 bzw. 1818 in Unterämter (die aber auch selbst zeitweise O. hießen) eingeteilt waren, seitdem jedoch bis 1938 die untersten (1924 bis 1938 alleinigen) Verwaltungseinheiten bildeten. Dem Oberamtmann stand ein ↗Bezirksrat zur Seite; für Selbstverwaltungszwecke gab es eine Amtsversammung, die seit dem Ende des 17. Jh. durch das Zusammentreten von Abgeordneten der Gemeinden zu Zwecken der Steuerrepartition u. dgl. entstand u. im 18. Jh. den späteren Namen erhielt; seit 1819 bestand sie aus gewählten Vertretern der Gemeinden; für die laufenden Geschäfte bestellte sie früher einen Amts(versammlungs)ausschuß, dessen Befugnisse auf den Bezirksrat übergingen. In Hohenzollern entsprachen dieselben Bezeichnungen dem pr. ↗Kreis, ↗Kreisausschuß, Kreistag (b) u. Landrat (2). – In den Markgrafschaften Ansbach u. Bayreuth waren die O. ([Amts]hauptmannschaften, Landeshauptmannschaften) Verwaltungsbezirke, die mehrere Ämter umfaßten, u. ihre Oberamtmänner ([Amts]hauptleute] regelrechte Mittelbehörden; das O. Cadolzburg wurde auch als Hauptvogtei bezeichnet. – Im Bistum Bamberg dagegen war Oberamtmann bloßer Titel eines adligen ↗Vogtes (2), u. das O. war der Sache nach ein ↗Vogteiamt. – Häufig waren O. u. Unteramt nicht verwaltungstechnische Ausdrücke, sondern bezeichneten ein Amt im Gebirge bzw. in der Ebene. – **2.** Behörde an der Spitze eines O. oder auch anderen Behörden (»Ämtern«) vorgesetzte Behörde. In Schl. (Oberlandeshauptmannschaft) ursprgl. die dem ↗Oberhauptmann (1a) zur Seite stehenden Räte usw., seit 1639 vof Ks. ernanntes, aus Oberamtsräten bestehendes Kollegium unter dem Oberhauptmann als Oberamtsdirektor. Seit 1719 trat an dessen Stelle ein Landeshauptmann (s. Landesregierung [b]), für den aber tatsächlich der ↗Kanzler die Geschäfte leitete. Das O. hatte die Stellung einer alten ↗Regierung (1), die gesamte Oberaufsicht über Verwaltung, Rechtsprechung, Polizei u. Militärsachen; Gericht war es nur in bestimmten Fällen. Friedrich II. ersetzte es 1742 durch zwei (seit 1744 drei) Oberamtsregierungen, die i. wesentl. Gerichte waren.

– **gemeinschaftliches** in Wü. ↗Oberamtmann (1) u. Dekan (1), wenn sie gemeinschaftlich Gericht über ↗delicta mixta hielten.

Oberamtei s. Oberamt (1).

Oberamteigericht = Oberamtsgericht (a).

Oberamtmann 1. ursprgl. einem ↗Oberamt (1) o. einer entspr. Verwaltungseinheit (vgl. Viztum [a]) vorgesetzter Beamter, in Ba. bis in die neueste Zeit Titel bes. der ↗Amtsvorstände, in Hohenzollern dem pr. ↗Landrat (2) entspr. In Wü. seit 1759 der frühere ↗Vogt (2) bzw. Untervogt o. ↗Keller(er) (2), während vorher zeitweise die Obervögte, zeitweise die ↗Unteramtmänner (2) diesen Titel führten. Bis 1818 oberster Verwaltungsbeamter u. Richter eines Oberamtes (vgl. Stabhalter), ist er seitdem nur ersteres; er war außerdem Stadtoberhaupt seiner ↗Amtsstadt (a). Stuttgart hatte einen eigenen Stadtoberamtmann, dessen Befugnisse unter ↗Stadtdirektor (b) u. Oberbürgermeister (s. Bürgermeister [1]) geteilt wurden. In Bay. standen O. an der Spitze der ↗Bezirksämter (a). – O. (auch [Amts]hauptmann) war bis Ende des 18. Jh. manchmal nur Titel eines adligen Amtmanns (1), neben dem ein bürgerlicher Amtmann tatsächlich die Geschäfte besorgte. Führte der adlige Amtmann diesen einfachen Titel weiter, so hieß der Bürgerliche Amtsverwalter (z. B. in Jülich). In Hann. führten die O., wenn von Adel, den Titel Oberhauptmann. **2.** s. Meier (1). **3.** s. Bezirk.

Oberamtsarzt s. Amtsarzt.

Oberamtsbezirk s. Oberamt (1).

Oberamtsdirektor s. Oberamt (2).

Oberamtsgericht in Wü. **a)** (Oberamteigericht) 1806–1811 Zivilgericht erster Instanz in den Orten, wo weder ↗Stadt- noch ↗Dorfgerichte (a) bestanden, zusammengesetzt aus dem ↗Oberamtmann (1), einem Aktuar (s. Gerichtsschreiber) u. zwei Beisitzern; **b)** 1811–1819 in den Amtsstädten der ↗Oberämter (1) Gericht, das an Stelle der alten Stadtgerichte u. Dorfgerichte trat, kleinere Zivilprozesse führte, die größeren nur instruierte, u. aus Oberamtmann u. Mitgliedern des ↗Magistrats (s. Gericht [b]) bestand; **c)** 1819 in jedem Oberamt errichtetes allg. Gericht erster Instanz für Zivil- u. Strafsachen, bestehend aus einem Oberamtsrichter u. Beisitzern (Gerichtsmänner, ↗Schöffen [1]).

Oberamtspflege = Amtspflege.

Oberamtspfleger s. Amtspflege.

Oberamtsrat s. Oberamt (2).

Oberamtsregierung s. Oberamt (2).

Oberamtsrichter s. Oberamtsgericht (c).

Oberappellationsgericht bis 1879 oberstes Gericht in einigen dt. Staaten, in Pr. 1703–1748 Bezeichnung des späteren ↗Tribunals (1) (meist schon so genannt), 1867–1874 des neben diesem bestehenden obersten Gerichts für die neuen Landesteile. Die drei Hansestädte besaßen 1820 bis 1879 ein gemeinsames O., das bis 1866 auch für Frankfurt a. M. zuständig war. Vgl. Hofgericht (a), Justizstelle, oberste (b), Landesgericht, oberstes, Oberhofgericht u. Revisorium (1).

Oberappellationstribunal s. Obertribunal.

Oberapplikant s. Applikant.
Oberarbeitsführer s. Reichsarbeitsdienst.
Oberarzt s. Sanitätsoffizier.
Oberaspirant s. Aspirant.
Oberauditor = s. Generalauditeur.
Oberaufschläger s. Aufschlag.
Oberaufseher der Gehölze s. Oberforstmeister.
Oberbank s. Stadtrat (a).
Oberbarnosse = Judenmeister (a).
Oberbaumeister s. Baumeister (1 b.)
Oberbauschau s. Untergang.
Oberbede s Bede (1).
Oberbehörde = Behöre, hohe.
Oberbergamt a) in Pr. seit 1768 zweite Instanz der Bergbehörden im Range einer ↗Regierung (1), kollegial zusammengesetzt aus Oberbergräten unter Vorsitz eines Berghauptmanns; es bestanden fünf O. Entspr. Behörden (Berghauptmannschaften, Montanhauptmannschaften, O.) gab es auch in Öst.-Ung. **b)** in einigen dt. Staaten die oberste Bergbehörde, unter einem Berghauptmann. Vgl. Bergrevierbeamter.
Oberberghauptmann im ehemaligen Pr. der an der Spitze des Bergwesens stehende Beamte.
Oberbergrat s. Oberbergamt (a).
Oberbeschlagmeister s. Fahnenschmied.
Oberbesserung s. Emphyteuse.
Oberbootsmann dem Oberfeldwebel (s. Feldwebel) entspr. Dienstgrad bei der Marine.
Oberbote (Oberfronbote, praefectus) in Ostfalen u. Thür. (↗Schultheiß) u. in Holstein (Overbode) über dem ↗Fronboten stehender, vom ↗Grafen ernannter adliger Vollstreckungsbeamter, der Beisitzer u. Vertreter des Grafen war, sowie ↗Niederrichter über den Adel u. die ↗Bargilden in bes. Schultheißgericht (Freigericht). Später, bis ins 18. Jh., war der O. gewissermaßen Landmarschall (s. Marschall [1]) u. Haupt des Adels (Bannerträger, signifer).
Oberbotmäßigkeit, landesfürstliche s. Landeshoheit.
Oberbrigadier s. Brigadier.
Oberbüchsenmeister s. Konstabler.
Oberbürgermeister s. Bürgermeister (1) **u.** Komitat (3).
Oberbundesanwalt s. Bundesanwalt (2) u. Verwaltungsgerichtsbarkeit (a).
Oberbundesgericht = Supreme Court (b).
Oberbundesrichter s. Supreme Court (b).
Oberburggraf (Oberstburggraf) **a)** s. Ober- und Regimentsräte. **b)** ursprgl. der ↗Burggraf (1) von Prag, später der erste der bhm. obersten ↗Landesoffiziere, nach 1621 nur noch Titel. Im 19. Jh. führte der Gouverneur des bhm. ↗Guberniums den Titel O.
Ober-Collegium medicum (et sanitatis) s. Medizinalkollegium.
Obercustos = Summus custos.
Oberdeckoffizier s. Deckoffizier.
Oberdeichgraf in Schl.-H. der mit der Deichpolizei betraute Beamte, heute regelmäßig der ↗Landrat (2).
Oberdirektor s. Wirtschaftsrat (1).
Oberdirektorium, französisches = Grand directoire français.
Oberdomänendirektorium (General[ober]domänendirektorium) in Pr. oberste Kontrollbehörde für die Verwaltung der ↗Domänen, 1699 entstanden aus einer 1697 eingesetzten Generaldomänenkommission; das O. hatte ungefähr dieselben Befugnisse wie die ihm untergeordnete Geheime ↗Hofkammer, u. da es allm. nur ein Werkzeug in der Hand Wartenbergs wurde, ging die Behörde bei seinem Sturz 1711 ein, u. die Hofkammer trat wieder an die erste Stelle.
Oberdomesticus s. Domesticus (1).
Oberdorf in der Pfalz Dorf, das in einer ↗Markgenossenschaft das Amt des Obermärkers innehatte; die anderen Dörfer hießen Unterdörfer.
Obereigentum = Dominium directum.
Obereinbringer s. Ungeld.
Obereinnahme (landschaftliche O., Obereinnahmskollegium) in einigen dt. Ländern, z. B. in Bayreuth u. Bamberg, bis Ende des 18. Jh. die oberste Steuerbehörde, die in Bamberg unter Zuziehung von ↗Offizieren auch den ↗Hofkriegsrat bildete.
Oberempfänger s. Generalkriegskasse.
Obererbhofmeister s. Hofmeister (1).
Oberfähnrich (z. See) s. Fähn(d)rich (a).
Oberfahnenschmied s. Fahnenschmied.
Oberfeldarzt a) in der Schw. der an der Spitze des Militärsanitätswesens stehende Arzt. **b)** s. Sanitätsoffizier.
Oberfeldmeister s. Reichsarbeitsdienst.
Oberfeldherr † Oberbefehlshaber.
Oberfeldveterinär s. Veterinäroffizier.
Oberfeldwebel s. Feldwebel.
Oberfemgericht s. Freigrafenkapitel.
Oberfeuerwerker s. Feuerwerker.
Oberfinanzdirektion seit 1950 Mittelbehörde der dt. Finanzverwaltung, gleichzeitig Bundes- u. Landesbehörde, unter einem Oberfinanzpräsidenten. Das der O. entspr. Landesfinanzamt (später Oberfinanzpräsidium) war nur Reichsbehörde.
Oberfinanzintendant s. Intendant des finances.
Oberfinanzkammer(kollegium) s. Hofkammer.
Oberfinanzkollegium s. Hofkammer.
Oberfinanzpräsident s. Oberfinanzdirektion.
Oberfinanzpräsidium s. Oberfinanzdirektion.
Oberfischmeister früher in Pr. staatl. Beamter, dem in einem größeren Bezirk die Aufsicht über die Fischerei zustand. Die lokalen Aufsichtsbeamten (Fischkieper, Fischmeister) waren

Gemeindebeamte. In Bay. entsprach dem O. der Fischerreirat. – Heute sind die Fischmeister in Dt. staatl. Beamte.

Oberfiskal a) (Generalfiskal) in Schl. seit 1742 je einer in Breslau u. Glogau, mit je zwei Unterfiskalen, zur Besorgung der Geschäfte eines ↗Fiskals. b) (Munizipalfiskal) in jedem ung. ↗Komitat (3) der die Geschäfte des Fiskals besorgende Beamte, dem Unterfiskale beigegeben waren. c) in Rußl. 1711–1730 oberster Fiskal.

Oberförster s. Förster (1).

Oberförstersystem s. Förster (1).

Oberforst s. Oberforstmeister.

Oberforst- und Jägermeister s. Jägermeister.

Oberforstamt in einigen dt. ↗Territorien (2) seit dem 18. Jh. meist Mittelbehörde, aber auch (dirigierendes O.) oberste Forstbehörde.

Oberforstgericht s. Forstgericht.

Oberforstherr s. Forstrecht (2a).

Oberforstinspektor s. Forstkommission (b).

Oberforstmeister seit dem 16. Jh. unter dem ↗Jägermeister bzw. Oberjägermeister stehender Forstbeamter im eigentlichen Sinne (auch Oberaufseher der Gehölze); im 18 Jh. wurden die O. i. allg. Leiter der nunmehr von den Jagdbehörden getrennten Forstbehörden, teils der obersten, teils der mittleren, z. B. befand sich in Pr. ein O. bei jeder ↗Kriegs- und Domänenkammer, später bei jeder ↗ Regierung (2); in einigen dt. Ländern waren die Waldungen zu Oberforsten unter je einem O. zusammengefaßt. – Bis Ende des 18. Jh. waren die O. durchweg adlig.

Oberforstmeisteramt s. Forstkommission (b).

Oberfreigraf s. Freigrafenkapitel.

Oberfreistuhl s. Freigrafenkapitel.

Oberfronbote = Oberbote.

Oberfronhof s. Fronhof.

Oberführer s. Sturmabteilung.

Oberfürstenrichter s. Ober- und Fürstenrecht.

Obergau s. Untergau.

Obergefreiter in Pr. 1859 bei der Fußartillerie eingeführte Charge, zu den Gemeinen zählend, i. d. R. als Geschützführer verwendet; von den anderen ↗Bundesstaaten (2) (in Sa. Oberkanonier) übernommen. – In der dt. Reichswehr u. Wehrmacht gab es O. bei allen Waffen. Vgl. Gefreiter u. Stabsmatrose.

Obergeneral † Oberbefehlshaber.

Obergeneralarbeitsführer s. Reichsarbeitsdienst.

Obergeneralarzt s. Sanitätsoffizier.

Obergeneralveterinär s. Veterinäroffizier.

Obergericht a) früher Bezeichnung für die jeweils höhere Instanz. Vgl. Stadtgericht u. Vogteigericht. – I. d. Lit. werden auch die obersten Instanzen als O. im Gegensatz zu den ↗Untergerichten bezeichnet. b) in den ehemaligen dt. Kol. oberstes Gericht, mit einem Oberrichter als Vorsitzenden. c) in Danzig 1920–1939 einziges Gericht, ohne Berufungsmöglichkeit; neben ihm stand das, ebenfalls völlig unabhängige, Oberverwaltungsgericht (vgl. Verwaltungsgerichtsbarkeit [a]). d) = Kantonsgericht (a). e) oberstes Gericht in Bosnien während der öst.-ung. Verwaltung. f) = Hochgericht (1). g) = High Court of Judicature. – Vgl. Kadi.

– **Deutsches** 1947–1950 in der sogen. Bizone oberstes Gericht in Köln, nach Errichtung des ↗Bundesgerichtshofes (2) aufgelöst.

– **geschlossenes adliges** s. Gericht, adliges.

– **kirchliches** s. Kirchengericht (2b).

Obergerichtshof in Lux. seit 1831 das oberste Gericht, sowohl Berufungsgericht als auch ↗Kassationshof.

Obergerichtsrat s. Oberrichter (a).

Obergeschirrmeister s. Schirrmeister.

Obergespan s. Komitat (3).

Obergildemeister s. Gilde.

Obergraf i. d. Lit. gebräuchlich für einen ↗Herzog, ↗Fürsten (b) o. auch ↗Grafen, insoweit dieser einem anderen Grafen den ↗Königsbann an Stelle des Kgs. verlieh.

Obergruppe(nführer) s. Sturmabteilung.

Oberhaupt s. Fronhof.

Oberhauptmann 1. a) (Oberlandeshauptmann) in Schl. zeitweilig unter Matthias Corvinus, ständig seit 1490 Vertreter des Kgs. u. oberster Leiter des Landes, nachdem im Laufe des 15. Jh. mehrmals Landeshauptleute (s. Regierung [1]) mit der Wahrung des ↗Landfriedens (1) im ganzen Lande o. in größeren Teilen betraut worden waren. Der O., auch Obmann der schl. ↗Landstände, war stets schl. Fürst u. bis 1629 alleiniger oberster Beamter, dessen Behörde (↗Oberamt [7]) von ihm eingesetzt wurde; seit 1629 bzw. 1639 war er nur noch Präsident des Oberamtes; seit 1719 wurde die Stelle nicht mehr besetzt. b) in Ostpr. im 17. u. 18. Jh. Titel der ↗Amtshauptleute der vier Ämter Königsberg, Tapiau, Schaaken u. Fischhausen, deren Stellen, ohne erblich zu sein, tatsächlich nur aus einer kleinen Zahl alter Familien besetzt wurden u. aus denen sich auch die ↗Ober- und Regimentsräte ergänzten; sie waren auch Mitglieder des ↗Landratskollegiums. c) in Lauenburg-Bütow im 17. u. 18. Jh. ständischer Beamter an der Spitze der Gesamtverwaltung. d) s. Regierung (1). e) s. Kreishauptmann (2) u. Oberamtmann (1). 2. a) s. Stückhauptmann. b) in Bay. im 17. Jh. der Kommandant des ↗Defensionswerkes.

Oberhaus 1. (House of Lords, auch «The Lords») um die Mitte des 14. Jh. aus dem bis dahin ungeteilten ↗Parlament (1) abgesondert, aber noch längere Zeit vom ↗Privy Council nicht geschieden. Das O. war vor allem Pairsgericht (s. Pairs), außerdem Gerichtshof bei ↗impeachments, Appellationsgericht u. Gericht in Zivilsachen, wenn kein anderes Rechtsmittel vorhanden war. Seit 1668 ist es nur noch oberstes Berufungsgericht u. ↗Staatsgerichtshof; Mitglieder (↗Lords) sind die ↗Peers. Indem das O. allm. die gesamte Gerichtsbarkeit des Parlaments übernahm, verlor es gleichzeitig das Steuerbewilligungsrecht i. wesentl. an das ↗Unterhaus (1) u. wurde so zu einer ersten ↗Kammer (2a) (Peerskammer), immer mehr in seinen Rechten beschränkt. Nachdem seit 1911 sein Einspruch gegen ein Gesetz als aufgehoben galt, wenn dieses vom Unterhaus in drei aufeinanderfolgenden ↗Sessionen angenommen wurde, hat seit 1945 der Einspruch nur noch einjährige Dauer. – Neben die erblichen Peers des Ver. Königreiches, die gleichzeitig erbliche Lords (Lords Temporal) sind, u. die ↗Bischöfe (Lords Spiritual) Engl. traten 16 scho. (1707) u. 28 ir. (1800) Peers (representative Peers, Repräsentationspeers), vom scho, bzw. ir. Adel gewählt, wozu 1800–1870 noch vier ir. Bischöfe kamen; außerdem gehören dem O. die ↗Lords of Appel in Ordinary an. **2.** s. Reichstag (7).

Oberheeresanwalt s. Heeresanwalt.

Oberhelfer s. Archidiakon.

Oberherr **1.** (Oberlehensherr, ↗Suzerän, haut seigneur, h. suzerain, seigneur supérieur) Lehensherr (s. Lehen [1]), dessen ↗Vasall ein ↗Afterlehen ausgegeben hatte. Vgl. Lehensherr, oberster (1). **2.** s. Stadtrat (a) u. Zunft (1). **3.** s. Markgenossenschaft.

Oberherrlichkeit s. Landeshoheit u. Suzeränität.

Oberherrschaft s. Landeshoheit.

Oberherzog = Summus dux (2).

Oberhof **1. a)** ↗Stadtgericht bzw. Stadt, insbes. Mutterstadt (s. Mutterrecht), bei der andere Städte (↗Unterhöfe [1]), vor allem Tochterstädte, aber auch nicht städtische Gerichte, in zweifelhaften Fällen Rechtsbelehrung suchten (Ansprache, Ausfahrt, Berat, Hauptfahren, Hauptfahrt, Erfahrung, Holung, Hoffahrt, Rechtholen, Rechtserholung, Rechtsmitteilung, Schubnahme, zu Haupte gehen, Zugnahme) o. geradezu Fälle zur Entscheidung vorlegten, so daß der O. u. U. zur Berufungsinstanz werden konnte. Vgl. Rechtszug. Im Laufe des 16. Jh. (teilweise schon früher, teilweise erst im 17. u. 18. Jh.) traten an Stelle der O. für die Rechtsbelehrung die Juristenfakultäten (vgl. Aktenversendung), für die Berufung die landesherrlichen Gerichte, bes. die ↗Hofgerichte (a), endlich von den Regierungen (so noch 1810 in Wü.) zu diesem Zweck errichtete bes. Kollegien (Konsulentenkollegien) von ↗Advokaten. In Fr. hieß die Stadt, die als O. fungierte, chef de sens (c. de cens). – Auch von den Hofgerichten (f) der ↗Grundherrn war der Rechtszug an einen O. (↗Hauptgericht, oberstes Hofgericht), u. zwar den ↗Fronhof, der auch sonst die oberste Verwaltung führte, üblich; das Rechtholen geschah durch die Partei u. eine Anzahl ↗Schöffen (1) o. andere ↗Dingpflichtige, die sog. Warter (weil sie auf das Urteil warteten). In Engl. besaßen nur einige große Grundherrn Overcourts für ihre ↗Manorial Courts bzw. ↗Courts leet. **b)** in einigen dt. Ländern das oberste Gericht. **2.** (Haupthof, Prinzipalhof, Richthof) ältester ↗Hof (3) einer westf. ↗Bauerschaft (a), dessen Besitzer (Hauptmann) den Vorsitz im ↗Bauerding (1) führte. **3.** s. Fronhof.

– und Landesgericht bis 1773 Bezeichnung der späteren ↗Regierung (1) für Westpr.

Oberhofchargen s. Hofchargen.

Oberhofgericht in Ba. 1803–1879 das ↗Oberappellationsgericht (zuerst in Bruchsal, seit 1810 in Mannheim) mit einem Oberhofrichter als Vorsitzenden.

Oberhofjägermeister s. Jägermeister.

Oberhofkanzler **a)** s. Staatskanzlei (a). **b)** (Hofkanzler) in Wü. 1736/37 Titel des Justizministers.

Oberhofmarschall(amt) s. Hofmarschall.

Oberhofmeister(in) s. Hofmeister (1).

Oberhofmundschenk s. Mundschenk.

Oberhofrichter s. Oberhofgericht.

Oberholzgraf s. Markgenossenschaft.

Oberinspektor s. Superintendent (1).

– der Forste s. Forstkommission (b).

Oberintendant = Intendant (1).

Oberjäger **1.** im Dt. R. Bezeichnung des ↗Unteroffiziers bei den Jägern u. Schützen. **2.** s. Förster (1).

– und Oberforstmeister s. Jägermeister.

Oberjägermeister s. Jagdkanzlei, Jägermeister u. Reichsforstamt.

Oberjustiziar = Magister justitiarius.

Oberjustizkollegium in Wü. 1806 errichtetes Gericht, das Strafgericht erster Instanz u. Appellationsgericht für Zivilsachen war; seit 1811 hieß O. nur der zweite ↗Senat (7) (Zivilsenat), während der erste Kriminaltribunal (seit 1817 Kriminalgerichtshof) hieß; nachdem vorübergehend je ein Kriminal- und Appellationsgerichtshof für je zwei ↗Kreise errichtet worden war, wurden 1818 Kreisgerichtshöfe mit je drei (seit 1822 vier) Senaten in jedem Kreis geschaffen.

Oberkämmerer s. Kämmerer (1).

Oberkanonier s. Obergefreiter u. Oberschütze.

Oberkanzler i. d. Lit. verwendet für den offiziell noch nicht ↗Kanzler genannten Vorstand der kgl. ↗Kanzlei unter Karl d. Gr. u. Ludwig d. Fr., aber auch für den summus cancellarius (s. Erzkanzler).

Oberkastener s. Landkasten.

Oberkastenherr s. Landkasten.

Oberkellner s. Mundschenk.

Oberkirchenbehörde, israelitische s. Oberrat der Israeliten.

Oberkirchenrat s. Kirchenrat u. Konsistorium (2).

Oberknäs s. Knäs.

Oberknecht = Oberstknecht.

Oberkoch s. Küchenmeister (1).

Oberkönig Kg., der sich andere, ihm ursprgl. gleichgestellte Kge. (↗Kleinkönige) unterwirft u. diese als ↗Unterkönige weiterregieren läßt, so bes. im MA. in Skand. Vgl. Bretwalda u. Einkönig.

Oberkommando in den Marken 1848–1918 zur einheitlichen Leitung der in u. um Berlin stehenden Truppen.

Oberkommissar **1.** s. Kriegskommissar (1). **2.** = High Commissioner. **3.** (Hoher Kommissar) 1925 in Neapel eingesetzter Beamter mit diktatorischen Vollmachten, für Stadt u. Provinz Neapel an Stelle des ↗Präfekten (b), für den ganzen Süden u. die Inseln an Stelle der Behörden für öffentliche Arbeiten; außerdem hatte er die Oberaufsicht über alle Behörden, ausgenommen Rechtspflege, Militär u. Finanzen.

Oberkommissariat s. Kriegskommissar (1).

Oberkonsistorium s. Konsistorium (2).

Oberkornote s. Markgenossenschaft.

Oberkreisdirektor s. Landrat (2).

Ober- Kriegs- und Domänenrechenkammer s. Oberrechenkammer.

Oberkriegsgericht früher in einigen dt. Staaten das oberste Militärgericht; in Pr. war das O. (Generalgericht), durch ↗Feldmarschall u. ↗Generalauditeur gebildet, zuständig für ↗Stabsoffiziere u. ihre Angehörigen, sowie für Fälle, die ganze Truppenteile betrafen u. ä. – Bis 1920 u. 1933–1945 im Dt. R. Militärgericht für Berufungen vom ↗Kriegsgericht. Vgl. Reichsmilitärgericht.

Oberkriegskollegium in Pr. 1787 gegründet Zentralbehörde, der außer den Geschäften des bisherigen Militärdepartements des ↗Generaldirektoriums (Verwaltung) auch das Intendanturwesen (vgl. Intendant [2] u. Kriegskommissar [1]) u. die Armeeinspektion übertragen wurde. Nach Wiedererrichtung des Militärdepartements wurden 1796 die Geschäfte zwischen ihm u. dem O. geteilt; dieses, aus einem Oberkriegspräsidenten, einem Vizeoberkriegspräsidenten u. zwei Kriegspräsidenten bestehend wurde 1808/09 in ein Kriegsministerium umgewandelt.

Oberkriegskommissar(iat) s. Kriegskommissar (1).

Oberkriegspräsident s. Oberkriegskollegium.

Oberkriegsrat s. Kriegsrat (1b u. 2).

Oberkronanwalt s. Kronanwalt (b).

Oberküchenmeister s. Küchenmeister (1).

Oberkurator s. Superintendent (1).

Oberland s. Sondergut.

Oberlandesarbeitsgericht s. Arbeitsgericht.

Oberlandesarzt s. Medizinalkollegium.

Oberlandesgericht in Pr. 1808–1849 aus der alten ↗Regierung (1) hervorgegangenes oberstes Gericht, zuerst meist eines ↗Regierungsbezirkes (b), später einer ↗Provinz, dann Appellationsgericht genannt, seit 1879 wieder O. Im gleichen Jahre erhielten auch die obersten Gerichte der anderen dt. Staaten diese Bezeichnung, wobei die drei (heute zwei) Hansestädte ein gemeinsames O. bekamen. Vgl. Kammergericht (a), Senat (7) u. Senat, großer. – In der DDR wurden die O. 1952 durch die ↗Bezirksgerichte (1) ersetzt. – In Öst. seit 1849 bzw. 1852 Gericht zweiter Instanz; ursprgl. gab es neun. – Die Richter führen in Dt. u. Öst. den Titel Oberlandesgerichtsrat.

Oberlandeshauptmann = Oberhauptmann (1a).

Oberlandeshauptmannschaft s. Oberamt (2).

Oberlandeskulturamt s. Generalkommission (für Landeskultursachen).

Oberlandeskulturgericht s. Generalkommission (für Landeskultursachen).

Oberlandesökonomiekollegium (Landesökonomiekollegium) in Wü. 1807–1811 kollegial organisierte Abteilung des Ministeriums des Innern, betraut mit der Aufsicht über Gemeindefinanzen u. Stiftungen, Handel u. Gewerbe u. Landeskultur; das O. entstand durch Vereinigung der betr. ↗Deputationen (1).

Oberlandesrabbinalgericht s. Generaldirektion (1).

Oberlandesregierung **1.** in Wü. **a)** 1803–1806 oberste Verwaltungsbehörde u. gleichzeitig oberstes Gericht für die neu erworbenen Gebiete; ihr Sitz war Ellwangen. **b)** 1807–1811 der frühere ↗Oberrat (1). **2.** (oberste Landesregierung) in Bay. 1779–1799 oberste Verwaltungsbehörde über den ↗Hofkammern, dann als Generallandesdirektion über die ↗Provinziallandesdirektionen neu organisiert, 1850 durch ↗Ministerien (7) ersetzt.

Oberlandforstmeister im ehemaligen Pr. seit 1798 (vgl. Jagdkanzlei) der an der Spitze des Forstwesens stehende Beamte, im Laufe des 19. Jh. bald dem Finanzministerium, bald dem des Kgl. Hauses, zuletzt dem für Landwirtschaft, Domänen u. Forsten angehörig – In einigen anderen dt. ↗Ländern (1e) bezeichnet heute O. den obersten Forstbeamten; in He. heißt der entspr. Beamte Landesforstmeister, in Niedersachsen Landesforstdirektor, in Ba.-

Wü. dagegen stehen über dem O. die Forstpräsidenten als Chefs der verschiedenen Landesteile u. an der Spitze der Gesamtverwaltung ein Landesforstpräsident.

Oberlandjägermeister s. Jägermeister.

Oberlandrabbiner s. Generaldirektion (1).

Oberlandrat(sbezirk) s. Reichsprotektor.

Oberlandschreiber = Landschreiber (2).

Oberlandstallmeister (Landoberstallmeister) in einigen Ländern der an der Spitze des Gestütwesens stehende Beamte; unter ihm stehen Landstallmeister.

Oberlehensdepartement = Lehensdepartement.

Oberlehensgericht s. Lehensgericht.

Oberlehensherr = Oberherr (1).

Oberslehensherrlichkeit s. Suzeränität.

Oberlehenshof s. Lehensgericht.

Oberlehens(hof)richter s. Lehensgericht.

Oberleutnant (z. See) s. Leutnant.

Obermaat s. Maat.

Obermärker s. Markgenossenschaft.

Obermärkermeister s. Markgenossenschaft.

Obermärkerschaft s. Markgenossenschaft.

Obermarkenherr s. Markgenossenschaft.

Obermarkenrichter s. Markgenossenschaft.

Obermarschall s. Marschall (1).

Obermatrose in der dt. Marine die dem ↗Gefreiten des Landheeres entspr. Charge, nach 1918 auch so genannt. – Auch die DDR hat O.

Obermedizinalausschuß s. Medizinalkollegium.

Obermedizinalkollegium s. Medizinalkollegium.

Obermedizinalrat s. Medizinalkollegium.

Obermeier s. Hauptherr (1 b) u. Meier (1).

Obermeister 1. **a)** s. Zunft (1). **b)** = Morgensprachsherr. 2. s. Meister (5). 3. in der Marine der DDR dem Oberfeldwebel (s. Feldwebel) entspr. Dienstgrad.

Obermilitäranwalt s. Reichsmilitärgericht.

Obermufti = Scheich ül Islam.

Obernotär s. Notär.

Oberoffiziere im 17. u. 18. Jh. im Gegensatz zu den ↗Unteroffizieren die ↗Offiziere (i. e. S.) einer ↗Kompanie (2), d. h. die ↗Subalternoffiziere u. der ↗Hauptmann (1). I. w. S. versteht man unter O. alle Offiziere. – In der öst.-ung. Marine hielt sich die Bezeichnung (↗Leutnant, ↗Fähn[d]rich [a], zeitweise auch Seekadett [s. Kadett] umfassend) bis in die zweite Hälfte des 19. Jh. Heute nennt man in Öst. die drei untersten Offiziersdienstgrade wieder zusammenenfassend O.

Oberpachtungsgericht s. Regiegericht.

Oberpfarrer a) (↗Antistes, Propst, [pastor] primarius) erster Pfarrer einer Kirche o. (prot.) einer Stadt. **b)** = Superintendent (1).

Oberpräsident a) in Pr. im 17. u. 18. Jh. Beamter, der den Vorsitz in allen Zentralbehörden einer ↗Provinz o. des ganzen Landes führte (O. aller Kollegien) u. unmittelbar unter dem Kg. stand. 1808–1810 u. seit 1815 oberster Verwaltungsbeamter einer pr. Provinz, bis 1825 keine Mittelinstanz, sondern Kommissar, dann bis 1875 in der Stellung eines Statthalters u. bis 1883 zugleich meist ↗Regierungspräsident (b) an seinem Amtssitz; vertreten wurde er durch den Vizepräsidenten, bis 1924 Oberpräsidialrat genannt. 1932 erhielt der O. wieder eine Stellung ähnlich der vor 1825, er war keine Mittelinstanz mehr, seine Aufgabe war vor allem die Beaufsichtigung des ↗Provinzialverbandes u. aller Behörden. 1934 wurde er Vertreter der Reichsregierung, dem ↗Reichsstatthalter gleichgestellt, meist gleichzeitig Gauleiter (s. Gau [2]). Vgl. Provinzialrat (a). **b)** der vom Kg. ernannte, einem ↗Amtmann (1) entspr. oberste Beamte für Kopenhagen.

Oberpräsidialrat s. Oberpräsident (a).

Oberprofoß s. Profoß.

Oberprokurator in den pr. Gebieten fr. Rechts bis 1900 der erste ↗Staatsanwalt eines Landgerichts (b).

Oberprokuror des Heiligen Synod s. Synod, heiliger.

Oberquartiermeister s. Generalquartiermeister.

Oberrabbiner a) = Judenmeister (a). **b)** s. Rabbiner.

Oberräte = Ober- und Regimentsräte.

Oberraithandler früher der ↗Kämmerer (1) der Stadt Wien.

Oberrat 1. in Wü. in der ersten Hälfte des 16. Jh. als Rat bei der ↗Kanzlei errichtetes Kollegium, das unter Vorsitz des Landhofmeisters (s. Hofmeister [1]) u. des ↗Kanzlers bis 1550 selbständig neben dem ↗Hofrat (1) stand, dann allm. mit ihm verschmolz u. zur höchsten Verwaltungs- u. Gerichtsbehörde wurde, weshalb die Mitglieder auch Ober- und Justizräte hießen. Nach Errichtung des ↗Geheimen Rates (1) 1629 wurde dieser oberste Verwaltungsbehörde u. der O. (seit 1710 Regierungsrat, seine Mitglieder Regierungsräte) blieb i. wesentl. Gericht, u. zwar auch für die Angelegenheiten des ↗Kirchenrats [1] u. der Rentkammer (s. Rechenkammer), die keine eigene Gerichtsbarkeit hatten. 1807 wurde der Regierungsrat als Ober(landes)regierung (1 b) (Oberregierungskollegium, mit Oberregierungsräten) dem Ministerium des Innern eingegliedert, u. war nun ↗Departement (2) für ↗Regiminalverwaltung, Polizei, u. Lehenssachen; 1811 erfolgte beim Übergang zum ↗Bureausystem die völlige Aufhebung. 1816 wurde von neuem ein von Fall zu Fall zusammentretendes Oberregierungskollegium aus den Unterabteilungen der Sektion für innere Verwaltung gebildet. 2. s. Oberrichter (a).

– **der Israeliten** in Ba. seit 1809 die israelitische oberste Kirchenbehörde, bestehend aus sechs weltl. Oberräten u. drei Konferenzrabbinern. – Auch in Wü. gibt es einen O. d. J. (1828 als israelitische Oberkirchenbehörde gegründet u. bis nach dem ersten Weltkrieg so genannt).

Oberrechenkammer (Oberrechnungskammer) in einigen Ländern Bezeichnung des ↗Rechnungshofes. In Pr. wurde 1723, nachdem die ↗Generalrechenkammer im ↗Generaldirektorium aufgegangen war, dem letzteren eine Ober-Kriegs- und Domänenrechenkammer untergeordnet, die aber nur die kalkulatorische Prüfung der Rechnungen hatte. Sie zerfiel in eine Domänenrechenkammer für die Domänenrechnungen u. eine von dieser nahezu unabhängigen Kriegsrechenkammer für die Rechnungen der Verwaltung. 1744 wurden sie zu einer O. vereinigt, aber deren Kompetenzen gleichzeitig verringert, 1770 verlor sie die Kontrolle gerade der wichtigsten Kassen, 1786 wurde sie unmittelbar dem Kg. unterstellt u. ihre Befugnisse wieder erweitert. Durch die Stein-Hardenbergsche Reform wurde sie zum unabhängigen obersten Kontrollorgan im Sinne eines Rechnungshofes. Sie war kollegial organisiert unter einem Chefpräsidenten; dieser präsidierte gleichzeitg dem Rechnungshof des Dt. R.; zeitweise war die O. zugleich Rechnungshof.

Oberrechnungsgerichtsrat Mitglied des bay. obersten ↗Rechnungshofes.

Oberrecht (Zwölfergericht, Zwölferrecht) in Schweiditz-Jauer an Stelle des ↗Landrechts (d) neben dem ↗Mannrecht (a), für welches es auch ↗Oberhof (1) war, auch Pupillenkollegigium, bestehend aus dem Landeshauptmann (s. Regierung [1]), vier Oberrechtssitzern u. acht Beisitzern.

Oberregiegericht s. Regiegericht.

Oberregierung s. Oberrat (1).

Oberregierungskollegium s. Oberrat (1).

Oberregierungspräsidium 1945/46 Verwaltungsbehörde des fr. Besatzungsgebietes Mittelrhein-Saar, etwa dem späteren Land Rheinland-Pfalz entspr.

Oberregierungsrat s. Regierung (2) u. Oberrat (1).

Oberreichsanwalt erster ↗Staatsanwalt am dt. ↗Reichsgericht. 1934–1945 war er auch am ↗Volkgerichtshof tätig.

Oberreichskanzler = Kwampaku.

Oberreichsmilitäranwalt s. Reichsmilitärgericht.

Oberreiter s. Oberschütze.

Oberrentei (Oberrenterei, Oberrentkammer) in Ostfrs. bis 1744 Bezeichnung der ↗Kriegs- und Domänenkammer.

Oberrentmeister s. Rentmeister.

Oberresident s. Résident général.

Oberrevisionsdeputation seit 1783 dritte Instanz in Kammerjustizsachen (s. Kriegs- und Domänenkammer), über dem ↗Oberrevisionskollegium, zusammengesetzt aus Mitgliedern des ↗Generaldirektoriums u. des ↗Obertribunals (a).

Oberrevisionskollegium beim ↗Generaldirektorium seit 1772 bestehende ständige Berufungsinstanz für Kammerjustizsachen (s. Kriegs- und Domänenkammer), hervorgegangen aus einer 1724 für Revisionssachen des Königsberger ↗Tribunals (1) u. des ↗Kommerzienkollegiums eingesetzten Revisionskommission (Oberrevisionskommission), der seit 1731 auch Revisionssachen aus anderen ↗Provinzen zugewiesen wurden. – Ansbach-Bayreuth hatte ein eigenes O.

Oberrevisionskommission s. Oberrevisionskollegium.

Oberrichter a) allg. Bezeichnung (auch Ober[gerichts]rat) für einen Richter an einem höheren Gerichtshof, auch für den ↗Schultheiß. **b)** s. Obergericht (b) u. Gerichtshof, oberster. **c)** s. Chief-Justice. **d)** = Lieutnant (1). **e)** = Lord of Appeal in Ordinary. **f)** = Lögmaður.

Oberroßarzt s. Veterinäroffizier.

Obersanitätskollegium s. Medizinalkollegium.

Oberschar = Überschar.

Oberscharführer s. Schutzstaffel u. Sturmabteilung.

Oberschenk s. Mundschenk.

Oberscheriatsrichter s. Kadi.

Oberschirrmeister s. Schirrmeister.

Oberschloßhauptmann s. Schloßhauptmann.

Oberschreiber = Landschreiber (2).

Oberschütze (bzw. Oberkanonier, Oberreiter usw.) Dienstgrad zwischen Schütze usw. u. ↗Gefreitem.

Oberschulkollegium in Pr. von 1787 bis zur Reform oberste Behörde für das gesamte Unterrichtswesen; die ref. Schulen unterstanden ihm nicht.

Oberschulkonferenz s. Oberschulrat.

Oberschulrat (auch Landesschulrat) in einigen dt. Staaten, z. B. in Ba. (1862–1911), Wü. u. E.-L. oberste Schulbehörde; auch die Mitglieder führten den Titel O.- In Ba. bestand bereits 1807 bis 1809 eine dem O. entspr. Generalstudienkommission rein weltl. Charakters, die dann wieder durch die geistl. Behörden ersetzt wurde; 1834 bzw. 1836–1862 gab es zwei oberste Schulbehörden, die Oberschulkonferenz für die Volksschulen u. den Oberstudienrat für die höheren Schulen, beide aus Geistlichen u. Laien zusammengesetzt. – In Wü. bestand bis 1933 ein ev. u. ein kath. O. (letzterer mit dem ↗Kirchenrat [1] vereinigt). Vgl. Schulrat.

Oberschultheiß 1. s. Schultheiß u. Unteramtmann (2). **2.** in Freiburg i. Br. 1698–1709 Vertreter des Ks., der den Vorsitz im ↗Stadtrat (a) führte u. die Verwaltung beaufsichtigte. **3.** s. Meier (1).

Oberseeamt s. Seeamt.

Obersekretär im 18. Jh. hoher Beamter der ostpr. Geheimen Kanzlei der ↗Regierung (1); in den Händen der (zwei o. drei) O. lag die eigentliche Verwaltung.

Oberst bis in die erste Hälfte des 16. Jh. Oberbefehlshaber, dann Befehlshaber einer Waffe, bes. der Infanterie (vgl. Feldmarschall u. Feldzeugmeister), seit Mitte des 16. Jh. mehr u. mehr den Inhaber eines ↗Regiments (2) bezeichnend. Der O. wurde entw. vom ↗Kriegsherrn ernannt u. warb dann seine Leute bzw. ließ sie durch die ↗Hauptleute (1) werben, o. er stellte ein Regiment auf eigene Gefahr auf u. bot dieses dem Kriegsherrn an; auf jeden Fall schloß er mit diesem einen Vertrag, der einen direkten Einfluß des Kriegsherrn auf das Regiment unmöglich machte; die ↗Offiziere ernannte er ganz o. größtenteils; ferner war er Hauptmann einer ↗Kompagnie (2) (↗Leibkompagnie). Da das Regiment nur administrative Einheit war u. der mil. Dienst vom Oberstwachtmeister bzw. ↗Major (4) besorgt wurde, war der O. in erster Linie Unternehmer, der dem Kriegsherrn Truppen stellte, u. das Wort bezeichnete zunächst nicht eine Charge, sondern den Inhaber eines Regiments; i. d. R. war jeder höhere Befehlshaber gleichzeitig O. Als im Laufe des 17. Jh. die Heere stehend wurden, gelang es den Landesherren (s. Landeshoheit), die Selbständigkeit der O. zu beseitigen, indem sie bei Regimentern, deren Inhaber gestorben, den O. frei ernannten; O. wurde so zu einer Chargenbezeichnung. Andrerseits wurde es üblich, jedes Regiment einem ↗General, einem Mitglied des landesherrlichen Hauses, einem ↗Minister (1) u. dgl. als Oberstinhaber (↗Regimentschef, colonel propriétaire) zu verleihen, auf den die Rechte des O. betr. Offiziersernennung usw. übergingen; der Landesherr übte diese Rechte in seinen Regimentern nur als Inhaber derselben aus. In Brand.-Pr. ernannte der ↗Kurfürst bzw. Kg. seit Ende des 17. Jh. i. wesentl. alle Offiziere. Statt des Inhabers führte das tatsächliche Kommando entw. ein zweiter O. (Titularoberst) o. der ↗Oberstleutnant. Erst zu Beginn des 19. Jh. wurde O. zur ausschließl. Bezeichnung einer bestimmten mil. Charge; er ist seitdem i. d. R. Kommandeur eines Regiments, häufig aber auch einer ↗Brigade (1); in der Schw. ist dies regelmäßig der Fall; vgl. Oberstkorpskommandant. – Außerhalb Dt. entspricht die mil. Stellung des colonel, coronel u. ä. der des dt. O. Während aber z. B. in Sp. der Kg. schon in der ersten Hälfte des 16. Jh. die O. der ↗tercios frei ernannte, hielt sich in Engl. der O. als Unternehmer bis in die erste Hälfte des 19. Jh. Der pr. Kompagniewirtschaft (s. Hauptmann) entsprach hier gewisssermaßen eine Regimentswirtschaft, indem der O. zugleich mit seinem Patent eine Pauschale erhielt u. weiterhin nur noch ein geringes levy money für Werbung; im übrigen war Ausrüstung, Instandhaltung, Ersatz usw. seine Sache; vgl. Widow's man. – In Fr. hatten im 18. Jh. die meisten Regimenter außer dem Inhaber noch zwei o. mehr O., häufig Adlige von 15–20 Jahren, an deren Stelle ein Oberstleutnant kommandierte; die Stelle eines O. war käuflich, wie dies auch in vielen anderen Ländern der Fall war.

Oberstaat s. Staatenstaat.

Oberstaatsanwalt in den meisten dt. Staaten u. in Öst. der erste ↗Staatsanwalt beim obersten Gericht (↗Oberlandgericht); in Sa. hieß so der erste Staatsanwalt beim ↗Landgericht (b); auch sonst führen hier u. da erste Staatsanwälte diesen Titel.

Oberstab s. Unterstab.

Oberstabsarzt s. Sanitätsoffizier.

Oberstabsbootsmann dem Oberstabsfeldwebel (s. Feldwebel) entspr. Dienstgrad bei der Marine.

Oberstabsfeldwebel s. Feldwebel.

Oberstabsveterinär s. Veterinäroffizier.

Oberstabswagenmeister s. Schirrmeister.

Oberstadtdirektor s. Bürgermeister (1).

Oberstadthauptmann in Budapest früher Oberhaupt der Stadtpolizei.

Oberstände s. Landtag (1).

Oberstarbeitsführer s. Reichsarbeitsdienst.

Oberstarzt s. Sanitätsoffizier.

Oberstatthalter 1. (Öfverstathallar) oberster Verwaltungsbeamter von Stockholm, dem Landshöfding eines ↗Län entspr. **2.** s. Statthalter (1).

Oberstbrigadier s. Oberstkorpskommandant.

Oberstburggraf = Oberburggraf.

Oberstdivisionär s. Oberstkorpskommandant.

Oberster s. Ratsherr (a).

Obersterblandämter in Öst. ob und unter der Enns seit dem 13. Jh. die erblich gewordenen ↗Hofämter.

Obersterblandhofmeister s. Hofmeister (1).

Obersteurer s. Steuerherr.

Oberstfeldhauptmann † Oberbefehlshaber.

Oberstfeldherr † Oberbefehlshaber.

Oberstfeldmeister s. Reichsarbeitsdienst.

Oberstfeldwachtmeister s. Major (4).

Oberstfeldzeugmeister s. Feldzeugmeister.

Obersthauptmann † Oberbefehlshaber.

Obersthof- und Landjägermeister s. Jägermeister.

Obersthoffalkenmeister s. Erblandfalkenmeister.

Obersthofmarschall(amt) s. Hofmarschall.

Obersthofmarschallgericht s. Horfmarschall.

Obersthofmeister(in) s. Hofmeister (1).

Obersthofpostmeister seit Beginn des 17. Jh. Titel des ↗Generalpostmeisters in einigen öst. ↗Kronländern (1) sowie in Ung.
Obersthofstab s. Hofstab.
Obersthofstabelmeister s. Stabelmeister.
Oberstiftungsrat in Ba. seit 1861 mit der Verwaltung des kath. Kirchenvermögens usw. betraute Behörde, je zur Hälfte vom Staat u. der Kirche ernannt.
Oberstinhaber s. Oberst.
Oberstjägermeister s. Jägermeister.
Oberstkämmerer s. Kämmerer (1) u. Palastprälat.
Oberstkämmereramt s. Kämmerer (1).
Oberstkanzler s. Hofkanzler (2).
Oberstknecht (oberster Ratsknecht, Ober[strats]-knecht) in Basel bis Ende des 18. Jh. Beamter, der ursprgl. den ↗Stadtrat (a) bediente, dann auch das ↗Geleite (1) der Juden hatte sowie den Nachrichter u. ä. Beamte ernannte; in späterer Zeit war er auch Ankläger an Stelle der ↗Ladenherren.
Oberstkorpskommandant in der Schw. der ein ↗Armeekorps kommandierende ↗Oberst, da ein ↗General nur im Mobilmachungsfall ernannt wird; der eine ↗Division (1 c) kommandierende Oberst heißt entspr. Oberstdivisionär (↗Divisionär), der eine ↗Brigade (1) kommandierende Oberstbrigadier.
Oberstkriegshauptmann † Oberbefehlshaber.
Oberstkriegskommissar s. Kriegskommissar (1).
Oberstküchenmeister s. Küchenmeister (1).
Oberstlandesoffiziere = Landesoffiziere (oberste).
Oberstlandmarschall s. Landtag (1).
Oberstlandzeugmeister s. Hausartillerie.
Oberstlehens(hof)richter s. Lehensrichter.
Oberstleutnant ursprgl. der oberste ↗Leutnant (Hauptleutnant) eines Heeres, also soviel wie ↗Generalleutnant, auch für den Stellvertreter des ↗Kriegsherrn, den Oberbefehlshaber, gebraucht, seit der zweiten Hälfte des 16. Jh. der Leutnant des ↗Obersten eines ↗Regiments (2), u. da dieser i. d. R. nicht kommandierte, der wirkliche Führer des Regiments; sofern der Oberst Dienst tat, war der O. sein Gehilfe. Im 18. Jh. gingen die bisherigen Obliegenheiten des ↗Majors (4) zum Teil auf ihn über, u. diese Funktion blieb ihm, als der Oberst allg. das Kommando persönlich übernahm. In der dt. Armee steht i. d. R. bei jedem Regiment ein O. als etatsmäßiger ↗Stabsoffizier. Andrerseits werden viele Regimenter dauernd von O. kommandiert; in der Schw. ist dies regelmäßig der Fall.
Oberstmarschall s. Marschall (1).
Oberstmarschallamt s. Horfmarschall.
Oberstmeister = Gesellschaftsmeister u. Oberstzunftmeister.
Oberstratsknecht = Oberstknecht.
Oberstschenk s. Mundschenk.
Oberstspittler = Spittler.
Oberststabelmeister s. Stabelmeister.
Oberststallmeister s. Marschall (1).
Obersttrapier s. Drapier(er).
Obersttreßler = Treßler.
Obersttürhüter s. Ostiarius (2).
Oberstubenherr = Stubenmeister.
Oberstudiendirektion in Wü. 1806 errichtete Zentralbehörde für das Schulwesen, anfänglich nur für das höhere u. die Universität.
Oberstudienrat s. Oberschulrat.
Oberstückhauptmann s. Stückhauptmann.
Oberstuhlrichter s. Komitat (3).
Obersturmbannführer s. Sturmabteilung.
Obersturmführer s. Schutzstaffel u. Sturmabteilung.
Oberstveterinär s. Veterinäroffizier.
Oberstwachtmeister s. Major (4).
Oberstwagenmeister s. Schirrmeister.
Oberstzeugwart s. Zeugamt.
Oberstzunftmeister (Am[man]meister, oberster Zunftmeister, Oberstmeister, auch Handwerksmeister, ↗Schöffenmeister, magister officiorum) in Chur, Zürich, Basel, Freiburg i. Br. u. Straßburg seit dem späteren MA. Oberhaupt der ↗Zünfte (1), zuerst vom ↗Stadtherrn ernannt, später gewählt. Der O. (in Chur u. Zürich waren es mehrere) vertrat die Zünfte der Obrigkeit gegenüber, hatte Gerichtsbarkeit über sie u. führte sie im Felde; im einzelnen waren seine Funktionen in den Städten verschieden. In Straßburg war der Ammeister (magister scabinorum) seit Mitte des 14. Jh. das eigentliche Stadtoberhaupt, über den ↗Bürgermeistern (1). In Basel und Freiburg gab es vorübergehend Ende des 14. Jh. (in Basel 1385/90, in Freiburg 1388/1392) u. zu Beginn des 15. Jh. (in Basel 1410/17) einen Ammeister neben dem O.; er war in Basel eigentliches Stadtoberhaupt, in Freiburg Haupt der bürgerlichen ↗Ratsherrn (a). Vgl. Großrichtmann.
Obertabaksgericht s. Regiegericht.
Obertribunal a) 1774–1879 das oberste pr. Gericht, entstanden durch Vereinigung der beiden ↗Tribunale (1); bis 1782 vierter ↗Senat (7) des ↗Kammergerichts, dann als Geheimes O. (so bis 1849 genannt) selbständig. O. (Oberappellationstribunal) hieß 1806–1879 auch das oberste Gericht in Wü. b) s. Tribunal Supremo (de Justicia).
– kleines s. Kammergericht.
Obertruchseß s. Truchseß.
Obertruppführer s. Reichsarbeitsdienst u. Sturmabteilung.
Obertürwart s. Ostiarius (2).
Oberungelder s. Ungeld.
Oberuntergang s. Untergang.

Obervasall s. Afterlehen.
Oberverwalter s. Meier (1).
Oberverwaltungsgericht s. Verwaltungsgerichtsbarkeit (a) u. Obergericht (c).
Oberveterinär s. Veterinäroffizier.
Oberviertelkommissär s. Quartierdirektorium.
Obervogt s. Landvogt (a), Oberamt (1), Statthalter (1) u. Vogt (1 u. 2).
Obervogtei s. Landvogt (a), Vogt (2) u. Vogtei (7).
Obervogteiamt s. Landvogt (a).
Obervormund s. Reihebrauen.
Obervormundschaft Oberaufsicht über den Vormund, in älterer Zeit der ↗Sippe bzw. der Familie zustehend (vgl. Gesamtvormundschaft), obwohl in den Quellen diese O. nicht als ↗Munt (1) betrachtet wird. Schon im frühen MA. nahm der Staat theoretisch die O. für sich in Anspruch, aber nur bei den Lang. wurde den Richtern eine entspr. Befugnis tatsächlich übertragen. Sonst ging die O. zuerst in den Städten teilweise o. ganz an die Obrigkeit über, u. in neuerer Zeit kam sie in Dt. an den Staat, wobei i. d. R. die Gerichte erster Instanz ihre Träger sind. Nachdem im 18. Jh. die staatl. O., bes. in Pr. u. Öst., den Vormund zum «Bevollmächtigten des Staates» gemacht hatte, wurden im Laufe des 19 Jh. ihre Aufgaben auf Einleitung der Vormundschaft, Bestellung des Vormunds u. seine Beaufsichtigung beschränkt. Neben der O. steht u. U. ein Familienrat unter Vorsitz des Vormundschaftsrichters. In neuester Zeit gingen die Aufgaben der O. i. wesentl. auf die ↗Berufsvormundschaft über, während unter die Tätigkeit der O. nunmehr Fürsorgeerziehung u. dgl. fallen. – In den Ländern fr. Rechts ist die O. i. wesentl. einem Familienrat übertragen.
Oberwachtmeister s. Feldwebel u. Wachtmeister.
Oberwagenmeister s. Schirrmeister.
Oberwaldbote s. Markgenossenschaft.
Oberwaldschultheiß s. Markgenossenschaft.
Oberward- und Oberwegegrefe in Cleve-Mark früher oberster Beamter für Wege- u. Wasserbauten.
Oberwegmeister (maître des guides) früher ↗Offizier, der den Botendienst der Armee leitete, für Gangbarmachung der Straßen sorgte usw.; er war Gehilfe des ↗Generalquartiermeisters.
Oberzensurgericht in Pr. in der Mitte des 19. Jh. Beschwerdeinstanz für verweigerte Druckerlaubnis.
Oberzentgericht s. Zentgericht.
Oberziesemeister s. Ziesemeister.
Oberzunftmeister s. Zunft (1).
Obgrafio = Sakebaro.
Obinfeudatio (bzw. subinfeudatio [Unterbelehnung]) Einschiebung eines Dritten in den bisherigen ↗Lehensverband durch den Herrn A bzw. durch den Mann B, u. zwar **1.** durch ↗Leihe (2) von A an einen Unterherrn (s. Afterlehen) C, so daß A ↗Oberherr (1) wurde (O. per dationem), oder **2.** durch Auftragung (s. Lehensauftrag) von B an C, wobei B ↗Aftervasall von A wurde (subinfeudatio per oblationem), oder **3.** durch Auftragung von A an einen Oberherrn D (O. per oblationem), oder **4.** durch Leihe von B an einen Aftervasall E (subinfeudatio per dationem). Im ersten u. dritten Fall war Einverständnis des Mannes, im zweiten des Herrn nötig, der ↗Heerschild durfte dabei nach dt. Recht nicht geniedert werden. Während die beiden ersten Fälle praktisch kaum vorkamen u. O. per oblationem selten freiwillig erfolgte, war subinfeudatio per dationem äußerst häufig; weil aber damit i. d. R. eine Zersplitterung des Lehensbesitzes verbunden war, wurde sie in den meisten Ländern von der Regierung eingeschränkt o. (da ein Verbot dem Wesen des ↗Lehens [1] widersprochen hätte) unmöglich gemacht.
Objedinennoje GPU s. Tschreswyjtschainaja Kommissija.
Objektsteuer = Realsteuer.
Oblagiarius s. Obleie (1).
Oblagium = Obleie.
Oblai = Obleie.
Oblast ([Verwaltungs]gebiet **a**) in ksl. Rußl. u. in den ersten Jahren nach der Revolution Verwaltungseinheit, die (meist aus mil. Gründen) selbständig neben den ↗Gouvernements (1 b) stand. Seit 1923 wurden allm. mehrere derselben zu O. zusammengefaßt, wobei diejenigen, die autonome O. enthielten Kraj ([Verwaltungs]-gau) genannt wurden, ein Unterschied, der sich später verwischte, so daß heute O. u. Kraj i. wesentl. gleichbedeutend sind; ebenso wurden die O., die sich als viel zu große erwiesen, seit etwa 1935 verkleinert, so daß heute die O. bzw. der Kraj der Größe nach einem alten Gouvernement entspricht. Vorübergehend waren auch Gaue in O. eingeteilt; letztere gibt es in allen ↗Unionsrepubliken, Kraja nur im eigentlichen Rußl. u. Sibirien (RSFSR). Vgl. Okrug. Die autonomen O. (awtonomnaja oblasti, autonome Gebiete), 1920 u. in den folgenden Jahren geschaffen, i. wesentl. je einen Volksstamm umfassend, haben nur dem Namen nach unabhängige Selbstverwaltung u. wurden nach 1923 den Kraja unterstellt, einige wurden ↗autonome Republiken. **b**) (Gau) oberste Verwaltungseinheit in Südsl. 1922–1929.
Oblastnoj sud s. Gouvernementsgericht.
Oblata = Obleie.
Oblatio a) (benedictio, Oblationsgebühr) vom Geistlichen dem ihn Anstellenden geschuldete Abgabe. **b**) s. Tertiarier.

– feudi = Lehensauftrag.

Oblatus 1. = Donatus (a). **2.** s. Ecclesiastici (homines), Kloster u. Tertiarier. **3.** Obnoxiatio u. Precaria (1).

Oblegium = Obleie.

Obleie (Oblai, oblagium, oblaium, oblata, oblegium, oblia, obliaria, obliga, uplada, obliage, oubleia, oubliage, oublie) **1.** Gabe i. allg., insbes. Abgabe **a)** an die Kanoniker (s. Domkapitel) von einem von ihnen, dem obellarius, für ihre Anwesenheit bei gestifteten Messen; **b)** von den Untertanen u. ↗Vasallen (als obliales, obliarii, obliaux) an den ↗Herrn (als oblagiarius), bes. in Naturalien, z. B. Brot. **2.** in den ↗Klöstern (bes. als Oblai[um] bezeichnet) ausgeschiedener Fonds zur Bekleidung u. Verköstigung. **3.** in den Domkapiteln u. anderen ↗Stiftern Ergänzungen der ↗Präbenden, auf bes. Stiftungen beruhend.

Oblia = Obleie.

Obliage = Obleie.

Oblialis s. Obleie (1).

Obliaria = Obleie.

Obliarius s. Obleie (1).

Obliau s. Obleie (1).

Obliga = Obleie.

Obligation = Satzung, jüngere.

Obmann a) s. Zunft (1). **b)** = Morgensprachsherr.

Obnoxiatio in den germ. Rechten die freiwillige Ergebung in die Knechtschaft als ↗Höriger o. ↗Leibeigener, häufig ↗Schuldknechtschaft. Fand sie an eine Kirche, ↗Kloster u. dgl. statt, so hieß der Betreffende oblatus. I. allg. verschwand die O. schon im MA., nur in einigen Gegenden Fr. hielt sie sich bis zur Revolution. Vgl. Serf.

Oboedient s. Oboedientia canonica (b).

Oboedientia canonica (Oboedienz) **a)** der vom kath. Geistlichen bzw. Mönch seinem Oberen, entspr. dessen Amtsgewalt (majoritas) geschuldete Gehorsam, durch einen Oboedienzeid (juramentum oboedientiae) bekräftigt; **b)** der vom ↗Ordensoberen einem Konventualen (s. Kloster), dem Oboedienten, erteilte Befehl (oboedientiales litterae); **c)** (Oboedienzpfarre) Mitgliedern von ↗Kapitel o. ↗Klöstern übertragenes Amt; **d)** im MA. der faktische Machtbereich eines aus zwiespältiger Wahl hervorgegangenen Papstes, ↗Bischofs usw.

Oboedientiales litterae s. Oboedientia canonica (b).

Oboedienzeid s. Oboedientia canonica (a).

Oboedienzpfarre s. Oboedientia canonica (c).

Obor Knêz s. Knäs.

Obrigkeit, forstliche = Forstrecht (2 a).

– fraischliche = Gerichtsbarkeit, hohe.

– geleitliche = Geleite (1).

– hochfreischliche = Gerichtsbarkeit, hohe.

– hohe a) = Gerichtsbarkeit, hohe. **b)** s. Landeshoheit.

– landesfürstliche s. Landeshoheit.

– vogteiliche = Vogteilichkeit.

Obrogation unausgesprochene Aufhebung eines Gesetzes durch den entgegenstehenden Wortlaut eines späteren. Vgl. Abrogation u. Derogation.

Obrok in Rußl. Bezeichnung für Abgaben u. Steuern verschiedener Art, bes. für die Abgabe, die von den ↗Leibeigenen (von Bauern als Zins von ihrem Land) als Ablösung der barschtschina (s. Fronden[a]) an den ↗Herrn entrichtet wurde.

Obschtschina in Rußl. die seit dem 14. Jh. sich allm. entwickelnde ↗Feldgemeinschaft der Gemeinde, des ↗Mit (2); der gesamte Besitz gehörte letzterem gemeinschaftlich, u. das Land, einschließlich der Häuser usw., wurde durch regelmäßige Umteilungen (meist alle zwölf bis achtzehn Jahre) als ↗Nadjelland den Einzelnen zur Nutzung überwiesen, wobei alle möglichen Formen der Verteilung üblich waren; in älterer Zeit wurden die Teile möglichst gleich gehalten, in neuerer mehr nach der wirtschaftlichen Eigenart, bes. nach der Familienstärke, verteilt. Allg. durchgeführt wurde die O. erst im 18. Jh. im Zusammenhang mit der strengeren ↗Leibeigenschaft. Die Bauernbefreiung von 1861 behielt die O. bei, ermöglichte aber den Übergang in Einzeleigentum, was praktisch schon vorher vielfach dadurch geschehen war, daß das Nadjelland derselben Familie dauernd verblieb. Die Reform von 1906 plante die allm. Abschaffung der O.; soweit diese 1917 noch bestand, wurde sie in der alten Form aufgehoben u. durch kommunistische Organisationen ersetzt. Vgl. Kollektiwnoje chosjaistwo und Sowjetskoje chosjaistwo.

Obsequium der ↗mithio des ↗Herrn entspr. Verpflichtungen des ↗Vasallen, des puer (s. Gefolgschaft) u. von Personen in ähnlichen Treueverhältnissen. Vgl. Kommendation.

– regale = Servitium regis.

Obstagium = Einlager (1).

Obverrett norw. Gericht zweiter Instanz, unter einem ↗Justiziar.

Occupare s. Arrest.

Occupatio = Bifang (1).

Occupation Franchise in Engl. das 1832 in den Städten eingeführte Wahlrecht zum ↗Unterhaus (1), das an einen Grundbesitz mit einem jährl. Mindestertrag von zehn Pfund geknüpft war.

Ochrana s. Tschereswyjtschainaja Kommissija.

Ochrannoje Otdelenije s. Tschreswyjtschainaja Kommissija.

Ochsengeld s. Herdeschaft.
Ochtena s. Zehnt (1).
Octava s. Quarta (2).
Octavarius s. Enthänge.
Oda s. Janitscharen.
Odel = Oðal.
Odelsret s. Oðal.
Odelsthing s. Storthing.
Oðal (odel) in Norw. seit alter Zeit das ererbte Bauerngut, das ↗Stammgut (b), dessen Besitzer (Adelsbauer, Erbbauer, hauldr, höldr, hold, oðalsbauer, oðalsmaðr) (vgl. Bōnde) bes. Vorrechte genoß; die oðalsmenn bildeten eine Art Adel, in dessen Händen allein im MA. die ↗Allmenden waren. Das O. vererbte im Mannesstamm, manchmal nach ↗Anerbenrecht; den Söhnen gleichgestellt waren nur Tochter u. Schwester als sogen. baugrygjar. Von anderen Frauen konnte die Herausgabe des O. durch die männlichen Verwandten in einem bes. Prozeßverfahren, dem oðalsbrigdi, gefordert werden, bei dem bes. Zeugen, arofar, das Eigentum bezeugten. Bei Verkauf eines O. hatten die oðalsnautar, d. h. die durch Verwandtschaft mit dem betr. O. verbundenen Personen, ein ↗Retraktrecht (odelsret); denselben stand auch ein Nutzungsrecht zu, wenn der Besitzer selbst das O. nicht bebaute. Die Erben eines O. konnten es gemeinsam, als eine Art ↗Ganerbschaft, besitzen u. galten dann insgesamt als ein oðalsneyti; Auflösung der Gemeinschaft war durch bes. Teilungsverfahren (oðalsskipti) möglich. – Als O. galt auch das Land, das vom Kg. geschenkt, als ↗Wergeld empfangen o. im Tausch gegen O. erhalten worden war. Das Recht des höldr hatten auch die Stadtbewohner u. alle Itländer.
Oding s. Zehnt. (1).
Oeconomus 1. (yconomus) im frühen MA. bischöflicher Verwalter des Kirchenvermögens (actor ecclesiae, Kastenvogt), vielfach zugleich ↗vicedominus (6), seit dem 9. Jh. (auch archioeconomus) meist der Dompropst (s. Domkapitel). Seit dem Tridentinum vom Domkapitel für die Zeit der ↗Sedisvakanz gewählter Verwalter der bischöflichen Einkünfte, der mit dem ↗Kapitularvikar identisch sein kann. Bei den Orden Verwalter des Ordensvermögens (O. generalis), des Provinzialvermögens (O. provincialis) o. des Klostervermögens (O. localis), letzterer u. U. mit dem Klostervorsteher identisch. 2. = Churchwarden. 3. = Meier (1).
– **generalis** s. Oeconomus (1).
– **localis** s. Oeconomus (1).
– **provincialis** s. Ooeconomus (1).
– **totius domus** s. Hausmeier.
Ödgartenwirtschaft s. Feldgraswirtschaft.
Ödung = Wüstung.

Öffnung 1. a) s. Weistum. b) s. Hofrecht (1) 2. s. Öffnungsrecht.
Öffnungsrecht Recht des Landesherrn (s. Landeshoheit) bzw. Lehensherrn (s. Lehen [1]) zur Benützung einer Befestigung im Kriegsfall (Öffnung, rendre un château à grande et à petite force); es stand ihm entw. ohne weiteres zu (vgl. Ligeïtät) o. auf Grund eines Vertrags. In Fr., wo der betr. Vertrag «jurableté et redableté» hieß, hatte der Lehensmann einen bes. Eid in dieser Beziehung zu leisten (jurer sa forteresse).
Öfverstathallar = Oberstatthalter (1).
Ökonomie-Kommissarius s. Generalkommission (für Landeskultursachen).
Ölkopf = Weinkauf (1).
Öresland s. Markland (b).
Örterung = Mutscharung.
Örtoghaland s. Markland (b).
Ösch = Schlag (1).
Ofenbannrecht s. Zwangs- und Bannrechte.
Offenhaus s. Ligeïtät.
Offenschreiber s. Notar.
Offerre s. Sale (1.)
Offertorium = Reichnis.
Office durante bene placito in Engl. Amt, das auf Widerruf verliehen wurde.
– **of Military Government of the USA** (OMGUS) 1945/49 die oberste Verwaltungsbehörde in der am. Zone Dt., nominell unter dem ↗Kontrollrat.
– **quamdiu bene se gesserit** in Engl. Amt, das auf Lebenszeit verliehen wurde.
Officers of State die höchsten Kronbeamten u. Richter in Scho.
Officia Curiae Romanae päpstl. Verwaltungsbehörden i. e. S., nämlich ↗Cancellaria Apostolica, ↗Dataria A., ↗Camera A., ↗Secretaria A. u. S. brevium (s. Breve).
– **hereditaria** s. Hofämter.
– **palatina** = Hofämter.
Officialatus s. Offizial.
Officiale jus s. Ministeriale (2).
Officialis 1. Beamter, bes. auch ↗Amtmann (1) u. Meier (1). 2. = Höriger u. Ministeriale (2). 3. = Official. 4. s. Stadtrat (a) u. Zunft (1).
– **ad obitum** s. Dataria Apostolica.
– **curiae** 1. = Official. 2. = Meier (1).
– **Episcopi** = Offizial.
– **et judex regis** s. Reichsvogt.
– **fisci** s. Fiskal.
– **foraneus** s. Offizial.
– **generalis** s. Offizial.
– **principalis** s. Offizial.
– **scabinorum** s. Schöffenbruderschaft.
– **scultetus** s. Schultheiß.
Officialitas s. Offizial.
Officiatus a) Beamter, bes. auch ↗Amtmann

(1) u. ↗Meier (1); vgl. Reichsvogt. **b)** s. Stadtrat (a).
– **inferior** s. Hofämter.
– **principalis** s. Erzämter.

Officier bleu in Fr. im 17. u. 18 Jh. ↗Offizier, der im Frieden in der Handelsmarine diente u. nur im Kriege in der Flotte Verwendung fand; die eigentlichen (adligen) Marineoffiziere hießen O. rouges (O. nobles).
– **de fortune** in Fr. im 17. u. 18. Jh. ↗Unteroffizier bürgerlichen Standes, der dienstlich Unterleutnant (s. Leutnant) war, aber weiterhin zu den Unteroffiizieren zählte, so daß er etwa einem ↗Deckoffizier o. ↗Feldwebelleutnant entsprach; er konnte ↗Offizier werden, brachte es aber nur selten zu einer höheren Charge; in diesem Falle wurde er (um den Grundsatz, daß nur Adlige Offiziere werden könnten, nicht zu verletzen) geadelt. Vgl. Noblesse militaire.
– **de santé** in Fr. Arzt, der nach bestimmter Dauer eines Studiums o. einer praktischen Ausbildung seinen Beruf wie ein Doctor med. ausüben darf, aber nur in einem beschränkten Gebiet.
– **noble** s. Officier bleu.
– **rouge** s. Officier bleu.

Officiers généraux = Grands officiers.

Officium 1. (bis ins 9. Jh. auch honor) Amt, Anstellung usw., vgl. Servitium. **2.** = Ministerium (4). **3.** = Genoßsame (1) u. Zunft (1). **4.** s. Fronhof u. Vorwerk. **5.** in Ven. seit dem 14. Jh. Gerichtshof ohne eigenes Anwaltskollegium. **6.** s. Domkapitel.
– **beneficiale** s. Beneficium ecclesiasticum.
– **camerae** s. Kammer (1).
– **camerarum** s. Kammer (1).
– **canonicale** s. Domkapitel.
– **commune** s. Officium ecclesiasticum.
– **coquinae** s. Küchenmeister (1).
– **ecclesiasticum** (Kirchenamt) das einem Geistlichen zwecks Ausübung bestimmter Befugnisse dauernd übertragene Amt (O. sacrum), mit dem ↗beneficium ecclesiasticum nicht identisch; doch werden die beiden Ausdrücke häufig fälschlicherweise synonym gebraucht, da das O. e. meistens mit einer ↗Präbende ständig verbunden ist, u. die Arten der O. denen der beneficia daher genau entsprechen. I. w. S. rechnen zu den O. e. auch die von Laien versehenen Ämter eines Sakristans, Organisten usw. (O. mere ecclesiastica, O. communia).
– **fisci** s. Fiskal.
– **Inquisitionis** s. Congregatio Romana.
– **mere ecclesiasticum** s. Officium ecclesiasticum.
– **sacrum** s. Officium ecclesiasticum.
– **stratoris et strepae** s. Lehensdienst.
– **villicationis** s. Meier (1).

Offizial (Hofrichter, officialis, o. curiae, o. Episcopi, vicarius E., auch generalis causarum auditor, judex curiae) seit Ende des 12. Jh. (zuerst in Fr.) von den ↗Bischöfen als Konkurrenz des ↗Archidiakons aufgestellter richterlicher Beamter, Vertreter des Bischofs in Rechtssachen (daher im MA. in der Bretagne alloué, allocatus, in den Westalpen judex episcopi), speziell im Ehe- u. Disziplinargericht; er bildet mit einigen Beisitzern (Vizeoffiziale, viceofficiales) das Offizialat (curia, officialatus, officialitas, sacra sedes, auch Geistlicher Rat, Konsistorium, Offizialgericht, im MA. Hofgericht, curia christianitatis, cour d'église); er ist absetzbar u. kann mit dem ↗Generalvikar (1a) identisch sein, doch erlischt sein Amt erst mit dem Ende der ↗Sedisvakanz. Früher gab es teilweise mehrere O. in einer ↗Diözese (a), den O. curiae (O. generalis, O. principalis, vicarius p.) am Bischofssitz u. unter ihm die O. foranei (vicarii foranei, Bezirksvikare, Landoffiziale). – In Fr. diente das Offizialat bes. im 13. u. 14. Jh. als öffentliche Beurkundungsstelle, wofür an jedem Bischofssitz ein receptor actorum fungierte, vor dem die Parteien ihre Rechtsgeschäfte vorbrachten; in der ganzen Diözese waren außerdem notarii curiae (Offizialatsnotare) verteilt, die über Rechtsakte, Vorakte aufnehmen konnten. – In Dt. war das Offizialat nur in Straßburg Beurkundungsstelle in größerem Maßstab. Vgl. Scriptum authenticum.

Offizialat s. Offizial.

Offizialatsnotar s. Offizial.

Offizialbetrieb = Amtsbetrieb.

Offizialgericht s. Offizial.

Offizialmaxime (Offizialprinzip) im Gegensatz zur ↗Verhandlungsmaxime der Grundsatz, den Prozeß von Amtswegen (Offizialverfahren) zu führen, unbeschränkt durch Anträge usw. der Beteiligten. Vgl. Inquisitionsverfahren (b).

Offizialprinzip = Offizialmaxime.

Offizialverfahren s. Offizialmaxime.

Offizier in Dt. um die Mitte des 16. Jh. aus dem fr. übernommen, aber zunächst in der Bedeutung ↗Hofamt, erst seit Ende des 16. Jh. in der heutigen Bedeutung (auch Kriegsoffizier), wobei aber zunächst auch ↗Unteroffiziere u. Spielleute darunter begriffen wurden, denn ein abgeschlossenes, fast durchweg adliges, Offizierskorps bildete sich erst im 17. Jh. aus. Vgl. Oberoffizier.
– **charakterisierter** besitzt Titel, Abzeichen u. Ehrenrechte seines Dienstgrades, aber bezieht nur die Gebührnisse des nächstniederen Grades.
– **politischer** s. Armeeverwaltung, politische.

Offiziersanwärter s. Fahnenjunker.

Offiziersaspirant a) in Dt. bis 1914 Einjährig-Freiwillger, der mit der Qualifikation zum Reserveoffizier entlassen worden war u. als ↗Unteroffizier (i. w. S.) die vorgeschriebenen Übungen machte. b) s. Fahnenjunker.

Offizierskorps in Öst.-Ung. Bezeichnung einer Gruppe von Militärpersonen im Offiziersrang, z. B. die Militärgeistlichen, ↗Auditeure (1), Ärzte usw.

Offiziersstellvertreter in Dt. 1914/18 ↗Unteroffizier, der dauernd Offiziersdienst versah; in Öst. nach 1918 der zweithöchste Dienstgrad der Unteroffiziere.

Offizium, heiliges s. Congregatio Romana.

Offnung s. Weistum.

Oficiales reales früher in den sp. Kol. Bezeichnung der Finanzbeamten, bes. der höheren.

OGPU s. Tschreswyjtschainaja Kommissija.

Ohmgeld = Umgeld (b).

Ohrgeld in Teilen der Ndl. früher eine Pferdesteuer.

Oidor in Sp. Mitglied eines höheren Gerichtshofes.

Oikeus asiamies in Finnl. der ↗Generalstaatsanwalt.

Oikeuskansleri s. Justitie-Ombudsman.

Oireachtas seit 1922 das ir. ↗Parlament (1), bestehend aus einer ersten (Seanad Éireann) u. einer zweiten (Dáil Éireann) ↗Kammer (2a); der Senat hat i. wesentl. nur die Rechte des engl. ↗Oberhauses (1). Der Dáil Éireann bestand bereits seit 1918, aber von der engl. Regierung nicht anerkannt.

Okolja s. Okrug (c).

Okolnitschi im späteren MA. in Rußl. zweite Klasse der Hofbeamten.

Okrag s. Okrug (c).

Okrug (meist mit ↗Bezirk wiedergegeben) a) im ksl. Rußl. Unterabteilung eines ↗Oblast (a). In den Sowejetrepubliken traten nach Abschaffung der ↗Gouvernements (1) (1923/29) die (i. d. R. kleineren) O. (administratiwnyje O., Verwaltungsbezirke) nach 1930 an deren Stelle, wurden aber schon nach kurzer Zeit (mit einer Ausnahme) wieder beseitigt. Dagegen wurden seit 1930 in Sibiren eine Anzahl sogen. nationale O. (Natonalbezirke) geschaffen, als Selbstverwaltungseinheiten für kleine Völkerschaften primitiver Kultur, u. seit 1933 auch sonst ↗Rayons zu O. zusammengefaßt, aber nur ausnahmsweise u. vorübergehend. b) in Serbien bis zu seinem Aufgehen in Südsl. oberste Verwaltungseinheit, an deren Spitze ein ↗Natschalnik stand; eingeteilt waren die O. in Srez unter einem Sreski Natschalnik. c) in Bulg. (okrag) die oberste Verwaltungseinheit, in Okolja eingeteilt.

Okruschnyj sud s. Gouvernementsgericht (1).

Oktoberkind s. Kommunistitscheskij sojus molodeschi.

Oktroi 1. (Machtbrief) Bewilligung, bes. eine einer Gesellschaft erteilte Konzession. 2. = Torsteuer.

Oldermann s. Konsul (1).

Ombecht = Dêl.

Ombudsman s. Justitie- Ombudsman.

'Omde s. Nahijé.

Ometsuke in Jap. vom 17. bis 19. Jh. Zensoren, die als kollegiale Zentralbehörde die Durchführung der Gesetze überwachten.

OMGUS = Office of Military Government of the USA.

Omi s. Uji.

Omuraji s. Uji.

Onera = Fronden (a).

– municipalia s. Marktrecht.

Oomi s. Uji.

Open fields in Engl. früher das in ↗Gemengelage befindliche, dem ↗Flurzwang unterworfene, nicht eingehegte Ackerland. Vgl. Einhegung.

– Vestry s. Vestry.

Opera = Fronden (a).

– aestivalia s. Fronden (a).

– autumnalia s. Fronden (a).

– civilia s. Marktrecht.

– dominica = Fronden (a).

– grossa s. Fronden (a).

– hiemalia s. Fronden (a).

– manuum s. Fronden (a).

– parva s. Fronden (a).

– servilia = Fronden (a).

Operae carrariae s. Fronden (a).

Opfergeld in Jülich- Berg seit dem 15. Jh. Abgabe einiger Städte an den ↗Herzog.

Opferpfennig s. Judenschutzgeld.

Opilio = Schafschwaige.

Opinionsausschuß s. Högsta Domstol.

Opinionsnämden s. Högsta Domstol.

Opole (vicinia) in den polnischen Ländern ursprgl. Verband mehrerer der ↗Zadruga entspr. Geschlechter (rod[zina]), dann der von diesem Verband bewohnte Bezirk. Hauptaufgabe der dem russ. ↗Werw u. dem südsl. ↗Brastvo entspr. O. war die Gesamtbürgschaft. Später wurde sie unterste Verwaltungseinheit, vor allem zum Zwecke der Nutzbarmachung des ↗Polonicum jus, das auf der großen Mehrzahl der Bewohner der O., den Opolebauern (adscripti[cii], heredes [censuarii], possessores, ↗Kmeten) lastete; Vorsteher der O. war der Wlodar (Schäffer, villicus), der auch ↗Unterrichter (judex inferior, subjudex) war. Im Laufe des 13. Jh. verschwanden die O., während z. B. in Schl. der Ausdruck Opolebauer erhalten blieb u. ebenso dessen schlechtes Besitzrecht. Vgl. Lassit. – In

Bhm. u. Mähren entsprach der O. die Osada (Umsassen, circumsedentes, vicinatus, vicini).

Opoltschenie (Reichswehr) in Rußl. 1874–1917 die nicht dem stehenden Heer angehörigen Waffenfähigen, nur im Kriegsfall aufgeboten; die O. entsprach der dt. ↗Landwehr (1) einschließlich ↗Landsturm.

Oprawci (judices maleficiorum, justitiarii) um 1300 in Polen vorübergehend nach dem Muster der bhm. Poprawczen (s. Kreis) eingesetzte richterliche Beamte.

Optimale s. Sterbfall.

Optimates s. Hochfrei.

Option s. Domkapitel u. Kardinal (1).

Optionis jus = Kürrecht (2).

Opus = Zunft (1).

Ōranbōt s. Wergeld.

Orateur du gouvernement s. Conseiller d'état.

Orator **1.** bis in die neuere Zeit dipl. Vertreter i. allg., im 17. u. 18. Jh. vor allem der ↗ambassadeur (vgl. Procurator [2]), dann bes. Titel bestimmter ↗Gesandter, z. B. des ksl. in Konstantinopel u. zeitweise aller ven.; im übrigen It. hatte O. die allg. Bedeutung. **2.** = Vorsprecher (a). **3.** s. Rêdjeva.

– terrae s. Rêdjeva.

Oratorium = Kapelle.

Orbede s. Bede (1), Erbleihe u. Schoß (1).

Orbere, lethege s. Schöffenbarfreie.

Ordal(ium) = Gottesurteil.

Orden s. Religio.

– dritter = Tertiarier.

Ordengesell s. Gesellenbruderschaft.

Ordenjünger s. Gesellenbruderschaft.

Ordenmeister = Schenker.

Ordensabt s. Abt.

Ordensadel s. Adel, persönlicher.

Ordensalter = Pir.

Ordensbruder s. Kloster.

Ordensfrau s. Kloster.

Ordensgebietiger = Gebietiger.

Ordensgeistlicher s. Kloster.

Ordensgeneral (↗General, Generaloberer, Generalsuperior, Großmeister, superior generalis, bei den Augustinern Generalprior, bei den Benediktinern Abtprimas, bei den Dominikanern magister generalis [Generalmagister], bei den Franziskanern minister g. [Generalminister], bei den Jesuiten praepositus g. [Generalpraepositus]) Oberhaupt bei einigen Orden (s.Religio), vom ↗Generalkapitel auf Lebenszeit o. bestimmte Dauer gewählt, mit dem Sitz in Rom, bei einigen Orden mit einem Gewissensrat (admonitor) als Kontrollorgan. Bei den weiblichen Orden entspricht dem O. durchweg eine Generaloberin.

Ordenskammergut s. Komthur.

Ordenskanzler **a)** ↗Kanzler eines ↗Ritterordens bzw. einer Behörde eines solchen. Vgl. Mediatgericht. **b)** an einigen Höfen mit der Leitung der Geschäfte betr. Ordensverleihungen usw. betraute ↗Hofcharge.

Ordenskapitel Versammlung der Ordensgeistlichen eines ↗Klosters, einer ↗Ordensprovinz o. des ganzen Ordens (Generalkapitel).

Ordenskardinal s. Kardinal (1).

Ordensmarschall s. Marschall (1).

Ordensmeister = Meister (1).

Ordensoberer (Superior regularis, S. religiosus) allg. Ausdruck für einen Vorsteher in einem Orden (s. Religio) u. zwar Superior major (↗Ordensgeneral u. dessen Stellvertreter; Vorsteher einer ↗congregatio monastica; ↗Abt eines ↗Klosters einer solchen congregatio) u. S. minor (s. Lokaloberer). Seine Befugnisse sind je nach Art des Ordens verschieden. Er wird i. allg. gewählt (vgl. Electio canonica), der Superior major meist, der S. minor immer auf bestimmte Zeit.

Ordensprofeß = Profeß (a).

Ordensprovinz (Klosterprovinz, provincia religiosa, bei den Prämonstratensern circaria) Vereinigung mehrerer ↗Klöster unter einem Oberen, dem Provinzial (Ordensprovinzial, Provinz[ial]oberer bzw. Provinz[ial]oberin, Superior provincialis, bei den Prämonstratensern circator, bei den Franziskanern minister provincialis [Provinzialminister], bei den Dominikanern prior provincialis [Landmeister]), vom Provinz(ial)kapitel (Capitulum provinciale, zusammengesetzt aus den Klostervorstehern der O.) gewählt. – Bei den ↗Ritterorden entsprach der O. die ↗Ballei (1) bzw. die Zunge. Vgl. Linea.

Ordensregierung s. Mediatgericht.

Ordensritter s. Ritterorden.

Ordensvogt im Ordensland Pr. in den ersten Zeiten nach der Eroberung Verwaltungsbeamter, dessen Aufgaben später an den ↗Komthur übergingen.

Ordinariat s. Generalvikar (1a).

Ordinarium s. Petitorium.

Ordinarius jeder Inhaber der ↗jurisdictio ordinaria, also vor allem der ↗judex ordinarius; in der kath. Kirche Papst, ↗Bischof, ↗exemter (1) ↗Abt u. ↗Prälat (mit jurisdictio propria), u. ↗Generalvikar (1 a), ↗Administrator (1a), ↗Vicarius Apostolicus u. Praefectus Apostolicus (s. Terrae missionis) (mit jurisdictio vicaria). Außer diesen O. locorum (Ortsordonarii) sind O. die ↗Ordensoberen einer exemten ↗religio clericalis, die ↗Lokaloberen jedoch nur ausnahmsweise.

Ordinary s. Probate Court (b).

– Council = Court of Requests.

Ordinatio **1.** s. Ordines (1). **2.** = Ordonnanz (1).

– absoluta s. Titulus (b).
– relativa s. Titulus (b).
Ordinationstitel = Titulus (b).
Ordines 1. durch die Weihe (ordinatio) begründete Weihestufen (Weihen), u. zwar: a) O. minores (niedere W., Minoristen): ostiarius, lector (Anagnost), exorcista, acolythus (Akoluth); b) O. majores (O. sacri, höhere W., Majoristen): subdiaconus (hypodiaconus, bis Urban II. zu den O. minores gerechnet, so heute noch in den or. Kirchen), diaconus, presbyter (sacerdos); c) Episcopus (die Verschiedenheit dieses ordo vom presbyter ist bestritten). Eine Vorstufe zu den O. ist die Tonsur; zwischen den einzelnen Graden sind Zeiträume von bestimmter Dauer (interstitia) vorgeschrieben, da ursprgl. jedem O. eine bestimmte Tätigkeit entsprach, doch können seit langem die Weihen vermöge bes. Dispenses auch «per saltum» (promotio p. s.) vorgenommen werden. ↗Bischof u. presbyter werden auch als sacerdotes den übrigen als ministri gegenübergestellt. Nach kan. Recht steht jedem Inhaber eines O. eine potestas ordinis (Priestergewalt, Weihegewalt) zu. – Von den or. Kirchen kennt nur die armenische alle niederen Weihen, die Nestorianer u. Kopten nur den Anagnosten, die orthodoxe gr. Kirche u. die Jakobiten außerdem noch den Psaltes (Sänger). 2. s. Religio.
Ordinis communia jura Rechte des ↗Bischofs, die dieser mit dem Presbyter (s. Ordines [1]) gemeinsam hat, z. B. Zelebrierung des Meßopfers.
– episcopalia jura a) = Pontificalia. b) s. Bischof.
– jura s. Bischof.
– reservata jura = Pontificalia.
Ordnance Board s. Master General of the Ordnance Board.
Ordnung 1. a) s. Weistum. b) = Autonomie (a). c) s. Parentelenordnung. 2. in Danzig seit Beginn des 16. Jh. eine der städt. Vertretungskörperschaften. Der ↗Stadtrat (a) war die erste, das Schöffenkollegium (s. Schöffe [1]) die zweite, die Vertretung der Bürgerschaft die dritte O.
Ordo divini officii = Kirchendirektorium (1).
– equestris major s. Ritter.
– equestris minor s. Ritter.
– maris s. Konsuln des Meeres.
Ordonnanz 1. (ordinatio, ordonnance [royale], älter: stabilimentum, établissement) in Fr. seit dem 12. Jh. allg. kgl. Erlaß mit Gesetzeskraft, zu den lettres patentes (s. Patens littera [a]) gehörend. Man unterscheidet O. i. e. S. (über allg. Gegenstände), Edikte (édits, über spezielle Dinge, bes. Finanzwesen), Deklarationen (déclarations, Erläuterungen von Gesetzen) u. règlements (Ausführungsbestimmungen). 1815 bis 1848 war die O. verfassungsmäßig nur noch ein règlement. Auch die ↗Lehensfürsten (1) erließen O., bis 1155 ausschließlich, dann noch eine Zeitlang neben den kgl. 2. gerichtliche Verfügung während eines Prozesses.
Ordonnanzkompagnie (Ordonnanzbande) in Fr. 1445 durch eine ↗Ordonnanz (1) (daher compagnie d'ordonnance) geschaffene Einheit der Reiterei, bestehend aus 100 ↗Gleven (lances fournies, l. garnies), deren jede aus einem ↗Ritter (homme d'armes), einem Pagen (écuyer), einem ↗Knappen (1) (coutillier) u. drei archers à cheval bestand; an der Spitze einer O. stand ein capitaine, neben ihm ein ↗Leutnant u. zwei ↗Fähn(d)riche (a), enseigne u. guidon, deren erster die Fahne der gens d'armes (gens armata), der andere die der Hilfstruppen führte. Die endgültige Organisation bildete sich aber erst allm. aus. – 1471 führte Karl d. Kühne die O. in Burg. ein, setzte aber die Lanze aus einem homme d'armes, einem écuyer, einem coutillier u. sechs Fußkämpfern (drei Bogenschützen, ein Büchsenschütze, ein Armbruster, ein Spießer) zusammen. Ursprgl. bildeten sechs Lanzen eine chambre unter einem chef de chambrée, zwei chambres eine dizaine unter einem dizainier; später fünf Lanzen eine chambre, fünf chambres eine escadre unter einem chef d'escadre, vier escadres eine O. unter einem conducteur, dessen Leutnant einer der chef d'escadres war. Vgl. Schwadron. – Während die burg. O. unter der sp. Herrschaft nur noch bei feierlichen Anlässen auftraten u. ohne mil. Bedeutung waren, bildeten sie in Fr. im 16. Jh. den Kern der Armee; im 17. Jh. wurden sie in Kavallerieregimenter umgewandelt.
Ordre des avocats s. Advokat.
Ordu ↗Armeekorps in der Tk.
Orfacht = Erbecht.
Organisationskommissar mit der Durchführung einer neuen Verwaltungsorganisation betrauter Beamter.
Organmandat in Öst. der dt. gebührenpflichtigen Verwarnung entspr. Maßnahme.
Orgbüro s. Zentralkomitee (der KPdSU).
Original writ s. Writ.
Orland = Ortland.
Ornamenta matronalia = Gerade (b).
– muliebria = Gerade (b).
Ornatzunft s. Zunft (1).
Ornum (hornom, ager exsors) in Dän. ein Grundstück, das durch Einzäunung aus der Dorfmark ausgeschieden war u. nicht dem ↗Reebningsverfahren unterlag.
Orphans Court = Probate Court (b).
Ōrskurðr eigentlich ↗Weistum, seit dem 13. Jh. das Urteil des norw. ↗Gesetzessprecher (1).
Országgyülés s. Reichstag (7).

Ort a) in der Schw. die alte, später durch ↗Kanton (1) ersetzte Bezeichnung für einen selbständigen, der Eidgenossenschaft angehörenden Landesteil. Neben den eigentlichen vollberechtigten O., die ihrerseits in ↗Länderkantone u. ↗Städtekantone zerfielen, gab es sogen. zugewandte O., die in einem loseren Verhältnis zur Eidgenossenschaft standen, das von Fall zu Fall verschieden war; auch war die Stellung als Zugewandter manchmal Vorstufe zur vollen Aufnahme als O. Die Zugewandten wurden geschieden in socii (associés) mit u. Stimme auf der ↗Tagsatzung u. confoederati (alliés) ohne dieses Recht. **b)** = Ritterkanton.

– **abgegangener** s. Wüstung.

– **abgekommener** s. Wüstung.

– **ausgegangener** s. Wüstung.

– **eingegangener** s. Wüstung.

– **zugewandter** s. Orte (a).

Orta s. Janitscharen.

Ortland (Orland) die äußerste Grenze eines Stückes Land, i. e. S. der Anschuß (s. Hagenrecht [2]), o. auch ein Stück eigenes Land, auf dem Plaggen gestochen werden.

Ortlandsrecht = Hagenrecht (2).

Ortsname(nverband) s. Armenverband.

Ortsausschuß s. Kirchspielslandgemeinde.

Ortsbauernführer s. Reichsbauernführer.

Ortsbauernschaft s. Reichsbauernführer.

Ortsbetriebsgemeinschaft s. Arbeitsfront, deutsche.

Ortsbischof s. Bischof.

Ortsbürgergemeinde = Bürgergemeinde.

Ortsdirektorium s. Ritterkanton.

Ortsetter s. Etter.

Ortsführer (Ortsobmann, Ortsvorsteher) in Bay. rechts des Rheins in den Landgemeinden Vertreter des ↗Bürgermeisters (1) für die Polizeiverwaltung in entfernten Gemeindeteilen, wenn für diese kein ↗Gemeindebevollmächtigter zur Verfügung steht.

Ortsgemeinde = Dorfgemeinde u. Realgemeinde.

Ortsgenossenschaft s. Kirchspielslandgemeinde.

Ortsgericht a) in einigen Gebieten Pr. seit 1899 Gericht für die ↗freiwillige Gerichtsbarkeit, dem ↗Dorfgericht (b) entspr., bestehend aus einem vom Präsidenten des zuständigen ↗Landgerichts (b) ernannten Orts(gerichts)vorsteher u. bis zu fünf Gerichtsmännern (s. Schöffe [2]). Zu den pr. O., soweit sie sich bis in die neueste Zeit erhielten, traten 1952 O. gleicher Art in Ba. u. He., sowie in anderen Teilen der Bundesrepublik. **b)** in Kroatien 1876–1918 in einer Gemeinde (o. auch für mehrere) Zivilgericht für Bagatellsachen, bestehend aus einem Ortsrichter u. einer Anzahl Geschworenen, vom ↗Gemeinderat (a) gewählt.

Ortsgerichtspersonen früher in einigen Teilen Dt. nicht rechtsgelehrte Beisitzer u. Urkundspersonen für Akte der ↗freiwilligen Gerichtsbarkeit, vom Vorstand des ↗Amtsgerichts (a) ernannt; die erste O. hieß Ortsrichter (Lokalrichter), die anderen Gerichtsschöppen.

Ortsgerichtsvorsteher s. Ortsgericht (a).

Ortsgruppenwalter s. Arbeitsfront, deutsche.

Ortshaingereide s. Generalhaingericht.

Ortshaingericht s. Generalhaingericht.

Ortsherr der in einer Ortschaft maßgebende ↗Grundherr, i. allg. der ↗Gerichtsherr (1), je nachdem als Dorfherr (s. Zwing und Bann), Gemeindeherr (s. Dorf- und Gemeindeherrschaft) o. ↗Stadtherr bezeichnet.

Ortskaplan s. Kurat.

Ortskommissar = Steuerkommissar.

Ortsobmann = Ortsführer.

Ortsordinarius s. Ordinarius.

Ortsrichter s. Ortsgericht (b) u. Ortsgerichtspersonen.

Ortsschulinspektor s. Kreisschulinspektor.

Ortsschulkommission s. Kreisschulinspektor.

Ortsschulrat s. Kreisschulinspektor.

Ortsschulze s. Schultheiß.

Ortsvorsteher 1. in den Städten Schl.-H. mit einfacherer Städteverfassung der ↗Bürgermeister (1) (erster O.), der allein Ortsobrigkeit ist; ihm stehen als Gehilfen zwei o. drei Ratmänner (s. Schöffe [2]) als zweiter, (dritter, vierter) O. zur Seite. **2.** s. Ortsgericht (a) u. Kirchspielslandgemeinde. **3.** = Ortsführer.

Ortswüstung s. Wüstung.

Ortszehnt s. Zehnt (1).

Oryōshi s. Shō (2).

Osada s. Opole.

Osaf s. Sturmabteilung

Osclage s. Morgengabe.

Oscle s. Morgengabe.

Osc(u)lum s. Morgengabe.

Oshōya s. Koryō.

Ossas = Bodas.

Ost = Host.

Ostagium = Einlager (1).

Ostan in Persien seit 1938 die oberste Verwaltungseinheit, unter einem Ostandar, eingeteilt in Schährestan unter einem Firmandar.

Ostarstuopha in frk. Zeit in den Maingegenden eine zu Ostern fällige Abgabe an den Kg., in Naturalien o. Geld (Ostergeld); sie wurde auch als ↗Steuer (steora) schlechtweg bezeichnet. Identisch mit der O. war wahrscheinlich die stuofa (stofa, auch stuofkorn) in anderen frk. Gebieten u. im Elsaß. Vgl. Königszins.

Ostensio (feudi) s. Aveu et dénombrement.

Ostereier s. Bodenzins u. Reichnis.

Ostergeld s. Ostarstuopha.

Ostiarius 1. s. Kloster u. Ordines (1). **2.** (aedilis, scario, Türsteher, Türwart) ↗Hofamt geringerer Bedeutung, mit den Funktionen eines Zermonienmeisters. Nur unter Ludwig d. Fr. war der Obertürwart (magister ostiariorum, summus O.) von großem Einfluß. In späterer Zeit wurde das Amt auch erblich (Erb[land]türhüter). An einigen Höfen erhielt sich ein Oberst-türhüter bis in die neueste Zeit. – Der port. Porteiro mor (portarius major) war im späteren MA. auch Einnehmer der Kroneinkünfte.

Ostkirchenkongregation s. Congregatio Romana.

Ōtage = Einlager (1).

Other House (Upper House) von Cromwell 1658 an Stelle des 1649 aufgehobenen ↗Oberhauses (1 berufene Versammlung, die bereits 1659 wieder beseitigt wurde.

Otona hyakushō s. Mura.

Otroki s. Družina (1).

Otrub in Rußl. ländliches Sondereigentum, bei dem das Haus von dem zugehörigen Ackerland getrennt war u. meist im Dorfe lag. Vgl. Chutor.

Otschina = Wottschina.

Ottina s. Sedile.

Otting s. Attunger.

Otzyw (Rückruf) in der UdSSR die Abberufung eines (gewählten) Richters o. Abgeordneten durch Mehrheitsbeschluß des betr. Wahlgremiums auf Grund eines Antrags der Stelle, die ihn nominierte, d. h. tatsächlich der Partei.

Oubleia = Obleie.

Oubliage = Obleie.

Oublie = Obleie.

Outer House s. Court of Session.

Ouvrier s. Zunft (1).

– suivant la cour s. Freimeister.

Overbode s. Oberbote.

Overcourt s. Oberhof (1 a).

Overseer (of the Poor) in Engl. 1601 in jedem ↗Parish eingesetzter, ehrenamtlich tätiger Beamter, der zunächst neben dem ↗Churchwarden die Armenpflege besorgte; seine Hauptaufgabe wurde aber bald die Einschätzung u. Erhebung der ↗Poor Rate u. später aller allm. auf Grund derselben erhobenen Steuern. Außerdem stellte er bis 1918 die Bürgerliste u. die damit zusammenhängenden Wählerlisten auf. Bis 1894 stand ihm für das Parish die Appellation in Steuersachen an die Quarter Sessions (s. Friedensrichter [1]) zu, die ihm seitdem nur in den kleinen Parishes u. nur zusammen mit dem ↗Chairman zukam. Die Zahl der O. betrug zuletzt zwei bis sechs in jedem Parish; bis 1894 vom Friedensrichter ernannt, wurde er seitdem vom Parish Council bzw. Parish Meeting gewählt. War ein geeigneter Bewerber nicht vorhanden, so konnte ein besoldeter Assistant O. bestellt werden. Im Laufe der ersten Hälfte des 20. Jh. verlor der O. allm. seine Befugnisse, u. das Amt wurde schließlich abgeschafft. Vgl. National Assistance Board. – Auch in den USA wurde der O. übernommen.

Ovile = Schafschwaige.

Owner's Franchise s. Household Franchise.

Oxgang s. Hîde.

Ōyuka s. Ōban.

P

Pacage, droit de = Weidegerechtigkeit.

Pacht früher auch Abgabe, z. B. der ↗Zehnt (1); in Westf. auf einigen Grundstücken lastende Naturalabgabe an den ↗Grundherrn, die auch in Geld (Pachtgeld) ablösbar war.

Pachtadministration s. Administrationspacht.

Pachtgebiet von einer Kolonialmacht der Form nach gepachtet (meist auf 99 Jahre); tatsächlich handelt es sich um eine Annexion.

Pachtgeld s. Pacht.

Pachtgenossenschaft (affittanza collettiva, società cooperativa di afermage) Vereinigung von kleinen Landwirten o. ländlichen Arbeitern, die sich zusammenschließen, um gemeinsam einen landwirtschaftlichen Betrieb zu übernehmen, meist als Pacht, aber auch als ↗Teilbau o. als ↗Emphyteuse. Die Bewirtschaftung ist entw. gemeinsam nach einheitlichem Plan, o. das Land wird unter die Genossen zur selbständigen Bewirtschaftung verteilt. P. bestanden in It. u. Rumänien.

Pachtgewere s. Gewere (1).

Pachtgut, emphyteutisches s. Emphyteuse.

Pachtungsgericht s. Regiegericht.

Paciarius s. Gottesfriede.

Pacotille (Beilast, Führung, voringhe, marréage, portage, portades, roba) vom Kapitän o. den Matrosen mitgenommene Waren, für die keinerlei Fracht zu zahlen ist; die P. geht entw. für eigene Rechnung o. im Auftrag Dritter; im letzteren Fall, der einer Konsignation gleichkommt, übernimmt der betr. Seemann u. U. auch den Auftrag, für den Erlös andere Waren in Übersee zu kaufen (Retourenmachen). Die P. war früher allg. erlaubt; heute nur noch in einigen Ländern u. auch da beschränkt.

Pactum = Pactus.

– conventum s. Wahlkapitulation.

Pactus (pactum) in merov. Zeit vielfach ein Gesetz, da dieses als Vertrag zwischen Volk u. Kg. aufgefaßt wurde; auch das Gewohnheitsrecht wurde mit P. bezeichnet.

Padischah «königlicher Herr, mächtiger König», ursprgl. Ehrentitel pers. Herrscher (noch heute des Schah), später auch von anderen geführt, z. B. dem ↗Großmogul u. dem tk. ↗Sultan. Im dipl. Verkehr gilt P. als gleichbedeutend mit Ks.; doch gewährte die Pforte den Titel auch den Kgn. von Fr. (schon im 16. Jh., formell seit 1740) u. Engl. (seit Mitte des 19. Jh.).

Paenitentiaria Apostolica = Poenitentiaria Apostolica.

Pagamentsherr Mitglied des ↗Stadtrates (a), das dem Münzwesen vorstand.

Pagensis a) der Bewohner eines ↗Gaues (1 a). b) s. Markgenossenschaft.

Pagesia s. Bail à rente (foncière).

Pagina = Urkunde.

Pagus 1. in It. in spätröm. u. byz. Zeit Unterabteilung einer ↗civitas (a). 2. = Gau (1 a). 3. = Viertel (3).

– major s. Untergau.

– minor = Untergau.

Pair de commune s. Conseil de ville.

Pairie s. Pairs (1).

Pairs 1. (p. barons, p. nobles, pares [curiae]) in Fr. Beisitzer im ↗Lehensgericht (Pairsgericht, judicium parium), da sie rechtlich einander gleich (pares) waren (parage); in Flandern u. der Picardie waren in jeder châtellenie (s. Châtelain [2]) nur zwölf Lehensleute als ständige P. tätig, die dann eine bevorzugte Stellung einnahmen, u. deren ↗Lehen (1) (pairies, paritates) den norm. ↗fiefs de haubert bzw. den westdt. ↗Vollehen entsprachen. Es gab auch demi-pairies mit halben Diensten, deren Besitzer dimidius par hieß. Im Pairsgericht des Kgs. waren ursprgl. alle ↗Kronvasallen Beisitzer, aber da die mächtigeren sich weigerten, vor ihren kleineren Standesgenossen zu erscheinen, wurde der Begriff P. u. das Gerichtsprivileg auf einige der großen Kronvasallen u. einige ↗Bischöfe beschränkt, die nunmehr als P. de France (pares Franciae, p. regni, p. majores, auch P. schlechtweg) allein das Recht hatten, vom ↗Parlament (2) das zu diesem Zweck «suffisamment garni de p.» sein mußte (wozu später ein P. genügte), in allen Strafsachen u. den den Besitz der pairie betr. Zivilsachen abgeurteilt zu werden. Im 13. Jh. zählte man zwölf P., sechs weltl. (die ↗Herzöge von Burg., Guyenne Norm. u. die ↗Grafen von Champagne, Flandern u. Toulouse) u. sechs geistl. (den ↗Erzbischof von Reims [archevêque-duc], die Bischöfe von Beauvais, Châlons-sur-Marne u. Noyon [évêques-comtes] sowie von Langres u. Laon [évêques-ducs]); während die Zahl der letzteren stets gleich blieb, schwankte die der weltl. P., indem zuerst einige Pairien an die Krone fielen, dann aber vom Kg. seit 1315 willkürlich neue P. geschaffen wurden, hauptsächlich für ↗Apanagen, so daß es 1789 achtunddreißig weltl. P. gab; seit 1506 wurde die Würde nur noch an Herzöge verliehen, o. doch gleichzeitig mit diesem Titel. Außer dem Gerichtsprivileg hatten die P. keine tatsächlichen Vorrechte. In späterer Zeit wurden P. auch nur auf Lebenszeit o. mit beschränkter Erblichkeit geschaffen; doch gab es auch weibliche P. kraft Erbrechts. 1818–1848 waren P. die Mitglieder der ↗chambre des pairs; sie wurden vom Kg. ernannt, teils auf Lebenszeit, teils erblich. – Der Ausdruck P. wird vielfach auch für den ↗hohen Adel anderer Länder gebraucht, sofern er als solcher bei der Regierung mitwirkt. Vgl. Peer. 2. s. Conseil de ville.

Pairsgericht s. Pairs (1).

Pairskammer = Chambre des pairs.

Pairsschub = Peersschub.

Paiseurs (paismakers) in den ndl. Städten seit dem 12. Jh. Ausschuß zur Festsetzung der Bedingungen bei der ↗Sühne.

Paktbürger s. Ehrenbürger (1).

Palace-Court von Karl I. an Stelle eines älteren Court of Steward and Marshal, der die Gerichtsbarkeit (mit Ausschluß von Grund u. Boden) innerhalb zwölf Meilen vom jeweiligen Aufenthalt des Kgs. hatte, errichtet. Der P-C., ebenfalls von ↗Steward u. ↗Marschall (1) gehalten, war in Whitehall fixiert, hatte aber dieselben Kompetenzen; er wurde 1849 aufgehoben.

Palaciolum s. Palatium.

Palafridi = Paraveredi.

Palastadvokat s. Rota Romana.

Palastkardinal (palatinischer Kardinal, Pfalzkardinal, Cardinalis palatinus) Bezeichnung für den Kardinalstaatssekretär (s. Secretaria Apostolica), den Datar (s. Dataria Apostolica) u. bis 1908 auch für den Sekretär der ↗Breven (2).

Palastprälat (palatinischer Prälat, Pfalzprälat, Praelatus palatinus) Bezeichnung für den Majordomus (s. Hausmeier), den Oberzeremonienmeister (Oberstkämmerer), (welche beiden Ämter seit langem in der Hand des Oberzeremonienmeisters vereinigt sind), den ↗Auditor Sanctissimi u. den ↗Magister Sacri Palatii, früher auch andere Hofbeamte des Papstes; für alle zusammen ist der Ausdruck Palatinalklerus (palatini) üblich.

Palatialgericht s. Königsgericht.

Palatialstadt s. Palatium.

Palatinalgericht s. Palatin(us) (3).

Palatinalklerus s. Palastprälat.

Palatinat 1. Amt u. Würde eines ↗Pfalzgrafen, sowie dessen ↗Territorium (2). 2. s. Woiwode.

Palatine Earl s. County Palatine.

Palatin(us) 1. = Pfalzgraf. 2. s. Woiwode. 3. (comes palatinus regis, Nádor [ispán]) in Ung. ursprgl. der dem dt. Pfalzgrafen entspr. richterliche Vertreter des Kgs., von diesem ernannt, Vorsitzender des Palatinalgerichtes (praesentia palatinalis in curia regis), gleichzeitig Siegelbewahrer (s. Garde du sceau), seit Beginn des 13. Jh. nur noch Richter über den Adel. Als der Kg. 1350 das Palatinalgericht wieder mit der ↗Kgl. Kurie vereinigte, wurde der P. einer der vier obersten Richter des Reiches u. vom Kg. nur noch vorgeschlagen, während seine endgültige Wahl durch den ↗Reichstag (7) erfolgte. Seit Ausgang des MA. war er einerseits Stellvertreter des Kgs., andrerseits Vertreter des Landes gegenüber dem Kg. u. Hüter der Verfassung, der erste ↗Bannerherr (6) des Reiches, seit Errichtung der ↗Septemviraltafel de jure deren Präsident. Tatsächlich war die Würde unter den Habsburgern eine bloße ↗Hofcharge, zumal sie i. d. R. von einem ↗Erzherzog bekleidet wurde; in den letzten Jahrzehnten der Monarchie war das Amt unbesetzt. 4. s. Curia regis. 5. s. Palastprälat.

Palatium (Königspfalz, Pfalz, Reichspalast) bes. in frk. Zeit ein ↗Königshof, der als Wohnsitz des Kgs. eingerichtet u. meist befestigt war. Der Kg. hielt abwechselnd auf den verschiedenen P. Hof, doch verminderte sich im Laufe der Zeit die Zahl der tatsächlich als Residenz dienenden P., so daß die meisten schon früh eingingen o. in andere Hände gelangten; einige Pfalzen entwickelten sich zu kgl. Städten (Palatialstädte, Pfalzstädte). Da der Kg. von den P. aus regierte, nahm das Wort in spätkaroling. Zeit die Bedeutung von ↗curia regis an. – Auch die Landesherrn (s. Landeshoheit) u. einige größere ↗Grundherrn nannten ihre ↗Fronhöfe, in denen sie residierten, P. (Pfalzel, palaciolum). Vgl. Maison du roi u. Villa (1).

Palburger = Pfahlbürger.

Palifictura = Pflockgebühr.

Palliengeld s. Pallium.

Pallium aus weißer Wolle gefertigte Binde, ursprgl. im Or. von allen ↗Bischöfen getragen, später im Abendland den ↗Erzbischöfen verliehen, seit dem IV. Laterankonzil Bedingung für die Führung des Titels Archiepiscopus u. die Ausübung der erzbischöfl. Jurisdiktion. Das P. muß innerhalb dreier Monate nach der ↗consecratio vom Papst erbeten werden (auch von den ↗Patriarchen), ist persönlich, wird daher mit dem Träger begraben u. muß bei ↗translatio neu erbeten werden. Bes. im MA. wurde es auch Bischöfen verliehen, jedoch nur ehrenhalber. Die schon früh für das P. erhobene Taxe (Palliengeld) wurde im Laufe des 13. Jh. i. wesentl. durch die Servitien (a. Annaten) ersetzt.

Palte = Hakelwerk.

Pan-tschen- rinpo-tsche s. Dalai-Lama.

Panaschieren s. Proportionalwahlsystem.

Pancarta im Ma. kgl. Diplom, das eine Besitzbestätigung für den Verlierer eine Besitzurkunde enthielt.

Panetarius = Brotmeister.

Panifer = Brotmeister.

Panisbrief (Brotbrief, panis littera, vitalitii l.) seit dem 14. Jh. Anweisung einer ↗Praebende an einen Laien (Laienpfründe) durch den Ks. o. einen Fürsten; das betr. ↗Stift o. ↗Kloster war verpflichtet, dem Empfänger lebenslänglichen Unterhalt zu gewähren, ohne daß er geistlich werden mußte. In späterer Zeit wurde die Naturalverpflegung in eine Geldleistung verwandelt. Zu Beginn der Neuzeit fast verschwunden, wurde die Einrichtung von Joseph II. zeitweilig wieder erneuert.

Panschanlama s. Dalai-Lama.

Πανσεβαστός [Pansebastós] s. Σεβαστός [Sebastós].

Pantaiding s. Weistum.

Πανυπερσεβαστός[Panhypersebastós] s. Σεβαστός [Sebastós].

Pantschajat in Ind. das einem dt. ↗Gemeinderat (a) entspr. Organ eines Dorfes, von den Einwohnern gewählt. Die P. haben z. T. gerichtliche Funktionen, wobei mehrere Dörfer den Bezirk eines ↗Dorfgerichts (a) (Pantschajati Adalat) bilden.

Panzerlehen = Fief de haubert.

Papa = Bischof.

Papalmonate s. Reservation.

Papalsystem s. Episkopalsystem (a).

Papier-terrier (censier, terrier) Grund- u. Zinsbuch einer Lehensherrschaft.

Papieradel = Briefadel.

Papstmonate s. Reservationen.

Papstsynode s. Konzil.

Papsturkunde Schriftstück der ↗Cancellaria Apostolica bzw. der zuständigen päpstl. Behörde, das in bestimmten Formen in irgendeiner Weise in die rechtlichen Verhältnisse des Adressaten eingreift o. eingreifen soll. Keine P. im Sinne der Urkundenlehre ist z. B. eine Entscheidung des Papstes in rein dogmatischen Dingen, auch wenn sie in der Form durchaus einer P. entspricht.

Parafredi = Paraveredi.

Parage a) (paragium, paraticum) Lehensverhältnis (zuerst nur im angiovinischen Fr., seit Heinrich II. v. Engl. auch in der Norm.), wobei nur der älteste Bruder (chef parageur, miroir de fief) dem ↗seigneur den Lehenseid (s. Hulde) leistete u. den Hauptteil des ↗Lehens (1) empfing, während die jüngeren Brüder (parageaux, parageurs) von ihm privatrechtlich mit Lehensteilen abgefunden wurden u. weder ihm noch dem seigneur huldigten. Das Verhältnis ging weiter, bis die jüngeren Linien mit der ältesten nur noch im siebten Grad verwandt waren; damit hörte das paragium auf, an seine Stelle trat das homagium (s. Hulde) des jüngeren Zweiges an den ältesten, so daß ein ↗Afterlehen entstand. Die P. sollte die Zerstückelung der Lehen möglichst verhüten. Vgl. Hommage à l'aîné. **b)** s. Pairs (1). **c)** = Paraige.

Parageau s. Parage (a).

Parageur s. Parage (a).

Paragiatsgut s. Apanage.

Paragiatslinie s. Apanage.

Paragium 1. = Parage (a). **2.** s. Apanage.

Paraige (parage) in Metz bis 1552 eine der Abteilungen der Stadt, eine selbständige Genossenschaft mit eigenen Beamten bildend, Wahlkörper für den ↗Stadtrat (a) usw. Es gab fünf P. nobles u. eine P. de commun, die der ↗Gemeinde (2) in dt. Städten entsprach. Die P. zerfielen ihrerseits in ebenfalls selbständige branches; jeder Bürger mußte einer solchen u. daher auch einer P. angehören. – Den Metzer P. entsprachen in Lüttich die sechs vinaves (vicinitates).

Παρακοιμώμενος [Parakoimómenos] am byz. Hofe der Vertraute des Ks., der in seinem Gemache schlief u. seine Person bewachte; er war häufig Eunuch. Neben diesem Π. τοῦ κοιτῶνος [P. tū koitónos] gab es noch einen Π. τῆς σφενδόνης [P. tes sphendónes], den Siegelbewahrer.

Parangariae = Angariae (1).

Parapherna (Paraphernalgut, peculium) Vermögen der Frau außer der ↗Aussteuer; manchmal nur das der Verwaltung des Mannes unterstehende Vermögen, im Gegensatz zu den ↗bona recepticia.

Paraphierung bei internationalen Verträgen vorläufige Unterfertigung (meist durch den Anfangsbuchstaben des Namens) des endgültig festgelegten Vertragstextes durch die Bevollmächtigten. Vgl. Ratifikation.

Paratae 1. s. Herbergsrecht (1) **2.** = Procuratio canonica.

Paraticae s. Herbergsrecht (1).

Paraticum = Parage (a).

Paraveredarius s. Paraveredi.

Paraveredi (palafrici, parafredi, veredi, Fronpferde) eigentlich die Pferde, die zu ↗Fronden (a), beim ↗Herbergsrecht (1) o. zum ↗Wagendienst (Heerpferde) gestellt werden mußten, dann die betr. Dienste selbst u. die Abgaben, die an ihre Stelle traten; die Pflichtigen hießen paraveredarii.

Parcefal s. Herold.

Parceria = Teilbau.

Parçeria eigentlich ↗Teilbau; in Bras. verstand man früher darunter einen Vertrag, den ein Plantagenbesitzer mit einem Einwanderer schloß; der letztere erhielt die Überfahrt bezahlt, Kleidung, Wohnung u. Nahrung geliefert u. mußte dafür arbeiten, während er nur einen kleinen Gewinnanteil bekam; praktisch befand sich der Einwanderer in ↗Schuldknechtschaft. Vgl. Servant system.

Parçonnier s. Communauté taisible.

Parcours = Entrecours.

– droite de s. Weidegerechtigkeit.

Parding s. Morgensprache.

Paréage = Pariage.

Pareatis 1. (lettre de p.) Befehl des fr. Kgs., wonach ein Urteil auch außerhalb des betr. Gerichtssprengels vollstreckt werden konnte. **2.** = Plazet.

Parée 1. = Procuratio canonica. **2.** s. Herbergsrecht (1).

Parenté s. Parentelenordnung.

Parentelenordnung (P.-folge, P.-system, auch Lineal-Gradualordnung) Erbfolgeordnung, wonach die jeweils nähere Parentel (Familienschaft, Glied, Linie, Ordnung, Stamm, generatio, parentela, parentilla, parenté, lignage, auch Knie, genu [culum]) die entferntere ausschließt. Die direkten Nachkommen des Erblassers bilden im Verhältnis zu ihm, seine Eltern, seine Geschwister u. deren Nachkommen die zweite, seine Großeltern u. deren Nachkommen, soweit sie nicht zur ersten u. zweiten gehören, die dritte Parentel usw. – In älterer Zeit wurde der Ausdruck parentela auch für Verwandtschaft überhaupt gebraucht. Vgl. Gradualordnung.

Parentilla s. Parentelenordnung.

Parere schriftliches Gutachten einer kaufmännischen Körperschaft, eines Handelsgerichts u. dgl. über eine streitige kaufmännische Angelegenheit.

Pares 1. = Pairs (1). **2.** s. Vasall. **3.** s. Conseil de ville. **4.** s. Genoßsame (1).

–curiae a) s. Lehensgericht. **b)** = Pairs (1).

– Franciae s. Pairs (1).

– majores s. Pairs (1).

– regni s. Pairs (1).

Pariage (paréage, pariagium, compaignie) in Fr. seit dem 12. Jh. Vertrag, ursprgl. nur zwischen ↗seigneurs zur Ausbeutung eines Grundstücks, eines industriellen Betriebs (z. B. einer Mühle), o. auch zur Gründung einer Stadt, Eröffnung eines Marktes u. dgl., wobei der Gewinn unter die Partner (pariers, pariarii) gleichmäßig verteilt wurde; die Teilung (partison) erfolgte in älterer Zeit zu bestimmten Terminen in natura. Aus den Anteilen (uchaus) entwickelte sich die Aktie. – Bei P. zwischen der Krone u. einem seigneur (meist einem geistlichen, auch einer Stadt) entstand eine Art von ↗Kondominat, indem der Kg. den bes. Schutz (s. Garda regis) des Betreffenden übernahm u. dafür zur Hälfte in dessen Rechte eintrat. Diese P. führte i. d. R. zur Annexion.

Pariarius s. Pariage.

Pariente (del rey) s. Titulo (de España).

Parier s. Pariage u. Communauté taisible.

Parish in Engl. ursprgl. das zu rein kirchl. Zwecken gebildete Kirchspiel (Ecclesiastical P.). Seit Ende des MA., bes. seit dem Armengesetz von 1601, wurden die P. mehr u. mehr auch zu lokalen Verwaltungsbezirken (Civil P.), wobei sich bis zu Beginn des 19. Jh. beide i. wesentl. deckten u. vom Gesetz nicht unterschieden wurden (Common Law P.); im Laufe des 19. Jh. wurden beide vielfach geteilt, aber unabhängig voneinander. Gleichzeitig wurden seit 1834 bes. Poor Law P. als Glieder der ↗Poor Law Unions geschaffen, die teils mit Ecclesiastical P., teils mit Civil P. zusammenfielen, teils endlich von diesen verschiedene Einheiten bildeten. Daneben gab es sogen. Landtax P., worunter jeder Bezirk verstanden wird, für welchen eine gesonderte Veranlagung zur ↗Landtax besteht; endlich Highway P., Teile eines Civil P. o. Vereinigungen mehrerer Civil P. zu Zwecken der Straßenverwaltung. Während bis 1894 eine Unterscheidung von städt. u. ländl. P. nicht sattfand, sind diese beiden seitdem völlig getrennt; die städt. blieben in der alten Form u. mit der alten, bis dahin allen P. gemeinsamen Verfassung (vgl. Vestry) i. wesentl. erhalten, während die ländl. (Rural P.) nunmehr zu eigentlichen Landgemeinden wurden; ein solches P. bildet jeder in einem nicht städt. Distrikt liegende Bezirk, für den eine bes. Poor Rate erhoben bzw. ↗Oversers bestellt wurden. Diese P. zerfallen in zwei Klassen, solche über u. solche unter 300 Einwohnern; in beiden besteht eine Versammlung aller Insassen (P. Meeting); während aber in den kleineren diese Versammlung selbst das P. leitet u. nur als Executivorgan ein P. Committee wählt, werden die größeren P. von einem vom P. Meeting gewählten P. Council geleitet; diesem entspricht in den kleinen P. ein «Representative Body» aus dem ↗Chairman u. einem o. zwei Mitgliedern des Rural ↗District Council (früher den Overseers). Zu den alten Funktionen der Overseers erhielt das P. 1894 noch Aufgaben der Sanitätspolizei, der Straßen- u. Wegeunterhaltung u. der Agrarpolitik. Mehrere kleinere P. können zu einem Grouped P. (P. Group) zusammengelegt werden, aber unter Erhaltung ihrer Selbständigkeit. – In Scho. werden Burghal P. (Town P., Urban P.), Landward P. (Country P., Rural P.) u. Mixed P. unterschieden; verwaltet wurden sie früher durch die ↗Kirksession, neben die 1845 ein Parochial Board (Poor Law B.) trat, das auch als Standesamt fungierte u., bes. auf dem Lande «↗local authority» war. Die Zusammensetzung, Wahl usw. war sehr kompliziert; auf dem Lande hatten i. wesentl. die heritors, d. h. die ländl. Grundbesitzer, den größten Einfluß. 1894 wurde das Parochial Board durch den P. Council ersetzt, der auf dem Lande i. wesentl., in den ↗Burghs vollständig dem Board of Guardians (s. Poor Law Union) entsprach. In den Mixed P. gibt es für den ländl. Teil ein Landward Committee, das alle die Funktionen ausübt, die nur den Landward Councils (Country C., Rural C.) zustehen, da die Burghal Councils (Town C., Urban C.) auf das Armenwesen beschränkt sind. – Auf den meisten br. Antillen entwickelten sich die P. zu eigentlichen Verwaltungsbezirken mit eigenen ↗Friedensrichtern (1) usw., so daß sie i. wesentl. einer ↗County entsprechen; doch ist Jamaika außerdem in Counties eingeteilt. In Louisiana entspricht das P. in jeder Hinsicht einer County, während sonst in den Südstaaten der USA das engl. P. mit seiner damaligen Verfassung ziemlich unverändert übernommen wurde.

– **Assembly** s. Vestry.

– **Committee** s. Parish.

– **Constable** in Engl. bis zu Beginn des 19. Jh. zur Ausübung des Polizeidienstes aus den steuerzahlenden Bürgern des ↗Parish gewählt; Bedeutung hatte das Amt schon im 18. Jh. nicht mehr, u. obwohl nie abgeschafft u. trotz einiger Versuche zur Wiederherstellung verschwand der P. C. tatsächlich, nachdem 1856 die Polizei an ↗County u. ↗Borough (a) übergegangen war.

– **Council** s. Parish.

– **Group** s. Parish.

– **Meeting** s. Parish u. Vestry.

Paritas s. Pairs (1).

Parlament (parl[i]amentum) 1. in Engl. seit 1258 offizielle Bezeichnung der von der Magna Charta vorgesehenen Versammlung der ↗Barone zur Kontrolle des Kgs., die meist als commune consilium (magnum c.) bezeichnet wurde u. bis 1295 nach fr. Muster nur Gerichtshof (vgl. High Court of Parliament) war. Durch Aufnahme von Vertretern der ↗Counties erweitert, wurde das P. im 14. Jh. zur Ständevertretung u. weiterhin zur Repräsentation des Landes; um die Mitte des 14. Jh. schied es sich in

↗Oberhaus (1) u. ↗Unterhaus (1). 1920 wurde für Nordir. ein eigenes aus ↗Senat (6) u. Unterhaus bestehendes P. errichtet, aber nur für die nordir. Angelegenheiten i. e. S., während im übrigen das Londoner P. zuständig bleibt. – Auf dem Kontinent wurden im MA. mit P. die Ständevertretungen einiger Länder bezeichnet, z. B. die ↗Staaten des Hennegaus (im 14. Jh.), der dt. ↗Reichstag (1), Versammlungen der Stände Siz. (s. Colloquium generale) u. des Kirchenstaats (P. generale; in Ar. hießen P. die ↗Cortes (a), wenn sie in außerordentlicher Sitzung über die Nachfolge im Reich berieten. Auch für städt. Versammlungen wurde der Ausdruck verwendet (vgl. Assemblée générale u. Morgensprache). Nach der fr. Revolution wurde P. die allgemeinste Bezeichnung für Volksvertretung überhaupt. In Fr. selbst wird die Volksvertretung erst seit 1946 P. genannt. 2. in Fr. im MA ein obersters Gericht (auch Parloir, parlatorium), bes. das seit dem 12. Jh. aus der ↗curia regis abgespaltene ↗Hofgericht (a), 1239 zuerst parlamentum genannt, seit Beginn des 14. Jh. einmal im Jahre tagend (vom 12. Nov. bis Mitte August), seit 1345 mit fest geregelter Besetzung (aus Klerikern u. Laien). Seit dem 1[illegible]. Jh. teilte sich das P. in ↗Kammern (1): ↗chambre des requêtes, ↗chambre des enquêtes, ↗chambre des plaids, ↗chambre de la tournelle (a); vorübergehend bestand von Ende des 13. Jh. bis 1320 eine Spezialkommission für die Gebiete röm. Rechts (auditoire du droit écrit). Mitglieder waren zuerst, neben Juristen des Kgs. (conseillers rapporteurs), die am Hofe anwesenden Großen (conseillers juges), seit dem 15. Jh. von diesen nur noch die ↗Pairs (1); im übrigen wurde das P. von Parlamentsräten (maîtres du P., magistri tenentes parlamentum, ursprgl. m. camerae, m. curiae) gebildet, sie wurden zuerst vom Kg. willkürlich, dann auf Vorschlag des P. ernannt, seit dem 14. Jh. von diesem gewählt; seit Karl V. wurden die Parlamentssitze käuflich bzw. erblich, zuerst geduldet, seit Franz I. gesetzlich anerkannt (vgl. Paulette, Resignationsrecht u. Survivance, droit de). Tatsächlich wurden die maîtres dadurch unabsetzbar; dies im Zusammenhang mit den ihm zustehenden Verwaltungsbefugnissen (↗enregistrement, droit de (1), ↗arrêts de règlement, ↗remontrance, droit de) ermöglichte dem P., das zu diesen Zwecken zu einer alle Kammern (seit 1597 außer der chambre des enquêtes) umfassenden assemblée générale zusammentrat, auch pol. Einfluß zu üben. Vgl. Lit de justice. – Das Pariser P. war bis ins 15. Jh. der oberste Gerichtshof des ganzen Landes; zu seiner Entlastung wurden nach u. nach in einzelnen ↗Provinzen bes. P. eingerichtet, mit denselben Kompetenzen u. derselben Zusammensetzung; sie waren ebenfalls oberste Instanz, also dem Pariser P. gleichgeordnet. Die alten Gerichtshöfe der neu erworbenen Länder (z. B. der ↗échiquier der Norm., die ↗grands jours u. die ↗conseils souverains) wurden in P. umgewandelt o. als solche betrachtet. Im eigentl. Fr. gab es zuletzt dreizehn P. 1771 wurden sie durch conseils supérieurs mit geringeren Rechten ersetzt, das Pariser P. durch sieben derartige conseils, aber schon 1774 der alte Zustand wiederhergestellt. 1790 wurden die P. aufgelöst. – P. nannte 1473 Karl der Kühne seinen obersten Gerichtshof (Vgl. Grand conseil [2]).

– **Europäisches** (Assemblée Parlamentaire Européenne) seit 1958 gemeinsame Versammlung der Eur. Wirtschaftsgemeinschaft (EWG), der Eur. Gemeinschaft für Atomenergie (Euratom) u. der Montanunion, bestehend aus 142 Abgeordneten, die von den ↗Parlamenten (1) der Mitgliedstaaten aus ihrer Mitte gewählt werden. Ausführende u. verwaltende Organe sind für EWG u. Euratom je eine übergeordnete Kommission (vgl. Kommission der EWG) von neun bezw. fünf Mitgliedern, für die Montanunion die ↗Hohe Behörde; außerdem besteht je ein ↗Ministerrat für EWG u. Euratom, für Streitigkeiten über die Verträge ein ↗Gerichtshof der Europäischen Gemeinschaften. Sitz des E. P. ist Straßburg.

Parlamentsrat s. Parlament (2).

Parlamentsrepublik s. Präsidialsystem (2).

Parlamentsrolle (rotuli parlamentarii, r. patentes) seit etwa 1319 das vom engl. ↗Parlament (1) geführte Verzeichnis der unter seiner Mitwirkung erlassenen Gesetze, zunächst neben der ↗Statute Roll, dann diese verdrängend, indem unter Heinrich V. bestimmt wurde, daß nur die in der P. verzeichneten Gesetze Gesetzeskraft haben sollten.

Parlamentum **1.** = Parlament. **2.** s. Assemblée générale. **3.** s. Morgensprache.

– **generale** s. Parlament (1) u. Reichstag (1).

Parlator burgensium = Parloir aux bourgeois.

Parlatorium s. Parlament (2).

Parliamentary Agent s. Private Bill.

– **Borough** ein ↗Borough (a), das einen eigenen Wahlkreis bildet u. eigene Vertreter ins ↗Parlament (1) entsendet. Seit 1835 fallen Wahlkreis u. Stadtgebiet zusammen, haben aber an sich nichts miteinander zu tun.

– **Burgh** in Scho. Ort, der 1833 die Verfassung eines ↗Royal Burgh erhielt; es handelte sich um zwölf Orte, zu denen 1860 noch zwei weitere kamen.

Parliamentum = Parlament.

Parlier(er) s. Gesellenbruderschaft.

Parloir s. Parlament (2).
– aux bourgeois (parlator burgensium) in Paris 1296 geschaffenes Kollegium von 24 Bürgern, das als Vermittlungsinstanz bei Streitigkeiten zwischen kgl. u. städt. Organen diente u. das Gewohnheitsrecht feststellte.
Parlour et procurator s. Speaker.
Parmannus s. Lite.
Parnassim s. Judenmeister (a).
Parnoss = Judenmeister (a).
Paro s. Lite.
Parochia a) = Diözese (a). **b)** (ministerium, paroecia, pleberium, Amt, Kirchberg, Kirchfahrt, Kirchgang, Kirchspiel, Kirchsprengel, Kollatur, Pfarrbezirk, Pfarre[i], Pfarrsprengel, bis ins 6. Jh. auch ↗titulus [a]) seit dem 4. Jh. Unterabteilung der ↗Diözese (a), mit einer ↗Pfarrkirche unter einem ↗parochus, räumlich abgegrenzter Bezirk, heute in allen christl. Kirchen die unterste Einheit, als deren Insassen (Gemeinde, Kirchkinder, Pfarrgemeinde, Pfarrgenossen, Pfarrholden, Pfarrkinder, Pfarrlinge, parochiani, paroeciani, pleberi, plebs [baptismalis]) alle in der P. Wohnenden gelten, die auch die Parochiallasten, bes. die ↗Baulast tragen.
– gentilicia = Personalgemeinde (1) u. Familienpfarrei.
Parochial Board s. Parish.
– Committee (Local C.) vom ↗District Council delegiertes ↗Committee für die Sonderangelegenheiten eines ↗Parish, in das auch Mitglieder aufgenommen werden, die nicht ↗Councillors sind.
Parochiale = Pfarrzwang.
– us = Patronat.
Parochialgericht = Dorfgericht (a).
Parochialia jura = Pfarrzwang.
Parochialis = Parochus.
Parochialkirche = Pfarrkirche.
Parochiallast s. Parochia (b).
Parochialrecht = Pfarrzwang.
Parochialverband a) (Pfarrverband) Verband mehrerer ↗Parochien (b) mit einem gemeinsamen Pfarrer. **b)** = Gesamkirchengemeinde.
Parochialzwang = Pfarrzwang.
Parochianus a) s. Parochia (b). **b)** = Parochus.
Parochiepfaffe s. Parochus.
Parochus (curatus, curio, ecclesiasticus, investitus, parochialis, parochianus, pastor, personatus] [eigentlich nur der nicht residierende, die «Rolle» des P. spielende Pfründeninhaber], plebanus, presbyter [parochialis], rector [ecclesiae], sacerdos, Pfarrer) in der kath. Kirche Geistlicher (o. juristische Person), dem eine ↗parochia (b) (daher auch Parochiepfaffe) mit Seelsorge dauernd übertragen ist; eine jurististische Person ist nur P. habitualis (s. Cura actualis), zur Ausübung ernennt sie einen ↗Vikar (1) als P. actualis. Man unterscheidet: **a)** P. inamovibilis (nur durch formellen Prozeß, seit 1910 durch ↗amotio administrativa absetzbar) u. amovibilis (immer der ↗quasiparochus u. der zu einem ↗Kloster gehörende Geistliche, vom ↗Bischof bzw. dem ↗Ordensoberen ohne Anhörung der ↗examinatores synodales absetzbar); **b)** P. localis (in einem fest umgrenzten Bezirk) u. P. personalis (P. gentilicius, Personalpfarrer, für eine ↗Personalgemeinde[1]); **c)** P. saecularis u. P. regularis (P. religiosus, zur ↗Weltgeistlichkeit bzw. Ordensgeistlichkeit gehörend). Er hat bestimmte Rechte (Vgl. Pfarrzwang) u. Anspruch auf bestimmte Einkünfte (z. B. die ↗portio congrua, früher den ↗Zehnten [1]) u. bestimmte Pflichten (vor allem ↗Residenz u. das öffentliche Lesen der Messe an allen Sonn- u. Festtagen), dann die Führung der Verwaltung der Pfarrei. Vgl. Kollationsrecht, Patronat u. Translatio. – Die Rechte u. Pflichten des kath. P. gelten i. allg. auch für den prot. Pfarrer, vor allem auch die Residenz.
– actualis s. Vikar (1a).
– amovibilis s. Parochus.
– antiquus = Hauptpfarrer.
– competens s. Pfarrzwang (b).
– consultor s. Examinatores synodales.
– gentilicius s. Parochus.
– habitualis s. Cura actualis.
– improprius s. Cura actualis.
– inamovibilis s. Parochus.
– localis s. Parochus.
– major = Hauptpfarrer.
– minor s. Vikar (1 a).
– personalis (Personalpfarrer) **a)** s. Parochus. **b)** Ehrentitel für Geistliche, die an sich nicht parochi sind, u. mit diesem Titel das Recht der Teilnahme an den Diözesansynoden (s. Synode) erhalten.
– primitivus s. Cura actualis.
– principalis s. Cura actualis.
– proprius s. Pfarrzwang (b).
– regularis s. Parochus.
– religiosus s. Parochus.
– saecularis s. Parochus.
– secundarius s. Vikar (1 a).
– titularis s. Cura actualis.
Paroecia = Parochia (b).
Paroecianus s. Parochia (b).
Pars 1. im ven. ↗Maggior Consiglio ein Antrag. **2.** = Hufe.
– sustentationis = Portio congrua.
Parservus s. Zinsbauer.
Part s. Partenreederei.
– droit de = Einstandsrecht (2).
Partagium s. Apanage.
Parteibetrieb s. Amtsbetrieb.

Parteidiktat im MA. vielfach übliche Art der Ausfertigung einer ↗Urkunde, wobei dem Empfänger in weitgehendem Maße nicht nur die Feststellung des Inhalts, sondern auch das Schreiben der Urkunde durch private Schreiber (Parteischreiber) überlassen wurde. Die ↗Kanzlei fügte vielfach nur die in bes. Schriftart ausgeführten Teile u. das Siegel hinzu.

Parteieid (Schiedseid) Eid einer Partei zur Aushilfe mangels anderer Beweismittel (Zeugen, ↗Urkunden).

Parteienrat Bezeichnung des öst. ↗Hofrats (1) als Gerichtshof.

Parteigänger (partisans) früher, bes. im 18. Jh. Freiwillige, die, zu kleineren Korps zusammengeschlossen, in den Flanken u. im Rücken einer operierenden Armee Streifzüge («Parteien»), Rekognoszierungen u. dgl. unternahmen, auch als Spione tätig waren, überhaupt den sogen. kleinen Krieg führten; die P. waren identisch mit leichten Truppen, bes. Husaren.

Parteigruppe in Rußl. organisierte Gruppe von Mitgliedern der kommunistischen Partei innerhalb eines staatl. Organs, um den Willen der Partei auf indirektem Wege durchzusetzen; diese Art der Beeinflussung wird i. d. Lit. als Transmission bezeichnet.

Parteiherrschaft s. Amtsbetrieb.

Parteiprozeß Zivilprozeß ohne Anwaltszwang, im Gegensatz zum Anwaltsprozeß.

Parteischreiber s. Parteidiktat.

Parteiverrat s. Kollusion.

Partenreederei (Mitreederei, Schiffspartnerschaft, cumpanie [in schepesparten], selschop, selschupp des Koggen u. ä., societas navalis) bis ins 18. Jh. fast ausschließlich, heute wenig gebräuchliche Form der Reederei (häufig einfach so genannt), wobei die Teilhaber (Mitreeder, Schiffsfreunde, Schiffspartner, caratisti, partionarii, personers) Anteile (Parten, Schiffsparten, carati, loca, loci, sortes) am Schiffe besitzen u. entsp. Anteil an Gewinn u. Verlust; in älterer Zeit war der Kapitän regelmäßig Mitreeder, vielfach mit größerem Anteil. Die Zahl der Parten war im Anfang meist gering, i. d. R. nur zwei, nahm dann zu u. betrug in Nordeur. im MA. meist acht bis zehn, aber auch bis zu 32 u. mehr, im Mittelmeergebiet bis über 100, wobei selten mehrere Parten desselben Schiffes in einer Hand vereinigt waren; sie sind vererblich u. veräußerlich. Vgl. Korrespondentreeder. Die bei einer Gelegenheit überstimmten Mitreeder haben das Recht des ↗Abandon (3) u. hatten das Setzungsrecht, d. h. sie konnten das Schiff zu einem bestimmten Preis veranschlagen; zu diesem mußten es die anderen entw. den Betreffenden überlassen o. es ganz übernehmen, während die Parten ausbezahlt wurden.

Partes infidelium s. Terrae missionis.

Partgericht s. Go.

Parthekerland in Lettl. früher Ackerstück eines ↗Einzelhofes, das sich in ↗Gemengelage mit entspr. Stücken anderer Einzelhöfe befand.

Partiarius s. Gewerkschaft.

Participatio s. Commenda (2).

Particular Surveyor s. Court of Surveyors.

Particulare jus s. Recht, gemeines (a).

Parties casuelles im alten Fr. zuerst Abgabe, d. h. tatsächlich Kaufgeld, eines neu ernannten Beamten (der sein Amt nicht vom Vorgänger gekauft o. geerbt hatte) an den Kg.; 1522 wurde dafür eine bes. Behörde, bureau des P. c., geschaffen. Seit 1567 verstand man unter P. c. sämtliche beim Ämterkauf fälligen Abgaben, seit 1604 die der ↗Paulette.

Partikularbeschreibung = Partikularbuch.

Partikularbuch (Partikular[e], Partikularbeschreibung, Partikularrechnung) einem ↗Urbar (1) entspr., meist für ein ↗Amt (1) (Amtspartikular), hauptsächlich zur Aufzeichnung der Abgaben an den ↗Grundherrn.

Partikular(e) = Partikularbuch.

Partikularfürstentum = Mediatfürstentum.

Partikularhaingericht s. Generalhaingericht.

Partikularhaingereide s. Generalhaingericht.

Partikularinqusition s. Visitation.

Partikularinsurrektion s. Várjobágy.

Partikularkongregation s. Sedisvakanz.

Partikularkonzil s. Konzil.

Partikularlandtag s. Landtag (1).

Partikularrechnung = Partikularbuch.

Partikularrecht Landesrecht im Gegensatz zum Reichs- bzw. Bundesrecht.

Partikularschatzung s. Indiktion.

Partikularsynode s. Synode.

Partikularvisitation s. Visitation.

Partionarius s. Partenreederei.

Partisans = Parteigänger.

Partison s. Pariage.

Partorg s. Armeeverwaltung, politische.

Parzellenteilbau s. Teilbau.

Parzonería (fazería, passerie) in Nordsp. seit Beginn des 14. Jh. Genossenschaft zwischen mehreren Gemeinden zur gemeinsamen Nutzung von Wäldern, Weiden u. dgl. Die P. fanden nicht nur zwischen sp., sondern an der Grenze auch zwischen sp. u. fr. Gemeinden statt u. dienten dann auch dem gegenseitigen freien Handelsverkehr.

Pascha im osm. Reich ursprgl. Titel der ksl. Prinzen, später der höchsten zivilen u. mil. Würdenträger. Man unterscheidet den P. von einem Roßschweif ([Mir-i-]Liwa, in neuerer Zeit etwa ↗Generalmajor), von zwei Roßschweifen (Ferik, etwa ↗Generalleutnant) u. von drei Roßschweifen (Muschir, etwa ↗General) Vgl. Wesir.

Der P. stand an der Spitze eines ↗Ejalets bzw. Wilajets. Vgl. Wali. In der Tk. wurde der Titel 1934, in Äg. 1953 abgeschafft.

Paschalik = Ejalet.

Paschmaklik (Baschmaklik) in der Tk. früher jährl. Abgabe einiger Städte an die ↗Sultan Walideh, eine Art ↗Nadelgeld (1).

Pascua communia s. Allmende.

Pascuaria = Weidegeld (a).

Pase foral früher Recht der baskischen ↗Provinzen, Verordnungen des Kgs. dahin zu begutachten, ob sie mit den Privilegien übereinstimmten, u. wenn nicht, sie abzulehnen.

Pase regio = Plazet.

Passage, droit de s. Gnadenritter.

Passagium 1. = Admiralschaft. 2. = Passaticum.

Passaticum (passagium) Wege- u. Brückenzoll.

Passbrief ↗ Urkunde über Befreiung von Zöllen u. dgl.

Passerie = Parzonería.

Passeur † Notar.

Passivbürger s. Citoyen actif.

Passivindult s. Indult (1).

Passivlehen s. Aktivlehen.

Passivolant (Blinder, passe-volant) in den Söldnerheeren des 16., 17. u. 18. Jh. Nichtkombattant, der bei Musterungen usw. als Soldat gekleidet ins Glied gestellt wurde, um einen Söldner zu markieren, der wohl in den Listen geführt wurde, aber gar nicht vorhanden war, während der ↗Hauptmann (1) o. ↗Oberst den Sold einsteckte. Auch Soldaten anderer Truppenteile wurden als P. verwendet.

Passynki s. Bojarensöhne.

Past 1. = Beddemund. 2. s. Herbergsrecht (1).

Pastio = Weidegeld (a).

Pastor = Bischof u. Parochus.

– primarius = Oberpfarrer (a).

Pastoralia jura = Pastoralrecht u. Pfarrzwang.

Pastoralitii et bacilli jus = Hirtenstab.

Pastoralkonferenz = Landkapitel.

Pastoralrecht (pastoralia jura) dem ↗parochus für die Vornahme seiner Verrichtungen zustehende Gebühren.

Pastus s. Herbergsrecht (1).

Patens littera a) (aperta l., Patent) ↗Urkunde, der das Siegel angehängt o. aufgedrückt war, offen versandt wurde u. eine Angelegenheit von öffentlichem Interesse betraf; in Fr. zerfielen die von der kgl. ↗Kanzlei erlassenen lettres patentes in ↗lettres de grâce u. ↗lettres de justice. **b)** = Bulle.

Patent = Patens littera (a).

Patentbaronie s. Peer.

Patentjagd in der Schw. auf Grund eines Jagdpatentes im ganzen ↗Kanton (1) (ausgenommen bestimmte Schutzbezirke) ausgeübte Jagd.

Patentsteuer (droit des patentes) in Fr. seit 1791 Bezeichnung der Gewerbesteuer, so genannt, weil die Ausübung des Gewerbes von der Lösung eines Erlaubnisscheines (patente) abhängt.

Pater s. Kloster.

– monasterii = Abt.

– superior = Feldpropst.

– spiritualis = Spiritual.

Patria im ma. Engl. die «country» des Angeklagten (die Umsassen), aus der die Mitglieder der ↗Jury genommen wurden, dann diese selbst.

Patriae minister s. Landsknecht.

Patriarch ursprgl. Titel des Vorstehers des ↗Sanhedrin (bis 1038), von da auf die christl. ↗Bischöfe übergegangen, seit dem 5. Jh. auf die Metropoliten (s. Erzbischof), dann auf die Bischöfe von Rom, Konstantinopel, Alexandria, Antiochia, Jerusalem beschränkt, die bis zum Heranwachsen des Papsttums die höchste kirchl. Instanz bildeten. Die or. P. verloren im Laufe der Zeit ihren Einfluß; den Titel nahmen auch die Häupter anderer christl. or. Kirchen an. Im Westen erneuerte Innozenz III. die Würden der fünf alten P. (Patriarchi majores), die als P. in partibus infidelium noch heute bestehen; außerdem führen einige Erzbischöfe den Titel P. (Titularpatriarchen, P. minores), aber nur ehrenhalber. – Der P. von Konstantinopel heißt ökumenischer P. (Reichspatriarch, Weltpatriarch, episcopus oecumenicus).

Patriarchalbasilica s. Basilica.

Partiarchalkonzil s. Konzil.

Patriarchalsynode s. Konzil.

Patricius a) im Byz. Reich Ehrentitel, sehr häufig an Beamte verliehen, auch weitergeführt wenn der Betreffende ↗Proconsul (1) wurde; sein Ehrenprädikat war excellentissimus. **b)** im merov. Reich Titel hoher Provinzialbeamter, bes. in Burg., wo ein P. die oberste Militärgewalt ausübte, u. in der Provence, wo P. der Titel des dortigen Statthalters war. **c)** (P. Romanorum) von Pippin seit 754 u. von Karl d. Gr. 774–800 geführter Titel, vom Papst verliehen, um dem frk. Kg. eine Stellung zu geben, wie sie der ↗Exarch (1) besessen hatte. Auch spätere Ks. führten den Titel P. oder imperator et patricius (nicht in ↗Urkunden), meist von den Röm. verliehen, zuletzt Heinrich IV. Neben dem Ks. als summus P. erscheinen stadtröm. Adlige mit dem Titel P. **d)** seit dem 14. Jh. Titel des bajulus (2) von Catania, dessen Gericht die curia patricii war.

Patrimonialamt s. Patrimonialgerichtsbarkeit.

Patrimonialgerichtsbarkeit (Eigentumsgerichtsbarkeit, Erbgerichtsbarkeit, Gutsgerichtsbarkeit, herrliches Gericht, fälschlich: ↗grundherrliche Gerichtsbarkeit) die dem ↗Grundherrn als solchem (Erbrichter) zustehende öffentlich-rechtliche Gerichtsbarkeit über alle

Insassen der Grundherrschaft ohne Rücksicht auf ihren ↗Stand (a), so daß ↗Gerichtsherrschaft u. Grundherrschaft sich deckten u. eine Privatherrschaft mit ↗Privatgericht, ein Patrimonialamt entstand. Die Ausübung lag bes. Patrimonialrichtern ob, in älterer Zeit einem Meier (1), ↗Schultheiß o. ↗Vogt (2) (vgl. Vogteigericht). Im 18. Jh. setzte der Staat die Bestellung von rechtskundigen Gerichtshaltern (Gerichtsdirektoren, Gerichtsverwalter, Justiziare, Rechtsverwalter) durch, so daß dem Patrimonialherrn nur noch deren Präsentation blieb (Justizpatronat, ↗Präsentationsrecht); – In Öst. wurden 1788 in jedem ↗Kreis drei Gerichte von je zwei bis drei Justizmännern errichtet, die an Stelle der Dominikalgerichte traten, wenn ihnen die P. von dem betr. Patrimonialherrn (Privatherr) ↗delegiert (2) worden war. Im Laufe des 19. Jh. wurden die Patrimonialgerichte (Herrschaftsgerichte) allm. beseitigt. P. besaßen auch die Domänenpächter auf ihrer Pachtung, in Pr. bis 1766/70.

Patrimonialgut s. Schatulle.

Patrimonialherr s. Patrimonialgerichtsbarkeit.

Patrimonialhuldigung = Huldigung (d).

Patrimonialrichter s. Patrimonialgerichtsbarkeit.

Patrimonialstadt = Mediatstadt.

Patriotes die Vertreter des dritten Standes, der Städte, in den ↗États généraux (c) des Waadtlandes.

Patrizier (Alte, Geschlechter, ↗Junker, ↗Stadtadel, Stadtjunker, cives nobiles, sowie allg. Ausdrücke wie seniores, meliores, ↗viri hereditarii usw.) im MA., bes. im 12. u. 13. Jh. die Bürgerfamilien, denen allein die Ratsfähigkeit (s. Stadtrat [a]) zukam (daher auch Befreundete, Gefreundete, Gemeinde vom Rat, amicati civitatis) u. aus denen die städt. Ämter fast ausschließlich besetzt wurden; i. d. R. waren es die reichsten Familien, aber nur die, welche alteingesessen (↗Vollbürger) waren. Manchmal wurden innerhalb des Patriziats noch bes. Rangklassen unterschieden. Der Name blieb auch nach Aufhören der alten Privilegien für die einflußreichen Familien bestehen, teilweise bis heute. Vgl. Achtbürger, Constafler, Poorters, Stubenmeister, Vroedschap u. Zunftbürger.

Patrocinium 1. Schutzverhältnis, in dem eine Kirche (im weitesten Sinne) zu einem Heiligen steht, der dadurch ihr Patron (Kirchenpatron, Schutzpatron) wird. 2. s. Munt (1) u. Vasall.

Patron 1. s. Patrocinium (1) u. Patronat. 2. s. Zunft (1).

Patronat (geistliche Lehenschaft, Gottesgabe, Kirchengift, Kirchenpatronat, Kirchensatz [bzw. Kapellensatz], Kirchlehen, Kirchsatz[recht], Kirchsetzung, Patronatsrecht, Pfarrlehen, Pfarrleihe, Pfarrecht, Pfarrsatz, parochiale jus, patronatus j., herança) aus dem ↗Eigenkirchenrecht entwickeltes Recht des Patrons (Kirch[en]herr, Kirchenpatron, Patronatsherr, advocatus, patronus, rector ecclesiae, senior [saecularis], herdeiro, natural) als Gründer, Erbauer oder Stifter eines ↗beneficium ecclesiasticum (bes. einer ↗Pfarrkirche), dessen Geistlichen (Lehenspfarrer) vorzuschlagen (↗Präsentationsrecht); im MA. war dies i. wesentl. ein Ernennungsrecht, bes. wenn der Landesherr (s. Landeshoheit) Patron war (teilsweise von allen neugegründeten Benefizien); der Patron beanspruchte auch das ↗Spolien- u. ↗Regalienrecht. – Heute unterscheidet man: **a**) jus patronatus publicum (fiskalisches P., staatl. P.) u. j. p. privatum (Privatpatronat), welch letzteres entw. dingliches P. (j. p. reale, Realpatronat) o. personale (Personalpatronat) ist, je nachdem es an einem Besitz o. Amt haftet o. einer Person zusteht (j. p. personalissimum, wenn auf den Stifter beschränkt); **b**) j. p. ecclesiasticum (geistliches P., wenn es einem Kirchenamt zusteht o. aus Kirchengut stammt) u. laicale (Laienpatronat, wenn es einem Laien zusteht, aus Laiengut o. Erbschaft herrührt) oder j. p. mixtum (wenn es gleichzeitig Laien u. Geistlichen zusteht); **c**) j. p. hereditarium (Erbpatronat, wenn allg. vererblich), familiare (Familienpatronat, wenn nur innerhalb der direkten Nachkommen), gentilitium (wenn auch auf die Seitenverwandten des Gründers vererblich) u. mixtum(wenn denen zustehend, die zugleich Erben u. Nachkommen sind); **d**) j. p. singulare (Einzelpatronat, wenn nur einer Person zustehend) u. commune (compatronatus, Kompatronat, Mitpatronat, wenn mehrere gleichzeitig berechtigt sind); **e**) j. p. plenum (verleiht alle Befugnisse) u. minus plenum (irgendwie beschränkt); – Das P. kann vererbt, verkauft, verschenkt usw. werden, früher wurde es auch vielfach zu ↗Lehen (1), vergeben. Das Präsentationsrecht muß innerhalb bestimmter Zeit bei Verlust des Rechts ausgeübt werden; innerhalb dieser Frist hat der Patron (früher nur der laikale) das Variationsrecht (jus variandi), d. h. das Recht, mehrere Kandidaten zu präsentieren u. zwar gleichzeitig (j. v. cumulativum) oder successive (j. v. privatum), wodurch jeweils das Recht des Erstpräsentierten annulliert wird. Mehrere Patrone (Mitpatrone, compatroni) können entweder im Turnus präsentieren o. sich auf einen Kandidaten einigen o. endlich ihre verschiedenen Kandidaten zur Auswahl präsentieren. Dem vorschriftsmäßig Präsentierten muß der ↗Bischof die ↗institutio canonica erteilen. Der Patron ist in der Wahl des Kandidaten unbeschränkt, nur sich selbst kann er nicht präsentieren. Er hat ferner das Recht auf Unterhaltung aus dem betr. beneficium bei unverschuldeter Verarmung (Kompetenz); das Recht auf Teilnahme an der Verwaltung des Kirchenguts (cura beneficii) steht ihm nach heutigem Recht nur ausnahmsweise zu. Ferner besitzt er einige Ehrenrechte. Er hat die Pflicht, den Geistlichen u. die Kirche zu unterhalten. Vgl. Kollationsrecht. – Diese für das kath. P. geltenden Regeln wurden nach der Reformation i. wesentl. für das prot. übernommen. – Früher nahmen einige Monarchen ein allg. (landesherrliches) P., d. h. das Recht, sämtliche geistlichen Stellen zu besetzen, teils in Anspruch, teils wurde ihnen ein solches vom Papst tatsächlich zugestanden (z. B. den Kgn. von Sp. u. Port. für ihre überseeischen Besitzungen).

– **kollativer** in Engl. Bezeichnung des freien ↗Kollationsrechtes, da hier der Theorie nach jede ↗Praebende einen Patron besitzen muß. Vgl. Patronat.

Patronaticum s. Freilassung.

Patronatsherr s. Patronat.

Patronatsrecht (patronatus jus) = Patronat.

Patronus 1. im MA. Kapitän eines Kriegsschiffes. 2. im MA. der Reeder, wobei der an Land bleibende Teilhaber als P. in terra, der Kapitän, der durchweg Teilhaber war (vgl. Partenreederei) als P. navis in mari bezeichnet wurde. 3. s. Patronat u. Eigenkirche. 4. s. Freilassung u. Schutzhöriger. 5. = Hauptherr (1b).

Pâturage, droit de = Weidegeld (a) u. Weidegerechtigkeit.

Paulette seit 1604 einheitliches nach seinem Erfinder, dem Sekretär Paulet, benanntes System, das die Käuflichkeit (u. Erblichkeit) der kgl. Ämter in Fr. regelte. Statt der ↗parties casuelles an den Kg. bezahlte der Inhaber eines Amtes nur noch eine jährl. Prämie von 1²/₃ % des Kaufwertes seines Amtes, das droit annuel (annuel, P. i. e. S.) an einen Pächter, an denselben auch den Wert des ↗Resignationsrechts. Der Pächter seinerseits zahlte eine feste Jahrespacht an den Fiskus. Der Bewerber mußte gewisse Voraussetzungen erfüllen, von denen er aber dispensiert werden konnte. Vgl. Survivance, droit de.

Pauper = Mann, armer u. Minoflidus.

Pavillon, droit de = Flaggenrecht.

Pax 1. = Friedensgeld u. Sühne. 2. s. Stadtfriede (a) u. Commune jurée.

– **castrensis** s. Ganerbschaft (a).

– **civitatis** = Stadtfriede (a).

– **communis** = Landfriede (1).

– **continua** = Landfriede (1).

– **Dei** = Gottesfriede.

– **firm(issim)a** = Landfriede (1).

– **forensis** s. Friede (a).

– **generalis** = Landfriede (1).

– **regia** = Königsfriede.

– **regis** = Königsfriede.

– **sancta** = Landfriede (1).

– **terrae** = Landfriede (1).

– **urbana** = Stadtfriede (a).

– **urbis** = Stadtfriede (a).

– **villae** s. Stadtfriede (a).

Payese de remensa = Redemptione, homo de.

Pays conquis in Fr. die nach 1580 (Vertrag von Melun) erworbenen ↗Provinzen, deren Geistlichkeit nicht die Vorteile dieses Vertrages genoß.

– **(de droit) coûtumier** s. Pays de droit écrit.

– **de droit écrit** die Teile Fr., i. wesentl. der Süden, in denen das röm. Recht herrschte; die anderen (nördlichen) Gebiete mit Gewohnheitsrecht wurden als pays (de droit) coûtumier bezeichnet.

– **de franc-salé** s. Gabella.

– **de grande gabelle** s. Gabella.

– **de nantissement** im alten Fr. ↗Provinz, in der gewohnheitsrechtlich eine bes. Sicherung von Hypotheken bestand.

– **de petite gabelle** s. Gabella.

– **de quart boullion** s. Gabella.

– **d'élections** in Fr. bis 1789 ↗Provinz ohne ↗états provinciaux, in ↗élections eingeteilt.

– **des salines** s. Gabella.

– **d'états** in Fr. bis 1789 ↗Provinz, deren ↗états provinciaux das Recht der Steuerbewilligung (wenn auch stark beschränkt) u. der Steuerrepartition behalten hatten, u. daher selbst erhalten blieben. Vgl. Taille.

– **d'états et d'élections** in Fr. bis Ende des 17. Jh. ↗Provinz, die ihre ↗états provinciaux behalten hatte, aber ohne Steuerrepartitionsrecht.

– **d'imposition** in Fr. bis zur Revolution die neun (meist an der Grenze gelegenen) ↗Provinzen, in denen es weder ↗états provinciaux noch ↗élections gab u. in denen der ↗Intendant (1) die Steuern, bes. die ↗Taille, repartierte.

– **d'obédiance** fr. ↗Provinzen, die nach 1438 bzw. 1516 erworben wurden, u. in denen daher die pragmatische Sanktion von Bourges bzw. das ↗Konkordat (1) nicht galt.

Péage = Pedagium.

Pechero s. Pecho.

Pecho (pectum) im ma. Sp. Abgabe, Steuer i. allg. (weshalb der Nichtadlige als pechero bezeichnet wurde), i. bes. in Kast. seit dem 11. Jh. eine Art ↗Heersteuer.

Pectum = Pecho.

Peculium = Parapherna.

– **clericale** s. Präbende.

Pecuniaria s. Friedensgeld.

Pedagium (pedaticum, péage) im MA. Zoll i. allg., i. bes. Wege-u. Brückenzoll. In Fr. wurden seit dem 14. Jh. die péages als ordentliche Einnahmen zur ↗Domäne gerechnet u. im Gegensatz zu den ↗traites meist nicht verpachtet. Der ↗seigneur, der das Recht hatte, P. zu erheben, hieß s. péager

Pedaticum = Pedagium.

Pedellus = Fronbote.

Peer (of England) in Engl. seit der ersten Hälfte des 14. Jh. Bezeichnung eines ↗Barons (baro major), welcher Titel nunmehr allm. verschwand; die P. bilden als Stand die Nobility, den eigentlichen Adel, im Gegensatz zur ↗Gentry; sie bilden als ↗Lords, zusammen mit den geistl. Lords, das ↗Oberhaus (1); während bis ins 13. Jh. die Berufung ins ↗Parlament (1) durch Einzelladung auf Grundbesitz beruhte (peerage by tenure, Lehensbaronie), wurde seit dem 14. Jh. die peerage (baronage) durch das Einberufungsschreiben verliehen, u. zwar entw. durch Patent (Patentbaronie, seit 1387), wodurch der Betreffende ohne weiteres erblicher P. wurde, o. durch einfaches Schreiben (peerage by writ, Briefbaronie), wodurch er erst P. wurde, wenn er seinen Sitz tatsächlich eingenommen hatte; seit dem 16. Jh. gilt die peerage auch gesetzlich als unabhängig von Grund u. Boden (obwohl tatsächlich der P. fast stets Großgrundbesitzer ist), seit dem 18. Jh. ist ihre Verleihung Parteisache (vgl. Peersschub). Die Verleihung erfolgt heute: **a**) durch Einberufungsschreiben (writ of summons); **b**) durch Patent; **c**) als barony of abeyance, d. h. wenn ein P. nur weibliche Nachkommen hinterläßt, ruhen Sitz u. Stimme im Oberhaus, bis wieder ein männlicher Erbe geboren wird; **d**) durch Erbgang o. Abstammung; **e**) «pour autre vie», d. h. auf Lebenszeit einer anderen Person, z. B. Einberufung eines Sohnes eines P. auf Grund eines seinem Vater zustehenden Titels; beim Tode des Vaters rückt der Sohn in der alten Peerswürde nach, die neue erlischt. Seit dem 14 Jh. zerfallen die P. bzw. die Nobility in Lords (vorher Barons), ↗Earls, ↗Marquis u. Herzöge, wozu im 15. Jh. die Viscounts (s. Vicecomes [1]) kamen; die Würde eines P. u. der zugehörige Titel vererbt sich i. d. R. als ↗Majorat, manchmal aber auch in weiblicher Linie (Peeress in her own right); doch hat diese weder Sitz noch Stimme im Oberhaus. Außer dem Sitz im Oberhaus besaßen u. besitzen die P. als wesentliches Privileg nur das judicium parium, d. h. bei schweren Verbrechen den Gerichtsstand vor dem Oberhaus. Vgl. Lord High Steward. – Da die scho. u. ir. P. Vertreter ins Oberhaus wählen, gewährt in diesen Ländern die Peerage nur das Wahlrecht; auch ist hier das Ernennungsrecht der Krone beschränkt (Ir.) o. aufgehoben (Scho.). Gleichzeitige peerage in den drei Königreichen ist möglich.

Peerage u. Zssgn. s. Peer.

Peeress in her own right s. Peer.

Peerskammer s. Oberhaus (1).

Peersschub (Pairsschub, batch of Peers, wholesale creation of P.) gleichzeitige Ernennung einer größeren Anzahl von ↗Peers, um eine Regierungsmehrheit zu schaffen. Ausdruck u. Einrichtung wurde auch für die ersten ↗Kammern (2a) anderer Staaten übernommen (it. infornata, fr. fournée de pairs).

Peh s. Lehensfürst (2).

Pena s. Friedensgeld.

Pennam levare s. Carta (2).

Penningsland s. Markland (b).

Pensio **1.** Abgabe i. allg., im MA. nur selten verwendet. Vgl. Census u. Emphyteuse. **2.** s. Meier (1).

Pension früher nicht Ruhegehalt (dieses wurde Provision genannt), sondern bei Beamten außerordentliche Zulage, sonst überhaupt jede regelmäßige Zuwendung, die auf dem Gnadenwege erfolgte.

Pensionär s. Syndicus (1).

Pensionarium jus s. Meier (1).

Pensionarius = Censualis (homo).

Pensionnaire im 16. Jh. seltene Bezeichnung für einen dipl. ↗Agenten (3) i. e. S., nur verwendet für die Vertreter einiger Staaten beim tk. ↗Sultan u. in Ven.

Peonage von engl. u. am. Schriftstellern gebraucht für das während der sp. Zeit in Mexiko übliche Lohnsystem in der Landwirtschaft u. im Bergbau, wobei durch Lohnvorschüsse u. nachträgliche Abtragung derselben durch Arbeit eine Art ↗Schuldknechtschaft der Eingeborenen herbeigeführt wurde.

People's Court s. Friedensrichter (2).

Perceptio praebendae s. Domkapitel.

Perceptor = Komthur.

Percurrere sacramenta = Eidgang.

Peregrinenrecht = Gastrecht (1).

Perfusio nigra = Meintat.

Pergamenthufe s. Diensthufe.

Pergamenum levare s. Carta (2).

Perhorrenzeid (Rekusationseid, juramentum perhorrescentiae) Eid einer Prozeßpartei, daß sie einen Richter nicht aus schikanösen Gründen ablehne (perhorresziere).

Periodeut = Circuitor.

Permanent Court of Arbitration = Cour Permanente d'Arbitrage.

– **Court of International Justice** = Cour Permanente de Justice Internationale.

– **Secretary** s. Unterstaatssekretär.

Permissionsschiff i. d. Lit. gebraucht für das engl. Schiff, das nach dem sp.-engl. ↗Asiento von 1713 einmal jährl. eine bestimmte Menge Waren direkt nach Südam. einführen durfte.

Perpetuity = Familienfideikommiß.

Persecutio = Acht (1).
Persevant s. Herold.
Persönlichkeit des Rechtes (Personalität des Rechtes, Personalitätsprinzip, Personalstatut) der im MA. übliche Grundsatz, wonach eine Person nach dem Rechte ihres Standes (Geburtsrecht, persönliches Recht), Berufes, Stammes (Personalrecht, lex originis) o. auch Geburtsortes (lex loci) lebte u. gerichtet wurde. Vgl. Rechtsgenossen. Insoweit sich Teile der P. d. R. bis heute erhielten, spricht man von einer Personalhoheit des Staates (Staatsangehörigkeitsprinzip). In It. u. Burg. mußte vor Gericht usw. jeder eine dementspr. professio juris abgeben. Vgl. Territorialität des Rechtes.
Person, fingierte † juristische Person.
– moralische † juristische Person.
Persona = Kirchherr (b) u. Parochus.
– humilis s. Schutzverwandter (2).
– levior s. Schutzverwandter (2).
– parva s. Schutzverwandter (2).
– principalis = Hauptherr (1b).
– serviens s. Schutzverwandter (2).
Personal (personalis [locumtenens] regiae majestatis) in Ung. in MA. einer der vier obersten Richter, dann Vertreter des Kgs. in Gerichtssachen, Vorsitzender der ↗Königlichen Tafel u. der Ständetafel des ↗Reichstages (7); außerdem war der P. Vorsitzender des Personalstuhls, des Appellationsgerichts (als letzter Instanz) der Personalstädte, der geringeren ↗Freistädte (2), das dem des ↗Tavernicus entspr. zusammengesetzt war.
– Act s. Private Bill.
Personaladel = Adel, persönlicher.
Personalarrest s. Arrest.
Personalgemeinde **1.** (Personalpfarrei, parochia gentilicia i. w. S.) Kirchengemeinde, deren Mitgliedschaft sich aus der Zugehörigkeit zu einem begrenzten Kreis von Personen bestimmt u. vom Pfarrverbande ↗exemt (1) ist, z. B. ↗Kloster (Klostergemeinde, Klosterpfarre), ↗Anstaltsgemeinde, ↗Gastgemeinde, ↗Familienpfarrei, Hofpfarrei, Militärpfarrei (Militärkirchengemeinde). **2.** die ↗politische Gemeinde im Gegensatz zur ↗Realgemeinde.
Personalgericht(sbarkeit) s. Kurie, Königliche.
Personalgewerberecht einer Person unveräußerlich u. unvererblich verliehenes Recht, ein Gewerbe (Personalgewerbe) auszuüben. Vgl. Realgewerberecht.
Personalhoheit s. Persönlichkeit des Rechtes.
Personalinsurrektion s. Insurrektion.
Personalinterdikt s. Interdikt (1).
Personalis (locumtenens) regiae majestatis = Personal.
Personalist **1.** derjenige, der einen Titel o. ein Recht, das an sich an eine Sache geknüpft ist, rein persönlich inne hat; andernfalls heißt er Realist. **2.** s. Distriktsgemeinde (a).
Personalität des Rechtes = Persönlichkeit des Rechtes.
Personalitätsprinzip = Persönlichkeit des Rechtes.
Personalkaplan ↗Kaplan, der seine ↗portio congrua aus der ↗parochia (b) bezieht, der er zugeteilt ist.
Personalpatronat s. Patronat.
Personalpfarrei = Personalgemeinde (1).
Personalpfarrer a) s. Parochus. **b)** = Parochus personalis.
Personalrecht s. Persönlichkeit des Rechtes.
Personalschatzung s. Kapitalschatzung.
Personalservitut s. Servitut.
Personalstadt s. Freistadt (2) u. Personal.
Personalstatut = Persönlichkeit des Rechtes.
Personalsteuer (Subjektsteuer) im Gegensatz zur ↗Realsteuer eine Steuer, bei der die persönlichen Verhältnisse des Pflichtigen zur Grundlage der Besteuerung dienen, die also die Person als solche trifft, mit o. ohne Berücksichtigung ihrer wirtschaftlichen Lage.
Personalstuhl s. Personal.
Personalunion im Gegensatz zur ↗Realunion Vereinigung mehrerer Staaten allein durch einen gemeinsamen Herrscher, ohne irgendwelche verfassungsrechtliche Bindung.
Personaltaxe = Militärtaxe.
Personalzehnt s. Zehnt (1).
Personat(us) a) = Parochus u. Kirchherr (b). **b)** s. Domkapitel.
Personer s. Partenreederei.
Personnel Board s. Civil Service Commission.
Pertinens homo = Höriger.
Pertinentia comitatus (fiscus comitialis) mit der karol. Grafschaft verbundenes Amtsgut (Dienstgut), dessen Nutzen dem ↗Grafen zufiel.
Perwáne persisch, eigentlich der ↗Fähn(d)rich(a), meist einen Oberbefehlshaber o. einen hohen Beamten, bes. einen ↗Minister (1), bezeichnend.
Pes s. Chirograph(um) (2).
Pesagium = Pondus.
Peschkesch s. Charadsch.
Pesour s. Exchequer.
Peter-pence = Peterspfennig (a).
Petersfreie s. Ecclesiastici (homines).
Petersgericht s. Hofgericht (f).
Petersgroschen = Peterspfennig (a).
Petersleute s. Ecclesiastici (homines).
Peterspfennig **a)** (Petersgroschen, Römergeld, Römerzins, Romgeld, Romsteuer, denarius S. Petri, peter-pence, romscot, romfeoh) seit dem 9. Jh. in Engl., später auch in Skand., Polen, Ung. u. Dalmatien für den Papst erhobene ↗Herdsteuer, in Engl. 1534 aufgehoben; der P. gehörte zu den census. **b)** seit 1860 freiwillige Abgabe zur Unterstützung des Papstes.

Petit criminel s. Chambre des enquêtes.
– **fils de France** Enkel des fr. Kgs.
– **Jury** s. Jury.
Petite assemblée (du clergé) s. Assemblée du clergé.
– **bulle** s. Privilegium.
– **chancellerie** (écriture) in Fr. bis 1789 ↗Kanzlei eines ↗Parlaments (2) o. eines andern kgl. Gerichts, bis 1597 bes. als Beurkundungsstelle (vgl. Tabellion) tätig. An der Spitze einer P. c. stand ein garde du sceau. Vgl. Grande chancellerie.
– **direction des finances** s. Conseil des finances.
Petitio (exactoria) = Bede (1).
– **generalis** s. Bede (1).
– **violenta** s. Bede (1).
Petition s. Petitionsrecht.
Petitionsrecht das Recht, Beschwerden (Petitionen) gegen Amtshandlungen der Regierung vorzubringen, das je nach Verfassung jedem einzelnen o. nur Korporationen o. Ständen (Kollektivpetition) o. nur der Volksvertretung bzw. deren Mitgliedern zusteht; die P. ist entw. nur an die Volksvertretung möglich o. nur an die Behörde (Verwaltungsbeschwerde) o. an beide. Dem Inhalt nach kann sie allg. Gegenstände betreffen (Verfassungsbeschwerde) o. Interessen einzelner (Rechtsbeschwerde). Vgl. Adresse.
Petitorienklage = Petitorium.
Petitorium (Petitorienklage, petitorische Einrede, p. Klage, p. Rechtsmittel) Besitzklage, bei der es sich im Gegensatz zum ↗Possessorium darum handelte, ob der fragliche Besitz rechtmäßig sei. Praktisch dem in It. entwickelten P. gleichwertig war das dem dt. ↗gemeinen Recht (a) eigentümliche (possessorium) ordinarium.
Petitum s. Moneda.
Petty Assizes (assisae parvae) in Engl. seit Heinrich II. bis 1833 in bestimmten Fällen gewährtes Recht, die Entscheidung einer ↗Jury (an Stelle des ordentlichen Gerichts) zu unterbreiten; in Betracht kamen: **a)** Novel Disseisin (rechtswidrige Enteignung), **b)** Mort d'ancestor (assisa de morte antecessoris, rechtswidrige Enteignung von Erbgut), **c)** Darrein Presentment (assisa de advocatione et praesentatione ecclesiarum, Störung des ↗Präsentationsrechtes, **d)** Utrum (Streit, ob ein Gut der Kirche gehöre o. nicht).
– **custom** = Torsteuer.
– **Divisional Session** s. Friedensrichter (1).
– **Jury** s. Jury.
– **serjeanty** s. Serjeanty.
– **Session** s. Friedensrichter (1).
– **Sessional Division** s. Friedensrichter (1).
– **treason** s. Treason.
Peunte = Beunde.
Pfähler = Feldgeschworener.
Pfänder = Fronbote.
Pfändungspfandrecht s. Pfandrecht.
Pfännerschaft der ↗Gewerkschaft entspr. Genossenschaft bei einer Saline, bestehend aus den Pfännern (Sülfmeister), den Eigentümern o. Pächtern der Salzpfannen. Wie die Gewerken wurden die Pfänner später zu Kapitalisten (Erbsälzer). Der dem ↗Kux entspr. Anteil heißt Pfanne; früher waren deren meist 111 vorhanden.
Pfaffe und Diener des Rats s. Syndicus (1).
Pfaffenfürst s. Reichsfürst.
Pfaffheit s. Weltgeistlicher.
Pfahlbauer(nrecht) s. Weidetrift.
Pfahlbürger (Ausbürger, Ausmann, civis non residens, Buitenpoorter, Haghepoorter, Palburger, afforain) in MA. außerhalb der Stadt Wohnender, der in deren Bürgerrecht aufgenommen wurde u. alle Rechte eines Bürgers genoß, wogegen er vor allem der Stadt Kriegsdienste leistete. Nicht nur einzelne, sondern ganze Dörfer, Städte, Landschaften, ↗Stifter (1) u. ↗Klöster ließen sich als P., bes. der ↗Reichsstädte, aufnehmen. I. allg. wurden ihre Rechte u. Pflichten vertragsmäßig von Fall zu Fall bestimmt u. das Verhältnis dauerte eine begrenzte Zeit; (vgl. Glevenbürger). In einigen Städten wurden mächtige Herren, die das erbliche Pfahlbürgerrecht erhalten hatten, Erbbürger (Edelbürger, cives nobiles) genannt. – Auch für die Einwohner der Vorstädte wurde die Bezeichnung P. gebraucht, bes. dann, wenn es sich um ↗Schutzverwandte (2) handelte.
Pfahlgericht = Hofgericht(f).
Pfahlherr = Feldgeschworener.
Pfalz = Palatium.
Pfalzel s. Palatium.
Pfalzgericht a) s. Königsgericht. **b)** ↗Hofgericht (f).
Pfalzgerichtsknecht s. Fronbote.
Pfalzgraf (comes palatinus, c. [sacri] palatii, Palatin[us]) in merov. Zeit Beamter, der über die Verhandlung im ↗Königsgericht an die ↗Kanzlei zwecks Ausstellung der Gerichtsurkunde berichtete (testimoniare, testimoniatio), in karol. Zeit Vertreter des Kgs. im Gericht (Pfalzgrafengericht) u. Vorsitzender der ↗Gerichtsschreiber, auch als ↗Gesandter usw. verwandt; es gab auch mehrere P. (vielleicht nur Unterpfalzgrafen) gleichzeitig. Seit dem 9. Jh. wurden die einzelnen Hofpfalzgrafen mehr u. mehr eine Art Provinzialminister (s. Provinzialdepartement), endlich im 9. (It.) u. 10. Jh. (Dt.) territoriale P. (Provinzialpfalzgrafen, Reichspfalzgrafen, Stammespfalzgrafen), teilweise als Gegengewicht gegen die ↗Herzöge vom Kg. eingesetzt, insbes. auch zur Beaufsichtigung des Königsgutes (s. Reichsgut). Vgl. Palatinat. In Dt.

verschwanden sie im 13. Jh. bis auf den frk. P. «bei Rhein», der auch weiterhin Stellvertreter des Kgs. blieb, aber nicht mehr dauernd, sondern nur bei Thronerledigung als ↗Reichsvikar (a); außerdem gab es einige Titularpfalzgrafschaften. – In Fr. wurde P. bloßer Titel einiger ↗Kronvasallen. Im Bhm., Polen u. Ung. gelangte der aus Dt. übertragene P. teilweise zu verfassungsmäßiger Bedeutung; vgl. Palatin(us) (3) u. Woiwode. – In Engl. war er eine Art ↗Markgraf (1); vgl. County Palatine. – In It. blieb der Titel teilweise erhalten, verband sich mit dem Amt eines ↗missus (1) u. wurde dann im 14. Jh., bes. durch Karl IV., zu größerer Bedeutung erhoben u. nach Dt. übertragen. Dieser spätere P. (Hofpfalzgraf, lateranensischer P., P. bei Hof, c. sacri palatii Lateranensis, meist auch c. aulae imperialis u. ä.) wurde vom Ks. durch Erteilung der ↗comitiva (2) ernannt.

Pfalzkardinal = Palastkardinal.

Pfalznotar s. Notar u. Cancellaria Apostolica.

Pfalzprälat = Palastprälat.

Pfalzrat = Hofgericht (f).

Pfalzrichter a) = Judices de clero Sacri Palatii Lateranensis. **b)** = Königsrichter. c) s. Hofgericht (f).

Pfalzschöffe (scabinus imperatoris, sc. palatii) in It. ↗Schöffe (1), der im ganzen Reich zugezogen werden konnte.

Pfalzstadt s. Palatium.

Pfalztag = Hofgericht (f).

Pfand 1. im Ma. ursprgl. nur das genommene P. (Pfandnahme) im Gegensatz zur ↗Wette (1). **2.** s. Deichlast. **3.** = Waldzins (2).

– (ab)essendes s. Kistenpfand.

– genommenes s. Pfand (1).

– gesetztes s. Wette (1).

– unabnießendes s. Zinssatzung.

Pfandamtmann derjenige, der in einem verpfändeten ↗Amt (1) (Pfandamt) die Rechte des ↗Amtmanns (1) ausübte.

Pfanddeichung s. Deichlast.

Pfandgewere s. Gewere (1).

Pfandkehr(ung) (Rechtsvereitelung) gewaltsame Zurücknahme gepfändeter Gegenstände.

Pfandknechtschaft s. Schuldknechtschaft.

Pfandlehen (geliehene Satzung) an Stelle einer geschuldeten Summe als Pfand zu ↗Lehen (1) gegebenes Gut; für die Dauer des Schuldverhältnisses wurde der Gläubiger dadurch Mann des Schuldners.

Pfandnahme s. Pfand (1).

Pfandrecht Recht des Gläubigers, das ihm überantwortete Pfand zur Befriedigung seiner Forderung zu verwerten. Das P. entsteht entw. durch Vertrag (Vertragspfandrecht), kraft Gesetzes (gesetzliches P.) o. durch Pfändung bzw. ↗Arrest (Pfändungspfandrecht). Vgl. Registerpfandrecht.

Pfandrichter s. Fronbote.

Pfandsatzung s. Wette (1).

Pfandschaftsrecht vom Kurfürsten v. d. Pfalz bis 1806 beanspruchtes Recht, vom Ks. verpfändete Güter u. Gerechtsame einzulösen u. bis zur Wiedereinlösung durch den Ks. zu behalten.

Pfandschilling s. Status minores.

Pfandtag = Forstgericht.

Pfandwehr(ung) Widerstand gegen Pfändung u. damit Leugnung einer Schuld.

Pfandwirtschaft (Anschußprinzip) Verteilung der Wegebaulast unter die Pflichtigen nach örtlich begrenzten Wegstrecken.

Pfanne s. Pfännerschaft.

Pfarradministrator s. Vikar (1 a).

Pfarrat = Douzaine (b).

Pfarrbauer = Dotale.

Pfarrbenefizium s. Beneficium ecclesiasticum.

Pfarrbezirk = Parochia (b).

Pfarrdiakon = Pfarrhelfer.

Pfarrdotale = Dotale.

Pfarrecht = Patronat u. Pfarrzwang.

Pfarre(i) = Parochia (b).

– kombinierte zwei Pfarreien (s. Parochia [b]), die vom gleichen Pfarrer in Personalunion betreut werden.

Pfarrektor s. Vikar (1 a).

Pfarrer = Parochus.

Pfarrexamen s. Concursus paroecialis.

Pfarrfabrik = Fabrica ecclesiae.

Pfarrfuhren s. Fronden (a).

Pfarrgehilfe s. Vikar (1 a u. b).

Pfarrgehilfin s. Vikar (1 b).

Pfarrgemeinde s. Parochia (b).

Pfarrgenosse s. Parochia (b).

Pfarrgericht s. Alpgenossenschaft.

Pfarrgetreide s. Reichnis.

Pfarrgut s. Pfarrpfründe.

Pfarrhauptmann s. Alpgenossenschaft.

Pfarrhelfer ([Hilfs]prediger, Pfarrdiakon, Pfarrverwalter, Pfarrvikar) Träger eines kirchl. Amtes, z. B. Inhaber einer Pfarrstelle, der keine akademische theologische Ausbildung besitzt, aber infolge seiner missionarischen, diakonischen (s. Diakon [2]) o. ähnl. Tätigkeit ausnahmsweise nach Ablegung einer Prüfung usw. in das Dienstverhältnis berufen wurde.

Pfarrhelferin s. Vikar (1 b).

Pfarrhörigkeit s. Kirchhöre.

Pfarrhof s. Domhof.

Pfarrholden s. Parochia (b).

Pfarrhufe s. Temporalia.

Pfarrkaplan = Kurat.

Pfarrkind s. Parochia (b).

Pfarrkirche (Hauptkirche, Parochialkirche, Weltkirche, ecclesia parochialis, e. paroecialis, e. plebana, e. saecularis, auch ↗titulus [a]) Mittelpunkt einer ↗parochia (b), deren ecclesia baptismalis sie ist, u. Sitz mindestens eines presbyter (s. Ordines [1]) als ↗parochus, der darin seine Amtshandlungen, insbes. die Taufe ausübt, während andrerseits die Gemeinde durch den ↗Pfarrzwang (b) an die P. gebunden ist.

Pfarrkonferenz = Landkapitel.

Pfarrkongrua = Portio congrua.

Pfarrkonkurs = Concursus paroecialis.

Pfarrkonsultor s. Examinatores synodales.

Pfarrkooperator s. Vikar (1 a).

Pfarrkurat = Kurat.

Pfarrlehen a) = Patronat. **b)** s. Kirchenlehen.

Pfarleihe = Patronat.

Pfarrling s. Parochia (b).

Pfarrmatrikel heißt auch das Verzeichnis der Einkünfte einer Pfarrstelle.

Pfarrpfründe das ↗beneficium ecclesiasticum eines ↗parochus; in der prot. Kirche ist die Bezeichnung P. für das zur Unterhaltung des Geistlichen dienende örtliche Vermögen (Pfarrgut) zum Teil erhalten geblieben.

Pfarrprovisor s. Vikar (1 a).

Pfarrpurifikation s. Pfarrzwang (b).

Pfarrsatz = Patronat.

Pfarrsend s. Sendherr.

Pfarrsprengel = Parochia (b).

Pfarrstellvertreter s. Vikar (1 a).

Pfarrüge s. Sendherr.

Pfarrverband = Parochialverband (a).

Pfarrverwalter = Pfarrhelfer.

Pfarrverweser s. Vikar (1 a u. b).

Pfarrvikar a) = Pfarrhelfer. **b)** s. Vikar (1 a u. b).

Pfarrvikarin s. Vikar (1 b).

Pfarrwidmut s. Temporalia.

Pfarrzehnt s. Zehnt (1).

Pfarrzwang (Parochialrecht, Pfarrecht, Parochialzwang, parochiale, parochialia jura, pastoralia j.) **a)** (realer P.) Recht u. Pflicht eines ↗parochus zur Vornahme der geistl. Handlungen innerhalb seiner ↗parochia (b). **b)** (persönlicher P.) Pflicht der Insassen einer parochia, alle kirchl. Amtshandlungen durch deren parochus (als ihrem p. competens, p. proprius) vornehmen zu lassen u. deren Lasten zu tragen. In Dt. waren seit der Reformation vielfach die in einer Parochie wohnenden Andersgläubigen verpflichtet, den parochus um Erlaubnis zu fragen, falls sie einen Geistlichen ihrer Konfession zuziehen wollten; später wurde diese häufig einer benachbarten Pfarrei ihrer Konfession angegliedert (Pfarrpurifikation). Adlige u. Beamte waren öfters (z. B. in Pr. bis 1876) vom P. eximiert (s. Exemtion [1]). Vgl. Dimissorien.

Pfatte s. Schlag (1).

Pfefferlehen ein Bauerngut, das als ↗echtes Lehen verliehen wurde (vgl. Bauernlehen [a]) u. statt des Kriegsdienstes bei ↗Mannfall u. ↗Herrenfall ein Quantum Pfeffer zahlte.

Pfeifergericht 1. (judicium tibicinum) in Frankfurt a. M. bis zu Beginn des 19. Jh. feierliche Schöffenratssitzung (vgl. Schöffe [1]), in der Abgesandte von Worms, Nürnberg u. Bamberg durch symbolische Abgaben unter Musikbegleitung um Erneuerung ihrer Meßprivilegien ersuchten; ähnliche Aufzüge aus demselben Grunde fanden auch in anderen Städten statt, so in München die sogen. Nürnberger Schenck, in Nürnberg die St. Galler Schenck. **2.** s. Spielgraf.

Pfeiferkönig s. Spielgraf.

Pfeifertag s. Spielgraf.

Pfeiler s. Zunge.

Pfennig, gemeiner im Dt. R. im 15. u. 16. Jh. Steuer, die den Untertanen vom Reich unmittelbar auferlegt wurde. Der G. P. wurde das erste Mal 1422 als hunderster P. zur Finanzierung des Hussitenkrieges ausgeschrieben (Hussitensteuer), dann bis 1551 im ganzen elf Mal, meist für mil. Zwecke, 1495 für Erhaltung des ↗Reichskammergerichts (vgl. Kammerzieler). Im 16. Jh. trat allm. der ↗Anschlag an seine Stelle. Der Art nach war der G. P. eine Mischung verschiedenster Steuerformen, vor allem einer ↗Kopfsteuer mit einer Vermögenssteuer. Vgl. Matrikularsteuer.

– hunderster a) s. Pfennig, gemeiner. **b)** = Centième denier.

Pfennigdienst s. Servitium.

Pfennigmeister † Zahlmeister, auch ↗Kämmerer (1); an den Höfen meist Hofpfennigmeister, als erster Zahlmeister eines ↗Territoriums (2) meist Landpfennigmeister. Im alten Dt. R. wurden zur Vereinnahmung der Reichssteuern jeweils bes. Reichspfennigmeister (Reichsschatzmeister) eingesetzt.

Pfennigsteuern = Land- und Schocksteuern.

Pferchrecht a) (faldagii jus, soca foldae) das Recht, zu verlangen, daß fremdes Vieh die eigenen Felder düngt, indem es darauf eine Zeitlang eingepfercht wird; das P. stand bes. dem ↗Grundherrn gegenüber dem ↗Hörigen zu. **b)** das Recht des Weideberechtigten, sein Vieh auf der Weide lagern zu lassen.

Pferdebauer s. Fronden (a).

Pferdedienste s. Fronden (a).

Pferdegeld s. Lehenspferdegeld.

Pferdescharen s. Fronden (a).

Pfingsthuhn s. Bodenzins.

Pfingstkuh s. Bede (2).

Pfingstlamm s. Bodenzins.

Pfisterlehen s. Diensthufe.

Pflanzland s. Allmende.

Pflanzungskolonie (Plantagenkolonie) Kol. in den Tropen o. Subtropen, in der der eur. Ansiedler den Boden nicht selbst bebaut, sondern, als Besitzer meist umfangreicher Ländereien, diese von Eingeborenen (früher regelmäßig Sklaven) bebauen läßt. Dauernde Ansässigkeit der Ansiedler, wie in den ↗Ackerbaukolonien (1), findet i. d. R. nicht statt.

Pflegamt s. Pflege (1).

Pflege 1. seit dem 14. Jh. ↗Sprengel (Pflegamt, Vogtei, advocatia) eines bay. ↗Landgerichts (a), (Pflegegericht, wie später auch die P. selbst hieß), mit einem Pfleger als ↗Landrichter (a); später wurden die P. (i. allg. schon früh Landgerichte genannt, seit Beginn des 19. Jh. amtlich) auch Verwaltungseinheiten u. blieben dies bis 1862, dann waren sie bis 1879 nur Gerichte erster Instanz bzw. Gerichtssprengel. 1812 bis 1818/19 gab es bay. Landgerichte auch in Steiermark u. im Innviertel, 1817/19 auch in Tirol; sie wurden durch öst. Pflegegerichte ersetzt. P. nach bay. Muster befanden sich ebenfalls in einigen anderen süd- u. mitteldt. ↗Territorien (2), während sonst (z. B. in Bamberg u. Trier, im 14. Jh. in Wü.) die P. (Pflegamt) von vorneherein einem ↗Amt (1) entsprach. Vgl. Vogteiamt. **2.** = Bede (1). **3.** (Pflegschaft) Vermögensverwaltung, z. B. Amtspflege, Kirchenpflege (s. Fabrica ecclesiae), ↗Stiftungspflege; Sitz der Verwaltung war der Pfleghof.

Pflegegericht s. Pflege (1) u. Landgericht (c).

Pfleger 1. (curator) in älterer Zeit der Vormund (s. Munt [1]), heute gesetzlicher Vertreter von Unmündigen, Gebrechlichen, Geistesschwachen u. dgl., im Gegensatz zum Vormund nur mit speziellen Aufgaben betraut; auch für Sachen, z. B. Vermögen Abwesender, kann eine Pflegschaft bestellt werden. – Vom 16.–18. Jh. konnte nach ursprgl. sä., dann nach ↗gemeinem Recht (a) für einen Verschollenen ein curator absentis ernannt u. die Erbschaft gegen Kaution den Erben überwiesen werden (cura anomala); bei Todesvermutung erfolgte endgültige Übergabe, in älterer Zeit so, als wäre die Erbschaft bei der Bestellung des P. angetreten worden (successio ex tunc), später für den Zeitpunkt der Todesvermutung (successio ex nunc). Auch konnte ein P. für einen Ungeborenen bestellt werden (curator ventris) o. für einen unbenannten Erben (curator hereditatis jacentis). **2.** = Amtmann (1) u. Hauptmann, oberster (1). **3.** s. Hofmarkgericht, Pflege (1) u. Schultheiß. **4.** = Meier (1). **5.** s. Schutzhöriger.

– geschworener = Morgensprachsherr.

Pfleghafte = Bargilden u. Vogtleute (b).

Pfleghof s. Pflege (3).

Pflegschaft 1. s. Pfleger (1). **2.** = Pflege (3).

Pflicht s. Bede (1).

Pflichterben = Noterben.

Pflichtinnung s. Innung (a).

Pflichtkorn s. Bede (2).

Pflichtsalz s. Gabella.

Pflichttag = Hofgericht (f).

Pflockgebühr (falangagium, palifictura) Gebühr für das Recht, ein Schiff am Lande festzumachen.

Pflugfriede s. Friede (a).

Pflugfronden s. Fronden (a).

Pfluggeld a) = Carucagium (1). **b)** s. Fronden (a).

Pflugland s. Carucagium (1).

Pflugmeister s. Vorwerk.

Pflug(wende)recht = Anwenderecht.

Pforte (hohe) s. Diwan u. Janitscharen.

Pfründe = Präbende.

Pfründengut s. Präbende.

Pfründer s. Altenteil.

Pfründestiftung s. Präbende.

Pfründetitel s. Titulus (b).

Pfründner a) = Praebendarius. **b)** s. Dageschalk.

Pfundgeld 1. = Laudemium. **2.** früher in einigen Ländern Zoll, der von jedem Pfund Ware erhoben wurde. Vgl. Tunnage and poundage.

Pfundlehen = Kammerlehen.

Pfundschoß s. Schoß (1).

Pfundzoll a) Zoll, der nach Gewicht erhoben wurde. **b)** in Ba. u. Wü. vom 17. bis zu Beginn des 19. Jh. Bezeichnung der ↗Accise.

Pfuscher = Bönhase.

Physikatsarzt s. Amtsarzt.

Physikat(sdistrikt) s. Amtsarzt.

Physikus s. Amtsarzt.

Piatto cardinalizio s. Kardinal (1).

Piccolo consiglio = Regierungsrat (4).

Picio = **Strandrecht.**

Pien Collegio = Signoria (b).

Piepoudre-Court = Court of Piepowder.

Pilier s. Zunge.

Pilot (shipper) im 16. u. 17. Jh. nicht der heute so genannte Lotse (pilote côtier), sondern der Navigationsoffizier, der Lotse für große Fahrt (p. hauturier). In der engl. Marine verschmolz später der P. mit dem Master (s. Schiffer).

Piloto mayor in Sp. seit 1508 der an der Spitze des hydrographischen Bureaus u. der Navigationsschule stehende Kartograph, dessen Begutachtung alle offiziell zugelassenen Karten, Seehandbücher usw. unterlagen u. der in kol. Grenzstreitigkeiten Berater der Regierung war. Der jeder ↗Silberflotte beigegebene nautische Berater führte gleichfalls den Titel P. m.

Pincerna = Mundschenk.

– imperii s. Reichserbämter.

Pionier, junger s. Kommunistitscheskij sojus molodeschi.

Piovego (judices publicorum) eine ven. ↗curia de palatio, seit Anfang des 13. Jh. bestehend, zuerst Baubehörde, dann auch Wucher- u. Ketzergericht, endlich seit 1283 in der Stellung eines ↗Fiskals für alles staatl. Eigentum.

Pipe roll s. Exchequer.

Pir (Ordensalter) Vorsteher eines Derwischklosters.

Pistor hereditarius = Erbbäcker.

Pitschen cussagl = Regierungsrat (4).

Piunta = Beunde.

Pixidarii = Darabantok.

Place act s. Placeman.

Placeman eigentlich (seit Ende des 17. Jh.) ein (höherer) Beamter dessen Amt mit einem Sitz im ↗Unterhaus (1) vereinbar ist, was bis in die Mitte des 19. Jh. von Fall zu Fall durch place act festgesetzt wurde; da die betr. Ämter mit Angehörigen der Regierungspartei besetzt werden, so bedeutet dann P. einen Politiker, der sein Amt seiner Partei verdankt.

Places de mariage s. Sicherheitsplätze.

– de sûreté = Sicherheitsplätze.

– particulières s. Sicherheitsplätze.

Placeti jus s. Plazet.

Placetum regium = Plazet.

Placita coram rege s. High Court of Justice.

– de banco s. Court of Common Pleas (a).

Placitator s. Rêdjeva.

Placitum Gerichtsverhandlung, insbes. das ↗Ding, auch das ↗Märzfeld bzw. Maifeld; dann auch die das Urteil enthaltende ↗Urkunde; in Fr. auch ein ↗droit de justice. – I. e. S. heißt P. (kgl. Gerichtsurkunde) ein Urteil des ↗Königsgerichts in der Form einer Aufzeichnung des gesamten gerichtlichen Hergangs. Vgl. Diplom (a), Gerichtsbrief u. Mandat (1).

– annale s. Ding.

– apertum s. Ding.

– autumni s. Ding.

– burggravii s. Burggraf (1 b).

– christianitatis = Sendgericht.

– coloniae = Hofgericht (f).

– commune s. Ding.

– coronae = Gerichtsbarkeit, hohe.

– cotidianum s. Ding.

– Episcopi = Sendgericht.

– generale a) s. Ding u. Märzfeld. **b)** = Landesgemeinde.

– hospitum = Gastgericht.

– injussum s. Ding.

– legale s. Ding.

– legitimum s. Ding.

– maii s. Ding.

– minus s. Ding.

– palatii s. Königsgericht.

– provinciale = Landgericht (a).

– publicum a) s. Ding. **b)** = Curia ducis (1).

– spadae Gerichtsurteil auf Grund eines ↗Gottesurteils.

– terrae commune = Landgericht (a).

Plaga = Schlag (1).

Plaggenwirtschaft landwirtschaftliches Betriebssystem, wobei der Rasen durch Aufhacken (Abplaggen) beseitigt u. die Rasenteile, nach Mischung mit Stallmist usw. u. Gärung, als Dünger verwendet werden; heute kaum mehr gebräuchlich.

Plaid de l'épée = Gerichtsbarkeit, hohe.

Plain fief im Vexin u. einigen anderen Gegenden das unmittelbare ↗Lehen (1) im Gegensatz zum ↗Afterlehen.

Plait de morte main = Relevium.

Plantagenkolonie = Pflanzungskolonie.

Planus homo s. Ligeïtät.

Plasi s. Stuhl.

Platea = Viertel (3).

Plateaticum Marktabgabe.

Plats de noces = Beddemund.

– nuptials = Beddemund.

Platz a) = Hofstelle (1). **b)** s. Kamp (a).

Platzadjutant = Platzmajor.

Platzdorf bes. in Dt. östlich der Elbe ein Dorf, dessen Gehöfte um einen Platz angeordnet sind, der i. wesentl. nur dem Verkehr dient; hinter den Häusern befinden sich Gärten, an die sich die Felder anschließen. I. e. S. wird i. d. Lit. mit P. meist ein Dorf bezeichnet, dessen Platz nicht rund o. oval ist. Ist er rund o. oval, so wird es i. d. R. Rundling (Rund[platz]dorf, Rundweiler) genannt, ohne daß aber irgendwie eine genaue Abgrenzung der Begriffe vorhanden ist; beim Rundling ist außerdem nur ein Zugang vorhanden, beim P. mehrere. Vgl. Gassendorf.

Platzgeselle s. Verlag.

Platzmajor (Platzadjutant) der dem ↗Kommandanten von Festungen o. größeren Garnisonen beigegebene ↗Offizier, der die Ausführung der Befehle zu überwachen hat; mit den älteren Befugnissen des ↗Majors (4) behielt er auch dessen Namen, obwohl er heute häufig eine andere Charge, z. B. die eines ↗Hauptmanns (1), bekleidet. Vgl. Sargento mayor.

Platzrecht = Erbbaurecht.

Playdoybok s. Hofrecht (1).

Plazet (exequatur [regium], pareatis, placetum regium, pase regio) Genehmigung der Staatsgewalt zur Veröffentlichung bzw. Durchführung kirchl. Erlasse, auf Grund eines bes. placeti jus; verweigert wurde das P. früher bes. oft in Sp. (retensíon de bula).

Plebanus a) = Parochus. **b)** s. Dekan (1).

Pleberium s. Parochia (b).

Pleberius s. Parochia (b).

Plebiscitum = Ding.

Plebs (baptismalis) s. Parochia (b).

Pledge seit Ende des 18. Jh. in Engl. Verpflichtung eines Wahlkandidaten, sich für den Fall der Wahl nach den Anordnungen seiner Wähler zu richten. Vgl. Mandat, imperatives.

Plègement de corps s. Service de plégerie.

– **de dettes** s. Service de plégerie.

Plegium liberale = Frankpledge.

Pleige = Gage-pleige.

Plein fief = Ligée.

– **fief de chevalier** s. Fief de haubert.

– **fief de haubert** s. Fief de haubert.

Plenarium s. Urbar (1).

Plenarkonzil s. Konzil.

Plenarsynode s. Konzil.

Plenipotentiarius s. Ministre (accrédité).

Plenum collegium = Signoria (b).

Plump = Vote cumulatif.

Pluralismus in Engl. Vereinigung mehrerer ↗Präbenden in einer Hand.

Pluralstimmrecht (Mehrheitsstimmrecht, Mehrstimmen[wahl]recht, Pluralwahlrecht) Wahlsystem, bei dem einem Wähler mehrere Stimmen auf Grund bestimmter Voraussetzungen materieller o. beruflicher Art zustehen.

Plurinominalsystem = Listenwahl.

Po s. Lehensfürst (2).

Pobrador d'el rei im ma Port. kgl. Beamter, der vor allem die Befestigungen überwachte, aber auch sonst eine Kontrolle ausübte.

Pocket Borough s. Nomination Borough.

Podestà **1.** (potestas, zuerst prior consulum, rector [civitatis]) in Ober- u. Mittelit. seit Mitte des 12. Jh. (zuerst 1151 in Bologna) einzelnes Stadtoberhaupt an Stelle der ↗Konsuln (2), deren Rechte auf den P. übergingen, der i. allg. ein auswärtiger Adliger war, auf ein Jahr gewählt. In den vom Ks. abhängigen Städten wurde der P. von diesem ernannt; er führte dann manchmal auch andere Titel, z. B. judex. Die P. wurden allm. auch auf mehrere Jahre, selbst lebenslänglich gewählt, u. so wurde aus dem P. häufig ein ↗Signore. I. allg. verschwanden die P. um die Mitte des 13. Jh.; in kleineren it. Städten führte das Stadtoberhaupt auch noch später den Titel. – 1926 wurde dieser wieder allg. für die nunmehr mit weitgehenden Vollmachten ausgestatteten u. von der Regierung ernannten Stadtoberhäupter (in der dt. Lit.: Amtsbürgermeister) eingeführt u. erhielt sich bis 1943 bzw. 1945. Vgl. Consulta (c). – Auch in der Provence besaßen in der ersten Hälfte des 13. Jh. einige Städte einen P. Die öst. Städte mit it. Bevölkerung hatten 1815 bis 1918 P. an ihrer Spitze. **2.** s. Konsul (1).

Podestad s. Merino.

Podwód s. Posługi publiczne.

Poena pacis = Friedensgeld.

– **talionis** s. Talion.

Poenae vindicativae (Vindikativstrafen) nach kan. Recht Sühnestrafen, die das Delikt unmittelbar betrafen (vgl. Censurae [ecclesiasticae]). Man unterscheidet solche gegen Kleriker u. Laien zugleich (z. B. das ↗Interdikt [1] in gewissen Fällen, Verlegung o. Aufhebung eines Bistums usw., Entziehung der Sakramente, des kirchl. Begräbnisses, auch Geldstrafen) u. solche nur gegen Kleriker (z. B. ↗suspensio, Versetzung, Entziehung des ↗beneficium ecclesiasticum, der geistl. Kleidung, Freiheitsbeschränkungen, vor allem ↗Deposition u. ↗degradatio).

– **medicinales** s. Censurae (ecclesiasticae).

Pönfall = Seelenrecht.

Poenitentiaria Apostolica (Sacra P. A., seit 1935 Paenitentiaria A.) eines der ↗Tribunalia Curiae Romanae, entstanden im 14. Jh. aus den ↗poenitentiarii des Papstes, denen dieser die Lossprechung von allen ihm reservierten ↗censurae (ecclesiasticae) übertragen hatte. Früher für ↗forum (2) externum u. internum zuständig, ist sie heute auf letzteres beschränkt u. erteilt Dispensationen, Absolutionen usw. An ihrer Spitze steht ein ↗Kardinal (1) als Großpoenitentiar (Kardinalgroßpoenitentiar, [Cardinalis] Poenitentiarius major), dessen Würde mit Eintritt der ↗Sedisvakanz nicht erlischt; ihm zur Seite standen bis 1935 poenitentiarii minores, für jede ↗Basilica einer, die heute zwar dem Großpoenitentiar unterstehen, aber der P. A. nicht mehr angehören.

Poenitentiarius (Bußpriester, Poenitenzpriester) Beamter des ↗Bischofs zur Leitung der Bußdisziplin u. Verwaltung des Bußsakraments in allen dem Bischof reservierten Fällen; seit 1215 an jeder ↗Kathedrale, seit dem Tridentinum Mitglied des ↗Domkapitels (canonicus P., Bußkanoniker). Bes. Wichtigkeit erlangten die P. des Papstes (vgl. Poenitentiaria Apostolica). Im MA. gab es teilweise mehrere P. in einer ↗Diözese (a), mit einem P. principalis an der betr. Kathedrale.

– **major** s. Poenitentiaria Apostolica.

– **minor** s. Poenitentiaria Apostolica.

– **principalis** s. Poenitentiarius.

Poenitenzpriester = Poenitentiarius.

Pogosty = Werw.

Pointe = Beunde.

Polans s. Novizenritter.

Poleticum s. Urbar (1).

Police Burgh in Scho. seit 1833 ↗Burgh, das, im Gegensatz zum ↗Royal Burgh, formell zu einer ↗County gehört, tatsächlich aber mehr o. weniger selbständig ist. P. B. kann jeder Ort werden, der eine bestimmte Einwohnerzahl 1833:800 erreicht.

– **correctionelle** s. Tribunal de police correctionelle.

– **Court** s. Friedensrichter (2).

– **Judge** s. Friedensrichter (2).
– **judiciaire** s. Polizei, gerichtliche.
– **Jury** s. County.
– **Justice** s. Friedensrichter (2).
– **magistrate** s. Friedensrichter (2).
– **Rate** in Engl. seit 1888 von der ↗County zur Deckung der Polizeikosten erhobene Steuer; in den Städten heißt die entspr. Steuer Watch R. Vgl. County Rate.

Politbüro s. Zentralkomitee (der KPdSU).

Politkommissar s. Armeeverwaltung, politische.

Politoffizier in der DDR für die Durchführung des Schulungsprogramms verantwortlich. Vgl. Armeeverwaltung, politische.

Politruk s. Armeeverwaltung, politische.

Politscheskoje Bjuro s. Zentralkomitee (der KPdSU).

Polizei zuerst in Fr. um 1400 gebildeter Begriff für die gesamte Tätigkeit der staatl. u. lokalen Behörden mit Ausnahme der Rechtspflege, um 1500 auch in Dt. gebräuchlich (Reichspolizeiordnung von 1530), Ende des 17. Jh. mit innerer Verwaltung gleichgesetzt u. in dieser Bedeutung bis in die Mitte des 19. Jh. verwendet. In der heutigen Bedeutung erscheint P. zuerst in der zweiten Hälfte des 17. Jh. in Fr. (1667 ↗lieutenant général de police in Paris).
– **gerichtliche** nach dem fr. police judiciaire gebildeter Ausdruck für Kriminalpolizei.
– **höhere** † politische Polizei.

Polizei- und Zollausreiter s. Landreiter.

Polizeianwalt in Pr. 1849–1879 der Beamte, der bei den zur Zuständigkeit eines Einzelrichters gehörenden Strafsachen die Geschäfte des ↗Staatsanwalts wahrnahm; die P. wurden durch die ↗Amtsanwälte ersetzt.

Polizeiausreiter s. Landreiter.

Polizeibürgermeister s. Bürgermeister (1).

Polizeidirektor (Polizeikommissär) in Bay. 1808 bis 1818 vom Landesherrn (s. Landeshoheit) ernanntes Oberhaupt der Städte über 5000 Einwohner; 1803–1808 hieß der Beamte (der in dieser Periode nur in einigen Städten eingesetzt war) Stadtkommissär.

Polizeigericht 1. in Dt. bis 1879 Gericht erster Instanz für Bagatellsachen; die P. waren mit einem Einzelrichter (Polizeirichter) besetzt o. waren ↗Schöffengerichte (1); es gab auch P. zweiter Instanz. An Stelle der P. traten 1879 die Schöffengerichte. 2. s. Stipendiary (Magistrate).

Polizeigewerbe s. Kommerzialgewerbe.

Polizeiherr mit der Aufsicht über das Polizeiwesen betrautes Mitglied des ↗Stadtrats (a) bzw. einer entspr. Körperschaft, heute noch in den Hansestädten.

Polizeihofstelle in Wien 1793 errichtet gegen revolutionäre Umtriebe, später hauptsächlich Zensurbehörde. Vgl. Stelle (1).

Polizeikommissär = Polizeidirektor.

Polizeipflicht s. Landfolge.

Polizeipflichtiger derjenige, der polizeiwidrig handelt o. dessen Sache sich in polizeiwidrigem Zustand befindet.

Polizeipräfekt = Préfet de police.

Polizeiprofession s. Kommerzialgewerbe.

Polizeirichter a) s. Polizeigericht (1). **b)** Richter, der nach Vernehmung des von der Polizei Vorgeführten, den Haftbefehl ausstellt.

Polltax in Engl. 1377 eingeführte ↗Kopfsteuer, die infolge des Widerstandes der Bevölkerung nur wenige Jahre erhoben wurde. – In einigen Staaten der USA wird eine P. auch heute noch erhoben.

Polonicale jus sive hereditarium s. Zaudengericht.

Polonicum jus in Polen u. Schl. zusammenfassende Bezeichnung für die von den Bauern der ↗Opole dem Fürsten geschuldeten Dienste u. Abgaben. Vgl. Herbergsrecht (1) u. Stroza.

Poloshenije (eigentlich Ordnung) im ksl. Rußl. Spezialverordnung, z. B. Städteordnung. Vgl. Sakon.

Polownik s. Teilbau.

Polyptichon s. Urbar (1).

Pomestje (Dienstgut) in Rußl. die dem westeur. ↗Lehen (1) entspr. Grundbesitzform, bes. seit dem 15. Jh. aufkommend u. im 16. die Hauptmasse des Grundbesitzes bildend. Das P. wurde vor allem als Belohnung u. Versorgung für Krieger verliehen, wobei die Größe nach dem Rang des Betreffenden bemessen wurde. Zuerst nur auf Lebenszeit vergeben, wurde es schon im 16. Jh. erblich, dann auch käuflich, u. verschmolz im 17. Jh. i. wesentl. mit der ↗Wottschina, mit der es 1714 gleichgestellt wurde.

Pomjestnyj Sobor s. Sobor.

Pondus (jalagium, mensuragium, pesagium, droit de messurage) im MA. in Fr. Abgabe an den ↗seigneur von denjenigen, welche die von ihm vorgeschriebenen Maße u. Gewichte benützten.

Ponere extra sermonem regis s. Königsfriede (a).

Pontaticum (pontacium, pontagium, pontenage, pontonnage) früher Abgabe bei Benützung einer Brücke (auch von Schiffen, die darunter durchfuhren), dann auch Steuer zur Erhaltung von Brücken, sowie ↗Fronden (a) zum Brückenbau. In Kast. war pontazgo auch Bezeichnung eines Wegegeldes u. wurde später bes. für die Abgaben der ↗Mesta gebraucht.

Pontazgo s. Pontaticum.

Pontenage = Pontaticum.

Pontifex = Bischof.

Pontificalia (jura) ([ordinis] episcopalia jura, ordinis reservata j., Weihegewalt, Weiherecht) dem ↗Bischof als höchstem ordo (s. Ordines [1]) zustehende Standesrechte, umfassend: Ordination der Geistlichen, Benediktion der ↗Äbte, Bereitung des Salböls, Weihe von Kirchen u. Altären u. a. m. Die P. stehen ihm erst nach der ↗consecratio zu.

Pontonnage = Pontaticum.

Poor Law Board s. Local Government Board u. Parish.

– Law Commissioners s. Local Government Board.

– Law Guardians s. Poor Law Union.

– Law Parish s. Parish.

– Law Union (Union) in Engl. seit 1834 Verband mehrerer ↗Parishes (o. auch ein großes P. allein) zum Zweck der Armenfürsorge im weitesten Sinn (vgl. Vestry); 1875–1894 (zum Teil schon seit 1846) war die P. L. U. auch die Verwaltungseinheit für die Sanitätsgesetzgebung (vgl. Sanitary District) außerhalb der Städte, wovon ihr noch Reste blieben, z. B. Schutzimpfung; ferner hatte sie die Revision in Sachen der ↗Poor Rate (vgl. Overseer). Die Grenzen der P. L. U. verliefen ohne jede Rücksicht auf die der ↗Counties, ↗Boroughs (a) usw.; ihr Organ war das Board of (Poor Law) Guardians (auch ↗Local Board); bis 1894 bestand es aus Personen, die eine bestimmte Steuer entrichteten u. nach einem ↗Pluralstimmrecht gewählt wurden; außerdem gehörten ihm alle in der betr. Union residierenden ↗Friedensrichter (1) ex officio an; seitdem bestand es in den ländlichen P. L. U. bezw. in deren ländlichen Parishes aus den betr. ↗Councillors des ↗District Council, in den städt. aus allg., gleich u. direkt gewählten Mitgliedern. Das Board konnte ferner zwei Additional Guardians aus den wählbaren Personen ernennen. Für Parishes, die über vier Meilen vom Sitz des Board entfernt waren, konnte ein bes. District Committee gebildet werden. Vgl. Union County. 1930 wurden die Boards of Guardians aufgehoben u. ihre Befugnisse den ↗County Councils bzw. den ↗Town Councils der ↗County Bouroughs übertragen. 1948 wurden die letzten Reste der Armengesetzgebung im alten Sinne abgeschafft. Vgl. National Assistance Board. – In Scho. gab es die gesamte Einrichtung nicht.

– Rate (Armensteuer) in Engl. 1597 bzw. 1601 eingeführte Steuer zur Aufbringung der Mittel für das Armen- u. Fürsorgewesen; die Steuer wurde von den Insassen der ↗Parishes erhoben, von Mitte des 17. Jh. bis in die neueste Zeit allerdings nur vom Grundbesitz, u. zwar nicht nur vom Eigentümer, sondern vom Besitzer, d. h. vom Pächter. Im Laufe des 19. Jh. wurde die Steuer zur kommunalen Hauptsteuer u. nicht mehr nur für die Armenpflege verwendet; auch waren nahezu alle lokalen Steuern ihrem Wesen nach nur Zuschläge zur P. R., die durch die ↗Overseers erhoben wurde. In London wurde 1899 eine Reihe von Sondersteuern mit ihr vereinigt u. der Name dementspr. in General Rate verwandelt, diese wurde dann auf das ganze Land ausgedehnt u. ist heute eine allg. Steuer für allg. Zwecke.

Poorters in den ndl. Städten die ↗Patrizier.

Poortmeester in den ndl. Städten seit dem 13. Jh. ursprgl. von den ↗Schöffen (1) gewählte Berater (consules, geschworene Räte), die vor allem auch die Finanzen überwachten (rationales, rationarii), u. allm. immer mehr Funktionen erhielten, bis sie im 15. Jh. in der Stellung von dt. ↗Bürgermeistern (1) (burgemeesters) die gesamte Verwaltung leiteten; meist waren es ihrer vier.

Poprawcen s. Kreis.

Popularanklage in Rußl. 1917 an Stelle der aufgehobenen Staatsanwaltschaft eingeführte Anklage in Strafsachen durch jeden wahlberechtigten Werktätigen. Schon 1918 wurden stattdessen gewählte ehrenamtliche Ankläger bestellt, 1920 sledowateli (Funktionäre zur Ermittlung in Strafsachen) verschiedenen Ranges je nach dem betr. Gericht (vgl. Volksgericht), u. endlich 1922 wieder Staatsanwälte (vgl. Generalprokurator [1]).

Populares (civitatis) s. Schutzverwandter (2).

Popularklage s. Normenkontrolle.

Populus = Gemeinde (2).

– placitalis s. Ding.

Porprisa (terra) = Bifang (1).

Porprisum = Bifang (1).

Port Trust s. Improvement Commissioners.

Porta s. Várjobágy.

Portades = Pacotille.

Portage 1. bes. im Lyonnais im MA. Abgabe an den vom ↗seigneur mit der Einziehung der Gefälle Betrauten. 2. = Torsteuer. 3. = Pacotille.

Portagium = Torsteuer.

Portalbanderie s. Várjobágy.

Portalinsurrektion s. Várjobágy.

Portalist s. Várjobágy.

Portalmiliz s. Várjobágy.

Portarius major s. Ostiarius (2).

Portaticum im MA. allg. Bezeichnung für Zoll, bes. Einfuhrzoll.

Portator s. Commenda (2).

Porte s. Rottgenossenschaft.

Porteiro mor s. Ostiarius (2).

Portener = Burgleute.

Portenrichter s. Rottgenossenschaft.

Portepéefähnrich s. Fähn(d)rich (a).

Portepéeunteroffizier s. Unteroffizier.

Portero = Fronbote.
Portgenossenschaft s. Rottgenossenschaft.
Portgerēfa s. Gerēfa.
Porting s. Morgensprache u. Stadtfriede (a).
Portio = Hufe.
– **canonica a)** s. Quarta (1). **b)** (p. quarta) dem ↗parochus loci zustehender Teil eines einem Bettelorden gemachten Vermächtnisses; ebenso Teil der Beerdigungsgebühren eines Pfarreiinsassen.
– **canonicalis** s. Präbende.
– **congrua** (congrua, dos, pars sustentationis, sustentatio competens, sust. congrua, Kompetenz, [Pfarr]kongrua) dem Inhaber eines ↗beneficium ecclesiasticum daraus zustehendes Mindesteinkommen, dessen Fixierung nach kan. Recht der ↗Bischof vornimmt. – In Öst. bezeichnete man mit Kompetenz das Mindesteinkommen (auch eines ↗Klosters u. dgl.), das von Beiträgen zum Religionsfonds frei bleiben mußte. – Kongrua nennt man auch das Mindesteinkommen eines Lehrers, Küsters u. dgl.
– **debita** s. Wart(e)recht.
– **fraterna** = Hommage à l'aîné.
– **propria** = Watschar (2).
– **quarta** = Portio canonica (b).
– **seminaristica** = Seminaristicum.
Portion, statutarische (Eherecht, st. Erbportion, st. Erbteil, portio statutaria, successio conjugum statutaria) der Teil des Vermögens, der nach den partikularen Rechten dem überlebenden Ehegatten zustand, im einzelnen sehr verschieden geordnet.
Portionarius = Altarista.
Portmen(moot) s. Alderman (3).
Positionalartikel s. Verfahren, artikuliertes.
Positionalverfahren = Verfahren, artikuliertes.
Positiones s. Verfahren, artikuliertes.
Poslanecká Sněmovna s. Národní Shromáždění.
Posługi publiczne in Polen Teil des ↗polonicum jus, bestehend aus der Verpflichtung zu Vorspanndiensten (podwód), ↗Wagendienst (powóz), ↗Geleite (1) zu stellen (conductus militaris), dem Heer den Weg zu zeigen (conductus rusticanus) u. zu bahnen (przesieki leśne), ↗Burgwerk, Brückenbau u. Heeresdienst.
Posse comitatus das Gesamtaufgebot einer ↗County, vom ↗Lord Lieutenant(a) befehligt, seit Ausgang des MA. bedeutungslos; das P. c. wurde auch von den Kolonialländern für die Counties übernommen u. blieb in den USA auch nach der Trennung bestehen; hier wird es vom ↗Sheriff aufgeboten.
Possessio civilissima s. Gewere (1).
Possessor a) s. Hospes (1) u. Opole. **b)** = Locator.
– **Romanus** s. Hospes (1).
Possessorium (P. summarium, Possessorienklage, possessorische Klage, p. Rechtsmittel) Besitzklage, bei der es sich im Gegensatz zum ↗Petitorium nur um die Frage des Besitzes an sich handelte.
– **ordinarium** s. Petitorium.
– **summarium** = Possessorium.
Postanowlenije in Rußl. ministerielle Ressortverordnung rechtlicher Art, auch mit rasporjashenije bezeichnet, was meist einen bloßen Verwaltungsakt bedeutet. Vgl. Sakon.
Postcaptain (eigentlich posted captain) in der engl. Marine seit Beginn des 18. Jh. ↗Kapitän z. See, der einen festen Platz in der Rangliste einnimmt.
Postliminii jus 1. nach Friedensschluß Wiedereinsetzung von Personen u. Sachen in den vorigen Stand. **2.** Rückfall der ↗provisio canonica an den ordentlichen Kollator (s. Kollationsrecht), falls der Papst sein ↗Devolutionsrecht (1) nicht ausübt.
Postsynodalia s. Sendgericht.
Postulant s. Kloster.
Postulat s. Motion.
Postulat(en)landtag ↗Landtag (1), der nur berufen wurde, um Steuerforderungen zu bewilligen.
Postulatio tritt an Stelle der ↗electio canonica, wenn der zu Wählende ein kan. Hindernis aufweist, z. B. unehelich geboren (defectus natalium), noch nicht alt genug ist (d. aetatis) o. der höheren Weihen entbehrt (d. ordinum), es sei denn, er habe vor der Wahl ein päpstl. breve de eligibilitate erwirkt. Die Formen der P. sind dieselben wie die der electio, doch bedarf es bei einer etwaigen Konkurrenz mit einer solchen einer Zweidrittelmehrheit. An Stelle der de jure erfolgenden confirmatio tritt die admissio des Papstes im Gnadenwege.
Postulatus s. Kloster.
Pot de vin = Weinkauf (1).
Potentes (potentiores) im röm. Gallien die Großgrundbesitzer, ebenso im frk. Reich; hier auch der erste ↗Stand (1) überhaupt, die sogen. ↗Hochfreien. Auch sonst wurden im MA. die reicheren u. vornehmeren Personen mit P. bezeichnet.
Potestas 1. = Immunität (a). **2.** s. Landeshoheit. **3.** = Podestà (1). **4.** s. Zunft (1). **5.** s. Waldbote. **6.** s. Fronhof. **7.** s. Echtwort. **8.** = Grundherrschaft. **9.** einer der Titel der lang. Kge., meist mit Beiwort. **10.** s. Bann (1).
– **abbatis** s. Mensa.
– **administrationis et supervisionis** s. Bischof.
– **banni** s. Bann (1).
– **civitatis** s. Waldbote.
– **distringendi** s. Bann (1).
– **ecclesiastica** (Kirchengewalt) besteht nach kan.

Recht aus der potestas ordinis (s. Ordines [1]) u. der potestas jurisdictionis (s. Bischof).
– eminens = Eminens jus (a).
– episcopalis s. Bischof.
– gladii = Gerichtsbarkeit, hohe.
– judiciaria et coactiva s. Bischof.
– jurisdictionis (episcopalis) s. Bischof.
– legislativa s. Bischof.
– magisterii s. Bischof.
– ministerii s. Bischof.
– ordinis s. Bischof u. Ordines (1).
– pacis s. Stadtfriede (a).
– regiminis s. Bischof.
Potestate, homo in = Homme de poesté.
Potestatis, homo = Homme de poesté.
Potschetnyi Graždanin = Ehrenbürger (2).
Pottwaller borough in Engl. bis 1832 Stadt, in der das Wahlrecht zum ↗Parlament (1) jedem zustand, der einen eigenen Haushalt hatte, (den sogen. pottwallers [potwallopers]).
Pouillé früher Verzeichnis der ↗beneficia ecclesiastica einer Kirche o. ↗Diözese (a), manchmal erweitert durch ein Verzeichnis der Einkünfte der Pfarrinsassen u. dgl.
Poundage s. Tunnage and poundage.
Pour autre vie s. Peer.
Poursuite, droit de (suite, d. de, sequela) in Fr. das Recht des ↗seigneur, einen ↗serf de corps, der sich von seinem Gute entfernt hatte (vgl. Forfuyance), mit Gewalt zurückzubringen, weshalb die serfs auch hommes de P. (gens de P., homines de prosecutione, h. de sequela) hießen. Da dieses Recht zu Streitigkeiten führte, wurde durch bes. Verträge (conventions de parée, c. de suite) festgesestzt, daß bzw. wie weit ein seigneur im Gebiet des anderen folgen dürfe; einen ähnlichen Zweck erstrebten die traites d'↗entrecours. Schon zu Ende des MA. wurde das d. de P. wesentlich abgeschwächt, indem es teils durch eine Geldabgabe ersetzt, teils dem Flüchtigen eine Frist zur Rückkehr gewährt wurde; in einigen Gegenden verfiel das verlassene Gut erst nach 30 Jahren dem seigneur. 1779 wurde das d. de P. aufgehoben.
Poursuivant (d'armes) s. Herold.
Pourvoirie, droit de = Prise, droit de.
Pousadia s. Herbergsrecht (1).
Powóz s. Posługy publiczne.
Praebenda = Präbende.
– major s. Domkapitel.
– minor s. Domkapitel.
– regia s. Domkapitel.
Präbendarius (Pfründner) **1.** Inhaber einer ↗Präbende, insbes. der ↗altarista. **2.** s. Dageschalk.
Praebendat = Chorvikar.
Präbende (Pfründe, Pröve, praebenda, provenda) im Sinne der Dekretalen ein gewönliches Kanonikat (s. Domkapitel); dann die Einkünfte eines solchen (fructus annui, f. grossi, peculium clericale, portio canonicalis) u. eines ↗beneficium ecclesiasticum überhaupt; endlich das beneficium selbst. Alle P. zusammen bilden das Benefizialgut (Pfründengut). – In den prot. Kirchen blieben z. T. die alten P. als Pfründenstiftungen, unabhängig vom sonstigen Kirchenvermögen, bestehen. – P. wird auch gebraucht für eine Stelle an einem ↗Stift (1a) sowie für die Geldbezüge derselben; Präbender bezeichnet dann überhaupt jemand, der eine Stiftung o. dgl. genießt.
Präbender s. Präbende.
Praecaria = Precaria (1).
Praecentor s. Domkapitel.
Praeceptio = Urkunde u. Capitulare (1).
– regis = Praeceptum regis.
Praeceptor = Komthur.
– expensarum = Speisekomthur.
– generalis s. Herrenmeister.
– magnus = Großkomthur.
Praeceptoriae litterae s. Mandatum de providendo.
Praeceptoriale s. Domkapitel.
Praeceptum = Urkunde u. Praeceptum regis.
– regis (praeceptio r., praeceptum) obrigkeitliche Willensäußerung, in merov. Zeit auch ↗capitulare (1); bei den Lang. war P. die übliche Bezeichnung für Königs- bzw. Herzogsurkunde (s. Diplom [a]). Vgl. Testamentum regis.
– de clericatu im frk. Reich Erlaubnis des Kgs. bzw. des ↗Grafen zum Eintritt eines ↗Freien in den geistl. Stand.
– denariale s. Freilassung.
Praecipe (in capite) writ of s. Writ.
Praeco = Fronbote.
– civitatis = Fronbote.
– curtis s. Fronbote.
Praediallast = Reallast.
Praedialservitut s. Servitut.
Praedialzehnt s. Zehnt (1).
Praedium = Beunde.
– libertatis s. Stammgut (b).
Praefectura s. Reichsstadt.
– Apostolica s. Terrae missionis.
– civitatis s. Stadtgericht.
Praefectus curiae = Hofmeister (1).
– domus regiae = Hausmeier.
– imperialis s. Reichsvogt.
– imperii s. Reichsvogt.
– limitis = Markgraf (1).
– loci s. Burggraf (1b).
– major s. Commune jurée.
– pagi s. Rêdjeva.
– palatii = Hausmeier.
– regis = Gerēfa.
– urbis s. Burggraf (1b).
Präfekt a) s. Generalrat (1). **b**) (préfet) seit 1799

Beamter an der Spitze eines fr. ↗département (b), von der Regierung ernannt u. von ihr völlig abhängig, nach unten ziemlich unbeschränkt, bis 1926 durch das ↗conseil de préfecture (1) unterstützt u. seit 1833 mit dem ↗Generalrat (2b) zur Seite. Vgl. Arrondissement (b). – Nach fr. Vorbild haben auch It. u. andere Staaten die P. übernommen; vorübergehend gab es während der napoleon. Zeit auch P. in Teilen Deutschlands.

– **apostolischer** s. Terrae missionis.

Präfektur Amt eines ↗Präfekten u. Behörde, an deren Spitze er steht; dann auch (z. B. früher in Toskana) sein Verwaltungsbezirk.

– **apostolische** s. Terrae missionis.

Präfekturrat s. Conseil de préfecture (1).

Präfektursystem **a)** (bureaukratisches System) i. w. S. das ↗Bureausystem, i. e. S. in der Zentralstaatsverwaltung das System, wonach nur ein ↗Minister (1) (z. B. der dt. ↗Reichskanzler (2) 1871–1918, Kanzlersystem) die Verantwortung trägt, während unter ihm ↗Staatssekretäre (3) die ↗Departements (2) leiten. Vgl. Kollegialsystem (1b). **b)** das fr. Verwaltungssystem der unbedingten Zentralisierung, wobei die Provinzialvorstände (↗Präfekten [b]) nur Ausführungsorgane sind.

Prägegebühr s. Schlagschatz.

Prägschatz = Schlagschatz.

Präjudizial-Incidentklage Erweiterung einer Klage o. Widerklage, wodurch ein im Laufe des Prozesses streitig gewordenes, für denselben wesentliches Rechtsverhältnis durch richterliche Entscheidung festgestellt wird.

Praekonisation feierliche Bestätigung des erwählten ↗Bischofs (vgl. Electio canonica) durch den Papst im ↗Konsistorium (1b).

Prälat (Praelatus) Geistlicher, der die ↗jurisdictio ordinaria in ↗foro (2) externo besitzt (Jurisdiktionsprälatur), also ursprgl. nur Würdenträger vom ↗Bischof aufwärts (hoher P., P. major, P. primigenius, P. principalis), später übertragen auf hohe Würdenträger überhaupt (P. adscitus, P. secundarius: ↗Kardinal (1), ↗Legat, ↗Nuntius (2), ↗Ordensoberer, ↗Propst (1) u. ↗Dekan (1) beim ↗Domkapitel, ↗Hausprälat); als P. inferiores (niedere P.. Ehrenprälaten) bezeichnet man jene Geistlichen, die eine ↗exemte (1) jurisdictio quasi-episcopalis besitzen, nämlich: **a)** Praelatus nullius, **b)** ↗Feldpropst u. Ordensoberer der exemten Orden, **c)** Hausprälat. – Die prot. P. in Engl. u. Skand. entsprechen denen der kath. Kirche; in Wü., Ba. u. He. entspricht der P. einem Generalsuperintendenten (s. Superintendent [1]); in der ↗Landeskirche Kurhe.-Waldeck ist der P. Vertreter des ↗Landesbischofs; den Titel P. führt ferner der Vertreter der EKD in Bonn. Außerdem wurde der Titel älteren Geistlichen verliehen.

– **freier** s. Praelatus nullius.

– **gefreiter** s. Praelatus nullius.

– **hoher** s. Prälat.

– **niederer** s. Prälat.

– **palatinischer** = Palastprälat.

Praelata = Äbtissin.

Prälatenbank (geistliche Kurie, Prälatenkurie) auf den alten ↗Landtagen (1) die Vertretung des geistl. ↗Standes (1), i. d. R. der erste Stand überhaupt; in den geistl. ↗Territorien (2) stets vorhanden, meist aus dem ↗Domkapitel bestehend u. vielfach den Landtag allein bildend. Manchmal bestand die P. aus zwei Teilen, dem clerus primarius (die höhere Geistlichkeit, meist das Domkapitel) u. dem c. secundarius (↗Stifter [1] u. ↗Klöster); letztere bildeten aber auch u. U. eine bes. zweite ↗Kurie, dazu gehörten mitunter auch wohlhabende Pfarrer. – Auch bestanden manchmal mehrere P., je eine für ein bestimmtes Gebiet. In den weltl. Territorien fehlte die P. häufig; andrerseits gehörten ihr auch ↗Bischöfe an. In den prot. Territorien blieb sie vielfach erhalten, aber ohne die alte Stellung u. manchmal als Vertretung der Universitäten. Auf dem ↗Reichstag (1) gehörte die Reichsprälatenbank dem ↗Reichsfürstenrat an.

Prälatenbankfürst s. Reichsfürstenrat.

Prälatengut s. Mensa.

Prälatenkreise in Pommern nach Durchführung der ↗Kreisverfassung die drei geistl. Gebiete, die noch einen Teil ihrer Unabhängigkeit bewahrt hatten u. keinem ↗Landrat (2) unterstanden.

Prälatenkurie = Prälatenbank.

Prälatensteurer s. Steurer.

Prälatur, freie s. Praelatus nullius (dioecesis).

Praelatura Amt eines ↗Prälaten; vgl. Domkapitel.

– **gratiae** s. Hausprälat, päpstlicher.

– **justitiae** s. Hausprälat, päpstlicher.

– **major** s. Beneficium ecclesiasticum.

Praelatus = Prälat.

– **adscitus** s. Prälat.

– **curiae** = Hausprälat, päpstlicher.

– **domesticus** = Hausprälat, päpstlicher.

– **domus** = Hausprälat, päpstlicher.

– **inferior** s. Prälat.

– **major** s. Prälat.

– **nullius (dioecesis)** i. w. S. Vorsteher eines ↗exemten (1) ↗Klosters (abbas nullius, P. quasi n., freier Abt bzw. P., gefreiter Abt bzw. P.) o. ↗Kapitels mit jurisdictio quasiepiscopalis, i. e. S. (P. vere nullius) eines ↗Territoriums (2) (freie Prälatur) von mindestens drei Parochien (b) (sein Sitz: ↗ecclesia quasicathedralis). I. wesentl. gelten für ihn dieselben Bestimmungen wie für den ↗Bischof, vor allem auch betr. Bestellung eines ↗Generalvikars (1). Durch bes. Privileg kann er das Recht der ↗pontificalia erhalten.

– **palatinus** = Palastprälat.

– **primigenius** s. Prälat.

– **principalis** s. Prälat.

– **quasi nullius** s. Praelatus nullius.

– **referendarius** s. Signatura Apostolica.

– **Sacri Collegii Secretarius** s. Clericus nationalis.

– **secundarius** s. Prälat.

– **vere nullius** s. Praelatus nullius.

– **votans** s. Signatura Apostolica.

Praelocutor = Speaker u. Vorsprecher (a).

Prämiengedinge s. Gedinge.

Prämiengeld = Primage.

Praemium = Überbuße.

Praepositura 1. = Propstei. 2. s. Fronhof.

Praepositus 1. = Propst u. Bischof. 2. = Churchwarden. 3. = Prévôt. 4. = Gerēfa. 5. s. Schultheiß u. Vogt (1). 6. s. Fronhof u. Magisterium. 7. = Reeve. 8. s. Domkapitel.

– **argentariorum** s. Kämmerer (1).

– **camerae regalis** s. Kämmerer (1).

– **coquorum** s. Küchenmeister (1).

– **equorum regalium** s. Marschall (1).

– **generalis** = Ordensgeneral.

– **gillonariorum** s. Mundschenk.

– **hundredi** = Hundredesman.

– **major** s. Domkapitel.

– **mensae regiae** = Truchseß.

– **operis** s. Magisterium.

– **palatii** = Hausmeier.

– **stabulariorum** s. Marschall (1).

Prärogative Inbegriff der dem Monarchen zustehenden Vorrechte, in konstitutionellen Staaten bes. die Rechte gegenüber der Volksvertretung.

Praescriptio immemorialis = Unvordenklichkeit.

Praesentae = Weisung (3).

Praesentandi jus = Präsentationsrecht.

Präsentationsrecht (praesentandi jus) das Recht, Kandidaten für eine erledigte Stelle vorzuschlagen. Vgl. Patronat, Patrimonialgerichtsbarkeit u. Reichsvikar (a).

Praesentia palatinalis in curia regis s. Palatin(us) (3).

– **regis personalis** s. Kurie, königliche.

– **regis specialis** s. Kurie, königliche.

Praesentiae s. Domkapitel.

Präsenz = Residenz (pflicht).

Präsenzgelder s. Domkapitel.

Präsenzgericht, königliches s. Kurie, königliche.

Praeses 1. = Graf. 2. s. Bischof.

– **palatii** s. Hausmeier.

– **provinciae** s. Reichsvogt.

– **urbanus** s. Burggraf (1b).

Praesidens Cancellariae s. Cancellaria Apostolica.

Präsidentschaft 1. = Court of President and Council. 2. (Presidency) in Ind. unter br. Herrschaft Bezeichnung der ↗Provinzen Calcutta, Madras u. Bombay, seit 1773 nur der beiden letzteren u. deren Verwaltungsbehörden.

Präsidentschaftsrepublik s. Präsidialsystem (2).

Präsidialabteilung bei einer früheren pr. ↗Regierung (2) die Abteilung für Inneres, i. d. R. unter dem ↗Regierungsvizepräsidenten.

Präsidialgesandter s. Präsidialmacht.

Präsidialgewalt i. allg. die Machtbefugnisse eines Präsidenten; im Norddt. Bund u. im Dt. R. bis 1918 die Machtbefugnisse des Kgs. von Pr. als Inhaber des ↗Bundespräsidiums (b).

Präsidialkabinett s. Präsidialsystem (2).

Präsidialkanzlei 1934–1945 das frühere Bureau des dt. ↗Reichspräsidenten; für die Geschäfte des ↗Reichskanzlers (2) bestand daneben die ↗Reichskanzlei (2) weiter fort, für Parteisachen die Kanzlei des Führers unter einem Reichsgeschäftsführer.

Präsidialmacht (Bundespräsidialmacht) Öst. als vorsitzender Staat des ↗Bundestages (a); sein ↗Gesandter hieß (Bundes)präsidialgesandter.

Präsidialrat = Elnöki Tanácza.

Präsidialsitz = Siège présidial.

Präsidialstimme s. Bundesrat (1a) u. Bundestag (a).

Präsidialsystem 1. s. Bureausystem. 2. republikanisches Regierungssystem (Präsidentschaftsrepublik), wobei der ↗Staatspräsident die Staatsgewalt mit Hilfe eines von ihm abhängigen ↗Ministeriums (7) ausübt, so daß dieses von der Volksvertretung (de jure o. nur de facto) unabhängig ist (Präsidialkabinett). Der Gegensatz dazu ist die Parlamentsrepublik, in der das Ministerium von der Volksvertretung abhängt.

Präsidium s. Seniorat (4) u. Superintendent (1).

– **des Ministerrats** s. Volkskommissar.

– **des Obersten Sowjets** s. Sowjet.

– **des ZIK** s. Zentralnyi Isponitelnyi Komitet.

Praesidium pecuniae = Bede (1).

Praestaria (epistola) s. Precaria (1).

Praestatio s. Precaria (1).

– **curruum** = Wagendienst.

Praestationis cartula s. Precaria (1).

Praestationsurkunde s. Precaria (1).

Praestaturia epistola s. Precaria (1).

Praestimomium a) (bursa studiorum) aus Kirchengut gewährtes Stipendium für Studierende der Theologie. b) Stiftung für einen Geistlichen als Entgelt für Messelesen usw. (kein ↗beneficium ecclesiasticum).

Praestitum s. Thane.

Praesul = Abt u. Bischof.

Praetor 1. = Στρατηγὸς (2) [Strategós]. 2 (auch protopraetor) in Byz. Reich seit dem [illegible]. Jh. Titel des obersten Beamten eines ↗Thema, wenn er kein Militär war (vgl. Στρατηγός [1] [Strategós]). Der P. konnte mehrere Themen in seiner Hand vereinigen. 3. in Palermo der ↗bajulus (2), der den Titel P. bis ins 12 Jh. u. dann wieder seit 1322 führte; er wurde von der Bürgerschaft gewählt u. hatte den Vorsitz in der curia praetoris. 4. s. Gerichtsherr (2) u. Schultheiß. 5. s. Markgenossenschaft.

– **urbis** s. Schultheiß.

Prätur s. Pretore (a).

Prävarikation s. Kollusion.

Praeventio = Präventionsrecht.

Prävention Vornahme einer rechtlichen Handlung vor einem anderen Berechtigten, wodurch dieser ausgeschlossen wird; auch Zuständigkeit des zuerst angerufenen Gerichts.

Praeventionis jus 1. = Präventionsrecht. 2. = Vorjagd.

Präventionsrecht (concursus jus, praeventionis j. praeventio, Vorgreifsrecht, droit de prévention) a) seit dem 13. Jh. vom fr. Kg. beanspruchtes u. durchgesetztes Recht, jeden Fall, in dem die niedrigere Gerichtsinstanz versagte, vor die kgl. Gerichte zu ziehen. b) seit Bonifaz VIII. päpstl. Recht, die ↗provisio canonica in Konkurrenz mit dem eigentlich Berechtigten auszuüben, so daß derjenige die Stelle besetzte, der zuerst kam. Daraus entwickelten sich die menses Papales (s. Reservationen).

Präzept = Urkunde.

Prandium s. Herbergsrecht (1).

Prawitelstwyjuschtschij Senat = Senat ([illegible]).

Precaria 1. (beneficium, gafergaria, praecaria, precarium, precatio, securitas, Grundleihe auf Herrengunst, prekaristische Leihe, Precarie, Prekarei) ursprgl. röm., von den Germ. übernommene Form der Landverleihung gegen Zins, zuerst auf unbestimmte, dann auf bestimmte Zeit (fünf Jahre), zuletzt auch erblich, wobei die Gegenleistungen alle möglichen Formen annahmen, aber auch ganz fehlen konnten. In merov. Zeit wurde die P. namentlich von der Kirche angewandt, wobei häufig eine Schenkung an diese (als ↗Seelgeräte) unter der Bedingung erfolgte, das Gut dem Prekaristen als P. (oblata) (beneficium oblatum) wieder zu leihen, manchmal durch andere Güter vermehrt (P. remuneratoria); der Inhaber einer P. oblata hieß oblatus (addonatus, condonatus, donatus, votivus homo); unmittelbare Vergebung hieß P. data (beneficium datum). Während P. eigentlich das mit der Traditionsurkunde verbundene Leihegesuch (Bitturkunde, Prekarieurkunde, epistola P., ↗libellus, precaturia) bedeutete, wurde die Verleihungsurkunde pr[a]estaria (commendatitia [epistola], praesta[tu]ria e., praestatio, praestationis cartula, vestitio, Praestationsurkunde) genannt, doch gehen beide Begriffe ineinander über; precarium bedeutete eigentlich nur die in späterer Zeit übliche, beide Akte vereinigende ↗Urkunde; beneficium bezeichnete die Verleihung (als Wohltat), dann das verliehene Gut (Prekarieland) u. verdrängte allm. die anderen Ausdrücke; gleichzeitig gesellte sich zu der rein dinglichen Bindung eine persönliche, u. es wurde vielfach üblich, eine P. nur noch demjenigen zu geben, der durch ↗Kommendation ↗Vasall des Gebenden geworden war (terra in commendatione). Durch diese Verbindung entstand das ↗Lehen (1), wobei zunächst von der Pflicht der Heerfolge (s. Heerfahrt) noch keine Rede war, dagegen der Zins (häufig nur ↗Rekognitionszins), bes. bei den von den Karol. aus Kirchengut vergebenen P. (P. verbo dominico, P. v. regis), noch gezahlt werden mußte u. zwar an die Kirche. – Die P. im alten Sinne blieb daneben noch weiter bestehen, aber seit dem 9. Jh. i. wesentl. nur noch als P. oblata bzw. remuneratoria. Vgl. Erbleihe. 2. a) = Bede (1); b) s. Reichsstadt. 3. s. Fronden (a).

– **autumnalis** s. Bede (1).

– **consueta** s. Bede (1).

– **data** s. Precaria (1).

– **exactoria** = Bede (1).

– **feudalis** s. Lehenssteuer.

– **imperii** s. Bede (1).

– **inconsueta** s. Bede (1).

– **nova** s. Bede (1).

– **oblata** s. Precaria (1).

– **ordinaria** s. Bede (1).

– **remuneratoria** s. Precaria (1).

– **verbo dominico** s. Precaria (1).

– **verbo regis** s. Precaria (1).

– **violenta** s. Bede (1).

Precarium = Precaria (1).

Precatio = Precaria (1).

Precaturia s. Precaria (1).

Preces 1. s. Mandatum de providendo. 2. = Fronden (a).

– **et lacrimae, Dienst zu** s. Frankalmoin.

– **primariae** (primariae, primariarium jus, erste Bitten) im MA. von weltl. u. geistl. Fürsten, insbes. von den Kgn. ausgeübtes Recht, an jeder kirchl. Anstalt das erste nach der Krönung erledigte ↗beneficium ecclesiasticum zu besetzen.

Precinct = County District (2).

Precist(a) Anwärter auf ein ↗beneficium ecclesiasticum, welches ihm auf Grund fürstl. ↗preces primariae o. päpstl. preces (s. Mandatum de providendo) zusteht.

Prediger = Pfarrhelfer.

Predwoditel dworjanstwa = Adelsmarschall.

Préemption, droit de Recht einer Zollbehörde, zu niedrig deklarierte Waren zu beschlagnahmen u. dem Importeur einen Bruchteil (i. d. R. zehn Prozent) des deklarierten Wertes zu vergüten.

Préfet 1. = Präfekt (b). **2.** s. Bezirk.

– de police (Polizeipräfekt) Oberhaupt der Pariser Polizei, 1800 an Stelle des durch die Revolution beseitigten ↗lieutenant général de police eingesetzt.

– national ([Regierungs]statthalter) in der Schw. während der Helvetik der vom ↗directoire (exécutif) ernannte oberste Beamte eines ↗Kantons (1), dem fr. ↗Präfekten (b) entsprechend. – Heute heißen die Vizepräsidenten der ↗Regierungsräte (4) u. Großen Räte (s. Landrat [4]) u. Stellvertreter des ↗Landammanns vielfach Statthalter (Landammannstatthalter, Landammannstellvertreter, Land[es]statthalter, Vizelandammann).

Pregadi (pregati, rogati) die Mitglieder des ven. ↗Senats (2), dann auch dieser selbst. Vgl. Zonta. – Auch in anderen it. Städten hießen die Mitglieder der städt. Räte pregati (clamati, rogati).

Preiswerk (Handwerk i. e. S., Kaufhandwerk, Preishandwerk) im Gegensatz zum ↗Lohnwerk das gewerbliche Betriebssystem, bei dem der Produzent gleichzeitig Eigentümer aller Rohstoffe u. Betriebsmittel ist; er arbeitet entw. von Fall zu Fall auf Bestellung (frumwerk) o. auf Vorrat.

Prekarei = Precaria (1).

Prekarieland s. Precaria (1).

Prekarieurkunde s. Precaria (1).

Prekarist s. Precaria (1).

Prélibation = Beddemund.

Premesse, droit de = Retrait lignager.

Premier chef (de l'édit) s. Siège présidial.

– Consul s. Konsul (4).

– major s. Sargento mayor.

– tranchant = Grand écuyer tranchant.

Premierleutnant s. Leutnant.

Premierminister (Erstminister, Premier, Prinzipalminister, auch ↗Staatsminister) zuerst in Fr. von Richelieu als Haupt der ↗Minister (7) an Stelle des Kgs. geführter Titel (principal ministre d'état) derart, daß die übrigen Minister seinem Willen, mindestens rechtlich, unterworfen waren. – In Engl. der Sache nach schon im 17., dem Namen nach (Prime Minister) seit Beginn des 18. Jh.; zuerst war der ↗Staatssekretär (1) P.; mit dem beginnenden parl. System wurde mehr u. mehr, bes. seit Walpole, der First Lord of the ↗Treasury, der über die für Wahlen, Ämterbesetzung usw. nötigen Gelder verfügte, P. Im Laufe des 18. Jh. (endgültig seit 1835) erhielt er die unbedingte Leitung der äußeren u. inneren Politik u. Verwaltung u. bildet seitdem das ↗Kabinett nach seinem Willen als Vertrauensmann des Kgs.; dieser beauftragt stets den Führer der Unterhausmehrheit mit der Kabinettsbildung. – Nach fr. Vorbild hatten im 18. Jh. auch andere Staaten einen P., so Pr. 1702–1711 (auch oberster Staatsminister). Seit der fr. Revolution bezeichnet man mit P. (auch Chief Minister) vielfach den ↗Ministerpräsidenten.

Preordinati s. Savi.

Prerogative Court a) bis 1857 erzbischöfl. Gericht (in Canterbury u. York) für Testaments- u. Ehesachen. Vgl. Court for Divorce and Matrimonial Causes. **b)** = Probate Court (b).

– writ Verfügung von King's Bench (s. High Court of Justice) als Kontrollorgan der Verwaltungsbehörden.

Presbyter a) s. Ordines (1). **b)** = Parochus. **c)** s. Kirchenrat (1b).

– Cardinalis s. Kardinal (1).

– curatus = Kurat.

– parochialis = Parochus.

Presbyteratus = Beneficium presbyterale.

Presbyterialverfassung hauptsächlich in den ref. Kirchen der Reformationszeit der Grundsatz, wonach die Kirchenverfassung in erster Linie auf der Selbstverwaltung der Gemeinde (vgl. Presbyterium) beruht. Bei weiterem Ausbau nach oben entsteht die ↗Synodalverfassung.

Presbyterium ursprgl. das Kollegium der Presbyter (s. Ordines [1]) i. allg., dann das der Presbyter u. ↗Diakone einer Kirche, insbes. der ↗Kathedrale, woraus das ↗Domkapitel erwuchs. – Seit der Reformation auf dem Kontinent der ↗Kirchenrat (1b), in Scho. die Bezirkssynode (s. Synode), entspr. der ndl. ↗Classe, aus Deputierten der ↗Kirksession bestehend; für P. ist in einigen Ländern ↗Konsistorium (2) (consistoire, consistorium domesticum) üblich. Vgl. Colloque.

– großes s. Kirchengemeindevertretung (a).

Presenting Jury s. Jury.

Presidency = Präsidentschaft (2).

President s. Mayor (1).

Président à mortier Vorsitzender einer ↗Kammer (1) des Pariser ↗Parlaments (2).

– du conseil = Ministerpräsident.

President-Elect Bezeichnung des Präsidenten der USA zwischen der Wahl (erster Mittwoch im Dezember) bis zum Amtsantritt (4. März).

– pro tempore in den USA stellvertretender Vorsitzender des ↗Senates (6) bei Verhinderung des ↗Vizepräsidenten (2). Seit 1947 ist der P. p. t. eventuell Präsident, falls auch der ↗Speaker tot o. unfähig ist.

Présidial = Siège présidial.
Presiding Officer of the Senate s. Senat (6).
Pressen (impressment) früher nach engl. Seerecht die übliche zwangsweise Werbung von Matrosen für die Kriegsflotte.
Pressoragium s. Zwangs- und Bannrecht.
Préstamo s. Vasall.
Prestaria s. Precaria (1).
Prestation de viande = Beddemund.
Presura = Bifang (1).
Prêt à la grosse (aventure) = Bodmerei.
Préteur royal in Straßburg von 1685 bis zur Revolution kgl. Beamter zur Kontrolle der Stadtverwaltung.
Pretium s. Wittum (1).
– emptionis s. Wittum (1).
– nuptiale s. Wittum (1).
– singulare = Ångild.
Pretore a) in It. erste Instanz in Zivil- u. Strafsachen, Einzelrichter; eine Prätur befindet sich in jedem Mandamento (s. Circondario), in einigen größeren Städten gibt es bes. P. urbani für Strafsachen. b) s. Bezirksgericht (4).
Prévention, droit de = Präventionsrecht.
Previous question = Vorfrage.
Prévôt (praepositus, im Süden bajulus, vicarius [s. Vikar (2)], baile, ↗bayle [1], in der Norm. vicecomes, vicomte; sonst auch ballivus, castellanus, major, bailli [2], ↗châtelain [1], maire, majeur, ↗Meier [2]) in Fr. Titel verschiedener Beamten; bes. zuerst ↗lehensfürstlicher (1), seit etwa 1000 auch kgl. Lokalbeamter, der die gesamte Verwaltung u. Rechtsprechung in seinem (ländl. o. städt.) Bezirk (baylie, mairie, prévôté, vicomté, viguerie usw.) in Händen hatte; die mil. Befugnisse verlor er später an den ↗bailli (2), die finanziellen an den receveur, so daß er seit Beginn des 15. Jh. i. wesentl. nur noch Richter erster Instanz war. Seit 1320 konnten nur noch Bürgerliche P. werden; ursprgl. auf Zeit verpachtet (zuerst durch den Kg., dann durch den bailli), wurde das Amt seit dem 15. Jh. käuflich u. lebenslänglich. – Der P. von Paris (chambellan ordinaire du roi [wegen seines freien Zutritts zum Kg.], garde de la prévôté de Paris, P. du roi, P. royal, dessen Gericht Châtelet hieß) hatte die Stellung eines bailli u. andere P. unter sich. Die Beisitzer (vgl. Conseiller jugeur) im Châtelet schieden sich in conseillers auditeurs u. c. examinateurs. – Nach fr. Muster gab es seit dem 13. Jh. auch in Lux. P. u. prévôtés, die später einem dt. ↗Amtmann (1) bzw. ↗Amt (1) entsprachen u. von der öst. Regierung auch so bezeichnet wurden.
– de l'hôtel = Grand prévôt de l'hôtel.
– des marchands eigentlich der Vorstand der marchands de l'eau von Paris, d. h. der ↗Gilde, die auf der Seine Handel trieb, sich im MA. zu einer Körperschaft entwickelte, die Paris nach außen vertrat, u. endlich die Verwaltung der Stadt übernahm. Der so zum Stadtoberhaupt gewordene P. des m. behielt diese Bezeichnung auch bei, als seine Beziehungen zur Gilde gelöst wurden; erst 1789 erhielt er den Titel ↗maire (1). Auch Lyon hatte (aus denselben Gründen) ein Oberhaupt mit dem Titel P. des m.
– du maréchal im 14. Jh. Kommandant einer Polizeitruppe (archers de la maréchaussée, cavaliers de la m., dann auch maréchaussée), die jeder ↗maréchal de France zur Ordnung seiner Armee mit sich führte. Daraus entwickelte sich eine Gerichtsbarkeit nicht nur über Soldaten, sondern auch über Zivilpersonen der Gegend, wo Truppen lagen; ihre Kompetenz (cas prévôtaux) erstreckte sich auf Aufrechterhaltung der öffentlichen Ordnung u. konkurrierte mit der der ↗sièges présidiaux; sie richteten summarisch u. streng, sowie inappellabel. Jede ↗généralité wurde endlich ↗Sprengel (maréchaussée) eines Prevotalgerichts (cour prévôtale). Nach Beseitigung durch die Revolution bestanden Prevotalgerichte noch einmal bis 1814 u. 1815–1818, letztere als pol. Gerichte. – Karl der Kühne ernannte 1473 einen P. du m. für seine gesamten Lande, mit den Kompetenzen der fr.
– du roi s. Prévôt.
– général de la connétablie (grand p. de la c.) in Fr. der ↗Profoß, der den ↗connétable bzw. den Oberkommandierenden der gesamten Armee ins Feld begleitete; im Frieden war er Richter der ↗connétablie et maréchaussée u. hatte außerdem eine mit dieser konkurrierende Gerichtsbarkeit über alle ihm u. ihr untergeordneten Beamten, ferner war er zweite Instanz in cas prévôtaux (s. Prévôt du maréchal). Das Amt des P. g. war 1544–1572 tatsächlich, dann bis 1600 auch rechtlich mit dem des ↗grand prévôt de l'hôtel verbunden.
– général des monnaies s. Chambre des monnaies.
– royal s. Prévôt.
Prevotalgericht s. Prévôt du maréchal.
Prévôté s. Prévôt.
– de l'hôtel s. Grand prévôt de l'hôtel.
Prières = Fronden (a).
Priesterbruder bei den ↗Ritterorden (a) aus den ↗Ritterbrüdern entnommen, zur Ausübung der kirchl. Verwaltung; die eigentlich geistl. Handlungen wurden von Klerikern ausgeübt, die nicht dem Orden angehörten.
Priestergewalt s. Ordines (1).
Priesterkanoniker s. Domkapitel.
Priesterkonferenz = Landkapitel.
Prieur claustral s. Abbé.
– triennal s. Abbé.

Prieuré-cure ↗Pfarrkirche, die durch einen Mönch versehen wird.

Prikas 1. a) im ma. Rußl. eigentlich das Dekret, durch das ein Beamter mit einer bestimmten Funktion in der Zentralverwaltung betraut wurde, dann das Büro dieses Beamten, das sich i. d. R. zu einer ständigen Verwaltungsbehörde entwickelte. Die einzelnen P. standen ohne jede Verbindung nebeneinander; ihr Ressort war ganz willkürlich bald ein kleines unbedeutendes, bald ein das ganze Reich umfassendes. Peter d. Gr. ersetzte sie durch kollegiale Behörden. **b)** s. Strelizen. **2.** in der UdSSR Anordnung eines ↗Ministers (1), die einen Verwaltungsakt zum Inhalt hat; eine Ausführungsverordnung wird mit Instruktion bezeichnet. Vgl. Sakon u. Ukas.

Prima audientia Güteversuch.

– missa = Primiz.

– plana früher, bes. in den Landsknechtsheeren, Bezeichnung des Teiles eines ↗Fähnleins bzw. einer ↗Kompagnie (2), der in vorderster Reihe focht, d. h. der ↗Offiziere, ↗Unteroffiziere, ↗Doppelsöldner u. Spielleute. Im ↗Regiment (2) dagegen hieß P. p. der Stand der Unteroffiziere im Gegensatz zum Regimentsstab.

– seisina = Primer seisin.

Primae noctis jus das angeblich in älteren Zeiten bestandene Recht des ↗Herrn, bei Vermählung eines seiner ↗Unfreien u. dgl. der Neuvermählten beizuschlafen. Vgl. Jambage, droit de.

Primärversammlung s. Urwahl.

Primage (chapeau, cappa, Kapplaken, Prämiengeld, Primgeld, hatmoney) Gratifikation, die der Kapitän bzw. früher der ↗Schiffer von den Ladungsbeteiligten erhielt; in neuerer Zeit nahm der Reeder diese Vergütung für sich in Anspruch, u. P. bezeichnet nunmehr die vom Reeder dem Kapitän gewährte Tantième in Prozenten der Fracht.

Primararzt (medicus primarius, Primarius) früher der leitende Arzt einer Abteilung eines Krankenhauses, heute noch in Öst.

Primariae = Preces primariae.

Primariarium jus = Preces primariae.

Primarius = Oberpfarrer (a) u. Primararzt.

Primas im Westen dem ↗Exarchen (2 c) des Ostens entspr. Würde, einen o. auch mehreren ↗Erzbischöfen eines Landes verliehen bzw. von ihnen beansprucht, mit dem Recht, Erzbischöfe zu weihen, Concilia plenaria (s. Konzil) zu berufen usw.; der Primat war vielfach verbunden mit dem Titel eines ↗Vicarius Apostolicus u. Legatus natus (s. Legat); tatsächlich sind die Primate niemals viel mehr gewesen als Ehrentitel mit einzelnen Vorrechten; heute ist P. auch offiziell nur noch Ehrentitel. Vgl. Fürstprimas.

Primat s. Primas.

Primates 1. s. Hochfrei. **2.** s. Curia ducis (1).

Primator s. Judenmeister (a).

Prime Minister s. Premierminister.

Primer seisin (prima seisina) Teil der ↗feudal incidents, Recht des Kgs., beim Tode eines ↗Kronvasallen dessen ↗Lehen (1) zu besetzen, bis der ↗Lehenserbe seine Berechtigung erwiesen u. für etwaige Schulden seines Vorgängers u. eigene Verpflichtungen Sichherheit u. den Lehenseid (s. Hulde) geleistet hatte.

Primgeld = Primage.

Primi s. Hochfrei.

– fructus s. Annaten.

Primicerius in spätröm. u. byz. Zeit häufig Bezeichnung der Vorstände von mil. u. zivilen Ämtern u. Körperschaften, später nur noch in der Kirche, z. B. beim ↗Domkapitel, gebräuchlich.

– diaconorum s. Archidiakon.

– defensorum s. Judices de clero Sacri Palatii Lateranensis.

– notariorum s. Judices de clero Sacri Palatii Lateranensis u. Cancellaria Apostolica.

– sanctae capellae s. Erzkaplan.

Primipili = Lófök.

Primissarius = Altarista.

Primitiae 1. = Primiz. **2.** s. Zehnt (1).

Primiz (prima missa, primitiae) erste feierliche Messe eines neugeweihten Priesters (Neupriester, Primiziant, neomysta, neosacerdos). Vgl. Sekundiz.

Primiziant s. Primiz.

Primo del rey s. Grande.

Primogenitur s. Majorat.

Primores a) s. Hochfrei. **b)** = Fönemeschk.

Primus capellanus s. Erzkaplan.

– scabinus s. Schöffenmeister.

– scabio s. Schöffenmeister.

– vasallus = Vorderster am Lehen.

Prince impérial Titel des Thronfolgers unter Napoleon III.

– royal s. Dauphin.

Princeps 1. im MA. vielfach, bes. in früherer Zeit, nicht Mitglied eines abgeschlossenen ↗Standes, ↗Fürst (b) i. e. S., sondern allg. ein Mitglied der ersten Stände, bes. der obersten Schicht des Adels. Vgl. Hochfrei, Baron u. Gaufürst. **2.** s. Lehensfürst (1). **3.** = Bischof.

– comes s. Gefürstet.

– coquorum s. Küchenmeister (1).

– curiae regalis = Hausmeier.

– domus = Hausmeier.

– ecclesiasticus s. Reichsfürst.

– imperii = Reichsfürst.

– palatii = Hausmeier.

– pincernarum s. Mundschenk.

– provinciae s. Procurator (2).

– stoli s. Capitaneus (3).

– terrae s. Landeshoheit.

Princes du sang (Prinzen von Geblüt) die ehelich geborenen Angehörigen des fr. Königshauses; unter ihnen bildeten Söhne, Brüder u. Neffen des regierenden Kgs. als P. du s. royal eine Gruppe mit größeren Ehrenrechten.

Principal 1. früher in Engl. der zum Militär Ausgehobene, der sich vertreten lassen konnte. **2.** s. Taille.

– ministre d'état s. Premierminister.

– officers (of the Navy) s. Navy Board.

– Secretary of State s .Staatssekretär (1).

Principalis natalium locus s. Stammgut (b).

Principatus s. Landeshoheit.

Príncipe in Sp. nur Titel von Mitgliedern des kgl. Hauses, regelmäßig nur des Thronfolgers (P. de Asturias); an andere Personen wurde der Titel nur ausnahmsweise verliehen. Die in Sp. vorhandenen Adligen mit dem Titel P. führen ihn auf Grund außersp. (zum Teil nicht mehr vorhandener) Besitzungen.

Prinz seit dem 18. Jh. Titel der Angehörigen eines souveränen, seit 1806 auch eines ↗mediatisierten Hauses. Vgl. Erbprinz, Kronprinz u. Kurprinz.

Prinzen von Geblüt = Princes du Sang.

Prinzessinnensteuer (Brautsteuer, Fräuleinsteuer) ursprgl. außerordentliche Abgabe der Lehensleute (s. Lehen [1]) bezw. der ↗Hintersassen (1) bei Verheiratung der Tochter des Lehensherrn bzw. ↗Grundherrn (vgl. Aides aux quatre cas), später außerordentliche Steuer bei Verheiratung der Tochter des Landesherrn (s. Landeshoheit), von allen Untertanen erhoben.

Prinzipalgut = Stammgut (d).

Prinzipalhof = Fronhof u. Oberhof (2).

Prinzipalkommissarius seit 1663 Titel des ksl. Vertreters auf dem ↗Reichstag (1), bis dahin Kommissarius genannt; der P. war stets ↗Reichsfürst, als Beistand hatte er zuerst Assistenzräte, später einen Konkommissarius, die alle Rechtsgelehrte waren; die schriftlichen Erklärungen, durch die der P. mit dem Reichstag verkehrte, hießen Kommissionsdekrete. – P. hieß auch der Vertreter des (bhm.) Kgs. auf dem schl. ↗conventus publicus, i. d. R. ein schl. Fürst.

Prinzipalminister = Premierminister.

Prinzipalsees = Rittersitz.

Prinzipatsverfassung i. d. Lit. üblich für die Verfassung einer germ. ↗civitas (b), bei der die Leitung in den Händen von ↗Gaufürsten lag, u. nur im Kriegsfall ein ↗Herzog als alleiniger Führer gewählt wurde.

Prinzregent s. Regent (4).

Prior 1. ursprgl. soviel wie ↗Abt (heute noch bei den Dominikanern als P. conventualis [Konventualprior]), später Vorsteher eines Filialklosters, o. zweiter Vorsteher unter dem Abt u. dessen Stellvertreter. Bei den Frauenorden besteht der entspr. Titel Priorin. **2.** s. Zunge. **3.** beim port. Christusorden der oberste Seelsorger, dem ursprgl. auch die gesamte Gerichtsbarkeit in ↗foro (1) interno übertragen war. **4.** s. Propst (1 c). **5.** s. Zunft (1).

– Cardinalium Presbyterorum s. Kardinal (1).

– consulum = Podestà (1).

– conventualis s. Prior (1).

– provincialis s. Ordensprovinz.

Priorat(us) (Priorei) **a)** ↗Kloster, an dessen Spitze ein ↗Prior (1) steht, dann dessen Wohnung, auch dessen Amt. **b)** s. Zunge.

Priorei = Priorat(us).

Priores s. Hochfrei.

Priori (delle arti) in Florenz seit 1282 die gewählten Vertreter der Zünfte (1), die zusammen mit dem ↗gonfaloniere della giustizia di ↗Signoria (c), die oberste Stadtbehörde, bildeten. Ihre Zahl wechselte im Laufe der Zeit.

Priorin s. Prior (1).

Priorissa = Äbtissin.

Prise, droit de (pourvoirie, droit de, captio, prisia) in Fr. im MA. das Recht des ↗seigneur u. bes. des Kgs., Gegenstände des täglichen Bedarfs zu requirieren. Als Ergänzung diente das droit de crédit forcé (creditionis jus), wonach der seigneur nicht bar zu zahlen brauchte, sondern erst innerhalb einer bestimmten Frist. Beide Rechte, von den ↗états généraux (a) bekämpft, verschwanden im 15. Jh.

Prisengericht außerordentliches Gericht, das darüber entscheidet, ob ein aufgebrachtes Schiff als rechtmäßige («gute») Prise zu gelten habe (Kondemnation) o. nicht.

Prisia = Prise, droit de.

Pristald s. Burggraf (1 c).

Privatalp Alp im Eigentum einer ↗Alpgenossenschaft o. einer Privatperson; für ihre Benützung durch andere muß ein Alpzins (Alpengeld) entrichtet werden.

Privatbauer im Gegensatz zum Domänenbauer ein Bauer, der einem privaten ↗Grundherrn o. ↗Gutsherrn untersteht, also ↗leibeigen, ↗hörig o. sonstwie abhängig ist.

Privatdomäne Privatvermögen des Fürsten.

Private Act s. Act (of Parliament) u. Private Bill.

– Bill eine ↗Bill (bzw. wenn zur ↗Act geworden: P. Act), die im Gegensatz zur ↗Public Bill Rechtsnormen enthält, die nur lokal o. nur für bestimmte Personen gültig sind; eine P. B. kann, u. zwar beim ↗Unterhaus (1) o. ↗Oberhaus (1), von jeder natürlichen Person eingebracht werden, von juristischen Personen nur, wenn das Recht ausdrücklich verliehen wurde. Entstanden sind sie im späteren MA. aus den

Petitionen, die um Gewährung von Privilegien u. dgl. an den Kg. bzw. das ↗Parlament (1) gerichtet wurden, u. hießen daher zuerst P. Petitions. Bis ins 18. Jh. handelte es sich meist um eigentliche Gerichtsurteile, sowie um Verfügungen familien- u. vermögensrechtlicher Art, Legitimierungen, Ehescheidungen u. dgl. (Personal Acts); seit dem 18. Jh. sind sie fast ausschl. verwaltungsrechtlichen Inhalts (Local Acts), in neuerer Zeit vor allem Konzessionen für Private u. Korporationen. Um den Interessenten die kostspielige Einzeleinbringung einer P. B. zu ersparen, schuf man um die Mitte des 19. Jh. die sogen. Clause Acts, d. h. Formulargesetze, die von der betr. Stadt usw. einfach übernommen u. dann vom Parlament ohne weiteres bewilligt werden; zur selben Zeit entstanden auch die Adoptive Acts, Gesetze, die vom Parlament rechtskräftig erlassen, aber, um in einzelnen Falle wirksam zu werden, von der betr. Korporation ausdrücklich angenommen werden müssen. Die Mehrzahl der Clause u. Adoptive Acts werden, wenn von den meisten in Betracht kommenden Korporationen angenommen, als Public Act allgemeingültiges Gesetz; die Local Acts einzelner Städte werden häufig durch bes. Consolidation Act einheitlich zusammengefaßt. – Ursprgl. gab es im Parlament kein bes. Verfahren für P. B.; erst 1815 setzte das Unterhaus ein P. B. Office, in welchem alle P. B. einzubringen waren, ein. In den ersten Jahrzehnten des 19. Jh. wurde das Verfahren dahin geregelt, daß die P. B., seit 1836 durch bes. Advokaten (Parliamentary Agents) eingebracht, nach Vorprüfung durch den Examiner of P. B. u. zwei Lesungen im Plenum einem Select ↗Committee überwiesen werden, wo über die B. eine förmliche Gerichtsverhandlung gehalten wird; dann findet die dritte Lesung statt, u. die B. geht an das andere Haus, wo dasselbe Verfahren, bei etwaiger Ablehnung wiederholt, befolgt wird. Die Mitglieder der Select Committees werden (im Oberhaus seit 1837, im Unterhaus seit 1847) von einem ständigen Ausschuß (Committee of Selection) ausgewählt. – Dies alles gilt jedoch nur für P. B., gegen die opponiert wird, wozu jedermann berechtigt ist u. welche Berechtigung im Einzelfall seit 1864 durch einen Court of Referees geprüft wird; die anderen werden wie Public B. behandelt. – Für P. B. die nur Scho. betreffen, besteht seit 1899 ein bes., etwas vereinfachtes Verfahren, u. der ↗Staatssekretär (1) für Scho. kann bzw. muß (falls gegen die P. B. opponiert wird) eine Untersuchung an Ort u. Stelle durch ein Committee, dem auch Nichtabgeordnete angehören müssen, veranlassen; dann erst kommt die P. B vor das Select Committee.

– Improvement Rate s. District Rate.

– Petition s. Private Bill.

– Session s. Friedensrichter (1).

– trust s. Trust.

Privatfehde s. Fehde.

Privatfürstenrecht (Fürstenrecht, fürstliches Hausrecht, jurisprudentia heroum, privatum illustrium jus) das bes. Familien- u. Erbrecht der landesherrlichen (s. Landeshoheit) (in Dt. auch der ↗standesherrlichen [1]) Familien, hauptsächlich auf ↗Hausgesetzen beruhend. Vgl. Autonomie (a). Das P. wurde in Öst. 1919, in Dt. 1920 aufgehoben.

Privatgericht nichtstaatl. Gericht, insbes. das einer ↗Immunität (a) u. das ↗Patrimonialgericht.

Privatherr(schaft) s. Patrimonialgerichtsbarkeit.

Privathofamt s. Hofämter.

Privathofdiener s. Hofämter.

Privathofstaat s. Hofämter.

Privatjurisdiktion = Unterherrschaft.

Privatkrieg s. Fehde.

Privatlehen nicht vom Landesherrn (s. Landeshoheit) verliehenes ↗Lehen (1).

Privatpatronat s. Patronat.

Privatrat s. Stadtrat (a).

Privatum illustrium jus = Privatfürstenrecht.

Privatuntertänigkeit s. Erbuntertänigkeit.

Privaturkunde bezeichnet in der Wissenschaft seit Mabillon jede ↗Urkunde, die weder Kaiser- bzw. Königsurkunde (s. Diplom [a]) noch ↗Papsturkunde ist. Demgemäß werden auch die dt. Fürstenurkunden der späteren Zeit (seit dem 13. Jh.) aus praktischen Gründen zu den P. gerechnet.

Privatvasall in frk. Zeit Lehensmann (s. Lehen [1]), der nicht ↗Kronvasall war.

Privatvikar s. Vikar (1 b).

Privatvogtei s. Schutzhöriger.

Privilegia clericorum a) P. canonis (Unverletzlichkeit), **b)** P. fori (beneficium cleri, P. clericaturae, ↗Exemtion [1] vom weltl. Gericht), **c)** P. immunitatis (Freiheit von weltl. Lasten u. Abgaben), **d)** P. competentiae (beneficium competentiae, P. «Odoardus», Anspruch auf Existenzminimum bei gerichtlichen Exekutionen).

Privilegium päpstl. ↗Urkunde, seit der zweiten Hälfte des 8. Jh. auftretend hauptsächlich verwendet für Erlasse, die dauernde Rechte betrafen. Je nach der mehr o. weniger prunkvollen Ausstattung unterscheidet man P. majora (feierliche P., grandes bulles) u. P. minora (einfache P., petites bulles). Seit dem 14. Jh. durch die ↗Bullen i. allg. ersetzt. – Bei den Lang. hieß P. eine Urkunde einer geistl. Autorität, einer weltl. dann, wenn es sich irgendwie um geistl. Dinge handelte. Bei den Westgothen bezeichnete P. die Befreiung einer Kirche von

weltl. Lasten, also etwa eine ↗Immunität (a).
– **austraegarum** s. Austrag (1).
– **canonis** s. Privilegia clericorum (a).
– **clericaturae** s. Privilegia clericorum (b).
– **competentiae** s. Privilegia clericorum (d).
– **de non appellando** (non appellando, jus de, ↗Appellationsprivileg) das durch die Goldene Bulle den ↗Kurfürsten gewährte Recht, daß von ihren obersten Gerichten nicht weiter (an ↗Reichsgerichte) appelliert werden konnte; im Laufe der Zeit erlangten die meisten größeren Landesherrn (s. Landeshoheit) dieses Recht, aber vielfach nur als P. de n. a. limitatum, d. h. mit Beschränkung auf Sachen bis zu einem bestimmten Streitwert.
– **de non evocando** (non evocando, jus de, ↗Appellationsprivileg) Recht, wodurch das ↗Evokationsrecht des Kgs. beseitigt wird; seit dem 13. Jh. in Dt. manchen Fürsten u. Städten gewährt, durch die Goldene Bulle den ↗Kurfürsten gesetzlich zugestanden, bald von den meisten ↗Reichsständen (1) erworben; 1487 bzw. 1495 wurde das Evokationsrecht des dt. Kgs. abgeschafft.
– **electionis fori** s. Exemtion (1).
– **fori** s. Exemtion (1) u. Privilegia clericorum (b).
– **immunitatis** s. Privilegia clericorum (c).
– **majus** s. Privilegium.
– **minus** s. Privilegium.
– **«Odoardus»** s. Privilegia clericorum (d).
– **stultitiae** nannte man das bis 1909 bestehende Vorrecht der Ordenspriester, ihr Amt ohne theologisches Studium auszuüben.

Privy Council seit Heinrich VIII. Bezeichnung des engl. ↗Staatsrats (1), der sich seit dem Ende des 11. Jh. allm. von der alten ↗curia regis (die dann consilium magnum hieß) unter dieser Bezeichnung trennte, seit Beginn des 13. Jh. consilium regis (c. familiare, c. perpetuum, c. secretum, continual council) genannt wurde u. sich seit Ende des 14. Jh. endgültig vom ↗Parlament (1) schied; gleichzeitig gingen seine eigentlichen Befugnisse auf einen engeren Rat über, während das ↗concilium ordinarium verschwand. Zeitweise, bes. im 15. Jh. führte der P. C. die eigentliche Regierung. Seine Haupttätigkeit ging seit den Tudors auf einzelne Ausschüsse über (vgl. Star Chamber). Seit der Revolution hat der P. C. als Regierungsorgan nur noch formelle Bedeutung, an seine Stelle trat das ↗Kabinett; die Gerichtsbarkeit übt seit 1833 das ↗Judicial Committee of the P. C. aus. Mitglieder waren im MA. die Inhaber der ↗Hofämter, der ↗Staatssekretär (1), hohe Adlige u. ↗Knights (bachelors), seit den Tudors bes. auch Rechtsgelehrte u. andere Fachleute, heute neben den ↗Ministern (1) u. bestimmten Würdenträgern vom Kg. berufene Mitglieder, außerdem die Richter der obersten Gerichtshöfe. Den Vorsitz führt der Lord President of the P. C., der stets dem Kabinett angehört. – Der ↗Lord-Lieutenant (b) von Ir. hatte einen eigenen P. C. Dem ↗Generalgouverneur von Kanada steht ebenfalls ein P. C. zur Seite.

Prix de l'homme s. Wergeld.

Proabbas s. Abt.

Probant = Beweisführer.

Probate Court a) = Court of Probate. **b)** (Court of Ordinary, C. of Probate and Insolvency, Prerogative Court, Orphans C., Surrogate C.) in den USA Gericht für Erbschaftsangelegenheiten, aber manchmal auch mit anderen Kompetenzen; den Vorsitz führt ein Probate Judge (Ordinary, Registrar of Wills, Surrogate).
– **Divorce and Admiralty Division** s. High Court of Justice.
– **Judge** s. Probate Court (b).

Probatio vom ↗Beweisführer durch Zeugen o. ↗Urkunden geführter Beweis, im Gegensatz zum Beweis durch Eid. Vgl. Zeugenführer.

Probiviri in It. 1893 errichtete Gerichte für Arbeitsstreitigkeiten, mit Arbeitgebern u. Arbeitnehmern besetzt, i. wesentl. Schiedsgerichte.

Proceres a) s. Lehensfürst (1). **b)** s. Hochfrei.

Procertans s. Commenda (2).

Procertator s. Commenda (2).

Processus definitivus s. Informativprozeß.
– **informativus** = Informativprozeß.

Proclamatio ad arma = Ansprache, kampfliche.

Proconsul 1. (ἀνθύπατος [anthýpatos]) im Byz. Reich Ehrentitel, der höheren, bes. auch mil. Beamten, regelmäßig verliehen wurde, meist in Verbindung mit dem nächstniederen ↗patricius (a). **2.** = Bürgermeister (1). **3.** s. Stadtrat (a).

Proctor 1. s. Solicitor (a). **2.** Disziplinarbeamter an den Universitäten Oxford u. Cambridge. **3.** s. Faktor (a).

Procurador 1. Vertreter einer Stadt in den alten sp. u. port. ↗Cortes, in Kat. síndico genannt. In Port. erhielt sich die Bezeichnung P. für die Mitglieder der Provinzialvertretungen u. wurde in neuester Zeit für die Mitglieder der Cámara Corporativa (s. Assembleia Nacional) wieder aufgenommen. **2.** s. Advokat.
– **síndico** s. Syndicus (1).

Procuratio 1. s. Herbergsrecht (1). **2.** s. Meier (1). **3.** s. Reichsvogt.
– **canonica** (albergaria, circada, circatura, circu[m]itio, comestio, ↗fodrum, hospitium, mansionaticum, paratae, ↗servitium, s. Episcopi, stipendium, Atz[ung], Bischofsdienst, Prokurationsgeld, Sendhafer, Sendschilling, pa-

rée) Pflicht der ↗parochi, ↗Klöster usw., den ↗Bischof bzw. dessen Stellvertreter auf Visitationsreisen zu beherbergen, dann auch die Ablösung in Geld. Vgl. Herbergsrecht (1).

– commissa s. Reichsvogt.

Procurator **1. a)** s. Advokat. b) = Schöffe (1). **2.** im MA. allg. Bezeichnung für einen bevollmächtigten Vertreter, im dipl. Verkehr meist formelhaft mit einer anderen Bezeichnung (z. B. ↗orator [1], ↗commissarius) verbunden; während die Bezeichnung für Vertreter weltl. Fürsten seit dem 16. Jh. verschwindet, erhielt sie sich für die ständigen Vertreter der ↗Bischöfe an der Kurie (Agenten) o. auf einem ↗Konzil (auch nuntius, ↗responsalis [1]). Vielfach wurden auch Beamte, insofern sie Vertreter des Fürsten waren, P. genannt, z. B. der bay. ↗Viztum (a) u. der Reichslandvogt (s. Reichsvogt). In den ar. Ländern gab es einen P. (auch princeps provinciae) in jedem der vier alten Landesteile, der vor allem oberster Richter u. mil. Befehlshaber war. Zum Unterschied vom ↗Fiskalprokurator hieß er auch Generalprokurator (P. generalis); sonst bezeichnete dieser Titel einen P. für das ganze Reich. **3. a)** s. Fronhof u. Vorwerk. **b)** = Meier (1). **c)** ↗Schaffner eines ↗Klosters.

– curiae s. Schultheiß.

– fiscalis = Fiskal.

– fiscalis camerae et imperialis fisci s. Reichskammergericht.

– fisci = Fiskal.

– generalis s. Procurator (2).

– regis s. Procureur (2).

– regius generalis s. Generalprokurator (1).

– Sacri Palatii s. Rota Romana.

– universitatis in Stralsund bis ins 19. Jh. der Ankläger im ↗Anklageprozeß.

Procuratore s. Advokat.

Procureur **1.** s. Advokat. **2.** ursprgl. Vertreter des Kgs. (procurator regis, P. du roi) in den ↗Parlamenten (2) u. den bailliages (s. Bailli [1]) zur Wahrung seiner Interessen, später ↗Staatsanwalt (je nach der Regierungsform P. du roi, P. impérial, P. de la république, im Rhld. Staatsprokurator). Vgl. Generalprokurator (1) u. Fiskal. Die Staatsanwaltschaft als Behörde heißt ministère public (öffentliches Ministerium). **3.** 1789–1793 in jeder fr. Gemeinde neben dem ↗conseil municipal zur Überwachung der Durchführung der Gesetze. **4.** s. Communauté (rurale) d'habitants.

– de la république s. Procureur (2).

– du roi s. Procureur (2) u. Attorney General.

– général **1.** = Generalprokurator (1). **2.** s. Syndicus (1).

– impérial s. Procureur (2).

– syndic s. Département (1 b).

Prodatarius s. Dataria Apostolica.

Prodominus dem Lehensträger (a) (s. Leihe zur Vormundschaft) entspr. Vertreter einer Korporation als Lehensherr (s. Lehen [1]).

Produkt Gegner des ↗Beweisführers beim Urkundenbeweis. Vgl. Reproduzent.

Produktionsbrigade s. Volkskommune.

Produktionsgenossenschaft, landwirtschaftliche s. Kollektiwnoje chosjaistwo.

Produktionsmannschaft s. Volkskommune.

Produzent = Beweisführer.

Pröve 1. = Präbende. **2.** s. Fronden (a).

Prófastdómur (Propsteigericht) in Isl. Gericht erster Instanz für Vergehen von Geistlichen; es besteht aus dem Hardesvogt (s. Härad) u. dem ↗Propst (1).

Profectio = Heerfahrt.

Profeß a) (Ordensprofeß, professio religiosa) feierliche Ablegung der Ordensgelübde. b) (professus) Mönch, der die Gelübde ablegte; bei den Jesuiten bilden die P., die aus den ↗coadjutores spirituales bzw. aus den Scholastikern hervorgehen, die höchste Klasse, aus der alle höheren Ämter des Ordens besetzt werden; sie legen ein viertes Gelübde des bes. Gehorsams gegen den Papst ab (P. der vier Gelübde) u. wohnen in den Profeßhäusern; ihre Zahl ist sehr gering. Unter P. der drei Gelübde versteht man eine Art von Ehrenmitgliedern.

Profeßhaus s. Profeß (b).

Professio juris s. Persönlichkeit des Rechtes.

– (regis) s. Wahlkapitulation.

– religiosa = Profeß (a).

Profeßritter (Ritterprofeß) bei den ↗Ritterorden (a) der volljährige ↗Ritter, der alle Ordensgelübde abgelegt hatte; die P. des Dt. Ordens müssen seit 1886 nur die einfachen, nicht mehr die feierlichen Gelübde ablegen. Vgl. Gerechtigkeitsritter.

Profeßtitel s. Titulus (b).

Professus s. Kloster u. Profeß (b).

Profoß in Dt. seit Beginn des 16. Jh. Bezeichnung des mit der ↗Polizei (im weitesten Sinne) im Heere betrauten Beamten; vor allem war er auch Ankläger im ↗Kriegsgericht u. Vollstrekkungsbeamter. Über den P. der ↗Regimenter (2) bzw. der einzelnen Truppenteile stand der Generalprofoß (Feldgewaltiger, Generalgewaltiger, Kapitän de justitia, Oberprofoß, oberster Feldprofoß). Das Amt bestand i. wesentl. bis ins 17. Jh.; später wurde mit P. ein mit der Strafvollstreckung betrauter ↗Unteroffizier bezeichnet, so auch in der Marine. In Öst. hieß der Leiter der Militärpolizei bis 1866 Generalgewaltiger. Vgl. Prévôt général de la connétablie.

Profugus s. Acht (1).

Progrebica s. Zwornarina.

Progressus s. Herbergsrecht (1).
Prokurationsgeld = Procuratio canonica.
Prokuratoren von San Marco ursprgl. nur Verwalter des Kirchenschatzes von S. Marco zu Ven., bis Mitte des 15. Jh. auf neun vermehrt, dann auch Verwalter der bei ihnen niedergelegten Vormundschaftsgelder u. Testamente mit entspr. Gerichtsbarkeit, durch die ↗curia procuratorum entlastet. Sie nahmen nach dem ↗Dogen (a) den höchsten Rang ein.
Prokuratur s. Fiskal.
Prokuratura Sojusa s. Generalprokurator (1).
Prokuror s. Generalprokurator (1).
Prolocutor = Vorsprecher (a).
Promissio 1. s. Wahlkapitulation. **2.** = Zunft (1).
Promotio per saltum s. Ordines (1).
Promotor justitiae (p. fiscalis, p. officii) im kan. Prozeß der Vertreter der Anklage, stets Geistlicher, vom ↗Bischof ernannt, kann mit dem ↗defensor vinculi identisch sein.
Promulgation bezeichnet i. d. dt. Lit. meist die Erklärung eines Gesetzes als verfassungsmäßig zustandegekommen, dadurch, daß die Eingangsformel die Zustimmung der gesetzgebenden Faktoren ausdrücklich erwähnt; außerhalb Dt. versteht man unter P. den nach der ↗Sanktion (i. d. R. vom Staatsoberhaupt) erlassenen Verkündigungsbefehl, wonach das Gesetz rechtsverbindlich werden soll; sie fällt daher mehr o. weniger mit der ↗Publikation zusammen.
Pronuntius s. Nuntius (2).
Propaganda(kongregation) s. Congregatio Romana.
Proparochus = Vikar (1 a).
Propinationsrecht in Polen bzw. in Gal. u. der Bukowina Brauerei- o. Brennereigerechtigkeit sowie die betr. Schankgerechtigkeit, in den bhm. Ländern nur die erstere; das P. wurde gegen Ende des 19. Jh. u. zu Beginn des 20. aufgehoben.
Proportionalwahlsystem (Proporz, Verhältniswahlsystem) Wahlsystem, bei dem im Gegensatz zum Mehrheitswahlsystem die Summe der Mandate unter die Parteien im Verhältnis der auf jede entfallenden Stimmen verteilt wird; dabei kann das ganze Land einen Wahlkreis bilden. Das P. findet sowohl bei ↗Einzelwahl als auch bei ↗Listenwahl Anwendung. In letzterem Falle bestehen entw. gebundene Listen, wobei der Wähler nur eine der vorgeschlagenen Listen wählen darf, o. freie Listen, wobei der Wähler entw. eine Liste unverändert wählt, o. von einer Liste einzelne Namen streicht u. durch andere ersetzt, o. endlich aus verschiedenen Listen eine eigene zusammensetzt (panaschieren). Vgl. Wahlquotient.
Proporz = Proportionalwahlsystem.
Propraefectus Apostolicus s. Terrae missionis.
Propraetor = Στρατηγός (2) [Strategós].
Proprietät s. Dominium directum.
Proprietary Colony = Eigentümerkolonie.
Proprietas intrinsecus = Inwärtseigen.
Proprii juris homo s. Leibeigener.
Proprisio = Bifang (1)
Proprisus = Bifang (1).
Proprius (de corpore, homo) s. Leibeigener.
Propst (praepositus) **1.** in der kath. Kirche: **a)** s. Domkapitel. **b)** Vorsteher eines Filialklosters (s. Kloster) o. zweiter Vorsteher unter dem ↗Abt, ähnlich dem ↗Prior (1). **c)** (Klostergeistlicher, Klosterpropst, Prior) in Frauenklöstern mit der Verwaltung der Sakramente betrauter Geistlicher. **d)** s. Fabrica ecclesiae. **e)** s. Archidiakon. – In der prot. Kirche: **a)** unter dem ↗Superintendenten (1) bzw. ↗Bischof stehender Geistlicher, Aufseher über einen kleineren Bezirk. **b)** = Superintendent. **c)** = Oberpfarrer (a). **2.** = Meister (1). **3.** s. Fronhof u. Hofmarkgericht.
– gefürsteter s. Gefürstet.
Propstdingsgut s. Emphyteuse.
Propstei (praepositura) **1. a)** ↗Kloster, dem ein ↗Propst (1) vorsteht, dann dessen Wohnung, auch dessen Amt, o. (bei prot. Pröpsten) der Amtssprengel. **b)** (Dompräpositur) Amt des Dompropstes (s. Domkapitel). **2.** s. Fronhof.
– weltliche = Kollegiatkapitel.
Propsteiausschuß s. Synode.
Propsteigericht 1. s. Hofgericht (f). **2.** = Prófastdómur.
Propsteigut s. Mensa.
Propsteischultheiß im ↗Schöffengericht (1) zu Wetzlar der Vertreter des ↗Erzbischof von Trier, der als ↗Propst (1) des dortigen ↗Stiftes (1) Reichsschultheiß (s. Schultheiß) war.
Propsteisynode s. Synode.
Prorex = Vizekönig.
Prorogation auch die Unterwerfung unter ein gesetzlich nicht zuständiges Gericht.
Proscriptio = Acht (1).
– imperii = Reichsacht.
– secunda s. Reichsacht.
Proscriptus s. Acht (1).
Prosecuting Attorney s. United States-Attorney.
Prosecutione, homo de s. Poursuite, droit de.
Prosekretär s. Secretaria Apostolica.
Prosenator s. Senat (1).
Prostaatssekretär s. Secretaria Apostolica.
Prosynodalexaminatoren s. Examinatores synodales.
Prosynodalrichter s. Judex synodalis (a).
Protector de Indios (abogado de I.) in den alten sp. Kol. vom ↗Vizekönig ernannter Beamter, der die Eingeborenen vor Gericht vertrat u. auf die Einhaltung der zu ihrem Schutze erlassenen Gesetze zu achten hatte.

– **nationis** s. Kardinal (1).
– **of the settlement** s. Entail.
Protectores domestici s. Δομέστικος [Doméstikos].
Protectorium s. Reichsämter.
Προτέδικος [Protédikos] s. Exokatakölen.
Protégé = Schutzgenosse (1).
Protektorat (Schutzgebiet, Schutzherrschaft, Schutzstaat) ein Staat, der völkerrechtlich dadurch einem anderen (Schützerstaat, Schutzmacht) untergeordnet ist, daß er dessen Schutz im weitesten Sinne anerkennt, u. damit seine Souveränität tatsächlich zum Teil aufgibt (vgl. Suzeränität); i. d. R. sind die P. überseeische Länder nicht weißer Bevölkerung, die häufig im Laufe der Zeit zu eigentlichen Kol. werden.
Πρωτεπιστάτης [Protepistátes] = Ἡγούμενος [Hegúmenos] (b).
Protest in Rußl. seit der Revolution Anfechtung eines rechtskräftigen Urteils o. eines Verwaltungsaktes durch ein Justizorgan, bes. einen Staatsanwalt (vgl. Generalprokurator [1]); das Verfahren wird als Gerichtsaufsicht bezeichnet (daher Aufsichtsprotest).
Prothonotary s. Gerichtsschreiber.
Proti s. Dienchelele.
Protimiseos jus = Vorkaufsrecht.
Protocollum a) = Imbreviatur. **b)** s. Tabellion.
– **publicum** † Grundbuch.
Πρωτοδήμαρχος [Protodémarchos] = Δήμαρχος (1) [Démarchos].
Πρωτοδομέστικος [Protodoméstikos] s. Δομέστικος [Doméstikos].
Πρωτοκουροπαλάτης [Protokuropalátes] s. Κουροπαλάτης [Kuropalátes].
Πρωτομαγγλαβίτης [Protomanglabítes] s. Μαγγλαβίτης [Manglabítes].
Protomandator s. Mandator.
Protonobilissimus s.Nobilissimus.
Protonotar 1. in der dt. ↗Kanzlei im 9. Jh. vereinzelt Titel des Kanzleivorstandes (auch archinotarius, summus notarius), dann seit Mitte des 12. Jh. erster ↗Notar (protonotarius aulae imperialis) u. Vertreter des ↗Kanzlers, daher seit Rudolf I., zuerst nur ausnahmsweise, auch ↗(Reichs)vizekanzler genannt; seit derselben Zeit gab es manchmal mehrere P. gleichzeitig. Aus der ↗Reichskanzlei (1) wurde der Titel P. von territorialen Kanzleien übernommen, auch in der Bedeutung Kanzler. Ebenso hießen Notare an höheren Gerichten P., die Gerichtsschreiberei daher Protonotariat. – In Siz. gab es P. in norm. Zeit, dann wieder seit Mitte des 13. Jh., meist mit dem Amt des ↗Logotheten verbunden u. in der Stellung eines Kanzlers. Seit dem 15. Jh. war der P. hier nur noch ein erbliches ↗Hofamt. – Im Byz. Reich war P. der Titel einer Reihe von höheren Beamten der Zentral- u. Provinzialverwaltung. Von bes. Wichtigkeit waren die Πρωτονοτάριοι τῶν ϑεμάτων [Protonotárioi tōn themáton], deren je einer die oberste Aufsicht über die Zivilverwaltung eines ↗Thema führte; sie waren vor allem Finanzbeamte u. hatten das Verfügungsrecht über die Kassen. **2.** s. Gerichtsschreiber.
Protonotariat s. Protonotar (1).
Πρωτονοτάριος τοῦ ϑέματος [Protonotários tū thématos] s. Protonotar (1).
Protonotarius Apostolicus vom Papst ernannter ↗Notar an der Kurie. Die wirklich tätigen (sieben [früher zwölf] [P. A. de numero participantium]) bilden ein bes. Kollegium von ↗Prälaten mit bes. Vorrechten, beurkunden bestimmte Akten (z. B. bei der Heiligsprechung) u. signieren seit 1908 die ↗Bullen. Die übrigen P. (P. A. extra numerum, P. A. extra statum, Titularprotonotare) zerfallen seit 1905 in drei Klassen: **a)** P. A. supranumerarii (stets mit bestimmten Ämtern, Kanonikaten usw. verbunden); **b)** P. A. ad instar participantium u. P. A. titulares extra Urbem (P. A. honorarii e. U., Ehrenprotonotare), beide nur Ehrentitel. Die Würde eines Titularprotonotars kann auch einem ↗Kapitel usw. collegialiter verliehen werden; auch die P. A. de numero können den Titel verleihen.
– **aulae imperialis** s. Protonotar (1).
– **civitatis** = Stadtschreiber.
– **judicii** s. Reichshofgericht.
Protopapas = Protopope.
Protopope (protopapas, protopresbyter) in den or. Kirchen Amt zwischen ↗Bischof u. Pope, auf dem Lande dem westlichen ↗Dekan (1) entspr., an der Spitze eines Protopopiats (Protopresbyterat), in den Städten dem ↗Archipresbyter (1) entspr., ein den Bischof beratendes Kollegium bildend; der P. ist die oberste für den ↗Weltgeistlichen erreichbare Stufe.
Protopopiat s. Protopope.
Protopraetor = Praetor (2).
Protopresbyter = Protopope.
Protopresbyterat s. Protopope.
Πρωτοπροκουροπαλάτης [Protoprokuropalátes] s. Κουροπαλάτης [Kuropalátes].
Πρῶτος [Prōtos] = Archimandrit.
Protoscrinarius s. Judices de clero Sacri Palatii Lateranensis.
Πρωτοσεβαστός [Protosebastós] Σεβαστός [Sebastós].
Protospatharius s. Spatharius.
Protostrator s. Strator.
Protosyncellus s. Syncellus.
Protovestiarius am byz. Hof der Vorstand der ksl. Garderobe, in späterer Zeit eines der ersten ↗Hofämter, von einem Eunuchen bekleidet.

Prova di fortuna = Verklarung (2).
Provasall s. Leihe zur Vormundschaft.
Provenda = Praebende.
Provendarius s. Dageschalk.
Provicarius Apostolicus s. Terrae missionis.
Provinces à l'instar de l'étranger effectif in Fr. vor 1789 die seit dem 16. Jh. neu erworbenen Gebiete, die zollpolitisch vollständig Ausland waren, da in ihrer Zollverwaltung nichts geändert wurde; als solche Provinzen galten auch die vier Freihäfen.
– **franchès** s. Gabella.
– **redimées** s. Gabella.
– **réptutées étrangères** in Fr. seit 1360 die Provinzen, die der traite foraine (s. Traites) nicht unterworfen waren u. daher zollpolitisch als Ausland galten; in ihnen wurden statt dessen bes. Abgaben erhoben. Auch nach Wegfall der traite foraine blieb die Zollinie (im einzelnen vielfach verändert) bestehen, indem die P. r. é. im Gegensatz zu den cinq ↗großes fermes die Binnenzölle beibehielten u. untereinander durch Zölle abgeschlossen waren. Die P. r. é. bildeten i. wesentl. einen Kreis um die cinq grosses fermes.
Provincia 1. **a)** = Kirchenprovinz (a). **b)** s. Legat(us). 2. **a)** = Gau (1a). **b)** s. Burgbezirk (2).
– **ecclesiastica** = Kirchenprovinz (a).
– **religiosa** = Ordensprovinz.
– **Sedis Apostolicae** = Kirchenprovinz (a).
Provinciae servus s. Landsknecht.
Provincial Congress s. General Assembly (2a).
– **Convention** s. General Assembly (2a).
– **Council** 1. (Provinsiale Raad, Provinz[ial]rat) in den ↗Provinzen des Südafr. Bundes die (unauflösbare) Volksvertretung. 2. ([P.] Legislative Council) in den ind. ↗Governor's Provinces seit 1862 dem Gouverneur (4) zur Seite stehender Beirat, zuerst aus vier bis acht von ihm ernannten Mitgliedern; der P. C. sollte hauptsächlich bei der Gesetzgebung mitwirken. Die Mitgliederzahl u. die Befugnisse wurden allm. erweitert, eine Minderzahl durch verschiedene Körperschaften gewählt, seit 1912 auch Eingeborene. Die P. C. wurden so allm. zu kleinen ↗Parlamenten (1), hießen seit 1937 Provincial Legislatures u. bildeten nur eine ↗Kammer (2a) (Legislative Assembly), direkt gewählt, o. zwei Kammern (L. A. u. Legislative Council), die letztere nur zum Teil gewählt. 1951 traten an ihre Stelle die Volksvertretungen der nunmehrigen Einzelstaaten mit den bisherigen Bezeichnungen; den Vorsitz in der Assembly führt ein ↗Speaker, den in Council ein ↗Chairman.
– **Legislative Council** = Provincial Council (2).
– **Legislature** s. Provinzial Council (2).
– **Secretary** s. Staatssekretär (1).
Provinciale jus das Hundertschaftsgericht (s. Zentgericht) in den nordischen Ländern.
Provincialis s. Eigenritter.
Provinsiale Raad = Provincial Council (1).
Provinz seit dem 7. Jh. allg. Bezeichnung für eine Verwaltungseinheit o. einen in sich abgeschlossenen Landesteil. Als technische Bezeichnung erst in neuerer Zeit wieder üblich, z. B. im ehemaligen Pr. (seit 1815) u. in He., in Sp. teilweise seit Karl III., in It. seit 1860. – P. kann auch einen Gliedstaat eines ↗Bundesstaates (2) bezeichnen, z. B. in Argentinien.
Provinzial s. Ordensprovinz.
– **Accise- und Zollgericht** s. Regiegericht.
Provinzialausschuß s. Provinziallandtag (b), Provinzialrat (a) u. Provinzialstaaten.
Provinzialbischof s. Bischof.
Provinzialdepartement im Gegensatz zum ↗Fachdepartement Zentralbehörde, die alle o. wenigstens mehrere Ressorts für eine ↗Provinz verwaltet, bis ins 19. Jh. in vielen Staaten die übliche Form der Verwaltung, teils als Räte (vgl. Consejo de Castilla), teils als ↗Ministerien (7) (Landesministerien, Provinzialministerien, so in Pr.) unter bes. Provinzialministern organisiert.
Provinzialdirektion s. Provinzialdirektor.
Provinzialdirektor oberster Verwaltungsbeamter einer he. ↗Provinz, an der Spitze einer Provinzialdirektion.
Provinzialexarch s. Exarch (2c).
Provinzialforensen s. Forensen.
Provinzialfriede s. Landfriede (1).
Provinzialgemeinde s. Kirchenprovinz (b).
Provinzialgericht a) zusammenfassende Bezeichnung für das oberste Gericht einer größeren Verwaltungseinheit (↗Kreis, ↗Provinz), meist ein ↗Mittelgericht (a). **b)** = Zaudengericht.
Provinzialjustizkollegium s. Justizkollegium.
Provinzialkapitel s. Ordensprovinz.
Provinzialkirche(nausschuß) s. Kirchenprovinz (b).
Provinzialkirchenrat s. Kirchenprovinz (b).
Provinzialkommissariat = Kriegskammer (2).
Provinzialkongregation s. Zentralkongregation.
Provinzialkonsistorium s. Konsistorium (2).
Provinzialkonzil s. Konzil.
Provinzialkriegskommissariat = Kriegskammer (2).
Provinziallandesdirektion (Landesdirektion) in Bay. 1799–1808 an Stelle der bisherigen ↗Hofkammern, je eine in Amberg u. Neuburg, durch Generalkommissariate (s. Kreis) ersetzt.
Provinziallandfriede s. Landfriede (1).
Provinziallandschaft s. Landschaft (5).
Provinziallandstände = Provinzialstände (b).
Provinziallandtag a) s. Provinzialstände (b). **b)** 1875–1888 schrittweise in den einzelnen pr.

↗Provinzen eingerichtete Vertretung zu Selbstverwaltungszwecken, bis 1925 von den ↗Kreistagen (b) bzw. von ↗Magistrat u. ↗Stadtverordnetenversammlung gewählt, seitdem durch allg. Wahlen nach dem ↗Proportionalwahlsystem. Der P. wählte als ausführendes Organ den Provinzialausschuß, als vollziehendes u. als Vorsitzenden den ↗Landesdirektor (b). Berufen wurde er durch die Regierung mindestens alle zwei Jahre. 1933 wurden die P. aufgehoben. P. u. Provinzialausschüße besitzt auch He.

Provinzialminister 1. s. Provinzialdepartement. 2. s. Ordensprovinz.

Provinzialnotabeln s. Notabelnversammlung (a).

Provinzialoberer s. Ordensprovinz.

Provinzialoberin s. Ordensprovinz.

Provinzialpfalzgraf s. Pfalzgraf.

Provinzialrat a) im ehemaligen Pr. seit 1875 dem ↗Oberpräsidenten (a) zur Seite stehender Beirat, von ihm präsidiert, aus einem vom Innenminister ernannten u. fünf vom Provinzialausschuß (s. Provinziallandtag [b]) gewählten Mitgliedern bestehend; der P. war in erster Linie zweite Instanz gegenüber Beschlüssen der ↗Bezirksausschüsse (a). 1933–1945 war er, an Stelle des Provinziallandtages u. des Provinzialausschusses, einziges beratendes Organ des Oberpräsidenten. b) (seit 1919 Landesausschuß) Sondervertretung für die old. Landesteile Lübeck u. Birkenfeld. c) = Conseil provincial (2). d) in It. Selbstverwaltungsorgan einer ↗Provinz, dem fr. ↗Generalrat (2) entspr., mit einem Provinzialausschuß als Vollzugsorgan. Während der faschistischen Periode war der P. durch ein (Provinzial)rektorat ersetzt, dessen Mitglieder (Präside, Vizepräside, Rektoren) von Kg. ernannt wurden. e) = Provincial Council (1).

Provinzialregiegericht s. Regiegericht.

Provinzialrektorat s. Provinzialrat (d).

Provinzialretrakt s. Retractus pertinentiarum.

Provinzialrichter s. Zaudengericht.

Provinzialschulkollegium in Pr. in jeder ↗Provinz die oberste Behörde für das Unterrichtswesen, der das höhere Schulwesen unmittelbar unterstand; sie war kollegial organisiert unter Vorsitz des ↗Oberpräsidenten (a). Die P. wurden 1825 von den ↗Konsistorien (2) abgetrennt, bildeten aber bis 1845 eine Abteilung derselben; 1932 wurden sie als selbständige Behörden aufgehoben, 1945 gingen ihre Befugnisse auf die Kultusministerien der ↗Länder (1e) über; in Nordrh.-Westf. besteht heute noch ein Schulkollegium.

Provinzialsenatoren in Belg. seit 1893 von den ↗Conseils provinciaux gewählte Mitglieder des ↗Senats (6).

Provinzialstaaten in den ndl. u. belg. ↗Provinzen die im Laufe des MA. entstandene Vertretung der ↗Landstände, sehr verschieden zusammengesetzt, i. d. R. aus Adel, Geistlichkeit u. Städten (vgl. Staaten), unter burg. u. habsburgischer Herrschaft i. wesentl. nur zu Steuerbewilligungen berufen. Nach der Trennung verloren die P. in Belg. jede Bedeutung, obwohl sie unangetastet bestehen blieben, in den Ndl. dagegen wurden sie der eigentliche Träger der Souveränität, soweit nicht die ↗Ratspensionäre die tatsächliche Gewalt ausübten, o. die ↗Kommittierten die eigentliche Vertretung bildeten. Vgl. Edelgroßmögende. Im Königreich der Ndl. bestehen die P. (Provinciale Staaten) weiter als Selbstverwaltungskörper der Provinzen, seit 1848 aus allg. Wahlen hervorgehend, während sie bis dahin ständisch zusammengesetzt waren. Vollzugsorgan ist der Provinzialausschuß (Gedeputeerde Staten).

Provinzialstadtschaft s. Stadtschaft.

Provinzialstände a) = Etats provinciaux. b) (Provinziallandstände) dem ↗Landtag (1) bzw. den ↗Landständen entspr. Versammlung eines Landesteiles. In Pr. (auch Provinziallandtag) 1823/24 geschaffene Vertretung einer ↗Provinz, bestehend aus gewählten Abgeordneten der drei Stände (↗Ritterschaft einschließlich ↗Standesherrn u. ↗Stiftern (a), Städte u. Landgemeinden), wobei der erste stark überwog, mit beratender Stimme, beschlußfassend nur in Selbstverwaltungsangelegenheiten; den Vorsitz führte der Landtagsmarschall, der dem ersten Stand angehörte. Seit 1842 wählten die P. einen geschäftsführenden Ausschuß; diese Ausschüsse traten noch im selben Jahre zu den ↗Vereinigten Ausschüssen zusammen. Die P. selbst gingen 1847 im ↗Vereinigten Landtag auf, wurden aber nach 1850 wieder hergestellt. 1875 u. in den folgenden Jahren wurden sie durch ↗Provinziallandtage (b) ersetzt, ausgenommen in Posen, wo die P. in alter Art bis zum Verlust der Provinz bestehen blieben.

Provinzialstatthalter s. Statthalter (1).

Provinzialsynodalverband s. Kirchenprovinz (b).

Provinzialsynodalvorstand s. Kirchenprovinz (b).

Provinzialsynode s. Konzil u. Synode.

Provinzialsystem (Territorialsystem) Verwaltung des Landes durch ↗Provinzialdepartements. Vgl. Realsystem (a).

Provinzialtafel s. Landtafel (1).

Provinzialverband die ↗Provinz als Selbstverwaltungskörper (↗Kommunalverband [b]).

Provinzialversammlung i. d. Lit. gebraucht nicht nur für die ↗Assemblée provinciale, sondern auch für die ↗Etats provinciaux u. die ↗Notabelnversammlung.

Provinzkapitel s. Ordensprovinz.

Provinzoberer s. Ordensprovinz.

Provinzrat = Provincial Council (1).

Provisio canonica Besetzung eines Kirchenamtes durch den zuständigen Oberen bzw. den von diesem zugelassenen Berechtigten (z. B. ↗Patron, ↗Domkapitel), i. e. S. soviel wie Kollation (s. Kollationsrecht). Sie umfaßt: **a)** die Bezeichnung (designatio) des Providenden, **b)** die ↗institutio canonica, **c)** die Einweisung in das Amt; werden alle drei Handlungen von einer Person ausgeübt, so spricht man von P. plena, sonst von P. minus plena. Vgl. Provisor (d) u. Translatio.

Provision s. Pension.

Provisionalbelehnung s. Lehensgericht.

Provisioner zuerst Ende des 14. Jh. beim Dt. Orden, dann im Laufe des 15. u. bes. im 16. Jh. in ganz Dt. ein Kriegsmann, der sich gegen ein Wartegeld einem Landesherrn (s. Landeshoheit) vertraglich verpflichtet, im Bedarfsfall je nach Vertrag allein o. mit einer bestimmten Zahl von Kriegsleuten ausgerüstet zu erscheinen; die P. gehörten allen Ständen an; solche die allein zu erscheinen hatten, waren entw. als höhere ↗Offiziere o. als Spezialisten (Ingenieure u. dgl.) angeworben; vielfach hielten sie schon im Frieden einige Leute o. Pferde, auch schlossen sie ihrerseits Unterverträge. Die P. ersparten die Haltung eines stehenden Heeres.

Provisionsbrief s. Konsul (1).

Provisor 1. a) = Administrator (1a). **b)** s. Fabrica ecclesiae. **c)** s. Vikar (1a). **d)** der durch ↗provisio canonica Ernannte. **2.** = Meier (1).

– **civitatis** s. Stadtrat (a).

– **imperii** = Reichsvikar (a).

– **in spiritualibus** s. Vikar (1a).

– **regiae domus** s. Hausmeier.

Provoka(n)t s. Provokation (b).

Provokation a) † Appellation. **b)** im älteren Prozeß Klage, wodurch ein anderer (Provokat), der sich eines Anspruchs fälschlich rühmt o. gegen dessen wirklichen Anspruch dem Kläger (Provokant) befristete ↗Einreden zustehen, aufgefordert wird, den Anspruch geltend zu machen.

Provost s. Mayor (1).

Provost's Committee in einigen scho. ↗Burghs aus den Conveners (s. Chairman) der ↗Committees des ↗Town Council (1) zusammengesetzt, hauptsächlich zur Wahl der Mitglieder der Committees, aber auch zur Beratung bes. wichtiger o. dringender Angelegenheiten.

Provveditore in Ven. Titel der meisten Verwaltungsbeamten. P. oder P. generali (Generalprovveditoren standen auch an der Spitze der Untertanengebiete, u. ebenso wurden die Aufsichtsbeamten, die den Heerführern beigegeben wurden, P. d'armata genannt.

Proximitatis jus = Retrait lignager.

Prozeß, fiskalischer in Hamburg früher bei schweren Verbrechen bes. Verfahren, bei dem der ↗Fiskal als Ankläger auftrat.

– **summarischer** im ↗gemeinen Recht (a) vorläufiges Verfahren, wobei nur die wahrscheinlich erheblichen Tatsachen berücksichtigt wurden u. die Verteidigungsmittel beschränkt waren; das Urteil war nicht endgültig u. sollte nur den klägerischen Anspruch sofort befriedigen; dem Beklagten standen alle Rechtsbehelfe nachträglich zu. I. w. S. versteht man unter s. P. den ↗Arrestprozeß, den ↗Exekutivprozeß u. den unbedingten ↗Mandatsprozeß (a).

Prozeßagent = Rechtskonsulent (b).

Prud'hommes a) s. Zunft (1). **b)** (conseil de p.) in Fr. (zuerst 1806 in Lyon) gewerbliches Schiedsgericht, aus Arbeitgebern u. Arbeitnehmern zusammengesetzt. Die P. versuchen zuerst eine gütliche Einigung, u. erst wenn diese nicht gelingt, kommt es zu einem Urteil. Nach fr. Muster bestehen gleich eingerichtete Gewerbegerichte mit entspr. Bezeichnungen in einigen anderen Ländern. Vgl. Fabrikengerichte.

Przesieki leśne s. Posługi publiczne.

Psaltes s. Ordines (1).

Pstresto s. Decimus u. Narocznicy.

Pu a) in China im 2. Jh. v. C. eingerichteter Verband von mehreren ↗tschün (1); an der Spitze eines pu stand ein **pu-tsi-schi**, der in der ersten Zeit von Fall zu Fall ernannt wurde u. die Beamten kontrollierte. Aus den pu entstanden später eigentliche ↗Provinzen (↗tao bzw. ↗scheng). **b)** = Liu-pu.

– **schê** s. Schangschu-ling.

– **tschêng-ssi** unter den Mandschu der oberste Finanzbeamte eines ↗scheng.

– **tsi–schi** s. Pu (a).

Pubilla s. Hereu.

Public Act s. Act (of Parliament) u. Public Bill.

– **attorney** s. Solicitor.

– **Bill** eine ↗Bill (bzw. wenn zur ↗Act geworden: P. Act), die im Gegensatz zur ↗Private Bill allgemeingültige Rechtsnormen enthält (daher [Public] General Act) u. von einem Parlamentsmitglied o. der Regierung eingebracht wird. Bis zu Beginn, teilweise bis zur Mitte des 19. Jh. war für die P. B. wie für die Private B. das alte, gerichtliche Verfahren üblich; seitdem werden die P. B. in parl. Form beraten, wobei die übliche Ausschußberatung i. d. R. im ↗Committee of the Whole (House) stattfindet.

– **General Act** s. Public Bill.

– **Health** in Grbr. im Laufe des 19. Jh. geschaffener Begriff, der ursprgl. vom Sanitätswesen im eigentlichen Sinne, bes. von der Trinkwasserversorgung ausging, dann aber allm. nahezu das ganze Gebiet der inneren Verwaltung umfaßte, u. i. wesentl. dem kontinentalen Begriff der ↗Polizei im alten Sinne entspricht. Vgl. Sanitary District.

– **Record Office** s. Master of the Rolls.

– **Service Commission** s. Civil Service Commission.

– **trust** s. Trust.

Publicare = Fronung.

Publikation (Verkündigung) Rechtsverbindlichwerden eines Gesetzes durch Veröffentlichung; u. U. tritt dies erst nach einer Frist (vacatio legis) ein. Vgl. Promulgation u. Sanktion.

Puella de sala s. Dageschalk.

Puer 1. s. Vasall u. Gefolgschaft. 2. = Knappe (1). 3. s. Unfrei.

– **commendatus** s Gefolgschaft.

– **regis** in frk. Zeit Diener des Kgs. in gehobener Stellung, zu persönlichen Diensten verwandt, aber auch höhere Ämter (↗Graf) bekleidend, wahrscheinlich ein ↗Unfreier. Vgl. Königsknecht.

Puerorum terminus s. Jahre.

Pürsch, freie bis Ende des 18. Jh. in einigen Teilen West- u. Süddt., bes. in Schwaben, Bezirk (freier Pürschbezirk, Freipürschgebiet), in dem allen Eingesessenen, auch den Bauern, das Jagdrecht (ebenfalls f. P. genannt) zustand, in späterer Zeit wenigstens die niedere Jagd. Die f. P. hatten eine eigene Organisation, z. B. lag in der f. P. an der oberen Donau bei Ulm die Leitung des Ganzen in den Händen der Pürschstände (Pürschkollegium, pürschverwandte [Reichs]stände), die aus den beteiligten Fürsten, ↗Prälaten u. Vertretern der Städte bestanden, denen ein Pürschdirektorium vorstand. Seit dem 17. Jh. brauchten die Berechtigten (Pürschgenossen) einen Pürschpaß. – In den Waldungen der Städte gab es eine f. P. auch in Nord- u. Ostdt.

Puissance s. Dominion.

– **de fief** = Lehensretrakt.

Puletum s. Urbar (1).

Pulvérage, droit de Abgabe von durchziehenden Schafherden an den ↗seigneur.

Punctator s. Domkapitel.

Punktation vorläufiger Vertrag.

PUR = Armeeverwaltung, politische.

Purgator = Eideshelfer.

Purpuratus s. Kardinal (1).

Purveyance s. Herbergsrecht (1).

Putativehe (Glaubensehe, matrimonium putativum) an sich ungültige o. nichtige Ehe, bei der aber einem o. beiden Gatten das gesetzliche Hindernis unbekannt war; die Kinder heißen Putativkinder.

Putativerbe wer sich für einen Erben hält, ohne es zu sein.

Putativkind s. Putativehe.

Putter out s. Verlag.

Py-blon = Nomekhan.

Q

Quardraginta sapientes = Quarantia.

Quaestuare = Terminare.

Qualificatores (S. Officii) s. Congregatio Romana.

Quarantäne 1. (Kontumaz) die einem seucheverdächtigen Schiff auferlegte Frist (ursprgl. 40 Tage), innerhalb deren es auf bestimmtem Platze ohne Verkehr mit dem Lande o. anderen Schiffen zur Beobachtung liegen bleiben muß, bis ihm die Gesundheitsbehörde den Verkehr (libre pratique) gestattet. Es gibt auch eine Landquarantäne, bei der die Absperrung durch mil. Kordon erfolgt u. die Q. in bestimmten Lazaretten stattfindet. 2. neuerdings eine Form der Blockade.

Quarantaine s. Host.

– **de roi** (Quarantäne des Königs, quarantena regis) seit Beginn des 13. Jh. in Fr. durch den Kg. festgesetzte Frist von 40 Tagen, innerhalb derer die an einer ↗Fehde nicht unmittelbar Beteiligten vor Angriffen geschützt waren o. sich loskaufen konnten. Vgl. Landfriede (1).

Quarantia (quadraginta sapientes) seit Beginn des 13. Jh. vom ven. ↗Maggior Consiglio abgezweigt, zuerst hauptsächlich pol. tätig u. die einflußreichste Behörde, bald bedeutungslos u. seit dem 14. Jh. nur noch Berufungsgericht für Zivil- u. Strafsachen mit Ausschluß der Stadt. Zeitweise übte sie auch Aufsicht über Münze, Staatsanleihen usw. Seit dem 15. Jh. in vier Abteilungen gegliedert: **a)** Q. criminale mit den ↗Avvogadori als Berufungseinbringern, **b)** Q. civil (vecchia) mit den auditores vecchi (Zivilberufungen aus dem ↗Dogat u. der Ostadria), **c)** Q. civil nuova mit den auditores nuovi (Zivilberufungen aus der Terra ferma u. Übersee), **d)** Q. civil terza mit den auditores novissimi (Bagatellsachen).

Quarantena regis = Quarantaine le roi.

Quart denier s. Resignationsrecht.

Quart du sel s. Gabella.

Quarta 1. Abgaben für ↗Pfarrkirchen an den ↗Bischof, insbes. **a)** Q. decima(rum) (Q. decimationum) Viertel der Einkünfte, insbes. der ↗Zehnten (1); **b)** Q. legatorum, Viertel aller ohne bes. Bestimmung einer Kirche gemachten

Vermächtnisse; c) Q. mortuariorum (portio canonica, Q. funeralis, quota f.), Viertel des Nachlasses der Geistlichen. 2. nach lang. Recht der vierte Teil des Gesamtvermögens des Mannes, den dieser der Frau bei der Heirat gab; die Q. ersetzte ↗Wittum (1) u. ↗Morgengabe der anderen Rechte; bei Wiederverheiratung einer Witwe wurde in Benevent nur eine octava gegeben.

Quartalgericht (Quatembergericht) Gericht, das viermal jährl. Sitzungen abhält.

Quartalrat = Bannerrat.

Quartalsheer = Wojsko kwarciane.

Quartalsteuer Steuer, die vierteljährl. entrichtet wurde.

Quarte du conjoint pauvre in Fr. im Gebiet des röm. Rechts ein Viertel des Vermögens des verstorbenen Ehegatten, woran dem bedürftigen Überlebenden lebenslänglicher Nießbrauch zustand.

Quartenier s. Viertel (3).

Quarter s. Clan.

– Session (Borough) s. Friedensrichter (1).

Quarteriorum jus = Quartiersfreiheit.

Quarterly Court = District Court (1b).

Quartier 1. s. Kartell. 2. in Nordwestdt.u. den Ndl. früher Landesteil, der keinen eigentlichen Verwaltungsbezirk bildete, jedoch eine Einheit für Zwecke der ↗Landstände (Wahlen, Steuern u. ä.). In Frsl., Overijssel u. Geldern hielten die Q., die gleichmäßig alle ↗Stände (1) umfaßten, einen eigenen Quartiertag ab; die Quartiertage bildeten als Ganzes o. durch Abgeordnete die betr. ↗Provinzialstaaten. Schl. wurde 1529 zu mil. Zwecken in vier Q. eingeteilt. Die Q. in Schwyz u. Zug entsprachen ↗Markgenossenschaften. Vgl. Viertel (2). 3. = Viertel (3). 4. s. Stadtrat (a). 5. = Zunft (1).

Quartierdirektorium während des Dreißigjährigen Krieges in Niederöst. Behörde zur Regelung der Verpflegung der Armee; in den ↗Kreisen unterstanden ihm Oberviertelkommissäre mit Unterbeamten.

Quartiergeld s. Heersteuer.

Quartierkommissar s. Marschkommissar (b).

Quartiermeister bis Ende des 18. Jh. der ↗Offizier, der bei ↗Regimentern (2) o. sonstigen selbständigen Truppenkörpern außer seiner eigentlichen Funktion auch die Marsch- u. Lagersicherung, etwaige Befestigungen u. dgl. leitete. Vgl. Generalquartiermeister. – In der dt. Armee hieß Q. bei den berittenen Truppen der mit den Funktionen eines Kammerunteroffiziers betraute ↗Unteroffizier.

Quartiermeisterleutnant s. Generalquartiermeister.

Quartiersfreiheit (quarteriorum jus) früher in einigen Längern Ausdehnung der ↗Exterritorialität auf alle Häuser in der Nachbarschaft einer fremden Gesandtschaft; die betr. Häuser trugen das Wappen des fremden Staates. Q bestand z. B. in Madrid (bis Ende des 17. Jh.), Rom u. Ven., sowie in Frankfurt a. M. während der Dauer einer Kaiserkrönung.

Quartiersherr s. Zunft (1).

Quartiertag s. Quartier (2).

Quasibesitz = Rechtsbesitz.

Quasi-Committee of the Whole s. Committee of the Whole (House).

Quasidelikt im ↗gemeinen Recht (a) deliktähnlicher Fall, bei dem jemand kraft Gesetzes für die Handlung eines Dritten haftet.

Quasifelonie nach lomb. ↗Lehensrecht (a) nicht gegen den ↗Herrn gerichtete Handlung des Mannes, durch die er ehrlos u. ↗rechtlos wurde u. wodurch das ↗Lehen (1) ohne weiteres an die Seitenlinie fiel. Das dt. Lehensrecht unterschied Q. u. ↗Felonie nicht.

Quasifrater = Donatus (c).

Quasiinspiratio s. Electio canonica.

Quasiparochus selbständiger Pfarrer in den ↗terrae missionis, mit allen Rechten u. Pflichten eines ↗parochus, stets amovibilis u. nur an elf Tagen im Jahr zum Messelesen in seiner quasiparoecia (Quasipfarrei) verpflichtet.

Quasiparoecia s. Quasiparochus.

Quasipfarrei s. Quasiparochus.

Quasipossessio = Rechtsbesitz.

Quasiregularis (q. clericus) Mitglied einer ↗religio mit weniger strengen Gelübden.

Quatembergeld früher Bezeichnung für eine an diesen Termin gezahlte Abgabe, z. B. in Bhm. 1819–1862 Gebühr für die polizeiliche Beaufsichtigung des Bergbaus.

Quatembergericht = Quartalgericht.

Quatre, droit de = Champart (1).

Quatriennal (officier) s. Alternatif (officier).

Querbank s. Reichsfürstenrat.

Quersat im Norden die der ↗Heersteuer entspr. Abgabe.

Queste s. Taille.

Question préalable 1. in Fr. bis 1788 Folter, durch die ein Verurteilter zur Angabe der Mitschuldigen gebracht werden sollte. 2. = Vorfrage.

– préparatoire in Fr. bis 1780 Folter, um ein Geständnis zu erpressen.

Quevaisier s. Tenure en quevaise.

Quilet s. County.

Quindena s. Detractus jus.

Quindenia s. Annaten.

Quingentenarius s. Tausendschaft.

Quinquennales litterae s. Moratorium.

Quinquennalfakultäten = Facultates quinquennales.

Quinquennellen s. Moratorium.

Quint (los, quint-denier, vente[s]) Teil der ↗lods

et ventes, Abgabe an den ↗seigneur beim Verkauf eines Teiles eines ↗Lehens (1), bestehend in einem Fünftel des Kaufpreises, wozu manchmal noch ein Fünftel dieses Fünftels (requint, reventes) hinzukam. Vgl. Abrègement de fief.

Quista s. Taille.

Quo warranto (writ of) s. Writ.

Quorum die Zahl von Mitgliedern einer Versammlung o. eines Kollegiums, die zu einem bestimmten Zweck ausreicht (z. B. Beschlußfähigkeit, qualifizierte Mehrheit).

Quota funeralis s. Quarta (1).

R

Raad van Bestuur der dem ↗Raad van Indië entspr. Beirat des ↗Gouverneurs (4) in Surinam u. Curaçao.

– **van Indië** seit den Anfängen der ndl. Kolonisation bestehender Beirat des ↗Generalgouverneurs von Ndl.-Ind. (bzw. im 17. Jh. von Ndl.-Bras.), zeitweise die tatsächliche Regierung ausübend, später ohne Bedeutung, seit 1854 begutachtendes Organ, aus fünf von der Krone ernannten Mitgliedern bestehend, bis 1925 mit beschränktem Gesetzgebungsrecht. Ursprgl. auch oberstes Gericht, wurde später die Rechtsprechung einem bes. ↗Raad van Justitië übertragen.

– **van Justitië** im früheren Ndl.-Ind. Gericht erster Instanz für Europäer, zweiter Instanz für Eingeborene; für letztere war erste Instanz der Landraad. Vgl. Raad van Indië.

– **van State** ↗Staatsrat (1) der Ndl., gegründet 1584 als eigentliche Regierung, bestehend aus Vertretern der ↗Provinzen; er führte aber tatsächlich die Regierung nur zwei Jahre, dann trat er hinter den ↗Generalstaaten zurück u. blieb nur Exekutivbehörde; heute berät er die Regierungsvorlagen vor deren Einbringung in die Generalstaaten.

Raadpensionaris = Ratspensionär.

Rabattement de decrét im Sprengel des ↗Parlaments (2) von Toulouse ↗Retrakt eines Schuldners u. seiner Kinder an Gütern, die ihm zwangsweise verkauft worden waren.

Rabbinalgericht s. Judengericht (a).

Rabbinatsassessor s. Rabbiner.

Rabbinatsbezirk s. Rabbiner.

Rabbiner (im Or. auch Chacham) von der Gemeinde berufener o. vom Staat eingesetzter (anerkannter) Lehrer u. Prediger der rabbinisch-talmudischen Juden, früher (i. allg. bis ins 18. Jh.) auch Richter, wobei er in wichtigen Fällen von Beisitzern (Rabbinatsassessoren, Daj[j]anim) unterstützt wurde; er trat in neuerer Zeit an die Stelle des alten Rabbi (Ehrentitel für Schriftgelehrte, früher auch ↗Judenmeister [a]). In vielen Ländern stehen o. standen die R. unter einem Großrabbiner (in der Tk. Chacham Baschi), scheiden sich auch teilweise in Landrabbiner (mit mehreren Gemeinden), Kreisrabbiner u. Stadtrabbiner. In einigen Ländern, z. B. in früherer Zeit in Dt., standen Oberrabbiner an der Spitze einer größeren Anzahl von R. – In kleineren Gemeinden fehlte vielfach ein eigener R.; diese waren dann zu Rabbinatsbezirken (Synagogenbezirke) vereinigt. In Ba. bildete der an der Spitze eines solchen stehende Bezirksrabbiner mit einem o. mehreren Bezirksältesten die Bezirkssynagoge als Verwaltungsbehörde, die u. U. durch Vertreter der Synagogenräte zur Bezirksversammlung erweitert werden konnte.

Rabbinergericht s. Judengericht (a).

Rachat = Laudemium u. Relevium.

Racherecht neben der ↗Blutrache der ↗Sippe dem einzelnen Verletzten, d. h. nur dem jeweils nächsten Erben, zustehendes Recht u. die Pflicht, an dem Täter Rache zu üben; daraus entstand im Laufe des MA. das Recht der Blutklage.

Rachinburgen (Ratbürgen, ↗Urteiler, Urteilsweiser) bei den Frk. vom Richter ernannter Ausschuß der Gerichtsgemeinde (s. Ding) zur Abgabe des Urteilsvorschlages.

Rackrent s. Clan.

Rada Państwa s. Staatsrat (3).

Radchenistre = Radmannus.

Râdcnight = Thane.

Rade = Gerade (b).

Radhusrätt = Rathausgericht.

Radmannus (radchenistre) sixhyndman (s. Thane) in Mercia nach der dän. Eroberung.

Radscha (Raja[h]) Titel der einheimischen vorderind. Fürsten, vielfach, bes. wenn ein R. über andere R. herrscht, als Maharadscha bezeichnet; einige führen den entspr. pers. Titel. Mir (aus ↗Emír).

– **Sabha** s. Union Parliament.

Radschpramukh in Ind. 1951–1956 Oberhaupt eines Einzelstaates, der früher selbständiger Fürstenstaat gewesen war u. von dem bei Ausarbeitung der Verfassung angenommenen wurde, daß er das demokratische Regime unterstützen werde; die Würde war erblich im Hause des früheren ↗Radscha. Der R., der einen Stellvertreter (Uparadschpramukh) haben konnte, war u. U. durch den Präsidenten absetzbar.

Die Staaten unter R., u. ebenso einige unter ↗Gouverneuren (4), standen bis 1956 unter bes. Aufsicht der Zentralregierung u. wurden als B-Staaten von den A-Staaten unterschieden, d. h. denjenigen, die von vornherein volle ↗Autonomie (b) genossen u. i. wesentl. aus den früheren ↗Governor's Provinces bestanden. Außerdem gab es bis 1956 C-Staaten, die früheren ↗Commissioner's Provinces u. einzelne frühere Fürstenstaaten; diese hatten nur zum Teil Volksvertretungen u. ↗Minister (1), i. allg. entsprachen sie ↗Territorien (3) u. wurden durch ↗Lieutenant-Governors (b) regiert; 1956 wurden sie zum Teil zu tatsächlichen Territorien (Unionsgebiete), die übrigen anderen Staaten angeschlossen.

Rady Narodowe s. Woiwode.

Raedcamere = Ratskammer (1).

Räte, deputierte s. Deputierte.

– kollaterale = Conseils collatéraux.

– und Hundert in Luzern 1492–1798 das regierende Kollegium, bestehend aus dem alten ursprgl. ↗Stadtrat (a) von 36 u. den später hinzugekommenen «Hundert» von nur noch 64 Mitgliedern.

Rätekongreß = Sjesd Sowjetow Sojusa.

Räumungsrecht = Stangenrecht.

Rahtwahr s. Echtwort.

Railway and Canal Commissioner 1873 vorläufig, 1888 dauernd eingesetztes ↗Verwaltungsgericht (a) für Streitigkeiten (bes. Tariffragen), die Eisenbahnen u. Wasserstraßen der Br. Inseln betrafen, aus Richtern der höchsten Gerichtshöfe zusammengesetzt; 1921 wurde es durch ein dem Verkehrsminister unterstelltes Tarifgericht (Rates Tribunal) ersetzt.

Rainbruder s. Attunger.

Raintag Grenzbegehung.

Rainung Grenzbegehung.

Raisa generalis s. Heerfahrt.

Raitbrief ↗Urkunde, in der die ↗Raitkammer einem Beamten Entlastung erteilte; der R. enthielt außerdem die gesamte Abrechnung.

Raiter = Steuerherr.

Raitkammer (Reitkammer) in Öst. seit 1499 (selten schon vorher) Bezeichnung der Innsbrucker ↗Schatzkammer (2), nachdem diese i. wesentl. zu einer obersten Kontrollbehörde, einer ↗Rechenkammer, geworden war; 1500 wurde sie auf Tirol u. Vorderöst. beschränkt, für welche Länder sie auch oberste Finanzbehörde blieb; tatsächlich blieb sie Kontrollbehörde auch für Niederöst., wenn auch mit umstrittener Kompetenz; 1523–1536 war sie mit der ↗Regierung (1) zu einem «Wesen» vereinigt. 1522 wurde für die niederöst., 1527 auch für die bhm. u. die ung. Lande je eine R. errichtet. Sie waren Rechenkammern u. oberste Finanzgerichtshöfe u. verwalteten außerdem die ↗Domänen.

Raitrat zur Rechnungsabnahme ernannter Kommissär.

Raitung, auf in Öst. früher Verhältnis eines Beamten, der sein Amt in eigener Regie verwaltete u. die Überschüsse abführte. Vgl. Bestand u. Schied, auf.

Raja(h) = Radscha.

Randbeet s. Anwand.

Randir s. Clan.

Randung = Stuhlung.

Rang(schif)fahrt = Reihe(n)fahrt.

Rangsteuer = Klassensteuer (a).

Rape (rapum) Verwaltungseinheit in der ↗County Sussex seit der norm. Eroberung.

Rappenpfennig s. Bodenzins.

Rappenzins s. Bodenzins.

Ras in Abessinien bes. an Provinzialstatthalter verliehener Titel, i. d. dt. Lit. meist mit ↗Fürst (b) wiedergegeben.

Rasporjashenije s. Postanowlenije.

Rat 1. = Landrat (4) u. Stadtrat (a). **2.** = Gespräch (1 b).

– älterer s. Stadtrat (a).

– äußerer s. Stadtrat (a).

– alter s. Stadtrat (a).

– bei der Kanzlei s. Oberrat.

– beim Justizwesen, geheimer s. Justizrat, geheimer.

– beständiger s. Stadtrat (a).

– der Alten = Conseil des anciens u. Genrōin.

– der Bundesvolkskommissare s. Volkskommissar.

– der DEK s. Reichsbruderrat.

– der Drei s. Staatsinquisition.

– der Evang. Kirche in Deutschland zuerst 1945 von der Kirchenversammlung in Treysa zur vorläufigen Leitung u. Verwaltung der EKD berufen, 1949 durch einen endgültigen von der ↗Synode u. der ↗Kirchenkonferenz gewählten R. ersetzt. Er besteht aus elf auf sechs Jahre gewählten Mitgliedern u. dem Präses der Synode u. tritt nach Bedarf zusammen. Amtsstellen des R. sind die Kirchenkanzlei (s. Ministerium, geistliches [b]) u. das Kirchliche ↗Außenamt.

– der Evangelisch-Lutherischen Kirche Deutschlands s. Konferenz, Allgemeine Evangelisch-Lutherische.

– der französischen Union, (oberster) = Haut-Conseil de l'Union française.

– der Geistesarbeiter, oberster = Conseil supérieur des travailleurs intellectuels.

– der Fünfhundert = Conseil des cinq-cents.

– der Gemeinde s. Stadtrat (a).

– der Republik = Conseil de la République.

– der Richter, oberster = Conseil supérieur de la magistrature.

– **der Stadt** s. Stadtkreis (2).
– **der Volksbeauftragten** nach russ. Muster 1918/19 in Dt. die Regierung, bestehend aus sechs Mitgliedern, denen ↗Staatssekretäre (4) zur Seite standen.
– **der Volkskommissare** s. Volkskommissar.
– **der Zehn** (Consiglio dei Dieci) 1310 provisorisch, 1335 endgültig eingesetzte zehngliedrige Kommission des ven. ↗Maggior Consiglio u. der ↗Signoria (b), ↗Staatsgerichtshof, der bes. im 14. u. 15. Jh. in weitgehendem Maße die innere u. äußere Politik leitete; die Mitglieder waren unbesoldet, nicht unmittelbar wiederwählbar u. durften nicht miteinander verwandt sein; den Vorsitz führten drei monatlich neu gewählte Capi. Der ↗Doge (a) mit seinen sechs Räten nahm an den Sitzungen teil; in außerordentlichen Fällen wurde der Rat seit 1355 durch eine ↗Zonta von meist zwanzig (seit 1529 fünfzehn) Mitgliedern verstärkt; sie war später dauernd berufen, wurde aber 1583 faktisch, 1628 auch rechtlich abgeschafft. Aus dem R. d. Z. ging 1539 die ↗Staatsinquisition hervor.
– **der Zwölf** = Consiglio dei Dodici.
– **des Bezirks** s. Bezirksrat.
– **des Kreises** s. Kreisausschuß.
– **des Reichs, gemeiner** s. Reichstag (1).
– **enger(er)** s. Stadtrat (a).
– **ewiger** s. Stadtrat (a).
– **ganzer** s. Stadtrat (a).
– **geheimer** 1. (G. Regimentsrat, Geheimes Kabinett, auch G. Ratskollegium) früher in den meisten dt. Staaten Bezeichnung des ↗Staatsrates (1), i. d. R. aus dem ↗Hofrat (1) hervorgegangen. Der erste G. R. wurde 1527 in Öst. als kollegiale Behörde mit begutachtender Stimme errichtet; die Zusammensetzung wechselte, den Vorsitz führte der Ks. o. sein erster ↗Hofmeister (1); zunächst nur für Auswärtiges zuständig, verdrängte er allm. den Hofrat nahezu ganz und wurde 1670 durch die ↗Konferenz ersetzt. In Brand. war der G. R. (seit 1604) zuerst nur für die Mark, seit 1651 (unter gleichzeitiger Gliederung in 19 ↗Departements[2]) für den Gesamtstaat zuständig; zuerst nur beratend, dann in Abwesenkeit des ↗Kurfürsten die eigentliche Regierung, wurde er später durch das ↗Kabinettsministerium zurückgedrängt, verlor unter Friedrich Wilhelm I. (nunmehr G. Staatsrat [Etatsministerium, G. Etatsrat, G. Staatsministerium] genannt) jede Bedeutung, besaß keinen bestimmten Geschäftskreis mehr u. wurde unter Friedrich II. nicht mehr berufen. – Für die Mitglieder der G. R. ist diese Bezeichnung älter als für das Kollegium; später wurde G. R. mehr u. mehr Titel für alle möglichen Beamten u. Nichtbeamten, vielfach mit Ressortbezeichnung; demgegenüber hießen die Mitglieder des G. R. Wirklicher G. R. (in Pr. seit Mitte des 17. Jh., später G. Staatsrat); später war auch dies bloßer Titel. 2. s. Stadtrat (a).
– **geistlicher** 1. in Bay. 1520–1585 herzogl. Zentralbehörde, einer Visitationskommission (s. Visitation) entspr., die unter Ausschaltung der Gerichtsbarkeit der ↗Bischöfe die gesamte Kirchenverwaltung kontrollierte. 2. s. Generalvikar (1 a) u. Offizial. 3. s. Konsistorium (2). 4. s. Kirchenrat (2).
– **gemeiner** s. Stadtrat (a).
– **geschworener** s. Poortmeester.
– **gesessener** s. Landrat (4).
– **großer** 1. s. Stadtrat (a). 2. s. Landrat (4). 3. = Maggior Consiglio. 4. in der Schw. während der Helvetik die zweite ↗Kammer (2 a). 5. = Grand Conseil (3). 6. = Gran Consiglio (del Fascismo). 7. = Consiglio Principe.
– **heimlicher** 1. = Secretarius. 2. = Hofrat (1). 3. s. Heimlicher (2).
– **hoher** 1. s. Stadtrat (a). 2. = Sanhedrin. 3. = Hooge Raad.
– **in der Hans** s. Hanse.
– **Indischer** s. India Office.
– **innerer** s. Stadtrat (a).
– **jüngerer** s. Stadtrat (a).
– **junger** s. Stadtrat (a).
– **kaiserlicher** 1. ursprgl. Titel, der in den öst. Ländern dem Rat von Haus aus (s. Rat und Diener) entsprach; später wurde er an höhere Beamte o. Privatpersonen als bloßer Ehrentitel verliehen. 2. in E.-L. oberstes ↗Verwaltungsgericht (a), als Ersatz des fr. ↗conseil d'état (1).
– **kleiner** 1. s. Signoria (b) u. Stadtrat (a). 2. s. Landrat (4). 3. = Regierungsrat (4). 4. (k. Senat) in Straßburg seit Anfang des 17. Jh. das (einzige) ↗Stadtgericht.
– **königlicher** s. Statthaltereirat (b).
– **Lutherischer** s. Konferenz, Allgemeine Evangelisch-Lutherische.
– **neuer** s. Stadtrat (a).
– **niederländischer bzw. italienischer** von Karl VI. nach der Niederlegung der sp. Krone beibehaltene Consejos (s. Consejo de Estado) für die ihm verbliebenen Teile der Ndl. u. It., 1757 mit der ↗Staatskanzlei vereinigt; die beiden Räte entsprachen ihrem Wesen nach den ↗Hofkanzleien der anderen Länder.
– **Oberster** (eigentlich Oberster Kriegsrat) 1917 gebildete höchste Vertretung der «Allierten Mächte», aus deren ↗Ministerpräsidenten bestehend; er hatte die Aufsicht über die Durchführung der Verträge von 1919/20, soweit sie nicht anderen Organen zugewiesen war; nach 1923 trat der O. R. nicht mehr zusammen.
– **Parlamentarischer a**) s. Länderrat (a). **b**) 1948/49 in Bonn tagende verfassunggebende Versammlung, bestehend aus 65 von den ↗Landtagen

(1) der elf ↗Länder (1 e) gewählten Vertretern.
– **rechter** s. Stadtrat (a).
– **regierender** s. Stadtrat (a).
– **täglicher** 1. s. Stadtrat (a). 2. seit Ende des 15. Jh. der eigentliche ↗Hofrat (2), der sich dauernd am Hofe aufhielt u. täglich in den Sitzungen erschien.
– **sitzender** s. Stadtrat (a).
– **ständiger** s. Stadtrat (a).
– **steter** s. Stadtrat (a).
– **überalter** s. Stadtrat (a).
– **und Diener** im späteren MA. bis ins 17. Jh. Bezeichnung der Adligen u. ↗Ritter, die sich, über ihre Verpflichtungen als Lehensleute (s. Lehen [1]) hinaus dem Dienst des Landesherrn (s. Landeshoheit) als dessen Räte o. Beamte widmeten; auch wurde R. und D. gewissermaßen als Titel verliehen, ohne daß daraus dem Inhaber ohne weiteres Verpflichtungen erwuchsen. In einigen dt. Ländern (z. B. Brand. u. Öst.) verpflichteten sich solche ↗Diener (1), eine bestimmte Zeit im Jahr mit einer festgesetzten Zahl von berittenen Knechten am Hofe zu erscheinen; sie hießen R. (und D.) von Haus aus (Hausräte), waren meistens auch Räte im eigentlichen Sinne u. als solche dann verpflichtet, in dieser Zeit am ↗Hofrat (1) teilzunehmen. Solche R., die dauernd am Hofe lebten, hießen wesentliche R. In andern ↗Territorien (2) (z. B. in Wü.) verstand man unter einem Diener von Haus aus einen R. und D., der nicht verpflichtet war, am Hofe zu erscheinen, sondern seine Dienste von seinem Hause aus leistete.
– **unsterblicher** s. Stadtrat (a).
– **voller** s. Stadtrat (a).
– **von Brabant** s. Ratskammer (1).
– **von Flandern** s. Ratskammer (1).
– **von Haus aus** s. Rat und Diener.
– **weiter(er)** s. Stadtrat (a).
– **wesentlicher** s. Rat und Diener.
– **wirklicher Geheimer** s. Rat, geheimer (1).
– **zu den Verhören, geheimer** s. Justizrat, geheimer (1).
Ratbürgen = Rachinburgen.
Rates Tribunal s. Railway and Canal Commissioners.
Ratgeben Mitglieder eines Rates, z. B. des ↗Stadtrates (a) o. des Zunftrates (s. Zunft [1]).
Ratgeselle s. Stadtrat (a).
Rathausgericht (radhusrätt) in Schwd. u. Finnl. Gericht erster Instanz in den Städten. Vgl. Häradshöfding.
Ratifikation (Ratihabition) Genehmigung einer Verhandlung, eines Geschäfts u. dgl., mit Auftrag (meist R. genannt) o. ohne (meist Ratihabition). Bes. gebraucht für die endgültige Annahme eines völkerrechtlichen, durch die Bevollmächtigten unter Vorbehalt der R. unterzeichneten Vertrags durch die verfassungsmäßig berufenen Faktoren. Die R. wird in bes. ↗Urkunden niedergelegt; mit ihrem Austausch gilt der Vertrag als in Kraft getreten. Vgl. Paraphierung.
Ratihabition = Ratifikation.
Ratiocinator s. Ministerium (4).
Rationalis s. Poortmeester.
Rationarium s. Urbar (1).
Rationarius s. Poortmeester.
Ratmann s. Markgenossenschaft, Schöffe (2) u. Stadtrat (a).
Ratsältester s. Stadtpfleger (b).
Ratsbank, niedere s. Stadtrat (a).
– **obere** s. Stadtrat (a).
Ratsbuch i. w. S. ein ↗Stadtbuch überhaupt, i. e. S. ([Rats]denkelbuch) Stadtbuch über Geschäfte des ↗Stadtrats (a).
Ratschreiber a) = Stadtschreiber. **b)** in Basel seit 1382 dem ↗Oberstzunftmeister beigegebener Schreiber, der dem ↗Stadtschreiber beim ↗Bürgermeister (1) entsprach u. außerdem die Angelegenheiten der ↗Zünfte (1) besorgte.
Ratsdenkelbuch s. Ratsbuch.
Ratserbsasse s. Gemeinde (2).
Ratseß Sitz und Stimme im ↗Stadtrat (a).
Ratsfähigkeit s. Stadtrat (a).
Ratsfreund s. Freund, Ratsherr (a), Stadtrat (a), Städtebank, Städtekollegium u. Zunft (1).
Ratsgenosse s. Stadtrat (a).
Ratsgeschworener s. Stadtrat (a).
Ratsherr a) Mitglied eines ↗Stadtrates (a). In einigen Städten unterschied man die den ↗Patriziern angehörenden R. als oberste R. (Oberste, R. i. e. S., consules majores, c. nobiles) von den den ↗Zünften (1) angehörenden gemeinen R. (Gaffelherren, Gilderatsherren, Ratsfreunde, Zunftherren, consules communes); in Basel unterschied man die R. (i. e. S.) der Herrenzünfte von den Meistern der übrigen Zünfte, in Dortmund die Superioren u. mittleren R. des Erbsassenstandes (s. Gemeinde [2]) von den R. der ↗Gilde, wobei die Superioren die eigentliche Verwaltung führten. – Auch gab es manchmal R. mit bloß beratender Stimme (R. de senatu) neben solchen mit entscheidender Stimme (R. ex senatu, R. in senatu). **b)** s. Gemeinderat (a). **c)** s. Schöffe (2).
Ratskammer 1. (Gerichtskammer, raedcamere, chambre de justice, ch. du conseil, cour du conseil, auch camere, chambre) in den Ndl. die aus der ↗curia (1) vom 11. Jh. an sich entwickelnde oberste Verwaltungsbehörde, zugleich ↗Hofgericht (a) u. ↗Rechnungshof, insbes.: **a)** der 1386 in Lille errichtete oberste Gerichts- u. Rechnungshof, zunächst für Flandern (vgl. Audience), dann auch für andere Teile des heuti-

gen Belg., 1409 in eine ↗chambre des comptes in Lille u. einen Gerichtshof, den Rat von Flandern (conseil de Flandre, raed van Vlaenderen), im 15. Jh. in verschiedenen Städten, seit 1464 in Gent, geteilt; er blieb bis Ende des 18. Jh. das höchste Gericht dieser ↗Provinzen; **b)** der 1423 in Brüssel vom herzogl. Rat abgezweigte Gerichtshof, der nach Erlöschen des Rates den Namen Rat von Brabant annahm u. ebenfalls bis Ende des 18. Jh. bestand. **2.** in Öst. seit 1873 Abteilung eines ↗Kreisgerichts (c) für Voruntersuchungen u. Vorerhebungen, etwa den heutigen dt. ↗Strafkammern entspr. Bis 1879 gab es auch in Pr. u. anderen dt. Ländern R. mit ähnlicher Zuständigkeit. **3.** s. Gewerbekammer.

Ratsknecht, oberster = Oberstknecht.

Ratskollegium s. Gericht (1 b).

– geheimes = Rat, geheimer (1).

Ratskonsulent s. Syndicus (1).

Ratsmeister s. Bürgermeister (1).

Ratsmittel s. Stadtrat (a).

Ratspensionär (Großpensionär, raadpensionaris, bis 1630 Generaladvokat, Generalanwalt, Landesadvokat, Landesanwalt) ↗Syndicus (1) der ↗Staaten von Holl., entstanden 1489 durch Vereinigung der Ämter des Syndicus (im üblichen Sinne) u. des Präsidenten der Staaten, zugleich mit deren Berufung u. der Führung der Register betraut. Seit 1572 u. bes. seit 1584 auch Vertreter Holl. in den ↗Generalstaaten, Vorsitzender der holl. ↗Landstände, gewissermaßen erster Minister Holl. u. damit der Ndl. überhaupt, vor allem durch die ihm übertragene Korrespondenz mit den ↗Gesandten der tatsächliche Leiter der äußeren Politik, das letztere indessen nur unter Oldenbarneveldt u. De Witt. Das Amt des R. wurde auf je fünf Jahre vergeben; 1795 wurde es abgeschafft, die Bezeichnung R. aber 1805 vorübergehend als Titel des Präsidenten der Batavischen Republik wiederaufgenommen. – Außer Holl. kannte nur Zeeland (seit 1578) das Amt eines R.

Ratsperson s. Stadtrat (a).

Ratspfleger s. Stadtrat (a).

Ratsredner s. Stadtredner.

Ratsrichter = Gerichtsherr (2).

Ratsschultheiß s. Schultheiß.

Ratsschwester bei den weiblichen Orden (s. Religio) Ordensschwester, die bei Beratungen von den ↗Ordensoberen zugezogen wird.

Ratsstrafe † Polizeistrafe.

Ratsstube (fürstliche) s. Justizkollegium.

Ratssyndicus s. Syndicus (1).

Ratsurkunde = Schöffenbrief.

Ratsversetzung s. Stadtrat (a).

Ratsverwandter s. Verwandter (1) u. Stadtrat (a).

Ratswechsel s. Stadtrat (a).

Ratum = Interkalarfrüchte.

Raub- und Wechselvertrag (Raubehevertrag) Vertrag zwischen ↗Grundherren o. ↗Gutsherren, wonach ihren ↗Hörigen o. ↗Leibeigenen gegenseitig die Heirat (was an sich nur innerhalb der ↗Genoßsame [1] möglich war) sowie Freizügigkeit zwischen den betr. ↗Herrschaften gestattet wurde. Ohne Vertrag fand von Fall zu Fall ein sogen. Wechsel (Abwechslung) derart statt, daß die betr. Leute freigelassen wurden u. sich dann in die Hörigkeit des anderen Herrn begaben; über die ↗Freilassung wurde eine ↗Urkunde (Wechselbrief) ausgestellt, wofür eine Gebühr (Wechselgeld, Wechselung) gegeben wurde.

Raubehevertrag = Raub- und Wechselvertrag.

Raubsteuer s. Bede (1) u. Vogtei (2).

Rauchfanggulden = Herdsteuer.

Rauchfangsteuer = Herdsteuer.

Rauchgeld = Herdsteuer.

Rauchhafer = Herdsteuer.

Rauchhuhn a) = Herdsteuer. **b)** s. Bodenzins.

Rauchpfennig = Herdsteuer.

Rauchpfund = Herdsteuer.

Rauchschatz = Herdsteuer.

Rauchschilling = Herdsteuer.

Rauchsteuer = Herdsteuer.

Rauchzins = Herdsteuer.

Raumrecht s. Waldfeldwirtschaft.

Ravestissement (entravestissement, reavestitio) im MA. in nordfr. u. belg. Rechten der Übergang des gesamten ehelichen Vermögens an den überlebenden Ehegatten. Das R. fand entw. von Rechts wegen statt (R. de sang, R. légal, R. van bloede, Blutsauflassung), wenn ein eheliches Kind lebend geboren, aber vor beiden Eltern gestorben war, o. durch Vertrag (R. conventionnel, R. par lettres, R. verbael), der nur bei kinderloser Ehe o. nach ↗Abschichtung sämtlicher Kinder möglich war. Im einzelnen war das R. in den coûtumes verschieden behandelt.

Rayon (↗Kreis) in Rußl. seit 1923 allm. eingerichtete kleinste Verwaltungseinheit von 30 000 bis 60 000 (teilweise auch mehr) Einwohnern. Die R. umfassen hauptsächlich landwirtschaftliche Gebiete (Landrayons); Städte (i. d. R. jede Siedlung mit mehr als 1000 Einwohnern, sofern nicht mehr als 25% landwirtschaftlich tätig sind) bilden bes. Stadtrayons; größere Städte zerfallen in mehrere R. Die Verwaltungsorganisation nach der Revolution wird nach den R. als Rayonierung bezeichnet. Vgl. Okrug (a) u. Selo.

Rayonierung s. Rayon.

Rayonvollzugsausschuß s. Zentralnyi Ispolnitelnyi Komitet.

Re, jus in s. Rem, jus ad.

– und Correlation s. Conclusum duorum.

Réaggrave s. Aggrave.

Realakt in Öst. gerichtliche Amtshandlung, die ein Grundstück betrifft.

Realarrest s. Arrest.

Realbuch Grundbuch.

Realcitation soviel wie Verhaftung o. gewaltsame Vorführung. Vgl. Citation.

Realdepartement = Fachdepartement.

Realfrei (adligfrei) frei von Steuern, Diensten usw.; die Realfreiheit haftete am Grundstück, gleichviel ob dieses in adliger o. nichtadliger Hand war.

Realgemeinde (Ortsgemeinde) in älterer Zeit jede ↗Dorfgemeinde, insofern als die Zugehörigkeit zur Gemeinde an der Dorfflur haftete, so daß alle Inhaber von Grundstücken, die nicht zur Dorfflur gehörten (z. B. Pfarr-, Schul-, Forsthaus), auch nicht Gemeindemitglieder waren u. keine Nutzungsrechte an der ↗Allmende besaßen; sie waren Nichtrechtler. – Als sich die Dorfgemeinde seit dem 16. Jh. u. bes. seit Ende des 18. Jh. zur ↗Bürgergemeinde bzw. ↗Einwohnergemeinde entwickelte, wurde die R. allm. zu einer Genossenschaft der Alteingesessenen (Altbauern [daher Altgemeinde], Gemeinderechtler, Rechtler), die ihre pol. Rechte an die Bürgergemeinde abtrat u. wesentlich private Korporation wurde (daher Agrargemeinde, Allmendgemeinde, Gemeinheit, Gütergemeinde). Während in Süddt. die R. i. allg. mit der Bürgergemeinde verschmolz, erhielt sie sich in der Schw. (selten in Süddt.) unter den verschiedensten Benennungen (Allmendgenossenschaft, Allmendkorporation, Bürgerkorporation, Gemeinderechtsverband, Genoßsame, Gerechtigkeitsgemeinde, Gerechtigkeitsgenossenschaft, Korporationsgemeinde, Rechtlergemeinde, Teilsame, Ürthe), wobei die Grenzen gegen die gleichsfalls zur privaten Genossenschaft gewordenen Bürgergemeinde verschwimmen u. die R., im Umfang teilweise einer alten ↗Markgenossenschaft entsprechend, sehr verschiedene Rechte besitzt, teils nahezu die einer selbständigen Gemeinde, teils nur die eines Vereins; bes. häufig ist die R. eine ↗Alpgenossenschaft. Vgl. Nutzungsgemeinde u. Territorialgemeinde.

Realgemeinderecht s. Allmende.

Realgewerberecht ↗Realrecht, ein Gewerbe (Realgewerbe) auszuüben; in früherer Zeit war mit dem R. i. d. R. ein ↗Zwangs- und Bannrecht verbunden. Neben diesen radizierten R. gibt es auch solche, die nicht an einem Grundstück haften (R. i. e. S., nicht fundierte R.). – R., die an einem Landgut haften (z. B. in den bhm. Ländern an einem Landtafelgut [s. Landtafel (1)]) heißen Dominikalrechte (z. B. ↗Propinationsrecht). Vgl. Personalgewerberecht.

Realhufe s. Hufe.

Realisierung i. d. Lit. verwendet für die im MA. übliche Umbildung von persönlichen Beziehungen rechtlicher Art in dingliche, z. B. die Umwandlung der ↗Unfreien in ↗Hörige, o. im ↗Lehensrecht (a) das Zurücktreten der ↗Lehenstreue gegenüber dem rein sachlichen ↗Lehensdienst.

Realist s. Personalist (1).

Reallast (Praediallast, in der Schw. Grundlast) Belastung eines Grundstücks (↗Zinsgut) mit wiederkehrenden Leistungen positiver Art, z. B. ↗Bodenzins, ↗Fronden (a), Renten u. ↗Zehnten (1). Berechtigt zur Forderung ist entw. eine bestimmte Person o. der Eigentümer eines bestimmten Grundstücks. In neuerer Zeit wurden die R. stark eingeschränkt (so in Dt.) o. ganz aufgehoben (so in Fr.). Vgl. Servitut.

Realleibeigenschaft = Lokalleibeigenschaft.

Realpatronat s. Patronat.

Realrecht an einem Grundstück (z. B. einem ↗Territorium [2]) haftendes Recht, namentlich im MA. weit verbreitet; ein bes. wichtiges R. ist das ↗Realgewerberecht.

Realservis s. Servis (2).

Realservitut s. Servitut.

Realstatut = Territorialität des Rechtes.

Realsteuer (Objektsteuer) im Gegensatz zur ↗Personalsteuer eine Steuer, bei der die wirtschaftliche Leistungsfähigkeit einer Einzelwirtschaft die Grundlage der Besteuerung bildet.

Realsystem **a**) (Ministerialsystem) Verwaltung des Landes durch ↗Fachdepartements. Vgl. Provinzialsystem. **b**) Einteilung eines Landes in Verwaltungsbezirke von möglichst gleicher Größe u. Bevölkerungszahl.

Realteilung = Totteilung.

Realunion im Gegensatz zur ↗Personalunion Vereinigung mehrerer Staaten durch verfassungsrechtliche Bindung, meist durch eine Anzahl gemeinsamer Behörden, aber ohne daß die Teilstaaten ihre Souveränität aufgeben.

Rearadmiral = Konteradmiral.

Reavestitio = Ravestissement.

Recadentiae jus = Fallrecht (1).

Recall in einigen Staaten der USA (zuerst 1908 in Oregon) u. in sehr vielen Städten (auch außerhalb dieser Staaten) Verfahren, wodurch jeder Beamte (auch Richter) durch Abstimmung abgesetzt werden kann; diese wird durch Petition eines Teiles der Wähler (meist 25% herbeigeführt.

Recepta thesauri s. Exchequer.

Receptor actorum s. Offizial.

Recessus = Rezeß.

– imperii = Reichsabschied.

Recette générale s. Receveur général.

Receveur im Johanniterorden der Schatzmeister jedes Großpriorates (s. Zunge).

– **de l'épargne** = Trésorier de l'épargne.

– **général** in Fr. seit Beginn des 14. Jh. den ↗généraux des finances zur Seite stehender Kassierer; i. d. R. waren es zwei. Als die généraux des finances zu Provinzialbeamten wurden, wurde jedem von ihnen ein bes. R. g. (des aides) beigegeben. 1542 wurden sie beseitigt u. jedem général des finances eine Anzahl R. g. unterstellt, so daß nunmehr jede ↗généralité in Generalrezepturen (recettes générales) zerfiel, die gleichmäßig für die ordentlichen u. die außerordentlichen Einnahmen galten; als 1551 die Zahl der généralités mit der der recettes générales gleichgesetzt wurde, wurde wiederum jedem Finanzgeneral ein R. g. zugeordnet. – Seit Ende des 18. Jh. hat jedes ↗département (b) einen R. g. des finances. – In Flandern gab es einen R. g. schon seit dem 11. Jh. Vgl. Trésoriers (de France).

Rechenbank früher in einer Behörde, bes. in einer ↗Rechenkammer, die mit der Rechnungskontrolle betraute ↗Bank.

Rechenkammer (Rechnungskammer, Rentkammer) früher in vielen dt. Ländern die dem heutigen ↗Rechnungshof entspr. Behörde, die aber neben der Finanzkontrolle auch Verwaltungsbefugnisse hatte, vielfach überhaupt einem Finanzministerium gleichkam u. außerdem Gerichtshof war; zudem erstreckte sich ihr Bereich manchmal nur auf einen Teil des Finanzwesens, z. B. auf die ständische Finanzverwaltung (vgl. Territorialstaat). In größeren Staaten, z. B. in Pr., bestanden provinziale R. Auch die ↗Kammern (1) in den Städten hießen manchmal R. Vgl. Kämmerer (1). – In Bay. gibt es eine R. neben dem Rechnungshof zur Kontrolle der den Einzelministerien unmittelbar unterstellten Kassen.

Rechenmeister s. Kämmerer (1).

Rechnungsdepartement einer Behörde zugeordnete Abteilung zur Prüfung der betr. Rechnungen, einer ↗Rechenkammer entspr. Solche R. bestanden z. B. bei den ↗Kriegs- und Domänenkammern, heute noch in Öst. bei allen anweisenden Behörden. In Bay. gibt es bei jeder Regierungsfinanzkammer (s. Kreisregierung [c]) ein Rechnungskommissariat, Revisionsamt).

Rechnungshof (auch ↗Oberrechenkammer, Reichsrechnungshof, Staatsrechnungshof) in einigen Staaten die Behörde, welche die oberste Finanzkontrolle ausübt. Die R. sind kollegial organisiert u. bestehen aus unabhängigen, richterlichen Beamten; die eigentliche Rechnungsprüfung wird unter ihrer Leitung von Fachleuten vorgenommen. Die Kontrolle ist Rechnungskontrolle (Prüfung auf Richtigkeit u. Einhaltung der Vorschriften) u. Verwaltungskontrolle (sachlich); in vielen Staaten hat der R. außerdem die Verfassungskontrolle, d. h. die Prüfung, ob die Ausgaben zu dem im Etat festgelegten Zweck erfolgten; sonst steht diese Kontrolle dem ↗Parlament (1) zu. – Die Bezeichnung R. (bzw. cour des comptes u. dgl.) ist erst in neuerer Zeit üblich; früher hießen die betr. Behörden ↗Rechenkammer, ↗Raitkammer, ↗chambre des comptes u. ä. Vgl. Comptroller General.

Rechnungskammer = Rechenkammer.

Rechnungskommissariat s. Rechnungsdepartement.

Recht 1. s. Bede (1). **2.** = Genoßsame (1).

– **altes** s. Bede (1).

– **an der Sache** s. Rem, jus ad.

– **der langen Spieße** s. Landsknecht.

– **dispositives** (Recht, nachgiebiges, dispositivum jus) in einem Gesetz (Dispositivgesetz) ausgesprochenes Recht der Vertragspartner, von der vorgeschriebenen Norm im Einzelfall abzuweichen; wird eine solche Möglichkeit nicht gegeben, so handelt es sich um zwingendes Recht (cogens jus).

– **eliches** s. Ding.

– **gemeines a**) (commune jus) i. w. S. in einem Lande, dessen einzelne Teile nach bes. Recht (particulare jus) leben, das allen gemeinsame Recht. I. e. S. das im späteren MA. auf der Grundlage des röm. Rechts durch Aufnahme von Teilen des kan. u. germ. Rechts enstandene Recht, das in Dt. nach der Rezeption zunächst allg. subsidiär galt, dann im Laufe des 18. u. 19. Jh. durch die Kodifikationen in Pr., Öst. u. Sa. sowie linksrheinisch u. in Ba. durch den Code civil verdrängt wurde, aber bis 1900, meist susidiär, etwa in einem Drittel des Gebietes weiter gültig war. **b**) das allg. geltende Recht (generale jus) im Gegensatz zu einem Sonderrecht (speciale jus), z. B. ↗Lehensrecht (a), ↗Privatfürstenrecht.

– **gewillkürtes** Recht, das auf Grund privaten Vertrages o. durch ↗Autonomie (a) geschaffen wird. Vgl. Küre.

– **hausendes** s. Hof (3).

– **lassitisches** = Laßrecht.

– **nachgiebiges** = Recht, dispositives.

– **persönliches** s. Persönlichkeit des Rechtes.

– **vor dem gemeinen Mann** s. Landsknecht.

– **wissendes** = Feme.

– **zur Sache** = Rem, jus ad.

– **zwingendes** s. Recht, dispositives.

Rechtbank in den Ndl. Gericht zweiter Instanz; die Gerichte dritter Instanz heißen Gerechtshoven.

Rechtbuch s. Stadtbuch.

Rechtding = Ding.

Rechthaber s. Grafenschatz.

Rechtholen s. Oberhof (1a).

Rechtler(gemeinde) s. Realgemeinde.

Rechtlos im MA. derjenige, der durch eine peinliche Strafe (u. deren Ablösung) alle Standesrechte verloren hatte, z. B. Zeugnisfähigkeit, Dingfähigkeit (s. Ding), Lehensfähigkeit (s. Heerschild). Dem R. gleich stand der ↗Unechte. Ehrlos (incredibilis) wurde, wer eine ehrlose Handlung (z. B. Treubruch) beging; die Ehrlosigkeit schloß von allen öffentlichen Ämtern usw. aus, bedeutete vor allem auch den Verlust der Glaubwürdigkeit, bes. der Eidesfähigkeit, sie wirkte im Falle einer neuen Anklage strafverschärfend; in den späteren Rechten treten i. allg. die Begriffe R. u. ehrlos miteinander verbunden auf. Der Echtlose (s. Acht [1]) war stets R. u. ehrlos; daher wird R. ungenau auch für echtlos gebraucht; auch sonst sind die drei Begriffe nicht scharf gegeneinander abgegrenzt. – In der Schw. trug man die Ehrlosen in einigen Gegenden in ein öffentliches Buch (Kaibenbuch, Totbuch) ein.

Rechtsagent = Rechtskonsulent (b).

Rechtsausschuß (der Kirche) s. Kirchengericht (2b).

Rechtsbefehl Bestätigung u. Inkraftsetzung eines Urteils, z. B. durch den Landesherrn (s. Landeshoheit).

Rechtsbefestigung in Öst. Sicherstellung der Erfüllung einer rechtlich begründeten Verbindlichkeit.

Rechtsbeistand = Rechtskonsulent (b).

Rechtsbeschwerde s. Petitionsrecht.

Rechtsbesitz (Quasibesitz, jurispossessio, quasipossessio) im Gegensatz zum Sachbesitz das Recht eines Nutzens an einer Sache, z. B. der Besitz einer Realservitut (s. Servitut) auf einem Grundstück; im MA. wurde auch die Rechtsgewere (s. Gewere [1]) als quasipossessio aufgefaßt.

Rechtsbronnen s. Weistum.

Rechtsbruch = Missetat.

Rechtserholung s. Oberhof (1a).

Rechtsgangbuch † Prozeßordnung.

Rechtsgebot Abgabe des Urteils (durch den Richter), wodurch es rechtskräftig wurde. Vgl. Rechtweiser.

Rechtsgenossen nach dem demselben Recht lebende Personen. Vgl. Persönlichkeit des Rechtes.

Rechtsgewere s. Gewere (1).

Rechtshängigkeit (Litigiosität, Litispendenz, Streitanhängigkeit) durch Einleitung eines Zivilprozeßes (Klageerhebung) begründeter Rechtszustand.

Rechtshof = Kirchengericht (2b).

Rechtsinstitut rechtlich geregelte Gruppe zusammenhängender Tatsachen u. Vorgänge, z. B. Besitz, Eigentum, Ehe.

Rechtsitzer a) s. Urteiler. b) Beisitzer in einem Gericht.

Rechtskonsulent a) = Syndicus (3). b) (Geschäftsagent, Prozeßagent, Rechtsagent, Rechtsbeistand [i. e. S.], Volksanwalt) nicht akademisch gebildeter Rechtsberater, in den einzelnen Ländern teils allg. zugelassen, teils nur für bestimmte Gerichte, teils verboten, teils nur geduldet. – Nach 1933 wurde in Dt. ein Teil der jüdischen Rechtsanwälte, die als solche nicht mehr tätig sein durften, als Konsulenten für rein jüdische Angelegenheiten zugelassen.

Rechtskonzipient in Bay. früher juristischer Hilfsarbeiter bei einem Anwalt, dem heutigen Assessor entspr.

Rechtskreise i. d. Lit. verwendeter Ausdruck für die seit dem frühen MA. innerhalb des ↗Landrechts (1a) gebildeten Kreise von Personen, die durch rechtliche Beziehungen, zuerst rein sachlichen Charakters, miteinander verbunden waren, wie z. B. die Lehensherren mit ihren Lehensmannen (s. Lehen [1]), die Hofherren (s. Fronhof) mit ihren ↗Hörigen, woraus sich das ↗Lehensrecht (a) bzw. ↗Hofrecht (1) entwickelte. Einen R. bildeten auch die Bewohner der Städte mit ihrem ↗Stadtrecht.

Rechtsmann = Gesetzessprecher (1).

Rechtsmitteilung s. Oberhof (1a).

Rechtsmittel, petitorisches = Petitorium.

– possessorisches = Possessorium.

Rechtsmittelgericht Gericht zweiter o. höherer Instanz, bei dem gegen Urteile der unteren Instanzen ein Rechtsmittel (z. B. Beschwerde, Berufung, Revision) eingelegt werden kann.

Rechtspflege, nichtstreitige = Gerichtsbarkeit, freiwillige.

Rechtspfleger s. Gerichtsschreiber.

Rechtsprecher a) s. Urteiler. b) = Gesetzessprecher (1).

Rechtsritter = Gerechtigkeitsritter.

Rechtssamegemeinde a) = Nutzungsgemeinde. b) Genossenschaft von Bürgern, die ein bestimmtes Recht besitzen, z. B. die Braugerechtigkeit. Vgl. Reihebrauen.

Rechtsstand s. Stand (1).

Rechtstag = Ding.

– endlicher s. Inquisitionsverfahren (b).

Rechtsvereitelung = Pfandkehr(ung).

Rechtsverordnung s. Verordnung (1).

Rechtsverwalter s. Patrimonialgerichtsbarkeit.

Rechtsvortrag s. Weistum.

Rechtswalter der Kirche s. Ministerium, geistliches (b).

Rechtsweisung s. Weistum.

Rechtszug (Konsultationszug, Schub, Zug, consultatio) im MA. u. bis in die Neuzeit an Stelle einer ↗Appellation übliche Vorlage («schieben») eines Rechtsfalles an ein anderes Gericht

(Zuggericht), meist einen ↗Oberhof (1a), in späterer Zeit auch an ein ↗Obergericht (a); die Konsultationsstätte fällte ein Belehrungsurteil (consilium), an welches das anfragende Gericht nicht gebunden war. Vgl. Aktenversendung.

Rechtung s. Urbar (1) u. Weistum.

Rechtweiser der das ↗Rechtsgebot aussprechende Richter bei den Ags.

Reclamandi jus = Reklamationsrecht.

Recognitio s. Jury.

– feudi = Lehensauftrag.

Recognitor s. Jury.

Recommandation a) s. Mainbournie. **b)** = Kommendation.

Recompensatio = Wergeld.

Reconciliatio occulta = Hâlsuone.

Reconnaissance de fief = Lehensauftrag.

Record s. Weistum.

Recordatio = Notitia (b).

Recorder in Engl. ↗Stadtrichter (a), bis 1835 in den meisten ↗Boroughs (a), von der Gegemeinde, d. h. dem Common Councils (s. Alderman [3]) o. dem ↗Mayor (1) ernannt. Seitdem gibt es einen R. (u. zwar obligatorisch) nur in den Boroughs, die eigene Quarter Sessions (s. Friedensrichter [1]) besitzen, deren volle Gerichtsbarkeit er als Einzelrichter inne hat; ernannt wird er von der Krone, besoldet von der Stadt. Für den Fall, daß die Sitzungen über drei Tage dauern, kann er einen ↗Advokaten zum Assistant R. (A. Barrister) mit gleicher Amtsgewalt ernennen, außerdem bei Verhinderung einen Deputy R. In neuerer Zeit hat der R. nur noch Strafgerichtsbarkeit. – In den USA ist er in den ↗Municipalities (a) teils nur Strafrichter, teils auch Richter in Zivilsachen.

Recorders Court a) = District Court (1b). **b)** s. Friedensrichter (2).

Recours comme d'abus = Appellatio ab abusu.

Rectitudo s. Dirictum.

Rector 1. = Rektor. **2.** = Gaukönig. **3.** s. Vogt (1 u. 2). **4.** = Bürgermeister (1) u. Podestà (1). **5.** = Parochus. **6.** s. Abt. **7.** s. Zunft (1). **8.** im MA. in den Mittelmeerländern Vorstand einer kaufmännischen Niederlassung, dem ↗Konsul (1) entspr.

– aulae = Hausmeier.

– civitatis a) s. Stadtrat (a). **b)** = Bürgermeister (1) u. Podestà (1).

– consilii s. Bürgermeister (1).

– ecclesiae a) Geistlicher an einer mit einem Seminar, Kolleg, Hospital o. dgl. verbundenen Kirche, meist zugleich Vorsteher der Anstalt. **b)** = Parochus u. Kurat. **c)** s. Altarista u. Kaplan.

– gildae s. Zunft (1).

– in spiritualibus s. Rektor.

– in temporalibus s. Rektor.

– loci s. Schultheiß.

– officii s. Zunft (1).

– palatii = Hausmeier.

– provincialis s. Reichsvogt.

– stoli s. Capitaneus (3).

Rectorium = Fronhof.

Rectum s. Dirictum.

Recursus ab abusu = Appellatio ab abusu.

Redditus (annuus) Rente.

– regii juris s. Königszins.

– reservativus s. Baile à rente (foncière).

Redehof der ↗Hof (3) eines freien ↗Hausgenossen in der Gegend von Osnabrück.

Redemeier = Meier (1).

Redemeierhof s. Vogteigut.

Redemptio = Retrait lignager.

– capitis = Halslösung.

– sanguinis = Beddemund.

Redemptione, homo de (payese de remensa) in Kat. im MA. ↗Höriger (da er die ↗remensa bezahlte).

Redger = Rêdjeva.

Redia = Rêdjeva.

Redif ↗Landwehr (1) (früher Reserve i. allg.) in der Tk.; in Persien die irreguläre Armee.

Redimentia = Remensa.

Redimierung(sgeld) s. Lehensdienst.

Redintégrande = Spolienklage.

Rêdjeva (Achtemann, êhêra, redger, redia, riuchtera, consul, judex, juratus) bei den Frs. bis ins 13. Jh. aus den Besitzern bestimmter ↗Höfe (3) (edele Heerde, Vollhäuser) gewählter Beisitzer u. Berater des âsega (s. Urteiler) u. des Richters; in jedem ↗Dêl geb es vier R. Als im 13. Jh. in Westfrs. die âsegen durch ↗Schöffen (1) verdrängt wurden, traten in Mittel- u. Ostfrs. die R. an Stelle der ersteren u. ihr Vorsitzender, der grêtman (grietman, ked, kêthere, edictor, orator), der im frühen MA. als abba (Alderman, Altermann, hôdere, kôk, cocus, praefectus pagi) dem frk. ↗thunginus entsprochen hatte u. dann durch ↗Graf u. ↗Schultheiß zurückgedrängt worden war, wurde nunmehr auch pol. Führer. I. d. R. trat einer als Landesführer (edictor, orator terrae, placitator), formell als Vertreter des Grafen, an die Spitze eines Landesteils; seit dem 14. Jh. standen mehrere als Häuptlinge (hovelinge, capitales, capitanei, domicelli, domini) nebeneinander. Aus ihnen entwickelte sich eine Aristokratie, die, bes. im 17. u. 18. Jh., die Ämter unter sich verteilte; der Bezirk eines grêtman hieß Grietenei. – Möglicherweise entstanden die Grêtmänner aus den alten Schulzen.

Redmann a) = Stadtredner. **b)** vom 14. Jh. bis 1809 gewähltes Oberhaupt der Bauern der Grafschaft Hauenstein, die eine ↗Einung (1) mit weitgehender ↗Autonomie (a) bildeten.

Er war der älteste der acht Einungsmeister, die zusammen die Einung leiteten.

Redner a) † Anwalt. b) = Vorsprecher (a). c) = Stadtredner.

Redovina s. Zwornarina.

Redskip s. Dêl.

Reduktion 1. (reducción) vom 16. bis 18. Jh. in den sp. u. port. Kol. selbständige Missionsansiedlung, in der die Indianer abgeschlossen unter der unbedingten Leitung weniger (meist zweier) Ordensgeistlichen eine sich selbst erhaltende Gemeinschaft, gewissermaßen eine Theokratie, bildeten; Einmischung staatl. Organe war ausgeschlossen. Die von den Jesuiten geleiteten R. gingen nach Aufhebung des Ordens ein; die der anderen Orden blieben bestehen, traten aber mehr u. mehr unter staatl. Kontrolle. – 2. Zurückversetzung eines Klerikers in den Laienstand. Vgl. Degradatio.

Redum = Gerade (b).

Reebningsverfahren in Skand. seit dem 13. Jh. auf Antrag stattfindende Neuvermessung u. Neuverteilung der Grundstücke eines Dorfes, wobei u. U. die einzelnen Tofte (s. Hofstelle [1]) nach der Sonnenteilung (Sonnenlage, Solfall, Solskift) angeordnet werden, d. h. in regelmäßiger Reihenfolge nach einer Himmelsrichtung bzw. senkrecht dazu; i. allg. wurde die Solskift bei Neugründungen angewandt. – Der Ausdruck R. wird auch allg. für jede Neuverteilung von Ackerland gebraucht.

Reeve (praepositus) im ma. Engl. dem bailiff (s. Meier [1]) eines Gutes beigegebener Beamter, meist aus den ↗villains genommen u. oft von diesen gewählt, auf ↗Dienstland (reeveland) angesetzt.

Refente = Fallrecht (1).

Référé in Fr. Antrag auf vorläufige Entscheidung eines Rechtsfalles.

Referendär früher in Ba. Gerichtsassessor.

– **geheimer** s. Landkanzlei (b).

Référendaire in Fr. in einigen Behörden Beamter in der Stellung des alten ↗referendarius, mit Vortrag usw. betraut; im Justizministerium bearbeiten die R. au sceau Gesuche um Titel, Schenkungen Naturalisationen, Namensänderungen u. dgl.

Referendarius in Byz. seit Justinian (vorher magister scriniorum) hoher Staatsbeamter, mit dem Recht des unmittelbaren Vortrags beim Ks. – Bei den Lang. u. Merov. weltl. Beamter am Hofe, der auch auf mil. u. finanziellem Gebiet tätig war, i. wesentl. aber in der ↗Kanzlei mit der Beglaubigung der ↗Urkunden betraut; mehrere R. standen unabhängig nebeneinander. Im Frankenreich verschwanden die R. mit den Merov.; in den lang. Fürstentümern erhielten sie sich bis ins 11. Jh. – Die R. in der ↗Signatura Apostolica hatten die Stellung der späteren ↗maîtres des requêtes, die manchmal ebenfalls R. hießen. – Im späteren MA. wurde zuweilen in den ↗Territorien (2) der ↗Kanzler mit R. bezeichnet.

Referendum = Volksentscheid.

Reformanda s. Konvokation.

Reformandi (et visitandi) jus (Reformationsrecht, Religionsbann, Religionsrecht) Recht des Landesherrn (s. Landeshoheit), das Religionswesen in seinem ↗Territorium (2) nach Belieben zu ordnen; 1555 vom Ks. ausdrücklich übertragen.

Réformateur (général) = Enquêteur (réformateur).

Reformationsrecht = Reformandi (et visitandi) jus.

Reformator = Enquêteur (réformateur).

Reformierer † außerordentlicher Kontrollbeamter.

Reformiert auf Halbsold gesetzt.

Refraktär ausgehobener Rekrut, der sich nicht zum Dienst stellt, o. Dienstpflichtiger, der dem Mobilmachungsbefehl nicht Folge leistet.

Refutatio feudi = Lehensauflassung.

Regalherr s. Regalien.

Regalia a) = Temporalia. b) s. Regalienrecht.

– **accidentalia** s. Regalien.

– **essentialia** s. Regalien.

– **jura** = Regalien.

– **in specie** s. Regalien.

– **majora** s. Regalien.

– **minora** s. Regalien.

– **spiritualis** s Regalienrecht.

– **temporalis** s. Regalienrecht.

– **und lehenschaft unseres gotshûs** s. Szepterlehen.

Regaliae altae s. Regalien.

– **bassae** s. Regalien.

– **jus** = Regalienrecht.

Regalien (regalia jura) seit dem 11. Jh. verwendeter Ausdruck, zuerst ganz allg. für alle möglichen dem Kg. zustehenden Rechte, Einkünfte u. dgl., im MA. bes. auch für seine Rechte der Kirche gegenüber (vgl. Regalienrecht u. Temporalia). Schon im 12. Jh. wurden als R. nur noch die dem Kg. als solchem, als Regalherrn, zustehenden Rechte bezeichnet, im Gegensatz zu denjenigen, die ihm als Inhaber der ↗Domänen zustehen. Seit dem 15. u. bes. seit dem 16. Jh. unterscheidet man niedere R. (Finanzregalien, nutzbare R., regalia accidentalia, r. in specie, r. minora, regaliae bassae), Rechte vorwiegend fiskalischen Charakters, die als veräußerlich, u. höhere R. (r. essentialia, r. majora, regaliae altae), die eigentlichen Hoheitsrechte, die als unveräußerlich galten. Sie wurden auch als höhere Herrlichkeiten den ↗Zwangs- und

Bannrechten als niedere Herrlichkeiten gegenübergestellt, während i. d. neueren Lit. i. allg. nur die niederen R. als R. bezeichnet werden. Vielfach gebraucht man die Ausdrücke Regal u. Monopol synonym, obwohl die R. durchaus nicht immer als Monopol ausgeübt wurden. Auch die Abgaben, die auf Grund eines R., bes. des Justizregals, erhoben wurden, heißen oft R. Die Zahl der R. wuchs seit dem 12. Jh. immer mehr an, u. im 17. u. 18. Jh. wurde nahezu alles als R. betrachtet u. finanziell ausgenützt (Regalismus). Im 19. Jh. dagegen wurde die Regalität mehr u. mehr eingeschränkt, u. heute bestehen von den alten R. nur noch Reste; die Bezeichnung selbst ist nahezu verschwunden. Vgl. Dukalien.

Regalienlehen s. Szepterlehen.

Regalienrecht (Regalrecht, regaliae jus, regalium j., regium j.) das dem Kirchenherrn (insbes. dem Kg.) zustehende Recht, während einer ↗Sedisvakanz die Einkünfte des erledigten Bistums usw. (Zwischennutzung, fructus feudi, regalia i. e. S.) einzuziehen (durch bes. custodes regalium) u. erledigte niedere ↗beneficia ecclesiastica zu besetzen; es entstand wahrscheinlich aus dem ↗Eigenkirchenrecht u. wurde bes. in Fr. ausgebildet. Hier unterschied man seit dem 16. Jh. regalia temporalis (Gefälle während der Vakanz) u. r. spiritualis (Recht der Benefizienverleihung). Das R. wurde schon früh auf ein Jahr begrenzt.

Regaliensperre = Temporaliensperre.

Regalis 1. = Gaukönig. 2. in merov. Zeit nichtregierendes Mitglied des Königshauses.

– aulae cancellarius = Hofkanzler (1).

– curiae cancellarius = Hofkanzler (1).

Regalismus s. Regalien.

Regalität s. Regalien.

Regalium jus = Regalienrecht.

Regalrecht = Regalienrecht.

Régence s. Regent (4).

Regens Leiter bes. kirchl. Anstalten, z. B. eines Konvikts, u. Vorsteher kirchl. Behörden; sein Gehilfe ist der Subregens.

– Cancellariae s. Cancellaria Apostolica.

Regent 1. im 15. u. 16. Jh. Mitglied eines Regiments (s. Regierung [1]); vgl. Reichsregiment (1) u. Statthalter (2). 2. in den Ndl. im 17. u. 18. Jh. Mitglied der regierenden Schicht, die einen abgeschlossenen, sich als Adel betrachtenden Stand bildete u. aus ihrer Mitte alle höheren Beamtenstellen, alle Sitze in den ↗Stadräten (a), ↗Generalstaaten usw. besetzte. 3. s. Zunft (1). 4. mit der Regierung eines Landes betraut, falls der Monarch minderjährig, geisteskrank o. außer Land ist. An Stelle eines R. o. auch neben ihm wird manchmal ein Regentschaftsrat (conseil de régence, régenterie) bestellt. Vgl. Reichsverweser. Führt ein Prinz die Regentschaft (Regierungsvormundschaft, régence), so ist für ihn die Bezeichnung Prinzregent üblich. Eine Regentschaft während zeitweiliger Behinderung des Monarchen wird auch als Regierungsstellvertretung bezeichnet.

Régenterie s. Regent (4).

Regentschaft(srat) s. Regent (4).

Regeringsrätt = Högsta Regeringsrätt.

Regestum = Register.

Regidor in Sp. u. seinen Kol. dem dt. ↗Ratsherrn (a) entspr. Mitglied eines ↗Ayuntamiento; die R. wurden ursprgl. gewählt, vom 16. bis 19. Jh. meist zum Teil vom Kg. ernannt (tatsächlich wurden die Stellen verkauft), zum Teil erblich o. lebenslänglich (R. perpetuo), seit 1812 wurden sie wieder gewählt. Während in Sp. die Bezeichnung R. seit Mitte des 19. Jh. allm. ungebräuchlich wurde, erhielt sie sich vielfach in Süd- u. Mittelam.

Regie 1. Verwaltung u. Einnahme der Steuern auf eigene Rechnung des Staates durch staatl. Beamte, im Gegensatz zur ↗Steuerpacht; dann die staatl. Verwaltung eines Monopols. Vgl. Accise. 2. = Administration (2).

Regiegericht in Pr. 1783–1795 Gericht über alle Verfehlungen gegen die Gesetze betr. Zölle, ↗Accise, überhaupt die ↗Regie (1) (bes. Tabak). In den einzelnen ↗Provinzen bestanden Provinzialregiegerichte als erste Instanz, hervorgegangen aus der Zusammenlegung der seit 1765 bestehenden Pachtungsgerichte (Tabaksgerichte) u. der Provinzial-Accise und Zollgerichte (seit 1772) bzw. des westf. Zollgerichts. Zweite Instanz war das Oberregiegericht in Berlin, das aus den betr. zweiten Instanzen, dem Oberaccise- und Zollgericht u. dem Oberpachtungsgericht (Obertabaksgericht) entstanden war; außerdem war das Oberregiegericht erste Instanz für die Kur- u. Neumark.

Regierjahre = Maljahre.

Regierung 1. (Regierungskollegium, Regiment, auch Landesregierung, Land[es]regiment) in den dt. Territorien (2) bis ins 15. u. 16. Jh. der ungeschiedene ↗Hofrat (1), dann die als Rest desselben zurückgebliebene zentrale Verwaltungsbehörde, die aber noch immer Gericht blieb. In den größeren Territorien wurden (zuerst in Öst. seit 1522) für die einzelnen Landesteile bes. R. geschaffen; vielfach wurden auch selbständige R. durch Einverleibung zu Mittelbehörden bzw. ↗Mittelgerichten. Vgl. Hofgericht (a) u. Justizkollegium. In Pr. behielten die alten, territorialen R. (in Cleve- Mark «geheime R.», auch geheimer Regierungsrat) bis zum Großen Kurfürsten i. wesentl. ihre alte Kompetenz u. wurden dann mehr u. mehr auf Justizsachen beschränkt, ohne aber ihre Ansprüche aufzugeben; ihre Verwaltungskompetenz bezog sich i. wesentl. auf Hoheits-, Grenz- u. Lehenssachen; außerdem repräsentierten sie den Landesherrn (s. Landeshoheit). Sie bestanden aus einem Regierungskanzler (manchmal Regierungspräsident genannt) u. Regierungsräten (Regimentsräte), für die von den ↗Landständen das ↗Indigenat verlangt wurde. In erster Linie waren sie Gerichte erster Instanz für die privilegierten, zweiter für die übrigen Stände; durch die Justizreform wurden sie zu ↗Landesjustizkollegien, aus denen 1808 die ↗Oberlandesgerichte hervorgingen. In den im Laufe des 18. Jh. erworbenen ↗Provinzen wurden ebenfalls R. neu errichtet. – Die öst. R. (↗Gubernien, Landeshauptmannschaften, Regimente, ↗Statthaltereien [a], in Mähren Tribunale), an deren Spitze ein vom Landesherrn ernannter ↗Statthalter (2) (↗Landeschef, Landeshauptmann) stand, waren i. wesentl. Vertretungen der Stände; ihre Verwaltungsbefugnisse gingen 1749 an die ↗Repräsentationen über, u. sie waren seitdem in der Hauptsache Gerichte. In Schl. unterstanden bis 1740 die R. (Ämter, Amtsregierungen, Landesämter, Landeshauptmanneien, Landeshauptmannschaften, Mediatregierungen) dem ↗Oberamt (2), berichteten aber teilweise selbständig nach Wien. Der meist an ihrer Spitze stehende Landeshauptmann (Oberhauptmann) war ursprgl. (seit Beginn des 14. Jh.) Stellvertreter des Kgs. in den ↗Erbfürstentümern u. wurde dann von den Piasten übernommen; auch einige ↗Weichbilder besaßen eigene Landeshauptleute. Sie vertraten nicht nur den Landesherrn, sondern waren auch diesem gegenüber Vertreter der Stände; ferner führten sie den Vorsitz im ↗Mannrecht. Im Laufe der Zeit wurde ihr Amt mehr u. mehr zum bloßen Ehrenamt, während die R., deren Zusammensetzung verschieden war, vor allem oberste Gerichte wurden u. die Polizei handhabten. Nach der pr. Eroberung behielten sie als ↗standesherrliche Gerichtshöfe ihre Stellung neben den Oberamtsregierungen (s. Oberamt [2]); 1809 erhielten sie die Bezeichnung Fürstentumsgericht. **2.** (Bezirksregierung) seit 1808 aus der alten ↗Kriegs- u. Domänenkammer entstandene oberste Verwaltungsbehörde eines pr. Regierungsbezirks (b), bis 1825 unter Leitung eines ↗Regierungspräsidiums, dann des ↗Regierungspräsidenten allein, dem ↗Regierungsräte u. technische Räte zur Seite standen; die R. zerfiel in Abteilungen (↗Departements [2], zuerst ↗Deputationen [1] genannt), die von Regierungsdirektoren (früher Oberregierungsräten) geleitet wurden. Neben dem Regierungspräsidenten stand bis 1883 der ↗Bezirksrat, seitdem der ↗Bezirksausschuß (a). – Nach 1945 allg. Bezeichnung der oberen Behörde eines dt. Regierungsbezirks.

Regierungsbezirk a) s. Gubernium. b) in Pr. seit 1815 Unterabteilung einer ↗Provinz, willkürlich abgegrenzt, nach 1945 in Niedersa. u. Nordrh.-Westf. beibehalten; in Bay. bis 1808 u. seit 1937 (in der Zwischenzeit ↗Kreis) oberste Verwaltungseinheit; in Sa. 1835–1874 die oberste Verwaltungseinheit, nach der vorsitzenden Behörde auch Kreisdirektion genannt; obwohl gesetzlich die Bezeichnung R. blieb, wurde seit 1874 auch offiziell die Verwaltungseinheit nach der Behörde Kreishauptmannschaft genannt. – Nach 1945 wurden Ba.-Wü. u. He. in R. eingeteilt.

Regierungschef **1.** seit 1921 erster Beamter Liechtensteins, vom Fürsten ernannt u. dessen ständiger Vertreter; bis 1921 hieß er Landesverweser. Während diesem zwei vom Fürsten ernannte Landräte zur Seite standen, unterstützten den R. zwei vom ↗Landtag (1) gewählte Regierungsräte. **2.** = Capo del Governo.

Regierungsdepartement 1808–1815 Bezeichnung des bisherigen pr. ↗Kammerbezirks, dem späteren ↗Regierungsbezirk (b) der Kompetenz nach entspr.

Regierungsdirektor s. Regierung (2) u. Kreisregierung (c).

Regierungsfinanzkammer s. Kreisregierung (c).

Regierungsforstamt (Bezirksforstamt) mittlere, selbständige Forstbehörde, einer ↗Regierung (2) u. dgl. angegliedert.

Regierungsforstbuchhaltung s. Forstkommission (b).

Regierungsgewalt s. Bischof.

Regierungskanzlei s. Justizkollegium.

Regierungskanzler s. Regierung (1).

Regierungskollegium = Regierung (1).

Regierungskommissär s. Komitat (3) u. Kreis.

Regierungskommission 1919–1935 die oberste Verwaltungsbehörde des Saargebietes, aus fünf vom ↗Völkerbundsrat ernannten Mitgliedern bestehend.

Regierungskonseil s. Senat (5).

Regierungspräsident a) s. Regierung (1 u. 2). b) oberster Beamter eines ↗Regierungsbezirks (b) (vor 1945 nur in Pr. [seit 1808] u. in Bay.), in Wü. (bis 1924) eines ↗Kreises; in Old. bis 1937 eines vom Hauptland getrennten Landesteils. c) = Ministerpräsident.

Regierungspräsidium 1808–1825 kollegiale Behörde an der Spitze eines pr. ↗Regierungsbezirks (b), bestehend aus dem ↗Regierungspräsidenten (b) u. den Regierungsdirektoren (s. Regierung [2]), ebenso seit 1953 in Ba.-Wü.

Regierungsrat **1.** s. Regierung (1 u. 2), Regierungschef (1) u. Landesregierung (b). **2.** = Assistenzrat (a.) **3.** s. Oberrat (1). **4.** (Kleiner Rat, Staatsrat, ↗Standeskommission, conseil d'état, consiglio di stato, piccolo consiglio, pitschen cussagl) in allen schw. ↗Kantonen (1) seit 1831 (bzw. den späteren Verfassungsänderungen) die oberste Verwaltungsbehörde, vom Volke gewählt, i. d. R. nur vollziehendes Organ des ↗Landrats (4) o. der ↗Landesgemeinde. Vorsitzender ist der ↗Landammann. **5.** s. Status Romano-Catholicus-Transsilvanicus.

– **geheimer** s. Regierung (1).

Regierungssalariensteuer s. Salariengeld.

Regierungsstatthalter a) = Préfet national. **b)** s. Bezirk.

Regierungsstellvertretung s. Regent (4).

Regierungsvizepräsident bis 1883 tatsächlicher Leiter einer pr. ↗Regierung (2), wenn der ↗Oberpräsident (a) nominell ↗Regierungspräsident (b) war; seitdem ständiger Vertreter des letzteren, heute auch in den ↗Regierungsbezirken (b) der dt. ↗Länder (1 e).

Regierungsvormundschaft s. Regent (4).

Regii homines (Königsleute) durch Freibrief freigelassene ↗Fiskalinen, sowie Privatsklaven, die ausdrücklich unter die ↗Munt (1) des Kgs. gestellt waren. R. h. hießen ferner diejenigen, die sich freiwillig als ↗Schutzhörige dem Kg. ergeben hatten. – R. h. (ingenui h., leudes pauperes, Königsfreie bzw. Herzogsfreie) hießen auch die Ansiedler auf neugerodetem Königsland (s. Reichsgut).

Régime politique im fr. Gefängniswesen die Behandlung als pol. Verbrecher, entspr. der Festungshaft in Dt.

Regimen s. Reichsvogt.

Regiment 1. a) = Hofrat (1) u. Regierung (1). **b)** = Reichsregiment (1). **c)** = Stadtrat (a). **2.** eigentlich die von einem mil. Führer über eine Truppe ausgeübte Befehlsgewalt, dann diese Truppe selbst, fast ausschließlich gebraucht von der Gewalt u. der Truppe eines ↗Obersten, u. demgemäß seit Ende des 16. Jh. eine Anzahl ↗Fähnlein bezeichnend, die von einem Obersten geworben u. geführt wurden; der Ausdruck wurde von den anderen Armeen übernommen u. verdrängte Ende des 17. Jh. auch das sp. ↗tercio, obwohl dieses in erster Linie taktische, das dt. R. vor allem administrative Einheit war. Es bildete, solange der Oberst seine ursprgl. Macht behielt, ein in jeder Beziehung unabhängiges Ganzes, soweit die Selbständigkeit der ↗Hauptleute (1) dies zuließ. Bes. schwankte die Stärke, zumal auch die Mannschaftszahl der ↗Bataillone u. ↗Kompagnien (2) nicht feststand; erst im Laufe des 18. Jh. wurden die R. einigermaßen einheitlich formiert, zuerst in Pr. Solange es im Frieden keine ↗Brigaden (1), ↗Divisionen (1 c) usw. gab, waren die R. die höchsten Verbände u. unterstanden unmittelbar den Zentralbehörden, die aber meist nur eine Kontrolle ausübten. Bis in die Mitte des 18. Jh. waren nur Infanterie u. Kavallerie in R. eingeteilt; doch führte häufig die gesamte Artillerie eines Landes die Bezeichnung R., seltener die Gesamtheit der Ingenieure usw. Aus den drei Waffen gemischte R. besaß die pr. ↗Landwehr (1) bis 1852.

– **beständiges** s. Stadtrat (a).

– **großes** s. Stadtrat (a).

Regimentsbezirk s. Kantonsystem.

Regimentschef (Regimentsinhaber) ursprgl. jeder ↗Oberst, dann der Oberstinhaber, seit Beginn des 19. Jh. nur noch Ehrentitel für Fürstlichkeiten u. verdiente ↗Generale, mit dem Recht, die Uniform des betr. ↗Regiments (2) (Leibregiment) zu tragen.

Regimentsfähigkeit s. Stadtrat (a).

Regimentsgericht s. Standgericht.

Regimentsinhaber = Regimentschef.

Regimentskadett s. Kadett.

Regimentsräte s. Regierung (1) u. Ober- und Regierungsräte.

Regimentsrat, geheimer = Rat, geheimer (1).

Regiminalverwaltung Verwaltung i. e. S., im Gegensatz zur Rechtspflege u. Finanzverwaltung.

Regiminis ecclesiastici mandata jura s. Konsistorium (2).

– **ecclesiastici reservata jura** im Gegensatz zu den dem ↗Konstistorium (2) überlassenen vicaria jura, die dem Landesherrn (s. Landeshoheit) als ↗Summus Episcopus vorbehaltenen Rechte, bestehend vornehmlich in Gesetzgebungsgewalt, Dispensationsrecht u. Verleihung der Kirchenämter.

– **ecclesiastici vicaria jura** s. Konsistorium (2).

Regio = Rione.

Region 1. = Rione. **2.** in It. früher eine der alten historischen Landschaften (i. d. Lit. auch Compartimento, z. B. Piemont, Kalabrien, Sardinien). Die Verfassung von 1947 sieht die Zusammenfassung mehrerer ↗Provinzen unter einem Kommissar zu einer R. vor, mit je einer gewählten Regionalkammer (Regionallandtag) als gesetzgebendem Körper u. einem Regionalausschuß als Vollzugsorgan. Von den beabsichtigten 19 R. wurden bis jetzt nur vier errichtet, u. zwar mit bes., von dem vorgesehenen verschiedenen Statut. **3.** in Rum. seit 1948 die oberste Verwaltungseinheit. **4.** in China wurden 1949 sechs große R. als Mittelinstanzen geschaffen, jedoch 1954 wieder aufgehoben.

Regionalausschuß s. Region (2).

Regionalkammer s. Region (2).

Regionallandtag s. Region (2).

Regionalrat s. Conseil de préfecture (1).
Regionarbischof = Wanderbischof.
Regionarnotar = Notarius regionarius.
Register (regestum, registrum, Missivbuch) Sammelband mit Abschriften von ↗Urkunden u. dgl., vom Aussteller angefertigt. Vgl. Kopialbuch.
Registerbrief = Schiffszertifikat.
Registergericht s. Amtsgericht (a).
Registerpfandrecht ↗Pfandrecht, das ohne Besitzübertragung durch Eintragung in ein öffentliches Register begründet u. gewährleistet wird.
Registerrichter s. Amtsgericht (a).
Registerschiff (navío de registro [suelto], auch registro suelto) im 16., 17. u. 18. Jh. sp. Handelsschiff, das die Erlaubnis hatte, außerhalb der Flotte (s. Silberflotte) u. ihres üblichen Weges zu fahren u. in anderen als den üblichen Häfen anzulegen u. daher in ein bes. Register eingetragen wurde.
Registersteuer s. Bureau de contrôle.
Registerzertifikat = Schiffszertifikat.
Registrar of Wills s. Probate Court (b).
Registration Officer s. Revising Barrister.
Registrierte s. Kosaken.
Registrierungsrecht = Enregistrement, droit de (1).
Registro suelto = Registerschiff.
Registrum = Register.
– militarium = Ritterzettel.
– minutatum s. Tabellion.
Regium jus = Regalienrecht.
Regiunkel (regiuncula) Teil eines ↗Dekanats unter einem Deputat (einem der Pfarrer), dessen Befugnisse in verschiedenen ↗Diözesen (a) verschieden sind.
Règlement s. Ordonnanz (1).
Reglement, rathäusliches in Pr. im 18. Jh. kgl. Instruktion für die ↗Magistrate, bes. den inneren Dienst regelnd.
Regnicolardeputationnen in Öst.-Ung. 1867 bis 1918 vom öst. ↗Reichsrat (1) u. ung. ↗Reichstag (7) gleichzeitig gewählte gleichgroße Ausschüsse zur Beratung von Gesetzen, die für beide Reichshälften gültig sein sollten.
Regnicolargericht (kraljevinski sud) in Kroatien bis 1918 der von Fall zu Fall berufene ↗Staatsgerichtshof.
Regnum **1.** = Reichsgut. **2.** s. Herzog.
Regredienterbin dem ersten Erwerber eines ↗Lehens (1), Thrones usw. nächstverwandte Frau, auf die (bzw. auf deren Nachkommen, Regredienterben) an Stelle der ↗Erbtochter beim Aussterben des Mannesstammes (lediger Anfall) die Erbfolge zurückgeht (regrediert); diese Erbfolge ist selten.
Regularabt s. Abt.
Regularchorherr (regulierter Chorherr) dem Regularkanoniker des ↗Domkapitels entspr. Mitglied eines ↗Kollegiatkapitels.
Regulargeistlicher s. Domkapitel u. Kloster.
Regularis s. Kloster u. Religio.
Regularkanoniker s. Domkapitel.
Regularkanonisse s. Frauenstift.
Regularkleriker s. Kloster.
Regularpfarre ↗parochia (b), deren ↗parochus ein Regulargeistlicher (s. Kloster) ist.
Regularpfründe s. Beneficium ecclesiasticum.
Regulated company = Kompagnie, regulierte.
Regulierherr s. Domkapitel.
Regulierte s. Religio.
Regulierung (Grundentlastung, Urbarialregulierung) zusammenfassender Ausdruck für die seit Ende des 18. Jh. erfolgte Umwandlung der aus dem MA. stammenden teils persönlichen, teils dinglichen Abhängigkeitsverhältnisse der Bauern von ↗Gutsherren u. ↗Grundherren in solche dem neueren Recht entspr. Besitzformen. Vgl. Separation (1).
Rei fidelissimo = Rex fidelissimus.
Reich auch gebraucht für ↗Reichsgut, eine ↗Reichsfreiheit (2) u. ein ↗reichsunmittelbares Gebiet.
Reichnis (Offertorium) Zahlung (Geldreichnis) o. Lieferung (Naturalreichnis) an den Pfarrer o. eine Stiftung, wozu bestimmte Personen verpflichtet sind (z. B. die Grundbesitzer in der Gemeinde), o. bestimmte Anwesen, auf denen das R. als ↗Reallast ruht; die Bezeichnungen für die R. sind sehr mannigfaltig, z. B. Grolles, Kirch(en)tracht, Kirchweihbrot, Läutgarbe, Läutgeld, Neujahrsgeld, Ostereier, Pfarrgetreide, Singgeld, Spendebrot, Trögel, Weihfeldsteuer, Wettergarbe. Die R. können umgewandelt, abgelöst o. von der Kirchengemeinde übernommen werden.
Reichsabschied (Reichsrezeß, recessus imperii) Gesamtheit der auf einem ↗Reichstag (1) zustande gekommenen Beschlüsse; der R. von 1654 wird «jüngster» R. genannt, da von da an wegen Permanenz des Reichstags kein ↗Abschied (1) mehr erfolgte. Vgl. Reichsschluß.
Reichsabt ↗Abt eines ↗reichsunmittelbaren ↗Klosters (Königsabtei, Reichsabtei, Reichskloster), der vom Kg., als dem Inhaber der Reichsgewalt, belehnt u. investiert wurde; er war ↗Reichsfürst.
Reichsacht (proscriptio imperii) Folge der ↗Verfestung, wenn auch auf diese hin der Ungehorsam weiter bestand, mit denselben Wirkungen, aber für das ganze Reichsgebiet. Vgl. Exkommunikation. Blieb jemand ↗Jahr und Tag in der R., so verfiel er der eigentlichen ↗Acht (1), jetzt Oberacht (Aberacht, Reichsoberacht, Überacht, proscriptio secunda) genannt (der Geächtete: Oberächter); sie mußte durch bes. Sentenz

verhängt werden u. war wie die R. ein ↗Reservatrecht (1) des Kgs.; seit 1495 konnte auch das ↗Reichskammergericht die R. verhängen. – In Siz., wo sie fehlte, folgte seit Friedrich II. der Verfestung (bannitio) unmittelbar die Oberacht (forjudicatio), u. zwar durch denselben Richter. Vgl. Reichsbann.

Reichsadel im Dt. R. bis 1806 der ↗reichsunmittelbare Adel, bestehend aus dem ↗hohen Adel u. der ↗Reichsritterschaft. – I. d. Lit. wird der Ausdruck R. (auch Reichsaristokratie) für den Teil des hohen Adels verwendet, der in karol. Zeit u. später dem kgl. Hofe bes. nahe stand, teilweise den Titel ↗Herzog führte ohne ein entspr. ↗Territorium (2).

Reichsadvokat **a)** s. Reichskammergericht. **b)** = Rigsadvokat.

Reichsäbtissin Vorsteherin eines ↗reichsunmittelbaren ↗Frauenstiftes; sie war stets ↗Reichsfürstin.

Reichsagent s. Reichshofrat.

Reichsammann s. Reichsvogt u. Schultheiß.

Reichsamt **1.** (Reichshofamt) im alten Dt. R. ein ↗Hofamt des Reiches, also ein ↗Erzamt o. ↗Reichserbamt; auch das Amt des ↗Burggrafen (1) von Nürnberg wird als R. bezeichnet. In größeren ↗Territorien (2) wurden die Hofämter ebenfalls R. genannt. **2.** im neuen Dt. R. **a)** aus dem ↗Reichskanzleramt hervorgegangene selbständige Zentralbehörde unter einem ↗Staatssekretär (3), tatsächlich ein ↗Ministerium (7) bildend u. 1919 auch in solches verwandelt; **b)** diesen R. unterstellte Zentralbehörde, deren Bezeichnung 1919 nicht geändert wurde.

Reichsamtmann s. Reichsvogt u. Schultheiß.

Reichsanlage s. Hilfe.

Reichsanschlag s. Hilfe.

Reichsanwalt ↗Staatsanwalt am ↗Reichsgericht.

Reichsarbeits- und Reichswirtschaftsrat s. Reichsarbeitskammer.

Reichsarbeitsdienst (Arbeitsdienst) in Dt. aus dem freiwilligen Arbeitsdienst entstanden, der nach 1918 von privaten Verbänden eingerichtet worden war u. 1933 vom Staat übernommen wurde; 1935 wurde ein pflichtmäßiger R. eingeführt, für Männer vom 18. bis 25., für Mädchen vom 17. bis 25. Jahr, wobei die Arbeitsdienstpflicht ein halbes Jahr betrug. Es bestanden eine Anzahl Arbeitsgaue unter Arbeitsgauführern; die Gaue waren in Arbeitsdienstgruppen, diese in Arbeitsdienstabteilungen geteilt. Der R., der dem ↗Ministerium (7) des Innern unterstellt war, wurde vom Reichsarbeitsführer geleitet. Die Dienstgrade der männlichen Reichsarbeitsdienstführer waren in absteigender Linie: Obergeneralarbeitsführer, Generalarbeitsführer, Oberstarbeitsführer, Arbeitsführer, Oberstfeldmeister, Oberfeldmeister, Obertruppführer, Truppführer, die der Reichsarbeitsdienstführerinnen: Stabshauptführerin, St.-oberführerin, St.-führerin, Maidenhauptführerin, M.-oberführerin, M.-führerin, M.-unterführerin. Zur Ausbildung dieser Führer dienten bes. Schulen. – In der DDR wurde 1952 ein «freiwilliger» Dienst für Deutschland eingerichtet.

Reichsarbeitsführer s. Reichsarbeitsdienst.

Reichsarbeitsgericht s. Arbeitsgericht.

Reichsarbeitskammer (zuerst Reichsarbeitsrat) 1935–1945 Zentralorgan der gewerblichen Wirtschaft zur Aussprache über gemeinsame Fragen, bestehend aus den Leitern der Reichsbetriebsgemeinschaften (s. Arbeitsfront, deutsche), den Gauwaltern, den Leitern der Ämter der Arbeitsfront u. bes. berufenen Personen. In jedem Bezirk eines ↗Treuhänders der Arbeit bestand eine entspr. Arbeitskammer. – Die R. bildete zusammen mit dem Beirat der ↗Reichswirtschaftskammer den Reichsarbeits- und Reichswirtschaftsrat.

Reichsarbeitsrat s. Reichsarbeitskammer.

Reichsarchivar s. Master of the Rolls.

Reichsaristokratie s. Reichsadel.

Reichsbahngericht im Dt. R. nach 1918 Gericht zur Entscheidung von Streitfällen zwischen Reichsbahn u. Reichsregierung.

Reichsbann (bannum imperii, b. imperialis u. ä.) i. d. Lit. gebrauchter Ausdruck für die der ↗Reichsacht entspr. Strafe in It., unterschieden durch die (in Dt. nur ausnahmsweise) Konfiskation der Güter u. Nichteinhaltung der Fristen; der R. war lösbar o. beständig, doch entsprach der letztere nicht der dt. Oberacht.

Reichsbanneramt s. Erzämter.

Reichsbaron = Bannerherr (6).

Reichsbauer s. Reichsdorf.

Reichsbauernführer oberster Leiter des dt. Reichsnährstandes 1933–1945; unter ihm führten Landesbauernführer die Landesbauernschaften, Kreisbauernführer die Kreisbauernschaften u. Ortsbauernführer die Ortsbauernschaften. Dem R. stand ein Reichsbauernrat, dem Landesbauernführer ein Landesbauernrat zur Seite, außerdem unterstand dem R. ein Reichsverwaltungsamt, dem bei den unteren Stufen Landesverwaltungsämter entsprachen. Die Bauernführer als solche waren in einem Thing zusammengefaßt, u. zwar bis zum Kreisbauernführer einschließlich im Reichsbauernthing, bis zum Ortsbauernführer im Landesbauernthing. – Formell aufgehoben wurde die Organisation des Reichsnährstandes erst 1949.

Reichsbauernrat s. Reichsbauernführer.

Reichsbauernthing s. Reichsbauernführer.

Reichsbeauftragter = Reichskommissar.

Reichsberufshauptgruppe s. Arbeitsfront, deutsche.

Reichsbetriebsgemeinschaft s. Arbeitsfront, deutsche.

Reichsbischof 1. s. Reichskirche (a). **2.** seit 1933 an der Spitze der DEK; er sollte von den Leitern der ↗Landeskirchen u. dem ↗Geistlichen Ministerium vorgeschlagen u. von der Nationalsynode (s. Synode) berufen werden; sein Gehilfe u. Vertreter in theologischen Angelegenheiten war seit 1934 der Vikar der DEK (V. d. R.). Tatsächlich erhielt schon 1935 der ↗Reichsminister für kirchliche Angelegenheiten die Leitung der DEK.

Reichsbote 1. vom dt. Kg. ↗delegierter (2) Beamter, z. B. ein ↗missus (1), ↗Vikar (3) o. dgl. **2.** s. Landbote (1). **3.** = Mandator.

Reichsbruderrat 1934 gebildet als leitendes Organ der Bekennenden Kirche (daher auch Bruderrat der B. K.), neben dem zunächst bis zu Beginn des Krieges Bekenntnissynoden (seit 1937 nur noch solche der APU) tagten; die Geschäftsführung besorgte ein aus dem R. gebildeter Rat der DEK. 1936 wurde eine Vorläufige Leitung der DEK geschaffen, die aber tatsächlich nur die ↗Landeskirchen umfaßte, die nicht dem Lutherrat (s. Konferenz, Allgemeine Ev.-Luth.) angehörten; daneben sollte der R. die Rechte der Nationalsynode (s. Synode) wahrnehmen. 1945 wurde der R. als Organ der Kirche tatsächlich, 1948 (nunmehr Bruderrat der EKD) auch rechtlich durch den ↗Rat der EKD ersetzt, doch verblieben ihm seine theologischen u. innerkirchlichen Aufgaben. – Unter dem R. bestanden Landesbruderräte für die Landeskirchen u. Gemeindebruderräte.

Reichsbürger Bürger einer ↗Reichsstadt.

Reichsbürgerrat s. Bürgerrat (2).

Reichsburgvogt s. Reichsvogt.

Reichsbutiger s. Mundschenk.

Reichsconclusum = Reichsschluß.

Reichsdefension = Defensionswerk.

Reichsdeputation Ausschuß des alten dt. ↗Reichstags (1) für bestimmte Angelegenheiten; die R. legten ihre Beschlüsse ([Reichs]deputationsschlüsse, Reichsdeputationsrezesse) dem Ks. unmittelbar vor; außer diesen außerordentlichen R. gab es 1558–1663 eine «ordentliche» R., bes. zur Wahrung des ↗Landfriedens (1) bei Versagen der Reichskreise (s. Kreis), wenn der Reichstag nicht versammelt war; ihr gehörte das Kurfürstenkollegium (s. Kurfürst) ganz an, von den anderen Kollegien Deputierte; sie trat zu bes. (Reichs)deputationstagen zusammen. Vgl. Reichsvisitationsdeputation.

Reichsdienst im späteren MA. üblich gewordene Bezeichnung des alten ↗servitium regis, nur noch von den ↗Reichsunmittelbaren zu leisten, u. in Reichshofdienst u. Reichsheerdienst (vgl. Heerfahrt) zerfallend. Ersterer bestand in der eigentlichen Hoffahrt (s. Lehensdienst), nur noch von den ↗Reichsfürsten, ↗Grafen u. ↗Herren geleistet, u. der Pflicht, den Kg. zu beherbergen (vgl. Herbergsrecht [1]), die mehr u. mehr den ↗Reichsstädten zufiel; auch die Reichssteuern wurden wesentlich nur von den Reichsstädten getragen.

Reichsdienstmann s. Ministeriale (2).

Reichsdiktator s. Reichskanzlei (1).

Reichsdiktatur (Diktatur) beim alten dt. ↗Reichstag (1) die Übergabe von Anträgen an diesen durch den Reichsdiktator (s. Reichskanzlei [1]) an die Kanzlisten der ↗Reichsstände (1); erst dadurch wurde eine Beratung möglich. Die R. konnte verweigert werden, bis 1742 durch Mainz als Inhaber des ↗Reichsdirektoriums, seitdem durch das Kurfürstenkollegium (s. Kurfürst).

Reichsdirektorialgesandter s. Reichsdirektorium.

Reichsdirektorium die Gesandtschaft von Mainz auf dem Regensburger ↗Reichstag (1), da der ↗Kurfürst von Mainz als ↗Erzkanzler den Vorsitz im Kurfürstenkollegium führte; der ↗Gesandte hieß Reichsdirektorialgesandter.

Reichsdomäne = Reichsgut.

Reichsdorf (Königsdorf) im alten Dt. R. ↗reichsunmittelbares Dorf; die R. waren Reste der im 15. Jh. aufgelösten Reichslandvogteien (s. Reichsvogt), u. wurden 1803, soweit noch vorhanden, ↗mediatisiert. Die Reichsbauern hatten ausgedehnte Selbstverwaltung, teilweise sogar die ↗hohe Gerichtsbarkeit; da sie die Reste der ↗Reichsleute darstellten, wurden sie auch so, außerdem Reichseigene, Reichshausgenossen, Reichs(hinter)sassen, Reichshörige genannt.

Reichsduma s. Duma.

Reichseigener s. Reichsdorf.

Reichseigenkirche = Reichskirche (a).

Reichserbämter im alten Dt. R. bis 1806 die, seit dem 13. Jh. erblichen, ↗Hofämter, deren Inhaber (Reichserbbeamte, Reichsunterbeamte, substituti officiales) an Stelle der Inhaber der ↗Erzämter im MA. den täglichen Dienst am Hofe leisteten, seit dem späteren MA. wenigstens an der Spitze der betr. Ämter standen; bei Krönungen übten sie stets persönlich ihr Amt aus. Gleichzeitig mit der Erblichkeit erscheint auch teilweise eine mehrfache Besetzung, die später verschwindet. Während zunächst nur die Vertreter der vier alten Erzämter vorhanden waren, Reichs(erb)marschall (Reichsuntermarschall, Reichsvizemarschall, marescalcus imperii, submarescalcus), Reichs(erb)truchseß (Reichsvizetruchseß, dapifer imperii, vicedapifer i.), Reichs(erb)kämmerer (Reichsunterkämmerer, camerarius imperii, subcamerarius) u. Reichs(erb)schenk (Reichsunterschenk, pincerna imperii, vicepincerna), zu denen später ein Reichs(erb)schatzmeister kam, traten seit dem späteren MA. auch R. auf, denen kein Erzamt entsprach: der Reichs(erb)küchenmeister, unter Philipp von Schwaben vom ↗Truchseß abgezweigt u. später dessen Dienst versehend, seit 1594 in Personalunion mit dem Erbtruchseß; der Reichs(erb)jägermeister (subvenator), der Reichs(erb)türhüter (Reichsobertürhüter), der Reichs(erb)vorschneider u. der Reichserb(general)postmeister. In neuerer Zeit waren auch die Inhaber der R. nicht mehr persönlich am Hofe anwesend, u. die tatsächlichen Dienste wurden wiederum von Vertretern ausgeübt, z. B. fungierte an Stelle des Reichserbmarschalls (der bei Krönungen für Einquartierung, Schutz usw. der fremden ↗Gesandten sorgte u. dafür von ihnen ein sogen. Protectorium erhielt) sein Untermarschall (substitutus submarescalcus), der Reichsquartiermeister.

Reichserbbeamter s. Reichserbämter.

Reichserbgeneralpostmeister s. Reichserbämter.

Reichserbhofgericht(srat) s. Anerbenbehörden.

Reichserbhofrichter s. Anerbenbehörden.

Reichserbjägermeister s. Reichserbämter

Reichserbkämmerer s. Reichserbämter.

Reichserbküchenmeister s. Reichserbämter.

Reichserbmarschall s. Reichserbämter u. Kronerbämter.

Reichserboberhofmeister s. Kronerbämter.

Reichserboberkämmerer s. Kronerbämter.

Reichserbpanner s. Kronerbämter.

Reichserbpostmeister s. Reichserbämter.

Reichserbschatzmeister s. Reichserbämter.

Reichserbschenk s. Reichserbämter.

Reichserbtruchseß s. Reichserbämter.

Reichserbtürhüter s. Reichserbämter.

Reichserbvorschneider s. Reichserbämter.

Reichserzämter s. Erzämter.

Reichserzbeamter s. Erzämter.

Reichserzkanzler s. Erzämter.

Reichsexekution s. Bundesexekution.

Reichsfeldherr = Shōgun.

Reichsfeldmarschall s. Reichsgeneral.

Reichsfeldoberst s. Reichsgeneral.

Reichsfilmkammer s. Reichskulturkammer.

Reichsfinanzhof in München 1918–1945 oberstes dt. Gericht für Finanzstreitigkeiten, dessen Tradition 1950 durch den Bundesfinanzhof, ebenfalls in München, wiederaufgenommen wurde. Unter ihm stehen die Finanzgerichte, Berufungsgerichte gegen Entscheidungen der Finanzämter; die Finanzgerichte sind Behörden der ↗Länder (1e), entscheiden aber auch über Bundessachen. – Auch eine unmittelbare Berufung an das Finanzgericht, ohne vorherigen Einspruch gegen einen Steuerbescheid, ist möglich (Sprungberufung).

Reichsfiskal s. Reichshofrat u. Reichskammergericht.

Reichsfolge Stellung der Kontingente zur Reichsarmee im alten Dt. R.

Reichsforst s. Forst.

Reichsforstamt 1934–1945 oberste dt. Behörde für das Forst- u. Jagdwesen, unter dem Reichsforstmeister, der in Jagdsachen die Amtsbezeichnung Reichsjägermeister führte und ↗Reichsminister war; die pr. Forstverwaltung wurde mit dem R. vereinigt. Dem Reichsjägermeister standen zwei Oberjägermeister zur Seite, die mit den Landesjägermeistern (in den Ländern, die mehrere Jagdgaue umfaßten), den Gaujägermeistern (zusammen mit einem Gaujagdrat an der Spitze eines Jagdgaues, i. d. R. ein ↗Land (1e) o. eine pr. ↗Provinz) u. anderen Personen (darunter Vertretern des Reichsnährstandes [s. Reichsbauernführer]) den Reichsjagdrat bildeten; neben den Landesjägermeistern konnte ein Landesjagdrat stehen. Die Jagdgaue waren in Jagdkreise unter Kreisjägermeistern geteilt; diesen unterstanden Hegeringführer als Verwalter von Hegeringen.

Reichsforstmeister s. Reichsforstamt.

Reichsfrei = Reichsunmittelbar.

Reichsfreiheit **1.** s. Reichsunmittelbar. **2.** ↗Immunität (a), die aus einem Reichshof (s. Königshof) bestand, sowie die Genossame (1) eines solchen, die auch «Reich» genannt wurde.

Reichsfreiherr s. Reichsritterschaft.

Reichsfreistadt s. Bischofsstadt.

Reichsfriede s. Landfriede (1).

Reichsführer der SS s. Schutzstaffel.

Reichsfürst (↗Fürst [b], princeps imperii) im Dt. R. bis etwa 1180 Inhaber eines bestimmten höheren Amtes (daher Amtsfürst), nämlich ↗Erzbischof, ↗Bischof, ↗Reichsabt bzw. ↗Reichsäbtissin, ↗Reichskanzler (s. Hofkanzler [1]), ↗Herzog, ↗Markgraf (1), ↗Pfalzgraf, ↗Graf, ↗Reichsgraf, ↗Burggraf (1), gleichgültig, ob er sein Amt o. ↗Lehen (1) unmittelbar vom Kg. o. von einem anderen Fürsten empfing; vielleicht auch der ↗Dompropst (s. Domkapitel) von Aachen. Im Gegensatz zu diesem älteren Reichsfürstenstand galten nach 1180 als welt. R. (Laienfürsten) nur noch diejenigen, welche vom Kg. mindestens ein ↗Fahnlehen (a) empfingen, u. nicht von einem anderen Laienfürsten Lehen besaßen; geistl. R. (g. Fürsten, Pfaffenfürsten, principes ecclesiastici) waren (schon vor 1180) alle ↗Prälaten, die ein ↗Szepterlehen vom Kg. empfingen, ohne Rücksicht auf ihre kirchl. Stellung. Die R. führten seit 1180 allein das Prädikat «illustris»; auf dem ↗Reichstag (1) bildeten sie den ↗Reichsfürstenrat. Erhebung in den Reichsfürstenstand (Fürstung) war nur durch den Ks. möglich, meist dadurch daß ein ↗Territorium (2) zum Fahnlehen erhoben wurde. In der Neuzeit unterschied man ↗altfürstliche u. neufürstliche Häuser. – Reichsfürstinnen waren nur die Reichsäbtissinnen. Vgl. Gefürstet u. Titularreichsfürst.

Reichsfürstenlehen = Fahnlehen (a).

Reichsfürstenrat (Fürstenbank, Fürstenrat) das zweite Kollegium des ↗Reichstags (1), unter dem wechselnden ↗Direktorium (1) Salzburgs u. Öst. Der R. zerfiel in eine geistl. u. eine weltl. Fürstenbank (vgl. Bank); die geistl. bestand aus zwei ↗Erzbischöfen, 22 ↗Bischöfen, sieben ↗Reichsäbten u. ↗Reichspröpsten, dem ↗Deutschmeister u. dem Großprior (s. Zunge) der Johanniter (alle diese mit ↗Virilstimmen), ferner der ↗Prälatenbank mit einer Kuriatstimme (s. Kurie), seit 1653 waren die (Prälaten)-bankfürsten in zwei (rheinische u. schwäbische) Bänke mit je einer Stimme geteilt; außerdem saß seit Maximilian I. Öst. auf der geistl. Bank, zählte aber zur weltl.; diese bestand aus den ↗Reichsfürsten mit 56 Viril- u. fünf ↗Kollektivstimmen, sowie vier Kuriatstimmen der ↗Reichsgrafen, die in vier Grafenbänke (Grafenkurien, [Reichs]grafenkollegien (schwäbische, wetterauische, frk. [seit 1641] u. westf. [seit 1653]) zerfielen. Nach 1648 wurde für die ev. Bistümer eine bes. «Querbank» geschaffen. Insgesamt hatte der R. zuletzt 100 Stimmen. Anfänglich waren diese rein persönlich, so daß bei Erbteilungen neue Stimmen entstanden, bei Vereinigungen alte wegfielen; seit Ende des 16. Jh. aber wurden gewohnheitsrechtlich die Stimmen mit den ↗Territorien (2) verbunden (Territorialisierung der Stimmen, ↗Territorialstimmen). Seit 1641 bzw. 1654 wurde Sitz u. Stimme im R. nur den vom Ks. ernannten Reichsfürsten zugestanden, die ↗Fahnlehen erwarben u. zur ↗Reichsmatrikel veranlagt waren. Vgl. Fürstentag (1).

Reichsfürstenstand s. Reichsfürst.

Reichsfürstin s. Reichsfürst.

Reichsgau Verwaltungsbezirk in den dem Dt. R. 1938/39 angegliederten Gebieten im Osten, einem ↗Land (1e) gleichgestellt, unter einem ↗Reichsstatthalter.

Reichsgeneral im alten Dt. R. vom Reiche ernannter ↗General der Reichsarmee (vgl. Kreisoberst). Der an der Spitze stehende Reichs(general)feldmarschall (Reichsfeldoberst, Reichsoberfeldhauptmann) wurde erst im Kriegsfall, die übrigen auch im Frieden ernannt. I. d. R. waren alle Stellen doppelt (mit einem Kath. u. einem Prot.) besetzt.

Reichsgeneralfeldmarschall s. Reichsgeneral.

Reichsgeneralspostmeister s. Generalpostmeister.

Reichsgericht im alten Dt. R. außer dem ↗Reichskammergericht u. ↗Reichshofgericht Bezeichnung für die sogen. Reichsuntergerichte, d. h. vor allem für die bestehen gebliebenen ksl. ↗Landgerichte (a) (z. B. die Landgerichte zu Nürnberg [später Ansbach], Würzburg u. auf der Leutkircher Heide u. in der Pirs u. das ↗Hofgericht (b) [auch Reichshofgericht] zu Rottweil [vgl. Erbhofrichter (a)]), dann auch die ↗Austräge (1), sowie einige ↗Stadtgerichte (Reichsstadtgerichte), z. B. in Frankfurt a. M. (judicium imperatoris); i. w. S. heißt R. jedes vom Kg. unmittelbar o. mittelbar (z. B. durch einen ↗missus [1]) geleitete Gericht. – 1879 bis 1945 das oberste dt. Gericht zu Leipzig. Vgl. Reichsoberhandelsgericht u. Senat, großer. Weiterhin nannte man bis 1945 alle obersten Gerichte des Dt. Reiches R. – In Öst. 1867–1918 Staats- und Kompetenzgerichtshof. – 1920–1940 hieß das höchste Gericht Estl. R. (Staatsgericht, Riigikohus); das seit 1919 bestehende R. Finnl. ist ein ↗Staatsgerichtshof. R. wird auch für das dän. ↗Rigsret u. das norw. Riksrett gebraucht. – Das jap. R. (Daishin-in) wurde 1875 errichtet.

Reichsgeschäftsführer s. Präsidialkanzlei.

Reichsgesundheitsrat s. Medizinalkollegium.

Reichsgottesfriede s. Gottesfriede.

Reichsgraf im alten Dt. R. ↗reichsunmittelbarer ↗Graf; einige Reichsgrafschaften galten als ↗Fahnlehen bzw. ↗Thronlehen u. ihre Inhaber als ↗Reichsfürsten, der größere Teil nur als Hofratslehen, u. ihre Inhaber hatten im ↗Reichsfürstenrat nur Kuriatstimmen (s. Kurie). Die R. gehörten zum ↗hohen Adel. Vgl. Durchlaucht.

Reichsgrafenkollegium s. Reichsfürstenrat.

Reichsgut (Königsgut, Königsland, Reichsdomäne, terra imperii, auch ↗Reich, regnum) das ↗Krongut des alten Dt. R., bis ins 13. Jh vom Hausgut (s. Hausmacht) nicht geschieden u. daher unter Rudolf I., trotz der früheren Anstrengungen der Staufer, das Verlorene wieder zu erlangen (Revindikation des R.) nur noch in geringen Resten vorhanden, die von ↗Reichsvögten verwaltet wurden. Seit 1281 war der Kg. bei Veräußerungen von R. an die Zustimmung der ↗Kurfürsten gebunden. Vgl. Kronland (2).

Reichsgutachten (consultum imperii, suffragium i.) der Beschluß, auf den sich die drei Kollegien des Reichstages (1) geeinigt hatten u. der dann durch ksl. ↗Sanktion zum ↗Reichsschluß wurde.

Reichshandwerksmeister s. Innung (a).

Reichshausgenosse s. Reichsdorf.

Reichsherrschaft s. Herrschaft.

Reichshilfe a) s. Hilfe. b) 1930/31 in Dt Sonderabgabe der Beamten u. Angestellten sowie der Aufsichtsratsmitglieder.

Reichshintersasse s. Reichsdorf.
Reichshöriger s. Reichsdorf.
Reichshof (freier) s. Königshof.
Reichshofamt = Reichsamt (1).
Reichshofgericht (curia regia) entspr. dem frk. ↗Königsgericht vom dt. Kg. persönlich o. durch einen Stellvertreter geleitetes Gericht (vgl. Pfalzgraf), dem Kg. folgend, oberste Berufungsinstanz, mit ↗Evokationsrecht, je nachdem es in Dt. o. It. tagte mit entspr. Besetzung. ↗Urteiler waren in Dt. die am Hofe befindlichen Großen, auch ↗Ritter, mindestens sieben, u. U. der ganze ↗Reichstag (1), in It. die ↗Königsrichter, später die ↗Hofrichter (1). Seit 1235 wurde ein ständiger Reichshofrichter (Hofjustiziar, justitiarius curiae regiae, j. c. imperialis, j. reipublicae, magister curiae imperialis) ständiger Stellvertreter des Kgs., doch blieben diesem ↗causae majores von ↗Fürsten (b) u. ↗Fürstengenossen sowie die ↗Reichsacht vorbehalten; der Hofrichter war Beamter, Laie u. freier Mann, sein Amt erlosch mit dem Tode des Kgs. Neben ihm stand ein Hofgerichtsnotar (Hof[gerichts]schreiber, Hofsekretär, Kammernotar, Kammerschreiber, ↗notarius curiae [a], protonotarius judicii). Durch die ↗privilegia de non appellando u. ↗de non evocando mehr u. mehr eingeschränkt, wurde das R. durch das kgl. Kammergericht (s. Reichskammergericht) überflüßig u. verschwand seit 1450. Vgl. Reichsgericht.
Reichshofhörig s. Reichsleute.
Reichshofkanzlei s. Hofkanzlei u. Reichskanzlei (1).
Reichshofleute s. Reichsleute.
Reichshofmeister s. Hofmeister (1).
Reichshofrat (Hofrat, Hofregiment, judicium aulicum [imperiale]) von Maximilian I. 1498 u. 1518 zeitweise, von Ferdinand I. 1527 endgültig eingerichtetes Kollegium, das oberste ↗Regierung (1) u. als Konkurrenz des ↗Reichskammergerichts oberstes ksl. Gericht für die ↗Erblande u. für das Reich sein sollte; den Vorsitz führte bis 1559 der Ks. persönlich o. der ↗Hofmarschall, dann ein bes. Hofratspräsident, dessen Stellvertreter der ↗Reichsvizekanzler war; diesen vertrat ein Reichshofratsvizepräsident. Um dieselbe Zeit wurde der R. zu einer reinen Reichsbehörde, i. wesentl. zu einem ↗Reichsgericht, das ausschl. in Strafsachen der ↗Reichsunmittelbaren, Streitigkeiten über ksl. Privilegien u. ↗Reservatrechte (1) sowie in it. Sachen kompetent war; auch war er Reichslehenshof (vgl. Lehensgericht u. Thronlehen). Vertreter der ksl. Interessen war ein Reichsfiskal (vgl. Fiskal). Die zugelassenen Anwälte hießen Reichsagenten. Das Richterkollegium zerfiel in eine Gelehrtenbank (vgl. Bank) u. eine Herrenbank, auf der sowohl der ↗hohe als auch der ↗niedere Adel vertreten war. War eine Einigung der Richter nicht möglich, so wurde durch ein votum ad imperatorem der Fall dem Ks. zur persönlichen Entscheidung vorgelegt. Während einer Thronerledigung ruhte der R., seine Kompetenzen gingen auf die ↗Reichsvikare (a) über. 1806 erlosch der R. – Die Mitglieder des R. hießen ebenfalls R.
Reichshofrichter s. Reichshofgericht.
Reichshoftag s. Reichstag(1).
Reichshofvizekanzler s. Reichsvizekanzler.
Reichsimmediat = Reichsunmittelbar.
Reichsindigenat s. Indigenat.
Reichsinnungsmeister s. Innung (a).
Reichsinnungsverband s. Innung (a).
Reichsjägermeister s. Reichserbämter u. Reichsforstamt.
Reichsjagdrat s. Reichsforstamt.
Reichskämmerer s. Reichserbämter.
Reichskammer der bildenden Künste s. Reichskulturkammer.
Reichskammergericht hervorgegangen aus der persönlichen Rechtsprechung des Kgs. außerhalb des ↗Reichshofgerichts, zuerst 1415 als judicium camerae genannt, 1471 fest organisiert, zunächst nur für Interessen des Kgs. u. des Fiskus, für welche ein bes. ↗Fiskal, später Kammerprokuratorfiskal (procurator camerae fiscalis et imperialis fisci) genannt, bestellt wurde; Vorsitzender war der Kg. o. ein ad hoc ernannter Kammerrichter, Beisitzer kgl. Räte. Dieses sogen. kgl. Kammergericht, seit 1450 auch ↗Hof- u. Kammergericht, das dem Kg. folgte, wurde 1495 in ein R. verwandelt, das ständig u. mit festem Sitz sein sollte, tatsächlich aber unter Maximilian I. mehrmals neu errichtet u. wieder aufgelöst wurde, was auch zuerst unter Karl V. der Fall war, bis es 1527 endgültig in Speyer eingerichtet wurde, wo es 1555 eine auch für die übrigen dt. Gerichte grundlegende Ordnung erhielt; der Reichsprozeß (Kameralprozeß) wurde Muster für das gerichtliche Verfahren. 1689–1806 war der Sitz in Wetzlar. – Der vorsitzende Kammerrichter (Reichskammerrichter), der ↗Fürst (b), ↗Graf o. ↗Freiherr sein mußte, wurde vom Ks. ernannt, später ebenso die Präsidenten der ↗Senate (7), die Richter (Beisitzer, Assessoren) wurteils vom Ks., teils von den ↗Reichsständen (1) präsentiert; etwaige oberste Entscheidung hatte der ↗Reichstag (1). – Kompetent war das R. in erster Instanz für Landfriedensbruch (auch in letzter) u. für Prozeße gegen ↗Reichsunmittelbare, sowie für Rechtsverweigerung u. Rechtsverzögerung, in zweiter für ↗Austräge (1) u. für Appellationssachen aus den ↗Territorien (2) ohne privilegium de non ap-

pellando; dabei bestand vielfach eine Konkurrenz mit dem ↗Reichshofrat. Vertreter der ksl. Interessen (Reichsfiskale) waren ein Fiskalprokurator (Generalfiskal) u. ein Fiskaladvokat (advocatus fisci, für die Schriftsätze). Als Anwälte waren Reichsadvokaten u. Reichsprokuratoren tätig, ohne daß aber die sonstige Scheidung zwischen ↗Advokat u. Prokurator dabei durchgeführt war.

Reichskammerrichter s. Reichskammergericht.

Reichskanzlei 1. die ↗Kanzlei des alten Dt. R., die zuerst mit der ↗Hofkapelle mehr o. weniger zusammenfiel u. daher unter Leitung des ↗Erzkaplans als ↗Erzkanzler stand, dann seit 868 unter dem ↗Hofkanzler (1). Zeitweise leitete der Erzkanzler im 15. u. zu Beginn des 16. Jh. die R. wieder selbst, bis sie seit 1519 dauernd dem ↗Reichsvizekanzler unterstellt wurde. Im 14. u. 15. Jh. war sie meist auch Kanzlei für die ksl. ↗Erblande, dann bestand zeitweise eine Trennung zwischen R. u. öst. ↗Hofkanzlei, vorübergehend besorgte letztere die Geschäfte der ersteren, bis 1559 eine gemeinsame Reichshofkanzlei errichtet wurde. Seit der zweiten Hälfte des 17. Jh. hatte der unter dem Vizekanzler stehende Reichsdiktator die eigentliche Leitung der R.; seitdem war sie weiterhin Zentralstelle für alle Reichsangelegenheiten u. vor allem Kanzlei des ↗Reichstags (1). Vgl. Reichsdiktatur. **2.** im neuen Dt. R. das Bureau des ↗Reichskanzlers (2). Vgl. Präsidialkanzlei. **3.** in Rußl. bis 1917 die Kanzlei des ↗Reichsrats (7), unter einem Reichssekretär, in Sektionen unter ↗Staatssekretären (4) geteilt.

Reichskanzler 1. a) = Hofkanzler (1). **b)** s. Erzkanzler, Kanzler u. Reichsvizekanzler. **2.** im Norddt. Bund (Bundeskanzler) 1867–1871 u. im Dt. R. 1871–1918 der vom Ks. (bzw. ↗Bundespräsidium [b]) ernannte allein verantwortliche u. einzige ↗Minister (1) des Reiches, gleichzeitig Vorsitzender des ↗Bundesrates (1); seit 1878 hatte er in den ↗Staatssekretären (3) ständige Stellvertreter. 1918–1945 bezeichnete R. den dt. ↗Ministerpräsidenten, der seit 1949 wieder Bundeskanzler heißt, u. vom ↗Bundespräsidenten (3) vorgeschlagen, vom ↗Bundestag (b) ohne Aussprache gewählt wird. Vgl. Führer und Reichskanzler. **3.** in Öst.-Ung. 1867 bis 1871 der Vorsitzende des gemeinsamen Ministeriums. **4.** im ksl. Rußl. der Minister des Auswärtigen.

Reichskanzleramt im Norddt. Bund (Bundeskanzleramt) u. im Dt. R. bis 1880 die dem ↗Reichskanzler (2) zur Seite stehende Zentralbehörde, zuerst für alle Verwaltungszweige; allm. wurden davon selbständige ↗Reichsämter (2) abgezweigt u. endlich 1879 der Rest des R. in das Reichsamt des Innern verwandelt. Seit 1949 heißt die ↗Kanzlei des dt. Bundeskanzlers Bundeskanzleramt.

Reichskepler (Unterkaplan) Stellvertreter des ↗Kurfürsten von Köln in seiner Eigenschaft als ↗Erzkanzler.

Reichskirche a) (Reichseigenkirche) jede ↗reichsunmittelbare kirchl. Anstalt, vor allem Bistümer (unter Reichsbischöfen) u. Erzbistümer, zusammen mit den Reichsabteien (s. Reichsabt) das höhere Reichskirchengut bildend; alle anderen bezeichnet man als niederes Reichskirchengut. Bis zum Wormser ↗Konkordat (1) wurden sie als ↗Eigenkirchen des Kgs. behandelt; dann wurde dieses Recht zur ↗Lehenshoheit. Vgl. Mediatkirche. **b)** nach 1933 öfters Bezeichnung der DEK, z. B. durch den ↗Reichsbruderrat; mit Reichskirchenregierung bezeichnete man anfänglich zusammenfassend Kirchenkanzlei, ↗Geistliches Ministerium (b) u. ↗Kirchliches Außenamt.

Reichskirchenausschuß 1935 vom ↗Reichsminister für die Kirchlichen Angelegenheiten berufen, um in der DEK wieder geordnete Zustände herbeizuführen; in den ↗Landeskirchen wurden entspr. Landeskirchenausschüsse gebildet. Der R. versammelte 1936 u. 37 die leitenden Personen der Kirchen zu einer Kirchenführerkonferenz; als er, u. ebenso die Landeskirchenausschüsse, 1937 zurücktraten, blieb die Landeskirchenkonferenz bestehen u. versuchte, eine Leitung der DEK auszuüben; 1948 wurde sie durch die ↗Kirchenkonferenz der EKD ersetzt.

Reichskirchengut s. Reichskirche (a).

Reichskirchenregierung s. Reichskirche (b).

Reichskloster s. Reichsabt.

Reichskollegium s. Reichstag (1).

Reichskommissar (Reichsbeauftragter) vom Dt. R. mit einer bestimmten, abgeschlossenen Aufgabe betraut. Vgl. Staatskommissar.

Reichskonferenz s. Imperial Conference.

Reichskonferenzminister s. Konferenz.

Reichskontrolle s. Contrôleur général (des finances).

Reichskonzil s. Konzil.

Reichskreis s. Kreis.

Reichskriegsdirektor s. Reichskriegsrat.

Reichskriegsgericht s. Reichsmilitärgericht.

Reichskriegsrat 1664 als oberste Leitung des gesamten Reichskriegswesens einschließlich der Heerführung geschaffen, nur für den Kriegsfall berufen, zusammengesetzt aus einigen ↗Reichsständen als Reichskriegs(rats)direktoren u. zwölf Räten (mit dem Titel R.), je zur Hälfte prot. u. kath. Seit Mitte des 18. Jh. trat der R. tatsächlich nicht mehr zusammen, seine Geschäfte besorgte der öst. ↗Hofkriegsrat.

Reichskronämter s. Großbeamte.

Reichsküchenmeister s. Reicherbämter.

Reichskulturkammer 1933–1945 im Dt. R. berufsständische Organisation der geistigen Berufe, gegliedert in sieben Einzelkammern (Reichsschrifttumskammer, Reichspressekammer, Reichsrundfunkkammer, Reichstheaterkammer, Reichsmusikkammer, Reichskammer der bildenden Künste, Reichsfilmkammer), deren Präsidenten vom ↗Reichsminister für Volksaufklärung und Propaganda, dem Präsidenten der R., ernannt wurden; sie bildeten einen Beirat, den Reichskulturrat. Außerdem bestand ein Reichskultursenat aus bes. berufenen Personen.

Reichskulturrat s. Reichskulturkammer.

Reichskultursenat s. Reichskulturkammer.

Reichskurerzkanzler s. Erzkanzler.

Reichsland im alten Dt. R. jedes zum Reich gehörige Gebiet, im neuen Dt. R. Bezeichnung von E.-L.; in Öst.-Ung. wurden Bosnien und Herzegowina so genannt.

Reichslandfriede s. Landfriede (1).

Reichslandvogt(ei) s. Reichsvogt.

Reichslehen (Reichsmannlehen) unmittelbar vom Dt. Ks. abhängiges ↗Lehen (1); die wichtigsten Teile des Reichslehensgutes waren die ↗Fahnlehen; die Nicht-Fahnlehen wurden als feuda minora bezeichnet. Vgl. Kronlehen u. Thronlehen.

Reichslehenbarkeit s. Lehenbarkeit (b).

Reichslehensadministration (Lehensadministration) ehemaliges ↗Reichslehen, das als bes. Bezirk verwaltet wurde.

Reichslehenschaft s. Lehensherrlichkeit.

Reichslehensgut s. Reichslehen.

Reichslehenshof s. Reichshofrat.

Reichsleiter die zu den ↗politischen Leitern zählenden Leiter der obersten Ämter der NSDAP.

Reichsleute (homines imperii) ursprgl. alle, die ↗reichsunmittelbar waren, vor allem auch die ↗Hörigen der Reichshöfe (s. Königshof), die Reichshofhörigen (Reichshofleute); später i. wesentl. die Reichsbauern (s. Reichsdorf).

Reichsmannlehen = Reichslehen.

Reichsmarineamt s. Admiralität (2).

Reichsmarschall **1.** s. Reichserbämter. **2.** s. Maréchal de France. **3.** 1940 an Hermann Göring verliehener Titel. **4.** s. Shōgun.

Reichsmatrikel (im Dt. Bund Bundesmatrikel) eigentlich Verzeichnis der ↗Reichsstände, dann vor allem die darin enthaltenen, von den Ständen aufzubringenden Truppenkontingente u. Steuern (vgl. Matrikularsteuer); die erste R. wurde 1422 angelegt, tatsächlich aber wurde die Einrichtung erst 1521 wirksam. Da die Reichsstände die ihnen auferlegten Kontingente in Wirklichkeit nicht stellten, sondern als «Idealfuß» ablehnten, wurden seit 1720 an Stelle der R. die tätsächlich gestellten Truppen als Usualmatrikel (Usualfuß) de facto als R. anerkannt.

Reichsmilitäranwalt s. Reichsmilitärgericht.

Reichsmilitärgericht 1900–1920 das oberste dt. Militärgericht, i. wesentl. für ↗Revisionen (b) gegen Urteile der ↗Oberkriegsgerichte. Die Stelle der ↗Auditeure bekleideten am R. einige (Reichs)militäranwälte unter einem Ober(reichs)-militäranwalt. Vgl. Generalauditeur. 1936–1945 gab es ein entspr. Reichskriegsgericht.

Reichsminister in Öst.-Ung. 1867–1918 ↗Minister (1), der ein für beide Reichshälften gemeinsames Ressort verwaltete u. den ↗Delegationen (4) verantwortlich war. Im Dt. R. bis 1918 der ↗Reichskanzler (2), dann von 1919–1945 jeder Minister. Vorübergehend gab es 1848/49 R. in Frankfurt a. M.

Reichsministeriale s. Ministeriale (2).

Reichsmittelbar s. Reichsunmittelbar.

Reichsmusikkammer s. Reichskulturkammer.

Reichsnährstand s. Reichsbauernführer.

Reichsnotarkammer s. Notar.

Reichsoberacht s. Reichsacht.

Reichsoberhandelsgericht als Bundesoberhandelsgericht 1869 in Leipzig errichtet, 1871–1879 als R. auch mit der Erledigung von Nichthandelssachen betraut, durch das ↗Reichsgericht ersetzt.

Reichsoberseeamt s. Seeamt.

Reichsoberstfeldhauptmann s. Reichsgeneral.

Reichsoberstforstmeister 1266–1396 erbliches Amt der Familie Waldstromer am Laurenzer Forst bei Nürnberg.

Reichsobertürhüter s. Reichserbämter.

Reichspalast = Palatium.

Reichspatriarch s. Patriarch.

Reichspfalzgraf s. Pfalzgraf.

Reichspfandschaft verpfändetes ↗Reichsgut; die R. war ein ↗Nutzpfand, das meist nicht eingelöst wurde.

Reichspfennig s. Römermonat.

Reichspfennigmeister s. Pfennigmeister.

Reichspostamt s. Generalpostamt.

Reichspostmeister s. Generalpostmeister.

Reichsprälat zusammenfassende Bezeichnung für ↗Reichsabt. ↗Reichsäbtissin u. ↗Reichspropst.

Reichsprälatenbank s. Prälatenbank.

Reichspräsident 1919–1934 Titel des dt. Staatsoberhauptes, in direkter Volkswahl auf sieben Jahre gewält, unbeschränkt wiederwählbar. 1933 wurde das Amt des R. mit dem des ↗Reichskanzlers (2) vereinigt. Vgl. Führer und Reichskanzler u. Bundespräsident (3).

Reichspressekammer s. Reichskulturkammer.

Reichsprofoß im alten Dt. R. der Polizeidiener in der ↗Kanzlei des Reichserbmarschalls (s. Reichserbämter) in Regensburg.

Reichsprokurator s. Reichskammergericht.

Reichspropst ↗ reichsunmittelbarer Stiftspropst (s. Kollegiatkapitel).

Reichsprotektor 1939–1945 der dem ↗Führer und Reichskanzler unmittelbar unterstehende, formell die dt. Interessen vertretende, tatsächlich die Regierungsgewalt im ↗Protektorat Böhmen und Mähren ausübende höchste Beamte; dem Namen nach bestand neben ihm eine tschechische Regierung mit einem ↗Staatspräsidenten. Dem R. unterstanden Oberlandräte (Inspekteure des R.) in Oberlandratsbezirken.

Reichsprozeß s. Reichskammergericht.

Reichsquartiermeister s. Reichserbämter.

Reichsrat **1.** = Reichsregiment (1). **2.** in Öst. 1849–1860 vom Ks. ernannte beratende Körperschaft, einem ↗Staatsrat (1) entspr., 1860 durch Vertreter der ↗Kronländer (1) zu einem «verstärkten» R. erweitert unter gleichzeitiger Ausdehnung seiner Befugnisse. 1861–1865 Vertretung der Gesamtmonarchie, die aus ↗Herrenhaus (2) u. Abgeordnetenhaus (b) bestand, von der sich aber vom letzteren nur die Vertreter einiger Länder einfanden. 1867–1918 Vertretung Cisleithaniens, ebenfalls aus Herrenhaus u. Abgeordnetenhaus bestehend. **3.** im Dt. R. 1919–1934 die dem früheren ↗Bundesrat (1) (bzw. dem Febr. bis Aug. 1919 an dessen Stelle getretenen Staatenausschuß) entspr. Vertretung (durch Bevollmächtigte zum R.) der ↗Länder (2), mit i. wesentl. gleichen Befugnissen, aber mit nach der Bevölkerungsziffer festgesetzter Stimmenzahl; außerdem wurde Pr. als Staat nur durch die Hälfte seiner Stimmen vertreten, die andere Hälfte vertrat die ↗Provinzen. **4.** s. Kammer der Reichsräte. **5.** in Schwd. seit dem 13. Jh. Staatsrat, der im 14. u. 15. Jh. gewissermaßen zu einer Volksvertretung wurde, dann unter den Wasa nur beratendes Organ, seit 1634 dem Namen nach etwa ein ↗Oberhaus (1), in Wirklichkeit bis 1682 der tatsächliche Leiter des Staates war; bis 1718 wieder völlig auf beratende Befugnis beschränkt, erhielt er darauf neben dem ↗Reichstag (3) von neuem die Leitung u. übte eine Art Vormundschaft über den Kg. aus, der in ihm nur zwei Stimmen von neun besaß. 1772 erhielt der R. von neuem eine nur beratende Stellung u. wurde 1789 aufgehoben. **6.** in Dän. seit dem späteren MA. der Staatsrat, der aber seit 1660 jeden Einfluß verlor. 1854 wurde an Stelle des Reichstags (4) ein R. mit beratenden Funktionen für die Gesamtmonarchie geschaffen, der seit 1855 teils aus ernannten, teils aus indirekt, teils aus direkt gewählten Mitgliedern bestand u. 1863 wieder durch einen Reichstag aus zwei ↗Kammern (2a) ersetzt wurde. **7.** (Gossudarstwennij Sowjet) in Rußl. 1801 bzw. 1810 bis 1906 der Staatsrat, zugleich höchstes ↗Verwaltungsgericht (a), in ↗Departements (2) gegliedert, deren Präsidenten, wie auch der des Plenums, alljährlich neu ernannt wurden. Tatsächlich spielte der R. die Rolle einer gesetzgebenden Körperschaft, da er die Gesetze redigierte u. das Budget feststellte. 1906 wurde er durch Aufnahme gewählter Stände- u. Berufsvertreter zu einer ersten Kammer erweitert, behielt aber die Funktionen eines Staatsrates i. wesentl. bei. Vgl. Reichskanzlei (3). **8.** s. Riigiwanem.

Reichsrayonkommission seit 1871 Berufungsinstanz für alle Streitigkeiten, die Festungsrayonfragen betreffen; sie entschied ferner über Anlage usw. von Festungen u. größeren Bauten. Die R. wurde 1935 aufgehoben, ihre Befugnisse gingen an das Reichswehrministerium über.

Reichsrechnungshof s. Rechnungshof.

Reichsreferendar im alten Dt. R. von Kurmainz ernannter Unterbeamter des ↗Reichsvizekanzlers; die drei R. besorgten (soweit es nicht vom ↗Reichshofrat geschah) die Ausfertigungen u. hielten bei Sitzungen Vorträge in Reichssachen.

Reichsregiment **1.** (Regiment, Reichsrat, consilium imperii) 1500–1502 u. 1521–1530 die oberste Reichsregierung, in der ersten Periode (in Nürnberg) ständisches Organ neben dem Ks., bestehend aus diesem o. seinem Stellvertreter u. 20 ↗Regenten (1), von denen sechs von den ↗Kreisen gewählt, die übrigen Vertreter der ↗Reichsstände (1) waren; u. U. sollte das R. durch alle ↗Kurfürsten auf 30 Mitglieder verstärkt werden. In der zweiten Periode an Stelle des abwesenden Ks., bestehend aus 22 Mitgliedern (den alten u. zwei ksl. Deputierten), unter nominellem Vorsitz Ferdinands I. bzw. seines Vertreters Friedrich von der Pfalz, zuerst in Nürnberg, 1524 unter wesentlicher Verminderung seiner Befugnisse nach Eßlingen, 1527 nach Speyer verlegt. **2.** s. Kreisoberst.

Reichsrekrut in Öst. im 18. Jh. geworbener Rekrut einer Füsilierkompagnie, im Gegensatz zu den von den ↗Landständen (1) gestellten Rekruten.

Reichsrezeß = Reichsabschied.

Reichsrichter s. Schultheiß.

Reichsritterschaft (nobilitas libera et immediata imperii) i. wesentl. aus den Reichsministerialen (s. Ministeriale [2]) entstandene Genossenschaft der ↗reichsunmittelbaren ↗Ritter, zuerst in Ritterbündnissen, seit 1577 in einem Gesamtbund zusammengeschlossen, der aus drei ↗Ritterkreisen (Schwaben, Franken, Rhein; vgl. Ritterkanton) bestand u. von einem Bundesdirektorium geleitet wurde, das unter ihnen wechselte. Die Reichsstandschaft (s. Reichsstände [1]) besaßen sie nicht, ebenso gehörten sie der Kreiseinteilung nicht an; doch wurden ihnen die

Reichsgesetze bes. mitgeteilt, u. statt der Reichssteuern zahlten sie in eine gemeinschaftliche Ritterkasse (Rittertruhe) ein sogen. subsidium caritativum (Caritativsubsidium), das sie von Fall zu Fall bewilligten. Sie besaßen beschränkte ↗Landeshoheit, das ↗reformandi jus, das Recht der ↗Hausgesetzgebung u. der ↗Austräge (1), meist auch die ↗hohe Gerichtsbarkeit; Reichsheerfolge (s. Heerfahrt) leisteten sie nur auf Grund bes. Verträge. Ihre Besitzungen mußten Minimalgröße haben u. wurden in eine Matrikel eingetragen; seit 1590 bestand ein gegenseitiges ↗Retraktrecht der R. an ihren an Fremde veräußerten Gütern. Sie gehörte zum ↗Reichsadel, u. zwar zum ↗niederen Adel; seit Mitte des 18. Jh. führten alle Reichsritter den Titel ↗Freiherr (Reichsfreiherr). 1806 wurde die R. ↗mediatisiert, behielt aber das Recht der Autonomie (a) u. gewisse Privilegien. Vgl. Grundherr (2) u. Ritterzettel.

Reichsrundfunkkammer s. Reichskulturkammer.

Reichssasse s. Reichsdorf.

Reichsschatzmeister s. Schatzmeister, Pfennigmeister u. Reichserbämter.

Reichsschenk s. Reichserbämter.

Reichsschluß (Reichsconclusum, conclusum imperii) seit 1663 an Stelle des älteren ↗Reichsabschieds die Form, in der Beschlüsse des ↗Reichstags (1) durch ksl. Dekret verkündet wurden. Vgl. Reichsgutachten.

Reichsschrifttumskammer s. Reichskulturkammer.

Reichsschultheiß s. Reichsvogt u. Schultheiß.

Reichssekretär s. Reichskanzlei (3).

Reichssemperfrei s. Semperfreie.

Reichsspielleutekönig s. Spielgraf.

Reichsstaatsgerichtshof s. Staatsgerichtshof (a).

Reichsstadt (civitas imperialis) seit dem 13. Jh. Bezeichnung der kgl. Städte (Königsstädte, civitates regia, c. reginae, c. publicae, urbes regales), die teilweise als Pfalzstädte aus ↗palatia entstanden u. später durch solche aus heimgefallenen ↗Lehen (1) vermehrt worden waren. Die R. waren ↗reichsunmittelbar, zahlten vor allem an keinen Landesherrn (s. Landeshoheit) Steuern; doch gab es einige, ausdrücklich als R. anerkannte Städte, bei denen dies der Fall war. Im übrigen besaßen sie seit dem 13. Jh. die freie Verfügung über ihre bewaffnete Macht u. das Fehderecht (s. Fehde), ferner eine der Landeshoheit entspr. Selbständigkeit, vielfach auch ein ↗Territorium (2); ferner waren sie ↗Reichsstände (1) (vgl. Städtekollegium). Gerichtsbarkeit besaßen viele von ihnen nicht. Sie standen (seit dem späteren MA. nur noch einige) unter einem ↗Reichsvogt, leisteten dem Ks. einen Huldigungseid (s. Huldigung) u. zahlten ihm eine Reichssteuer (Jahressteuer, precaria); R. unter ↗Burggrafen (1) hießen auch praefecturae. – Nachdem die Freistädte (s. Bischofsstadt) in den R. (bis dahin gemeine R., gemeine Städte genannt) aufgegangen waren, wurden alle R. als «Freie R.» (Freireichsstädte, liberae imperii civitates) bezeichnet. Andrerseits gerieten einige mehr o. weniger in Abhängigkeit von Landesherren, so daß es zweifelhaft wurde, ob sie R. waren; man nannte sie daher gemischte R. (civitates mixtae) u. verstand darunter auch ↗Landesstädte, die von ihrem (meist geistl.) Herrn mehr o. weniger unabhängig waren. – 1803 wurden die R. bis auf sechs (Augsburg, Frankfurt, Nürnberg, Bremen, Hamburg, Lübeck) ↗mediatisiert; die nach den napoleon. Kriegen wieder als selbständige Glieder des Dt. Bundes anerkannten vier R. (Frankfurt u. die drei Hansestädte) hießen seitdem Freie Städte; von ihnen wurde Frankfurt 1866, Lübeck 1937 von Pr. einverleibt.

Reichsstadtgericht s. Reichsgericht.

Reichsstadtvogt s. Reichsvogt.

Reichsstädtekollegium = Städtekollegium.

Reichsstände **1.** im alten Dt. R. die Personen u. Korporationen, welche die Reichsstandschaft (Reichstagsfähigkeit) besaßen, d. h. das Recht auf Sitz u. Stimme (beneficium sessionis et voti) im ↗Reichstag (1). Vgl. Landstände. **2.** = Etats généraux (a). **3.** vereinigte ↗Landtage (1) o. Gesamtvertretung eines größeren, aus selbständigen ↗Territorien (2) entstandenen Landes.

– pürschverwandte s. Pürsch, freie.

Reichsstand, ausgezogener s. Exemtion (2).

Reichsstandschaft s. Reichsstände (1).

Reichsstatthalter 1933–1945 in Dt. oberster Verwaltungsbeamter in einem Bezirk, der tatsächlich mit einem ↗Land (1e) o. einer ↗Provinz zusammenfiel; i. d. R. war der R. auch Gauleiter (s. Gau [2]) u., während er anfänglich nicht Mitglied der betr. Landesregierung sein konnte, meistens deren Führer. In Pr. war der ↗Führer und Reichskanzler R., übertrug aber die Ausübung dieses Rechtes auf den pr. ↗Ministerpräsidenten. Vgl. Reichsgau.

Reichssteuer s. Bischofsstadt, Reichsstadt u. Römermonat.

Reichsstift ↗reichsunmittelbares ↗Stift (a).

Reichssturmfahnlehen die Herrschaft Gröningen (Wü.), deren Inhaber die ↗Herzöge von Wü. als Führer der Reichssturmfahne waren.

Reichssynode s. Konzil.

Reichstag **1.** (comitia imperii) seit Ende des 15. Jh. Bezeichnung für die Versammlung der dt. ↗Reichsstände (1), für die bis dahin allg. Ausdrücke (Hof, gemeiner Tag, kaiserlicher T., königlicher T., des Reichs gemeiner Rat, d. R. g. Tag, [Reichs] versammlung, Sprache, Tag, collegium curiale, colloquium, c. curiale, c. generale,

↗concilium, conventus, c. generalis, c. synodalis, c. universalis, ↗curia [1 b], c. generalis, c. imperialis, c. regalis, c. sollemnis, c. universalis, parlamentum [generale], synodus mixta) üblich gewesen waren. Bis ins 13. Jh. war der R. nur ein ↗Hoftag (1) (Reichshoftag) von allgemeinerer Bedeutung, dessen Besuch aber seit dem 12. Jh. allm. aus einer Pflicht zu einem Recht der Teilnehmer wurde; im 13. Jh. wurde dieses Recht auf die Reichsstände beschränkt, die zunächst nur aus ↗Kurfürsten, ↗Reichsfürsten, ↗Grafen u. ↗Herren bestanden, wozu seit Wilhelm von Holl. noch die ↗Reichsstädte u. ↗Bischofsstädte kamen, die aber bis ins 15. Jh. nur minderberechtigt waren u. nur bei gewissen Anlässen hinzugezogen wurden. Bis ins 14. Jh. mußten die Teilnehmer persönlich erscheinen, von da an war Vertretung möglich. Ebenso traten seitdem allm. die einzelnen Stände, zuerst die Kurfürsten, in bes. Kollegien (Reichs[tags]kollegien) zusammen, deren es seit 1489 drei gab: das Kurfürstenkollegium, den ↗Reichsfürstenrat u. das ↗Städtekollegium. Während urspr. bei Abstimmungen Übereinstimmung der Mächtigeren genügte, obwohl seit Ende des 13. Jh. das Mehrheitsprinzip durchdrang, beschloß u. beriet nach Ausbildung der Kollegien jedes derselben für sich, wobei die Form die der Urteilsfindung war. Die ksl. Vorschläge gingen zunächst gleichzeitig an Kurfürsten u. Reichsfürsten, die sogen. höheren Kollegien; kam ein ↗conclusum duorum zustande, so wurde dieses den Städten vorgelegt; lehnten sie ab, war die Vorlage erledigt, wenn nicht die beiden anderen Kollegien ihren Beschluß änderten (vgl. Votum decisivum, Reichsabschied, Reichsschluß). Die Kompetenz des R. wurde im MA. nicht fest umgrenzt, doch war gewohnheitsrechtlich seit dem 13. Jh. seine Zustimmung erforderlich bei Kriegen, Verträgen, Errichtungen von Reichsfürstentümern u. wichtigeren Akten der Gesetzgebung, insbes. in Bezug auf Heerwesen u. Steuern; erst der Westfälische Frieden stand dem R. diese Rechte ausdrücklich zu. Berufen wurde er ursprgl. nach Belieben des Kgs., später im Einvernehmen mit den Fürsten von Fall zu Fall. Der Ort war nicht bestimmt; im Dt. versammelte er sich stets in Reichs- o. Bischofsstädten; für it. Angelegenheiten fanden im MA. bes. R. auf it. Boden statt. Der 1663 nach Regensburg berufene R. wurde nicht mehr entlassen, sondern blieb in dieser Stadt permanent bis zur Auflösung des Reichs; er war hier nur noch ein Gesandtenkongreß, da die persönliche Anwesenheit der Reichsstände schon seit Beginn des 16. Jh. allm. außer Übung gekommen war. Das allg. ↗Direktorium (1) führte der Erzkanzler. – I. d. Lit. wird R. auch gebraucht für die entspr. früheren Versammlungen, wie das ↗Märzfeld. **2.** die Volksvertretung des Norddt. Bundes 1867–1871 u. des Dt. R. seit 1871. **3.** (Riksdag) in Schwd. 1435 als Vertretung der vier ↗Stände (1) (Adel, Geistlichkeit, Bürger, Bauern) errichtet, unter den ersten Wasa beseitigt, zu Beginn des 17. Jh. neu organisiert, 1682 wieder abgeschafft; 1718 bis 1722 war dann der R. der tatsächliche Souverän, neben dem der ↗Reichsrat (5) wenig, der Kg. nichts zu sagen hatte; die eigentliche Regierung lag in Händen eines hundertköpfigen «geheimen Ausschußes», von dem die Bauern ausgeschlossen waren. 1772–1800 hatte der R. wenig Bedeutung. 1809 wurde er reformiert, bestand aber immer noch aus Vertretern der vier alten Stände (Vierständereichstag); erst seit 1866 besteht er aus zwei ↗Kammern (2a), die aber gleichberechtigt sind, u. wenn bei Finanzfragen beide verschiedene Beschlüsse fassen, in einer Versammlung nach Mehrheit entscheiden. Den Vorsitzenden (Talman) ernennt der Kg. **4.** (Rigsdag) in Dän. 1849–1953 die Volksvertretung, bestehend aus ↗Landsthing (a) u. ↗Folketing. **5.** = Sejm. **6.** in Öst. 1848/49 die zur Ausarbeitung einer Verfassung berufene Volksvertretung. **7.** in Ung. die im Laufe des MA. entstandene Vertretung der Stände, seit dem 16. Jh. in zwei Häuser geteilt: die obere Tafel (Magnatenhaus, Magnatentafel), die aus den ↗Prälaten u. den weltl. ↗Magnaten bestand, u. die untere Tafel (Ständetafel) aus gewählten Vertretern des ↗niederen Adels u. der kgl. ↗Freistädte (2) bestehend; den Vorsitz der ersten führte der ↗judex curiae (1) bzw. der ↗Palatin (3), den der zweiten der ↗Personal. Seit 1848 bestand die Repräsentantentafel (Abgeordnetenhaus, Deputiertentafel, Unterhaus) aus gewählten Abgeordneten der ↗Komitate (3) u. Städte, sowie aus vom kroatischen ↗Landtag (1) entsandten Vertretern, die aber nur bei den ihr Land betr. Angelegenheiten mittagten; das Magnatenhaus (Oberhaus) wurde erst 1885 reorganisiert u. entsprach seitdem in seiner Zusammensetzung einer ersten Kammer. Beide Häuser verkehrten i. d. R. schriftlich durch sogen. Nuntien, traten aber bei bestimmten Anlässen (nicht zur Gesetzgebung) in gemeinsamer Sitzung (sessio mixta) zusammen. 1926 bis 1946 bestand das Unterhaus (Képviselöhaz) des R. (Országgyülés) aus gewählten Abgeordneten, während das Oberhaus (Felsöház) i. wesentl. die alte Zusammensetzung behalten hatte. Seitdem heißt die aus einer Kammer bestehende Volksvertretung R. (Országgyülés). **8.** (Eduskunta, Riksdag) seit 1919 aus einer Kammer bestehende Volksvertretung Finnl. **9.** = Teikoku gikwai.

Reichstagsfähigkeit s. Reichsstände (1).
Reichstagskollegium s. Reichstag (1).
Reichstagssynode s. Märzfeld.
Reichstheaterkammer s. Reichskulturkammer.
Reichstreuhänder der Arbeit = Treuhänder der Arbeit.
Reichstruchseß s. Reichserbämter.
Reichstürhüter s. Reichserbämter.
Reichsunmittelbar (reichsimmediat, reichsfrei) im alten Dt. R. jede natürliche o. juristische Person, die keinem Landesherrn (s. Landeshoheit) unterstand (reichsunmittelbar war), sondern unmittelbar dem Kg. Reichsfreiheit besaßen außer den ↗Reichsständen (1) die ↗Reichsritterschaft u. die ↗Reichsdörfer, ferner die Inhaber von ↗Reichsgut u. die Reichsbeamten, d. h. vor allem die Mitglieder der ↗Reichsgerichte. Vor diesen hatten die R. ihren Gerichtsstand, soweit sie nicht das Recht des ↗Austrags (1) hatten. Vgl. Semperfreie u. Immediat. – In Öst. führte 1849–1918 Triest den Titel «R. Stadt». Vgl. Reich u. Reichsadel.
Reichsunterbeamter s. Reichserbämter.
Reichsuntergericht s. Reichsgericht.
Reichsunterkämmerer s. Reichserbämter.
Reichsuntermarschall s. Reichserbämter.
Reichsunterschenk s. Reichserbämter.
Reichsunterschultheiß s. Schultheiß.
Reichsvakanz s. Reichsvikar (a).
Reichsversammlung a) = Etats généraux (a). **b)** s. Notabelnversammlung (a). **c)** s. Märzfeld u. Reichstag (1).
– verfassunggebende s. Nationalversammlung (a).
Reichsverwaltungsamt s. Reichsbauernführer.
Reichsverwaltungsgericht s. Verwaltungsgerichtsbarkeit (a).
Reichsverwandter s. Verwandter (3).
Reichsverweser a) = Reichsvikar (a). **b)** 1848/49 das Haupt der ↗provisorischen Zentralgewalt in Frankfurt a. M. mit dem Recht der Exekutive, der Oberleitung des Heeres u. der Vertretung nach außen. **c)** = Riigiwanem. **d)** (Kormányzó) 1920/44 Titel des ung. Staatsoberhauptes. **e)** auch Admiral Koltschak nannte sich 1918/20 R. **f)** 1918/19 das Staatsoberhaupt Finnl. Vgl. Regent (4).
Reichsvikar a) (Reichsverweser, provisor imperii, vicarius i.) Vertreter des dt. Kgs. während einer Thronerledigung (Reichsvakanz), dann auch während seiner Abwesenheit; durch die Goldene Bulle wurde das Amt für die Länder frk. Rechts dem ↗Pfalzgrafen bei Rhein, für diejenigen sä. Rechts dem ↗Kurfürsten von Sa. übertragen, doch bestand dieser Brauch schon früher. Eine endgültige Abgrenzung der beiden Bezirke erfolgte erst 1750. Die R. hielten als Reichsvikariatsrichter an Stelle des ↗Reichshofrats ein eigenes (Reichs)vikariats(hof)gericht; im ↗Reichskammergericht erfolgten die Urteile in ihrem Namen; sie führten die laufenden Geschäfte weiter, hatten das ↗Präsentationsrecht, konnten Steuern weiter erheben u. ↗Reichslehen mit Ausnahme der ↗Fahnlehen u. ↗Szepterlehen vergeben; über das ↗Reichsgut hatten sie kein Verfügungsrecht. R. für It. war der Herzog von Savoyen o. der Herzog von Mantua, doch erhoben auch andere Anspruch darauf. **b)** = Generalvikar (3).
Reichsvikariats(hof)gericht s. Reichsvikar (a).
Reichsvikariatsrichter s. Reichsvikar (a).
Reichsvisitationsdeputation 1507–1588 ordentliche permanente, später außerordentliche, von Fall zu Fall eingesetzte ↗Reichsdeputation, zur Visitation des ↗Reichskammergerichts u. gleichzeitig Revisionsinstanz für dieses, 1555 bis 1654 mit Suspensivwirkung dieser Revisionen. Nach 1654 gab es tatsächlich keine R. mehr, erst 1767 wurde zeitweilig wieder eine solche eingesetzt.
Reichsvizekanzler der ↗Vizekanzler der dt. ↗Reichskanzlei (1), vereinzelt seit Rudolf I., dann bes. im 15. Jh. Titel des ↗Protonotars (1), wenn er den ↗Hofkanzler (1) vertrat, seit 1519 ständiger tatsächlicher Leiter der Kanzlei (daher auch Reichskanzler), da der vom ↗Erzkanzler versehene eigentliche Kanzlerposten nicht mehr besetzt wurde. Seit 1559 wurde er formell vom Erzkanzler, tatsächlich vom Ks. ernannt; als seit 1660 die Ernennung wirklich durch den Erzkanzler geschah, wurde der R. i. wesentl. eine repräsentative ↗Hofcharge; er war zugleich seit 1559 Mitglied des ↗Reichshofrats (daher auch Reichshofvizekanzler) u. des ↗Geheimen Rates (1).
Reichsvizemarschall s. Reichserbämter.
Reichsvizetruchseß s. Reichserbämter.
Reichsvogt aus dem karol. ↗actor dominicus hervorgegangener Reichsbeamter, der seit dem 10. Jh. in einem größeren Komplex (domaniale Grafschaft) von ↗Reichsgütern oder ↗Domänen die Rechte des ↗Grafen ausübte; R. hieß ferner der vom Kg. als Obervogt einer Kirche usw. gesetzte ↗Vogt (1). Er wurde immer nur auf kürzere Zeit ernannt u. blieb so stets Beamter; seit dem 13. Jh. war er i. d. R. Reichsministeriale (s. Ministeriale [2]). Seit Aufkommen der Städte erhielten diese bes. R. (Großvögte, Königsvögte, Reichsburgvögte, Reichsstadtvögte, advocati burgorum), die vor allem die ↗hohe Gerichtsbarkeit ausübten, meist neben einem ihnen untergeordneten Reichsschultheiß (s. Schultheiß), auf den im späteren MA. häufig die Vogtei, die vielfach von den Städten erworben wurde, überging; im übrigen war der R. Vogt, in der ersten Zeit öfters noch unter dem Reichslandvogt u. von diesem ernannt.

Der nicht städt. Teil (Reichslandvogtei, gephlegnisse, procuratio [commissa], regimen, vgl. Herrschaft) des Reichsgutes wurde von Reichslandvögten (Landrichter, advocati generales, a. imperii, a. provinciae, a. provinciales, comites provinciales, judices provinciae, j. provinciales, officiales et judices regis, officiati, praefecti [imperiales], p. imperii, praesides provinciae, ↗procuratores [2], rectores provinciales) verwaltet, die z. T. gleichzeitig ↗Landfriedenshauptleute waren; auch einzelne Reichshöfe (s. Königshof) unterstanden selbständigen R. (Reichsammänner, Reichsamtleute, Reichsschultheiße). – Während des Interregnums verfallen, wurden die Reichsvogteien Ende des 13. Jh. reorganisiert, lösten sich aber im Laufe des 15. Jh. meist wieder auf, indem durch Belehnung der R. mit den Reichsvogteien diese zu ↗Territorien (2) wurden. Vgl. Landvogt (a). – In den Städten erhielten sich R. teilweise bis ins 18. Jh., aber nur als vom ↗Stadtrat (a) gewählte Vorsitzende des ↗Stadtgerichts; in Zürich trug der die Exekution der Todesurteile leitende ↗Ratsherr (a) bis 1798 den Titel R.

Reichsvorschneider s. Reichserbämter.

Reichswald s. Forst.

Reichswehr = Opoltschenie.

Reichsweistum s. Weistum.

Reichswirtschaftsgericht 1920 gegründet zur Entscheidung von Streitigkeiten, die aus der Erfüllung der im Frieden von Versailles Dt. auferlegten wirtschaftlichen Verpflichtungen entstanden; dann über Unruheschäden; angegliedert wurde ihm 1923 das Kartellgericht zur Überwachung der Kartelle. 1941 ging es im Reichsverwaltungsgericht (s. Verwaltungsgerichtsbarkeit [a]) auf.

Reichswirtschaftskammer 1934–1945 gemeinsame Vertretung der dt. Industrie- u. ↗Handelskammern, ↗Handwerkskammern u. Wirtschaftskammern, sowie der gesamten übrigen Organisationen der Wirtschaft. In jedem Bezirk eines ↗Treuhänders der Arbeit bestand eine (z. T. zwei) Wirtschaftskammer als gemeinsame Vertretung der Wirtschaft u. der Kammern des betr. Bezirks. – Nach 1945 wurden in einigen dt. ↗Ländern (1 e) Wirtschaftskammern als beratende Stellen für Landesregierung u. Landtag (r) errichtet. Vgl. Reichswirtschaftsrat, vorläufiger.

Reichswirtschaftsrat, vorläufiger 1920–1934 an Stelle des geplanten endgültigen R. dem Namen nach Vertreter der wirtschaftlichen Interessen, tatsächlich ohne Bedeutung. Seine Befugnisse gingen 1934 zum Teil auf die Reichswirtschaftskammer über.

Reihebrauen in einigen Städten, teilweise bis ins 19. Jh., das den Hausbesitzern zustehende Recht, in (öfters durchs Los bestimmter) Reihenfolge Bier zu brauen u. auszuschenken. Das Recht stand meist nur einigen Häusern (Bierhöfe, [Brau]erben, Brauhäuser) zu; die anderen Häuser hießen in Mühlhausen i. T. Hintersiedlerhäuser. Häufig waren die Besitzer der Brauhäuser in bes. Braugemeinden (Brauerbrüderschaften) zusammengeschlossen, die in Erfurt unter Ober- u. Untervormündern standen. In Hamburg hießen die nicht dazu gehörigen Berechtigten Junkerbrauer (Freibrauer), diejenigen, die ein Brauerbe gemietet hatten, Heuerbrauer. Vgl. Rechtssamegemeinde (b).

Reihefronden s. Fronden (a).

Reihendienste s. Fronden (a).

Reihendorf Dorfform, bei der die Gehöfte längs der Straße mit weiten Zwischenräumen (vgl. Straßendorf) liegen, entw. zu beiden Seiten (↗Waldhufendorf) o. nur einseitig (↗Marschhufendorf); auch die ↗Fehnkolonie u. die ↗Gutskolonie sind R. Die ↗Hufen (daher Hufendorf) liegen jeweils hinter dem Gehöft, rechtwinklig von der Straße abgehend, streifenförmig nebeneinander (s. Streifenflur), so daß die Feldflur mit dem letzten Gehöft endigt. Auch das Straßendorf wird manchmal zu den R. gerechnet. Andrerseits wird i. d. Lit. mit R. eine Siedlung bezeichnet, die aus ↗Einzelhöfen besteht, die sich an einer Straße hinziehen, u. deren Felder nicht in Streifen liegen. Vgl. Zinken.

Reihe(n)fahrt (Beurt[schif]fahrt, Börtfahrt, Rang[schif]fahrt, Reihenschiffahrt, Umzug) vom 15. bis 19. Jh. (bes. im 17. u. 18.) eine Form der Frachtschiffahrt (auf Binnengewässern, aber auch auf der Nord- u. Ostsee), wobei die einzelnen Schiffer (Beurtleute, da in Beurten vereinigt) in bestimmter Reihenfolge nacheinander die Fahrt unternahmen (Beurtordnung), ursprgl. erst dann, wenn das Schiff (Beurtschiff) volle Fracht hatte, später auch zu bestimmten Zeiten. Die R. war eine Bindung der Schiffer zur Ausschaltung der Konkurrenz, daher durfte das nächstberechtigte Schiff (Buglieger) erst dann Fracht nehmen, wenn das vorhergehende abgefahren war.

Reihenhaufendorf s. Haufendorf.

Reihenhufe s. Hufe.

Reihenschiffahrt = Reihe(n) fahrt.

Reinigungseid (Leugnungseid, Unschuld[seid], juramentum purgatorium) vom Richter dem Beklagten auferlegt.

Reinigungsverfahren = Inzichtprozeß.

Reino s. Gobernación.

Reipus (Ringgeld) nach salischem Recht die Gebühr, die derjenige, der eine Witwe heiraten wollte, an die Verwandten des ersten Mannes bzw. bei deren Fehlen an den Kg. zu zahlen hatte. Vgl. Achasius u. Mahlschatz. – Nach anderer Ansicht war der R. eine ↗Arrha (1).

Reis-Effendi in der Tk. vom 15. Jh. bis 1837 der ↗Minister (1) des Äußeren.

Reise = Heerfahrt.

– und Feldsekretär s. Landkanzlei (b).

– und Folge s. Heerfahrt.

Reisegeld s. Heersteuer.

Reisehülfe s. Heersteuer.

Reisemarschall s. Marschall (1).

Reiserichter = Richter, reisender.

Reisewagen s. Wagendienst.

Reisigvogtgeld s. Herbergsrecht (1).

Reiteranlage s. Heersteuer.

Reiterartikelsbrief s. Artikelsbrief.

Reiteratio juris s. Vorsprecher (a).

Reiterbestallung s. Artikelsbrief.

Reitergeld s. Heersteuer.

Reiterlehen = Ritterlehen.

Reiterrecht a) s. Artikelsbrief. **b)** früher ↗Kriegsgericht bei der Kavallerie.

Reithufe = Scharhufe.

Reitkammer = Raitkammer.

Reitlehen ↗Lehen (1), das anstatt der ↗Heerfahrt zur Stellung eines Streitroßes verpflichtet war. Vgl. Equus de servitio.

Reitmeister = Rittmeister (2).

Reitmutte s. Sichelfutter.

Reklamationsrecht (reclamandi jus) **1.** (r. j. ad regis definitivam sententiam) in frk. Zeit vom Kg. verliehenes Privileg, einen Streitfall vor das ↗Königsgericht zu bringen. **2.** Recht jedes Gliedes der kath. Kirche, sich unter Umgehung des üblichen Instanzenzuges unmittelbar an den Papst zu wenden.

Rekognitionsprozeß s. Jury.

Rekognitionszins (Anerkennungszins) ein ↗Zins von geringer Höhe, der nur zur Anerkennung des bestehenden Verhältnisses (Pacht, Miete usw.) gezahlt wird, aber in keinem Verhältnis zum Wert der verpachteten usw. Sache steht.

Rekonstruktionsbrief s. Bielbrief (a).

Rekredentialschreiben = Rekreditiv.

Rekreditiv (Rekredentialschreiben, lettre de récréance) das einem dipl. Vertreter vom fremden Staatsoberhaupt als Antwort auf sein überreichtes Abberufungsschreiben übergebene Schreiben, welches das ↗Akkreditiv aufhebt u. ihn damit entläßt.

Rekrutenkasse s. Chargengebühr.

Rektor (rector) **1.** im MA. vielfach Statthalter, ↗Vikar (1 a) u. dgl., bes.: **a)** der Vertreter des Kgs. in Burg., mit der Stellung eines ↗Herzogs; das 1097 dem Hause Zähringen verliehene u. mit Berthold V. 1218 erloschene Rektorat umfaßte tatsächlich nur die Westschw. **b)** (rector in temporalibus) in den ↗Provinzen des Kirchenstaates deren oberster Beamter, zugleich oberster Richter u. Heerführer, vom Papst auf Zeit ernannt; ihm untergeordnet der r. in spiritualibus zur Regelung der kirchl. Angelegenheiten. **2.** s. States. **3.** s. Provinzialrat (d).

Rektorat s. Rektor (1), Provonzialrat (d) u. Vikar (1 a).

Rekurs in Dt. nur die ↗Beschwerde, in Öst. auch Rechtsmittel gegen gerichtliche Entscheidungen; gegen die Entscheidung der Rekursinstanz kann Revisionsrekurs eingelegt werden.

Rekusationseid = Perhorreszenzeid.

Relâche forcée, droit de s. Stapelrecht.

Relaçaõ in den port. Ländern Appellationsgericht. In Port. bestanden seit dem späteren MA. bis 1832 zwei oberste Gerichtshöfe, die R.e Casa do Civil u. die R.e Casa da Supplicaçaõ (R. da Corte), deren Kompetenzen sich vielfach überschnitten, zumal die R. da Supplicaçaõ in den ersten Jh. dem Hofe folgte. Die ordentlichen Richter hießen Desembargadores do Agravo; außerdem bestand für bestimmte Appellationen bei der R. do Civil ein Kollegium von sechs Sobrejuizes.

Relaiskolonie nicht eigentliche Kol., sondern Stützpunkt in Übersee zur Verproviantierung u. Überholung von Schiffen.

Relat s. Relation.

Relatio s. Relator.

Relation Zurückschiebung eines Eides (juramentum relatum); derjenige, der ihn zurückschiebt, heißt Relat. Vgl. Delation (2).

Relator in der dt. ↗Reichskanzlei (1) des MA. üblicher Ausdruck für die Persönlichkeit, die im Auftrag des Ks. bzw. ↗Erzkanzlers den Befehl zur Ausfertigung einer ↗Urkunde überbrachte (relatio).

Relegation = Abmeierung.

Relevatio s. Censive.

– monetae = Monetaticum.

Relevierung s. Leihe (2).

Relevium (acapte, achaptement, aide de relief, [e]sporle, plait de morte main, rachat, relief) ↗Besitzwechselabgabe des Lehensmannes an den ↗Herrn bei ↗Mannfall, in einigen Gegenden Fr. auch bei ↗Herrenfall (relief de toutes mains), als Ablösung des ↗Heimfalls, nachdem sich die Erblichkeit der ↗Lehen (1) durchgesetzt hatte; das R. bildete in Engl. einen Teil der ↗feudal incidents, in Fr. der ↗lods et ventes; in Dt. entsprach ihm das ↗Heergewäte der ↗Ministerialen (2), das bei ↗echten Lehen sehr selten war. Ursprgl. nicht fixiert (relief à merci, r. haut et bas) u. häufig in natura gegeben (harnois, d. h. Waffen o. Pferd o. beides), wurde es in Fr. seit dem 12. Jh. in feste Taxen gebracht (r. abonné, r. admetté in Aquitanien), u. im größten Teil des Landes nur noch von Seitenverwandten gezahlt. Vgl. Laudemium.

Relevoison s. Censive.
Relief = Relevium.
– à merci s. Relevium.
– abonné s. Relevium.
– admetté s. Relevium.
– de bail Abgabe des Mannes als ↗Lehensträger (a) seiner Frau an den ↗seigneur.
– de l'homme s. Wergeld.
– de noblesse ↗Urkunde, durch die aberkannter Adel wieder verliehen wurde.
– de surannation s. Lettre de surannation.
– de toutes mains s. Relevium.
– haut et bas s. Relevium.
Religio jede von der zuständigen kirchl. Behörde approbierte Vereinigung, deren Mitglieder nach eigener Regel leben (Regulierte, religiosi) u. öffentliche Gelübde ablegen. Man unterscheidet: a) Orden (Klostergenossenschaften, ordines, R. i. e. S.), deren Mitglieder (regulares bzw. moniales, religiosi i. e. S.) feierliche Gelübde ablegen u. in ↗Klöstern leben, b) Kongregationen, (congregationes religiosae), i. wesentl. erst seit Mitte des 19. Jh., deren Mitglieder (Kongregationisten, ↗quasiregulares, religiosi bzw. sorores) einfache Gelübde ablegen u. meist nur vom ↗Bischof approbiert sind (R. juris dioecesani), erst nach längerer Bewährungszeit auch vom Papste (R. juris pontificii). – Dem Zwecke nach unterscheidet man a) R. monachales (dem beschaulichen Leben gewidmet); b) R. clericales (Klerikalgenossenschaften) bzw. laicales (je nachdem die Mehrzahl Ordensgeistliche o. Laienbrüder sind); früher bezeichnete R. clericalis einen Orden, der sich hauptsächlich der Predigt u. Lehre widmete, z. B. die Jesuiten); c) R. mendicantes (Bettelmönche, der Seelsorge sich widmend); d) R. militares (↗Ritterorden [a]); e) R. hospitalarii (für Krankenpflege).
Religions- und Kirchendeputation, Simultanische im Herzogtum Sulzbach seit 1790 an Stelle eines ↗Konsistoriums (2), später auch für oberpfälzische u. frk. Gemeinden zuständig, 1805 durch die ↗Provinziallandesdirektion Amberg ersetzt.
Religionsbann = Reformandi (et visitandi) jus.
Religionsfonds in Öst. nach 1782 aus dem säkularisierten Kirchengut geschaffen zur Finanzierung des Schulwesens u. der Seelsorge.
Religionsrecht = Reformandi (et visitandi) jus.
Religiosenkongregation s. Congregatio Romana.
Religiosus s. Kloster u. Religio.
Rem in tertiam manum mittere = Dritthandverfahren.
– jus ad (Recht zur Sache) persönliches Recht desjenigen, der z. B. die ↗Leihe (2), aber noch nicht die ↗Besitzeinweisung erhalten hatte, o. die ↗Exspektanz auf eine ↗Präbende besaß, aber noch nicht die ↗Provisio canonica; durch Besitzeinweisung bzw. Provisio erhielt er das Re, jus in (Recht an der Sache). Im 13. Jh entwickelt, wurde diese Theorie bes. im Pr. Landrecht durchgeführt.
Remedium ↗Appellation an eine dritte Instanz.
– animae = Seelgeräte.
Remensa (personal) (redimentia) in ma. Kat. dem dt. ↗Abzugsgeld (2) entspr. Abgabe.
Remissio 1. (rémission) Straferlaß i. allg., i. e. S. in Fr. Strafumwandlung im Falle eines Totschlags (früher an sich von Mord nicht geschieden) durch kgl. lettre de rémission (l. de sang). 2. s. Sale (1). 3. Steuernachlaß.
Remissoriales litterae = Apostel.
Remontrance, droit de Recht der alten fr. ↗Parlamente (2) (sowie der anderen ↗conseils souverains), vor dem ↗enregistrement (1) Einwendungen gegen den Wortlaut der betr. Gesetze zu erheben, seit Beginn des 14. Jh. beansprucht u. meist auch ausgeübt, 1493 ausdrücklich zugestanden, 1673 dahin beschränkt, daß R. erst nach Registrierung zulässig seien; 1715 wurde das d. de R. im alten Umfang wiederhergestellt, aber noch einmal 1771–1774 außer Kraft gesetzt.
Remotio oeconomica s. Amotio administrativa.
Remotion (removal) in den USA Überführung einer Sache von den Staatengerichten an die Bundesgerichte in bestimmten, vom ↗Kongreß festgelegten Fällen, u. U. auch vor der Urteilsfällung; es handelt sich dabei vor allem um Steuer- u. Zollsachen.
Removal = Remotion.
Remuage s. Censive.
Rendre un château à grande et à petite force s. Öffnungsrecht.
Rennari s. Fōghotans svēn.
Rennfähnrich im MA. u. bis ins 16. Jh. der ↗Fähn(d)rich (a), der bei der Reiterei die Rennfahne, d. h. die Vorhut u. im Kampfe die leichte Reiterei führte. In Fr. entsprach ihm der guidon (s. Ordonnanzkompagnie).
Renovatio feudi s. Lehen (1).
– monetae s. Münzverrufung.
Renovation Neuausfertigung einer ↗Urkunde unter Beibehaltung der ursprgl. Fassung; eine Neuausfertigung mit Ergänzungen u. Zusätzen heißt Innovation.
Rentamt s. Rentmeister (a) u. Viztum (a).
Rentamtmann = Rentmeister (a).
Rentamtsherr s. Kämmerer (1).
Rente, ewige = Rentenkauf.
Rentei s. Rentmeister (a).
Renteibezirk s. Grundherrschaft.
Rentenbrief s. Rentenkauf.
Rentengrundherrschaft s. Grundherrschaft.
Rentengut zuerst in Westpr. u. Posen 1886, dann in ganz Pr.; seit 1918 auch in andern dt. ↗Län-

dern (1 e) ein Grundstück, das zu dauerndem Eigentum gegen Zahlung einer festen Rente (in Geld o. Korn) übertragen wurde; die Ablösbarkeit der Rente kann vertraglich ausgemacht werden. Dem Eigentümer können im Interesse der Erhaltung des Gutes bestimmte Beschränkungen (vor allem bezüglich Teilung u. Veräußerung) auferlegt werden; ebenso hat der Rentengutsverkäufer ein ↗Vorkaufsrecht; vererbt wird das R. nach ↗Anerbenrecht. – Bes. für Landarbeiter wurden seit 1907 kleine R., sogen. Gartenrentengüter, geschaffen.

Rentenkäufer s. Rentenkauf.

Rentenkauf (eisernes Kapital, ewige Rente, Ewiggeld, Ewigzins, Grundgeld, Gültenkauf, Rentkauf, census hereditarius, c. perpetuus) seit dem 12. Jh. bes. in den Städten übliches Geldgeschäft, wobei der Geldgeber (Gültherr, Rentenkäufer, Rentherr, Rentner) durch Hingabe eines Kapitals eine wiederkehrende, auf einem Grundstück als ↗Reallast haftende Rente (Geld, Gelt, ↗Gült) erwarb, die durch ↗Auflassung begründet u. über die ein Rentenbrief (Ewiggeldbrief, Gült[en]brief, ↗Handfeste) ausgestellt wurde; dieser konnte veräußert werden u. wurde seit dem 15. Jh. vielfach auf den Inhaber ausgestellt. Der Eigentümer (Gültmann, Rentenschuldner, Rentenverkäufer) des belasteten Grundstücks haftete ursprgl. nur mit diesem, seit dem Ausgang des MA. aber auch mit dem sonstigen Vermögen (Fürpfand), auch blieb er persönlich haftbar, wenn das Grundstück veräußert wurde. Zuerst unablösbar, wurde die Rente schon früh durch Rückzahlung des Kapitals ablösbar, ebenso kamen seit dem 15. Jh. statt der ewigen auf Zeit beschränkte R. auf; doch blieb bis ins 17. Jh. nur der Schuldner kündigungsberechtigt; als dies auch dem Gläubiger zugestanden wurde, verschmolz der R. mit der Hypothek (vgl. Satzung, jüngere), blieb aber in einigen Städten bis in die neuere Zeit (das Münchner Ewiggeld bis 1900) erhalten.

Rentenlehen = Kammerlehen.

Rentenschuldner s. Rentenkauf.

Rentenverkäufer s. Rentenkauf.

Rentenwirtschaft s. Grundherrschaft.

Renterei s. Rentmeister (a).

Rentherr s. Steuerherr u. Rentenkauf.

Rentkammer = Rechenkammer.

Rentkauf = Rentenkauf.

Rentmeister a) (Rentamtmann) seit dem späteren MA. Beamter, der unter dem ↗Amtmann (1), ↗Vogt (2) o. einem entspr. Beamten vor allem die ↗Domänen beaufsichtigte (vgl. Hauptpacht), die Einkünfte aus diesen u. aus den ↗Regalien verrechnete u. auch sonst Gefälle u. dgl. vereinnahmte, wobei, teilweise bis ins 17. Jh., eine Trennung vom ↗Kastner bzw. ↗Keller(er) (2) nicht vorhanden war. Der R. entwickelte sich zu einem Finanzbeamten i. allg., so daß R. bis heute häufig einen Kassenvorstand bezeichnet (z. B. hieß in Pr. der Leiter der Hauptkasse einer ↗Regierung [2] Landrentmeister, eines ↗Kreises Oberrentmeister), dann auch Verwalter von grundherrschaftlichen Vermögen, ↗Familienfideikommissen u. dgl. (vgl. Meier [1]); ebenso bezeichnet Rentei (Rentamt, Renterei, Rentmeisterei) außer dem Sprengel u. dem Amt eines R. eine Kasse. An der Spitze des gesamten Kassenwesens eines Landes o. einer ↗Provinz stand oft, den R. übergeordnet, ein Landrentmeister mit einer Landrentei; diese Behörde war häufig die oberste Finanzbehörde überhaupt u. dann einer ↗Rechenkammer gleich. Vgl. Hubmeister (1), Kammer (1), u. Kammermeister. In Bay., wo zu Beginn des 15. Jh. dem ↗Viztum (a) ein R. zugeordnet wurde, übernahm er die Geschäfte des ↗Landschreibers (1) als Vollziehungs- u. Kontrollorgan u. wurde Ende des 15. Jh. zum leitenden Beamten des Viztumamtes, obwohl der Viztum sein Vorgesetzter blieb. Der R. übte vor allem die Kontrolle über sämtliche Zweige der Verwaltung u. Rechtspflege, auch über das Heerwesen, aus u. zwar auf jährlichen sogen. rentmeisterlichen Umritten; ebenso war er ↗Fiskal u. hatte ziemlich weitgehende Strafgewalt u. Anordnungsbefugnisse. Seit der Gegenreformation hatte er auch für Erhaltung des kath. Glaubens zu sorgen. Er blieb bis zu Beginn des 19. Jh. der wichtigste Beamte Bay. Die untersten Finanzbehörden behielten bis 1920 die Bezeichnung Bentamt. b) s. Steuerherr.

Rentmeisteramt s. Viztum (a).

Rentmeisterei s. Rentmeister.

Rentner s. Rentenkauf.

Rentschreiber s. Landschreiber (1).

Renuere (judicium) s. Schelte (d).

Renuntiatio s. Sale (1).

Repartidor s. Encomienda.

Repartimiento ursprgl. die ↗encomienda; seit Ende des 16. Jh. Verkauf von Gebrauchsgegenständen (Handwerkszeug, Nutzvieh, Kleidung, auch Lebensmittel) an die Indianer durch die zu ihrem Schutz eingesetzten Beamten (repartidores), unter Ausschluß der Kaufleute. Mit den R., die eigentlich die Indianer vor Übervorteilung schützen sollten, trieben die Beamten tatsächlich ungeheuren Mißbrauch; Karl III. verbot sie daher.

Repas de noces = Beddemund.

Repetere s. Arrest.

Reportare s. Sale (1).

Repräsentant s. Repräsentativsystem u. Stadtrat (a).

Repräsentantenhaus = House of Representatives.

Repräsentantenkammer = Chambre des Représentants.

Repräsentantentafel s. Reichstag (7).

Repräsentantenversammlung s. Synagogengemeinde.

Repräsentation (und Kammer) (Repräsentanz und Kammer) in den dt.-bhm. ↗Erbländern 1749 an Stelle der ↗Regierung (1) (welche Bezeichnung als Regierung in publicis et judicialibus in Niederöst. erhalten blieb) eingesetzte oberste Behörde für Verwaltung, Finanzen u. Handelssachen. Die R. unterstanden dem ↗Directorium in publicis et cameralibus; 1762 wurden sie durch die ↗Gubernien ersetzt.

Repräsentationspeer s. Oberhaus (1).

Repräsentationsrecht = Eintrittsrecht.

Repräsentativgewalt die Befugnis, den Staat nach Außen zu vertreten.

Repräsentativsystem (Repräsentativverfassung) Form der Staatsverfassung, bei der das Volk mittelbar durch gewählte Repräsentanten an der Staatsgewalt teilnimmt.

Repräsentativverfassung = Repräsentativsystem.

Représentants en mission von der ↗convention (nationale) (bzw. vom Wohlfahrtsausschuß (s. Convention nationale]) in die ↗départements (1 b) u. zum Heere entsandter außerordentlicher Kommissär mit unbeschränkter Vollmacht; die R. en m. wurden 1794 zurückberufen u. durch agents nationaux, an Ort u. Stelle bleibende, mit bestimmtem Auftrag versehene Beamte, ersetzt.

Representative Body s. Parish.

– **Peer** s. Oberhaus (1).

Repressalienbrief bis ins 18. Jh. geschädigten Einzelpersonen von Staatswegen erteilte Genehmigung zu Repressalien.

Reprêt, droit de s. Communauté taisible.

Reprise = Lehensauftrag.

Reprodukt s. Reproduzent.

Reproduzent Führer des Gegenbeweises gegen den ursprgl. ↗Beweisführer, nun Reprodukt genannt. Vgl. Produkt.

Repromissa = Aussteuer.

Republik, autonome (ASSR) ein zu einer ↗Unionsrepublik der UdSSR gehöriger Staat, der ein integrierender Bestandteil der betr. Republik ist, u. dem de jure die ↗Autonomie (a) in seinem Gebiet zusteht.

Requête de partie (claim, clamor) Klage vor einem ↗seigneur justicier (a).

Requetenmeister s. Maîtres des requêtes.

Requint s. Quint.

Requisition Ersuchen einer Behörde an eine andere um Rechtshilfe durch bes. Schreiben (Hilfsschreiben, Requisitorial, requisitoriales litterae, requisitiones).

Rescousse d'héritages = Retrait lignager.

Rescriptum gratiosum = Gnadenbrief.

– **moratorium** s. Moratorium.

Reservata limitata jura s. Reservatrechte (1).

Reservatio in pectore s. Kardinal (1).

Reservation in den USA (seit 1871) u. in Kanada einem Indianerstamm eingeräumtes Gebiet, das nur von ihm genutzt werden darf u. bes. Beamten zum Schutz unterstellt ist.

Reservationen dem Papst zustehende Besetzung bestimmter ↗beneficia ecclesiastica (Reservatpfründen), seit dem 13. Jh. üblich, zuerst nur für Stellen, deren Inhaber am Sitz der Kurie gestorben war, allm. ausgedehnt auf alle Benefizien, deren bisheriger Inhaber irgendwie mit dem Papst in unmittelbare Verbindung getreten war, ferner auf alle, die in gewissen Monaten (Apostolische Monate, päpstl. M., Papalmonate, Papstmonate, menses Apostolici, m. Papales) frei wurden (während dem ↗Bischof in der alternativa mensium nur die bischöfl. Monate [menses capitulares, m. episcopales, m. ordinarii] zustanden), endlich alle, deren Einkünfte eine bestimmte Summe überstiegen. Neben diesen reservationes generales gab es r. speciales (Vorbehalt der Besetzung bestimmter Benefizien ein- für allemal). Die menses Papales sind heute abgeschafft.

Reservatpfründe s. Reservationen.

Reservatrecht 1. (kaiserliche R., caesarea reservata jura) die vom dt. Ks. im Gegensatz zu den ↗Comitialrechten ohne Mitwirkung des ↗Reichstags (1) ausgeübten **Hoheitsrechte** (Vertretung nach außen, Einbringung von Gesetzesvorschlägen, ↗Veto gegen Reichstagsbeschlüsse, ↗Sanktion der Reichsgesetze, gewisse Rechte gegenüber den ↗Reichskirchen [a], oberste Gerichtsbarkeit, soweit sie im ↗Reichshofrat ausgeübt wurde, Verhängung der ↗Reichsacht [unbeschränkt nur bis 1495], Eigentum am ↗Reichsgut, oberste ↗Lehensherrlichkeit, Erteilung gewisser Privilegien, Standeserhöhung, Ernennung von Notaren, Legitimierung Unehelicher, Gewährung von ↗Moratorien u. ↗Jahrgebung). Einzelne R. pflegten als sogen. ↗comitiva (2) übertragen zu werden; abgesehen davon besaßen alle Landesherren (s. Landeshoheit) eine Anzahl reservata principis, bes. auf gerichtlichem Gebiet. **2.** die 1871 (in der Verfassung nicht so genannten) einzelnen dt. ↗Bundesstaaten (2) zugestandenen Sonderrechte.

Reservatum principis s. Reservatrechte (1).

– **ecclesiasticum** (geistlicher Vorbehalt) die, von den Ev. nicht anerkannte, Bestimmung des Augsburger Religionsfriedens, wonach ein geistlicher ↗Reichsstand (1), der ev. wurde, sein ↗beneficium ecclesiasticum verlor.

– **rusticum** = Altenteil.

Réserve s. Fronhof.
– **coutumière** = Réserve lignagère.
– **des quatre quints** s. Réserve lignagère.
– **lignagère** (r. coutumière) Ergänzung des ↗retrait lignager in Bezug auf Schenkungen an nicht zur Familie Gehörige, indem solche verboten wurden. Die R. l. war verschieden gestaltet, i. d. R. blieb ihr nur ein Teil, meist vier Fünftel (daher R. das quatres quints) unterworfen, teils erstreckte sie sich nur auf Grundstücke, teils auf das Gesamtvermögen, teils nur auf Schenkungen durch Testament, teils auch auf solche zu Lebzeiten. I. allg. wurde die R. l. seit dem 15. Jh. durch den Pflichtteil ersetzt.
Reserveanstalt in Öst.-Ung. Sanitätsformation, sowie eine Formation, die dem Heere Munition, Verpflegung usw. nachführte. Brücken u. Telegraphentrains gehörten nicht zu den R.
Residencia im Laufe des 15. Jh. entstandene Pflicht der sp. Beamten, bes. der Richter, nach Ablauf ihrer Amtszeit eine bestimmte Zeit am bisherigen Amtssitz zu verweilen, während ein ad hoc ernannter juez de residencia etwaige Klagen gegen die Amtsführung des Beamten entgegennahm u. ihn gegebenenfalls zur Verantwortung zog. Vgl. Syndikat.
Residency s. Resident (2).
Resident 1. seit Beginn des 16. Jh. Bezeichnung für einen dipl. Vertreter, zuerst zweiten, dann i. allg. dritten Ranges, nachdem nach langem Kampfe der zuerst gleichgeordnete ↗envoyé den Vortritt erlangt hatte. Da im 17. u. bes. im 18. Jh. der Titel R. vor allem von kleineren Höfen an alle möglichen Leute verliehen u. verkauft wurde, erhielten im 18. Jh. fast alle wirklichen R. den Titel Ministerresident (ministre résident); dieser erhielt 1818 endgültig den dritten Rang. 2. früher Vertreter einer Kolonialmacht bei einem eingeborenen Fürsten; ohne daß die innere Verwaltung des betr. Landes irgendwie angetastet wurde, hatte der R., der offiziell als Berater des Fürsten galt, gestützt auf eine Militärmacht u. einen entspr. festen Punkt, die tatsächliche Gewalt in seiner Residentschaft (Residentur, residency, residentie) inne. Das zuerst von den Holl. u. Engl. in Ostind. angewandte System wurde auch von anderen Kolonialmächten übernommen.
– **Commissioner** Vertreter des ↗Territoriums (3) Puerto Rico in Washington, beglaubigt beim ↗Staatssekretär (s. State, department of) u. mit Sitz ohne Stimme im ↗House of Representatives (a).
Résident général (Generalresident) in Tunis seit 1885 Titel des fr. Vertreters, der 1881–1885 ministre résident (s. Resident [1]) hieß. Dem Namen nach ↗Minister (1) des Äußeren u. Vorsitzender des ↗Ministerrates, war er tatsächlich der eigentliche Beherrscher des Landes, neben dem der ↗Bey nur eine repräsentative Rolle spielte; nur in reinen Eingeborenenangelegenheiten besaß dieser eine gewisse Selbständigkeit. – Neben dem ↗Sultan von Mar. stand seit 1912 ein R. g. mit denselben Befugnissen. 1885–1897 stand ein R. g. neben der Königin von Madagaskar, 1886/87 neben dem Ks. von Annam; dieser R. g. wurde 1888 durch den ↗Generalgouverneur von Indochina ersetzt, während nunmehr die fr. Residenten bei den hinterind. Herrschern den Titel résident supérieur (Oberresident) erhielten; ihre Befugnisse waren z. T. ausgedehnter als die des R. g. von Tunis.
– **supérieur** s. Résident général.
Residentia = Residenzpflicht (1).
Residentialbischof s. Bischof.
Residentiam facere s. Burglehen.
Residentie s. Resident (2).
Residentschaft s. Resident (2).
Residentur s. Resident (2).
Residenzbischof s. Bischof.
Residenz(pflicht) 1. (Präsenz, residentia) Pflicht des Inhabers eines Kirchenamtes, dieses persönlich zu verwalten (residentia formalis) u. sich am Amtssitz aufzuhalten (r. materialis). Verpflichtet zur R. sind ↗Bischöfe aller Art sowie ↗Vicarii Apostolici u. Praefecti Apostolici (s. Terrae missionis), die Mitglieder der ↗Dom- u. ↗Kollegiatkapitel, die ↗Ordensoberen, die ↗consultores dioecesani u. die ↗parochi; für die übrigen besteht gemeinrechtlich keine R. Im MA. wenig beachtet, wird ihre Verletzung (Absenz) seit dem Tridentinum strenger bestraft. Für Dispensation (licentia abessendi) hatte der Betreffende früher Absentgelder (Tafeldgelder) zu entrichten. – Die R. wurde nach der Reformation von den neuen Kirchen beibehalten, andrerseits für bestimmte Beamte u. Berufe z. B. ↗Notare u. Rechtsanwälte, übernommen. 2. = Schollenpflichtigkeit.
Residere = Schollenpflichtigkeit.
Resignatio s. Sale (1).
Resignationsrecht (résignation, droit de) seit 1567 Recht des Kgs. von Fr. auf einen Teil der Kaufsumme (quart denier), die ein Anwärter auf ein Amt dem resignierenden Vorgänger zahlte; 1604 durch die ↗Paulette ersetzt. Vgl. Survivance, droit de.
Reskript = Mandat.
Respectus = Contremand.
Respirationis litterae s. Moratorium.
Respondentia(bond) s. Großaventurei.
Respondenzbrief s. Großaventurei.
Responsalis 1. im MA. Vertreter des Papstes (z. B. in Byzanz, vgl. Apocrisiarius) bzw. der

↗Bischöfe (s[redacted] Procurator [2]). 2. s. [redacted]aupt-herr (1 b).
Responsio s. K[redacted]nthur.
Responsiones s[redacted]Verfahren, artikuliertes.
Ressort, droit [redacted]e (ressorti jus) vom fr. K[redacted]. seit dem 13. Jh. [redacted]rhobene u. später durchge[redacted]etzte Forderung, d[redacted] das ganze Land zu seine[redacted] Gerichtsbann (r[redacted]ssort) gehöre; wer diesen [redacted]anerkannte, wurd[redacted] tatsächlich Untertan des K[redacted]s.
Ressortministe[redacted] s. Minister (1).
Restauratio ju[redacted]**s** s. Vorsprecher (a).
Restgut s. Aue[redacted]recht.
Restitution s. [redacted]orsprecher (a).
Restor Entsch[redacted]digung für Verluste des L[redacted]hensmannes (s. L[redacted]en [1]) im Felde, bes. für [redacted]ferde u. Waffen.
Reststimmen [redacted] Wahlquotient.
Retensión de [redacted]**ula** s. Plazet.
Retentio ben[redacted]**ficii** Zurückbehaltung de[redacted] Einkünfte des [redacted]rsten Dienstjahres des ne[redacted]n Inhabers zu G[redacted]sten z. B. der ↗Baulast, w[redacted]durch diesem ein [redacted]arenzjahr (s. Annus grat[redacted]e [1]) auferlegt wu[redacted]de.
Retention In[redacted]ehaben zweier o. mehrere [redacted] ↗beneficia eccle[redacted]astica incompatibilia.
Retenue, droi[redacted] **de a)** = Lehensretrakt. **b)** [redacted]. Censive.
Retour, droit[redacted]**de** s. Wiederanfallsrecht.
Retourenma[redacted]**en** s. Pacotille.
Retractus co[redacted]**sanguinitatis** = Erblosung.
– **convention**[redacted]**lis** s. Retrakt.
– **ex jure con**[redacted]**ominii** = Kondominialret[redacted]akt.
– **ex jure con**[redacted]**rui** = Gespilderecht.
– **ex jure do**[redacted]**inii directi** s. Retrakt.
– **ex jure inc**[redacted]**lonatus** = Marklosung.
– **ex jure vic**[redacted]**itatis** = Nachbarlosung.
– **feudalis** = [redacted]ehensretrakt.
– **gentilitius** [redacted] Erblosung.
– **jus** = Retr[redacted]kt.
– **per bursa**[redacted] = Retrait lignager.
– **pertinenti**[redacted]**um** ein ↗Retrakt des Eig[redacted]tümers eines ↗Ho[redacted]es (3) auf Grundstücke, di[redacted] einmal zu diesem [redacted]of gehört hatten. – Im Bist[redacted] Osnabrück hieß [redacted]ieser Retrakt Provinzialret[redacted]akt.
Retrahent s[redacted]Retrakt.
Retrait cens[redacted]**el** s. Censive.
– **de chalong**[redacted] = Retrait lignager.
– **féodal** = [redacted]ehensretrakt.
– **lignager** ([redacted]remesse, droit de, rescous[redacted] d'héritages, retr[redacted]t de chalonge, proximitatis[redacted]jus, redemptio, re[redacted]ractus per bursam) in Fr[redacted] seit Beginn des 1[redacted]. Jh. in den Ländern des d[redacted]oit coutumier de[redacted] dt. ↗Erblosung entspr. [redacted] Retrakt des o. der [redacted]räsumptiven Erben gegen [redacted]en nicht zur Famili[redacted] gehörigen Käufer eines zu zukünftigen Erbs[redacted]haft gehörigen Grundstüc[redacted]. Der R. l. erstreckt[redacted] sich zunächst nur auf Erbg[redacted]t, wurde dann abe[redacted] auch auf erworbenes Gu[redacted] endlich auf das ganze Vermögen ausgedehnt. Vgl. Réserve lignagère.
Retraite, droit de s. Detractus jus.
Retrakt (Abtrieb[srecht], Ansprech, Auslosung, Einstand[srecht], Losung[srecht], Näherrecht, Retraktrecht, Ziehung, Zugrecht, retractus jus) dingliches Recht an einem fremden Grundstück, kraft dessen der Näherberechtigte (Nähergelter, Retrahent) verlangen kann, daß ihm das Grundstück, wenn an einen Dritten verkauft, zum Verkaufspreis übertragen wird; es ist demnach ein ↗Vorkaufsrecht, das aber gegen jeden Erwerber gilt. Der R. entstand aus dem ↗Warterecht u. verdrängte dieses allm. Die hauptsächlichsten R. sind: die ↗Erblosung, ↗Marklosung, ↗Nachbarlosung, ↗Landlosung, der ↗Kondominialretrakt, das ↗Gespilderecht, die ↗Eigentumslosung u. der retractus ex jure dominii directi des Lehensherrn (↗Lehensretrakt) u. des ↗Grundherrn an den Bauerngütern. Neben diesen gesetzlichen R. gab es auch vertraglich begründete (retractus conventionales). – Während das ↗gemeine Recht (a) die R. i. allg. begünstigte, wurden sie seit dem 18. Jh. mehr u. mehr beseitigt, in neuester Zeit aber wieder zum Teil aufgenommen.
Retro-acapte = Laudemium.
Retrobannum s. Ban et arrière-ban.
Retrocomitatus s. County.
Retrodonum = Arrha (1).
Retrofeudum = Afterlehen.
Réttr s. Buße.
Return-Book s. Clerk of the Crown Office.
Réunion des terres = Verkoppelung.
Reutacker = Weitraite.
Reutbergwirtschaft = Haubergswirtschaft.
Reutmetz s. Sichelfutter.
Reutpfennig s. Zehnt (1).
Reutzehnt s. Zehnt (1).
Reva = Ripa(ticum).
Rêve, droit de s. Haut passage, droit de.
Reventes s. Quint.
Reverendae litterae = Dimissorien.
Reverendissimus (pater) s. Bischof u. Kardinal (1).
Reverentialapostel = Apostel.
Reverenz s. Bischof.
Revers (Reversal, Reversbrief **1.** (Gegenbrief, Landrevers, Ständerevers) eigentlich ein Landtagsabschied (s. Abschied [1]), in dem der Landesherr (s. Landeshoheit) ausdrücklich anerkennt, daß er kein Recht habe, die bewilligten außerordentlichen Abgaben zu fordern. Dann überhaupt jedes Versprechen, die Privilegien zu achten, also eine ↗Wahlkapitulation. **2.** (Lehensrevers) Anerkenntnis des Lehensmannes über den Empfang des ↗Lehens (1), bzw. in späterer Zeit des ↗Lehensbriefes (a).
Reversal = Revers.

Reversalvetter in Meckl. Seitenverwandter, der auf Grund der Bestimmungen in den Reversalien (s. Revers) von 1621 im ↗Lehen (1) erbberechtigt war.

Reversbrief = Revers.

Reversion, droit de s. Heimfall u. Wiederanfallsrecht.

Revierbeamter = Bergrevierbeamter.

Revierbergamt s. Bergrevierbeamter.

Revierförster s. Förster (1).

Revierförstersystem s. Förster (1).

Revierstollen s. Erbstollen.

Revindikation des Reichsgutes s. Reichsgut.

Revising Advocate s. Revising Barrister.

– **Assessor** s. Revising Barister.

– **Barrister** in Engl. bis 1918 (u. ä. in Ir.) ↗Barrister, der in einem bestimmten Bezirk die Wählerlisten (für alle Wahlen) prüfte, über Reklamationen in öffentlicher Gerichtsverhandlung entschied, u. endlich die Richtigkeit der Listen beglaubigte; ernannt wurden die R. B. i. d. R. von den Assisenrichtern (s. Circuit). 1835–1888 wurde die Prüfung in den ↗Boroughs (a) von einem gewählten Ehrenbeamten, dem Revising Assessor, vorgenommen. Seit 1918 besorgt diese Aufgaben ein Beamter als Registration Officer. Auf der Insel Man heißt der entspr. Beamte Revising Advocate. – In Scho. erfolgt die Revision durch den ↗Sheriff.

Revisio per saltum = Sprungrevision.

Revision a) früher wiederholte Prüfung derselben Sache vor derselben Instanz. **b)** im heutigen dt. Recht Rechtmittel, wodurch Nachprüfung des Urteils wegen Formfehlers vor der höheren Instanz bezweckt wird; die Tatfrage bleibt außer Betracht. Vgl. Appellation. **c)** im fr. Recht Rechtsmittel, wodurch im Strafprozeß Abänderung des Urteils nachgesucht wird, aber nur in ganz bes. Fällen.

Revisions- und Kassationshof, rheinischer s. Kassations(gerichts)hof.

Revisionsamt s. Rechnungsdepartement.

Revisionsdirektor in Ba. Beamter, der vor der Entscheidung durch den ↗Rechnungshof die Beanstandungen der prüfenden Beamten durch Schriftwechsel mit den betr. Behörden erledigt.

Revisionsgericht s. Revisionshof.

Revisionshof 1831 in Berlin errichtete dritte Instanz für den rechtsrheinischen Teil des ↗Regierungsbezirkes (b) Koblenz. – Die Bezeichnung Revisionsgericht führten bis zu Beginn des 19. Jh. die obersten Gerichte einiger dt. Länder.

Revisionskollegium (für Landeskultursachen) s. Generalkommission (für Landeskultursachen).

Revisionskommission s. Oberrevisionskollegium.

Revisionsrat s. Revisorium (1).

Revisionsrekurs s. Rekurs.

Revisionsseele früher in Rußl. der erwachsene männliche Bauer, benannt nach der unregelmäßig stattfindenden Zählung (Revision).

Revisorat früher in einigen Ländern Behörde, die Steuerlisten, Kataster u. dgl. auf dem Laufenden zu halten hatte.

Revisorium 1. in Bay. u. Öst. Gericht dritter Instanz. In Bay. trat 1625 ein R. an die Stelle des bis dahin zuständigen ↗Reichskammergerichts; die Geschäfte wurden zuerst vom ↗Geheimen Rat (1) versehen, dann 1645 einem bes. Revisionsrat aus fünf Geheimen Räten übertragen; seit 1700 bestand das R. aus bes. Richtern; für Strafsachen war es nicht zuständig. 1808 wurde es in ein ↗Oberappellationsgericht umgewandelt. **2.** = Weisung (7).

– **großes** = Grote Revisie.

Revocare = Fronung.

Revocatio monetae = Münzverrufung.

– **verborum** s. Vorsprecher (a).

Revokationsrecht Recht, innerhalb einer bestimmten Frist eine Revokatorienklage (Revokationsklage, d. h. Anfechtung der Veräußerung als nichtig) zu erheben, wenn ein bestimmtes Grundstück ohne Befragung des Berechtigten veräußert wurde; ein R. hatte z. B. der Lehensherr u. die ↗Agnaten eines Lehensmannes in Bezug auf sein ↗Lehen (1), die Erben (vgl. Beispruchsrecht) u. die Anwärter eines ↗Stammgutes (b).

Revokatorien = Avokatorien.

Revokatorienklage s. Revokationsrecht.

Revolutionis jus = Fallrecht (1).

Revolutionstribunal in Rußl. 1917 in den Hauptstädten der ↗Gouvernements (1 b) u. sonstigen größeren Städten neben dem ↗Volksgericht geschaffen. Die R. sollten neben u. zusammen mit der ↗Tschreswyjtschajnaja Kommissija die Gegenrevolution usw. bekämpfen; nach dem Ende des Bürgerkriegs wurden sie durch die ↗Gouvernementsgerichte u. die Militärtribunale (s. Specialnyje sudy) ersetzt. Als oberste Instanz wurde 1919 ein Kassationstribunal beim ↗Zentralnyi Ispolnitelnyi Komitet errichtet u. neben ihm ein Oberstes Tribunal; diese beiden Gerichte wurden 1922 im ↗Obersten Gerichtshof der RSFSR vereinigt.

Rex apostolicus (Apostolischer König) Titel des Kgs. von Ung. seit dem Jahre 1000, vom Papst verliehen.

– **armorum** s. Herold.

– **catholicus** (Katholischer König, Rey católico, i. d. Lit. auch Allerkatholischster Kg.) seit 1496 Titel der Kge. von Sp.; er wurde von Alexander VI. gleichzeitig beiden Kronen (Ar. u. Kast.) verliehen.

– **christianissimus** (Allerchristlichster König, roi très-chrétien) Titel des fr. Kgs., seit dem 12. Jh.

ihm beigelegt, aber erst 1469 dauernd, u. erst von Franz I. auch selbst gebraucht.

– **feudatarius** vom Papst belehnter Kg., z. B. derjenige von Siz. Vgl. Census.

– **fidelissimus** (Allergetreuester König, Allergläubigster Kg., rei fidelissimo) Titel des Kgs. von Port., 1749, vom Papst verliehen.

– **heraldorum** s. Herold.

– **ministellorum** = Spielgraf.

– **omnium histrionum** s. Spielgraf.

– **(semper) Augustus** s. Augustus.

Rey católico = Rex catholicus.

Rezeptionsgeld s. Anzugsgeld (1).

Rezeptitien = Bona receptitia.

Rezeptizgut = Bona receptitia.

Rezeß (recessus) **a)** Vertrag, Abmachung, bes. familienrechtlicher o. sonst privatrechtlicher Art; früher in Dt. vor allem gebraucht für Verträge zwischen Landesherr (s. Landeshoheit) u. ↗Landständen, sowie für Verträge zwischen ↗Reichsständen (1). **b)** = Abschied (1).

Rezeßgeld = Dienstgeld (1).

Rezeßherrschaft im alten Dt. R. Gebiet, dessen ursprgl. Landesherr seine ↗Landeshoheit unter Vorbehalt bestimmter Rechte u. seiner ↗Reichsunmittelbarkeit abgetreten hatte.

Rhedo = Gerade (b).

Rheingraf bis 1802 Titel der Aufseher über Fischerei u. Schiffahrt am Oberrhein; die entspr. Beamten am Neckar hießen Neckargrafen. Ursprgl. meist aus den Fischerzünften gewählt, wurden sie später vom Landesherrn (s. Landeshoheit) ernannt; sie führten auch den Vorsitz in den Rügegerichten (s. Rügeverfahren) u. Versammlungen (Brudertage, Neckarrügen, Rheinrügen). Die Schiffer des Neckartales wählten außerdem zwei Brudermeister als Vorsteher.

Rheinrüge s. Rheingraf.

Rhode früher Verwaltungseinheit in Appenzell.

Ri-tuaithe s. Clan.

Riad s. Wahlkapitulation.

Ribaticum = Ripa(ticum).

Ricevetore (delle tasse) s. Esattore (delle imposte).

Riche homme s. Lehensfürst (1).

Richerzeche in Köln im 12. Jh. entstandene Genossenschaft der ↗Patrizier (vgl. Constafler), die sich zu einem Rat entwickelte, der die Aufsicht über die ↗Zünfte (1) führte, die Handels- u. Gewerbepolizei handhabte, das Bürgerrecht verlieh u. a. Die R. bestand aus den dienenden, den verdienten (s. Verdienter) u. den unverdienten ↗Bürgermeistern (1).

Richteherr = Gerichtsherr (2).

Richter 1. a) im dt. MA. meist nicht der judex des röm. Rechts, sondern der Vorsitzende, der nicht urteilte, o. auch der ↗Urteiler. Dieser R. älterer Art hielt sich teilweise bis ins 18. Jh. – Im 15. Jh. bezeichnet in einigen Gebieten R. den in bürgerlichen Rechtssachen tätigen Beamten, während der ↗Vogt (2) Strafrichter war. **b)** s. Schultheiß. **c)** s. Amtsrichter (2). **2. a)** s. Gemeindevorstand (a). **b)** s. Gericht (b). **c)** s. Meier (1).

– **des Hofes, gemeiner** = Judex generalis curiae.

– **fragender** s. Richter, schweigender.

– **oberster** s. Hauptlade.

– **redender** s. Richter, schweigender.

– **reisender** (Reiserichter) Richter, der nicht an ständigem Sitz, sondern periodisch o. von Fall zu Fall in seinem ↗Sprengel an bestimmten Orten Gericht hielt, bes. der ↗Graf, der ↗missus (1) u. der ↗justice in eyre. Vgl. Tribunal itinérant u. Circuit Court (a).

– **schweigender** in den Gerichten, in denen zwei Richter desselben ↗Gerichtsherrn (1) mit verschiedener Kompetenz, o. zwei Richter verschiedener Gerichtsherren, die zusammen die betr. Gerichstbarkeit ausübten, saßen, derjenige, der nicht den Vorsitz führte, sondern die Rechte seines Herrn wahrte (daher Horcher, Lauscher, Lusterer) o. wartete, bis ein zu seiner Kompetenz gehörender Fall vorkam, worauf er redender (fragender) Richter (Vordinger) wurde, der andere sch. R. Auch der Gerichtsherr selbst konnte als sch. R. der Sitzung beiwohnen; ferner hatte er manchmal bei solchen Gerichten statt eines sch. R. ständige, angestellte Horcher, die ihm Bericht erstatteten.

Richterämtlein s. Vogteiamt.

Richteramt Gerichtssprengel, der gleichzeitig Verwaltungseinheit (↗Amt [1]) war. Vgl. Vogteiamt.

Richterei s. Amtsrichter (2).

Richterjury s. Jury.

Richterrecht = Fallrecht (3).

Richterurkunde = Schöffenbrief.

Richthof = Oberhof (2).

Richtmann s. Zunft (1).

Richtsteig † Prozeßordnung.

Richtung 1. = Sühne. **2.** † Vertrag.

Richus homo = Rico hombre.

Rico hombre (altohome, richus homo) im ma. Kast. die erste Klasse des Adels, später ↗Grande genannt; die R. h. hatten ausgedehnte Vorrechte u. waren zeitweise vom Kg. nahezu unabhängig. Vgl. Baron. In Ar. waren die an Zahl geringen R. h. (R. h. de natura) die ↗Kronvasallen u. hatten noch mehr Vorrechte als in Kast. Die port. ricos homens entsprachen den kast.

Riding Unterabteilung der engl. ↗County York, seit 1888 eine ↗Administrative County bildend.

Riederstette Waldstück, das entw. als Niederwald mit zwanzigjährigem Umtrieb o. in der

Form einer ↗Waldfeldwirtschaft mit zweijährigem Wechsel genutzt wird.

Riesendorf Siedlung, die infolge schnellen Wachstums der Bevölkerung durch Industrie u. Handel äußerlich den Charakter einer Stadt angenommen hat (Stadtdorf), aber rechtlich ein Dorf blieb; die untere Grenze der Einwohnerzahl wird verschieden angenommen, aber mindestens zu zwei Tausend.

Rigae s. Fronden (a).

Right of approach = Besuchsrecht.

Rigsadvokat (Reichsadvokat) ↗Generalstaatsanwalt in Dän. u. Norw.

Rigsdag = Reichstag (4).

Rigsret (↗Reichsgericht) in Dän. ↗Staatsgerichtshof für Ministeranklagen, bestehend aus den Mitgliedern des ↗Højesteret u. zwölf vom ↗Landsthing Gewählten. – Der norw. Riksrett, für Anklagen gegen Minister, Abgeordnete u. die obersten Richter, besteht aus den Mitgliedern des Højesteret u. denen des Lagthing (s. Storthing).

Riigikogu s. Riigiwanem.

Riigikohus s. Reichsgericht.

Riigiwanem (Reichsverweser, Staatsältester) in Estl. seit 1920 Titel des Staatsoberhauptes, das bis 1934 gleichzeitig ↗Ministerpräsident war u. zusammen mit der Staatsversammlung (Riigikogu, Reichsrat) die gesetzgebende Gewalt ausübte; letztere, der 1917–1920 ein ↗Landtag (1) (Maanôukogu) vorausgegangen war, war nur durch Volksabstimmung auflösbar.

Rīki 1. = Godord. 2. s. Fylk.

Riksdag = Reichstag (3 u. 8).

Riksrett s. Rigsret.

Rind(errecht) = Kuhrecht.

Rindergras = Kuhrecht.

Rinderpfennig s. Schwaighof.

Rinderschwaige = Schwaighof.

Ring- und Dingpflicht = Dingpflicht.

Ringgeld = Reipus.

Ringleute s. Weinkaufsleute.

Rione (Regio[n]) seit 1743 (unter Wiederaufnahme der alten Einteilung vom Jahre 7 v. C.) Unterabteilung der Stadt Rom zu Verwaltungszwecken. Vgl. Notarius regionarius u. Viertel (3).

Riparius s. Ripa(ticum).

Ripa(ticum) (reva, ribaticum, riva) im MA. Zoll, erhoben bes. von landenden Schiffen, aber auch von durchfahrenden, sowohl an Flüssen als auch am Meer. Zur Erhebung gab es bes. riparii (rivarii). – Ripa bedeutet auch Abgabe i. allg.

Ritenkongregation s. Congregatio Romana.

Ritschart = Rutscherzins.

Ritter (miles) im MA. seit karol. Zeit zunächst der vollgerüstete, zu Pferde kämpfende Krieger. Da dieser einerseits über genügende Mittel, d. h. Grundbesitz, andrerseits über die nötige Übung verfügen mußte, u. beides im MA. nur im Rahmen der Familie u. der Tradition möglich war, wurden die R. im Laufe des 10. u. 11. Jh. zu einem erblichen ↗Stand (1), der zunächst den gesamten Adel umfaßte u. von dem nicht nur die mil., sondern überhaupt alle von Laien besetzten staatl. Stellen bekleidet wurden; auch konnten nur R., ↗Lehen (1) erhalten. Die R. schieden sich in ↗Knappen (1) u. R. i. e. S.; R. wurde der Knappe durch Ritterschlag, den jeder R. vornehmen konnte. Nach Abschließung des Standes konnte Knappe bzw. R. nur werden, wer ↗ritterbürtig war. Da im späteren MA. die meisten Ritterbürtigen nicht mehr die Mittel hatten, als rittermäßige Leute (nach Rittersart) auftreten zu können, blieben sie Knappen. Gleichzeitig verlor der R. seine Bedeutung als Einzelkämpfer, u. R. wurde bloße Standesbezeichnung, in einigen Ländern verleihbarer Adelstitel (Vgl. Caballero, Chevalier u. Knight). In Dt. wurden noch im 12. Jh. die ↗Freiherren als ordo equestris major (milites primi ordinis) den ↗Ministerialen (2) als o. e. minor (m. secundi o.) gegenübergestellt, aber tatsächlich bildeten beide einen geschlossenen Stand u. verschmolzen im 14. Jh. völlig zum ↗niederen Adel, der i. wesentl. mit der Ritterschaft identisch war. Vgl. Eigenritter. – In Öst. war R. bis 1919 der zweitunterste, in Bay. der unterste Adelstitel.

– **der Chamberlains** s. Exchequer.

– **einschildiger** s. Heerschild.

– **geistlicher** s. Kaplan.

– **unfreier** = Ministeriale (2).

Ritteracker (Ritterhufe, Ritterland) nicht an Bauern irgendwie ausgegebenes, sondern vom ↗Gutsherrn o. ↗Grundherrn unmittelbar durch Arbeiter bewirtschaftetes Land, in älterer Zeit das Salland eines ↗Fronhofs.

Ritterassoziation s. Zunge.

Ritterbank a) (Ritterkurie, Ritterstube) die Vertretung der ↗Ritter auf den ↗Landtagen (1), nur in wenigen ↗Territorien (2) nicht vorhanden. Vgl. Städtebank. Die Ritter erschienen i. d. R. persönlich; in einigen Territorien war außerdem ein Teil, die ↗Amtssaßen, durch ↗Deputierte vertreten. Vgl. Ritterschaft (1). **b)** s. Bank.

Ritterbruder in den geistl. ↗Ritterorden (a) das ordentliche, voll gerüstete, voll berechtigte Mitglied. Vgl. Bruder, dienender (b).

Ritterbuch = Ritterzettel.

Ritterbürgermeister s. Bürgermeister (1).

Ritterbürtig jemand, dessen Vater u. Großvater (mindestens, u. U. auch mehr Ahnen, in späterer Zeit bis sechzehn) bereits ↗Ritter gewesen waren. Vgl. Rittersart, von u. Uradel.

Ritterdienst = Lehensdienst.
Rittereigener = Leibeigener.
Ritterfehde s. Fehde.
Rittergeld = Scutagium.
Rittergericht in Weißenburg i. E. im 15. u. 16. Jh. das oberste Gericht, aus dem ↗Kammergericht (b) der Abtei entstanden.
Rittergut i. e. S. der ↗Rittersitz, dann das zu ihm gehörige Landgut; ebenso ein ↗Freigut (1); ein Gut, das einem ↗Ritterbürtigen gehört; endlich überhaupt ein großes Gut, ohne Rücksicht auf dessen rechtliche Stellung. Bes. die ↗Gutsherrschaft wird i. d. Lit. mit R. bezeichnet.
– **freies** s. Freigut (1).
Ritterhauptmann s. Ritterkanton.
Ritterhaus s. Rittertag.
Ritterhof = Rittersitz.
Ritterhufe = Ritteracker.
Ritterkanton (Kanton, [Ritter]ort, ↗Viertel [2]) Unterabteilung eines ↗Ritterkreises, unter einem Kantonsdirektorium (Ortsdirektorium), das aus einem Ritterhauptmann, einigen Ritterräten u. einem Kantonsausschuß bestand. Vgl. Reichsritterschaft. Die R., die teilweise in Kantonsbezirke zerfielen, waren die eigentlichen Verwaltungseinheiten.
Ritterkasse s. Reichsritterschaft.
Ritterkomthur s. Komthur.
Ritterkreis (↗Kreis) seit 1577 eine der drei Abteilungen (schwäbisch, fränkisch, rheinisch) der ↗Reichsritterschaft, unter einem Kreisdirektorium, das unter den ↗Ritterkantonen wechselte, u. einer Kreisversammlung: Abgeordnete der drei Kreise bildeten einen gemeinsamen Korrespondenztag.
Ritterkurie = Ritterbank (a).
Ritterland = Ritteracker.
Ritterlehen (Reiterlehen, ritterliches Lehen) in Dt. das ↗echte Lehen, sonst das ↗Lehen (1) mit der Pflicht des vollen Kriegsdienstes (in Engl. feudum militis [Knight's fee, K. service, K. tenure], in der Norm. ↗fief de haubert, im Süden ↗cavallaria).
Ritterlehenspflicht s. Hulde.
Rittermäßig = Ritter.
Rittermatrikel = Ritterzettel.
Ritterorden a) geistliche R.: Genossenschaften von ↗Rittern (Ordensritter), während der Kreuzzüge zum Schutze der Pilger u. zur Krankenpflege gegründet, dann zum Schirm der heiligen Stätten; außer den drei Mönchsgelübden legten sie das Gelübde des Kampfes gegen die Ungläubigen ab. Ursprgl. ständisch nicht abgeschlossen, konnten allm. nur noch Ritter Aufnahme finden. b) weltliche R.: schon im 11. Jh., ohne Mönchsgelübde, zu verschiedenen, vielfach sittlichen, auch gesellschaftlichen Zwecken. Aus ihnen entstanden die heutigen Verdienst- u. Hausorden.
Ritterort = Ritterkanton.
Ritterpferd = Gleve.
Ritterpferdegeld = Lehenspferdegeld.
Ritterprobe s. Ahnenprobe.
Ritterprofeß = Profeßritter.
Ritterrat s. Ritterkanton.
Rittersart, nach s. Eigenritter u. Ritter.
– **von** ursprgl. soviel wie ↗ritterbürtig, später aber derjenige, der als ↗Ritter lebte, d. h. keine Beschäftigung trieb, die dem Stande nicht entsprach.
Ritterschaft **1.** (militia) eigentlich die Gesamtheit der ↗Ritter, dann in den dt. ↗Territorien (2) die Ritter als ↗Stand (1), bes. die ↗Ritterbank (a); da in einigen Territorien der ↗Landtag (1) i. wesentl. aus der R. bestand, wurde R. geradezu für Landtag gebraucht. Vgl. Baron. **2.** = Landschaft (5).
– **schriftsässige** = Schriftsassen.
Ritterschaftsdirektion s. Landschaft (5).
Ritterschaftsstadt s. Mediatstadt.
Ritterschoß s. Schoß (1).
Rittersitz (Adelsitz, adliger [Frei]sitz, a. Haus, Ansedel, Ansitz, Burgsitz, Edelhof, Edelleutehaus, Edelmannsgut, Edelmannswohnung, [Prinzipal]sees, Ritterhof, ritterlicher Edelsitz, Sedelhof) seit Ende des MA., bes. am Niederrhein, ein befestigtes Haus, also eine Burg, die aber nur noch als Ruine (Burgstall) vorhanden zu sein brauchte; sie bildete die Grundlage der ↗Landstandschaft u. der Steuerfreiheit des Besitzers (Burgsasse), sofern dieser ↗Ritter war. Die R. waren im ↗Ritterzettel verzeichnet. R. bezeichnete dann auch das zum R. i. e. S. gehörige Gut (auch Hauptgut, ↗Rittergut i. e. S., curtis nobilis, huba n.), den ↗Fronhof eines Ritters.
Rittersteuer s. Steuerer.
Ritterstube = Ritterbank (a).
Rittertag (Adelsmöte) in Schwd. seit 1866 die periodisch zusammentretende Standesvertretung des Adels, eigentlich zum Schutze seiner Privilegien, aber seit Aufhören derselben i. wesentl. eine Verwaltung von Fonds u. Kassen. Der R. ist die Fortsetzung des Ritterhauses, der 1625 errichteten Korporation des Adels.
Rittertruhe s. Reichsritterschaft.
Ritterzettel (Land[mann]schaftsmatrikel, ↗Landtafel (1), Landtagsmatrikel, Ritterbuch, Rittermatrikel, registrum militarium) in den dt. ↗Territorien (2) seit dem 16. Jh. das Verzeichnis der Güter (↗Rittersitze), deren Inhaber die ↗Landstandschaft besaßen. Vgl. Gült(e).
Ritterzunft s. Zunft (1).
Rittmeister **1.** (bis ins 16. Jh. auch Scharmeister) in Dt. u. den nordischen Ländern seit dem spä-

teren MA. Befehlshaber einer Abteilung ↗Ritter, dann einer größeren Abteilung Reiter unter dem ↗Feldmarschall, endlich seit Ende des 16. Jh. der dem ↗Hauptmann (1) entspr. ↗Offizier bei den berittenen Waffen, an der Spitze einer ↗Kompagnie (2) o. einer ↗Schwadron. Dem Stabskapitän entsprach der Stabsrittmeister. **2.** (Reitmeister) ↗Ratsherr (a), der als ↗Gesandter der Stadt auswärts ging; meistens wurden jährl. zwei R. gewählt. Seit Ausgang des MA. erhielten sie manchmal Verwaltungsaufgaben, wurden ↗Gerichtsherrn (2) u. dgl.

Ritus im MA. auch Gewohnheitsrecht.

Riuchte ield s. Wergeld.

Riuchtera = Rêdjeva.

Riva = Ripa(ticum).

Rivarius s. Ripa(ticum).

Rivière, droit de früher auf einigen fr. Flüssen Abgabe beim Weintransport.

Roba = Pacotille.

Robotbauer s. Fronden (a).

Robote = Fronden (a).

Robotgärtner = Dreschgärtner (a).

Rocht (leege bank) in Drente im MA. das vom ↗Schultheißen, dem dabei zwei Keurnooten zur Seite standen, geleitete ↗Niedergericht.

Rodage = Rotaticum.

Rodaticum = Rotaticum.

Rodebusch s. Haubergswirtschaft.

Rodeherr s. Rodungsfreier.

Rodel s. Urbar (1) u. Weistum.

Rodezehnt s. Zehnt (1).

Rodfuhrwesen s. Rottgenossenschaft.

Rodhufe s. Hufe.

Rodungsbauer = Rodungsfreier.

Rodungseigen = Rotteigen.

Rodungsfreier (Rodungsbauer) zu Rodungszwekken angesiedelter Bauer, der seiner Pflichten als ↗Höriger von seinem bisherigen Herrn (Rodeherr, Rodungsherr) entbunden wurde.

Rodungsherr s. Rodungsfreier.

Rodungsrecht (extirpandi jus) Recht, gegen eine Abgabe zu roden.

Rodwesen s. Rottgenossenschaft.

Rod(zina) s. Opole.

Röderlandbetrieb a) = Haubergswirtschaft. **b)** s. Waldfeldwirtschaft.

Röderwald s. Haubergswirtschaft.

Röderwaldwirtschaft a) = Haubergswirtschaft. **b)** s. Waldfeldwirtschaft.

Römergeld a) s. Census. **b)** = Peterspfennig (a).

Römermonat (Normalmonat) im alten Dt R. eigentlich der Monatssold für das nach der Wormser ↗Reichsmatrikel von 1521 aufzustellende Reichsheer, das dem Kg. zur Erlangung der Kaiserkrone verhelfen sollte. Der betr. Betrag, in der Folgezeit öfters vermindert (vgl. Moderation) galt seitdem als Simplum für Reichssteuern, sowie bei der Aufstellung von Truppenkontingenten des Reiches u. der ↗Kreise. – Zur Durchführung der Türkenkriege wurden vom ↗Reichstag (1) von Fall zu Fall R. (Reichspfennige) als Türkenhilfe (Türkenschatzung) bewilligt.

Römerzins a) s. Census. **b)** = Peterspfennig (a).

Rogadia Ausdruck der ma. ven. Quellen, teils als ↗commenda (2) i. e. S., teils als einfaches Kommissionsgeschäft gedeutet.

Rogati = Pregadi.

Roi d'armes s. Herold.

– des menestrels = Spielgraf.

– des violons = Spielgraf.

– très-chrétien = Rex christianissimus.

Rôle s. Weistum.

Roleinie sakupi s. Schuldknechtschaft.

Rolls coram regae s. High Court of Justice.

– de banco s. Court of Common Pleas (a).

Romanus (homo) in den von den Frk. unterworfenen Gebieten der Nichtgermane, der im ↗Wergeld i. allg. schlechter gestellt war. Dabei stand der possessor (s. hospes [1]) am besten, schlechter der tributarius (s. Colonus), der aber später dem possessor gleichgestellt wurde.

Romfeoh = Peterspfennig (a).

Romgeld = Peterspfennig (a).

Romscha = Artel.

Romscot = Peterspfennig (a).

Romsteuer = Peterspfennig (a).

Roncin de service = Equus de servitio.

– d'host s. Equus de servitio.

Roncinus de servitio = Equus de servitio.

Rōnin s. Samurai.

Rosch ha-kahal s. Judenmeister (a).

Roß- und Handarbeiten s. Fronden (a).

Roßarzt s. Veterinäroffizier.

Roßfronden s. Fronden (a).

Roßpartei s. Schirrmeister.

Rota Romana (Sacra R. R.) eines der drei ↗Tribunalia Curiae Romanae seit 1331 aus dem seit Innozenz IV. bestehenden Kollegium, dem «Auditorium», der Auditores (generales causarum) Sacri Palatii (A. Romani, A. Rotae, Generalauditoren), das zuerst audientica causarum (au. Sacri Palatii), seit 1422 R. genannt wurde, hervorgegangen. Lange Zeit oberster Gerichtshof, 1870–1908 de facto erloschen, wurde sie von Pius X. neu errichtet, u. bildet, von einem ↗Dekan (1) (Rotadekan) geleitet, den Appellationshof füt ↗causae minores, bes. Ehesachen, während die ↗causae majores (b) (z. B. Klagen gegen ↗Bischöfe) dem Papst reserviert sind; er kann der R. auch Sachen in erster Instanz zuweisen, wobei er durch die Procuratores Sacri Palatii (Palastadvokaten) vertreten wird. Vgl. Signatura Apostolica. – Für Sp. wurde 1771 eine bes. R. (R. de la Nunciatura Apostólica) in Madrid errichtet, die 1933–1947 aufgehoben war.

Rotagium = Rotaticum.

Rotar (Rotte) in Schwd. in der Zeit vor dem ↗Indelningswerk Gruppe von Einwohnern eines ↗Härad, die einen Rekruten zu stellen hatte.

Rotaticum (rodaticum, rotagium, rodage, rouage) in Fr. bis ins 18. Jh. Abgabe von Wagen, die bestimmte Straßen benützten, ursprgl. zur Unterhaltung derselben bestimmt.

Rotationsprinzip in der Verwaltung der Grundsatz, wonach der einzelne Beamte abwechselnd in verschiedenen Landesteilen u. Sachgebieten verwendet wird.

Rote(halt) s. Indelningswerk.

Rotel s. Weistum.

Rottberechtigte s. Rottgenossenschaft.

Rottbusch s. Haubergswirtschaft.

Rotte 1. seit alter Zeit die kleinste (taktische) Einheit, i. d. R. nur beim Fußvolk, verschieden stark, aber nie groß; im 16. u. 17. Jh. zählte in Dt. die ↗Kompagnie (2) meist 24 R. Vgl. Korporal (b). Seit dem 18. Jh. versteht man unter R. die bei gliedweiser Aufstellung hintereinander stehenden Leute, heute zwei. Vgl. Rottmeister. 2. s. Schutzstaffel. 3. = Rotar. 4. s. Bezirksvorsteher (a).

Rotteigen (Rodungseigen) durch Rodung zu Sondereigentum gewordenes Land, z. B. ein ↗Bifang (1) o. eine ↗Beunde.

Rotten Borough s. Nomination Borough.

Rottenführer s. Sturmabteilung u. Schutzstaffel.

Rottfreie die Personen eines ↗Fähnleins bzw. einer ↗Kompagnie (2), die keiner ↗Rotte (1) angehörten, also vor allem die ↗Offiziere.

Rottgenossenschaft in Bay u. Tirol im MA. entstandener Verband von Unternehmern, die einesteils die Straßen über die Alpenpässe instandhielten, andrerseits die Transporte (das Rod[fuhr]wesen) darauf zwischen den üblichen Ruheplätzen (Rottstationen) besorgten; sie besaßen ein tatsächliches Monopol. Die Mitglieder der R. waren gleichzeitig Mitglieder der ↗Markgenossenschaften der rottberechtigten Gemeinden. In Graubünden entsprachen den R. die Portgenossenschaften (Porten), die miteinander in ständiger Verbindung standen u. unter Vorsitz eines Portenrichters regelmäßige Sitzungen abhielten.

Rottmeister 1. Führer einer Rotte (1), zu der er selbst zählte. In der zweiten Hälfte des 17. Jh. verschmolz er mit dem ↗Gefreiten, doch blieb die Bezeichnung R. für diesen zum Teil bis Ende des 18. Jh. erhalten. Vgl. Unteroffizier. 2. s. Bezirksvorsteher (a).

Rottstation s. Rottgenossenschaft.

Rottzehnt s. Zehnt (1).

Rottzins s. Zehnt (1).

Rotuli clausi = Statute Roll.

– parlamentarii = Parlamentsrolle.

– patentes = Parlamentsrolle.

Roture 1. Gesamtheit der ↗roturiers. 2. s. Censive.

Roturier (bürgerlich Freier, liber [1]) in Fr. seit Ausgang des MA. der Nichtadlige, sowohl der bourgeois als auch der ↗vilain.

Rouage = Rotaticum.

Royal Burgh in Scho. ↗Burgh, dessen ↗Stadtrecht unmittelbar vom Kg. herrührt, u. das völlig unabhängig von der ↗County ist.

– Colony = Crown Colony.

– Court = Cour royale (b).

Ru de baston = Leibhuhn.

Rübteil = Feldgarten.

Rückenbesitz Gut u. dgl., das vom Besitzer selbst bewirtschaftet werden muß.

Rückenerbe Erbschaft, die beim Fehlen von ↗Deszendenten an den Schoß, d. h. die Eltern (Schoßfall[recht]), falls diese starben, an die ↗Aszendenten zurückfällt.

Rückfall = Heimfall.

Rückfallsrecht = Wiederanfallsrecht.

Rückruf = Otzyw.

Rüge s. Rügeverfahren u. Markgenossenschaft.

Rügegericht s. Rügeverfahren u. Sendgericht.

Rügegeschworener s. Rügeverfahren u. Sendgericht.

Rügeheller = Sendgeld.

Rügejury die Rügegeschworenen des ↗Rügeverfahrens der frk. u. ags. Zeit u. ihre engl. Fortsetzungen, dann auch die Anklagejury (s. Jury) der späteren Zeit.

Rügen, vier hohe s. Causae majores (a).

Rügepflicht s. Rügeverfahren.

Rüger s. Heimlicher (2) u. Rügeverfahren.

– geheimer s. Heimlicher (2).

Rügeverfahren (Rügung, in Bay.-Öst. Landfrage) in frk. Zeit von Fall zu Fall, später periodisch (Rügegericht) angewandtes ↗Inquisitionsverfahren (a), zur Verfolgung von nicht eingeklagten, von Amtswegen verfolgbaren ↗Missetaten, wobei der Richter die Rügepflichtigen (alle Dinggenossen o. nur Gemeindevorsteher, ↗Fronboten u. dgl.) durch einen Rüger aufbieten ließ u. als Rügegeschworene (Rügezeugen) vereidigte u. befragte, ob u. von wem Missetaten begangen seien; nach Besprechung gaben sie durch ihren Obmann ihre Anzeige (Rüge, ↗Wroge) ab, entw. als Rüge auf Verdacht (von dem der Gerügte sich reinigen konnte) o. als Rüge auf Wahrheit (wenn einige der Geschworenen die Tat gesehen hatten, was dann als Überführung galt). Rügegerichte waren auch die Femgerichte (s. Feme), die ↗Sendgerichte, sowie die Zunftgerichte (s. Zunft [1]). Die eigentlichen Rügegerichte (Buß- und Frevelgerichte, Ruggerichte, Rugtage, Tuchten, Wandelgerichte) wurden allm. zu Gerichten über Bagatellsachen u. Polizeivergehen u. erhielten sich in dieser Gestalt teilweise bis in die zweite Hälfte ds 19. Jh. Vgl. Vogteigericht.

Rügezeuge s. Rügeverfahren u. Sendgericht.

Rügtag s. Sendgericht.

Rügung = Rügeverfahren.

Rüstmeister früher in den Söldnerheeren der dem späteren ↗Capitaine d'armes (a) entspr. ↗Unteroffizier.

Rüstwagen s. Wagendienst.

Rütine s. Allmende.

Ruf (Fürheischung, Stühlung) in einigen Städten bis ins 17. Jh. Verfahren bei Nichterscheinen des Angeklagten (vgl. Kontumaz [1]), wobei dieser in drei Sitzungen feierlich aufgerufen u. dann in die ↗Acht (1) erklärt wurde. Verzeichnet wurden die Verfahren in einem Rufbuch. Vgl. Ungehorsamsverfahren.

Ruggericht s. Rügeverfahren.

Rugtag s. Rügeverfahren.

Ruhrrecht = Grundruhrrecht.

Ruling elder s. Moderator (1).

Ruminge = Stangenrecht.

Rumormeister früher in den Städten Beamter, der für Ruhe und Ordnung sorgte. Beim Heere stand der R. an der Spitze einer Truppe, die der heutigen Feldgendarmerie entsprach.

Runcale = Bifang (1).

Rundale = Runrig.

Rundangerdorf s. Angerdorf.

Runddorf s. Platzdorf.

Rundling s. Platzdorf.

Rundplatzdorf s. Platzdorf.

Rundweiler s. Platzdorf.

Runrig (rundale) bei den Kelten auf den Br. Inseln Ackerbausystem, wobei die Feldflur in ↗Schläge (1) eingeteilt war, deren einzelne Äcker (ridges, rigs) periodisch verlost wurden; die in Brache liegenden Schläge wurden als gemeinsame Weide benützt. Vgl. Clan.

Runsalis s. Hauptherr (1 b).

Rural Council s. Parish.

– District Council s. District Council.

– Parish s. Parish.

– (**Sanitary**) **District** s. Sanitary District.

Ruralarchidiakonat s. Archidiakon.

Ruralarchipresbyter s. Archipresbyter (1).

Ruralbischof = Landbischof (a).

Ruraldekan s. Dekan (1).

Ruraldiakonat = s. Archidiakon.

Ruralkapitel = Landkapitel.

Rust(hall) s. Indelningswerk.

Rusticale = Rustikalland.

Rusticus = Vilain.

Rustikalist s. Rustikalland.

Rustikalland (Rustikalacker, Rustikalgründe, Rustikalstellen, Rusticale) in einer ↗Grundherrschaft das als ↗Zinsland o. ↗Dienstland ausgegebene Land im Gegensatz zum Salland (s. Fronhof). In Öst. unterschied man uneingekauftes R., dessen Inhaber (Rustikalist) etwa die Stellung eines ↗Lassiten hatte, u. eingekauftes R., das durch allm. Abzahlung in den nahezu unbeschränkten Besitz des Rustikalisten gelangt war; bei Aufhebung der Grundlasten 1848 war in den meisten Ländern fast nur noch eingekauftes R. vorhanden.

Rustingshemma s. Indelningswerk.

Rusu = Mokudai.

Rutschartsstrafe = Rutscherzins.

Rutscherzins (Ritschart, Rutschartsstrafe, Zweigilt, Zwiespilde, Zwigeld, census promobilis), ↗Zins, der bei nicht rechtzeitiger Ablieferung verdoppelt o. vervielfältigt wurde; der Zuschlag hieß in Engl. sursise of rent. Hatte die Versäumnis schwerere Folgen (vgl. Ballmündig), so hieß der betr. Zins Farzins.

Ruwaert = Mambour(g).

Ryōchi in Jap. ein dem dt. durch ↗Lehensauftrag entstandenen ↗Lehen (1) entsprechend.

Ryōke s. Shō (2).

Ryōnin s. Buke.

Ryōshu a) in Jap. vom 8.–12. Jh. Inhaber eines durch ↗Kishin von einem Ryōke (s. Shō [2]) wiedererhaltenen ↗Ryōchi, das von ihm nach Belieben vererbt, veräußert, geteilt o. belastet werden konnte. Als die ↗Jitō (a) die Verwaltung der Shō übernahmen, verschlechterte sich die Lage der R. immer mehr, so daß sie sich seit dem 12. Jh. kaum mehr von den ↗Sakunin unterschieden. Ein R., dessen Ryōke ein ↗Kloster war, hieß Jishu. b) vom 17.–19. Jh. ↗Vasall eines ↗Daimyō, öfters ein früherer Jitō. Vgl. Sankin kōtai.

S

SA = Sturmabteilung.

Saalgericht s. Stadtgericht.

Sabor = Sobor.

Sac and soc (sake and soke) eigentlich Gerichtsbarkeit u. deren Ertrag; im ags. Engl. der Inbegriff der (gerichtlichen) ↗Immunität (a) (franchise, freols), durch kgl. freolsbôc gewährt. Der Immunitätsbezirk, der sich mit dem ↗Manor

i. d. R. nicht deckte, wurde Soke (sôc, sôcn) genannt; diese Bezeichnung hat sich für einzelne Bezirke, obwohl diese keine Immunitäten mehr sind, erhalten, heute noch für die Soke von Peterborough; diese u. die «Liberty» von Ely sind jetzt ↗Administrative Counties.

Saccellarius = Σακ(κ)ελλαρίος [Sak(k)ellaríos].

Saccellum s. Σακ(κ)ελλαρίος [Sak(k)ellaríos].

Sacebaro = Sacebaro.

Sacellanus = Altarista.

Sacellarius 1. = Altarista. 2. = Σακ(κ)ελλαρίος [Sak(k)ellaríos].

Sacellum s. Σακ(κ)ελλαρίος [Sak(k)ellaríos].

Sacerdos a) s. Ordines (1). **b)** = Parochus.

Sache, belegene Liegenschaft.

– **bürgerliche** s. Unrecht (2).

– **ehrliche** s. Meintat.

– **gewaltige** = Ungericht.

– **peinliche** = Ungericht.

– **unehrliche** = Meintat.

– **unredliche** = Meintat.

Sachen, kriminalistische im Gegensatz zu den Malefizsachen (s. Ungericht) geringere Verbrechen, die durch Geld gesühnt werden konnten. Vgl. Bußfälle.

Sachgewere s. Gewere (1).

Sachsenbuße Entschädigung für einen widerrechtlich in Haft Gehaltenen, früher in den Ländern sä. Rechts üblich.

Sachsenfrist s. Jahr und Tag.

Sachsenjahr s. Jahr u. Tag.

Sachwalt(iger) in der älteren dt. Gerichtssprache jeder, den ein Streitfall angeht, bes. die Partei vor Gericht; dann auch der Hauptschuldner (Hauptmann).

Sackgassendorf = Gassendorf.

Sackkorn s. Zehnt (1).

Sackzehnt s. Zehnt (1).

Sacra, jus circa (episcopale jus, supremae inspectionis j., Kirchenhoheit) das Recht des Landesherrn (s. Landeshoheit), die äußeren Angelegenheiten der ↗Landeskirche zu regeln. Vgl. Vereinsgewalt.

– **jus in** (sacrorum jus, Kirchengewalt, Kirchenleitung, Kirchenregiment) das Recht des Landesherrn (s. Landeshoheit), die inneren Angelegenheiten der ↗Landeskirche zu regeln. Im wesentl. dasselbe bedeutet der Ausdruck ius inspiciendi cavendi jus. Vgl. Vereinsgewalt u. Advocatiae jus.

– **sedes** s. Officia.

Sacramental s. Sacramatent.

Sacramentalis = Eideshelfer.

Sacramentarius = Eideshelfer.

Sacramentum calumniae s. Voreid.

Sacré conseil = Sacro consiglio (2).

Sacrista s. Domkapitel.

Sacristitium s. Interdikt (1).

Sacro consiglio 1. der siz. ↗Staatsrat (1) in sp. Zeit. 2. (sacré conseil) Ordensrat des heutigen Johanniterordens.

– **regio consiglio di Santa Chiara** von Alfons d. Großmütigen errichteter höchster Gerichtshof Neapels.

Sacrorum jus = Sacra, jus in.

Sacrum Collegium Cardinalium s. Kardinal (1).

– **Officium** = Inquisitionsgericht.

Sąd grodzki s. Grodbuch.

Sadaiben s. Shō (1).

Sadaijin s. Dajokwan.

Sadar Adalat bis 1862 oberstes Gericht der ostind. Kompagnie; es gab drei S. A., ein S. Diwani A. für Zivilsachen u. ein S. Nizamat A. für Strafsachen in Calcutta, in Bombay ein 1827 errichtetes S. Fojdari A. für Zivil- u. Strafsachen. Die S. A. wurden durch die ↗High Courts ersetzt.

Sadelhöfer s. Sattelgut.

Sadelhof = Sattelgut.

Sadr Titel höherer Beamter im Or.

– **Azam** s. Großwesir.

Sadruga = Zadruga.

Saeima s. Sejm.

Säkularabt s. Abt.

Säkulargeistlicher = Weltgeistlicher.

Säkularisation auch die, durch ↗Indult (1), einem Ordensgeistlichen gewährte Erlaubnis, als ↗Weltgeistlicher außerhalb des Klosters zu leben.

Säkularkanoniker s. Domkapitel.

Säkularkanonisse s. Frauenstift.

Säkularkapitel s. Domkapitel.

Säkularkleriker = Weltgeistlicher.

Säkularpfarre von einem ↗Weltgeistlichen versehene ↗parochia (b).

Säkularpfarrer = Weltgeistlicher.

Sage ehrbarer Kundschaft s. Inquisitionsverfahren (a).

Saginari s. Saighof.

Sagio = Fronbote.

Saighof in Öst. u. Steiermark ein Meierhof (s. Fronhof), der eine Pacht zu zahlen hatte (saginari, seignari), die auf Grund einer Beschau (Saig, ad examen) des Ertrages festgesetzt wurde.

Saim s. Timar.

Sainteurs = Ecclesiastici (homines).

Saintiers = Ecclesiastici (homines).

Saisie faute d'homme s. Saisie féodale.

– **féodale** Beschlagnahme eines ↗Lehens (1) durch den ↗seigneur féodal, im 13. Jh. eingeführt, um ↗Vasallen, die ihren Lehenseid verweigerten, dazu zu zwingen (daher S. faute d'homme); binnen ↗Jahr und Tag folgte ihr die ↗commise (a). Seit dem 14. Jh. trat dann die S. f. an Stelle der commise, u. zwar in allen Fällen von ↗Felonie.

Saisine = Gewere (1).

– droit de in Fr. Abgabe des Lehensmannes (s. Lehen [1]) bei der ↗Investitur, i. d. R., bes. wenn der Kg. Lehensherr war, an den ↗chambellan (daher chambellage, droit de).

Saison = Schlag (1).

Sajo bei den Lang. ursprgl. wahrscheinlich Glied der ↗Gefolgschaft, später der ↗Fronbote.

Sake and soke = Sac and soc.

Sakebaro (sacebaro, auch obgrafio) nur in der Lex Salica erwähnter kgl. Beamter, meist ↗Unfreier, mit dreifachem ↗Wehrgeld, wahrscheinlich Erheber von Gerichtsgefällen in Konkurrenz mit dem ↗Grafen, seit dem 7. Jh. verschwunden.

Σακ(κ)ελλαρίος [Sak(k)ellaríos] (sac[c]ellarius) im Byz. Reich seit der Mitte des 6. Jh. der Verwalter des Kronschatzes (Σακ(κ)έλλιον [Sak(k)éllion], sac[c]ellum); als dieser zu Beginn des 7. Jh. zur Hauptstaatskasse wurde, erhielt der Σ die Kontrolle über die gesamte Finanzverwaltung u. damit die Oberaufsicht über sämtliche Zentralbehörden. Das Amt war nicht immer besetzt. Eine eigentliche Behörde stand ihm nicht zur Seite, aber tatsächlich war das Σακ(κ)έλλιον, das im übrigen dem Χαρτουλάριος τοῦ Σακ(κ)ελλίου [Chartulários tū Sak(k)ellíu], dem ↗Schatzmeister, unterstand, sein Bureau. Auch die höheren Provinzbeamten, z. B. der ↗Exarch (1), hatten Σ. zur Seite, u. der Ausdruck wurde dann auf andere Finanzbeamte übertragen (vgl. Judices de clero Sacri Palatii Lateranensis). Am karol. Hofe hießen Unterbeamte des ↗Kämmerers (1) saccellarii.

Σακ(κ)έλλιον [Sak(k)éllion] s. Σακ(κ)ελλαρίος [Sak(k)ellaríos].

Σακ(κ)ελλίου, ὁ [Sak(k)ellíu, ho] s. Exokatakölen.

Sakladni (sakladniki, sakladtschiki) in Rußl. seit dem späteren MA. Leute, die sich in den Schutz eines Fürsten (b), ↗Bojaren (a), ↗Klosters u. dgl. begaben, dadurch ihre Freiheit minderten, aber steuerfrei wurden; ursprgl. meist Bauern, waren die S. später vielfach Kaufleute, die in Städten lebten u. Handel trieben, aber ihrem Schutzherrn untertan blieben. Das Schutzverhältnis war jederzeit lösbar.

Sakon in Rußl. Gesetz i. allg., nach 1917 zunächst vermieden, u. durch Ausdrücke wie ↗poloshenije, ↗ustaw, ↗postanowlenije, rasporjashenije ersetzt, ohne, daß eine genaue Scheidung zwischen Gesetzgebungs- u. Verwaltungsakten dabei beobachtet wurde. Seit 1936 heißt S. ein durch den Obersten ↗Sowjet erlassenes Gesetz. Vgl. Prikas (2) u. Ukas.

Sakramenten(rechts)kongregation s. Congregatio Romana.

Sakramentensperre s. Exkommunikation.

Sakunin (Kyūnin) in Jap. vom 8.–12. Jh. Pächter, dem jederzeit gekündigt werden konnte. Unter den ↗Jitō (a) verbesserte sich ihre Lage, ihr Besitz wurde allm. erblich, u. seit dem 12. Jh. unterschieden sie sich kaum mehr von den ↗Ryōshu (a). Ein S., dessen Herr ein ↗Kloster war, hieß Jinin.

Sakup s. Schuldknechtschaft.

Sala 1. s. Fronhof. **2.** = Sale (1).

– regalis = Königshof.

Saladinszehnt (decima Saladinae, dîme Saladine, Saladin tithe) in Fr. u. Engl. 1188 zur Wiedereroberung des Heiligen Landes ausgeschriebene Steuer, die in Höhe von zehn Prozent des Vermögens von allen Nichtkreuzfahrern erhoben werden sollte; in Fr. wurde sie schon nach einem Jahr wieder aufgehoben. Vgl. Cruzada, Kreuzzugssteuer u. Zehnt (1).

Salagium s. Gabella.

Salariengeld in Pr. 1748 eingeführte Steuer, die ursprgl. die durch die Justizreform erhöhten Ausgaben für Richtergehälter usw. decken sollte, dann aber ständig wurde. Sie wurde in Brand. als Justizsalariengeld, in Magdeburg als Regierungssalariensteuer, in Pommern als Justizsalariensteuer erhoben, teils als Zuschlag zur ↗Kontribution, teils von den Städten.

Salbuch a) = Traditionsbuch. b) s. Hofrecht (1) u. Urbar (1).

Salbürge = Salmann.

Sale 1. (sala) i. w. S. die gesamten Handlungen u. formelhaften Gebräuche, mit denen in germ. Zeit die Übertragung von Liegenschaften vollzogen wurde. Zuerst ein einheitlicher, auf dem Grundstück selbst stattfindender Akt, wurde die S. begrifflich schon früh, tatsächlich seit dem 9. Jh., in zwei Teile zerlegt: **a)** das Veräußerungsgeschäft, die S. i. e. S. (Aufgabe, Aufreichung, Begabung, [Besitz]einigung, Eignung, Gabe, Verreichung, donatio, resignatio, traditio, salung[a]), der förmlich vollzogene Vertragsschluß, u. **b)** die Übergabe des Grundstücks ([in]vestitura, traditio, giwerida, ↗Besitzeinweisung) ihrerseits zerfallend in α) die Bekleidung des Erwerbers mit der ↗Gewere (1) des Grundstücks (Fertigung, körperliche Investitur, reale I., reale Tradition, auch Gewere) durch symbolische Handlungen, z. B. Übergabe eines Grundstücksteils (Schollenwurf, Schoßwurf, scotatio), u. β) die Aufgabe der Gewere durch den Veräußerer (aufgeben, aufsenden, Ausgang, entziehen, lassen, Lossagung, [sich] verziehen, Verlassung, Verzicht, später ↗Auflassung, abcessus, abdicatio, awarpire se, dimittere, evacuatio, exire, exitus, libere donare, manum retrahere, offerre, remissio, renuntiatio, reportare, resignatio, superportare, supportare, transferre u. ä.), woran sich noch weitere Handlungen schließen konnten, wie gemeinsame Grenzbegehung, Bewirtung durch den Erwerber u. dgl. Bei den Frk. wurde schon früh der exitus durch das exitum se dicere (e. se facere, absitum se f.) ersetzt, d. h. die tatsächliche Räumung durch einen Vertrag, vgl. Halmwurf u. Wette (1). – Während sich in einigen Gebieten die alten drei Akte der S. bis zum Ende des MA erhielten, wenn auch mehr u. mehr vereinfacht, trat i. allg. die gerichtliche Auflassung an Stelle der S. 2. s. Fronhof.

Salerbe ↗. Markgenossenschaft.

Salgericht a) s. Hofgericht (a). b) = Hofgericht (f).

Salgut s. Fronhof.

Salhaus s. Fronhof.

Salhof = Fronhof.

Salhufe = Fronhof.

Salihus s. Fronhof.

Saliland s. Fronhof.

Salinenflecken s. Flecken.

Salländerei s. Fronhof.

Salland s. Beunde u. Fronhof.

Sallehen = Bauernlehen (a).

Salmann (Salbürge, manufidelis) Treuhänder, z. B. bei mehr u. weniger symbolischen Handlungen, wie der ↗Affatomie, dann bes. bei letztwilligen Verfügungen (vgl. Seelgeräte), wodurch sich der S. seit dem 12. Jh. zum eigentlichen Testamentsvollstrecker (Seelgeräter, eleemosynarius, fideicommissarius, fideijussor, spondarius, testamentarius, wadiarius, aumônier) entwickelte.

Salmannseigen (Salmannslehen) freies Eigentum, z. B. der Besitz eines ↗Grundherrn.

Salmannslehen = Salmannseigen.

Salmasius = Zalmedina.

Salrecht = Hofrecht (1).

Salrichter s. Hofgericht (f).

Salstatt = Hofstelle (1).

Salutes in It. im MA. Häusersteuer, sowohl in den Städten als auch auf dem Lande erhoben, in Naturalien gezahlt.

Salvamentum s. Königsschutz (a).

Salvation in der älteren fr. Gerichtssprache schriftl. Zusammenfassung der Einwände der Gegenpartei.

Salvatorium s. Geleite (1).

Salvus conductus = Geleite, sicheres.

Salzakzise s. Gabella.

Salzamt (Salzfaktorei, Salzlegstätte) in den Ländern mit Salzmonopol (vgl. Gabella) Magazin für Salz (unter einem Salzfaktor), aus dem dieses an die Kleinverschleißer (Dekretalverschleißer, Salzauswägler, Salzversilberer) des betr. Bezirks (Besalzungsrayon) ausgegeben wird; das S. ist u. U. auch Verwaltungs- u. Steuerbehörde.

Salzauswägler s. Salzamt.

Salzbeerbter = Salzherr (b).

Salzehnt (decimae indominicatae, d. salicae) ↗Zehnt (1) vom Salland (s. Fronhof).

Salzfaktor s. Salzamt.

Salzfaktorei = Salzamt.

Salzfreiheit s. Gabella.

Salzherr a) in den Städten mit Salzmonopol (vgl. Gabella) ↗Ratsherr (a), der die Oberaufsicht über das Salzhaus, das städt. ↗Salzamt, führte; unter den S. stand ein Salzmeister mit Unterbeamten. b) (Salzbeerbter, Salzjunker) früher Privateigentümer einer Saline.

Salzjunker = Salzherr (b).

Salzkonskription s. Gabella.

Salzlegstätte = Salzamt.

Salzlösegeld s. Gabella.

Salzmeister s. Salzherr (a).

Salzsteuer s. Gabella.

Salzumgeld s. Gabella.

Salzversilberer s. Salzamt.

Salzwerksteuer s. Gabella.

Salzzehnt s. Bergzehnt.

Salzzins s. Bergzehnt.

Salzzoll s. Gabella.

Salzzwang s. Gabella.

Samenweg s. Tritt- und Trattrecht.

Samflot = Admiralschaft.

Sammelsiedlung im Gegensatz zur ↗Streusiedlung jede mehr o. weniger zusammenhängende Siedlung, bes. das Dorf.

Sammlung 1. = Kloster. 2. in den bhm. Ländern seit 1595 ↗Realsteuer der auf herrschaftlichen Gütern ansässigen Bauern.

Somaderschez (wseja Rusi) s. Autokrator.

Sampolit s. Armeeverwaltung, politische.

Samstagsgericht s. Hofgericht (f).

Samtgemeinde (Dörfergemeinde, ↗Gemeindeverband [1], Verbandsgemeinde, Vielheitsgemeinde, zusammengesetzte Gemeinde) Vereinigung mehrerer selbständiger Gemeinden bzw. ↗Gutsbezirke zu einem weiteren ↗Kommunalverband mit eigener Organisation; S. sind z. B. das westf. ↗Amt (6), die rhld. Landbürgermeisterei (s. Bürgermeisterverfassung), die schleswigsche ↗Kirchspielslandgemeinde u. die rhein. ↗Kirchspielsgemeinde (a).

Samtherrschaft = Kondominat.

Samthude s. Weidegerechtigkeit.

Samtlehen s. Gesamtbelehnung.

Samtstadt eine Stadt, die ein ↗Kondominat bildet.

Samurai (Bushi) in Jap. seit Ende des 8. Jh. erblicher Kriegerstand, aus dem seit dem 12. Jh. die ↗Buke entstanden. I. allg. wird S. nur für die unteren Klassen gebraucht, obwohl an sich auch ein ↗Daimyō S. war; entspr. dem ↗Kabu konnte der S. keinen andern Beruf ergreifen. Während der Bürgerkriege im 16. Jh. ging ein großer Teil seiner ↗Chigyō verlustig; diese «Vasallen ohne Herrn» (Rōnin) dienten nun als Söldner, teils außerhalb Jap., teils in den gegen die Tokugawa fechtenden Heeren, wobei sie größtenteils aufgerieben wurden; in der zweiten Hälfte des 17. Jh. verschwanden daher die Rōnin. – 1871 verloren die S. ihre bisherigen Besitzungen u. wurden anderweitig entschädigt; 1878 erhielten sie den erblichen Titel Shizoku.

Samuraidokoro s. Kumonjo.

Sanc legen, den s. Interdikt (1).

– **verslahen, den** s. Interdikt (1).

Sancti = Ecclesiastici (homines).

Sanctimonialis s. Frauenstift.

Sanctio pragmatica = Sanktion, pragmatische.

Sanctissimus (in Christo) (pater) s. Bischof.

Sanctitas tua s. Bischof.

Sanctorum homines = Ecclesiastici (homines).

Sanctuarii = Ecclesiastici (homines).

Sanctum Officium = Inquisitionsgericht.

Sandschak s. Bei u. Liwa.

– **Bei** s. Bei.

Sandschakat s. Liwa.

Sanguinis jus Grundsatz, wonach ein Kind, gleichviel wo geboren, die Staatsangehörigkeit des Vaters besitzt. Vgl. Soli jus.

Sanhedrin (synedrium, hoher Rat) im Altertum höchster jüdischer Gerichtshof; 1806 von Napoleon I. dem Namen nach wieder versammelt.

Sanitätsfähnrich s. Unterarzt.

Sanitätskadett s. Unterarzt.

Sanitätskammer s. Medizinalkollegium.

Sanitätskollegium s. Medizinalkollegium.

Sanitätsoffizier im Offiziersrang stehender Militärarzt. In Dt. waren die Dienstgrade der S. bis 1918: Assistenzarzt (Marine-A.), Rang eines ↗Leutnants; Oberarzt (Marineober[assistenz]-arzt), Oberleutnant; Stabsarzt (Marine-St.), ↗Hauptmann (1); Oberstabsarzt (Marine-O.), ↗Major (4); Generaloberarzt (Marine-G.), ↗Oberstleutnant; Generalarzt (Marine-G.), ↗Oberst; Obergeneralarzt, ↗Generalmajor; ↗Generalstabsarzt (Marine-G.). – In der Reichswehr waren die Grade i. allg. dieselben, doch stand an der Spitze ein Generaloberstabsarzt (Marine-G.) im Rang eines ↗Generalleutnants. Von 1934–1945 waren die unteren Grade bis zum Oberstabsarzt einschl. unverändert, darüber standen: Oberfeldarzt (Geschwaderarzt), Oberstleutnant; Oberstarzt (Flottenarzt), Oberst; Generalarzt (Admiral-A.), Generalmajor; Generalstabsarzt (Admiral-St.), Generalleutnant; Generaloberstabsarzt, ↗General d. J. – In der Bundeswehr bzw. Bundesmarine blieben die Bezeichnungen der Grade, soweit vorhanden, dieselben, doch heißt der Geschwaderarzt nunmehr Flottillenarzt.

Sanitätsrat, oberster s. Medizinalkollegium.

Sanitary District in Engl. seit 1872 Bezirk, der in erster Line zur Durchführung der Sanitätsgesetze (vgl. Public Health) geschaffen wurde; man unterscheidet Urban S. D. (Distriktsgemeinden) u. Rural S. D. I.w.S. zählen zu den Urban Districts (Stadtdistrikte) alle städt. organisierten Bezirke, i. e. S. aber nur diejenigen, die nicht ↗Boroughs (a) sind, u. bis 1894 aus zwei Gruppen bestanden: den Distrikten der ↗Improvement Commissioners u. den Local Government Districts (Local Board D.), d. h. den städt. Bezirken, die auf Grund der Gesetze von 1848 u. 1858 freiwillig u. der von 1875 obligatorisch unter bes. ↗Local Boards zu Sanitätszwecken gebildet worden waren. Diese beiden Arten von S. D. wurden 1894 einheitlich unter ↗District Councils organisiert u. sind seitdem i. wesentl. völlig einem Borough gleichgestellt. Für die Rural Districts (Landdistrikte) wurden 1875 die ↗Poor Law Unions als Grundlage genommen, unter Ausscheidung der städt. ↗Parishes; leitende Behörde wurde das betr. Board of Guardians ebenfalls unter Ausscheidung der städt. Mitglieder. 1894 wurden die Rural Districts von den Unions völlig gelöst, indem sie nunmehr Unterabteilungen der ↗Administrative County bilden (County Districts); an Stelle des Board of Guardians trat der Rural District Council. – 1933 wurden als dritte Gruppe der County D. die ↗Noncounty Boroughs geschaffen. – In Ir. gibt es nur Urban Districts; in Scho. fehlen die S. D. überhaupt. Vgl. District Committee (a).

Sankin kōtai in Jap. seit Ende des 16. Jh. die Pflicht der ↗Daimyō (einschließlich der Shōmyō) u. der ↗Hatamoto, jedes zweite Jahr persönlich in Yeddo zu wohnen, u. in der übrigen Zeit ein Drittel ihrer Familie (zuerst die ganze) als Geiseln dort zu lassen. – Eine entspr. Verpflichtung hatte der ↗Ryōshu (b) u. der Gōshi (b) gegenüber dem Daimyō.

Sanko s. Dajokwan.

Sankt Petersfriede s. Stadtfriede (a).

Sanktion i. w. S. jede Bestätigung eines Gesetzes u. dgl., i. e. S. (Gesetzesbefehl) die Zustimmung des Trägers der Staatsgewalt zu einer von den beratenden o. gesetzgebenden Körperschaften beratenen o. beschlossenen Gesetzesvorlage, wodurch diese Gesetz wird. Vgl. Promulgation u. Publikation.

– **pragmatische** (sanctio pragmatica) Erlaß in feierlicher Form, in neuerer Zeit hauptsächlich Staatsgrundgesetz.

Sannaendmaenn s. Naemd.

Sapientes 1. = Savi. 2. s. Consilium (2). 3. s. Witenagemôt. 4. s. Urteiler.
– **consilii (rogatorum)** s. Savi.
– **de ordinibus galearum** s. Savi.
– **stoli** im 12. Jh. den ven. Flottenkommandanten nach dem Muster der heimischen Verfassung (vgl. Savi) beigegebene Räte.
– **super terris de novo acquisitis** s. Savi.
Sapienz Filialkloster (s. Kloster) ohne Klausur.
Sargento general de batalla s. Sargento mayor.
– **mayor** (s. maggiore) seit der ersten Hälfte des 16. Jh. in Sp. u. seinen Nebenländern, dann in Fr. (sergent de bataille, sergentmajor) u. Engl. (serjeant-major) ↗Offizier, der in einem ↗tercio, einem ↗Regiment (2) o. einer entspr. Einheit Aushebung bzw. Werbung u. Ausbildung leitete, Marsch u. Lager ordnete, die Truppe zum Gefecht aufstellte u. endlich auch die Befugnisse des ↗Auditeurs (1) u. ↗Profossen in seiner Hand vereinigte. In Sp. wurden auch den ↗Generalkapitänen (2) u. ↗Gouverneuren (2) der ↗Provinzen S. m. beigegeben, die in den Kol. zu Stellvertretern der ersteren wurden, ebenso in Festungen u. Garnisonen S. m. de plaza (vgl. Platzmajor) aufgestellt. Seit Ende des 16. Jh. verlor der S. m. allm. seine nicht rein mil. Befugnisse u. entsprach nunmehr i. wesentl. dem dt. Oberstwachtmeister, auf den während des 30jährigen Krieges die für S. m. übliche abgekürzte Bezeichnung mayor überging. Vgl. Major (4). Im Gegensatz zu diesem wurde der westeur. S. m. nicht Bataillonskommandeur, sondern in Fr. u. Engl. zum ersten ↗Feldwebel eines Regiments; in Sp. blieb er bis in die neueste Zeit Offizier, im Range über dem ayudante mayor (s. Adjutant), betraut mit der Aufsicht über Ausbildung, Disziplin usw. u. gewissermaßen die Stellung eines Fiskalprokurators (s. Fiskal) im Regiment einnehmend. In Südam. wurde der S. m. (heute auch offiziell meist nur Mayor) nach der Trennung von Sp. Bataillonskommandeur u. entspricht dem dt. Major. – Dem S. m. entsprach bei der Armee der S. (m.) general de batalla (maestre de campo general, maître de camp général, sergent général de bataille, 1614–1672 maréchal de bataille); doch wurde auch der Oberbefehlshaber selbst so genannt, insofern er Stellvertreter des ↗Generalissimus war. In den Ndl. hatte der Generalkommißherr i. wesentl. dieselben Befugnisse, in den übrigen Ländern der ↗Feldmarschall; in Engl. wurde dieser daher (Lord High Marshal) auch als camp-master general bezeichnet; später hieß die Charge Major-General. Wie der S. m. wurde auch der S. general in seinen Befugnissen beschränkt, so daß er um die Mitte des 17. Jh. einem dt. Generalwachtmeister entsprach, auf den wiederum die für den S. general aufkommende Bezeichnung mayor general (major-général) überging. Vgl. Generalmajor. Im 18. Jh. entsprach der fr.-sp. major-général dem damaligen dt. ↗Generalquartiermeister u. trat nach Schaffung eines eigentlichen ↗Generalstabs an dessen Spitze. – Für mittlere Verbände, bes. für die ↗Brigade (1), besorgte im 18. (in einigen Ländern bis in die erste Hälfte des 19. Jh.) der Brigademajor (mayor de brigada, S. m. de brigada, major de brigade, premier-major) die Geschäfte des S. m. bzw. des mayor general; in Pr. entsprach der Brigademajor dem älteren Generalwachtmeister u. war Gehilfe des Generalquartiermeisters.
Sarkar eigentlich pers. Aufseher;; in Ind. Regierung, Staat; im Reich der Moguln Unterabteilung einer ↗Provinz.
Sasire ad usum curiae = Fronung.
Sasse = Hintersasse (1).
Saßlehen = Amtslehen.
Sata domini s. Fronhof.
Satelles 1. unfreies Exekutivorgan des ↗Grafen in frk. Zeit 2. = Knappe (1). 3. s. Gefolgschaft.
Sater s. Fraelse.
Satio = Schlag (1).
Satisfactio a) = **Buße u. Wergeld. b)** s. Friedensgeld.
Satrapae s. Hochfrei.
Sattelgut (Ansedel, [freier] Sattelhof, Sadelhof, sattelfreies Gut, Sedel[hof], Sedelhufe, Seidelhof, Siedelhof) i. allg. jedes Gut, sowohl eine ↗Hufe bzw. ↗Hof (3) als auch ein ↗Fronhof, meist aber ein Gut mit bes. Freiheiten, teils ein eigentliches ↗Rittergut (so in Anhalt), teils Bauernhof, dessen Besitzer (Sadelhöfer, Sattelhöfer, Sattelmann, Sattelmeier) ↗Urteiler bei dem betr. ↗Ding war (so in Westf.) u. andere Vorrechte hatte, teils ein ↗Freigut (1) (so in Jülich-Berg). Sadelhöfe, die von einem Fronhof abhingen, der selbst Sadelhof hieß, nannte man Untersadelhöfe. – Im Osten des ma. Dt. R. hieß S. ein Hof eines ↗Ministerialen (2), der für den Kriegsfall ein gesatteltes Pferd zu stellen hatte.
Sattelhöfer s. Sattelgut.
Sattelhof(freier) = Sattelgut.
Sattellehen s. Freigut (1).
Sattelmann s. Sattelgut.
Sattelmeier s. Sattelgut.
Sattelpflicht s. Lehensdienst.
Satung (Scharen, Scheren) jährl. Festsetzung des Anteils, der jedem ↗Markgenossen an der Schweinemast zustand.
Satz 1. s. Satzbürger. 2. † Schiedsrichter.
Satzbuch (Insatzbuch, Zusatzbuch, liber obligationum) öffentliches Buch einer ↗Grundherrschaft, in das dingliche Belastungen eingetra-

gen, o. ↗Stadtbuch, in dem Verpfändungen u. dgl. verzeichnet wurden.

Satzbürger in Freiburg i. Br. nach 1392 bis Ende des 18. Jh. Edelmann, der, obwohl er zeitweise in der Stadt wohnte, von den städt. Lasten befreit war u. als Ablösung einen Satz (Satzgeld) zahlte; auch einige ↗Klöster waren S., ebenso die landesherrlichen Beamten.

Satzgeld s. Satzbürger.

Satzmann † Schiedsrichter.

Satzrecht (Besatzungsrecht, vindicationis jus) Recht des Leibherrn, einen auf fremdes Gebiet entwichenen ↗Leibeigenen zurückzufordern.

Satzung = Autonomie (a).

– ältere = Nutzpfand.

– autonomische = Autonomie (a).

– geliehene = Pfandlehen.

– gepachtete s. Zinssatzung.

– jüngere (Exekutionspfand, Fronungspfand, neuere S., obligation) bes. in den dt. Städten seit dem MA. übliche Art der Verpfändung eines Grundstücks, wobei der Gläubiger nicht wie beim ↗Nutzpfand eine Satzungsgewere (s. Gewere [1]) erlangte, aber für den Verzugsfall dieselben Rechte, als ob er ein Urteil auf Zahlung u. ↗Fronung des Grundstücks erwirkt hätte; er brauchte nur noch den zweiten Teil der Zwangsvollstreckung, die Exekution, zu erledigen. Die j. S. erfolgte vor Gericht o. ↗Stadtrat (a) u. wurde in die ↗Stadtbücher eingetragen; in einigen Gegenden genügte die Übergabe einer ↗Urkunde über das Pfandrecht (Erbebrief, Hausbrief). Die j. S. war in gewisser Hinsicht dem ↗Rentenkauf ähnlich, u. gegen Ende des MA. gingen die beiden Rechtsgeschäfte mehr u. mehr ineinander über. Nach der Rezeption wurde die j. S. auch Hypothek genannt. – In den Seestädten, bes. denen lübischen Rechts, entwickelte sich in den letzten Jahrhunderten des MA. auch eine j. S. an Fahrnis (Fahrnishypothek), die bes. für die Verpfändung von Schiffen Bedeutung hatte; sie wurde dann auch im Binnenland üblich, u. erhielt sich in der Schw. bis zur Gegenwart.

– neuere = Satzung, jüngere.

Satzungsgewalt = Autonomie (a).

Satzungsgewere s. Gewere (1).

Satzungsrecht = Autonomie (a).

Satzwein = Laudemium.

Saud dworsky s. Lehensgericht.

Sauvegarde a) = Assecuratio. **b)** s. Königsschutz (a).

Sauveté s. Ville franche.

Savi (sapientes) in Ven. zuerst im 12. u. 13. Jh. die Mitglieder des ↗Maggior Consiglio u. der ↗Signoria (b) (sapientes consilii, vorübergehend auch preordinati). Seit etwa 1330 der eigentlich arbeitende Ausschuß des ↗Senates (2), zu Beginn des 15. Jh. in die Signorie aufgenommen, eine Art Staatsministerium (daher auch collegio, consulta, ministero), das die Vorlagen für den Senat vorbereitete. Es gab zuletzt sechzehn S.: **a)** S. del mare (S. agli ordini, S. della mercanzia, sapientes de ordinibus galearum) für Handels- u. Marineangelegenheiten; **b)** S. grandi (S. del consiglio, sapientes consilli rogatorum) für äußere Politik u. innere Verwaltung, deren einer (Savio della settimana) abwechselnd den Vorsitz des Gesamtkollegiums führte; **c)** S. di terraferma (S. della guerra, sapientes super terris de novo acquisitis) für Finanz- u. Kriegswesen, von denen der Savio cassiere der eigentliche Finanzminister war, während der S. alla scrittura über die Söldner, der S. alle ordinanze über die Millizen referierte. Von bes. Bedeutung waren auch die 1516 dauernd eingesetzten fünf S. di mercanzia, ein Handelsministerium mit ausgedehnten Vollmachten. Die Amtsdauer (muda) der einzelnen S. betrug sechs Monate.

Sayón = Fronbote.

Sbor pověřenců seit 1948 bes. Regierungsorgan für die Slowakei.

Scabinatus Amt eines ↗Schöffen (1).

Scabineus = Schöffe (1).

Scabinio = Schöffe (1).

Scabinus 1. = Schöffe (1) u. Skabine (b). **2.** s. Zunft (1).

– imperatoris = Pfalzschöffe.

– liberorum = Freischöffe.

– major s. Schöffenbruderschaft u. Schöffenmeister.

– palatii = Pfalzschöffe.

– synodalis s. Sendgericht.

Scaccarium = Echiquier u. Exchequer.

– inferius s. Exchequer.

– Judeorum s. Exchequer.

– superius s. Exchequer.

Scamnum s. Domkapitel.

Scantio = Mundschenk.

Scaptor = Mundschenk.

Scara 1. in karol. Zeit verwendet für kleine Kriegerschar, vielfach aufgefaßt als eine Art Leibwache o. ↗Gefolgschaft. **2.** s. Echtwort.

Scaramanni (itinerarii, scararii, Scharmannen) ↗Unfreie, die zu Botendiensten (Schardienste), Reisebegleitungen (scaram facere) usw. verwendet wurden u. für diese Scharpflicht ein Scharlehen erhielten; nur vom ↗Kloster Prüm bezeugt, eine Vorstufe der ↗Ministerialen (2).

Scararii = Scaramanni.

Scaraticum Löschgebühr für Schiffe.

Scario = Ostiarius (2).

Scartabello = Miles medius.

Scavio = Schöffe (1).

Scerfa = Gerade (b).

Scerio = Frondote.

Scevophylax s. Domkapitel.

Schaden in Wü. gebräuchlich für die zur Dekkung eines Haushaltsdefizits erhobenen Steuern, z. B. Landschaden, Amtsschaden, Gemeindeschaden (Kommunschaden), Stadtschaden.

Schadenbund in Steiermark früher Klausel (Bund = Bedingung) in einem Vertrag, wonach bei Verzug der Gläubiger den Schaden auf Treu u. Glauben festsetzen konnte.

Schadenskommission, Deutsch-Amerikanische s. Schiedsgerichtshof, gemischter.

Schädlichkündigung s. Leute, schädliche.

Schäfereirecht Befugnis, eine Schafherde unter eigenem Hirten zu halten.

Schäfereistabrecht Befugnis, für eine gemeinsame Herde den Hirten zu bestellen.

Schäferhufe s. Diensthufe.

Schäffer a) s. Großschäffer (1). **b)** s. Opole.

Schährestan s. Ostan.

Schätzungseid (Würderungseid, juramentum aestimatorium, j. in litem) im früheren Prozeßrecht dem ↗Beweisführer in gewissen Fällen (bei Nichtzahlung durch den Gegner) auferlegter Eid zur Schätzung erlittenen Schadens; eine eidliche Schätzung erlittenen Verlustes durch Gewalttat hieß juramentum Zenonianum, bei geringerem Schaden j. quantitatis, die eidliche Feststellung der durch den Prozeß verursachten Verluste durch den Beteiligten j. expensarum.

Schätzungssteuer = Indiktion.

Schafbede s. Bede (2).

Schaffer s. Gesellenbruderschaft.

Schaff(huhn) s. Schaftgut.

Schaffnei s. Schaffner.

Schaffner Verwalter i. allg., z. B. auch Stellvertreter des Richters (vgl. Hofmarkgericht), dann vor allem der ↗Meier (1) u. der ↗Procurator (1 c); auch Steuereinnehmer u. dgl. hießen manchmal S. (Landschaffner), ihr Bezirk Schaffn(er)ei.

Schaffnerei s. Meier (1) u. Schaffner.

Schafgras s. Kuhrecht.

Schafhof = Schafschwaige.

Schafhufe s. Diensthufe.

Schafschwaige (Schafhof, caula ovium, curia ovilis, opilio, ovile, swaiga ovium, vervicaria) ↗Schwaighof, der ausschließlich o. hauptsächlich der Schafzucht diente.

Schaftgut (↗Erbgut, Gut zu dem rechten Stamm bzw. Stock, Schaftstock, Stamm, Stock[gut]) früher in Lux. u. einigen benachbarten Gegenden ↗Stammgut (b), das ↗Vogteigut war (daher auch Vogtei genannt); der Besitzer (Schaftmann, Stockinhaber) zahlte einen Zins (Schaff, Schaft), der in Dienstfrüchten, Herrengeldern, Schaffhühnern usw. bestand. Die zum S. gehörigen Häuser hießen Stammhäuser (Stock[schafts]häuser).

Schalk s. Leibeigener u. Unfrei.

Schalwenkorn im Ordensland Pr. zuerst im Kriege mit Litauen zu Beginn des 14. Jh. erhobene allg. Abgabe zu Gunsten der Bewohner der Landschaft Schalauen, die zur Bewachung der Grenze verpflichtet waren; das S. blieb dann auch im Frieden bestehen.

Schandgemälde im MA. bildliche Beschimpfung eines Verurteilten, der sich der Strafe entzog, durch das Gericht o. auch den Geschädigten, z. B. den Gläubiger.

Schang-schu s. Liu-pu.

Schangschu-ling in China seit dem 7. Jh. der ↗Kanzler, der vorher verschiedene andere Bezeichnungen (siang-kuo, ta-sse-tu, tsai-hsiang, tschêng-hsiang) geführt hatte; zeitweise gab es zwei Kanzler, einen «zur Rechten» u. einen «zur Linken» des Ks.; unter dem S. führten die pu-schê die eigentlichen Geschäfte.

– schêng s. Schêng.

Schanzgeld s. Heersteuer.

Schar 1. s. Hauptmann, oberster (2). 2. s. Landfolge. 3. s. Echtwort. 4. s. Sturmabteilung.

Schardienst s. Scaramanni.

Scharen = Satung.

Scharfahrt s. Fronden (a).

Scharführer s. Schutzstaffel u. Sturmabteilung.

Scharherr s. Markgenossenschaft.

Scharhufe (Reithufe) ↗Hufe, deren Inhaber ein Saumroß o. Reitpferd zu stellen hatte.

Scharlehen s. Scaramanni.

Scharmannen 1. s. Markgenossenschaft. 2. = Scaramanni.

Scharmeister 1. = Rittmeister (1). 2. s. Markgenossenschaft.

Scharpflicht s. Scaramanni.

Scharwerke = Fronden (a).

Scharwerker (Hofgänger) Arbeitskraft, die ein ↗Erbuntertäniger o. Gutstagelöhner außer sich selbst u. seiner Frau stellte; S. waren Kinder, Dienstboten, o. sonstige, bes. gemietete Personen. Heute gibt es S. nur noch selten. Vgl. Gesinde (1).

Scharwerksbauer s. Fronden (a).

Scharwerkshufe s. Hufe.

Scharwerksrecht s. Edelmannsfreiheit.

Schatt s. Heuerling (2).

Schattenbuße = Scheinbuße.

Schattenhufe s. Hufe.

Schatulle früher die Kasse, die zur persönlichen Dispositon des Landesfürsten stand u. in die bestimmte Einnahmen flossen, z. B. in Wü. die Schatullgelder (Dienstgelder), d. h. bestimmte Abgaben der neu ernannten Beamten (vgl. Chargengebühr); auch die Einkünfte aus bestimmten Teilen der ↗Domäne (Patrimonialgüter, Schatullgüter) flossen in die S. In Pr. wurde

1713 der Unterschied zwischen Schatullgütern u. Domänen zu Gunsten der letzteren formell aufgehoben.

Schatullgeld s. Schatulle.

Schatullgut s. Schatulle.

Schatullwald s. Forst.

Schatz Steuer i. allg., bes. auch die ↗Bede (1), dann auch der ↗Grafenschatz.

– unrechter s. Bede (1).

Schatzamt = Treasury.

Schatzgut s. Vogteigut.

Schatzkämmerer s. Schatzmeister.

Schatzkammer **1.** = Exchequer. **2.** in Öst. 1496 errichtete kollegiale Behörde, das bisherige Tiroler Oberste Amt (s. Amtmann, oberster [1]), erweitert durch die ↗Schatzmeister bzw. ↗Kammermeister von Niederöst., Burg. u. Tirol; die Mitglieder als solche hießen ↗Statthalter (2). De S. war oberste Finanz- u. Kontrollbehörde aller ↗Erblande, hatte aber außerdem Befugnisse im Reich u. in den Ndl. Nach Errichtung der ↗Hofkammer 1498 wurde die S. dieser untergeordnet u. auf die öst. Länder beschränkt, ihre Zusammensetzung entspr. geändert. 1499 wurde sie zu einer bloßen ↗Rechenkammer u. erhielt demgemäß die Bezeichnung ↗Raitkammer, wie sie schon vorher dann u. wann genannt worden war.

Schatzkammergericht s. Exchequer.

Schatzkanzler s. Exchequer.

Schatzleute = Vogtleute (b).

Schatzlord, erster s. Treasury.

Schatzmeister (thesaurarius, ags. ↗hordere) der mit der Verwaltung des kgl. bzw. staatl. Vermögens betraute Beamte, in der älteren Zeit stets ein ↗Hofamt. Er verdrängte schon früh den ↗Kämmerer (1), der in karol. Zeit selbst S. gewesen u. dessen Unterbeamter er ursprgl. war; von der Schatzkammer führte er auch die Bezeichnung Schatzkämmerer (Tresekämmerer, triscamerarius). Im Laufe des MA. entwickelte er sich in vielen Ländern zum obersten Finanzbeamten, allm. von einem Kollegium unterstützt u. endlich häufig von diesem verdrängt. Vgl. Hofkammer, Schatzkammer, Treasury. In einigen Ländern wurden die S. zu Provinzialbeamten (vgl. Trésoriers de France). – Im Dt. R. fehlte im späteren MA. ein S. Erst 1491 wurde ein Generalschatzmeister (Reichsschatzmeister, Schatzmeistergeneral) für die östl. Länder ernannt, der gleichzeitig oberster Finanzbeamter für das Reich war; er war Mitglied der Schatzkammer, später der Hofkammer. – An einigen Höfen wurde der von einem Kollegium verdrängte S. zum erblichen Hofamt (Erbschatzmeister); der Verwalter des Privatvermögens des Fürsten führt hier u. da den Titel **Generalschatzmeister.**

Schatzmeistergeneral s. Schatzmeister.

Schatzrat s. Landesdirektorium (b).

Schatzschreiber = Amtsschreiber.

Schatzsetzer = Bedesetzer.

Schatzung **1.** früher zusammenfassender Ausdruck für direkte Steuern, bes. für die ↗Bede (1) u. den städt. ↗Schoß (1). Vgl. Auflagen (1). **2.** = Stuhlung.

Schatzungsausschuß s. Steuerkommissär.

Schatzungsrat s. Steuerkommissär.

Schatz(ungs)steuer (↗Kammerzins) in den öst. Ländern seit dem MA. von den Landesherren (s. Landeshoheit) den Städten auferlegte Steuer, die von diesen als Vermögenssteuer erhoben wurde, bes. vom Hausbesitz. Vgl. Freihaus (a).

Schatzwurf s. Freilassung.

Schauamt im ehemaligen Pr. Behörde zur Beaufsichtigung kleinerer Wasserläufe, für einen solchen o. auch für einen ↗Kreis o. Kreisteile gebildet; früher wurden die Funktionen der S. von Schaurichtern (Schaukommissare, Schauungsmänner) ausgeübt.

Schauanstalt = Legge.

Schauarzt mit der Leichenschau amtlich betrauter Arzt.

Schaufelschlag(recht) **1.** (Zaunrichtung) früher in einigen ↗Markgenossenschaften Westf. ein ↗Hagenrecht (2) von beschränkter Ausdehnung. **2.** ↗Nachbarrecht eines Müllers, das angrenzende Grundstück zwecks Reinigung des Mühlbaches zu betreten.

Schauherr, geschworener s. Bergvogt.

Schaukommissar s. Schauamt.

Schaumeister, geschworener s. Bergvogt.

Schaurichter s. Schauamt.

Schauungsmann s. Schauamt.

Schêch-el-beled s. Nahijé.

Scheffelgeld in eingen öst. Ländern früher allg. Verbrauchs- u. Verkaufssteuer.

Scheich Ältester, Häuptling, im Or. Ehrentitel verschiedener Klassen u. Beamtenkategorien. Vgl. Imâm.

– ül-Islam (Obermufti) seit Mohammed II. bis 1924 der ↗Mufti von Stambul als Oberhaupt der Ulêma, der höchste religiöse Beamte u. dem ↗Großwesir im Range gleich; er begutachtete die Gesetze usw. nach ihrer Rechtgläubigkeit durch sein ↗Fetwa.

Scheidleute s. Feldgericht (1).

Scheinbelehnung Übertragung eines Gutes in der Form eines ↗Lehens (1), aber ohne irgendeine Pflicht zum ↗Lehensdienst; angewandt, wenn rechtlich nur eine Weiterverleihung, aber keine Veräußerung möglich war (z. B. bei einer Grafschaft).

Scheinbuße (Schattenbuße) einem ↗Rechtlosen zuerkannt (der Form wegen, als Gegenstück zu dem tatsächlich zu entrichtenden ↗Friedensgeld), sehr gering o. nur zum Spott. Der S. entsprach ein Scheinwergeld. Auch dem Täter, der in Notwehr gehandelt hatte, wurde in einigen Rechten eine S. auferlegt.

Scheinoriginal = Nachzeichnung.

Scheinwergeld = Scheinbuße.

Schelta s. Schultheiß.

Schelte (lacina, lakina) **a)** (Eid[es]schelte) Verhinderung des Eides der einen Prozeßpartei u. ihrer Zeugen durch die andere, nur bis zu einem bestimmten Verhandlungsstadium zulässig. **b)** (Zeugenschelte) Ablehnung der Zeugen durch die Gegenpartei. **c)** (Urkundenschelte) Anfechtung einer ↗Privaturkunde; erfolgt sie vor Gericht, wobei Schreiber o. Zeugen der Fälschung geziehen wurden, so hieß die S. peinliche Urkundenschelte. Der lang. ↗Gerichtsbrief war unscheltbar. **d)** (Urteilsschelte, verwerfen, widerlegen. widerrufen, widersprechen, widerwerfen [das Urteil], blasphematio, contradicere, falsare, renuere [judicium], fausser le jugement) Anfechtung des Urteils durch den damit Unzufriedenen (der nicht Partei zu sein brauchte) unter Aufstellung eines Gegenurteils, was in älterer Zeit den Zweikampf (kampfbedürftige S.), später ein Verfahren zwischen den gescholtenen ↗Urteilern u. dem Schelter zur Folge hatte. Urteilsschelte war nur vor dem ↗Vollbort o. ↗Rechtsgebot möglich u. die Prüfung war nur formal; der Unterliegende zahlte ↗Buße. Im Laufe des MA entwickelte sich daraus die Berufung.

Schenck (Nürnberger bezw. St. Galler) s. Pfeifergericht.

Scheng in China oberste Verwaltungseinheit (↗Provinz) seit Beginn der Mandschuherrschaft; an der Spitze stand ein Gouverneur (Hsün-fu, Futai, seit 1912 Sheng-tschang) u. ein ↗General (Ti-tu, seit 1912 Tu-pan); mehrere, meist zwei S. unterstanden bis 1912 einem Tsung-tu, in den eur. Sprachen meist ↗Vizekönig genannt; er war i. d. R. ein Prinz des ksl. Hauses u. vereinigte zivile u. mil. Gewalt. Vgl. Fu (2), Putschêng-ssi u. Tao.

– tschang s. Scheng.

Schêng seit dem 7. Jh. in China Bezeichnung der drei Kanzleien, welche die eigentlichen Staatsgeschäfte führten: des Tschung-schu-schêng, dem die Ausarbeitung der ksl. Edikte oblag, des Mên-sia-schêng, das die Edikte vorbereitete, u. des Schangschu-schêng, das sie ↗promulgierte. Vorstand des letzteren war der ↗Schangschu-ling. Von den drei S. blieb unter den Mongolen nur das erste, in der Stellung eines Innenministeriums, erhalten. Die Ming stellten die alte Organisation wieder her.

Schenk = Mundschenk.

Schenke s. Gesellenbruderschaft.

Schenker (Ordenmeister) Zunftmeister, der für die wandernden Gesellen der betr. Zunft (1) zu sorgen hatte.

Schenkgesell s. Gesellenbruderschaft.

Schenktaler = Mahlschatz.

Schenkungsbauer in Rußl. nach 1861 ein Bauer, der bei der Bauernbefreiung nur ein Viertel des maximalen Landanteils erhalten hatte u. daher gezwungen war, auf Lohnarbeit zu gehen.

Scheren = Satung.

Scherfa = Gerade (b).

Scherge = Fronbote u. Landreiter.

Schergenamt s. Landreiter.

Scheriatsgericht s. Kadi u. Mehkemeh.

Scheriatsobergericht s. Kadi.

Scheriatsrichter s. Kadi.

Scherîf Titel jedes Nachkommen Mohammeds, i. e. S. das Oberhaupt der S. in Mekka (Großscherîf bis 1924), dem die von bes. Würdenträgern (Nakîb-el-Eschrâf) geführten Listen der S. mit der Pilgerkarawane übersandt wurden.

Schern s. Markgenossenschaft.

Scherre s. Markgenossenschaft.

Schi-hao s. Jahresdevise.

– lang s. Liu-pu.

– yü-schi s. Tu-tscha-yuan.

Schichtmeister früher im Bergbau Rechnungsbeamter, der von der ↗Gewerkschaft bestellt, vom Regalherrn (s. Regalien) bestätigt wurde.

Schichtung = Abschichtung (a).

Schidinge = Untergang.

Schieben s. Rechtszug.

Schied 1. = Untergang. 2. = Abschied (1).

– auf im 15. u. 16. Jh. in Brand. das Verhältnis eines Beamten, der sein Amt mit allen Nutzungen besaß u. dafür eine bestimmte Summe ablieferte. Vgl. Bestand u. Raitung, auf.

Schieder s. Untergang.

Schiedmann s. Untergang.

Schiedseid a) (Entscheidungseid, juramentum decisorium) im älteren Prozeß der von einer Partei der anderen zugeschobene bzw. zurückgeschobene Eid; vgl. Delation (2) u. Relation. **b)** = Parteieid.

Schiedsgerichtshof, gemischter (Tribunal arbitral mixte, Mixed Arbitral Tribunal) auf Grund des Versailler Vertrags eingesetzt, zuständig für Streitigkeiten über private Vorkriegsschulden, entspr. Verträge u. ä. Für jeden an solchen Fragen interessierten Staat bestand ein bes. S. aus je drei Richtern, einem neutralen als Vorsitzenden, einem des betr. Staates u. einem Dt. Für entspr. Regelungen mit den USA bestand eine Dt.-amerikanische Schadenskommission (Mixed Claims Commission). Die meisten S. stellten ihre Tätigkeit um 1930 ein.

– **ständiger (internationaler)** = Cour Permanente d'Arbitrage.

Schiedshof, Haager = Cour Permanente d'Arbitrage.

– **ständiger (internationaler)** = Cour Permanente d'Arbitrage.

Schieferhauer s. Dinghauer.

Schiffelländerei s. Allmende.

Schiffelland s. Haubergswirtschaft.

Schiffelwirtschaft = Haubergwirtschaft.

Schiffer (stuurmann, master, maître) im 16. u. 17. Jh. in den Marinen der seemännische Führer des Schiffes, kein Militär; mit der Kampfleitung hatte er nichts zu tun (vgl. Kapitän z. See). Als der Kapitän auch die Leitung des Schiffes übernahm, wurde der S. zum ↗Deckoffizier (heute ↗Steuermann); in Engl. verschmolz er mit dem ↗Piloten zum master, der an der Spitze des Navigationswesens stand, u. wurde Ende des 18. Jh. als navigating-lieutenant ↗Offizier. – Gehilfen des S. waren die master-mates (contre-maîtres, contra-maestres, zweiter u. dritter stuurmann).

Schiffrede s. Leding.

Schiffsbezirk s. Leding.

Schiffsbrief in der Binnenschiffahrt die dem ↗Schiffszertifikat entspr. ↗Urkunde über die Eintragung eines Schiffes in das Schiffsregister.

Schiffsdarlehen = Seedarlehen.

Schiffsdirektor = Korrespondentreeder.

Schiffsdisponent = Korrespondentreeder.

Schiffsfähnrich s. Fähn(d)rich (a).

Schiffsfreund s. Partenreederei.

Schiffsfriede s. Friede (a).

Schiffsgeld = Ship-money.

Schiffsgericht s. Marinegericht.

Schiffskaplan s. Feldpropst.

Schiffspart(ner) s. Partenreederei.

Schiffspartnerschaft = Partenreederei.

Schiffszertifikat (Registerbrief, Registerzertifikat) ↗Urkunde über die Eintragung eines Seeschiffes in das Schiffsregister; das S. enthält alle Angaben über Tonnage, Wert u. dgl. u. dient gleichzeitig als Zeugnis des ↗Flaggenrechts des betr. Schiffes. An Stelle des S. kann das Flaggenzeugnis (Flaggenattest) eines ↗Konsuls (1) treten, das aber nur beschränkte Geltungsdauer hat. Vgl. Schiffsbrief.

Schiftung = Verkoppelung.

Schildbauer s. Schildlehen (2).

Schildbürtig berechtigt, Waffen zu führen.

Schildgeld = Scutagium.

Schildgenosse s. Heerschild.

Schildhof = Schildlehen (2).

Schildknappe = Knappe (1).

Schildknechtmeister (vicemarescalcus) beim Dt. Orden der Stallmeister (s. Marschall [1]).

Schildlehen 1. s. Zeitlehen. **2.** (Schildhof) in einigen Gegenden Tirols u. der Ostschw. ↗Hof (3), der als ↗Lehen (1) verliehen wurde; der Inhaber (Schildbauer, Schildmann) hatte die Pflicht zur Burghut (s. Burglehen) auf bestimmten Schlössern; in Tirol erhielten sich die S. bis in die Mitte des 19. Jh.

Schildmann s. Schildlehen (2).

Schildrecht Recht, ein Wappen zu führen.

Schildtale s. Scutagium.

Schillingsgut Bauerngut, das eine Abgabe in Schillingen bezahlte.

Schirkat inan s. Commenda (2).

Schirmbrief s. Geleite, sicheres.

Schirmer (oberster) s. Markgenossenschaft.

Schirmgeld = Schutzzins.

Schirmhaber = Schutzzins.

Schirmherr = Vogt (1).

Schirmhuhn = Schutzzins.

Schirmleute s. Schutzhöriger.

Schirmort in der Schw. bis 1798 Bezeichnung von Engelberg, Gersau u. Rapperswyl in ihrem Verhältnis zu den dreizehn ↗Orten (a).

Schirmverwandter = Schutzverwandter (2).

Schirmvogt = Vogt (1).

Schirmvogtei s. Vogt (1).

Schirrmeister (Geschirrmeister) ursprgl. mit der Aufsicht über die Bespannung, dann überhaupt über das Fuhrwesen bei der Artillerie beauftragt. Da die Bagage des Heeres einem Wagenmeister unterstand (der in älterer Zeit auch die Wagenburg aufstellte), kreuzten sich die Befugnisse beider, u. die Bezeichnungen gingen ineinander über. Im 17. Jh. waren i. d. R. den einzelnen ↗Regimentern (2) Wagenmeister beigegeben, während ein Generalwagenmeister (Ober[st]wagenmeister, Oberstabswagenmeister) das Fuhrwesen der Armee unter sich hatte. Die ↗Kriegskommissare hatten S. u. Wagenmeister für die Proviantkolonnen unter sich. – In Öst. gab es im 18. Jh. bei der Roßpartei (dem Train, bis 1772 mit der Artillerie vereinigt) folgende Chargen: S., Wagenmeister, Ober(ge)schirrmeister, Oberwagenmeister. – Bis zum ersten Weltkrieg hießen S. die im Range eines ↗Feldwebels stehenden Materialverwalter bei den technischen Truppen; heute hat der S. die Überwachung der Kraftfahrzeuge.

Schlachta im alten Polen der Adel, dessen Glieder (Schlachtizen, Schlachtschitzen, milites famosi, m. nobiles) unter sich de jure gleichberechtigt u. in gleichem Maße an den weitgehenden Privilegien (vgl. Liberum Veto) beteiligt waren. Vgl. Sejmik. – In Schl. ging die S. schon Ende des 13. Jh. in der ↗Ritterschaft auf. – Seit Peter d. Gr. wurde der Ausdruck S. auch für den russ. Adel gebraucht.

Schlag 1. (Bann, Esch, Ezzich, Feld, Flur, Gewann, Koppel, Ösch, vang, vong, Zelge, ager, aratur[i]a, campus, cultura, locus, plaga, satio, sicio, zelga, saison, sole, appezzamento) bei der Dreifelderwirtschaft (s. Felderwirtschaft) einer der drei Teile, in welche die gesamte Dorfflur zerfiel, u. deren jeder jeweils mit derselben Frucht bestellt wurde. Die S. zerfielen in ↗Gewanne (a); sie waren durch Zäune ([Esch]pfatten) gegen die Weide geschützt. 2. s. Deichlast.

Schlageinteilung = Felderwirtschaft.

Schlagschatz (Prägschatz, monetagium, monnayage, monnoyage, tolérance) der Unterschied zwischen dem Metallwert u. dem Nennwert einer Münze, der als Deckung der Münzkosten dem Münzherrn (s. Münzhoheit) zukommt. Neben diesem natürlichen S. (Prägegebühr, brassage) wurde, bes. im MA., ein weiterer S. (↗Münzregal S. i. e. S., seigneur[i]age, seignorage, seignoriage) erhoben, der als reiner ↗Münznutzen dem Münzherrn bzw. den ↗Münzerhausgenossen zufloß. Eine tatsächliche Trennung der beiden S. fand nicht statt; der S. als Ganzes wurde in einer bestimmten Menge der geprägten Münze erhoben.

Schlagwirtschaft = Felderwirtschaft.

Schleierlehen = Kunkellehen.

Schleiertaxe früher Abgabe von sich verheiratenden Jüdinnen.

Schlichthölting s. Markgenossenschaft.

Schließer (claviger) in Dithmarschen früher Kirchspielvorsteher; die S. hatten die Aufsicht über den ↗Kirchenkasten u. den Vorsitz im ↗Dorfgericht (a).

Schloßfreiheit s. Immunität (a).

Schloßgut s. Fronhof.

Schloßhauptmann ursprgl. Burgvogt (s. Burglehen) eines landesherrlichen Schlosses, schon früh auch in städt. Residenzschlössern, u. dann ohne mil. Befugnisse, mit der allg. Aufsicht betraut. Das Amt wurde später zu einer ↗Hofcharge, in Pr. bes. älteren Kammerherren (s. Kämmerer [1]) als Ehrentitel verliehen, ohne Funktion, obwohl nominell stets mit einem bestimmten Schloß verbunden. Der S. des hauptstädtischen Residenzschlosses hieß häufig Oberschloßhauptmann; in Pr. gab es neben dieser Oberhofcharge einen Vizeoberschloßhauptmann als Vizeoberhofcharge.

Schlüsseldame an einigen Höfen dem Kammerherrn (s. Kämmerer [1]) entspr. weibliches ↗Hofamt.

Schloßlehen = Burglehen.

Schloßmann s. Burglehen.

Schlüsselgeld = Herdgeld (1).

Schlüsselgewalt (Schlüsselrecht) Befugnis der Ehefrau, gewisse Geschäfte ohne Mitwirkung des Mannes vornehmen zu können.

Schlüsselherr s. Markgenossenschaft.

Schlüsselrecht a) (Mantelrecht) in einigen alten dt. Rechten das Recht der Witwe, durch einen symbolischen Akt auf ihren Anteil am ehelichen Vermögen zu verzichten u. sich damit der Schulden des Verstorbenen zu entledigen. b) = Schlüsselgewalt.

Schlüter in Cleve-Mark im 18. Jh. der Einnehmer der Gefälle der ↗Domänen, unter dem ↗Rentmeister (a) stehend; meist war der Hauptpächter S., weshalb die ↗Hauptpacht auch Schlüterei hieß.

Schmiedhufe s. Diensthufe.

Schnatbrief s. Heimschnat.

Schnatgang s. Heimschnat.

Schnittferien Gerichtsferien während der Erntezeit.

Schöffe 1. (Dingmann, Dingwart, Eidgeselle, Finder, Geschworener, Schöffenbruder, Schöppe, Skabine, Stuhlbruder, Stuhlgenosse, Stuhlseß, Vorsprecher, arbiter, auditor, causidicus, judex, juridicus, legislator, legum doctor, procurator, scabin[e]us, scabinio, scavio, senator, sententionarius) seit Karl d. Gr. Mitglied eines an Stelle der Gerichtsgemeinde (s. Ding u. Umstand) bzw. der ↗Rachinburgen gebildeten ständigen Ausschusses von meist sieben (später i. d. R. zwölf) ↗Urteilern (Schöffenkollegium), aus den angesehenen Dingpflichtigen, später aus bestimmten Ständen (vgl. Schöffenbarfreie) vom ↗Grafen o. ↗missus (1) auf Lebenszeit ernannt u. vereidigt, auch außerhalb der ↗Hundertschaft zugezogen. In späterer Zeit wurde ihr Amt (Schöffenstuhl, Schöppenstuhl) erblich. Ursprgl. waren die S. nur im gebotenen Ding bzw. Hundertschaftsgericht (s. Zentgericht) ausschließliche Urteiler, später in allen ↗Niedergerichten; außerdem gaben sie ↗Weistümer ab. S. im alten Sinne gab es nicht in ganz Dt., in Bay. wurden sie im 13. Jh. durch ↗Vorsprecher des Rechts ersetzt. In den Städten wurden sie vielfach zum ↗Stadtrat (a), teilweise wurden sie von diesem verdrängt, teilweise endlich blieben sie neben ihm bestehen; der Name S. (Stadtschöffe) erhielt sich vor allem für die (rechtsgelehrten) Mitglieder einiger ↗Oberhöfe (1 a) (Schöffenkollegien, Schöffenstühle, Schöppenstühle, Skabinatskollegien, in den Ndl. ↗Magistrate, lois). Einige Schöffenstühle bestanden bis ins 19. Jh., der zu Leipzig bis 1879. Auch in den Landgemeinden blieben die S. (Dorfgeschworene, Dorfschöffen, Landgeschworene) durchweg Laienschöffen, auch ihrer Zahl nach, z. B. Zwölfer, teilweise bis ins 19. Jh. bestehen, sowohl in ihrer richterlichen Funktion (vgl. Bauerding [1]) wie auch als eine Art Gemeindevertretung (Zwölfertisch) zur Unterstützung des ↗Schultheißen in der Gemeindeverwaltung. Die S. der ↗Landgerichte (a) traten u. U. auch als ↗Stände (1), u. zwar als Vertretung des platten Landes, auf. – Die S. der dt. ↗Schöffengerichte (1) werden aus einer bei jeder Gemeinde geführten Urliste, die alle für das Amt des S. in Betracht kommenden Personen enthält, vom Amtsrichter (s. Amtsgericht [a]) u. einem Ausschuß für zwei Jahre (bis 1924 ein Jahr) gewählt. Außer den Hauptschöffen werden noch Vertreter (Hilfsschöffen) aufgestellt. – Auch in einigen nordfr. Städten erhielten sich die S. (échevins); teils blieben sie richterliche Kollegien, teils wandelten sie sich in ein ↗corps de ville um. **2.** Im früheren Pr. in den östl. ↗Provinzen u. teilweise auch im Westen Hilfsorgan des ↗Bürgermeisters (1) bzw. des ↗Gemeindevorstehers, teils ehrenamtlich tätig, teils besoldet. In den Städten sind die S. Mitglieder des Magistrats u. hießen früher in größeren Städten allgemein Stadträte; heute kann dieser (auch an Nichtmagistratsmitglieder verleihbare) Titel durch Ortsstatut eingeführt werden; in den kleineren Städten sind die entspr. Bezeichnungen Ratmann u. Ratsherr. In den Landgemeinden heißt der S. auch Dorfgeschworener (Beistand, Bürgervertreter, Gerichtsgeschworener, Gerichtsmann, Stellvertreter). Vgl. Beigeordneter (a). **3.** s. Zunft (1).

– höchster s. Schöffenbruderschaft.

– oberster = Schöffenmeister.

Schöffel s. Zunft (1).

Schöffenamtmann s. Schöffenbruderschaft.

Schöffenbank a) s. Ding. **b)** s. Stadtrat (a).

Schöffenbarfreie (Freischöffenbare, Königsfreie, Schöffenbare, auch ↗Schöffen [1]) nach dem Sachsenspiegel der Stand unter den ↗Freiherren (doch werden einigemale diese u. auch noch die ↗Fürsten [b] unter den S. mitbegriffen), dem fünften ↗Heerschild angehörend. Zu ihnen zählten freie Grundbesitzer mit mindestens drei ↗Hufen, auch dann, wenn sie, unter Vorbehalt der Schöffenbarkeit, ↗Ministerialen (2) geworden waren, ferner Reichsministerialen, die nach der ↗Freilassung das Amt eines Schöffen u. entspr. Grundbesitz erhalten hatten. Aus den Kreisen der S. wurden hauptsächlich die Schöffen entnommen. – In Westf. gab es auch bäuerliche S. (Stuhlfreie), deren Güter (Freibankgüter, ↗Freigüter [1], Freistuhlsgüter, Malgüter, stuhlfreie Güter) zu den ↗Vogteigütern gehörten u. daher nur eine Abgabe (lethege orbere, vrigengeld) an den Landesherrn (s. Landeshoheit) zahlten; da sie jedem Ruf zum ↗Ding zu folgen hatten, wurden diese S. auch Ledigmänner (homines ligii, vgl. Ligeïtät) genannt.

Schöffenbrief (Ratsurkunde, Richterurkunde, Schöffenurkunde) von den ↗Schöffen (1) einer Stadt (bzw. den Richtern o. dem ↗Stadtrat [a]) ausgestellte ↗Urkunde mit der Beweiskraft des ↗Gerichtszeugnisses. Im nordöstl. Fr. wurden seit dem 11. Jh. die S. als ↗Chirographen ausgefertigt, u. das eine Exemplar in einem Schrein (↗scrinium, arche, écrin, ferme, greffe des werps) aufbewahrt. In Tournay hieß der mit diesem Geschäft Beauftragte échevin souscrit.

Schöffenbruder a) = Schöffe (1). **b)** s. Schöffenbruderschaft.

Schöffenbruderschaft (fraternitas scabinorum) in Köln bis 1392 Genossenschaft der Familien der erblich gewordenen ↗Schöffen (1) u. der Schöffenbrüder ([con]fratres scabinorum, fratres senatorum), aus denen die ersteren entnommen wurden; doch konnten sie auch selbst zu den Verhandlungen hinzugezogen werden. Die abgegangenen Schöffen standen als Schöffenamtleute (höchste Schöffen, officiales scabinorum, scabini majores) der S. vor u. wählten Schöffen u. ↗Schöffenmeister.

Schöffenbuch a) = Gerichtsbuch u. Stadtbuch. **b)** s. Weistum.

Schöffenbürgermeister s. Bürgerbürgermeister.

Schöffenburglehen s. Schöffenlehen (freies).

Schöffengericht 1. in karol. Zeit das Hundertschaftsgericht (s. Zentgericht), später jedes von ↗Schöffen (1) besetzte Gericht, bes. auch ↗Stadtgericht. – Seit Mitte des 19. Jh. in einzelnen dt. Staaten (z. B. in Ba. seit 1864), seit 1879 im ganzen Dt. R. (vgl. Polizeigericht [1]) Strafgericht, bis 1924 nur bei den ↗Amtsgerichten (a), für geringere Vergehen, bestehend aus dem Amtsrichter u. zwei Schöffen (2). Seit 1924 gibt es ein kleines S. (ein Richter u. zwei Schöffen) für geringere u. ein großes S. (zwei Richter u. zwei Schöffen) für schwerere Vergehen bzw. Verbrechen. Vgl. Strafkammer. – In Öst. bestanden bis 1920 keine S., dagegen in Bosnien nur solche, keine ↗Schwurgerichte. Seit 1920 gibt es in Öst. S. bei den ↗Kreisgerichten (b) bzw. Landesgerichten u. bei den Jugendgerichten. **2.** im ↗Sprengel des ↗Justizsenats (b) zu Ehrenbreitstein in den meisten ↗Ämtern (1) Gericht für ↗freiwillige Gerichtsbarkeit, bestehend aus einem Gerichtsschultheißen, einem rechtskundigen ↗Gerichtsschreiber u. sieben Gerichtsschöffen. Vgl. Landschreiber (3).

Schöffengut (freies) = Schöffenlehen (freies).

– gemeines s. Schöffenlehen (freies).

Schöffenkollegium s. Schöffe (1).

Schöffenlehen (freies) ([freies] Schöffengut, Freischöffengut, Freischöffenlehen) im Gebiet der ↗Mannkammern ein ↗Lehen (1) bzw. Gut, das entw. **a)** verpflichtet war, einen ↗Schöffen (1) zu stellen o. seinen Unterhalt zu bestreiten, oder **b)** dem gewöhnlichen ↗Schöffengericht (1) o. ↗Landgericht (a) unterstellt war, nicht z. B.

einem ↗Lehensgericht; tatsächlich war letzteres in späterer Zeit der Fall, da die betr. S. einer Mannkammer angehörten, die Bezeichnung S. blieb aber erhalten. Die freien S. waren abgabenfrei; S., die Abgaben zahlten, hießen gemeine S. – Ein S., das gleichzeitig ↗Burglehen war, hieß Schöffenburglehen. Vgl. Klüppellehen.

Schöffenmeister (oberster Schöffe, magister scabinorum) in einigen Städten der Vorsitzende der ↗Schöffen (1), in Köln der ↗Schöffenbruderschaft. In Metz wurde der S. (maître échevin, magister scabinio, primus scabinus, p. scabio, scabinus major) um 1200 auch Vorsitzender des ↗Stadtrats (a) u. damit ↗Bürgermeister (1); da er um dieselbe Zeit auch die volle Gerichtsbarkeit erhielt u. ↗grand-vicaire des Ks. war, wurde er unumschränktes Stadtoberhaupt, welche Stellung er bis 1552 inne hatte; neben ihm (als magister scabinus) gab es daher zeitweise einen les. m. scabinorum; dann wurde er allm. zum bloßen ↗maire (1). Vgl. Oberstzunftmeister.

Schöffenrat a) s. Gemeinderat (a) u. Stadtrat (a). **b)** in Frankfurt a. M. Ausschuß des Reichsstadtgerichtes (= Reichsgericht), der die ↗freiwillige Gerichtsbarkeit besorgte.

– großer s. Stadtrat (a).

Schöffenschrein s. Schreinskarte.

Schöffenstuhl s. Schöffe (1) u. Ding.

Schöffenurkunde = Schöffenbrief.

Schöffenweistum s. Weistum.

Schöppe = Schöffe (1).

Schöppenstuhl s. Schöffe (1).

Schol s. Bede (2).

Schola (scola) seit der späteren Kaiserzeit im Röm. bzw. Byz. Reich Bezeichnung von mil. Abteilungen, bes. von Spezialtruppen; auch die Stadtmiliz war in S. (S. militiae) eingeteilt; i. e. S. hießen S. die Abteilungen der persönlichen Leibwache des Ks. u. diese selbst; auch die ↗candidati zählten zu den S.; die Angehörigen hießen domestici (milites in privato obsequio, scholares). – Der Ausdruck bezeichnet weiter eine Korporation, eine Rangklasse u. dgl., endlich auch eine ↗Zunft (1).

– militiae s. Schola.

Scholares s. Gefolgschaft u. Schola.

Scholaster s. Domkapitel.

Schollenpflichtigkeit (glebae adscriptio, residere, auch Residenzpflicht) das Gebundensein des Bauern an sein Land, derart, daß der glebae adscriptus (adscripticius, glebarius, servus glebae) nur mit diesem veräußert werden konnte, andrerseits das Land nicht verlassen durfte. Die S. galt im MA. für den ↗Hörigen (bzw. den ↗colonus, den ↗serf u. die entspr. ↗Stände [1]), später für den ↗Leibeigenen des Ostens, so daß S. geradezu für ↗Erbuntertätnigkeit gebraucht wurde.

Schollenwurf s. Sale (1).

Scholtisei s. Erbschulze (a).

School Board in Engl. 1870–1902 ↗Board, dem in seinem Bezirk (S. District), der mehrere ↗Parishes umfaßte, das gesamte Volkschulwesen unterstand, u. das zu diesem Zweck eine S. Rate als Zuschlag zur ↗Poor Rate erheben durfte. In Bezirken, in denen keine Board Schools vorhanden waren, wurden seit 1876 die Befugnisse des S. B. von einem S. Attendance Committee des ↗District Council usw. ausgeübt. 1902 traten die Councils allg. an die Stelle der S. B., seit 1949 nur noch die ↗Country Councils (1) bzw. die Councils der ↗County Boroughs. – In Scho., wo S. B. 1872 eingerichtet wurden, umfaßten sie nur je ein ↗Burgh o. Parish; ursprgl. auch für höhere u. Fachschulen zuständig, wurden sie bald ebenfalls auf das Volksschulwesen beschränkt.

Schornsteingeld = Herdsteuer.

Schoß 1. (auch Geschoß, ↗Königszins) bes. seit dem späteren MA. Bezeichnung von Steuern, z. B. der ↗Bede (1) u. des ↗Bern, häufig in Zssgn. So bestanden in Brand. im 16. u. 17. Jh. ein Hufenschoß (Abgabe vom platten Land, vgl. Hufenschoßkasse), der entw. Bauernschoß von den ↗Hufen der Bauern o. (höherer) Ritterschoß vom ↗Ritteracker war, ein Grund- und Pfundschoß (städt. Grundsteuer) u. ein Giebelschoß, in Ostpr. ein Horn- und Klauenschoß (Viehsteuer). Vgl. Grafenschatz. – Mit S. wurde vor allem die städt. Vermögenssteuer bezeichnet, für die auch Bede (u. deren Synonyma) u. andere Benennungen (Bürgerschoß, Bürgersteuer, ↗Losung [2], Orbede, Tell, Urbede, collecta civilis, consagittatio, contributio [communis]) üblich waren. In einigen Städten hieß S. (auch Fenstergeld, Gewerkzins, Kammerdienst, Losung) die Abgabe der Handwerker, eine Art Gewerbesteuer. Vgl. Verschossen. **2.** s. Rückenerbe.

– alter = Bede (1).

Schosser † Steuererheber.

Schoßfänger = Bedesetzer.

Schoßfall(recht) s. Rückenerbe.

Schoßherr s. Steuerherr.

Schoßkasse = Hufenschoßkasse.

Schoßsetzer = Bedesetzer.

Schoßwurf s. Sale (1).

Schou s. Tschün (1).

Schout by Nacht = Konteradmiral.

Schra(e) s. Küre u. Zunft (1).

Schrage s. Zunft (1).

Schrankherr s. Zunft (1).

Schranne s. Ding.

Schrannengericht = Ding.

Schrannenschreiber s. Gerichtsschreiber.
Schrannentag = Ding.
Schreiber, geschworener s. Stadtschreiber.
– **oberster a)** s. Kanzler. **b)** = Stadtschreiber.
Schreibtag = Beschreibtag.
Schreier, gemeiner = Fronbote.
Schreigöding s. Go.
Schreijahr Frist, innerhalb derer ein Recht bei Verlust des Anspruchs geltend gemacht werden mußte.
Schreimann s. Gerüfte.
Schrein s. Schöffenbrief u. Schreinskarte.
Schreinsamt s. Schreinskarte.
Schreinsbuch s. Schreinskarte.
Schreinsherr s. Schreinskarte.
Schreinskarte zuerst in Köln in der ersten Hälfte des 12. Jh. Pergamentblatt (carta), auf dem als Ersatz der ↗Auflassung u. des ↗Gerichtszeugnisses private Rechtsgeschäfte, bes. Liegenschaften betr., verzeichnet u. von den städt. Behörden beurkundet wurden (Anschreinung), u. das dann in einem Schrein (Schöffenschrein) verwahrt wurde. Noch im 12. Jh. ging man allm. von den einzelnen S. zur Aufzeichnung in Schreinsbüchern über, die einen Teil der ↗Stadtbücher bildeten; sie wurden von anderen Städten übernommen. In Köln bestanden zur Führung der Schreinsbücher für die einzelnen Stadtteile bes. Schreinsämter unter Schreinsherren.
Schreinspfand = Kistenpfand.
Schriftbesitzer s. Charadsch.
Schriftsassen (kanzleisässiger Adel, schriftsässiger A., schriftsässige Ritterschaft) in Ostpr. u. den sä. Ländern der Adel (o. ein anderer ↗Stand [1]), der Verordnungen usw. des Landesherrn (s. Landeshoheit), bes. die Ladungen zum Landtag (1), unmittelbar durch bes. «Schrift» (vgl. Amtssasse) erhielt. In späterer Zeit bedeutet Schriftsässigkeit (Kanzleisässigkeit, Schriftsassiatus) i. wesentl. das Privileg, schon in der ersten Instanz sein Recht vor dem höchsten Gericht zu nehmen; das Privileg haftete am Grundbesitz (dinglicher Schriftsassiat) o. an der Zugehörigkeit zu bestimmten Korporationen o. Ämtern (persönlicher Schriftsassiat).
Schub = Rechtszug.
– **auf den Gewähren** s. Dritthandverfahren.
– **geben** = Urteilsschub.
Schubgeld s. Apostel.
Schubnahme s. Oberhof (1 a).
Schuchbuze s. Hufe.
Schudetz = Stuhl.
Schürffreiheit (Freischurf) Recht, auf eigenem Grund u. Boden ohne weiteres, auf fremdem auf Ansuchen, nach Erfüllung bestimmter Bedingungen, schürfen zu können. Vgl. Bergbaufreiheit.
Schürzengeld = Beddemund.
Schürzenzins = Beddemund.
Schüssellehen s. Küchendienst u. Diensthufe.
Schüttegeld s. Schüttung.
Schüttmeister (Kadde, Kedde) in Ostfrs. früher der Beamte, der die Polizei in den Dörfern ausübte u. gleichzeitig Steuererheber, in den ↗Bauerschaften (a), meist auch Bauerrichter war; es konnten mehrere S. nebeneinander stehen.
Schüttung früher die Pfandnahme von Tieren, die auf fremdem Grund u. Boden Schaden anrichteten, durch den betr. Besitzer; der Tierbesitzer hatte sie durch Zahlung eines Schüttegeldes auszulösen.
Schütze s. Konstabler.
Schützenlehen ↗Lehen (1), das den Inhaber nur zum Fußdienst verpflichtete u. nicht erblich war.
Schützerstaat s. Protektorat.
Schuhholz in der westf. ↗Markgenossenschaften Holzanteil eines Malmannes.
Schulausschuß s. Kreischulinspektor.
Schulbezirk s. Kreisschulinspektor u. Schulverband.
– **zusammengesetzter** s. Schulverband.
Schuld s. Grafenschatz.
Schuldbann s. Bann (2).
Schulddienstbarkeit, abdienende s. Schuldknechtschaft.
Schuldenruf in der Schw. öffentliche Aufforderung zur Geltendmachung irgendwelcher Forderungen.
Schuldeputation s. Kreisschulinspektor.
Schuldgelöbnis (bei allem Erbe und Gut) im späteren MA. durch den Schuldner vor Gericht abgelegt, wodurch sein Gesamtvermögen mit ↗Arrest belegt wurde; im Gegensatz zu der ↗jüngeren Satzung konnte dann der Gläubiger unter den Vermögensobjekten wählen.
Schuldholz a) (Hochtidesholz, Hofholz) früher in Teilen Westf. Holz, das bestimmten Erbexen (s. Erbe [1 b]) o. ↗Grundherren aus einer ↗Allmende zustand. Auch junge Brautleute erhielten von der ↗Markgenossenschaft ein Hochzeitsholz (Brautholz). **b)** = Holzhuhn.
Schuldhuhn s. Vogtei (2).
Schuldiger s. Debitor.
Schuldknechtschaft konnte nach germ. Recht freiwillig zur Abtragung einer Schuld eingegangen werden (↗Geiselschaft), o. diente als einseitiges Vollstreckungsmittel des Gläubigers, o. trat auch (in Engl.) an Stelle einer nichtbezahlten ↗Buße; dieser Schuldknecht hieß witeþeow. Ursprgl. war die S. dauernd u. begründete erbliche ↗Unfreiheit, später dauerte sie nur bis zur Ablösung bzw. Abarbeitung der Schuld (abdienende Schulddienstbarkeit, abdie-

nende S., Pfandknechtschaft, Zeitknechtschaft). Allm. wurde die S. häufig durch die Schulhaft (private o. öffentliche) ersetzt, endlich allg. durch die Bürgschaft. – In Rußl. war der Schuldknecht (sakup) rechtlich ↗halbfrei, tatsächlich dem Sklaven etwa gleichgestellt; floh er, so wurde er auch rechtlich Sklave; da die sakupi i. wesentl. Ackerdienste leisteten, hießen sie auch roleinie sakupi (Ackerschuldknechte). Vgl. Dienstkabala, Obnoxiatio, Parçeria, Peonage u. Servant System.

Schuldner s. Debitor.

Schuldschwein Abgabe eines ↗Leibeigenen u. dgl. an den ↗Gutsherrn o. ↗Grundherrn.

Schuldumwandlung = Novation.

Schulgemeinde s. Schulverband u. Kreisschulinspektor.

Schulherr s. Domkapitel.

Schulkollegium s. Provinzialschulkollegium.

Schulkommission s. Kreisschulinspektor.

Schulkommune s. Schulverband.

Schulkreis s. Kreisschulinspektor.

Schulpatronat Recht, eine bestimmte Lehrerstelle zu besetzen, bes. des Gutsherrn, die Lehrer in seiner ↗Gutsherrschaft zu berufen; in Öst. bestand 1787–1869 ein gesetzliches S., wonach der Inhaber des ↗Patronats eine Schule unterhalten mußte.

Schulpfründe zur Erhaltung einer Schule bestimmte Grundstücke, Nutzungen u. dgl.

Schulrat in einigen Staaten Kollegium, das die Aufsicht über das Schulwesen führt, entw. des ganzen Landes (vgl. Oberschulrat) o. einzelner Landesteile u. Gemeinden (vgl. Kreisschulinspektor). In Bay. bestand früher ein Oberster S. unter dem Unterrichtsministerium. S. ist ferner Amtsbezeichnung von Schulinspektoren u. endlich Titel, der älteren Lehrern usw. verliehen wird.

Schulrepräsentant s. Schulverband.

Schulsozietät s. Schulverband.

Schulsprengel **a)** s. Schulverband. **b)** in Öst. das Gebiet, in dem die Schüler einer Volksschule wohnen.

Schulteria civitatis s. Stadtgericht.

Schultheiß (Schulze, causidicus, judex, sculdarius, scultetus, ↗tribunus [2]) ursprgl. Vollstreckungsbeamter (exactor publicus) des ordentlichen Richters, zuerst bei den Lang., wo er auch selbständig (locopositus, rector loci) in kleineren Bezirken (sculdasiae) Verwaltungsbeamter u. Richter war; in Dt. erscheint er seit Ende des 8. Jh. u. war zunächst nur Unterbeamter des ↗Grafen, von diesem ernannt, dann auch dessen Vertreter (↗Untergraf, ↗Unterrichter, Untervikar, [sub]vicarius), meist mit dem ↗Zentenar o. dem ↗Meier (1) (der auch daher später häufig selbst S. hieß) personengleich, nach dem Verfall der Grafschaftsverfassung einer der häufigsten Beamten der verschiedenen weltl. u. geistl. Gewalten, mit administrativen u. richterlichen Befugnissen. – Auf dem Lande war er vor allem Dorfvorsteher u. Richter im ↗Dorfgericht (a), bzw. ↗Bauerding (1) (Bauermeister, Bauerrichter, Burrichter, Dorfgraf, Dorfrichter, Dorfschulze, Dorfvogt, Geburmeister, Heimbürge, Heimburge, Honne, Hunne, Konstabel, Lehensmann, Meister, Nachbarschaftsmeister, Ortsschulze, Pfleger, Richter, ↗Stabsschultheiß, Zender, Zentgraf, centenarius, centurio, magister vicinorum, m. villae, ↗minister [1], villicus) im Osten ↗Erbschulze (a); in einigen Gegenden, z. B. im oberen Maingebiet, war der S. (Lehensschultheiß) nur Vertreter der ↗Grundherrschaft, u. wenn das Dorf verschiedenen Grundherrn gehörte, gab es mehrere S., neben denen bes. ↗Dorfmeister die Verwaltung führten; im Laufe des 18. Jh. wurden auch diese S., die sich teilweise bis 1848 erhielten, zu Dorfrichtern. In grundherrlichen Dörfern hatte in älterer Zeit i. d. R. der Meier die Stellung des S. Vielfach verschmolz der S. mit dem ↗Landrichter (in einigen Gegenden unter Beibehaltung der alten Bezeichnung bis in die neuere Zeit), o. es wurden auch in den ↗Ämtern (1) kleinere Gerichtsbezirke (Schultheißenämter) unter S. (Dinger, Dingvögte, Richter, ↗Vögte [2]) geschaffen. In der alten Gestalt erhielt sich der S. (Bon, frâna, Frone [r], schelta, skelta[ta]) nur bei den Frs. bis ins 13. Jh. (vgl. Dêl). – Wenn Landgemeinden zu Städten wurden, so verschwanden die ursprgl. S. entw. völlig o. sie blieben als Vorsteher der ↗parochiae (b) usw. mit nur lokaler Bedeutung erhalten, o. sie wurden ↗Fronboten u. dgl., o. aus ihnen entstand (wenn sie, wie meist, in Mehrzahl vorhanden waren) der ↗Stadtrat (a), o. sie wurden ↗Bürgermeister (1); in allem diesen Fällen blieben die alten dörflichen Bezeichnungen teilweise erhalten, u. S. bzw. Stadtschultheiß (Ratsschultheiß) ist daher noch heute in einigen Gegenden die Bezeichnung des Bürgermeisters. Im übrigen war in den Städten der S. (Ammann, Burgrichter, Gerichtsschultheiß, Gerichtsschulze, Großrichter, ↗Oberrichter [a], Stadtammann, Stadtdirektor, Stadtoberrichter, ↗Stadtrichter [a], Stadtschultheiß, minister [civitatis], officialis scultetus, praefectus, praepositus, praetor [urbis], scultetus civitatis) der mit der ↗niederen Gerichtsbarkeit betraute, vom ↗Stadtherrn ernannte Richter, öfters, auch mit Verwaltungsbefugnissen, die i. allg. dem Bürgermeister zustanden; außerdem hatte der S. i. d. R. einen Vogt neben sich; doch gab es von vornherein S., die auch die ↗hohe Gerichtsbarkeit ausübten, was bes. bei den Reichsschultheißen (Reichsammänner, Reichsamtleute, sculteti imperii) der ↗Reichsstädte der Fall war, sofern in der betr. Stadt ein ↗Reichsvogt fehlte. Aber auch die übrigen S. erhielten teilweise schon früh auch die hohe Gerichtsbarkeit, meist dadurch, daß das Amt des Vogtes aufgehoben wurde; teils deshalb, teils weil die Ämter des S., des ↗Burggrafen (1) u. des Vogtes häufig in einer Hand vereinigt waren, wurden die Bezeichnungen der beiden letzteren in vielen Städten für den ersteren verwandt; da die S. öfters Nachfolger ehemaliger Meier (villici) waren, führten sie auch diese Bezeichnung. Soweit der S. nach Erwerbung der Gerichtsbarkeit durch die Städte überhaupt bestehen blieb (vgl. Gerichtsherr [2]), war er i. d. R. einziger Vorsitzender des ↗Stadtgerichts u. hieß daher öfters Stadtrichter (a) schlechthin; seit Trennung der Gerichte in Straf- u. Zivilgerichte war er vielfach nur Zivilrichter. In späterer Zeit wurde das Amt, bes. das des Reichsschultheißen, in einigen Städten erblich, o. es wurde verkauft o. verpfändet: dann war i. d. R. ein Unterschultheiß bzw. Reichsunterschultheiß (Vizeschultheiß, scultetus minor, subscultetus, vicescultetus) tatsächlicher Richter, während der rechtliche Inhaber (meist S., auch Oberschultheiß, scultetus major) nur ausnahmsweise Recht sprach. In einigen ↗Territorien (2) war der ↗Amtmann (1), in dessen Amt eine Stadt lag, deren Stadtschultheiß. – Die Grafen von Pappenheim erhielten als ehemalige Reichsammänner von Nördlingen noch im 18. Jh. von dieser Stadt ein sogen. Ammanngeld. Der Reichsschultheiß (Hofschultheiß, procurator curiae, scultetus imperialis aulae) in Kaiserslautern hieß auch Unterschultheiß in Beziehung zum Reichsvogt; in Bamberg u. Würzburg erhielt der S., der nur die Zivilgerichtsbarkeit ausübte, den Titel Oberschultheiß (Vizedom) u. einen Unterschultheiß als Stellvertreter; Strafrichter war in Würzburg ein bes. Hofschultheiß; in Nürnberg führte seit dem 15. Jh. den Vorsitz im Stadtgericht der Stadtrichter (Reichsrichter), ursprgl. Stellvertreter des Reichsschultheißen, während dieser nur noch mil. Befehlshaber war u. zu Gesandtschaften verwendet wurde. In Luzern erhielt sich S. für den ↗Landammann. – Die Bezeichnung S. wurde überhaupt für Richter verwendet, z. B. für den Untervogt (s. Vogt), den Unterholzgrafen (s. Markgenossenschaft), den ↗Oberboten. Auch beim Militär wurde der Richter, später der ↗Auditeur (1), S. genannt.

– **oberster** s. Meier (1).

– **reisiger** s. Unteramtmann (2).

Schultheißenamt s. Schultheiß u. Stadtgericht.

Schultheißenamtsgeld s. Vogtei (2).

Schultheißerei ↗ Sprengel eines ↗Schultheißen.

Schultheißgericht s. Oberbote, Stadtgericht u. Landsknecht.

Schultisei s. Erbschulze (a).

Schulverband (Schulbezirk) Zweckverband zur Unterhaltung der öffentlichen Volksschulen, i. d. R. mit einer Gemeinde zusammenfallend (S. i. e. S.), o. auch mehrere Gemeinden (bzw. Teile von Gemeinden, ↗Gutsbezirke u. dgl.) umfassend (Gesamtschulverband, Schulgemeinde, Schulsprengel, S. i. w. S., zusammengesetzter Schulbezirk). – In Pr. ruhte die Schullast bis 1908 i. allg. auf den Schulsozietäten (Schulgemeinden, Schulkommunen), die aus den Hausvätern, d. h. allen rechtlich u. wirtschaftlich selbständigen Personen des Ortes, bestanden. Sie wurden vom Schulvorstand (s. Kreisschulinspektor) u. gewählten Schulrepräsentanten vertreten.

Schulvorstand s. Kreischulinspektor.

Schulze = Schultheiß.

Schulzenamt s. Stadtgericht.

Schulzengericht s. Stadtgericht.

Schulzengut s. Erbschulze (a).

Schulzenhof s. Diensthufe u. Erbmeier.

Schulzenlehen s. Erbschulze (a) u. Diensthufe.

Schulzenrecht s. Meier (1).

Schulzerei s. Erbschulze (a).

Schumi-yuan unter den Mong. in China die höchste mil. Behörde.

Schupfengut s. Hufe.

Schupflehen (Gnadenlehen) eigentlich ein bäuerliches ↗Zeitlehen, das nur auf unbestimmte Zeit verliehen war, so daß der ↗Grundherr den Bauern (↗Freimann, Freistifter, ↗colonus) jederzeit einweisen o. entfernen konnte (ansetzen, anstiften bzw. absetzen, abstiften, abziehen, stiften und stören, [libere] instituendi [constituendi] ac destituendi jus); da es tatsächlich dem Inhaber meist auf Lebenszeit verblieb, verschwand schon im 14. Jh. der Unterschied zum ↗Fallehen, weshalb dieses auch S. genannt wurde. – Eine dem ursprgl. S. ähnliche Besitzform war das Herrengunstgut (auf Herrengnade, Bau[ern]lehen, Bau[manns]recht, bayrische Herrengunst, freie Stift, Freisassenrecht, [Frei]stiftrecht, Herrengnadgut, Kolonat, [veranlaitete] Freistift, agricolae jus, coloni j., institutorium j.).

Schuppose(r) s. Hufe.

Schutterij in den Ndl. bis Ende des 18. Jh. Schützengilde. Während des 19. Jh. hieß S. die Bürgerwehr, der jeder Waffenfähige angehörte u. die im Frieden zur Aufrechterhaltung der Ordnung, im Krieg zur Landesverteidigung u. Besatzung bestimmt war.

Schutzbrief 1. s. Geleite (1) u. Geleite, sicheres. 2. s. Schutzhöriger. 3. im D. R. die nach Analogie der engl. Charter einer Kolonialgesellschaft erteilte ksl. ↗Urkunde, die ihr die nötigen Rechte verlieh u. sie u. das ↗Schutzgebiet (b) dem Schutze des Reiches unterstellte. S. wurde nach 1888 nicht mehr ausgestellt.

Schutzbürger = Schutzverwandter (2).

Schutzforst im früheren Pr. u. anderen dt. Staaten der aus Wald bestehende Teil eines aufgelösten ↗Familienfideikommisses, der, um eine geregelte Bewirtschaftung zu gewährleisten, ungeteilt weiterhin bestehen bleibt u. gewissen Bindungen unterliegt (behördliche Genehmigung des Wirtschaftsplanes, jeder Veräußerung u. dgl.) Vgl. Waldgut.

Schutzgebiet a) = Protektorat. b) Bezeichnung für die ehemaligen dt. überseeischen Besitzungen, obwohl diese keine ↗Protektorate, sondern eigentliche Kol. waren; i. d. dt. Lit. wird daher fälschlich das Wort S. auch allg. für Kol. gebraucht.

Schutzgeld 1. = Schutzzins. 2. s. Geleite (1). 3. s. Freilassung.

Schutzgenosse 1. (Schutzverwandter, protégé) Angehöriger eines Staates, der an dem betr. Ort keinen ↗Konsul (1) unterhält, u. daher vertragsgemäß den Schutz eines andern Konsuls genießt; i. w. S. bedeutet S. auch den Angehörigen der Nation des betr. Konsuls. Vgl. Defacto-Untertan. 2. s. Markgenossenschaft. 3. = Schutzverwandter (2).

Schutzgerechtigkeit = Vogtei (2).

Schutzgilde s. Gilde.

Schutzhaber = Schutzzins u. Vogthaber (b).

Schutzherr s. Freilassung, Markgenossenschaft, Schutzhöriger u. Vasall.

Schutzherrschaft = Protektorat.

Schutzhöriger (Munt[mann], cliens, munboratus, mundialis, mundiatus, mundiculus, mundilingus, mundilio), ↗Freier, der sich in den Schutz (die ↗Munt [1]) des Kgs. (als ↗homo regius), eines mächtigen Herrn, einer geistl. Korporation, später auch eines reichen Stadtbürgers, als Schutzherrn (Gewaltherr, Muntherr, Pfleger, Vogt [1], Vogtherr, Zwingherr, defensor, dominus, mundiburdus, patronus, senior, tutor) begeben (Anvogtung, Zusagen) u. dafür bestimmte Dienste, Abgaben (↗Schutzzins) usw. übernommen hatte; ferner Freigelassener (s. Freilassung), der nicht die volle Freiheit erlangte. Eine Form der Schutzhörigkeit war auch die Vasallität (s. Vasall). S. waren bes. auch die ↗ecclesiastici (homines) u. die Wachszinsigen. An sich war die Schutzhörigkeit ein rein persönliches Verhältnis privatrechtlicher Natur (Privatvogtei), das die Freiheit nicht minderte; da aber der Schutzherr regelmäßig gleichzeitig ↗Grundherr, ↗Vogt usw. war, verschmolzen im Laufe der Zeit die an Zahl geringen S. meist mit den ↗Hörigen (daher auch ↗Hofhöriger) o. sogar den ↗Leibeigenen, o. sie wurden zu (öffentlichrechtlichen) ↗Vogtleuten (a), weshalb sie auch so (sowie Eigenleute [a]) genannt wurden. Ebenso wurde ein Teil der Bezeichnungen des Schutzherrn für den Grundherrn bzw. Hofherrn (s. Fronhof) gebraucht u. umgekehrt. Ursprgl. war die Schutzhörigkeit entw. erblich o. lebenslänglich, sei es für die Lebenszeit des S. o. für die des Schutzherrn. Im Laufe des MA. wurde das Verhältnis durchweg erblich, u. nur die neu Zugewanderten, für die sich auf dem platten Lande der Grundsatz ausgebildet hatte, daß sie einen Schutzherrn haben mußten, konnten sich einen solchen wählen, indem sie sich in eine Hode (s. Biesterfrei), ↗Echte o. sonstige ↗Genossame (1) einschrieben o. einen Schutzbrief erlangten (vgl. Achte); sonst unterlagen sie dem ↗Wildfangsrecht, o. sie wurden, als dieses in den meisten ↗Territorien (2) verschwunden war, zu Vogtleuten. Nach Ausbildung der ↗Landeshoheit verschwand i. allg. der Zwang, einen Schutzherrn haben zu müssen. Nur in Westf. mußte bis zu Beginn des 19. Jh. jeder Freie einer Hode angehören. Vgl. Biesterfrei, Freienschilling u. Notfrei. – Soweit sich S. erhielten, trugen sie die verschiedensten Bezeichnungen, z. B. Altgefreite, Freiergebene, Freisassen, Freizinser, Kurechte, Schirmleute, Semperleute, correcti, sehr häufig Freie mit dem entspr. Lokalnamen als Zusatz, z. B. Hersische Freie, Wetterfreie (s. Freivogt [2]) usw.

Schutzhuhn = Schutzzins.

Schutzjude s. Schutzverwandter (2).

Schutzlehen s. Vogteigut.

Schutzmacht s. Protektorat.

Schutzpatron s. Patrocinium (1).

Schutzpflichtige i. d. Lit. manchmal gebraucht für die ↗Freien, die weder ↗Vasallen noch irgendwie ↗Schutzhörige, noch dinglich einer ↗Grundherrschaft unterworfen waren, also unmittelbar dem ↗Königsschutz (b) unterstanden; nach Ausbildung der ↗Landeshoheit unterstanden sie dem Schutz der Landesherren.

Schutzprinzip Grundsatz, wonach eine Handlung, die nach dem Gesetz eines Staates strafbar ist, von diesem auch dann verfolgt wird, wenn sie in einem Staate begangen wurde, nach dessen Gesetz sie straffrei ist.

Schutzsiedlung auch eine Siedlung, die im Schutze einer Burg u. dgl. liegt.

Schutzstaat = Protektorat.

Schutzstaffel (SS) 1925 aus der ↗Sturmabteilung ausgewählte Sondertruppe, zuerst zum Schutze Adolf Hitlers, mit einem diesem unmittelbar unterstellten Reichsführer an der Spitze, gegliedert in Oberabschnitte, Abschnitte, Standarten u. weiterhin wie bei der Sturmabteilung, doch hieß die kleinste Einheit Rotte. Die Dienstgrade entsprachen ebenfalls denen der SA bis zum Obersturmführer einschließlich, es folgten dann: Untersturm-, Hauptschar- (Stabsschar-), Oberschar-, Schar-, Unterschar-, Rottenführer, dann wieder wie bei der SA. – Der Sicherheitsdienst (SD) der SS, ursprgl. zur Überwachung der Partei bestimmt, wurde nach 1933 zu einem Überwachungsapparat des Staates u. des ganzen sozialen u. kulturellen Lebens ausgebaut.

Schutzsteuer = Judenschutzgeld.

Schutzverwandter 1. = Schutzgenosse (1). 2. (Ausbauer, Beisitzer, Beiwohner, Einkömmling, Einsasse, Einsesse, Einwohner, Freisesse, [Gemeinde]beisasse, geringer Bürger, Inmann, Insasse, Inwohner, Kleinbürger, Schirmverwandter, Schutzbürger, Schutzgenosse, Zugetaner, burgensis minor, civis m., incola civitatis, inhabitator, inquilinus, habitant, manant) bis ins 19. Jh., teilweise bis nach 1918, Einwohner einer Gemeinde, bes. einer Stadt, der nur geringeres Bürgerrecht (Beisassenrecht, Hintersassenrecht, kleines Bürgerrecht, jus civitatis minus plenum) genoß u. dementspr. geringeres ↗Anzugsgeld (1) zahlte. S. waren vor allem diejenigen, die keinen Grundbesitz hatten (daher arme Leute [s. Mann, armer], einfältige Mannen, geringe Leute, Mitterleute, niedere Leute, unbeerbte Einwohner, unbehauste Bürger, ungerate Leute, impotentes, incolae non hereditati, inhabitantes n. h., personae humiles, p. leviores, p. parvae, populares [civitatis]), im früheren MA. also vor allem die Handwerker, dann die Juden (Schutzjuden), in späterer Zeit auch ↗Ritter. Da die S. vielfach Häuser auf dem Grund u. Boden von ↗Vollbürgern besaßen, so hießen sie wie auf den Dörfern auch ↗Häusler (Büdner, Gademer, Gadenleute, Gedemer, Häuslinge, ↗Hausgenossen, Haussessen, Hintersassen, Hintersiedler, Hofsessen, Seld[n]er, Söldner), da sie vielfach in einem Dienstverhältnis standen, auch dienende Bürger (diensthörige B., dienende Leute, cives servilis conditionis, personae servientes) o. geradezu Taglöhner; wenn sie in Vorstädten wohnten, hießen sie auch ↗Pfahlbürger. – Während in früheren Zeiten den geringeren Rechten auch geringere Lasten entsprachen, hatten im 19. Jh. die S. i. allg. dieselben Lasten wie die Vollbürger zu tragen.

Schutzvogt = Vogt (1).

Schutzwald Wald, der zum Schutze gegen Überschwemmungen, Verschüttungen u. dgl. dient u. dessen Nutzung dementspr. beschränkt ist. Vgl. Waldschutzgericht. Ein Wald, der erhalten bleibt, um Personen (z. B. Eisenbahnen), Eigentum u. dgl. vor Lawinen usw. zu schützen, heißt Bannwald, in ihm ist jede Nutzung untersagt. Doch werden die Bezeichnungen S. u. Bannwald vielfach gleichbedeutend gebraucht.

Schutzzins (Markweizen, Mundgebühr, Mundschatz, Schirmgeld, Schirmhaber, Schirmhuhn, Schutzgeld, Schutzhaber, Schutzhuhn, Verspruchgeld, Verspruchshuhn, Waldhaber) Abgabe, die als Gebühr für gewährten Schutz gezahlt wurde, bes. die Abgabe der ↗Schutzhörigen u. das Vogtrecht (s. Vogtei [2]).

Schwadron (Eskadron) ursprgl. der Schlachthaufe, bes. bei der Reiterei; dann zuerst bei den burg. ↗Ordonnanzkompagnien als escadre (it. squadra) eine Abteilung von bestimmter Größe. Im 16. u. 17. Jh. zerfiel das ↗Regiment (2) teils in ↗Kompagnien (2), die in S. geteilt waren, teils in S., die in Kompagnien zerfielen, u. zwar bei Infanterie u. Kavallerie, doch mehr u. mehr nur bei letzerer. Im 18. Jh. drang allm. die Einteilung des Kavallerieregiments in S. durch, wobei diese der Zahl nach einer Infanteriekompagnie, der Sache nach einem ↗Bataillon entspricht. Das Wort S. erscheint in Dt. im 17. Jh. (in der Form Squadron), während im 16. Jh. dafür Geschwader gebraucht wurde.

Schwaigbauer s. Schwaighof.

Schwaige = Schwaighof.

Schwaiger s. Schwaighof.

Schwaiggut = Schwaighof.

Schwaighof (Grashof, Graslehen, Kuhhof, Rinderschwaige, Schwaige, Schwaiggut, Schwaiglehen, Sennehof, Swaige, Sweie u. ähnl., Viehhof, Viehschwaige, armentum, bucerna, [curia] armentaria, c. pascualis, c. pastoralis, [c.] vaccaria, c. jumentalis, c. swaigalis, curtis armentaria, c. vaccaria, domus armenti, locus armentorum, swaiga, vaccaricia, manso vaccarezo, auch Almhof, Bergschwaige, Sommerhof) Dauersiedlung in Form eines ↗Einzelhofes, der sich hauptsächlich mit Viehzucht u. Molkerei befaßte. Die S., die im Laufe des 12. u. 13. Jh. vor allem in den Alpen u. deren Vorland entstanden, verschwanden seit dem 15. Jh. allm. wieder o. wurden in andere Betriebe umgewandelt. Meist wurden sie in ↗Erbleihe an ↗coloni (armentarii, swaigarii, Schwaigbauern, Schwaiger) vergeben, deren jährl. Abgabe (ebenfalls Schwaige genannt) i. d. R. in 300 Käsen (zu 1–3 Pfund) bestand (Einheitsschwaige), sehr selten in 600 (Doppelschwaige) o. mehr, o. auch weniger als 300 (halbe Schwaigen); seit dem 15. Jh. wurde diese Abgabe in Geld abgelöst. Andere Abgaben in Vieh o. Viehprodukten kamen vor, ebenso Ablösungen dafür (z. B. Rinderpfennig). Schwaigkühe (Schwaigrinder) hieß der zur ↗Hofwehr gehörende Viehbestand, der auch Schwaige genannt wurde, welcher Ausdruck hier u. da auch eine Alm o. dgl. bezeichnet. Vgl. Schafschwaige.

Schwaigkuh s. Schwaighof.
Schwaiglehen = Schwaighof.
Schwaigrind s. Schwaighof.
Schwarmsiedlung s. Streusiedlung.
Schweinezehnt = Dehem (e).
Schweinezins den Thüringern von den Frk. auferlegter Tribut, der von 531–1002 jährl. gezahlt wurde; die Art seiner Aufbringung ist unbekannt.
Schweinschatz s. Bede (2).
Schwengelrecht Recht, beim Pflügen Pflug u. Gespann halb auf dem Acker des Nachbarn gehen zu lassen.
Schwert = Agnaten (a).
Schwertadel = Buke.
Schwertmagen = Agnaten (a).
Schwertseite = Agnaten (a).
Schwertteil (Speerteil) an die ↗Agnaten (a) fallender Teil der Erbschaft.
Schwester, dienende s. Kloster.
Schwestertaxe s. Anerbenrecht.
Schwörtag s. Morgensprache.
Schwurbruder **1.** s. Blutsbrüderschaft. **2.** = Wettbruder.
Schwurbrüderschaft = Blutsbrüderschaft.
Schwurgenossenschaft s. Commune jurée.
Schwurgericht (Geschworenengericht) in Nachahmung der engl. ↗Jury seit 1791 in Fr. (cour d'assises, vgl. Assisen) u. den Ländern fr. Rechts, im Laufe des 19. Jh. in den meisten Ländern eingeführtes Strafgericht, i. d. R. nur für schwere Verbrechen. Im Dt. R. war das S. (das bis 1879 nicht in allen dt. Staaten vorhanden war) zuständig für Verbrechen, die nicht vor die ↗Strafkammer gehörten. S. traten bei jedem ↗Landgericht (b) periodisch zusammen u. bestanden aus drei Richtern u. zwölf Geschworenen, die nach fr. bzw. engl. Muster nur über die Schuldfrage abstimmten. Sie wurden aus der Urliste (s. Schöffe [1]) von dem Ausschuß für die Wahl der Schöffen gewählt, von einem Ausschuß des Landgerichts bestätigt u. in einer Jahresliste verzeichnet, aus der für jede Schwurgerichtsperiode eine Spruchliste ausgelost wurde u. aus dieser für jede Sitzung die Geschworenenbank. Dieses sogen. alte S. wurde 1924 durch das neue S. ersetzt, das aus drei Richtern u. sechs Geschworenen besteht, die gemeinsam über Schuldfrage u. Strafe entscheiden, so daß das S. einem ↗Schöffengericht (1) ähnlich ist; die Berufung der Geschworenen entspricht derjenigen der Schöffen, ebenso gibt es Hauptgeschworene u. Hilfsgeschworene. – In Öst., wo Geschworenengerichte bei jedem ↗Kreisgericht (c) bestehen, setzen sie sich aus einem Schwurgerichtshof von drei Richtern u. einer Geschworenenbank zusammen; die Urliste wird durch eine Kommission für jede Gemeinde, u. die Jahresliste aus den gesamten Urlisten gebildet; die Spruchliste heißt Dienstliste. – Die fr. S. bestehen seit 1959 nicht mehr.
Schwurverband s. Commune jurée.
Scierciatka = Miles medius.
Scipfylleð s. Leding.
Scipsocne s. Leding.
Scīr **1.** = Shire. **2.** = Diözese (a).
Scīrgemōt s. Shire.
Scīrgerēfa s. Gerēfa u. Sheriff.
Scīrman s. Gerēfa u. Sheriff.
Scola = Schola u. Zunft (1).
Scolasticus s. Domkapitel u. Kloster.
Scoposa s. Hufe.
Scorta s. Geleite (1).
Scot and lot Borough in Engl. bis 1832 ↗Borough (a), in dem das Wahlrecht zum ↗Parlament (1) allen Steuerzahlern zustand.
Scotatio s. Sale (1).
Scriba civitatis = Stadtschreiber.
– publicus s. Notar.
Scriniarius im frühen MA., teilweise auch noch bis ins 13. Jh., Bezeichnung für Kanzleibeamte, ↗Notare u. dgl.
– civitatis = Stadtschreiber.
– et notarius Sacri Palatii Lateranensis s. Cancellaria Apostolica.
– Sanctae Romanae Ecclesiae s. Tabellio.
Scrinium zunächst Schrein (s. Schreinskarte u. Schöffenbrief), dann das Archiv, endlich auch soviel wie Kanzlei.
Scriptor civitatis = Stadtschreiber.
– provinciae = Landschreiber (1).
Scriptum authenticum (öffentliche Urkunde) ↗Urkunde, die an sich volle Glaubwürdigkeit u. Beweiskraft besitzt, d. h. eine ↗Siegelurkunde o. eine durch einen ↗Notar o. eine entspr. öffentliche Beurkundungsstelle (z. B. Offizialat [s. Offizial], ↗Tabellion, ↗Loca credibilia) ausgestellte Urkunde.
Scriptura (libertatis) s. Freilassung.
Scrutator s. Electio canonica.
Scrutinium s. Electio canonica u. Inquisitionsverfahren (b).
Sculdarius = Schultheiß.
Sculdasia s. Schultheiß.
Sculteti jure s. Meier (1).
Scultetus = Schultheiß.
– civitatis s. Schultheiß.
– curiae = Meier (1).
– curtis = Meier (1).
– curtis superior s. Meier (1).
– imperialis aulae s. Schultheiß.
– imperii s. Schultheiß.
– major s. Schultheiß.
– minor s. Schultheiß.
Scutagium (Rittergeld, Schildgeld, escuage) jede Steuerforderung auf der Basis des Lehensbesit-

zes, insbes. seit Beginn des 12. Jh. in Engl. u. der Norm. Ablösung für den persönlichen Kriegsdienst; ob, wann u. wieviel zu zahlen war, stand im Belieben des Kgs. Vgl. Heersteuer, Lehenssteuer u. Tallagium. Auch in den Ndl. bestand die Einrichtung des S. (Schildtale).

Scutarius = Knappe (1).

Scutifer = Knappe (1).

Scutum = Lehen, echtes.

SD s. Schutzstaffel.

Sea Lord s. Admiralität (2).

Seanad Éireann s. Oireachtas.

Σεβαστοκράτωρ [Sebastokrátor] s. Σεβαστός [Sebastós].

Σεβαστός [Sebastós] gr. Übertragung von ↗Augustus, u. bis Ende des 11. Jh. nur vom Byz. Ks. u. seinen Verwandten geführt. Seitdem wurde der Titel auch an hohe Würdenträger verliehen, u. gleichzeitig in aufsteigender Linie die Würden Προτοσεβαστός, Πανσεβαστός, Πανυπερσεβαστός oder Σεβαστοϋπέρτατος, Σεβαστοκράτορ [Protosebastós, Pansebastós, Panhypersebastós oder Sebastohypértatos, Sebastokrátor] geschaffen; den letzten Titel führten nur Glieder der Kaiserfamilie, im 13. u. 14. Jh. war er erblich bei den Herrschern von Thessalien. Die übrigen Grade, bes. Σ. selbst, gerieten allm. in immer geringere Stufen der Hierarchie.

Σεβαστοϋπέρτατος [Sebastohypértatos] s. Σεβαστός [Sebastós].

Sechstelsmeister s. Viertel (3).

Sechsrosser s. Diener.

Sechsviertelsmann s. Viertel (3).

Second chef (de l'édit) s. Siège présidial.

– **Lord of the Treasury** s. Treasury.

Secréage = Segorage.

Secrétaire aux dons s. Staatssekretär (1).

– **des commandements** s. Kabinettssekretär (c).

– **des commandements et des finances du roi** s. Staatssekretär (1).

– **des finances** s. Staatssekretär (1).

– **d'état** s. Staatssekretär (1).

– **du cabinet** s. Kabinettssekretär (c).

– **du roi** s. Staatssekretär (1).

– **général (Generalsekretär) a)** (s. g. de préfecture) Vorsteher des Bureaus eines fr. ↗Präfekten (b), dessen Gehilfe u. Stellvertreter; das Amt wurde im Laufe des 19. Jh. mehrfach abgeschafft u. wieder neu errichtet. **b)** in den fr. u. belg. ↗Ministerien (7), sowie in den Staaten, die die fr. Verwaltungsorganisation nachahmten, der dem br. Permanent Secretary (s. Unterstaatssekretär) entspr. Beamte.

Secretalis = Secretarius.

Secretaria Apostolica (S. Status, Staatssekretarie) eines der ↗Officia Curiae Romanae, etwa dem ↗Ministerium (7) des Auswärtigen entspr., unter dem Kardinalstaatssekretär (Cardinalis Secretarius Status, seit 1644), dessen Amt mit Beginn der ↗Sedisvakanz erlischt u. durch den ↗Clericus nationalis versehen wird. 1944–1958 war das Amt des Kardinalstaatssekretärs nicht besetzt u. wurde von einem (zuerst zwei) Pro(staats)sekretär bekleidet.

– **brevium ad principes et epistolarum latinarum** s. Breve (2).

– **Status** = Secretaria Apostolica.

Secretario de Estado y Guerra del Gobierno de Flandes s. Staatssekretär (1).

Secretarius (a secretis, secretalis, im Dt. entspr. Heimlicher [Rat]) im MA. an den meisten Höfen Bezeichnung für die vom ↗Fürsten (a) bes. verwendeten Räte u. ↗Notare, welch letztere daher überhaupt vielfach S. hießen; aus ihnen entstanden teils die ↗Geheimen Räte (1), teils die Staatssekretäre (1).

– **ad signetum** s. Staatssekretär (1).

– **brevium Apostolicorum** s. Breve.

Secretary in Engl. Titel der ↗Minister (1), die durch Teilung des ursprgl. ungeteilten Amtes des ↗Staatssekretärs (1) entstanden sind. – In den USA der dem Minister der anderen Staaten entspr. Beamte (↗Kabinettssekretär [b]). Die S. bilden jedoch kein ↗Ministerium (7), sie werden vom Präsidenten frei ernannt, vom ↗Senat (6) bestätigt u. sind nur für ihr Ressort verantwortlich. In den ↗Territorien (3) der USA der Stellvertreter des ↗Gouverneurs (3), sonst der Archivar des Territoriums, dessen Gesetze, Erlasse usw. er dem ↗Kongreß u. dem Präsidenten übermittelt.

– **at war** in Engl. von der Restauration bis in die zweite Hälfte des 19. Jh. vom Kg. ernannter Zivilbeamter, der i. wesentl. die kgl. Befehle vollzog u. gegenzeichnete, dem ↗Parlament (1) für das Verhältnis zwischen Militär- u. Zivilgewalt verantwortlich war u. im Krieg die Marschrouten entwarf. 1782 erhielt er auch die Vertretung des Militärbudgets, aber bereits 1794 einen bes. Chef in dem neuen (dritten) ↗Staatsseketär (1), dem S. of war and colonies, der nun die Verantwortung für das Budget übernahm u. damit eigentlicher Kriegsminister wurde. Gleichzeitig (1793) trat ihm ein ständiger commander in chief zur Seite.

– **of State** s. State, department of u. Staatssekretär (1).

– **of war and colonies** s. Secretary at war.

Secretis, a 1. = Secretarius. **2.** s. Staatssekretär (1).

Secretus s. Camerarius (2).

Secta(pflicht) im ma. Engl. die Pflicht, ↗Gerichtsfolge (a) zu leisten (sectam facere), eine Last, die auf bestimmten Grundstücken ruhte, sowohl von ↗freeholders (für den County Court [s. County]), als auch von Lehensleuten (für das ↗Lehensgericht, entspr. dem fr. ↗consilium [1]). Der Pflichtige hieß sectator, ein freeholder, der verpflichtet war, die S. seines ↗Herrn im Gericht auszuüben, attornatus feoffatus. Vgl. Socman.

Sectam facere s. Secta(pflicht).

Sectator s. Secta(pflicht).

Secundicerius notariorum s. Judices de clero Sacri Palatii Lateranensis u. Cancellaria Apostolica.

Securitas = Precaria (1).

Security Council = Sicherheitsrat.

Sedel = Sattelgut.

Sedelhof = Sattelgut u. Rittersitz.

Sedelhufe = Sattelgut.

Sedelmeier s. Vorwerk.

Sedes 1. = Stuhl. **2.** s. Sendgericht.

– **impedita** im Gegensatz zur ↗Sedisvakanz gewaltsame Erledigung eines Bistums usw. (z. B. durch staatl. Eingriff).

– **judiciaria comitatus** = Sedria.

– **libera** s. Feme.

– **liberi comitatus** s. Feme.

– **liberi comitis** s. Feme.

– **libertatis** s. Feme.

– **regalis** s. Feme.

– **regia** s. Feme.

– **synodalis** s. Sendgericht.

– **vacans** = Sedisvakanz.

Sedesort s. Sendgericht.

Sedespfarrei s. Sendgericht.

Sedile (seggio) im Laufe des späteren MA. aus Familienvereinigungen entstandene Wahlkörperschaft in Neapel. Seit dem 13. Jh. gab es sechs S., fünf adlige u. eine bürgerliche (S. popolare), letztere 1456–1494 aufgehoben. Adel u. Bürger zerfielen in je 29 kleinere Körperschaften, die beim ersteren ebenfalls S., bei den letzteren Ottinen (unter je einem decurio, später capitano) hießen. Die von den S. bzw. ihren Abteilungen (bei dem S. popolare in einem später sehr komplizierten Verfahren) gewählten sechs eletti bildeten die Regierung der Stadt; da aber seit Ende des 13. Jh. der Landadel den städt. S. zugeteilt war, u. das S. popolare beanspruchte, als Vertretung aller Städte zu gelten, so bildeten die eletti tatsächlich eine Vertretung des Königreichs u. drängten seit dem 16. Jh. das ↗Parlament (1) zur Seite, indem bes. bei Steuerbewilligungen die ↗Vizekönige die Verhandlung mit den eletti vorzogen; der eletto des Volkes wurde später i. d. R. vom Vizekönig ernannt.

Sedisvakanz (Sedes vacans) regelrecht, z. B. durch den Tod des Inhabers, erfolgte Erledigung eines Bistums, i. e. S. des päpstl. Stuhles, sowie die Dauer der Erledigung (interpontificium). Bei Eintritt der S. erlöschen bestimmte Ämter u. Befugnisse, die Regierung des Bistums geht an das ↗Domkapitel, die des päpstl. Stuhles u. damit die Leitung der Kirche an die ↗Kardinäle (1) über. Letztere werden dabei seit dem 14. Jh. durch einen Ausschuß (Partikularkongregation) vertreten, der aus dem Kardinalcamerlengo (s. Camera Apostolica) u. je einem (dem amtsältesten) Kardinal aus jedem ordo, den drei Capita ordinum, besteht; nach je drei Tagen wird jeder der drei durch den nächstältesten Kardinal ersetzt.

Sedria (sedes judiciaria comitatus, Komitatsgerichtshof) in Ung. bis 1848 u. 1861–1869 in jedem ↗Komitat (3) für den Adel Gericht erster Instanz in bedeutenderen Zivil- u. allen Strafgerichtssachen, zweiter Instanz in einigen Fällen, für die Bauern Appellationsinstanz vom ↗Herrenstuhl. Den Vorsitz führte der Vizegespan, Mitglieder waren die Stuhlrichter, die ↗Jurassores u. einige Komitatstafelrichter (tablabiró). Für Prozesse, die mehrere Komitate betrafen, sowie für bes. wichtige Fälle bestanden einige Distriktualtafeln, die auch Appellationsinstanz waren.

Seeamt dt. Landesbehörde zur Untersuchung von Seeunfällen dt. (u. innerhalb der Hoheitsgrenze fremder) Kauffahrteischiffe, bestehend aus einem Vorsitzenden mit Befähigung zum Richteramt u. vier (seefahrtskundigen) Beisitzern; S. gibt es seit 1877 in einer Anzahl von Küstenstädten; Berufungsinstanz war 1877–1945 das (Reichs)-oberseeamt zu Berlin, eine Reichsbehörde (mit sechs Beisitzern); heute ist Berufungsinstanz das Bundesoberseeamt in Hamburg.

Seeauswurf s. Strandrecht.

Seebataillon s. Marineinfanterie.

Seebrief s. Flaggenrecht.

Seedarlehen (Schiffsdarlehen, foenus nauticum) im MA. vom Altertum überkommene Form des Darlehens auf ein Schiff bzw. dessen Ladung, wobei der Geldgeber nicht einen Anteil am Gewinn, sondern einen festen Zins erhielt, aber das ganze Risiko trug; das S. war also gleichzeitig eine Versicherung. Es wurde, entspr. geändert, auch auf dem Lande angewandt (foenus quasi nauticum). Vgl. Bodmerei.

Seefähnrich s. Fähn(d)rich (a).

Seefrachtbrief = Konnossement.

Seekadett s. Kadett.

Seelenrecht (Pönfall) in Teilen Öst. bei Todesfällen Abgabe an den kath. Pfarrer, u. zwar als Äquivalent für die betr. geistl. Verrichtungen (S. i. e. S.) o. als reine Abgabe (reiner Pönfall, mortuarium).

Seelgabe = Seelgeräte.

Seelgeräte (Seelgabe, Seelgift, Seelschatz, Seelteil, donatio pro anima, mortuarium, remedium animae) Vermögen o. Vermögensteil, der zum Heil der Seele testamentarisch der Kirche o. den Armen zugewandt wurde; der Form nach war das S. entw. eine ↗Donatio post obitum, o. eine ↗Donatio reservato usufructu, o. endlich eine ↗Precaria (1). Häufig wurde die Schenkung in der Kirche vorgenommen, o. erst am Tage des Begräbnisses (donatio pro sepultura); im zweiten Fall (aber auch im ersten) erfolgte die Schenkung durch einen Seelgeräter (s. Salmann). – Als S. konnte auch ein Zins (Seelzins), der einem Grundstück auferlegt wurde, gestiftet werden. – Vgl. Totenteil. – In neuerer Zeit bedeutet S. vor allem eine Messestiftung.

Seelgeräter s. Salmann u. Seelgeräte.

Seelgift = Seelgeräte.

Seelgut s. Immunität (a) u. Fronhof.

Seelhof = Fronhof.

Seelländerei s. Fronhof.

Seelord s. Admiralität (2).

Seelschatz = Seelgeräte.

Seelsorgebenefizium s. Beneficium ecclesiasticum.

Seelteil = Seelgeräte.

Seelwort s. Echtwort.

Seelzins s. Seelgeräte.

Seemannsamt seit 1902 bestehende dt. Behörde mit polizeilichen Befugnissen über die Schiffsmannschaften. Die S. stellen auch die Seefahrtsbücher u. andere ↗Urkunden (An- u. Abmusterung, Heuervertrag) aus u. schlichten Streitigkeiten zwischen Mannschaft u. Kapitän. Die DDR besitzt seit 1953 ein zentrales S. in Rostock mit umfangreicheren Aufgaben (z. B. auch Schiffsvermessung, Untersuchung von Havarien). Vgl. Konsul (1).

Seemannswahl s. Bordwahl.

Seemeister Verwalter von Fischweihern u. dgl.

Seepaß s. Flaggenrecht.

Seeprotest = Verklarung (2).

Sees = Rittersitz.

Seesoldaten zuerst in Engl. 1664 geschaffenes bes. Truppenkorps, von den anderen Seemächten nachgeahmt. Die S. dienten an Bord als eigentliche Kampftruppe, da die Seeleute i. wesentl. nur die technischen Arbeiten ausführten u. die bis dahin eingeschifften Landsoldaten versagten; außerdem dienten die S. als Expeditions- u. Landungskorps. Im Laufe des 19. Jh. verschwanden sie i. allg. Vgl. Marineinfanterie.

Seetestament s. Nottestament.

Seewechsel s. Bodmerei.

Seewehr seit 1867 in Pr. bzw. im Dt. R. die der ↗Landwehr (1) entspr. Einrichtung bei der Marine; auch Öst.-Ung. besaß eine S.

Seggio = Sedile.

Segorage (secréage) Abgabe an den ↗seigneur bei Holzverkauf, bestehend im fünften Teil des Erlöses.

Seidelhof = Sattelgut.

Seignari s. Saighof.

Seigneur (droiturier) in Fr. i. w. S. jeder ↗Herr, i. e. S. der Lehensherr (S. dominant, S. féodal, S. prochain, S. suzerain, ↗Suzerän), dessen Befugnisse bedeutend größer waren, als die des dt. Vgl. Lehen (1) – Der Inhaber der Kanalinsel Sark führt, als ↗Vasall des engl. Kgs., heute noch den Titel S. – Vgl. Sire u. Vicecomes (1).

– **bas justicier** s. Seigneur justicier (a).

– **censier** s. Fronhof.

– **dominant** s. Seigneur.

– **du fief servant** s. Afterlehen.

– **féodal** s. Seigneur.

– **foncier** s. Grundherrschaft u. Fronhof.

– **haut justicier** s. Seigneur justicier (a).

– **justicier a)** in Fr. seit dem 9. Jh. ein ↗seigneur, der auf Grund seines Amtes (↗Graf, vicomte [s. Vicecomes (1)], viguier [s. Vikar (2)]), einer ↗Immunität [a] o. auch nur seiner Macht die landrechtliche (staatliche) Gerichtsbarkeit (in den Quellen meist justice seigneuriale [seigneuriale Gerichtsbarkeit], auch seigneuriage) ausübte, u. zwar in einem territorialen Bezirk (districtus, détroit, auch Seigneurie), der mit seiner ↗Grundherrschaft (Seigneurie i. e. S.) nicht (o. nur ausnahmsmeise) zusammenfiel. Je nachdem der S. j. die ↗hohe, ↗mittlere, o. ↗niedere Gerichtsbarkeit ausübte, hieß er S. haut j., S. moyen j., S. bas j.; in einem Bezirk konnten also mehrere S. j. verschiedener Gerichtsbarkeit nebeneinander vorkommen; die Bezirke deckten sich nicht immer. Mit den Abstufungen der Lehenshierarchie fielen die der Gerichtsbarkeit nicht unbedingt zusammen, doch hatte der S. j. (als Lehensherr) mindestens die Gerichtsbarkeit seines ↗Vasallen u. bei Rechtsverweigerung o. Rechtsfälschung trat der Gerichtshof des S. an Stelle des vasallitischen; gewann hier der Kläger, so schied er aus dem Gerichtsverband des Vasallen aus u. trat in den des S. ein. Die Gerichtsbarkeit der S. j. bestand, durch ↗cas royaux u. ↗Präventionsrecht (a) eingeschränkt, bis zur Revolution. **b)** mißbräuchlich für ↗seigneur i. w. S., als Inhaber seiner hofrechtlichen u. ↗grundherrlichen Gerichtsbarkeit, fälschlich auch für ↗Suzerän. Vgl. Justice féodale.

– **moyen justicier** s. Seigneur justicier (a).

– **péager** s. Pedagium.

– **prochain** s. Seigneur.

– **souverain** s. Lehensfürst (1).

– **supérieur a)** s. Lehensfürst (1). **b)** = Oberherr (1).

– **suzerain a)** = Suzerän. **b)** s. Seigneur.

– **tenant en baronnie** s. Lehensfürst (1).

Seigneurage s. Schlagschatz.

Seigneuriage s. Schlagschatz u. Seigneur justicier (a).

Seigneurie s. Seigneur justicier (a) u. Landeshoheit.

Seignorage s. Schlagschatz.

Seignoria s. Schlagschatz.

Seimas s. Sejm.

Seimelis s. Sejm.

Seisin = Gewere (1).

Sejm (S.walny, Reichstag) in Polen seit Beginn des 15. Jh. die Versammlung des Adels, zu der jeder Adlige erscheinen konnte. Seit 1468 bestand der S. aus zwei Teilen, dem bisherigen, der nunmehr als Senat (4) eine erste ↗Kammer (2a) bildete, u. der Landbotenkammer (s. Landbote [1a]). 1919–1921 tagte ein verfassunggebender S., der aus einer Kammer bestand; in der endgültigen ↗Zgromadzenie Narodowe 1921–1952 hieß die zweite Kammer S., seitdem die Volksvertretung aus einer Kammer; den Vorsitz des S. führt der Sejmmarschall. – Die aus einer Kammer bestehenden Volksvertretungen Lettl. u. Litauens führen seit 1922 die Bezeichnung Saeima bzw. Seimas, der ↗Landtag (1) des Memellandes 1924–1939 Seimelis. – 1920 bis 1933 bestand in dem autonomen Gebiet Schl. ein gewählter S. – Vgl. Wjetsche.

Sejmik im alten Polen der ↗Landtag (1) eines historischen Landesteils, auf dem die ↗Schlachta die Hauptrolle spielte; die Sejmiki wählten die ↗Landboten (1a) u. waren so der eigentlich entscheidende Faktor. – In Lauenburg-Bütow hieß der Landtag noch im 18. Jh. Seymick. – Vgl. Wjetsche.

Seke = Fehde.

Sekke (Gosekke) in Jap. vom 9. bis zum 19. Jh. die fünf ersten Familien der ↗Kuge, in denen die höchsten Würden erblich waren, u. aus denen allein der Ks. seine Gemahlin wählen konnte.

Sekondeleutnant s. Leutnant.

Sekretär, geheimer s. Kanzlei, geheime (a).

Sektionschef früher in Dt. u. Öst. Abteilungsvorstand in einer Zentralbehörde, bes. einem ↗Ministerium (7).

Sekundiz Messe eines kath. Priesters anläßlich seines fünfzigjährigen Jubiläums. Vgl. Primiz.

Sekundogenitur die von einem nachgeborenen Sohn begründete Nebenlinie eines Hauses, die dort, wo nicht strenge Primogenitur (s. Majorat) herrscht, mit Vermögens- u. bes. Landesteilen erblich ausgestattet wird, was u. U. zur Bildung eines völlig selbständigen Staates führt. Neben der S. kann auch eine Tertiogenitur eingerichtet werden.

Sel de devoir s. Gabella.

Selbmündig (selbmundius) unter keinerlei ↗Munt (1) stehend. Vgl. Jahre.

Selbstergebung = Autotradition.

Selbstgesetzgebung = Autonomie (a).

Selbstherrscher (aller Reußen) s. Autokrator.

Selbstmacht = Autonomie (a).

Selbstsatzung = Autonomie (a).

Selbsttradition = Autotradition.

Selde s. Häusler.

Selder s. Schutzverwandter (2).

Seldner a) = Häusler. **b)** s. Schutzverwandter (2).

Seld(ner)haus s. Häusler.

Select Body in Engl. seit dem Ausgang des MA. Körperschaft an der Spitze eines ↗Borough (a), die sich nur aus einem kleinen Kreis angesehener Bürger (↗Freemen) ergänzte; S. B. waren z. B. die ↗Aldermen (3) u. die Leet Juries (s. Court leet).

– Vestry s. Vestry.

Selhufe s. Fronhof.

Selihof = Fronhof.

Selihova = Fronhof.

Selihus s. Fronhof.

Seliland s. Fronhof.

Selland s. Fronhof.

Selo in Rußl. ein Kirchdorf. Heute ist der S. bzw. die ländliche Siedlung (selskoje poselenije) die kleinste Einheit; die dörflichen Vollstreckungsbeamten (selskije ispolniteli) bilden eine Art Hilfspolizei. Mehrere S. bilden einen ↗Rayon. Vgl. Derewnja.

Selschupp des Koggen u. ä. = Partenreederei.

Selskij Schod s. Wolost.

Selskije ispolniteli s. Selo.

Selskoje poselenije s. Selo.

Seminaristicum (alumnaticum, portio seminaristica, taxa conciliaris) vom Tridentinum eingeführte Abgabe zur Erhaltung u. Errichtung von Priesterseminaren, erhoben von allen kirchl. Anstalten u. Pfarreien.

Semipraebendarius = Altarista.

Semipraebendatus s. Domkapitel.

Semmellehen s. Küchendienst.

Semner in Mühlhausen bis Ende des 18. Jh. ↗Ratsherr (a), der dem Semneramt vorstand, d. h. der mit der Voruntersuchung peinlicher Fälle betrauten Behörde. In Frankfurt a. M. stand ein Kriminalrat an der Spitze des entspr. peinlichen Verhöramtes.

Semper Augustus s. Augustus.

Semperbarones = Semperfreie.

Semperfreie (Semperleute, sendbare Leute, sendmäßige L., homines synodales, semperbarones, auch Edle, ↗Hochfreie) die Laien, über die sich die ↗Bischöfe die Gerichtsbarkeit im ↗Sendgericht persönlich vorbehalten hatten (vgl. Sendherr), d. h. ursprgl. der gesamte Adel, später nur ↗Fürsten (b) u. ↗Freiherren, so daß S. (Reichssemperfrei) die Bedeutung ↗reichsunmittelbar erhielt u. in diesem Sinne noch heute, z. B. von den Grafen Schaffgotsch, als Titel geführt wird.

Semperleute 1. = Semperfreie. 2. s. Schutzhöriger.
Semskaja Uprawa s. Semstwo u. Ujezd.
Semskie s. Bojaren (a).
Semskij Natschalnik = Landhauptmann.
– Prigovor s. Sobor.
– Sobor s. Sobor.
Semskoje Sobranje s. Semstwo.
Semstwo (Landschaft) in Russl. 1864–1917 die Gesamtheit der Bewohner einer Landschaft als Selbstverwaltungskörper, dann bes. die von diesem gewählte Vertretung (Semskoje Sobranje), die Kreislandversammlung (s. Ujezd) u. die Gouvernementslandversammlung (Gubernial-landschaftsversammlung), die von ersterer gewählt wurde u. ihrerseits das Gouvernementslandamt (Semskaja ↗Uprawa) zur Führung der Geschäfte u. verschiedene Kommissionen wählte.
Senat 1. seit 1143 leitende Behörde der Stadt Rom, nachdem nach Erlöschen des alten röm. S. im 6. Jh. Senator nur noch inhaltsloser Titel gewesen war. Die Zahl der Senatoren, zuerst schwankend (bis zu 60), wurde in der ersten Hälfte des 13. Jh. auf zwei festgesetzt, doch war sehr häufig nur einer vorhanden. Zuerst vom Volke frei gewählt (seit Ende des 12. Jh. i. d. R. aus dem röm. Adel), gerieten sie seit Innozenz III. mehr u. mehr unter päpstl. Einfluß, u. seit 1278 war der Papst lebenslänglicher Senator mit dem Recht, seine Amtsgewalt zu ↗delegieren (2) o. Stellvertreter (Prosenatoren, Vizesenatoren) zu ernennen. Doch behielt der S. weitgehende Befugnisse, u. während der Avignonensischen Periode gewann er zeitweise die alte Unabhängigkeit zurück. Seit 1263 waren häufig fremde Fürsten, bes. die Kge. von Neapel, Senatoren. – Nach röm. Vorbild gab es einen S. in Konstantinopel 359–1453. 2. (consilium rogatorum) in Ven. um 1230 aus einer Delegation des ↗Maggior Consiglio für Handel u. Schiffahrt hervorgegangen, sehr bald den Großen Rat an Bedeutung übertreffend, neben Handel usw. bes. die äußere Politik leitend, seit dem 15. Jh. auch die Finanzen, sowie das Wirtschaftswesen. Eine Kommission des S., das collegio di venti (collegio savi senato), war oberstes Berufungsgericht in Steuersachen u. anderen fiskalischen Angelegenheiten. Die Zahl der vom Großen Rat gewählten, allein vollberechtigten Mitglieder (rogati, ↗Pregadi) betrug ursprgl. 60 u. wurde dann durch die ↗Zonta auf zuletzt 120 verstärkt; ex officio gehörten ihm an ↗Doge (a) u. ↗Signoria (b) (diese beiden als Präsidium), die ↗Quarantia, der ↗Rat der Zehn u. die übrigen hohen Beamten, so daß die Gesamtzahl etwa 300 betrug; Wiederwahl war zulässig; die eigentliche Leitung hatten die ↗Savi. Die Ämter, deren Bekleidung Anspruch auf einen Sitz im S. verlieh, wurden Sottopregadi genannt. 3. schon im 13. Jh. Bezeichnung des ↗Stadtrats (a), wie auch dessen Mitglieder Senatoren genannt wurden. Ausschl. mit S. wurden erst im 18. Jh. einige Stadträte bezeichnet, bes. die von Bremen, Hamburg, Lübeck u. Frankfurt a. M.; diese vier (seit 1866 drei) S. hatten bzw. haben (zusammen mit den ↗Bürgermeistern [1]) die Stellung einer Regierungsbehörde gegenüber der ↗Bürgerschaft (2). Danzig besaß von 1920–1939 einen S. als Regierung. In West-Berlin heißt seit 1950 die Regierung, bestehend aus dem Regierenden Bürgermeister, einem Bürgermeister u. bis zu 16 Senatoren S. – Früher hießen in einigen Städten die (zu Verwaltungszwecken u. dgl. gebildeten) Abteilungen des Stadtrats S. (Departements, Klassen). 4. in Polen zuerst der ↗Sejm, dann seit 1468 dessen erste ↗Kammer (2a) (Magnatenkammer), bestehend aus dem ↗hohen Adel u. den hohen Beamten. – Seit 1921 die erste Kammer der polnischen Nationalversammlung. 5. (Dirigierender S., Vollziehender S., Prawitelstwyjuschtschij S.) 1711 bzw. 1718–1802 die höchste Verwaltungsbehörde Rußl., dann nur noch oberster Gerichtshof u. Aufsichtsbehörde; in letzterer Eigenschaft hatte er auch vollziehende Befugnisse; die Senatoren wurden in unbestimmter Anzahl vom Zaren ernannt. 1864 wurde ein ↗Kassationshof als Teil des S. neu errichtet, u. nach diesem Muster hieß in Lettl. 1918–1940 das oberste Gericht S. – Für Finnl. bestand bis 1919 ein bes. (bis 1917 «Kaiserlicher») S. (zuerst Regierungskonseil), geteilt in ein Justizdepartement (oberstes Gericht) u. ein Ökonomiedepartement (oberste Verwaltungsbehörde). 6. seit Ende des 18. Jh. die erste Kammer o. entspr. Körperschaft (manchmal zugleich ↗Staatsgerichtshof) in zahlreichen Staaten, so z .B. a): in den USA die erste Kammer des ↗Kongresses, bestehend aus je zwei von jedem Staat (bis 1912 von der betr. ↗General Assembly (2a), seitdem vom Volke direkt) auf sechs Jahre gewählten Senatoren, unter Vorsitz des ↗Vizepräsidenten (2) als Presiding Officer of the Senate, zu einem Drittel alle zwei Jahre erneuert; der S. ist Staatsgerichtshof bei ↗impeachments u. hat Bestätigungsrecht für hohe Bundesbeamte; internationale Verträge bedürfen seiner Genehmigung. Auch die ersten Kammern der Einzelstaaten heißen S. (früher auch Legislative Council). Vgl. Governor's Council. b) in Fr. 1799–1804 (sénat conservateur) Körperschaft von 80 Mitgliedern, die fürs erste von den ↗Konsuln (4) ernannt wurden, weiterhin sich selbst ergänzen sollten; er ernannte alle höheren Beamten, Richter u. die Mitglieder der gesetzgebenden Körper u. hatte, vorbehaltlich der Rechte

des ersten Konsuls, die letzte Entscheidung über Gesetze usw. 1804–1814 ernannte der Ks. diese 80 Senatoren auf Grund von Vorschlagslisten, eine weitere, unbestimmte Anzahl nach freiem Ermessen; ferner waren die männlichen Glieder des Kaiserhauses u. die Inhaber der ↗grandes dignités Mitglieder des S., dessen Befugnisse nunmehr auf gesetzgebendem Gebiet nur noch beratender Art waren; außerdem war er Beschwerdeinstanz bei gesetzwidriger Verhaftung u. Verletzung der Preßfreiheit. 1852–1870 bestand der S. aus höchstens 150 unabsetzbaren, lebenslänglichen Mitgliedern, den ↗Kardinälen (1), ↗Marschällen, ↗Admirälen u. vom Ks. Ernannten, mit dem Recht des Gesetzesvorschlags u. der Kritik, sowie der Zustimmung zu allen Gesetzen. – Seit 1875–1945 u. seit 1958 die erste Kammer (an Stelle des ↗Conseil de la République), bestehend aus Vertretern der ↗départements (b) u. der Kol., indirekt auf neun Jahre gewählt, alle drei Jahre zu einem Drittel erneuert. Bis 1884 gab es auch lebenslängliche, von der ↗assemblé nationale gewählte Senatoren. Vgl. Cour de Justice. – Nach fr. Muster bestand ein S. in der Schw. während der Helvetik. c) In Bay. seit 1946 die erste Kammer, bestehend aus Vertretern der Wirtschaft, der freien Berufe, der Hochschulen, Religionsgemeinschaften usw., auch der Gemeinden. **7.** bei den höheren dt. Gerichten kollegial zusammengesetzte Abteilung, der die Entscheidung in Straf- (Strafsenat) o. Zivilsachen (Zivilsenat) zusteht. Beim Oberverwaltungsgericht (s. Verwaltungsgerichtsbarkeit [a]) gibt es auch einen wasserwirtschaftlichen S. (seit 1924) u. 1893–1920 bestanden hier (zuletzt drei) Steuersenate.

– **dirigierender** = Senat (5).

– **großer** in Dt. seit 1935 beim ↗Reichsgericht zur Entscheidung bei Streitigkeiten zwischen zwei ↗Senaten (7) u.ä.; ein entspr. G. S. bestand beim Reichserbhofgericht (s. Anerbenbehörden); die G. S. bei den ↗Oberlandesgerichten entscheiden in Hochverratssachen, die ihnen vom ↗Bundesgerichtshof (2) bzw. vom Oberbundesanwalt (s. Bundesanwalt [2]) zugewiesen werden.

– **kleiner** = Rat, kleiner (4).

– **vollziehender** = Senat (5).

– **wasserwirtschaftlicher** s. Senat (7).

Sénat conservateur s. Senat (6).

Senator **1.** s. Senat, Magistrat u. Stadtrat (a). **2.** = Schöffe (1). **3.** seit 1395 Titel des ↗bajulus (2) von Syrakus.

Sénatorerie 1799–1814 Grundstück, dessen Einkünfte dem Unterhalt der Mitglieder des fr. ↗Senats (6) diente, dann die ↗Dotation eines Senators u. dessen Sitz.

Senatsgericht s. Kurie, königliche.

Senatspräsident in den Hansestädten der ↗Ministerpräsident.

Senatssystem Vertretung der Einzelstaaten eines ↗Bundesstaates (1) durch gewählte Abgeordnete (z. B. ↗Senat [6] der USA, ↗Ständerat der Schw.); Gegensatz dazu ist das Bundesratssystem, wobei die Vertreter der Einzelstaaten durch die Regierungen ernannt werden (z. B. der dt. ↗Bundesrat [1]1871–1918 u. seit 1949). In beiden Fällen entsteht so eine erste ↗Kammer (2a).

Sénatus-consulte Beschluß des fr. ↗Senats (6) 1804–1814 u. 1852–1870.

Send **1.** = Sendgericht. **2.** s. Synode.

– **heilige** = Sendgericht.

Sendbann s. Sendherr.

Sendbezirk s. Sendgericht.

Sendbote s. Missus (1).

Sende = Sendgericht.

Sender s. Sendgericht.

Sendeve s. Commenda (2).

Sendevertrag s. Commenda (2).

Sendgeding = Sendgericht.

Sendgeld (Rügeheller, Sendhafer, Sendheller, synodale, synodaticum) Abgabe der Laien einer Pfarrei zur Erhaltung usw. des ↗Sendgerichts.

Sendegerechtigkeit s. Sendherr.

Sendgericht (Brüchtengericht, heilige Send, Kirchensend, send[e], Sendgeding, Sendtag, Synodalgericht, judicium synodale, placitum christianitatis, p. Episcopi, synodus, syn. parochiae, syn. parochialis, syn. parochiana, syn. per villas, fr. senne) aus den bischöfl. ↗Visitationen hervorgegangenes, um 800 neben das Gericht des ↗Grafen getretenes, ständiges, reisendes Sittengericht unter ↗Bischofsbann, das seit der zweiten Hälfte des 9. Jh. nach dem ↗Rügeverfahren verhandelte (daher auch Rügegericht, Rügtag). Den Vorsitz führte der ↗Sendherr o. sein Stellvertreter als Sendrichter; als Rügezeugen (Eidschwörer, Rügegeschworene, Sender, Sendgeschworene, Sendrüger, Sendzeugen, Synodalzeugen, jurati synodales, juratores synodi, testes synodales, t. synodi, engl. sidemen) zum Vorbringen der Sendwrogen dienten (meist sieben) Laien. ↗Urteiler (Sendschöffen, scabini synodales) waren zuerst die ↗Bischöfe u. beisitzenden Geistlichen, seit dem 12. Jh. meist Laien; auch Geistliche wurden bis Ende des 9. Jh. vom S. gerügt, seitdem mußten nur noch Laien vor dem S. (von da an auch Laiensend, synodus laicalis) erscheinen (i. d. Lit. als «Sendpflicht» bezeichnet); vgl. Semperfreie. Der Ort des S. (Sedesort, Sendstuhl, sedes synodalis) war i. d. R. die älteste Pfarrkirche der Gegend, wenn eine Domkirche vorhanden war, diese; i. bes. galt der Altar der Sendkirche als Sitz (daher Kanzelgericht); der ↗Sprengel (Sedespfarrei, Sendbezirk,

Sendpfarrei, sedes) umfaßte mehrere ↗parochiae (b). Zuständig war das S. für öffentliche Vergehen gegen kirchl. Gebote (causae synodales). Es fand entspr. dem ↗echten Ding bis dreimal jährlich statt, u. U. mit einem dem ↗Afterding entspr. Aftersend (postsynodalia, secunda synodus). Seit Ende des MA. gingen die S. in einigen Gebieten in die Hand der weltl. Behörden über. Andrerseits erhielten sie sich teilweise bis ins 19. Jh.

Sendgeschworener s. Sendgericht.

Sendgewalt s. Sendherr.

Sendgraf s. Missus (1).

Sendhafer = Procuratio canonica u. Sendgeld.

Sendheller = Sendgeld.

Sendherr ↗Gerichtherr (1) über das ↗Sendgericht, bis ins 11. Jh. nur der ↗Bischof, dann durch Teilnahme an dessen ↗Bann (1) (Sendbann, bannus synodalis) der ↗Archidiakon. Vielfach wurde die Sendherrlichkeit mit dem Recht, das Sendgericht zu halten (Sendgerechtigkeit, Sendgewalt, Sendrecht) an allerlei geistl. Würdenträger vergabt, während die Bischöfe sich ein bes. Sendgericht vorbehielten (vgl. Semperfreie). Auch einfache Pfarrer erscheinen seit dem 12. Jh. als S. mit einem bes. Pfarrsend (Pfarrüge).

Sendherrlichkeit s. Sendherr.

Sendkirche s. Sendgericht.

Sendpedell ↗Fronbote an einem ↗Sendgericht.

Sendpfarrei s. Sendgericht.

Sendpflicht s. Sendgericht.

Sendrecht **a**) (synodale jus) das in den ↗Sendgerichten angewandte Recht. **b**) s. Sendherr.

Sendrichter **a**) s. Sendgericht. **b**) s. Missus (1).

Sendrüger s. Sendgericht.

Sendschilling = Procuratio canonica.

Sendschöffe s. Sendgericht.

Sendschreiber ↗Gerichtsschreiber am ↗Sendgericht.

Sendstuhl s. Sendgericht.

Sendtag = Sendgericht.

Sendweistum s. Weistum.

Sendwroge s. Sendgericht.

Sendzeuge s. Sendgericht.

Sendzia s. Zaudengericht.

Sénéchaussée (senescallia) Bezirk u. Amt eines ↗Seneschalls.

Senescalcus = Seneschall.

– capitalis s. Seneschall (1).

– Franciae s. Seneschall (1).

Senescallia = Sénéchaussée.

Seneschall (senescalcus, sénéchal) **1.** eigentlich dasselbe wie ↗Truchseß bzw. ↗Hausmeier, am frk. Hofe seit Ende des 7. Jh. unter diesem an der Spitze des gesamten Verpflegungswesens des Hofes (daher auch dapifer). In Fr. erlangte der S. (grand sénéchal) sehr bald wieder die Stellung eines Hausmeiers, zeitweilig sogar diesen Titel (auch major in Francia), u. drängte den Kg. zur Seite; 1127 gelang es diesem, den S. zu stürzen; das Amt erlangte seine Bedeutung nicht mehr u. wurde seit 1191 nicht wieder besetzt (vgl. Grand maître de France). Neben dem S. stand ein ebenfalls erblicher Unterseneschall (senescalcus Franciae), etwa in der Stellung eines dt. ↗Reichserbamtes. – Eine ähnliche Stellung hatte der S. (senescalcus capitalis, summus senescalcus) bei den ↗Lehensfürsten (1), bes. in der Norm. u. in Anjou. In den meisten roman. Ländern vertrat ihn der Hausmeier; in Kat. war der letztere dem S. unterstellt, in Siz. stand dieser zeitweise an der Spitze der Verwaltung. In Engl. kommt der Name S. nur vorübergehend in spätags. u. frühnorm. Zeit vor (vgl. Staller); sonst heißt er ↗Steward (vgl. Lord High Steward). – Auch bei den ↗Ritterorden leitete ein S. das Verpflegungswesen; bei den Templern folgte er im Range unmittelbar dem ↗Meister (1). **2.** im Süden u. Westen Fr. (ebenso in Brabant) der dem ↗bailli (1) entspr., zuerst lehensfürstliche Beamte, ursprgl. im alten Sinne Träger des betr. ↗Hofamtes, so daß es nur einen S. in einem Lehensfürstentum gab; aber schon in der ersten Hälfte des 13. Jh. setzten die Lehensfürsten mehrere S. ein, die dann vom Kg. übernommen wurden. **3.** auf der Kanalinsel Sark heißt der oberste Verwaltungsbeamte S.

Senhorio alto = Gerichtsbarkeit, hohe.

– baixo = Gerichtsbarkeit, niedere [a].

Senior **1.** s. Gefolgschaft, Lehen (1), Schutzhöriger u. Vasall. **2.** s. Hochfrei. **3.** s. Fronhof. **4.** s. Supan. **5.** s. Stadtrat (a). **6.** = Bürgermeister (1). **7.** s. Patronat. **8.** s. Seniorat (4). **9.** in einigen dt. Städten, bes. früher, der erste evang. Pfarrer, etwa in der Stellung eines ↗Superintendenten (1). **10.** s. Burgbezirk (2). **11.** = Parizier.

– domus = Hausmeier.

– saecularis s. Patronat.

Seniorat **1.** s. Majorat. **2.** s. Vasall. **3.** = Grundherrschaft. **4** (in Siebenbürgen Tractus) in der ev. Kirche Öst.-Ung. Bezirk, der mehrere Pfarrgemeinden umfaßte, etwa einem ↗Dekanat entspr.; an der Spitze stand der Senior (Seniordechant, Unterdechant), aus den Pfarrern des S. gewählt; er war Mitglied der Senioratsversammlung (bestehend aus den Pfarrern u. ebensovielen weltl. Mitgliedern) u. ihres geschäftsführenden Senioratsausschusses (Präsidium), dem außerdem sein Stellvertreter (Consenior) u. ein weltl. Mitglied (Senioratsaufseher, Senioratskurator) angehörten. In Ung. gab es außerdem bes. Senioratsgerichte für kirchl. Vergehen.

Senioraticum = Grundherrschaft.

Seniordechant s. Seniorat (4).

Seniorenkonvent = Ältestenrat.

Senõrío Ausdruck der sp. Autoren für das dem Lehenswesen nur in einigem ähnliche System von Landschenkungen usw. (mercedes) durch den Kg. (vgl. Concesión de honor), wie es in Kast. bis Ende des 13. Jh. bestand; erst dann drang allm. das Lehenswesen ein, ohne aber überragende Bedeutung zu erlangen.

Senne a) s. Synode. **b**) = Sendgericht.

Sennehof = Schwaighof.

Senshi s. Insei.

Sententia interlocutoria = Interlokut.

Sententionarius = Schöffe (1).

Seoski Knêz s. Knäs.

Separation 1. zusammenfassende Bezeichnung für ↗Regulierung, ↗Gemeinheitsteilung u. ↗Verkoppelung, i. e. S. die letztere. – In Pr. wurde diese als Spezialseparation bezeichnet, im Gegensatz zu der vor 1811 vorgenommenen Generalseparation, d. h. der Trennung des in ↗Gemengelage befindlichen Grundbesitzes der ↗Gutsherrschaft u. der Bauern. Bei dem ganzen Verfahren beteiligten sich auch Separationsdeputierte, von den Separationsinteressenten gewählt. **2.** im alten Dt. R. eigenmächtige Losreißung eines ↗Reichsstandes (1) vom Reich.

– der Ackerleute = Verkoppelung.

Separationsdeputierter s. Separation (1).

Separationsgebühren s. Beneficium ecclesiasticum.

Separationsinteressent s. Separation (1).

Sepoy s. Sipahi.

Sept = Clan.

Septemviraltafel (tabula septemviralis) in Ung. nach 1526 als Statthaltereigericht gegründet, bis 1848 bzw. 1869 das höchste Appellationsgericht, vom ↗Palatin (3) o. vom ↗judex curiae (1) als dessen Stellvertreter präsidiert, bis 1723 aus sieben Richtern bestehend; später bestand sie aus vier ↗Prälaten, sieben ↗Magnaten u. neun Septemviralrichtern aus dem ↗niederen Adel; sie bildete einen Teil der ↗Königlichen Kurie, die seit 1868 die S. fortsetzte. – Kroatien besaß bis 1918 eine eigene S. (stol sedmorice), bis 1874 unter Vorsitz des ↗Banus, als oberstes Gericht.

Septima manu s. Eideshelfer.

Septum = Bifang (1).

Sequela 1. = Gerichtsfolge (a) u. Landfolge. **2.** = Poursuite, droit de.

– homo de s. Poursuite, droit de.

– territorialis s. Landfolge.

Seraskier höchster mil. Titel in der Tk., dann bes. der Kriegsminister (bis 1908).

Serenitas im frühen MA. Prädikat der Kge., 1375 den ↗Kurfürsten verliehen, später auch von anderen ↗Reichsfürsten geführt.

Serf (↗homme de poesté, mainmortable, ↗vilain, ↗servus) in Fr. der ↗Unfreie; die Klasse der S., die seit dem 10. Jh. die Hauptmasse der ländlichen Bevölkerung bildete, entstand i. wesentl. durch Verschmelzung der ↗Liten, ↗coloni u. ↗servi casati, wozu durch ↗obnoxiatio in den Stand der S. gelangte ↗Freie kamen. Im Gegensatz zum Sklaven war der S. an die Scholle gebunden (s. Schollenpflichtigkeit), konnte Vermögen erwerben, eine rechtsgültige Ehe schließen u. war nur zu gemessenen Diensten u. Abgaben verpflichtet. Man unterschied: **a**) S. de corps (homme lige, homo de corpore), der nicht durch ↗déguerpissement frei werden konnte; er war dem droit de ↗poursuite unterworfen, das aber durch traités d' ↗entrecours meist praktisch ausgeschaltet war (andernfalls, wenn es in voller Strenge galt, sprach man von S. de corps et de [pour]suite, vgl. Forfuyance); er konnte nicht ohne sein Gut veräußert werden u. dieses nicht ohne ihn, so daß er gewissermaßen eine Immobilie war; er konnte ohne Einwilligung des ↗Herrn nicht heiraten (vgl. Maritagium [a] u. Formariage) u. hatte bestimmte Abgaben zu zahlen, die ↗taille u. einen ↗Kopfzins (daher cavaticaire, chevagier, homme de chef, capite census, homo capitalis), ↗Fronden (a) zu leisten u. sehr verschiedene Dienste u. Verpflichtungen; er war dem droit de ↗mainmorte unterworfen u. konnte daher ursprgl. weder verkaufen, noch vererben, noch verfügen; doch wurde die Erlaubnis teilweise gegen Abgaben erlangt, später grundsätzlich erteilt, o. die Unfähigkeit durch Fiktion umgangen (vgl. Communauté taisible); endlich war er nur bedingt rechtsfähig. **b**) S. d'héritage, der durch déguerpissement völlig frei werden, über sein bewegliches Vermögen frei verfügen konnte, weder Kopfzins noch formariage zahlte, sondern nur taille u. mainmorte réelle; außerdem war er zu Fronden verpflichtet. Doch hafteten alle Lasten an seinem Grundbesitz, dem hörigen Lehen (tenure servile), nicht an seiner Person. Bes. günstig war die Lage des ↗hospes (2). Dem Ursprung nach unterschied man S. d'ourine (durch Geburt) u. S. de nouvel (durch obnoxiatio, durch Heirat, durch Besitz bestimmter Güter u. durch ↗Wildfangsrecht). Seit dem 15. Jh. gab es meist nur noch S. d'héritage, die sich bis zur Revolution erhielten; im Einzelnen war die Lage der S. in den verschiedenen Landesteilen sehr verschieden.

– de corps (et de [pour]suite) s. Serf.

– de nouvel s. Serf.

– d'ourine s. Serf.

Serfs de sainteur = Ecclesiastici (homines).

Sergeant seit dem 16. Jh. in den roman. Ländern u. Engl. Bezeichnung der ↗Unteroffiziere über dem ↗Korporal (b); das Wort (sargento, sergent, serjeant u. ä.) behielt diese Bedeutung bis heute, so daß außerhalb Dt. der S. i. allg. dem

↗Feldwebel entspricht. In Russl. werden S. erster u. zweiter Klasse unterschieden. Vgl. Sargento mayor. – In Dt. wurde das zu Beginn des 17. Jh. übernommene S. zunächst für den Feldwebel gebraucht, was in einigen dt. Ländern bis ins 19. Jh. üblich war; aber schon in der zweiten Hälfte des 17. Jh. wurden z. B. in Pr. die älteren Korporale zu S. ernannt, ohne daß damit eine bestimmte Funktion verbunden gewesen wäre, ein Brauch, der sich im dt. Heere bis in die Gegenwart erhielt. Vgl. Wachtmeister.

– at-arms s. Serjeant-at-arms.

Sergeantenlehen = Sergenterie.

Sergent 1. (sergent du roi, bedellus, serviens) im älteren Fr. Unterbeamter des ↗prévôt o. des ↗bailli (1) zu Polizeizwecken, je nach Verwendung als S. à pied, S. à cheval usw. bezeichnet; auch die ↗maires (2b) u. andere Beamte wurden als S. zusammengefaßt. **2.** = Knappe (1). **3.** s. Sergenterie.

– à cheval a) = Knappe (1). **b)** s. Sergent (1).

– à pied s. Sergent (1).

– armé = Knappe (1).

– dangereux s. Tiers et danger.

– d'armes = Sergent de bataille (b).

– de bataille a) s. Sargento mayor. **b)** (sergent d'armes, serviens armorum) in Fr. im späteren MA. Angehöriger der kgl. Garde.

– de l'épée s. Sergenterie.

– du roi = Sergent (1).

– général de bataille s. Sargento mayor.

– major s. Sargento mayor.

Sergentaria = Sergenterie.

Sergenterie (Sergeantenlehen, sergenteria, serventaria) adliges, erbliches ↗Lehen (1) mit Kriegsdienst, aber kein ↗Ritterlehen, d. h. der Inhaber (sergent [de l'épée]) leistete nur Dienste eines ↗Knappen (1). Die S. waren, außer in der Norm. (S. ducale) u. den übrigen engl. Besitzungen, bes. in den Kreuzzugsstaaten verbreitet. Da die Sergents öfters ↗unfrei waren, entsprachen sie mehr o. weniger den dt. ↗Ministerialen (2). Vgl. Cavallaría (1).

Serjeant s. Serjeanty.

– at-arms (serviens armarum) eigentlich bewaffneter Begleiter des Kgs., in den beiden Häusern des engl. ↗Parlaments (1) sowie (sergeant-at-arms) des ↗Kongresses der USA u. der ↗General Assemblies (2) der Einzelstaaten der oberste Polizeibeamte des betr. Hauses.

– at-Law höchste Stufe des ↗Barrister mit bes. Vorrechten; die Richter der hohen Common Law-Gerichtshöfe sind stets S. Die S. setzen sich aus Barristers, die von ihrem ↗Inn den Doktorgrad erhielten, u. solchen, die zum ↗King's Counsel ernannt wurden, zusammen.

– major s. Sargento mayor.

Serjeanty in Engl. ↗Lehen (1) eines serjeant (servant, serviens), häufig eines ↗Unfreien, das alle Lasten des ↗Ritterlehens trug, dessen Inhaber aber nicht den ordentlichen Kriegsdienst leistete u. daher kein ↗scutagium zahlte; auf der grand S. ruhten bestimmte Hofdienste o. auch Pflichten im Felde (z. B. Bannertragen), auf der petty S. eine Abgabe in Waffen. Seit Heinrich II. zahlten die serjeants das ↗tallagium.

Serment s. Münzerhausgenossen.

Sermo s. Munt (1).

Serrata (di Maggior Consiglio) die in den Jahren 1297–1323 allm. erfolgte Abschließung des ven. ↗Maggior Consiglio, wodurch die bis dahin übliche Wahl seiner Mitglieder beseitigt u. durch Erblichkeit ersetzt wurde; die Mitgliedschaft gewährte eo ipso den Adel (nobilità); ↗Urkunde war eine bes., 1314 angelegte Matrikel, seit 1506 libro d'oro genannt.

Servant 1. s. Zunft (1). **2.** s. Serjeanty.

– system das früher bei der Einwanderung in die USA vielfach übliche System, wonach der durch die Reise usw. dem Auswanderungsagenten verschuldete Auswanderer von einem Farmer o. dgl. ausgelöst wurde, u. dafür diesem eine Reihe von Jahren als indented servant (verbundener Knecht) diente, d. h. in der Form der ↗Schuldknechtschaft. Vgl. Parçeria.

Serventaria = Sergenterie.

Service = Aide de l'ost.

– de cheval s. Equus de servitio.

– de conseil s. Consilium (1).

– de cour s. Consilium (1).

– de plégerie in Fr., bes. in der Norm, vom Lehensmann (s. Lehen [1]) dem Lehensherrn geschuldete aide (s. Auxilium [1]), in zwei Fällen: **a)** wenn der Herr eine Schuld einging, mußte der Mann bürgen (plègement de dettes); **b)** wenn der Herr aus Schuldhaft zeitweilig entlassen wurde, mußte der Mann für Rückkehr u. etwaige Bußen bürgen (plègement de corps).

– d'écu s. Host.

– Vote in Engl. 1884 eingeführtes Wahlrecht derjenigen, die infolge eines öffentlichen Amtes o. einer privaten Anstellung eine Dienstwohnung besaßen.

Services de corps = Fronden (a).

Servicio (voluntario) im ma. Kast. Steuer, die jedesmal von den ↗Cortes (a) neu bewilligt werden mußte.

– y montazgo s. Mesta.

Servicus = Ministeriale (2).

Serviens 1. a) = Knappe (1), Ministeriale (2) u. Sergent (1). **b)** s. Serjeanty. **2.** s. Zunft (1). **3.** = Dageschalk.

– armarum = Serjeant-at-arms.

– armorum = Sergeant de bataille (b)

– **regius** s. Ministeriale (2).
Serviente d'armi s. Bruder, dienender (b).
Servientium jus s. Ministeriale (2).
Servis **1.** mil. der Unterhalt mit Ausnahme des Essens, dann die dafür gezahlte Vergütung. **2.** (Servisanlage, Servisgeld, Servisumlage) früher in einigen Staaten Abgabe, die an Stelle der bisherigen Verpflichtung zur Truppenverpflegung u. Einquartierung getreten war. Vgl. Heersteuer. In Pr. wurde im 18. Jh. der S. (Realservis) als Grund- u. Gebäudesteuer in den Städten erhoben u. zur Entschädigung der tatsächlichen Quartierlasten verwendet. **3.** s. Cens et servis.
Servitia communia s. Annaten.
– **minuta** s. Annaten.
– **pro familia(ribus)** s. Annaten.
– **secreta** s. Annaten.
– **servilia** = Fronden (a).
Servitialleistung = Servitium regis.
Servitientaxe s. Annaten.
Servitium (Dienst) ursprgl. jede Leistung, die ein nicht ↗Freier irgendeinem ↗Herrn schuldete, vor allem die ↗Fronden (a) u. Naturallieferungen der ↗Hörigen u. ↗Unfreien, je nach Art der Leistung o. nach dem Herrn benannt, z. B. Grunddienst (S. census), ↗Küchendienst, Pfennigdienst, Vogteidienst. S. bildete daher den Gegensatz zur Vollfreiheit. Als sich immer mehr Freie durch ↗Autotradition u. ↗Kommendation in Abhängigkeit begaben, wurden auch ihre Leistungen S. genannt, ebenso endlich das ↗servitium regis. I. e. S. hieß vor allem der ↗Lehensdienst S., während man den Dienst der Beamten, bes. auch der Hofbeamten (vgl. Diener [3]) ↗officium (1) u. die Fronden opera nannte, ohne daß aber S. i. w. S. für alle Leistungen ungebräuchlich geworden wäre. Beim ↗Herbergsrecht (1) wurde bes. die Verpflegung mit S. bezeichnet. – In der Kirche hieß vor allem die ↗procuratio canonica S., später auch ein Teil der ↗Annaten.
– **advocati** s. Vogtei (2).
– **biduanum** s. Fronden (a) u. Küchendienst.
– **census** s. Servitium.
– **competens** s. Host.
– **cotidianum** s. Fronden (a) u. Küchendienst.
– **curruum** = Wagendienst.
– **debitum** s. Constabularia.
– **diurnum** s. Küchendienst.
– **Episcopi** = Procuratio canonica.
– **equi** s. Equus de servitio.
– **forinsecum** in Engl. die Hoffahrt (s. Lehensdienst).
– **hebdomale** s. Fronden (a) u. Küchendienst.
– **inconsuetum** s. Bede (1).
– **militare** in Engl. die ↗Heerfahrt.
– **militis** = Lehensdienst.
– **minus competens** s. Host.
– **noctium** s. Herbergsrecht (1).
– **publicum** = Servitium regis.
– **privatum** s. Fronden (a).
– **quatriduanum** s. Fronden (a) u. Küchendienst.
– **regale** = Servitium regis.
– **regis** (functio publica, f. regalis, obsequium regale, servitium publicum, s. regale, Königsdienst, Servitialleistung) im MA., bes. in frk. Zeit, die Naturalleistungen u. Abgaben an den Kg., z. B. ↗Herbergsrecht (1), ↗Burgwerk, ↗fodrum, ↗carnaticum (1), ↗hostilitium (a) u. ↗Königszins; auch die Dienste, die dem Kg. als ↗Grundherrn zustanden, wurden S. r. genannt. Im späteren MA. behielten die S. r., obwohl nunmehr größtenteils den Landesherren (s. Landeshoheit) zugefallen, zunächst ihre Bezeichnung, später wurde dafür der Ausdruck ↗Reichsdienst üblich.
– **regium** s. Subsidium (1).
– **scuti** s. Host.
– **triduanum** s. Fronden (a) u. Küchendienst.
Servitor **1.** = Ministeriale (2). **2.** ↗Unfreier, der ↗Fronden (a) leistete, je nach der Zahl der wöchentlichen Arbeitstage s. cotidianus, biduanus, triduanus, quadriduanus.
Servitus s. Leibeigener.
– **fluminis** = Traufrecht.
Servitut (Dienstbarkeit) dingliches Nutzungsrecht an fremder Sache, entw. zu Gunsten eines Grundstücks (Grunddienstbarkeit, Grundgerechtigkeit, Praedialservitut, Realvervitut), o. einer Person (beschränkte persönliche Dienstbarkeit, Personalservitut). Während diese röm.-rechtlichen S. dem germ. Recht i. allg. fremd waren, wurden sie vom ↗gemeinen Recht (a) nicht nur übernommen, sondern ihnen alle möglichen Berechtigungen unterstellt, wie z. B. die Rechte an der ↗Allmende, die Rechte des ↗Grundherrn am ausgetanen Land, auch die ↗Reallasten. Das BGB kehrte i. wesentl. zu den röm. Grundsätzen zurück. – Ein Grundstück, das mit einer S. belastet ist, heißt dienendes, eines, dem eine S. zusteht, herrschendes Grundstück. Werden beide in einer Hand vereinigt, so kann die S. als Eigentümerdienstbarkeit bestehen bleiben. Vgl. Buchersitzung. – Mit einer S. (Staatsdienstbarkeit, Staatsservitut) kann auch ein Staat gegenüber einem o. mehreren anderen Staaten belastet sein.
Servus (auch famulus) im MA. meist nicht der Sklave, sondern eine irgendwie abhängige Person, i. d. R. der ↗ Unfreie, der ↗Leibeigene, in Fr. der ↗serf, aber auch z. B. der ↗Knappe (1), der ↗Ministeriale (2) u. der ↗Vasall. Vgl. Mancipium.
– **beneficiarius** ursprgl. Eigentümer eines Gutes, das er verkauft hatte, u. als ↗precaria (1) wie-

der erhielt, aber in der Eigenschaft eines ↗colonus.

– camerae = Kammerknecht (kaiserlicher).

– casatus (↗collatius, ↗mancipium, ↗mansionarius [1], massarius, servus manens, angesetzter Mann) in frk. Zeit ↗unfreier Knecht, der vom ↗Herrn auf einem Stück Land ([hoba] casata, mansus servilis [s. Hufe]) angesetzt wurde, das Land bebaute, allm. an die Scholle gefesselt wurde (seit 806 auch rechtlich) (s. Schollenpflichtigkeit) u. so zum ↗Halbfreien, in Dt. zum ↗Hörigen, in Fr. zum ↗serf wurde.

– cotidianus = Dageschalk.

– deserviens s. Dageschalk.

– ecclesiae (servus ecclesiasticus, Kirchenknecht) ↗Unfreier o. auch ↗Halbfreier einer Kirche, eines ↗Klosters usw.; er hatte im früheren MA. dreifaches ↗Wergeld.

– fiscalinus s. Fiskalinen.

– fiscalis s. Fiskalinen.

– fisci s. Fiskalinen.

– foranus s. Leibeigener.

– glebae s. Schollenpflichtigkeit.

– in domus manens s. Dageschalk.

– in perpetuo servicio s. Leibeigener.

– manens = Servus casatus.

– nobilis = Ministeriale (2).

– non casatus s. Unfrei.

– officialis = Höriger.

– praebendarius s. Dageschalk.

– proprii juris s. Leibeigener.

– regis s. Fiskalinen.

– regius s. Fiskalinen.

– salicus s. Fronhof u. Leibeigener.

Sesman s. Burglehen.

Sesmeiro in Port. Beamter, der die Verteilung des herrenlosen Landes (sesmaria) vornahm.

Sessio = Landkapitel.

– mixta s. Reichstag (7).

– triduana s. Affatomie u. Gewere (1).

– trimestris s. Friedensrichter (1).

Session (Sitzungsperiode) Unterabteilung der ↗Legislaturperiode (die u. U. nur eine S. umfaßt), bes. dadurch gekennzeichnet, daß durch ihren Schluß alle Parlamentsgeschäfte zu Ende kommen u. in der neuen S. eventuell von neuem begonnen werden müssen; doch ist gerade diese sogen. Diskontinuität der S. von einigen ↗Parlamenten (1) beseitigt worden. Durch eine Vertagung wird die S. nicht geschlossen. – In den USA wurde in neuester Zeit versucht, durch sogen. bifurcated sessions die Beratungen der Gesetze zu verbessern, indem man sämtliche vorliegenden Entwürfe in erster Lesung erledigt, dann die S. für einige Wochen vertagt, während dieser Zeit die Entwürfe gründlich berät, u. dann erst in einer neuen Tagung die zweite u. dritte Lesung u. die Beschlußfassung vornimmt.

Sessional Division s. Friedensrichter (1).

Sessions Judge = District and Sessions Judge.

Seßlehen (feudum aedificii, f. keminatae) ↗Lehen (1), das in einem steinernen Haus (keiner Burg) bestand.

Sessor s. Burglehen.

Setkowa s. Decimus.

Sette s. Heimschnat.

Setzen auf Totschlag = Totsatzung.

– zu Gelde s. Setzrecht.

Setzrecht bei mehreren Erben Recht eines von von diesen, für einen Teil des Nachlasses, der nicht geteilt werden sollte, i. d. R. ein Grundstück, einen Schätzungspreis zu nennen («Setzen zu Gelde»), zu dem er, je nach der Wahl der andern, das Grundstück übernehmen o. ihnen überlassen mußte. Übernahm er das Grundstück, so hatte er den Miterben eine Rente daraus zu entrichten (Erbegeld). Der Setzende wurde durchs Los ermittelt, falls nicht von vornherein einer das Vorrecht besaß. Vgl. Jüngstenrecht u. Majorat.

Setzschiffer Schiffsführer, der vom Reeder «gesetzt» wird, ohne auch nur Teileigentum (vgl. Partenreederei) am Schiff zu haben.

Setzschulze im Gegensatz zum ↗Erbschulzen (a) ein ↗Schultheiß, der vom ↗Gutsherrn auf Zeit eingesetzt wird.

Setzungsrecht s. Partenreederei.

Setzwirt(schaft) s. Mahljahre.

Sextarius s. Enthänge.

Sey = Kuhrecht.

Seybuch (Alp[sey]buch) Verzeichnis der Glieder einer ↗Alpgenossenschaft u. der ihnen zustehenden ↗Kuhrechte.

Seymick s. Sejmik.

Seyung = Stuhlung.

Sheriff (vicecomes [1]) in ags. Zeit ursprgl. kgl. Beamter (↗gerēfa, gerēfscipe, scīrman) neben dem ↗Earl, diesen seit Alfred mehr u. mehr verdrängend, endlich erster Richter u. Verwaltungsbeamter der Grafschaft (scīrgerēfa), als solcher von den Norm. übernommen. Er wurde zuerst vom Kg. ernannt u. vertrat diesen in allen Zweigen der Verwaltung u. Rechtsprechung; als er allm. von den Ständen abhängig (häufig von ihnen gewählt) wurde, z. T. infolge Erblichkeit seines Amtes, schränkte der Kg. seine Befugnisse durch den ↗Coroner, dann durch die ↗Justices in eyre ein, so daß sich die richterliche Tätigkeit des S. auf den Sheriffsturn im ↗Hundred Court beschränkte u. im 13. Jh. ganz aufhörte; seine Polizeigewalt ging 1361 auf den ↗Friedensrichter (1) über. Der S. blieb Erheber von Gefällen (eine Zeitlang war er ↗Steuerpächter), für die er dem ↗Exchequer

Rechnung abzulegen hatte, weshalb er zeitweilig von diesem ernannt wurde. In neuerer Zeit ist er außerdem Exekutivorgan der hohen Gerichtshöfe, Kommissär für Parlamentswahlen, bestellt u. lädt die Geschworenen (s. Jury) u. repräsentiert die ↗County; da er kein Gehalt bezieht, ernennt der Kg. nur Mitglieder der ↗Gentry zu S., die ihrerseits als Vertreter (Under-S.) stets einen ↗Solicitor ernennen. – In Scho. geriet das Amt (shrievalty) des S. in die Hand des Adels u. war 1748 in bestimmten Familien erblich. In der Gegenwart gibt es zwei Stufen von S.: der S. Principal (S. Depute) ist i. wesentl. Appellationsrichter für jeweils mehrere Counties, kann Privatpraxis betreiben u. braucht nicht in seinem ↗Sprengel zu wohnen; der S. Substitute muß dies, darf keine Privatpraxis treiben u. ist in jeder County ordentlicher Richter; sein Gericht (Sheriff's Court) entspricht dem engl. ↗County Court; außerdem besitzt er weitgehende Verwaltungsbefugnisse. – In den USA ist der S. höchster Verwaltungsbeamter der County, bes. mit polizeil. Befugnissen; er wird vom Volke gewählt. Vgl. Posse comitatus.

– Depute s. Sheriff.

– Officer s. Bailiff (1).

– Principal s. Sheriff.

– Substitute s. Sheriff.

Sheriff's Court s. Sheriff.

Sheriffsturn s. Hundred Court u. Sheriff.

Shi s. Lehensfürst (2).

Shiden s. Iden.

Shiki in Jap. ursprgl. der Anteil, den sowohl der Eigentümer (Ryōke) als auch der Inhaber (Ryōshu [a]) eines ↗Shō (2) an dessen Erträgen hatte; beide konnten die S. beliebig teilen, veräußern, verschenken o. vererben; das gleiche konnten auch die Inhaber der Teile ihrerseits, so daß endlich das Shō nur noch als ein Komplex von S. erschien; auch konnten die S. unabhängig vom Grundstück als selbständige Nutzungsrechte veräußert usw. werden. Der Übertragungsakt erfolgte einfach durch einen Vertrag u. gleichzeitige Übergabe der Besitzurkunde, auf deren Rückseite der Veräußerer sein Monogramm (Han) anbrachte, weshalb ein solcher Vertrag Urahan (Monogramm auf der Rückseite) hieß; wurde nur ein Teil des S. übertragen, so erhielt der Erwerber nur eine Kopie der Besitzurkunde, auf deren Rückseite der Vertrag geschrieben wurde u. ebenfalls das Monogramm; ein solcher Vertrag hieß Urawafuzu (gesiegelt auf der Rückseite). Die Verwaltung des Shō erhielt ein Duplikat, wovon sie Kenntnis nahm; irgendeine Taxe wurde nicht erhoben. – Die S. wurden auch geradezu als Gehalt für Beamte u. Offiziere verwendet, auch als Stiftungen für Tempel u. ↗Klöster. – Als die ↗Shugo u. ↗Jitō (a) die Verwaltung übernahmen, suchten sie die S. auf alle mögliche Weise wieder mit dem Shō zu vereinigen; doch erhielten sich die S. teilweise bis ins 14. Jh.

Shikibunden s. Iden.

Shikken im ma. Jap. etwa soviel wie Regent, Verwalter; unter dem Titel S. führte 1219–1333 die Familie Hojo an Selle der damals machtlosen ↗Shōgune die tatsächliche Herrschaft.

Shinjikwan = Jingikwan.

Shinon vom Shōgun einem ↗Vasallen außer seinem ↗Chigyō überlassener Besitz, i. allg. aus ↗Shiki bestehend.

Ship-money (Schiffsgeld) eigentlich die Abgabe, die von den engl. Küstenbewohnern an Stelle von Schiffen fakultativ an den Kg. gezahlt wurde; 1634 wurde das S. als allg. Steuer auf das ganze Land ausgedehnt u. bis 1640 erhoben.

Shipper = Pilot.

Ship's husband = Korrespondentreeder.

Shire (scīr) in ags. Zeit in Engl. der kontinentalen Grafschaft (s. Graf) entspr. Verwaltungsbezirk, zuerst in Wessex, seit Beginn des 11. Jh. auch nördl. der Themse, später durch die ↗County ersetzt; an der Spitze des S. stand der ↗Ealdorman (a), der auch mit dem ↗Bischof zusammen die zweimal jährl. tagende Grafschaftsversammlung (scīrgemōt, vor allem Gericht) leitete. Vgl. Gerēfa.

Shisaku s. Shō (2).

Shizoku s. Samurai.

Shō in Jap. **1.** seit dem 7. Jh. (endgültig seit 662) nach chin. Muster eingerichtete Zentralbehörden unter dem ↗Dajokwan; die S. entsprachen ungefähr den eur. Fachministerien (s. Fachdepartement) u. führten die eigentliche Verwaltung; an der Spitze jedes S. stand ein Kyo, dem ein erster u. zweiter Stellvertreter (Tayu u. Shoyu) zur Seite standen; die Kontrolle über die Kyo übten zwei Beamte aus, der Sadaiben als Vertreter des Sadaijin u. der Udaiben als Vertreter des Udaijin. Die S. zerfielen in Abteilungen (Kwan). Seit Ende des 12. Jh. nur noch formell bestehend, blieben die S. weiter erhalten u. führten 1867–1882 auch tatsächlich wieder die Verwaltung. Vgl. Naikaku. **2.** (Shō[y]en) seit dem 9. Jh. Form des privaten Grundbesitzes, entstanden aus ksl. Schenkungen, Urbarmachung, u. auch aus Usurpationen. Das S., das vielfach aus unzusammenhängenden, aber sehr großen Teilen, bestand, war meist von Steuern u. Abgaben völlig (Ichiyenshō) o. größtenteils befreit, hatte eigene Verwaltung, aber nicht eigene Gerichtsbarkeit. Eigentümer war der Ryōke (Honke, Besitzherr, Gebietsherr, Stammgutsherr), i. d. R. den ↗Kuge angehörend u. am Hofe residierend. Nahezu das ganze

S. war an ↗Ryōshu (a) o. ↗Sakunin vergeben, nur ein sehr kleiner Teil wurde als Tsukurida (Shisaku) unmittelbar bewirtschaftet; der weitaus größte Teil wurde in Form der ↗Shiki weiter vergeben. Nach 1185 kamen die S. mehr u. mehr in die Verwaltung der ↗Jitō (a); die Polizeiverwaltung wurde von einem bes. Beamten (Oryōshi) ausgeübt, i. d. R. dem betr. ↗Shugo. Seit Ende des 14. Jh. verschwanden die S. der Sache nach, der Name erhielt sich noch bis Ende des 15. Jh. Vgl. Myō(den).

Shōen = Shō (2).

Shōgun (Kronfeldherr, Reichsfeldherr, Reichsmarschall) in Jap. der Oberbefehlshaber, ursprgl. von Fall zu Fall ernannt; seit 1192 war der Träger des Titels der tatsächliche Herrscher Jap., der formell kraft einer ksl. Vollmacht (Inin) regierte. 1192–1219 u. 1338–1573 war die Würde de facto erblich, in der Zwischenzeit wurden die S. von den ↗Shikken eingesetzt, 1573–1603 gab es keinen S. (vgl. Kwampaku), dann wurde das Shogunat wieder erblich u. zwar de jure; im Verkehr mit dem Ausland führten die S. seit 1853 den Titel Taikun (großer Herr). Der letzte S. gab 1867 seine Vollmacht dem Ks. zurück. Vgl. Bakufu u. Tairō. – Die Macht des S. beruhte vor allem darauf, daß er ↗ oberster Lehensherr (1) war; bis ins 14. Jh. waren alle Lehensleute seine ↗Gokenin, später galten nur noch die ↗Daimyō, Shomyō u. ↗Hatamoto als seine unmittelbaren Vasallen.

Shokubunden s. Iden.

Shokuden = Iden.

Shomyō s. Daimyō.

Shōnagon s. Dajokwan.

Shoryō = Chigyō.

Shoshidai in Jap. vom 17.–19. Jh. der Kommandant des Schlosses von Kyōto, der gleichzeitig Vertreter des ↗Shōgun beim Ks. war u. allen Audienzen desselben beiwohnte. Der S., der Kommandant (Jōdai) des Schlosses von Osaka u. der Kommandant der Schlösser von Shidzuoka u. Kōfu bildeten ein Kollegium, das für die Ruhe des Landes verantwortlich war.

Shōya s. Mura.

Shōyen = Shō (2).

Shoyu s. Shō (1).

Shrievalty s. Sheriff.

Shugiin s. Teikoku gikwai.

Shugo seit dem 12. Jh., zuerst nur vereinzelt, vom ↗Shōgun eingesetzter Verwaltungsbeamter eines ↗Koku, hauptsächlich mit der Polizei betraut, dann mit der Aufsicht über die ↗Vasallen; Der S. selbst war ↗Gokenin. Über mehreren Koku stand ein Tandai, in seiner Eigenschaft als Polizeichef Sōtsuihoshi genannt. Im 14. u. 15. Jh. wurde ein Teil der S. u. Tandai zu unabhängigen ↗Daimyō. Die Bezeichnung S. verschwand Ende des 16. Jh.; eine Zeitlang erschienen in den Urkunden stattdessen verschiedene neue Benennungen, z. B. Taishu, endlich siegte Daimyō.

Shuinjō in Jap. Ende des 16. Jh. der ↗Kaperbrief, der sehr bald zu einem Kontrollinstrument wurde u. seit 1604 den Charakter einer Lizenz annahm, durch die diejenigen Schiffe, welche sie besaßen (Shuinfune), die Erlaubnis erhielten, auswärtigen Handel zu treiben.

Shupan = Supan.

Siamet s. Timar.

Siang-kuo s. Schangschu-ling.

Sichelfutter im oberen Maingebiet Abgabe von Rodungen, die in Bannwäldern (s. Forst) einer ↗Grundherrschaft mit deren Erlaubnis vorgenommen worden waren. Ob die in anderen Gegenden vorkommenden Bezeichnungen Sichelhafer, Sichelkorn, Reitmutte, Reutmetz dasselbe bedeuten, ist strittig.

Sicherheitsdienst s. Schutzstaffel.

Sicherheitsplätze (places des sûreté) in Fr. 1570 bis 1629 Orte, die den Hugenotten eingeräumt wurden u. in denen die kath. Kirche nur geduldet war. Die Zahl, die Dauer der Verleihung u. die Rechte der Hugenotten in den S. wechselte je nach den betr. Edikten. Das Edikt von Nantes unterschied S. i. e. S. (befestigte Orte mit hugenottischen Garnisonen), places de mariage (kleine Orte mit hugenottischer Besatzung), villes libres royales u. places particulières (einem ↗seigneur gehörige Orte); in den beiden letzteren Gruppen hatten die Hugenotten nur die Verwaltung.

Sicherungseid = Kautionseid.

Sicherheitsrat (Security Council) seit 1945 Organ der UNO, bestehend aus fünf ständigen (USA, UdSSR, Grbr., Fr. u. Nationalchina) u. sieben für je zwei Jahre von der Vollversammlung gewählten Mitgliedern; abgesehen von Verfahrensfragen u. einigen unwesentlichen Dingen wird eine Entscheidung mit sieben Stimmen getroffen, wozu die Stimmen der ständigen Mitglieder gehören müssen.

Sicio = Schlag (1).

Sideman s. Sendgericht.

Siebener s. Feldgeschworener u. Stadtrat (a).

Siebeneramt s. Stadtrat (a).

Siebenergericht ↗Hochgericht in den ↗Herrschaften Badenweiler u. Rötteln (hier auch Kapfgericht, da ursprgl. auf dem Berg gehalten).

Siebenter = Medem.

Siedelhof = Sattelgut.

Siedelhorst Gruppe von Siedlungen, die in einem noch unbewohnten Gebiet durch Rodung usw. entstand, u. von andern S. durch Wälder, Gebirge, Sümpfe getrennt ist.

Siedlungskolonie = Ackerbaukolonie (1).

Siège des monnaies in Fr. früher Gericht erster Instanz für Münzvergehen, mit Appellation an die ↗chambre des monnaies. S. des m. waren z. B. die einzelnen Prägestätten (hôtels des monnaies).

– **général de l'amirauté** s. Admiralitätsgericht.

– **particulier de l'amirauté** s. Admiralitätsgericht.

– **présidial** (présidial, Präsidialsitz) von Heinrich II. 1552 errichtete Zwischeninstanz über den Gerichten der bailliages (s. Bailli [1]), unter dem ↗Parlament (2), zuständig für öffentliche Ruhestörung u. Friedensbruch (cas présidiaux), aber ohne genaue Abgrenzung bes. gegen die ↗prévôts des maréchaux. In Zivilsachen bis 250 livres urteilten die S. p. in letzter Instanz; diese Kompetenz wurde premier chef (de l'édit) genannt, über 250 livres war Appellation an das Parlament möglich, aber nur mit ↗Devolutiveffekt (second chef [de l'édit], 1777 aufgehoben). Die bailliages, in denen S. p. bestanden, hießen b. présidiales, die anderen b. simples. Vor 1552 wurde mit S. p. (cour présidiale) in Südfr. das Gericht eines ↗Seneschalls (2) bezeichnet.

Siegel, authentisches s. Siegelurkunde.

– **echtes** s. Siegelurkunde.

Siegelbewahrer = Garde du sceau.

Siegelfähigkeit s. Siegelurkunde.

Siegelgeld Gebühr für die Ausfertigung einer ↗Urkunde, z. B. des Freibriefes (s. Freilassung).

Siegelmäßigkeit s. Siegelurkunde.

Siegelurkunde seit dem 11. Jh. außerhalb It., wo die Instrumente der ↗Notare als Beweismittel für Rechtshandlungen dienten, entstandene Form der ↗Urkunde, wobei das Siegel den Inhalt beglaubigte. Zuerst war die S. reine Beweisurkunde (s. notitia [a]), u. das Siegel trat nur sekundär an die Stelle der Zeugen, dann wurde sie allm. diesen als Beweismittel gleichgestellt u. ersetzte endlich vollständig die Zeugen (vgl. Zeugenurkunde); sie wurde so zur dispositiven Geschäftsurkunde (s. carta). – In eigener Sache konnten alle, die ein Siegel besaßen (siegelmäßige Leute, Siegelfähigkeit, Siegelmäßigkeit) besiegeln, in fremder Sache aber nur der Inhaber eines authentischen Siegels (echtes S., sigillum authenticum) nach den Forderungen des kan. Rechtes, d. h. des Papstes, eines Kgs., geistl. o. weltl. Fürsten, ↗Offizials, ↗Domkapitels; doch galten tatsächlich auch die Siegel von ↗Äbten, ↗Grafen, Städten usw. als authentisch. Vgl. Scriptum authenticum u. Traditionsbuch.

Sielacht = Sielverband.

Sielgenossenschaft = Sielverband.

Sielgeschworener s. Sielverband.

Sielschatz s. Sielverband.

Sielverband (Sielacht, Sielgenossenschaft) meist einem ↗Deichverband eingegliederte, ihm untergeordnete Genossenschaft zum Zwecke der Entwässerung des Deichbinnenlandes; die Organisation entspricht der des Deichverbandes, den Deichgeschworenen entsprechen Sielgeschworene, dem Deichschatz (s. Deichlast) der Sielschatz. Vgl. Wassergenossenschaft.

Sigillum authenticum s. Siegelurkunde.

Signaculum (regale) = Indiculus regalis.

Signatura Apostolica (Supremum S. A. tribunal) eines der ↗Tribunalia Curiae Romanae, als S. justitiae im 14. Jh. zur Begutachtung von Gnadengesuchen u. Bittschriften gegründet, später mit der Erkenntnis über Zulässigkeit von Appellationen an die ↗Rota, über Kompetenzstreitigkeiten, Beschwerden usw. betraut, während ihre ursprgl. Befugnisse im 16. Jh. an die S. gratiae übergingen. Beide S., von je einem Cardinalis Signator geleitet, wurden, nachdem sie nach 1870 de facto nicht mehr tätig waren, de jure aufgehoben u. durch die S. A. als ↗Kassationshof für Urteile der Rota ersetzt; neben den als Richter fungierenden ↗Kardinälen (1) stehen Praelati votantes u. Pr. referendarii. Vgl. Auditor Sanctissimi u. Referendarius.

– **gratiae** s. Signatura Apostolica.

– **justitiae** s. Signatura Apostolica.

Signifer s. Oberbote.

Signore in It. bes. im 13. u. 14. Jh. Machthaber, dem eine Stadt freiwillig die Herrschaft (signoria) über sich, etwa in der Stellung eines ↗podestà (1), eingeräumt hatte. In der ersten Zeit waren die S. meist einheimische Adlige, später fast ausschließlich ausländische, häufig Prinzen kgl. Häuser, auch regierende Fürsten. Vielfach entstanden die S. aus erblich gewordenen podestà o. ↗capitanei populi.

Signori di notte (domini de nocte) im 13. u. seit dem 16. Jh. i. wesentl. ven. Sicherheits- u. Strafpolizei, im 14. u. 15. Jh. Gerichtshof für Sittlichkeits- u. Sicherheitsvergehen. Seit 1544 waren sie nach den sechs Stadtteilen in je sechs S. di n. al criminal u. al civil geschieden u. ersetzten die bisherigen Vorsteher der ↗Viertel (3), die capi sestieri.

Signoria a) s. Signore. b) (zuerst Minor Consiglio, consilium minus, c. parvum, später Collegio, Pien C., collegium, plenum c., auch ↗dominium) in Ven. Ende des 12. Jh. neben dem ↗Maggior Consiglio entstandener kleiner Rat, zuerst seiner Kompetenz nach von ersterem nicht geschieden, dann ein ↗Staatsrat (1) neben dem ↗Dogen (a), schon Mitte des 13. Jh. das eigentliche Staatsoberhaupt, den Dogen überwachend, oberster Kompetenzgerichtshof, bis 1446 auch die Gesetze interpretierend. Die S. bestand aus den sechs eigentlichen consiglierie

(c. di supra, consiliatores superiores, als Ganzes Consiglio ducale) u. seit 1231 den drei capi der ↗Quarantia, die während ihrer Tätigkeit in der S. durch drei consiliatores inferiores (mit den c. superiores gleichzeitig gewählt) in der Quarantia ersetzt wurden. Die consiglieri waren der sogen. contumacia unterworfen, d. h. sie konnten nur nach Ablauf einer der Amtsdauer (meist ein Jahr) gleichen Zeit wiedergewählt werden. Die ursprgl. S. wurde zu Beginn des 15. Jh. durch die ↗Savi zu einem eigentlichen Staatsrat erweitert u. hieß in dieser Form Pien Collegio. c) in Florenz seit 1293 Bezeichnung für die oberste Behörde, die ↗Priori (delle arti) u. den ↗Gonfaloniere della giustizia.

Sikwai in den jap. Städten seit 1888 die gewählte, dem Stadtoberhaupt zur Seite stehende Vertretung der Bürgerschaft, die aus ihrer Mitte einen geschäftsführenden Ausschuß (Sisonzikwai) von sechs Mitgliedern wählt.

Silberflotte i. d. Lit. gebräuchlich für die offiziell «flotas y galeones» genannte Flotte, die seit Mitte des 16. Jh. jährl. einmal (bis dahin meist zweimal) von Sp. nach Am. u. zurück fuhr, u., abgesehen von den ↗Registerschiffen, bis in die Mitte des 18. Jh. die einzige rechtmäßige Handelsverbindung darstellte. Sie führte auf dem Hinwege eur. Fertigwaren u. die von den Kolonialbehörden benötigten Gegenstände (Waffen, Munition, Quecksilber usw.), auf dem Rückweg Kolonialwaren u. das (monopolisierte) Silber. Jede S. bestand aus zwei administrativ völlig getrennten Teilen unter getrenntem Kommando: der Handelsflotte (flota) u. den Kriegsschiffen (galeones.) Vgl. Almirante.

Silberzins (Erbsilberzins) in den bhm. Ländern der Erbzins (s. Erbleihe u. Erbpacht), wenn er in Geld bestand; die Hälfte wurde als halber S. im 16. Jh. von den ↗Landständen als Steuer bewilligt.

Silva communis s. Allmende.

– libera s. Forst.

– marcalis s. Allmende.

– propria s. Forst.

– singularis s. Forst.

– specialis s. Forst.

Silvarum jus s. Echtwort.

Simple service s. Ligeïtät.

Simpler = Bönhase.

Simplex homo s. Ligeïtät.

Simultan im kirchl. Sinne eine Anstalt u. ä., die von den verschiedenen christl. Konfessionen gemeinsam benützt wird (z. B. Kirche, Kirchhof, Schule). Der Vertrag, der ein solches Verhältnis begründet, heißt Simultaneum (mixtum). Im Dt. R. nannte man bis 1806 notwendiges Simultaneum das Nebeneinanderbestehen des kath. u. prot. Kultus, wenn es im ↗Normaljahr bestanden hatte; wenn später durchgeführt, willkürliches Simultaneum.

Simultanbelehnung = Gesamtbelehnung.

Simultaneum (mixtum) s. Simultan.

Simultaninvestitur = Gesamtbelehnung.

Sindacat = Syndikat.

Sindaco in It. der dem fr. ↗maire (1) entspr. Ortsvorsteher. Vgl. Syndicus (1) u. Gonfaloniere.

Síndico s. Procurador (1) u. Syndicus (1).

Sindico et inquisitore ↗reisender Richter in Ven.; die S. et i. hatten vor allem auch die Pflicht, Vorschläge über Reformen in Verwaltung u. Wirtschaft der Untertanenländer zu machen.

Singgeld s. Reichnis.

Singularis (homo) = Einläufiger.

Sinlehen s. Diensthufe.

Sinnen s. Lehen (1).

Sipahi (Spahi) in der Tk. der Reiter, bis ins 16. Jh. nur der Inhaber eines ↗Timar (Timarspahi), später auch ein vom ↗Sultan belehnter, aber in Konstantinopel garnisonierender Reiter. Die Bezeichnung S. ging dann über auf die von eur. Mächten angeworbenen tk. bzw. or. Reiter, endlich auf leichte Reiter überhaupt, in Ind. auch auf Fußtruppen (Sepoy).

Sippe (Sippschaft, genealogia, generatio) bei den germ. Völkern ursprgl. der ↗agnatisch gegliederte Geschlechtsverband, alle von einem Stammvater in männlicher Linie abstammenden Personen umfassend; Grund u. Boden stand wahrscheinlich in ihrem Gesamteigentum. Im Laufe der Zeit wurden mehr u. mehr auch die ↗Kognaten berücksichtigt, so daß nunmehr S. die Gesamtheit aller Blutsverwandten einer Person bedeutete. Die S. besaß in älterer Zeit öffentlich-rechtliche Bedeutung; vgl. Munt (1) u. Wergeld.

Sippenfriede s. Friede (a).

Sippenviertel = Kluft.

Sippenweiler s. Weiler.

Sir eigentlich nur (mit dem Vornamen verbundenes) Prädikat der ↗Knigths u. ↗Baronets, sowie der männlichen Mitglieder der kgl. Familie; tatsächlich in neuerer Zeit als höfliche Anrede allg. üblich.

Sire eigentlich Abkürzung für ↗seigneur, in Fr. im MA. (u. teilweise bis ins 18. Jh.) Anrede von ↗Lehensfürsten (1) usw., seit dem 16. Jh. für den Kg. (bzw. Ks.) reserviert. Vgl. Majestät.

Sisia s. Accise.

Sisonzikwai s. Sikwai.

Sithcundman = Gesith.

Situs manerii s. Fronhof.

Sitz (adliger) = Rittersitz.

Sitzen s. Burglehen.

Sitzgerechtigkeit = Anerbenrecht.

Sitzgeselle s. Verlag.
Sitzungsperiode = Session.
Sixhyndman s. Thane.
Sjesd Sowjetow Sojusa ([Bundes]rätekongreß, Sowjetkongreß, Unionsrätekongreß) in Rußl. 1918–1936 der oberste Träger der Staatsgewalt, bestehend aus indirekt gewählten Vertretern der städt. u. provinziellen Vertretungen, einmal jährl. etwa eine Woche tagend; er wählte aus seiner Mitte das ↗Zentralnyi Ispolnitelnyi Komitet. 1936 trat an Stelle des S. S. S. der Oberste ↗Sowjet. – Ein Rätekongreß bestand ebenso wie für die UdSSR auch für die einzelnen ↗Unionsrepubliken, die ↗Autonomen Republiken u. die autonomen Gebiete (s. Oblast); in der Mongolei u. im Tannu-Tuwa-Rätestaat entsprach ihm der Große Churuldan. – In der Mong. Volksrepublik ist das oberste Staatsorgan seit 1960 der Große Volks-Chural.
Skabinatscollegium s. Schöffe (1).
Skabine a) = Schöffe (1). **b)** (lociservator, locopositus, scabinus, stolesaz) in It. von Ende des 8. bis Mitte des 10. Jh. Richter, einzeln o. zu mehreren, Vorsitzender o. ↗Urteiler o. auch beides zugleich, im ↗Königsrichter aufgegangen.
Skartabel = Miles medius.
Skattebörder s. Kronoskatte.
Skattehemma s. Attunger.
Skattenatur = Kronoskatte.
Skelta(ta) s. Schultheiß.
Skeppslag s. Härad u. Leding.
Skeuophylax s. Domkapitel.
Skipaen s. Leding.
Skiplagh s. Leding.
Skipreiða s. Leding.
Skladtschina = Artel.
Skóggangsmaþr s. Acht (1).
Skripturhaftung s. Konnossement.
Skrutinalverfahren s. Inquisitionsverfahren (b).
Skuptschina (Narodna S.) 1807–1918 (mit Unterbrechungen) die serbische (u. 1905–1918 die montenegrinische) Volksvertretung, aus einer ↗Kammer (2a) bestehend, in Serbien bis 1869 nur beratende Versammlung; 1918–1941 (mit Unterbrechung 1929/31) die ebenso organisierte Volksvertretung Südsl., zuerst bis 1922 als verfassunggebende ↗Nationalversammlung. – Ursprgl. bedeutet S. die allg. Volksversammlung, wie sie in Montenegro bis 1905 bestand.
Skydskaffer in Norw. seit Mitte des 17. Jh. Grundbesitzer, der zur Beförderung der Post u. der Reisenden verpflichtet war, u. zu diesem Zweck eine Anzahl Wagen u. Pferde (an den Seen u. Fjorden Boote) u. die nötige Bedienung bereitzuhalten hatte; der S., der i. d. R. auch ein Gasthaus unterhielt, genoß dafür Befreiungen steuerlicher Art u. ä. Die Einrichtung, 1816 durch Gesetz geregelt, wurde in neuerer Zeit durch Einführung staatl. Kraftwagenlinien fast überall beseitigt u. bestand dann nur noch in abgelegenen Landesteilen.
Slawenzehnt s. Zehnt (1).
Sledowateli s. Popularanklage.
Slehtman s. Ligeïtät.
Slicht s. Neme.
Sługi in Polen im MA. ↗Leibeigene, die, im Gegensatz zu den ↗Kmeten, nicht angesiedelt waren.
Slusim = Dienstgut (2).
SMA s. Administration Deutschlands, Sowjetische Militärische.
SMAD = Administration Deutschlands, Sowjetische Militärische.
Small Debtor's Court s. Friedensrichter (2).
– tithe s. Zehnt (1).
Smarden = Smurden.
Smarte s. Buße.
Smerd in Rußl. im MA. der freie Bauer.
SNK s. Volkskommissar.
Smokefarthing = Herdsteuer.
Smokemoney = Herdsteuer.
Smurden (Smarden, Tujurdi) zwischen Elbe u. Saale u. in Schl. (vgl. Narocznicy) im MA. eine Klasse von ↗Hörigen, wahrscheinlich unterworfene Slaven, denen man ihren Besitz (Smurdenhufen) gelassen hatte.
So in Jap. im 7. Jh. eingeführte, in natura zu zahlende Steuer vom Ertrag der Reisfelder.
Sobor (Sabor) bei den Slawen Versammlung i. allg., z. B. ↗Konzil (in Rußl. Wselenskij S.), ↗Synode (in Rußl. Pomjestnyj S.); dann bes. die russ. Ständeversammlung (Semskij S.), die 1566–1698 von den Zaren von Fall zu Fall berufen wurde. Sie bestand aus gewählten Vertretern der drei Stände u. hatte i. wesentl. nur informatorischen Charakter; die Vertreter waren an Instruktionen (nakasi) gebunden. Die Beratungen erfolgten nach Ständen getrennt; ihre Einzelbeschlüsse wurden in einem gemeinsamen Beschluß (Semskij Prigovor) zusammengefaßt. – Bei den Südsl. fanden vor der tk. Eroberung Nationalkongresse (Narodni Sabori) statt, auf denen allg. nationale Fragen verhandelt u. bes. die ↗Bischöfe usw. gewählt wurden. In Öst.-Ung. wurden seit dem 17. Jh. diese S. wieder gestattet, beschränkten sich aber auf kirchl. Fragen u. wurden in neuerer Zeit i. wesentl. Versammlungen der hohen Geistlichkeit; die Einrichtung wurde auch auf die Bukowina übertragen. – S. hieß ferner der kroatische ↗Landtag (1).
Sobranje (Narodno S.) in Bulg. die aus einer ↗Kammer (2 a) bestehende Volksvertretung; in bestimmten Fällen (Verfassungsänderung u. dgl.) wird statt des gewöhnlichen S. das Ve-

liko N. S. mit der doppelten Mitgliederzahl berufen.

Sobrejuez s. Adelantado.

Sobrejuntería s. Sobrejuntero.

Sobrejuntero im ma. Ar. ursprgl. ständischer, später kgl. Exekutivbeamter der zum Schutze des ↗Landfriedens (1) (entspr. der ↗Hermandad) vereinigten Städte; sein Amtsbezirk hieß sobrejuntería (auch junta). Vgl. Somatent.

Soca foldae = Pferchrecht (a).

Socage in Engl. im MA. der dt. freien ↗Erbleihe entspr. Besitzverhältnis; der Inhaber (↗allodiarius) hatte einen ↗Rekognitionszins zu zahlen u. ↗Fronden (a) zu leisten. Seit Edward I. fällt die S. der Sache nach mit der ↗fee-farm zusammen.

Sochemannus = Socman.

Società cooperativa di afermage = Pachtgenossenschaft.

Sozietas a) = Gesellschaft (a). **b)** = Genossame (1).

– accomendantium s. Commenda (2).

– justa s. Commenda (2).

– in accomenda s. Commenda (2).

– maris s. Commenda (2).

– navalis = Partenreederei.

– recta s. Commenda (2).

– sacri officii im MA. ursprgl. Vereinigung mehrerer Personen zum Kauf eines kirchl. Amtes für einen Teilhaber, mit Gewinnanteil für die anderen; später wurde der Kauf nur fingiert, u. die S. s. o. diente als Geschäftsform zur Umgehung des Zinsverbots.

– terrae s. Commenda (2).

– vera s. Commenda (2).

Societé anonyme (societé participe, s. tacite) im 18. Jh. nicht eine Aktiengesellschaft, sondern eine nur den Teilnehmern bekannte Gelegenheitsgesellschaft, z. B. zum Kauf u. Verkauf einer bestimmten Warenmenge.

– économique die ↗fabrica ecclesiae in Genf.

– participe = Societé anonyme.

– tacite = Societé anonyme.

Socius 1. a) im Dominikanerorden eines der vier vom ↗Ordensgeneral ernannten, ihn beratenden Mitglieder. **b)** s. Kaplan. **2.** s. Ort (a). **3.** s. Gewerkschaft. **4.** s. Genossame (1).

– stans s. Commenda (2).

– tractans s. Commenda (2).

Socman (sokeman, sochemannus) in spätags. u. frühnorm. Zeit in Engl. freier Bauer, im einzelnen in verschiedener Lage, teils Besitzer eines unveräußerlichen Gutes, teils freier Grundbesitzer, der nur gerichtlich einer ↗Immunität (a) (vgl. Sac and soc) angehörte; vor allem waren die S.zur ↗Gerichtsfolge (a) (vgl. Secta [pflicht]) verpflichtet. Im späteren MA. wurden sie meist zu ↗villains herabgedrückt (villain S.). Sie unterschieden sich von diesen nur dadurch, daß sie der kgl., nicht der ↗grundherrlichen Gerichtsbarkeit unterstanden.

Sôc(n) s. Sac and soc.

Sodalitium s. Bruderschaft (1).

Sodenrecht = Deichstichrecht.

Soendinc = Sühne.

Söhnung = Wergeld.

Sölde s. Häusler.

Söldendorf s. Häusler.

Söldner a) = Häusler. **b)** s. Schutzverwandter (2).

Söldnerhof s. Häusler.

Sölmann = Häusler.

Sönegeld = Friedensgeld.

Soerkjøb = Stuf.

Sohn der Kirche, erstgeborener = Fils aîné de l'église.

Sojusa s. Volkskommissar.

Sojusnyi Sowjet s. Zentralnyi Ispolnitelnyi Komitet.

Soke s. Sac and soc.

Sokeman = Socman.

Solariego s. Junior (3).

Soldatentestament s. Nottestament.

Sole = Schlag (1).

Solennitätszeuge (Instrumentszeuge) Zeuge, dessen Zeugnis an sich nicht nötig wäre, der aber zugezogen wird, um der Sache mehr Gewicht zu verleihen.

Solfall s. Reebningsverfahren.

Soli jus (loci jus) Grundsatz, wonach ein Kind die Staatsangehörigkeit des Landes besitzt, in dem es geboren wurde. Vgl. Sanguinis jus.

Solicitor a) in Engl. ↗Advokat, der die eigentlichen Anwaltsgeschäfte besorgt u. den ↗Barrister, von dem er erst im Laufe des 16. u. 17. Jh. scharf getrennt wurde, instruiert; ↗Audienzrecht hat der S. seitdem nur in den ↗County Courts (b) u. im ↗High Court of Justice in Konkurssachen. Vor Ausübung des Berufs muß er drei bis fünf Jahre bei einem andern S. als articled clerk gearbeitet haben. Bis 1873 hießen nur die Anwälte am Chancery Court (s. High Court of Justice) S.; diejenigen an den geistl. Gerichten (↗Court of Arches, ↗Prerogative Court usw.), am ↗Court of Probate, ↗C. for Divorce u. ↗Court of Admiralty dagegen proctors, die an den Common Law-Gerichtshöfen attorneys (auch a. at law, public a., da das Wort [attornatus, attourné] überhaupt jeden Bevollmächtigten bezeichnet). Seit 1873 bedeuten attorney u. S. dasselbe. – In den USA besteht zwar auch eine Zweiteilung in Barristers u. S., aber ohne scharfe Trennung; die übliche Bezeichnung für Rechtsanwalt ist heute attorney (at law). **b)** s. United States-Attorney. – Vgl. Vorsprecher (a).

– General s. Attorney General.

Solidus pacis = Friedeschilling.

Solin s. Hîde.

Solio im ma. Ar. u. Kat. die feierliche Schlußsitzung der ↗Cortes (a).

Solis collocatio = Solsatire.

Solivagus = Einläufiger.

Solsatire (solis collocatio, solsadium, Sonne setzen, Ungehorsamsprotest) im germ. Prozeß die rechtsförmliche Feststellung der Abwesenheit (des Ungehorsams) des Beklagten durch den Kläger bei sinkender Sonne. Vgl. Ungehorsamsverfahren.

Solskift s. Reebningsverfahren.

Solstätte = Hofstelle (1).

Solty s. Gmin.

Somatent in Kat. früher das städt. Bürgeraufgebot, das, ähnlich den kast. ↗Hermandades, vor allem zu Polizeizwecken, Niederwerfung von Aufständen u. dgl. diente. Der S. trat nur auf Befehl der Behörden in Tätigkeit. Im MA. gab es auch einen S., der spontan zusammentrat, Sacramental genannt; im 15. Jh. wurde dieser verboten. Vgl. Sobrejuntero.

Somhaber s. Grafenschatz.

Sommage s. Fronden (a).

Sommaria (Camera della S.) seit der ersten Hälfte des 15. Jh. in Neapel oberstes Gericht für alle Fiskalsachen; bis zur Errichtung des ↗Consiglio Collaterale (1507) war die S. das höchste Tribunal des Königreichs überhaupt.

Sommerfronden s. Fronden (a).

Sommergast s. Gast (1).

Sommerhaber s. Grafenschatz.

Sommerhof = Schwaighof.

Sommerrat s. Stadtrat (a).

Sonder a) = Sondergut. **b)** s. Forst.

Sonderamt s. Sondermann.

Sonderberg s. Forst.

Sonderfeld a) = Weitraite. **b)** s. Edelhof (b).

Sonderfriede s. Friede (a).

Sondergemeinde Gemeinschaft von Personen, die innerhalb eines Gemeinwesens wohnen, aber ihre eigene Verfassung u. Verwaltung haben. Die S. waren bes. im MA. häufig u. teils territorial geschlossen (ehemalige Landgemeinden, die in das ↗Weichbild einer Stadt aufgenommen waren, Vorstädte u. dgl.), teils nur persönlich (↗Gilden, ↗Zünfte [1] u. dgl.).

Sondergericht ordentliches Gericht für ein bestimmtes Sachgebiet, z. B. Finanzgericht (s. Reichsfinanzhof), ↗Arbeitsgericht, Diszplinargericht, ↗Stadtgericht. – S. waren auch der ↗Staatsgerichtshof zum Schutze der Republik u. der ↗Volksgerichtshof. Vgl. Ausnahmegericht.

Sondergut (einzechtiges Gut, Sonder[hufe], fundus singularis) Bauerngut, das in keinem Verband (Gemeinde, ↗Fronhof, ↗Markgenossenschaft usw.) stand, u. freies Eigentum des Besitzers war; war dieser selbst ↗Freier, so hieß das S. auch Salland (s. Fronhof). Insofern die S. keinem Fronhof angehörten, hießen sie auch Einzelngüter (einlücke Güter, un[ge]hörige G.) u., wenn ihr Besitzer der ↗Genossame (1) angehörte u. neben ihnen noch ein ↗Hofgut (b) besaß, walzende Güter (Beistücke, fliegende Feldlehen, ↗Freigüter [1], Möbelgüter, Oberlande, Überäcker, Überlande, Umlande, walzende Feldlehen, Zubaugüter). Auf den Reichshöfen (s. Königshof) hieß das nicht ausgeliehene Land Königssonder.

Sonderhagen s. Forst.

Sonderholz s. Forst.

Sonderhufe = Sondergut.

Sonderkauf = Stuf.

Sonderlandtag s. Landtag (1).

Sondermann (Extravagant, lediger Mann, Ledigmann, loser Mann, homo specialis) jeder, der nicht einer ↗ Genossame (1), Hode (s. Biesterfrei), ↗Echte u. dgl. angehörte, meistens also ein ↗Leibeigener, der im «wilden Eigentum» lebte, d. h. seinem Herrn unmittelbar unterstand. Doch gab es auch freie S., z. B. die meisten ↗Meier (1) (im späteren Sinn), ↗Erbpächter u. Zeitpächter; ferner waren in den ↗Territorien (2), in denen ein ↗Wildfangsrecht bestand, die Wildfänge u. Biesterfreien S. Da u. dort waren sie zu Sonderämtern (Echten u. dgl.) vereinigt.

Sondermark s. Markgenossenschaft.

Sondertreuhänder s. Treuhänder der Arbeit.

Sonderwald s. Forst.

Sonia = Not, echte.

Sonmitsuin = Sumitsuin.

Sonne setzen = Solsatire.

Sonnenlage s. Reebningsverfahren.

Sonnenlehen 1. s. Allod(ium). **2.** eine ↗Leihe (1), deren Zins vor Sonnenaufgang zu zahlen war.

Sonnenteilung s. Reebningsverfahren.

Sonntag, gefreiter heimlicher s. Heimlicher (2).

Sorenskriver (Unterschreiber) in Norw. Richter erster Instanz auf dem Lande. Vgl. Byfogd.

Soridaijin s. Naikaku.

Soror s. Frauenstift, Kloster u. Religio.

– conversa s. Kloster.

Sors 1. = Hufe. **2.** s. Hospes. **3.** s. Decimus u. Narocznicy. **4.** s. Partenreederei.

– barbarica s. Hospes (1).

Sotnie im russ. Herr ursprgl. eine Abteilung von hundert Mann, von einem Sotnik befehligt, in neuerer Zeit bei den nicht regulären Truppen (z. B. den ↗Kosaken) eine der westeur. ↗Schwadron bzw. ↗Kompagnie (2) entspr. Abteilung.

Sōtsuihoshi s. Shugo.

Sottopregadi s. Senat (2).

Souffrance Aufschub für die Leistung des Lehenseides (s. Hulde) im Falle ↗echter Not.

Sous-aide s. Aides aux quatre cas.
– **bailli** s. Lieutenant (1).
– **lieutenant** s. Leutnant
Souspréfecture s. Arrondissement (b).
Souspréfet s. Arrondissement (b).
Souveränitätsbeamtung in Wü. 1807–1809 Behörde in den neuerworbenen Gebieten, in denen nur Patrimonialämter (s. Patrimonialgerichtsbarkeit) bestanden; es gab Souveränitätsoberämter (vgl. Oberamt [1]) u. Souveränitätskameralämter (vgl. Keller[er] [2]).
Souverain bailli unter Ludwig von Maele in den Ndl. Vorgesetzter der ↗baillis.
– **établi sur les trésoriers** s. Trésoriers (de France).
– **maître (et inquisiteur général) des eaux et forêts** = Grand maître des eaux et forêts.
Sowchos = Sowjetskoje chosjaistwo.
Sowchosnik s. Sowjetskoje chosjaistwo.
Sowjet in Rußl. Rat (im Sinne einer kollegialen Behörde), früher nur vereinzelt verwendet (vgl. Reichsrat [7]); seit 1917 ist S. die allg. Bezeichnung für die an der Spitze der einzelnen Verwaltungseinheiten stehenden Körperschaften, die früher stufenweise derart aufgebaut waren, daß nur die untersten (für Stadt u. Dorf) direkt gewählt wurden, alle übrigen gingen durch Wahl aus der jeweils niedrigeren Stufe hervor. Nominell steht den S. die gesamte gesetzgebende u. ausführende, früher auch die richterliche Gewalt zu, seit 1936 werden alle S. direkt gewählt; im einzelnen sind die Wahlvorschriften in den ↗Unionsrepubliken verschieden. – Seit 1936 führt das höchste Organ der UdSSR die Bezeichnung Werschownyj Sowjet (Oberster S.); er entspricht teils dem früheren ↗Sjesd Sowjetow Sojusa, teils dem ↗Zentralnyi Ispolnitelnyi Komitet u. besteht wie dieses aus einem Bundes- u. einem Nationalitätenrat, beide unmittelbar gewählt, der erstere nach der Norm: ein Abgeordneter für je 300 000 Einwohner, der zweite nach der Norm: von jeder Unionsrepublik 25, von jeder ↗Autonomen Republik 11, von jedem Autonomen Gebiet (s. Oblast[a]) fünf u. von jedem Nationalen Bezirk (s. Okrug[a]) ein Abgeordneter. Die ↗Legislaturperiode beträgt vier Jahre, Tagungen finden jährlich höchstens zweimal für wenige Tage statt; die beiden ↗Kammern (2 a) tagen teils getrennt, teils gemeinsam. Der O. S. wählt ein Präsidium des Obersten Sowjets, bestehend aus einem Vorsitzenden, 16 Stellvertretern desselben, einem Sekretär u. 15 Mitgliedern. Dieses Präsidium ist das kollegiale Staatsoberhaupt der UdSSR, der Vorsitzende entspricht einem ↗Staatspräsidenten. Während der Zeit, in der der O. S. nicht tagt, übt das Präsidium die Legislative aus (vgl. Ukas), ferner die Rechtsprechung durch Gesetzeserläuterung. – Die Unionspolitiken u. die Autonomen Republiken besitzen ebenfalls Oberste S. mit einem Präsidium usw., doch bestehen diese O. S. nur aus einer Kammer.
– **narodnych Kommissarow** s. Volkskommissar.
– **Nazionalnostej** s. Zentralnyi Ispolnitelnyi Komitet.
– **Sojusa** s. Zentralnyi Ispolnitelnyi Komitet.
Sowjetkongreß = Sjesd Sowjetow Sojusa.
Sowjetskoje chosjaistwo (Sowchos, Sowjetwirtschaft, Staatsgut) in Rußl. seit 1919 ein staatl. Großbetrieb, bes. für Spezialkulturen u. Viehzucht; die Arbeiter (Sowchosniki) sind i. allg. Lohnarbeiter. Für die Forsten bestehen den S. entspr. staatl. Forstwirtschaften (Leschosen). Vgl. Kollektiwnoje chosjaistwo.
Sowjetwirtschaft = Sowjetskoje chosjaistwo.
Sownarchos s. Wirtschaftsrat(2).
Sownarkom Sojusa s. Volkskommissar.
Sozialdirektor s. Arbeitsdirektor.
Sozialgericht s. Verwaltungsgerichtsbarkeit (a).
Sozialpfarrer s. Amt für Gemeindedienst.
Sozialrichter s. Verwaltungsgerichtsbarkeit (a).
Spahi = Sipahi.
Spaltbrief = Chirograph(um) (2).
Spaltzettel 1. = Chirograph(um) (2). **2.** schriftliche Regelung der Bezüge eines Kooperators (s. Vikar [1 a]).
Spanbrief = Chirograph(um) (2).
Spannaemaeli s. Herbergsrecht (1).
Spanndienste s. Fronden (a).
Spannfronden s. Fronden (a).
Spannung = Hegung.
Spanzettel = Chirograph(um) (2).
Spatenrecht s. Deichlast.
Spatharius an den ma. Höfen der Schwertträger des Monarchen. Meist waren mehrere S. vorhanden, in Byz. bildeten sie eine Leibgarde. Hier war S. außerdem Ehrentitel, der sehr häufig verliehen wurde u. mit bestimmten Beamtenstellen regelmäßig verbunden war, ebenso wie die nächsthöheren Titel des Spatharocandidatus u. Protospatharius; letzterer war häufiger als der einfache S.
Spatharocandidatus s. Spatharius.
Speaker (praelocutor, Sprecher) seit 1376 Vorsitzender des engl. ↗Unterhauses (1) u. dessen Vertreter (parlour et procurator) vor dem Kg., hervorgegangen aus dem ↗Vorsprecher (a), der bei den in Form einer Gerichtssitzung stattfindenden parl. Sitzungen das Wort führte; der S. wird seit dieser Zeit vom Unterhaus aus seiner Mitte frei gewählt u. vom Kg. bestätigt; im MA. war er stets Grafschaftsvertreter. Während er eine Zeitlang vom Kg. abhängig war, ist er seit Ende des 17. Jh. von diesem völlig unabhängig, seit Ende des 18. Jh. tatsächlich, seit 1835 auch gesetzlich unparteiisch, seit 1832 mit

festem Gehalt. Er wird für eine ↗Legislaturperiode gewählt; sein Vertreter ist der ↗Chairman of Committees als Deputy S. Wiederwahl ist die Regel; nach seinem Rücktritt wird er regelmäßig ↗Peer. Auch die Vorsitzenden der meisten ↗Parlamente (1) der engl. ↗Dominions u. Kol. heißen S. – Im ↗House of Representatives der USA u. den entspr. Volksvertretungen der Einzelstaaten ist der S. nicht unparteiisch, sondern ausgesprochener Vertreter seiner Partei. Im Falle von Tod o. Unfähigkeit des am. Präsidenten u. ↗Vizepräsidenten (2) ist der S. Nachfolger.

Special Constable Hilfspolizist, in bes. Fällen von zwei Richtern aus den Einwohnern vereidigt.

– **County Rate** s. County Rate.

– **District Rate** s. District Rate.

– **Jury** s. Jury.

– **Sessions** s. Friedensrichter (1).

Speciale jus s. Recht, gemeines (b).

Specialis homo = Sondermann.

Specialnyje sudy (Besondere Gerichte) in Rußl. aus den ↗Revolutionstribunalen nach 1917 hervorgegangene Gerichte für bestimmte Fachbereiche: **a**) Militärtribunale (wojennyje tribunaly), 1920 errichtet, deren Zuständigkeit schon im Frieden auch zivile Straftaten umfaßt, falls diese irgendwie mit mil. Dingen zusammenhängen, bes. Spionage, Landesverrat, terroristische Akte u. ä. Sie sind in erster Instanz besetzt mit einem Militärjuristen (wojenjurist) u. zwei ↗narodnyje sasedateli, in zweiter Instanz mit drei Militärjuristen. **b**) Eisenbahngerichte (Liniengerichte des Eisenbahntransports), 1930 errichtet, für alles, was irgendwie den Eisenbahnbetrieb betrifft, zerfallend in Eisenbahnliniengerichte (für einzelne Strecken) u. Eisenbahnlinienbezirksgerichte (für ganze Netze). **c**) Liniengerichte des Schiffsverkehrs (L. des Wassertransports), 1933 errichtet, für eine Schiffslinie des See- o. Binnenverkehrs. – Sämtliche S. s. sind Bundesgerichte. Vgl. Glawnyje prokuratury.

Spedizionär, apostolischer hatte ein Monopol zur Vermittlung bestimmter Gesuche an die Kurie, 1908 aufgehoben. Vgl. Banquier en cour de Rome.

Speer 1. = Gleve. **2.** = Agnaten (a).

Speerbürge s. Affatomie.

Speermagen = Agnaten (a).

Speerteil = Schwertteil.

Speisebann s. Acht (1).

Speisekomthur (praeceptor expensarum) Proviantmeister des Dt. Ordens, unter dem ↗Großkomthur.

Spendebrot s. Reichnis.

Sperans in frk. Zeit jeder, der von seinem ↗Herrn Schutz erwartete (vgl. Mithio), bes. auch der ↗Vasall.

Spezial s. Superintendent (1).

Spezialgemeinde s. Kirchspielsgemeinde (a).

Spezialindult s. Moratorium.

Spezialinquisition s. Inquisitionsverfahren (b).

Spezialkommissar s. Generalkommission (für Landeskultursachen).

Spezialkommission (für Landeskultursachen) s. Generalkommission (für Landeskultursachen).

Spezialkonkurs s. Concursus paroecialis.

Speziallehen in Bhm. ein ↗Lehen (1), das nicht zu ↗Lehensdiensten in bestimmten Burgen verpflichtet war.

Spezialpacht s. Steuerpacht.

Spezialseparation s. Separation (1).

Spezialsuperintendent s. Superintendent (1).

Spezialsynode s. Synode.

Spezialteilung s. Gemeinheitsteilung.

Spezialverleihung s. Distriksverleihung.

Spezialvertreter s. Generalvertreter.

Spezialvisitation s. Visitation.

Spicarius a) = Espier. **b**) s. Kastner.

Spielgeld = Nadelgeld (1).

Spielgraf (Geigerkönig, Musikgraf, Spielleutekönig, comes joculatorum, rex ministellorum, roi des menestrels, r. des violons) bis ins 18., im Elsaß bis ins 19. Jh., an der Spitze der fahrenden Leute eines Landes o. einer Stadt; das Spielgrafenamt (Königreich fahrender Leute) war teils ↗Hofamt, teils ↗Lehen (1), teils (in den Städten) dem Amt eines Zunftmeisters (s. Zunft [1]) gleich; i. d. R. waren die S. selbst fahrende Leute, doch gab es in Öst. das Amt eines Erbspielgrafen als adliges Lehen. Im Elsaß, wo das Amt erbliches ↗Reichslehen war, ernannte der adlige Inhaber einen Pfeiferkönig; hier bestanden auch Pfeifertage (Pfeifergerichte) als Gerichte über fahrende Leute. Für das ganze Dt. R. gab es einen Reichsspielleutekönig (rex omnium histrionum).

Spielleutekönig = Spielgraf.

Spießbürger = Glevenbürger.

Spießrecht s. Landsknecht.

Spille = Kognaten.

Spillehen = Kunkellehen.

Spillgeld = Nadelgeld (1).

Spillmagen = Kognaten.

Spindel = Kognaten.

Spindelgeld = Nadelgeld (1).

Spindelmagen = Kognaten.

Spindelseite = Kognaten.

Spindelteil (Kunkelteil) an die ↗Kognaten fallender Teil der Erbschaft.

Spinne = Kognaten.

Spiritual (pater spiritualis) in Nonnenklöstern u. Priesterseminaren der geistl. Leiter, oft auch Beichtvater.

Spiritualia (res spirituales) im Gegensatz zu den ↗temporalia der Inbegriff der einem Kirchenamt zustehenden geistl. Befugnisse.

Spittler (Oberstspittler, hospitalarius) beim Dt. Orden einer der fünf ↗Gebietiger, Oberaufseher des Spitalwesens; er war nur dem ↗Meister (1) verantwortlich.

Spliß(ling) s. Stammgut (d).

Spoils System s. Civil Service Commission.

Spolienklage (actio spolii, condictio ex canone, redintégrande) im kan. Recht auf röm.-rechtlicher Grundlage entstandene Klage auf Rückgabe entwendeten Besitzes; sie spielte im ↗gemeinen Recht (a) eine große Rolle.

Spolienrecht (Nachlaßrecht, exuviarum jus, spolii j., dépouille, droit de) Anspruch auf den Nachlaß eines Geistlichen, insbes. eines ↗Bischofs, im MA. von den Kgn., ↗Patronen u. a. Machthabern ausgeübt, im 14. Jh. auch vom Papst. In späterer Zeit zahlten die Geistlichen nur noch den Exuvientaler.

Spondarius s. Salmann.

Sponsalitia largitas s. Wittum (1).

Sponsalitium s. Morgengabe.

Sporle = Relevium.

Sprache a) = Ding. **b)** s. Märzfeld u. Reichstag (1).

Sprecher 1. = Speaker. **2.** s. Gesellenbruderschaft.

Sprechminister s. Minister (1).

Sprengel Verwaltungsbezirk, bes. eines Gerichts (Gerichtseinheit, Gerichtssprengel) o. eines ↗Bischofs bzw. Pfarrers (↗Diözese [a] bzw. ↗parochia [b]).

Sprengelgraf i. d. Lit. für den karol. ↗Grafen gebraucht.

Spruchbehörde (Spruchstelle) Behörde, bes. Gericht, das die endgültige Entscheidung in einem Verfahren hat. Vgl. Spruchkollegium (b).

Spruchfakultät s. Aktenversendung.

Spruchkollegium a) s. Aktenversendung. **b)** in einigen dt. ↗Ländern (1 e) in der prot. Kirche Instanz (↗Spruchbehörde), die über Lehrstreitigkeiten entscheidet.

Spruchliste s. Schwurgericht.

Spruchstelle = Spruchbehörde.

Sprungberufung s. Reichsfinanzhof.

Sprungrevision (revisio per saltum) ↗Revision gegen ein Urteil der ersten Instanz unmittelbar vor der dritten Instanz.

Spurfolge (vestigii minatio) nach germ. Recht dem Bestohlenen zustehende Haussuchung bei demjenigen, den er im Verdacht des Diebstahls hatte; sie mußte unter bestimmten Förmlichkeiten stattfinden. Dem Hausherrn, der sich des redlichen Erwerbs bewußt war, stand die Stellung eines Gewähren zu. Vgl. Dritthandverfahren.

Squadra s. Schwadron.

Squadron s. Schwadron.

Squatter ursprgl. in den USA ein Ansiedler, der sich auf ungerodetem Land niederläßt, ohne dafür irgendeinen Besitztitel zu haben. – In Austr. heißt S. ein Ansiedler, der sich hauptsächlich durch Viehzucht ernährt.

Squire (esquire) in Engl. eigentlich der ↗Knappe (1) u. demgemäß seit dem späteren MA. der übliche Titel der Mitglieder der ↗Gentry, der auch verliehen wurde; in neuerer Zeit geben alle Staatsämter, akademischen Grade u. dgl. Anspruch darauf, höflichkeitshalber wird aber der Titel jedem sozial besser gestellten gegeben. – In den USA wurde früher der ↗Friedensrichter (2) S. genannt.

Sreski Natschalnik s. Okrug (b).

Srez s. Okrug (b).

SS = Schutzstaffel.

SSD = Staatssicherheitsdienst.

Staat, fürstlicher s. Hofämter.

Staaten in den Ndl. (i. w. S.) seit Beginn des 15. Jh. die Bezeichnung für die drei ↗Landstände (Adel, Geistlichkeit, Städte) in den verschiedenen Ländern, dann bes. für ihre den dt. ↗Landtagen (1) entspr. Versammlungen, später meist ↗Provinzialstaaten genannt. Vgl. Parlament (1). – Seit 1955 die gesetzgebende Versammlung in Surinam sowie auf den Ndl. Antillen.

– Generaal = Generalstaaten.

Staatenausschuß s. Reichsrat (3).

Staatenbund ([Kon]föderation) Verbindung mehrerer selbständiger Staaten zu einem völkerrechtlichen Gebilde, das die Einzelstaaten nur durch Vertrag zusammenhält u. ihre Souveränität unberührt läßt. Vgl. Bundesstaat (1) u. Einheitsstaat.

Staatenhaus in einem ↗Bundesstaat (1) die Vertretung der Einzelstaaten, wenn die einzelnen Vertreter nur im Namen u. im Auftrag ihrer Regierung sprechen u. abstimmen; z. B. der dt. ↗Bundesrat (1 a u. b).

Staatenrat s. Union Parliament.

Staatenstaat i. w. S. jede Verbindung von Staaten, bei der diese ihre Selbständigkeit behalten, auch der ↗Bundesstaat (2); i. e. S. ein völkerrechtliches Verhältnis, bei dem ein o. mehrere Staaten (Unterstaaten) einem anderen (Oberstaat) unterworfen sind; souverän ist nur der letztere.

Staats- und Konferenzministerium s. Konferenz u. Staatsrat (1).

– und Konferenzrat s. Staatsrat (1).

– und Kriegssekretär s. Staatssekretär (1).

Staatsadvokat = Statsadvokat.

Staatsältester = Riigiwanem.

Staatsärar s. Ärar.

Staatsangehörigkeitsprinzip s. Persönlichkeit des Rechtes.

Staatsanwalt dem fr. ↗procureur (2) entspr. nichtrichterlicher Beamter, von Pr. 1849, von ganz Dt. 1877/79 u. von Öst. übernommen, soweit die Einrichtung (in den Gebieten fr. Rechts) noch nicht bestand. Bei jedem Gericht besteht eine Staatsanwaltschaft bzw. eine entspr. Behörde (vgl. Amtsanwalt, Bundesanwalt [2], Generalstaatsanwalt, Oberreichsanwalt, Oberstaatsanwalt, Reichsanwalt); beim ↗Landgericht (b) (u. ausnahmsweise auch an anderen Gerichten) heißt der erste Beamte erster S.; seit 1898 können S. nach zwölfjähriger Amtszeit den Titel Staatsanwaltschaftsrat erhalten. Der S. hat im Strafprozeß Strafvervolgung u. Anklage sowie zum Teil die Strafvollstreckung; im Zivilprozeß die Mitwirkung in Ehe- u. Entmündigungssachen.

Staatsanwaltschaftsrat s. Staatsanwalt.

Staatsbauer früher (bes. in Rußl.) ein Bauer (↗Leibeigener), dessen ↗Gutsherr der Staat war. Vgl. Staatsgrundholder.

Staatsbuchhalterei in Pr. 1817 errichtete, mit der Generalkontrolle (s. Contrôleur général [des finances]) verbundene Behörde, die über den Zustand der Finanzen Übersichten zu führen u. dem Kg. vorzulegen hatte. Die S. bestand auch nach Aufhebung der Generalkontrolle fort u. wurde erst 1844 mit dem Finanzministerium vereinigt.

Staatsdame Hofdame.

Staatsdepartement = State, department of.

Staatsdiener seit Ende des 18. Jh. amtliche Bezeichnung des Staatsbeamten, der vorher kgl. ↗Bedienter (so in Pr.) o. kurzweg ↗Diener (1) hieß. Im Laufe des 19. Jh. (z. B. in Ba. 1888) wurde S. meist durch Beamter ersetzt.

Staatsdienstbarkeit s. Servitut.

Staatsdotation s. Dotation (1) u. Zivilliste.

Staatsfinanzrat Mitglied der ehemaligen pr. ↗Oberrechenkammer.

Staatsgericht s. Reichsgericht.

Staatsgerichtsbarkeit = Verfassungsgerichtsbarkeit.

Staatsgerichtshof a) Gericht, das für solche Staatsverbrechen zuständig ist, die nicht zur Kompetenz der gewöhnlichen Gerichte gehören, in neuerer Zeit fast ausschließlich für Anklagen gegen ↗Minister (1) wegen Verfassungsverletzung, für Streitigkeiten zwischen Krone u. ↗Parlament (1) (in ↗Bundesstaaten [1] zwischen Bundesregierung u. Einzelstaaten) u. ä. Bes., ständige S. sind selten; in Dt. gab es 1920–1933 einen Reichsstaatsgerichtshof. I. d. R. ist das höchste Gericht zugleich S. (o. dieser wird aus dessen Richtern gebildet), manchmal der ↗Staatsrat (1), ein Ausschuß der Volksvertretung, erste ↗Kammer (2 a), ↗Senat (6) u. dgl. **b**) s. Verfassungsgerichtsbarkeit.

– **zum Schutze der Republik** 1922–1927 in Dt. ↗Sondergericht für pol. Straftaten, dem ↗Reichsgericht angegliedert.

Staatsgrundholder ↗Höriger, dessen ↗Grundherr der Staat war. Vgl. Staatsbauer.

Staatsgut a) = Sowjetskoje chosjaistwo. **b**) s. Domäne.

Staatshöriger ↗Höriger, dessen ↗Herr der Kg. o. das ganze Volk war, wozu es in älterer germ. Zeit durch kriegerische Unterwerfung kam.

Staatshuldigung = Huldigung (c).

Staatsinquisition ven. Gerichtshof zur Verfolgung von Staatsverbrechen, 1539 vom ↗Rat der Zehn errichtet, von diesem aus seiner Mitte u. den consiglieri di supra (s. Signoria [b]) ernannt, bestehend aus drei Staatsinquisitoren (zuerst inquisitori contro i propalatori di secreti o. kurz i. sopra i secreti, später i. di stato genannt), von denen zwei den Zehn, einer den consiglieri angehören mußte. Mit dem Kollegium (Consiglio dei Tre, Rat der Drei) wurde gleichzeitig ein Stellvertreter ernannt. Die Amtsdauer betrug ein Jahr. Ursprgl. zur Wahrung der Staatsgeheimnisse errichtet, war die S. bis 1583 wenig bedeutend, dann aber, nach Abschaffung der ↗Zonta der Zehn, wurde sie ein eigentlicher ↗Staatsgerichtshof (a) u. oberste Zensur- u. Aufsichtsbehörde für die Behörden, den ↗Dogen (a) u. alle Nobili. – Auch Genua u. Lucca besaßen eine S.

Staatskammerräte in Brand. 1651 eingesetzte Kommission von vier Beamten zur Beaufsichtigung des Kammerstaates (der ↗Domäne), die aber nur kurze Zeit bestand.

Staatskanzlei a) (eigentlich Haus-, Hof- und Staatskanzlei) 1742 von der öst. ↗Hofkanzlei abgetrennt für auswärtige Angelegenheiten u. seit 1753 tatsächlich ein ↗Ministerium (7) des Äußeren; doch wurde sie erst 1849 formell in ein solches verwandelt. An ihrer Spitze stand der Staatskanzler (Haus-, Hof- und Staatskanzler, Oberhofkanzler). Vgl. Bundeskanzler (b). **b**) in den schw. ↗Kantonen (1) der ↗Bundeskanzlei (b) entspr. Behörde.

– **geheime** = Kanzlei, geheime (a).

Staatskanzler a) s. Staatskanzlei (a) u. Bundeskanzler (b). **b**) in Pr. 1810–1822 Titel des ↗Premierministers (Hardenberg).

Staatskirchentum Verhältnis zwischen Staat u. Kirche, bei dem grundsätzlich beide eine Einheit bilden, das Staatsoberhaupt gleichzeitig höchster kirchl. Würdenträger (↗Summus Episcopus) ist, die Kirchenorgane Staatsorgane, Kirchenrecht u. Staatsrecht nicht verschieden sind u. nur eine anerkannte Kirche (Staatskirche) besteht, unter bloßer Duldung der anderen. – Hat bei der Einheit von Staat u.

Kirche die letztere die Leitung, so spricht man von Kirchenstaatstum.

Staatskörper einem ↗Territorium (2) de jure zugehörig, aber de facto halb unabhängig, da das betr. Glied (z. B. im Bistum Bamberg das ↗Domkapitel u. einige ↗Abteien) ↗reichsunmittelbar sein wollte u. der Landesherr (s. Landeshoheit) nicht wagte, energisch durchzugreifen; die von einem S. abhängigen ↗Ämter (1) wurden mittelbare Ämter genannt.

Staatskommissar im ehemaligen Pr. der dem ↗Reichskommissar entspr. Beamte.

Staatskonferenz (conferentia status) **a**) s. Kabinettsministerium. **b**) (Geheime St. K.) in Öst. 1809–1848 (seit 1835 an Stelle des geistesschwachen Ks.) mit der eigentlichen Regierung betrautes Kollegium, bestehend aus dem Ks., zwei ↗Erzherzögen u. zwei Konferenzministern (Metternich u. Kolowrat). – Schon früher wurde in einigen dt. Staaten die Regierung als G. St. bezeichnet.

Staatskongreß = Congresso di Stato.

Staatskontrolle in Wü. 1817/18 Behörde neben der ↗Oberrechenkammer zur Fertigstellung der Etats, zur laufenden Kontrolle der Kassen u. Verwaltungen u. zu finanzstatistischen Zwekken.

Staatslehenspflicht die innerhalb der verschiedenen, auch internationalen Lehensverpflichtungen dem eigenen Landesherrn (s. Landeshoheit) geschuldete Rücksicht, insbes. die Pflicht, nicht gegen ihn Krieg zu führen. Vgl. Ligeïtät.

Staatsminister (Etatsminister, ministre d'état) i. w. S. jeder ↗Minister (1), der in der eigentlichen Staatsverwaltung tätig ist, also im Gegensatz zum ↗Hausminister u. zum ↗ministre (accrédité); i. e. S. ein Minister, der kein bestimmtes Ressort verwaltet, also vor allem der ↗Ministerpräsident bzw. ↗Premierminister als solcher, dann auch der Minister ohne Portefeuille. Dementspr. bezeichnet Staatsministerium (Etatsministerium) teils den ↗Ministerrat, teil das ↗Ministerium (7) eines S. i. e. S.

– **oberster** s. Premierminister.

Staatsministerium s. Staatsminister.

– **geheimes** s. Rat, geheimer (1).

Staatsnotrecht = Eminens jus (a).

Staatspolizei politische Polizei. – 1933 wurde in Pr. ein Geheimes Staatspolizeitamt errichtet, das zunächst dem ↗Minister (1) des Innern unterstand, dann oberste Behörde der Geheimen St. (Gestapo) unter dem pr. ↗Ministerpräsidenten wurde, endlich 1934 eine Reichsbehörde, dem ↗Reichsminister des Innern unterstellt, geleitet von dem Reichsführer der SS (s. Schutzstaffel) als Inspekteur der Gestapo. – In den ↗Ländern (1 e) bestanden Staatspolizeileitstellen. Die Gestapo war eine von andern Behörden vollständig unabhängige Sonderverwaltung.

Staatspräsident 1919–1933 in Ba., He. u. Wü. Amtsbezeichnung des ↗Ministerpräsidenten, ebenso 1945–1952 in Ba. (Südbaden) u. in Wü.-Ba. (am. Zone); in der DDR seit 1949 das von ↗Volkskammer (b) u. ↗Länderkammer auf vier Jahre gewählte Staatsoberhaupt. – I. allg. wird jeder Präsident einer Republik als S. bezeichnet.

Staatsprokurator s. Procureur (2).

Staatsrat 1. (consilium status) in den meisten eur. Staaten im Laufe des MA. aus der alten ↗curia regis entstandene höchste zentrale Regierungsbehörde, aus der sich nach u. nach bes. Behörden abspalteten. Der Rest des S. erhielt sich meist als Organ für auswärtige Politik u. als höchster Gerichtshof. Seit Beginn des 19. Jh. ist er nur noch in einigen Ländern vorhanden u. dann meist bloß beratend u. begutachtend tätig. Vgl. Conseil d'état (1), Grand conseil (3), Consejo de Estado, Privy Council. – In den dt. Ländern hießen die entspr. Kollegien zuerst ↗Hofrat (1), später ↗Geheimer Rat (1), erst in neuerer Zeit S. In Pr. wurde 1817 ein S. geschaffen, dem außer Prinzen, ↗Ministern (1) usw. auch die ↗Oberpräsidenten (a) u. kommandierenden ↗Generäle angehörten u. der bis 1848 eine Art gesetzgebendes Organ darstellte. Später spielte er nur noch zeitweilig, bes. nach 1884, eine Rolle als beratende Körperschaft. Auch in den übrigen dt. Staaten war die Tätigkeit des S., soweit er bestand, im 19. Jh. meist nur formell; in E.-L. stand dem ↗Statthalter (4) ein beratender S. zur Seite. In Öst. wurde 1761 ein S. (Staat- u. Konferenzrat) mit beratender u. begutachtender Funktion errichtet, der (1801–1808 durch ein Staats- u. Konferenzministerium ersetzt) bis 1848 bestand. **2.** in Pr. 1920–1933 die Vertretung der ↗Provinzen, mit nach der Bevölkerung verteilten, von den ↗Provinziallandtagen (b) bzw. den entspr. Körperschaften gewählten Mitgliedern; er hatte ein beschränktes aufschiebendes ↗Veto gegen Landtagsbeschlüsse, das Recht der ↗Gesetzesinitiative u. der Gesetzesbegutachtung. 1933–1945 Versammlung zur Beratung der Regierung, bestehend aus dem ↗Ministerpräsidenten, den Ministern, den ↗Staatssekretären (4) u. vom Ministerpräsidenten ernannten Staatsräten. – Diesem pr. S. entspr. S. wurden auch in einigen anderen dt. Ländern gebildet. **3.** (Statsraadet, Statsrådet) in Dän., Finnl., Norw. u. Schwd. der ↗Ministerrat; in Schwd. (früher auch in Norw.) führen nur der Präsident u. der Chef des Departements des Auswärtigen den Titel ↗Staatsminister bzw. Minister, die anderen Chefs heißen Staatsräte. – In Litauen stand

1917–1919 ein S. (Taryba) an der Spitze des Staates. – In Polen ist der S. (Rada Państwa) seit 1952 höchstes Organ des Staates. **4.** = Regierungsrat (4). **5.** (auch Etatsrat) Mitglied eines S., häufig nur Ehrentitel; in den dt. ↗Bundesstaaten (2) auch selbständiger Ressortchef ohne Ministertitel o. (bes. seit 1919) einem Minister ohne Portefeuille entspr. Mitglied eines Staatsministeriums. **6.** in der DDR an Stelle des 1960 abgeschafften Präsidentenamtes, bestehend aus einem Vorsitzenden, sechs Stellvertretern u. 16 Mitgliedern, die eigentliche Regierung bildend. – In den meisten kommunistischen Ländern hat der S. die Befugnisse des Staatsoberhauptes inne u. ist, wenn nicht de jure, so doch vielfach de facto der Inhaber der Staatsgewalt.

– geheimer s. Rat, geheimer (1).

Staatsrechnungshof = Rechnungshof.

Staatsregierung s. Landesregierung (c).

Staatsschreiber a) = Stadtschreiber. **b)** in den schw. ↗Kantonen (1) der Leiter der ↗Staatskanzlei (b), oberste Urkundsperson u. Protokollführer der Regierung u. des ↗Landrats (4).

Staatssekretär 1. im späteren MA. von den eur. Monarchen im Gegensatz zu den alten ↗Hofämtern sowie dem ↗Staatsrat (1) ausgebildetes Amt für ihre privaten Angelegenheiten (a secretis), zuerst in Fr., wo seit dem Beginn des 14. Jh., vielleicht schon bedeutend früher, bes. ↗Notare der ↗Kanzlei als Privatsekretäre des Kgs. erscheinen (clercs du secret, notaires clercs du roi, n. de la cour et hôtel du roi, clerici a secretis, später secrétaires du roi); unter ihnen erhielten seit Ende des 14. Jh. die mit Erledigung der finanziellen Schreiben betrauten Finanzsekretäre (secrétaires aux dons, s. des finances) bes. Bedeutung. Diese, seit 1547 vier an der Zahl, wurden die eigentlichen ↗Minister (1), verloren aber ihr ursprgl. Ressort, die Finanzen, an den ↗contrôleur général des finances; die übrige Verwaltung, außer der Justiz, wurde von ihnen versehen, zuerst ohne, dann seit 1589 mit teilweiser Ressorttrennung. Um die Mitte des 16. Jh. hießen sie secrétaires des commandements et des finances du roi, dann seit Heinrich II. secrétaires d'état des commandements et des finances du roi, abgekürzt secrétaires d'état; seit dem 16. Jh. konnten sie dem ↗conseil d'état angehören. Durch die Revolution wurden sie zu eigentlichen Fachministern (s. Fachdepartement). – Nach fr. Vorbild erscheint in Engl. im Laufe des 14. Jh. ein bes. Privatsekretär des Kgs. (secretarius ad signetum, King's Clerk, später K. Secretary), dessen Geschäfte (in erster Linie finanzieller Art) zunächst der Geheimsiegelbewahrer (s. Lord Privy Seal) besorgte. Seit Heinrich VI. Mitglied des ↗Privy Council, zwischen diesem u. dem Kg. vermittelnd, im 16. Jh. der eigentliche leitende Minister, seit 1601 mit dem Titel (Principal) Secretary of State. Vorübergehend seit 1539, dauernd seit 1574 erscheinen statt des bisherigen Chief Secretary mehrere S. (zwei bis drei, heute fünf), unter denen bis 1782 die Ressorts nach geographischen Gesichtspunkten geteilt waren, seitdem nach sachlichen geteilt sind. Seit 1707 stets Unterhausmitglieder, wurden die S. damit zu parl. Ministern; einer von ihnen war zeitweise ↗Premierminister, bis dieses Amt dauernd mit dem des First Lord of the ↗Treasury zusammenfiel. – Erhalten blieb das Amt des S., etwa in der Stellung eines Ministers des Innern u. i. d. R. mit einem Ressortministerium verbunden, in den austr. Bundesstaaten (Chief Secretary) u. den Provinzen Kanadas (Provincial Secretary). – In den sp. Ndl. war seit Ende des 16. Jh. der S. (eigentlich Staats- und Kriegssekretär, Secretario de Estado y Guerra del Gobierno de Flandes), stets ein Sp., der wichtigste Beamte, der die eigentliche Regierung führte. **2.** s. State, departement of. **3.** im Dt. R. bis 1918 der einem ↗Reichsamt (2) vorstehende, einem Minister entspr., aber nicht dessen Verantwortlichkeit tragende Beamte. Vgl. Reichskanzler (2). S. hieß 1879–1918 auch der verantwortliche Minister für E.-L., dem ↗Unterstaatssekretäre als Ressortchefs unterstanden. In der DDR gibt es S. mit eigenem Geschäftsbereich, die keinem Minister unterstehen. **4.** in einigen Staaten (im Dt. R. u. in Pr. seit 1918) der dem br. Unterstaatssekretär entspr. Beamte. **5.** (Ministerstaatssekretär) in Pr. 1817–1918 der Sekretär des Staatsrates. **6.** in einigen ndl. ↗Provinzen der dem holl. ↗Ratspensionär entspr. Beamte.

Staatssekretarie = Secretaria Apostolica.

Staatsservitut s. Servitut.

Staatssicherheitsdienst (SSD) in der DDR die dem ↗Ministerium (7) für Staatssicherheit unterstehende Organisation zur Unterdrückung jeder «Tätigkeit gegen die Grundsätze der Verfassung u. gegen die Regierung»; als Exekutivorgan dient die Volkspolizei.

Staatsversammlung s. Riigiwanem.

Stab = Ding.

Stabelmeister in Öst. ↗Hofamt, eine Art Zeremonienmeister bei der Hoftafel. Das Amt des S. (Oberst[hof]stabelmeister, Stäbler) war in den öst. ↗Erblanden auch erblich (Erblandstabelmeister).

Stabhalter (Stabsamtmann, Stabsbeamter) derjenige, der den «Stab», d. h. Gericht hält, früher bes. gebraucht für Verwaltungsbeamte, die gleichzeitig Richter waren (vgl. Markgenossenschaft); so hießen die wü. ↗Oberamtmänner (1) bis 1818 Ober- und Stabsbeamte, die ↗Oberämter (1) entspr. Ober- und Stabsämter. Vgl. Stabsschultheiß u. Schultheiß. – Die Bezeichnun S. erhielt sich hier u. da für Beamte; vgl. Gemarkung, abgesonderte u. Gemeinde, zusammengesetzte (b).

Stabilimentum = Ordonnanz (1).

Stabilität im Kirchenrecht das dauernde Verbleiben im ↗Kloster (stabilitas loci) bei den alten Orden, bzw. bei den Bettelorden das Verbleiben in derselben ↗Ordensprovinz.

Stabilitas loci s. Stabilität.

Stabsrechtsgut s. Vogteigut.

Stabsamtmann = Stabhalter.

Stabsapotheker in Dt. bis 1919 der Garnisonsapotheker.

Stabsarzt s. Sanitätsoffizier.

Stabsbeamter = Stabhalter.

Stabsfeldwebel s. Feldwebel.

Stabsführer s. Führer (2).

Stabsführerin s. Reichsarbeitsdienst.

Stabsgefreiter 1928 in Dt. geschaffener Dienstgrad zwischen ↗Obergefreitem u. ↗Unteroffizier; der S. gehörte zur Mannschaft.– In der DDR gibt es den S. heute noch.

Stabshauptführerin s. Reichsarbeitsdienst.

Stabskapitän s. Hauptmann (1).

Stabskompagnie s. Hauptmann (1).

Stabsmatrose in der dt. Marine dem ↗Obergefreiten des Heeres entspr.

Stabsoberführerin s. Reichsarbeitsdienst.

Stabsoffizier in Dt. zusammenfassende Bezeichnung für ↗Oberst, ↗Oberstleutnant u. ↗Major (4), da diese drei zusammen, solange es nur einen Major im ↗Regiment (2) gab, seinen Stab bildeten.

Stabsrittmeister s. Rittmeister (1).

Stabsscharführer s. Schutzstaffel.

Stabsschultheiß in Wü. ein Beamter, der als Dorfrichter (s. Schultheiß) auch die ↗hohe Gerichtsbarkeit ausübte. Vgl. Markgenossenschaft u. Stabhalter.

Stabsveterinär s. Veterinäroffizier.

Stabswachtmeister s. Feldwebel.

Stabularius s. Marschall (1).

Stadel = Stadelhof.

Stadeler s. Stadelhof (1).

Stadelgericht s. Hofgericht (f).

Stadelhof 1. (Stadel, curia stabularia, curtis st., auch Stallhof) von einem Stadeler verwaltetes landwirtschaftliches Gebäude, das zur Aufbewahrung von Getreide u. Heu diente. 2. = Fronhof.

Stadhouder-(Generaal) s. Statthalter (1).

Stadt, accisbare Stadt, die der ↗Accise unterworfen war; in Sa. galten im 19. Jh. nur die der Generalaccise unterworfenen Städte als Städte im verfassungsrechtlichen Sinne.

– **adlige** = Mediatstadt.

– **amtssässige a)** = Mediatstadt. **b)** in Hann. bis 1884 einem ↗Amtsbezirk eingegliederte Kleinstadt.

– **aus wilder Wurzel** s. Gründungsstadt.

– **autonome** = Statutargemeinde.

– **bezirksfreie** = Statutargemeinde.

– **eximierte a)** in Sa. Stadt, die unmittelbar einem ↗Kreishauptmann (2) unterstand. **b)** in Pr. in den um 1800 neuerworbenen ↗Provinzen unmittelbar der ↗Kriegs- und Domänenkammer unterstellte Stadt.

– **freie 1.** s. Bischofsstadt u. Reichsstadt. **2.** Stadt, der ein ↗Stadtfriede (a) (Freiheit) gewährt worden war. **3.** in der alten schw. Eidgenossenschaft eine Stadt, die zu den ↗gemeinen Herrschaften gehörte o. auch im Untertanengebiet eines ↗Ortes (a) lag, aber das Recht hatte, ↗Schultheiß u. ↗Stadtrat (a) zu wählen o. wenigstens vorzuschlagen.

– **fürstliche** = Landesstadt.

– **gemeine** s. Reichsstadt.

– **gemischte** i. d. Lit. gebraucht für Städte, die teils ↗freie, teils ↗grundherrliche Städte waren, o. in denen verschiedene ↗Herrschaften nebeneinander bestanden.

– **geschlossene** in Öst. nach dem Patent von 1829 größere Stadt, die bezüglich der Verbrauchssteuern eine Sonderstellung einnahm, indem beim Überschreiten der Stadtgrenze(Linie) eine bes. Linien(verzehrungs)steuer erhoben wurde, in der Stadt selbst dagegen eine eigene, vom offenen Land verschiedene Taxe. Vgl. Liniengeld.

– **gewachsene** s. Gründungsstadt.

– **grundherrliche** = Mediatstadt.

– **inkorporierte** s. Städtebank.

– **kanzleisässige** früher in einigen dt. Staaten Stadt, die zu keinem ↗Amt (1) gehörte, sonden unmittelbar unter der Landesregierung stand.

– **königliche a)** s. Reichsstadt. **b)** = Freistadt (2). **c)** s. Status majores.

– **kreisfreie** = Stadtkreis (1).

– **kreisunmittelbare** s. Stadt, unmittelbare.

– **landesherrliche** = Landesstadt.

– **landsässige** = Landesstadt.

– **mit eigenem Statut** s. Statutargemeinde.

– **mittelbare a)** = Mediatstadt. **b)** in Bay. Stadt, die der Verwaltung eines ↗Bezirksamtes (a) untersteht.

– **schriftsässige** = Stadt, selbständige.

– **selbständige** (schriftsässige St.) in Hann. eine Stadt, die schon vor 1858 (Erlaß der Städteordnung) einen selbständigen Verwaltungskörper bildete; sie war einem ↗Amtsbezirk gleichgestellt. 1884 wurde die Zahl der s. S. erheblich verringert u. ihre Selbständigkeit stark eingeschränkt, welche Form sie i. wesentl. noch im heutigen Niedersa. behalten haben. Vgl. Stadtkreis (1).

– **unmittelbare** (Immediatstadt) früher in einigen dt. ↗Ländern (1e) unmittelbar einer ↗Regierung (1) (im alten Sinne), heute in Bay. (kreisunmittelbare S.) unmittelbar einer ↗Kreisregierung (c) unterstehende Stadt; in der Pfalz ist dies erst seit 1908 möglich. Vgl. Mediatstadt.

– **und Amtsschreiber** s. Stadtschreiber.

– **und Landamt** s. Landherr (5).

– **und Landgericht** = Land- und Stadtgericht.

Stadtadel in Dt. die ↗Patrizier, die im Laufe des 14. u. 15. Jh. als Adel anerkannt wurden u. fortan zum ↗niederen Adel zählten. – In It. im MA. der Adel überhaupt, der teils freiwillig, teils gezwungen seinen Wohnsitz (mindestens zeitweise) in den Städten nahm (inurbamento).

Stadtadvokat s. Syndicus (1).

Stadtältester in Pr. 1858–1918 (vereinzelt auch später) Titel, der Mitgliedern des ↗Magistrats nach neunjähriger Amtsdauer verliehen werden konnte. In Sa. war 1832–1873 dasselbe der Fall.

Stadtammann s. Schultheiß u. Ammann (1).

Stadtamt in Frankfurt a. M. 1856–1879 dem ↗Landjustizamt entspr. Gericht für die Stadt.

Stadtamtmann = Fronbote.

Stadtarzt s. Amtsarzt.

Stadtausschuß früher in Pr. in den ↗Stadtkreisen (1) das dem ↗Kreisausschuß entspr., aber mit geringeren Befugnissen ausgestattete Organ, unter Vorsitz des ↗Bürgermeisters (1) aus gewählten Mitgliedern bestehend, von denen eines rechtskundig sein mußte.

Stadtbauer s. Ackerbürger.

Stadtbauuntergang s. Untergang.

Stadtbezirksschulinspektion s. Kreisschulinspektor.

Stadtbischof s. Bischof.

Stadtbote = Fronbote.

Stadtbrief vom ↗Stadtrat (a) ausgestellte ↗Urkunde mit der Beweiskraft eines ↗Gerichtszeugnisses.

Stadtbuch (Gerichtsbuch, ↗Ratsbuch, Schöffenbuch, liber civitatis) in Buchform geordnete, rechtlich erhebliche Aufzeichnungen städt. Behörden. Die ältesten S. (seit dem 12. Jh.) enthielten unterschiedslos behördliche Notizen, Listen, Eintragungen über Einnahmen u. Ausgaben, Akte ↗freiwilliger Gerichtsbarkeit usw. Seit Beginn des 14. Jh. wurden sie mehr u. mehr spezialisiert, u. man unterscheidet: **a)** Statutenbücher (Eidbücher, Rechtbücher) über Verfassung, Privilegien, Verordnungen, ↗Stadtrechte u. dgl.; **b)** S. über Rechtsprechung, z. B. Urgichtbücher (s. Urgicht), ↗Wettebücher, ↗Verfestungsbücher, libri excessuum u. ä.; **c)** S. über die Verwaltung i. e. S., wie ↗Ämterbücher, Ratsbücher, Bücher über das Finanzwesen u. ä.; **d)** privatrechtliche S., S. i. e. S., aus den Schreinsbüchern (s. Schreinskarte) entstanden, ursprgl. nur Aufzeichnungen von Akten zur Erleichterung des Zeugnisses (z. B. das Ammangerichtsbuch in Konstanz); dann trat allm. die Eintragung an Stelle der ↗Urkunde als Zeugnis, u. in einzelnen Städten wurde seit dem 15. Jh. die Eintragung zum letzten, wesentlichen Akt des Rechtsgeschäftes. Auf diese Weise wurden die S. Vorläufer der Grundbücher. Je nach den Rechtsgeschäften unterscheidet man verschiedene Arten von privatrechtlichen S. (libri signaturarum [i. e .S. contractuum]): ↗Erbebücher (a), Friedebücher, Friedgerichtsbücher, ↗Laßbücher, ↗Satzbücher, ↗Gemächtbücher, Rentenbücher, Schuldbücher usw. Die Führung der S. lag i. allg. den ordentlichen Behörden ob; manchmal bestanden für die einzelnen Stadtteile bes. Buchämter. –Die S. waren i. wesentl. nur in Nord- u. Ostdt. verbreitet; wo sie im Süden vorkamen, war ihre Zeugniskraft beschränkt.

Stadtbürgermeister s. Bürgermeister (1) u. Gemeindepfleger.

Stadtdekanat s. Dekanat.

Stadtdienste s. Fronden (a).

Stadtdirektion s. Stadtdirektor (b).

Stadtdirektor a) s. Bürgermeister (1) u. Schultheiß. **b)** in Stuttgart seit 1820 der die Aufsicht über die Stadtverwaltung führende u., als Leiter der Stadtdirektion (Lokaldirektion), mit der Polizei betraute Beamte. – S. als Berufsbeamte, mit der Leitung der Verwaltung betraut, gibt es neben dem Bürgermeister auch in anderen größeren Städten.

Stadtdistrikt s. Sanitary District.

Stadtdorf s. Riesendorf.

Stadterbebuch = Erbebuch (b).

Stadtetter s. Stadtfriede (a).

Stadtfeld(mark) s. Stadtfriede (a).

Stadtflur s. Stadtfriede (a).

Stadtfreiheit s. Stadtfriede (a).

Stadtfriede a) (Burgfriede, ewiger Marktfriede, e. Marktrecht, Freiheit, Weichfriede, pax civitatis, p. urbana, p. urbis) der aus dem Marktfrieden hervorgegangene ↗Friede (a) einer Stadt (weshalb die Bezeichnungen für Marktfrieden auch für S. gebraucht wurden), der i. d. R. innerhalb der Stadtmark galt; diese wurde daher ebenfalls S. (↗Bann [1], ↗Bannmeile, Bifang, Burgbann, Burgfriede, Burg[ge]ding, Burgwart [u. ä. Formen], Byfriede, Feld, Freiheit, Freiung, Friedekreis, Markraite, Markrecht, Muntat, Porting, Stadtetter, Stadtfeld[mark], Stadtflur, Stadtfreiheit, ↗Weichbild, Wykfriede, ambitus civitatis, campus [civitatis], conterminus civitatis, distinctio, immunitas, pax, p. civitatis, p. villae, potestas pacis, terminus, t. banni, t. civitatis, t. libertatis, t. marchiae, t. pacis, territorium [civitatis]) genannt, doch bezeichneten diese Ausdrücke u. U. in derselben Stadt verschiedene Gebiete, wenn sich Stadtmark u. ↗Sprengel des ↗Stadtgerichts nicht deckten. Ein S. war auch der im MA. manchmal von Päpsten einer Stadt gewährte St. Petersfriede (Fronrecht, Gottesrecht), der einem ↗Gottesfrieden gleichkam. Vgl. Bannzaun, Immunität (a) u. Stadtrecht. b) ↗Einung (1) zur Aufrechterhaltung des vorigen; die ↗Urkunden (Einungsbriefe) über diese S. wurden in bes. ↗Stadtbüchern, den Friedebüchern (Friedgerichtsbücher) verzeichnet.

Stadtgemeindeausschuß in Berlin 1931–1934 von der ↗Stadtverordnetenversammlung (1) gewählt u. in allen Angelegenheiten zuständig, die nicht ausdrücklich von jener erledigt werden mußten.

Stadtgemeinderat s. Gemeindebezirk.

Stadtgericht (Burgding, Burggericht, judicium civitatis) Gericht für den Bezirk einer Stadt (↗Weichbild) als ↗Immunität (a), erst in nachfrk. Zeit entstanden, für alle in der Stadt Angesessenen, als ↗Marktgericht auch für Fremde zuständig. In älterer Zeit gab es meist zwei S. unter zwei ↗Stadtrichtern (a), dem ↗Vogt (2) (↗Vogteigericht) u. dem ↗Schultheißen (Schultheißenamt, Schultheißgericht, Schulzenamt, Schulzengericht, praefectura civitatis, p. judicii, schulteria civitatis), die später i. d. R. in eines zusammengezogen wurden. Da aber seit dem 13. Jh. der ↗Stadtrat (a) an Stelle des ↗Stadtherrn als ↗Gerichtsherr (2) getreten war, so waren nunmehr die einzigen S. meist nur für Zivil-u. niedere Strafsachen zuständig (weshalb sie häufig ↗Niedergerichte [untere S., Untergerichte] hießen), während die ↗hohe Gerichtsbarkeit dem Vogt, später auch manchmal dem Stadtrat vorbehalten blieb, der daher auch ↗Obergericht (a) (oberes S., ↗Schöffengericht [1]) hieß; er war auch Berufungsinstanz für das S. Doch gab es in einigen Städten bes. Obergerichte, daneben seit dem 16. Jh. vielfach ↗Sondergerichte für Handel, Gewerbe u. dgl. Einige S. dienten gleichzeitig als niedere ↗Landgerichte (a). Während sich in den ↗Reichsstädten die unabhängigen S. bis ins 19. Jh. hielten, gerieten sie in den ↗Landesstädten, bes. im 18. Jh., in Abhängigkeit vom Landesherrn (s. Landeshoheit); in Pr. hießen sie in der Mitte des 18. Jh. vorübergehend Justizdepartements; vgl. Gericht (1b). – Die S. wurden, teilweise bis in die neuere Zeit, häufig nach dem Versammlungsort genannt, z. B. Berggericht, Brückengericht, ↗Hofgericht (b), Saalgericht, Staffelgericht. – In Engl. gab S. (Burggerichte, burhgemōt) schon in ags. Zeit.

Stadtgerichtskonsulent s. Syndicus (1).

Stadtgerichtsschreiber s. Stadtschreiber.

Stadtgerichtsvogt s. Vogt (2).

Stadtgeschworener s. Stadtrat (a).

Stadtgraf s. Burggraf (1 b).

Stadtgrafschaft 1. Stadt als vom ↗Landgericht (a) ↗eximierter ↗Sprengel eines ↗Burggrafen (1b). **2.** = County Borough.

Stadtgut = Weichbildgut.

Stadthag = Bannzaun.

Stadthauptmann = Hauptmann, oberster (2).

Stadtherr (↗Ortsherr) im dt. MA. derjenige, dem vom Kg. die obrigkeitliche Gewalt über die Siedlung verliehen war. Der S. hatte vor allem das ↗Marktrecht, er war Marktherr, damit verbunden hatte er stets Zoll u. Münze; außerdem besaß er den Burgbann u. überhaupt den ↗Bann (1) im Orte. Die ↗hohe Gerichtsbarkeit besaß er nicht immer, stets dagegen die ↗niedere. Seit dem 11. Jh. gelang es den Städten allm., ein Recht des S. nach dem anderen teils durch Vertrag, teils durch Gewalt an sich zu ziehen.

Stadtjunker = Patrizier.

Stadtkämmerer s. Kämmerer (1).

Stadtkammer s. Kammer (1).

Stadtkammergericht in Straßburg bis zur fr. Besetzung vom ↗Reichskammergericht ↗delegiertes (2) Gericht, das die höchste Instanz, gemäß dem ↗privilegium de non evocando, bildete.

Stadtknecht bezeichnete bis ins 16. Jh. nicht nur niedere städt. Beamte (Boten, Büttel usw.), sondern alle, die nicht dem ↗Stadtrat (a) angehörten, z. B. auch den ↗Stadtschreiber.

Stadtkommissär s. Polizeidirektor.

Stadtkonsulent s. Syndicus (1).

Stadtkreis 1. (Stadt, kreisfreie) früher nur in Pr. (seit 1815 ausnahmsweise, seit 1872 allg.) u. in Thür. größere Stadt (i. d. R. über 25 000 Einwohner), die einen eigenen ↗Kreisverband bildete, wobei in einigen S. ein bes. ↗Landrat (2) neben dem Oberbürgermeister (s. Bürgermeister [1]) u. dem Polizeidirektor stand. I. allg. bestanden vor 1872 die pr. S. aus mehreren Gemeinden, meist einer Stadt mit ihren ↗Kämmereidörfern u. einer Anzahl sogen. Kreisdörfer. – Seit 1935 gibt es S. in ganz Dt., wobei die zur Auskreisung nötige Einwohnerzahl in den einzelnen ↗Ländern (1e) sehr verschieden ist. Die S. gelten i. allg. als Gemeinden, haben aber in Verwaltung u. Rechten bestimmte Besonderheiten. Diese gelten auch für die unmittelbaren Kreisstädte (jetzt Große Kreisstädte) in Wü. u. die ↗Selbständigen Städte in Niedersa., d. h. kreisangehörige Städte über 20 000 Einwohner; diese Städte führten nach 1935 im ganzen Dt. R. die Bezeichnung

«S.» 2. in der DDR die Stadt als eine «Verwaltungs- und Gebietseinheit» des Staates, geleitet durch eine gewählte Stadtverordnetenversammlung, der als vollziehendes Organ ein «Rat der Stadt» zur Seite steht.

Stadtmaat † Büttel.

Stadtmagistrat s. Magistrat u. Gericht (1 b).

Stadtmarkgericht i. d. Lit. übliche Bezeichnung für die städt. Behörden u. Gerichte, denen die Entscheidung in Streitigkeiten über die Stadtmark zustand, z. B. die ↗Feldgerichte (1).

Stadtmeier s. Meier (2).

Stadtmeister a) = Bürgermeister (1). **b)** s. Zunft (1).

Stadtmunizipium s. Komitat (3).

Stadtnotar = Stadtschreiber.

Stadtoberamtmann s. Oberamtmann (1).

Stadtobergespan s. Komitat (3).

Stadtoberrichter s. Schultheiß.

Stadtpfaffe s. Stadtschreiber.

Stadtpfleger a) s. Gemeindepfleger u. Stadtrat (a). **b)** in Augsburg 1548 eingesetzte Stadtoberhäupter; bes. seit 1719 hatten die beiden S. mit den ihnen beigegebenen fünf geheimen Räten (s. Stadtrat [a]) nahezu die ganze Stadtverwaltung unumschränkt in Händen; die sechs ↗Bürgermeister (1) standen unter ihnen. Den Augsburger S. entsprachen in Ulm die beiden Ratsältesten, ebenfalls seit 1548.

Stadtphysikus s. Amtsarzt.

Stadtpräsident s. Bürgermeister (1) u. Gemeindepräsident.

Stadtrabbiner s. Rabbiner.

Stadtrat a) (↗Magistrat, Rat, Regiment, ↗Senat [3], consilium [civitatis], consistorium civitatis, universitas consiliariorum) in den dt. Städten seit Ausgang des 12. Jh. Organ der Bürgerschaft zur Selbstverwaltung, auf sehr verschiedene Art, vielfach aus Ausschüssen, die für Steuern, Befestigungswesen, ↗Landfrieden (1) u. dgl. vom ↗Stadtherrn gebildet worden waren, entstanden; wo ↗Schöffen (1) vorhanden waren, wurden häufig diese zum S., o. sie traten in ihn ein, wobei sie öfters eine bes. Schöffenbank bildeten, die sich z. B. in Frankfurt a. M. bis 1855 erhielt. In den später gegründeten Städten wurde ein S. von vornherein durch die Gründungsurkunde eingesetzt. Er verdrängte allm. den Stadtherrn, trat an seine Stelle u. wurde zum wesentlichen Merkmal der Stadt im Rechtssinn, deren Gesamtverwaltung er durch Ausschüsse u. Deputationen leitete; ferner hatte er das Recht der ↗Autonomie (a) u. übte auch neben den Schöffen eine Gerichtsbarkeit, bes. in Polizeisachen, aus, womit bes. Gerichtsherren betraut waren (vgl. Stadtgericht). Seine Mitglieder (Amtleute, Bauermeister, Bürger vom Rat, ↗Bürgermeister [1], Geschworene, Konsuln, Räte, ↗Ratgeben, Ratgesellen, Ratmannen, Ratsfreunde, Ratsgenossen, ↗Ratsherren [a], Ratspersonen, Ratspfleger, Ratsverwandte, Stadtgeschworene, Stadtpfleger, Vormünder, burgimagistri, cives de consilio, c. jurati, conjurati [civitatis], conjuratores, consiliarii, consiliatores, consules [jurati], domini de consilio, ↗jurati (1), juratores, magistri, m. burgenses, m. civium, officiales, officiati, proconsules, provisores civitatis, rectores c., seniores) wurden gewählt, vielfach in sehr komplizierten indirekten Wahlverfahren, meist auf ein Jahr; ihre Zahl war sehr verschieden, häufig verhältnismäßig klein. Während zuerst nur die ↗Patrizier in den S. (Geschlechterrat) wählbar waren (Ratsfähigkeit, Regimentsfähigkeit), erlangten im 14. u. 15. Jh. auch die ↗Zünfte (1), wenn auch vielfach nur zeitweise, den Zutritt; dabei bildeten sie häufig einen bes. zweiten Rat (Äußerer Rat, Assessoren, Bürgerverordnete, Ganzer Rat, Geheimer R., Gemeinde, Gemeiner Rat, Genannte, Geschworene, Großer Rat, Großer Schöffenrat, Junger Rat, Neuer R., Niedere Ratsbank, Rat der Gemeinde, Voller R., Weisheit, Weiter[er] Rat, Zunftschöffenrat, antisenatus, consilium amplum, c. generale, c. majus, consules secundi, jurati s., universitas seniorum, grand conseil), während der ursprgl. als Enger(er) Rat (Älterenkollegium, Älterer R., Alter R., Innerer R., Kleiner R., Magistrat i. e. S., Oberbank, obere Ratsbank, Privatrat, Rat i. e. S., Rechter R., Schöffenrat, Senatoren, Täglicher Rat, Verordnete Herren, conjurati primi, c. priores, consilium artum, c. privatum) weiter bestand; doch erfolgte diese Scheidung in vielen Städten schon vor der Zunftbewegung u. der Große Rat bestand dann ursprgl. ebenfalls aus Patriziern. – I. allg. führte der Kleine Rat die eigentliche Verwaltung u. die laufenden Geschäfte, während der Große Rat mehr einen ↗Bürgerausschuß (a) darstellte, aus dem er vielfach hervorging u. von dem er sich nicht immer scharf trennen läßt. Im einzelnen waren die Kompetenzen fast in jeder Stadt verschieden, u. neben den beiden üblichen Räten bestanden häufig noch andere, vor allem ein geschäftsführender Ausschuß (↗Boten [2], Enger Rat i. e. S., Geheimer Ausschuß, G. Rat, Geheimes Kollegium, ↗Heimliche [2]), i. d. R. dem Kleinen Rat entnommen. Diese Geheimen Räte (manchmal bestanden mehrere derartige Räte [Geheime Stuben] nebeneinander), die, wie auch die übrigen Räte, vielfach nach der Zahl der Mitglieder (Dreier, Siebener, Zehner, Dreizehner, Einundzwanziger usw., auch Dreierherren usw. o. Siebeneramt usw.) benannt wurden, hatten vor allem auch die auswärtigen Angelegenheiten zu besorgen; öfters rissen sie die gesamte Regierungsgewalt an sich, zumal, wenn sie lebenslänglich waren. Manchmal wurde an Stelle eines selbständigen Großen Rates der Kleine Rat durch (meist zünftige) Ratsherren (Zunftratsherren) erweitert, u. dieser Großer Rat (Gemeinde, Großes Regiment, Voller Rat, Weiter R.) genannt, o. der Kleine Rat erweiterte sich durch (meist patrizische) Ratsherren, u. dieser erweiterte Kleine Rat (Äußerer Rat, Jüngerer R.) stand neben dem Großen. Sehr häufig wurde vom neugewählten Rat (Neuer R., Regierender R., Sitzender R.) bei wichtigen Angelegenheiten der abgegangene Rat (Alte Herren, Alter Rat, Ausgänger, [Rats]freunde) zugezogen, u. zu diesem Ganzen Rat (Gemeiner R.) kam in einigen Städten u. U. noch der vorige Rat (Überalter R.). Hatten die einzelnen Stadtteile eigene S., so hieß der für die ganze Stadt Großer Rat (Gemeiner R., Hoher R., consilium majus). Den Vorsitz im S. führte meist der Bürgermeister, manchmal ein bes. ↗Stadtredner. – Seit Ausgang des MA. wurden in den meisten Städten die S. wieder zu Organen der Patrizier, wobei vielfach die Neuwahlen (Ratsversetzungen, Versetzungen des Ratsstuhls) aufhörten u. die S. sich durch Kooptation ergänzten, so daß die Räte, bes. die Kleinen R., häufig lebenslänglich wurden ([Be]ständige Räte, Beständige Regimente, Ewige Räte, Stete R., Unsterbliche R.); meist herrschte der Ratswechsel (Umsetzen des Rats), d. h. die Mitglieder regierten abwechselnd abteilungsweise in sogen. wechselnden Mitteln (Quartiere, Ratsmittel, Regimenter), ein System, das in einigen Städten schon früh eingeführt wurde; dabei wechselten entw. die Abteilungen innerhalb eines Jahres (z. B. in Zürich viermonatlich ein Fastenrat [consules quadragesimales], ein Sommerrat [c. aestivales] u. ein Herbstrat [c. autumnales]) o. halbjährlich (c. baptistales u. c. natales), o. nach einem Jahr, wobei die Bezeichnungen Neuer Rat, Alter R., Überalter R. usw. üblich waren u. verschiedene, teilweise sehr verwickelte Kombinationen vorkamen; in Hamburg nannte man die drei alljährlich wechselnden Abteilungen electi, assumpti u. extramanentes, in Braunschweig die zweite u. die dritte Abteilung die Zugeschworenen (Ratsgeschworenen). In einigen Städten bildeten Patrizier u. Zünfte bes. ↗Bänke, erstere eine Oberbank (Bank der Gemeinde, Oberherren), letztere eine Niederbank (Handwerksbank). In Ostdt. bildeten seit dem 16. Jh. die Vertreter der ↗Bürgerschaft (d. h. der nicht ratsfähigen Einwohner [s. Gemeinde (2)] eine bes. Versammlung (präsentierende Gemeinde, [Stadt]repräsentanten, [Stadt]verordnete, in Danzig: Dritte ↗Ordnung [2]), die für sich beriet u. beschloß. – In den größeren ↗Territorien (2) gelang es seit dem 15. Jh. den Landesherren (s. Landeshoheit) die S. einheitlich zu organisieren u. sie allm. zu bloßen beratenden Kollegien der staatl. Beamten herabzudrücken; die Ratsherren, deren Zahl vielfach sehr klein war (manchmal war nur einer vorhanden), wurden vom Landesherrn ernannt o. wenigstens bestätigt. In Pr. wurden zu Beginn des 18. Jh. der S. durch den Magistrat ersetzt. – Im 19. Jh. erhielten die neu eingerichteten Selbstverwaltungsorgane in einigen Ländern (z. B. in Pr.) die Bezeichnung S. nicht mehr. In Ba. u. Sa. entspricht der S. dem ↗Gemeinderat (a) der Landgemeinden u. heißt in Ba. neuerdings auch so. – In Öst. ist der S. (Delegierte, Gemeinderat, Magistrat, Verwaltungsausschuß) in den ↗Statutargemeinden entw. engerer Ausschuß des Gemeinderats zu dessen Entlastung, o. Exekutivorgan der Gemeinde o. beides zugleich; in einigen Statutargemeinden fehlt er; in Triest entsprach er dem Gemeinderat der anderen Städte. **b)** s. Schöffe (1).

Stadtratsverfassung = Gemeinderatsverfassung.

Stadtrayon s. Rayon.

Stadtrechner s. Kämmerer (1).

Stadtrecht (Bauersprache, Burgrecht, Bursprache, [freies] Bürgerrecht, Freiheit, Freirecht, Geburrecht, Markrecht, Stadtrodel, ↗Weichbild, Weichbildecht, Zivilrecht, commune jus civium, burgense jus, burgimundii j., civile j., civitatense j., civitatis j., concivium j., municipale j., justitia civitatis, j. urbana, j. urbanorum) Summe der innerhalb einer Stadt geltenden Rechtsnormen (vgl. Stadtfriede [a]), sowie der rechtlichen Beziehungen zwischen Bürgern u. ↗Stadtherren. Die S. entwickelten sich im 11. Jh. aus den Rechten der dort ansässigen Kaufleute u. dem ↗Marktrecht, während bis dahin die verschiedenen Stände nach ihrem Recht (↗Landrecht [1 a], ↗Hofrecht [1], Dienstrecht [s. Ministeriale (2)]) gelebt hatten. Die ersten S. wurden vom Stadtherrn verliehen, seit dem 13. Jh. entwickelte sich die ↗Autonomie (a) der Städte. Vgl. Mutterrecht. – Da das S. nicht immer im ganzen Stadtgebiet Geltung hatte, unterschied man in einigen Städten ein S. (i. e. S.) von einem Weichbildrecht.

Stadtrechtsfamilie s. Mutterrecht.

Stadtrechtskreis s. Mutterrecht.

Stadtredner (Bürgerworthalter, Gemeindebürgermeister, Redmann, Redner, Vorgänger, Wortführer, Worthalter) in einigen Städten früher Vorsitzender des ↗Stadtrats (a) o. auch der einzelnen ↗Bänke desselben; in Bay. waren die S. zum Teil Beamte, die die Beschwerden der Gemeinde dem Stadtrat vorzutragen hatten. – Der Ratsredner in Basel brachte Beschwerden, Wünsche usw. der Bürger im Stadtrat vor, was ursprgl. Sache des ↗Oberstzunftmeisters gewesen war. – Der Vorsitzende der ↗Bürgerschaft (2) u. des Bürgerausschusses zu Lübeck heißt heute noch Wortführer. Vgl. Stadtverordnetenversammlung (1).

Stadtrepräsentant s. Stadtrat (a).

Stadtrepräsentanz s. Komitat (3).

Stadtrichter a) (judex civitatis, j. in civitate) im MA. u. bis ins 19. Jh. der Vorsitzende eines ↗Stadtgerichts, bes. der ↗ Schultheiß, der ↗Vogt (2) u. der ↗Burggraf (1 b), später nahezu ausschließlich der erstere, der daher manchmal den Titel S. führte. **b)** s. Gemeindegericht (b).

Stadtrichteramt s. Vogteiamt.

Stadtrodel = Stadtrecht.

Stadtschaden s. Schaden.

Stadtschaft seit 1918 in Pr. Bezeichnung der Institute, die, entspr. den ↗Landschaften (5), Hausgrundstücke beliehen; vorher hießen sie Pfandbriefamt, Hypothekenbankverein u. ä. Im Gegensatz zur Landschaft war die S. ein persönlicher Verband wechselnder Mitglieder. Es gab S. für einzelne Städte u. für ganze ↗Provinzen (Provinzialstadtschaften), seit 1922 ein gemeinsames Pfandbriefinstitut, die Zentralstadtschaft.

Stadtschöffe s. Schöffe (1).

Stadtschreiber (Oberster Schreiber, Ratsschreiber, Stadtnotar, Staatsschreiber, notarius civitatis, n. civium, protonotarius civitatis, scriba c., scriniarius c., scriptor c., in ↗Märkten Marktschreiber) in den dt. Städten seit dem 13. Jh. der Beamte, der das gesamte Schreibwesen des ↗Stadtrats (a) besorgte, u., da öfters der einzige rechtskundige Beamte (häufig waren S. die Verfasser der ↗Stadtrechte), auch im ↗Stadtgericht usw. tätig war (daher Stadtgerichtsschreiber); ursprgl. Geistlicher (daher Stadtpfaffe, clericus civitatis), später Jurist, hatte er in der Stadt die Stellung eines ↗Kanzlers (weshalb er manchmal so hieß); auch verwendete man ihn als ↗Gesandten (daher nuntius civitatis). In späterer Zeit wurde er ↗Syndicus (1) der Stadt. Zu seiner Hilfe hatte er späterhin Unterschreiber (geschworene Schreiber, auch S., wenn dieser selbst Kanzler hieß). – In Wü. wurde der S. der Amtsstadt gleichzeitig ↗Amtsschreiber des ↗Amtes (1) bzw. ↗Oberamtes (1) (Stadt- und Amtsschreiber) u. dadurch, zumal die Stelle vielfach in derselben Familie blieb, zum eigentlichen leitenden Verwaltungsbeamten. In größeren Oberämtern bildete man seit 1808 kleinere Amtsschreibereibezirke mit bes., dem Stadt- und Amtsschreiber beigeordneten Amtsschreibern. 1826 gingen die Befugnisse der S. an verschiedene Behörden über. – S. als rechtskundige Berater der Gemeinde gibt es noch heute hier u. da, z. B. in kleineren bay. Städten. – Vgl. Town Clerk.

Stadtschulkommission s. Kreisschulinspektor.

Stadtschulrat a) s. Kreisschulinspektor. **b)** im ehemaligen Pr. Dezernent für Schulwesen im ↗Magistrat.

Stadtschultheiß s. Schultheiß u. Gemeindebezirk.

Stadtsenat seit 1919 der bisherige ↗Stadtrat (a) von Wien, der die Stellung einer ↗Landesregierung (b) hat; er besteht aus vom ↗Gemeinderat (a) gewählten neun Stadtsenatoren, von denen zwei Vizebürgermeister (s. Bürgermeister [1]) sind.

Stadtsyndicus s. Syndicus (1).

Stadtsynode s. Synode.

Stadtverordnete a) = Bürgerdeputierte (1). **b)** s. Bürgerausschuß (1 b), Stadtverordnetenversammlung (1) u. Stadtrat (a).

Stadtverordnetenkollegium s. Gemeinderat (a).

Stadtverordnetenversammlung 1. (Bürgervorsteherkollegium) in Pr. seit 1808 die Gemeindevertretung, von der Bürgerschaft gewählt; die Stadtverordneten (in Hann. Bürgervorsteher) überwachen die Verwaltung des ↗Magistrats u. wählen diesen; sie tagen unter einem bes. Vorsteher (in Schl.-H. Bürgerworthalter, in Hann. Wortführer). Bei ↗Bürgermeisterverfassung ist der ↗Bürgermeister (1) Vorsteher. – Eine ähnliche S. (Kollegium der Stadtverordneten, Bürgerausschuß) bestand auch in Sa. u. einigen kleineren Ländern. **2.** s. Stadtkreis (2). **3.** i. d. Lit. auch ganz allg. jedes repräsentative Organ der Bürgerschaft, z. B. der ↗Stadtrat (a).

Stadtvertretung s. Gemeinderat (a).

Stadtverwaltungsausschuß s. Komitat (3).

Stadtverwaltungsgericht s. Kreisverwaltungsgericht.

Stadtvikar s. Vikar (1 b).

Stadtvogt 1. s. Vogt (2). **2.** = Byfogd.

Stadtvogtei s. Hausvogt u. Vogt (2).

Stadtvogteiamt s. Vogt (2).

Stadtvorstand a) Gesamtheit der eine Stadt verwaltenden Personen u. Körperschaften. **b)** s. Gemeindebezirk.

Stadtwachtmeister s. Wachtmeister.

Stadtwerkmeister s. Zunft (1).

Stadtzunft s. Zunft (1).

Stäbler s. Stabelmeister.

Städtebank (Städtekurie) die Vertretung der Städte eines ↗Territoriums (2) auf dem ↗Landtag (1), wo sie i. allg. erst später als die ↗Ritterbank (a) erscheint, aber kaum irgendwo fehlte. Vielfach waren nicht alle Städte vertreten, sondern nur einige, die sogen. Hauptstädte (nicht immer die wichtigsten), während die übrigen, in einigen Ländern inkorporierte Städte genannt, durch jene mitvertreten wurden; die Vertretung war verschieden geordnet, teils erschienen die ↗Bürgermeister (1) o. entspr. Beamte, teils ernannte o. gewählte Bürger (Freunde, Ratsfreunde, Städteboten, Städtefreunde). Falls in dem betr. Territorium nur ↗Flecken vorhanden waren, erschienen deren Vertreter als S. Die S. des ↗Reichstags (1) wird meist als ↗Städtekollegium bezeichnet. Vgl. Bank.

Städteboten s. Städtebank u. Städtekollegium.

Städteforstmeister, 1749 jeder pr. ↗Kriegs- und Domänenkammer zugeteilt zur Inspektion des städt. Forstwesens.

Städtefreunde s. Städtebank u. Städtekollegium.

Städtekantone i. d. Lit. gebräuchlich für die schw. ↗Orte (a), die von einer Stadt, bzw. deren Rat regiert wurden. Vgl. Länderkantone.

Städtekasse (Städtekasten) eine der Kassen des märkischen ↗Kreditwerkes, unter der alleinigen Verwaltung der Städte; in die S. flossen bestimmte städt. Abgaben.

Städtekollegium (Reichsstädtekollegium) die ↗Städtebank des dt. ↗Reichstags (1), seit Ende des 15. Jh. als geschlossenes Kollegium konstituiert. Vertreten (durch Freunde, Ratsfreunde, Städteboten, Städtefreunde) waren in ihm mit je einer Stimme die ↗Reichsstädte u. die ↗Bischofsstädte, die seit Mitte des 13. Jh. auf den Reichstagen erschienen, aber noch lange nur minderberechtigt waren u. nicht immer zugezogen wurden. Seit 1474 zerfiel das S., das seine volle Gleichberechtigung mit den beiden anderen Kollegien erst 1648 erlangte, in eine rheinische Bank mit 14 u. eine schwäbische mit 37 Städten; das ↗Direktorium (1) führte jeweils die Stadt, in der der Reichstag tagte. Vgl. Städtetag.

Städtekommissar = Steuerkommissar.

Städtekreis s. Steuerkommissar.

Städtekurie = Städtebank.

Städtemarschall in Steiermark seit Ende des 17. Jh. der Vertreter der Städte auf dem ↗Landtag (1).

Städtemeister = Bürgermeister (1).

Städtesteuer (Accisefixation) in den westf. ↗Provinzen Pr. 1767 statt der aufgehobenen ↗Accise eingeführte direkte Steuer, die in dem größten Teil des Gebietes 1777 wieder durch die Accise ersetzt wurde.

Städtetag Versammlung der ↗Reichsstädte außerhalb des ↗Städtekollegiums.

Stände = Landstände.

– pürschverwandte s. Pürsch, freie.

Ständekammer s. Assembleia Nacional.

Ständekorpus s. Bank.

Ständerat (Conseil des Etats, Consiglio dei Stati) in der Schw. seit 1848 die erste ↗Kammer (2a) der ↗Bundesversammlung (4), bestehend aus je zwei Vertretern jedes ↗Kantons (1) (bzw. je einem jedes ↗Halbkantons), teils unmittelbar, teils durch die gesetzgebenden Körperschaften gewählt. Auch jedes Mitglied heißt S.

Ständerevers = Revers (1).

Ständestaat a) s. Territorialstaat. **b)** ein Staat, in dem die ↗Landstände die eigentliche Regierung führten.

– dualistischer s. Territorialstaat.

Ständetafel s. Reichstag (7).

Ständeversammlung a) in Sa. bis 1918 Bezeichnung des ↗Landtags (1). **b)** (landständische Versammlung) in Lux. nach der Verfassung von 1841 die Volksvertretung.

Stättegeld 1. s. Gesellenbruderschaft. **2.** (Budenzoll, Marktstättengeld, Stättepfennig, Stättezoll, Tischgeld) Standgeld auf Märkten u. Jahrmärkten.

Stättepfennig = Stättegeld (2).

Stättezoll = Stättegeld (2).

Staffelgericht s. Hofgericht (f), Königsgericht u. Stadtgericht.

Stagium s. Garde (1).

Stalhof s. Fondaco.

Stallaticum Gebühr für Benützung eines Stalles.

Staller an den nordischen Höfen (u. im 11. Jh. in Engl.) eines der ersten ↗Hofämter, Sprecher des Kgs. u. Vermittler zwischen diesem u. den Hofleuten, oberster Richter über sie, außerdem Oberstallmeister; in Engl., wo er i. wesentl. Heerführer war, wurde er nach 1066 durch den ↗Seneschall ersetzt, an den übrigen Höfen im 13. Jh. durch den ↗Marschall (1) o. den ↗Kanzler.

Stallgraf = Comes stabuli.

Stallherr = Stallmeister (b).

Stallhof = Stadelhof.

Stallmeister a) s. Marschall (1). **b)** (Bereiter, Marstaller, Stallherr) in den dt. Städten der Beamte, meistens ein ↗Ratsherr (a), der die Aufsicht über Marstall u. Fuhrwesen, manchmal auch über die gesamte Dienerschaft des ↗Stadtrats (a) führte. In einigen Städten hießen sämtliche beim Marstall Angestellte Marstaller.

Stallum in choro s. Domkapitel.

Stallung s. Friede (a).

Stamm 1. = Linea. **2.** = Schaftgut **3.** s. Zinsgenossenschaft. **4.** s. Kluft u. Parentelenordnung.

– alter a) = Hauptherr (2). **b)** s. Zinsgenossenschaft.

Stammbesitz = Stammgut (b).

Stammerbe s. Anerbenrecht u. Stammgut (b).

Stammesherzog s. Herzog.

Stammeskönig bei den Germ., bis in die Völkerwanderungszeit i. wesentl. nur im Osten, der an der Spitze eines Stammes als oberster Heerführer, Priester u. Richter stehende, aus ↗Erbwahl hervorgehende Kg. Vgl. Herzog.

Stammespfalzgraf s. Pfalzgraf.

Stammgeld (Stammrecht, Stocklosung, Widdehaber) den ↗Förstern usw. gezahlte Taxe für Holzanweisungen, früher auch in den ↗Markgenossenschaften üblich.

Stammgut a) = Familienfideikommiß. b) (Erbgut, Erbstammgut, Familien[erb]gut, Hausvermögen, [hochadliges] Hausgut, hochadliges S., Stamm[be]sitz, bonum aviaticum, stemmaticum) eigentlich jedes ererbte Gut im Gegensatz zum erworbenen, dann vor allem seit dem 14. Jh. der in einer Familie des ↗hohen Adels i. d. R. im Mannesstamm auf einen Stammerben (vgl. Majorat) vererbliche Grundbesitz, in dessen freier Verfügung der jeweilige Besitzer bes. durch den ↗Retrakt der Erben beschränkt war; daneben konnte noch Grundbesitz als freies ↗Allod vorhanden sein. Nach 1919 wurden die S. in Dt. aufgelöst. – Früher verstand man unter S. (Erbe, Erbrecht, Erbschaft, Geschlechtsgut, Handgemal, ↗Schaftgut, Stockgut, chirographum, hereditas [paterna], mansus hereditarius, praedium libertatis, principalis natalium locus) jeden erblichen Grundbesitz, ohne Rücksicht darauf, ob ↗frei, ↗hörig, ↗schutzhörig usw. Vgl. Oðal. c) s. Zinsgenossenschaft. d) (Prinzipalgut, Stockgut) bei Teilung eines ↗Lehens (1) unter mehrere Erben der Kern, dessen Inhaber (Aufhälter, ↗Lehensträger [a]) den ↗Lehensdienst für das ganze ursprgl. Lehen leistete, während die anderen Splißlinge für ihre Lehenssplisse nur einen anteilsmäßigen Betrag zahlten; bei Verkauf eines Splisses hatten alle ein Retraktrecht, jedoch der Lehensträger den Vorrang.

– hochadliges = Stammgut (b).

Stammgutsherr s. Shō (2).

Stammhalter = Hauptherr (2).

Stammhaus s. Schaftgut.

Stammlehen s. Erblehen (1).

Stammrecht = Stammgeld.

Stammschaft = Zinsgenossenschaft.

Stammsitz = Stammgut (b).

Stammverein s. Ganerbschaft (a).

Stan 1. früher in Rußl. Unterabteilung eines ↗Ujezd zu Polizeizwecken; an seiner Spitze stand ein Stanowoj (Stanowoj Pristaw). 2. s. Herbergsrecht (1).

Stand 1. i. allg. bis in die neuere Zeit der Geburtsstand, d. h. die rechtlich u. sozial abgeschlossene Schicht, in die der einzelne hineingeboren wird (Ebenbürtigkeit, Ebenburt), z. B. Adel, ↗Ritterschaft (1), ↗Hörige u. dgl., ein S. nach ↗Landrecht (1) o. ↗Volksrecht. Vgl. Landstände. Außerdem gab es Berufsstände sowie Rechtsstände; letztere konnten Angehörige verschiedener Berufsstände umfassen u. wurden durch ein gemeinsames Recht, z. B. Dienstrecht (s. Ministeriale [2]), ↗Hofrecht (1), ↗Lehensrecht (a) zusammengehalten. 2. früher Unterabteilung des ↗Landes (1 b) Hadeln.

– armierter im alten Dt. R. ein ↗Reichsstand (1), der über genügend Streitkräfte verfügte; mit ihm durfte ein nicht armierter Subsidienverträge schließen.

Standarte(nführer) s. Sturmabteilung u. Schutzstaffel.

Standesgehalt in Bay. der Teil des Gehaltes, der dem Beamten später als Pension verbleibt.

Standesgenosse s. Genoßsame (1).

Standesherr 1. 1803 bzw. 1806–1918 ein bis dahin erblicher ↗Reichsstand (1), der ↗mediatisiert wurde; durch die Bundesakte von 1815 wurde den S. die Zugehörigkeit zum ↗hohen Adel gewährleistet sowie eine Reihe von Rechten u. Privilegien, bes. auf gerichtlichem Gebiet (Standesherrlichkeit, territorii subordinatum sive subalternum jus); in den einzelnen ↗Bundesstaaten (2) erhielten sie Sitz u. Stimme in der ersten ↗Kammer (2a). Mit diesen S. verschmolzen diejenigen, die schon vorher in Öst., Sa., den Lausitzen u. Schl. vorhanden waren, großen ↗Grundherren, unmittelbar unter dem Landesherrn (s. Landeshoheit), mit weitgehenden Rechten auf gerichtlichem u. administrativem Gebiet. In Schl. wurden die dortigen, seit Ende des 15. Jh. bestehenden «freien Standesherrschaften» als ↗status majores i. e. S. bezeichnet. Vgl. Privatfürstenrecht. 2. s. Kreistag (b).

Standeskommission in den schw. ↗Kantonen (1) geschäftsführender Ausschuß eines ↗Landrats (4) o. ähnlicher Versammlungen, den ↗Deputierten anderer Länder entspr. Vgl. Regierungsrat (4). Ende des 18. u. zu Beginn des 19. Jh. führten manchmal S. die Regierung mit diktatorischer Gewalt.

Standessteuer = Klassensteuer (b).

Standgeld auch (in der Schw.) Lohneinbehaltung zur Sicherung von Schadenersatzansprüchen.

Standgenosse s. Genossame (1).

Standgericht (Standrecht, im 17. Jh. auch ↗Kriegsrat [2]) ursprgl. u. auch heute noch i. w. S. ein außerordentliches Militärgericht zur Aburteilung im Felde (daher auch Feldgericht), bei Verkündung des Belagerungszustandes u. dgl. In Pr. bis 1900 jedes Militärgericht, das für Fälle der niederen Gerichtsbarkeit (s. Gerichtsbarkeit, höhere) zuständig war, i. e. S. das Regimentsgericht, im 18. Jh. außerordentliches ↗Kriegsgericht genannt. 1900–1918, in welchem Jahre sie aufgehoben wurden, hießen die früheren Regimentsgerichte S. Bei ihnen vertrat ein ↗Offizier (Gerichtsoffizier) die Stelle des ↗Auditeurs (1).

Standhemma s. Indelningswerk.

Standing Joint Committee seit 1888 ↗Committee in jeder engl. ↗Administrative County, aus Mitgliedern des ↗County Council u. der Quarter Sessions (s. Friedensrichter [1]) zusammengesetzt; es hat vor allem die Polizeiverwaltung, ernennt den ↗Chief Constable (2), beschließt über den Haushalt des Friedensrichters u. steht dem County Council ziemlich unabhängig gegenüber. Vgl. Watch Committee. Das S. J. C. für London hat nur beratende Befugnisse u. vermittelt bei Streitigkeiten zwischen den ↗Metropolitan Borough Councils. – In Scho. gehören ↗Commissioners of Supply statt der Friedensrichter zu den 1889 eingerichteten S. J. C., außerdem je ein Vertreter der ↗Royal Burghs ohne eigene Polizei.

Standortpfarrer s. Feldpropst.

Standrecht = Standgericht.

Standschaft = Landstandschaft.

Standsteuer in Bay. eine neben der ↗Landsteuer erhobene Abgabe, ursprgl. eine von den ↗Landständen ausnahmsweise bewilligte Steuer, die später regelmäßig u. von den drei Ständen auf ihre Angehörigen repartiert wurde.

Stangengericht = Ding.

Stangenrecht (Räumungsrecht, ruminge) im MA. Recht des ↗Burggrafen (1) u. anderer Befehlshaber, in den Straßen Vorbauten u. dgl., die den Truppenverkehr hemmten, zu entfernen, womit die Baupolizei überhaupt verbunden war.

Stanitza s. Kosaken.

Stanowoj (Pristaw) s. Stan (1).

Stapelgericht s. Stapelrecht.

Stapelmeister s. Stapelrecht.

Stapelrecht (Einlagerrecht, Niederlage[recht], Niederlagsgerechtigkeit, Niederlagsrecht, emporii jus, stapulae j., étape, droit de) das Recht einer Stadt (Stapelstadt), jeden Kaufmann, der Waren mit sich führte, zu zwingen, diese dort eine Zeitlang (Stapeltage, Stapelzeit) zum Verkauf zu stellen. Vielfach erstreckte sich der Stapelzwang auf alle Kaufleute, die innerhalb einer bestimmten Entfernung durchzogen (Meilenrecht), o. auf bestimmte Straßen (Straßenrecht, ↗Straßenzwang). Mit dem S. verbunden war öfters das Umschlagsrecht (Umladungsrecht, relâche forcée, droit de), d. h. die fremden Waren mußten umgeladen u. auf städt. Wagen o. Schiffen weiterbefördert werden. Das S. gewährte den Bürgern auch ein ↗Vorkaufsrecht (Einstandsrecht, s. Retrakt) auf fremde Waren. – Der Stapelzwang konnte auch durch eine Abgabe (Niederlage, Niederlagsgeld) abgelöst werden. In einigen Ländern bestand zeitweise ein Stapelzwang für fremde Waren derart, daß nur eine o. nur wenige Handelsstädte für die gesamte Einfuhr geöffnet waren. Vgl. Zwangs- und Bannrechte. – In Engl. lag seit dem 14. Jh. der gesamte Stapelhandel in den Händen einer ↗Gilde, der Stapelkaufleute, die einen Stapelmeister wählten, der vor allem dem Stapelgegericht (Staple and borough court) vorsaß.

Stapelstadt s. Stapelrecht.

Stapeltage s. Stapelrecht.

Stapelzeit s. Stapelrecht.

Stapelzwang s. Stapelrecht.

Staple and borough court s. Stapelrecht.

Stapulae jus = Stapelrecht.

Star Chamber (Court of) (camera stellata, Sternkammer) 1487–1641 bestehender Ausschuß des ↗Privy Council, dessen gerichtliche Tätigkeit ausübend, i. wesentl. Verwaltungs- u. Kriminalgericht u. Organ für ↗Polizei im weitesten Sinne, vor allem auch für Handelspolitik; die S. C. bestand aus sieben höchsten Beamten u. Richtern (Mitgliedern des Privy Council) u. bes. hinzugezogenen Rechtskundigen.

Staressina s. Zadruga.

Starjeschina s. Zadruga.

Starost(a) bei den Slawen ursprgl. der Stammesälteste, auch der Hausvater der ↗Zadruga, dann der Gemeindeälteste (Dorfälteste), so bis in die neueste Zeit in Rußl. (vgl. Wolost). – In Polen seit Beginn des 14. Jh. kgl. Beamter (capitaneus) zur Verwaltung eines größeren Domänenkomplexes (Starostei); obwohl eigentlich als Gegengewicht gegen die erblich gewordenen ↗Woiwoden gedacht, wurden die S. selbst bald zu erblichen Eigentümern ihrer Verwaltungsbezirke, die sie rechtlich nur als ↗Lehen (1) auf Lebenszeit besaßen; ein großer Teil diente zur Ausstattung bestimmter Ämter, einige als kgl. ↗Tafelgüter. Viele S. besaßen eigene Gerichtsbarkeit (Starosteigericht). Vgl. Wielkorzadca. – 1919–1939 Vorsteher einer Gemeinde in Polen.

Starostei(gericht) s. Starost(a).

Statarialgericht in Ung. früher außerordentliches Gericht, das bei Unruhen u. dgl. vom Kg. eingesetzt werden konnte; i. d. R. wurde das kompetente Gericht S.

State, department of (Staatsdepartement) in den USA das ↗Ministerium (7) des Äußeren (so bis 1789), dessen Leiter (Staatssekretär, Secretary of State) zugleich Großsiegelbewahrer ist. In den Einzelstaaten ist der Secretary of S. Großsiegelbewahrer, Vorsteher des Staatsarchivs u. oberster Wahlleiter. – Auch in Sp. ist für das «Äußere» der Ausdruck Estado gebräuchlich.

– Governor s. Gouverneur (3).

– Guard = National Guard.

– Militia s. National Guard.

Staten, Gedeputeerde s. Provinzialstaaten.

– Provinciale s. Provinzialstaaten.

States (Deliberative S., Chief Pleas, Estates,

Chefs Plaids, Etats [de Déliberation]) auf jeder der vier Kanalinseln die gesetzgebende Körperschaft; die S. sind verschieden zusammengesetzt, bestehen jedoch auf jeder Insel aus bestimmten Beamten, lebenslänglichen Mitgliedern (auf Jersey u. Guernsey von der Krone ernannte Rektoren) u. gewählten Abgeordneten.

– Attorney s. United States-Attorney.

Statica = Fondaco.

Stationes fisci selbständige Verwaltungszweige (z. B. Post, Militär), die als Teile des Fiskus betrachtet werden.

– regularium s. Vikar (1a).

Stationierungstruppen (Gasttruppen) **a)** die Streitkräfte von Ländern der NATO, die im Gebiet eines anderen Mitgliedstaates stationiert sind. **b)** die in der DDR stationierten russ. Truppen.

Stationsbeamter s. Kriegskommisar (1).

Statt nach ma. dt. Recht die territoriale Grundlage, die zur Ausübung einer Gerichtsbarkeit, einer Gerechtsame (z. B. der mit einem ↗Lehen [1] verbundenen) u. ä. nötig war.

Statthalter 1. in den Ndl. seit der Vereinigung unter Burg. lebenslänglicher, unabsetzbarer, adliger Stellvertreter (Generalkapitän, Obervogt, Provinzialstatthalter, Stadhouder, lieutenant-gouverneur, im Hennegau grand bailli) des Monarchen für eine o. mehrere ↗Provinzen, mit unbestimmten Kompetenzen, aber tatsächlich weitgehender Selbständigkeit; an der Spitze aller Provinzen stand im 15. Jh. zeitweise, im 16. Jh. dauernd, ein Generalstatthalter (Landvogt, Oberstatthalter, Stadhouder-Generaal, gouverneur-général, ↗lieutenant général). Nach der Trennung wurde die Stellung der S. in Belg. äußerst eingeschränkt, ihnen vor allem jede mil. Befugnis entzogen. In den Vereinigten Ndl. dagegen, wo die Oranier die Statthalterschaften der einzelnen Provinzen in ihrer Hand vereinigten, erhielt das Haupt der Familie eine monarchische Stellung, die 1674 durch Schaffung der Würde eines Erbstatthalters (Generalerbstatthalter, Landeserbstatthalter) anerkannt wurde; tatsächlich ruhte sie nach Wilhelms III. Tode, bis 1747 Wilhelm IV. damit bekleidet wurde. **2.** in Öst. u. anderen dt. ↗Territorien (2) im 15. u. 16. Jh. vielfach der Vorsitzende einer kollegialen Behörde, z. B. des ↗Hofrats (2), des ↗Reichsregiments (1), der ↗Regierungen (1) (auch ↗Oberster Hauptmann [1], ↗Regent [1]); letztere, deren einzelne Mitglieder ebenfalls S. hießen, erhielten daher die Bezeichnung ↗Statthalterei (a). Auch die Mitglieder der ↗Schatzkammer (2) u. ↗Hofkammer hießen S. **3.** in Pr. seit dem 16. Jh., bes. unter dem Großen Kurfürsten, persönlicher Vertrauensmann des Landesherrn (s. Landeshoheit), der die Gesamtleitung eines Landesteils in seiner Hand vereinigte, vor allem um ein Gegengewicht gegen die damals noch ständischen Regierungen zu bilden. In dem Maße, als diese zu landesherrlichen Behörden wurden, entwickelte sich das Amt des S. mehr u. mehr zum Repräsentationsposten u. wurde nicht mehr mit Beamten, sondern mit Mitgliedern des kgl. Hauses besetzt. **4.** in E.-L. 1879–1918 der oberste, vom Ks. ernannte Beamte mit bestimmten landesherrlichen Befugnissen. **5.** = Préfet national. **6.** s. Bezirk. **7.** = Meier (1). **8.** s. Viztum. **9.** s. Vikar (2).

– der heimlichen Gerichte s. Freigrafenkapitel.

Statthalterei a) in Öst. im Laufe des 16. Jh. entstandene Bezeichnung für die ↗Regierungen (1) einiger ↗Kronländer (1); 1851–1919 hießen S. nur die obersten Verwaltungsbehörden der größeren ↗Länder (1e) (vgl. Landesregierung [b] u. Gubernium), die aus einem ↗Statthalter (2) als oberstem Verwaltungsbeamten bestanden, dem eine Anzahl Statthaltereiräte beigegeben war. **b)** s. Viztum (a).

Statthaltereigericht s. Septemviraltafel.

Statthaltereirat a) s. Statthalterei (a). **b)** ↗Staatsrat (1) eines ↗Statthalters (2), z. B. im 16. Jh. im Dt. R.; in Ung. bestand ein S. (Königlicher Rat, consilium locumtenentiale regium) bis in die Mitte des 19. Jh. als oberste Verwaltungsbehörde; Kroatien besaß 1861–1868 einen eigenen S. Vgl. Ban(us).

Statthalterschaft in Öst. 1782–1790 Verwaltungseinheit, in der jeweils mehrere ↗Kronländer (1) vereinigt waren.

Statthalterverwalter s. Mannkammer (1).

Statsadvokat (Staatsadvokat) in Dän. der ↗Staatsanwalt.

Statsraadet = Staatsrat (3).

Statsrådet = Staatsrat (3).

Status et indignitatis jura s. Bischof.

– majores in Schl. unter öst. Herrschaft die auf dem ↗Landtag (1) vertretenen ↗Landstände, bestehend aus den ↗Erbsfürstentümern, ↗Mediatfürstentümern, freien ↗Standesherrschaften (1) (die i. e. Sinne S. m. hießen), der Stadt Breslau u. zehn kgl., d. h. ↗unmittelbaren Städten; ihr Gerichtsstand war das ↗Ober- und Fürstenrecht.

– minores (S. m. und königliche freie Burglehen, Minderherrschaften) in Schl. unter öst. Herrschaft 24 größere Güter, die unmittelbar unter der bhm. Krone standen, aber nicht auf dem ↗Landtag (1) vertreten waren; ihre Stellung entsprach der der ↗Reichsritterschaft. Die Burglehen waren meist ursprgl. Kastellaneien (s. Burggraf [1]), die seinerzeit verpfändet worden waren; einige hießen daher «Pfandschillinge». – Einige S. m. behielten diese (inhaltlos gewordene) Bezeichnung auch unter pr. Herrschaft.

– **Romano-Catholicus Transsilvanicus** die seit der Reformation autonome kath. Kirche Siebenbürgens, die (abgesehen von 1767–1867, als die wichtigsten Angelegenheiten durch eine staatl. catholica commissio verwaltet wurden) Kirchen- u. Schulwesen sowie die Vermögensverwaltung, das Verhältnis zwischen Kirche u. Staat u. ä., mit Ausnahme der rein geistl. Sachen, selbständig regelte; Organ war die Generalversammlung des S. (Statusgyüles) unter Vorsitz des ↗Bischofs, bestehend aus höheren Geistlichen, Vertretern der Schulen, einigen Beamten u. Richtern sowie gewählten weltl. Abgeordneten, Exekutivorgan ein von ihr gewählter Regierungsrat (Igazgatótanács); außerdem bestanden Kirchengemeindeversammlungen (s. Kirchengemeindevertretung [a]) u. Kirchengemeinderäte (s. Kirchenrat [2]), sowie gemischte Bezirksversammlungen der ↗Dekane (1).

Statusgyüles s. Status Romano-Catholicus Transsilvanicus.

Statut = Autonomie (a).

Statutargemeinde (autonome Stadt, bezirksfreie Stadt) seit 1850 in Öst. Gemeinde, die nicht den allg. Gemeindeordnungen untersteht, sondern ein eigenes Statut besitzt («Stadt mit eigenem Statut»); die S. sind landesunmittelbar, d. h. sie unterstehen unmittelbar der obersten Behörde des betr. Bundeslandes (s. Land [1e]) (bzw. früher ↗Kronlandes [1]). – In der Tschechoslowakei erhielten sich S. bis 1948. Vgl. Stadtrat (a).

Statute = Act (of Parliament).

– **Roll** (Statutenrolle, rotuli clausi) in Engl. im 13. Jh. eingeführtes Verzeichnis der erlassenen Gesetze usw., um diesen Beweiskraft zu sichern; da es aber ganz vom Kg. abhing, was in die S. R. aufgenommen wurde, setzte das ↗Parlament (1) 1319 die Einführung der ↗Parlamentsrolle durch. Die S. R. wurde dadurch verdrängt u. verlor seit Heinrich VII. jede Bedeutung.

Statutenbuch s. Stadtbuch.

Statutenrolle = Statute Roll.

Statutum s. Küre.

Staven = Hofstelle (1).

Stechgroschen = Beddemund.

Stefna ([laga] stemna) der frk. mannitio (s. Ansprache [a]) entspr. Ladung in Skand., geschieden in thingstefna (Ladung im ↗Ding) u. heimstefna (Ladung im Hause des Beklagten).

Stehlbrief = Kaperbrief.

Steinsetzer = Feldgeschworener.

Stelle **1.** bes. früher Bezeichnung von mittleren u. oberen Behörden, z. B. in Öst. der Zentralbehörden des Reiches (Hofstellen) u. der einzelnen ↗Kronländer (1) (Landesstellen), je nach Verwaltungszweig unterschieden als Finanzstellen, Justizstellen, Appellationsstellen usw. Die Hofstellen standen teils unmittelbar unter dem Ks. (unmittelbare Hofstellen, Hofmittel) o. sie waren von einer anderen Hofstelle abhängig (mittelbar). **2.** **a)** = Hofstelle (1). **b)** s. Hof (3).

Stellrecht s. Bauerding (1).

Stellvertreter s. Schöffe (2).

– **des Führers** an sich nur stellvertretender Führer der NSDAP, seit 1933 auch ↗Reichsminister u. damit Vertreter der Partei im ↗Kabinett.

Stemmaticum = Stammgut (b).

Stemna = Stefna.

Sterbe- und Gnadenzeit = Gnadenzeit.

Sterbegehalt s. Gnadenmonat.

Sterbehausrecht = Erbhausrecht.

Sterbjahr u. ä. s. Annus deservitus.

Sterbemonat = Gnadenmonat.

Sterbequartal s. Gnadenmonat.

Sterbfall (Bahrenrecht, Bettfall, Erbding, Erbrecht, Fall, ↗Fallrecht [2], Geläß u. ä., Hauptfall, Hauptrecht, Hauptzins, Huberecht, Läß, Sterbhaber, Sterbrecht, Toder, Todfall, Totenpfund, Totenzins, Totenzoll, Versterb, Weglöse, afflief, caduci jus, capitale j., census capitalis, c. ultimus, heredium, herietum, justitia capitalis, luctuosa, manumortuum, manus mortua, morticinium, mortuarium, essogne, heriot, ↗mainmorte, loitosa, vgl. auch Laudemium) seit Ende des 9. Jh. ↗Besitzwechselabgabe, die beim Tode eines dinglich o. persönlich Abhängigen (↗Schutzhörigen, ↗Hörigen, ↗Unfreien, ↗Leibeigenen) an den ↗Herrn zu zahlen war, meist in der Form des besten Stücks Vieh (Besthaupt, Namhardt, Sterbochse, Todgans, caput optimum, jumentum o., optimale, meilleur catel, halve-have) o. des besten Gewandes (Bestgewand, Bestkleid, Gewandfall, Kleiderfall, Watmal, vestimentum optimum, vestitum superior) o. überhaupt des besten Stückes (exuviae optimae), wobei dem Herrn die Wahl zustehen konnte (Churmüde u. ä., Core, Kirmuth, Kurmede, curmeda, curmodicum jus), in älterer Zeit auch eine Quote des beweglichen Vermögens (Baudeling, Baulebung, Bauteil, Bidel[la], Buteil[gut], Erbteilung, supellectilis). Der S. eines Hörigen wurde auch als Güterfall, der eines Leibeigenen als Leibfall (Leibbede, Leibpfennig) bezeichnet. – Schon früh konnte der S. in Geld abgelöst werden (Sterbtaxe, utlose). Er war im späteren MA. derart ein Zeichen persönlicher bzw. dinglicher Abhängigkeit, daß man die Hörigen usw., die «verhauptrechtet» wurden, als Kurmedige (Kurmedsleute), ihre Lage als Kurmedigkeit, ihr Land als kurmediges

Land bezeichnete. Grundstücke, auf denen ein S. lastete, wurden als fällige Güter (fallbare G., Fallgüter, Fallhöfe, Fellgüter) bezeichnet. – Der S. war manchmal auch dem ↗Gerichtsherrn (1) als solchem zu entrichten.

Sterbhaber = Sterbfall.

Sterbochse s. Sterbfall.

Sterbrecht = Sterbfall.

Sterbtaxe s. Sterbfall.

Sternkammer = **Star Chamber (Court of).**

Steuer früher manchmal nur für bestimmte Steuern u. Abgaben gebraucht, so vor allem für die ↗Bede (1), dann auch z. B. für die ↗ostarstuopha; Abgaben an den ↗Grundherrn wurden nicht als S. bezeichnet.

– geschworene = Eidsteuer.

– ungerechte s. Bede (1).

Steueramt s. Vogteiamt.

Steuerbezirksobrigkeit s. Bezirkshauptmannschaft.

Steuerdestinatar derjenige, der nach Absicht des Gesetzgebers die Steuer tragen soll, sie aber tatsächlich auf einen Steuerträger abwälzt.

Steuergemeinde = Katastralgemeinde.

Steuerherr (Losunger, Losungsherr, Losungsrat, Raiter, ↗Steurer, Steuermeister) in den Städten früher ↗Ratsherr (a) bzw. städt. Beamter, der die Steuern zu erheben hatte; öfters waren für die verschiedenen Steuern bes. S. vorhanden, diese hießen dann je nach der Abgabe Brotpfennigaufheber, Rentherren, Rentmeister, Schoßherren, Ungelder, Ungeldherren, Zinsmeister usw. – In Rothenburg bestand das Steueramt aus dem ↗Bürgermeister (1), dem Obersteurer, dem Mittlersteurer aus dem Inneren Rat (s. Stadtrat [a]) u. dem äußeren Steurer aus dem Äußeren Rat.

Steuerhufe s. Hîde u. Hufe.

Steuerknecht in Tirol seit 1511 Bezeichnung eines vom Lande angeworbenen Söldners, da zu diesem Zweck eine Steuer erhoben wurde.

Steuerkollegium a) in einigen dt. Staaten (z. B. in Wü. seit 1817) dem Finanzministerium unterstellte, kollegiale Behörde für Steuerwesen. b) s. Kollegien, bürgerliche.

Steuerkommissär in Ba. bis 1920 der Beamte, der die Steuerlisten führte u. die Steuern festsetzte. Den S. (1816 geschaffen u. bis 1876 Steuerperäquatoren genannt) standen bis 1848/49 als Vertretung der Steuerpflichtigen Schatzungsausschüsse (für Grund- u. Häusersteuer) u. Gewerbesteuerdeputationen zur Seite; an deren Stelle traten dann Schatzungsräte für alle direkten Steuern, bestehend aus dem ↗Bürgrmeister (1) u. einigen vom ↗Bezirksrat ernannten Mitgliedern. Schatzungsausschüsse gab es bereits 1810 –1816.

Steuerkommissar (Kriegs- und Steuerkommissar, Lokalkommissar, Ortskommissar, Städtekommissar, commissarius loci) nach 1660 aus dem ↗Kriegskommissar entstandener pr. Beamter für die Städte (erst unter Friedrich Wilhelm I. im ganzen Land), zunächst mit den alten Befugnissen, seit 1680 allm. mehr u. mehr Kontrollorgan, reisender Beamter der ↗Kriegskammer (2) bzw. ↗Kriegs- und Domänenkammer, über mehreren Städten (Inspektion, Städtekreis, steuerrätlicher Kreis), in deren einer er dauernd seinen Wohnsitz hatte u. die er in bestimmtem Turnus bereiste; er hatte die Kontrolle über sämtliche städt. Behörden u. Angelegenheiten, die ↗Polizei im weitesten Sinne, die Steuerkontrolle (bes. der ↗Accise), endlich die Aufgabe, Handel u. Gewerbe zu fördern, daneben aber noch immer die früheren mil. Befugnisse; er nahm Klagen über ↗Magistrat u. Beamte entgegen u. entschied u. U. selbst. Seit Beginn des 18. Jh. erhielt der S. (zuerst inoffiziell) den Titel Kriegs- und Steuerrat o. Steuerrat, u. obwohl er nach 1766 jede Kontrolle über die Steuern verlor u. nur noch die städt. Verwaltung kontrollierte, behielt er seinen alten Titel bei, bis seine Befugnisse durch die Reform an den ↗Landrat (2) übergingen.

Steuermann im ma. Skand. der Kommandant eines Schiffes, der gleichzeitig (meist erblich) an der Spitze eines Schiffsbezirkes (s. Leding) stand, die Mannschaft aushob, das Schiff bauen u. ausrüsten ließ usw. – Zu Beginn der Neuzeit nahm seine Stelle der ↗Schiffer ein, der, als er ↗Deckoffizier wurde, wieder den Namen S. erhielt.

Steuermeister = Steuerherr.

Steuerpacht i. allg. jede Erhebung von Steuern durch Private im Namen des Staates, aber für eigene Rechnung; i. e. S. die Übertragung der Steuerhebung an Private gegen Zahlung einer jährl. Pauschalsumme; die Übertragung gegen eine Einzugsprovision wird auch als Steuersubmission (Steuerverdingung) bezeichnet. Die S. ist entw. Generalpacht (Übertragung eines Komplexes von Steuern für das ganze Land o. für einzelne Bezirke an einen Generalpächter) o. Spezialpacht (Übertragung einer einzelnen Steuer). – Bes. in Fr. spielte die S. (ferme du roi) eine große Rolle; zuerst wurden seit dem 14. Jh. die Zölle u. ↗aides (royales) in kleinen Distrikten an Steuerpächter (fermiers du roi) vergeben, dann allm. alle indirekten Steuern in größeren Bezirken. Für das ganze Land wurden sie seit 1680 in Generalpacht (ferme générale) auf Zeit (sechs Jahre) an einen Generalpächter (fermier général du roi) vergeben, der aber nicht auf eigene Rechnung, sondern auf die einer Gesellschaft arbeitete, u. eine Anzahl Bürgen, die ebenfalls als Generalpächter bezeichnet wurden, stellen mußte. Vgl. Regie u. Esattore (delle imposte).

Steuerperäquator s. Steuerkommissär.

Steuerrat s. Steuerkommissar u. Kreis.

Steuersenat s. Senat (7).

Steuersubmission s. Steuerpacht.

Steuersynode in Bay. in der prot. Kirche der Generalsynode (s. Synode) nachgebildete Versammlung zur Beschlußfassung über Steuerverwendung.

Steuerträger s. Steuerdestinatar.

Steuerverdingung s. Steuerpacht.

Steurer früher Steuererheber, in den Städten der ↗Steuerherr. – In Bay. wurden die vom Landesherrn (s. Landeshoheit) ernannten S. Landsteurer, die von den ↗Landständen ernannten Rittersteurer bzw. Prälatensteurer genannt.

Steward in Engl. der ↗Seneschall bzw. ↗Truchseß. Die S. der ↗Grundherren waren die Vertreter derselben bei der Bewirtschaftung der ↗Manors u. übten die ↗Patrimonialgerichtsbarkeit aus; auf diese Weise wurden sie hier u. da zu Verwaltungsbeamten. Vgl. Lord High Steward u. Chiltern Hundreds.

– of the Chiltern Hundreds s. Chiltern Hundreds, to take the.

Stichentscheid s. Votum decisivum.

Stichwahl bei einigen Wahlsystemen der zweite Wahlgang, der nötig wird, wenn im ersten kein Kandidat die absolute Mehrheit erhält; die S. findet dann zwischen den beiden Kandidaten mit den meisten Stimmen statt.

Stift 1. a) geistl. Körperschaft u. die dieser anvertraute Anstalt, insbes. ↗Domkapitel, ↗Kollegiatkapitel u. ↗Frauenstift, dann auch eine Erzdiözese u. ↗Diözese (a) sowie ein ↗Kloster. Die durch die Reformation in Schulen usw. umgewandelten Anstalten behielten häufig die Bezeichnung S. **b)** in Norw. u. Dän. früher nicht nur kirchl., sondern auch administrative Einheit, deren Verwaltung der am Bischofssitz residierende ↗Amtmann (1) als Stiftsamtmann leitete; mit dem ↗Bischof zusammen bildete er die Stiftsdirektion zur Aufsicht über die Verwaltung des Kirchenvermögens. Für statistische Zwecke u. dgl. wird die Einteilung in S. heute noch benützt, ebenso behielten in Dän. die betr. Beamten den Titel Stiftsamtmann. **2.** = Hofgericht (f).

– freie s. Schupflehen.

Stiften s. Hofwehr.

– und stören s. Schupflehen.

Stiftrecht s. Schupflehen.

Stiftsadel a) (stiftsmäßiger Adel, Turnieradel, turniermäßiger A.) Adel von ursprgl. acht, später sechzehn (u. U. auch 32) Ahnen, wie er zur Besetzung der Stellen an ↗Stiftern (1 a), zur Teilnahme an Turnieren usw. verlangt wurde. Vgl. Hofadel. Zur Stiftsfähigkeit (Stiftsmäßigkeit, Turnierfähigkeit) gehörte vielfach auch die ↗Landstandschaft. **b)** der in einem bestimmten Stift ansässige Adel.

Stiftsadministrator s. Administrator (1 a).

Stiftsamt als ↗Amt (1) verwaltetes Gebiet eines ↗Stiftes (1 a).

Stiftsamtmann 1. s. Stift (1 b). **2.** = Meier (1).

Stiftsdame s. Frauenstift.

Stiftsdekan s. Kollegiatkapitel.

Stiftsdirektion s. Stift (1 b).

Stiftsfähigkeit s. Stiftsadel (a).

Stiftsfrau s. Frauenstift.

Stiftsgeistlicher s. Kollegiatkapitel u. Frauenstift.

Stiftsgut s. Mensa.

Stiftshauptmann s. Frauenstift.

Stiftsherr s. Domkapitel u. Kollegiatkapitel.

Stiftsjunker s. Junker.

Stiftskanoniker s. Kollegiatkapitel.

Stiftskapitel a) = Kollegiatkapitel. **b)** s. Frauenstift.

Stiftskapitular s. Kollegiatkapitel.

Stiftskastenamt s. Kastner.

Stiftskirche = Kollegiatkirche.

Stiftskurator s. Frauenstift.

Stiftsmäßigkeit s. Stiftsadel (a).

Stiftsmann ↗Ministeriale (2) eines ↗Stiftes (1 a).

Stiftspropst s. Kollegiatkapitel.

Stiftsverwalter s. Verwalter, geistlicher.

Stiftsvikar s. Kollegiatkapitel.

Stiftsvogt ↗Vogt (1) eines ↗Stiftes (1 a) (eines ↗Hochstiftes: Hochstiftsvogt), dann auch Kirchenvogt i. allg.; in Fr. hieß der Vogt einer bischöfl. Kirche vicedominus (vidame), sein Amt vidamie.

Stiftsvogtei ↗Sprengel eines ↗Stiftsvogts.

Stiftsvorsteher s. Frauenstift.

Stiftszeit s. Hofgericht (f).

Stifttag = Hofgericht (f).

Stiftungspflege (Meßpflege) von der Kirchenpflege (s. Fabrica ecclesiae) abgesonderte Verwaltung eines zur Stiftung einer Pfründe bestimmten Fonds, dann überhaupt die Verwaltung von Stiftungen. – In Wü. gab es zur Aufsicht über die S. bis Ende des 19. Jh. in jeder Gemeinde einen Stiftungsrat, aus dem ↗Gemeinderat (a) u. den betr. Geistlichen bestehend; er bestellte den Stiftungspfleger. Vgl. Pflege (3).

Stiftungsrat a) Organ einer Familienstiftung o. einer kirchl. Stiftung. **b)** s. Kirchenvorstand (b) u. Stiftungspflege.

Stilleding s. Feme.

Stillgericht s. Feme.

Stillstand 1. = Moratorium. **2.** Abkommen, durch das ein pol. Zustand provisorisch de facto anerkannt wird. **3.** in einigen ref. schw. ↗Kantonen (1) die kirchl. Gemeindeaufsichtsbehörde.

Stimmenhäufung = Vote cumulatif.
Stimmgebung, beschränkte = Vote limité.
Stipendia quotidiana s. Domkapitel.
Stipendiarius a) = Censualis (homo). **b)** s. Dageschalk.
Stipendiary (Magistrate) seit 1835 besoldeter, rechtsgelehrter Richter zur Besorgung der Geschäfte des ↗Friedensrichters (1) in erster Instanz; der S. M. ist selbst Friedensrichter, u. die übrigen (z. B. der ↗Mayor [1] usw.) amtieren neben ihm. Bis 1949 konnten S. M. nur in den ↗Boroughs (a), Cities u. den größeren Urban Districts (s. Sanitary District) mit bes. Erlaubnis angestellt werden, seitdem ohne weiteres in jeder ↗County u. in jedem Teil einer solchen. – I. d. dt. Lit. wird das Gericht des S. M. als Polizeigericht bezeichnet.
Stipendium a) = Bede (1) u. Heersteuer. **b)** = Procuratio canonica.
Stipes s. Tally.
Stipulatio = Halmwurf.
Sto s. Decimus.
Stock a) = Schaftgut. **b)** s. Zinsgenossenschaft.
Stockdrittel s. Genossame (1).
Stockerbe s. Anerbenrecht.
Stockgericht = Hochgericht (1).
Stockgut = Stammgut (d) u. Schaftgut.
Stockhaus s. Schaftgut.
Stockinhaber s. Schaftgut.
Stocklosung = Stammgeld.
Stockrecht s. Waldfeldwirtschaft.
Stockschaftshaus s. Schaftgut.
Stockurbar s. Urbar (1).
Stöller s. Erbstollen.
Stör(arbeit) s. Lohnwerk.
Störer 1. s. Lohnwerk. **2.** = Bönhase.
Stofa s. Ostarstuopha.
Stol sedmorice s. Septemviraltafel.
Stola, kleine s. Stolgebühren.
Stolae jura = Stolgebühren.
Stolesaz = Skabine (b).
Stolgebühren (Akzidentien, Casualien, Stolien, Stolrechte, Stoltaxen, stolae jura) Gebühren, die einem Geistlichen für bestimmte Handlungen (bes. Taufen, Trauungen u. Beerdigungen) zustehen, in der ev. Kirche größtenteils abgelöst. Die S. stehen eigentlich nur dem ↗parochus zu; wenn mit dessen Zustimmung ein ↗Vikar (1 a) u. dgl. S. bezieht, heißen diese kleine Stola.
Stolien = Stolgebühren.
Stollenhieb s. Erbstollen.
Stollenneuntel s. Erbstollen.
Stolnik in den slawischen Ländern der ↗Truchseß.
Stolrechte = Stolgebühren.
Stoltaxe = Stolgebühren.
Stoppelfrette s. Weidegerechtigkeit.
Stoppelrecht = Hofrecht (1).
Stoppelrichter s. Meier (1).
Stoppelweide s. Weidegerechtigkeit.
Storskift in Schwd. die ↗Verkoppelung.
Storthing (Großding) seit 1814 die norw. Volksvertretung, als Ganzes in einem Wahlgang gewählt; wenn konstituiert, wählt das S. aus seiner Mitte ein Viertel zu einem Oberhaus (Lagthing), während der Rest als Odelsthing das Unterhaus bildet; letzteres beschließt über die Gesetze zuerst; wenn das Lagthing zweimal ein vom Odelsthing angenommenes Gesetz verwirft, wird in gemeinsamer Sitzung darüber entschieden; die Kontrolle über Finanzwesen u. Regierung steht allein dem Odelsthing zu.
Stoß = Kuhrecht.
Stradaticum (straticum) Straßenzoll.
Strafherr = Einunger.
Strafkammer kollegial zusammengesetzte Abteilung eines dt. ↗Landgerichts (b), der die Entscheidung in Strafsachen zusteht, soweit sie nicht dem ↗Schöffengericht (1) o. dem ↗Schwurgericht zukommt; außerdem ist sie Berufungsinstanz gegen Urteile des Schöffengerichts u. des ↗Amtsgerichts (a); sie tagt im ersteren Fall als große S. (drei Richter u. zwei Schöffen), im letzteren als kleine S. (ein Richter u. zwei Schöffen). Vgl. Ratskammer (2). Bei Amtsgerichten, die vom Sitz des Landgerichts zu weit entfernt sind, bestehen auswärtige S. (auswärtige Kammern, detachierte K., detachierte S.).
Strafsenat s. Senat (7).
Straftag = Forstgericht.
Strafverfahren, administratives = Verwaltungsgerichtsbarkeit (b).
Strandabschnitt s. Strandamt.
Strandamt im Dt. R. bis 1945 (heute Strandbehörde), besorgt innerhalb eines bestimmten Strandbezirks (Strandabschnitt) die Strandungsangelegenheiten, d. h. die Bergung von Strandgut, Hilfe in Seenot usw. An der Spitze eines S. steht ein Strandhauptmann; Lokalbeamte sind die Strandvögte.
Strandbehörde s. Strandamt.
Strandhauptmann s. Strandamt.
Strandherr s. Strandrecht.
Strandrecht (litoris jus, bris, droit de, épave, droit de, varech, droit de, lagan, picio, vägrek) ursprgl. das Recht der Meeresanwohner auf Person u. Gut der Schiffbrüchigen; das S. erhielt sich vielfach bis in die neuere Zeit, aber als ↗Regal (Strandregal); dessen Inhaber (Strandherr) wurde im Dt. R. schon früh der betr. Landesherr (s. Landeshoheit). Bereits im späteren MA. wurde das S., das sich auf jedes angetriebene Gut (Seeauswurf, strandtriftiges Gut) erstreckte, meist zu einem bloßen Bergerecht (bona naufragorum colligendi jus) abge-

schwächt, wobei der Berger Anspruch auf einen Bergelohn (Hilfslohn) hat. Seetriftiges, d. h. aus der See geborgenes Gut, fällt ganz an den Berger. Früher wurde das Strandgut unter Bergern, Landesherr u. Eigentümer geteilt. Vgl. Grundruhrrecht.

Strandvogt s. Strandamt.

Strang in Teilen Nordwestdt., bes. im 17. Jh., Unterabteilung eines ↗Amtes (1), wobei die einzelnen Ortschaften nicht der Lage nach, sondern nach ihrem rechtlichen Charakter zusammengefaßt waren; z. B. bildeten die Ortschaften, die bei einem bestimmten Gericht zuständig waren, einen S.

Straßenangerdorf s. Angerdorf.

Straßendorf Dorfform, bei der die Gehöfte längs der Straße dicht nebeneinander stehen (vgl. Reihendorf) zu beiden Seiten o. nur auf einer, u. das Dorf nur zwei Ausgänge hat; gegen die Flur ist es durch Hecken abgegrenzt. Die Äcker liegen als ↗Streifenflur, in ↗Gewannen o. unregelmäßig in blockförmigen Stücken. Vgl. Angerdorf u. Gassendorf. – Bei neueren Gründungen spricht man meist von Straßenkolonie o. Straßensiedlung.

Straßengerechtigkeit = Auenrecht.

Straßengericht (judicium stratae) ↗hohe Gerichtsbarkeit über Verbrechen, die auf öffentlichen Landstraßen, Flüssen usw. begangen wurden. In einigen Gegenden gelang es dem Inhaber der Straßengerichtsbarkeit, d. h. i. d. R. dem Landesherrn (s. Landeshoheit), alle außerhalb der bewohnten Ortschaften vorkommenden Fälle, die eigentlich vor das ↗Dorfgericht (a) gehörten, vor das S. zu ziehen u. dieses damit zu einem Feldgericht (judicium extra villam, j. per campos) zu erweitern. Vgl. Hoch- und Untergericht.

Straßenkolonie s. Straßendorf.

Straßenmarktstadt Stadt, deren wesentlicher Bestandteil ein Straßenmarkt ist (d. h. eine breite Straße, die als Markt dient).

Straßenrecht s. Stapelrecht.

Straßensiedlung s. Straßendorf.

Straßenzwang a) s. Geleite (1). **b)** das von den Städten ausgeübte Straßenrecht (s. Stapelrecht).

Straßenzoll Abgabe, die zur Unterhaltung u. Verbesserung der Straßen diente.

Στρατηγός [Strategós] **1.** im Byz. Reich ursprgl. Bezeichnung höherer Befehlshaber, z. B. des ↗magister militum u. des ↗dux (1), dann ausschließlich des an der Spitze eines ↗Thema stehenden Offiziers, der gleichzeitig oberster mil. Führer, Haupt der Zivilverwaltung u. oberster Richter war; auch die Oberaufsicht über die Kirche lag ihm ob. Andrerseits konnte der ↗Bischof Klagen gegen ihn entgegennehmen. Nach seinem Abgange führte er den Titel Ἀποστράτηγος [Apostrátegos]. **2.** (praetor, propraetor, stratigotus) in Unterit. u. Siz. unter norm. Herrschaft Lokalbeamter mit richterlichen Befugnissen, der im Laufe des 12. Jh. verschwand, bis auf den ↗stratigò in Messina u. den ↗praetor (3) in Palermo.

Στρατηλάτης [Stratelátes] im Byz. Reich Bezeichnung für höhere Offiziere, bes. für den ↗magister militum. Eine Zeitlang standen Σ. als Stadtkommandanten unter den ↗ Στρατηγοί [Strategoí]. Im 14. Jh. verschwand der Titel. – Σ. τῶν σχολῶν τῆς Δύσεως [S. tōn scholōn tēs Dýseos] bzw. τῆς Ἀνατολῆς [tēs Anatolēs] hießen zeitweise die beiden entspr. ↗Δομέστικοι [Doméstikoi].

Straticum = Stradaticum.

Stratigò (stratigotus) vom 12. Jh. bis 1678 der oberste Beamte von Messina, vom Kg. ernannt, sei 1302 unmittelbar unter diesem, dem Range nach der fünfte Würdenträger im sp. It., Vorsitzender der curia straticotialis (corte straticoziale), der in Zivil- u. Strafsachen über Messina u. seinen Distrikt (u. die Messinesen im Ausland) richtete, in Strafsachen inappellabel. Er hatte zur Vollstreckung eine größere Militärmacht unter sich.

Stratigotus = Στρατηγός (2) [Strategós] u. Stratigò.

Στρατιωτικός [Stratiotikós] = Λογοθέτης τοῦ στρατιωτικοῦ [Logothétes tū stratiotikū].

Στρατοπεδάρχης [Stratopedárches] im Byz. Reich Titel der mil. Intendanten, an deren Spitze der Μέγας Σ. [Mégas S.] stand.

Strator am Byz. Hof Beamter des Marstalls; an der Spitze der S. stand der Protostrator, der dem westeur. ↗Marschall (1) entsprach. Auch eine Leibwache des Ks. führte die Bezeichnung Stratores, ebenso wurde S. als Titel an Provinzialbeamte verliehen.

– regis s. Marschall (1).

Streifenflur Ackerflur, bei der die ↗Hufen streifenförmig nebeneinander liegen, entw. parallel (so beim ↗Reihendorf) o. mehr o. weniger fächerförmig (so beim ↗Straßendorf). Vgl. Blockflur.

Streitanhängigkeit = Rechtshängigkeit.

Streitankündigung = Litisdenunziation.

Streitbefestigung = Litiskontestation.

Streitbuße s. Wergeld.

Streiteinlassung = Litiskontestation.

Streitgedinge im alten Prozeß eine die rechtsförmliche Ladung ersetzende Vereinbarung der Parteien, vor Gericht zu erscheinen.

Streitgehilfe s. Nebenintervention.

Streitgenossenschaft = Litiskonsortium.

Streithilfe = Nebenintervention.

Streitverkündung = Litisdenunziation.

Strelizen (Strjelzi) von Iwan IV. geschaffene stehende Truppe zu Fuß, mit großen Privilegien ausgestattet, z. B. dem Recht des freien Handels, von Peter d. Gr. aufgelöst. Die S. waren bis 1683 in Prikas eingeteilt, dann in ↗Regimenter (2).

Streusiedlung (Einzelsiedlung, Hofsiedlung) aus ↗Einzelhöfen bestehende Siedlung, wobei die ↗Hofstelle (1) meist in der Mitte des Besitzes liegt; liegen die Hofstellen, durch das Gelände bedingt, näher beieinander, so spricht man von Schwarmsiedlung, ohne daß zwischen dieser u. der S. i. e. S. eine genaue Grenze bestünde. Vgl. Einöde u. Sammelsiedlung.

Strina im MA. am adriatischen Meer Abgabe an die Seeräuber, um diese fernzuhalten.

Stroza in Polen die den Bauern der ↗Opole obliegende Pflicht des Burgwachtdienstes, ein Teil des ↗polonicum jus.

Strudes legitima = Grafenpfändung.

Stube, geheime s. Stadtrat (a).

– hohe s. Achtburger.

Stubengenosse s. Stubenmeister.

Stubengeselle s. Stubenmeister.

Stubengesellschaft s. Constafler.

Stubenherr, oberster = Stubenmeister.

Stubenmeister (Baumeister, Burggraf, oberster Stubenherr, Oberstubenherr) in einigen Städten Vorstand der Trinkstube der ↗Patrizier; die (meist mehreren) S. hatten außerdem die Gerichtsbarkeit über die nach Art einer ↗Zunft (1) organisierten Stubengenossen (Stubengesellen), ihre Vertretung gegenüber den Zünften u. dgl.

Studienconseß von Ks. Leopold II. in den ↗Provinzen, in denen Universitäten bestanden, errichtete Schulaufsichtsbehörde.

Studiendirektor früher an den öst. Universitäten von der Regierung dem Dekan einer Fakultät als staatl. Kontrollorgan beigegebener Beamter; der erste S. wurde 1749 für die Wiener medizinische Fakultät ernannt.

Studienhofkommission vom ↗Directorium in publicis et cameralibus 1760 abgezweigte oberste Behörde für das Unterrichtswesen, die zuerst auch Zensurbehörde war, nach einigen Unterbrechungen 1778 als reine Unterrichtsbehörde reorganisiert, 1791 aufgehoben, aber 1808 von neuem eingerichtet wurde; sie hatte nunmehr die Stellung eines Unterrichtsministeriums u. wurde 1848 in ein solches verwandelt.

Studieninspektor s. Kreisschulinspektor.

Studienkongregation s. Congregatio Romana.

Stübler s. Constafler.

Stück, walzendes = Wandelacker.

Stückhauptmann im 17. u. 18. Jh. (in Öst. bis 1772) der ↗Hauptmann (1) bei der Artillerie; der ↗Major (4) hieß Ober(stück)hauptmann.

Stückjunker seit der zweiten Hälfte des 17. Jh. bei der Artillerie Offiziersanwärter, dem ↗Gefreiten bzw. ↗Fahnenjunker der Infanterie entspr., aber i. d. R. nicht adlig. In einigen Armeen, z. B. in Öst. bis 1772, entsprach jedoch der S. einem Oberleutnant (s. Leutnant).

Stückknecht s. Konstabler.

Stückmeister = Konstabler.

Stühlung = Ruf.

Stümper = Bönhase.

Stuf (soerkjøb, Sonderkauf) in Dän. die dem schwd. ↗humper entspr. Besitzform.

Stuhl (castrum, sedes, Ibravnitzie, Judeţ, Schudetz) in Rum. ursprgl. der ↗Sprengel eines Richters (jude), der später zum Verwaltungsbezirk (unter einem Ibravnitz, Isprawnik, Schudetz) wurde, in neuerer Zeit in Bezirke (plasi) geteilt u. bis 1948 nach fr. Muster einem ↗Präfekten (b) unterstellt, dem ein consiliul judeţean zur Seite stand, der seinerseits einen geschäftsführenden Ausschuß (delegatia consiliului judeţean) wählte. Die Einteilung in S. wurde im 12. Jh. von den siebenbürgischen Sachsen übernommen, u. ihr Gebiet zerfiel bis 1876 in solche; in diesem Jahre wurde die ung. Einteilung in ↗Komitate (3) in ganz Siebenbürgen durchgeführt.

Stuhlbezirk s. Komitat (3).

Stuhlbruder = Schöffe (1).

Stuhlfreier s. Schöffenbarfreie.

Stuhlgeld a) (Willkumst) in Teilen Westf. früher ein Betrag, der bei der Heirat eines künftigen Hofbesitzers von diesem seinen Eltern als Teil des späteren ↗Altenteils u. als Gebühr für die Erlaubnis, daß die junge Frau ihren Platz am Herde einnehme, gezahlt wurde. **b)** s. Gesellenbruderschaft.

Stuhlgenosse a) s. Genossame (1) u. Hauptherr (1 b). **b)** = Schöffe (1).

Stuhlgericht = Hochgericht (1).

Stuhlherr (Stuhlrichter) Inhaber eines Freistuhls der ↗Feme; wenn er selbst den Vorsitz führte, hieß er ↗Freigraf; die Würde wurde früh erblich u. veräußerlich.

– oberster s. Freigrafenkapitel.

Stuhlrichter 1. = Stuhlherr. **2.** s. Komitat (3).

Stuhlseß = Schöffe (1).

Stuhlung (Alpstuhlung, Bestoßung, Landung, Legung, Randung, Schatzung, Seyung) die richtige, weder zu große, noch zu kleine Besetzung einer Alp mit Vieh, nach ↗Kuhrechten berechnet. Die S. wurde u. wird i. d. R. von den ↗Alpgenossenschaften durchgeführt, manchmal aber auch von den Behörden. Sie kann abwechselnd durch einen Teil der Genossen erfolgen (Wechselalp).

Stuofa s. Ostarstuopha.

Stuofkorn s. Ostarstuopha.

Stuth s. Herbergsrecht (1).

Stuurmann = Schiffer.

Sturmabteilung (SA) pol. Kampftruppe der NSDAP, unter dem ↗Führer und Reichskanzler als Oberstem SA-Führer (Osaf), neben ihm der Chef des Stabes, gegliedert in Obergruppen, die in Gruppen, weiterhin in Brigaden (die SA eines ↗Gaues umfassend), Standarten (etwa einem ↗Regiment [2] entspr.), Sturmbanne, Stürme, Trupps u. Scharen (etwa 15 Mann) untergliedert waren. Die Dienstgrade waren: Obergruppen-, Gruppen-, Brigade-, Ober-, Standarten-, Obersturmbann-, Sturmbann-, Sturmhaupt-, Obersturm-, Sturm-, Obertrupp-, Trupp-, Oberschar-, Schar-, Rottenführer, Sturmmann, SA-Mann, Anwärter. Vgl. Schutzstaffel.

Sturmbann(führer) s. Sturmabteilung.

Sturm(führer) s. Sturmabteilung.

Sturmhauptführer s. Sturmabteilung.

Sturmrolle Verzeichnis der Angehörigen des ↗Landsturms in Öst.

Subadvocatus s. Vogt (1 u. 2).

Subalternoffiziere seit Anfang des↗ 18. Jh. Bezeichnung der Offizierschargen unter dem ↗Hauptmann (1), d. h. des ↗Leutnants u. des ↗Fähn(d)richs (im alten Sinne). Vgl. Oberoffiziere.

Subaschi = Jusbaschi.

Subauxilium s. Aides aux quatre cas.

Subbailiff s. Bailiff (1).

Subcamerarius s. Hofämter u. Reichserbämter.

Subcancellarius in Fr. vereinzelt im 10. u. 11. Jh. für den Vertreter des ↗Kanzlers (vgl. Vizekanzler); doch gab es S. auch neben diesem. – Auch in Dt. u. It. kommt im 12. Jh. der Titel vor, aber mit unbekannter Funktion.

Subcomes s. Burggraf (1 b).

Subcustos = Chorparochus.

Subdapifer s. Hofämter.

Subdatarius s. Dataria Apostolica.

Subdelegado s. Corregidor.

Subdelegat s. Delegation (2).

Subdélégation s. Intendant (1).

Subdélégué (général) s. Intendant (1).

Subdiaconus Cardinalis s. Kardinal (1).

Subdiakon (subdiaconus) **1.** s. Ordines (1). **2.** s. Kollegien, bürgerliche.

Subfeudum = Afterlehen.

Subforestarius s. Förster (1).

Subjektsteuer = Personalsteuer.

Subinfeudatio s. Obinfeudatio.

Subitanea respicientes s. Deputierte.

Subitanei s. Deputierte.

Subjudex s. Go u. Opole.

Subkollektationsrecht im alten Dt. R. das Recht der Landesherren (s. Landeshoheit), ihre Untertanen zu den Reichssteuern heranzuziehen.

Subkommendation s. Kommendation.

Submarescalcus s. Hofämter u. Reichserbämter.

Subminister s. Hofämter.

Subofficiatus s. Hofämter.

Subpincerna s. Hofämter.

Subpoena (writ of) s. Writ.

Subpraefectus s. Vogt (2).

Subprior s. Kloster.

Subregens s. Regens.

Subregulus = Gaukönig.

Subscultetus s. Schultheiß.

Subsidium **1.** seit dem MA. vielfach Bezeichnung für Steuern, u. zwar ursprgl. für außerordentliche Steuern, z. B. die ↗Bede (1) u. die ↗Heersteuer. – In Engl. wurde seit 1514 eine subsidy genannte Steuer vom Vermögen erhoben, bei der eine bestimmte Summe als Einheit galt, u. in deren Vielfachen vom ↗Parlament (1) jeweils bewilligt wurde; ähnlich der ↗Landtax wurde sie im Laufe der Zeit zu einer Art ↗Reallast, indem die einmal Veranlagten, die subsidymen, praktisch nie mehr neu veranlagt wurden; für die Fälle, in denen die subsidy nicht gezahlt werden konnte (z. B. wegen Nichtbesetzung eines Pachtgutes), bestand eine Liste sogen. bearers, d. h. solcher, die an sich steuerfrei waren, aber im Notfall einen Teil der subsidy übernehmen konnten. – Im alten Dt. R. wurden die Abgaben, die von Kirchen, ↗Klöstern usw. an den Kg. als Entgelt für den ↗Königsschutz (b) gezahlt wurden, als S. regium, (auch Königssteuer, donum subsidium, servitium regium, supplementum) bezeichnet, in Öst. außerordentliche, vom Klerus erhobene Steuern als S. ecclesiasticum. **2.** Hilfsgelder eines Staates an einen kriegführenden Verbündeten.

– caritativum **1.** (charisterium charitativum) ursprgl. freiwillige, außerordentliche Abgabe der Geistlichen an den ↗Bischof. **2.** s. Reichsritterschaft. **3.** (Weihsteuer) in einigen ↗Territorien (2) allg. landesfürstl. Steuer.

– ecclesiasticum s. Subsidium (1).

– generale s. Bede (1).

– necessarium s. Bede (1).

– regium s. Subsidium (1).

Subsidy(man) s. Subsidium (1).

Substitution = Erbschaftsvermächtnis u. Familienfideikommiß.

– fideikommissarische = Erbschaftsvermächtnis.

Substitutus officialis s. Reichserbämter.

– submarescalcus s. Reichserbämter.

Subtavernicus s. Tavernikus.

Subtenens = Aftervasall.

Suburbium = Burgflecken (b).

Subvassallus = Aftervasall.

Subvectio s. Herbergsrecht (1).

Subvenator s. Reichserbämter.

Subvicarius 1. Gehilfe des katalanischen ↗Vikars (2). 2. s. Schultheiß.
Succentor s. Domkapitel.
Successio conjugum statutaria = Portion, statutarische.
– **ex nunc** s. Pfleger (1).
– **ex pacto et providentiae majorum** s. Erblehen (1) u. Familienfideikommiß.
– **ex tunc** s. Pfleger (1).
Succumbenzbuße (Succumbenzgeld) im früheren Prozeß (im fr. teilweise heute noch) die Kaution die eine ein Rechtsmittel einlegende Partei im Falle des Unterliegens an den Fiskus verlor.
Succursalist (Succursalpfarrer, desservant) seit 1801 in Fr. u. einigen angrenzenden Ländern ↗parochus mit den vollen Rechten eines solchen, aber geringer dotiert, vom ↗Bischof frei ernannt u. ohne weiteres abberufbar.
Sühnbrief s. Sühne.
Sühne (Richtung, Taidigung, amicitia, ↗compositio [1], concordia, pax, dading, soendinc, teiding, trygðir [plur.]) bei den Germ. an Stelle der Friedlosigkeit (s. Acht [1]) u. der ↗Fehde zwischen dem Täter u. dem Verletzten bzw. dessen ↗Sippe abgeschlossener Vertrag (vgl. Friede [a] u. Urfehde), wonach statt der verwirkten Strafe ein ↗Wergeld bzw. eine ↗Buße u. ein ↗Friedensgeld entrichtet wurde. Die S., bei der, bes. in älterer Zeit, eine Reihe von Förmlichkeiten beobachtet wurde, war entw. außergerichtlich o. (seit dem 12. Jh.) gerichtlich; sie wurde meist durch einen Sühnbrief beurkundet. In einigen Gegenden hielt sie sich bis ins 17. Jh. Vgl. Hâlsuone u. Paiseurs.
Sühneid s. Urfehde.
Sühnfriede s. Friede (a).
Sühngeld = Buße.
Sülfmeister s. Pfännerschaft.
Suffraganbischof s. Bischof.
Suffraganbistum s. Diözese (a).
Suffragan(eus) a) i. w. S. zu Sitz u. Stimme berechtigtes Mitglied eines geistl. Kollegiums. b) s. Bischof u. Kaplan. c) = Weihbischof.
Suffragium imperii = Reichsgutachten.
Suite, droit de = Poursuite, droit de.
Sujet mixte Person, die gleichzeitig die Staatsangehörigkeit in zwei verschiedenen Ländern besitzt.
Sultan arabisch eigentlich soviel wie Herrschaft, im 9. Jh. als Prädikat von moh. Herrschern Nordafr. angenommen, dann hier u. da Titel, z. B. seit 945 des ↗Emír-el-om(a)rá, endlich der übliche Titel moh. Fürsten. Bes. gebräuchlich war S. (ohne nähere Bezeichnung) bis 1922 für den Herrscher der Tk., der auch die Titel ↗Chan u. ↗Padischah, zeitweise auch ↗Ghazi führte; i. d. eur. Lit. wurde er auch Großsultan (Großherr, Großtürke, grand seigneur, grand Turc, Magnus Caesar) genannt. Vgl. Majestät. – In Persien bezeichnet S. auch den ↗Jusbaschi.
– **Walideh** (Walideh Sultan) die Mutter des jeweiligen tk. ↗Sultans. Vgl. Paschmaklik.
Sulung s. Hîde.
Sumitsuin (Sonmitsuin) in Jap. 1889–1946 dem Ks. zur Seite stehendes Kollegium (einem ↗Staatsrat [1] entspr.), bestehend aus vom Ks. ernannten Mitgliedern; sein Einfluß war sehr bedeutend.
Summargericht s. Friedensrichter (1).
Summepiskopat s. Summus Episcopus.
Summons (writ of) s. Writ.
Summus cancellarius = Erzkanzler.
– **capellanus** s. Erzkaplan.
– **custos** (Obercustos) an einigen ↗Domkapiteln der Custos, wenn er einen ↗chorparochus unter sich hat.
– **dapifer** s. Truchseß.
– **dux** 1. Titel der lang. ↗Herzöge von Benevent u. Spoleto. 2. (Oberherzog) Ende des 12. u. zu Beginn des 13. Jh. Titel eines der polnischen Herzöge, dem dadurch eine Art Oberhoheit zugebilligt wurde.
– **Episcopus** (Summepiskopus, Landesbischof) seit der Reformation der Landesherr (s. Landeshoheit) als Oberhaupt der ev. Landeskirche; der Summepiskopat kann auch von einem kath. Landesherrn ausgeübt werden. Vgl. Staatskirchentum u. Territorialsystem (2).
– **notarius** s. Erzkanzler, Kanzler u. Protonotar (1).
– **ostiarius** s. Ostiarius (2).
– **patricius** s. Patricius (c).
– **Sacerdos** = Bischof.
– **senescalcus** s. Seneschall (1).
– **villicus** s. Meier (1).
Sunder s. Forst.
Sunner s. Markgenossenschaft.
Sunnis = Not, echte.
Supan (Shupan, Zupan, auch dux [3]) bei den Slawen allg. Bezeichnung für ein lokales Oberhaupt, das auch richterliche Befugnisse hatte, z. B. auch für den Vorsteher einer ↗Zadruga. Der S. stand an der Spitze eines Bezirks (Supanie, Zupa), der eine Unterabteilung des Stammesgebietes bildete. In den polnischen Ländern erhielten sich S. als lokale Obrigkeiten bis in die Mitte des 13. Jh. u. wurden dann von den Kastellanen (s. Burggraf [1]) verdrängt. In den wettinischen Landen blieben S. (Eldeste, seniores) als Dorfvorsteher mit richterlichen Befugnissen u. Supaneien als Steuer- u. Gerichtsbezirke, jeweils einige slawische Dörfer umfassend, bis ins 16. Jh. bestehen. In den Ländern der ung. Krone wurde auch der Gespan (s. Komitat [3]) als S. bezeichnet.

Supellectilis a) s. Sterbfall. **b)** = Gerade (b).
Superattendent = Superintendent (1).
Superficies dingliches, vererbliches u. veräußerliches Recht, auf fremdem Grund u. Boden Gebäude zu errichten (oder z. B. Bäume zu pflanzen u. ä.) bzw. als Eigentum zu besitzen, wofür der Eigentümer (Erbstätter) dem Grundherrn eine, regelmäßig geringe, Abgabe (Erbbauzins) zahlt. Die S. ist römisch-rechtlichen Ursprungs, wird aber mit dem ähnlichen ma. ↗Erbbaurecht vielfach gleichgesetzt u. daher auch so bezeichnet.
Superfiziarrecht = Erbbaurecht.
Superimposita = Ungehorsamsbuße.
Superintendant = Intendant (1).
– des finances s. Intendant des finances.
– général s. Général des finances.
Superintendencia s. Intendant (1).
Superintendent 1. (↗Archidiakon, Archipresbyter, definitor, Dekan, ephorus, Erzpriester, geistlicher Inspektor, Konventsvorsitzer, Kreisdekan, Kreis[ober]pfarrer, Oberpfarrer, ↗Prälat, Propst, Superattendent) in der prot. Kirche Aufseher über einen Bezirk (Ephorat, Ephorie, Inspektorat, Kirchendistrikt, Kirchenkreis, Superintendentur, Superintendenz) mit der ↗Visitation über die Pfarrer, teilweise auch mit der Ordination, früher außerdem mit der Ehegerichtsbarkeit betraut, dem ↗Konsistorium (2) unterstellt, vom Landesherrn (s. Landeshoheit) ernannt. Der S. führt in Dt. den Vorsitz der ↗Synode. Häufig gliedern sich die S. in Generalsuperintendenten über einen größeren Bezirk (Generalat, Generalinspektion, Generalsuperintendentur, ↗Kirchenprovinz [b]) u. unter ihnen stehende Spezialsuperintendenten (in Wü. Speziale). Seit 1918 heißt der dt. Generalsuperintendent vielfach ↗Bischof. In Öst. steht neben dem S. bzw. dem Bischof eine Superintendentialversammlung (Distriktsversammlung, Distriktualversammlung, ↗Kirchenrat [2]), deren laufende Geschäfte ein Superintendentialausschuß (Präsidium) führt, bestehend aus dem S., seinem Stellvertreter, einem geistl. u. einem weltl. (Superintendentialkurator) Mitglied, bzw. nur aus letzterem (Distriktsinspektor, Distriktualaufseher, Oberinspektor, Oberkurator) u. dem Bischof. In Ung. gab es außerdem Distriktsgerichte (Distriktualgerichte) für kirchl. Vergehen. **2.** s. Hofkammer.
Superintendente (general) s. Intendant (1).
Superintendentialausschuß s. Superintendent (1).
Superintendentialkurator s. Superintendent (1).
Superintendentialversammlung s. Superintendent (1).
Superintendentur s. Superintendent (1).
Superintendenz s. Superintendent (1).
Superior 1. s. Abt. **2.** s. Ratsherr (a).
– Court a) (Appelate Court, Circuit C., C. of Appeals[s], District C. [of Appeals], Supreme C.) in einigen dichtbevölkerten Einzelstaaten der USA Zwischeninstanz zur Entlastung des ↗Supreme Court (c), in erster Linie Appellationsgericht; es gibt auch S. C. nur für Strafsachen (Court of Criminal Appeals, C. of General Sessions, C. of Oyer and Terminer, Criminal C. of Appeals) u. nur für Zivilsachen (C. of Civil Appeals). **b)** = District Court (1b).
– generalis = Ordensgeneral.
– localis = Lokaloberer.
– major s. Ordensoberer.
– minor = Lokaloberer.
– proximus s. Devolutionsrecht (1).
– provincialis s. Ordensprovinz.
– regularis = Ordensoberer.
– religiosus = Ordensoberer.
– Tribunal de Justicia s. Tribunal Supremo (de Justicia).
Superioritas territorialis s. Landeshoheit.
Superiority in Scho. bis 1832 fiktiver Grundbesitz als Grundlage des Wahlrechts zum ↗Unterhaus (1); die S. entstanden dadurch, daß Großgrundbesitzer Stücke ihres Landes von der Krone an Freunde verleihen ließen, von denen sie das reelle Recht am Grundstück zurückerwarben, während jenen das nominelle Recht (S.) blieb; der Grund des Ganzen war, daß nur Inhaber von ↗Kronlehen wählen durften; die S. waren verkäuflich.
Superista s. Hausmeier.
Superkargo (Kargador, Cargadeur) Bevollmächtigter des Verfrachters o. Eigentümers, der die Schiffsladung begleitet u. verkauft.
Superportare s. Sale (1).
Superpositio altaris s. Inthronisation.
Supervisor District = County District (2).
Supplementum s. Subsidium.
Supportare s. Sale (1).
Suprema Corte (de Justicia) s. Corte Suprema (de Justicia).
– Sacri Palatii Curia = Desembargo do Paço.
Supremae inspectionis jus = Sacra, jus in.
Suprematseid (oath of supremacy) 1563–1868 Eid der Mitglieder des engl. ↗Unterhauses (1) u. der Beamten, worin die Suprematie des Papstes verneint u. die des engl. Kgs. anerkannt wurde. Vgl. Oath of allegiance and abjuration.
Supreme Court a) (S. C. of Judicature) in Engl. das oberste Gericht, bestehend aus dem ↗Court of Appeal (2) u. dem ↗High Court of Justice; auch das oberste Gericht einiger ↗Dominions heißt S. C., ebenso die obersten Gerichte der ↗Provinzen Kanadas. In Neuseeland ist der S. C. zweite Instanz, dritte der Court of Ap-

peal. In Ind. wurde 1773 ein S. C. mit dem Sitz in Calcutta errichtet, 1800 einer in Madras u. 1824 in Bombay; sie waren einander gleichgeordnet, waren gleichzeitig ↗Courts of Admiralty u. richteten nach Common Law u. ↗Equity; sie bestanden aus einem ↗Chief Justice u. drei (später zwei) Richtern. 1862 wurden sie durch die ↗High Courts (of Judicature) ersetzt. – Seit 1951 gibt es in Delhi statt des bisherigen ↗Federal Court (b) einen S. C. of India als höchstes Gericht, bestehend aus einem Chief Justice u. mindestens sieben Richtern; er ist oberste Appellationsinstanz u. ↗Verfassungsgericht. – Seit 1956 besteht auch ein S. C. of Pakistan. – In Pal. wurde 1922 ein S. C. errichtet, der 1948 zum obersten Gericht Israels wurde; er besteht aus einem Court of Appeal u. einem High Court of Justice (für staats- u. verwaltungsrechtl. Fälle u. für Sachen, für die kein anderes Gericht zuständig ist). **b)** (S. C. of the USA, Bundesgerichtshof, Oberbundesgericht) in den USA das oberste Gericht, bestehend aus einem Chief Justice (Bundesoberrichter, Oberbundesrichter) u. mehreren Associate Justices; der S. C. ist auch oberste Instanz in Verfassungsstreitigkeiten. **c)** (Court of Appeal, C. of Errors and Appeals, S. C. of Appeals, S. C. of Errors, S. Judicial C.) in den Einzelstaaten der USA das höchste Gericht. – Auch in einigen ↗Territorien (3) gibt es S. C. **d)** = Superior Court (a).

Supremo Tribunal (de Justicia) s. Tribunal Supremo (de Justicia).

– Tribunal Federal = Bundesgericht (3).

Supremum Signaturae Apostolicae Tribunal = Signatura Apostolica.

Surcens s. Censive.

Surintendant = Intendant (1).

– des finances s. Intendant des finances.

Surrogate s. Probate Court (b).

– Court = Probate Court (b).

Sursise of rent s. Rutscherzins.

Surtaxe d'entrepôt s. Entrepôt (maritime).

– de pavillon = Flaggenzuschlag.

Surveyor of the ships s. Navy Board.

Survivance, droit de in Fr. vom 15. Jh. bis 1604 das Recht, daß auch die Erben eines Beamten seine Stelle verkaufen durften, so daß er nicht zu resignieren brauchte (vgl. Resignationsrecht), dann auch die dafür gezahlte Abgabe; es wurde 1604 durch die ↗Paulette ersetzt.

Susceptus s. Vasall.

Suspensio ↗censura ecclesiastica (u. U. auch ↗poena vindicativa) gegen einen Geistlichen, bestehend in der zeitweiligen Enthebung vom ↗officium bzw. ↗beneficium ecclesiasticum o. von beiden. Ist das Vergehen geheim o. für gerichtliche Verhandlung ungeeignet, kann der ↗Bischof von sich aus die S. ex informata conscientia verhängen, aber nur auf sechs Monate u. nur ab officio. Eine früher übliche Art der S. war die communio peregrina, die Verweisung unter die Geistlichen ohne ↗Dimissorien unter Enthebung vom Amte.

Suspensiveffekt Folge der ↗Appellation, hemmt das Rechtskräftigwerden des Urteils. Vgl. Devolutiveffekt.

Sustentatio competens = Portio congrua.

– congrua = Portio congrua.

Sustentation s. Abfertigung.

Suzerän ([seigneur] suzerain) in Fr. zu Beginn des 14. Jh. aufkommend, in der Bedeutung ↗seigneur i. e. S.; später auch in der Bedeutung ↗Oberherr (1), im 17. Jh. fälschlich auch für ↗seigneur justicier (b); in neuerer Zeit wird in Fr. S. i. d. R., obwohl eigentlich unrichtig, für Lehensherr (s. Lehen [1]) verwendet, für den Oberherrn dagegen haut suzerain oder h. seigneur. Vgl. Lehensherr, oberster.

Suzeränität eigentlich Ober(lehens)herrlichkeit (vgl. Oberherr [1]), in neuerer Zeit Verhältnis eines selbständigen Staates zu einem anderen, der von jenem in bestimmten, vertraglich festgelegten Beziehungen (vor allem auf dem Gebiet der äußeren Politik) abhängt (Halbsouveränität). Vgl. Protektorat.

Suzerain général = Lehensherr, oberster (1).

Sverðtakarar s. Gefolgschaft.

Swaiga = Schwaighof.

– ovium = Schafschwaige.

Swaigarius s. Schwaighof.

Swaige = Schwaighof.

Swainmote (eigentlich Bauerngericht) im ma. Engl. Gericht für Streitigkeiten über Weiderechte, Eichelmast usw.

Swang, swarte = Meintat.

Sweie = Schwaighof.

Syn = Not, echte.

Sȳn = Naemd.

Synkellos = Syncellus.

Synagogenbezirk s. Rabbiner.

Synagogengemeinde (Judenschaft) im ehemaligen Pr. die jüdische Gemeinde, die von einem Synagogenvorstand u. einer Repräsentantenversammlung geleitet wurde.

Synagogenrat in Ba. seit 1833 das an der Spitze einer israelitischen Gemeinde stehende Verwaltungsorgan aus gewählten Mitgliedern; neben ihm stand als Organ der Gemeinde die Gemeindeversammlung, in größeren Gemeinden die gewählte Gemeindevertretung, bes. für Steuerbewilligung.

Synagogenvorstand s. Synagogengemeinde.

Synagogenvorsteher = Judenmeister (a).

Synaxis Versammlung der Vertreter der Athosklöster zu Verwaltungszwecken.

Syncellus (Synkellos) persönlicher Begleiter des

↗Bischofs, im Westen (cubicularius) nur in der Frühzeit u. ohne Bedeutung. Im Or. wurde er gleichsam Gewissensrat u. Berater, meist auch Nachfolger des Bischofs; später gab es mehrere, deren erster Protosyncellus hieß. Bes. Bedeutung hatten im 9. u. 10. Jh. die S. des ↗Patriarchen von Konstantinopel, die Vertrauensleute des Ks. waren u. unter den ↗Hofämtern rangierten.

Syndic **1.** s. Distrikt (2a) **2.** in Fr., bes. in kleineren Städten, bis zur Revolution Titel der Mitglieder des ↗corps de ville, in den ↗communautés (rurales) d'habitants der gewählte procureur. **3.** in der fr. Schw. heißt das Gemeindeoberhaupt vielfach S. **4.** s. Zunft (1).

– **général** s. Etats provinciaux.

Syndicat s. Zunft (1).

Syndicatus = Syndikat.

Syndicus **1.** in den roman. Ländern seit dem MA. vielfach Titel für Gemeindebeamte u. dgl.; in Sp. u. Mittel- u. Südam. sind die (fast immer zwei) síndicos teils Rechtsberater u. Vertreter der Gemeinde vor Gericht (procuradores síndicos), teils Beisitzer des ↗alcalde. Vgl. Sindaco u. Syndic (2). S. (procureur général, procurador general) heißt auch der oberste Beamte von Andorra, auf Lebenszeit vom ↗ grand conseil (4) gewählt; er ist dessen Vorsitzender u. Exekutivorgan u. vertritt die Republik nach außen; ein zweiter S., auf vier Jahre gewählt, ist sein Stellvertreter. – In den dt. Städten (auch in ↗Flecken) wurden teilweise schon seit dem 14. Jh. S. (↗Fürsprechen, Konsulenten, Pfaffen und Diener des Rats, Ratskonsulenten, Ratssyndici, Rechtskonsulenten, Stadtadvokaten, Stadt[gerichts]konsulenten, Stadtsyndici) als Ratgeber u. Vertreter der Bürgerschaft angestellt; sie hatten die Rechtsgeschäfte zu besorgen, waren in manchen Städten Beisitzer in den ↗Stadtgerichten u. hatten meist Zutritt zum ↗Stadtrat (a), aber nur mit beratender Stimme; sie traten häufig an Stelle der ↗Stadtschreiber, kamen aber auch neben diesen vor. In den Hansestädten erhielten sie sich bis heute.– Eine große Rolle spielten die S. (Pensionäre, Stadtadvokaten) in den Ndl., wo ihre Stellung der des ↗Ratspensionärs bei den ↗Staaten entsprach. **2.** = Meier (1). **3.** ([Rechts]konsulent, Landschaftskonsulent, Land[schafts]syndicus, auch advocatus patriae [z. B. in Ostfrs. u. Minden]) bei den ↗Landständen bzw. dem ↗Landtag (1) juristischer Berater; manchmal hatte jede ↗Kurie einen eigenen S.

Syndikat (Sindacat, Syndikatur, syndicatus) früher Bezeichnung für die Prüfung der Amtsführung, bes. auf finanziellem Gebiet, der bestimmte Beamte unterworfen waren (vgl. Residencia); dann der Rechenschaftsbericht des betr. Beamten (heute noch üblich für den des Kapitularvikars [s. Domkapitel] an den neuen ↗Bischof); endlich die Kommission, welche die Prüfung vornahm.

Syndikatur = Syndikat.

Synedrium = Sanhedrin.

Synod, heiliger (eigentlich Heiligster regierender [dirigierender] S.) oberste Behörde (eigentlich ständiges ↗Konzil) der russ.-orthodoxen Kirche, 1721 gegründet, bis zur Revolution auch oberstes Ehegericht u. Zensurbehörde; die Mitglieder wurden vom Zaren ernannt, dessen Vertreter, der ↗Generalprokurator (1) (Oberprokuror) des H. S., die eigentliche Macht in Händen hatte. Der H. S. stand für sein Ressort selbständig neben dem ↗Senat (5). – Für die gr.-orthodoxe Kirche besteht ebenfalls ein H. S. mit einem Generalprokurator.

Synodalausschuß s. Synode u. Moderamen.

Synodale **1.** = Sendgeld. **2.** s. Synode.

– **jus** = Sendrecht (a).

Synodales homines = Semperfreie.

Synodalexamen s. Concursus paroecialis.

Synodalexaminatoren = Examinatores synodales.

Synodalgericht = Sendgericht.

Synodalis congregatio s. Synode.

Synodalprinzip = Synodalverfassung.

Synodalrat s. Synode.

Synodalrichter = Judex synodalis (a).

Synodalurteil Urteil einer ↗Synode, wenn diese als Gericht fungiert.

Synodalverfassung (Synodalprinzip) im Gegensatz zur ↗Konsistorialverfassung Verwaltung mindestens der inneren kirchl. Angelegenheiten durch ↗Synoden, wobei die andern Organe der Kirche von jenen abhängig sind. In neuester Zeit wurde in vielen ↗Landeskirchen die S. durch die Stellung des ↗Landesbischofs modifiziert. Vgl. Presbyterialverfassung u. Kollegialsystem (2).

Synodalzeuge **1.** s. Sendgericht. **2.** (testis synodalis) Protokollführer usw. beim ↗Landkapitel.

Synodaticum = Cathedraticum (a) u. Sendgeld.

Synode (↗Concilium, Synodus) in der kath. Kirche jede kirchl. Versammlung unter Vorsitz eines zuständigen Oberen (vgl. Konzil), insbes. auch die Diözesansynode (Bischofssynode, Concilium civile, C. episcopale, Conventus, synodalis congregatio, Synodus dioecesana, S. episcopalis, S. generalis, S. publica, Send, fr. senne), vom ↗Bischof berufen, bestehend aus den Geistlichen (z. T. durch gewählte Deputierte vertreten) der ↗Diözese (a), zur Beratung allg. Angelegenheiten (vgl. Synodalurteil), nach dem Tridentinum jährl., heute mindestens alle zehn Jahre tagend. – In der prot. Kirche (coetus, auch Kaland, Kirchensynode, Kirchentag) Versammlung, deren Mitglieder (Synodalen) teils Theologen, teils Laien sind, u. die in älterer Zeit teils nur beratende (luth. Kirche), teils gesetzgebende u. verwaltende Befugnisse (ref. Kirche) hatte; vgl. Synodalverfassung. S. gab es zuerst nur in den ref. Kirchen, seit 1817 auch in der luth. Kirche. Von unten nach oben unterscheidet man: a) ↗Presbyterium (↗Kirchenrat [1b], in Fr. ↗Konsistorium [2b], in Scho. ↗Kirksession) als Gemeindevertretung; b) Bezirkssynode (Dekanatssynode, Diözesansynode, Kirchenbezirkstag, Kreiskirchentag, Kreissynode, auch ↗Classe, Klassikalsynode, in Sch.-H. Propsteisynode, in Fr. ↗colloque, in Scho. presbyterium) aus Vertretern der Gemeinden u. den Geistlichen des betr. Bezirks (in Teilen Pr. früher Kirchenkreis); sie tagt in Dt. unter Vorsitz des ↗Superintendenten (1) u. wählte in Pr. als geschäftsführenden Ausschuß den Kreissynodalvorstand (Bezirkssynodalvorstand, Kreiskirchenvorstand, Propsteiausschuß, Synodalausschuß); c) Provinzialsynode (vgl. Gesamtsynode), nicht in allen Ländern, durch die Bezirkssynoden gewählt; d) Landessynode (Generalsynode, Landeskirchentag, in Fr. Nationalsynode, in Scho. General Assembly) als Vertretung der Provinzial- bezw. Bezirkssynoden; sie wählt in einigen Ländern einen geschäftsführenden Ausschuß ([General]synodalausschuß, ↗Generalsynodalvorstand, Landessynodalausschuß, Synodalrat). In den dt. Ländern bilden die S. eine Art Parlament, bis 1918 i. d. R. neben den Konsistorien als Verwaltungskörperschaften. – In Bay. gab es 1818–1920 drei Generalsynoden, die seit 1848 gemeinsam tagen konnten u. dies seit 1881 regelmäßig taten. Seit 1920 heißt die eine S., wie auch in den übrigen ↗Gliedkirchen der VELKD, Landessynode, Generalsynode dagegen das gesetzgebende Organ der Gesamtkirche. – Auch in der EKU heißt die zentrale S. Generalsynode, dagegen in der EKD einfach S. – In der DEK bestand seit 1933 eine Nationalsynode von 60 Mitgliedern, von denen zwei Drittel von den ↗Landeskirchen entsandt, ein Drittel von der DEK berufen wurde; sie sollte mindestens einmal jährlich vom ↗Reichsbischof berufen werden, tagte aber tatsächlich nur zweimal, 1933 u. 1934. – Die wü. Partikular-, Lokal-, Spezial- u. Generalsynoden des 16. Jh. waren Versammlungen der Geistlichen zu Visitationszwecken; das Wort S. wurde daher auch für ↗Visitation gebraucht. In Berlin bilden die Kreissynoden zusammen die Stadtsynode; in Frankfurt a. M. besteht eine luth. u. eine ref. Stadtsynode. Die S. der öst. Altkath. wählt einen Synodalrat, der dem Bischof zur Seite steht. – Eine israelitische Landessynode aus ↗Rabbinern u. gewählten weltl. Abgeordneten mit den Rechten der ev. S. bestand seit 1894 in Ba.; sie wählte einen Synodalausschuß als geschäftsführendes Organ. – In der gr. Kirche heißen die obersten S. heilige S. Für die gesamte Kirche besteht eine heilige S. in Konstantinopel, aus dem ökumenischen ↗Patriarchen als Vorsitzenden, den drei Patriarchen von Antiochien, Jerusalem u. Alexandrien, zwölf ↗Erzbischöfen u. Bischöfen u. zwölf Laien; eine S., die der Patriarch mit den gerade anwesenden Bischöfen usw. hält, heißt endemische S.

– **endemische** s. Synode.

– **gesetzgebende** s. Konzil.

– **heilige** s. Synode.

Synodus 1. = Synode, Konzil u. Landkapitel. 2. = Sendgericht. 3. = Cathedraticum (a). 4. s. Märzfeld.

– **dioecesana** s. Synode.

– **episcopalis** s. Synode.

– **generalis** 1. s. Konzil u. Synode. 2. s. Märzfeld.

– **laicalis** s. Sendgericht.

– **mixta** 1. s. Konzil. 2. s. Reichstag (1).

– **parochiae** = Sendgericht.

– **parochialis** = Sendgericht.

– **parochiana** = Sendgericht.

– **per villas** = Sendgericht.

– **provincialis** s. Konzil.

– **publica** s. Synode.

– **secunda** s. Sendgericht.

Sysla = Syssel.

Syslumaðr s. Syssel.

Syssel (sysla) in Norw. etwa seit 1000 Amtsbezirk, zuerst nur für finanzielle Zwecke, dann für die allg. Verwaltung; an ihrer Spitze stand ein Sysselmann (syslumaðr), zuerst Finanzbeamter, seit Ende des 13. Jh. Vertreter des Kgs. i. allg., Verwaltungsbeamter, Richter u. mil. Befehlshaber; i. d. R. war er ↗lendrmaðr u. die S. sein ↗Amtslehen. Vgl. Veizla (1). Die Einteilung in S. wurde in Jütland (nicht auf den Inseln) übernommen, aber ohne den entspr. Beamten. Erhalten haben sich S. unter Sysselmännern auf Isl. u. den Färöern; seit 1925 heißt der ↗Gouverneur (4) von Svalbard (Spitzbergen usw.) Sysselmann. In Grönland sind die drei Landesteile (Landsdele) in S. eingeteilt; geleitet wird die S. von einem Sysselraad, bestehend aus den Gemeindevertretungen, bestimmten Beamten usw.

Sysselmann s. Syssel.

Sysselraad s. Syssel.

System, bureaukratisches = Präfektursystem (a).

– **devolutives** (Verfahren, devolutives) bei der ↗Listenwahl die Möglichkeit, statt für die Liste als Ganzes nur für einzelne Bewerber zu stimmen.

– **monokratisches** = Bureausystem.

Szepterlehen (Bischofsgut, Fürstenlehen, Zepterlehen, feudum regale) seit 1122 vom Kg. persönlich durch das Symbol des Szepters verliehenes Reichskirchengut (s. Reichskirche [a]), das dadurch zum ↗Lehen (1) wurde; diese Lehen betrachtete man als Regalienlehen (feuda regalia principatus pontificalis, regalia und lehenschaft unseres gotshûs) u. ihre Inhaber als geistliche ↗Reichsfürsten (mit dem zweiten ↗Heerschild). Vgl. Fahnlehen (a).

T

Ta-hing-ling s. Li-fan-yuan.
– hsio-schi s. Nei-ko.
– sse-kung s. Tu-tscha-yuan.
– sse-ma = Tai-wei
– sse-tu s. Schangschu-ling.
Tabaksgericht s. Regiegericht.
Tabellenkommission in Schwd. 1756–1858 das statistische Amt; in Norw. bestand 1797–1876 ein entspr. Tabellenkontor.
Tabellenkontor s. Tabellenkommission.
Tabellio in It. seit spätröm. Zeit berufsmäßiger Schreiber, seit dem 5. Jh. bes. von ↗Urkunden (Tabellionatsurkunden), deren Ausstellung im Laufe der Zeit sein ausschließliches Recht wurde. In Rom hießen die T. auch forenses, im im 9. u. 10. Jh. t. et scriniarii urbis Romae, im 11. scriniarii S. Romanae Ecclesiae; sie waren zunftmäßig organisiert. Nach dem 12. Jh. verschmolz das Tabellionat mit dem Notariat (s. Notar), das bis dahin nur im lang. It. bestanden hatte.
Tabellion in Fr. 1302–1597 vereidigter kgl. Beamter, der an jedem kgl. Gericht eine Beurkundungsstelle (écriture, ↗petite chancellerie, tabellionage) für Akte der ↗freiwilligen Gerichtsbarkeit leitete; unter ihm standen ↗Notare als Gehilfen; nur die Notare der prévôté (s. Prévôt) von Paris (notarii Castelleti) hatten die Stellung von T. u. konnten im ganzen Lande Akte aufnehmen, während die T. auf den ↗Sprengel ihres Gerichts beschränkt waren, ausgenommen die T. von Orléans u. Montpellier, die im ganzen Krongebiet tätig sein konnten. Bei den Tabellionaten wurden den ↗Imbreviaturen entspr. libri brevium (cartularia, protocolla, registra minutatum) geführt, außerdem libri extensarum mit dem vollen Wortlaut der Tabellionatsurkunden. 1597 wurden die Ämter der T. u. der sonstigen Notare vereinigt. Vgl. Scriptum authenticum.
Tabellionage s. Tabellion.
Tabellionat s. Tabellio u. Tabellion.
Tabellionatsurkunde s. Tabellio u. Tabellion.
Táblabiró s. Sedria.
Tables de marbre im alten Fr. zusammenfassende Bezeichnung für die ↗connétablie et maréchaussée, das ↗Admiralitätsgericht u. insbes. die grande maîtrise des eaux et forêts (s. Grand maître des eaux et forêts); als mehrere grandes maîtrises eingesetzt wurden, ging die Bezeichnung T. de m. auch auf diese über.
Tabula judiciaria (liber manualis, manuale) in Bhm. u. Mähren Heft o. Wachstafel zur vorläufigen Aufzeichnung von Akten, die dann in ein ↗Stadtbuch eingetragen wurden.
– regia justiciaria = Tafel, königliche.
– semptemviralis = Septemviraltafel.
– (terrae) = Landtafel (1).
– terrae provincialis s. Landtafel (1).
Tabularbehörde in Öst. Behörde, welche die ↗Landtafel (1) bzw. das Grundbuch führt.
Tabularbesitz = Buchbesitz.
Tabularersitzung = Buchersitzung.
Tabulargut s. Landtafel (1).
Tabularius s. Freilassung.
Tadelsantrag s. Mißtrauensvotum.
Täding = Ding.
Tädingsmann s. Untergang.
Tädingviertel = Forderwein.
Tafel, königliche (Gerichtstafel, tabula regia justiciaria) in Ung. seit Ende des 15. Jh. Bezeichnung des bisherigen Kgl. Präsenzgerichts (s. Kurie, Königliche), seit 1723 bis 1848 u. 1861–1868 zweite (in seltenen Fällen auch erste) Instanz, Teil der Königlichen Kurie; sie bestand, unter Vorsitz des ↗Personals, aus dem Vizepalatin, dem vicejudex curiae personalis, zwei barones tabulae, einer Anzahl weltl. u. geistl. Richter u. dem Vertreter des Fiskus (Director Causarum Regalium, s. Causarum Regalium [Fundationalium]-Direktorat); 1868 wurde die K. T., die nunmehr nur noch zweite bzw. dritte Instanz war, dezentralisiert, zuerst in zwei K. T., u. bestand seit 1890 aus einer Anzahl von Gerichten in den größeren Städten. – In den zur Tschechoslowakei gekommenen ung. Gebieten blieben die T. weiterhin bestehen.
– obere bzw. untere s. Reichstag (7).
Tafelabgaben (Tafelzins) in Russl. früher die von den Bauern neben dem Geldzins dem ↗Herrn für dessen Tafel gelieferten Produkte.
Tafelgeld **1.** Aufwandsentschädigung. **2.** s. Residenzpflicht (1).
Tafelgut Gut, das in erster Linie für den persönlichen Unterhalt einer (juristischen o. na-

türlichen) Person, z. B. des Kgs., bestimmt ist; i. bes. die ↗mensa. Vgl. Domäne u. Starost.

Tafelherr = Ladenmeister (1).

Tafelzins = Tafelabgaben.

Tag s. Landtag (1). u. Reichstag (1).

– **des Reichs gemeiner** s. Reichstag (1).

– **endhafter** s. Inquisitionsverfahren (b).

– **geben** = Urteilsschub.

– **gemeiner** s. Landtag (1) u. Reichstag (1).

– **kaiserlicher** s. Reichstag (1).

– **königlicher** s. Reichstag (1).

Tagdienst s. Fronden (a) u. Küchendienst.

Tage s. Jahre.

– **gebannte** s. Gottesfriede.

– **gebundene** s. Gottesfriede.

Tageding = Ding.

Tagesordnung, motivierte s. Mißtrauensvotum.

Tagfahrt = Tagsatzung.

Tagknecht = Dageschalk.

Tagleistung 1. = Tagsatzung. 2. s. Küchendienst.

Tagsatzung (Tagfahrt, Tagleistung) früher Termin, bes. Gerichtstermin, dann auch die Sitzung selbst, eine Versammlung u. dgl. – In der Schw. bis 1798 die Versammlung der Vertreter (↗Boten [2]) der ↗Orte (a), zuerst nach Bedürfnis meist nur von den unmittelbar interessierten beschickt, ohne festen Sitz u. Termin, u. von jedem Ort ausschreibbar; im Laufe der Zeit wurde Zürich ↗Vorort (a) u. 1426–1712 Baden im Aargau, 1715–1738 Frauenfeld ständiger Sitz, wo die T. jährl. im Juni abgehalten wurde. Bindende Beschlüsse konnte sie nicht fassen; die Vertreter waren an feste Instruktionen (s. Mandat, imperatives) gebunden. Die tatsächliche Leitung der Eidgenossenschaft lag, bes. während der Religionswirren, bei den Sonderbündnissen, die bes. T. hielten (die Kath. in Luzern, die Ref. in Aarau); der allg. T. blieben i. wesentl. nur die Verwaltung der ↗gemeinen Herrschaften, Verkehrsfragen u. Heerwesen. – 1803–1848 war T. eine Versammlung der ↗Gesandten der (zuerst 19, dann [seit 1815] 22) ↗Kantone (1), die nach ihren Instruktionen stimmten u. sich abwechselnd in der Hauptstadt eines Vorortes (zuerst fünf, seit 1815 drei) versammelten; sie leitete die äußere Politik u. verfügte über das Heer, dessen höchste Offiziere sie ernannte.

Tagwan ursprgl. die ↗Fronden (a), dann auch die diese leistende ↗Genoßsame (1); in Glarus erhielt sich die Bezeichnung T. bis in die neuere Zeit für die pol. Abteilungen, in die der ↗Kanton (1) zerfiel.

Tagwerker = Dageschalk.

Tai-schou s. Tschün (1).

– **wei** (auch ta-sse-ma) im alten China der Oberbefehlshaber u. Kriegsminister.

Taidigung = Sühne.

Taiding a) = Ding. b) s. Weistum.

Taiko(samma) von Hideyoshi neben ↗Kwampaku geführter Titel.

Taikun s. Shōgun.

Taillable (explectabilis homo, talliabilis) jeder, der der ↗taille unterworfen war, insbes. der ↗serf.

Taille (tallia) in Fr. ursprgl. Abgabe (auch demande, queste, quista, toulte), die in Form einer Einkommensteuer, von allen Nichtadligen, ↗Freien u. ↗Unfreien, dem ↗seigneur gezahlt wurde (T. seigneuriale). Die T. des ↗serf (T. serve) war persönlich u. ihre Höhe stand, wenigstens in älterer Zeit, im Belieben des seigneur (T. à merci, T. à volonté, T. arbitraire); die des ↗roturier war eine ↗Reallast u. ein für allemal normiert (T. fixe) (vgl. Censive u. Champart); später wurde auch die T. des serf normiert (T. abonnée). Der roturier zahlte außerdem dem seigneur eine den ↗aides aux quatre cas des Adligen entspr. T. aux quatre cas. Vgl. Herdsteuer. Die seigneurialen T. wurden 1439 an kgl. Genehmigung geknüpft, tatsächlich aber weiter geduldet, u. erhielten sich teilweise, bes. als T. aux quatre cas, bis zur Revolution. – Im Laufe des 13. u. 14. Jh. ging der Name T. auf die bisher ↗aides (royales) u. ↗aide de l'host genannten Steuern über. Diese T. royale wurde in dem größten Teil des Landes von den Personen (T. personelle), im anderen Teil vom Grundbesitz erhoben (T. réelle); Geistlichkeit u. Adel sowie Kirchengüter u. adlige ↗Lehen (1), waren frei. In den ↗pays d'élections u. ↗pays d'imposition wurde die T. vom Kg. unmittelbar erhoben u. fortwährend gesteigert, in den ↗pays d'états dagegen von den ↗états provinciaux repartiert u. selten erhöht. Einige ↗ Provinzen u. bes. eine Anzahl Städte zahlten ein unveränderliches Pauschquantum (T. abonnée, vgl. Abonnement). Erst 1768 versuchte man den Steigerungen der T. Einhalt zu tun, indem festgesetzt wurde, daß sie fortan aus einer unveränderlichen Hauptsteuer (principal de la T.) u. veränderlichen Zuschlägen (accessoires, crus) bestehen sollte.

– **à merci** s. Taille.

– **à volonté** s. Taille.

– **abonnée** s. Taille.

– **arbitraire** s. Taille.

– **aux quatre cas** s. Aides aux quatre cas u. Taille.

– **de l'host** a) = Aide de l'host. b) s. Taille.

– **fixe** s. Taille.

– **personelle** s. Taille.

– **réelle** s. Taille.

– **royale** s. Taille.

– **seigneuriale** s. Taille.

– **serve** s. Taille.

Taillon in Fr. 1549 eingeführte Steuer, ursprgl.

zur Besoldung der ↗Ordonnanzkompagnien u. anderer Truppen; sie wurde später ein Zuschlag zur ↗taille.

Tainus = Thane.

– homo s. Thane.

Tairō Chef des ↗Bakufu, i. d. R. der ↗Shōgun selbst. Erst 1858 wurde vorübergehend ein T. neben dem Shōgun eingesetzt.

Taishu s. Shugo.

Tal **1.** s. Land (1 b). **2.** = Markt (a).

Talgemeinde s. Markgenossenschaft.

Talion (talio) Vergeltung von Gleichem mit Gleichem (poena talionis), aus dem Recht des Altertums vielfach von außereur. Ländern übernommen. Vgl. Blutrache. Die Todesstrafe kann als T. angesehen werden.

Tallagium (auxilium customariorum, tallage) im ma. Engl. Bezeichnung der vom Kg. willkürlich auferlegten Steuern; das T., bes. von den ↗Domänen u. von den als solche angesehenen Städten erhoben, wurde seit dem späteren MA. zu einem bloßen ↗Rekognitionszins. Vgl. Scutagium.

Tallia **1.** Steuer i. allg., bes. ↗Bede (1) u. ↗Taille. **2.** = Tally.

– inconsueta s. Bede (1).

– indebita s. Bede (1).

– pro exercitu = Aide de l'host.

Talliabilis = Taillable.

Tally (tallia) im engl. ↗Exchequer im MA. u. bis 1812 Kerbholz, das als Quittung o. Anweisung diente u. auf dem die Summe in Kerben von verschiedener Größe eingeschnitten wurde. Die eine Art, die T. of sol, diente als Quittung für Einzahlungen u. wurde nach der Kerbung so in zwei Teile zerschnitten, daß der Schnitt die Kerben halbierte (vgl. Chirographum [2]). Den einen Teil (stipes) erhielt der Einzahler, der andere (countertally, folium) verblieb im Exchequer. Die andere Art, die T. of pro (T. of anticipation, T. of assignement), waren Anweisungen auf dem Exchequer geschuldete Summen, die an Zahlungsstatt gegeben wurden u. so einen Vorläufer des Schecks darstellten.

– writer s. Exchequer.

Talman s. Reichstag (3).

Talvogt(ei) s. Vogt (2).

Tambourgeld s. Heersteuer.

Tamga in Russl. bis Mitte des 17. Jh. Abgabe von Waren bei deren Feilhalten o. Verkauf, bestehend in einem gewissen Prozentsatz des Preises, wobei zwischen Stadtbewohnern, Inländern u. Ausländern unterschieden wurde.

Tanaist s. Clan.

Tandai s. Shugo.

Tanistry-System s. Clan.

Tannenkamp s. Kamp (a).

Tanodo s. Wittum (1).

Tansa s. Geleite (1).

Tao in China nach dem 7. Jh. eine der großen ↗Provinzen, unter einem hsün-tscha-schi. Unter den Mandschu Unterabteilung eines ↗scheng, ein o. mehrere ↗fu (2), sowie u. U. einige ↗tschili umfassend; seit 1913 bestand das T. nur noch aus einer Anzahl ↗hien. Leitender Beamter war der tao-tai; unmittelbarer Vorgesetzter aller tao-tai eines scheng (u. stets selbst tao-tai) war der liang-tao, eigentlich oberster Steuereinnehmer. Vgl. Tschou.

Tarifgericht s. Railway and Canal Commissioners.

Taryba s. Staatsrat (3).

Tasca im ma. Kat. Abgabe der Bauern an den ↗Grafen, in Naturalien bestehend.

Taschi-Lama s. Dalai-Lama.

Tasque = Champart (1).

Tassa dei fuochi = Herdsteuer.

– di redenzione von Leopold II. als Großherzog von Toskana an Stelle aller bisherigen Abgaben eingeführte einheitliche Grundsteuer.

Tatarengeneral s. Tschi.

Tate s. Clan.

Taubenamt früher in Frankfurt a. M. zur Aburteilung der mit der Tierhaltung zusammenhängenden Streitigkeiten eingesetzte Behörde, aus einigen ↗Ratsherren (a), den Taubenherren, bestehend.

Tausendschaft (thiufa [dia]) bei den gotisch-vandalischen Stämmen mil. Abteilung, die zehn ↗Hundertschaften umfaßte u. von einem thiufadus (millenarius, chiliarchos) geleitet wurde; über je fünfhundert stand ein quingentenarius. Für die anderen germ. Stämme ist die T. nicht unmittelbar bezeugt.

Tavernicus (eigentlich tavernicorum regalium magister) in Ung. der ↗Schatzmeister, einer der ↗Bannerherren (6), dem auch Berg- u. Münzwesen unterstand, u. der Vorsitzender des Tavernikalgerichts (Tavernikalstuhl, sedes tavernicalis) war, eines Appellationsgerichts für die älteren u. vornehmeren ↗Freistädte (2), die Tavernikalstädte; Stellvertreter des T. war der Subtavernicus, Beisitzer waren Abgeordnete der Städte; Appellation an die ↗Septemviraltafel war möglich. Das Tavernikat wurde 1848 aufgehoben u. T. war seitdem, abgesehen von 1860/67, ein bloßer Titel.

Tavernikalgericht s. Tavernicus.

Tavernikalstadt s. Freistadt (2) u. Tavernicus.

Tavernikalstuhl s. Tavernicus.

Tavernikat s. Tavernicus.

Taxa conciliaris = Seminaristicum.

Taxe de mainmorte (amortissement, droit d') Abgabe der Kirchen, ↗Klöster usw., die Inhaber eines ↗Lehens (1) waren u. keinen ↗homme vivant et mourant stellten. an den

↗seigneur an Stelle der sonst üblichen Lehensabgaben.

Taxes assimillées (nämlich den direkten Steuern) in Fr. Bezeichnung einer Gruppe von Steuern, wozu die Bergwerkssteuer, eine Steuer von Gütern der ↗mainmorte, eine Zinssteuer von Wertpapieren u. einige Luxussteuern gehören.

Tayu s. Shō (1).

Taz = Biergeld.

Tegeder 1. an einigen westf. ↗Hofgerichten (f) die Hofschöffen; sie waren außerdem Urteilsvollzieher u. öffentliche Urkundspersonen (Urkundassessoren). Ihr Amt war an den Besitz eines Tegedhofes gebunden. 2. = Zehntherr.

Tegedhof s. Tegeder (1).

Teget = Zehnt (1).

Tegetherr = Zehntherr.

Teichacht = Deichverband.

Teichband = Deichverband.

Teiding = Ding u. Sühne.

Teikoku gikwai (Reichstag) in Jap. 1889–1947 die Volksvertretung, die aus einer ersten (Kizokuin) u. einer zweiten (Shugiin) ↗Kammer (2a) bestand; ihre Rechte waren sehr beschränkt. – Seit 1947 heißt die Volksvertretung Kokkai, welche Bezeichnung jedoch inoffiziell auch schon früher gebraucht wurde; sie besteht ebenfalls aus zwei Kammern u. besitzt alle Rechte eines ↗Parlaments (1).

Teil 1. = Medem. 2. s. Kluft.

Teilbau (Anteilswirtschaft, Teilpacht, campipars, colonia [partiaria], ↗champart[1], borghesata, masseria, parceria, ↗parçeria) Pachtform, bei der der Verpächter in einem festen Verhältnis am Rohertrag des Grundstücks teilnimmt. Entw. wird ein ganzes Gut mit allem Zubehör verpachtet (Anwesenteilbau, Hofteilbau) o. nur einzelne Äcker, neben denen der Pächter noch Eigentum o. gewöhnliches Pachtland besitzt (Parzellenteilbau), o. endlich der Pächter bestellt mit seinem Gespann u. seinen Geräten das Gut des Verpächters, so daß eigentlich ein Arbeitsvertrag vorliegt (Arbeitsteilbau, Fronpacht). I. d. R. erhält bzw. behält der Teilbauer (tenant on shares) die eine Hälfte des Rohertrages, der Eigentümer die andere (Halbbau, Halbkörnerwirtschaft, Halbpacht, Halbscheidwirtschaft, Halbteilwirtschaft, Halbwinnerwirtschaft, Halfenbau, Halfenwirtschaft, cultura dimidia, bail à métairie, métayage [à mis fruits], medianeria, mezzadria, mezzeria); diese Ausdrücke werden daher vielfach für T. überhaupt, die Bezeichnungen Halb(part)pächter (Hälftner, Halbmann, Halfe, Halfmann, Halfwinre, métayer, medianero, metatiere, Polownik) für Teilbauer gebraucht. Bes. früher kamen auch Drittelspacht (Drittelsbau) u. Viertelspacht vor.

Teilbauer s. Teilbau.

Teildorf in Nordrussl. im 19. Jh. Dorf, dessen Einwohner das Recht auf eine bestimmte Quote des Landes des ↗Mir (2) hatten, aber darüber, wie über Eigentum, frei verfügen konnten.

Teilgemeinde ([Gemeinde]fraktion) eine Ortschaft, die keine selbständige Gemeinde bildet, aber auch keinen bloß räumlich abgegrenzten Teil einer solchen, sondern ihr gegenüber bestimmte Rechte besitzt, bes. eigenes Vermögen. Die T. in Dalmatien u. im Küstenland besassen eine eigene Gemeindevertretung (Konvokat) mit nur beratender Stimme.

Teilgenosse s. Gespilderecht u. Zinsgenossenschaft.

Teilgo s. Go.

Teiling s. Zinsgenossenschaft.

Teilinterdikt s. Interdikt (1).

Teillehenshof s. Lehensgericht.

Teillosung = Gespilderecht.

Teilpacht = Teilbau.

Teilsame s. Realgemeinde.

Teilvogtei s. Vogt (1).

Teilwald in Öst. Stück eines aufgeteilten Gemeindewaldes, dessen Grund u. Boden weiterhin Gemeindeeigentum bleibt, so daß der Besitzer nur Nutznießer ist.

Teilzettel = Chirograph(um) (2).

Teineland s. Thane.

Teishu in Jap. im 13. u. 14. Jh. Ziehen eines Streitfalles vor das Gericht des ↗Shōgun, falls der ordentliche Richter nicht binnen zwanzig Tagen den Prozeß einleitete.

Tell a) = Bede (1).b) s. Schoß (1).

Teller of the Exchequer s. Exchequer.

Telon(e)arius s. Teloneum.

Teloneum (tonlieux) seit merov. Zeit Bezeichnung für Zoll u. andere Handels- u. Verkehrsabgaben, z. B. das ↗Ungeld. Erhoben wurden die T. meist von bes. telon(e)arii.

Temeritas = Missetat.

Tempelfriede s. Friede (a).

Tempelname s. Jahresdevise.

Temporalia (dos ecclesiae, regalia, Ausstattungsgut, Dotalgut, Kirchenmitgift, Temporalität, Widem, Wittum, bzw. je nach dem Inhaber Bistumsgut, Klostergut, Pfarrhufe, Pfarrwidmut usw.) im Gegensatz zu den ↗spiritualia der Gesamtbesitz einer Kirche (i. w. S.) an Gütern u. Rechten o. die Ausstattung eines Kirchenamtes damit, daher auch soviel wie ↗beneficium ecclesiasticum.

Temporalienabtrennung s. Beneficium ecclesiasticum.

Temporaliensperre (Regaliensperre) Verwaltung u. Nutznießung des Kirchengutes, o. Einbehaltung der Einkünfte eines Geistlichen durch die weltl. Macht.

Temporalität = Temporalia.

Tenant at will in Engl. Pächter, dem der ↗Herr nach Gutdünken kündigen kann.
– **en chef** = Kronvasall.
– **in chief** = Kronvasall.
– **in tail** s. Entail.
– **on shares** s. Teilbau.
Tenementum im ma. Engl. jeder Grundbesitz, da der Theorie nach das Land von irgend jemand, mindestens vom Kg., vergeben sein mußte.
Tenens s. Lehen (1).
– **in capite** = Kronvasall.
Tenetura s. Leibeigener.
Tenir en nuesse ein ↗Lehen (1) unmittelbar, also nicht als ↗Afterlehen besitzen.
Tenne s. Heuerling (a).
Tenryō = Koryō.
Tenue Besitzergreifung eines ↗Lehens (1) durch den Berechtigten, sowie das Lehen selbst.
– **moyenne** = Afterlehen.
Tenure = Bail à rente (foncière).
– **by Divine Service** s. Frankalmoin.
– **en mote** eine ↗tenure en quevaise deren Inhaber (motoyer, mottier) auch noch dem droit de ↗formariage unterstand.
– **en quevaise** in der Bretagne früher ein Pachtverhältnis, bei dem der Pächter (quevaisier) kein Recht des ↗déguerpissement hatte, aber auch nicht der Stelle entsetzt werden konnte, sofern er sie ↗Jahr und Tag bebaut hatte.
– **féodale** s. Fief.
– **noble** s. Fief.
– **roturière** s. Censive.
– **servile** s. Serf.
Tenutam dare = Besitzeinweisung.
Teothung s. Frankpledge.
Tercias reales in Kast. seit dem späteren MA. der dritte Teil des ↗Zehnten (1), der von der Krone, ursprgl. für den Krieg gegen die Mauren, einbehalten wurde; seit Ende des 15. Jh. wurde diese Abgabe zu einer regelmäßigen, vom Papst bewilligten Steuer, aber gleichzeitig auf zwei Neuntel ermäßigt. – In Ar. hieß die entspr., seit Jayme I. bestehende, Abgabe tercios diezmos.
Tercio in Sp. 1534 an Stelle der ↗coronelía geschaffene Einheit der Infanterie (ursprgl. eines der drei Treffen), von einem ↗maestro de campo befehligt, aus zehn bis fünfzehn ↗Kompagnien (2) bestehend, sowohl taktischer Körper als auch administrative Einheit. I. allg. waren nur die Sp. in T. gegliedert, die fremden Söldner nach wie vor in coronelías, später in ↗Regimenter (2); Ende des 17. Jh. trat diese Bezeichnung allm. an Stelle von T., u. 1704 wurde die Armee endgültig in Regimenter eingeteilt. T. hießen nunmehr die Abteilungen der ↗Miliz.
Tercios diezmos s. Tercias reales.
Terminant s. Terminare.
Terminare (heute quaestuare) Almosensammeln der Bettelorden durch bestimmte Sammler (terminarii, Terminanten) in dem jedem ↗Kloster zugewiesenen Bezirk (terminus), u. U. mit Erlaubnis (Terminierbrief) des Landesherrn (s. Landeshoheit).
Terminarius s. Terminare.
Terminierbrief s. Terminare.
Terminus 1. = Gau (1a) u. Mark. **2.** s. Terminare. **3.** s. Stadtfriede (a).
– **banni** s Stadtfriede (a).
– **civitatis** s. Stadtfriede (a).
– **libertatis** s. Stadtfriede (a) u. Immunität (a).
– **marchiae** s. Stadtfriede (a).
– **pacis** s. Stadtfriede (a).
Terra 1. = Hufe. **2.** = Land (1b) u. Territorium (2).
– **ad carucam** s. Carucagium (1).
– **aratri** s. Hîde.
– **aviatica** s. Fronhof.
– **beneficiata** (massaricium, t. consuetudinaria) im Gegensatz zum Salland (s. Fronhof) das zu Zins, Pacht usw. ausgegebene Land.
– **carucae** s. Carucagium (1).
– **colonica** s. Colonus.
– **consuetudinaria** = Terra beneficiata.
– **curialis** s. Fronhof.
– **dominica** s. Fronhof.
– **dominicalis** s. Fronhof.
– **dominicata** s. Fronhof.
– **familiae** s. Hîde.
– **hereditaria** s. Bôcland.
– **imperii** = Reichsgut.
– **in commendatione** s. Precaria (1).
– **indominicata** s. Fronhof.
– **jugadeira** s. Jugada.
– **paterna** s. Fronhof.
– **salaricia** s. Fronhof.
– **salica** s. Fronhof.
– **servilis** s. Hufe.
– **testamentalis** s. Bôcland.
– **tributaria** s. Hufe.
– **unius marcae in censu** s. Markland (b).
Terrae missionis (Missionsbezirke) im Gegensatz zu den ↗Kirchenprovinzen (a) die Länder, in denen die hierarchische Verfassung noch nicht errichtet ist, früher geschieden in Heidenland (partes infidelium) u. Staaten mit nichtkath. Bevölkerung (terrae, ubi impune grassantur haeredes); sie unterstehen der Congregatio de Propaganda Fide (s. Congregatio Romana). An der Spitze steht anfänglich ein Apostolischer Präfekt (Praefectus Apostolicus) mit wechselnden Vollmachten; ist die Mission weiter fortgeschritten, so wird die Apostolische Präfektur (Praefectura Apostolica) zu einem Apostoli-

schen Vikariat erhoben unter einem ↗Vicarius Apostolicus i. e. S., i. d. R. einem ↗Bischof in partibus, mit voller bischöfl. Jurisdiktion. Präfekt u. Vikar müssen bei Amtsantritt einen Stellvertreter (Propraefectus bzw. Provicarius) ernennen, der bei Tod o. dgl. sofort das Amt provisorisch übernimmt. Das dritte Stadium ist die Erhebung zum Missions(erz)bistum unter einem residierenden Bischof mit allen Rechten, aber meist noch vorerst unter der Propaganda. Vgl. Quasiparochus.

Terrage = Champart.

Terrageau ↗seigneur, der den terrage (s. Champart) erhielt; der Besitzer, der ihn zahlte, hieß terragier.

Terragerie = Champart.

Terragier s. Terrageau.

Terragium 1. = Beunde. 2. = Champart.

Terraige, droit de † Marktstandsgeld.

Terraticum in It. im MA. dem dt. ↗ Medem entspr. Abgabe.

Terratio = Beunde.

Terre s. Grundherrschaft.

– **à bannière** Bezirk, in dem ein ↗seigneur Truppen ausheben durfte.

– **avec danger** = Fief de danger.

– **sans danger** s. Fief de danger.

– **seigneuriale** s. Grundherrschaft.

Terrier a) (auch grand t.) Lehensherr (s. Lehen [1]) mit bedeutendem Grundbesitz. b) = Papier-terrier.

Territoire flottant s. Exterritorialität.

Territorial Army in Engl. seit 1907 die zur Ergänzung des stehenden, geworbenen Heeres bestimmte Freiwilligentruppe. Die Verpflichtung dauert vier Jahre; Ergänzung u. Zivilverwaltung steht bes. County Associations zu, deren Vorsitz der ↗Lord-Lieutenant (a) führt. Die T. A. besteht aus den ehemaligen Freiwilligen i. e. S. (Volunteers) u. der ↗Yeomanry, ist aber im Gegensatz zu diesen auch zum Dienst im Auslande verpflichtet.

– **Council** in den ↗Territorien (3) Kanadas das dem leitenden Kommissar zur Seite stehende Organ.

– **Obermark- und Grundherr** s. Markgenossenschaft.

Territorialbischof s. Bischof.

Territoriale forestale jus = Forstrecht (2 b).

– **jus** s. Landeshoheit.

Territorialfriede s. Landfriede (1).

Territorialfürst s. Daimyō.

Territorialgemeinde im Gegensatz zur ↗Realgemeinde die (heute durchweg übliche) Gemeinde, die eine Körperschaft innerhalb eines geschlossenen Gebietes darstellt.

Territorialgrafschaft s. Graf.

Territorialherr(lichkeit) s. Landeshoheit.

Territorialherzog s. Herzog.

Territorialhoheit = Landeshoheit.

Territorialismus = Territorialsystem (2).

Territorialität = Territorialprinzip.

– **des Rechtes** (Gebietsgrundsatz, Realstatut, Territorial[itäts]prinzip, Territorialstatut) der in neuerer Zeit übliche Grundsatz, wonach eine Person nach dem Rechte des Aufenthalts- bzw. Tatortes (lex loci) gerichtet wird; die T. d. R. beruht auf der Gebietshoheit des Staates. Vgl. Persönlichkeit des Rechtes.

Territorialitätsprinzip = Territorialität des Rechtes.

Territorialkirche s. Landeskirche.

Territoriallehen s. Daimyō.

Territoriallosung = Landlosung.

Territorialprinzip (Territorialität) a) der Grundsatz, wonach die Souveränität aus dem Besitze des Staatsgebietes fließt. b) = Territorialität des Rechtes.

Territorialretrakt = Landlosung.

Territorialrichter Richter in einem ↗Territorium (3) der USA; er ist nicht ↗Bundesrichter im eigentlichen Sinne.

Territorialstaat im alten Dt. R. das ↗Territorium (2) als Staat, der aber bis zum 16. Jh. u. teilweise bis in die Neuzeit keine eigentliche Staatspersönlichkeit darstellte, sondern dualistisch war, indem dem Staate des Landesherrn (s. Landeshoheit) ein Ständestaat der ↗Landstände gegenüberstand; diese beiden Staaten standen teils mit getrennter Verwaltung u. getrennten Landgebieten nebeneinander, teils durchdrangen sie sich; erst seit dem 16. Jh. gelang es dem Landesherrn, den Ständestaat zu beseitigen o. doch zurückzudrängen. – Der T. wird auch als dualistischer Ständestaat bezeichnet.

Territorialstadt = Landesstadt.

Territorialstände s. Landstände.

Territorialstatut = Territorialität des Rechtes.

Territorialstimme an einem ↗Territorium (2) als ↗Realrecht haftende Stimme, die von dem jeweiligen Inhaber geführt wird. Vgl. Reichsfürstenrat.

Territorialsystem 1. = Provinzialsystem. 2. (Territorialismus) in der ev. Kirche Theorie, wonach der Landesherr (s. Landeshoheit) als ↗Summus Episcopus absoluter Regent der Kirche ist, d. h. ↗sacra, jus circa u. sacra, jus in vereinigt; eine Trennung von kirchl. u. weltl. Verwaltung findet de jure nicht statt. Praktisch wurde das T. durch die ↗Konsistorialverfassung vertreten Vgl. Episkopalsystem (b) u. Kollegialsystem (2).

Territorii subordinatum sive subalternum jus s. Standesherr.

– **et superioritatis jus** s. Landeshoheit.

Territorium 1. = Gau (1 a). 2. (Land[schaft], Landesstaat, terra) im Dt. R. seit dem späteren MA. zunächst das Gerichtsgebiet, das seinen Inhaber (auch eine ↗Reichsstadt o. eine kirchl. Korporation) zum Landesherrn machte; dieser erwarb damit im T. die Landesherrschaft, dann die ↗Landeshoheit, u. das T. wurde so zum ↗Territorialstaat. Die anfänglich von fremden ↗Herrschaften durchsetzten, ungeschlossenen T. (T. non clausa) wurden allm. zu geographisch geschlossenen Gebieten (T. clausa). 3. (territory) in den USA früher Gebiet auf dem nordam. Festland, das von Bürgern der Union besiedelt u. entwickelt wurde, aber noch nicht ↗Bundesstaat (2) war; nach Erreichung einer bestimmten, konventionell festgelegten Bevölkerungszahl konnte das T. vom ↗Kongreß als Staat aufgenommen werden. Heute werden die überseeischen Besitzungen als T. bezeichnet, wobei unterschieden wird zwischen Incorporated T. (als integrierender Bestandteil der USA betrachtet) u. Unincorporated T. (nur zu den USA gerechnet); die Bewohner der ersteren sind vollberechtigte Bürger der USA. – Nach dem Muster der USA haben auch die mittel- u. südam. Staaten T. (Bundesterritorien) organisiert, ebenso seit 1951 Ind. – Das Bundesterritorium (Federal Capital Territory, seit 1938 Australian C. T.) in Austr. entspricht einem ↗Bundesdistrikt. 4. = Beunde. 5. = Grundherrschaft. 6. s. Stadtfriede (a).

– civitatis 1. = Diözese (a). 2. s. Stadtfriede (a).

– (non) clausum s. Territorium (2).

Tertia nach frk. Recht **a**) die i. d. R. aus einem Drittel des Gesamtvermögens bestehende Gabe, die ↗Wittum (1) u. ↗Morgengabe vereinigte; **b**) ein Drittel der ehelichen Errungenschaft, das der Witwe zustand u. an Stelle der Morgengabe getreten war.

– holzgravialis s. Gemeinheitsteilung.

– marcalis s. Gemeinheitsteilung.

– Romani s. Hospes (1).

Tertianaria = Tertiaria.

Tertiaria (peregrinorum) (tertianaria p.) im MA. in einigen Mittelmeerhäfen erhobene Abgabe von einem Drittel des von den Pilgern gezahlten Überfahrtsgeldes.

Tertiarier (Bußbrüder, dritter Orden, tertiarii, tertius ordo, auch Laienbrüder, fratres conversi) einigen Orden angeliederte Gemeinschaften (Kongregationen [s. Religio] ähnlich) von Männern u. Frauen (Laienschwestern), Laien u. Geistlichen, die ohne Ablegung der Ordensgelübde bestimmte Pflichten auf sich nehmen, um dadurch der Indulgenzen usw. des Ordens teilhaftig zu werden. – Den T. ähnlich sind die bei einigen Orden (heute nur noch bei den Benediktinern) bestehenden oblati, die sich durch oblatio, d. h. durch ein widerrufliches Gehorsamsversprechen, dem Orden anschlossen.

Tertiarii 1. = Tertiarier. 2. = Dreiherren. 3. s. Enthänge.

Tertiator (terzarinus) in Fr. u. It. im MA. ein ↗colonus, der den dritten Teil der Feldfrüchte dem ↗Herrn abliefern mußte.

Tertiogenitur s. Sekundogenitur.

Tertionarius s. Domkapitel.

Tertius denarius (Grafenpfennig) der dritte Teil der Einkünfte eines ↗Shire, der dem ↗Earl zukam, u. zwar auch noch, nachdem Earl bloßer Titel geworden war; doch floß der T. d. manchmal einem bestimmten Gutshofe zu, o. der ↗Sheriff hatte Anspruch darauf.

– ordo = Tertiarier.

Terzarinus = Tertiator.

Terzieri = Dreiherren.

Teschu-Lama s. Dalai-Lama.

Tesker in der Tk. in früherer Zeit Quittung für den ↗Charadsch, zugleich als Personalausweis u. Reisepaß dienend.

Testamentarius s. Salmann.

Testamentum a) = Carta (2) u. Testamentum regis. **b**) s. Freilassung.

– libertatis s. Freilassung.

– regis (↗praeceptum r., testamentum) kgl. ↗Urkunde in frk. Zeit, bes. eine solche, die eine (kgl.) Landübertragung enthielt (Briefland); sie bedurfte vor Gericht keines Beweises.

Testatio = Contestatio.

Testeid in Engl. 1673–1828 ein von allen Beamten verlangter Eid, durch den die kath. Lehre von der Transsubstantiation verworfen wurde.

Testimoniales litterae s. Dimissorien.

Testimoniatio s. Pfalzgraf.

Testimonium s. Urkunde.

Testis s. Eideshelfer.

– synodalis a) s. Sendgericht. **b**) = Synodalzeuge (2).

– synodi s. Sendgericht.

Teuersthaupt s. Sterbfall.

Thane (dreng, râdcnight, ↗thegn, ↗baro [1], [francus] tainus, miles, minister) im ags. Engl. der abgeschichtete Gefolgsmann (vgl. Gesith), mit einem Gut von mindestens fünf ↗Hîden (laen[land], teineland, Thaneland, Lehensland, praestitum) belehnt (daher laenman), vom ↗ceorl durch höheres ↗Wergeld geschieden, zur ↗trinoda necessitas u. zur Zahlung des ↗relevium verpflichtet. Der ceorl «gedieh» zum T., sobald er die fünf Hîden, d. h. die zum vollen Kriegsdienst nötige Ausstattung, besaß. Man unterschied den Königsthane (Königsdegen, cyninges thegn, comes, twelvehyndman nach seinem Wergeld) u. den T. mittlerer Güte (medeman thegn, sixhyndman), der von einem Großen (↗Bischof, ↗Earl) abhing. Bes. der letztere war häufig ↗unfrei (tainus homo). Vgl. Geneat, Radmannus, Twihyndman u. Vasall. Während in Engl. der T. nach der norm. Eroberung im ↗niederen Adel aufging, erhielt er sich in Scho. bis ins 15. Jh.

Thegn bei den Nordgerm. u. in Engl. der ↗Freie, bes. als Glied einer ↗Gefolgschaft (vgl. Vasall), dann der ↗Thane.

Thema (exercitus) im Byz. Reich seit Beginn des 7. Jh. oberste mil. Einheit, dann der Bezirk, in dem eine solche angesiedelt wurde u. der ihr weiterhin als Rekrutierungsgebiet diente. Zunächst blieb die alte Provinzialeinteilung u. Zivilverwaltung daneben bestehen, wurde dann aber allm. durch T. u. Militärbehörden verdrängt u. in der ersten Hälfte des 8. Jh. übernahmen diese die zivilen Verwaltungsfunktionen; das T. trat an Stelle der alten ↗Provinz. Die letzten Reste der alten röm. Zivilverwaltung verschwanden Ende des 9. Jh. Vgl. Exarch (1), Στρατηγός (1) [Strategós] u. Turma.

Theologus s. Domkapitel.

– Sacri Palatii = Magister Sacri Palatii.

Theow (esne) im ags. Engl. der ↗unfreie Knecht; infolge Ansiedlungen u. ↗Freilassungen verschwanden die T. in norm. Zeit u. gingen in den ↗villains auf.

Thesaurar(ius) **1.** = Schatzmeister. **2.** s. Baile general. **3.** s. Domkapitel. **4.** s. Kämmerer (1).

Thing **1.** = Ding. **2.** s. Reichsbauernführer.

Thingatio = Gairethinx.

þingfararkaup an den Goden als Vertreter auf dem ↗Ding von den Mitgliedern des ↗Godord entrichtete Dingsteuer.

Thing(männer)urteil (þingsdōmr, þingmannadōmr) Urteil, das von allen Dingmannen gefällt wurde (in Schwd. u. Dän. auf allen, in Norw. u. Isl. nur auf den kleineren ↗Dingen), nicht nur von einem Ausschuß (↗lǫgretta).

Thingstefna s. Stefna.

Thinx = Gairethinx.

Thiodothing = Landesgemeinde.

Thionostumaðr s. Gefolgschaft.

Thiotmalli = Landesgemeinde.

Thiufa(dia) = Tausendschaft.

Thiufadus s. Tausendschaft.

Thraell in den nord. Ländern der ↗Unfreie; die T. verschwanden in Norw., Isl. u. Dän. im 13. Jh., in Schwd. wurde die Unfreiheit 1335 aufgehoben.

Three-field system s. Felderwirtschaft.

Thronassistent Ehrentitel für die der päpstl. ↗Hofkapelle angehörigen ↗Erzbischöfe u. ↗Bischöfe; außerdem gehören ihr zwei fürstliche T. an, je ein Mitglied der Häuser Colonna u. Orsini.

Thronfall s. Herrenfall.

Thronfolge, außerordentliche nach der Verfassung einiger Staaten nach Aussterben der ↗Agnaten eintretende T. der ↗Kognaten.

Thronlehen seit dem 16. Jh. die vom Ks. persönlich («coram throno») verliehenen ↗Reichslehen, d. h. die ↗Fürstenlehen (b); die übrigen wurden durch den ↗Reichshofrat verliehen (Hofratslehen). In den dt. ↗Territorien (2) entsprachen den T. die Thronmannlehen (illustre Lehen, Landesthronlehen); doch war in einigen auch der Ausdruck T. üblich, ebenso Erbmannthronlehen.

Thronmannlehen s. Thronlehen.

Thronrede vom Monarchen bei Eröffnung o. Schließung einer ↗Session der Volksvertretung verlesene Rede, die im ersteren Falle das Regierungsprogramm für die kommende Session u. einen Überblick über den Zustand des Staates enthält. Vgl. Adresse.

Thunchinium s. Zentgericht.

Thungin(us) in der Lex Salica (u. ihren Ableitungen) vorkommender Richter, teils als Vorsitzender im echten ↗Ding der ↗Hundertschaft neben dem ↗Zentenar (vgl. Zentgericht), teils als mit diesem identisch, teils als Gaurichter (vgl. Gau[a]) aufgefaßt. Vgl. Graf.

Thye (Tie, Tigge, Ty, auch Gii) in Teilen Nordwestdt. Versammlungsort einer ↗Bauerschaft (a), diese selbst u. ihre Verhandlung, das ↗Bauerding (1), endlich die von ihr bewohnte Örtlichkeit, in Städten das ↗Viertel (3).

Thyrmsl in den nord. Ländern das Abhängigkeitsverhältnis, in dem der nicht zu vollem Recht ↗Freigelassene zu seinem bisherigen ↗Herrn stand.

Ti-tu s. Scheng.

Ticketed house zuerst in Glasgow, dann in andern scho. Städten durchgeführte Kennzeichnung kleiner Häuser durch ein Schild, auf dem der Kubikinhalt u. die demzufolge zulässige Bewohnerzahl angegeben ist.

Tie = Thye.

Tien-ko s. Li-fan-yuan.

Tiérage = Champart (2).

Tierce opposition s. Hauptintervention.

Tiers coutumier in einigen fr. Rechten, bes. in der Norm., der Pflichtteil.

– et danger, in der Norm. Abgabe an den Kg., die bei jedem Holzverkauf in Höhe eines Drittels des Preises erhoben wurde, wozu noch ein Zehntel (droit de danger) für die Erlaubnis des Verkaufes kam. In anderen ↗Provinzen wurde nur T. sans d. erhoben. Für die Erhebung gab es 1552–1563 bes. sergeants dangereux.

– sans danger s. Tiers et danger.

Tierzehnt s. Zehnt (1).

Tigge = Thye.

Tīgnarmenn in Skand. im MA. zusammenfassende Bezeichnung für Kg., ↗Jarl u. ↗ Herzog; ein tīginnmaðr besaß meist eine ↗hirð.

Tilgiaef s. Exenium.

Timar im Osm. Reich dem germ.-roman. ↗Lehen (1) entspr. Gut, i. e. S. ein kleines, während die größeren Siamet hießen. Die beiden Arten unterschieden sich durch die Höhe der Einkünfte, aus denen der Inhaber (Timardschi, Timariot, Timarli, Timarspahi, im 18. Jh. auch Toprakli) nicht nur sich selbst als Reiter (↗Sipahi) auszurüsten hatte, sondern auch noch einige Genossen, der gewöhnliche Timariot zwei bis vier (die Zahl wechselt im Laufe der Zeit), der Saim eines Siamet 15–20, auch mehr. Ursprgl. waren die T. überhaupt nicht, die Siamete nur beschränkt erblich, d. h. der Sohn eines Saim erhielt höchstens ein T.; Nichterfüllung der Kriegsdienstpflicht hatte Verlust des T. zur Folge. Ein Treueverhältnis, wie bei den westeur. Lehen, bestand nicht. Vergeben wurden die T. vom ↗Sultan, die T. e. i. S. bis 1530 auch vom ↗Beglerbeg, der im Kriege den Oberbefehl über die Sipahis seiner ↗Provinz führte. Mehrere T. bildeten seit Mitte des 14. Jh. ein Sandschak (s. Bei). Schon Ende des 16. Jh. wurden sie tatsächlich erblich, sogar in weiblicher Linie, die Kriegsdienstpflicht erlosch allm., u. die Timarioten wurden zu Grundbesitzern, die mächtigeren häufig zu halbunabhängigen ↗Grundherrn (vgl. Derebey). Die Anwartschaft auf ein T. bzw. das darüber ausgestellte ↗Berat (2) wurde zum Handelsobjekt; die Verleihung erfolgte vor allem durch die ↗Paschas. Rechtlich wurden die T. 1826 aufgehoben.

Timardschi s. Timar.

Timariot s. Timar.

Timarli s. Timar.

Timarspahi s. Timar u. Sipahi.

Ting in China ursprgl. kleiner, einige Gemeinden umfassender Verwaltungsbezirk. Unter den Mandschu standen sie an Rang den ↗hien nach u. bildeten meist deren Unterabteilungen; doch gab es auch unabhängige T. (s. Tschili). 1913 wurden alle T. in hien verwandelt.

Tingslag s. Härad.

Tintinnabuli jus s. Basilica.

Tiro = Bachelier (a).

Tischgeld = Stättegeld (2).

Tischgesaß s. Gesellenbruderschaft.

Tischgut = Mensa.

Tischtitel s. Titulus (b).

Titelkirche s. Titulus (a).

Tithe = Zehnt (1).

Titherent-charge s. Zehnt (1).

Tithing s. Frankpledge.

Tithingman 1. s. Frankpledge. 2. in den USA während der Kolonialperiode Beamter, der Kirchenbesuch u. Kirchenordnung beaufsichtigte.

Titularabt s. Abt.

Titularbischof a) = Ehrenbischof u. Weihbischof. b) s. Bischof.

Titularerzbischof s. Erzbischof.

Titularherzog s. Herzog.

Titularkirche s. Titulus (a).

Titularkonsistorialrat in Öst. Ehrentitel für die als Schulinspektoren tätigen kath. ↗Dekane (1).

Titularoberst s. Oberst.

Titularpatriarch s. Patriarch.

Titularpfalzgraf s. Pfalzgraf

Titularprotonotar s. Protonotarius Apostolicus.

Titularreichsfürst vom Ks. in den Reichsfürstenstand (s. Reichsfürst) erhoben, aber da nicht im Besitz eines mit der Reichsstandschaft (s. Reichsstände [1]) verbundenen ↗Territoriums (2), ohne Sitz im ↗Reichsfürstenrat.

Titularstadt s. Flecken.

Titulo (de España) Angehöriger des sp. Adels, der einen (auf den ältesten Sohn vererblichen) Titel führt, aber nicht ↗Grande ist; den T. gebührt die Anrede pariente (del rey) durch den Kg. – In Port. hießen die entspr. Adligen Titulares..

Titulus a) (t. ecclesiae) eigentlich die Bezeichnung einer Kirche (i. e. S. ↗Pfarrkirche) nach dem Heiligen usw., auf den sie geweiht ist, dann die Kirche selbst (Titelkirche, Titularkirche, die Nebenkirchen T. minores), die ↗parochia (b), endlich auch das Kirchenamt, wovon der Geistliche intitulatus heißt. b) (t. ordinationis, t. canonicus, Ordinationstitel, Weihetitel) Rechtsanspruch auf standesgemäßen Unterhalt als Vorbedingung der Weihe, früher überhaupt, seit dem Tridentinum nur für die höheren Weihen (s. Ordines [1]) u. zwar für den ↗Weltgeistlichen i. d. R. als T. beneficii (Pfründetitel); ausnahmsweise kann die Weihe erfolgen auf Grund eigenen Vermögens (T. patrimonii), irgendwelchen sonstigen Einkommens (T. pensionis) o. der Bürgschaft eines Dritten (T. mensae, Tischtitel), u. falls der zu Weihende sich verpflichtet, seine Dienste der ↗Diözese (a) bzw. der Mission zu widmen, auch ohne diese Voraussetzung (T. servitii dioecesis bzw. missionis); auch auf Grund eines T. seminarii kann ordiniert werden. Bei den ↗regulares (s. Religio) ersetzt das Gelübde als T. paupertatis (T. professionis, Armutstitel, Profeßtitel) den T. ordinationis, bei den Kongregationen (s. Religio) der T. mensae communis. Ordinatio absoluta (ohne irgendwelchen T.) ist nicht zulässig, nur ordinatio relativa (mit T.).

– ingenuitatis s. Freilassung.

Tiun im ma. Russl. der (stets ↗unfreie) Verwalter eines ↗Bojaren (a) o. sonstigen ↗Grundherrn. Die T. der Bojaren wurden auch deren Beamte u. leiteten die gesamte Verwaltung, Rechtspflege usw.

Tjaglo in Russl. ein bäuerliches Ehepaar, das zu gewissen ↗Fronden (a) verpflichtet war u. dafür ein bestimmtes Stück Land zur Nutzung erhielt.

Tochter = Filialkirche.

Tochterdorf s. Mutterdorf.

Tochtergemeinde s. Filialkirche.

Tochterkirche = Filialkirche.

Tochterkirchengemeinde s. Filialkirche.

Tochterkloster s. Kloster.

Tochterpfarrei s. Filialkirche.

Tochterpfarrkirche = Filialkirche.

Tochterrecht(sstadt) s. Mutterrecht.

Tod, bürgerlicher = Mort civile.

– **gemeiner** gänzlich unverschuldeter Tod (in praxi der von Tieren), der keinerlei Schadenersatzanspruch zur Folge hatte.

Todbestand s. Fallehen.

Todbrief (Mortifikationsschein, Quitt- und Todbrief, evacuatoria epistola) Kraftloserklärung einer in Verlust geratenen Schuldurkunde u. dgl. durch bes. ↗Urkunde.

Toder = Sterbfall.

Todfall = Sterbfall.

Todgans s. Sterbfall.

Todgeschäft = Geschäft.

Töpferflecken s. Flecken.

Törvényhatósági Bizottság s. Komitat (3).

Toft = Hofstelle (1).

Tojō s. Koryō.

Tolérance = Schlagschatz.

Toleranzgeld s. Judenschutzgeld.

Toleranzmaut s. Judenschutzgeld.

Toleranztaxe s. Judenschutzgeld.

Toleta = Bede (1).

Tolva s. Dingzeugen.

Tomo = Be

Tom(p)t = Hofstelle (1).

Tomthusmaend s. Häusler.

Tonlieux = Teloneum.

Tonnen-und Pfundgeld = Tunnage and poundage.

Tonnengeld in den meisten Häfen Abgabe, die nach dem Tonnengehalt der Schiffe berechnet wird.

Tonnenzoll in Brand. im 15. Jh. eingeführter Zoll auf alle Waren, die in Tonnen befördert wurden.

Toppschilling = Arrha (1).

Toprakli s. Timar.

Toraccise = Torsteuer.

Torfacht = Erbecht.

Torp s. Indelningswerk.

Torsteuer (Eingangssteuer, Marktgeld, Oktroi, Toraccise, portagium, petty custom, portage) eine ↗Accise, die beim Überschreiten der Stadtgrenze erhoben wird.

Tos in Rußl. landwirtschaftliche Kollektivorganisation, bei der im Gegensatz zum ↗Kollektiwnoje chosjaistwo nur die Feldbestellung gemeinsam ist, alles übrige im Privatbesitz verbleibt; der T. wurde versuchsweise vor 1930 angewendet.

Tost-entrée, amende de s. Vest (1).

Totalteilung = Totteilung.

Totbuch s. Rechtlos.

Totenpfund = Sterbfall.

Totenteil **1.** s. Aubaine, droit de (1). **2.** = Freiteil. **3.** in heidnischer germ. Zeit der Teil des beweglichen Nachlasses bzw. bestimmte Gegenstände, z. B. Waffen, der als Erbteil des Toten angesehen u. mit ihm begraben wurde. In christl. Zeit wurde der T. zum ↗Seelgeräte.

Totenzins = Sterbfall.

Totenzoll = Sterbfall.

Totfeindschaft s. Fehde.

Totsatzung (Setzen auf Totschlag, vivum vadium, vif-gage) ↗Nutzpfand, dessen Erträgnisse zur Amortisierung der Schuldsumme dienten; sie war, im Gegensatz zur ↗Zinssatzung, in Dt. selten, in Fr. die Regel.

Totschlagsfehde s. Fehde.

Totschlagsühne s. Fehde.

Totteilung (Besitzteilung, Grundteilung, Realteilung, Totalteilung, divisio totalis, auch ↗Watschar [2], Watschierung) endgültige Teilung einer bis dahin im gemeinsamen Eigentum, z. B. als ↗Ganerbschaft (a) o. ↗Gemeinderschaft befindlichen Vermögensmasse, bes. von Grund und Boden, unter die Berechtigten, derart, daß jedes Anrecht des einen an dem Teil des anderen erlischt. Vgl. Mutscharung.

Toujours accroissant s. Augustus.

Toulte s. Taille.

Tourbe = Genoßsame (1).

Town **1.** in Engl. die städt. Ansiedlung; ein rechtlicher Unterschied zwischen T. u. ↗Borough (a) besteht nicht. **2.** in den USA **a)** (borough, village) Siedlung, meist kleineren Umfangs, teils von den Behörden der ↗County verwaltet (unincorporated T.), teils von gewählten eigenen Behörden (incorporated T.); diesen T. steht ein ↗Mayor (1) mit einem T. Council (Board of trustees) vor. **b)** (früher auch Township) in den Neuenglandstaaten seit der Kolonialzeit kleinster Verwaltungsbezirk, Stadt u. Land umfassend, aber in städt. Form verwaltet, de jure durch ein von einem Moderator geleitetes T. Meeting der Wahlberechtigten, tatsächlich durch ein Board of Selectmen (B. of Town's men) von meist drei Mitgliedern u. einer Anzahl gewählter Beamten, darunter einem T. Clerk. In neuester Zeit führt öfters ein dem ↗City Manager entspr. T. Manager die Verwaltung.

– **Clerk** a) in Engl. früher der ↗Stadtschreiber, dessen Amt aber vielfach zu einem Ehrenamt ohne eigentliche Funktion geworden war. Seit 1835 ist der T. C. vor allem der juristische Berater des ↗Town Council (1), dann Chef der Stadtkanzlei, Archivar u. Ausfertiger aller städt. ↗Urkunden; er entwirft die Local Bills (s. Private Bill) u. leitet alle damit zusammenhängenden Geschäfte, fertigt die Wählerlisten an usw., u. leitet überhaupt den gesamten äußeren Betrieb der Gemeindeverwaltung. Er vertritt die Stadt gegenüber den Zentralbehörden u. stellt innerhalb der Stadt das verbindende Glied zwischen T. Council u. Beamtenschaft dar, da i. allg. die Anordnungen der ↗Committees durch ihn den einzelnen Beamten übermittelt werden. Obwohl auf Kündigung angestellt, bleibt er tatsächlich meist lebenslänglich im Amt. Der scho. T. C. entspricht dem engl. Vgl. Clerk of the Council. b) s. Town (2b).

– **Commissioners** s. Improvement Commissioners.

– **Council** **1.** (Borough C.) seit 1835 in jedem engl. ↗Borough (a) die Gemeindevertretung, von der drei Viertel, die ↗Councillors, aus allg., gleichen u. direkten Wahlen hervorgehen, während das vierte Viertel, die ↗Aldermen (3) u. der ↗Mayor (1) von den Councillors gewählt werden. Der T. C. führt allein die gesamte Stadtverwaltung. In den ↗County Boroughs entspricht er dem ↗County Council. In den scho. ↗Police Burghs hieß der T. C. (Burgh C.) bis 1900 Burgh Commissioners. **2.** s. Town (2a). **3.** s. Parish.

– **Manager** s. Town (2b).

– **Marshal** in den USA in einigen Gebieten Bezeichnung des constable.

– **Meeting** a) in Engl. ursprüngl. die allg. Gemeindeversammlung (towngemôt), die seit Ende des MA. verschwand. Auch heute kann für bestimmte Zwecke, z. B. Einbringung einer ↗Private Bill, ein T. M. berufen werden; tatsächlich kommt es kaum vor. b) s. Town (2b).

– **Parish** s. Parish.

Towngemôt s. Town Meeting (a).

Townland s. Clan.

Township a) (vill) in Engl. jede geschlossene Ansiedlung, ohne Rücksicht darauf, ob sie ein ↗Parish u. dgl. bildet. b) im nordöstl. Viertel der USA der ↗County entspr. Verwaltungseinheit, i. allg. nur das platte Land umfassend. In einigen der betr. Staaten sind T. Meetings (den Town Meetings [s. Town (2b)] entspr.) vorhanden, stets aber ein Board of Trustees (B. of Supervisors), das entw. aus gewählten Mitgliedern (meist drei) o. aus den leitenden Beamten besteht. c) = County District (2). d) = Town (2b). e) in Kanada Unterabteilung einiger ↗Provinzen.

Tozama (Daimyō) s. Daimyō.

Tractator s. Commenda (2).

Tractoria = Herbergsrecht (1).

Tractus = Seniorat (4).

Traditio s. Sale (1).

– **cartae** von den Germ. aus dem röm. Recht übernommene Art der Eigentumsübertragung, in der Übergabe der Veräußerungsurkunde bestehend (vgl. Carta [2]), wie die germ. ↗Sale (1) Veräußerungsgeschäft u. Übertragungsakt zugleich (aber außerhalb des Grundstücks) u. ihr daher gleichgesetzt (investitura per cartam); doch wurden deren Symbole mit ihr verbunden, von einer ↗Auflassung gefolgt. Die T. c. verschmolz daher schon früh mit der Sale bzw. der Auflassung.

– **ficta** im ↗gemeinen Recht (a) die Übereignung einer Sache nicht durch körperliche Übergabe, sondern durch bloße Zeichen u. Worte, z. B. Übergabe des Schlüssels o. der Erwerbsurkunden, Markierung der Sache u. dgl. Einige Arten wurden in Dt. auch zusammenfassend als symbolische Tradition bezeichnet.

Tradition aus dem röm. Recht übernommene formlose Übereignung von Grundstücken, ohne Mitwirkung des Gerichts, in dieser reinen Form in Dt. nur in wenigen Rechten. I. allg. wurde die T. irgendwie mit Formen der ↗Auflassung verbunden. Nach sä. Recht erhielt der Erwerber durch bloße T. titulierten Besitz (dominium naturale), durch Auflassung, ohne Eintragung, dominium civile. Die Auflassung erfolgte an den Richter, der den Erwerber mit dem Grundstück «belehnte» (Allodialinvestitur). – In den meisten dt. Rechten (in Pr. bis 1872) gewährte die T. ohne Eintragung ins Grundbuch nur ein beschränktes Eigentum, andrerseits die Eintragung ohne T. nur ein tatsächliches Verfügungsrecht (Bucheigentum).

– **reale** s. Sale (1).

– **symbolische** s. Traditio ficta.

Traditionsbuch (Salbuch, liber testificationis, l. testamentorum l. traditionum) bes. in Südostdt. vom 9. bis 13. Jh. in größeren (bes. geistl.) ↗Grundherrschaften geführtes Buch, in dem zuerst die ↗Urkunden (Traditionsurkunden) über Schenkungen (Traditionsgüter), Verleihungen u. dgl. kopiert wurden (vgl. Kopialbuch); als im Laufe des 10. Jh. die ↗notitia (b) die Urkunde allm. verdrängte, wurde das T. zur Sammlung von Abschriften der Einzelakte, u. endlich fertigte man diese nicht mehr einzeln an, sondern trug sie unmittelbar ins

T. ein; dieses ersetzte damit die Urkunde. Mit dem Aufkommen der ↗Siegelurkunde seit dem 12. Jh. verloren die T. ihre Bedeutung, wurden einerseits wieder zu einfachen Kopialbüchern, andrerseits zu ↗Urbaren (1). Vgl. Liber censualium.

Traditionsgut s. Traditionsbuch.

Traditionsurkunde s. Precaria (1) u. Traditionsbuch.

Träger a) s. Leihe zur Vormundschaft. b) s. Hauptherr (1b) u. Zinsgenossenschaft.

– über Lehen s. Leihe zur Vormundschaft.

Trägerrecht s. Hauptherr (1b).

Traffic Court s. Friedensrichter (2).

Trafikantengeld s. Geleite (1).

Traite foraine s. Traites.

Traites in Fr. seit dem 13. Jh. Bezeichnung der außerordentlichen, d. h. eigentlich nur der vorübergehend erhobenen Zölle, die im Gegensatz zu den péages (s. pedagium) verpachtet wurden. Die wichtigste T. war die T. foraine (imposition f.); ihr unterlagen seit 1360 alle Waren, die man aus den ↗Provinzen, in denen eine gleichzeitig eingeführte fünfprozentige Verkaufssteuer erhoben wurde (d. h. i. wesentl. dem Norden), sowohl nach dem Ausland als auch nach den sogen. ↗provinces réputées étrangères ausführte. Über daraus entstehende Streitigkeiten entschieden bes. juges des T.

Traktathafen = Vertragshafen.

Traktierbrief s. Herbergsrecht (1).

Tranksteuer = Biergeld.

Transferre s. Sale (1).

Transfix (Annex) ↗Urkunde, die an eine andere, irgendwie mit ihr in Beziehung stehende, derart angeheftet ist, daß eine Trennung ohne Siegelverletzung unmöglich ist.

Transhumance (Transhumanz) in den Mittelmeerländern das Ziehen der Hirten mit ihren Herden von der Ebene auf das Gebirge (Sommer) u. umgekehrt (Winter), wobei in Nordafr. u. U. ganze Dörfer für mehrere Jahre verlassen werden. Vgl. Mesta.

Transitus (transitorium, transitura, transversum, trastura) im MA. Zoll i. allg., bes. der Durchgangszoll.

Translatio (auch ↗translocatio) nach kan. Recht die Versetzung eines ↗parochus in ein anderes Amt, insbes. eines ↗Bischofs in eine andere ↗Diözese (a.) Die T. gilt als neue ↗provisio canonica, so daß alle Formalitäten derselben zu beachten sind.

Translocatio eigentlich die Strafversetzung eines kath. Geistlichen, vielfach aber für ↗translatio gebraucht.

Transmission s. Parteigruppe.

Transportkommandantur s. Linienkommandantur.

Transskription Eintragung der Vertragsinstrumente bei Übereignung eines Grundstücks in ein Register, zuerst nur in Nordfr. üblich, dann vom Code civil übernommen, aber nur für gewisse Fälle, seit 1855 allg., was in Ba. u. He. von vorneherein galt. 1918/21 wurden die Register abgeschafft u. durch die Einreichung beglaubigter Abschriften ersetzt.

Transsumierung s. Inserierung.

Transsumpt s. Inserierung.

Transversum = Transitus.

Traperarius = Drapier(er).

Trapier = Drapier(er).

Trastura = Transitus.

Tratt s. Weidegerechtigkeit.

Trattengeld in der Schw. früher Ausfuhrzoll auf Vieh.

Trattrecht s. Tritt- und Trattrecht.

Traufrecht (Gußgerechtigkeit, servitus fluminis) das Recht, das Regenwasser vom Dach auf das Nachbargrundstück laufen zu lassen; das T. ist ein ↗Nachbarrecht.

Treason im engl. Recht schweres Verbrechen, das den Begriff des Verrates in sich schließt, z. B. Münzfälschung, Tötung, Brandstiftung. Diese Verbrechen stehen als petty-T. dem Hochverrat (high-T.) gegenüber. Vgl. Felony. In den USA wird, der Verfassung gemäß, nur der Hochverrat als T. behandelt.

Treasurer s. Lord High Treasurer.

– of the King's chamber von Heinrich VIII. geschaffenes Amt, das zu seiner Zeit eines der wichtigsten war, da z. B. die Flotte zum kgl. Gut gerechnet wurde u. die ↗Gesandten aus der kgl. Kasse besoldet wurden; er war auch ↗Schatzmeister im ↗Court of Surveyors u. im Court of Warde (s. Wards). Nach Heinrich VIII. verlor er seine Bedeutung, das Amt erhielt sich jedoch bis zur Revolution.

Treasury (Schatzamt) in Engl. oberste kollegiale Finanzbehörde, nach einigen Versuchen 1667 endgültig an die Stelle des ↗Lord High Treasurer getreten. Sie besteht seitdem aus einer Anzahl Lords (Commissioners) of the T. (Commissioners of H. M. T.), von denen einer, der First Lord of the T. (erster Lord des Schatzes, erster Schatzlord), die eigentliche Leitung des Finanzwesens übernahm, weshalb im 18. Jh. nach dem Siege der parl. Regierungsform stets der Führer der Mehrheitspartei im ↗Unterhaus (1) dieses Amt bekleidete, dessen Inhaber außerdem, nach einem um diesselbe Zeit aufkommenden Brauch, gleichzeitig ↗Premierminister ist. Wirklicher Finanzminister ist seitdem der Second Lord of the T. (Under-treasurer, Unterschatzmeister), gleichzeitig Chancellor of the ↗Exchequer; auch die übrigen Lords (Junior L.) sind Mitglieder des Unterhauses. – Auch in den USA wird das Finanzministerium mit T. bezeichnet.

– **Borough** in Engl. vor der Parlamentsreform eine Stadt, deren Sitz im ↗Unterhaus (1) von der Regierung gekauft war.

Tréfoncier s. Domaine congéable.

Treibgerechtigkeit = Weidetrift.

Trennungstaxe Abgabe, die an die Regierung gezahlt wurde, damit ein Bauerngut, bes. eine ↗Leihe (1), im Erbgang beliebig geteilt werden konnte.

Trepprecht = Anwenderecht.

Tresekämmerer s. Schatzmeister.

Trésorier de justice s. Trésoriers (de France).

– **de l'épargne** (garde du trésor royal, receveur de l'é.) in Fr. 1523 eingesetzter Beamter, der an der Spitze der gleichzeitig geschaffenen Zentralstaatskasse (épargne) stand; in sie flossen alle Einnahmen, u. der T. de l'é. leistete daraus alle Zahlungen. Seit Heinrich II. gab es zwei, seit Ludwig XIII. drei T., die abwechselnd ihr Amt ausübten. 1664–1689 bestand das Amt nicht.

– **sur le fait de la justice** s.Trésoriers (de France).

– **sur le fait des finances** s. Trésoriers (de France).

Trésoriers (de France) (T. généraux [de F.]) seit Beginn des 14. Jh. die Beamten, die an Stelle des ↗grand-chambellan den kgl. Schatz verwalteten u. die obersten Beamten für die ordentlichen Einnahmen, d. h. die aus der ↗Domäne fließenden, wurden; sie zählten zu den ↗grands officiers. Ihre Zahl wechselte zuerst von zwei bis sechs, später waren es meist vier. Einer von ihnen führte unter dem Titel «souverain établi sur les T.» eine Art Oberaufsicht u. residierte in Paris, während die übrigen meist in der Provinz weilten. Seit Mitte des 15. Jh. teilten sie, entspr. den ↗généraux des finances, das Land in vier charges (s. Généralité); 1551 wurde das Amt des T. mit dem des général des finances vereinigt, der Titel wurde noch eine Zeitlang mit diesem gleichbedeutend gebraucht, dann ging die Bezeichnung T. de. F. bzw. T. général auf die Unterbeamten der généraux des finances über, die seit 1577 die ↗bureaux des finances bildeten. – Gerichtsbarkeit hatten die T. ursprgl. nicht, diese stand der ↗chambre des comptes zu. Zu Beginn des 15. Jh. bestanden vorübergehend bes. T. de justice (T. sur le fait de la j.) neben den T. sur le fait des finances; aber erst mit der ↗chambre du trésor wurde eine bes. Gerichtsbarkeit der T. begründet. – Unterbeamte der T. für die Auszahlungen waren der clerc du trésor u. der changeur du trésor. Vgl. Receveur général.

– **généraux (de France)** = Trésoriers (de France).

Treßler (Obersttreßler) beim Dt. Orden der ↗Schatzmeister, einer der fünf ↗Gebietiger.

Treßlerkasse im Deutschordensstaat Pr. die Privatkasse des ↗Meisters (1).

Tretrecht = Anwenderecht.

Treuestück = Mahlschatz.

Treuga s. Friede (a).

– **Dei** s. Gottesfriede.

– **manualis** s. Friede (a).

Treugeld = Mahlschatz.

Treuhänder der Arbeit (Reichstreuhänder der A.) 1933–1945 dt. Reichsbehörde, die an Stelle der zwischen den aufgelösten Verbänden der Arbeitgeber u. Arbeitnehmer bestehenden Tarifverträge Tarif- u. Betriebsordnungen festsetzte u. als Schiedsrichter fungierte. Vgl. Arbeitsgericht. Die Bezirke der T. fielen mit denen der Wirtschaftskammern (s. Reichswirtschaftskammer) zusammen. Für die öffentlichen Betriebe gab es seit 1934 einen Sondertreuhänder. Vgl. Reichsarbeitskammer.

Treuhandgebiet = Mandatsgebiet.

Tréve s. Friede (a).

– **de Dieu** s. Gottesfriede.

– **du Seigneur** s. Gottesfriede.

Triage s. Gemeinheitsteilung.

Trial Jury s. Jury.

– **Justice** = Friedensrichter (2).

Triatus et juratus s. Jury.

Tribun s. Tribunat.

Tribunal 1. höchster Gerichtshof in einigen Staaten; in Pr. 1748–1774 das oberste Gericht, vorher ↗Oberappellationsgericht, nach seiner Vereinigung mit den bisherigen selbständigen provinzialen Obergerichten den vierten ↗Senat (7) des ↗Kammergerichts (a) bildend; nur das ostpr. Oberappellationsgericht (so amtlich, meist aber T. genannt), 1657 errichtet, bestand neben ihm bis 1774. Vgl. Obertribunal. In Lauenburg-Bütow gab es bis 1773 ein bes. Oberappellationsgericht, ebenfalls T. genannt, mit einem Tribunalsmarschall als Vorsitzenden. – In Fr. 1791–1804 statt des bisherigen ↗cour Bezeichnung aller Gerichtshöfe, heute nur für die niederen Gerichte gebräuchlich. – In It. besteht in jedem ↗circondario ein T. von mindestens zwei Richtern als mittlere Instanz in Zivil- u. Strafsachen. – In Polen Bezeichnung der beiden obersten Gerichte, 1578 für Polen (Krontribunal), 1581 für Litauen errichtet; ihre Richter wurden jährl. vom Adel auf bes. Deputationstagen (s. Ausschuß[land]tag) gewählt .– Für T. ist auch Justiztribunal gebräuchlich. 2. s. Regierung (1).

– **administratif** s. Conseil de préfecture (1).

– **arbitral mixte** = Schiedsgerichtshof, gemischter.

– **cantonal** = Kantonsgericht (a).

– **d'appel** s. Cour d'appel (a).

– **d'arrondissement** = Bezirksgericht (4).

– **de district** = Bezirksgericht (4).
– **de los Diez y siete** s. Justicia mayor.
– **de paix** s. Friedensrichter (3).
– **de police correctionelle** (Zuchtpolizeigericht) in den Ländern fr. Rechts Strafgericht mit kollegialer Zusammensetzung zur Aburteilung von Vergehen mittleren Grades (délits).
– **de police municipale** s. Friedensrichter (3).
– **de simple police** s. Friedensrichter (3).
– **des conflits** (Konfliktsgerichtshof) in Fr. seit 1850 für Kompetenzkonflikte zwischen Justiz u. Verwaltung. Vgl. Verwaltungsgerichtsbarkeit (a).
– **fédéral** = Bundesgericht (1).
– **höchstes** seit 1653 in Wismar höchstes Gericht für die schwd. Besitzungen in Dt.; 1802 wurde es nach Stralsund, 1803 nach Greifswald verlegt.
– **itinérant** im ma. Fr. einem ↗reisenden Richter entspr. Kommission, bes. in den Gebieten der ↗Lehensfürsten (1) üblich.
– **mixte** (Gemischtes Gericht) in Äg. 1876–1937 Gericht für Streitigkeiten zwischen den Angehörigen der Staaten, die eine ↗Kapitulation (1) abgeschlossen hatten, dann überhaupt zwischen allen Ausländern, u. zwischen diesen u. Ägyptern; in Strafsachen bestand nur eine äußerst beschränkte Kompetenz. Es gab drei Gerichte erster Instanz u. ein Berufungsgericht (in Alexandrien); da die T. m. auch Verwaltungs- u. Gesetzgebungsbefugnisse hatten, bes. auch die Grundbücher führten, bestand zu diesem Zweck eine Anzahl sogen. délégations hypothecaires.
– **oberstes (beim ZIK)** s. Revolutionstribunal.
– **souverain et supérieur** in Lux. 1794–1799 von Fr. errichtetes oberstes Berufungsgericht.
– **suprême** oberster Gerichtshof der Schw. während der Helvetik.
– **Supremo (de Justicia)** (bzw. Supremo T. [de J.], Obertribunal) in Sp. (seit 1812, ständig seit 1834) u. in einigen süd- u. mittelam. Staaten der oberste Gerichtshof, in Paraguay: Superior T. de Justicia.

Tribunale del concistoro höchste siz. Instanz in Zivilsachen unter der sp. Herrschaft.
– **della gran corte** = Magna curia.
– **di prima istanza** s. Bezirksgericht (4).

Tribunalia Curiae Romanae (T. Sanctae Sedis) päpstl. Gerichte, nämlich: a) ↗Poenitentiaria Apostolica, b) ↗Rota Romana, c) ↗Signatura Apostolica.
– **Sanctae Sedis** = Tribunalia Curiae Romanae.

Tribunalsmarschall s. Tribunal (1).

Tribunat in Fr. 1799–1807 Körperschaft von 100 (seit 1802 von 50) Tribunen, vom ↗Senat (6 b) aus der ↗Nationalliste gewählt, jährl. zu einem Fünftel (seit 1804 zur Hälfte) erneuert; es beriet die Gesetze u. stimmte über sie ab, worauf sie von drei orateurs vor dem ↗corps législatif vertreten wurden. Seit 1804 war das T. in drei Sektionen (Gesetzgebung, Inneres, Finanzen) geteilt, die völlig selbständig tagten u. nur einmal mit dem Senat u. dem corps législatif in Beziehung treten konnten.

Tribunaux de grande instance traten 1959 in Fr. an Stelle der bisherigen T. de première instance; sie sind kollegial organisiert.
– **d'instance** traten 1959 an Stelle der bisherigen Gerichte des kantonalen ↗Friedensrichters (3); sie sind erstinstanzliche Zivilgerichte mit Einzelrichter.

Tribunus 1. in der späteren röm. Kaiserzeit der häufigste Offizierstitel, bes. der selbständigen Truppenkommandanten. Seit Ende des 6. Jh. erhielten sie auch zivile Funktionen u. wurden als Untergebene der ↗duces (1) Beamte erster Instanz für alle Verwaltungszweige sowie Richter, daneben blieben sie stets mil. Befehlshaber; in It. wurde das Amt bald in den Familien des Landadels erblich u. seit Beginn des 8. Jh. tatsächlich von der Staatsgewalt unabhängig. In Ven. erhielt sich der Name T. für den Adel bis ins 10. Jh. Vgl. Curia ducis (1). – Vorübergehend wurde in Rom 1347 der Titel T. (i. d. dt. Lit. auch Volkstribun) von Cola di Rienzo statt des üblichen Senator (s. Senat [1]) geführt. 2. in merov. Zeit unterer Beamter unsicherer Funktion, wahrscheinlich Vollstreckungsbeamter, in karol. Zeit Vollzugsorgan des ↗Grafen, mit dem ↗Schultheißen i. wesentl. identisch, weshalb das Wort diesen sowie entspr. Beamte, z. B. den Gografen (s. Go) bezeichnete. Auch später, teilweise bis ins 12. Jh., kommen in einigen Städten T. (T. Episcopi, T. plebis, T. urbis) vor, die auch Schultheißen gewesen zu sein scheinen o. zu solchen wurden. 3. in Polen im MA. Stellvertreter des ↗Burggrafen (1) in mil. Beziehung; außerdem lag ihm die Sorge für die Angehörigen der nicht auf der Burg befindlichen ↗Ritter ob.

Tributalis homo a) = Censualis (homo). b) s. Colonus.

Tributarius a) ↗Unfreier, der nur zu Abgaben, nicht zu ↗Fronden (a) verpflichtet war. b) = Censualis (homo). c) s. Colonus.

Tributum a) = Bede (1). b) s. Capitatio.
– **publicum** = Königszins.

Tricesimen in Wü. 1691–1739 Kriegssteuer, die als dreißigster Teil von Wein, Heu u. einigen Feldfrüchten erhoben wurde.

Tricha Ced = Clan.

Triduanus s. Colonus.

Trieb (und Tratt) s. Weidegerechtigkeit.

Triebrecht s. Weidegerechtigkeit.

Triennal(officier) s. Alternatif(officier).

Triftgerechtigkeit s. Weidegerechtigkeit.

Triftgewässer s. Triftrecht (2).

Triftrecht 1. s. Weidegerechtigkeit. 2. das Recht der Flösserei mit unverbundenem Holz; die Gewässer, auf denen das T. ausgeübt wird, heißen Triftgewässer.

Trinoda necessitas im ma. Engl. die auf dem Grundbesitz lastende, von jedem ↗Freien geschuldete Pflicht: **a**) Kriegsdienst zur Verteidigung des Landes zu leisten, **b**) Burgen u. **c**) Brücken u. Wege zu bauen u. zu unterhalten.

Triscamerarius s. Schatzmeister.

Tritt- und Trattrecht (Überfahrtsrecht, Überwegungsrecht) das innerhalb eines ↗Gewannes bestehende Recht der einzelnen, zur Feldbestellung u. Ernte über andere Grundstücke zu fahren (Wannenwege), je nach dem Zweck auch Samenweg, Dungweg usw. genannt; in Nordwestdt. hießen die Äcker, auf denen das T. lastete, Wegstücke ([Vor]jarde).

Triumvirat beim Johanniterorden gemeinsame Versammlung der drei Klassen der ↗Ritter, ↗Kapläne u. ↗dienenden Brüder (b), bes. zur Wahl des ↗Meisters (1).

Trögel s. Reichnis.

Trogivinmather s. Gefolgschaft.

Trostung s. Friede (a).

Troviscada = Emtruviscada.

Truchseß (↗Drost [1], dapifer, infertor, infestor, magister mensae regiae, praepositus m. r.) eines der vier alten ↗Hofämter, der Vorsteher der Hofverwaltung, schon früh als ↗Seneschall bzw. ↗Hausmeier eines der wichtigsten Ämter. In Dt. ging seine ursprgl. Hauptfunktion, die Hofverwaltung, an den ↗Hofmeister (1) über, so daß der T. nur die Aufsicht über die Tafel behielt (daher auch Vorschneider) u. häufig mit dem ↗Küchenmeister (1) verschmolz o. ganz verschwand; doch blieb er am dt. Königshofe u. an einigen Fürstenhöfen als Erztruchseß (s. Erzämter u. Reichserbämter) bzw. Erbtruchseß (Erbdrost, Erblandtruchseß) bis in die neuere Zeit erblicher Titel ohne bes. Funktionen. Die Unterbeamten des T. hießen ebenfalls T. o. Untertruchseß, der oberste Beamte Oberster T. (Obertruchseß, magister dapiferorum, summus dapifer). – In Engl. war der T. (discþegn) nur Aufseher der kgl. Tafel; in norm. Zeit trat der ↗Steward (vgl. Lord High Steward) an seine Stelle. – In Skand. erscheint der T. (Drost) erst im 13. Jh., gewann dann aber große Bedeutung, da er zum Finanzminister wurde. – Vgl. Stolnik.

Truchsessereikeller in der Pfalz Erheber von Naturalabgaben, da diese ursprgl. dem ↗Truchseß abgeliefert wurden.

True bill s. Jury.

Trüffelgeld = Nadelgeld (1).

Trüwe = Mahlschatz.

Trupp s. Sturmabteilung.

Truppenamt in der dt. Reichswehr bis 1935 Bezeichnung der ↗Offiziere, die tatsächlich den – im Versailler Frieden verbotenen – ↗Generalstab bildeten.

Truppenarzt einer Garnison zugeteilter ↗Sanitätsoffizier.

Truppendienstgerichte s. Wehrdienstgerichte.

Truppengeneralstab s. Generalstab.

Truppführer s. Reichsarbeitsdienst u. Sturmabteilung.

Trust nach engl. Recht (↗Equity) die der dt. selbständigen Stiftung entspr. Einrichtung, seit dem 14. Jh. üblich u. darin bestehend, daß jemand zu Lebzeiten sein Vermögen mehreren Treuhändern (trustees) unter Vorbehalt der Nutznießung überträgt; ursprgl. wurde der T. zur Umgehung der Beschränkungen des Common Law in Bezug auf letztwillige Verfügungen verwendet. Man unterscheidet charitable T. (public T., zu gemeinnützigen Zwecken) u. private T. (zu Gunsten einzelner bestimmter Personen). Aus dieser zweiten Rechtsform haben sich in den USA die modernen T. als Unternehmerverbände entwickelt. Vgl. Charity Commission.

Trustis eigentlich der Schutz, bes. der ↗Königsschutz (b), dann diejenigen, die in diesem Schutze standen, bes. die ↗Gefolgschaft, aber auch z. B. eine zur ↗Gerichtsfolge (a) aufgebotene Schar. T. hieß dann auch der Treueid der Gefolgsleute u. der Bezirk, in dem sie wohnten.

– dominica s. Gefolgschaft.

– regia s. Gefolgschaft.

Tryers von Cromwell ernannter Ausschuß zur Prüfung der Anwärter auf Pfründen, aus Geistlichen u. Laien aller Parteien zusammengesetzt.

Trygðir = Sühne.

Tsai-hsiang s. Schangschu-ling.

Tsan-yi-yuan s. Tschang-yi-yuan.

Tsao s. Liu-pu.

Tschang-yi-yuan von 1912–1949 die zweite ↗Kammer (2 a) Chinas, der eine erste Kammer (tsan-yi-yuan) zur Seite stand.

Tschasak s. Tschi.

Tschausch in der Tk. früher höherer Exekutivbeamter; die T. bildeten ein bes. Korps unter dem T.-Baschi (Basch-T.). Heute bedeutet T. etwa einen ↗Sergeanten.

Tscheka = Tschreswyjtschajnaja Kommissija.

Tschên 1. ursprgl. in den von China eroberten Ländern (Mong., Turkestan usw.) im 7. Jh. geschaffene unterste Verwaltungseinheit als Abteilung eines tutu-fu (s. Tuhu), wie das chin. ↗tschou einem tsi-schi unterstellt. Im Laufe des 8. Jh. wurden die betr. Gebiete sowie die Grenzprovinzen in eine Anzahl großer T. unter je einem Militärgouverneur (tschietu-schi) geteilt. Diese Organisation wurde dann auch in

China selbst durchgeführt, indem mehrere tschou zu T. vereinigt wurden. Die tschietu-schi besaßen die gesamte Gewalt einschließlich der eines ↗antscha-schi, waren tatsächlich unabhängig u. ihr Amt vielfach erblich. Nach 960 wurden sie mit den T. beseitigt. **2.** früher (seit 1907) eine chin. ↗Brigade (1).

Tschêng-hsiang s. Schangschu-ling.

Tschensche s. Zaudengericht.

Tschi (Banner) Heereseinheit der Mandschu, von diesen bei der Eroberung auf China übertragen, wobei außer den acht ursprünglichen noch acht chin. u. acht mong. T. eingerichtet wurden. Sie dienten als ksl. Leibgarde, Polizei u. Garnisonen u. galten als Kerntruppe, obwohl ihr mil. Wert in neuerer Zeit gering war (vgl. Lü-ying); kommandiert wurden sie von Mandschugeneralen (Bannergenerale, Tatarengenerale, ↗tschiang-tschün), die im Range den Chinesengeneralen vorgingen. Obwohl 1907 offiziell aufgelöst, blieben die T. tatsächlich bis 1912 bestehen. – In der Mong. u. Turkestan, wo die einzelnen Stämme zur Einteilung in T. verwendet wurden, führten die Häuptlinge (tschasak) das Kommando; mehrere T. waren zu Verbänden (mêng) unter je einem mêngtschang vereinigt.

– fu s. Fu (2).

– hien s. Hien.

– tschou s. Tschou.

Tschiang-tschün in China seit alter Zeit Bezeichnung der mil. Oberbefehlshaber, unter den Mandschu für den ↗General eines ↗tschi üblich.

Tschien(-yü-schi) s. Tschün (1).

Tschietu-schi s. Tschên (1).

Tschili in China bis 1913 Gebiet, das nicht einem ↗fu (2) eingeordnet, sondern unmittelbar der Provinzialregierung unterstellt war. (Vgl. Tao). Die T. waren entw. ↗ tschou (tschili-tschou) u. umfaßten dann i. d. R. einige ↗ hien, o. sie waren ↗ting (tschili-ting). – 1913 wurden alle T. in hien verwandelt.

Tschin in Rußl. 1722–1917 eine der vierzehn Rangklassen, in die Zivilbeamte u. Militär zerfielen.

Tschorbadschi Baschi s. Janitscharen.

Tschou seit dem 7. Jh. Unterabteilung eines ↗tao, dem ↗tschün (1) der früheren Zeiten entspr.; an der Spitze stand ein tsi-schi; nach 960 wurden diesen bes. Beamte (tung-pan) als Kontrolleure beigegeben. – Unter den Mandschu einem ↗fu (2) unterstehender Bezirk, unter einem tschi-tschou; doch gab es auch selbständige T. (vgl. Tschili). Auch die Hauptstadt eines T. führte diese Bezeichnung als letzte Silbe ihres Namens. 1913 wurden die T. aufgehoben u. ihre unmittelbaren Verwaltungsbezirke in ↗hien verwandelt.

Tschreswyjtschajnaja Kommissija (Tscheka, außerordentliche Kommission [eigentlich Wserossijskaja Tscheka, Wetscheka, allrussische a. K.]) 1917 von Lenin gebildete, der zaristischen Ochrana (Ochrannoje Otdelenije [Schutzabteilung, seit 1881]) nachgeahmte Geheimpolizei «zum Kampfe gegen Sabotage, Wucher und Konterrevolution», die 1918–1922 ohne Beobachtung irgendwelcher Formalitäten Todesurteile aussprechen u. vollstrecken konnte. 1922 wurde sie in eine Gossudarstwennoje polititscheskoje uprawlenije (GPU, Stattliche politische Verwaltung) umbenannt, 1923 in eine Objedinennoje GPU (OGPU, Vereinigte St. P. V.), wobei gleichzeitig ihre Befugnisse etwas eingeschränkt wurden. Tatsächlich änderte sich jedoch nichts, bis 1934 die OGPU in dem neugebildeten Volkskommissariat des Innern (NKWD, Narkomwnudel, seit 1946 Ministerium d. I., MWD) aufging, wobei ihre bisherige Zuständigkeit, wenn auch stark beschnitten, auf ein «Besonderes Kollegium» (osobaja kollegia, bis 1953) überging. Andrerseits wurde nach mehrfachen Veränderungen 1954 das 1946 vom MWD abgetrennte Ministerium für Staatssicherheit (MGB) in ein Komitee für Staatssicherheit (GKGB) umgewandelt, das dem ↗Ministerrat unmittelbar untersteht. Vgl. Abteilung, besondere u. Revolutionstribunal.

Tschu hou s. Lehensfürst (2).

Tschuan-yünschi von den Sung geschaffener Beamter, der (jeweils für einige ↗tschou) Steuern u. Naturallieferungen einzusammeln u. abzuführen hatte.

Tschün 1. seit der Tschin-Dynastie oberste Verwaltungseinheit Chinas, später als ↗ tschou bezeichnet. An der Spitze standen drei Beamte, einer für die eigentliche Verwaltung (tschün-schou, tai-schou, schou, später tsi-schi), einer für das Militärwesen (tschün-wei, wei) u. einer für Justiz u. allg. Kontrolle (tschien, tschien-yü-schi). Vgl. Pu (a). **2.** früher (seit 1907) eine chin. ↗Division (1 c).

– schou s. Tschün (1).

– tschi-tsch'u in China bis zur Revolution (1912) eine der obersten Zentralbehörden, eine Art Staatsrat, für Militär- u. Zivilverwaltung zuständig; die Anzahl der Mitglieder war nicht fixiert. Das T. war ursprgl. in der ersten Hälfte des 18. Jh. als Kriegsrat gegründet worden, verdrängte aber allm. auch das ↗nei-ko.

– wei s. Tschün (1).

Tschung-tschêng s. Tu-tscha-yuan.

Tschungschu-scheng s. Scheng.

Tsĕ s. Lehensfürst (2).

Tsï s. Lehensfürst (2).

Tsi-schi s. Tschên (1), Tschou u. Tschün (1).

Tsui-gau-fa-yuan s. Da-li-she.

Tsukurida s. Shō (2).
Tsung-tu s. Scheng.
Tsungli-yamên in China 1860–1912 die einem Auswärtigen Amt enstpr. Behörde, meist aus den Vorsitzenden der sechs ↗liu-pu bestehend.
Tu-pan s. Scheng.
– tscha-yuan (Zensorenamt) in China bis 1912 oberster Revisions- u. Appellationshof, sowie oberstes ↗Verwaltungsgericht (a), mit dem Recht, die ksl. Erlasse zu kontrollieren. Entstanden war die Behörde aus dem yü-schi-ta-fu, einem Beamten, der unter der Tschin-Dynastie zur Kontrolle der Verwaltung eingesetzt wurde, u. dem die tschien in den ↗tschün (1) unterstanden; diesen entsprachen in der Hauptstadt einige schi-yü-schi. Dem yü-schi-ta-fu (seit 7 v. C. ta-sse-kung) zur Seite standen zwei Beamte, der yü-schi-tschêng (Vorsteher der Archive) u. der yü-schi-tschung-tschêng (tschung-tschêng, yü-schi-tschung-tschi-fa) (der die Ungesetzlichkeiten zu melden hatte). 7. v. C. wurde letzerer Vorstand einer selbständigen Behörde, des yü-schi-tai, die neben der Verwaltung auch das Strafverfahren überwachen sollte u. sich allm. zum Zensorenamt entwickelte.
Tuath = Clan.
Tucht s. Rügeverfahren.
Türkenhilfe s. Römermonat.
Türkenschatzung s. Römermonat.
Tür- und Fenstersteuer s. Fenstersteuer.
Türsteher = Ostiarius (2).
Türwart = Ostiarius (2).
Tuhu in China seit der Han-Dynastie Titel der ↗Generäle, denen die eroberten Länder (bes. Turkestan u. die Mong.) zur Verwaltung übergeben wurden; ihre Gebiete (tuhu-fu) waren in kleinere Bezirke (tutu-fu) geteilt, denen je ein tutu, i. d. R. ein eingeborener Häuptling, vorstand; die tutu-fu zerfielen in ↗tschên (1).
Tuitio s. Munt (1).
Tujurdi = Smurden.
Tun a) = Hofstelle (1). **b)** s. Dorfschaft (1).
Tung-pan s. Tschou.
Tungerēfa s. Gerēfa.
Tungraf s. Vogt (2).
Tungravius s. Gerēfa.
Tunnage and poundage (Tonnen- und Pfundgeld) in Engl. seit dem 13. Jh. die zusammenfassende Bezeichnung für die hauptsächlichsten Zölle, erhoben von der Tonne Weins u. dem Pfund anderer Waren. Vgl. Pfundgeld (2).
Tunscipe s. Dorfschaft (1).
Tunstolterung s. Zuschlag.
Turba = Genoßsame (1).
Turcopolier bei den geistl. ↗Ritterorden (a) Befehlshaber der leichten Reiterei (Turcopolen), unter dem ↗Marschall (1); beim Johanniterorden einer der acht Großwürdenträger, von der bay.-engl. ↗Zunge gestellt.
Turma im Byz. Reich Unterabteilung eines ↗Thema, mil. Einheit u. Verwaltungsbezirk, unter einem Turmarchos.
Turmarchos s. Turma.
Turner = Burgleute.
Turnieradel = Stiftsadel (a).
Turnierfähigkeit s. Stiftsadel (a).
Turnknechte = Burgleute.
Turnleute = Burgleute.
Turnus vicecomitis s. Hundred Court.
Tutela s. Mainbournie u. Munt (1).
– et administratio = Angefälle (a).
– lecti = Beddemund.
Tutelle s. Mainbournie.
Tuteur s. Mainbournie.
– subrogé s. Gegenvormund.
Tutor s. Schutzhöriger.
– honorarius s. Gegenvormund.
– notitiae causa s. Gegenvormund.
Tutu(-fu) s. Tuhu.
Tuwe ha-kahal s. Judenmeister (a).
Twelfhyndman s. Thane.
Twihyndman im ags. Engl. ursprgl. nur der ↗ceorl, nach der Dänenzeit jeder Bauer, gleichviel ob ↗Freier o. ↗Halbfreier. Vgl. Thane.
Twing und Bann = Zwing und Bann.
Ty = Thye.
Tyburn ticket (Galgenschein) in Engl. 1699–1818 Bescheinigung, wonach der Inhaber einen Verbrecher dingfest gemacht hatte u. deswegen von der Übernahme gewisser Ehrenämter befreit war; die T. waren verkäuflich. Vgl. Blutgeld (3).
Tyddyn s. Clan.
Tynwald s. Court of Tynwald.

U

Uachtaran Titel des Präsidenten des ir. ↗Freistaates.
Úbótamál = Ungericht.
Uchau s. Pariage.
Uchi = Matauchi.
Uchtepenning s. Zehnt (1).
Udaiben s. Shō (1).
Udaijin s. Dajokwan.
Übeltat = Missetat.
Überacht s. Reichsacht.
Überacker s. Sondergut.
Überbuße (Halsfang, Mundsühne, Vorsühne,

gaersum, gersuma, görsum, healsfang, moetsone, praemium) in einigen germ. Rechten die außer dem ↗Wergeld den nächsten Verwandten des Getöteten gezahlte ↗Buße. Vgl. Gesamtbuße u. Sühne.

Überfahrtsrecht = Tritt- und Trattrecht.

Überfallsrecht (anrîs) ↗Nachbarrecht des Grundeigentümers, die auf sein Grundstück fallenden Früchte zu sammeln; einige Rechte gestatteten ihm auch, die Früchte zu pflücken, die an den überhängenden Zweigen wuchsen (Abriß, Überhangsrecht).

Übergenosse s. Ungenosse.

Überhangsrecht a) ↗Nachbarrecht des Grundeigentümers, die auf sein Grundstück herüberwachsenden Wurzeln u. Zweige zu entfernen. **b)** s. Überfallsrecht.

Überhau = Bifang (1).

Überhof s. Fronhof.

Überkauf † Wechsel.

Überland s. Grenzhaus u. Sondergut.

Überreiter in Schl. im 18. Jh. dem ↗Landreiter entspr. Beamter.

Übersagen s. Eideshelfer.

Überschar (Mitte, Oberschar, excrescentia) ein Stück Land, das bei der Verteilung übrig bleibt u. z. B. keine volle ↗Hufe ergibt; dann vor allem ein Gebirgsteil, der von verliehenen Grubenfeldern eingeschlossen ist, aber für sich die Mindestgröße eines solchen nicht erreicht.

Überschwören s. Eideshelfer.

Übersiebnen s. Eideshelfer.

Übersöldner s. Doppelsöldner.

Überteuerung Mehrwert.

Übertrag(ung)saccise s. Accise.

Überwegungsrecht = Tritt- und Trattrecht.

Überwinden (den Mann) s. Arrest.

Überzeugen s. Eideshelfer.

Überzeugungseid an Stelle des älteren ↗Glaubenseides (a) heute subsidiärer Eid, wonach der Schwörende von der Wahrheit der Tatsache überzeugt sei. Vgl. Wahrheitseid.

Ürthe s. Realgemeinde.

Ufergeld Abgabe von Schiffen für Benützung des Kais.

Uffici aperti in Ven. Ämter, aus denen man jederzeit zur Übernahme eines anderen Amtes abberufen werden konnte, im Gegensatz zu den U. chiusi (U. serrati), bei denen dies nicht möglich war.

Uitvoerende Raad a) = Executive Council (b) u.Executive Committee (a). **b)** im Oranjefreistaat bis 1902 die Exekutivbehörde, bestehend aus dem Präsidenten, dem Regierungssekretär, dem ↗Landdrost (2) von Bloemfontein u. drei Bürgern.

Ujezd (meist mit ↗Kreis wiedergegeben) in Russl. 1775–1929 Unterabteilung eines ↗Gouvernements (1 b) unter einem ↗Isprawnik (b), der tatsächlich nur Polizeioberhaupt war; für Selbstverwaltungszwecke besaß der U. 1864–1917 eine gewählte Kreislandversammlung (vgl. Semstwo), deren laufende Geschäfte ein von ihr gewählter Ausschuß, das Kreislandamt (Semskaja Uprawa) führte; Vorsitzender war der ↗Adelsmarschall. Vgl. Stan (1).

Uji in Jap. bis ins 7. Jh. der der dt. ↗Sippe entspr. Geschlechtsverband, nach außen ein Ganzes bildend, unter einem erblichen Häuptling (Ujinokami); der Staat bestand aus der Gesamtheit der U. Die Oberhäupter der bedeutendsten Familien bildeten eine Art von ↗hohem Adel, Muraji u. Omi, die sich nur der Abstammung nach unterschieden. An der Spitze stand das ksl. U. Die Muraji u. die Omi wurden von je einem Häuptling Omuraji bzw. Oomi geleitet; diese hatten die tatsächliche Herrschaft im Lande inne u. besetzten den Kaiserthron nach ihrem Gutdünken. Im Jahre 645 wurden die U. offiziell aufgehoben, bestanden aber der Sache nach noch lange weiter. In späterer Zeit bezeichnete U. die Familien des Adels, der ↗Buke u. ↗ Kuge. Vgl. Be.

Ujinokami s. Uji.

Ukas im ksl. Russl. i. w. S. jedes Gesetz, i. e. S. ksl. Verordnung allg. Inhalts, wenn vom Zaren unmittelbar ausgehend, allerhöchster U. genannt. – In der UdSSR werden die weitaus meisten Gesetzgebungs- u. Verwaltungsakte als U. des Präsidiums des Obersten ↗Sowjets erlassen, mit nachträglicher Genehmigung dieser Körperschaft. Vgl. Sakon.

Ukrajina s. Krajina.

Ulema (Sing. Alîm) in den moh. Ländern ursprgl. Priester u. Richter zugleich, schon früh geschieden, so daß drei Klassen entstanden: ↗Kadi (Richter), ↗Mufti (Ausleger der Gesetze) u. ↗Imâm (Geistlicher). Unabhängig davon zerfallen die U. in die aufeinanderfolgenden Grade des Mulasim, Muderi u. ↗Molla; jeder dieser Grade berechtigt zu bestimmten Ämtern innerhalb des U., wie die Körperschaft der U. ebenfalls heißt. Vgl. Scheich-ül-Islam.

Umbuzman s. Bryti.

Umfahrt 1. (circumitio) in merov. Zeit die vom neuen Kg. zum Zeichen der förmlichen Besitzergreifung u. zur Entgegennahme der ↗Huldigung (a) durch das Reich unternommene Wagenfahrt. **2.** Grenzbegehung.

Umfang = Bifang (1).

Umfrage s. Gesellenbruderschaft.

Umgang 1. Grenzbegehung. **2.** = Bifang (1).

Umgeld a) = Ungeld. **b)** (Ohmgeld) Abgabe bzw. Steuer von Wein u. Bier, meist als Zuschlag zur ↗Accise u. ä. Steuern erhoben.

Umladungsrecht s. Stapelrecht.

Umland s. Sondergut.
Umlegung 1. = Verkoppelung. 2. s. Fronden (a).
Ummeling = Einläufiger.
Umpfarrung s. Auspfarrung (b).
Umreiter Mitglieder einer reisenden Kommission, bes. zu Kontrollzwecken; ihre Reise hieß Umreitung (Umritt).
Umritt 1. Grenzbegehung. 2. s. Umreiter.
– rentmeisterlicher s. Rentmeister (1).
Umsassen s. Opole u. Patria.
Umschaugeselle s. Gesellenbruderschaft.
Umschlagsrecht s. Stapelrecht.
Umschreibungsbulle = Zirkumskriptionsbulle.
Umschüttegeld in Pr. bis 1810 ↗Accise vom Getreide.
Umsetzen des Rats s. Stadtrat (a).
Umstand (adstantes, circumstantes) in germ. Ländern bei Versammlungen rechtlichen Charakters (z. B. ↗Ding, ↗Landesgemeinde, Wahlversammlung) die Teilnehmer, die (im Gegensatz zum ↗Richter [1 a], ↗Urteiler usw.) nur als Ganzes zustimmend (vgl. Vollbort) o. ablehnend mitwirkten. I. allg. wurde der Gerichtsumstand (Gerichtsgemeinde) schon früh durch die ↗Schöffen (1) verdrängt, teilweise erhielt er sich aber bis ins 18. Jh.
Umteilungsgemeinde s. Mir (2).
Umzug 1. = Reihe(n)fahrt. 2. Grenzbegehung.
Unanimitas = Zunft (1).
Under-Secretary (of State) s. Unterstaatssekretär.
– Sheriff s. Sheriff.
– Treasurer s. Treasury.
Unecht (unehrlich, später anrüchig, levis notae macula) nach älterem Recht derjenige, der durch Geburt oder Gewerbe ↗rechtlos war, z. B. unehelich Geborene, fahrende Leute, endlich bestimmte Gewerbe wie Scharfrichter, Büttel, aber auch Schäfer, Müller, Leineweber, Schneider.
Unehrlich = Unecht.
Unerbe = Einläufiger.
Unfehde = Urfehde.
Unfrei unterster ↗Stand (1) bei den Germ.; der U. (manahoubit, homo [s. homines], ↗mancipium, puer, ↗servus bzw. ancilla, auch ↗Lite) war i. d. R. unangesiedelter Knecht (Schalk, junior), hatte ursprgl. kein ↗Wergeld, galt als Sache, hatte aber eine bessere Stellung als der röm. Sklave; im Laufe der Zeit erhielt er beschränkte Rechtsfähigkeit u. schon in der ersten Hälfte des MA. verschwanden die U. i. wesentl., indem sie teils ausdrücklich durch ↗Freilassung, teils tatsächlich durch Ansiedlung (vgl. Freimann), höhere Dienste (vgl. Ministeriale [2] u. Vasall) u. dgl. in den Stand der ↗Halbfreien o. ↗Freien aufrückten. Vielfach werden die Halbfreien ebenfalls als U. bezeichnet. – I. e. S. wurden die U., die angesiedelt waren u. bäuerliche Dienste leisteten, als mancipia, das Hausgesinde dagegen als servi (cubicularii, homines, pueri, servi non casati) bzw. ancillae bezeichnet. Vgl. Schuldknechtschaft, Serf, Theow u. Thraell.
Unfug a) = Missetat. **b)** s. Unrecht (2).
Ungeerbter = Einläufiger.
Ungefährwerk (factum involuntarium) ungewollte, an sich strafbare Handlung. – Als U. des ↗Herrn wurde in älterer Zeit die ↗Missetat seines Knechtes aufgefaßt, u. dem Herrn dafür eine Ungefährbuße auferlegt. Vgl. Verklarung (1b) u. Wergeld.
Ungehörig = Unhörig.
Ungehorsamsbann s. Bann (2).
Ungehorsamsbuße (Ungehorsamsstrafe, in It. superimposita) statt der ↗Acht (1) o. des ↗Bannes (2) im ↗Ungehorsamsverfahren auferlegte ↗Buße.
Ungehorsamsprotest = Solsatire.
Ungehorsamsstrafe = Ungehorsamsbuße u. Zwangsgeld.
Ungehorsamsverfahren (Kontumazialverfahren) im alten dt. Prozes Verfahren gegen den Beklagten, wenn dieser auf mehrmalige Ladung nicht erschien (Ladungsungehorsam, vgl. Solsatire) o. dem Urteil nicht nachkam (Urteilsungehorsam); in alter Zeit verfiel er im ersten Falle der ↗Acht (1) (in It. dem ↗Bann [2]) bzw. später der ↗Verfestung, im zweiten Falle trat Pfändung ein, in älterer Zeit auch Preisgabe des Täters an den Verletzten. Vgl. Ruf u. Kontumaz (1). – In Engl. erhielt sich eine Form des U. als judgment of outlawry (bei Männern) u. j. of waiver (bei Frauen), wenn jemand mehrfache öffentliche Ladungen nicht befolgt.
Ungeld (Umgeld, indebitum, auch teloneum) bes. im MA. Verbrauchssteuer (Marktgeld), i. d. R. mit der ↗Accise identisch, aber manchmal auch für Spezialsteuern (z. B. Kornungeld) gebraucht. Das U. war in erster Linie eine städt. Abgabe, wurde aber auch vom Landesherrn (s. Landeshoheit) erhoben; die Bezeichnung wurde auch für andere Steuern, z. B. Vermögenssteuern, für die außerordentliche ↗Bede (1) u. a. verwendet. Zuerst wesentlich auf Getränken lastend, wurde das U. i. e. S. allm. auf alle möglichen Waren ausgedehnt. Es wurde u. U. nach dem wöchentlichen Erlös berechnet (Wochenungeld). Die Erheber hießen Ungelder; in einigen Gebieten gab es Oberungelder (Obereinbringer) u. Unterungelder (Untereinbringer).
Ungelder s. Ungeld u. Steuerherr.
Ungeldherr s. Steuerherr.
Ungemeinder s. Gemeinder (2).
Ungenossame s. Beddemund.

Ungenosse wer nicht derselben Gemeinschaft angehörte, z. B. nicht demselben ↗Stand (1) (nach ↗Landrecht [1 a]) o. nicht derselben ↗Genossame (1); der U. aus höherem Stand hieß Übergenosse, der aus niedrigerem Untergenosse (U. i. e. S.).

Ungerade Fahrnis des Mannes, d. h. der Teil der Mobilien, der nicht ↗Gerade (b) war.

Ungericht (↗Frevel [a] i. e. S., Friedbruch i. e. S., gewaltige Sache, Gewaltsache, Halsgericht, hohe Wroge, schwerer Friedbruch, causa criminalis, ↗c. major, crimen mortale, dauðaverk, morthdêda, úbótamál [unbüßbare Sache], im späteren Ma. Freisch, Malefizsache, peinliche Sache, selten Unzucht, i. d. Lit. auch Achtsache; die meisten Bezeichnungen sind jedoch nicht fest umgrenzt) ↗Missetat, die Todesstrafe o. Verstümmelung nach sich zog (an Hals und Hand ging), d. h. bes. Mord u. schwerer Diebstahl, manchmal auch jede Missetat außer den ↗Bußfällen u. den ↗kriminalischen Sachen; vgl. Gerichtsbarkeit, hohe. U. bezeichnete ferner ein Fehlurteil. Vgl. Unrecht (2).

Ungewerter = Einläufiger.

Unheilig(keit) s. Acht (1).

Unhörig (ungehörig) eine Person, die nicht zu einer ↗Genoßsame (1), o. ein Gut, das nicht zum Verband eines ↗Fronhofs gehörte.

Unholt s. Ausmärker.

Unincorporated Town s. Town (2a).

Uninominalsystem = Einzelwahl.

Unio 1. = Inkorporation. 2. = Zunft (1).

– **beneficiorum** u. Zssgn. s. Beneficium ecclesiasticum.

– **hereditaria** = Erbeinigung (1).

– **primaria** s. Bruderschaft (1).

– **prolium** = Einkindschaft.

Union 1. = Poor Law Union. 2. = Landesunion.

– **County** seit 1879 Vereinigung mehrerer ↗Poor Law Unions zu einem größeren Verband, der mit einer ↗County o. ↗Administrative County nicht identisch war.

– **Parliament** seit 1951 die Volksvertretung Ind., nachdem 1947–1951 die indirekt gewählte Constituent Assembly als solche gedient hatte. Das U. P. besteht aus einem House of the People (Lok Sabha, direkt gewählt) u. einem Council of States (Radscha Sabha, Staatenrat, indirekt gewählt, z. T. vom Präsidenten ernannt).

Unionsgebiet s. Radschpramukh.

Unionsgericht = Bundesgericht (2).

Unionsrätekongreß = Sjesd Sowjetow Sojusa.

Unionsrat s. Zentralnyi Ispolnitelnyi Komitet.

Unionsrepublik (Bundesrepublik) Gliedstaat (s. Bundesstaat [2]) der UdSSR, der de jure in seiner Souveränität nur insoweit beschränkt ist, als gewisse Gebiete der Gesetzgebung u. Verwaltung der Zuständigkeit der Union vorbehalten sind. Tatsächlich besitzen die U. nur eine Halbsouveränität (s. Suzeränität). Vgl. Republik, autonome.

Unionssowjet s. Zentralnyi Ispolnitelnyi Komitet.

Unions-ZIK s. Zentralnyi Ispolnitelnyi Komitet.

United States-Attorney (Bundesstaatsanwalt, Vereinigte Staaten-Anwalt) in den USA von der Bundesregierung ernannter Vertreter ihrer rechtlichen Interessen, i. e. S. der für jeden ↗Judicial District ernannte District A., der etwa einem dt. ↗Staatsanwalt entspricht. – Auch in den Einzelstaaten gibt es in jedem Judicial District einen (i. d. R. gewählten) Prosecuting A. (County A., District A., States A.) als öffentlichen Ankläger. In den Städten versieht dieses Amt häufig ein ernannter solicitor (prosecutor).

– **States Commissioner** bei jedem ↗District Court (1a), meist zu mehreren, einem ↗Friedensrichter (2) entspr., aber mit etwas geringeren Kompetenzen. Dagegen war der U. S. C. in Alaska nicht nur Friedensrichter, sondern auch Probate Judge (s. Probate Court [b]), ↗Coroner, ↗Recorder usw.

United States Marshal s. Marshal.

Universalaccise s. Accise.

Universalbankalität (Bankalität) in Öst. 1714 errichtete Staatsbank, die auch als Staatskasse dienen sollte u. der bestimmte Gefälle u. Abgaben zuflossen; tatsächlich wurde sie bald nur zu einer Verwaltungsstelle der letzteren, bes. der von den Beamten gezahlten ↗Arrhen (1); 1723 verlor sie ihre Selbständigkeit u. wurde 1745 aufgehoben.

Universalfideikommiß = Erbschaftsvermächtnis.

Universalkommerzdirektorium = Kommerzdirektorium.

Universalprinzip Grundsatz, wonach ein Verbrechen, ohne Rücksicht auf den Ort der Tat, in allen Ländern verfolgt werden kann.

Universalzehntrecht s. Zehnt (1).

Universidad de la Contratación s. Konsuln des Meeres.

– **de los Mercaderes** s. Konsuln des Meeres.

Universitas a) s. Gilde. **b)** = Zunft (1). **c)** = Markgenossenschaft. **d)** = Dorfgemeinde.

– **burgensium** s. Assemblée générale.

– **civium** s. Assemblé générale.

– **consiliariorum** = Stadtrat (a).

– **seniorum** s. Stadtrat (a).

Unjährigkeit s. Jahre.

Unpflicht s. Bede (1).

Unrecht 1. s. Bede (1). 2. ↗Missetat i. allg., i. bes. (Fehdesache i. w. S., gemeiner Friedbruch, Unfug, Unzucht, seit dem 14. Jh. bürgerliche Sache) im Gegensatz zum ↗Ungericht eine leichtere Missetat, z. B. Totschlag, Raub, Verwundung, Sachbeschädigung. Man unterschied dabei ↗Bußfälle (↗causae minores), bei denen schon in alter Zeit die ↗Fehde durch die ↗Buße ersetzt wurde, u. Fehdesachen i. e. S. (↗causae majores).

Unscheltbar s. Gerichtsbrief u. Schelte (c).

Unschuld(seid) = Reinigungseid.

Untat = Meintat u. Missetat.

Unterabt s. Abt.

Unterackermann s. Vorwerk.

Unteramendement s. Amendement (a).

Unteramt verhältnismäßige seltene Bezeichnung für ein einem ↗Oberamt (1) unterstelltes ↗Amt (1); in Wü. seit Ende des 15. Jh. Unterabteilung eines Amtes (bzw. später eines Oberamtes), im 15. u. 16. Jh. auch selbst Amt o. Oberamt genannt, unter einem ↗Unteramtmann (2); die U., die nur aus einer Ortschaft o. aus einem Bezirk mit mehreren Ortschaften bestanden, wurden 1810 größtenteils aufgehoben, einige erst 1818.

Unteramtmann **1.** = Fronbote. **2.** Beamter an der Spitze eines ↗Unteramts; der wü. U., der zeitweise auch ↗Amtmann (1) o. ↗Oberamtmann (1), seit dem 17. Jh. meist Oberschultheiß hieß, trat i. wesentl. an die Stelle des ↗Schultheißen (daher reisiger Schultheiß im Gegensatz zum Bauernschultheiß) der Dörfer u. wurde vom ↗Vogt (2) (Oberamtmann) ernannt. **3.** s. Meier (1).

Unterarzt im dt. Heer bis 1945 Dienstgrad im Range eines Oberfeldwebels (s. Feldwebel); zum U. wurden ↗Fähn(d)riche (a) im Sanitätskorps o. Sanitätsfeldwebel nach erfolgter Approbation befördert. Bei der Marine wurde der künftige Arzt zuerst Sanitätskadett, dann Sanitätsfähnrich u. hierauf nach Approbation Marineunterarzt.

Unterbaumeister s. Baumeister (1b).

Unterbelehnung s. Obinfeudatio.

Unterbischof s. Bischof.

Unterbrigadier s. Brigadier.

Unterbürgermeister s. Komitat (3).

Unterburggraf s. Burggraf (1b).

Unterdechant s. Seniorat (4).

Unterdorf s. Oberdorf.

Untereigentum s. Dominium directum.

Untereinbringer s. Ungeld.

Unterfeldmeister s. Reichsarbeitsdienst.

Unterfeldwebel s. Feldwebel.

Unterfiskal s. Oberfiskal (a u. b).

Unterförster s. Förster (1).

Untergang (Blaimbsuech, Feldschied, Kundschaft, Landscheide, Landschied, Schidinge, [Unter]schied, declaratio limitum, descriptio terminorum, limitatio [solemna]) Gericht (Untergangsgericht), das über Grenzstreitigkeiten u. dgl. entschied (vgl. Feldgericht [1] u. Feldgeschworener), dann die Grenzbegehung; auch die übrigen Gerichte über geringe Streitigkeiten erhielten die Bezeichnung U., z. B. Dorfuntergang, Felduntergang, Stadtbauuntergang; die Richter hießen Untergänger (Feldbeschauer, Feldrichter, Feldscheider, Landscheider, Markleute, Schieder, Schiedleute, Tädingsleute). Von dem U. war manchmal Berufung an eine meist städt. zweite Instanz (Oberbauschau, Oberuntergang) möglich.

Untergau (Kleingau, pagus minor) seit Ende des 8. Jh. durch Teilung eines alten (mit einer Grafschaft [s. Graf] identischen) ↗Gaus (1a) (Obergau, pagus major) entstandener neuer Grafschaftsbezirk; auch durch Erhebung einer ↗Hundertschaft zur Grafschaft konnte ein U. entstehen.

Untergenosse s. Ungenosse.

Untergericht früher Bezeichnung für die jeweils niedrigere Instanz, auch für das ↗Niedergericht u. das Gericht des ↗Fronboten, sowie das ↗Stadtgericht. I. d. Lit. werden auch alle Gerichte, die nicht ↗Obergerichte (a) sind, als U. bezeichnet.

– geschlossenes (adliges) s. Gericht, adliges.

– ungeschlossenes (adliges) s. Gericht, adliges.

Untergraf jeder Stellvertreter eines ↗Grafen, bes. ↗Vicecomes u. ↗Vikar (2), dann auch ↗Schultheiß u. ↗Vogt. Vgl. Burggraf (1b).

Unterhauptmann s. Hauptmann (1).

Unterhaus **1.** (die Gemeinen, House of Commons, the Commons) die zweite ↗Kammer (2a) des engl. ↗Parlaments (1); seit der Trennung vom ↗Oberhaus (1) um die Mitte des 14. Jh. wurde das U. sehr bald der wesentliche Teil des Parlaments, indem es, eigentlich nur die Vertretung der Ritterschaft u. der Städte, sich als Vertretung des gesamten Landes (communitas, commonalty) betrachtete u. endlich auch als solche anerkannt wurde. Bereits zu Beginn des 15. Jh. erlangte es das Recht, daß Finanzgesetze zuerst ihm vorgelegt werden müßten (↗Budgetrecht); dann monopolisierte es seit 1621 das ↗impeachment; endlich wurde im 18. Jh. das ↗Ministerkabinett ein Ausschuß der Unterhausmehrheit. Das Oberhaus wurde auf diese Weise immer mehr beiseite gedrängt. – Wähler waren seit 1429 alle ↗freeholders mit einem Jahreseinkommen von mindestens 40 sh., wobei im Laufe der Zeit alle möglichen Ämter, Nutzungsrechte usw. diesem Werte gleichgesetzt wurden; in den Städten war die Voraussetzung zum Wahlrecht sehr verschieden. Die Reform von 1832 behielt die Grundlage der 40 sh. bei, erweiterte sie aber auf dem Lande, während in den Städten die ↗Occupation Franchise die Regel wurde. Im 19. u. 20.

Jh. wurde dann schrittweise das allg. Wahlrecht durchgeführt. – Wählbar waren seit 1445 nur ↗Ritter o. unabhängige Gentlemen (s. Gentry), Beamte nur teilweise (vgl. Placeman), Geistliche seit 1801 überhaupt nicht; außerdem war 1710–1858 das passive Wahlrecht durch hohen Zensus (s. Zensuswahlrecht) äußerst beschränkt. Tatsächlich wurden bis 1832 die Sitze zur Hälfte von den großen ↗Grundherren nach Gutdünken vergeben (vgl. Nomination Borough). Eine einheitliche Einteilung des Landes zu Wahlzwecken besteht nicht, sondern ↗Counties (bzw. deren Unterabteilungen) u. Städte bilden seit jeher, ohne Rücksicht auf Größe u. Bevölkerung, je bes. Wahlkreise, die einen bis drei Abgeordnete wählen; nur die gröbsten Ungleichheiten wurden 1832 beseitigt. – Auch in Nordir. heißt seit 1920 die zweite Kammer House of Commons. **2.** s. Reichstag (7).

Unterherr a) s. Afterlehen. **b)** s. Unterherrschaft.

Unterherrlichkeit = Unterherrschaft.

Unterherrschaft (Eigengericht, Eigenherrschaft, Freigericht, Herrlichkeit, Privatjurisdiktion, [territoriale] Jurisdiktion, Unterherrlichkeit) ↗Gerichtsherrschaft, deren Inhaber (Eigenherr, Jurisdiktionsherr, Unterherr, in Geldern Bannerherr) in seinem Gebiet vom Landesherrn (s. Landeshoheit) mehr o. weniger unabhängig war, ohne doch ↗reichsunmittelbar zu sein; i. d. R. stand ihm die ↗hohe Gerichtsbarkeit zu (doch zuweilen nicht einmal diese), außerdem manchmal alle Hoheitsrechte außer der Landeshoheit. Das rechtliche Verhältnis der U., die meist dadurch entstanden waren, daß ein Landesherr über kleine, innerhalb seines ↗Territoriums (2) gelegene Territorien eine tatsächliche Gewalt erlangte, zu diesem Landesherrn blieb meist ungeklärt o. strittig; sie erhielten sich teilweise bis zu Beginn des 19. Jh.

Unterhof 1. ein Gericht (z. B. ↗Hofgericht [a], ↗Stadtgericht) im Verhältnis zu seinem ↗Oberhof (1a), i. w. S. auch der Gerichtssitz (↗Fronhof, Stadt). **2.** s. Fronhof.

Unterholzgraf s. Markgenossenschaft.

Unterkämmerer s. Kämmerer (1).

Unterkaplan = Reichskepler.

Unterkönig im karol. Reich bis Ende des 9. Jh. Mitglied des Königshauses (meist der Thronfolger), der mit dem Titel eines Kgs. in einem größeren Gebiet (z. B. Aquitanien) die Gewalt im Namen und Auftrag des regierenden Kgs. ausübte. – In Norw. im MA. unterworfener Kg., der sein Reich unter dem ↗Oberkönig als dessen Lehensmann (s. Lehen [1]) weiter verwaltete.

Unterkonsistorium a) s. Konsistorium (2). **b)** = Mediatkonsistorium.

Unterkriegsrat s. Kriegsrat (2).

Unterlehensbereiter s. Lehenspropst.

Unterlehensherr s. Afterlehen.

Unterlehenspropst s. Lehenspropst.

Unterleihe = Afterlehen.

Unterleutnant (z. See) s. Leutnant.

Untermärker(meister) s. Markgenossenschaft.

Untermarkmeister s. Markgenossenschaft.

Untermarschall s. Feldmarschall, Marschall (1) u. Reichserbämter.

Untermeier s. Meier (1).

Untermeister s. Vorwerk.

Unteroffizieranwärter s. Kapitulantenanwärter.

Unteroffiziere i. w. S. seit Anfang des 17. Jh. die mil. Chargen vom ↗Feldwebel abwärts (vgl. Oberoffiziere), ausschließlich des ↗Gefreiten, des ↗Rottmeisters (1) u. u. U. des ↗Korporals; i. e. S. wird dieser letztere (teilweise schon in der zweiten Hälfte des 17. Jh.) als U. bezeichnet, in der pr.-dt. Armee seit Mitte des 19. Jh. offiziell. In Dt. unterschied man U. mit Portepée (Portepéeunteroffiziere) u. U. ohne Portepée, je nachdem sie das Offiziersportepée (mit o. ohne Offizierswaffe) trugen o. nicht. – Vgl. Wachtmeister.

Unterordnung, doppelte (dwoinoje podtschinenije) der in der Verwaltung der UdSSR geltende Grundsatz, wonach eine Behörde, ein ↗Sowjet usw. nicht nur der unmittelbar höheren Instanz, sondern auch der Zentralinstanz untergeordnet ist u. von dieser unmittelbar Anordnungen empfangen kann.

Unterpacht = Afterpacht.

Unterpfänder Inhaber einer Sache, die ihm von demjenigen, der sie als Pfand besaß, in irgendeiner Form (z. B. als ↗Leihe [1]) überlassen wurde.

Unterpfalzgraf s. Pfalzgraf.

Unterpräfekt s. Arrondissement (b).

Unterrat s. Gemeinde (2).

Unterrichter Richter an einem ↗Untergericht, in älterer Zeit bes. der ↗Zentenar, dann der ↗Schultheiß, auch der ↗Fronbote; i. d. Lit. auch für die heutigen Richter in den unteren Instanzen verwendet. Vgl. Opole u. Vicecomes (1).

Unterroßarzt s. Veterinäroffizier.

Untersadelhof s. Fronhof u. Sattelgut.

Untersasse a) = Hintersasse (1). **b)** † Untertan.

Unterscharführer s. Schutzstaffel.

Unterschatzmeister s. Treasury.

Unterscheidungsjahre = Jahre.

Unterschenk s. Mundschenk.

Unterschied 1. (Wiederkehr, differentia) früher in Westf. Ehevertrag, der für den Fall der Kinderlosigkeit die Gütergemeinschaft ausschloß. **2.** = Untergang.

Unterschreiber a) s. Stadtschreiber. **b)** = Sorenskriver.

Unterschultheiß s. Schultheiß u. Meier (1).
Unterseneschall s. Seneschall (1).
Untersiedel = Hintersasse (1).
Unterstaat s. Staatenstaat.
Unterstaatssekretär einem ↗Staatssekretär (3) bzw. ↗Minister (1) zur Hilfe beigegebener Beamter, der das ganze Ressort o. eine größere Abteilung mehr o. weniger selbständig leitet, aber nur seinem Chef verantwortlich ist. In parl. regierten Ländern ist der U. häufig der das betr. ↗Ministerium (7) tatsächlich leitende Fachmann, der im Gegensatz zu den wechselnden Parteiministern meist ständig im Amte bleibt u. dadurch den regelmäßigen Gang der Verwaltung sichert. Werden auch die Posten der U. von der jeweiligen Mehrheit besetzt, so geht die tatsächliche Leitung auf andere Beamte (vgl. Sécretaire général) über. In Grbr. wurde das Amt des U. (Under-Secretary [of State]) zu diesem Zweck geteilt: der parl. U. ist Mitglied des ↗Unterhauses (1) u. wechselt dementsprechend, der Permanent Secretary dagegen ist unparteiischer Fachmann u. ständiger Beamter. – Im Dt. R. u. in der Bundesrepublik führen seit 1918 die bisherigen U. die Bezeichnung Staatssekretär.
Unterstab i. allg. die ↗Unteroffiziere u. Mannschaften eines mil. Stabes; die ↗Offiziere bilden den Oberstab. In Pr. verstand man im 18. Jh. unter U. die Militärbeamten, bei der Artillerie außerdem noch das gesamte technische Personal (Ingenieure, Pontoniere usw.).
Unterstände s. Landtag (1).
Unterstatthalter s. Mannkammer (1).
Unterstift = Kollegiatkapitel.
Unterstuhlrichter s. Komitat (3).
Untersturmführer s. Schutzstaffel.
Untersuchungsverfahren = Instruktionsverfahren.
Untertänigkeit, gemäßigte s. Erbuntertänigkeit.
Untertansadvokat s. Consessus in causis summi principis et commissorum.
Untertanschaft = Indigenat.
Untertruchseß s. Truchseß.
Unterungelder s. Ungeld.
Untervasall = Aftervasall.
Untervermächtnis Auflage zu Gunsten eines Dritten, die einem testamentarisch Bedachten vom Testator gemacht wird.
Unterveterinär s. Veterinäroffizier.
Untervikar s. Schultheiß.
Untervogt **1.** s. Vogt (1 u. 2). **2.** = Fronbote. **3.** s. Markgenossenschaft.
Untervogtei s. Vogt (2).
Untervormund s. Reihebrauen.
Unterwachtmeister s. Feldwebel.
Unterwinden, sich (der Habe) s. Arrest.
– sich des Gutes s. Besitzeinweisung u. Lehen mit Gedinge.
Unterzug † Freizügigkeit.
Unverdienter s. Verdienter.
Unvogtbar s. Immunität (a).
Unvollkommen frei = Halbfrei.
Unvordenklichkeit (Immemorialverjährung, unvordenkliche Verjährung, praescriptio immemorialis) in älteren Rechten angenommen, wenn Personen bestimmten Alters bezeugten, daß der betr. Zustand nach ihrer Erinnerung von jeher bestanden hätte.
Unzucht a) = Ungericht. **b)** s. Unrecht (2).
Unzüchter ↗Ratsherr (a), der Polizeivergehen «Unzucht», s. Unrecht [2]) aburteilte; mehrere U. bildeten ein Unzüchtergericht.
Uparadschpramukh s. Radschpramukh.
Uplada = Obleie.
Upper House = Other House.
Uppsaga s. Gesetzessprecher (1).
Upravni odbor s. Komitat (3).
Uprawa in Russl. gewähltes Exekutivorgan des ↗Semstwo u. der städt. ↗Duma (b). Die U. der Duma bestand aus drei bis sechs Mitgliedern unter dem Vorsitz des ↗Golowa.
Uprawitelj s. Wladika.
Uradel i. allg. jeder Adel, der nicht auf eine Erhebung in den Adelsstand zurückgeht (vgl. Briefadel), z. B. auch der ↗Geburtsadel. In Dt. gilt als uradlig eine Familie, die schon vor 1400 (bis 1932 vor 1350) als adlig erwähnt wird, also ↗ritterbürtig war (ritterbürtiger Adel) u. deren Adel niemals später irgendwie bestätigt o. erneuert wurde. Im alten Dt. R. zählten die Urgrafen u. Urfreiherren, d. h. die ↗Grafen u. ↗Freiherren, deren Titel so alt war, daß er keines urkundlichen Nachweises bedurfte, zum ↗hohen Adel.
Urahan s. Shiki.
Urawafuzu s. Shiki.
Urban Council s. Parish.
– District Council s. District Council.
– Parish s. Parish.
– (Sanitary) District s. Sanitary District.
Urbanus s. Burglehen.
Urbar **1.** Grundstück i. allg. (Urbarbesitz), dann auch ein ↗Hof (3), im bes. eine ↗Gutsherrschaft, ↗Grundherrschaft, u. endlich das Verzeichnis (Berain, Berein, Lagerbuch, Rechtung, Rodel, Salbuch, Stockurbar, Urbarbuch, liber praedialis, urbarium) der Grundstücke einer solchen, mit allen darauf ruhenden Lasten (daher Dienstregister) u. Rechten, den daraus fließenden Einkünften usw. (daher Heberolle, Zinsbuch, rationarium). Im frühen MA. wurden nach spätröm. Vorbild von den Grundherrn, bes. den geistl., polyptícha (plenaria, poletica, puleta) angelegt, in karol. Zeit von Staatswegen zu Steuerzwecken inhaltsähnliche brevia(ria). Diese U. entstanden größtenteils auf Grund

von ↗Weistümern der ↗Hintersassen (1), weshalb sie auch Hofweistümer (Hofrollen) hießen. Sie wurden neben den ↗Traditionsbüchern weitergeführt u. verschmolzen endlich mit diesen. Für die Verhältnisse innerhalb der Grundherrschaft hatten die U. rechtliche Beweiskraft. Indem seit dem 13. Jh. die Landesherrn (s. Landeshoheit) als solche ebenfalls U. anlegten, in denen auch Steuern u. andere Einkünfte öffentlich-rechtlicher Art verzeichnet wurden, gingen die U. allm. in Kataster u. Grundbücher über, für die die Bezeichnung U. gleichfalls gebraucht wird. Vgl. Fleckenrodel u. Partikularbuch. **2.** = Bergzehnt. **3.** s. Genoßsame (1).

Urbaramt s. Fronhof.

Urbarbesitz s. Urbar (1).

Urbarbuch s. Urbar (1).

Urbargericht = Hofgericht (f).

Urbarialregulierung = Regulierung.

Urbarium s. Urbar (1).

Urbarrecht = Hofrecht (1).

Urbarsbauer s. Genoßsame (1).

Urbarsholden s. Genoßsame (1).

Urbarsleute s. Genoßsame (1).

Urbarsuntertan s. Genoßsame (1).

Urbede s. Bede (1) u. Schoß (1).

Urbs 1. = Gau (1 a). **2.** s. Civitas.

– regalis s. Reichsstadt.

Urbuch s. Bôcland.

Urbura = Bede (1).

Urdorf = Mutterdorf.

Urfehde (Unfehde, Urphede, abjuration) ursprgl. der Eid (Friedenseid, Sühneeid, juramentum pacis), den die Parteien nach Beendigung der ↗Fehde einander zur Friedenssicherung schworen, später das der Obrigkeit gegebene Versprechen, ein bestimmtes Gebiet nicht zu betreten, endlich der dem Richter vom Haftentlassenen o. Freigesprochenen geleistete Eid, sich nicht zu rächen. Die U. wurden in Urfehdebriefen (Urfehdebücher) verzeichnet. Teilweise erhielt sich die U., z. B. im Kanton Appenzell, bis ins 19. Jh. Vgl. Sühne.

Urfreiherr s. Uradel.

Urgicht (gichtiger Mund) Geständnis eines Angeklagten, in den Städten in bes. ↗Stadtbüchern (Urgichtbücher) aufgezeichnet.

Urgraf s. Uradel.

Urheischen s. Evokationsrecht.

Urholz s. Blumwar(e).

Urjadnik früher in Russl. von der Landbevölkerung gewählter Polizeibeamter, unter dem Stanowoj (s. Stan [1]) stehend.

Urkundassessor s. Tegeder.

Urkunde (Brief, Feste, ↗Handfeste, Präzept, auctoritas, breve, carta, dictamen, ↗diploma, epistola, gesta, instrumentum, ↗libellus, liber, l. testamenti, manus, munimen, notitia, pagina, praeceptio, praeceptum, bôc) schriftliches, in bestimmten Formen gehaltenes Zeugnis über eine Willensäußerung rechtlicher Natur. – U. bedeutet ferner eine Willenserklärung vor Gericht, dann (testimonium) auch eine Abgabe u. dgl., z. B. den ↗Gottespfennig, das ↗Laudemium u. das ↗Hofgeld. Vgl. Wette (1).

– deklaratorische s. Notitia (b).

– dispositive s. Carta (2).

– guarentigiierte (instrumentum guarentigiatum) im ma. It. ↗Urkunde, bei welcher durch Fiktion eines Rechtsstreites u. nachfolgende richterliche Beglaubigung eine Verbindlichkeit sichergestellt wurde. Später jede Urkunde mit dem Recht der sofortigen Vollstreckbarkeit.

– konstitutive s. Carta (2).

– öffentliche = Scriptum authenticum.

Urkundenprozeß s. Exekutivprozeß.

Urkundenschelte s. Schelte (c).

Urkundsbeamter s. Gerichtsschreiber.

Urkundsgeld 1. das den Urkundszeugen (s. Zeugenurkunde) o. auch beurkundenden Behörden gezahlte Geld, um sie zur Abgabe des (eventuellen) Zeugnisses zu verpflichten. **2.** = Hofgeld.

Urkundszeuge s. Zeugenurkunde u. Urkundsgeld (1).

Urland s. Hagenrecht (2).

Urlaubsschilling s. Detractus jus.

Urliste s. Schöffe (1) u. Schwurgericht.

Urmarkgenossenschaft s. Markgenossenschaft.

Urpfarrei (Altpfarrei, Großpfarrei, auch ↗Mutterkirche) älteste ↗parochia (b) einer Gegend, mit einer ↗Gaukirche als Urpfarrsitz; die Ur(pfarr)sprengel fielen daher mit einem ↗Gau (a) mehr o. weniger zusammen; doch wird der Ausdruck U. auch für die ↗Sprengel der daraus allm. ausgegliederten ↗Filialkirchen gebraucht.

Urphede = Urfehde.

Urrecht = Mutterrecht.

Ursal(e) s. Wittum (1).

Ursasse = Widerlage.

Urteil, letztes = Judicium supremum (a).

Urteiler (Findungsmann, Urteilfinder, Urteilssprecher, Urteilsträger, Urteilsweiser) bis zur Rezeption des röm. Rechts bei den germ. Völkern (außer den Ostgerm.) regelmäßig mit dem vorsitzenden ↗Richter (1 a) nicht identisch, ursprgl. vielfach die Gerichtsgemeinde (s. Ding) o. ein Ausschuß daraus, im MA. mehr u. mehr ein einzelner gewählter Beamter (Gesetzessprecher, Rechtsitzer, Rechtsprecher, êsago, êteilo, judiciarius, auch ↗Skabine [b], selten ↗Justiziar) o. ein ständiges Kollegium (↗Rachinburgen, constituti, judices, legislatores, sapientes, bei den Frs. âsegen); im späteren Ma. waren die ↗Schöffen (1) die regelmäßigen U., im ↗Lehensgericht die Mannen. Seit dem 15. Jh. verschwand i. allg. das Urteilerkollegium in den unteren Gerichten, in den oberen ging es im Richterkollegium auf; doch hielten sich U., die ohne den Vorsitzenden das Urteil fällten, teilweise bis ins 18. Jh. Vgl. Vorsprecher (a) u. Vorsprecher des Rechts.

Urteilfinder = Urteiler.

Urteilsbitte von der Partei an den Richter (o. auch an die ↗Rachinburgen) gerichtetes Ersuchen, die ↗Urteilsfrage zu stellen.

Urteilserfüllungsvertrag (Urteilserfüllungsgelöbnis) im frühen MA. zwischen den Parteien geschlossen, um das Urteil vollstreckbar zu machen; wer ihn nicht einging, verfiel dem ↗Ungehorsamsverfahren. Vgl. Beweisführer.

Urteilsfrage Aufforderung des Richters an die ↗Urteiler, das Urteil zu finden. Vgl. Urteilsbitte.

Urteilsgewere s. Gewere (1).

Urteilsjury s. Jury.

Urteilssprecher = Urteiler.

Urteilsschelte s. Schelte (d).

Urteilsschreiber s. Gerichtsschreiber.

Urteilsschub (Schub geben, Tag geben, Zug geben) Vertagung des Urteils von einem ↗Ding auf das nächste, wenn sich die ↗Urteiler nicht einigen konnten.

Urteilsträger = Urteiler.

Urteilsungehorsam s. Ungehorsamsverfahren.

Urteilsweiser = Rachinburgen u. Urteiler.

Urwähler s. Urwahl.

Urwahl in den Wahlsystemen, die keine direkte Wahl kennen, die von dem größten Kreis der überhaupt Wahlberechtigten, den Urwählern, in einer Primärversammlung vorgenommene Wahl der ↗Wahlmänner (2) bzw. des nächstkleineren Kreises der Berechtigten.

Urwechselwirtschaft Bodennutzungssystem, bei dem das Land nach kurzer Ackernutzung längere Zeit, manchmal Jahrzehnte, brach liegt. Zu den U. gehören z. B. die ↗Brandwirtschaft, die wilde ↗Feldgraswirtschaft u. die ↗Haubergswirtschaft.

Urzent s. Hundertschaft.

Ustaw (Statut) im ksl. Russl. systematisch bearbeitetes Einzelgesetz, z. B. Gerichtsordnung; nach 1917 wurde U. vielfach an Stelle des gemiedenen ↗Sakon verwendet.

Usuagium (in boscho et plano) s. Echtwort.

Usualfuß s. Reichsmatrikel.

Usualmatrikel s. Reichsmatrikel.

Usus u. Zssgn s. Echtwort.

Utbeizla = Contestatio.

Utgiaerþ s. Ingiaerþ.

Uthesium = Gerüfte.

Utile jus s. Dominium directum.

Utilitas s. Echtwort.

– communis s. Echtwort.

– silvatica s. Echtwort.

Utlag s. Acht (1).

Utlagaria = Achtfälle.

Utlagatus s. Acht (1).

Utlose s. Sterbfall.

Utrum (assisa de) s. Petty Assizes.

Utschresdenije (eigentlich Einrichtung) im ksl. Russl. Gesetz über Organisation einer Behörde.

Uzheischen s. Evokationsrecht.

V

Vacatio legis s. Publikation.

Vaccaricia = Schwaighof.

Vadiatio s. Friedensgeld.

Vadimonium a) = Beddemund. **b)** = Wette (1). c) s. Friedensgeld.

Vadium s. Friedensgeld.

Vaernalagh s. Attunger.

Vagant (clericus vagans, c. vagus) im MA. Geistlicher, bes. der niederen Weihen (vgl. Ordines [1a]), der kein ↗beneficium noch ↗officium ecclesiasticum besaß; zu ihnen gehörten auch die für die Mission Ordinierten (clerici regionarii, wenn keiner ↗Diözese [a] angehörig: c. ἀκέφαλοι [akéfaloi]). Seit die ↗incardinatio obligatorisch ist, sind die V. verschwunden.

Vagantengemeinde = Gastgemeinde.

Vägrek = Strandrecht.

Vaida s. Woiwode.

Vaine pâture, droit de s. Weidegerechtigkeit.

Valet 1. = Knappe (1). **2.** s. Zunft (1).

Valvasinus s. Vavassor.

Valvas(s)or = Vavassor.

Vang = Schlag (1) u. Gewann (a).

Vápnatak s. Vollbort.

Vâre = Gefahr.

Varech, droit de = Strandrecht.

Vargr s. Acht (1).

Variandi jus s. Patronat.

Variationsrecht s. Patronat.

Várispán s. Komitat (3).

Várjobágy ([Burg]jobágy, Burguntertanen) in Ung. von Stephan dem Heiligen geschaffener, den dt. Burgmannen (s. Burglehen) entspr. Stand, den Burggrafen (s. Komitat [3]) unterstellt u. in Abteilungen (Banderien, Besatzungsfahnen, Komitatsbanner, ↗Legionen, Nationalregimenter, Portalbanderien) gegliedert. Da die

Aushebung usw. nach Porten (eigentlich Tor eines Bauernhofes, dann dieser selbst) stattfand, nannte man die V. später Portalisten (Portalinsurrektion, Portalmiliz); sie bildeten den sogen. «königlichen Arm». Ein Teilaufgebot hieß Partikularinsurrektion (expeditio particularis, insurrectio p.). In späterer Zeit (bis zur Aufhebung 1848) wurden die Portalisten hauptsächlich zur Ergänzung der Husaren verwendet. Vgl. Insurrektion u. Banderialverfassung.

Vármegye = Komitat (3).

Városi törvényhatóság s. Komitat (3).

Vas = Wette (1).

Vasall (vassallus, vassaticus, vassus) eigentlich ↗unfreier Diener, dann in frk. Zeit der ↗Freie (selten auch Unfreie), der in einem persönlichen Treueverhältnis (Klientel, Vasallität, clientela, vassallaticum, vassaticum), durch ↗Kommendation begründet, zu einem mächtigen Herrn, einem ↗potens o. dem Kg. (dann vassus dominicus, v. regalis) als Schutzherrn (senior) stand (weshalb die Vasallität auch Seniorat heißt). Schon in altgallischer Zeit häufig, nahmen die V. (zuerst clientes, dediticii, inquilini, ↗servi genannt, im 6. u. 7. Jh. amici, commendati, gasindi, homines, juniores, pares, pueri, sperantes, suscepti, im 8. Jh. vassalli) in spätröm. Zeit so zu, daß sie u. die seniores zusammen fast allein die Landbevölkerung bildeten. Der V. stand im Abhängigkeitsverhältnis (obsequium, ↗mithio) zum ↗Herrn, in dessen ↗Munt (1) (patrocinium) u. wurde von ihm geschützt (vgl. Schutzhöriger) u. vertreten, z. B. vor Gericht; auch hatte er bes. Vorrechte, aber ursprgl. kein erhöhtes ↗Wergeld. Dafür leistete er bestimmte Dienste, u. zwar im Laufe der Zeit mehr u. mehr nur kriegerische. Gleichzeitig nahm die Vasalität Formen der ↗Gefolgschaft in sich auf (Treueid), u. verschmolz im 9. Jh. mit ihr. Schon früh hatte der V. i. d. R. eine ↗precaria (1) (bzw. ein beneficium) erhalten (vasallitische Leihe), u. so erschien er nunmehr als abgeschichteter Gefolgsmann (vassallus casatus) u. kam nur noch auf Gebot des Herrn zu Hofe: er wurde zum Lehensmann (s. Lehen [1]). Vgl. Kronvasall. – Im Gegensatz zu diesem ausgebildeten eigentlichen Lehenswesen (Feudalität, Feudalwesen) bezeichnet man vielfach den oben erwähnten Zustand als Benefizialwesen (Benefizialvasallität). – Während der frk. V. seinen Herrn nicht willkürlich verlassen durfte, war dies dem ags. (↗Knight, ↗Thane, ↗thegn) gestattet (Herrensuche); dieser konnte auch mehreren Herren kommendiert sein, z. B. einem als Schutzherrn, einem als ↗Gerichtsherrn (1), einem als Arbeitsherrn. Vgl. Vavassor u. Aftervasall. – Auf der Pyrenäenhalbinsel, außerhalb Kat. u. Ar., entsprach dem V. der criado, dem beneficium das préstamo (selten feudum), das aber bei Verschulden des criado ohne weiteres einziehbar war.

Vasallität s. Vasall.

Vassallagium s. Vasall.

Vassallaticum s. Vasall.

Vassallus casatus s. Vasall.

– perpetuus = Mann, ewiglich.

Vassaticum s. Vasall.

Vassaticus = Vasall.

Vassus = Vasall.

– de sala s. Dageschalk.

– dominicus s. Vasall u. Baron.

– regalis s. Vasall.

Vastitudo = Wüstung.

Vatereigen s. Fronhof.

Vaterlehen s. Erblehen (1).

Vatermagen Verwandte väterlicherseits.

Vaþaeiðr = Gefährdeeid (b).

Vavassall = Vavassor.

Vavasseur = Vavassor.

Vavassor (valvas[s]or, vavassal, vavasseur) eigentlich ↗Aftervasall (V. entstand vielleicht aus vassallus vassorum) u. zwar des Kgs., im 11. Jh. in Fr. u. It. Bezeichnung für die zu ↗Vasallen der ↗Grafen u. principes (s. Fürst [b]) gewordenen vassi dominici. In Kat. u. den angrenzenden fr. Gebieten hielt sich der Ausdruck bis ins 14. Jh. (für die mächtigeren V. war com[i]tor üblich), wurde dann durch nobilis, ↗baro (1), endlich das kast. richus homo (s. Ricohombre) ersetzt. In Fr. erscheint baro bereits im 11. Jh., während V. (beneficiatus, ↗casatus, feudatarius, feudatorius, feudatus, fevalis, veteranus, chasé, fiévé, mit o. ohne miles bzw. chevalier) im Gegensatz zum ↗bachelier (a) den verheirateten belehnten ↗Ritter bedeutete. Vgl. Baron. In der Norm. war V. (miles cum planis armis, m. cum scutis, v. liber, vavasseur noble) der Besitzer eines gewöhnlichen ↗Lehens (1) im Gegensatz zum ↗fief de haubert. Diese vavassoreries wurden im 15. Jh. den membres de haubert gleichgestellt; ebenda bezeichnete V. auch einen nichtadligen Lehensmann, dessen Lehen aînesse genannt wurde, da es der ↗parage (a) unterworfen war. Im 17. u. 18. Jh. wurden alle nichtadligen Großgrundbesitzer V. genannt. – In der Lomb. wurde im Laufe des 11. Jh. der Ausdruck V. o. V. minores für die Vasallen vierten Grades (bisher milites) üblich, während die bisherigen V. sich V. regis, V. majores, endlich ↗capitanei (1) nannten. Im 12. Jh. bezeichneten sich auch die valvasini, die Vasallen fünften Grades, als V.

Vavassorerie s. Vavassor.

Vectura curruum = Wagendienst.

Vecturae s. Fronden (a).

Vedeme = Dehem(e).

Veenkultur s. Fehnkolonie.
Vēfang in Norw. u. Isl. bis ins 13. Jh. die Gerichtsspaltung, d. h. das Bestehen einer größeren Minderheit bei der Urteilsfällung, was Berufung zur Folge hatte.
VEG s. Kollektiwnoje chosjaistwo.
Vegiaticum s. Dilatura.
Veguaro s. Vikar (2).
Veguer(ía) s. Vikar (2).
Veherie s. Vikar (2).
Veizla **1.** im ma. Norw. im Gegensatz zum ↗Amtslehen das dem kontinentalen entspr. ↗Lehen (1), i. d. R. nur an bestimmte Glieder der ↗hirð (veizlamenn, nämlich ↗Jarl, Sysselmann [s. Syssel], ↗lendrmaðr) verliehen, bei den beiden ersteren zugleich mit einem Amtslehen. Die V. konnte vom Kg. nach Gutdünken zu verschiedenen Leiheformen vergeben werden, gewährte ein Nutzungsrecht bis zu ↗Herren- o. ↗Mannfall u. verpflichtete zur Stellung einer Anzahl Krieger u. zur Hoffahrt (s. Lehensdienst). **2.** s. Herbergsrecht (1).
Veliki Župan s. Komitat (3).
Vellgericht definitives Urteil eines Femgerichts (s. Feme).
Veme = Feme u. Dehem(e).
Vemenote = Freischöffe.
Venatio communis s. Koppeljagd.
– cumulativa = Koppeljagd.
– simultanea = Koppeljagd.
Venator (principalis) s. Jägermeister.
Venditio = Carta (2).
Venericia s. Fronden (a).
Venia aetatis = Jahrgebung.
Venner (banneret) in einigen Städten, bes. in der Schw., der Bannerherr eines ↗Viertels (3); in Bern, wo die V. seit dem 13. Jh. aus den vier vornehmsten ↗Zünften (1) gewählt wurden, bildeten sie eine Art ↗Kriegsrat (1), u. im 15. Jh. wurden ihnen auch Gericht u. Verwaltung in den neu erworbenen Gebieten unterstellt. Sie wählten die eigentliche Verwaltungsbehörde, den Ausschuß der Sechzehner u. mit diesen zusammen den Großen Rat (vgl. Stadtrat [a]); auch hatten sie das Vorschlagsrecht für den Kleinen Rat u. den ↗Schultheißen. Seit dem 16. Jh. bildeten die vier V. eine Finanzbehörde unter dem Seckelmeister.
– oberster s. Hauptmann, oberster (2).
Veno = Morgengabe.
Vent à réméré = Zinssatzung.
Vente(s) = Quint.
Verbalnote s. Note u. Depesche.
Verband, kommunalständischer s. Kommunallandtag.
Verbandsgemeinde = Samtgemeinde.
Verbandsperson juristische Person.
Verbannung = Hegung.
Verbietung = Arrest.
Verbodmung = Bodmerei.
Verdienstadel s. Briefadel.
Verdienter (deservitus) in Köln früher ein Mitglied einer ↗Zunft (1), ein ↗Ratsherr (a), ein ↗Bürgermeister (1) usw., der seinen »Dienst« geleistet, d. h. seinen Kollegen das vorgeschriebene Essen beim Abgang vom Amt gegeben hatte; diese V. wurden bei Wahlen bes. berücksichtigt, in den Zünften waren nur sie vollberechtigt. Die Anwärter auf ein Amt hießen Unverdiente; in den Zünften hatten die unverdienten Brüder (fratres indeserviti) geringeren Anteil am Zunftregiment. Die jeweiligen Inhaber eines Amtes hießen Dienende. Vgl. Richerzeche.
Verding † Akkordvertrag.
Vereador s. Cámera municipal.
Veredi = Paraveredi.
Vereinigte Staaten-Anwalt = United States-Attorney.
– Staaten-Marschall s. Marshal.
Vereinödung in Oberschwaben u. angrenzenden Gebieten (seit dem 16. Jh.) die ↗Verkoppelung, ursprgl. i. d. R. ohne ↗Abbau (1), aber mit einer der späteren ↗Gemeinheitsteilung entspr. Ablösung von Rechten. Vgl. Einöde, Einzelhof u. Chutor.
Vereinsgewalt (Gesellschaftsrecht, Kollegialrechte, collegialia jura) das einer Körperschaft als solcher zustehende Recht, ihre Angelegenheiten selbst zu ordnen, i. bes. das betr. Recht der prot. Kirchengemeinden, nach der Theorie vieler Juristen dem Landesherrn (s. Landeshoheit) als ↗Summus Episcopus ↗delegiert (2), der damit das ↗Sacra jus circa, mit dem ↗Sacra jus in, vereinigte.
Vereinsvormundschaft s. Berufsvormundschaft.
Vererbbrief s. Erbleihe.
Vererben s. Erbleihe.
Vererbpächter s. Erbpacht.
Vererbrechtung Vergebung von Grundbesitz zu ↗Erbleihe, ↗Erbpacht u. dgl.
Vererbungsbuch Verzeichnis der zu ↗Erbleihe ausgegebenen Grundstücke.
Vererbungssystem s. Apanage.
Verfachbuch in Tirol u. Vorarlberg von Beginn des 16. Jh. bis 1896 Grundbuch in Form von Protokollen der gerichtlichen Eigentumsübertragungen.
Verfahren, artikuliertes (Positionalverfahren) beim ↗Reichskammergericht ausgebildete, durch den jüngsten ↗Reichsabschied abgeschaffte Form des Zivilprozesses, wobei die Parteien die Klagetatsachen einzeln als ↗ Artikel (Positionalartikel, positiones bzw. der Kläger als responsiones vorzubringen hatten.
– devolutives = System, devolutives.

Verfallpfand, Pfand, das verfällt, wenn es nicht binnen bestimmter Frist eingelöst wird.

Verfang = Anefang.

Verfangenschaftsrecht (Devolutionsrecht) früher in Teilen Dt. Erbrecht, das dem überlebenden Ehegatten nur über die bewegliche Habe freie Verfügung gab; das unbewegliche Gut blieb den Kindern «verfangen», der überlebende Gatte hatte nur lebenslängliches Eigentum u. konnte nur mit Genehmigung der Kinder darüber verfügen; Kinder aus zweiter Ehe hatten daran kein Erbrecht. Vgl. Einkindschaft.

Verfassung, altständische s. Verfassung, landständische.

– **landständische** die Verfassung, bei der der Landesherr (s. Landeshoheit) durch die ↗Landstände mehr o. weniger beschränkt ist. Die l. V. bestand in den dt. ↗Territorien (2) i. d. R. etwa seit dem 14. Jh. u. wurde meistens im 17. u. 18. Jh. beseitigt; teilweise erhielt sie sich bis in die neueste Zeit u. wird dann meist als altständische V. bezeichnet.

Verfassungs- und Verwaltungsgericht, kirchliches = Kirchengericht (2 b).

Verfassungsausschuß a) der ↗Volkskammer (b) der DDR, bestehend aus Abgeordneten, drei Mitgliedern des ↗Obersten Gerichtshofes (c) u. drei Staatsrechtslehrern, sämtlich von der Volkskammer gewählt, hat nur begutachtende u. prüfende Tätigkeit in verfassungsrechtlichen Streitfragen. Vgl. Verfassungsgerichtsbarkeit. **b)** s. Conseil Constitutionnel.

Verfassungsbeschwerde s. Petitionsrecht u. Normenkontrolle.

Verfassungsgerichtsbarkeit (auch Staatsgerichtsbarkeit) Gerichtsbarkeit zur Entscheidung bestimmter verfassungsrechtlicher Streitfragen. Vgl. Normenkontrolle. Die V. ist entw. den ordentlichen Gerichten übertragen o. bes. Verfassungsgerichten. In der Dt. Bundesrepublik besteht seit 1951 ein Bundesverfassungsgericht in Karlsruhe. In den meisten ↗Ländern (1 e) gibt es Landesverfassunggerichte (teils Verfassungsgerichtshof, teils Staatsgerichtshof genannt). Öst. hat seit 1925 (bis 1934, dann wieder seit 1945) einen Verfassungsgerichtshof.

Verfassungsinitiative s. Gesetzesinitiative.

Verfassungsrat = Conseil constitutionnel.

Verfemung der Oberacht (s. Reichsacht) gleichkommende, bei Nichterscheinen des Geladenen u. Beschwörung der Schuld durch den Kläger selbsiebent (s. Eideshelfer) von der ↗Feme ausgesprochene Strafe. Die Vollstreckung des Urteils erfolgte bei Anwesenheit von drei ↗Freischöffen sofort durch den Strang.

Verfestung ([vor]vestinge, veste) im ↗Ungehorsamsverfahren nach sä. Recht eine vorläufige u. beschränkte ↗Acht (1), der bereits im frk. Recht der Vorbann (forbannitio, auch Speisebann [s. Acht]) des ↗Grafen (↗Grafenbann, später Grafenacht) entsprach; der Verfestete (forbannitus) behielt Rechtsfähigkeit u. Vermögen, konnte aber, wenn ergriffen, gebunden vor Gericht gebracht werden, wo er wie ein handhafter Täter behandelt wurde u. sein Urteil (stets Todesurteil) nicht ↗schelten (d) noch ablösen konnte. Stellte sich der Verfestete nicht binnen bestimmter Frist, so verfiel er der ↗Reichsacht. Die V. erhielt sich bis in die Zeit des ↗Gemeinen Rechts (a). – In den zähringischen ↗Stadtrechten entsprach der V. der Huldeverlust: der Schuldige erhielt sechs Wochen Frist, die Gnade des ↗Stadtherrn wieder zu erlangen, andernfalls erfolgte Festnahme u. Urteil.

Verfestungsbuch (Achtbuch, liber proscriptorum) Liste von Ächtungen, ↗Verfestungen u. Stadtverweisungen. Vgl. Stadtbuch.

Verfronen etwas in Besitz des ↗Herrn bringen, z. B. ↗Zinsland in Salland (s. Fronhof) verwandeln.

Verfügung im Verwaltungsrecht Anordnung einer Behörde, bes. ein Schreiben einer vorgesetzten an eine untergebene; V. von Zentralbehörden werden meist als Erlasse bezeichnet.

Verfügungsurkunde s. Carta (2).

Vergästung = Herbergsrecht (1).

Vergleichseid = Kompromißeid.

Vergrundholdung s. Höriger.

Verhältniswahlsystem = Proportionalwahlsystem.

Verhaftung † Haftung.

Verhandlungsmaxime (Dispositionsmaxime, Dispositionsprinzip, Verhandlungsprinzip) im alten dt. Recht u. wieder im neuen Zivilprozeß der Grundsatz, wonach im Gegensatz zur ↗Offizialmaxime die Parteien allein verhandeln u. der Richter den Prozeß (Dispositionsverfahren, Verhandlungsverfahren) nur auf Grund der von ihnen vorgelegten Beweise u. Tatsachen entscheiden darf. Vgl. Anklageprozeß.

Verhansung bei der dt. ↗Hanse der Ausschluß aus dem Bunde, mit Boykott der betr. Stadt verbunden.

Verhauptrechten s. Sterbfall.

Verhör, artikuliertes s. Inquisitionsverfahren (b).

Verhöramt, peinliches s. Semner.

Verjährung, unvordenkliche = Unvordenklichkeit.

Verkaufspfand s. Nutzpfand.

Verklarung 1. a) s. Gerüfte. **b)** ausdrückliche Erklärung in irgendeiner, auch symbolischen Form, daß eine an sich strafbare Handlung in Notwehr o. infolge eines Notstandes geschah (↗Ungefährwerk). Vgl. Gefährdeeid (b). **2.**

(Seeprotest, Note of Protest, prova di fortuna) Aussage des Schiffsführers u. der Mannschaft vor Gericht o. einem ↗Notar über Unfälle während der Reise.

Verkoppelung (Ackerumsatz, Arrondierung, Austauschung, ↗Feldbereinigung, Feldregulierung, Flurbereinigung, Flurregelung, Gemarkungsregulierung, [Grundstücks]umlegung, [Grundstücks]zusammenlegung, Kommassation, Konsolidation, Landumlegung, Schiftung, ↗Separation [1], S. der Ackerleute, Zurundung, réunion des terres) Vereinigung der in ↗Gemengelage liegenden Parzellen, entw. in größere Parzellen (dann meist als Konsolidation bezeichnet) o. in ein zusammenhängendes Stück. Bleibt in letzterem Falle der ↗Hof (3) nicht im Dorfe, so handelt es sich um ↗Abbau (1). Vgl. Gemeinheitsteilung, Storskift u. Vereinödung.

Verkümmerung = Arrest.

Verkündigungsbefehl s. Promulgation.

Verlag eigentlich das Auslegen, Vorschießen, nämlich von Kapital in irgendeiner Form; seit dem 15. Jh. die Bezeichnung eines gewerblichen Betriebs, bei dem ein Unternehmer (Verleger, maître-marchand, [master-] clothier, [master-] manufacturer, putter out) regelmäßig eine Anzahl Arbeiter beschäftigt, die außerhalb seines Betriebs in ihren Wohnungen arbeiten (sofern die Art des Gewerbes dies zuläßt). Der Arbeiter ist entw. selbständiger Handwerksmeister (Liefermeister, verlegter Kleinmeister, Zwischenmeister, maître chef d'atelier, m. fabricant, m. ouvrier), der seinerseits Gesellen usw. beschäftigt o. einfacher Heimarbeiter; arbeitet der letztere, indem er seinen Platz mietet, beim Kleinmeister, so heißt er Sitzgeselle (Platzgeselle); i. d. R. ist die ganze Familie für den Verleger tätig. Zwischen diesem u. dem Kleinmeister können bes. Vermittler (Aufseher, Faktoren, Ferger, Garnboten, Zwischenmeister) eingeschoben sein, die entw. nur Beauftragte des Verlegers sind, o. nach eigenem Ermessen die Arbeiten sammeln, bezahlen u. gegen Tantième abliefern, o. endlich als Zwischenverleger auf eigenes Risiko arbeiten lassen. Der Arbeiter erhält den Rohstoff o. diesen u. das Handwerkszeug ganz o. zum Teil vom Verleger geliefert o. er stellt beides selbst; er arbeitet auf Bestellung, gegen festen Preis o. erhält Stücklohn. Äußerlich unterscheiden sich V. u. Handwerk (i. w. S.) kaum, der wesentliche Unterschied besteht darin, daß beim V. Produktion u. Absatz auf zwei Personen verteilt sind. – Der Ausdruck V. wird in neuerer Zeit nur noch für den Buchverlag verwandt, während für den V. in anderen Gewerben die Bezeichnungen Hausindustrie o. Heimarbeit üblich sind; der V. im Bergbau, einer der frühesten, wobei ganze ↗Gewerkschaften verlegt wurden, ist verschwunden; man versteht hier heute unter V. die Auslagen für den Grubenbetrieb, u. nennt eine Zeche, solange diese Auslagen nicht wieder erstattet sind, Verlagszeche.

Verlagszeche s. Verlag.

Verlassung s. Sale (1).

Verlassungsgeld = Friedeschilling.

Verleger a) s. Verlag. **b)** Bevollmächtigter eines Gewerken (s. Gewerkschaft), der in der Nähe der Zeche seinen Wohnsitz hat.

Verleihungspfründe s. Beneficium ecclesiasticum.

Verliegenschaftung s. Ameublissement.

Vermeierung s. Meier (1).

Vermittler = Friedensrichter (4).

Vermittleramt s. Friedensrichter (4).

Vermögensgemeinde in den Gebieten der ehemaligen öst.-ung. Militärgrenze seit 1873 Vereinigung der Ortsgemeinden eines früheren Grenzregiments zur Verwaltung des gemeinsamen Waldbesitzes.

Verordnete 1. = Deputierte. **2.** s. Stadtrat (a).

Verordnetenkollegium s. Deputierte.

Verordnetenstelle s. Landesausschuß (1f).

Verordnung im materiellen Sinne eine Anordnung der Verwaltung, die keinen Rechtssatz enthält; im formellen Sinne jeder Akt der Staatsgewalt, der nicht auf verfassungsmäßigem Wege erfolgt. Die V. kann eine Rechtsnorm enthalten (Rechtsverordnung) u. entspricht dann einem Gesetz (V. mit Gesetzeskraft) o. nur eine Dienstanweisung u. dgl. (Verwaltungsverordnung). Eine Rechtsverordnung, die in dringenden Fällen vorbehaltlich späterer ↗Indemnität von der Verwaltung erlassen wird, heißt Notverordnung.

Verordnungsbann s. Bann (1).

Verordnungsurteil = Arrêt de règlement.

Verpfründung = Altenteil.

Verrechten vor Gericht bringen.

Verreichsgebühr (Abrechnung) bei ↗Auflassung an das ↗Dorfgericht gezahlte Gebühr.

Verreichung s. Sale (1).

Versammlung (des Europarates), Beratende (Assemblée Consultative [du Conseil de l'Europe]) seit 1949 Vertretung des Europarates, gebildet aus von den ↗Parlamenten (1) der Mitgliedstaaten gewählten Abgeordneten; sie hat nur beratende Aufgaben u. kann Empfehlungen aussprechen, die durch den Ministerausschuß (Comité des Ministres, aus den Außenministern bestehend) angenommen werden müssen, um verbindlich zu werden. Vorläufiger Sitz ist Straßburg.

– gesetzgebende s. Körper, gesetzgebender.

– konstituierende = Konstituante.

– landständische = Ständeversammlung (b).
Verschickung, administrative in Rußl. früher Verbannung einer Privatperson bis zur Dauer von fünf Jahren auf ministerielle Verfügung hin, ohne richterliches Urteil.
Verschießen = Halmwurf.
Verschoßen von einem Objekt ↗Schoß bezahlen.
Versetzung des Ratstuhles s. Stadtrat (a).
Versicherungseid = Eid, assertorischer.
Versitzen = Anni cleri.
Verspatung s. Deichlast.
Versprechen, jemanden einen vor ein nicht zuständiges Gericht Geladenen diesem Gericht abfordern.
Versprechenseid = Eid, promissorischer.
Versprecher = Vorsprecher (a).
Verspruch- und Schirmleute s. Schutzhöriger.
Verspruchgeld = Schutzzins.
Verspruchshuhn = Schutzzins.
Verstand † Vertrag.
Versteller s. Viehverstellung.
Verstellung = Viehverstellung.
Versterb = Sterbfall.
Verstrickung Haftung i. allg., bes. a) (Bannung, Eingränzung, Konfination, confinatio) Anweisung eines bestimmten Aufenthaltsortes. b) gerichtliche Beschlagnahme einer Sache.
Vertragsgericht s. Vertragssystem.
Vertragshafen (Traktathafen) Hafen, der, in einem an sich dem Fremden verschlossenen Lande, fremden Schiffen vertraglich geöffnet ist.
Vertragspfandrecht s. Pfandrecht.
Vertragssystem in der DDR Heranziehung der noch bestehenden Privatbetriebe zur Erfüllung der Volkswirtschaftspläne durch Verträge vorgeschriebenen Inhalts u. vorgeschriebener Form, die zwischen staatl. u. privaten o. auch zwischen privaten Betrieben geschlossen werden. Bei Streitigkeiten entscheiden bes. Vertragsgerichte.
Vertrauensfrage = Kabinettsfrage.
Vertrauensmänner = Ältestenrat.
Vertrauensrat, geistlicher s. Ministerium, Geistliches (b).
Vertrauensvotum s. Mißtrauensvotum.
Vervicaria = Schafschwaige.
Verwalter, geistlicher in Wü. seit der Reformation Beamter, der ursprgl. die Kirchenkassen kontrollierte, dann überhaupt das Kirchenvermögen verwaltete (wenn das eines ↗Stifts [1a]: Stiftsverwalter). Im 18. Jh. gab es einen g. V. (meist der ↗Vogt [2] bzw. ↗Oberamtmann [1]) in jedem ↗Oberamt (1).
Verwalteramt s. Amtsverwaltung.
Verwaltung = Amtsverwaltung.
Verwaltungsamt in einigen ↗Territorien (2) die Verwaltungseinheit. Vgl. Amtsverwaltung.
Verwaltungsausschuß s. Stadtrat (a).
Verwaltungsbann s. Bann (1).
Verwaltungsbeschwerde **1.** s. Petitionsrecht. **2.** = Beschwerde.
Verwaltungsbezirk s. Okrug (a).
Verwaltungsforstmeister s. Förster (1).
Verwaltungsgau s. Oblast.
Verwaltungsgebiet = Oblast.
Verwaltungsgemeinde in Öst. Vereinigung mehrerer Ortsgemeinden zu einer Gemeinde, derart, daß die Einzelgemeinden ihre Selbständigkeit behalten, aber die V. ebenfalls die Rechte einer Ortsgemeinde hat.
Verwaltungsgericht a) s. Verwaltungsgerichtsbarkeit (a). b) Gericht, das die Gerichtsbarkeit innerhalb eines Verwaltungszweiges ausübt, z. B. ein ↗Rechnungshof.
– kirchliches = Kirchengericht (2b).
Verwaltungsgerichtsbarkeit (Administrativjustiz) a) hat die Aufgabe, vor rechtswidrigen Verfügungen der Verwaltungsbehörden zu schützen, meist durch bes. Verwaltungsgerichte in zwei Instanzen. Die erste Instanz führt in den einzelnen dt. Bundesländern (s. Land [1 e]) verschiedene Bezeichnungen: Verwaltungsgericht, Landesverwaltungsgericht, ↗Bezirksverwaltungsgericht, die zweite Instanz: Verwaltungsgerichtshof, Oberverwaltungsgericht. Gegen Urteile der zweiten Instanz kann Revision beim seit 1952 bestehenden Bundesverwaltungsgericht (Sitz: Berlin) eingelegt werden, bei dem ein Oberbundesanwalt bestellt ist. Vorher hatte vorübergehend (1941–1945) ein Reichsverwaltungsgericht (Berlin) bestanden. – Das erste dt. Verwaltungsgericht wurde 1863 in Ba. errichtet. Vor 1945 waren i. allg. nur die oberen Instanzen mit unabhängigen Richtern besetzt, die unteren mit Verwaltungsbeamten, für die Zuständigkeit galt meist das ↗Enumerationsprinzip; seit 1945 wird die V. nur noch von unabhängigen Richtern ausgeübt, u. es gilt allg. die ↗Generalklausel. – Für den Bereich der Sozialverwaltung bestehen seit 1953 bes. Sozialgerichte als erste, Landessozialgerichte als zweite Instanzen; Revisionsinstanz ist das Bundessozialgericht in Kassel; besetzt sind diese Gerichte mit Berufsrichtern u. Beisitzern (Sozialrichter) aus den jeweiligen Interessenten. – Vgl. Tribunal des conflits. – b) (administratives Strafverfahren, politische Verwaltungsjustiz, Verwaltungsrechtspflege, Verwaltungsstrafjustiz) von einer Verwaltungsbehörde als solcher geübte Strafgerichtsbarkeit.
Verwaltungsgerichtsdirektor s. Bezirksausschuß (a).
Verwaltungsgerichtshof s. Verwaltungsgerichtsbarkeit (a).
Verwaltungshof in Ba. 1863 errichtete, dem ↗Ministerium (7) des Innern unmittelbar un-

terstellte Behörde, der ursprgl. die Beaufsichtigung u. Leitung des Kassen- u. Rechnungswesens auf dem Gebiete der inneren Verwaltung u. Justiz sowie eine Anzahl minder wichtiger Verwaltungsgeschäfte übertragen war u. die schließlich in erster Linie einen Teil der Stiftungen, die Heil- u. Pflegeanstalten u. dgl. sowie die Kassen der ↗Amtsbezirke beaufsichtigte.

Verwaltungsjustiz, politische = Verwaltungsgerichtsbarkeit (b).

Verwaltungskammer s. Kammer (1).

Verwaltungsrat 1. s. Gemarkung, abgesonderte u. Gemeinde, zusammengesetzte (b). 2. s. Wirtschaftsrat (1).

Verwaltungsrechtspflege = Verwaltungsgerichtsbarkeit (b).

Verwaltungsstrafjustiz = Verwaltungsgerichtsbarkeit (b).

Verwaltungsteilung s. Mutscharung.

Verwaltungsvermögen s. Kämmereivermögen.

Verwaltungsverordnung s. Verordnung (1).

Verwandtengeld s. Wergeld.

Verwandter 1. irgendwie (als Beisitzer o. unständig) «verwendetes» Mitglied einer Behörde, bes. einer Gerichtsbehörde, z. B. Gerichtsverwandter, Ratsverwandter, Kammerverwandter, Kanzleiverwandter. – In Sch.-H. erhielt sich die Bezeichnung Ratsverwandter bis in die Gegenwart für die neben dem ↗Bürgermeister (1) u. dem ↗Beigeordneten (a) stehenden Mitglieder des ↗Magistrats. 2. = Diener (3). 3. Angehöriger desselben Verwaltungsbezirks, z. B. Kreisverwandter, o. desselben Landes, z. B. Reichsverwandter. 4. Angehöriger einer Gruppe Gleichgesinnter, z. B. Konfessionsverwandter.

Verwerfen (das Urteil) s. Schelte (d).

Verweseramt s. Mediatgericht.

Verzicht s. Sale (1).

Verzichtpfennig s. Arrha (1).

Verziehen (sich) s. Sale (1).

Vest 1. (adhéritance, ensaisinement, vêture, investitura) in Fr. im MA. die ↗Besitzeinweisung, i. wesentl. in denselben Formen wie in Dt. Seit dem 14. Jh. wurde bei ↗Lehen (1) der V. durch den ↗Lehensbrief ersetzt, bei ↗Alloden verschwand er ganz, bei ↗censives blieb er nur in einigen Gegenden erhalten. Solange er obligatorisch war, wurde seine Unterlassung bestraft (tost-entrée, amende de). Vgl. Devest. 2. s. Go.

Vestararius an der Kurie im frühen MA. der Aufseher über die gottesdienstlichen Gewänder, Geräte usw.

Veste = Verfestung.

Vestenrecht s. Weistum.

Vestgeld = Friedeschilling.

Vestiarius s. Kämmerer (1).

Vestigii minatio = Spurfolge.

Vestimentum optimum s. Sterbfall.

Vesting(e) 1. s. Go. 2. = Verfestung.

Vestis bellica = Heergewäte.

Vestitio s. Precaria (1).

Vestitum superior s. Sterbfall.

Vestitur(a) a) = Gewerbe (1). **b)** s. Sale (1).

Vestry in Engl. die Versammlung der Angehörigen eines ↗Parish (Parish Assembly, P. Meeting), die ursprgl. die Gemeinde verwaltete. Seit dem 16. Jh. wurden die laufenden Geschäfte von ↗committees geführt, u. indem sich daraus allm. ein ständiger Ausschuß entwickelte, der sich durch Kooptation ergänzte, gelangte die Verwaltung in die Hände weniger Familien (Close Body), die die Gemeindeversammlung völlig verdrängten (Close V., Select V.); doch war dies hauptsächlich in Städten der Fall, während auf dem Lande die alte V. als Open V. (Common V.) erhalten blieb, wenn auch häufig nur dem Namen nach. 1818 wurde bestimmt, daß in den Open V., soweit sie als Armenpfleorgane fungierten, ein nach der Steuerfähigkeit abgestuftes Stimmrecht eingeführt werden könne, u. 1819 gestattet, nach demselben Stimmrecht u. für dieselben Zwecke die Select V. zu wählen, was 1831 auf die Select V. (aus Vestrymen [Vestryelders] bestehend) überhaupt ausgedehnt wurde, aber nur in größeren Parishes. Tatsächlich wurde nur teilweise von der Erlaubnis Gebrauch gemacht, so daß die verschiedensten Formen von V. nunmehr nebeneinander bestanden; ihre Haupttätigkeit, die Armenpflege, ging 1834 an die ↗Poor Law Unions über. – 1894 verloren die ländlichen V. ihre gesamten weltl. Verwaltungsbefugnisse u. sind seitdem rein kirchl. Körperschaften; an ihre Stelle traten teils die Parish Councils bzw. P. Meetings, teils die ↗District Councils; in den ↗Boroughs (a) u. Urban Districts (s. Sanitary District) blieben sie auch für weltl. Verwaltungszwecke, vor allem für die Wahl der ↗Overseers, bestehen; doch können diese Befugnisse an ↗Town Council o. District Council übergehen. In London (außer der City) wurden 1855 die alten V. in den größeren Parishes durch Administrative V. ersetzt, die kleinerern zu Gruppen zusammengeschlossen mit je einem District Board. 1899 traten an Stelle der V. u. Boards die Metropolitan Borough Councils (s. Metropolitan Borough). – In den USA wurde die V. in den Südstaaten übernommen u. diente sowohl kirchl. als auch weltl. Zwecken.

Vestversammlung s. Go.

Veteranus s. Vavassor.

Veterinäroffizier Tierarzt im Range eines Offiziers. Im dt. Heer vor 1918 waren die Veterinäre (außerhalb Bay. amtlich Roßärzte) ursprgl. Militärbeamte, u. man unterschied: Veterinär

(Roßarzt), Stabsveterinär (Oberroßarzt) u. Korpsstabsveterinär (Korpsroßarzt); die unterste Stufe, der Unterroßarzt (Unterveterinär), war kein Beamter, sondern stand im Range eines ↗Wachtmeisters bei der Truppe. Später erhielten die oberen Stufen Offiziersrang, u. es gab: Veterinär (im Rang eines ↗Leutnants), Obervet. (Oberlt.), Stabsvet. (↗Hauptmann [1]), Oberstabsvet. (charakterisierter Major [s. Offizier, charakterisierter]), Korpsstabsvet. (↗Major [4]), Generalobervet. (↗Oberstlt.), Generalvet. (↗Oberst) u. Obergeneralvet. (↗Generalmajor). – Bei der Reichswehr waren die Dienstgrade i. wesentl. dieselben u. blieben es bis zum Oberstabsvet. einschließlich auch nach 1934, während die oberen Stufen nunmehr waren: Oberfeldvet. (Oberstlt.), Oberstvet. (Oberst), Generalvet. (Generalmajor), Generalstabsvet. (↗Generallt.) u. Generaloberstabsvet. (↗General d. Inf.). – An der Spitze des Veterinärwesens stand der Veterinärinspekteur, unter ihm Gruppenveterinäre usw.

Veterinärsinspekteur s. Veterinäroffizier.

Veto das in einigen Verfassungen einem o. mehreren Faktoren der Gesetzgebung, meist dem Staatsoberhaupt, zustehende Recht, durch Verweigerung der Zustimmung das Zustandekommen eines Gesetzes zu verhindern, sei es unbedingt (absolutes V.) o. auf Zeit beschränkt (suspensives V.) Vgl. Liberum Veto.

Vetorecht s. Konklave.

Vetternbuße s. Wergeld.

Vêture = Vest (1).

Vexillarius a) = Bannert (1). **b)** s. Hauptmann, oberster (2).

Vezier = Wesir.

Viaticum sacramentorum (chrismales denarii, chrismalia, Chrismageld) im MA. Abgabe der Geistlichen an den ↗Bischof bei Überreichung des heiligen Öls.

Vicaire = Homme vivant et mourant.

Vicaria s. Justice, droits de u. Vikar (1 u. 2).

Vicariatus foraneus = Dekanat.

Vicarius 1. = Vikar. **2.** = Lieutenant (1). **3.** s. Schultheiß. **4.** = Altarista. **5.** s. Burggraf (1b) u. Vogt (2).

– **actualis** s. Vikar (1 a).

– **adjutor** s. Vikar (1 a).

– **Apostolicus** (apostolischer Vikar) i. w. S. jeder vom Papst mit Verwaltungsbefugnissen entsandte ↗Prälat, früher bes. auch die ↗Legaten u. ↗Nuntien (2) sowie die ↗Administratoren (1 a); i. e. S. heute ausschließlich der Leiter einer ↗terra missionis.

– **beneficialis** s. Vikar (1a).

– **Capitularis** s. Domkapitel.

– **Capituli** s. Domkapitel.

– **castrensis** = Feldpropst.

– **chori** = Chorvikar.

– **coadjutor** s. Vikar (1 a).

– **cooperator** s. Vikar (1 a).

– **curatus** s. Vikar (1 a).

– **episcopalis** bezeichnet allg. jeden Stellvertreter des ↗Bischofs, insbes. ↗Generalvikar (1 a) u. ↗Offizial sowie Kapitularvikar (s. Domkapitel).

– **Episcopi** = Offizial.

– **foraneus** s. Dekan (1) u. Offizial.

– **Generalis** = Generalvikar (1 a).

– **generalis imperii** = Generalvikar (3).

– **Generalis in pontificalibus** = Weihbischof.

– **Generalis in spiritualibus (et temporalibus)** s. Generalvikar (1 a).

– **imperatoris (ad justitias faciendas in Italia)** = Hofvikar.

– **imperialis** s. Domkapitel.

– **imperialis aulae** = Hofvikar.

– **imperialis curiae** = Hofvikar.

– **imperii** = Generalvikar (3), Hofvikar u. Reichsvikar (a).

– **Italiae** = Hofvikar.

– **oeconomus** s. Vikar (1 a).

– **paroecialis** s. Vikar (1 a).

– **perpetuus** s. Vikar (1 a).

– **praefecti** s. Burggraf (1 b).

– **principalis** s. Offizial.

– **regius** s. Domkapitel.

– **residens** = Kurat.

– **Sedis Apostolicae** Ehrentitel dt. ↗Erzbischöfe im MA.

– **substitutus** s. Vikar (1 a).

– **temporalis** s. Vikar (1 a).

– **temporarius** s. Vikar (1 a).

– **Urbis** = Kardinalvikar.

Vice-Admiralty Court s. Court of Admiralty.

– **Chancellor** s. High Court of Justice, Master of the Rolls u. Vizekanzler.

– **connétable** s. Connétable.

– **électeur** s. Grand électeur.

– **Roy** s. Lord Lieutenant (b) u. Vizekönig.

– **Treasurer** s. Exchequer u. Lord High Treasurer.

Viceadmiratus = Vizeadmiral.

Viceadvocatus s. Vogt (1 u. 2).

Vicearchidiaconus s. Archidiakon.

Vicecamerlengo s. Camera Apostolica.

Vicecancellarius = Vizekanzler.

– **Sanctae Romanae Ecclesiae** s. Cancellaria Apostolica.

Vicecomes 1. (Vizegraf, vicomte, auch vicedominus) seit Ludwig d. Frommen in den roman. Gebieten des frk. Reiches ständiger Stellvertreter des ↗Grafen, von diesem für die ganze Grafschaft o. einen Teil (vicomté) ernannt, später bes. dann, wenn der Graf mehrere Grafschaften besaß; im Gericht war der V. vor allem erster Beisitzer. Noch im 9. Jh. machten sich die V. teils völlig selbständig, teils wurden sie Lehensleute (s. Lehen [1]) des Grafen, in Fr. auf jeden Fall ↗Lehensfürsten (1). Nördl. der Loire nahmen sie meist den Grafentitel an; andrerseits nannten sich auch einfache ↗seigneurs V. Seit dem späteren MA. ist V. (vicomte, visconte, vizconde) nur noch Adelstitel, im Range zwischen Graf u. ↗Baron. – In Port. war dies von vornherein der Fall; in den Ländern der kast. Krone gibt es den Titel nicht. – In Engl., wo der lat. Ausdruck den ↗Sheriff bezeichnete, wurde Viscount als Adelstitel im 15. Jh. nach fr. Vorbild geschaffen. Auf der Kanalinsel Jersey heißt der oberste Verwaltungsbeamte heute noch Vicomte. – In Dt. gab es V. nicht, doch wird i. d. Lit. der Ausdruck für die ↗Untergrafen gebraucht. – In Siz.-Neapel, wo es keine Grafen gab, standen in den ersten Zeiten der norm. Herrschaft V. an der Spitze der Grafschaften; sie wurden unter Roger II. durch ↗bajuli (2) ersetzt; nur in Palermo erhielten sich vier V., aber nur als ↗Unterrichter für Bagatellsachen. **2.** = Prévôt. **3.** s. Burggraf (1 c). **4.** s. Konsul (1).

– palatii = Vizepfalzgraf.

Vicedapifer imperii s. Reichserbämter.

Vicedominus **1.** = Viztum (a). **2.** = Vicecomes (1). **3.** s. Hausmeier. **4.** in der Provence in merov. Zeit vom ↗patricius (b) ernannter u. von ihm abhängiger Beamter, der einem ↗Gau (a) vorstand. **5.** s. Konsul (1). **6.** in einigen it. Städten Leiter der Verwaltung; in Ven. im MA. Beamter, dem das Zollwesen unterstand u. der den Fremdenverkehr beaufsichtigte; z. B. standen zwei V. dem ↗Fondaco dei Tedeschi vor. **7.** Verwalter der bischöflichen ↗mensa; vgl. Oeconomus (1). **8.** s. Stiftsvogt u. Vogt (1). **9.** in It. im MA. Vertreter eines ↗Bischofs in dessen Eigenschaft als ↗Graf. **10.** s. Waldbote.

Vicedux s. Go.

Vicegerens **1.** = Generalvikar (2) **2.** = Weihbischof. **3.** s. Kardinalvikar.

Vicejudex s. Go.

– curiae personalis s. Tafel, königliche.

– curiae regis s. Judex curiae (1).

Vicemarescalcus = Schildknechtmeister.

Viceofficialis s. Offizial.

Vicepastor = Vikar (1 a).

Vicepincerna s. Reichserbämter.

Viceplebanus = Vikar (1 a).

Vicepraeceptor = Komthur, kleiner.

Vicepraefectus s. Vogt (2).

Viceprotonotarius in Neapel seit 1294 Stellvertreter des ↗Protonotars für dessen Kanzleigeschäfte; meist waren es zwei.

Vicescultetus s. Schultheiß.

Vicinatus s. Opole.

Vicinen(erb)recht nach der Lex Salica Recht, wonach in Ermanglung direkter männlicher Leibeserben eines Grundbesitzers dessen vicini erbten. Durch das Edictum Chilperici (2. Hälfte des 6. Jh.) soweit gemildert, daß auch Töchter u. Geschwister des Erblassers eintreten konnten, wurde das V. im 7. Jh. völlig aufgehoben, u. der Sache nach durch ↗Retrakte ersetzt. Ob vicinus einen ↗Markgenossen o. einen ↗Hintersassen (1) einer Grundherrschaft bedeutet, ist strittig. Vgl. Heimfall.

Vicinia = Opole.

Vicinitas s. Paraige.

Vincinus s. Markgenossenschaft, Opole u. Vicinen(erb)recht.

Vicissitudo = Arrha (1).

Vicomte = Vicecomes (1) u. Prévôt.

Vicomté s. Vicecomes (1) u. Prévôt.

Vicontage (cheminage) Inspektion der Straßen u. Wege durch den betr. ↗seigneur.

Victualia s. Domkapitel.

Vida s. Herbergsrecht (1).

Vidam(i)e s. Stiftsvogt.

Vidimation s. Inserierung.

Vidimierung s. Inserierung.

Vidimus s. Inserierung.

Vidualitium = Altenteil u. Wittum (1).

Vieh, eisern s. Eisernviehvertrag.

Vieheid bei den alten Frs. ein weniger feierlicher Eid, der unter Verfluchung des Vermögens (Vieh) geleistet wurde.

Viehhof **a)** = Schwaighof. **b)** s. Vorwerk.

Viehleihe = Viehverstellung.

Viehpacht = Viehverstellung.

Viehschwaige = Schwaighof.

Viehtrieb s. Weidegerechtigkeit.

Viehtrift s. Weidegerechtigkeit.

Viehverstellung (Einstellviehvertrag, Verstellung, Viehleihe, Viehpacht) Vertrag, durch den jemand (Versteller) einem anderen (Einsteller) Vieh zur Nutzung gegen Fütterung u. Wartung überläßt. – In Fr. entsprach der V. der bail à cheptel (b. à moulteploit, commende de bestial), wobei der Gewinn geteilt wurde u. so eine Annäherung an die Halbpacht (s. Teilbau) entstand (daher b. de ch. à métairie).

Viehzehnt s. Zehnt (1).

Vielheitsgemeinde = Samtgemeinde.

Vielwarig hieß ein ↗Erbe (1 b), der mehrere ↗Echtworte besaß.

Vieramt = Viertel (3).

Viereckdorf Dorf, das ein Quadrat o. ein Rechteck bildet u. dessen Straßen u. Wege sich rechtwinklig schneiden.

Vierendeel = Kluft.

Vierer s. Zunft (1).

Vierfelderwirtschaft s. Felderwirtschaft.

Vierg bis zur Revolution Titel des Oberhauptes der Stadt Autun, entstanden aus dem Titel vergobretus, den die Oberhäupter der Häduer führten.

Vierrosser s. Diener.

Vierstädtegericht 1498 errichtetes Appellationsgericht für die Städte Kiel, Rendsburg, Itzehoe u. Oldesloe, an die Stelle des ↗Oberhofs (1 a) Lübeck tretend u. aus ↗Ratsherren (a) der Städte bestehend; Ende des 17. Jh. ging das V. ein, wurde aber erst 1737 formell aufgehoben.

Vierständereichstag s. Reichstag (3).

Viertel 1. = Kluft. 2. früher in einigen ↗Territorien (2) (bes. in Süddt.) dem nordwestdt. ↗Quartier (2) entspr. Einheit, nur selten u. spät eigentlicher Verwaltungsbezirk (so z. B. in einigen öst. ↗Kronländern [1], vgl. Kreis), meist ständisch-repräsentativen, mil. u. ä. Zwecken dienend, an Größe äußerst verschieden; auch die ↗Ritterkantone wurden V. genannt. – In den skand. Ländern hießen im MA. bes. die Unterabteilungen des ↗Härad V.; Island war bis in die neuere Zeit in vier V. eingeteilt. 3. (Quartier, Vieramt, pagus, platea) sei dem 13. Jh. Abteilung der Städte, ursprgl. nur für Kriegs- u. Wachtzwecke (daher Banner, Wache, Wacht, custodia, wacta, warda), später auch für Polizei, Steuererhebung, Wahlen, endlich überhaupt Verwaltungseinheit; häufig entsprachen die V. bei Städten, die aus Vereinigung mehrerer Gemeinden entstanden waren, den alten Bestandteilen (daher Bauerbank, Bauerschaft, Bürgermeisterei, Geburschaft, Heimschaft, Hof, Klucht, ↗Laischaft, Nachbarschaft, divisio, mairie, auch Kirchspiel, Pfarrei). An ihrer Spitze standen gewählte Viertelsmeister (Bannerherren, Hauptleute, Hofkapitäne, Ladenmeister, Sechstelsmeister, ↗Venner, Viertelsherren, Viertelsvorsteher, Wachtherren, ↗Wachtmeister, quarteniers), die i. d. R. die betr. Bürgerabteilung auch im Felde führten u. später, teilweise bis ins 19. Jh., die Bürgerschaft im ↗Stadtrat (a) vertraten; in einigen Städten besaßen sie auch eine Gerichtsbarkeit (vgl. Wachtgeding). Manchmal waren die V. in Unterabteilungen (Hauptmannschaften) mit eigenen Vorstehern (Gassenhauptleute, Hofdeputierte, Sechsviertelsleute) eingeteilt. – In der Neuzeit verloren die V. in den meisten Ländern allm. ihre Bedeutung, verschwanden bis auf den Namen ganz o. wurden zu bloßen Polizeirevieren. Andrerseits wurden seit dem 18. Jh. die Großstädte, vor allem die Hauptstädte, vielfach in eigentliche Verwaltungsbezirke eingeteilt. Vgl. Bezirk, Rione u. Ward. – Auch Dörfer waren manchmal in V. unter Viertelsmeistern (Dorfvierer) eingeteilt, die hauptsächlich Polizeizwecken dienten.

Vierteledel s. Halbedel.

Viertelerbe s. Erbe (1 b).

Viertelhof s. Erbe (1 b).

Viertelhufe s. Hufe.

Viertelhufner s. Hufe.

Viertelmann = Führer (1).

Viertelmeier s. Hufe.

Viertelsbauer s. Hufe.

Viertelsgericht in Isl. Gericht für ein ↗Viertel (2) der Insel, im Anfang in dem betr. Viertel gehalten, schon früh auf das ↗Allthing verlegt. Vgl. Fünftengericht.

Viertelshauptmann s. Kreis.

Viertelsherr s. Viertel (3).

Viertelskommissär s. Kreis.

Viertelskuh s. Kuhrecht.

Viertelsmeister a) s. Viertel (3). b) s. Kreis.

Viertelspacht s. Teilbau.

Viertelspänner s. Hufe.

Viertelsvorsteher s. Gemeindebezirk u. Viertel (3).

Vierwerke s. Zunft (1).

View of frankpledge s. Frankpledge.

Vif-gage = Totsatzung.

Vigerius s. Vikar (2).

Vigilanzbeamter Beamter, der (bei den im 17. u. 18. Jh. üblichen Streitigkeiten zwischen den ↗Grundherrschaften) die Rechte seines Herrn zu wahren u. Übergriffe des anderen umgehend zu melden hatte. Vgl. Fraischvogt.

Viguerie 1. s. Prévôt u. Vikar (2). 2. Bezeichnung für die von einem viguier (s. Vikar [2]) erhobenen Abgaben, Sporteln usw.

Viguier s. Vikar (2).

Vikar (vicarius) 1. a) in der kath. Kirche (proparochus, vicepastor, viceplebanus) Stellvertreter eines mit ordentlicher Amtsgewalt bekleideten Inhabers eines Kirchenamtes (Vikariat), i. e. S. des ↗parochus (vicarius beneficialis, v. paroecialis) u. zwar: aa) v. actualis (parochus actualis, p. secundarius, v. curatus, v. perpetuus, Ewigvikar, Pfarrektor, Pfarrvikar, auch Leutpriester), Geistlicher, der an einer einer Korporation (z. B. ↗Domkapitel) inkorporierten ↗Pfarrkirche die ↗cura actualis ausübt, mit allen Rechten eines parochus; ebenso Pfarrer (expositus perpetuus, parochus minor) einer ursprgl. ↗Filialkirche, die de facto selbständig, de jure noch abhängig ist (Expositur, Kuratie, Rektorat, ständige Vikarie; vgl. Hauptpfarrer); endlich Pfarrer einer einst inkorporierten, durch Säkularisation selbständig gewordenen Kirche; auch Einzelpersonen (z. B. Domkapitulare) konnten früher v. actuales (mansionarii) bestellen. bb) v. temporalis (provisor i. w. S., v. temporarius, Pfarrprovisor), der nur zeitweilig den parochus vertritt, unterschieden als α) v. oeconomus (administrator, provisor i. e. S., Pfarradministrator, Pfarrverweser), zeitweiliger Verweser bei Erledigung der Pfarrei, β) v. substitutus (Pfarrstellvertreter), während vorübergehender Abwesenheit o. ↗suspensio, γ) v. adjutor (v. coadjutor, Pfarrgehilfe) bei dauernder körperlicher Unfähigkeit, δ) v. cooperator (Pfarrkooperator), zur Entlastung des parochus; ein Koadjutor, der den parochus in allen Amtshandlungen vertritt, heißt administrator in spiritualibus (provisor in sp.). Früher waren die v. temporales vielfach Ordensgeistliche, die teilweise in regelmäßigen Zeiträumen aushalfen (stationes regularium); die Kooperatoren wurden bis in die neueste Zeit vom parochus, heute vom ↗Bischof ernannt. – Die Bezeichnungen für die einzelnen Arten von V., ebenso für ihr Amt (vicaria), werden vielfach in verschiedenem Sinne gebraucht; auch eine scharfe Grenze gegenüber ↗Kaplan, ↗Kurat u. dgl. besteht häufig nicht. b) in der prot. Kirche Anwärter auf ein Predigt- o. Pfarramt, der die erforderlichen Prüfungen abgelegt hat; er kann einem Pfarrer zur Ausbildung zugewiesen (Lehrvikar) o. zur Unterstützung beigegeben werden (Privatvikar). Außerdem gibt es exponierte V., deren Stellung i. wesentl. der eines Pfarrers entspricht, ferner V. als Hilfsgeistliche (je nach der Stellung in einer Stadt- o. Landgemeinde Stadt- o. Pfarrvikar genannt), endlich als Pfarrverweser. – In neuester Zeit gibt es auch Vikarinnen (Pfarrgehilfinnen, Pfarrhelferinnen), in der ev. luth. Kirche bei Anstellung Pfarrvikarinnen genannt. – In der anglikanischen Kirche hat sich die ma. Stellung des vicarius actualis bis heute erhalten. **2.** in Westfrk. der dem dt. ↗Zentenar entsprechende Hilfsbeamte, (↗Untergraf) des ↗Grafen, von Anfang an dessen Untergebener, seit karol. Zeit Vorsteher eines Bezirks der Grafschaft, der vicaria (veherie, voirie); er vertrat den Grafen bes. im ↗Niedergericht. In nachkarol. Zeit erhielt sich der Ausdruck V. (vigerius, centenier, viguier, voyer) nur im Süden Fr. u. bezeichnete dort einen dem ↗prévôt entsprechenden kgl. bezw. ↗lehensfürstlichen (1) Beamten; sein Bezirk hieß viguerie. – In Kat. war im MA. der V. (veguer) an der Spitze seines Bezirks (veguería, vicaria) hauptsächlich ordentlicher Richter u. mil. Befehlshaber, dann auch Verwaltungsbeamter. – In Andorra erhielt sich der Titel veguer (veguaro, viguier, Landvogt, Statthalter) für die beiden Vertreter von Fr. u. Urgel, seit dem 13. Jh. ernannt; sie üben die ordentliche Gerichtsbarkeit aus, wobei ihnen zwei, ebenfalls von Fr. u. Urgel ernannte, ↗bailes (1) zur Seite stehen; außerdem kommandieren sie die ↗Miliz. **3.** (Kapitän, capitaneus) in It. im 13. Jh. ksl. Beamter, unter dem ↗Generalvikar (3), zuerst von diesem, später meist vom Ks. ernannt; der V. war i. wesentl. Nachfolger des Grafen, verwaltete aber manchmal mehrere Grafschaften, mitunter nur einen kleinen Bezirk. **4.** in der Schw. Stellvertreter eines gewählten Lehrers.

– **apostolischer** = Vicarius Apostolicus.

– **der Deutschen Evangelischen Kirche** s. Reichsbischof (2).

– **des Reichsbischofs** s. Reichsbischof (2).

– **exponierter** s. Vikar (1b).

Vikariat, apostolisches s. Terrae missionis.

Vikariats(hof)gericht s. Reichsvikar (a).

Vikarie, ständige s. Vikar (1 a).

Vikarin s. Vikar (1b).

Vilain (homme coutumier, ↗homme de poesté, rusticus, villanus) bis Ende des 13. Jh. ↗roturier, dann nur noch der freie Landbewohner, im Gegensatz einerseits zum bourgeois, andrerseits zum ↗serf (der aber auch V. genannt wird). Im MA., solange das Lehenswesen bestand, war der V. vom ↗seigneur justicier (a), seinem zuständigen Richter, weitgehend abhängig; er war einer Reihe von Abgaben, ↗Zwangs- und Bannrechten, ↗Fronden (a) usw. unterworfen, sowie dem ↗host u. der ↗chevauchée (1), außerdem den kgl. Steuern, abgesehen von den Diensten u. Abgaben, die an seinem Gute hafteten. Im übrigen war er persönlich frei, vor allem genoß er Freizügigkeit. Als der Kg. die Gerichtsgewalt an sich brachte, wurde die Lage des V. in gerichtlicher Beziehung besser, da aber die seigneurialen Abgaben usw. ebenfalls an den Kg. übergingen, blieb er wirtschaftlich bis zur Revolution in sehr beschränkten Verhältnissen.

Vilainage s. Bail à rente (foncière).

Vilior = Minoflidus.

Vill = Township (a).

Villa **1.** in frk. Zeit die Siedlung i. allg., vom Dorf bis zum ↗Einzelhof, auch die ↗Allmende, bes. aber der zentrale Wirtschaftshof (V. regia, ↗Königshof) einer kgl. ↗Domäne; mehrere V. (die aus einer V. capitanea u. ↗Vorwerken bestanden) waren zu einem ↗ministerium (4) vereinigt. Vgl. Actor dominicus, Fiscus (1) u. Palatium. V. (V. indominicata) hieß ferner der gesamte, von einer V. abhängige Güterkomplex; i. d. Lit. wird er meist Villikation (villicatio) genannt, u. dieses Wort bezeichnet dann auch überhaupt einen ↗Fronhof mit seinen Ländereien. **2.** s. Frankpledge. **3.** in Sp. seit dem 10. Jh. Stadt, die einen ↗Fuero erhalten hatte; die V. waren entw. alte, eroberte Städte o. Neugründungen, in letzterem Falle als Grenzfestungen angelegt, stets aber kgl. Städte; seit dem 12. Jh. wurden indessen auch die anderen Städte (grundherrliche u. bischöfliche) zu V. Bezeichnend für die V. war bes. der ↗Concejo u. die freie Wahl des ↗Ayuntamiento; seit dem 15. Jh. gingen jedoch diese Vorrechte praktisch verloren, teils wegen der Bevormundung durch den ↗Corregidor. Die größeren V. wurden später Ciudades genannt; obwohl ein eigentlicher Unterschied nie bestand – nur in Am. waren die Ciudades von den V. durch zahlreichere Beamte, Räte usw. unterschieden – wurden die beiden Bezeichnungen bis heute festgehalten.

– **capitanea** s. Villa (1).

– **deserta** s. Wüstung.

– **desolata** s. Wüstung.

– **fiscalis** = Fiskus (1).

– **franca** = Civitas libera.

– **indominicata** s. Villa (1).

– **regia** s. Villa (1).

Village = Town (2a).

Villain (consuetudinarius, customarius, villanus) in Engl. in norm. Zeit der ↗Hörige; dieser ↗Stand (1) war durch Verschmelzung der ags. Stände des ↗ceorl, ↗theow, ↗gebûr, ↗geneat u. a. entstanden. Ursprgl. verhältnismäßig günstig gestellt, wurde er allm. zum ↗Leibeigenen u. hatte ungemessene Dienste u. Abgaben nach Willkür des Gutsherrn zu tragen. Infolge der wirtschaftlichen Umwälzungen des 14. Jh. gelang es den V., teils durch Abwanderung, teils durch Verzicht des Herrn ihre Stellung zu verbessern. Tatsächlich wurde die villainage (villenagium) durch die ↗copyhold ersetzt u. verschwand auch rechtlich noch im 16. Jh. Nur einzelne Reste erhielten sich bis ins 17. Jh.

– **socman** s. Socman.

Villainage s. Villain.

Villanus a) = Vilain u. Villain.**b)** s. Markgenossenschaft.

Villata s. Frankpledge.

Ville affiliée s. Mutterrecht.

– **bateïce** = Communauté (rurale) d'habitants.

– **consulaire** = Ville de consulat.

– **de Commune** s. Commune jurée.

– **de consultat** (v. consulaire) in Fr. seit Anfang des 12. Jh. Stadt, die sich selbst unabhängig verwaltete u. an deren Spitze eine Anzahl ↗Konsuln (2) standen. Ihnen zur Seite, mit wesentlich beratender Stimme, stand ein ↗consilium (2), dessen Mitglieder sie ernannten o. die sich durch Kooptation ergänzten. Außerdem bestand eine ↗assemblée générale von geringer Bedeutung u. die ↗curia (1b). Die Privilegien waren in chartes de c. verzeichnet. V. de c. gab es i. wesentl. nur im Süden; obwohl mit den ↗communes jurées gleichzeitig, unterschieden sie sich von diesen dadurch, daß Adel u. Geistlichkeit nicht nur mit den Bürgern gleichberechtigt waren, sondern sogar vielfach die eigentliche Herrschaft ausübten. – Gleich den andern Städten, erlagen auch die V. de c. seit Philipp d. Schönen allm. dem kgl. Einfluß u. verloren tatsächlich, unter Beibehaltung der Formen, ihre Selbständigkeit. Vgl. Ville libre.

– **de franchise** = Ville franche.

– **de paix** = Ville franche.

– **de prévôté** s. Ville franche.

– **de simple franchise** = Ville franche.

– **franche** (v. de paix, v. de [simple] franchise) im MA. in Fr. Stadt, die eine gewisse Selbständigkeit genoß u. der durch Privileg (charte de franchise, carta franchisiae, im Süden auch charte de peuplement, c. de poblacion) des Kgs., eines ↗seigneurs o. ↗Lehensfürsten (1) eine Reihe von Rechten (Steuerherabsetzung, Befreiung vom Kriegsdienst, Erleichterungen für den Handel, der Grundsatz «Stadtluft macht frei» u. dgl.) erteilt wurden, die aber keine autonome Verwaltung besaß, sondern vom ↗prévôt (daher auch V. de prévôté, V. prévôtale) o. einem andern Beamten geleitet wurde; auch die Gerichtsbarkeit war meist nicht städtisch. Im einzelnen war die rechtliche Stellung der V. f., die bes. in Mittelfr. überwogen, äußerst verschieden. Neugegründete Städte (V. neuves, im **Süden** bastides, sauvetés), bes. kgl., wurden i. d. R. zu V. f. Das Stadtoberhaupt (meist mit dem Titel ↗maire [1]) u. die ↗assemblée générale hatten von vornherein wenig Bedeutung u. verloren diese seit Ende des 13. Jh. allm. ganz. Vgl. Ville libre.

– **libre** in Fr. im MA. Stadt, die volle Freiheit erworben hatte, vielfach mit Hilfe des Kgs. gegenüber einem ↗seigneur. Die V. l. waren im Norden die ↗communes jurées, im Süden die ↗villes de consulat; auch sonst gab es Städte, deren Freiheiten sich denen dieser beiden Kategorien näherten; eine wirkliche Grenze zwischen V. l. u. ↗villes franches bestand jedoch nicht, u. seit Ende des 13. Jh. wurden vom Kg. alle V. l. allm. tatsächlich zu V. franches gemacht, obwohl die alten Formen u. Titel bestehen blieben.

– **libre royale** s. Sicherheitsplätze.

– **neuve** s. Ville franche.

– **prévôtale** s. Ville franche.

Villenage = Censive.

Villenagium a) = Censive. **b)** s. Villain.

Villenverfassung s. Fronhof.

Villicatio s. Villa (1).

– **integra** s. Hufe.

Villicatus s. Fronhof.

Villicorum jus s. Meier (1).

Villicus 1. = Actor dominicus u. Meier (1). **2. a)** = Byfogd. **b)** s. Schultheiß u. Vogt (2). **3.** s. Opole.

– **subditus** s. Meier (1).

Villikation s. Fronhof, Villa (1) u. Meier (1).

Villikationsbezirk s. Fronhof.

Villikationsherr s. Fronhof.

Villikationsherrschaft = Grundherrschaft.
Villikationspacht s. Meier (1).
Villikationsverfassung s. Fronhof.
Villula = Einzelhof.
Vin de bourgeoisie a) s. Anzugsgeld (1). b) = Weinkauf (1).
– de marché = Weinkauf (1).
Vinage a) = Champart (2). b) Durchgangsabgabe für Wein, vom ↗seigneur erhoben.
Vinagium = Weinkauf (1).
Vinaria = Weinkauf (1).
Vinave s. Paraige.
Vinculación s. Familienfideikommiß.
Vínculo s. Familienfideikommiß.
Vindicare s. Arrest.
Vindicationis jus = Satzrecht.
Vindicativstrafen = Poenae vindicativae.
Vinea salaricia s. Fronhof.
Vingiaef s. Exenium.
Vingtain, droit de = Champart (1).
Vingtième in Fr. im 18. Jh. Einkommensteuer, zuerst als außerordentliche Kriegssteuer in Höhe von zehn Prozent (le dixième) von 1710 bis nach dem sp. Erbfolgekrieg erhoben (nicht gleichzeitig im ganzen Lande abgeschafft); 1725/26 wurden zwei Prozent (le cinquantième, der Fünfzigste), 1734–1737 wieder der ↗Zehnte (1) erhoben. 1741 wurde der dixième von neuem eingeführt, aber diesmal nach Friedensschluß (1749) nicht abgeschafft, sondern in halber Höhe als V. dauernd erhoben, wozu bei Bedarf ein zweiter u. dritter V. kam; von 1756 bis zur Revolution betrug die Steuer stets mindestens zwei V. – Ursprgl. sollte der Zwanzigste allgemein sein; die Kirche zahlte aber eine Abfindungssumme, der Adel entw. zu wenig o. ebenfalls ↗abonnements, desgleichen die ↗pays d'états. Ebenso wurde der Grundsatz, daß jedes Einkommen belastet sein sollte, bald durchbrochen, indem von den beiden Arten des V. der V. d'industrie (aus Industrie, Handel u. Ämtern) bald in Verfall geriet u. nur der V. de produit (aus Grundbesitz) bestehen blieb, u. auch dieser nur für die kleineren Besitzer.
Violentia 1. im MA. auch Steuer. 2. = Missetat.
Vir capitularis = Capitoul.
– de capitulo = Capitoul.
– dives s. Lehensfürst (1).
– egregiae libertatis s. Freiherr.
– excellentissimus (auch excellentissimus allein) einer der Titel der lang. Kge. in It.; in den subjektiv gehaltenen Urkundentexten wird die Form excellentia nostra u. ä. gebraucht.
– gloriosissimus Ehrenprädikat der ↗Herzöge von Benevent.
– hereditarius (v. hereditatus) in den Ndl. im MA. ein Grundbesitzer, auf dem Lande ein freier Bauer, in den Städten ein ↗Patrizier.
– illustris = Vir inluster.
– ingenuus s. Freiherr.
– inluster (v. illustris) neben rex Francorum Titel der frk. Kge. bis 774; bei den Lang. war v. i. der Titel der hohen Beamten.
– nobilis s. Freiherr.
Virgata s. Hîde.
Virilist = Virilmitglied.
Virilmitglied (Virilist) wer einer Körperschaft auf Grund seines Amtes, Ranges u. dgl. angehört.
Virilstimme (votum virile) Stimme, die, im Gegensatz zur ↗Kollektivstimme, einer Einzelperson zusteht. Vgl. Kurie (1).
Virrey s. Vizekönig.
Visconte s. Vicecomes (1).
Viscount s. Vicecomes (1).
Visinho im ma. Port. Adliger, der in einer Gemeinde Grundstücke besaß u. alle Rechte eines Bürgers genoß, ohne irgendwelche Pflichten zu haben; dafür vertrat er die Interessen der Gemeinde am Hofe, vor Gericht usw.
Visit and search s. Besuchsrecht.
Visitaçao s. Herbergsrecht (1).
Visitatio liminum SS. Apostolorum Besuch der ↗Prälaten an der Kurie in bestimmten Zwischenräumen, seit dem 12. Jh. Pflicht der ↗Erzbischöfe, vom Papst ordinierten ↗Bischöfe u. ↗exemten (1) ↗Äbte, später weiter ausgedehnt, heute auf die Bischöfe beschränkt. Im MA. unterschied man V. realis (mit einer Abgabe [Visitationsgeld] verbunden, auf sehr wenige Prälaten beschränkt) u. V. verbalis (einfacher Besuch). Heute besteht die V. aus alle fünf Jahre stattfindendem persönlichen Besuch des Papstes u. der Apostelgräber u. Abgabe eines schriftlichen Rechenschaftsberichtes; Vertretung ist zulässig.
Visitation (auch ↗Synode) vom ↗Bischof als Recht (Visitationsrecht) u. Pflicht in seiner ↗Diözese (a) (einschließlich der nicht völlig ↗exemten [1] ↗Klöster), meist jährl. ausgeübt, auf Personen u. Sachen sich erstreckend; Vertretung (durch den ↗Generalvikar [1a], im MA. bes. durch den ↗Archidiakon) ist zulässig; mit der V. war früher das ↗Sendgericht verbunden. Das Ergebnis der V. wurde in einem Visitationsabschied zusammengefaßt. Die V. der ↗Erzbischöfe in ihrer ↗Kirchenprovinz (a), im MA. häufig gehandhabt, ist heute praktisch ausgeschaltet. Vgl. Rat, geistlicher (1). – In der prot. Kirche wurden zur Durchführung der Reformation bes. Visitationskommissionen (Visitationskollegien) gebildet, deren Befugnisse später an die ↗Superintendenten (1) u. ↗Konsistorien (2) übergingen. Man unterschied bei diesen: Generalvisitation (von der Zentralstelle aus über das ganze Land); Spezialvisitation (für einzelne Bezirke vom Su-

perintendenten, o. für spezielle Fragen von der Zentrale); Lokalvisitation (regelmäßig vom Superintendenten in seinem Amtsbezirk; Partikularvisitation (Partikularinquisition, inquisitio particularis, wobei jeder Pfarrer für sich examiniert wurde).

– **droit de** s. Besuchsrecht.

Visitationsabschied s. Visitation.

Visitationsgeld s. Visitatio liminum.

Visitationskollegium s. Visitation.

Visitationskommission s. Visitation.

Visitationsrat in Wü. im 16. Jh. Vorläufer des ↗Konsistoriums (2) sowie Titel von dessen Mitgliedern.

Visitationsrecht 1. s. Visitation. 2. s. Besuchsrecht.

Visiteur s. Zunft (1).

Visus franciplegii s. Frankpledge.

Vita canonica s. Domkapitel.

– **communis** s. Domkapitel u. Kloster.

– **regularis** s. Kloster.

Vitalien = Leibgedinge.

Vitalitii littera = Panisbrief.

Vitalitium = Leibgedinge.

Vitalizienvertrag Abtretung eines Vermögens mit sämtlichen Lasten gegen lebenslängliche Versorgung.

Vitalleihe ↗Leihe (1) auf Lebenszeit.

Vitalpacht (Lebenspacht) Pacht auf Lebenszeit.

Vitandus s. Exkommunikation.

Vitricus s. Fabrica ecclesiae.

Vitztum = Viztum.

Vivum vadium = Totsatzung.

Vizconde s. Vicecomes (1).

Vizeadmiral (viceadmiratus) ursprgl. (schon im 13. Jh.) Stellvertreter des ↗Admirals, später der Führer der Vorhut einer Flotte, heute die zweite Rangstufe der Admiräle, in Dt. mit dem Rang eines ↗Generalleutnants. In Fr. entsprach im 17. u. 18. Jh. der V. dem engl. Admiral, da der ↗grand admiral de France kein Seemann war; bis 1777 gab es nur zwei fr. V., häufig mit dem Rang eines ↗maréchal de France.

Vizearchidiakon s. Archidiakon.

Vize-Ban(us) Titel des ersten ↗Banalrates als Vertreter des ↗Banus von Kroatien für die Rechtspflege. Vgl. Banus-Stellvertreter.

Vizebürgermeister s. Beigeordneter (a), Bürgermeister (1) u. Komitat (3).

Vizedeckoffizier s. Vizefeldwebel.

Vizedom a) = Viztum (a). **b)** s. Schultheiß.

Vizedomamt s. Viztum (a) u. Vogteiamt.

Vizefeldwebel in der pr.-dt. Armee dem Range nach Charge zwischen dem ↗Fähn(d)rich (a) mit u. dem ohne Offiziersseitengewehr, der Sache nach zwischen ↗Sergeant u. ↗Feldwebel; zu V. wurden in erster Linie ↗Unteroffiziere befördert, die als Einjährig-Freiwillige gedient hatten u. Reserveoffiziere werden wollten. – Dem V. entsprach bei den berittenen Waffen der Vizewachtmeister, bei der Marine der Vizedeckoffizier (früher Vizeseekadett).

Vizegerent s. Kardinalvikar.

Vizegespan s. Komitat (3).

Vizegouverneur s. Gouverneur (3 u. 6) u. Lieutenant-Governor (b).

Vizegraf = Vicecomes (1).

Vizehauptmann s. Kreis.

Vizehoflehensrichter s. Lehensgericht.

Vizehofrichter s. Erbhofrichter (1 a).

Vizekammermeister s. Kammermeister.

Vizekanzlei 1611–1616 bestehende eigene ↗Kanzlei für Schl. u. die Lausitz, formell nur eine Expedition der bhm. ↗Hofkanzlei; Vorsteher war der bhm. ↗Vizekanzler.

Vizekanzler (vicecancellarius) seit dem 12. Jh. in einigen ↗Kanzleien für den Vertreter des ↗Kanzlers üblich. In Fr. kommt V. in dieser Bedeutung nur selten im 12. Jh. vor (vgl. Subcancellarius), später bezeichnet es manchmal den ↗garde du sceau (1); in Siz. gab es im 12. Jh. bis zur Vereinigung mit Dt. dauernd einen V., dann wieder später unter den Anjous, u. zwar zweitweise als alleinigen Leiter der Kanzlei; in Dt., wo der entspr. Beamte ↗Protonotar (1) hieß, erscheinen V. vereinzelt seit Rudolf I. (vgl. Reichsvizekanzler u. Hofvizekanzler [s. Hofkanzlei]); V. gab es auch in der ↗Cancellaria Apostolica u. in Engl. (Vice-Chancellor) (vgl. High Court of Justice u. Master of the Rolls). – Seit 1919 führt in Dt. u. Öst. der Stellvertreter des ↗Reichskanzlers (2) bzw. ↗Bundeskanzlers (b) den Titel V. (in Dt. früher auch ↗Reichsvizekanzler).

Vizekönig (prorex) i. wesentl. sp. u. port. Titel (virrey), zuerst im 14. Jh. dem ar. Statthalter Sardiniens verliehen, dann mehr u. mehr allen Statthaltern, denen man eine repräsentative Stellung geben wollte, bes. seit dem 16. Jh. den ↗Generalgouverneuren der sp. Kol. Der V. als solcher war nur Stellvertreter des Kgs. mit bes. Ehrenrechten; seine Amtsgewalt beruhte auf seinen anderen Titeln (↗Generalkapitän [2] u. dgl.). Nach Verlust der am Kol. schaffte Sp. (u. entspr. Port.) den Titel ab, den Fr. u. Öst. für ihre it. Besitzungen übernommen hatten. Seit 1858 führte der Generalgouverneur von Br.-Ind., der auf fünf Jahre ernannt wurde u. dem ↗Staatssekretär (1) für Ind. unterstand, den Titel V.; inoffiziell wurde auch der ↗Lord-Lieutenant (b) von Ir. so bezeichnet. – Üblicherweise nannte man V. die chin. Beamten, die, meist Glieder des Kaiserhauses, unter verschiedenen Dynastien die Verwaltung mehrerer ↗Provinzen erhielten. Vgl. Scheng.

Vizekonsul s. Konsul (1) u. Bürgermeister (1).
Vizelandammann s. Préfet national.
Vizelandeshauptmann in Cottbus Verweser der Landeshauptmannschaft (vgl. Mediatgericht u. Regierung [1]), nachdem die Stelle eines ↗Landeshauptmanns (2 a) eingegangen war.
Vizelandesrichter s. Judex curiae (1).
Vizelandoberjägermeister s. Jägermeister.
Vizelehensstatthalter s. Mannkammer (1).
Vizenotär s. Notär.
Vizeoberhofchargen s. Hofchargen.
Vizeoberjägermeister s. Jägermeister.
Vizeoberkriegspräsident s. Oberkriegskollegium.
Vizeoberschloßhauptmann s. Schloßhauptmann.
Vizeoffizial s. Offizial.
Vizepalatin s. Tafel, königliche.
Vizepfalzgraf (vicecomes palatii) in It. im 9. Jh. vorübergehend Stellvertreter des ↗Pfalzgrafen.
Vizepräsident 1. s. Oberpräsident (a). 2. in den USA mit dem Präsidenten unter denselben Bedingungen gleichzeitig gewählt, um im Falle von dessen Tod o. sonstiger Behinderung bis zum Ablauf der Amtsdauer an seine Stelle zu treten; außerdem ist der V. Vorsitzender des ↗Senats (6). Einige südam. Republiken (z. B. Argentinien u. Bras.) haben diese Einrichtung übernommen.
Vizeschultheiß s. Schultheiß.
Vizeseekadett s. Vizefeldwebel.
Vizesenator s. Senat (1).
Vizestatthalter s. Mannkammer (1).
Vizevogt s. Vogt (1 u. 2).
Vizewachtmeister s. Vizefeldwebel.
Viztum a) (Vitztum, Vizedom, vicedominus) ursprgl. (schon in frk. Zeit) nur in den geistl. Fürstentümern, dann auch in weltl. Stellvertreter des Landesherrn (s. Landeshoheit) hauptsächlich für die Finanzverwaltung, mit richterlichen u. administrativen Befugnissen. In Bay. war seit Beginn des 13. Jh. ein V. (↗procurator [2], im 15., 16. u. 17. Jh. auch Hauptmann) Stellvertreter des ↗Herzogs für das ganze Land, seit Mitte des 13. Jh. bestanden mehrere Viztum(s)ämter (seit der zweiten Hälfte des 15. Jh. Rentmeisterämter, später Rentämter); der V. war in erster Linie Richter (↗Hofrichter [1]), dann mil. Befehlshaber u. Wahrer des ↗Landfriedens (1), bis zur Einsetzung von ↗Landschreibern (1) u. ↗Rentmeistern (a) auch Finanzbeamter. – In Öst., wo in Kärnten u. Krain schon im 14. Jh. ein V. oberster Finanzbeamter war, wurden 1497 V. in allen niederöst. Ländern eingesetzt (vgl. Hubmeister [1]), die in erster Linie das Finanzwesen leiteten, die Kontrolle ausübten u. die entspr. gerichtlichen Befugnisse hatten. Vorübergehend (1501) gab es einen obersten V. für alle niederöst. Länder. Vgl. Landrat (1). – Auch andere süddt. u. mitteldt. ↗Territorien (2) waren in Viztumsämter (Hauptmannschaften, Statthaltereien, Vizedomämter) eingeteilt, deren V. später meist den Titel ↗Oberamtmann (1) (auch Hauptmann, ↗Landvogt [a], Statthalter, ↗Vogt [2]) erhielten. **b)** = Amtmann (1).
Viztum(s)amt s. Viztum (a).
Vocalis s. Kloster.
Vocatus = Vogt.
Vöhde s. Allmende.
Völkerbundsrat 1920–1946 neben der Generalversammlung stehendes, von ihr in der Kompetenz nicht genau geschiedenes Organ des Völkerbundes, aus ständigen (sechs, zeitweise weniger) u. neun auf je drei Jahre von der Generalversammlung gewählten Mitgliedern bestehend; seine Beschlüsse erforderten Einstimmigkeit.
Völkergerichtshof s. Cour Permanente de Justice Internationale.
Völkerschaft s. Civitas (b).
Völkerschaftsding = Landesgemeinde.
Völkerschaftskönig an der Spitze einer germ. ↗civitas (b) stehender gewählter Kg.
Völkerschaftsversammlung = Landesgemeinde.
Vördner s. Brink.
Vogatus = Vogt.
Vogelfrei s. Acht (1).
Vogt (Faut, advocatus, vocatus, vogatus, avoué) 1. (↗Bannherr, Bannvogt, freier V., Freivogt, ↗Waldbote, Gewaltschirmherr, Gewaltvogt, Kast[en]vogt, Kirchenvogt, Schirmherr, Schirmvogt, Schutzvogt, ↗Stiftsvogt, Vogt[ei]herr, actor ecclesiae, advocatus e.) ursprgl. Laie, der einen Geistlichen, eine Kirche, ein ↗Kloster usw. in weltl. Angelegenheiten nach außen vertrat (agens), vor allem vor Gericht (daher defensor [ecclesiae]), dann auch das Kirchengut verwaltete; seitdem die Kirchen ↗Immunitäten (a) u. dadurch ↗Gerichtsherrn (1) geworden waren, übte er diese Gerichtsbarkeit aus (Immunitätsvogt) u. vertrat (als praepositus [rector, vicedominus]) die Immunitätsleute vor dem ↗Ding; öfters besaß eine Kirche mehrere V. für ihre verschiedenen Besitzungen (Teilvogteien). Manchmal ließ der V. seine ↗Vogtei (1) von Stellvertretern (vielfach ebenfalls V. usw. genannt, meist aber Untervögte [↗Amtleute, Nebenvögte, ↗Schultheißen, Vizevögte, advocati minores, subadvocati, viceadvocati]) verwalten; er selbst hieß dann Obervogt(Hauptvogt, advocatus generalis, a. primus, a. summus, archiadvocatus). Auch konnte die Vertretung vor Gericht usw. u. der Schutz nach außen auf zwei V. verteilt sein, einen advocatus ecclesiae togatus (a. e. civilis, a. e. forensis) u. einen a. e. armatus. – Während der V. zuerst von der Kirche «cum comite et populo» aus

den ↗Freien der Grafschaft ernannt wurde (Amtsvogt), kam das Amt seit Mitte des 9. Jh. (zuerst in Fr., avouerie seignieuriale) allm. als erbliches ↗Lehen (1) in die Hand mächtiger Herren (Edelvögte, Erbvögte, Herrenvögte, Lehensvögte), die es mißbrauchten u. Kirchen u. Klöster zwangen, sie zu V. zu bestellen (Vogtzwang), so daß ihnen vielfach sogar eine Abgabe (Vogteirecht) entrichtet werden mußte; der Kirche verblieb nur eine formelle Vogteioberhoheit (Vogteioberherrlichkeit). Die ursprgl. Gerichtsvogtei nahm ebenfalls diese Entwicklung, ging jedoch seit dem 12. Jh. meist an den Landesherrn (s. Landeshoheit) über, der sie als solcher beanspruchte; teilweise gelang den Kirchen auch eine ↗Entvogtung. Den Schutz nach außen (Kast[en]vogtei, Schirmvogtei) übernahm in beiden Fällen der Landesherr als Schirmvogt. **2.** Beamter, i. d. R. Verwaltungsbeamter u. Richter zugleich, meist mit kleinem ↗Sprengel (Vogtei), so daß er i. allg. Unterbeamter des ↗Amtmanns (1) bzw. ↗Oberamtmanns (1) war (Untervogt über einer Untervogtei, o. Amtsvogt, welchen Titel er aber auch führen konnte, wenn das betr. ↗Amt (1) nur aus einer Vogtei bestand); da es, bes. im MA., auch V. über größere Gebiete gab (vgl. Landvogt [a] u. Reichsvogt), wurden Amtleute u. entspr. Beamte, z. B. der ↗Viztum (a), häufig ebenfalls V. genannt; in Skand. war der V. meist Stadtvogt (↗Byfogd), doch hießen so auch ↗bryti u. ↗laensmann. Ziemlich häufig wurden die V. bzw. die Vogteien nach der geographischen Lage benannt, z. B. Marschvogt(ei), Talvogt(ei), Waldvogt(ei). – In Brand. stand vom 13. bis 15. Jh. ein V. an der Spitze einer Vogtei, die gleichmäßig Stadt u. Land umfaßte; er war aus der Umgebung des Landesherrn für meist nur kurze Zeit ernannt u. vereinigte alle Befugnisse in seiner Person (vgl. Vogteigericht). Als das Amt seit dem 14. Jh. erblich wurde, verfiel die Vogteiverfassung. – In Wü., wo die gräflichen V. teils adlig, teils bürgerlich waren, hießen seit Ende des 15. Jh. erstere Obervögte (auch Oberamtmänner), letztere Untervögte; die Obervögte saßen auf Burgen u. führten die Aufsicht über eines o. mehrere Ämter (Obervogteien), doch war nicht das ganze Land in solche eingeteilt; im Amte eines Obervogts führte ein Untervogt die tatsächliche Verwaltung, in den übrigen Ämtern V., die neben den Schultheißen (seit Anfang des 15. Jh. meist in Personalunion mit diesen) in den Städten saßen. Vgl. Pflege (1). Die Obervogteien wurden seit dem 17. Jh. allm. aufgehoben u. 1755 endgültig beseitigt; die V. u. Untervögte, die meist zugleich ↗Keller(er) (2) waren, erhielten in den folgenden Jahren den Titel Oberamtmann. In der Markgrafschaft Bayreuth waren die V. Richter; hatten sie ihren Sitz in einer Stadt, hießen sie Stadtvögte, sonst Amtsvögte, ihre Zuständigkeit erstreckte sich aber stets auf das ganze Amt (Stadtvogteiamt). Die adligen V. hießen im späteren MA. Obervögte, ihre bürgerlichen Gehilfen Untervögte. In Hann. erhielten sich Amtsvogteien als Unterabteilungen der Ämter bis 1884. – In den dt. Städten war der V. (Amtmann, Blutvogt, Dinggraf, [Gerichts]greve, Tungraf, Stadtgerichtsvogt, Stadtvogt, ↗Untergraf, Wic[h]graf, Wikvogt, advocatus civitatis, a. urbis, comes [vici], rector, villicus, wigravius [civitatis]) bzw. Reichsvogt der vom Stadtherrn mit der ↗hohen Gerichtsbarkeit betraute Beamte, meist mit den Befugnissen des alten ↗Grafen, weshalb, wenn in der Stadt auch das Amt eines ↗Burggrafen (1) bestand, dieser fast immer zugleich V. war; daher wurden die Bezeichnungen für Burggraf häufig für den V. verwendet u. umgekehrt. I. d. R. stand neben dem V. ein Schultheiß, doch hatte in einigen Städten jener auch die ↗niedere Gerichtsbarkeit (a). Fast stets ging schon im Laufe des MA. die Stadtvogtei (advocatia civitatis) an den Schultheißen über; sonst wurde der V. dessen Gehilfe o. behielt höchstens den Vorsitz im ↗Stadtgericht (vgl. Stadtrichter [a]). Soweit es erhalten blieb, wurde das Amt meist erblich (Erbvogt, Obervogt) u. später bloßer Titel. Die Stellvertreter dieser V. o. der Inhaber des verkauften o. verpfändeten Amtes führten ebenfalls den Titel V. usw., meist aber Untervogt (Vizevogt, advocatus secundus, subadvocatus, subpraefectus, vicarius, viceadvocatus, vicepraefectus), manchmal auch Schultheiß (bzw. dessen Synonyma), während für die eigentlichen V. diese letzteren Bezeichnungen nur selten gebraucht wurden. Der Dreieicher Wildbann (s. Forst) bei Frankfurt a. M. unterstand einem erblichen V., der im Auftrag des Ks. die Aufsicht darin führte. **3.** = Meier (1). **4.** s. Schutzhöriger. **5.** s. Munt (1). **6.** = Zinsmeister (b). **7.** s. Markgenossenschaft. **8.** s. Hofmarkgericht.

– **freier** = Vogt (1).

– **großer** = Großvogt (2).

– **kleiner** (V. im kleinen Gericht) in Goslar mit der ↗niederen Gerichtsbarkeit (a) betrauter Beamter; die k. V. standen neben ↗Vogt (2) u. ↗Schultheiß.

– **oberster** s. Markgenossenschaft.

Vogtamt = Vogteiamt.

Vogtbar einer ↗Vogtei (1) unterworfen.

Vogtbede Abgabe an einen ↗Vogt (1), z. B. in den ↗Bischofsstädten, die unter einem ↗Reichsvogt standen, dem Kg. zustehende Hälfte der ↗Bede (1); die andere Hälfte erhielt der ↗Stadtherr.

Vogtdienst s. Vogtei (2).
Vogtding = Vogteigericht.
Vogtei (Advokatie, advocatia, advocatio, avoatio, avouerie) **1.** Amt u. ↗Sprengel eines ↗Vogtes (1 u. 2). **2.** (Schutzgerechtigkeit) i. d. Lit. gebrauchter zusammenfassender Ausdruck für die Rechte (Vogteirechte), hauptsächlich in gerichtlicher Hinsicht, die dem Grundherrn (Vogteiherr) zustanden. Als die ↗Gerichtsherrschaft im späteren MA. mehr u. mehr an den Landesherrn (s. Landeshoheit) überging, wurde die V. zu einem Herrschaftsverhältnis zu allen in seinem ↗Territorium (2) gelegenen ↗Grundherrschaften u. deren Insassen. Ihren Ausdruck fand die V. im Vogtrecht (Diebgeld, Dienstgeld, Dienstpfennig, Fautpfennig, Forstgarbe, Forsthaber, Frischling, Futterhafer, Gewalthuhn, Giltschwein, Hafergeld, Hubschwein, Raubsteuer, Schuldhuhn, Schultheißenamtsgeld, Vogtdienst, Vogteiei ,Vogt[ei]geld, Vogteisteuer, Vogteizins, Vogtgarbe, Vogthaber, Vogthuhn, Vogtmiete, Vogtschaftfutter, Vogtschock [d. h. Vogtheuhaufen], Vogtschuh, Vogtspetl [in Kleinvieh], Vogtsteuer, Vogtwere, Waldzins, Wolfgeld, Zinspfennig, advocatitium jus, datio avenae, servitium advocati), einer Abgabe, die dem Inhaber der V. als ↗Gerichtsherrn (1) zustand u. von allen ↗Vogtleuten (a) entrichtet werden mußte, i. d. R. als ↗Bodenzins. Indem der Landesherr darauf verzichtete, wurde das Vogtrecht häufig zu einer Abgabe an den Grundherrn. **3.** = Fögderi. **4.** = Munt (1). **5.** = Bede (1). **6.** s. Schaftgut.**7.** Gerichtsbarkeit, meist die ↗hohe, manchmal aber auch die ↗niedere (a). Man unterschied ferner: Niedervogtei (Gerichtsbarkeit innerhalb des ↗Etters) u. Obervogtei (innerhalb u. außerhalb des Etters). **8.** s. Pflege (1).
– gemeine = Herrschaft, gemeine.
– hohe = Gerichtsbarkeit, hohe.
– niedere = Gerichtsbarkeit, niedere (a).
Vogteiamt (Vogtamt) in Ansbach-Bayreuth u. Bamberg unterste Verwaltungseinheit, unter einem ↗Vogt (2). Da die V., bes. in Bayreuth, nicht nachträglich gebildete Verwaltungsbezirke waren, sondern nach u. nach erworbene Gebiete, i. d. R. territorial nicht geschlossen u. die früheren Rechtsverhältnisse u. Bezeichnungen beibehalten wurden, so trugen diese ↗Ämter (1) die verschiedensten Namen: Amtshauptmannschaft, Jurisdiktionsamt, Kammeramt, Kastenamt, ↗Oberamt (1), ↗Pflege (1), ↗Richteramt (bei geringer Größe u. Kompetenz auch Richterämtlein), Stadtrichteramt, Steueramt, Vizedomamt.
Vogteidienst s. Servitium.
Vogteiei s. Vogtei (2).
Vogteifreiheit s. Entvogtung u. Vogtfrei.
Vogteigeld s. Vogtei.
Vogteigericht (Frongeding, Herrengeding, Herrengericht, Vogtding, vogteiliches Gericht, Vogtgericht, colloquium advocati) Gericht eines ↗Vogtes (2), vielfach nur ↗Niedergericht, in den Städten (vgl. Stadtgericht) aber i. d. R. ↗Hochgericht (1). – In der Mark Brand. seit Ende des 12. Jh. das für alle ↗Stände (1) zuständige ↗Landgericht (a), das bereits im 13. Jh. zum niederen Landgericht für die Bauern wurde. Es hatte volle Zivilgerichtsbarkeit (daher ↗Obergericht, commune civile placitum, judicium altum, j. superius, j. supremum), dagegen meist nicht das Endurteil in Strafsachen. Richter war der ↗Vogt (2), ↗Urteiler sieben ↗Schöffen (1). Durch die Befreiungen der höheren Stände, Veräußerungen durch den Landesherrn (s. Landeshoheit) usw., wurden die V. noch im 14. Jh. immer bedeutungsloser u. allm. völlig zu ↗Patrimonialgerichten. – In Wü. hielten sich die V., die zu Ruggerichten (s. Rügeverfahren) geworden waren, vom ↗Oberamtmann (1) abgehalten, bis ins 19. Jh.
Vogteigut (vogt[ei]bares Gut, Vogtgut, Vogtland, bonum advocaticium, huba advocalis) Bauerngut, das keiner ↗Grundherrschaft angehörte, sondern nur einem Schutzherrn (s. Schutzhöriger) o. der ↗Vogtei (2) des Landesherrn (s. Landeshoheit) unterstand, daher keine grundherrlichen Abgaben zahlte, nur eine ↗Bede (1) (daher Schatzgut [vgl. Vogtleute (b)]) bzw. den Vogthaber (s. Vogtei [2]). Die V. (wenn als ↗Lehen [1] vergeben, Schutzlehen genannt) trugen in verschiedenen Gegenden verschiedene Bezeichnungen, z. B. dienstfreie Burghöfe, Erbexengüter, Erbhöfe, Erbländereien, freie Hubgüter, freieigene Güter, ↗Freigüter (1), Freizinsgüter, Gattergüter, Giltgüter, Grundzinsgüter, Kastengüter, kölmische Güter (s. Köllmer), ludeigene G., ludfreie G. (s. Ludeigen), ↗Schaftgüter, Stabrechtsgüter, stuhlfreie Güter (s. Schöffenbarfreie). Vgl. Durchschlächtig eigen.
Vogteiherr a) = Vogt (1).**b)** s. Vogtei (2).
Vogteihörige = Vogtleute.
Vogteihofhörige = Vogtleute (a).
Vogteihuldigung s. Huldigung (d).
Vogteileute = Vogtleute.
Vogteilichkeit (Vogteiliche Obrigkeit, vogtetica) im 18. Jh. in einigen dt. ↗Territorien (2) üblich zur Bezeichnung des Teils der ↗Landeshoheit, der i. wesentl. aus der sogen. vogteilichen Gerichtsbarkeit (jurisdictio vogtetica) bestand, d. h. der mittleren u. niederen Strafgerichtsbarkeit u. der gesamten bürgerlichen u. ↗freiwilligen Gerichtsbarkeit; die Grenze gegen die ↗hohe Gerichtsbarkeit war sehr willkürlich.
Vogteioberherrlichkeit s. Vogt (1).
Vogteioberhoheit s. Vogt (1).

Vogteirecht s. Vogt (1) u. Vogtei (2).
Vogteisteuer s. Vogtei (2).
Vogteiverfassung s. Vogt (2).
Vogteizins s. Vogtei (2).
Vogtetica = Vogteilichkeit.
Vogtfrei nicht der Gerichtsbarkeit eines Kirchenvogtes (s. Vogt [1]) unterstehend, entw. als engere ↗Immunität (a), o. weil das betr. ↗Kloster überhaupt keinen Vogt hatte; vgl. Entvogtung.
Vogtgarbe s. Vogtei (2).
Vogtgeding s. Weistum.
Vogtgeld a) = Bede (1). b) s. Vogtei (2).
Vogtgericht = Vogteigericht.
Vogtgrebe = Meier (1).
Vogtgut = Vogteigut.
Vogthaber a) s. Vogtei (2). b) (Hurenhaber, Schutzhaber) in einigen Städten Abgabe der öffentlichen Häuser an den Beamten, in dessen Schutz sie standen, meist den ↗Vogt (2).
Vogtherr a) = Vogt (1). b) s. Schutzhöriger. c) s. Markgenossenschaft.
Vogthuhn s. Vogtei (2).
Vogtland = Vogteigut.
Vogtleute (Vogteihörige, Vogteileute, Vogtzinsleute, advoca[ta]les homines, advocaticii [h.]) a) (Gerichtsvogtleute, Vogteihofhörige, Zwinghörige) alle diejenigen, die einer ↗Vogtei (2) im Sinne einer Gerichtsherrschaft unterworfen waren, u., gleichviel ob ↗Freie, ↗Unfreie o. ↗Halbfreie (in diesen beiden letzteren Fällen einem anderen ↗Herrn als dem ↗Gerichtsherrn [1] gehörig), dem Inhaber der Vogtei das Vogtrecht (s. Vogtei [2]) zahlten. War der Inhaber Landesherr (s. Landeshoheit), so hießen die V. auch Landeshörige. Im späteren MA. verschmolzen vielfach die ↗Schutzhörigen mit den V., weshalb die Bezeichnungen für beide, für ihre Abgaben usw. häufig abwechselnd gebraucht werden. I. e. S. werden unter V. die Angehörigen einer ↗Immunität (a) verstanden. b) (Pfleghafte, Schatzleute) Inhaber der Schatzgüter (s. Vogteigut).
Vogtmeier = Meier (1).
Vogtmiete s. Vogtei (2).
Vogtrecht s. Vogtei (2).
Vogtschaft = Munt (1).
Vogtschaftfutter s. Vogtei (2).
Vogtschock s. Vogtei (2).
Vogtschuh s. Vogtei (2).
Vogtspetl s. Vogtei (2).
Vogtsteuer s. Vogtei (2).
Vogtwere s. Vogtei (2).
Vogtzettel in Wü. Aufstellung der nichtkirchl. Anstände, die ein ↗Superintendent (1) bei der ↗Visitation feststellte; der V. wurde dem betr. ↗Vogt (2) übergeben.
Vogtzinsleute = Vogtleute.
Vogtzwang s. Vogt (1).
Voirie a) s. Justice, droits de u. Vikar (2). b) = Gerichtsbarkeit, hohe.
Vol du chapon (chaise, chaisé, chèze) Umkreis eines Herrenhauses, insbes. der Vorzugsanteil des ältesten ↗Lehenserben, bestehend aus dem Stammhaus u. vier angrenzenden Morgen Landes.
Volksfrei s. Freier.
Volkland = Folcland u. Folkland.
Volklandskönig = Volkskönig.
Volklandsthing = Landesgemeinde.
Volkraad a) = Volksraad. b) s. House of Assembly.
Volksabstimmung s. Volksentscheid.
Volksadel = Geburtsadel.
Volksanregung s. Gesetzesinitiative.
Volksanwalt = Rechtskonsulent (b).
Volksbeauftragter 1. s. Rat der Volksbeauftragten. 2. in Öst. 1920–1929 Bezeichnung des ↗Bundespräsidenten (2), der ↗Minister (1), der ↗Staatssekretäre (4) u. der Mitglieder der ↗Landesregierungen (b).
Volksbegehren s. Gesetzesinitiative.
Volksbeisitzer a) = Narodnyje sasedateli. b) s. Volksgericht.
Volks-Chural, Großer s. Sjesd Sowjetow Sojusa.
Volksding = Landesgemeinde.
Volksentscheid (Referendum, Volksabstimmung, Volksreferendum) in einigen Ländern (zuerst in der Schw. 1863 in einigen ↗Kantonen [1]) Abstimmung der Stimmberechtigten über von den gesetzgebenden Faktoren beschlossene o. durch ein Volksbegehren (s. Gesetzesinitiative) beantragte Gesetze; i. d. R. sind V. auf bestimmte Gebiete der Gesetzgebung beschränkt.
Volksfriede s. Friede (a).
Volksfürst = Gaufürst.
Volksgericht jedes Gericht, an dem das Volk irgendwie mittelbar o. unmittelbar beteiligt war, in Dt. das ↗Ding, in Engl. der ↗Hundred Court. – In Russl. 1917–1922 (zuerst bis 1918 Lokalgericht) das einzige Gericht für Zivilsachen u. für alle Strafsachen, die nicht pol. Art waren (vgl. Revolutionstribunal), seitdem erste Instanz in Zivil- u. Strafsachen mit sehr ausgedehnter Zuständigkeit; innerhalb eines ↗Rayons gibt es i. d. R. mehrere V. Als Spruchkollegium ist es mit einem Volksrichter u. zwei Volksbeisitzern (s. Narodnyje sasedateli) besetzt, in unwichtigeren Fällen entscheidet der Volksrichter als Einzelrichter; er wird von den wahlfähigen Bürgern seines Gerichtssprengels auf drei Jahre gewählt u. braucht keine juristische Vorbildung zu besitzen, wie dies überhaupt für alle Richter gilt. Vgl. Popularanklage. – Auch in der DDR gibt es seit 1946 Volksrichter, die bis 1954 keiner akademischen Vorbil-

dung bedurften, jedoch in bes. Lehrgängen (Volksrichterschulen) ausgebildet wurden. Seit 1954 ist akademische Vorbildung erforderlich. – In der Tschech. gibt es V. seit 1948 an Stelle der früheren ↗Bezirksgerichte (2). – In Bay. bestand 1918/24 ein V. zur Aburteilung schwerer, meist pol. Verbrechen, in Öst. nach 1945 zur Aburteilung von Handlungen gegen das Verbot der NSDAP u. von Kriegsverbrechen.

Volksgerichtshof in Dt. 1934–1945 ↗Sondergericht in Berlin zur Untersuchung u. Aburteilung in erster u. letzter Instanz für Hoch- u. Landesverrat im weitesten Sinne, wofür bis dahin das ↗Reichsgericht zuständig war. Die Mitglieder (Volksgerichtsräte) waren zum größeren Teil Laien. Anklagebehörde war der ↗Oberreichsanwalt. Bei Überlastung des V. konnten Fälle an die ↗Oberlandesgerichte überwiesen werden, bei denen seit 1933 Sondergerichte bestanden, zuständig für Vergehen u. Verbrechen gegen die NSDAP.

Volkshaus s. Kammer (2 a).

Volksherzog s. Herzog.

Volkshufe s. Hufe.

Volksinitiative s. Gesetzesinitiative.

Volkskammer a) s. Kammer (2a). **b)** in der DDR seit 1950 das dem russ. Obersten ↗Sowjet entspr. höchste Staatsorgan, das ebenfalls de facto nur zu bestätigen hat, was der ↗Ministerrat beschließt. Seit 1960 durch den ↗Staatsrat (6) noch mehr eingeschränkt.

Volkskapitän = Capitaneus populi.

Volkskönig (Volklandskönig, fylkiskonungr) ↗Kleinkönig, der zuerst als gewählter Beamter, dann als erblicher Kg. über eine ↗civitas (b), ein ↗folkland u. dgl. herrschte.

Volkskommissar in Rußl. (Narodnyj Kommissar, NARKOM) seit der Revolution bis 1946 Bezeichnung der ↗Minister (1). 1923–1936 wählte das ↗Zentralnyi Ispolnitelnyi Komitet alljährlich den Rat der Bundesvolkskommissare (Sowjet narodnych Kommissarow [Sownarkom] Sojusa, SNK); dieser bestand, außer dem Vorsitzenden u. seinen Stellvertretern, aus den Vorsitzenden der Volkskommissariate für den ganzen Bund (Bundesvolkskommissariate, reinen Bundesbehörden mit Bevollmächtigten in den Gliedstaaten [s. Bundesstaat (2)] u. den Vorsitzenden der Vereinigten Bundesvolkskommissariate (Bundesbehörden, denen in den Gliedstaaten gleichnamige Behörden entsprachen). – In den Gliedstaaten u. autonomen Gebieten (s. Oblast [a]) bestand der Rat der V., außer dem Vorsitzenden u. Stellvertretern, aus den Vorsitzenden der Vereinigten Volkskommissariate, den Vorsitzenden der rein gliedstaatlichen Volkskommissariate (denen keine gleichnamigen Bundesbehörden entsprachen) u. den Bevollmächtigten der V. für den ganzen Bund. Seit 1936 wird der Rat der V., der seit 1946 ↗Ministerrat heißt (u. die bisherigen V. Minister), vom Obersten ↗Sowjet bestellt u. besteht aus dem Vorsitzenden, dessen Stellvertretern, den Ministern i. eigentl. S., u. den Vorsitzenden einiger wichtiger Komitees u. der Staatsbank. Im Laufe der Zeit, bes. während des Krieges 1941/45, wurden Versuche gemacht, ein engeres ↗Kabinett zu bilden, woraus endlich 1953 ein Präsidium des Ministerrats hervorging, bestehend aus dem Vorsitzenden (↗Ministerpräsidenten) u. dessen fünf ersten Stellvertretern (stellvertretende Ministerpräsidenten), bestellt unmittelbar vom Obersten Sowjet auf Vorschlag des ↗Zentralkomitees der KPdSU. – In den ↗Unionsrepubliken wurden ebenfalls die V. in Minister, der Rat der V. in Ministerrat umbenannt. – In der DDR besteht nach russ. Vorbild ein Präsidium des Ministerrats aus dem Ministerpräsidenten u. den stellvertretenden Ministerpräsidenten; i. d. Lit. wird es auch «politisches Kabinett» genannt u. das neben ihm stehende Kabinett der Fachminister (s. Fachdepartements) «technisches Kabinett». – Auch an der Spitze des Dt. R. standen 1918/19 vorübergehend V.

Volkskommune in China, beginnend seit 1958, die alleinige Organisationsform der Landwirtschaft mit dem Ziele völliger Kollektivierung des Privateigentums an Grund u. Boden. Die Kommunen bestehen aus Produktionsbrigaden, die sich in Produktionsmannschaften gliedern u. den Dorfschaften entsprechen. Die V. ist zugleich die unterste staatl. Verwaltungseinheit. Vgl. Kollektiwnoje chosjaistwo u. Kommune (2).

Volkskongreß, Deutscher 1947 in Berlin zusammengetreten, im wesentl. aus Vertretern der Sowjetzone bestehend; er wählte aus seiner Mitte den Deutschen Volksrat, der eine Verfassung für die DDR ausarbeitete, die von einem neugewählten V. 1949 endgültig angenommen wurde. Der gleichfalls neugewählte Volksrat konstituierte sich als provisorische ↗Volkskammer (b), die Ende 1950 einer endgültigen Platz machte.

– **Nationaler** seit 1954 das oberste Staatsorgan Chinas; er übt allein die Gesetzgebung aus u. tritt einmal jährl. zusammen. Gewählt wird er indirekt auf vier Jahre von den 22 ↗Provinzen, den drei ↗autonomen Gebieten u. den drei unmittelbaren Städten. Die laufenden Geschäfte besorgt ein Ständiger Ausschuß. Der V. wählt das Staatsoberhaupt (Vorsitzender der Volksrepublik) auf vier Jahre.

Volksraad (Volkraad) **a)** bis 1902 die Volksvertretung in Transvaal (zwei ↗Kammern [2a]) u. im Oranjefreistaat (eine Kammer). **b)** s. House of Assembly. c) im früheren Ndl.-Ind. seit 1917 die Volksvertretung, 1925–1945 zur Hälfte ernannt, zur Hälfte gewählt; sie war aus allen Rassen zusammengesetzt mit nur beratender Stimme.

Volksrat a) in Lettl. Ende 1918 errichtete, aber nach kurzer Zeit wieder beseitigte gesetzgebende Versammlung. b) s. Arbeiter- und Soldatenräte. c) in Thür. 1919/20 aus den alten ↗Landtagen (1) gebildete Volksvertretung. d) in China entsprechen die Volksräte in etwa den russ. ↗Sowjets.

– **Deutscher** s. Volkskongreß, Deutscher.

– **politischer** seit 1949 vorläufiges oberstes Organ der chin. Staatsgewalt. Vgl. Volkskongreß, nationaler.

Volksrecht Recht, das durch unmittelbare Teilnahme des Volkes an Rechtsprechung u. Rechtsatzung entsteht. Vgl. Königsrecht.

Volksrechtseid s. Eideshelfer.

Volksreferendum = Volksentscheid.

Volksrichter a) nicht beamteter Laienrichter, z. B. ↗Schöffe (1), Geschworener (s. Schwurgericht), Handelsrichter (s. Kammer für Handelssachen), auch der ↗Friedensrichter. b) s. Volksgericht.

Volkstaat nach 1918 amtliche Bezeichnung von He., Wü. (Freier V.) u. vorübergehend von Bay. Vgl. Freistaat.

Volkssturm in Dt. 1944/45 Aufgebot aller Männer von 16 bis 60 Jahren.

Volkstag 1920–1939 die Volksvertretung in Danzig.

Volksthing = Folkething.

Volkstribun s. Tribunus (1).

Volksvorschlagsrecht s. Gesetzesinitiative.

Volkswahl direkte Wahl.

Volkswirtschaftsrat in Pr. 1880 eingesetztes Kollegium zur Begutachtung von Gesetzen wirtschaftlichen Inhalts, aus 75 Mitgliedern bestehend, auf Vorschlag der Interessentenvertretungen berufen, 1887 zuletzt versammelt.

Vollbauer s. Hufe.

Vollbeerbter s. Erbe (1b).

Vollbort ([Gerichts]folge, Vollwort, auctoritas, collaudatio) Zustimmung des ↗Umstandes zu den Vorschlägen der Versammlungsleiter, bes. im ↗Ding zum Urteilsvorschlag; das V. erfolgte in älterer Zeit durch Waffenrührung (Waffenschlag, ↗gairethinx, vápnatak).

Vollbürger (Altbürger) der alteingesessene Bürger einer Stadt, der allein das volle Bürgerrecht (civitatis jus plenum) besaß (daher auch ↗Freibürger). Im MA. war ursprgl. nur der Grundbesitzer V. (daher Beerbter, Behauster, Erbbürger, Erbe, ↗Erbgesessener, Geerbter, Gesessener, Hausgesessener, Meenthaber), der i. wesentl. mit dem ↗Patrizier zusammenfiel, weshalb die Bezeichnungen für beide mehr o. weniger gleich waren; den V. gegenüber standen die ↗Schutzverwandten (2); später bildeten die V. als cives originarii (c. naturales, c. necessarii) den Gegensatz zu den neuaufgenommenen Neubürgern (cives novi, c. recepti). Vgl. Weichbildgut.

Vollding s. Ding.

Vollehen nach dem Chronicon Laureshamense ein bevorrechtetes ↗Lehen (1), vielleicht entspr. der pairie (s. Pairs) in der Picardie u. Flandern.

Volleid s. Eideshelfer.

Volleigener s. Eigener (2).

Vollerbe s. Erbe (1b).

Vollfrei s. Freier.

Vollgenosse früher jedes Mitglied eines Personenverbandes (z. B. ↗Markgenossenschaft, ↗Realgemeinde), das die in Betracht kommenden Rechte insgesamt u. vollständig besaß.

Vollgericht s. Ding.

Vollhaus s. Rêdjeva.

Vollhof s. Hufe u. Erbe (1b).

Vollhufe s. Hufe.

Vollhufner s. Hufe.

Vollkanoniker s. Domkapitel.

Vollkanton s. Halbkanton.

Vollmeier s. Erbe (1b).

Vollschirig Höriger s. Höriger.

Vollschuldig (Eigener) s. Leibeigener.

– **Höriger** s. Höriger.

Vollsiedlung älterer landwirtschaftlicher Betrieb, der mindestens eine ↗Ackernahrung umfaßt. Vgl. Anliegersiedlung.

Vollspänner s. Hufe.

Vollstaat i. d. Lit. verwendet für einen Staat, der die unbeschränkte völkerrechtliche Souveränität besitzt. Vgl. Suzeränität.

Vollwarig s. Blumwar(e).

Vollwort = Vollbort.

Vollziehungsdirektorium s. Directoire (exécutif).

Vollzugsurkunde s. Carta (2).

Voluntairfrei s. Biesterfrei.

Vong = Schlag (1).

Vorbann s. Verfestung.

Vorbehalt, geistlicher = Reservatum ecclesiasticum.

Vorbehaltserbe a) s. Inventarrecht. b) im rheinisch-fr. Recht derjenige, dem ein Teil des Erbes vorbehalten war, so daß der Erblasser darüber nicht verfügen konnte.

Vorbehaltsgut = Bona receptitia.

Vordenken = Gespräch (1b).

Vorderstädte a) (Vorstädte) in Meckl. die an der Spitze der ↗Landschaft (3) stehenden Städte. b) = Vorort (b).

Vorderster am Lehen (primus vassallus) ↗Vasall im Gegensatz zum ↗Aftervasall.

Vordinger s. Richter, schweigender.

Voreid Eid, der vor einem anderen o. zu Beginn eines Verfahrens geleistet wurde, insbes.: **a**) (Gefährdeeid, Kalumnieneid, Widereid, Zuschwörungseid, juramentum calumniae, sacramentum c.) Eid, worin der Kläger versicherte, die Anklage nicht aus Leidenschaft, Mutwillen u. dgl. zu erheben; während dieser V. im Strafprozeß im späteren MA. verschwand, erhielt er sich als juramentum calumniae generale im Zivilprozeß u. vermischte sich mit einem entspr. Eid des röm. Rechts; er wurde von beiden Parteien abgelegt, die darin versicherten, auf alle schikanösen Mittel zu verzichten; **b**) Haupteid des Klägers (s. Eideshelfer); **c**) ↗promissorischer Eid; **d**) Eid des Angeklagten, daß er keine Freunde o. Verwandten in der Nähe habe u. daher keine Eideshelfer aufbringen könne.

Vorende = Anwand.

Vorerbe s. Erbschaftsvermächtnis.

Vorfrage (question préalable, previous question) in einigen ↗Parlamenten (1) Antrag vor Beginn der Debatte, nicht in diese einzutreten. Vgl. Clôture.

Vorgänger **1.** = Stadtredner. **2.** der Anführer des Aufgebots bei der ↗Folge (a), i. d. R. der ↗Grundherr o. sein Vertreter.

Vorgeher s. Zunft (1).

Vorgeld vor dem eigentlichen Steuertermin vorauszuzahlen.

Vorgewende = Anwand.

Vorgreifsrecht = Präventionsrecht.

Vorhure = Laudemium.

Voringhe = Pacotille.

Vorjagd (Ehekomm, praeventionis jus) bei der ↗Koppeljagd Recht des zuerst kommenden Berechtigten, außerdem Recht des Landesherrn (s. Landeshoheit), in bestimmten Jagdbezirken schon während der Schonzeit, aber nur allein, zu jagen. Vgl. Mitjagd.

Vorjard s. Anwand u. Tritt- und Trattrecht.

Vorkauf **a**) (Distanzkauf, Lieferungskauf) Kauf einer Ware, die nicht vor Augen, d. h. nicht sichtbar ist. **b**) Kauf vor den Toren der Stadt, nicht auf dem Markt.

Vorkaufsrecht (protimiseos jus) das Recht, beim Verkauf eines bestimmten Gegenstandes an Stelle des Käufers in den Kaufvertrag einzutreten. Das V. kann ein schuldrechtliches (obligatorisches) sein u. gewährt dann nur einen Schadenersatzanspruch gegen den veräußernden Eigentümer, o. es haftet an einem Grundstück (dingliches V.) u. ist dann vom ↗Retrakt nicht zu scheiden, weshalb die Ausdrücke für diesen auch für V. gebraucht werden.

Vorkind s. Einkindschaft.

Vorland s. Anwand.

Vormiete s. Gesinde (1).

Vormund **1.** s. Munt (1). **2.** s. Stadtrat (a). **3.** s. Zunft (1). **4.** s. Hauptherr (1b). **5.** = Meier (1).

– **rechter** = Vormund zu Landrecht.

– **zu Landrecht** (rechter V.) der V. eines minderjährigen Lehensmannes (s. Lehen [1]) für dessen ↗Allod; er konnte mit dem V. zu Lehensrecht (s. Lehensvormundschaft) identisch sein.

– **zu Lehensrecht** s. Lehensvormundschaft.

Vormundschaft, befreite liegt vor, wenn der Vormund vom Vater des Mündels testamentarisch von gewissen Beschränkungen, z. B. der Rechnungslegung, befreit wurde.

– **nützliche** Vormundschaft, bei der der Vormund den Nießbrauch des Vermögens seines Mündels hat, wie z. B. bei der dt. ↗Munt (1).

Vormundschaftsgewere s. Gewere (1).

Vormundschaftslehen = Leihe zur Vormundschaft.

Vormundschaftsrichter s. Obervormundschaft.

Vornoten s. Esch (a).

Vorort **a**) in der Schw. bis 1848 ↗Ort (a), der die ↗Tagsatzung berief u. die laufenden Geschäfte besorgte. Bis 1798 gab es nur einen V. (Zürich), 1803–1815 sechs, 1815–1848 drei, die abwechselnd V. waren; seit 1803 war der V. zugleich Tagungsort der Tagsatzung. **b**) (Vorderstadt) bei der dt. ↗Hanse u. andern Städtebünden die führende Stadt einer Städtegruppe.

Vorrat s. Anwand.

Vorschmied s. Fahnenschmied.

Vorschneider s. Truchseß.

Vorschoß s. Schoß (1).

Vorspanndienste s. Fronden (a).

Vorsprache **1.** = Vorsprecher (a). **2.** s. Gesellenbruderschaft.

Vorsprecher **a**) (Fürleger ↗Fürsprech[er], Redner, Vorsprache, Versprecher, Worthalter, wanteporo, woðbora, causidicus, narrator, orator, praelocutor, prolocutor, amparlier, avant-parlier) bei den Germ. der Wortführer (nicht Anwalt) der Partei vor Gericht, um der ↗Gefahr zu entgehen; denn die Partei konnte den V. desavouieren (Recht der Erholung, Holung, Restitution, [re]iteratio juris, restauratio j., revocatio verborum) u. verbessern (Recht der Wandelung, Restitution, amendement de la parole), wobei der V. eine ↗Buße zahlen mußte. Er war auch bei der Rechtsfindung beteiligt u. wurde oft aus den ↗Urteilern genommen. Seit dem 9. Jh. wurde das Amt ein Gewerbe, verschmolz aber in Dt. seit der Rezeption mit dem Anwalt, während es im fr. u. norm.-engl. Recht als avoué (s. Advokat) u. ↗solicitor (a) fortlebt. Bei den Ags. unterschied man Anwalt u. V. nicht. Vgl. Speaker. **b**) = Schöffe (1).

– **des Rechts** (Beisitzer, ↗Richter [1a], Vorsteher des Rechts) in Bay. seit dem 13. Jh. ↗Urteiler an Stelle der ↗Schöffen (1).

Vorstadtgesellschaft s. Gesellschaftsmeister.
Vorstadtmeister s. Gesellschaftsmeister.
Vorstädte = Vorderstädte (a).
Vorsteher a) s. Gutsgebiet. **b)** s. Zunft (1).
– des Rechts = Vorsprecher des Rechts.
Vorsühne = Überbuße.
Vorträger s. Zinsgenossenschaft.
Vortrieb (Fürgang) Recht, das Vieh als erster auf die Weide zu treiben; der Minderberechtigte hatte den Nachtrieb.
Vorurkunde ↗Urkunde, die bei Anfertigung einer neuen als Vorlage diente u. mehr o. weniger wörtlich übernommen wurde.
Vorvestinge = Verfestung.
Vorwähler s. Kurfürst.
Vorwerk (Meierhof, mansionalis dominica, mansionilis) vom Hauptgut abgetrennter, wirtschaftlich mehr o. weniger selbständiger Wirtschaftshof, bei Verpachtungen meist für sich verpachtet. Auch die kleineren ↗Fronhöfe wurden im Gegensatz zum Haupthof als V. bezeichnet, desgleichen die ↗Burghöfe. Vgl. Villa(1); ebenso hießen in Eigenwirtschaft betriebene Güter V. (↗Allode). An der Spitze standen Vorwerksverwalter (↗Baumeister [a], Hofmeister, Hubmeister, Meier, Oberackermänner, Pflugmeister, Sedelmeier, Untermeister, Vorwerksschreiber, magistri [culturae] curtis, m. curiae), die ihren Vorgesetzten, den ↗Meier (1) des Fronhofs, auch sonst unterstützten, z. B. als ↗Zinsmeister (b); unter ihnen standen niedere Beamte (Unterackermänner). V., die hauptsächlich Viehzucht betreiben, werden als Meiereien (in Pommern früher Viehhöfe) bezeichnet, dagegen diejenigen mit dem üblichen landwirtschaftlichen Betrieb als Ackerhöfe. Bes. die V. der Zisterzienserklöster hießen grangiae (Klosterhöfe, später ↗curiae [1b]); sie wurden bis ins 14. Jh. von Laienbrüdern unter einem grangiarius (magister grangiae, Hofmeister) bewirtschaftet u. durften mit dem ↗Kloster nicht unmittelbar verbunden sein. Im späteren MA. übernahmen mehr u. mehr auch die Konventualen die Verwaltung; mehrere Grangien wurden zu Klosterämtern (officia) unter einem Amtmann (procurator) zusammengefaßt. Auch in Städten gab es Grangien, hauptsächlich als Absteigequartiere. – V. (Abbau, Ausbau) bedeutet dann auch eine kleinere ländliche Besitzung, bes. in der Nähe einer Stadt gelegen.
Vorwerksgärtner s. Kötter.
Vorwerksland s. Fronhof.
Vorwerksschreiber s. Vorwerk.
Vorzugserbe s. Anerbenrecht.
Vote accumulé = Vote cumulatif.
– cumulatif (V. accumulé, Kumulation, Stimmenhäufung, engl. plump) bei ↗Listenwahl das Recht eines Wählers, alle seine Stimmen einem Kandidaten zu geben.
– limité (beschränkte Stimmgebung) ↗Listenwahl, bei der der Wähler nur einen Teil der Kandidaten wählen darf, um dadurch der Minderheit eine Vertretung zu ermöglichen. Bei der Einzelstimmabgabe (V. unique) darf der Wähler nur einen Kandidaten wählen.
– unique s. Vote limité.
Votivus homo s. Precaria (1).
Votum ad imperatorem s. Reichshofrat.
– conclusivum = Votum decisivum.
– curiatum s. Kurie (1).
– decisivum (v. conclusivum, Decisivstimme) vollgültige Stimme, die bei einer Abstimmung gezählt wird, dann die Stimme, die bei Stimmengleichheit den Ausschlag gibt (Stichentscheid).
– in Capitulo s. Domkapitel.
– virile = Virilsstimme.
Voyage d'outre mer s. Aides aux quatre cas.
Voyer s. Vikar (2).
Vrede = Friedensgeld.
Vrîgengeld s. Schöffenbarfreie.
Vroedschap (vroescip, Kollation, ↗jurati [1]) in den Ndl. der ↗Stadtrat (a), der im 14. u. 15. Jh. sich zu einer geschlossenen, aus ↗Patriziern bestehenden Körperschaft entwickelte u. alle Ämter von sich aus besetzte.
Vroescip = Vroedschap.

W

Wache s. Viertel (3).
Wachszinsiger (Wachszinser, ↗censualis [homo], cerarius, cerealis, cerocensualis, luminarius, chandelier) im MA. ↗Schutzhöriger einer Kirche u. dgl., der als einzige Abgabe eine Quantität Wachs entrichtete (Wachszins) u. auch sonst günstig gestellt war (liber censualis); doch wurde die Cerocensualität (Wachszinsigkeit, Wachszinsrecht, Zensualität) im Laufe der Zeit verschlechtert, z. B. dadurch, daß die W. auch ↗Beddemund u. ↗Sterbfall leisten mußten. Entstanden waren sie teils durch ↗Freilassung aus ↗Unfreien, teils durch ↗Autotradition aus ↗Freien; sie bildeten den Hauptbestandteil der ↗ecclesiastici homines. – Im Ordensland Pr. wurde von den Freien ein Wachszins an den Hochmeister (s. Meister [1]) entrichtet als ↗Rekognitionszins zur Anerken-

nung der ↗Landeshoheit. Vgl. Witing u. Zinsmeister (b).

Wachszinsmeister s. Zinsmeister (b).

Wachszinsrecht s. Wachszinsiger.

Wacht s. Viertel (3).

Wachtgeding in Regensburg ursprgl. Versammlung der Bürger einer Wacht (s. Viertel [3]), einer ↗Morgensprache entspr.; seit dem 16. Jh. wurde das W. (Wachtgericht) zu einem Gericht für Bagatellsachen u. bestand aus dem Wachtherrn u. acht Beisitzern (Ächter).

Wachtgeld (Wachtpfennig, Wachzins, wardpenny) Abgabe an Stelle des ursprgl. persönlich zu leistenden Wachtdienstes.

Wachtgericht s. Wachtgeding.

Wachtherr s. Viertel (3) u. Wachtgeding.

Wachtmeister bis in die Mitte des 16. Jh. mit der Aufstellung der Wachen u. dgl. betraut, u. zwar bei Fußvolk u. Reiterei. Als bei ersterem der ↗Feldwebel dieses Amt übernahm, erhielt umgekehrt bei den Reitern der W. die Befugnisse des Feldwebels, so daß der Sache nach die beiden Worte von da ab dasselbe bedeuten; doch blieb bei den berittenen Truppen die Bezeichnung W. bis in die neueste Zeit erhalten. Bis in die Zeit des Dreißigjährigen Krieges wurde auch der Oberstwachtmeister (s. Major [4]) meist einfach W. genannt. – In der öst.-ung. Armee entsprach der W. dem dt. ↗Sergeanten, dem dt. W. dagegen der Oberwachtmeister. – In der dt. Gendarmerie u. Polizei ist W. die unterste bzw. zweitunterste Charge, Oberwachtmeister die nächsthöhere; häufig stehen bzw. standen Oberwachtmeister den Gendarmeriebezirken vor, so in Bay. der Gendarmeriestation eines ↗Bezirksamtes (a), in Pr. als Berittführer einem Beritt; in den ↗Kreisen, in denen kein Oberwachtmeister vorhanden war, vertrat ihn bis 1890 ein Kreiswachtmeister. In der dt. Marine hieß W. der ↗Unteroffizier, dem der sicherheitspolizeiliche Dienst an Bord oblag. – In den Städten hielt sich der W. (Stadtwachtmeister) in seiner ursprgl. Funktion bis ins 18. Jh. Vgl. Viertel (3).

Wachtpfennig = Wachtgeld.

Wachzins = Wachtgeld.

Wacta s. Viertel (3).

Wadia = Wette (1).

Wadiarius s. Salmann.

Wadiatio(n) s. Wette (1).

Wadium = Wette (1).

Wächter s. Markgenossenschaft.

Wähler a) = Wahlherr. **b)** s. Wahlmänner (2).

Währschaft † Gewähr.

Währschaftsbuch = Gerichtsbuch.

Währung s. Frist(en)geld.

Wäle = Wealh.

Wæpengetǣc s. Hundred (a).

Waffenchef (der Infanterie usw.) in der Schw. der an der Spitze einer Waffengattung stehende, mit deren ↗Generalinspektion (2) betraute ↗Offizier.

Waffenfronden ↗Fronden (a) der ↗Hörigen usw., die in Kriegsdienst für den ↗Gutsherrn bestanden; solche W. waren im ma. It. üblich. Vgl. Wagendienst.

Waffengeneral ↗General, der beim Oberkommando des Heeres als Berater in allen Fragen seiner Waffe dient.

Waffeninspekteur s. Generalinspektion (2).

Waffenmeister (bis 1913 Büchsenmacher) Beamter beim Heer, der mit der Pflege u. Instandsetzung der Waffen u. des Heeresgerätes betraut ist.

Waffenrecht 1. s. Fehde. **2.** (armorum jus) Recht über Krieg u. Frieden.

Waffenrührung s. Vollbort.

Waffenschlag s. Vollbort.

Wagen, ganzer s. Wagendienst.

Wagendienst (praestatio curruum, servitium c., vectura c.) die ↗Fronden (a) zu mil. Zwecken, der Heerdienst, in Norddt. im späteren MA. vom Landesherrn (s. Landeshoheit) den ↗Gutsherren überlassen u. in Hofdienst verwandelt. Der W. wurde mit bes. Heerwagen (ganze Wagen, Kanzwagen, Reisewagen, Rüstwagen) u. Pferden (↗paraveredi) geleistet; die Dienstwagen waren ursprgl. davon unterschieden u. zum ↗Burgwerk zu stellen. Vg. Waffenfronden.

Wagenmeister s. Schirrmeister.

Wahlamt 1. s. Wahlherr. **2.** Amt, das durch Wahl besetzt wird.

Wahlbotschafter s. Kurfürst.

Wahleltern s. Wahlvater.

Wahlen, springende in einem ↗Wahlreich, im Gegensatz zur ↗Erbwahl, die abwechselnd verschiedene Dynastien berücksichtigende Wahl, wie es z. B. in Dt. im 14. u. 15. Jh. der Fall war.

Wahlfrei s. Biesterfrei.

Wahlherr (Achtmann, Kieser, Kurfreund, Kurherr, Kurmann, Wähler) in den meisten Städten früher Wahlmann; die W., die manchmal eine ständige Behörde (Kurkollegium, Wahlamt, Wahlkollegium) bildeten, wählten vor allem den ↗Stadtrat (a), doch gab es auch W. für städt. Beamte. u. für die Vorsteher der ↗Zünfte (1).

Wahlhode s. Biesterfrei.

Wahlkapitulation (Kapitulation) schriftlicher, artikelweiser gefaßter Vertrag, worin der zu Wählende seinen Wählern bestimmte Versprechungen macht; W. waren früher üblich in ↗Wahlreichen, sowie bei den Wahlen der ↗Bischöfe u. anderer geistl. Würdenträger; i. allg. wurden sie in älterer Zeit von Wahl zu Wahl geändert, später dann mehr o. weniger ständig.

– Im Dt. R. war die capitulatio caesarea seit 1519 eine anerkannte reichsrechtliche Einrichtung, seit 1711 in Form einer ständigen W. (capitulatio perpetua). In Polen bestanden W. (pacta conventa) seit 1573; der ↗Doge (a) mußte seit 1192 eine promissio beschwören; in Fr., wo nur zeitweise u. auch dann nur eine ↗Erbwahl stattfand, entsprach der W. die vom Kg. den Bischöfen gegebene professio (promissio), die geistl. u. weltl. Gesetze zu achten; in Engl. vertrat sie der Krönungseid (seit 1688 unverändert). Solche «Krönungskapitulationen» kamen auch in anderen Ländern vor, z. B. in Ung. (vgl. Inauguraldiplom). Im ma. Russl. war ebenfalls eine W. (riad) bekannt. – Die W. der Bischöfe (juramenta Episcoporum) kamen zu Beginn des 13. Jh. auf; auch die Päpste mußten im späteren MA. W. unterzeichnen, ohne sich freilich daran zu halten. Vgl. Revers (1).

Wahlkind s. Wahlvater.

Wahlkönig s. Wahlreich.

Wahlkörper = Wahlverband (a).

Wahlkörperschaft Gesamtheit der Wähler eines Wahlkreises.

Wahlkollegium s. Wahlherr.

Wahlkomthur beim Dt. Orden der für die Leitung der Wahl des ↗Meisters (1) gewählte ↗Komthur.

Wahlkonsul s. Konsul (1).

Wahllandschaft in Liechtenstein der Wahlkreis.

Wahlmänner **1.** s. Wahlherr. **2.** von den Urwählern (s. Urwahl) gewählt, um ihrerseits die Abgeordneten bzw. andere in indirekter Wahl zu wählende Personen zu wählen. In einigen dt. Staaten wurden früher die W. (Bezirkswähler) nicht unmittelbar gewählt, sondern durch Wähler (Bevollmächtigte), die ihrerseits von den Urwählern gewählt wurden.

Wahlmark s. Markgenossenschaft.

Wahlmonarchie = Wahlreich.

Wahlmutter s. Wahlvater.

Wahlort in Öst. der Wahlkreis.

Wahlperiode s. Legislaturperiode.

Wahlpfründe s. Beneficium ecclesiasticum.

Wahlquotient beim ↗Proportionalwahlsystem die Zahl der Stimmen, die ein Abgeordneter o. eine Partei erreichen muß, um ein Mandat zu erhalten. Die Stimmen, die den W. übersteigen (Reststimmen) können für mehrere Wahlkreise, die dann einen Wahlverband bilden, zusammengefaßt werden u. gegebenenfalls einen weiteren W. ergeben.

Wahlreich (Wahlmonarchie) Monarchie, deren Oberhaupt (z. B. Wahlkönig) nicht durch Erbfolge (Erbmonarchie, Erbreich), sondern durch Wahl den Thron (Wahlthron) erlangt. Vgl. Erbwahl u. Wahlen, springende.

Wahlsynode s. Konzil.

Wahlthron s. Wahlreich.

Wahlvater derjenige, der ein Kind (Wahlkind) adoptiert; eine adoptierende Frau heißt Wahlmutter, adoptierende Eltern Wahleltern.

Wahlverband **a)** (Wahlkörper) Vereinigung von natürlichen o. juristischen Personen zu Wahlzwecken, ohne Rücksicht auf territorialen Zusammenhang. **b)** s. Wahlquotient.

Wahrbürgen = Bargilden.

Wahrheitseid (juramentum de veritate) Versicherung, daß etwas bestimmt wahr sei o. nicht, o. daß der Schwörende etwas bestimmt wisse (Wissenseid, juramentum scientiae) o. nicht (j. ignorantiae). Vgl. Glaubenseid (a) u. Überzeugungseid.

Wahrschwein s. Deeltucht.

Waibel = Fronbote u. Feldwebel.

Waiseljahre s. Gesinde (1).

Wakado shijori in Jap. vom 17. bis 19. Jh. Zentralbehörde, aus 4–5 Mitgliedern bestehend, mit Militär- u. Lehenssachen betraut.

Wakuf (plur. Evkâf, in Nordwestafr. Habs, plur. Hubūs) in den moh. Ländern das abgabenfreie Vermögen der kirchl. Anstalten u. frommen Stiftungen, meist einem bes. Minister unterstehend, mit eigenen Verwaltern (Mutewelli) u. Richtern (Mufettisch, Muffetirez). Zum W. gehören seit dem 16. Jh. auch private Güter, die der Form nach der Kirche übergeben u. dann (gegen geringen Zins) als ↗Erbleihe wieder erhalten wurden.

Wald, gemeiner s. Allmende.

– und Frevelgericht s. Markgenossenschaft.

Waldacker durch Rodung endgültig in Ackerland verwandelter Wald.

Waldallmende s. Allmende.

Waldamt nach 1427 von Nürnberg eingerichtete oberste Forstbehörde, je eines für jeden der beiden erworbenen Reichsforste (s. Forst); das W. war mit einem Waldamtmann (den es schon unter den ↗Burggrafen [1 b] gegeben hatte), einem Waldschreiber u. zwei Waldamtsknechten besetzt.

Waldbereiter = Forstknecht (a).

Waldbote ([Ge]waltbote) Bevollmächtigter, Stellvertreter, bes. der Inhaber irgendeiner öffentlichen Gewalt (daher Gewalt[herr], auch Frongewalt, gewaltiger Herr, nuntius potens, potestas [civitatis], vicedominus), bes. der Gerichtsbarkeit (z. B. der ↗Vogt [1]), als Vertreter des Kgs., eines Landesherrn (s. Landeshoheit), eines ↗Burggrafen (1 b) u. dgl. In den ↗Markgenossenschaften wurde mit W. teils der Obermärker bezeichnet, teils der Malmann. – In Mainz war der W. der vornehmste Beamte, er hatte die Stellung eines heutigen Polizeipräsidenten u. war Richter für bestimmte ↗Zünfte (1) u.

über bestimmte Delikte. – Der ↗Schultheiß wurde hier u. da Gewaltschultheiß genannt.
Waldbrandwirtschaft = Haubergswirtschaft.
Waldbuße s. Markgenossenschaft.
Waldbußgericht = Forstgericht.
Waldeinung s. Markgenossenschaft.
Waldfeldbau = Waldfeldwirtschaft.
Waldfeldwirtschaft (Feldwaldwirtschaft, Mitfruchtbau, Waldfeldbau) i. w. S. jeder Wechsel von Wald u. Ackerbau (Waldwechselwirtschaft) auf demselben Land, z. B. die ↗Haubergswirtschaft, i. e. S. (Baumfeldwirtschaft) der Wechsel zwischen Hochwald u. zwei- bis vierjährigem Ackerbau, im Odenwald u. benachbarten Gebieten als Röderwaldwirtschaft (Röderlandbetrieb) bezeichnet; im einzelnen ist diese Form sehr verschieden u. wenig verbreitet. – Das Recht, W. in einem bestimmten Wald zu betreiben, wurde in einigen Gegenden als Raumrecht, das Recht, sie zu verbieten, als Stockrecht bezeichnet.
Waldförster s. Förster (1) u. Markgenossenschaft.
Waldgänger s. Acht (1).
Waldgang s. Acht (1).
Waldgeding = Forstgericht.
Waldgeld = Medem.
Waldgenosse **1.** s. Ausmärker u. Markgenossenschaft. **2.** = Eingeforsteter.
Waldgenossenschaft **1.** = Markgenossenschaft. **2.** in einigen dt. ↗Ländern (1 e) (in Pr. 1875–1945) Verband von Inhabern einer Anzahl von Wald- o. Heidegrundstücken (Genossen[schafts]wälder, Korporationswälder), die vereinzelt ihrer Zersplitterung wegen keine geregelte Bewirtschaftung zulassen. Die W. ist juristische Person u. bildet eine ↗Realgemeinde. Vgl. Waldschutzgericht. – W., die sich freiwillig bilden, heißen Waldwirtschaftsgemeinschaften.
Waldgerechtigkeit **1.** = Forstrecht (1 a). **2.** s. Echtwort.
Waldgericht = Forstgericht.
Waldgraf s. Markgenossenschaft.
Waldgut aus Teilen eines aufgelösten ↗Familienfideikommisses bestehendes Gut, dessen Hauptbestandteil ein Wald bildet, dem aber, im Gegensatz zum ↗Schutzforst, auch andere Grundstücke, Gebäude, selbst Kapitalien hinzugefügt werden können, sofern sie zur Bewirtschaftung des Waldes nötig sind; das W. unterliegt den Beschränkungen des Schutzforstes, kann ohne behördliche Genehmigung nicht belastet werden u. untersteht dem ↗Anerbenrecht.
Waldhaber = Schutzzins.
Waldhufe s. Hufe.
Waldhufendorf (Hagen[hufen]dorf, Waldhufenkolonie) ein ↗Reihendorf, dessen Gehöfte sich der Straße entlang, i. d. R. auf beiden Seiten, im Tal (manchmal stundenlang) hinziehen, wobei hinter jedem Gehöft die Waldhufe (s. Hufe), meist etwa 100 m breit, sich bis zum Kamm erstreckt, vielfach in gewundener Form; eine ↗Allmende fehlt. Die W. entstanden seit dem 12. Jh. nach dem Rechte der ↗Waldleihe u. waren die typische Form der dt. Ostkolonisation.
Waldhufeneinödflur s. Einödflur.
Waldhufenkolonie = Waldhufendorf.
Waldkavel Waldstück in Privatbesitz.
Waldknecht = Forstknecht (a).
Waldläufer = Forstknecht (a).
Waldlehen bäuerliche ↗Leihe (1), an eine ganze Familie erblich derart verliehen, daß jeweils beim Tode des ältesten Mitgliedes ein ↗Sterbfall gezahlt werden mußte; außerdem fiel das W. heim, wenn der Zins (Fallzins, Notzins) nicht rechtzeitig entrichtet wurde.
Waldleihe (Leihe zu Waldrecht, Waldsiedelrecht) freie ↗Erbleihe, bei der dem Inhaber vom ↗Grundherrn ein Stück Wald als Waldhufe (s. Hufe u. Waldhufendorf) verliehen wurde, die erst gerodet werden mußte; außerdem bestand Pflicht zur ↗Besserung (5). Das Besitzrecht kam dem Eigentum sehr nahe.
Waldmann = Eingeforsteter.
Waldmark s. Echtwort u. Allmende.
Waldmeister s. Markgenossenschaft.
Waldmiete = Forstgericht.
Waldordnung s. Markgenossenschaft.
Waldrecht **a)** s. Echtwort, Markgenossenschaft u. Waldleihe. **b)** = Forstrecht (1 a).
Waldrüge = Forstgericht.
Waldsasse s. Ausmärker **u.** Markgenossenschaft.
Waldschreiber s. Waldamt.
Waldschütz = Forstknecht (a).
Waldschutzgericht der ↗Kreisausschuß in seiner Eigenschaften als Gericht für Streitigkeiten über ↗Schutzwälder, sowie als Aufsichtsbehörde über ↗Waldgenossenschaften (2), die vor ihm gebildet werden.
Waldsiedelhufe s. Hufe.
Waldsiedelrecht = Waldleihe.
Waldsperre † Schonzeit.
Waldung, kirchenrätliche s. Kirchenrat (1 a).
– zum halben Gebrauch s. Markgenossenschaft.
Waldvogt(ei) s. Vogt (2).
Waldwandel = Forstgericht.
Waldwechselwirtschaft s. Waldfeldwirtschaft.
Waldweide (Holzweide, Hut und Weide) Recht, das Vieh zum Weiden in den Wald zu treiben.
Waldweiser s. Markgenossenschaft.
Waldwirtschaftsgemeinschaft s. Waldgenossenschaft (2).
Waldzins **1.** s. Vogtei (2). **2.** (auch Pfand) Gebühr, gegen welche den Berechtigten o. in einer ↗Markgenossenschaft den minderberechtigten

Markgenossen die Entnahme von Holz gestattet war.

Wali in der Tk. in neuerer Zeit Titel des früheren ↗Beglerbeg, an der Spitze eines ↗Ejalets bzw. Wilajets, bis zur Mitte des 19. Jh. fast unumschränkter Herrscher mit dem Range eines ↗Wesirs, seitdem etwa dem fr. ↗Präfekten (b) entspr., mit dem Range eines ↗Pascha. – In neuerer Zeit ersetzte auch in Persien der W. den älteren ↗Hakîm. Auch in anderen moh. Staaten stehen W. an der Spitze der großen Verwaltungseinheiten.

Walideh Sultan = Sultan Walideh.

Wallfahrtsflecken s. Flecken.

Wallmeister **a)** bis 1945 ein ↗Feldwebel in der Festungsbauverwaltung. **b)** in der Bundeswehr Dienststellung in der territorialen Verteidigung zur Instandhaltung usw. von Sperrvorrichtungen u. dgl.

Walka = Artel.

Waltbote = Waldbote.

Walzacker = Wandelacker.

Wand = Gewann (a).

Wandel **a)** = Buße. **b)** s. Friedensgeld.

Wandelacker (Erbacker, Erbland, Walzacker, walzendes [Grund-]stück, Wandelgrund) im Gegensatz zum geschlossenen ↗Hof (3) ein Grundstück, das der Erbteilung unterliegt u. ohne weiteres veräußert werden kann.

Wandelgericht s. Rügeverfahren.

Wandelgrund = Wandelacker.

Wandelklage (redhibitorische Klage, Wand[e]lungsklage, actio redhibitoria) Klage des Käufers auf Rückgängigmachung, wegen Mängeln usw.

Wandelpön s. Arrha (1).

Wandelung s. Vorsprecher (a).

Wand(e)lungsklage = Wandelklage.

Wanderbischof (Landbischof, Regionarbischof, episcopus ambulans, e. gyrovagus, e. regionarius, e. vacans, e. vagans, évêque-errant) seit dem 6. Jh. ir. Mönch, der zu Missionszwecken im frk. Reiche die Bischofsweihe erhalten hatte u. im Lande umherzog, ohne eine ↗Diözese (a) zu begründen. War dies einmal der Fall, so wurde der frühere W. vielfach als episcopus advena (e. adventitius, e. peregrinus) bezeichnet. Nichtirische W. waren selten; meist hatten diese von vornherein die Absicht, Diözesanbischöfe zu werden u. hießen dann Missionsbischöfe (Regionarbischöfe, episcopi regionarii). Seit Mitte des 8. Jh. wurden die W. von den ↗Synoden bekämpft u. verschwanden Anfang des 9. Jh. Vgl. Klosterbischof (a).

Wanderkaufmann s. Gilde.

Wann = Gewann (a).

Wannenweg s. Tritt- u. Trattrecht.

Wanteporo = Vorsprecher (a).

Wapener = Knappe (1).

Wapentake s. Hundred (a).

– Court = Hundred Court.

Wappenbrief ↗Urkunde, durch die vom Staatsoberhaupt die Führung eines bestimmten Wappens gestattet wird, auch einem Nichtadligen (↗Wappenbürger).

Wappenbürger (Wappengenosse) Bürgerlicher, dem ein Wappen u. einzelne adlige Vorrechte verliehen wurden. Vgl. Wappenbrief.

Wappengenossen ursprgl. die rittermäßigen Leute (s. Ritter); seit dem 15. Jh. gleichbedeutend mit ↗Wappenbürger.

Wappenherr Inhaber eines erblichen Wappens.

Wappenknecht = Knappe (1).

Wappenkönig s. Herold.

Waraland im ags. Engl. Land, das Steuern zahlte u. nicht inland (s. Fronhof) war, also sowohl das Land der unabhängigen ↗Freien als auch der ↗Hörigen.

Warandia **1.** Gewähr. **2.** s. Echtwort.

– florum = Blumwar(e).

Ward in den größeren engl. ↗Boroughs (a) u. Urban Districts (s. Sanitary District) Stadtbezirk, der i. wesentl. nur Wahlbezirk ist; in den ↗Parishes, die in W. eingeteilt sind, finden dem Parish Meeting entspr. W. Meetings statt. Vgl. Viertel (3).

– Meeting s. Ward.

Warda **1.** = Lehensvormundschaft. **2.** s. Viertel (3).

Wardpenny = Wachtgeld.

Wards Einkünfte des engl. Kgs. aus ↗Lehensvormundschaften, Teil der ↗feudal incidents. 1540 wurde zu ihrer Verwaltung eine bes. Behörde mit ↗Verwaltungsgerichtsbarkeit (a), der Court of Warde, errichtet.

Wardunge s. Lehen mit Gedinge.

Ware s. Echtwort.

Warf **1.** = Ding. **2.** = Hofstelle (1).

Wargus s. Acht (1).

Wariscaph s. Echtwort.

Warmeister s. Markgenossenschaft.

Warner s. Gespräch (1 a).

Warpitio = Halmwurf.

Warrant officier = Deckoffizier.

Warschaft s. Echtwort.

Warter s. Oberhof (1 a).

Wart(e)recht (Erbenwart[e]recht) nach einigen germ. Rechten ursprgl. die Anwartschaft der Erben auf das gesamte Erbgut, dann auf dieses mit Ausnahme des ↗Freiteils; dieses ältere W., das später zum ↗Beispruchsrecht wurde (jüngeres W.) u. das sich noch im MA. zur ↗Erblosung abschwächte, war nur noch ein ideeller Anteil (portio debita).

Wartherr s. Domkapitel.

Wartmeister s. Markgenossenschaft.

Wartschaft s. Markgenossenschaft.
Wartung s. Lehen mit Gedinge.
Wasserbuch (Wasserrechtsbuch, Wasserrod) dem Grundbuch entspr. Verzeichnis der an einem Wasserlauf o. an allen Wasserläufen eines Landes bestehenden Rechte usw., in dem aber die Eintragung nur eine Vermutung begründet.
Wassereinstandsgeld s. Erbstollen.
Wassergenossenschaft (Wasserverband) i. e. S. Verband der an einem Gewässer mit irgendwelchen Nutzungsrechten beteiligten Anlieger. Die W. gehen auf fr. Vorbild zurück u. wurden in Dt. zuerst 1879 in Pr. geschaffen. Bis 1913 gab es freie, durch Vertrag gebildete u. öffentliche, durch Behörden eingesetzte W., seitdem nur letztere. – I. w. S. versteht man unter W. auch die ↗Deich- u. ↗Sielverbände.
Wassergraf = Deichgraf.
Wasserrechtsbuch = Wasserbuch.
Wasserrod = Wasserbuch.
Wasserstraßenstaatsanwalt s. Glawnyje prokuratury.
Wasserverband = Wassergenossenschaft.
Wasserzoll auch Fährgeld.
Wataga = Artel.
Watch Committee seit 1835 in den engl. ↗Boroughs (a) aus Mitgliedern des ↗Town Council bestehendes ↗Committee, das seit 1856 die gesamte Polizeiverwaltung unabhängig führt u. den ↗Chief Constable (2) als ausführendes Organ ernennt; der ↗Mayor (1) ist stets Mitglied des W. C. Boroughs unter 10.000 Einwohnern haben seit 1888 kein Watch C. mehr. Vgl. Standing Joint Committee.
– Rate s. Police Rate.
Watmal s. Sterbfall.
Watschar **1.** abgabenpflichtiges Grundstück, das an ↗Hörige vergeben wurde; wahrscheinlich bestanden ursprgl. die auf diesen W. ruhenden ↗Fronden (a) in der Instandhaltung usw. der Kleider des ↗Grundherrn. **2.** (portio propria) bei der Teilung einer Erbmasse bestimmten Personen zufallender Anteil, z. B. der ↗Freiteil des Vaters o. der einem Gemeinder (s. Gemeinderschaft) bei der ↗Totteilung zukommende Teil; dann diese selbst.
Watschierung = Totteilung.
Wealh (Wäle) im ags. Engl. eigentlich der unterworfene Kelte, der ↗halbfrei war, dem ↗Liten gleichstand u. endlich überhaupt an dessen Stelle trat.
Wechsel s. Raub- und Wechselvertrag.
Wechseläcker (arbytte) in Norw. bis ins 19. Jh. Grundstücke, die in gemeinsamem Eigentum mehrerer Personen standen u. der Reihe nach von ihnen abwechselnd genutzt wurden.
Wechselalp s. Stuhlung.
Wechselbrief s. Raub- und Wechselvertrag.
Wechselfeld Ackergrundstück, das zwei Gemeinden gemeinsam gehörte u. von beiden nach bes. Regeln genutzt wurde.
Wechselgeld s. Raub- und Wechselvertrag.
Wechselgut s. Allmende.
Wechselland s. Landwechsel.
Wechselpfründe (Alternativpfründe) abwechselnd vom ↗Bischof u. vom Landesherrn (s. Landeshoheit) zu besetzendes ↗beneficium ecclesiasticum.
Wechselschlagteilung = Fruchtwechselwirtschaft.
Wechselung s. Raub- und Wechselvertrag.
Wechselwirtschaft a) = Fruchtwechselwirtschaft. **b)** s. Feldgraswirtschaft.
Wechtag s. Frisching.
Weddeherr = Morgensprachsherr.
Wedderleginge s. Commenda (2).
Weddeschaft = Wette (1).
Wegedorf aus dem ↗Haufendorf über die Zwischenform des Haufenwegedorfes entstandener Normaltyp der heutigen Dörfer westlich der Elbe. Beim W. sind wenige, schmale, ziemlich gerade, durch den ganzen Ort ziehende, ins Freie führende Wege umbaut. Im einzelnen besteht eine große Zahl von Varianten des W.
Weggelinge s. Commenda (2).
Weglassung s. Detractus jus.
Weglöse = Sterbfall.
Wegstück s. Tritt- und Trattrecht.
Wehadinc = Kampfvertrag.
Wehr s. Gemeinde (2), Wehrfester u. Echtwort.
– freie s. Wehrfester.
Wehrbank s. Gemeinde (2).
Wehrbeauftragter in der Dt. Bundesrepublik seit 1957 zur Kontrolle der Bundeswehr bzw. der Wahrung des Grundgesetzes u. der demokratischen Grundrechte; er wird auf fünf Jahre vom ↗Bundestag (b) gewählt u. von dessen Präsidenten ernannt. – Der W. wurde nach dem Vorbild des schwd. Militie-Ombudsman (s. Justitie-O.) geschaffen.
Wehrbereich Verwaltungseinheit bei der dt. Bundeswehr, unter einem Wehrbereichskommando.
Wehrbezirksoffizier s. Meldeamt.
Wehrbezirkskommandeur s. Bezirkskommando (a).
Wehrbezirkskommando s. Bezirkskommando (a).
Wehrdienstgerichte in der Bundeswehr für Disziplinarverfahren gegen Soldaten u. für deren Beschwerden. W. sind die Truppendienstgerichte u. als Berufungsinstanz die Wehrdienstsenate des Bundesdisziplinarhofes (s. Disziplinarhof [1]).
Wehrdienstsenat s. Wehrdienstgerichte.
Wehrersatzinspekteur in Dt. 1935–1945 in jedem ↗Wehrkreis Leiter des Ersatzwesens, der Musterung der Kraftfahrzeuge, der Überwachung der Wehrpflichtigen usw.

Wehrfester (Werfester) in Westf. früher eigentlich nur der Inhaber eines We(h)rgutes (Wehr), d. h. eines freien ↗Hofes (3) (freie Wehr), dann der Bauer überhaupt, ohne Rücksicht auf seinen ↗Stand (1), auch als Glied einer ↗Genossame (1).

Wehrgeld = Militärtaxe.

Wehrgut s. Wehrfester.

Wehrherr s. Gemeinde (2).

Wehrkirche s. Kirchenburg.

Wehrkreis in Dt. 1920–1945 Verwaltungsgebiet einer ↗Division (1 c).

Wehrkreisarzt s. Korpsarzt.

Wehrkreispfarrer s. Feldpropst.

Wehrmeldeamt s. Meldeamt.

Wehrschaft = Besitzeinweisung.

Wehrsteuer = Militärtaxe.

Wei s. Tschün.

Weibel = Fronbote u. Feldwebel.

Weibelgericht a) s Fronbote. **b)** = Hofgericht (f).

Weibelwiese s. Diensthufe.

Weiberlehen = Kunkellehen.

Weichbild ursprgl. das ↗Stadtrecht, dann der ↗Sprengel des ↗Stadtgerichts u. endlich die Stadt selbst (vgl. Stadtfriede [a]); in Niedersachsen bezeichnete W. den ↗Flecken. W. nannte man ferner bestimmte, hauptsächlich städt. Rechte u. Besitzformen, so die ↗Erbleihe, das ↗Weichbildgut, dann eine Rente überhaupt (auch Weichbildsrente). – In Schl. bezeichnete W. den ↗Kreis, Weichbildtag den ↗Kreistag (b), Weichbildstadt die Hauptstadt eines W.

Weichbildgut (Bürgerhaus, bürgerliches Grundstück, Stadtgut, ↗Weichbild, Weichbildland, ager wicbelidalis, bonum oppidularium) ursprgl. jedes städt., dem ↗Stadtrecht (Weichbild) unterworfene Grundstück, später nur noch eines, das einem ↗Vollbürger gehörte. Auch wurde in einigen Städten die Zahl der W. fixiert.

Weichbildland = Weichbildgut.

Weichbildrecht a) = Stadtrecht. **b)** s. Erbleihe.

Weichbildsrente s. Erbleihe u. Weichbild.

Weichbildstadt s. Weichbild.

Weichbildtag s. Weichbild u. Kreistag (b).

Weichfriede = Stadtfriede (a).

Weide = Kuhrecht.

– gemeine s. Allmende.

Weidebeziehung Grenzbegehung.

Weidebrandwirtschaft s. Brandwirtschaft.

Weidebrief Ordnung, worin die Zahl des auf der Weide zugelassenen Viehs, die Verteilung unter die Bauern u. dgl. festgesetzt wird.

Weidedienstbarkeit = Weidegerechtigkeit.

Weidegang a) s. Weidetrift. **b)** = Weidegerechtigkeit.

Weidegeld a) (Weidehuhn, Weideschilling, pascuaria, pastio, pâturage, droit de) Gebühr für Benützung der Weide. **b)** Lohn eines Hirten.

Weidegemeinschaft s. Weidegerechtigkeit.

Weidegerechtigkeit (Auftriebsrecht, Austrift, Blum[en]besuch[srecht], Huderecht, Hütungsgerechtigkeit, Hütungsrecht, Hutgerechtigkeit, Hut[ungs]recht, Hutweide, Weidedienstbarkeit, Weidegang, Weidenschaft, Weiderecht, Weideservitut, droit de pacage, d. de pâturage, common of pasture, auch ↗Feldgemeinschaft) Recht, das Vieh auf fremden Grundstücken weiden zu lassen, in älterer Zeit fast ausschließlich in Form einer Weidegemeinschaft der ↗Markgenossen o. als Befugnis des ↗Grundherrn auf ausgetanem Land (compasculationis jus simplex). Später wurden mehr u. mehr auch W. durch Vertrag (Weiderezeß) bestellt, wobei u. a. mehrere Berechtigte (Hutgenossen) auf demselben Platz W. hatten (Samthude, compascui jus, droit de vaine pâture) o. sehr häufig eine gegenseitige W. bestand (Koppelhut, Koppelweide, Stoppelfrette, Stoppelweide, compasculationis jus reciprocum) o. endlich eine Mithut (compascendi jus) des Eigentümers eines Grundstücks auf dem Platze, an dem der Inhaber des Grundstücks eine W. hatte; diese Mithut gab es nur in Dt. Koppelweide konnte auch zwischen benachbarten Gemeinden bestehen (droit de marchage, d. de parcours). Vgl. Flurzwang. In neuerer Zeit wurde die W. stark eingeschränkt, z. T. aufgehoben. – Mit der W. verbunden ist i. d. R. die Triftgerechtigkeit (Durchtriebsrecht, Triebrecht, Triftrecht, [Vieh]-trieb, Viehtrift), d. h. das Recht, das Vieh über ein fremdes Grundstück zur Weide treiben zu dürfen; sie kann mehreren gemeinsam zustehen (Koppeltrift). W. u. Triftgerechtigkeit werden auch als Trieb und Tratt bezeichnet, aber auch die Bezeichnungen für beide wechselsweise verwendet. Vgl. Weidetrift.

Weideherr s. Allmendherr.

Weidehuhn = Weidegeld (a).

Weidemärker ↗Markgenosse, der nur das Recht zur Weide auf der ↗Allmende hatte, aber keine Holznutzung.

Weidenschaft = Weidegerechtigkeit.

Weidenstoß das Recht, Weiden zu schneiden.

Weiderecht = Weidegerechtigkeit.

Weiderezeß s. Weidegerechtigkeit.

Weideschilling = Weidegeld (a).

Weideservitut = Weidegerechtigkeit.

Weidetrift (Treibgerechtigkeit) in Westf. Recht eines ↗Ausmärkers, sein Vieh in der ↗Allmende weiden zu lassen; ging das Vieh aus eigenem Antrieb in die Allmende, so stand vielfach den ↗Markgenossen das Recht der ↗Schüttung nicht zu (Naturgang, Weidegang, ductus naturae, gangus); zwischen zwei benachbarten

Markgenossenschaften konnte ein Weidegang nach Pfahlbauernrecht (Gahrweide) bestehen; die betr. Markgenossen hießen dann Pfahlbauern. Vgl. Weidegerechtigkeit.

Weidewechselwirtschaft = Feldgraswirschaft.

Weidhube in der Schw. im MA. dem ↗Fronboten verliehenes Gut, wofür er die Dingstatt (s. Ding) u. die Wohnung für den ↗Grafen in Ordnung zu halten hatte.

Weihbischof (Auxiliarbischof, Hilfsbischof, Titularbischof, Episcopus Auxiliaris, E. titularis, Suffraganeus, Vicarius Generalis in pontificalibus, Vicegerens) seit dem 11. Jh. zur Unterstützung des ↗Bischofs, bes. bei allen Weihen (s. Ordines [1]), vom Papst auf Ersuchen ernannt, nur durch bes. ↗Indult (1) Mitglied des ↗Domkapitels, ohne Recht der Nachfolge (vgl. Koadjutor [a]), stets Episcopus in partibus infidelium (daher auch so genannt); seine Jurisdiktion ist nur ↗delegiert (2), erlischt daher mit dem Tode des Bischofs.

Weihe, höhere s. Ordines (1).

– **(niedere)** s. Ordines (1).

Weihegewalt a) = Pontificalia (jura). **b)** s. Ordines (1).

Weiherecht = Pontificalia (jura).

Weihetitel = Titulus (b).

Weihfeldsteuer s. Reichnis.

Weihsteuer = Subsidium caritativum (3).

Weiler kleine Siedlung, zwischen ↗Hof (3) u. Dorf, von unregelmäßig angeordneten ↗Hofstellen (1), deren Felder vielfach eine ↗Blockflur (Weilerflur) bilden. Die Entstehung der W. ist sehr verschieden u. umstritten. Zum Teil sind es alte bäuerliche Siedlungen (Bauernweiler, Sippenweiler), zum Teil ↗gutsherrliche (vgl. Gutskolonie) o. ↗grundherrliche Gründungen, im Osten alte slawische Siedlungen; häufig entstanden sie durch Rodung. Ihrer geringen Größe wegen bilden die W. meist keine selbständige Gemeinde. Vgl. Zinken.

Weinbann = Bannwein.

Weinfuhren s. Fronden (a).

Weingeld = Weinkauf (1).

Weinkauf 1. (Beweinung, Bierkauf, bodewîn, ervekop, Imbiß, Lei[h]kauf, Leitkauf, Leukauf, Litkauf, Ölkopf, Weingeld, Weinpfennig, beuragium, bibaria vini, mercipotus, vinagium, vinaria, pot de vin, vin de bougeoisie, v. de marché) die ↗arrha (1), wenn sie von den Kontrahenten in Gemeinschaft mit den Geschäftszeugen vertrunken bzw. verzehrt wurde, wodurch der formlose Vertrag Rechtskraft erhielt; war der Kontrahent eine Frau, so erhielt die arrha eine entspr. Form (Nadelgeld, épingles). Vgl. Anzugsgeld (1). **2.** = Friedeschilling.

Weinkaufsbrief s. Meier (1).

Weinkaufsleute diejenigen, die den ↗Weinkauf (1) mitgetrunken hatten u. aus denen bei Streitigkeiten über den betr. Verkauf in einigen Städten die Zeugen bzw. ↗Eideshelfer genommen werden mußten. In ähnlicher Weise wurden bei Ehestreitigkeiten die Zeugen aus denen entnommen, die der Hochzeit beigewohnt hatten (Heiratsleute, Ringleute, nuptiales homines).

Weinlehen s. Küchendienst.

Weinpfennig 1. = Weinkauf (1). **2.** s. Fronden (a).

Weinzehnt s. Zehnt (1).

Weisat a) = Weisung (3). **b)** ↗Rekognitionszins, der auch neben dem eigentlichen Geldzins gegeben wurde.

Weiser a) s. Markgenossenschaft. **b)** s. Hauptmann, oberster (2).

Weisheit s. Stadtrat (a).

Weißenfaut = Zinsmeister (b).

Weistum Aussage über geltendes Gewohnheitsrecht, auf Anfrage von rechtskundigen Männern abgegeben, i. e. S. das Bauernweistum (Bewistum, Ehafte, Öffnung, Offnung, Ordnung, Weisung), vielfach im ↗Ding bzw. ↗Bauerding (1), ↗Dorfgericht (a), ↗Hofgericht (f) usw. (daher auch z. B. Banntaiding, Blutrecht, Centweistum, Dingrecht, Ehaftrecht, Ehafttaiding, Elichtaiding, Freieding, Gaugericht, Gerichtsweistum, Heidenrecht, Heimgereide, Herwede und Gerade, Hundgeding, Jahrspruch, Kundschaft, Landfeste, Landgeding, Landgerichtsweisung, Landurteil, Pantaiding, Rechtung, Record, Schöffenbuch, Schöffenweistum, Sendweistum, Taiding, Vestenrecht, Vogtgeding, Wildhuberweistum, o. nach der Dingstatt [s. unter Hofgericht (f)]), teilweise auch auf Grund von ständigen Rechtsvorträgen (Rechtsweisungen) an die Gerichtsgemeinde (s. Ding u. Umstand) aufgeschrieben (dann Bauernrolle, [Ding]rotel, Rechtsbronnen, Rodel, rôle). Das so entstandene Recht, z. B. das ↗Hofrecht (1), hieß ebenfalls W. – I. w. S. werden auch Gesetze als W. bezeichnet, z. B. Reichsweistümer. Vgl. Ōrskurðr.

Weistumstag s. Hofgericht (f).

Weisung 1. s. Weistum. **2.** s. Besitzeinweisung. **3.** (Weisat, praesentae) Abgabe, die der ↗Grundherr von seinen ↗Hintersassen (1), die nicht ↗Leibeigene waren, erhob; doch wurde W. auch für deren ↗Kopfzins gebraucht. **4.** ein einer ↗Heimschnat ähnlicher abgesonderter Teil der ↗Allmende, der bestimmten ↗Markgenossen, deren ↗Höfe (3) in der Nähe lagen, zur ausschließlichen Gesamtnutzung zugewiesen war; waren W. überhaupt vorhanden, so war stets die ganze ↗Mark derartig verteilt. **5.** der einem Markgenossen zugewiesene Teil am Holze. **6.** s. Ding. **7.** (revisorium) Abgabe, die für die Untersuchung durch das ↗Baugericht (3) gezahlt wurde.

Weisungsbrief s. Markgenossenschaft.

Weitraite (Herrenacker, Kreit, Landgarbacker, Reutacker, Sonderfeld) in Wü. Acker (bzw. Weide), der dem Landesherrn (s. Landeshoheit) gehörte u. von diesem gegen eine Abgabe (Landgarbe [s.Medem] bzw. ↗Weidegeld [a]) einzelnen Bauern überlassen wurde. Die W., seit dem 16. Jh. allm. dauernd an bestimmte ↗Höfe (3) vergeben, wurden im 19. Jh. Eigentum derselben.

Wekil in der Tk. ↗Minister (1), neuerdings Bakan genannt; in Äg. Stellvertreter eines ↗Gouverneurs (4).

Welikij Knäs = Großfürst.

Welsh Court s. Lord Earl Marcher.

Weltbund, Lutherischer 1947 in Lund geschlossene freie Vereinigung von lutherischen Kirchen, hervorgegangen aus dem 1923 in Eisenach gegründeten Lutherischen Weltkonvent; die Vollversammlung tritt alle fünf Jahre zusammen.

Weltgeistlicher (Laienpriester, Leutpriester, Säkulargeistlicher, Säkularkleriker, Säkularpfarrer, Weltpriester, clericus saecularis) in der kath. Kirche jeder Geistliche, der keinem Orden angehört (vgl. Religio); im MA. wurden in Dt. die W. als Pfaffheit zusammengefaßt, während man heute Weltklerus sagt. – In der gr.-orthodoxen Kirche stehen den W. («weiße» Geistlichkeit) nur die unteren Stufen der Hierarchie (bis zum ↗Protopopen einschl.) offen, die oberen nur den Ordensgeistlichen (s. Kloster) («schwarze» Geistlichkeit).

Weltgerichtshof s. Cour Permanente de Justice Internationale.

Weltkirche = Pfarrkirche.

Weltkirchenkonferenz Vollversammlung des 1948 in Amsterdam gegründeten Ökumenischen Rats; sie tritt nach Bedarf zusammen.

Weltklerus s. Weltgeistlicher.

Weltkonvent, Lutherischer s. Weltbund, Lutherischer.

Weltpatriarch s. Patriarch.

Weltpriester = Weltgeistlicher.

Weltschiedsgerichtshof = Cour Permanente d'Arbitrage.

Wendeacker s. Anwand.

Wenderecht = Anwenderecht.

Wer = Wergeld.

Werbbezirkskommissariat s. Bezirkshauptmannschaft.

Werbrief **1.** = Gerichtsbrief. **2.** s. Besitzeinweisung.

Wercus s. Gewerkschaft.

Were **1.** s. Echtwort, Hufe u. Markgenossenschaft. **2.** = Gewere (1).

Werebute = Wergeldbuße.

Weregildus = Wergeld.

Weren = Besitzeinweisung.

Werer s. Markgenossenschaft.

Werf in Westf. die vom ↗Richter (1a) dem ↗Umstand vorgelegte Frage.

Werfester = Wehrfester.

Wergeld (Besserung, Blutgeld, Mannbuße, Manngeld, Söhnung, Widergeld, leodgeld, leudi[s], Wer, Weregildus, ↗compositio [1], c. amicabilis, emenda, emendatio, judicium, recompensatio, satisfactio) nach altem germ. Recht die ↗Buße, die für Tötung eines ↗Freien seiner ↗Sippe vom Täter bzw. dessen Sippe gezahlt wurde, geteilt in die Erbsühne (arvabōt, hovetsoene, riuchte ield, an die nächsten Erben) u. die Magsühne (Geschlechtsbuße, Magzahl, Maggeld, Streitbuße, Verwandtengeld, Vetternbuße, aettarbōt, meitele, niþgiǫld, ōranbōt, an die «gemeinen» Magen); bei den Ags. erhielt der Gefolgsherr (s. Gefolgschaft) eine bes. Mannbuße neben dem W., in Schwd. wurde Tötung innerhalb eines Sonderfriedens (s. Friede [a]) durch ein Mordgeld neben dem W. bestraft. Die Höhe des W. war nach ↗Stand (1) usw. des Täters u. des Getöteten sehr verschieden. Seit dem 12. Jh. wurde es nur noch bei ↗Ungefährwerk o. Tötung in Notwehr entrichtet, als bloße Strafe angesehen u. verschwindet seit dem 13. Jh., zuerst in Süddt., ganz. In Fr. erhielt sich das W. (prix de l'homme, relief de l'h.) in einigen Gegenden bis ins 13. Jh., aber nur für bes. Fälle. Vgl. Gesamtbuße u. Überbuße. – Auch das ↗Friedensgeld wurde W. genannt. Vgl. Sühne.

Wergeldbuße (werebute) ↗Buße, die auf Grund des ↗Wergelds berechnet wurde.

Wergut s. Wehrfester.

Werhe s. Gewerkschaft.

Werhîde s. Hîde.

Werholz ↗Bann (1) in einer ↗Markgenossenschaft.

Werk = Zunft (1).

Werkamt = Fabrica ecclesiae.

Werkmeister s. Zunft (1).

Wermann s. Markgenossenschaft.

Wermannsrecht s. Echtwort.

Werpitio = Halmwurf.

Werra = Fehde.

Werschownyi Sowjet s. Sowjet.

Werw (Guby, Pogosty) im ma. Rußl. Unterabteilung der ↗Wolost, eine territoriale Einheit, deren Hauptzweck die Gesamtbürgschaft für Tötung u. Diebstahl, von einem Mitglied begangen, war; sie zahlte, mindestens zum Teil, die dem germ. ↗Wergeld entspr. ↗Buße (Wîra). Vgl. Brastvo u. Opole.

Werweis in einigen ↗Markgenossenschaften in Jülich Abgabe der Markgenossen an den Obermärker für die Abwehr Unberechtigter durch die ↗Förster (2).

Wesen in Öst. im 16. u. 17. Jh. Bezeichnung für ↗Regierung (1) u. ↗Kammer (1) als gemeinsame Behörde.

Wesir (Vezier) von den ↗Chalifen Mitte des 8. Jh. geschaffenes Amt (Wesirat); der W. sollte in erster Linie allg. Stellvertreter des Herrschers sein, vor allem dem Volke gegenüber, weniger beratender Minister; tatsächlich übten die vielfach die eigentliche Herrschaft aus. Dasselbe war in den anderen moh. Ländern der Fall, wo das Amt allg. üblich wurde; öfters waren mehrere W. vorhanden. Auch hohen Provinzialbeamten standen manchmal W. zur Seite, so in Persien dem ↗Kaïmakam. Soweit der Titel später noch vorhanden war, bezeichnete er einen ↗Minister (1) im eur. Sinn. – In der Tk. war W. ursprgl. Ehrentitel; es gab seit Beginn des 14. Jh. vier, später sechs W., die zuerst gemeinsam die Befugnisse des späteren ↗Großwesirs ausübten, bis dieser sie zu bloßen Hofbeamten, die er selbst ernannte, herabdrückte. Ihr Rang war der eines ↗Paschas mit einem Roßschweif. Andrerseits wurden seit Beginn des 18. Jh. alle Paschas mit drei Roßschweifen als W. bezeichnet. Vgl. Wali.

Wesirazem s. Großwesir.

Wetscheka s. Tschreswyjtschajnaja Kommissija.

Wettbruder (Schwurbruder) im ags. Engl. Glied einer durch ↗Wette (1) entstandenen Gemeinschaft, der ↗Blutsbrüderschaft ähnlich, aber aus mehreren Personen bestehend.

Wettbürge s. Wette (1).

Wette **1.** (wadia, wadium, Weddeschaft, vadimonium, vas, auch arrha) eigentlich das gesetzte ↗Pfand (Pfandsatzung), d. h. das vertragsmäßig o. gesetzlich begründete, dann als Pfand gegebene Symbol (Stab u. dgl.), endlich die Handlung, in der dieses Symbol vom Schuldner dem Gläubiger, von diesem dem Bürgen (Wettbürge), von diesem wieder dem Schuldner übergeben wurde, u. wodurch jeder Vertrag eine feierliche Bekräftigung erhielt (Wadiation, Wettvertrag, wadiatio), da das Symbol als Pfand für die Treue galt. Vgl. Halmwurf u. Sale (1). Bes. häufig wurde die W. bei Schuldverträgen verwendet. Im späteren MA. wurde sie allm. der symbolischen Form entkleidet u. endlich durch die ↗Urkunde ersetzt. **2.** s. Friedensgeld.

– tägliche s. Friedensgeld.

Wettebuch öffentliches Buch, das ein Verzeichnis von Geldstrafen (Gewette [s. Friedensgeld]) enthielt. Vgl. Stadtbuch.

Wetteherr **a)** s. Zunft (1). **b)** = Morgensprachsherr.

Wettelos s. Acht (1).

Wetterfreier s. Freivogt (2).

Wettergarbe s. Reichnis.

Wettschlagung gegenseitige Aufrechnung der Prozeßkosten.

Wettvertrag s. Wette (1).

Whip (Whipper-in, Einpeitscher) in Engl. Parteimitglied, das die Parteigenossen bei Abstimmungen zusammenbringt. An der Spitze der W. steht ein Chief W. (Haupteinpeitscher).

Wholesale creation of Peers = Peersschub.

Wibbelgericht = Hofgericht (f).

Wiboldsrente **a)** s. Erbleihe. **b)** † Rente.

Wīcgerēfa s. Gerēfa.

Wic(h)graf s. Vogt (2).

Widdehaber = Stammgeld.

Widem = Temporalia u. Wittum (1).

Widemhof Pfarrhof.

Widemutsleute = Ecclesiastici (homines).

Widerbot = Aufsage.

Widerdonum = Arrha (1).

Widereid s. Voreid.

Widergeld = Wergeld.

Widergift = Arrha (1).

Widerlage (Gegengeld, Widerlegung, augmentum dotis, contrados) das ↗Wittum (1) bzw. die ↗Morgengabe, wenn es in der Höhe der ↗Aussteuer gegeben wurde; eine Ehe, bei der eine derartige Regelung stattfand, hieß Wittumsehe. Sie war bes. beim west- u. süddt. Adel üblich.

Widerlegen (das Urteil) s. Schelte (d).

Widerlegung = Widerlage.

Widerlôn = Arrha (1).

Widerrufen (das Urteil) s. Schelte (d).

Widersage = Aufsage.

Widersprechen (das Urteil) s. Schelte (d).

Widerspruchsklage (Exekutionsintervention, Interventionsklage) Einspruch eines berechtigten Dritten gegen Zwangsvollstreckung.

Widerwerfen (das Urteil) s. Schelte (d).

Widmänner = Ecclesiastici (homines).

Widmer = Ecclesiastici (homines).

Widow's man in Engl. früher in jeder ↗Kompagnie (2) in den Listen geführter, aber tatsächlich nicht vorhandener Mann, aus dessen Sold ein Fonds für Offizierswitwen gebildet wurde, da das ↗Regiment (2) bzw. der ↗Oberst für die Witwenpension aufzukommen hatte.

Wiec s. Wjetsche.

Wiederanfallsrecht (Rückfallsrecht, Wiederkehrrecht) nach germ. Recht das Recht des Schenkers auf Wiederanfall der Schenkung in bestimmten Fällen, bes. bei unbeerbtem Tode des Beschenkten. Später wurde das W. auf bestimmte Schenkungen beschränkt, z. B. der

Eltern an die Kinder (Elterngabe, droit de retour, d. de reversion) u. auf einige Heiratsgaben, z. B. die ↗Morgengabe u. das ↗Wittum (1). Vgl. Heimfall.

Wiederkehr = Unterschied (1).

Wiederkehrrecht = Wiederanfallsrecht.

Wielkorządca (magnus procurator, Großverwalter) seit Beginn des 14. Jh. Verwalter der kgl. ↗Domänen in Kleinpolen, wo es keine ↗Starosten gab.

Wigravius (civitatis) s. Vogt (2).

Wîk = Burgflecken (b).

Wikvogt s. Vogt (2).

Wilajet s. Ejalet.

Wildbahn s. Wildbann.

Wildbann bis ins 16. Jh. das Verbot der Jagd in einem ↗Forst, seitdem (auch Wildbahn, Wildfuhr) das Jagdregal (Wildbannrecht, vgl. Regalien), aber auch das Jagdrevier, endlich das Wild.

Wildbannrecht s. Wildbann.

Wildbannsgericht = Forstgericht.

Wildbannsherr s. Forst.

Wildfang s. Wildfangsrecht.

Wildfangiatus jus = Wildfangsrecht.

Wildfangsrecht (wildfangiatus jus, flymenafyrmd) dem Kg. bzw. dem Landesherrn, ↗Grundherrn usw. zustehendes Recht auf den Wildfang (Aussiedler, Bachstelze, ↗Biesterfreier, ↗Gast [1], Landzügling, Sondermann, Wildflügel, Wolfshaupt, hospes, flyman), d. h. auf den Fremden, der sich im Gebiete des betr. Herrn niederließ, ohne irgendwie einen (auswärtigen) Herrn zu besitzen, o. einen solchen als Schutzherrn (s. Schutzhöriger) zu wählen; er wurde dann ↗Leibeigener des Herrn. I. allg. verschwand das W., dem in Fr. das ↗droit d'aubaine (2) entsprach, mit dem Entstehen der ↗Landeshoheit u. des Untertanenverbandes. Nur in Westf. erhielt sich das Recht auf den Biesterfreien u. der ↗Pfalzgraf bei Rhein beanspruchte das W. nicht nur für sein ↗Territorium (2), sondern auch für andere rheinische Gebiete bis zu Beginn des 19. Jh.; jeder, der sich ↗Jahr und Tag in diesen Gegenden aufhielt, ohne von einem anderen Herrn reklamiert zu werden, wurde Leibeigener des Pfalzgrafen; doch beschränkte sich die Pflicht eines solchen Wildfangs i. wesentl. auf die Entrichtung des Faheguldens an den Beamten, der ihn zum Wildfang erklärte.

Wildflügel s. Wildfangsrecht.

Wildförster s. Förster (1) u. Markgenossenschaft.

Wildfolge(recht) = Jagdfolge (a).

Wildfuhr s. Wildbann.

Wildhau Teil eines ↗Forstes, dessen ↗Forstherr nur das Eichenholz nutzen konnte, während alles andere Holz irgendwelchen Berechtigten zustand.

Wildhuber s. Forstgericht.

Wildhubergericht = Forstgericht.

Wildhuberweistum s. Weistum.

Wildhufe s. Förster (1) u. Forstgericht.

Wildmeister s. Förster (1).

Willebrief Konsens, auch Vollmacht i. allg., i. bes. der in einer Nebenurkunde ausgedrückte Konsens eines ↗Reichsfürsten zum Inhalt einer Königsurkunde (s. Diplom), bes. üblich als Zustimmung eines abwesenden Fürsten zu einem Reichstagsbeschluß (s. Reichsabschied u. Reichsschluß); die Zustimmung mehrerer konnte auch gemeinsam in einem Gesamtwillebrief gegeben werden. Seit Rudolf I. wurden W. nur noch von ↗Kurfürsten gegeben.

Willküre a) s. Küre u. Zunft (1). **b)** = Autonomie (a).

Willkumst = Stuhlgeld (a).

Wimmer = Ecclesiastici (homines).

Windelbote Aufseher in Weinbergen.

Winnerbe in Westf. früher eine ↗Erbleihe, deren Inhaber keine andere Pflicht gegenüber dem ↗Grundherrn (Winnherr) hatte, als die Winnpflicht, d. h. die Zahlung eines ↗Laudemiums, Winne genannt, bei Besitzwechsel u. manchmal nach Ablauf einer Reihe von Jahren. Im übrigen konnte das W. ohne Zustimmung des Herrn veräußert, verpfändet u. belastet werden. Rechte u. Pflichten wurden in Winnotuln (Winbriefe) verzeichnet, eigentlich nur einer Quittung über gezahlte Winne. Die Ausdrücke Winne, Winnbrief, Winnpflicht wurden auch für den Zins usw. der ↗Leibeigenen verwendet.

Winterfronden s. Fronden (a).

Wintergeld = Hiberna.

Wintersitzer s. Gast (1).

Wîra s. Werw.

Wirdira = Dilatura.

Wirdria = Dilatura.

Wirt bis weiter s. Lassit.

Wirtschaftsamt = Domänenamt (2).

Wirtschaftshof = Fronhof.

Wirtschaftskammer s. Reichswirtschaftskammer.

Wirtschaftskolonien = Colonies d'exploitation.

Wirtschaftskommission, Deutsche s. Zentralverwaltung, Deutsche.

– Ständige s. Zentralverwaltung, Deutsche.

Wirtschaftsrat 1. 1947–1949 oberstes Organ des «Vereinigten Wirtschaftsgebietes» in Dt., eine parlamentsähnliche Körperschaft, deren Mitglieder von den ↗Landtagen (1) der ↗Länder (1e) gewählt wurden. Neben ihm stand ein Länderrat als Vertretung der Regierungen. Verwaltungsorgan war ein Verwaltungsrat (Exekutivrat) unter einem vom W. gewählten Oberdirektor; die einzelnen Verwaltungszweige unterstanden gewählten Direktoren. Die Wahlen bedurften der Genehmigung des

↗Bipartite Board, ebenso die gesamte Verwaltungstätigkeit. 2. in der UdSSR seit 1957 regionale Behörde (Sownarchos) zur Leitung der Gesamtwirtschaft eines Verwaltungsgebietes unter gleichzeitiger Auflösung der meisten Fachministerien (s. Fachdepartement). – In der DDR bestehen entspr. W. bei den ↗Bezirksräten.

– **Nationaler** = Conseil National Economique (et Social).

Wissender = Freischöffe.

Wissenseid s. Wahrheitseid.

Wîtan s. Witenagemôt.

Wite s. Friedensgeld.

Witenagemôt im ags. Engl. der dem Kg. zur Seite stehende Rat der wîtan (heroici, heroides, sapientes), bestehend aus den Mitgliedern der Königsfamilie, den ↗Bischöfen, einigen ↗Ealdormen u. ↗Thanen (die hier meist comites o. ministri hießen). Das W. gab seinen Rat u. seine Zustimmung bei Gesetzen, Steuern u. Verwandlung von ↗folcland in ↗bôcland, wirkte auch als oberstes Gericht; seine Tätigkeit erstreckte sich auf weltl. u. kirchl. Angelegenheiten; ferner wählte es den Kg.

Witeþeow s. Schuldknechtschaft.

Withase (withasius) im MA. zwischen Elbe u. Saale Dorfvorsteher, zum Reiterdienst (als ↗Knappe [1]) verpflichtet u. in der Stellung eines ↗Halbfreien, wahrscheinlich ursprgl. slawischer adliger Grundbesitzer.

Withasius = Withase.

Witherlag(sman) s. Gefolgschaft.

Witing (vermutlich soviel wie Krieger) im Ordensland Pr. seit Ende des 13. Jh. ↗Freier nichtdt. Abstammung, der wegen bes. Verdienste um den Orden seine Güter frei von ↗Fronden (a) u. ↗Zehnten (1) besaß; die W. waren zu Kriegsdiensten verpflichtet u. zahlten einen Wachszins (s. Wachszinsiger). Neben diesen «alten» W. (witingi antiqui), die zum Teil zum Adel gehörten, gab es «neue» W., die vom Orden stark abhängig waren, u. teils als Hauswitinge in den Burgen als Aufseher, Vorreiter, Fuhrleute, Boten usw. gegen Lohn dienten, teils als Landwitinge auf einem Grundstück saßen u. bestimmte Dienste leisteten, vor allem auch Kriegsdienst. Die W., die zur Besatzung der Grenzburg Ragnit gehörten, standen unter bes. Witingsherrn.

Wittiskalk im alten burg. Reich außerordentlicher Finanzkommissär zur Erhebung der Gefälle, die später vom ↗Grafen erhoben wurden.

Wittraichi = Allmende.

Wittum 1. (Widem, vidualitium) ursprgl. der Preis, der für die Braut an den Verlober gezahlt wurde (daher antefactum, meta, pretium, p. emptionis, p. nuptiale), später an diesen für Erwerbung der ↗Munt (1) über sie (daher Mund[schatz], Munt, mundr, mundium, mundius); schon früh wurde das W. vom Verlober der Braut überlassen, dann überhaupt vom Manne ihr unmittelbar gegeben, so daß es nunmehr als ↗dos (1) (dos ex marito, dotalitium, sponsalitia largitas, tanodo) bezeichnet wurde. Falls nicht vertraglich geregelt, wurde das W. vielfach gesetzlich fixiert (dos legitima); in älterer Zeit bestand es nur aus Fahrnis (Mobiliardos, Mobiliarwittum), später wurde es zur Immobiliardos, die durch bes. ↗Urkunde (libellus dotis) übereignet wurde (dos conscripta). Das W. wurde so der ↗Morgengabe ähnlich, verschmolz teils mit ihr, trat in ihre Stelle u. nahm auch ihre Namen an. Es wurde zur eigentlichen Witwenversorgung. Ebenso verschmolz es mit der ↗donatio propter nuptias u. nahm ihre Bezeichnungen an, wie überhaupt die verschiedenen Teile des Frauengutes in den verschiedenen Rechten teils sich vertraten, teils miteinander verschmolzen, u. so die Bezeichnungen wechselseitig gebraucht wurden, z. B. für W. auch Heimsteuer u. Heiratsgut, wie W. für ↗Aussteuer. Meist war das W., das auch in einem ↗Leibgedinge bestehen konnte, lebenslängliches Eigentum der Witwe; das sä. Recht kannte ein frei veräußerliches u. vererbliches W. (Ursal[e]). Vgl. Tertia, Wiederanfallsrecht u. Widerlage. 2. = Temporalia.

Wittumsehe s. Widerlage.

Witwengerade s. Gerade (b).

Witwenjahr s. Gnadenzeit.

Witzigding s. Ding.

Wjetsche bei den Slawen ursprgl. die Versammlung einer ↗Sippe o. eines Stammes, etwa der dt. ↗Landesgemeinde entspr. Im ma. Russl. in den Städten u. Märkten die Volksversammlung, die in älterer Zeit die tatsächliche Regierung ausübte; die Tatarenherrschaft machte den W. ein Ende, nur in Nowgorod blieb sie bis 1477 in der alten Bedeutung bestehen. – Im ma. Polen bezeichnete man mit wiec (zjazd, colloquium) die Versammlungen der Geistlichen, Adligen u. höheren Beamten, aus denen sich ↗Sejm u. ↗Sejmik entwickelten.

Wladika eigentlich «Herr» (auch für das Oberhaupt einer ↗Zadruga), auch ↗Ritter (vgl. Ministeriale [2] u. Miles medius), in den südslawischen Ländern seit dem frühen MA. Titel des ↗Bischofs. In Montenegro war seit 1516 der W. von Cetinje gleichzeitig (erblicher) weltl. Herrscher, dem aber später in der Leitung der weltl. Angelegenheiten ein bes. erblicher Beamter (Uprawitelj) zur Seite stand. 1852 nahm der W. Danilo den Titel «↗Knäs und

↗Hospodar» an u. trennte damit geistl. u. weltl. Würde, erstere einem bes. W. überlassend.

Wlodar s. Opole.

Wochendienst s. Fronden (a) u. Küchendienst.

Wochengeld Abgabe, die wöchentlich bezahlt wurde.

Wochengericht Gericht, das wöchentlich einmal tagte.

Wochenrat s. Landrat (4).

Wochenrichter Richter, der, abwechselnd mit Kollegen, je eine Woche Dienst tat; entspr. gab es auch Monatsrichter.

Wochenungeld s. Ungeld.

Wochenwerk s. Küchendienst.

Woðbora = Vorsprecher (a).

Wogiwotinza = Herzogskorn.

Wohlfahrtsausschuß s. Convention (nationale).

Wohnjahre = Mahljahre.

Wohnung, wesentliche s. Hof (3).

Woiwode (Wojewoda) bei den Slawen ursprgl. der Anführer im Kriege, dem dt. ↗Herzog, entsprechend. – In Polen war der W. (Palatin[us]) Stellvertreter des Kgs.; als im 14. Jh. die bisherigen Teilkönigreiche vereinigt wurden, übernahmen die W. die Verwaltung der fortan Woiwodschaften (Palatinate) genannten Landesteile u. blieben, gleichzeitig auch Richter u. mil. Befehlshaber, bis zur Teilung in ihrer nahezu unabhängigen Stellung. Vgl. Starost. Seit 1918 ist Polen wieder in Woiwodschaften (województwo) eingeteilt, bis 1952 unter W., nunmehr bloßen Verwaltungsbeamten, denen in einigen Woiwodschaften Selbstverwaltungsorgane zur Seite standen; seit 1952 gibt es in den Woiwodschaften gewählte Nationalräte (Rady Narodowe) an Stelle der früheren Verwaltungen. Auch Kongreß-Polen zerfiel 1816–1845 in Woiwodschaften. – In Rußl. waren die W., deren Verwaltungsbezirke nicht genau begrenzt waren u. die ebenfalls administrative, richterliche u. mil. Befugnisse vereinigten, bis zu Beginn des 18. Jh. die einzigen Provinzialbeamten, dann die an der Spitze der ↗Provinzen (den Unterabteilungen eines ↗Gouvernements [1b]) stehenden Verwaltungsbeamten; 1775 wurden sie durch die ↗Gouverneure (2) ersetzt. – Bei den Rumänen wurde der von den Slawen übernommene W. zum Stammeshäuptling u. später zum selbständigen Fürsten; einige der rum. Herrscher führten im MA. den Titel Großwoiwode. Unter der Türkenherrschaft wurde die Bezeichnung W. allm. durch ↗Hospodar verdrängt; der Statthalter Siebenbürgens behielt auch unter ung. Herrschaft den Titel W. (Vaida). – In Serbien nannten sich zu Beginn des 19. Jh. die Anführer gegen die Tk. W. (i. ursprgl. Sinne, vgl. Momke) u. führten dann in den ersten Jahren der Unabhängigkeit die Verwaltung ihrer Bezirke unter dieser Bezeichnung. Später wurde in Serbien u. Montenegro W. ein Ehrentitel, der gewissen hohen Offizieren u. Beamten zukam.

Woiwodenzins = Herzogskorn.

Woiwodschaft s. Woiwode.

Woiwodschaftsrat in Oberschl. 1920–1939 dem pr. Provinzialausschuß (s. Provinziallandtag [b]) entspr., bestehend aus dem ↗Woiwoden u. fünf vom ↗Sejm gewählten Mitgliedern.

Wojenjurist s. Specialnyje sudy.

Wojennyj Kommissar s. Armeeverwaltung, politische.

Wojennyje tribunaly s. Specialnyje sudy.

Wojsko Kwarciane (Kwartianer, Quartalsheer) in Polen seit dem 16. Jh. das stehende Heer, aus einem Viertel (Kwarta) der Einkünfte der Starosteien (s. Starost) besoldet.

Wolfgeld s. Vogtei (2).

Wolfsfrei s. Acht (1).

Wolfshaupt s. Acht (1) u. Wildfangsrecht.

Wolost (Volost) in Rußl. im MA. Verband von mehreren Dörfern, der als Unterabteilungen eine Anzahl von ↗Werw umfaßte. Die W. war die eigentliche Gemeinde, der das Land gemeinsam gehörte u. die auch eine Verwaltungseinheit bildete u. im Gericht vertreten war. Seit dem späteren MA. ging das Gesamteigentum an Land u. die damit verbundenen Rechte an den ↗Mir (2) über, u. die W. wurde zu einer bloßen, mehrere Gemeinden umfassenden Verwaltungseinheit; unterstes Organ war die Gemeindeversammlung (Selskij Schod); sie wählte den ↗Starost der Gemeinde u. Vertreter, die eine Wolostversammlung (Wolostnoj Schod) bildeten, u. diese führte mit einem von ihr gewählten Ältermann (Wolostnoj Starschina) die Verwaltung des W.

Wolostnoj Schod s. Wolost.

– Starschina s. Wolost.

Wort = Hofstelle (1).

Wortführer a) = Stadtredner. **b)** s. Stadtverordnetenversammlung. **c)** s. Vorsprecher (a).

Wortgeld s. Erbleihe.

Worthalter 1. = Vorsprecher (a). **2.** Gesellenbruderschaft u. Zunft (1). **3.** = Stadtredner.

Wortpfennig s. Erbleihe.

Wortzins s. Erbleihe.

Wottschina (Otschina) in Rußl. früher das erbliche Eigentum, dem westeur. ↗Allod entspr. Vgl. Pomestje.

Woyt im Herzogtum Warschau seit 1809 besoldeter Beamter zur Ausübung der ländlichen Polizei, von der pr. Verwaltung übernommen. 1823–1833 wurden die Woytämter von den ↗Gutsherrn persönlich o. durch Vertreter verwaltet; dann wurden wieder besoldete W. eingesetzt, an deren Stelle schon 1836 ↗Distriktskommissare (2) traten. Vgl. Gmin.

Wozop = Herzogskorn.

Wrechte (Arode) jedes von der ↗Allmende abgesonderte u. eingehegte Grundstück, insbes. ein adliges Gut, das von der ↗niederen Gerichtsbarkeit (a) ↗exemt (1) war.

Writ (breve) ursprgl. schriftlicher Befehl des engl. Kgs. an einen Lehensmann (s. Lehen [1]), dessen Mißachtung als ↗Felonie galt u. demgemäß bestraft wurde; seit Heinrich II. insbes. vom Kg. in bestimmten Rechtsfällen ausgehende Verfügung, die diese Fälle seinen Gerichten reservierte (Writprozeß). Man unterschied: brevia originalia (Original W., mit rechtsbildender Kraft, unmittelbar vom Kg. o. der Kanzlei ausgehend) u. brevia judicialia (Judicial W., prozeßleitend, von den anderen Obergerichten ausgehend). Bei den ersteren unterschied man solche, die von bes. Schreibern (clerici de curso, cursitores) nach bestimmten Formeln (de curso, common form) ausgestellt wurden, u. neu formulierte (brevia formata). – W. u. Writprozeß sind heute noch (auch in den USA) in Geltung. Zu den wichtigsten W. gehören z. B.: **a**) W. of Certoriari, wodurch ein Prozeß von einem niederen Gericht vor ein höheres gezogen werden kann, in Engl. vor King's Bench (s. High Court of Justice), hier auch eine Anklage einer Grand ↗Jury wegen ↗felony gegen einen ↗Peer vor das ↗Oberhaus (1); **b**) W. of Error, wodurch ein Prozeß wegen Rechtsirrtums vor ein höheres Gericht gezogen wird (in den USA 1928 durch ↗Appellation ersetzt); **c**) W. of Habeas Corpus (cum causa), wodurch die Vorführung eines Verhafteten verfügt wird, um festzustellen, ob die Haft zu Recht besteht, o. auch z. B. eines angeblichen Geisteskranken zur Prüfung seines Zustandes; **d**) W. of Mandamus, wodurch ein niederes Gericht angehalten wird, im konkreten Falle das Recht nicht zu verweigern o. eine Behörde, ihren gesetzlichen Pflichten nachzukommen; **e**) W. of Praecipe (in capite), wodurch der Kg. Eigentumsklagen wegen Lehen (seit der Magna charta nur von ↗Kronvasallen) an sich zog; heute in den USA Ersuchen an den ↗Gerichtsschreiber, dem Beklagten einen W. of Summons zuzustellen, wodurch dieser zum Erscheinen vor Gericht aufgefordert wird; **f**) W. of Quo warranto, wodurch jemand aufgefordert wird, sein Recht an irgendeiner Sache nachzuweisen; **g**) W. of Subpoena, wodurch die Zeugen bei Strafe aufgefordert werden, vor Gericht zu erscheinen. – W. hießen auch die Zahlungsbefehle des Kgs. an den ↗Exchequer.

Wrochtmann in Old. früher der Besitzer eines durch ↗Abbau (1) entstandenen ↗Einzelhofes.

Wröhherr = Allmendherr.

Wroge Rüge (vgl. Femrüge u. Rügeverfahren), d. h. Anklage, dann Untersuchung, endlich Strafe; W. hieß ferner die Prüfung von Maßen u. Gewichten, teilweise von einem bes. Wrogehof vorgenommen.

– gemeine s. Markgenossenschaft.

– hohe = Ungericht.

Wrogehof s. Wroge.

Wselenskij Sobor s. Sobor.

Wserossijskaja Tscheka s. Tschreswyjtschainaja Kommissija.

Wserossijsskij Zentralnyj Ispolnitelnyi Komitet s. Zentralnyi Ispolnitelnyi Komitet.

Wszop = Herzogskorn.

Würdener = Häusler.

Würderungseid = Schätzungseid.

Wüstung (Ödung, wüste Mark, vastitudo) bedeutet in sehr vielen Fällen nicht das völlige Verschwinden einer Siedlung u. das Brachliegen der dazugehörigen Feldmark (Siedlungswüstung, totale W.), sondern entw. nur das Verlassen der Gebäude, während die Felder weiter bewirtschaftet wurden (von den bisherigen Besitzern von einer benachbarten Siedlung aus, o. von Nachbarn), o. eine derartige Abnahme der Einwohnerzahl bzw. ein solcher Rückgang der Bewirtschaftung, daß die fälligen Abgaben überhaupt nicht mehr o. nur zum kleineren Teil entrichtet wurden. Im ersteren Falle liegt eine Ortswüstung vor (abgegangener Ort, abgekommener O., eingegangener O., villa deserta, v. desolata); eine reine Flurwüstung, ohne gleichzeitige Ortswüstung, kommt kaum vor. Der Ausdruck W. wird zum Teil nur für wüste Siedlungen größeren Umfangs gebraucht, nicht für wüste ↗Einzelhöfe. – Die Ursache der W. war sehr verschiedener Art.

Wung = Gewann (a).

Wurt(e) = Feldgarten u. Hofstelle (1).

Wurtsasse = Häusler.

Wurtzins s. Bodenzins u. Erbleihe.

Wykfriede s. Stadtfriede (a).

WZIK s. Zentralnyi Ispolnitelnyi Komitet.

X

Xorchia = Exorquia.

Xurterius = Magister xurterius.

Y

Yakudaka s. Hatamoto.

Yantar s. Herbergsrecht (1).

Yarbey in der Tk. seit 1935 der ↗Oberstleutnant, bis dahin ↗Kaïmakam.

Yardland s. Hîde.

Yashiki s. Myō(den).

Yconomus = Oeconomus (1).

Yeoman in Engl. ursprgl. der freie Bauer u. kleine Grundbesitzer (↗freeholder, Freisasse), später auch der Pächter, seit Ende des 18. Jh. nur dieser, da der freie bäuerliche Eigentümer i. wesentl. verschwunden war. Aus den Y. wurde 1802 eine freiwillige, berittene Truppe (Yeomanry) geschaffen, die ihre Pferde selbst zu stellen hatte u. bis 1907 eine nur zum Dienst im Mutterlande verpflichtete Organisation mit eigener Verfassung war; seitdem bildete sie einen Teil der ↗Territorial-Army.

Yfirsoknarmaðr s. Bryti.

Yü-schi u. Zssgn. s. Tu-tscha-yuan.

Z

Zadruga (Sadruga, Familiengenossenschaft, Hausgemeinschaft, Hausgenossenschaft, Hauskommunion) bei den Südsl. bis Ende des 19. Jh. Familie, von der mehrere Generationen, auch nach Heirat, zusammen wohnten; geleitet wurde die Z. in unbeschränkter Weise durch den Hausvater (Ältervater, Domakin, Gazda, Glavar, ↗Hospodar, ↗Kmet, ↗Knäs, Staressina, Starjeschina, ↗Starost [a], ↗Supan, ↗Wladika), der entw. vom Vorgänger aus den männlichen Mitgliedern bestimmt o. von diesen gewählt wurde. Er wies den einzelnen die Arbeit zu, führte die Kasse usw.; nur bestimmte bewegliche Sachen, z. B. Schmuck u. Waffen, die der einzelne erworben, konnten Privateigentum sein; alles andere war gemeinsam, bes. das Grundvermögen (Familienfeldgemeinschaft). Wurde die Z. zu groß, so wurden neue Z. abgeschieden u. das Vermögen geteilt. Die getrennten Z. hatten keinen wirtschaftlichen Zusammenhang mehr, pol. aber behielt die älteste ein Vorrecht u. eine gewisse Leitung. Vgl. Grenzhaus u. Brastvo.

Zaike s. Kado.

Zalmedina (Salmedina, salmasius) im MA. in Ar. in einigen Städten (z. B. Saragossa) ↗Stadtrichter (a), in anderen auch Vorsteher der Aljama, der von Mauren o. Juden bewohnten Vorstadt.

Zamindar = Zemindar.

Zapfendaz = Biergeld.

Zapfenmaß = Biergeld.

Zapfenzins = Biergeld.

Zászlós Urak s. Insurrektion.

Zaude = Zaudengericht.

Zaudengericht (C[z]ude, ↗Kreisgericht [d], Kreisczude, Provinzialgericht, Zaude, Zaudenrecht, Zude, judicium provinciale) ursprgl. ordentliches Gericht für alle Stände eines Burgbezirks (s. Burggraf [1]), später eines ↗Kreises (csuda), in Bhm. u. Mähren in ein kleines u. großes Z. geteilt, letzteres von bes. Zaudenrichter (Cudar, Provinzialrichter, Czudarius, judex provincialis) geleitet; allm. in ihrer Kompetenz beschränkt, wurden sie im 16. Jh. aufgehoben. – In Schl. war das seit 1300 bestehende Z. (judicium polonicale, p. sive hereditarium jus) ein Gericht für den slawischen Adel, in späterer Zeit hauptsächlich für Streitigkeiten über Erbgüter nach polnischem Recht (Zaudengüter); dem Zaudenrichter (Sendzia, Tschensche) standen adlige Beisitzer zur Seite. Die letzten Z. wurden 1741 aufgehoben.

Zaudengut s. Zaudengericht.

Zaudenrecht = Zaudengericht.

Zaudenrichter s. Zaudengericht.

Zaungeld s. Fronden (a).

Zaungericht = Hofgericht (f).

Zaungesellschaft s. Attunger.

Zaunpflicht s. Attunger.

Zaunrichtung a) = Schaufelschlag(recht) (1). **b)** s. Zuschlag.

Zaunstätte s. Zuschlag.

Zeche 1. a) = Zunft (1). **b)** s. Constafler. **2.** s. Heimburge (c).

Zechheit = Zunft (1).

Zechmeister a) s. Zunft (1). **b)** = Judenmeister (a).

Zechpropst s. Fabrica ecclesiae.

Zehener = Zehnder.

Zehenter in Russl. nach 1861 ein Bauer, der als ↗Leibeigener entflohen war u. sich als Lohnarbeiter verdang o. auch Land gegen Abführung eines Zehntels des Ertrags pachtete; die Z. bildeten ein ländliches Proletariat.

Zehnder (Zehener, Zehntheber, decimator) Erheber der ↗Zehnten (1).

Zehne (Zehnt, Zende, desena) im Wallis aus einem bischöfl. Meieramt (s. Meier [1]) hervorgegangene Gemeinde, dann Verwaltungseinheit, unter einem Zehnenrat mit Zehnenvorsteher.

Der Ausdruck erhielt sich bis in die neueste Zeit als Bezeichnung der ↗Bezirke. Vgl. Zehnengericht u. Kastellan (3).

Zehnengericht im Wallis bis ins 19. Jh. in jedem ↗Zehnen Gericht zweiter Instanz aus einem Großkastellan u. Beisitzern (sechs für Zivil-, acht für Strafsachen) bestehend. Vgl. Kastellan (3).

Zehnenrat s. Zehne.

Zehnenvorsteher s. Zehne.

Zehnerschaft s. Frankpledge.

Zehnt 1. (Dezem, Teget, decima, decimatio, indecimatio, dîme, tithe, diezmo, auch ↗Pacht, ↗Zins) seit dem 6. Jh. die wichtigste Abgabe der Laien an die Kirche, von dieser auf Grund der mosaischen Gesetze verlangt u. in erster Linie zum Unterhalt des ↗parochus (Pfarrzehnt) bestimmt. Seit den Karol. unterstützte der Staat (durch das Zehntgebot) den kirchl. Anspruch, der aber trotzdem nicht vollständig durchdrang. So beanspruchte die Kirche, daß im einzelnen Falle Zehntfreiheit bewiesen werden müsse, der Staat, daß die Kirche ihr Zehntrecht (decimatio) nachweise; war ein größerer Bezirk als zehntpflichtig anerkannt, so wurde vermutet, daß infolge dieses allg. Zehntrechts (Universalzehntrecht, decimandi universale jus) auch jedes einzelne Grundstück der Bezehntung (Zehntung) unterliege (decimandi particulare jus) bzw. das Bestehen eines allg. Z. (decimae universales) das eines bes. (d. particulares) ohne weiteres beweise. Im übrigen unterschied man ein jus decimandi plenum (decimae generales, über alle Früchte) u. ein j. d. minus plenum (decimae speciales, über bestimmte Früchte). Die Höhe von 10% erreichte der Z. selten, z. T. betrug er sogar nur 1%; er sollte eigentlich von allen Laien u. vom Gesamtvermögen u. Einkommen entrichtet werden, aber tatsächlich verschwand der Z. vom Einkommen aus Nichtgrundbesitz (Personalzehnt, decimae personales) schon früh, u. man versteht unter Z. i. allg. den Z. vom Grundbesitz u. zwar vom Ertrag (Ertragszehnt), der als ↗Reallast auf dem Grundstück lastete (decimae reales, dîme réelle); er teilte sich in zwei Arten, den Feldzehnt (Feldfrüchtezehnt, Flurzehnt, Fruchtzehnt, Grundzehnt, Praedialzehnt, decimae frugum, d. praediales) von den Früchten des Feldes u. den Tierzehnt (Hauszehnt, d. animalium). Der Feldzehnt war entw. großer Z. (Großzehnt, d. grossae, d. majores, grosse dîme) von Halmfrüchten, Wein, Öl, o. kleiner Z. (Kleinzehnt, d. minores, d. minutae, menues dîmes, small tithes) von den übrigen Fruchtarten, bes. dem Gemüse (Kräuterpfennig, Krautzehnt, dîmes vertes). Welche Früchte im einzelnen zum großen o. kleinen Z. zählten, war örtlich verschieden u. meist strittig. I. d. R. wurde nur ein Z. im Jahr gezahlt; doch kam auch ein Z. von den Erstlingen der Früchte vor (primitiae, prémices) u. ebenso ein zweiter Z. im Spätjahr (Halmrübenzehnt). Der Tierzehnt wurde entw. in Vieh entrichtet (blutiger Z., Blutzehnt, lebendiger Z., Viehzehnt, decimae sanguinales) o. in dessen Produkten (Butterzehnt, Fleischzehnt [decimae carnium] u. dgl.); er war i. d. R. Jungviehzehnt. Manchmal wurde der Blutzehnt zum kleinen Z. gerechnet, manchmal auch in großen u. kleinen Z. geschieden; in Fr. zählte das Kleinvieh zu den menues dîmes (charnage, dîme de carnage, lainage). I. allg. trug der Z. seinen Namen nach dem betr. Erzeugnis, z. B. Getreidezehnt, Heuzehnt, Holzzehnt, Kornzehnt (Zehntkorn), Weinzehnt, Zehnthuhn, Zehntlamm. Ursprgl. wurde er nur in natura entrichtet (Naturalzehnt, decimae naturales, d. propriae) u. zwar vom ↗Zehntherrn o. seinem Vertreter (Abzehnter) auf dem Felde erhoben (Garbenzehnt, Zugzehnt, d. mergitum), aber schon früh abgelöst (Zehntlose, d. impropriae, d. redemtae), u. zwar entw. durch ein bestimmtes Quantum in natura (Sackkorn, Sackzehnt, d. granorum, d. saccariae) o. durch Geld (Geldzehnt, Zehntgeld bzw. Zehntpfund, Zehntschilling u. dgl.), letzteres (Afhorst, Ochtena, Uchtepenning) bes. beim Blutzehnten; die Ablösung des Reutzehnten hieß Reutpfennig. Auch konnte der Z. als Gesamtzehnt (Sackzehnt) auf der Gesamtheit der Gemeindemitglieder lasten. In den ehemals slaw. Gebieten wurde statt des Ertragszehnten eine feste, regelmäßige Abgabe, der fixierte Z. (oding, decimae constitutae) erhoben. – Obwohl eigentlich für den parochus bestimmt u. in der ersten Zeit vom ↗Bischof erhoben (Bischofszehnt), kommen doch schon früh ↗Klöster (Klosterzehnt) u. kirchl. Stiftungen, dann ↗Domkapitel als Zehntherrn vor; ebenso trat neben den Kirchenzehnt (geistlicher Z., decimae clericales, d. ecclesiasticae), der auf Grund des geistl. Zehntrechts (jus decimandi clericale, j. d. ecclesiasticum) erhoben wurde, ein Laienzehnt (d. laicales, d. saeculares, dîmes seigneuriales), auf Grund eines weltl. Zehntrechts (Laienzehntrecht, jus decimandi laicale, j. d. saeculare) erhoben, entstanden durch Belehnung, durch den Besitz einer ↗Eigenkirche o. durch Usurpation; obwohl die Kirche dagegen Einspruch erhob, blieben die Laienzehnten tatsächlich bestehen. Bes. der Z. von neugerodetem Land ([Laien]reutzehnt, Neubruchzehnt, Neureutzehnt, Novalzehnt, Rodezehnt, Rottzehnt, Rottzins, decimae [praediales] novales, novale) wurde vom ↗Grundherrn o. Landesherrn (s. Landeshoheit) beansprucht, während der von altem Besitz (Alt[feld]zehnt, Dorfzehnt, lebendiger u. toter Z., Ortszehnt, d. antiquae, d. [praediales] veteres, d. villae, dîmes anciennes) der Kirche verblieb. Häufig wurde der Z. (als Zehntlehen) von den Berechtigten weiterverliehen (infeudierter Z., Lehenszehnt, dîmes inféodées), verschenkt o. verkauft (je nach dem Käufer o. Empfänger Bauernzehnt, Adelszehnt), o. er war unter verschiedene Berechtigte verteilt. In Fr. beanspruchte der ↗seigneur bestimmte Z. (dîmes nombrées, droit de nombra[i]ge). Da in karol. Zeit der Z. als Entschädidung für die der Kirche durch ↗divisio (1) entfremdeten Güter angesehen wurde, zahlten die Inhaber dieser Güter zwei Z. (nona et decima). Der Ertrag wurde entw. zwischen Bischof, Klerus u. ↗fabrica ecclesiae gedrittelt o. zwischen diesen drei u. den Armen geviertelt; bei Eigenkirchen weltl. Herrn erhielten diese manchmal zwei Drittel des Z., der parochus eines. Auch erhielt zuweilen die Kirche als Ersatz für irgendwie verlorene Z. einen Z. von dem Kg. zustehenden Abgaben u. Gefällen (Fiskalzehnt). – Die Reformation ließ die Z. bestehen; erst seit der fr. Revolution wurden sie teils völlig abgeschafft (mit o. ohne Entschädigung), teils allg. durch Taxen ersetzt (so 1836 in Engl. durch die titherentcharge, deren Höhe sich nach dem Kornpreis richtet), teils ihre Ablösung ermöglicht, teils endlich bleiben sie bestehen (so in Schwd. u. Norw.). In diesen Ländern, ebenso in Dän. u. Island, erscheint der Z. erst seit dem 11. Jh. u. erstreckt sich auf jedes Einkommen; in Isl. waren die Ärmeren frei. Neben dem eigentl. Z. wurde (außer in Dän.) ein Hauptzehnt (großer Z., Kapitalzehnt) erhoben, der ein Zehntel des Vermögens betrug u. zum Seelenheil o. bei der Heirat von Verwandten gegeben wurde. In Sp., wo der Z. erst im 13. Jh. erscheint, gab es von Anfang an nur den Ertragszehnten vom Grundbesitz, von dem der Kg. die ↗tercias reales für sich behielt. – Die Bezeichnung Z. kommt auch für staatl. Abgaben vor, so z. B. in Sp., wo der diezmo einen Zoll (in verschiedenen Formen erhoben) bedeutete u. in Fr. (vgl. Décime u. Vingtième). In den ostdt. Kolonisationsgebieten wurde an die ↗Grafen von den Slawen ein weltlicher Z. ([heri]bannus) entrichtet. – Ob der Slawenzehnt (decimae slavorum [constitutae]) ein wirklicher Z. war, ist strittig. Vgl. Bergzehnt u. Saladinszehnt. **2.** = Zehne. **3.** s. Heuerling (2). **4.** = Dehem(e).

Zehntfreiheit s. Zehnt (1).

Zehntgebot s. Zehnt (1).

Zehntgeld s. Zehnt (1).

Zehntheber = Zehnder.

Zehntherr (Tegeder, Tegetherr, ↗decimator [1]) derjenige, der das Zehntrecht (s. Zehnt [1]) besitzt, also zunächst der ↗parochus bzw. eine geistl. Anstalt, sehr häufig aber der ↗Grundherr.

Zehnthof = Fronhof.

Zehnthold (decimandus) der Inhaber eines Grundstücks, das ↗Zehnt (1) zahlt.

Zehnthuhn s. Zehnt (1).

Zehntkorn s. Zehnt (1).

Zehntlamm s. Zehnt (1).

Zehntlehen s. Zehnt (1).

Zehntlose s. Zehnt (1).

Zehntpfund s. Zehnt (1).

Zehntrecht **a)** s. Zehnt (1). **b)** seit dem 15. Jh. in Niederöst. Abgabe vom Wein.

Zehntschaft s. Frankpledge. – Die als Unterabteilung der ↗Hundertschaft angenommene Z. dürfte nie bestanden haben.

Zehntschilling s. Zehnt (1).

Zehntsteuer = Décime (ecclésiastique).

Zehntung s. Zehnt (1).

Zeichengeld s. Legge.

Zeidelgericht in einigen großen ↗Forsten Dt. Rügegericht (s. Rügeverfahren), das – meist zweimal jährl. – von dem zuständigen ↗Forstmeister o. von einem bes. Zeidelmeister abgehalten wurde u. für alle Zeidler zuständig war, die in seinem ↗Sprengel (Bienkreis) eine Zeidelweide hatten und auf ihrer Zeidelhufe erblich saßen; außer einer bestimmten Abgabe (Honiggeld) hatten sie keinerlei Verpflichtungen.

Zeinbrief s. Admiralschaft.

Zeisse s. Accise.

Zeitgeld s. Gesellenbruderschaft.

Zeitknechtschaft s. Schuldknechtschaft.

Zeitlehen (Zeitleihe) Besitzform, bei der der Inhaber kein erbliches Besitzrecht hatte, z. B. ↗Freistift, ↗Neustift, ↗Fallehen, ↗Schupflehen. – Die Bedeutung des Schildlehens, das der Sachsenspiegel dazu rechnet, ist dunkel.

Zeitleihe = Zeitlehen.

Zelge = Schlag (1).

Zelle s. Kloster.

Zellenwalter s. Arbeitsfront, deutsche.

Zeller s. Erbe (1 b).

Zemindar (Zamindar) in Ind. seit der moh. Eroberung, durch welche die Bauern zu Pächtern des Fürsten wurden, von diesem eingesetzter Generalpächter (vgl. Steuerpacht), an den die Pachten u. Steuern zu zahlen waren u. der auch von Zeit zu Zeit das Land seines Bezirks (Zemindary) unter die Bauern neu verteilte. Vgl. Collector.

Zende = Zehne.

Zender s. Hofgericht (f), Honschaft u. Schultheiß.

Zenderei s. Honschaft.

Zendereigericht = Dorfgericht (a).

Zensorenamt = Tu-tscha-yuan.

Zensuale = Censualis (homo).
Zensualenbuch = Liber censualium.
Zensualengut s. Censualis (homo).
Zensualenrecht s. Censualis (homo).
Zensualität s. Censualis (homo) u. Wachszinsiger.
Zensurgericht s. Heimlicher.
Zensus **1.** = Census. **2.** = Zensuswahlrecht.
Zensuswahlrecht (Zensus) Wahlrecht, das an bestimmte steuerliche Voraussetzungen geknüpft ist. U. U. wurden, z. B. bei der Wahl zum belg. ↗Nationalkongreß 1830, noch sogen. Kapazitätswähler zugelassen, d. h. Richter, Anwälte, Geistliche, akademisch Graduierte u. ä., ohne Rücksicht auf Steuerleistung.
Zent = Hundertschaft u. Zentgericht.
– (und Fraisch), hohe = Gerichtsbarkeit, hohe.
Zentallmende s. Allmende.
Zentamt s. Zentgericht.
Zentbar nach einem bestimmten ↗Zentgericht: in dessen Zuständigkeit fallend.
Zentbefreiung = Zentfreiheit.
Zentbezirk s. Zentgericht.
Zentbüttel = Fronbote.
Zentelding = Bauerding (1).
Zentenar (Centner, Honne, Hun, Hundt, Hunno[ne], Hundertgraf, Zentgraf, Zentner, Zentrichter, centenarius, centinus, centumgravius, centurio, huntari[u]s) ursprgl. der vom Volke gewählte Vorsteher der ↗Hundertschaft (vgl. Thunginus) u. deren Richter, in karol. Zeit Unterbeamter u. Stellvertreter des ↗Grafen, vielfach von diesem ernannt, im ↗Zentgericht der regelmäßige Richter, i. d. R. ↗Niederrichter bzw. ↗Unterrichter; schon in karol. Zeit, mehr noch später fiel der Z. vielfach mit dem ↗Schultheißen zusammen, andrerseits sank er zum Dorfvorsteher herab. Das Amt konnte auch erblich werden, wobei der Erbzentgraf meist einen Verteter, vielfach Z. genannt, bestellte. – In den Städten, die aus Landgemeinden entstanden waren, behielten manchmal die Gemeindevorsteher den Titel Z. (centurio civitatis) bis ins spätere MA., wurden dann aber häufig zu ↗Fronboten. Vgl. Vikar (2).
Zentenargericht s. Zentgericht.
Zentenberger s. Markgenossenschaft.
Zentexemtion = Zentfreiheit.
Zentfälle s. Causae majores (a).
Zentfreiheit (Zentbefreiung, Zentexemtion) ↗Exemtion (1) von einem ↗Zentgericht.
Zentgericht (Cent[gericht], Zent, centa) das seit merov. Zeit vom ↗Zentenar (bzw. ↗Grafen) geleitete (daher Zentenargericht) gebotene ↗Ding, ursprgl. das ordentliche Gericht einer ↗Hundertschaft (Hundertschaftsgericht), unter dem ↗Gaufürsten, bei den salischen Franken später unter dem ↗thunginus (daher thunchinium); es wurde von ↗Schöffen (1) (Zentschöffen) (daher auch Schöffengericht) besetzt u. war das eigentliche ↗Niedergericht. Im Laufe des MA. erhielt das Z. (Hommelding, Honnending, Hummelding, Hundding, Hungericht, Hunrie) mehr u. mehr Kompetenzen, auch die ↗hohe Gerichtsbarkeit (↗Hochgericht [1]); soweit es nicht in die Hände irgendwelcher Territorialgewalten fiel, wurde es dann auch Freigericht (unter gewähltem Freiamtmann) genannt. Es war ordentliches Gericht für Bürger u. Bauern, u. zwar i. allg. nur Hochgericht, ferner Gericht über freies Grundeigentum. – Wo sich Z. bis Ende des 18. Jh. erhielten, z. B. im Bistum Bamberg, bildeten sie völlig geschlossene Zentämter (Zentbezirke, Zentsprengel), zuerst unter einem vom ↗Zentherrn meist auf Lebenszeit ernannten Zentschultheiß (Zentrichter), später unter dem Amtsvogt (s. Vogt [2]); doch gab es auch Z. (Eigenzenten), die ↗Grundherrn gehörten. – In Würzburg bestand seit Ende des 15. Jh. ein Oberzentgericht als Appellationsinstanz für die Z. des Bistums. – Die Bezeichnungen für Z. dienten auch für seinen ↗Sprengel. Vgl. Landgericht (a) u. Provinciale jus.
Zentgerichtsbarkeit = Gerichtsbarkeit, hohe.
Zentgraf **a)** = Zentenar. **b)** s. Schultheiß. **c)** s. Markgenossenschaft.
Zentgrafenhaber s. Grafenschatz.
Zenthaber s. Grafenschatz.
Zentherr ↗Gerichtsherr (1), der das Recht hatte, den Richter eines ↗Zentgerichts zu ernennen, i. allg. der Landesherr (s. Landeshoheit), aber auch ein ↗Grundherr.
Zenthuhn s. Grafenschatz.
Zentmeister s. Markgenossenschaft.
Zentner **a)** = Zentenar. **b)** s. Hofgericht (f).
Zentralamt s. Zonenbeirat.
Zentralexekutivkomitee = Zentralnyi Ispolnitelnyi Komitet.
Zentralgewalt, provisorische die 1848 von der Frankfurter ↗ Nationalversammlung (a) geschaffene einheitliche Regierung für Dt., bestehend aus ↗Reichsverweser (b) u. ↗Reichsministern.
Zentralkomitee (der KPdSU) (ZK) in Rußl. während der Revolution entstandenes Zentralorgan der Partei, später aus gewählten Parteivertretern bestehend, seit 1939 vom Parteikongreß der UdSSR aus seiner Mitte gewählt. Tatsächlich wurde 1919–1952 die Partei von dem Politscheskoje Bjuro (Politbüro, projektiert schon 1917), dem Orgbüro (für die Parteiorganisation i. e. S.) u. dem Sekretariat des ZK geleitet, dessen einziger Sekretär (Generalsekretär) bald die eigentliche Leitung der Partei u. damit des Staates erlangte. Seit 1952 sind Politbüro u. Orgbüro durch das ZK-Präsidium ersetzt. – In

den ↗Unionsrepubliken, wo dem ZK ein Exekutivkomitee entspricht, waren ebenfalls Politbüros vorhanden. – In der DDR besteht gleichfalls ein ZK (der SED) mit entspr. Befugnissen. – In den übrigen kommunistischen Ländern gibt es bzw. gab es ähnliche Organe (Politbüros u. dgl.).

Zentralkongregation in der Lomb. u. Ven. 1815 eingerichteter ↗Landtag (1), bestehend aus Grundeigentümern u. Abgeordneten einiger Städte. Außerdem bestanden, den älteren lomb. ↗Generalräten (1) entsprechend, Provinzialkongregationen.

Zentrallandschaft s. Landschaft (5).

Zentrallehenshof s. Lehensgericht.

Zentrallehenskurie s. Lehensgericht.

Zentralnyi Ispolnitelnyi Komitet (Bundeshauptvollzugsausschuß, Zentralexekutivkomitee, Zentralvollzugsausschuß) in Rußl. 1918–1936 geschäftsführender Ausschuß des ↗Sjesd Sowjetow Sojusa, aus zwei ↗Kammern (2a) bestehend, dem Bundesrat (Unionsrat, Unionssowjet, Sojusnyi Sowjet, Sowjet Sojusa, vom Sjesd aus seiner Mitte im Verhältnis der Bevölkerungsstärke der Gliedstaaten gewählt) u. dem Nationalitätenrat (Nationalitätensowjet, Sowjet Nazionalnostej, aus je fünf Abgeordneten für die einzelnen Gliedstaaten u. je einem für die autonomen Gebiete [s.Oblast (a)] bestehend). Das ZIK (Unions-ZIK, bis 1923 WZIK, Allrussischer Zentralvollzugsausschuß [Wserossijskij ZIK]) berief den Sjesd, übte, während dieser nicht tagte, die oberste Gewalt aus u. erließ alle grundlegenden Gesetze. Sein Präsidium war oberstes ständiges Bundesorgan u. oberstes Gericht; der Vorsitzende hatte die Stellung eines ↗Staatspräsidenten u. vertrat den Staat nach außen. – Auch in den einzelnen Gliedstaaten u. autonomen Gebieten bestanden ZIK (Hauptvollzugsausschüsse) mit entspr. Befugnissen; in der Mong. u. im Tannu-Tuwa-Rätestaat entsprach dem ZIK der kleine Churuldan. – Seit 1936 sind die Befugnisse des ZIK i. wesentl. auf den Obersten ↗Sowjet übergegangen, dessen Präsidium vollständig dem Präsidium des ZIK entspricht. Im Gegensatz zu den Zentralbehörden des Bundes u. der ↗Unionsrepubliken blieben in den Verwaltungseinheiten (↗Oblast [a], ↗Rayon usw.) die Vollzugsausschüsse der betr. Sowjeti auch nach 1936 bestehen als Gau-, Gebiets-, Rayonvollzugsausschuß usw.

Zentralrat der Sozialistischen Republik Deutschland s. Arbeiter- und Soldatenräte.

Zentralstaat s. Bundesstaat (1).

Zentralstadtschaft s. Stadtschaft.

Zentralverwaltung, Deutsche in der russ. Besatzungszone Dt. 1945 für je einen Verwaltungszweig errichtete Behörde, in der Form eines ↗Ministeriums (7), aber nur mit beratender Befugnis. 1947 wurden die wirtschaftlichen Z. in eine neuerrichtete Ständige Wirtschaftskommission (seit 1948 Deutsche W.) eingegliedert, während die nichtwirtschaftlichen Z. neben ihr, mit vermehrten Befugnissen, weiterbestanden; sie bildeten zusammen die Vorläuferin der Regierung der DDR.

Zentralverwaltungsrat 1813/14 provisorische Verwaltungsbehörde für die bis dahin unter fr. Einfluß o. unter fr. Herrschaft stehenden Gebiete nördlich des Mains u. östlich des Rheins; der Z., von Pr., Öst., Rußl. u. Grbr. errichtet, stand unter Steins Leitung. Vgl. Landesadministrationskommission.

Zentralvollzugsausschuß (allrussischer) = Zentralnyj Ispolnitelnyi Komitet.

Zentrichter a) = Zentenar. b) s. Zentgericht.

Zentschöffe s. Zentgericht.

Zentschultheiß s. Zentgericht.

Zentsprengel s. Zentgericht.

Zepterlehen = Szepterlehen.

Zeremonialkongregation s. Congregatio Romana.

Zerte = Mählbrief.

Zerter = Chirograph(um) (2).

Zertifikatist s. Kapitulation (3).

Zetergeschrei = Gerüfte.

Zeugamt früher die mit der Verwaltung des gesamten Artilleriematerials betraute Behörde; doch bezeichnete Z. (Zeughaus) auch den Geschützpark einer Armee. An der Spitze des Z. standen Zeugwarte, u. U. ein Oberstzeugwart. Vgl. Musterschreiber. –In Pr. hießen Ende des 18. Jh. die ↗Unteroffiziere, die beim Ingenieurkorps das Material beaufsichtigten, Zeugwarte.

Ζευγαρατικόν [Zeugaratikón] im Byz. Reich die Grundsteuer, die von allen erhoben wurde, die irgendwelchen Grundbesitz hatten; Steuereinheit war das ζευγάριον [zeugárion] von nicht mehr feststellbarer Größe.

Zeuge s. Eideshelfer.

Zeugenführer der ↗Beweisführer, wenn er den Beweis statt durch ↗Eideshelfer durch Zeugen führte.

Zeugenjury s. Jury.

Zeugenschelte s. Schelte (b).

Zeugenurkunde ↗Urkunde, deren Beweiskraft u. Glaubwürdigkeit nur auf dem Zeugnis der darin genannten Urkundszeugen beruht, nicht auf der Handschrift (vgl. Chirographum [2]) u. nicht auf dem Siegel (vgl. Siegelurkunde).

Zeughaus s. Zeugamt.

Zeugherr s. Zeugmeister.

Zeugmeister Befehlshaber über eine Anzahl ↗Konstabler, im 16. Jh. meist soviel wie ↗Feldzeugmeister; doch wurden häufig dessen Unterführer Z. genannt. Während in den Armeen der Ausdruck im Laufe des 17. Jh. verschwand, hielt er sich in den Städten bis Ende des 18. Jh.; hier hatte der Z. (Müsemester, wenn ↗Ratsherr [a], auch Zeugherr) i. d. R. das gesamte Waffenwesen unter sich.

Zeugniseid = Eid, assertorischer.

Zeugschreiber s. Musterschreiber.

Zeugwart s. Zeugamt.

Zgromadzenie Narodowe in Polen 1921–1952 die ↗Nationalversammlung, bestehend aus ↗Senat (4) u. ↗Sejm.

Ziehen an das Buch in einigen Städten Rechtsmittel gegen ein Urteil des ↗Stadtrats (a), in dem die unzufriedene Partei die Verlesung u. Erklärung des betr. Gesetzes verlangte, was in einer bes. Verhandlung, wieder vor dem Stadtrat, geschah. Unter Z. a. d. B. verstand man auch die eigentlich «Aufschlagen des Buches» genannte Befragung des Gesetzes vor dem Urteil.

– sich (zu der Sache) s. Arrest.

Ziehung = Retrakt.

Ziese s. Accise.

Ziesemeister (Zieseherr) in Brand. seit 1488 landesherrlicher Beamter zur Erhebung des ↗Biergeldes; er erhob seit 1549 auch das neue Biergeld für die ↗Landstände, das in die ↗Biergeldkasse floß. Über den Z. standen die Oberziesemeister.

ZIK s. Zentralnyi Ispolnitelnyi Komitet.

Zimmerrecht = Erbbaurecht.

Zinken im Schwarzwald u. in den Vogesen Siedlung, die aus einer geringen Anzahl von ↗Höfen (3) besteht u. stets einen eigenen Namen trägt; die Z. bilden, in einem Tal nach Art eines ↗Reihendorfes zu beiden Seiten der Straße gelegen, eine Gemeinde. Vgl. Gemeinde, zusammengesetzte u. Weiler.

Zins früher nicht nur Abgabe vom ↗Zinsgut an den ↗Grundherrn, sondern auch öffentlichrechtliche Abgaben, z. B. der ↗Zehnt (1), dann Steuer überhaupt. Vgl. Gült(e) u. Rekognitionszins.

– ewiger s. Bede (1).

– und Gült s. Gült (e).

– von Eigenschaft s. Eigenschaft.

Zinsauftrag (Auftragung) ↗Auflassung von Eigengut an einen ↗Herrn zwecks Wiederempfang als ↗Zinsgut.

Zinsbau im MA. Betrieb eines Bergwerks durch einen Unternehmer gegen ↗Zins an den ↗Grundherrn; der Zins bestand häufig in Bergprodukten.

Zinsbauer i. w. S. jeder Bauer, der seinen Grund u. Boden gegen ↗Zins besitzt, i. e. S. (parservus) in den öst. Alpenländern im frühen MA. persönlich ↗Freier, der Grund u. Boden gegen Naturalabgaben bebaute.

– höriger s. Höriger.

Zinsbuch s. Urbar (1).

Zinseigen s. Erbleihe.

Zinser = Censualis (homo).

Zinsgeld s. Census.

Zinsgelte = Censualis (homo).

Zinsgenossen ↗Censuales (homines) desselben ↗Herrn.

Zinsgenossenschaft ([Grund]zinsträgerei, Stammschaft, [Zins]hauptmannschaft) die Teile einer ↗Hufe (Gesamthufe), die im Laufe der Zeit zu selbständigen Gütern geworden waren, aber nach wie vor in Bezug auf die Lasten eine Einheit bildeten; die einzelnen Besitzer (Einzinser, Gelter, Geteilte, Mitgiltleute, Teilgenossen, Teilinge) hafteten dem ↗Grundherrn gegenüber solidarisch (Einzinserei, Einzinspflicht), doch wurde i. d. R. einer von ihnen als Vertreter (Dreier, Hauptmann, Hochhuber, Hofmann, Hofsesse, Hofsträger, Stamm, Träger, Vorträger, Zinsmeister, Zinsträger, capitaneus) aufgestellt, der dann, z. B. beim ↗Sterbfall, gewissermaßen als Besitzer der ganzen Hufe galt; bes. in früherer Zeit war der Inhaber des größten Hufenteils (alter Stamm, Hauptgut, Stammgut, Stock) Hauptmann. Die Teilgenossen besaßen gegenüber verkauften Teilgütern das ↗Gespilderecht. Seit dem späteren MA. wurden Z. öfters neu gebildet, ohne daß eine geteilte Hufe zu Grunde lag.

Zinsgericht = Hofgericht (1).

Zinsgewere s. Gewere (1).

Zinsgroschensteuer in Öst. Wohnungssteuer, auf Grund des Mietzinses berechnet. Vgl. Zinskreuzer.

Zinsgut (beneficium) jedes Grundstück, das gegen feste Abgaben (↗Zins, ↗Bodenzins an den Eigentümer [Zinsherr], sonstige ↗Reallasten, auch ↗Laudemium) besessen wird, also früher bes. die dienstbaren Z. der ↗Hörigen usw., dann die sogen. schlichten Z., deren Inhaber auch freies Veräußerungsrecht besaßen, ferner die ↗Erbpacht u. in neuerer Zeit die gewöhnliche Pacht. Vgl. Leihe (1) u. Zinsauftrag.

Zinshauptmannschaft = Zinsgenossenschaft.

Zinsherr **1.** ↗Ratsherr (a) für das städt. Schuldenwesen. **2.** s. Zinsgut.

Zinshörigkeit s. Höriger.

Zinsholder s. Höriger.

Zinshufe s. Hufe

Zinshuhn = Leibhuhn.

Zinskreuzer in Öst. früher Mietsteuer. Vgl. Zinsgroschensteuer.

Zinsland das Land eines ↗Fronhofes, das nur ↗Zins, aber keine ↗Fronden (a) leistete.

Zinslehen s. Bauernlehen (a).

Zinsleihe, erbliche = Erbleihe.

Zinsleiher s. Erbleihe.
Zinslosung = Gespilderecht.
Zinsmann = Censualis (homo).
Zinsmeister a) s. Steuerherr. b) (Ausfaut, Ausknecht, Hühnerfaut, Vogt, Weißenfaut) Unterbeamter des ↗Meiers (1) zum Einsammeln, Verrechnen usw. der Gefälle; für die ↗Wachszinsigen gab es auch bes. Wachszinsmeister (magistri censualium, m. cerariorum). c) s. Zinsgenossenschaft.
Zinspfennig s. Vogtei (2).
Zinssatzung (mortuum vadium, gage-mort, mortgage, vent à réméré) ↗Nutzpfand, dessen Erträgnisse vollständig dem Gläubiger zufielen, so daß die Schuldsumme nicht verringert wurde; das Pfand war ein «unabnießendes». Die Z. war in Dt. die Regel, wobei eine Einlösung vielfach nicht stattfand (Ewigsatzung). Überstiegen die Nutzungen einen Betrag, der als angemessene Verzinsung der Schuldsumme gelten konnte, so wurde häufig der Gläubiger auf einen Teil beschränkt, o. er zahlte einen Zins von den Nutzungen, so daß eine Art Pachtverhältnis entstand (gepachtete Satzung). Vgl. Totsatzung.
Zinstag = Hofgericht (f).
Zinsträger s. Zinsgenossenschaft.
Zinsträgerei = Zinsgenossenschaft.
Zipkorn = Herzogskorn.
Zirkler in den schl. Städten früher der Büttel.
Zirkulardepesche s. Depesche.
Zirkularnote s. Depesche.
Zirkumskriptionsbulle (Umschreibungsbulle) beim Nichtzustandekommen eines ↗Konkordats (1) an Stelle eines solchen mit staatl. Genehmigung erlassenes Kirchengesetz, das nur die äußeren Verhältnisse (circumscriptio) der ↗Diözesen (a) usw., aber nicht die grundsätzlichen Beziehungen zwischen Staat u. Kirche regelt. In neuerer Zeit werden Z. häufig als Ergänzung eines Konkordats erlassen.
Zise s. Accise.
Zivilgericht jedes Gericht, das sich mit bürgerlichen Steitigkeiten befaßt, i. e. S. das ↗Kantonsgericht (b).
Zivilgouverneur = Gouverneur (2).
Zivilhofstaat s. Hofstaat.
Zivilkabinett (auch Geheimes Z.) in einigen Staaten als Rest des alten ↗Kabinetts neben dem Staatsoberhaupt, i. wesentl. nur noch für Gnadensachen; in Öst. hieß das Z. Kabinettskanzlei.
Zivilkammer kollegial zusammengesetzte Abteilung eines dt. ↗Landgerichts (b), der die Entscheidung in bürgerlichen Rechtsstreitigkeiten, soweit sie nicht dem ↗Amtsgericht (a) zukommt, u. in bestimmten öffentlich-rechtlichen Streitigkeiten zusteht; außerdem ist sie Berufungsinstanz für das Amtsgericht. Die Z. bestehen aus drei Richtern.
Zivilkomputation s. Naturalkomputation.
Zivilliste (Civil-List) in den Monarchien der Neuzeit das dem Monarchen verfassungsmäßig zugesicherte Jahreseinkommen, das nur in der parl. Monarchie der Kontrolle des ↗Parlaments (1) unterliegt. Der Ausdruck kommt daher, daß in Engl. ursprgl. die Gehälter der Beamten aus der Z. bestritten wurden. – Da die Z. mit der ↗Krondotation dem Zwecke nach zusammenfällt, wird sie auch so (auch Dotation) bezeichnet, z. B. in It. (dotazione [della corona]), i. d. Lit. auch Staatsdotation.
Zivillord s. Admiralität (2).
Zivilrecht = Stadtrecht.
Zivilsenat s. Senat (7).
Zivilstaat s. Hofstaat.
Zjazd s. Wjetsche.
ZK = Zentralkomitee (der KPdSU).
– Präsidium s. Zentralkomitee (der KPdSU).
ZKK = Kontrollkommission (2).
Zollausreiter s. Landreiter.
Zollbereiter s. Landreiter.
Zollbundesrat 1867–1871 der durch Vertreter der süddt. Staaten erweiterte ↗Bundesrat (1a) des Norddt. Bundes; der Z. trat an die Stelle der ↗Zollkonferenz.
Zolldirektivbehörde = Direktivbehörde.
Zolldotation s. Dotation (1).
Zollgeleite s. Geleite (1).
Zollgericht s. Regiegericht.
Zollholz (lignum teloneï) im MA. Brennholz, das von bestimmten Dörfern für die kgl. Hofhaltung zu liefern war.
Zollkonferenz (Generalzollkonferenz) 1833–1867 das aus Bevollmächtigten der Vereinsstaaten bestehende Zentralorgan des dt. Zollvereins, das im ganzen fünfzehnmal (zuerst 1836, zuletzt 1863) tagte, u. durch den ↗Zollbundesrat ersetzt wurde.
Zollparlament 1867–1871 der durch Abgeordnete der süddt. Staaten erweiterte ↗Reichstag (2) des Norddt. Bundes, der gemeinsam mit dem ↗Zollbundesrat die Gesetzgebung des Zollvereins ausübte.
Zollzeichen Quittung für erlegten Zoll.
Zonenamt s. Zonenbeirat.
Zonenbeirat in der br. Besatzungszone Dt. 1946/47 beratendes Organ aus ↗Ministern (1), höheren Beamten u. Vertretern der Wirtschaft, der Parteien u. der Gewerkschaften zusammengesetzt, dann aus von den ↗Landtagen (1) ernannten Mitgliedern. Als Verwaltungsbehörden dienten Zonenämter (Zentralämter), zuerst auch nur mit beratender Funktion.
Zonta (additio, adjuncta) in Ven. Sonderkommission, durch die eine bestimmte Körperschaft

erweitert wurde, bes.: **a)** im 14. u. 15. Jh. die Verstärkung der ↗Pregadi zum ↗Senat (2), **b)** 1355–1628 die in bes. Fällen vorgenommene Verstärkung des ↗Rats der Zehn.

Ζωστή πατρικία [zosté patrikía] die erste Hofdame der Kaiserin von Byz., die einzige Frau, die unter den hohen ↗Hofämtern, hinter dem ↗ Κουροπαλάτης [Kuropalátes] rangierte.

Źreb s. Decimus u. Narocznicy.

Zubaugut s. Sondergut.

Zubote s. Bote (2).

Zubringung = Aussteuer.

Zubuße s. Gewerkschaft.

Zucht [Amtszucht] Gerichtsbarkeit der Kirchen, ↗Zünfte (1), Verwaltungsbehörden u. dgl. über ihre Mitglieder bei kleinen Delikten.

Zuchtpolizeigericht = Tribunal de police correctionelle.

Zude = Zaudengericht.

Zug a) = Rechtszug. **b)** s. Dritthandverfahren.

– und Fußrobot s. Fronden (a).

– geben = Urteilsschub.

Zugegebener s. Markgenossenschaft.

Zugehaus s. Häusler.

Zugeld = Aussteuer.

Zugeschworener s. Stadtrat (a).

Zugetaner = Schutzverwandter (2).

Zugewandter 1. = Diener (3). **2.** s. Ort (a).

Zuggericht s. Rechtszug.

Zugift = Aussteuer.

Zugnahme s. Oberhof (1a).

Zugrecht 1. Recht einer Stadt, ihr Recht bei einem ↗Oberhof (1a) zu holen. **2.** = Retrakt. **3.** Recht eines ↗Hörigen, ↗Erbuntertanen u. dgl., sein Gut gegen ↗Abzugsgeld (2) zu verlassen.

Zugrobot s. Fronden (a).

Zugsführer s. Führer (2).

Zugut (Zulehen) in den öst. Alpenländern seit dem 13. Jh. landwirtschaftliches Anwesen, das eine ↗Hofstelle (1) besitzt, aber einem andern ↗Hof (3) zugeteilt u. von dort aus bewirtschaftet wird. Der Grund ist mangelnde Ertragsfähigkeit des Z. Vgl. Ackernahrung.

Zugzehnt s. Zehnt (1).

Zuheimlicher s. Heimlicher (2).

Zulehen = Zugut.

Zunft 1. (Amt, Amtsbrüderschaft, Bruderschaft, Ein[ig]ung, Gaffel, ↗Gemeinde [2], ↗Gesellschaft [a], Gewerk, ↗Gilde, Handwerk, Hütte, ↗Hanse, ↗Innung [a], Kompagnie, ↗Küre, Meisterschaft, Mittel, Neering, Quartier, Werk, Zeche, Zechheit, Zunftbruderschaft, ars, communio, communitas, [com]promissio, confoederatio, [con]fraternitas, confratria, conjuratio, consortium, convivium, gremium, mi[ni]sterium, officium, opus, ↗sc[h]ola, ↗societas [a], unanimitas, unio, universitas, communauté, corporation, jurande, métier, craft, laug, colegio, consorteria, fraglia, mestiere) ursprgl. freie Vereinigung der in einer Stadt dasselbe Handwerk o. Gewerbe treibenden Personen zur gegenseitigen Unterstützung, in der ersten Zeit mit stark religiösem Charakter, in den germ. Ländern z. T. aus Gilden entstanden. Die ersten Z. erscheinen in It. im 10., in Fr. im 11., in Dt. u. Engl. im 12., in Skand. im 13. Jh., sie umfaßten aber nur tatsächlich, nicht rechtlich die ortsansässigen Handwerker. Ein Zunftzwang (Gildezwang), d. h. die Verpflichtung eines jeden, der das betr. Handwerk ausübte, einer Z. anzugehören u. das Verbot der Ausübung für jeden, der nicht Zunftgenosse war (vgl. Bönhase), kam erst seit dem 13. Jh. auf. Auch wurden nun erst die Zunftstatuten (Amtsrollen, Einungen, gemeine Gebote, Handwerkerbücher, Küren, Schra[g]en, Willküren, Zunftbriefe, Zunftordnungen, Zunftrollen, capitularia, matricolae, laug, mariegole) aufgeschrieben u. darin geregelte Bestimmungen über die Vorbedingungen der Meisterschaft getroffen, während bis dahin der Eintritt in die Z. völlig unbeschränkt gewesen war u. sich nur die Gewohnheit herausgebildet hatte, daß der Handwerker einige Zeit bei einem Meister in die Lehre ging u. arbeitete, ohne daß zwischen Lehrlingen u. Gesellen geschieden worden wäre; auch waren die Gesellen teilweise vollberechtigte Mitglieder der Z. (vgl. Gesellenbruderschaft). I. d R. war dies nur der Meister (Amtmeister, Zunftmeister, magister, maître, patron, auch Amtmann, ↗Freund, Ganerbe, Geselle, ↗Hausgenosse, Hausgeselle, condominus, officialis), der selbständige Handwerker, der auf eigene Rechnung arbeitete. Die Meister bildeten die Zunftversammlung (↗Morgensprache) u. wählten die Vorsteher, die Zunftmeister (Alte, Altermänner, Altmeister, Ammänner, Amtsmeister, Befehlshaber, Gaffelmeister, Gewerkmeister, Gildemeister, Handwerksmeister, Hansemeister, Jahrmeister, Kerzenmeister, Könige, Oberherren, Ober[zunft]meister, Obmänner, Quartiersherren, Regenten, Richtleute, Schöffel, Schöffen, Vorgeher, Vormunde, Vorsteher, Wetteherren, Worthalter, Zechmeister, Zunftherren, capmesters, gouverneurs, maires, maîtres, mayeurs de bannière, capita ministerii, capitanei, capitularii, consules, gastaldiones, magistri i. e. S., m. gildarum, m. officiorum, m. operum, majores, ministrales, potestates, priores, rectores, r. gildarum, r. officiorum, scabini, bei den Steinmetzen: Baumeister, Stadt[werk]meister, Werkmeister, bei den Sängern: Merker); diese, von denen meist mehrere vorhanden waren (weshalb sie öfters Vierer, Sechser,

Achter usw. hießen), vertraten die Z. nach außen u. hatten den Vorsitz in den Zunftversammlungen u. im Zunftgericht, das, vor allem in späterer Zeit, auch Gewerbegericht war; Zunftgericht war in Dt. meist der Zunftrat (Zunftgemeinde), der aus einigen dem Zunftmeister beigegebenen Meistern (↗Ratgeben, Zunftregenten, Zunftrichter, Zunftschöffen, auch Sechser, Achter usw.) bestand (vgl. Zucht); doch gab es in einigen Städten neben den Zunftrichtern bes. Gehilfen des Zunftmeisters (Ratsfreunde, Zunfthüte); auch für die Vermögensverwaltung konnten bes. Zunftrechner (Schrankherren) vorhanden sein. In den roman. Ländern stand i. d. R. an der Spitze der Z. ein Kollegium (égardise, jurande, syndicat) gleichberechtigter Mitglieder (jurati, magistri, gardes du métier, maîtres [jurés], majeurs, prud'hommes, syndics, visiteurs), u. das Zunftgericht bestand hier aus Geschworenen (jurati, jurés, mayorales). Zunftmeister u. andere Vorsteher wurden vielfach vom ↗Stadtherrn o. dem ↗Stadtrat (a) ernannt o. wenigstens vorgeschlagen; in Speyer mußte jede Z. einen ihrer Zunftmeister, den sogen. Zunftherrn, aus den ↗Ratsherren (a) wählen. In einigen Ländern, z. B. in den Ndl. u. in It., waren die verwandten Z. vielfach in Gruppen (Nationen) zusammengefaßt, an deren Spitze ein o. mehrere Vorsteher (Dekan, Hoofddekan, Hooftman, consul, prior, rector) standen, die dann ebenfalls ein Kollegium bildeten. –Seit dem 13. Jh. wurde der Zugang zur Z. erschwert. Der Anwärter mußte eine bestimmte Zeit (meist sieben Jahre) als Lehrling ([Lehr]-knabe, Lehrknecht, discipulus) bei einem Meister sein u. dann weiterhin einige Jahre (Mut- und Sitzjahre) als Geselle (Diener, Eidgeselle, Gehilfe, Helfer, Jünger, Knappe, Kumpan, [Lohn]-knecht, compagnon, ouvrier, servant, valet, journeyman, serviens) arbeiten, teilweise bei auswärtigen Meistern (Wanderjahre); am Schlusse der Gesellenzeit (während des sogen. «Mutjahres») mußte er eine Probearbeit, das Meisterstück, anfertigen; dazu trat seit dem 14. Jh. noch eine meist sehr hohe Einkaufsgebühr, das Meistergeld, wodurch man «die Z. kaufte (der Z. diente, den Dienst gab)». Da die Meistersöhne von Meisterstück u. Meistergeld ganz o. teilweise befreit waren u. auch sonst Vorrechte genossen, so war anderen Gesellen, zumal stadtfremden, der Zutritt tatsächlich verschlossen, falls sie nicht eine Meisterstochter o. Witwe heirateten; denn die Vorrechte der Meister (Meisternutzen) galten auch für deren Familie. Vgl. Gesellenbruderschaft. In vielen Ländern gingen die Z. endlich dazu über, die Zahl der Meisterstellen (Meisterrechte) festzusetzen (geschlossene Z.; jedoch bezeichnet dies auch eine Z., aus der man nicht ohne weiteres austreten u. in eine andere eintreten konnte). – Vielfach wurden unter den Z. geringere (kleine Z., officia minora) u. höhere (große Z., Herrenzünfte, Junkerzünfte, Ornatzünfte, Ritterzünfte, officia majora, Livery Companies) unterschieden, wobei zu den letzteren (sehr oft nur vier, die Vierwerke) in erster Linie die reichen Z. gehörten, die dann auch pol. bes. hervortraten (vgl. Freeman). Öfters hatten nur die großen Z. Zutritt zum Stadtrat, u. die anderen mußten sich einer von jenen anschließen, wobei häufig Unterabteilungen (halbe Z.) entstanden; doch zerfielen auch sonst umfangreiche Z. in Unterabteilungen, u. in beiden Fällen kam es vor, daß in derselben Stadt eine Bezeichnung für Z. (hauptsächlich Z. selbst, auch Gewerk) für die großen o. für die ganzen Z. (gespaltene Z., volle Z.), eine andere (z. B. Innung) für die kleinen o. halben Z. gebraucht wurde. Zeitweise waren die Z. überhaupt die Träger der Selbstverwaltung u. bildeten den Grundstock der städt. Wehrmacht; in einigen Städten mußte dann jeder Bürger, wenn auch nur formell, einer Z. angehören, u. auch die ↗Patrizier mußten eine eigene Geschlechterzunft bilden. In diesen Städten waren die Z. (Gaffelämter, Gaffelgesellschaften, Kollegien) nunmehr rein pol. Abteilungen u. nannten sich auch vielfach nicht mehr nach Gewerben, sondern nach Straßen u. dgl. In späterer Zeit wurde daher die Bezeichnung Z. hier u. da für pol. Einheiten verwendet; so wurden in der Schw. während der Mediationszeit die ↗Bezirke in Z. eingeteilt, die in der Stadt (Stadtzünfte) den alten handwerklichen Z. bzw. deren Stadtvierteln entsprachen, auf dem Lande (Landzünfte) willkürlich neugebildet wurden. München war 1795–1803 zu Wahlzwecken in Z. (Klassen), denen je ein Zunftführer vorstand, eingeteilt. – I. allg. bestanden Z. nur in den Städten (vgl. Dorfmeister), doch waren in einigen Gegenden die gesamten Handwerker eines bestimmten Gebietes in einer Z. zusammengeschlossen. Vgl. Keßlerbezirk u. Rheingraf. – Unter den veränderten wirtschaftlichen Verhältnissen der Neuzeit verloren die Z. seit dem 17. Jh. ihre Berechtigung u. traten trotz aller Reformversuche völlig zurück; seit Ende des 18. Jh. wurden sie nach u. nach aufgehoben (in Dt. endgültig 1869), o. sie gingen in Innungen über. Soweit die alten Z. noch bestehen, bilden sie gesellige Vereinigungen. **2.** = Kloster.

Zunftbrief s. Zunft (1).

Zunftbruderschaft = Zunft (1).

Zunftbürger im Gegensatz zum ↗Patrizier ein Bürger, der einer ↗Zunft (1) angehörte.

Zunftführer s. Zunft (1).

Zunftgemeinde s. Zunft (1).
Zunftgenosse s. Zunft (1).
Zunftgericht s. Zunft (1).
Zunftherr a) s. Ratsherr (a) u. Zunft (1). **b)** zur Aufsicht über die Zünfte vom Landesherrn (s. Landeshoheit) o. vom ↗Stadtrat (a) bestellt, i. d. R. ein Ratsherr.
Zunfthüte s. Zunft (1).
Zunftmeister s. Gesellenbruderschaft u. Zunft (1).
– oberster = Oberstzunftmeister.
Zunftordnung s. Zunft (1).
Zunftrat s. Zunft (1).
Zunftratsherr s. Stadtrat (a).
Zunftregent s. Zunft (1).
Zunftrichter s. Zunft (1).
Zunftrolle s. Zunft (1).
Zunftschöffe s. Zunft (1).
Zunftschöffenrat s. Stadtrat (a).
Zunftzwang s. Zunft (1).
Zunge beim Johanniterorden Provinz (vgl. Ballei [1] u. Ordensprovinz), deren es acht gab, seit 1646 mit je einem Großwürdenträger; an der Spitze stand der gewählte Pfeiler (pilier, später Conventualballei, ballivus conventualis), im Range unmittelbar hinter dem ↗Meister (1); heute gibt es noch zwei Z. (dt. u. it.). Eingeteilt werden die Z. in Großpriorate (Großprioreien, Priorate) unter je einem Großprior (Prior, in Dt. auch Johannitermeister). In der Gegenwart bilden in den Ländern, die keiner Z. angehören, die Glieder des Ordens Ritterassoziationen.
Zuowurf Vereinigung (Zusammenlegung) von Landesteilen.
Zupa s. Supan.
Zupan = Supan.
Županija = Komitat (3).
Zurückbringen = Hintersichbringen.
Zurundung = Verkoppelung.
Zusagen s. Schutzhöriger.
Zusammenlegung = Verkoppelung u. Zuowurf.
Zusammenschlagung = Konsolidation (3).
Zusatzbuch = Satzbuch.
Zusatzleute † Beisitzer.
Zuschlag in Nordwestdt. früher ein Teil der ↗Allmende, der an das Sondereigentum eines Markgenossen stieß u. von jener getrennt u. eingezäunt wurde (vgl. Hagenrecht [2]). Der Z. war entw. vorübergehend, zu Forstzwecken, o. dauernd, indem er einem Markgenossen als Sondereigentum zugewiesen wurde, so daß er einem ↗Bifang (1) entsprach. Er wurde von der ↗Markgenossenschaft bzw. in späterer Zeit vom Markherrn unentgeltlich zugewiesen als Entschädigung u. dgl. o. vom einzelnen gekauft; dieses Recht hatten teilweise auch ↗Ausmärker. War der Z. sehr klein, so hieß er an einigen Orten Zaunrichtung (Tunstolterung, Zaunstätte [da er durch Herausrücken des Zauns entstand]). Vgl. Kamp (a). Für den auf Grund des Z. vergrößerten Anspruch auf Plaggenmähen in der Allmende mußte eine Abgabe, das Zuschlagshuhn, entrichtet werden.
Zuschwörungseid s. Voreid.
Zustandsvormundschaft Vormundschaft über Geisteskranke, Verschwender, auch Taubstumme.
Zustiftung nicht selbständige, einer schon bestehenden angegliederte Stiftung.
Zuzug = Heefahrt.
Zwangecht = Notfrei.
Zwangmündig = Notfrei.
Zwangs- und Bannrechte (Banngerechtsame, ↗Ehafte [1], banalités) früher, bes. im späteren MA., ein innerhalb eines bestimmten Gebietes (↗Bannmeile) einer juristischen o. natürlichen Person zustehendes Monopol (Gewerbebann), das einerseits andere Personen von der Ausübung desselben Gewerbes ausschloß (Banngerechtigkeit, Bannrecht), andrerseits alle zwang, bestimmte Bedürfnisse nur bei dem Betreffendem zu decken (Zwangsrecht). Von bes. Bedeutung waren die Z. u. B. des ↗Grundherrn (niedere Herrlichkeiten), die z. B. seine ↗Hintersassen (1) zwangen, nur in seiner Mühle (Bannmühle) mahlen zu lassen (Mahlbann, Mahlzwang, Mühlenbann, Mühlenzwang), wofür eine Abgabe (Malter, Mühlzins, ↗molagium, multura) zu entrichten war; ebenso gab es einen Back(ofen)zwang (Backofenbann, Ofenbannrecht) für den grundherrlichen Backofen, einen Kelterzwang (pressoragium), Brauhauszwang u. ä. In den Städten besaßen i. d. R. die Handwerker Z. u. B. für bestimmte Stadtviertel. Zu den Z. u. B. gehörten auch das ↗Stapelrecht u. ä.
Zwangsbürgschaft s. Frankpledge.
Zwangsdienst s. Gesinde (1).
Zwangsfronden s. Fronden (a).
Zwangsgeld (Beugestrafe, Ungehorsamsstrafe, Zwangs[geld]strafe) zur Durchführung behördlicher, bes. polizeilicher Anordnungen verhängte Geldstrafe.
Zwangsgesindedienst s. Gesinde (1).
Zwangshode s. Notfrei.
Zwangsinnung s. Innung (a).
Zwangsrecht s. Zwangs- und Bannrechte.
Zwangsstrafe = Zwangsgeld.
Zwangsstraße s. Geleite (1).
Zwanzigster s. Vingtième.
Zweidrittelmeier s. Hufe.
Zweifelderwirtschaft s. Felderwirtschaft.
Zweigilt = Rutscherzins.
Zweigrecht Befugnis, Jagdhütten in fremdem Wald zu errichten; das Z. galt in einigen ↗Territorien (2) als Annex des Jagdrechts.

Zweikammersystem s. Einkammersystem.

Zweilücke s. Einläufiger.

Zweirosser s. Diener (1).

Zweizüngig hieß im alten dt. Prozeß ein Urteil, durch das dem ↗Beweisführer auferlegt wurde, entw. den Beweis zu führen o. den Anspruch des Gegners zu erfüllen. Vgl. Einzüngig.

Zwigült s. Buße.

Zwiespilde = Rutscherzins.

Zwigeld = Rutscherzins.

Zwing und Bann (Bannrecht, Twing und Bann, bannus et districtus, distringendi jus, auch [kleiner] Frevel, in ↗Grundherrschaften auch Hofbann) Befehls- und Strafgewalt (Gebot und Verbot), bes. der ↗Niedergerichte, vor allem in Dorf- u. Feldsachen, häufig für die ↗niedere Gerichtsbarkeit (a) selbst gebraucht. Z. u. B. stand bald dem Grundherrn (Dorfherr), bald der Gemeinde, bald beiden zu; im ersteren Falle entstand eine tatsächliche Dorfherrschaft (dominium villae). Der betr. Bezirk wird mit Banngrundherrlichkeit (Markgrundherrschaft) bezeichnet. Der Ausdruck Z. u. B. war nur in Süddt. üblich, vor allem in Schwaben. Vgl. Bann (1) u. Dorf- und Gemeindeherrschaft.

Zwingherr s. Schutzhöriger.

Zwinghörige = Vogtleute (a).

Zwinghof = Fronhof.

Zwischenbescheid = Interlokut.

Zwischenherr s. Afterlehen.

Zwischenlehen s. Lehen, wiedergebliches.

Zwischenlehensherr s. Afterlehen.

Zwischenmeister s. Verlag.

Zwischennutzung s. Regalienrecht.

Zwischenstreit entspricht in der neuen Zivilprozeßordnung i. wesentl. der früheren ↗Incidentsache.

Zwischenurteil = Interlokut.

Zwischenverleger s. Verlag.

Zwölfer s. Dingzeugen, Hofgericht (f), Markgenossenschaft u. Schöffe (1).

Zwölfereid s. Eideshelfer.

Zwölfergericht = Oberrecht.

Zwölferrecht = Oberrecht.

Zwölfertisch s. Schöffe (1).

Zwonarina in Dalmatien freiwillige Abgabe an die kath. Geistlichen, in einem Teil des Ernteertrags bestehend; ähnliche Abgaben sind die Progrebica (für Sterbegebete) u. die Redovina (für Beichte u. Kommunion).

Zysse s. Accise.